Heinrich Heine
Sämtliche Werke

Heinrich Heine

Sämtliche Werke

Neue Ausgabe in 4 Bänden.

Vierter Band

Bechtermünz Verlag

Dieser Edition liegt die Ausgabe des Verlags von Hoffmann und Campe, Hamburg 1887, zugrunde.

Ausgabe Weltbild Verlag GmbH, Augsburg 1998
Satz: Cicero Lasersatz GmbH, Dinkelscherben bei Augsburg
Gesamtherstellung: Graphischer Großbetrieb Pößneck GmbH,
ein Mohndruck-Betrieb
Printed in Germany
ISBN 3-8289-0122-0

Inhalt

Französische Zustände II

Lutetia
Berichte über Politik, Kunst und Volksleben
(Fortsetzung)

Die parlamentarische Periode des Bürgerkönigtums

1841

XXXV.	Volks- und Kunstleben in Paris. – Die Fischer von Ludwig Robert.............................	3
XXXVI.	Der Obelisk von Luxor. – Guizot und Thiers.- Paul Delaroche................................	8
XXXVII.	Miserabilität der Deputierten- und Pairskammer..	12

1842

XXXVIII.	Guizot und die Spaltungen in der r Kammer.....	15
XXXIX	Guizot, Thiers und die orientalische Frage.......	17
XL.	Destutt de Gracy............................	18
XLI.	Die Deputiertenwahlen. – Der Kommunismus....	20
XLII.	Die soziale Weltrevolution	23
XLIII.	Der Tod des Herzogs von Orleans	24
XLIV.	Der Herzog von Orleans und der Herzog von Remours....................................	26
XLV.	Die Regentschaftsfrage	28
XLVI.	Angst der Bourgeoisie vor dem Kommunismus...	29
XLVII.	Engländer, Fabrikarbeiter und Chartisten	32

| XLVIII. | Stabilität des Ministeriums Guizot | 38 |
| XLIX. | Jahresrückblick | 41 |

1843

L.	Die Anstelligkeit der Franzosen. Charles Duveyrier. – Thiers, Guizot und Molé in ihrem Verhältnis zu Ludwig Philipp	44
LI.	Die Eisenbahnen. – James von Rothschild. August Leo	48
LII.	Die Guizot'sche Korruption	56

Retrospektive Aufklärung über Heine's Pension und seine angebliche Naturalisation in Frankreich 60

| LIII. | Der Kampf zwischen Klerisei und Universität. Michelet und Quinet | 75 |
| LIV. | Daunou | 81 |

Anhang

Kommunismus, Philosophie und Klerisei
I.	Pierre Leroux	85
II.	Die Ultramontanen	93
III.	Billemain und Victor Cousin	96

Gefängnisreform und Strafgesetzgebung 98

Aus den Pyrenäen
I.	Landschaftsbild von Barèges	103
II.	Das Badeleben und die Badegäste in Barèges. – Der Herzog von Nemours	105
III.	Der Herzog von Nemours. – Die bürgerliche Gleichstellung und der Nationalreichtum der Juden	109

Die Februarrevolution 113

Kunstberichte aus Paris
Französische Maler

Gemäldeausstellung von 1831 115
   Ary Scheffer 116
   Horace Bernet 121
   Delacroix 123
   Decamps 126
   Lessore 130
   Schnetz 131
   L. Robert 132
   Delaroche 137

Gemäldeausstellung von 1833 151
Gemäldeausstellung von 1843 161
   Horace Bernet 163

Über die französische Bühne

1. Ernst Raupach 166
2. Das deutsche und das französische Lustspiel 171
3. Die Leidenschaft in der französischen Tragödie ... 177
4. Einwirkung des politischen Zustandes auf die Tragödiendichtung in Frankreich 181
5. Die Bedeutung Napoleon's für die französische Bühne 187
6. Alexander Dumas und Victor Hugo. 193
7. Die Schauspielkunst in England, Frankreich und Deutschland 199
8. Die Bühnendichter der Boulevards-Theater 205
9. Die große Oper. Rossini und Meyerbeer 209
10. Die Konzertvirtuosen. Berlioz, Liszt, Chopin 219

Anhang. George Sand................................. 229

Musikalische Berichte aus Paris

Spontini und Meyerbeer............................... 240
Musikalische Saison von 1841
   Das gegenwärtige »Zeitalter der Musik.« Liszt, l'Ami de Beethoven, Döhler, Vieuxtemps, Beriot, Artôt, Haumann, die Gebrüder Franco-Mendez, Batta, Mademoiselle Löwe, Meyerbeer 246
Der Karneval in Paris. Das Ballett und die Volkstänze 254
Rossini und Mendelssohn 258
Musikalische Saison von 1843

1. Das Klaviervirtuosentum. Der Violinist Sivori 262
2. Dreyschock, Villmers, Kalkbrenner & Sohn, Pixis, Eduard Wolf, Stephan Heller, Thalberg, Chopin, Opern-Novitäten, Konradin Kreutzer, der »alte Dessauer«, Schindler 266

Musikalische Saison von 1844
1. Berlioz, Mendelssohn, Hillere, Liszt, Döhler, Halle, Schad, Kontski, Mathias, Künstlerehen, Ole Bull, Sivori, Bata, Semmelmann, Ernst 275
2. Rossini, Halevy, Spontini, Meyerbeer, Madame Stolz, Mario und Grisi, Pauline Viardot, Auber und Scribe, Adam die Polka 283

Spätere Notiz. Jenny Lind 290

Novellistische Fragmente

Der Rabbi von Bacharach 295
Memoiren des Herrn von Schnabelowski 329
Florentinische Nächte 373

Ludwig Börne

Erstes Buch. Börne in Frankfurt am Main 423
Zweites Buch. Briefe aus Helgoland über die Julirevolution .. 444
Drittes Buch. Börne und die politischen Flüchtlinge in
Frankreich 467
Viertes Buch. Börne's letzte Lebensjahre 489
Fünftes Buch. Börne's Angriffe auf Heine 514

Vermischte Schriften

Einleitung zu »Kahldorf über den Adel« 535
Vorrede zum ersten Bande des »Salon« 549
Über den Denunzianten 559
Der Schwabenspiegel 575
Einleitung zur Prachtausgabe des »Don Quixote« 589
Vorwort zu A. Weill's »Sittengemälden aus dem
elsässischen Volksleben« 607
Thomas Reynolds 611
Ludwig Marcus. Denkworte 623
Loeve-Veimars 636
Autobiographische Skizze 640
Albert Methfessel 643
Die Romantik 644
Verschiedenartige Geschichtsauffassung 647
Eingangsworte zur Übersetzung eines lappländischen
Gedichts 649

Rezensionen

Rheinisch-westfälischer Musen-Almanach 653
Gedichte und Poesien etc. von J. B. Rousseau 656
Tasso's Tod, Trauerspiel von W. Smets 660

Struensee, Trauerspiel von M. Beer 677
Die deutsche Literatur von W. Menzel 689
Vorbemerkung zu Lautenbacher's Paraphrase einer
Stelle des Tacitus 699

Nachträge

Die erste Aufführung von Meyerbeer's »Hugenotten« 703
Der Hamburger Brand 706

Gedanken und Einfälle

   I. Persönliches 711
  II. Religion und Philosophie 712
 III. Kunst und Literatur 719
 IV. Staat und Gesellschaft 734
  V. Frauen, Liebe und Ehe 743
 VI. Vermischte Einfälle 745
VII. Bilder und Farbenstriche 749

Lutetia

Berichte
über
Politik, Kunst und Volksleben
(Fortsetzung)

Die parlamentarische Periode des Bürgerkönigtums

XXXV.

Paris, den 11. Dezember 1841

Jetzt, wo das Neujahr herannaht, der Tag der Geschenke, überbieten sich hier die Kaufmannsläden in den mannigfaltigsten Ausstellungen. Der Anblick derselben kann dem müßigen Flaneur den angenehmsten Zeitvertreib gewähren; ist sein Hirn nicht ganz leer, so steigen ihm auch manchmal Gedanken auf, wenn er hinter den blanken Spiegelfenstern die bunte Fülle der ausgestellten Luxus- und Kunstsachen betrachtet und vielleicht auch einen Blick wirft auf das Publikum, das dort neben ihm steht. Die Gesichter dieses Publikums sind so häßlich ernsthaft und leidend, so ungeduldig und drohend, daß sie einen unheimlichen Kontrast bilden mit den Gegenständen, die sie begaffen, und uns die Angst anwandelt, diese Menschen möchten einmal mit ihren geballten Fäusten plötzlich dreinschlagen und all das bunte, klirrende Spielzeug der vornehmen Welt mitsamt dieser vornehmen Welt selbst gar jämmerlich zertrümmern! Wer kein großer Politiker ist, sondern ein gewöhnlicher Flaneur, der sich wenig kümmert um die Nuance Defaure und Passy, sondern um die Miene des Volks auf den Gassen, dem wird es zur festen Überzeugung, daß früh oder spät die ganze Bürgerkomödie in Frankreich mitsamt ihren parlamentarischen Heldenspielern und Komparsen ein ausgezischt schreckliches Ende nimmt und ein Nachspiel aufgeführt wird, welches das Kommunistenregiment heißt! Von langer Dauer freilich kann dieses Nachspiel nicht sein; aber es wird um so gewaltiger die Gemüter erschüttern und reinigen; es wird eine echte Tragödie sein.

Die letzten politischen Prozesse dürften manchem die Augen öffnen, aber die Blindheit ist gar zu angenehm. Auch will keiner an die Gefahren einmal erinnert werden, die ihm die süße Gegenwart verleiden können. Deshalb grollen sie alle jenem Manne, dessen strenges Auge am tiefsten hinabblickt in die Schreckensnächte der

Zukunft und dessen hartes Wort vielleicht manchmal zur Unzeit, wenn wir eben beim fröhlichsten Mahle sitzen, an die allgemeine Bedrohnis erinnert. Sie grollen alle jenem armen Schulmeister Guizot. Sogar die sogenannten Konservativen sind ihm abhold, zum größten Teil, und in ihrer Verblendung glauben sie ihn durch einen Mann ersetzen zu können, dessen heiteres Gesicht und gefällige Rede sie minder schreckt und ängstigt. Ihr konservativen Toren, die ihr nichts imstande seid zu konservieren als eben eure Torheit, ihr solltet diesen Guizot wie euren Augapfel schonen; ihr solltet ihm die Mücken abwedeln, die radikalen sowie die legitimen, um ihn bei guter Laune zu halten; ihr solltet ihm auch manchmal Blumen schicken ins Hotel des Capucins, aufheiternde Blumen, Rosen und Veilchen, und, statt ihm durch tägliches Nörgeln dieses Logis zu verleiden oder gar ihn hinaus zu intrigieren, solltet ihr ihn vielmehr dort anschmieden mit einer eisernen Kette! An eurer Stelle hätte ich immer Angst, er möchte den glänzenden Quälnissen seines Ministerplatzes plötzlich entspringen und sich wieder hinauffretten in sein stilles Gelehrtenstübchen der Rue L'Evêque, wo er einst so idyllisch glücklich lebte unter seinen schafledernen und kalbledernen Büchern.

Ist aber Guizot wirklich der Mann, der imstande wäre, das hereinbrechende Verderben abzuwenden? Es vereinigen sich in der Tat bei ihm die sonst getrennten Eigenschaften der tiefsten Einsicht und des festen Willens; er würde mit einer antiken Unerschütterlichkeit allen Stürmen Trotz bieten und mit modernster Klugheit die schlimmen Klippen vermeiden – aber der stille Zahn der Mäuse hat den Boden des französischen Staatsschiffes allzusehr durchlöchert, und gegen diese innere Not, die weit bedenklicher als die äußere, wie Guizot sehr gut begriffen, ist er unmächtig. Hier ist die Gefahr. Die zerstörenden Doktrinen haben in Frankreich zu sehr die unteren Klassen ergriffen – es handelt sich nicht mehr um Gleichheit der Rechte, sondern um Gleichheit des Genusses auf dieser Erde, und es gibt in Paris etwa 400000 rohe Fäuste, welche nur des Losungsworts harren, um die Idee der absoluten Gleichzeit zu verwirklichen, die in ihren rohen Köpfen brütet. Von mehren Seiten hört man, der Krieg sei ein gutes Ableitungsmittel gegen solchen Zerstörungsstoff. Aber hieße das nicht Satan durch Beelzebub beschwören? Der Krieg würde nur die Katastrophe beschleunigen und über den ganzen Erdboden das Übel verbreiten, das jetzt nur an Frankreich nagt; – die Propaganda des Kommunismus besitzt eine Sprache, die jedes Volk versteht; die Elemente dieser Universalsprache sind so einfach wie der Hunger, wie der Neid, wie der Tod. Das lernt sich so leicht.

Doch laßt uns dieses trübe Thema verlassen und wieder zu den heitern Gegenständen übergehen, die hinter den Spiegelfenstern auf der Rue Vivienne oder den Boulevards ausgestellt sind. Das funkelt, das lacht und lockt! Keckes Leben, ausgesprochen in Gold, Silber, Bronze, Edelstein, in allen möglichen Formen, namentlich in den Formen aus der Zeit der Renaissance, deren Nachbildung in diesem Augenblick eine herrschende Mode. Woher die Vorliebe für diese Zeit der Renaissance, der Wiedergeburt oder vielmehr der Auferstehung, wo die antike Welt gleichsam aus dem Grabe stieg, um dem sterbenden Mittelalter seine letzten Stunden zu verschönen? Empfindet unsre Jetztzeit eine Wahlverwandtschaft mit jener Periode, die, ebenso wie wir, in der Vergangenheit eine verjüngende Quelle suchte, lechzend nach frischem Lebenstrank? Ich weiß nicht, aber jene Zeit Franz I. und seiner Geschmacksgenossen übt auf unser Gemüt einen fast schauerlichen Zauber, wie Erinnerung von Zuständen, die wir im Traum durchlebt; und dann liegt ein ungemein origineller Reiz in der Art und Weise, wie jene Zeit das wiedergefundene Altertum in sich zu verarbeiten wußte. Hier sehen wir nicht, wie in der David'schen Schule, eine akademisch trockene Nachahmung der griechischen Plastik, sondern eine flüssige Verschmelzung derselben mit dem christlichen Spiritualismus. In den Kunst- und Lebensgestaltungen, die der Vermählung jener heterogensten Elemente ihr abenteuerliches Dasein verdankten, liegt ein so süßer melancholischer Witz, ein so ironischer Versöhnungskuß, ein blühender Übermut, ein elegantes Grauen, das uns unheimlich bezwingt, wir wissen nicht wie.

Doch wie wir heute die Politik den Kannegießern von Profession überlassen, so überlassen wir den patentierten Historikern die genauere Nachforschung, in welchem Grab unsere Zeit mit der Zeit der Renaissance verwandt ist; und als echte Flaneurs wollen wir auf dem Boulevard Montmartre vor einem Bilde stehen bleiben, das dort die Herren Goupil und Rittner ausgestellt haben, und das gleichsam als der Kupferstichlöwe der Saison alle Blicke auf sich zieht. Es verdient in der Tat diese allgemeine Aufmerksamkeit; es sind die Fischer von Leopold Robert, die dieser Kupferstich darstellt. Seit Jahr und Tag erwartete man denselben, und er ist gewiß eine köstliche Weihnachtsgabe für das große Publikum, dem das Originalbild unbekannt geblieben. Ich enthalte mich aller detaillierten Beschreibung dieses Werkes, da es in Kurzem ebenso bekannt sein wird wie die Schnitter desselben Malers, wozu es ein sinnreiches und anmutiges Seitenstück bildet. Wie dieses berühmte Bild eine sommerliche Kampagne darstellt, wo römische Landleute gleichsam auf einem Siegeswagen mit ihrem Erntesegen heimziehen, so sehen wir hier, auf dem letzten Bild von Robert, als schneidendsten Gegensatz den kleinen winterlichen Hafen von Chioggia und arme Fischerleute, die, um ihr kärgliches Tagesbrot zu gewinnen, trotz Wind und Wetter sich eben anschicken zu einer Ausfahrt ins adriatische Meer. Weib und Kind und die alte Großmutter schauen ihnen nach mit schmerzlicher Resignation – gar rührende

Gestalten, bei deren Anblick allerlei polizeiwidrige Gedanken in unserem Herzen laut werden. Diese unseligen Menschen, die Leibeigenen der Armut, sind zu lebenslänglicher Mühsal verdammt und verkümmern in harter Not und Betrübnis. Ein melancholischer Fluch ist hier gemalt, und der Maler, sobald er das Gemälde vollendet hatte, schnitt er sich die Kehle ab. Armes Volk! Armer Robert! – Ja, wie die Schnitter dieses Meisters ein Werk der Freude sind, das er im römischen Sonnenlicht der Liebe empfangen und ausgeführt hat, so spiegeln sich in seinen Fischern alle die Selbstmordgedanken und Herbstnebel, die sich, während er in der zerstörten Venezia hauste, über seine Seele lagerten. Wie uns jenes erstere Bild befriedigt und entzückt, so erfüllt uns dieses letztere mit empörungssüchtigem Unmut; dort male Robert das Glück der Menschheit, hier malte er das Elend des Volks.

Ich werde nie den Tag vergessen, wo ich das Originalgemälde, die Fischer von Robert, zum ersten Male sah. Wie ein Blitzstrahl aus unumwölbtem Himmel hatte uns plötzlich die Nachricht seines Todes getroffen, und da jenes Bild, welches gleichzeitig anlangte, nicht mehr im bereits eröffneten Salon ausgestellt werden konnte, faßte der Eigentümer, Herr Paturle, den löblichen Gedanken, eine besondere Ausstellung desselben zum Besten der Armen zu veranstalten. Der Maire des zweiten Arrondissements gab dazu sein Lokal, und die Einnahme, wenn ich nicht irre, betrug über sechzehntausend Franken. (Mögen die Werke aller Volksfreunde so praktisch nach ihrem Tode fortwirken:) Ich erinnere mich, als ich die Treppe der Mairie hinaufstieg, um zu dem Expositionszimmer zu gelangen, las ich auf einer Nebentür die Aufschrift: *Bureau des décès.* Dort im Saale standen sehr viele Menschen vor dem Bilde versammelt, keiner sprach, es herrschte eine ängstliche, dumpfe Stille, als läge hinter der Leinwand der blutige Leichnam des toten Malers. Was war der Grund, weshalb er sich eigenhändig den Tod gab, eine Tat, die im Widerspruch war mit den Gesetzen der Religion, der Moral und der Natur, heiligen Gesetzen, denen Robert sein ganzes Leben hindurch so kindlich Gehorsam leistete? Ja, er war erzogen im schweizerisch strengen Protestantismus, er hielt fest an diesem väterlichen Glauben mit unerschütterlicher Treue, und von religiösem Skeptizismus oder gar Indifferentismus war bei ihm keine Spur. Auch ist er immer gewissenhaft gewesen in der Erfüllung seiner bürgerlichen Pflichten, ein guter Sohn, ein guter Wirt, der seine Schulden bezahlte, der allen Vorschriften des Anstandes genügte, Rock und Hut sorgsam bürstete, und von Immoralität kann ebenfalls bei ihm nicht die Rede sein. An der Natur hing er mit ganzer Seele, wie ein Kind an der Brust der Mutter; sie tränkte sein Talent und offenbarte ihm alle ihre Herrlichkeiten, und nebenbei gesagt, sie war ihm lieber als die Tradition der Meister; ein überschwengliches Versinken in den süßen Wahnwitz der Kunst, ein unheimliches Gelüste nach Traumweltgenüssen, ein Abfall von der Natur, hat also ebenfalls den vortrefflichen Mann nicht in den Tod gelockt. Auch waren seine Finanzen wohlbestellt, er war geehrt, bewundert, und sogar gesund. Was war es aber? Hier in Paris ging einige Zeit die Sage, eine unglückliche Leidenschaft für eine vornehme Dame in Rom habe jenen Selbstmord veranlaßt. Ich kann nicht daran glauben. Robert war damals achtunddreißig Jahre alt, und in diesem Alter sind die Ausbrüche der großen Passion zwar sehr furchtbar, aber man bringt sich nicht um, wie in der frühen Jugend, in der unmännlichen Werther-Periode.

Was Robert aus dem Leben trieb, war vielleicht jenes entsetzlichste aller Gefühle, wo ein Künstler das Mißverhältnis entdeckt, das zwischen seiner Schöpfungslust und seinem Darstellungsvermögen stattfindet; dieses Bewußtsein der Unkraft ist schon der halbe Tod, und die Hand hilft nur nach, um die Agonie zu verkürzen. Wie brav und herrlich auch die Leistungen Robert's, so waren sie doch gewiß nur blasse Schatten jener blühenden Naturschönheiten, die seiner Seele vorschwebten, und ein geübtes Auge entdeckte leicht ein mühsames Ringen mit dem Stoff, den er nur durch die verzweiflungsvollste Anstrengung bewältigte. Schön und fest sind alle diese Robert'schen Bilder, aber die meisten sind nicht frei, es weht darin nicht der unmittelbare Geist, – sie sind komponiert. Robert hatte eine gewisse Ahnung von genialer Größe, und doch war sein Geist gebannt in kleinen Rahmen. Nach dem Charakter seiner Erzeugnisse zu urteilen, sollte man glauben, er sei Enthusiast gewesen für Raphael Sanzio von Urbino, den idealen Schönheitsengel; – nein, wie seine Vertrauten versichern, war es vielmehr Michel Angelo Buonarotti, der stürmische Titane, der wilde Donnergott des jüngsten Gerichts, für den er schwärmte, den er anbetete. Der wahre Grund seines Todes war der bittere Unmut des Genremalers, der nach großartigster Historienmalerei lechzte – er starb an einer Lakune seines Darstellungsvermögens.

Der Kupferstich von den Fischern, den die Herren Goupil und Rittner jetzt ausgestellt haben, ist vortrefflich in bezug auf das Technische; ein wahres Meisterstück, weit vorzüglicher als der Stich der Schnitter, der vielleicht mit zu großer Hast verfertigt worden. Aber es fehlt ihm der Charakter der Ursprünglichkeit, der uns bei den Schnittern so vollselig entzückt, und der vielleicht dadurch entstand, daß dieses Gemälde aus einer einzigen Anschauung, sei es eine äußere oder innere, gleichviel, hervorgegangen und derselben mit großer Treue nachgebildet ist. Die Fischer hingegen sind zu sehr komponiert, die Figuren sind mühsam zusammengesucht, neben einander gestellt, inkommodieren sich wechselseitig mehr als sie sich ergänzen, und nur durch die Farbe ist das Verschiedenartige im Originalgemälde ausgeglichen und erhielt das Bild den Schein der Einheit. Im Kupferstich, wo die Farbe, die bunte Vermittlung, fehlt, fallen natürlicherweise die äußerlich verbundenen Teile wieder auseinander, es zeigt sich Verlegenheit und Stückwerk, und das Ganze ist kein Ganzes mehr. Es ist ein Zeichen von Raphael's Größe, sagte mir jüngst ein Kollege, daß seine Gemälde im Kupferstich nichts von ihrer Harmonie verlieren. Ja, selbst in den dürftigsten Nachbildungen, allen Kolorits, wo nicht gar aller Schattierung entkleidet, in ihren nackten Konturen, bewahren die Raphael'schen Werke jene harmonische Macht, die unser Gemüt bewegt. Das kommt daher, weil sie echte Offenbarungen sind, Offenbarungen des Genius, der, eben wie die Natur, schon in den bloßen Umrissen das Vollendete gibt.

Ich will mein Urteil über die Robert'schen Fischer resumieren; es fehlt ihnen die Einheit, und nur die Einzelheiten, namentlich das junge Weib mit dem kranken Kinde, verdienen das höchste Lob. Zur Unterstützung meines Urteils berufe ich mich auf die Skizze, worin Robert gleichsam seinen ersten Gedanken ausgesprochen; hier, in der ursprünglichen Konzeption, herrscht jene Harmonie, die dem ausgeführten Bilde fehlt, und wenn man sie mit diesem vergleicht, merkt man gewiß, wie der Maler seinen Geist lange Zeit gezerrt und abgemüdet haben muß, ehe er das Gemälde in seiner jetzigen Gestalt zustande brachte.

XXXVI.

Paris, den 19. Dezember 1841

Wird sich Guizot halten? Heiliger Geist, hierzuland hält sie niemand auf die Länge. Alles wackelt, sogar der Obelisk von Luxor! Das ist keine Hyperbel, sondern buchstäbliche Wahrheit; schon seit mehreren Monaten geht hier die Rede, der Obelisk stehe nicht fest auf seinem Postament, er schwanke zuweilen hin und her, und eines frühen Morgens werde er den Leuten, die eben vorüberwandeln, auf die Köpfe purzeln. Die Ängstlichen suchen schon jetzt, wenn ihr Weg sie über die Place Louis-Quinze führt, sich etwas entfernt zu halten von der fallenden Größe. Die Mutigern lassen sich freilich nicht in ihrem gewöhnlichen Gange stören, weichen keinen Finger breit, können aber doch nicht umhin, im Vorübergehen ein bißchen hinaufzuschielen, ob der große Stein wirklich nicht wackelmütig geworden. Wie dem auch sei, es ist immer schlimm, wenn das Publikum Zweifel hegt über die Festigkeit der Dinge; mit dem Glauben an ihre Dauer schwindet schon ihre beste Stütze: Wird er sich halten? Jedenfalls glaub' ich, daß er sich die nächste Sitzung hindurch halten wird, sowohl der Obelisk als Guizot, der mit jenem eine gewisse Ähnlichkeit hat, z.B. die, daß er ebenfalls nicht auf seinem rechten Platze steht. Ja, sie stehen beide nicht auf ihrem rechten Platz, sie sind herausgerissen aus ihrem Zusammenhang, ungestüm verpflanzt in eine unpassende Nachbarschaft. Jener, der Obelisk, stand einst vor den lotosknäufigen Riesensäulen am Eingang des Tempels von Luxor, welcher wie ein kolossaler Sarg aussieht, und die ausgestorbene Weisheit der Vorwelt, getrocknete Königsleichen, einbalsamierten Tod enthält. Neben ihm sand ein Zwillingsbruder von demselben roten Granit und derselben pyramidalischen Gestalt, und ehe man zu diesen beiden gelangte, schritt man durch zwei Reihen Sphinxe, stumme Rätseltiere, Bestien mit Menschenköpfen, ägyptische Doktrinäre. In der Tat, solche Umgebung war für den Obelisken weit geeigneter als die, welche ihm auf der Place Louis-Quinze zuteil ward, dem modernsten Platz der Welt, dem Platz, wo eigentlich die moderne Zeit angefangen und von der Vergangenheit gewaltsam abgeschnitten wurde mit frevelhaftem Beil. – Zittert und wackelt vielleicht wirklich der große Obelisk, weil es ihm graut, sich auf solchem gottlosen Boden zu befinden, er, der gleichsam ein steinerner Schweizer in Hieroglyphen-Livrée jahrtausendelang Wache hielt vor den heiligen Pforten der Pharaonengräber und des absoluten Mumientums? Jedenfalls steht er dort sehr isoliert, fast komisch isoliert, unter lauter theatralischen Architekturen der Neuzeit, Bildwerken und Rokokogeschmack, Springbrunnen mit vergoldeten Najaden, allegorischen Statuen der französischen Flüsse, deren Piedestal eine Portierloge enthält, in der Mitte zwischen dem Arc de Triomphe, den Tuilerien und der Chambre des Deputés – ungefähr wie der sacerdotal tiefsinnige, ägyptisch steife und schweigsame Guizot zwischen dem imperialistisch rohen Soult*), dem merkantilisch flachköpfigen Humann, und dem hohlen Schwätzer Villemain, der halb voltairisch und halb katholisch angestrichen ist und in jedem Fall einen Strich zu viel hat.

Doch laßt uns Guizot beiseite setzen und nur von dem Obelisken reden; es ist ganz wahr, daß man von seinem baldigen Sturze spricht. Es heißt: Im stillen Sonnenbrand am Nil, in seiner heimatlichen Ruhe und Einsamkeit, hätte er noch Jahrtausende aufrecht stehn bleiben können, aber hier in Paris agitierte ihn der beständige Wetterwechsel, die fieberhaft aufreibende, anarchische Atmosphäre, der unaufhörlich wehende feuchtkalte Kleinwind, welcher die Gesundheit weit mehr angreift als der glühende Samum der Wüste; kurz, die Pariser Luft bekomme ihm schlecht. Der eigentliche Rival des Obelisken von Luxor ist noch immer die Colonne Vendome. Steht sie sicher? Ich weiß nicht; aber sie steht auf ihrem rechten Platze, in Harmonie mit ihrer Umgebung. Sie wurzelt treu im natio-

---

*) In der französischen Ausgabe findet sich noch der Zusatz: „der wenig von Kunst versteht, aber ein großer Liebhaber von Murillos ist, die nichts kosten." **Der Herausgeber.**

nalen Boden, und wer sich daran hält, hat eine feste Stütze. Eine ganz feste? Nein, hier in Frankreich steht nichts ganz fest. Schon einmal hat der Sturm das Kapital, den eisernen Kapitalmann, von der Spitze der Vendomesäule herabgerissen, und im Fall die Kommunisten ans Regiment kämen, dürfte wohl zum zweiten Male dasselbe sich ereignen, wenn nicht gar die radikale Gleichheitsraserei die Säule selbst zu Boden reißt, damit auch dieses Denkmal und Sinnbild der Ruhmsucht von der Erde schwinde; kein Mensch und kein Menschenwerk soll über ein bestimmtes Kommunalmaß hervorragen, und der Baukunst ebensogut wie der epischen Poesie droht der Untergang. „Wozu noch ein Monument für ehrgeizige Völkermörder?" hörte ich jüngst ausrufen bei Gelegenheit des Modellkonkurses für das Mausoleum des Kaisers; „Das kostet das Geld des darbenden Volkes, und wir werden es ja doch zerschlagen, wenn der Tag kommt!" Ja, der tote Held hätte in Sankt Helena bleiben sollen, und ich will ihm nicht dafür stehen, daß nicht einst sein Grabmal zertrümmert und seine Leiche in den schönen Fluß geschmissen wird, an dessen Ufern er so sentimental ruhen sollte, nämlich in die Seine! Thiers hat ihm als Minister vielleicht keinen großen Dienst geleistet.

Wahrlich, er leistet dem Kaiser einen größeren Dienst als Historiker, und ein solideres Monument, als die Vendomesäule und das projektierte Grabmal, erreichtet ihm Thiers durch das große Geschichtsbuch, woran er beständig arbeitet, wie sehr ihn auch die politischen Tageswehen in Anspruch nehmen.

Dieses Werk, wie mir sein Buchhändler versichert, der den größten Teil davon in Händen hatte, ist in der jüngsten Zeit sehr fortgeschritten. Sein Buchhändler ist Herr Dubochet, einer der edelsten und wahrhaftigsten Männer, die ich kenne; die Böswilligkeit wird mir daher einräumen müssen, daß ich nicht aus unlauterer Quelle berichte. Andere glaubwürdige Personen, die in Thiers' Nähe leben, haben mir versichert, daß er Tag und Nacht mit seinem Buche beschäftigt sei. Ihn selbst habe ich seit seiner Rückkehr aus Deutschland nicht gesehen, aber ich höre ebenfalls mit Freude, daß er durch seinen dortigen Aufenthalt nicht bloß seine historiographischen Zwecke erreicht, sondern auch eine bessere Einsicht in die deutschen Zustände gewonnen habe, als er während seines Ministeriums beurkundete. Mit großer Vorliebe und entschiedenem Respekt spricht er vom deutschen Volke, und die Ansicht, die er von unserm Vaterlande mitgebracht, wird gewiß gedeihlich wirken, gleichviel ob er wieder ans Staatsruder gelangt oder nur den Griffel der Geschichte in der Hand behält ...

Nur Thiers hat das Zeug dazu, die große historie des Napoleon Bonaparte zu schreiben, und er wird sie besser schreiben als diejenigen, die sich dazu besonders berufen glauben, weil sie treue Gefährten des Kaisers waren und sogar beständig mit seiner Person in Berührung standen. Die persönlichen Bekannten eines großen Helden, jene Mitkämpfer, seine Leibdiener, seine Kämmerer, Sekretäre, Adjutanten, vielleicht seine Zeitgenossen überhaupt, sind am wenigsten geeignet, seine Geschichte zu schreiben; sie kommen mir manchmal vor wie das kleine Insekt, das auf dem Kopf eines Menschen herumkriecht, ganz eigentlich in der unmittelbarsten Nähe seiner Gedanken verweilt, ihn überall begleitet, und doch nie von seinem wahren Leben und der Bedeutung seiner Handlungen das mindeste ahnt.

Ich kann nicht umhin, bei dieser Gelegenheit auf einen Kupferstich aufmerksam zu machen, der in diesem Augenblick bei allen Kunsthändlern ausgehängt ist und den Kaiser darstellt nach einem Gemälde von Delaroche, welches derselbe für Lady Sandwich gemalt hat. Der Maler verfuhr bei diesem Bilde (wie in allen seinen Werken) als Eklektiker, und zur Anfertigung desselben benutzte er zunächst mehre unbekannte Porträts, die sich im Besitz der Bonaparte'schen Familie befinden, sodann die Maske des Toten, ferner die Details, die ihm über die Eigentümlichkeiten des kaiserlichen Gesichts von einigen Damen mitgeteilt worden, und endlich seine eignen Erinnerungen, da er in seiner Jugend mehrmals den Kaiser gesehen. Mein Urteil über dieses Bild kann ich hier nicht mitteilen, da ich zugleich über die Art und Weise des Delaroche ausführlich reden müßte. Die Hauptsache habe ich bereits angedeutet: das eklektische Verfahren, welches eine gewisse äußere Wahrheit befördert, aber keinen tiefern Grundgedanken aufkommen läßt. – Dieses neue Porträt des Kaisers ist bei Goupil und Rittner erschienen*), die fast alle bekannten Werke des Delaroche in Kupferstich herausgegeben. Sie gaben uns jüngst seinen Karl I., welcher im Kerker von den Soldaten und Schergen verhöhnt wird, und als Seitenstück erhielten wir im selben Format den Grafen Strafford, welcher, zur Richtstätte geführt, dem Gefängnisse vorbeikommt, wo der Bischof Land gefangen sitzt und dem vorüberziehenden Grafen seinen Segen erteilt; wir sehen nur seine, aus einem Gitterfenster hervorgestreckten zwei Hände, die wie hölzerne Wegweiser aussehen, recht prosaisch abgeschmackt. In derselben Kunsthandlung erschien auch des Delaroche großes Kabinettstück: der sterbende Richelieu, welcher mit seinen beiden Schlachtopfern, den zum Tode verurteilten Rittern Saint-Mars und de Thou, in einem Boote die Rhone hinabfährt. Die beiden Königskinder, die Richard III. im Tower ermorden läßt, sind das Anmutigste, was Delaroche gemalt und als Kupferstich in bemeldeter Kunsthandlung herausgegeben. In diesem Augenblick läßt die-

---

*) „und ist vortrefflich gestochen von einem jungen Kupferstecher, der dabei das größte Talent an den Tag legte. Er heißt, wenn ich nicht irre, Aristide Louis und ist ein Schüler von Dupont", schließt dieser Brief in der Augsburger Allgemeinen Zeitung. **Der Herausgeber.**

selbe ein Bild von Delaroche stechen, welches Maria Antoinette im Tempelgefängnisse vorstellt; die unglückliche Fürstin ist hier äußerst ärmlich, fast wie eine Frau aus dem Volke gekleidet, was gewiß dem edlen Faubourg die legitimsten Tränen entlocken wird. Eins der Haupt-Rührungswerke von Delaroche, welches die Königin Jeanne Grey vorstellt, wie sie im Begriff ist, ihr blonds Köpfchen auf den Block zu legen, ist noch nicht gestochen und soll nächstens ebenfalls erscheinen. Seine Maria Stuart ist auch noch nicht gestochen. Wo nicht das Beste, doch gewiß das Effektvollste, was Delaroche geliefert, ist sein Cromwell, welcher den Sargdeckel aufhebt von der Leiche des enthaupteten Karl I., ein berühmtes Bild, worüber ich vor geraumer Zeit ausführlich berichtete. Auch der Kupferstich ist ein Meisterstück technischer Vollendung. Eine sonderbare Vorliebe, ja Idiosynkrasie bekundet Delaroche in der Wahl seiner Stoffe. Immer sind es hohe Personen, die entweder hingerichtet werden oder wenigstens dem Henker verfallen. Herr Delaroche ist der Hofmaler aller geköpften Majestäten. Er kann sich dem Dienst solcher erlauchten Delinquenten niemals ganz entziehen, und sein Geist beschäftigt sich mit ihnen selbst bei Porträtierung von Potentaten, die auch ohne scharfrichterliche Beihilfe das Zeitliche segneten. So z. B. auf dem Gemälde seiner sterbenden Elisabeth von England sehen wir, wie die greise Königin sich verzweiflungsvoll auf dem Estrich wälzt, in dieser Todesstunde gequält von der Erinnerung an den Grafen Essex und Maria Stuart, deren blutige Schatten ihr stieres Auge zu erblicken scheint. Das Gemälde ist eine Zierde der Luxembourg-Galerie, und ist nicht so schauderhaft banal oder banal schauderhaft, wie die andern erwähnten historischen Genrebilder, Lieblingsstücke der Bourgeoisie, der wackern, ehrsamen Bürgersleute, welche die Überwindung der Schwierigkeiten für die höchste Aufgabe der Kunst halten, das Grausige mit dem Tragischen verwechseln und sich gern erbauen an dem Anblick gefallener Größe, im süßen Bewußtsein, daß sie vor dergleichen Katastrophen gesichert sind in der bescheidenen Dunkelheit einer *arrière-boutique* der Rue St. Denis.

XXXVII.

Paris, den 28. Dezember 1841

Von der eben eröffneten Deputiertenkammer erwarte ich nicht viel Erquickliches. Da werden wir nichts sehen als lauter Kleingezänkte, Personenhader, Unmacht, wo nicht gar endliche Stockung. In der Tat, eine Kammer muß kompakte Parteimassen enthalten, sonst kann die ganze parlamentarische Maschine nicht fungieren. Wenn jeder Deputierte eine besondere, abweichende, isolierte Meinung zu Markte bringt, wird nie ein Votum gefällt werden, das man nur einigermaßen als Ausdruck eines Gesamtwillens betrachten könnte, und doch ist es die wesentlichste Bedingung des Repräsentativsystems, daß ein solcher Gesamtwille sich beurkunde. Wie die ganze französische Gesellschaft, so ist auch die Kammer in so viele Spaltungen und Splitter zerfallen, daß hier keine zwei Menschen mehr in ihren Ansichten ganz übereinstimmen. Betrachte ich in dieser politischen Beziehung die jetzigen Franzosen, so erinnere ich mich immer der Worte unseres wohlbekannten Adam Gurowski, der den deutschen Patrioten jede Möglichkeit des Handelns absprach, weil unter zwölf Deutschen sich immer vierundzwanzig Parteien befänden; denn bei unserer Vielseitigkeit und Gewissenhaftigkeit im Denken habe jeder von uns auch die entgegengesetzte Ansicht mit allen Überzeugungsgründen in sich aufgenommen, und es befänden sich daher zwei Parteien in einer Person. Dasselbe ist jetzt bei den Franzosen der Fall. Wohin aber führt diese Zersplitterung, diese Auflösung aller Gedankenbande, dieser Partikularismus, dieses Erlöschen alles Gemeingeistes, welches der moralische Tod eines Volks ist? – Der Kultus der materiellen Interessen, des Eigennutzes, des Geldes, hat diesen Zustand bereitet. Wird dieser lange währen, oder wird wohl plötzlich eine gewaltige Erscheinung, eine Tat des Zufalls oder ein Unglück, die Geister in Frankreich wieder verbinden und verbünden? Gott verläßt keinen Deutschen, aber auch keinen Franzosen, er verläßt überhaupt kein Volk, und wenn ein Volk aus Ermüdung oder Faulheit einschläft, so bestellt er ihm seine künftigen Wecker, die, verborgen in irgendeiner dunkeln Abgeschiedenheit, ihre Stunde erwarten, ihre aufrüttelnde Stunde. Wo wachen die Wecker? Ich habe manchmal darnach geforscht und geheimnisvoll deutete man alsdann – auf die Armee! Hier in der Armee, heißt es, gebe es noch ein gewaltiges Nationalbewußtsein; hier, unter der freifarbigen Fahne, hätten sich jene Hochgefühle hingeflüchtet, die der regierende Industrialismus vertreibe und verhöhne; hier blühe noch die genügsame Bürgertugend, die unerschrockene Liebe für Großtat und Ehre, die Flammenfähigkeit der Begeisterung; während überall Zwietracht und Fäulnis, lebe hier noch das gesündeste Leben, zugleich ein angewohnter Gehorsam für die Autorität, jedenfalls gewaffnete Einheit – es sei gar nicht unmöglich, daß eines frühen Morgens die Armee das jetzige Bourgeoisie-Regiment, dieses zweite Direktorium, über den Haufen werfe und ihren achtzehnten Brumaire mache! – Also Soldatenwirtschaft wäre das Ende des Liedes, und die menschliche Gesellschaft bekäme wieder*) Einquartierung?

---

*) „dem Lärm der *gloire* mit ihren ewigen Tedeums, ihren Illuminationslämpchen, ihren Helden mit schweren Golddepaulettes, und ihrem permanenten Kanonendonner!" schließt dieser Brief in der französischen Ausgabe.
Der Herausgeber.

Die Verurteilung des Herrn Dupoty durch die Pariskammer entsprang nicht bloß aus greisenhafter Furcht, sondern aus jenem Erbgroll gegen die Revolution, der im Herzen vieler edlen Pairs heimlich nistet. Denn das Personal der erlauchten Versammlung besteht nicht aus lauter frischgebackenen Leuten der Neuzeit; man werfe nur einen Blick auf die Liste der Männer, die das Urteil gefällt, und man sieht mit Verwunderung, daß neben dem Namen eines imperialistischen oder philippistischen Emporkömmlings immer zwei bis drei Namen des alten Regimes sich geltend machen. Die Träger dieser Namen bilden also natürlicherweise die Majorität; und da sitzen sie auf den Samtbänken des Luxembourg, alte guillotinierte Menschen mit wieder angenähten Köpfen, wonach sie jedesmal ängstlich tasten, wenn draußen das Volk murmelte – Gespenster, die jeden Hahn hassen, und den gallischen am meisten, weil sie aus Erfahrung wissen, wie schnell sein Morgengeschrei ihrem ganzen Spuk ein Ende machen könnte – und es ist ein entsetzliches Schauspiel, wenn diese unglücklichen Toten Gericht halten über Lebendige, die noch unglücklicher sind, nämlich über die jüngsten und verzweiflungsvollsten Kinder der Revolution, über jene verwahrlosten und enterbten Kinder, deren Elend ebensogroß ist wie ihr Wahnsinn, über die Kommunisten! Von Seite der Plebejer, die neben den altbackenen Patriziern in der Pairskammer sitzen, ist ebensowenig Milde zu erwarten; mit wenigen Ausnahmen suchen sie beständig ihren revolutionären Ursprung zu verleugnen, und mit Entschiedenheit verdammen sie ihr eigenes Blut. Oder offenbart sich eine gewisse angeborne Dienstbarkeit bei diesen neuen Leuten, sobald sie ihr großes Tribunalziel erreicht, nämlich sich als Pairs neben ihren ehemaligen Herren niedergesetzt haben? Die alte Unterwürfigkeit ergreift wieder ihre Seelen, unter dem Hermelin kommt ein Stück Livrée zum Vorschein, und bei jeder Frage gehorchen sie unwillkürlich den gnädigen Herrschaftsinteressen des Hauses.

Die Verurteilung des Dupoty wird der Pairie-Institution unsäglichen Schaden zufügen. – Die Pairie ist jetzt bei dem Volk ebenso verhaßt wie diskreditiert. Die letzte Fournée enthält zwar Namen, wogegen sich wenig einwenden ließe; aber die Suppe wird dadurch weder fetter noch schmackhafter. Die Liste ist bereits in allen Zeitungen durchgeträtscht worden, und ich enthalte mich der besonderen Besprechung. Nur in Beziehung auf Herrn Beugnot will ich hier beiläufig bemerken, daß dieser neue Pair unsre deutsche Sprache und überhaupt deutsche Weise sehr gut kennen muß, denn er ist bis zum Jünglingsalter in Deutschland erzogen worden, nämlich zu Düsseldorf, wo er den öffentlichen Unterricht des Gymnasiums genoß und sich bereits durch Fleiß und wackere Gesinnung auszeichnete. Es hat für mich immer etwas Tröstliches und Beruhigendes, wenn ich unter den Mitgliedern der französischen Staatsgewalt etwelche Personen sehe, von denen ich überzeugt bin, daß sie der deutschen Sprache kundig sind und Deutschland nicht nur von Hörensagen kennen. – Vielen Unmut erregte die Promotion des Herrn de Murat und des Herrn de Chavigny, ralliierter Legitimisten; Letzter war Sekretär des Herrn von Polignac. – Es heißt allgemein, auch Herr Benoit Fould werde zum Pair de France erhoben, und es ist mehr als wahrscheinlich, daß wir dieses ergötzliche betrübsame Schauspiel in Kurzem erleben. Das fehlt noch jener armen Pairie, um zum Gespötte der Welt zu werden. Es fehlt überhaupt noch dieser eklatante Sieg des nüchternsten und härtesten Geldmaterialismus! Hebt James Rothschild, so hoch ihr wollt – er ist ein Mensch und hat ein menschliches Herz. Aber dieser Herr Benoit Fould! Der „National" sagt heute, der Bankier Fould ist der einzige gewesen, der in der Eröffnungssitzung dem General-Prokurator Hébert die Hand gedrückt; *Mr. Fould* (fügt er bei) *ressemble beaucoup à und discours d'accusateur publik*)*.

XXXVIII.

Paris, den 12. Januar 1842

Wir lächeln über die armen Lappländer, die, wenn sie an Brustkrankheit leiden, ihre Heimat verlassen und nach St. Petersburg reisen, um dort die milde Luft eins südlichen Klimas zu genießen. Die Algier'schen Beduinen, die sich hier befinden, dürften mit demselben Recht über manche unsrer Landsleute lächeln, die ihrer Gesundheit wegen den Winter lieber in Paris zubringen als in Deutschland und sich einbilden, daß Frankreich ein warmes Land sei. Ich versichere Sie, es kann bei uns auf der Lüneburger Heide nicht kälter sein als hier in diesem Augenblick, wo ich ihnen mit froststeifen Fingern schreibe. Auch in der Provinz muß eine bittere Kälte herrschen. Die Deputierten, welche jetzt rudelweise anlangen, erzählen nur von Schnee, Glatteis und umgestürzten Diligencen. Ihre Gesichter sind noch rot und verschnupft, ihr Gehirn eingefroren, ihre Gedanken neun Grad unter Null. Bei Gelegenheit der Adresse werden sie auftauen. Alles hat jetzt hier ein frostiges und ödes Ansehen. Nirgends Übereinstimmung bei den wichtigsten

---

*) In einer späteren Notiz zu dem Briefe vom 3. Juni 1840 verwahrt sich Heine gegen die Urheberschaft obiger Bemerkungen über Benoit Fould. Die Stelle findet sich jedoch am Schlusse des vorstehend abgedruckten Briefes, von welchem Heine den größten Teil in sein Buch „Lutetia" aufnahm. Der Verfasser ist insofern im Rechte, als er die in Rede stehenden Zeilen allerdings nicht in einem *„früheren* Artikel" (nämlich nicht vor dem 3. Juni 1840) schrieb, und es mag seinem Gedächtnis bei Abfassung der „späteren Notiz" (im Mai 1854) entfallen sein, daß er die Stelle zu einer andern Zeit (in dem Briefe vom 28. Dezember 1841) wirklich drucken ließ. **Der Herausgeber.**

Fragen, und beständiger Windwechsel. Was man gestern wollte, heute will man's nicht mehr, und Gott weiß, was man morgen begehren wird. Nichts als Hader und Mißtrauen, Schwanken und Zersplitterung. König Philipp hat die Maxime eines mazedonischen Namensgenossen, das „Trenne und Herrsche!" bis zum schädlichsten Übermaß ausgeübt. Die zu große Zerteilung erschwert wieder die Herrschaft, zumal die konstitutionelle, und Guizot wird mit den Spaltungen und Zerfaserungen der Kammer seine liebe Not haben. Guizot ist noch immer der Schutz und Hort des Bestehenden. Aber die sogenannten Freunde des Bestehenden, die Konservativen, sind dessen wenig eingedenk, und sie haben bereits vergessen, daß noch vorigen Freitag in derselben Stunde „A bas Guizot!" und „Vive Lamennais!" gerufen worden. Für den Mann der Ordnung, für den großen Ruhestifter war es in der Tat ein indirekter Triumph, daß man ihn herabwürdigte, um jenen schauderhaften Priester zu feiern, der den politischen Fanatismus mit dem religiösen vermählt und der Weltverwirrung die letzte Weihe erteilt. Armer Guizot, armer Schulmeister, armer Rektor Magnifikus von Frankreich! dir bringen sie ein Pereat, diese Studenten, die weit besser täten, wenn sie deine Bücher studierten, worin so viel Belehrung enthalten, so viel edler Tiefsinn, so viel' Winke für das Glück der Menschheit! „Nimm dich in acht! sagte einst ein Demagoge zu einem großen Patrioten, „wenn das Volk in Wahnsinn gerät, wird es dich zerreißen." Und dieser antwortete: „Nimm dich in acht, denn dich wird das Volk zerreißen, wenn es wieder zur Vernunft kommt!" Dasselbe hätten wohl vorigen Freitag Lamennais und Guizot zueinander sagen können. Jener tumultuarische Auftritt sah bedenklicher aus, als die Zeitungen meldeten. Diese hatten ein Interesse, den Vorfall einigermaßen zu vertuschen, die ministeriellen sowohl als die Oppositionsblätter; letztere, weil jene Manifestation keinen sonderlichen Anklang im Volke fand. Das Volk sah ruhig zu und fror. Bei neun Grad Kälte ist kein Umsturz der Regierung in Paris zu befürchten. Im Winter gab es hier nie Emeuten. Seit der Bestürzung der Bastille bis auf die Revolte des Barbès hat das Volk immer seinen Unmut bis zu den wärmeren Sommermonden vertagt*), wo das Wetter schön war und man sich mit Vergnügen schlagen konnte. –

---

*) „Spricht das nicht etwa für die Regierungen, deren Druck nie so entsetzlich gewesen sein mag, weil man ihm nur dann Widerstand leistete, wenn das Wetter schön war und man sich mit Vergnügen schlagen konnte?" lautet der Schluß dieses Briefes in der Augsburger Allgemeinen Zeitung.
Der Herausgeber.

XXXIX.

Paris, den 24. Januar 1842

In der parlamentarischen Arena sah man dieser Tage wieder einen glänzenden Zweikampf von Guizot und Thiers, jener zwei Männer, deren Namen in jedem Munde und deren unaufhörliche Besprechung nachgerade langweilig werden dürfte. Ich wundere mich, daß die Franzosen noch nicht darüber die Geduld verlieren, daß man seit Jahr und Tag, von Morgen bis Abend, beständig von diesen beiden Personen schwatzt. Aber im Grunde sind es ja nicht Personen, sondern Systeme, von denen hier die Rede ist, Systeme, die überall zur Sprache kommen müssen, wo eine Staatsexistenz von außen bedroht ist, überall, in China so gut wie in Frankreich. Nur daß hier Thiers und Guizot genannt wird, was dort in China Lin und Keschen heißt. Ersterer ist der chinesische Thiers und repräsentiert das kriegerische System, welches die herandrohende Gefahr durch die Gewalt der Waffen, vielleicht auch nur durch schreckendes Waffengeräusch, abwehren wollte. Keschen hingegen ist der chinesische Guizot, er repräsentiert das Friedenssystem, und es wäre ihm vielleicht gelungen, die rothaarigen Barbaren durch kluge Nachgiebigkeit wieder aus dem Lande hinaus zu komplimentieren, wenn die Thiers'sche Partei in Peking nicht die Oberhand bekommen hätte. Armer Keschen! eben weil wir so fern vom Schauplatze, konnten wir ganz klar einsehen, wie sehr du recht hattest, den Streitkräften des Mittelreichs zu mißtrauen, und wie ehrlich du es mit deinem Kaiser meintest, der nicht so vernünftig wie Ludwig Philipp! Ich habe mich recht gefreut, als dieser Tage die „Allgemeine Zeitung" berichtete, daß der vortreffliche Keschen nicht entzwei gesägt worden, wie es früher hieß, sondern nur sein ungeheures Vermögen eingebüßt habe. Letzteres kann dem hiesigen Repräsentanten des Friedenssystems nimmermehr passieren; wenn er fällt, können nicht seine Reichtümer konfisziert werden – Guizot ist arm wie eine Kirchmaus. Und auch unser Lin ist arm, wie ich bereits öfter erwähnt habe; ich bin überzeugt, er schreibt seine Kaisergeschichte, hauptsächlich des Geldes wegen. Welch ein Ruhm für Frankreich, daß die beiden Männer, die alle seine Macht verwalteten, zwei arme Mandarinen sind, die nur in ihrem Kopfe ihre Schätze tragen!

Die letzten Reden dieser beiden haben Sie gelesen und fanden vielleicht darin manche Belehrung über die Wirrnisse, welche eine unmittelbare Folge der orientalischen Frage. – Was in diesem Augenblick besonders merkwürdig, ist die Milde der Russen, wo von Erhaltung des türkischen Reichs die Rede. Der eigentliche Grund aber ist, daß sie faktisch schon den größten Teil desselben besitzen. Die Türkei wird allmählich russisch ohne gewaltsame Okkupation. Die Russen befolgen hier eine Methode, die ich nächstens einmal beleuchten werde. Es ist ihnen um die reelle Macht zu tun, nicht um den bloßen Schein derselben, nicht um die byzantinische Titulatur. Konstantinopel kann ihnen nicht entgehen, sie verschlingen es, sobald es ihnen paßt. In diesem Augenblick aber paßt es ihnen noch nicht, und sie sprechen von der Türkei mit einer süßlichen, fast herrenhutischen Friedfertigkeit. Sie mahnen mich an die Fabel von dem Wolf, welcher, als er Hunger hatte, sich eines Schafes bemächtigte. Er fraß mit gieriger Hast dessen beide Vorderbeine, jedoch die Hinterbeine des Tierleins verschonte er und sprach: „Ich bin jetzt gesättigt, und diesem guten Schafe, das mich mit seinen Vorderbeinen gespeiset hat, lasse ich aus Pietät alle seine übrigen Beine und den ganzen Rest seines Leibes."

XL.

Paris, den 2. Juni 1842

Die *Académie des sciences morales et politiques* hat sich nicht blamieren wollen, und in ihrer Sitzung vom 28. Mai prorogierte sie bis 1844 die Krönung des besten *Examen critique de la philosophie allemande*. Unter diesem Titel hatte sie nämlich eine Preisaufgabe angekündigt, deren Lösung nichts Geringeres beabsichtigte als eine beurteilende Darstellung der deutschen Philosophie von Kant bis auf die heutige Stunde, mit besonderer Berücksichtigung des ersteren, des großen Immanuel Kant, von dem die Franzosen so viel reden gehört, daß sie schier neugierig geworden. Einst wollte sogar Napoleon sich über die Kant'sche Philosophie unterrichten, und er beauftragte irgendeinen französischen Gelehrten, ihm ein Resumé derselben zu liefern, welches aber auf einige Quartseiten zusammengedrängt sein müsse. Fürsten brauchen nur zu befehlen. Das Resumé ward unverzüglich und in vorgeschriebener Form angefertigt. Wie es ausfiel, weiß der liebe Himmel, und nur so viel ist mir bekannt, daß der Kaiser, nachdem er die wenigen Quartseiten aufmerksam durchgelesen, die Worte aussprach: „Alles dieses hat keinen praktischen Wert, und die Welt wird wenig gefördert durch Menschen wie Kant, Cagliostro, Swedenborg und Philadelphia." – Die große Menge in Frankreich hält Kant noch immer für einen neblichten, wo nicht gar benebelten Schwärmer, und noch jüngst las ich in einem französischen Romane die Phrase: *le vague mystique de Kant*. Einer der größten Philosophen der Franzosen ist unstreitig Pierre Leroux, und dieser gestand mir vor sechs Jahren, erst aus der *„Allemagne"* von Henri Heine habe er die Einsicht gewonnen, daß die deutsche Philosophie nicht so mystisch und religiös sei, wie man das französische Publikum bisher glauben machte, sondern im Gegenteil sehr kalt, fast frostig abstrakt und ungläubig bis zur Negation des Allerhöchsten.

In der erwähnten Sitzung der Akademie gab uns Mignet, der *Secrétaire perpétuel*, eine *Notice historique* über das Leben und Wiken des verstorbenen Destutt de Tracy. Wie in allen seinen Erzeugnissen beurkundete Mignet auch hier sein schönes, großes Darstellungstalent, seine bewunderungswürdige Kunst des Auffassens aller charakteristischen Zeitmomente und Lebensverhältnisse, seine heiter, klare Verständlichkeit, sein reiches Gefühl und seine standhafte, jugendlich blühende Begeisterung für das Heil der Menschheit. Seine Rede über Destutt de Tracy ist bereits im Druck erschienen, und es bedarf also hier keines ausführlichen Referats. Nur beiläufig will ich einige Bemerkungen hinwerfen, die sich mir besonders aufdrängten, während Mignet das schöne Leben jenes Edelmanns erzählte, der dem stolzesten Feudaladel entsprossen und während seiner Jugend ein wackerer Soldat war, aber dennoch mit großmütigster Selbstverleugnung und Selbstaufopferung die Partei des Fortschrittes ergriff und ihr bis zum letzten Atemzug treu blieb. Derselbe Mann, der mit Lafayette in den achtziger Jahren für die Sache der Freiheit Gut und Blut einsetzte, fand sich mit dem alten Freunde wieder zusammen am 29. Juli 1830 bei den Barrikaden von Paris, unverändert in seinen Gesinnungen; nur seine Augen waren erloschen, sein Herz war licht und jung geblieben. Der französische Adel hat sehr viele, erstaunlich viele solcher Erscheinungen hervorgebracht, und das Volk weiß es auch, und diese Edelleute, die seinen Interessen solche Ergebenheit bewiesen, nennt es *„les bons nobles"*. Mißtrauen gegen den Adel im allgemeinen mag sich in revolutionären Zeiten zwar als nützlich herausstellen, wird aber immer eine Ungerechtigkeit bleiben. In dieser Beziehung gewährt uns eine große Lehre das Leben eines Tracy, eines Rochefoucauld, eines d'Argenson, eines Lafayette und ähnlicher Ritter der Volksrechte*).

Gerade, unbeugsam und schneidend, wie einst sein Schwert, war der Geist des Destutt de Tracy, als er sich später in jene materialistische Philosophie warf, die in Frankreich durch Condillac zur Herrschaft gelangte. Letzterer wagte nicht die letzten Konsequenzen dieser Philosophie auszusprechen, und, wie die meisten seiner Schule, ließ er dem Geiste immer noch ein abgeschiedenes Winkelchen im Universalreiche der Materie. Destutt de Tracy aber hat dem Geiste auch dieses letzte Refugium aufgekündigt, und, seltsam! zu derselben Zeit, wo bei uns in Deutschland der Idealismus auf die

---

*) „und anderer *bons nobles*, die zu Verfechtern der Menschenrechte wurden, und als kühne Ritter ihren Fehdehandschuh allen Volksbedrückern ins Gesicht warfen", schließt dieser Satz in der französischen Ausgabe.
Der Herausgeber.

Spitze getrieben und die Materie geleugnet wurde, erklomm in Frankreich das materialistische Prinzip seinen höchsten Gipfel und man leugnete hier den Geist. Destutt de Tracy war, sozusagen, der Fichte des Materialismus.

Es ist ein merkwürdiger Umstand, daß Napoleon gegen die philosophische Koterie, wozu Tracy, Cabanis und Konsorten gehörten, eine so besorgliche Abneigung hegte und sie mitunter sehr streng behandelte. Er nannte sie Ideologen, und er empfand eine vage, schier abergläubische Furcht vor jener Ideologie, die doch nichts anderes war als der schäumende Aufguß der materialistischen Philosophie; diese hatte freilich die größte Umwälzung gefördert und die schauerlichsten Zerstörungskräfte offenbart, aber ihre Mission war vollbracht und also auch ihr Einfluß beendigt. Bedrohlicher und gefährlicher war jene entgegengesetzte Doktrin, die unbeachtet in Deutschland emportauchte und späterhin so viel beitrug zum Sturz der französischen Gewaltherrschaft. Es ist merkwürdig, daß Napoleon auch in diesem Fall nur die Vergangenheit begriff und für die Zukunft weder Ohr noch Auge hatte. Er ahnte einen verderblichen Feind im Reiche des Gedankens, aber er suchte diesen Feind unter alten Perücken, die noch vom Puder des achtzehnten Jahrhunderts stäubten; er suchte ihn unter französischen Greisen, statt unter der blonden Jugend der deutschen Hochschulen. Doch auch ihm fruchtete nicht viel die größere Pfiffigkeit, die an dem Willen der Vorsehung zuschanden wurde – seine Schergen kamen zu spät, das furchtbare Kind war nicht mehr in Bethlehem, ein treues Eselein trug es rettend nach Ägypten. Ja, Napoleon besaß Scharfblick nur für Auffassung der Gegenwart oder Würdigung der Vergangenheit, und er war stockblind für jede Erscheinung, worin sich die Zukunft ankündigte. Er stand auf dem Balkone seines Schlosses zu Saint Cloud, als das erste Dampfschiff dort auf der Seine vorüberfuhr, und er merkte nicht im mindesten die weltumgestaltende Bedeutung dieses Phänomens!

XLI.

Paris, den 20. Juni 1842

In einem Lande, wo die Eitelkeit so viele eifrige Jünger zählt, wird die Zeit der Deputiertenwahl immer eine sehr bewegte sein. Da die Deputation aber nicht bloß die Eigenliebe kitzelt, sondern auch zu den fettesten Ämtern und zu den einträglichsten Einflüssen führt; da hier also nicht bloß der Ehrgeiz, sondern auch die Habsucht ins Spiel kommt; da es sich hier auch um jene materiellen Interessen handelt, denen unser Zeitalter so inbrünstig huldigt, so ist die Deputiertenwahl ein wahrer Wettlauf, ein Pferderennen, dessen Anblick für den fremden Zuschauer eher kurios als erfreulich sein mag. Es sind nämlich nicht eben die schönsten und besten Pferde, die bei solchen Rennen zum Vorschein kommen; nicht die inwohnenden Tugenden der Stärke, des Vollbluts, der Ausdauer kommen hier in Anschlag, sondern nur die leichtfüßige Behendigkeit. Manches edle Roß, dem der feurigste Schlachtmut aus den Nüstern schnaubt und Vernunft aus den Augen blitzt, muß hier einem magern Klepper nachsehen, der aber zu Triumphen auf dieser Bahn ganz besonders abgerichtet worden. Überstolze, störrische Gäule geraten hier schon beim ersten Anlauf in unzeitiges Bäumen, oder sie vergaloppieren sich. Nur die dressierte Mittelmäßigkeit erreicht das Ziel. Daß ein Pegasus beim parlamentarischen Rennen kaum zugelassen wird und tausenderlei Ungunst zu erfahren hat, versteht sich von selbst; denn der Unglückselige hat Flügel und könnte sich einst höher emporschwingen, als der Plafond des Palais Bourbon gestattet. Eine merkwürdige Erscheinung, daß unter den Wettrennern fast ein Dutzend von arabischer, oder, um noch deutlicher zu sprechen, von semitischer Race. Doch was geht das uns an! Uns interessiert nicht dieser mäkelnde Lärm, dieses Stampfen und Wiehern der Selbstsucht, dieses Getümmel der schäbigsten Zwecke, die sich mit den brillantesten Farben geschmückt, das Geschrei der Stallknechte und der stäubende Mist – uns kümmert bloß zu erfahren: werden die Wahlen zu Gunsten oder zum Nachteil des Ministeriums ausfallen? Man kann hierüber noch nichts Bestimmtes melden. Und doch ist das Schicksal Frankreichs und vielleicht der ganzen Welt von der Frage abhängig, ob Guizot in der neuen Kammer die Majorität behalten wird oder nicht. Hiermit will ich keineswegs der Vermutung Raum geben, als könnten unter den neuen Deputierten sich ganz gewaltige Eisenfresser auftun und die Bewegung aufs höchste treiben. Nein, diese Ankömmlinge werden nur klingende Worte zu Markte bringen und sich vor der Tat ebenso bescheidentlich fürchten wie ihre Vorgänger; der entschiedenste Neuerer in der Kammer will nicht das Besehende gewaltsam umstürzen, sondern nur die Befürchtungen der obern Mächte und die Hoffnungen der untern für sich selber ausbeuten. Aber die Verwirrungen, Verwicklungen und momentanen Nöten, worin die Regierung infolge dieses Treibens beraten kann, geben den dunkeln Gewalten, die im Verborgenen lauern, das Signal zum Losbruch, und, wie immer, erwartet die Revolution eine parlamentarische Initiative*). Das entsetzliche Rad käme dann wieder in Bewegung, und wir sähen diesmal einen Anta-

---

*) Statt der nächsten vier Sätze findet sich in der Augsburger Allgemeinen Zeitung folgende Stelle: „Deshalb ist es so weltwichtig, daß sich uns der Charakter der neuen Kammer so bald als möglich offenbare und daß wir erfahren, ob sich Guizot am Steuer des Staatsschiffes erhalten wird. Ist es nämlich nicht der Fall und gewinnt die Opposition die Oberhand, so werden die Agitatoren ganz gemächlich eine günstige Konjunktur abwarten, die im Laufe

gonisten auftreten, welcher der schrecklichste sein dürfte von allen, die bisher mit dem Bestehenden in die Schranken getreten. Dieser Antagonist bewahrt noch sein schreckliches Inkognito und residiert wie ein dürftiger Prätendent in jenem Erdgeschoß der offiziellen Gesellschaft, in jenen Katakomben, wo unter Tod und Verwesung das neue Leben keimt und knospet. Kommunismus ist der geheime Name des furchtbaren Antagonisten, der die Proletarierherrschaft in allen ihren Konsequenzen dem heutigen Bourgeoisie-Regimente entgegensetzt. Es wird ein furchtbarer Zweikampf sein. Wie möchte er enden? Das wissen die Götter und Göttinnen, denen die Zukunft bekannt ist. Nur so viel wissen wir: in verborgenen Dachstuben auf seinem elenden Strohlager hinlungert, so ist er doch der düstre Held, dem eine große, wenn auch nur vorübergehende Rolle beschieden in der modernen Tragödie, und der nur des Stichworts harrt, um auf die Bühne zu treten. Wir dürfen daher diesen Akteur nie aus den Augen verlieren, und wir wollen zuweilen von den geheimen Proben berichten, worin er sich zu seinem Debüt vorbereitet. Solche Hindeutungen sind vielleicht wichtiger als alle Mitteilungen über Wahlumtriebe, Parteihader und Kabinettsintrigen.

---

der Session notwendig eintreten muß, und wir haben für einige Zeit Mühe. Das wird freilich eine sehr beängstigend schwüle, widerwärtige Ruhe sein, unerträglicher als die Unruhe. Hält sich aber Guizot und können sich die Männer der Bewegung nicht länger mit der Hoffnung schmeicheln, diesen Granitblock, womit sich die Ordnung barrikadiert hat, endlich hinweggeräumt zu sehen, so dürfte wohl die grimmige Ungeduld sie zu den verzweiflungsvollsten Versuchen anhetzen. Die Tage des Julius sind heiß und gefährlich; aber jedes Schilderheben in der gewaltsamen Weise dürfte jetzt kläglicher als je verunglücken. Denn Guizot, im eisernen Selbstbewußtsein seines Wollens, wird unerschütterlich seinem System treu bleiben bis zu dessen letzten Konsequenzen. Ja, er ist der Mann eines Systems, welches das Resultat seiner politischen Forschungen ist, und seine Kraft und Größe besteht eben darin, daß er keinen Finger breit davon abweicht. Unerschrocken und uneigennützig wie der Gedanke, wird er die Tumultuanten besiegen, die nicht wissen, was sie wollen, die sich selbst nicht klar sind, oder gar im trüben zu fischen gedenken.

„Nur *einen* Gegner hat Guizot am ernsthaftesten zu fürchten; dieser Gegner ist nämlich jener spätere Guizot, jener Guizot des Kommunismus, der noch nicht hervorgetreten ist, aber gewiß einst gewaltig hervortritt und ebenfalls unerschrocken und uneigennützig sein wird wie der Gedanke; den wie jener Doktrinär sich mit dem System des Bourgeoisenregiments, so wird dieser sich mit dem System der Proletarierherrschaft identifiziert haben und der Konsequenz die Konsequenz entgegensetzen. Es wird ein schauerlicher Zweikampf sein etc."

In dem Originalmanuskript der „Lutetia" findet sich gleichfalls diese, nachmals von Heine durchstrichene Stelle. Doch heißt es dort statt: „Die Tage des Julius etc." bis zum Schluß des Absatzes: „Können diese gelingen? Nicht so bald. Die heutigen Tumultuanten gehören noch zu einer Schule, deren Schüler sehr lendenlahm zu werden beginnen. Eine weit gesündere Schule mit ungeschwächten Schülern doziert den Umsturz unten im Dunkel der Katakomben, wo unter Tod und Verwesung das neue Leben keimt und knospet." **Der Herausgeber.**

XLII.

Paris, den 12. Juli 1842

Das Resultat der Wahlen werden Sie aus den Zeitungen ersehen. Hier in Paris braucht man nicht erst die Blätter darüber zu konsultieren, es ist auf allen Gesichtern zu lesen. Gestern sah es hier sehr schwül aus, und die Gemüter verrieten eine Aufregung, wie ich sie nur in großen Krisen bemerkt habe. Die alten wohlbekannten Sturmvögel rauschten wieder unsichtbar durch die Luft, und die schläfrigsten Köpfe wurden plötzlich aufgeweckt aus der zweijährigen Ruhe. Ich gestehe, daß ich selbst, angeweht von dem furchtbaren Flügelschlag, ein gewaltiges Herzbeben empfand. Ich fürchte mich immer im ersten Anfang, wenn ich die Dämonen der Umwälzung entzügelt sehe; späterhin bin ich sehr gefaßt, und die tollsten Erscheinungen können mich weder beunruhigen noch überraschen, eben weil ich sie vorausgesehen. Was wäre das Ende dieser Bewegung, wozu Paris wieder, wie immer, das Signal gegeben? Es wäre der Krieg, der gräßlichste Zerstörungskrieg, der leider die beiden edelsten Völker der Zivilisation in die Arena riefe zu beider Verderben; ich meine Deutschland und Frankreich. England, die große Wasserschlange, die immer in ihr ungeheures Wassernest zurückkriechen kann, und Rußland, das in seinen ungeheuren Föhren, Steppen und Eisgefilden ebenfalls die sichersten Verstecke hat, diese beiden können in einem gewöhnlichen politischen Kriege selbst durch die entschiedensten Niederlagen nicht ganz zugrunde gerichtet werden*); – aber Deutschland ist in solchen Fällen weit schlimmer bedroht, und gar Frankreich könnte in der kläglichsten Weise seine politische Existenz einbüßen. Doch das wäre nur der erste Akt des großen Spektakelstücks, gleichsam das Vorspiel. Der zweite Akt ist die europäische, die Welt-Revolution, der große Zweikampf der Besitzlosen mit der Aristokratie des Besitzes, und da wird weder von Nationalität noch von Religion die Rede sein: nur ein Vaterland wird es geben, nämlich die Erde, und nur einen Glauben, nämlich das Glück auf Erden. Werden die religiösen Doktrinen der Vergangenheit in allen Landen sich zu einem ver-

---

*) In der Augsburger Allgemeinen Zeitung lautet diese Stelle: „Sie mögen wollen oder nicht, die listige Wasserschlange von Albion wird sie schon auf einander hetzen, zu eigenem Nutz und Frommen, und der Eisbär des Nordens wird nachher an den Sterbenden und Verstümmelten seine Fraßgier stillen. Es mag ihn freilich auch gelüsten, besagte Schlange ein bißchen zu würgen und zu beißen, aber diese wird mit seinen Tatzen immer entschlüpfen und sich mehr oder minder verwundet zurückziehen in ihr unerreichbares Wassernest. Er selber, der Bär, hat ebenso sichere Verstecke im Bereiche seiner ungeheuren Föhren, Eisgefilde und Steppen. England und Rußland können in einem gewöhnlichen Völkerkriege selbst durch die entschiedensten Niederlagen nicht ganz zugrunde gerichtet werden; aber Deutschland ist in solchen Fällen etc." **Der Herausgeber.**

zweiflungsvollen Widerstand erheben, und wird etwa dieser Versuch den dritten Akt bilden? Wird gar die alte absolute Tradition nochmals auf die Bühne treten, aber in einem neuen Kostüm und mit neuen Stich- und Schlagwörtern? Wie würde dieses Schauspiel schließen? Ich weiß nicht, aber ich denke, daß man der großen Wasserschlange am Ende das Haupt zertreten und dem Bären des Nordens das Fell über die Ohren ziehen wird. Es wird vielleicht alsdann nur einen Hirten und eine Herde geben, ein freier Hirt mit einem eisernen Hirtenstabe und eine gleichgeschorene, gleichblökende Menschenherde! Wilde, düstere Zeiten dröhnen heran, und der Prophet, der eine neue Apokalypse schreiben wollte, müßte ganz neue Bestien erfinden, und zwar so schreckliche, daß die älteren Johanneischen Tiersymbole dagegen nur sanfte Täubchen und Amoretten wären. Die Götter verhüllen ihr Antlitz aus Mitleid mit den Menschenkindern, ihren langjährigen Pfleglingen, und vielleicht zugleich auch aus Besorgnis über das eigene Schicksal. Die Zukunft riecht nach Juchten, nach Blut, nach Gottlosigkeit und nach sehr vielen Prügeln. Ich rate unsern Enkeln, mit einer sehr dicken Rückenhaut zur Welt zu kommen.

Heute ist man schon etwas ruhiger gestimmt als gestern. Die Konservativen haben sich vom ersten Schreck erholt, und die Opposition sieht ein, daß sie nur an Hoffnungen gewonnen, der Sieg aber noch im weiten Felde steht. Das Ministerium kann sich noch immer halten, obgleich mit einer sehr geringen, beängstigend notdürftigen Majorität. Anfangs des nächsten Monats, bei der Präsidentenwahl, wird sich hierüber das Bestimmte ausweisen. Daß diesmal so viele entschiedene Legitimisten zu Deputierten gewählt worden, ist vielleicht ein Vorteil der Regierung. Die Radikalen werden durch diese neuen Verbündeten moralisch gelähmt, und das Ministerium erstarkt in der öffentlichen Meinung, wenn es, um jene legitimistische Opposition zu bekämpfen, notwendigerweise aus dem alten Arsenal der Revolution seine Waffen nehmen muß. Aber die Flamme ist wieder angefacht, angefacht in Paris, dem Mittelpunkt der Zivilisation, dem Feuerherd, der die Funken über die Welt verbreitet. Heute noch freuen sich die Pariser ihrer Tat, vielleicht aber morgen erschrecken sie darüber, und dem Übermut folgt das Verzagen auf dem Fuße.

XLIII.

Paris, den 15. Juli 1842

Meine dunkle Ahnung hat mich leider nicht getäuscht; die trübe Stimmung, die mich seit einigen Tagen fast beugte und mein Auge umflorte, war das Vorgefühl eines Unglücks. Nach dem jauchzenden Übermut von vorgestern ist gestern ein Schrecken, eine Bestürzung eingetreten, die unbeschreiblich, und die Pariser gelangen durch einen unvorhergesehenen Todesfall zur Erkenntnis, wie wenig die hiesigen Zustände gesichert und wie gefährlich jedes Rütteln. Und sie wollten doch nur ein bißchen rütteln, keineswegs durch allzustarke Stöße das Staatsgebäude erschüttern. Wäre der Herzog von Orleans einige Tage früher gestorben, so hätte Paris keine zwölf Oppositionsdeputierten im Gegensatz zu zwei Konservativen gewählt, und nicht durch diesen ungeheuren Akt die Bewegung wieder in Bewegung gesetzt. Dieser Todesfall stellt alles Bestehende in Frage, und es wird ein Glück sein, wenn die Anordnung der Regentschaft für den Fall des Ablebens des jetzigen Königs so bald als möglich und ohne Störnis von den Kammern beraten und beschlossen wird. Ich sage von den Kammern, denn das königliche Hausgesetz ist hier nicht ausreichend wie in andern Ländern. Die Diskussion über die Regentschaft werden daher die Kammern zunächst beschäftigen und den Leidenschaften Worte leihen. Und geht auch alles ruhig vonstatten, so steht uns doch ein provisorisches Interregnum bevor, das immer ein Mißgeschick und ein ganz besonders schlimmes Mißgeschick ist für ein Land, wo die Verhältnisse noch so wackelig sind und eben der Stabilität am meisten bedürfen. Der König soll in seinem Unglück die höchste Charakterstärke und Besonnenheit beweisen, obgleich er schon seit einigen Wochen sehr niedergeschlagen war. Sein Geist ward in der letzten Zeit durch sonderbare Ahnungen getrübt. Er soll unlängst an Thiers vor dessen Abreise einen Brief geschrieben haben, worin er sehr viel vom Sterben sprach, aber er dachte gewiß nur an den eigenen Tod. Der verstorbene Herzog von Orleans war allgemein geliebt, ja angebetet. Die Nachricht seines Todes traf wie ein Blitz aus heiterm Himmel, und Betrübnis herrscht unter allen Volksklassen. Um zwei Uhr gestern nachmittag verbreitete sich auf der Börse, wo die Fonds gleich um drei Franks fielen, ein dumpfes Unglücksgerücht. Aber niemand wollte recht daran glauben. Auch starb der Prinz erst um vier Uhr, und der Todesnachricht ward bis um diese Zeit von vielen Seiten widersprochen. Noch um fünf Uhr bezweifelte man sie. Als aber um sechs Uhr vor den Theatern ein weißer Papierstreif über die Komödienzettel geklebt und Relâche angekündigt wurde, da merkte jeder die schreckliche Wahrheit. Wie sie angetänzelt kamen, die geputzten Französinnen, und statt des gehofften Schauspiels nur die verschlossenen Türen sahen und von dem Unglück hörten, das bei Neuilly auf dem Weg, der *le chemin de la révolte* heißt, passiert war, da stürzten die Tränen aus manchen schönen Augen, da war nichts als ein Schluchzen und Jammern um den schönen Prinzen, der so hübsch und so jung dahin sank, eine teure, ritterliche Gestalt, Franzose im liebenswürdigsten Sinne, in jeder Beziehung der nationalen Beklagnis würdig. Ja, er fiel in der Blüte seines Lebens, ein heiterer, heldenmütiger Jüngling, und er verblutete so rein, so unbefleckt, so beglückt gleichsam unter Blumen, wie einst Adonis! Wenn er nur nicht gleich nach seinem Tod in schlechten Versen und in noch schlechterer Lakaienprosa gefeiert wird! Doch das ist das Los des Schönen hier auf Erden. Vielleicht während der wahrhafteste und stolzeste Schmerz das französische Volk erfüllt und nicht bloß schöne Frauentränen dem Hingeschiedenen fließen, sondern auch freie Männertränen sein Andenken ehren, hält sich die offizielle Trauer schon etliche Zwiebeln vor die Nase, um betrüglich zu flennen, und gar die Narrheit windet schwarze Flöre um die Glöckchen ihrer Kappe, und wir hören bald das tragikomische Geklingel. Besonders die larmoyante Faselhanselei, lauwarmes Spülicht der Sentimentalität, wird sich bei diese Gelegenheit geltend machen. Vielleicht zu dieser Stunde schon keucht Lafitte nach Neuilly und umarmt den König mit deutschester Rührung, und die ganze Opposition wischt sich das Wasser aus den Augen. Vielleicht schon in dieser Stunde besteigt Chateaubriand sein melancholisches Flügelroß, seine gefiederte Rosinante, und schreibt eine hohltönende Kondolation an die Königin. Widerwärtige Weichlichkeit und Fratze! und der Zwischenraum ist sehr klein, der hier das Erhabene vom Lächerlichen trennt. Wie gesagt, vor den Theatern auf den Boulevards erfuhr man gestern die Gewißheit des betrübsamen Ereignisses, und hier bildeten sich überall Gruppen um die Redner, welche die nähern Umstände mit mehr oder weniger Zutat und Ausschmückung erzählten. Mancher alte Schwätzer, der sonst nie Zuhörer findet, benutzte diese Gelegenheit, um ein aufmerksames Publikum um sich zu versammeln und die öffentliche Neugier im Interesse dieser Rhetorik auszubeuten. Da stand ein Kerl vor den Variétés, der ganz besonders pathetisch deklamierte, wie Theramen in der Phädra: *„Il était sur son char"* usw. Es hieß allgemein, indem der Prinz vom Wagen stürzte, sei sein Degen gebrochen und der obere Stumpf ihm in die Brust gedrungen. Ein Augenzeuge wollte wissen, daß er noch einige Worte gesprochen, aber in deutscher Sprache. Übrigens herrschte gestern überall eine leidende Stille, und auch heute zeigt sich in Paris keine Spur von Unruhe.

XLIV

Paris, den 19. Juli 1842

Der verstorbene Herzog von Orleans bleibt fortwährend das Tagesgespräch. Noch nie hat das Ableben eines Menschen so allgemeine Trauer erregt. Es ist merkwürdig, daß in Frankreich, wo die Revolution noch nicht ausgegärt, die Liebe für einen Fürsten so tief wurzeln und sich so großartig manifestieren konnte. Nicht bloß die

Bourgeoisie, die alle ihre Hoffnungen in den jungen Prinzen setzte, sondern auch die untern Volksklassen beklagen seinen Verlust. Als man das Juliusfest vertagte und auf der Place de la Concorde die großen Gerüste abbrach, die zur Illumination dienen sollten, war es ein herzzerreißender Anblick, wie das Volk sich auf die niedergerissenen Balken und Bretter setzte und über den Tod des teuren Prinzen jammerte. Eine düstere Betrübnis lag auf allen Gesichtern, und der Schmerz derjenigen, die kein Wort sprachen, war am beredsamsten. Da flossen die redlichen Tränen, und unter den Weinenden war gewiß mancher, der in der Tabagie mit seinem Republikanismus prahlt. Ja, das Königtum feierte einen großen Triumph, und zwar auf derselben Place de la Concorde, wo es einst seine schmählichste Niederlage erlitten.

Aber für Frankreich ist der Tod des jungen Prinzen ein wirkliches Unglück, und er dürfte weniger Tugenden besessen haben als ihm nachgerühmt werden, so hätten doch die Franzosen hinlängliche Ursache zum Weinen, wenn sie an die Zukunft denken. Die Regentschaftsfrage beschäftigte schon alle Köpfe, und leider nicht bloß die gescheiten. Viel Unsinn wird bereits zu Markte gebracht. Auch die Arglist weiß hier eine Ideenverwirrung anzuzetteln, die sie zu ihren Parteizwecken auszubeuten hofft, und die in jedem Fall sehr bedenkliche Folgen haben kann. Genießt der Herzog von Remours wirklich die allerhöchste Ungnade des souveränen Volks, wie manche Blätter insinuieren und wie von manchen Leuten mit übertriebenem Eifer behauptet wird? Ich will nicht darüber urteilen. Noch weniger will ich die Gründe seiner Ungnade untersuchen. Das Vornehme, Feine, Ablehnende, Patrizierhafte in der Erscheinung des Prinzen ist wohl der eigentliche Anklagepunkt. Das Aussehen des Orleans war edel, das Aussehen des Remours ist adlig. Und selbst wenn das Äußere dem Innern entspräche, wäre der Prinz deshalb nicht minder geeignet, einige Zeit als Confaloniere der Demokratie derselben die besten Dienste zu leisten, da dieses Amt durch die Macht der Verhältnisse ihm die größte Verleumdung der Privatgefühle geböte; denn sein verhaßtes Haupt stünde hier auf dem Spiele. Ich bin sogar überzeugt, die Interessen der Demokratie sind weit minder gefährdet durch einen Regenten, dem man wenig traut und den man beständig kontrolliert, als durch einen jener Günstlinge des Volks, denen man sich mit blinder Vorliebe hingibt und die am Ende doch nur Menschen sind, wandelbare Geschöpfe, unterworfen den Veränderungsgesetzen der Zeit und der eigenen Natur. Wie viele populäre Kronprinzen haben wir unbeliebt enden sehen! Wie grauenhaft wetterwendisch zeigte sich das Volk in bezug auf die ehemaligen Lieblinge! Die französische Geschichte ist besonders reich an betrübenden Beispielen. Mit welchem Freudejauchzen umjubelte das Volk den jungen Ludwig XIV. – mit tränenlosem Kaltsinn sah es den Greis begraben, Ludwig IV.

hieß mit Recht *le bien-aimé,* und mit wahrer Affenliebe huldigten ihm die Franzosen im Anfang; als er starb, lachte man und pfiff man Schelmenlieder – man freute sich über seinen Tod. Seinem Nachfolger Ludwig XVI. ging es noch schlimmer, und er, der als Kronprinz fast angebetet wurde und der im Beginn seiner Regierung für das Muster aller Vollkommenheit galt, er ward von seinem Volke persönlich mißhandelt, und sein Leben ward sogar verkürzt in der bekannten majestätsverbrecherischen Weise, auf der Place de la Concorde. Der letzte dieser Linie, Karl X., war nichts weniger als unpopulär, als er auf den Thron stieg, und das Volk begrüße ihn damals mit unbeschreiblicher Begeisterung; einige Jahre später ward er zum Lande hinaus eskortiert, und er starb den harten Tod des Exils. Der Solonische Spruch, daß man niemand vor seinem Ende glücklich preisen möge, gilt ganz besonders von den Königen von Frankreich. Laßt uns daher den Tod des Herzogs von Orleans nicht deshalb beweinen, weil er vom Volke so sehr geliebt ward und demselben eine so schöne Zukunft versprach, sondern weil er als Mensch unsere Tränen verdiente. Laßt uns auch nicht so sehr jammern über die sogenannte ruhmlose Art, über das banal Zufällige seines Endes. Es ist besser, daß sein Haupt gegen einen harmlosen Stein zerschellte, als daß die Kugel eines Franzosen oder eines Deutschen ihm den Tod gab. Der Prinz hatte eine Vorahnung seines frühen Sterbens, meinte aber, daß er im Kriege oder in einer Emeute fallen würde. Bei seinem ritterlichen Mute, der jeder Gefahr trotzte, war dergleichen sehr wahrscheinlich. Aber die guten Götter haben anders beschlossen. Sie wollten, daß der künftige König von Frankreich mit reiner Liebe an seinem Volke hängen könne und auch nicht die Landsleute seiner Mutter zu hassen brauche; es war weder die Hand eines Franzosen noch eines Deutschen, die das Blut seines Vaters vergossen. Ein milder Trost liegt in diesem Gedanken. – Der königliche Dulder, Ludwig Philipp, benimmt sich mit einer Fassung, die Ideen mit Ehrfurcht erfüllt. Im Unglück zeigt er die wahre Größe. Sein Herz verblutet in namenlosem Kummer, aber sein Geist bleibt ungebeugt, und der arbeitet Tag und Nacht. Nie hat man den Wert seiner Erhaltung tiefer gefühlt, als eben jetzt, wo die Ruhe der Welt von seinem Leben abhängt. Kämpfe tapfer, verwunderter Friedensheld!

XLV.

Paris, den 26. Juli 1842

Die Thronrede ist kurz und einfach. Sie sagt das Wichtigste in der würdigsten Weise. Der König hat sich selbst verfaßt. Sein Schmerz zeigt sich in einer puritanischen, ich möchte fast sagen, republikanischen Prunklosigkeit. Er, der sonst so redselig, ist seitdem sehr wortkarg geworden. Das schweigende Empfangen in den Tuilerien vor einigen Tagen hatte etwas ungemein Trübsinniges, beinahe Geisterhaftes; ohne eine Silbe zu sprechen, gingen über tausend Menschen bei dem König vorüber, der stumm und leidend sie ansah. Es heißt, daß in Notre-Dame das angekündigte Requiem nicht stattfinde; der König will bei dem Begräbnis seines Sohnes keine Musik; Musik erinnere allzusehr an Spiel und Fest. – Sein Wunsch, die Regentschaft auf seinen Sohn übertragen zu sehen und nicht auf eine Schwiegertochter, ist in der Adresse hinlänglich angedeutet. Dieser Wunsch wird wenig Widerrede finden, und Remours wird Regent, obgleich dieses Amt der schönen und geistreichen Herzogin gebührt, die, ein Muster von weiblicher Vollkommenheit, ihres verstorbenen Gemahls so würdig war*). Gestern sagte man, der König werde seinen Enkel, den Grafen von Paris, in die Deputiertenkammer mitbringen. Viele wünschten es, und die Szene wäre gewiß sehr rührend gewesen. Aber der König vermeidet jetzt, wie gesagt, alles, was an das Pathos der Feudalmonarchie erinnert. – Über Ludwig Philipp's Abneigung gegen Weiberregentschaften sind viele Äußerungen ins Publikum gedrungen, das ihm vollkommen recht gibt. Schon zur Blütezeit Christinens in Spanien behauptete er, daß diese Regentschaft kein gutes Ende nehmen werde. Der dümmste Mann, soll er gesagt haben, werde immer ein besserer Regent sein, als die klügste Frau. Hat er deshalb dem Remours den Vorzug gegeben vor der klugen Helene?

XLVI.

Paris, den 29. Juli 1842

Der Gemeinderat von Paris hat beschlossen, das Elefantenmodell, das auf dem Bastillenplatz steht, nicht zu zerstören, wie man anfangs beabsichtigte, sondern zu einem Gusse in Erz zu benützen und das hervorgehende Monument am Eingange der Barrière du Trône aufzustellen. Über diesen Municipalbeschluß spricht das Volk der Faubourgs Saint-Antoine und Saint-Marceau fast ebensoviel wie die höhern Klassen über die Regentschaftsfrage. Jener kolossale Elefant von Gips, welcher schon zur Kaiserzeit aufgestellt ward, sollte später als Modell des Denkmals dienen, das

---

*) In der Augsburger Allgemeinen Zeitung lautet der obige Satz: „Dieser Wunsch wird gar keine Widerrede finden, und die Opposition denkt zu patriotisch, als daß sie die Existenzfragen Frankreichs in ihre Parteiinteressen verwickeln und somit das Vaterland in die entsetzlichsten Gefahren stürzen würde. Remours wird Regent." **Der Herausgeber.**

man der Juliusrevolution auf dem Bastillenplatze zu widmen gedachte. Seitdem ward man andern Sinnes, und man errichtete zur Verherrlichung jenes glorreichen Ereignisses die große Juliussäule. Aber die Forträumung des Elefanten erregte große Besorgnisse. Es ging nämlich unter dem Volk das unheimliche Gerücht von einer ungeheuren Anzahl Ratten, die sich im Innern des Elefanten eingenistet hätten, und es sei zu befürchten, daß, wenn man die große Gipsbestie niederreiße, eine Legion von kleinen, aber sehr gefährlichen Scheusalen zum Vorschein käme, die sich über die Faubourgs Saint-Antoine und Saint-Marceau verbreiten würden. Alle Unterröcke zitterten bei dem Gedanken an solche Gefahr, und sogar die Männer ergriff eine unheimliche Furcht vor der Invasion jener langgeschwänzten Gäste. Es wurden dem Magistrate die untertänigsten Vorstellungen gemacht, und infolge derselben vertagte man das Niederreißen des großen Gipselefanten, der seitdem jahrelang auf dem Bastillenplatze stehen blieb. Sonderbares Land! wo trotz der allgemeinen Zerstörungssucht sich dennoch manche Dinge erhalten, da man allgemein die schlimmeren Dinge fürchtet, die an ihre Stelle treten könnten! Wie gern würden sie den Ludwig Philipp niederreißen, diesen großen klugen Elefanten, aber sie fürchten Seine Majestät den souveränen Rattenkönig, das tausendköpfige Ungetüm, das alsdann zur Regierung käme, und selbst die adligen und geistlichen Feinde der Bourgeoisie, die nicht eben mit Blindheit geschlagen sind, suchen aus diesem Grunde den Juliusthron zu erhalten; nur die ganz Beschränkten, die Spieler und Falschspieler unter den Aristokraten und Klerikalen, sind Pessimisten und spekulieren auf die Republik oder vielmehr auf das Chaos, das unmittelbar nach der Republik eintreten dürfte.

Die Bourgeoisie selbst ist ebenfalls vom Dämon des Zerstörens besessen, und wenn sie auch die Republik nicht eben fürchtet, so hat sie doch eine instinktmäßige Angst vor dem Kommunismus, vor jenen düstern Gesellen, die wie Ratten aus den Trümmern des jetzigen Regiments hervorstürzen würden. Ja, vor einer Republik von der frühern Sorte, selbst vor ein bißchen Robespierrismus, hätte die französische Bourgeoisie keine Furcht, und sie würde sich leicht mit dieser Regierungsform aussöhnen und ruhig auf die Wache ziehen und die Tuilerien beschützen, gleichwohl ob hier ein Ludwig Philipp oder ein *Comité du salut public* residiert; denn die Bourgeoisie will vor allem Ordnung und Schutz der bestehenden Eigentumsrechte, – Begehrnisse, die eine Republik heutzutage nicht mehr die Prinzipien der neunziger Jahre vertreten möchte, sondern nur die Form wäre, worin sich eine neuen, unerhörte Proletarierherrschaft mit allen Glaubenssätzen der Gütergemeinschaft geltend machen würde. Sie sind Konservative durch äußere Notwendigkeit, nicht durch innern Trieb, und die Furcht ist hier die Stütze aller Dinge.

Wird diese Furcht noch auf lange Zeit vorhalten? Wird nicht eines frühen Morgens der nationale Leichtsinn die Köpfe ergreifen und selbst die Ängstlichen in den Strudel der Revolution fortreißen? Ich weiß es nicht, aber es ist möglich, und die Wahlresultate zu Paris sind sogar ein Merkmal, daß es wahrscheinlich ist. Die Franzosen haben ein kurzes Gedächtnis und vergessen sogar ihre gerechtesten Befürchtungen. Deshalb treten sie so oft auf als Akteure, ja als Hauptakteure, in der ungeheuern Tragödie, die der liebe Gott auf der Erde aufführen läßt. Andere Völker erleben ihre große Bewegungsperiode, ihre Geschichte, nur in der Jugend, wenn sie nämlich ohne Erfahrung sich in die Tat stürzen; denn später im reifern Alter hält das Nachdenken und das Abwägen der Folgen die Völker, wie die Individuen, vom raschen Handeln zurück und nur die äußere Not, nicht die eigene Willensfreude, treibt diese Völker in die Arena der Weltgeschichte. Aber die Franzosen behalten immer den Leichtsinn der Jugend, und so viel sie auch gestern getan und gelitten, sie denken heute nicht mehr daran, die Vergangenheit erlöscht in ihrem Gedächtnis, und der neue Morgen treibt sie zu neuem Tun und neuem Leiden. Sie wollen nicht alt werden, und sie glauben sich vielleicht die Jugend selbst zu erhalten, wenn sie nicht ablassen von jugendlicher Betörung, jugendlicher Sorglosigkeit und jugendlicher Großmut! Ja, Großmut, eine fast kindische Güte im Verzeihen, bildet einen Grundzug des Charakters der Franzosen; aber ich kann nicht umhin zu bemerken, daß diese Tugend mit ihren Gebrechen aus demselben Born, der Vergeßlichkeit, hervorquillt. Der Begriff „Verzeihen" entspricht bei diesem Volke wirklich dem Worte „Vergessen", dem Vergessen der Beleidigung. Wäre dies nicht der Fall, es gäbe täglich Mord und Totschlag in Paris, wo bei jedem Schritte sich Menschen begegnen, zwischen denen eine Blutschuld existiert. Vor einigen Wochen sah ich einen alten Mann über die Boulevards gehen, dessen sorglose Physiognomie mir auffiel. „Wissen Sie, wer das ist?" sprach zu mir mein Begleiter: „Das ist Monsieur de Polignac, derselbe, der am Tode so vieler Tausende von Paris schuld ist und auch mir einen Vater und einen Bruder gekostet! Vor zwölf Jahren hätte ihn das Volk in der ersten Wut gern zerrissen, aber jetzt kann er hier ruhig auf dem Boulevard herumgehen."

Diese charakteristische Gutmütigkeit der Franzosen äußert sich in diesem Augenblick ganz besonders in bezug auf Ludwig Philipp, und seine ärgsten Feinde im Volk, mit Ausnahme der Karlisten, offenbaren eine rührende Teilnahme an seinem häuslichen Unglück. Die Abtrünnigen haben ihm wieder ihre Sympathien zugewendet, und ich möchte behaupten, der König ist jetzt wieder ganz populär. Als ich gestern vor Notre-Dame die Vorbereitungen zur Leichenfeier betrachtete und dem Gespräch der Kurzjacken zuhörte, die dort versammelt standen, vernahm ich unter andern die naive

Äußerung: der König könne jetzt ruhig in Paris spazieren gehen, und es werde niemand auf ihn schießen. (Welche Popularität!) Der Tod des Herzogs von Orleans, der allgemein geliebt war, hat seinem Vater die störrischsten Herzen wiedergewonnen, und die Ehe zwischen König und Volk ist durch das gemeinschaftliche Unglück gleichsam aufs neue eingesegnet worden. Aber wie lange werden die schwarzen Flitterwochen dauern?

XLVII.

Paris, den 17. September 1842

Nach einer vierwöchentlichen Reise bin ich seit gestern wieder hier, und ich gestehe, das Herz jauchzte mir in der Brust, als der Postwagen über das geliebte Pflaster der Boulevards dahinrollte, als ich dem ersten Putzladen mit lächelnden Grisettengesichtern vorüberfuhr, als ich das Glockengeläute der Cocoverkäufer vernahm, als die holdselige zivilisierte Luft von Paris mich wieder anwehte. Es wurde mir fast glücklich zumut, und den ersten Nationalgardisten, der mir begegnete, hätte ich umarmen können; sein zahmes, gutmütiges Gesicht grüßte so witzig hervor unter der wilden rauhen Bärenmütze, und sein Bajonett hatte wirklich etwas Intelligentes, wodurch es sich von den Bajonetten anderer Korporationen so beruhigend unterscheidet. Warum aber war die Freude bei meiner Rückkehr nach Paris diesmal so überschwenglich, daß es mich fast bedünkte, als beträte ich den süßen Boden der Heimat, als hörte ich wieder die Laute des Vaterlandes? Warum übt Paris einen solchen Zauber auf Fremde, die in seinem Weichbild einige Jahre verlebt? Viele wackere Landsleute, die hier seßhaft, behaupten, an keinem Ort der Welt könne der Deutsche sich heimischer fühlen als eben in Paris, und Frankreich selbst sei am Ende unserm Herzen nichts anderes, als ein französisches Deutschland.

Aber diesmal ist meine Freude bei der Rückkehr doppelt groß – ich komme aus England. Ja, aus England, obgleich ich nicht den Kanal durchschiffte. Ich verweilte nämlich während vier Wochen in Boulogne-sur-mer, und das ist bereits eine englische Stadt. Man sieht dort nichts als Engländer und hört dort nichts als englisch von morgens bis abends, ach, sogar des Nachts, wenn man das Unglück hat, Wandnachbarn zu besitzen, die bis tief in die Nacht bei Tee und Grog politisieren! Während vier Wochen hörte ich nichts als jene Zischlaute des Egoismus, der sich in jeder Silbe, in jeder Betonung ausspricht. Es ist gewiß eine schreckliche Ungerechtigkeit, über ein ganzes Volk das Verdammungsurteil auszusprechen. Doch in betreff der Engländer könnte mich der augenblickliche Unmut zu dergleichen verleiten, und beim Anblick der Masse vergesse ich leicht die vielen wackern und edlen Männer, die sich durch Geist und Freiheitsliebe ausgezeichnet. Aber diese, namentlich die britischen Dichter, stachen immer desto greller ab von dem übrigen Volk, sie waren isolierte Märtyrer ihrer nationalen Verhältnisse, und dann gehören große Genies nicht ihrem partikulären Geburtslande, kaum gehören sie dieser Erde, der Schädelstätte ihres Leidens. Die Masse, die Stock-Engländer – Gott verzeih' mir die Sünde! –, sind mir in tiefster Seele zuwider, und manchmal betrachte ich sie gar nicht als meine Mitmenschen, sondern ich halte sie für leidige Automaten, für Maschinen, deren inwendige Triebfeder der Egoismus. Es will mich dann bedünken, als hörte ich das schnurrende Räderwerk, womit sie denken, fühlen, rechnen, verdauen und beten – ihr Beten, ihr mechanisches anglikanisches Kirchengehen mit dem vergoldeten Gebetbuch unterm Arm, ihre blöde langweilige Sonntagsfeier, ihr linkisches Frömmeln ist mir am widerwärtigsten; ich bin fest überzeugt, ein fluchender Franzose ist ein angenehmes Schauspiel für die Gottheit, als ein betender Engländer! Zu andern Zeiten kommen diese Stock-Engländer mir vor wie ein öder Spuk, und weit unheimlicher, als die bleichen Schatten der mitternächtlichen Geisterstunde, sind mir jene vierschrötigen, rotbäckigen Gespenster, die schwitzend im grellen Sonnenlicht umherwandeln. Dabei der totale Mangel an Höflichkeit. Mit ihren eckigen Gliedmaßen, mit ihren steifen Ellenbogen stoßen sie überall an, und ohne sich zu entschuldigen durch ein artiges Wort. Wie müssen diese rothaarigen Barbaren, die blutiges Fleisch fressen, erst jenen Chinesen verhaßt sein, denen die Höflichkeit angeboren, und die, wie bekannt ist, zwei Drittel ihrer Tageszeit mit der Ausübung dieser Nationaltugend verknicksen und verbücklingen!

Ich gestehe es, ich bin nicht ganz unparteiisch, wenn ich von Engländern rede, und mein Mißurteil, meine Abneigung, wurzelt vielleicht in den Besorgnissen ob der eigenen Wohlfahrt, ob der glücklichen Friedensruhe des deutschen Vaterlandes. Seitdem ich nämlich tief begriffen habe, welcher schnöde Egoismus auch in ihrer Politik waltet, erfüllen mich diese Engländer mit einer grenzenlosen, grauenhaften Furcht. Ich hege den besten Respekt vor ihrer materiellen Obmacht; sie haben sehr viel von jener brutalen Energie, womit die Römer die Welt unterdrückt, aber sie vereinigen mit der römischen Wolfsgier auch die Schlangenlist Karthago's. Gegen Erstere haben wir gute und sogar erprobte Waffen, aber gegen die meuchlerischen Ränke jener Punier der Nordsee sind wir wehrlos. Und jetzt ist England gefährlicher als je, jetzt wo seine merkantilischen Interessen unterliegen – es gibt in der ganzen Schöpfung kein so hartherziges Geschöpf wie ein Krämer, dessen Handel ins Stocken geraten, dem seine Kunden abtrünnig werden und dessen Warenlager keinen Absatz mehr findet.

Wie wird England sich aus solcher Geschäftskrisis retten? Ich weiß nicht, wie die Frage der Fabrikarbeiter gelöst werden kann; aber ich weiß, daß die Politik des modernen Karthago's nicht sehr wählig in ihren Mitteln ist. Ein europäischer Krieg wird dieser Selbstsucht vielleicht zuletzt als das geeignetste Mittel erscheinen, um dem innern Gebreste einige Ableitung nach außen zu bereiten. Die englische Oligarchie spekuliert alsdann zunächst auf dem Säckel des Mittelstandes, dessen Reichtum in der Tat kolossal ist und zur Besoldung und Beschwichtigung der unteren Klassen hinlänglich ausgebeutet werden dürfte. Wie groß auch ihre Ausgaben für indische und chinesische Expeditionen, wie groß auch ihre finanzielle Not, wird doch die englische Regierung jetzt den pekuniären Aufwand steigern, wenn es ihre Zwecke fördert. Je größer das heimische Defizit, desto reichlicher wird im Ausland das englische Gold ausgestreut werden; England ist ein Kaufmann, der sich in bankrottem Zustand befindet und aus Verzweiflung ein Verschwender wird, oder vielmehr kein Geldopfer scheut, um sich momentan zu halten. Und man kann mit Geld schon etwas ausrichten auf dieser Erde, besonders seit jeder die Seligkeit hier unten sucht. Man hat keinen Begriff davon, wie England jährlich die ungeheuersten Summen ausgiebig bloß zur Besoldung seiner ausländischen Agenten, deren Instruktionen alle für den Fall eines europäischen Krieges berechnet sind, und wie wieder diese englischen Agenten die heterogensten Talente, Tugenden und Laster im Ausland für ihre Zwecke zu gewinnen wissen.

Wenn wir dergleichen bedenken, wenn wir zur Einsicht gelangen, daß nicht an der Seine, aus Begeisterung für eine Idee und auf öffentlichem Marktplatz, die Ruhe Europa's am furchtbarsten gestört werden dürfte, sondern an der Themse, in den verschwiegenen Gemächern des Foreign Office, infolge des rohen Hungerschreies englischer Fabrikarbeiter; wenn wir dieses bedenken, so müssen wir dorthin manchmal unser Auge richten und nächst der Persönlichkeit der Regierenden auch die andrängende Not der untern Klassen beobachten. Dies aber ist keine Kleinigkeit, und es gehört dazu eine Anschauung, die man nur jenseits des Kanals, auf dem Schauplatz selbst, gewinnen kann. Was ich heute beiläufig mitteile, ist nichts als flüchtige Andeutung, notdürftiges Auffassen von Tischreden und Teegesprächen, die ich zu Boulogne unwillkürlich anhören mußte, die aber vielleicht nicht gänzlich ohne Wert waren, da jeder Engländer mit der Politik seines Landes vertraut ist und in einem Wust von langweiligen Details immer einige mehr oder minder bedeutsame Dinge zu Markte bringt. Ich bediente mich eben des Ausdrucks „die Politik seines Landes", diese ist bei den Engländern nichts anderes als eine Masse von Ansichten über die materiellen Interessen Englands und ein richtiges Abwägen der ausländischen Zustände, inwieweit sie für Englands Wohl und Handel schädlich oder heilsam sein können. Es ist merkwürdig, wie sie alle, vom Premierminister bis zum geringsten Flickschneider hierüber die genauesten Notizen im Kopf tragen und bei jedem Tagesereignis gleich herausfinden, was England dabei zu gewinnen oder zu verlieren hat, welcher Nutzen oder welcher Schaden für das liebe England daraus entstehen kann. Hier ist der Instinkt ihres Egoismus wahrhaft bewunderungswürdig. Sie unterscheiden sich hierdurch sehr auffallend von den Franzosen, die selten übereinstimmen in ihren Ansichten über die materiellen Interessen ihres Landes, im Reiche der Tatsachen eine brillante Unwissenheit verraten, und immer nur mit Ideen beschäftigt sind und nur über Ideen diskutieren. Französische Politiker, die eine englische Positivität mit französischem Idealismus vereinigen, sind sehr selten. Guizot ragt in dieser Beziehung am glorreichsten hervor. Die Engländer, die ich über Guizot reden hörte, verrieten keineswegs eine so große Sympathie für ihn, wie man gewöhnlich glaubt; im Gegenteil, sie behaupteten, jeder andere Minister würde ihnen weniger Respekt, aber weit mehr materielle Vorteile angedeihen lassen, und nur über seine Größe als Staatsmann sprachen sie mit unparteiischer Verehrung. Sie rühmten seine *consistency* und verglichen ihn gewöhnlich mit Sir Robert Peel, den aber Guizot nach meiner Ansicht himmelhoch überflügelt, eben weil ihm nicht bloß alles tatsächliche Wissen zu Gebote steht, sondern weil er auch Ideen im Haupt trägt – Ideen, wovon der Engländer keine Ahnung hat. Ja, er hat von dergleichen keine Ahnung, und das ist das Unglück Englands; denn nur Ideen können hier retten, wie in allen verzweiflungsschweren Fällen. Wie jämmerlich mußte Peel in einer merkwürdigen Rede beim Schluß des Parlaments seine Unmacht eingestehen!

Die gesteigerte Not der unteren Volksklassen ist ein Gebreste, das die unwissenden Feldscherer durch Aderlässe zu heben glauben, aber ein solches Blutvergießen wird eine Verschlimmerung hervorbringen. Nicht von außen, durch die Lanzette, nein, nur von innen heraus, durch geistige Medikamente, kann der sieche Staatskörper geheilt werden. Nur soziale Ideen könnten hier eine Rettung aus der verhängnisvollen Not herbeiführen, aber, um mit Saint-Simon zu reden, auf allen Werften Englands gibt es keine einzige große Idee; Nichts als Dampfmaschinen und Hunger. Jetzt ist freilich der Aufruhr unterdrückt, aber durch öftere Ausbrüche kann es wohl dahin kommen, daß die englischen Fabrikarbeiter, die nur Baum- und Schafwolle zu verarbeiten wissen, sich auch ein bißchen in Menschenfleisch versuchen und sich die nötigen Handgriffe aneignen und endlich dieses blutige Gewerbe ebenso mutvoll ausüben, wie ihre Kollegen, die Quvriers zu Lyon und Paris, und dann dürfte es sich endlich ereignen, daß der Besieger Napoleon's, der Feldmarschall Mylord Wellington, der jetzt wieder sein Oberschergenamt angetreten hat, mitten in London für Waterloo fände. In gleicher Weise möchte leicht der Fall eintreten, daß seine Myrmidonen ihrem Meister den Gehorsam aufkündigten. Es zeigen sich schon jetzt sehr bedenkliche Symptome solcher Gesinnung bei dem englischen Militär, und in diesem Augenblick sitzen fünfzig Soldaten im Towergefängnis zu London, welche sich geweigert hatten, auf das Volk zu schießen. Es ist kaum glaublich, und es ist dennoch wahr, daß englische Rotröcke nicht dem Befehl ihrer Offiziere, sondern der Stimme der Menschheit gehorchten und jener Peitsche vergaßen, welche die Katze mit neun Schwänzen *(the cat of nine tails)* heißt und mitten in der stolzen Hauptstadt der englischen Freiheit ihren Heldenrücken beständig bedroht – die Knute Großbritanniens! Es ist herzzerreißend, wenn man liest, wie die Weiber weinend den Soldaten entgegentraten und ihnen zuriefen: „Wir brauchen keine Kugeln, wir brauchen Brot." Die Männer kreuzten ergebungsvoll die Arme und sprachen: „Den Hunger müßt ihr totschießen, nicht uns und unsere Kinder." Der gewöhnliche Schrei war: „Schießt nicht, wir sind ja alle Brüder!"

Solche Berufung auf die Fraternität mahnt mich an die französischen Kommunisten, bei denen ich ähnliche Redeweisen zuweilen vernahm. Diese Redeweisen, wie ich besonders in Lyon bemerkte, waren durchaus nicht auffallend oder stark gefärbt, weder pikant noch originell; im Gegenteil, es waren die abgedroschensten, plattesten Gemeinsprüche, welche der Troß der Kommunisten im Munde führte. Aber die Macht ihrer Propaganda besteht nicht sowohl in einem gut formulierten Prospektus von bestimmten Beklagnissen und bestimmten Forderungen, sondern in einem tiefwehmütigen und fast sympathetisch wirkenden Ton, womit sie die banalsten Dinge äußern, z. B. „Wir sind alle Brüder" usw. Der Ton und allenfalls ein geheimer Händedruck bilden alsdann den Kommentar zu diesen Worten und verleihen ihnen ihre welterschütternde Bedeutung. Die französischen Kommunisten stehen überhaupt auf demselben Standpunkt mit den englischen Fabrikarbeitern, nur daß der Franzose mehr von einer Idee, der Engländer hingegen ganz und gar vom Hunger getrieben wird.

Der Aufruhr in England ist für den Augenblick gestillt, aber nur für den Augenblick; er ist bloß vertagt, er wird mit jedesmal gesteigerter Macht aufs neue ausbrechen, und um so gefährlicher, da er immer die reche Stunde abwarten kann. Wie aus vielen Anzeichen einleuchtet, ist der Widerstand der Fabrikarbeiter jetzt ebenso praktisch organisiert wie einst der Widerstand der irischen Katholiken. Die Chartisten haben diese drohende Macht in ihr Interesse zu ziehen und einigermaßen zu disziplinieren gewußt, und ihre Verbindung mit den unzufriedenen Fabrikarbeitern ist vielleicht die wichtigste Erscheinung der Gegenwart. Diese Verbindung entstand auf sehr einfachem Wege, sie war eine natürliche, obgleich die Chartisten sich gern mit einem bestimmten Programm als eine rein politische Partei präsentieren, und die Fabrikarbeiter, wie ich schon oben erwähnt, nur arme Taglöhner sind, die vor Hunger kaum sprechen können und, gleichgültig gegen alle Regierungsform, nur das liebe Brot verlangen. Aber das Wort meldet selten den innern Herzensgedanken einer Partei, er ist nur ein äußerliches Erkennungszeichen, gleichsam die gesprochene Kokarde; der Chartist, der sich auf die politische Frage zu beschränken vorgibt, hegt Wünsche im Gemüte, die mit den vagsten Gefühlen jener hungrigen Handwerker tief übereinstimmen, und diese können ihrerseits immerhin das Programm der Chartisten zu ihrem Feldgeschrei wählen, ohne ihre Zwecke zu verabsäumen. Die Chartisten nämlich verlangen erstens, daß das Parlament nur aus einer Kammer bestehe und durch alljährliche Wahlen erneuert werde; zweitens, daß durch geheimes Votieren die Unabhängigkeit der Wähler sichergestellt werde; endlich, daß jeder geborne Engländer, der ins Mannesalter getreten, Wähler und wählbar sei. Davon können wir noch immer nicht essen, sagten die notleidenden Arbeiter, von Gesetzbüchern ebensowenig wie von Kochbüchern wird der Mensch satt, uns hungert. „Wartet nur", entgegnen die Chartisten, „bis jetzt saßen im Parlament nur die Reichen, und diese sorgten nur für die Interessen ihrer eignen Besitztümer; durch das neue Wahlgesetz, durch die Charte, werden aber auch die Handwerker oder ihre Vertreter ins Parlament kommen, und da wird es sich wohl ausweisen, daß die Arbeit ebensogut wie jeder andere Besitz ein Eigentumsrecht in Anspruch nehmen kann, und es einem Fabrikherrn ebensowenig erlaubt sein dürfte, den Taglohn des Arbeiters nach Willkür herabzusetzen, wie es ihm nicht erlaubt ist, das Mobiliar- oder Immobiliarvermögen seines Nachbarn zu beeinträchtigen. Die Arbeit ist das Eigentum des Volks, und die daraus entspringenden Eigentumsrechte sollen durch das regenerierte Parlament sanktioniert und geschützt werden." Ein Schritt weiter, und diese Leute sagen, die Arbeit sei das Recht des Volks; und da dieses Recht auch die Berechtigung zu einem unbedinglichen Arbeitslohne zur Folge hätte, so führt der Chartismus, wo nicht zur Gütergemeinschaft, doch gewiß zur Erschütterung der bisherigen Eigentumsidee, des Grundpfeilers der heutigen Gesellschaft, und in jenen chartistischen Anfängen läge, in ihre Konsequenzen verfolgt, eine soziale Umwälzung, wogegen die französische Revolution als sehr zahm und bescheiden erscheinen dürfte.

Hier offenbart sich wieder die Hypokrisie und der praktische Sinn der Engländer, im Gegensatz zu den Franzosen: – die Chartisten verbergen unter legalen Formen ihren Terrorismus, während die Kommunisten ihn freimütig und unumwunden aussprechen. Letztere tragen freilich noch einige Scheu, die letzten Konsequenzen ihres Prinzips beim rechten Namen zu nennen, und diskutiert man mit ihren Häuptlingen, so verteidigen sich diese gegen den Vorwurf, als wollten sie das Eigentum abschaffen, und sie behaupten dann, sie wollten im Gegenteil das Eigentum auf eine breitere Basis etablieren, sie wollten ihm eine umfassendere Organisation verleihen. Du lieber Himmel, ich fürchte, das Eigentum würde durch den Eifer solcher Organisatoren sehr in die Krümpe gehen, und es würde am Ende nichts als die breite Basis übrig bleiben. „Ich will dir die Wahrheit sagen", sagte mir jüngst ein kommunistischer Freund, „das Eigentum wird keineswegs abgeschafft werden, aber es bekömmt eine neue Definition."

Es ist nun diese neue Definition, die hier in Frankreich dem herrschenden Bürgerstande eine große Angst einflößt, und dieser Angst verdankt Ludwig Philipp seine ergebensten Anhänger, die eifrigsten Stützen seines Thrones. Je heftiger die Stützen zittern, desto weniger schwankt der Thron, und die König braucht nichts zu fürchten, eben weil die Furcht ihm Sicherheit gibt. Auch Guizot erhält sich durch die Angst vor der neuen Definition, die er mit seiner scharfen Dialektik so meisterhaft bekämpft, und ich glaube nicht, daß er so bald unterliegt, obgleich die herrschende Partei der Bourgeoisie, für die er so viel getan und so viel tut, kein Herz für ihn hat. Warum lieben sie ihn nicht? Ich glaube, erstens weil sie ihn nicht verstehen, und zweitens weil man denjenigen, der unsere eignen Güter schützt, immer weit weniger liebt, als denjenigen, der uns fremde Güter verspricht. So war es einst in Athen, so ist es jetzt in Frankreich, so wird es in jeder Demokratie sein, wo das Wort frei ist und die Menschen leichtgläubig.

XLVIII.

Paris, den 4. Dezember 1842

Wird sich Guizot halten? Es hat mit einem französischen Ministerium ganz dieselbe Bewandtnis wie mit der Liebe – man kann nie ein sicheres Urteil fällen über seine Stärke und Dauer. Man glaubt zuweilen, das Ministerium wurzle unerschütterlich fest, und siehe! es stürzt den nächsten Tag durch einen geringen Windzug. Noch öfter glaubt man, das Ministerium wackle seinem Untergang entgegen, es könne sich nur noch wenige Wochen auf den Beinen halten, aber zu unsrer Verwunderung zeigt es sich alsbald noch kräftiger als früher und überlebt alle diejenigen, die ihm schon die Leichenrede hielten. Vor vier Wochen, den 29. Oktober, feierte das Guizot'sche Ministerium seinen dritten Geburtstag, es ist jetzt über zwei Jahr' alt, und ich sehe ein, warum es nicht länger leben sollte, auf dieser schönen Erde, auf dem Boulevard-des-Capucines, wo grüne Bäume und gute Luft. Freilich, gar viele Ministerien sind dort schnell hingerafft worden, aber diese haben ihr frühes Ende immer selbst verschuldet, sie haben sich zu viel Bewegung gemacht. Ja, was bei uns andern die Gesundheit fördert, die Bewegung, das macht ein Ministerium todkrank, und namentlich der erste März ist daran gestorben. Sie können nicht stillsitzen, diese Leutchen. Der öftere Regierungswechsel in Frankreich ist nicht bloß eine Nachwirkung der Revolution, sondern auch ein Ergebnis des Nationalcharakters der Franzosen, denen das Handeln, die Tätigkeit, die Bewegung ein ebensogroßes Bedürfnis ist wie uns Deutschen das Tabakrauchen, das stille Denken und die Gemütsruhe; gerade dadurch, daß die französischen Staatslenker so rührig sind und sich beständig etwas Neues zu schaffen machen, geraten sie in halsbrechende Verwicklungen. Dies gilt nicht bloß von den Ministerien, sondern auch von den Dynastien, die immer durch eigene Aktivität ihre Katastrophe beschleunigt haben. Ja, durch dieselbe fatale Ursache, durch die unermüdliche Aktivität ist nicht bloß Thiers gefallen, sondern auch der stärkere Napoleon, der bis an sein seliges Ende auf dem Throne geblieben wäre, wenn er nur die Kunst des Stillsitzens, die bei uns den kleinen Kindern zuerst gelehrt wird, besessen hätte! Diese Kunst besitzt aber Herr Guizot in einem hohen Grade, er hält sich marmorn still, wie der Obelisk des Luxor, und wird deshalb sich länger erhalten, als man glaubt. Er tut nichts, und das ist das Geheimnis seiner Erhaltung. Warum aber tut er nichts? Ich glaube zunächst, weil er wirklich eine gewisse germanische Gemütsruhe besitzt und von der Sucht der Geschäftigkeit weniger geplagt wird als seine Landsleute. Oder tut er nichts, weil er so viel versteht? Je mehr wir wissen, je tiefer und umfassender unsre Einsichten sind, desto schwerer wird uns das Handeln, und wer alle Folgen jedes Schrittes immer voraussähe, der würde gewiß bald aller Bewegung entsagen und seine Hände nur dazu gebrauchen, um seine eigenen Füße zu binden. Das weiteste Wissen verdammt uns zur engsten Passivität.

Indessen – was auch das Schicksal des Ministeriums sein möge – laßt uns die letzten Tage des Jahres, das, Gottlob! seinem Ende naht, so resigniert als möglich ertragen. Wenn uns nur der Himmel nicht zum Schluß mit einem neuen Unglück heimsucht! Es war ein schlechtes Jahr, und wäre ich ein Tendenzpoet, ich würde mit meinen mißtönend poltrigsten Versen dem scheidenden Jahre ein Charivari bringen. In diesem schlechten, schändlichen Jahre hat die Menschheit viel erduldet, und sogar die Bankiers haben einige Verluste erlitten. Welch ein schreckliches Unglück war z.B. der Brand auf der Versailler Eisenbahn! Ich spreche nicht von dem verunglückten Sonntagspublikum, das bei dieser Gelegenheit gebraten oder gesotten wurde; ich spreche vielmehr von der überlebenden Sabbathkompagnie, deren Aktien um so viele Prozent gefallen sind und die jetzt dem Ausgang der Prozesse, die jene Katastrophe hervorgerufen, mit zitternder Besorgnis entgegensieht. Werden die

Stifter der Kompagnie den verwaisten oder verstümmelten Opfern ihrer Gewinnsucht einigen Schadenersatz gewähren müssen? Es wäre entsetzlich! Diese beklagenswerten Millionäre haben schon so viel eingebüßt, und der Profit von andern Unternehmungen mag in diesem Jahre das Defizit kaum decken. Dazu kommen noch andere Fatalitäten, über die man leicht den Verstand verlieren kann, und an der Börse versicherte man gestern, der Halbbankier Läusedorf wolle zum Christentum übergehn*). Andern geht es besser, und wenn auch die *rive gauche* gänzlich ins Stocken geriete, könnten wir uns damit trösten, daß die *rive droite* desto erfreulicher gedeiht. Auch die südfranzösischen Eisenbahnen, so wie die jüngst konzessionierten, machen gute Geschäfte, und wer gestern noch ein armes Lümpchen war, ist heute schon ein reicher Lump. Namentlich der dünne und langnasige Herr * versichert: er habe „Grind," mit der Vorsehung zufrieden zu sein. Ja, während ihr andern in philosophischen Spekulationen eure Zeit vertrödelt, spekulierte und trödelte dieser dünne Geist mit Eisenbahnaktien, und einer seiner Gönner von der hohen Bank sagte mir jüngst: „Sehen Sie, das Kerlchen war garnichts, und jetzt hat es Geld, und es wird noch mehr Geld verdienen, und es hat sich all sein Lebtag nicht mit Philosophie abgegeben." Wie doch diese Pilze in allen Ländern und Zeiten dieselben gewesen! Mit besonderer Verachtung haben sie immer auf Schriftsteller herabgesehen, die sich mit jenen uneigennützigen Studien beschäftigen, die wir Philosophie nennen. Schon vor achtzehnhundert Jahren, wie Petron erzählt, ließ ein römischer Parvenü sich folgende Grabschrift setzen: „Hier ruht Straberius – er war Anfangs garnichts, er hinterließ jedoch dreihundert Millionen Sesterzien, er hat sich sein Lebtag nicht mit Philosophie abgegeben; folge seinem Beispiel, und du wirst dich wohl befinden."

Hier in Frankreich herrscht gegenwärtig die größte Ruhe. Ein abgematteter, schläfriger, gähnender Friede. Es ist alles still, wie in einer verschneiten Winternacht. Nur ein leiser monotoner Tropfenfall. Das sind die Zinsen, die fortlaufend hinabträufeln in die Kapitalien, welche beständig anschwellen; man hört ordentlich, wie sie wachsen, die Reichtümer der Reichen. Dazwischen das leise Schluchzen der Armut. Manchmal auch klirrt etwas wie ein Messer, das gewetzt wird. Nachbarliche Tumulte kümmern uns sehr wenig, und nicht einmal das rasselnde Schilderheben in Barcelona hat uns hier aufgestört. Der Mordspektakel, der im Studierzimmer der Mademoiselle Heinefetter zu Brüssel vorfiel, hat uns schon weit mehr interessiert, und ganz besonders sind die Damen ungehalten über dieses deutsche Gemüt, das trotz eines mehrjährigen Aufenthalts in Frankreich doch noch nicht gelernt hatte, wie man es

---

*) „glaube nicht mehr an Moses und die Propheten und wolle sich taufen lassen." steht in der Augsburger Allgemeinen Zeitung. **Der Herausgeber.**

anfängt, daß zwei gleichzeitige Anbeter sich nicht auf der Walstätte ihres Glücks begegnen. Die Nachrichten aus dem Osten erregten gleichfalls ein unzufriedenes Gemurmel im Volke, und der Kaiser von China hat sich ebenso stark blamiert wie Mademoiselle Heinefetter. Nutzloses Blutvergießen, und die Blume der Mitte ist verloren. Die Engländer sind überrascht, so leichten Kaufs mit dem Bruder der Sonne und dem Vetter des Mondes fertig geworden zu sein, und sie berechnen schon, ob sie die jetzt überflüssigen Kriegsrüstungen im indischen Meere gegen Japan richten sollen, um auch dieses Land zu brandschatzen. An einem loyalen Vorwande zum Angriff wird es gewiß auch hier nicht fehlen. Sind es nicht Opiumfässer, so sind es die Schriften der englischen Missionsgesellschaft, die von der japanischen Sanitätskommission konfisziert worden. Vielleicht bespreche ich in einem spätern Briefe, wie England seine Kriegszüge bemäntelt. Die Drohung, daß britische Großmut uns nicht zu Hilfe kommen werde, wenn Deutschland einst wie Polen geteilt werden dürfte, erschreckt mich nimmermehr. Erstens kann Deutschland nicht geteilt werden. Teile mal einer das Fürstentum Liechtenstein oder Greiz-Schleiz! Und zweitens ist Deutschland trotz seiner Zerstückelung die gewaltigste Macht der Welt, und diese Macht ist im wunderbarsten Wachstum. Ja, Deutschland wird täglich stärker, der Nationalsinn verleiht ihm eine innere Einheit, die unverwüstlich, und es ist gewiß ein Symptom unserer steigenden Volksbedeutung, daß die Engländer, die einst nur den Fürsten Subsidien gezahlt, jetzt auch den deutschen Tribunen, die mit der Feder den Rhein verteidigen, ihre Druckkosten ersetzen. – –

XLIX.

Paris, den 31. Dezember 1842

Noch ein kleiner Fußtritt, und das alte böse Jahr rollt hinunter in den Abgrund der Zeit. Dieses Jahr war eine Satire auf Ludwig Philipp, auf Guizot, auf alle, die sich so viel Mühe gegeben haben, den Frieden in Europa zu erhalten. Dieses Jahr ist eine Satire auf den Frieden selbst, denn im geruhsamen Schoße desselben wurden wir mit Schrecknissen heimgesucht, wie sie der gefürchtete Krieg gewiß nicht schrecklicher hervorbringen konnte. Entsetzlicher Wonnemond, wo fast gleichzeitig in Frankreich, in Deutschland und Haiti die fürchterlichsten Trauerspiele aufgeführt wurden! Welches Zusammentreffen der unerhörtesten Unglücksfälle! Welcher boshafte Witz des Zufalls! Welche höllischen Überraschungen! Ich kann mir die Verwunderung denken, womit die Bewohner des Schattenreichs die neuen Ankömmlinge vom 6. Mai betrachteten, die geputzten Sonntagsgesichter, Studenten, Grisetten, junge Ehepaare, vergnügungssüchtige Drogisten, Philister von allen Farben, die zu Versailles die Kunstwasser springen sahen und, statt in Paris, wo schon die Mittagstafel für sie gedeckt war, plötzlich in der Unterwelt anlangten! Und zwar verstümmelt, gesotten und geschmort! Ist es der Krieg, der euch so schnöde zugerichtet? „Ach nein, wir haben Frieden, und wir kommen eben von einer Spazierfahrt." Auch die gebratenen Spritzenleute und Litzenbrüder, die einige Tage später aus Hamburg ankamen, mußten nicht geringes Erstaunen im Lande Pluto's erregen. Seid ihr die Opfer des Kriegsgottes? war gewiß die Frage, womit sie empfangen wurden. „Nein, unsere Republik hat Frieden mit der ganzen Welt, der Tempel des Janus war geschlossen, nur die Bacchushalle stand offen, und wir lebten im ruhigen Genusse unsrer spartanischen Mockturtlesuppen, als plötzlich das große Feuer entstand, worin wir umkamen." Und eure berühmten Löschanstalten? „Die sind gerettet, und ihr Ruhm ist verloren." Und die alten Perücken? „Die werden wie gepuderte Phönixe aus der Asche hervorsteigen." Den folgenden Tag, während Hamburg noch loderte, entstand das Erdbeben zu Haiti, und die armen schwarzen Menschen wurden zu Tausenden ins Schattenreich hinabgeschleudert. Als sie bluttriefend anlangten, glaubte man gewiß dort unten, sie kämen aus einer Schlacht mit den Weißen, und sie seien von diesen Gemetzel oder gar als revoltierte Sklaven zu Tode gepeitscht worden. Nein, auch diesmal irrten sich die guten Leute am Styx. Nicht der Mensch, sondern die Natur hatte das große Blutbad angerichtet auf jener Insel, wo die Sklaverei längst abgeschafft, wo die Verfassung eine republikanische ist, ohne verjüngende Keime, aber wurzelnd in ewigen Vernunftgesetzen; es herrscht dort Freiheit und Gleichheit, sogar schwarze Preßfreiheit. – Greiz-Schleiz ist keine solche Republik, kein so hitziger Boden wie Haiti, wo das Zuckerrohr, die Kaffeestaude und die schwarze Preßfreiheit wächst, und also ein Erdbeben sehr leicht entstehen konnte; aber trotz des zahmen Kartoffelklimas, trotz der Zensur, trotz der geduldigen Verse, die eben deklamiert oder gesungen wurden, ist den Greiz-Schleizern, während sie vergnügt und schaulustig im Theater saßen, plötzlich das Dach auf den Kopf gefallen, und ein Teil des verehrungswürdigen Publikums sah sich unerwartet in den Orkus geschleudert!

Ja, im sanftseligsten Stilleben, im Zustande des Friedens, häufte sich mehr Unheil und Elend, als jemals der Zorn Bellona's zusammentrompeten konnte. Und nicht bloß zu Lande, sondern auch zu Wasser haben wir in diesem Jahr das Außerordentliche erduldet. Die zwei großen Schiffbrüche an den Küsten von Südafrika und der Manche gehören zu den schauderhaftesten Kapiteln in der Martyrgeschichte der Menschheit. Wir haben keinen Krieg, aber der Frieden richtet uns hin, und gehen wir nicht plötzlich zugrunde durch einen brutalen Zufall, so sterben wir doch allmählich an einem gewissen schleichenden Gift, an einer Aqua Toffana, welche uns in den Kelch des Lebens geträufelt worden, der Himmel weiß, von welcher Hand!

Ja, nur der Himmel weiß es, nicht wir, die wir in der Ungeduld des langweiligsten Schmerzes die Urheber desselben vergebens erraten wollen und, blind umhertappend, nicht selten die unschuldigsten Leidensgenossen verletzen. Wir haben immer recht in Betreff der Tatsache, nämlich daß Giftmischerei stattgefunden und daß wir daran erkrankten; aber was die Personen betrifft, auf die unser Verdacht fällt, so ist Irrtum an allen Ecken, und es ist manchmal heilsam, sich darüber auszusprechen. Es ist manchmal sogar Pflicht, und in dieser Beziehung habe ich über den Schluß meines letzten Briefes eine erläuternde Bemerkung nachzuschicken. Ich habe nämlich in jenen Schlußworten keineswegs die Ehrlichkeit der Gesinnung, die Wahrhaftigkeit und Ehrenfestigkeit irgendeines deutschen Tribunen, der unsern Rhein verteidigt, zu verunglimpfen gesucht, sondern ich habe nur auf die Ausbildung eines Systems hindeuten wollen, das jenseits des Kanals seit dem Beginn der französischen Revolution gegen Frankreich angewendet worden; jenes System ist eine Tatsache, die historisch bewiesen. Ich hatte nur eine britische Bereitwilligkeit im Auge, die, wenn sie auch nicht selbst schießt, doch wenigstens die Bomben liefert, wie zu Barcelona. Ich glaube mich zu dieser Bemerkung verpflichtet; der Zwiespalt zwischen den sogenannten Nationalen und den Rationalen wird täglich klaffender, und letztere müssen eben ihre Vernünftigkeit dadurch beurkunden, daß sie den Groll gegen die Idee nicht die Diener derselben entgelten lassen. Wie die Römer, wenn sie eine Stadt mit Sturm einnehmen wollen, vorher die Götter aufforderten, das Weichbild der bedrohten Stadt zu verlassen, aus Furcht, daß sie im Tumult irgendeine Gottheit beschädigen möchten, so wollen wir, die wir Krieg führen mit Gottheiten, mit Ideen, uns im Gegenteil davor hüten, daß wir nicht die Diener derselben, die Menschen, im Kampfgewühl verletzen!

Ich schreibe diese Zeilen in den letzten Stunden des scheidenden bösen Jahres. Das neue steht vor der Tür. Möge es minder grausam sein als sein Vorgänger! Ich sende meinen wehmütigsten Glückwunsch zum Neujahr über den Rhein. Ich wünsche den Dummen ein bißchen Verstand und den Verständigen ein bißchen Poesie. Den Frauen wünsche ich die schönsten Kleider und den Männern sehr viel Geduld. Den Reichen wünsche ich ein Herz und den Armen ein Stückchen Brot. Vor allem aber wünsche ich, daß wir in diesem neuen Jahr einander so wenig als möglich verleumden mögen.

L.

Paris, den 2. Februar 1843

Worüber ich am meisten erstaune, das ist die Anstelligkeit dieser Franzosen, das geschickte Übergehen oder vielmehr Überspringen von einer Beschäftigung in die andere, in eine ganz heterogene. Es ist dieses nicht bloß eine Eigenschaft des leichten Naturells, sondern auch ein historische Erwerbnis; sie haben sich im Laufe der Zeit ganz losgemacht von hemmenden Vorurteilen und Pedantereien. So geschah es, daß die Emigranten, die während der Revolution zu uns herüberflüchteten, den Wechsel der Verhältnisse so leicht ertrugen, und manche darunter, um das liebe Brot zu gewinnen, sich aus dem Stegreif ein Gewerbe zu schaffen wußten. Meine Mutter hat mir oft erzählt, wie ein französischer Marquis sich damals als Schuster in unsrer Stadt etablierte und die besten Damenschuhe verfertigte; er arbeitete mit Lust, pfiff die ergötzlichsten Liedchen und vergaß alle frühere Herrlichkeit. Ein deutscher Edelmann hätte unter denselben Umständen ebenfalls zum Schusterhandwerk seine Zuflucht genommen, aber er hätte sich gewiß nicht so heiter in sein ledernes Schicksal gefügt, und er würde sich jedenfalls auf männliche Stiefel gelegt haben, auf schwere Sporenstiefel, die an den alten Ritterstand erinnern. Als die Franzosen über den Rhein kamen, mußte unser Marquis seine Boutik verlassen, und er floh nach einer andern Stadt, ich glaube nach Kassel, wo er der beste Schneider wurde; ja, ohne Lehrjahre emigrierte er solchermaßen von einem Gewerbe zum andern und erreichte darin gleich die Meisterschaft – was einem Deutschen unbegreiflich erscheinen dürfte, nicht bloß einem Deutschen von Adel, sondern auch dem gewöhnlichsten Bürgerkind. Nach dem Sturze des Kaisers kam der gute Mann mit ergrauten Haaren, aber unverändert jungem Herzen in die Heimat zurück, und schnitt ein so hochadliges Gesicht und trug wieder so stolz die Nase, als hätte er niemals den Pfriem oder die Nadel geführt. Es ist ein Irrtum, wenn man von den Emigranten behauptete, sie hätten nichts gelernt und nichts vergessen; im Gegenteil, sie hatten alles vergessen, was sie gelernt. Die Helden der napoleonischen Kriegsperiode, als sie abgedankt oder auf halben Sold gesetzt wurden; warfen sich ebenfalls mit dem größten Geschick in die Gewerbstätigkeit des Friedens, und jedesmal wenn ich in das Komptoir von Delloye trat, hatte ich meine liebe Verwunderung, wie der ehemalige Colonel jetzt als Buchhändler an seinem Pulte saß, umgeben von mehren weißen Schnurrbärten, die ebenfalls als brave Soldaten unter dem Kaiser gefochten, jetzt aber bei ihrem alten Kameraden als Buchhalter oder Rechnungsführer, kurz als Kommis dienten.

Aus einem Franzosen kann man alles machen, und jeder dünkt sich zu allem geschickt. Aus dem kümmerlichsten Bühnendichter entsteht plötzlich, wie durch einen Theaterkoup, ein Minister, ein General, ein Kirchenlicht, ja ein Herrgott. Ein merkwürdiges Beispiel der Art bieten die Transformationen unsres lieben Charles Duveyrier, der einer der erleuchtetsten Dignitare der Saint-Simonistischen Kirche war, und, als diese aufgehoben wurde, von der geistlichen Bühne zur weltlichen überging. Dieser Charles Duveyrier saß in der Salle Taitbout auf der Bischofsbank, zur Seite des Vaters, nämlich Enfantin's; er zeichnete sich aus durch einen gotterleuchteten Prophetenton, und auch in der Stunde der Prüfung gab er als Martyrer Zeugnis für die neue Religion. Von den Lustspielen Duveyrier's wollen wir heute nicht reden, sondern von seinen politischen Broschüren; denn er hat die Theaterkarriere wieder verlassen und sich auf das Feld der Politik begeben, und diese neue Umwandlung ist vielleicht nicht minder merkwürdig. Aus seiner Feder flossen die kleinen Schriften, die allwöchentlich unter dem Titel: *„Lettres politiques"* herauskommen. Die erste ist an den König gerichtet, die zweite an Guizot, die dritte an den Herzog von Nemours, die vierte an Thiers. Sie zeugen sämtlich von vielem Geist. Es herrscht darin eine edle Gesinnung, ein lobenswerter Widerwille für den Frieden. Von der Ausbeutung der Industrie erwartet Duveyrier das goldne Zeitalter. Der Messias wird nicht auf einem Esel, sondern auf einem Dampfwagen den segensreichen Einzug halten. Namentlich die Broschüre, die an Thiers gerichtet, oder vielmehr gegen ihn gerichtet, atmet diese Gesinnung. Von der Persönlichkeit des ehemaligen Konseilpräsidenten spricht der Verfasser mit hinlänglicher Ehrfurcht. Guizot gefällt ihm, aber Molé gefällt ihm besser. Dieser Hintergedanke dämmert überall durch.

Ob er mit Recht oder mit Unrecht irgendeinem von den Dreien den Vorzug, gibt, ist schwer zu bestimmen. Ich meinesteils glaube nicht, daß einer besser als der andre, und ich bin der Meinung, daß jeder von ihnen als Minister immer dasselbe tun wird, was auch unter denselben Umständen der andre täte. Der wahre Minister, dessen Gedanke überall zur Tat wird, der sowohl gouverniert als regiert, ist der König, Ludwig Philipp, und die erwähnten drei Staatsmänner unterscheiden sich nur in der Art und Weise, wie sie sich mit der Vorherrschaft des königlichen Gedankens abfinden.

Herr Thiers sträubt sich im Anfang sehr barsch, macht die redseligste Opposition, trompetet und trommelt, und tut doch am Ende, was der König wollte. Nicht bloß seine revolutionären Gefühle, sondern auch seine staatsmännischen Überzeugungen sind im beständigen Widerspruch mit dem königlichen Systeme; er fühlt und weiß, daß dieses System auf die Länge scheitern muß, und ich könnte die erstaunlichen Äußerungen Thiers' über die Unhaltbarkeit der jetzigen Zustände mitteilen. Er kennt zu gut seine Franzosen und zu gut die Geschichte der französischen Revolution, um sich dem Quietismus der siegreichen Bourgeoisiepartei ganz hingeben zu können und an den Maulkorb zu glauben, den er selbst dem tausendköpfigen Ungeheuer angelegt hat; sein feines Ohr hört das innerliche Knurren, er hat sogar Furcht, einst von dem entzügelten Ungetüm zerrissen zu werden – und dennoch tut er, was der König will.

Mit Herrn Guizot ist es ganz anders. Für ihn ist der Siege der Bourgeoisiepartei eine vollendete Tatsache, *un fait accompli,* und er ist mit all' seinen Fähigkeiten in den Dienst dieser neuen Macht getreten, deren Herrschaft er durch alle Künste des historischen und philosophischen Scharfsinns als vernünftig, und folglich auch als berechtigt, zu stützen weiß. Das ist eben das Wesen eines Doktrinärs, daß er für alles, was er tun will, eine Doktrin findet. Er steht vielleicht mit seinen geheimsten Überzeugungen über dieser Doktrin, vielleicht auch drunter, was weiß ich? Er ist zu geistesbegabt und vielseitig wissend, als daß er nicht im Grunde ein Skeptiker wäre, und eine solche Skepsis verträgt sich mit dem Dienste, den er dem Systeme widmet, dem er sich einmal ergeben hat. Jetzt ist er der treue Diener der Bourgeoisieherrschaft, und hart wie ein Herzog von Alba wird er sie mit unerbittlicher Konsequenz bis zum letzten Momente verteidigen. Bei ihm ist kein Schwanken, kein Zagen, er weiß, was er will, und was er will, tut er. Fällt er im Kampfe, so wird ihn auch dieser Sturz nicht erschüttern, und er wird bloß die Achseln zucken. War doch das, wofür er kämpfte, ihm im Grunde gleichgültig. Siegt etwa einst die republikanische Partei oder gar die der Kommunisten, so rate ich diesen braven Leuten, den Guizot zum Minister zu nehmen, seine Intelligenz und seine Halsstarrigkeit auszubeuten, und sie werden besser dabei stehen, als wenn sie ihren erprobtesten Dummköpfen der Bürgertugend das Gouvernement in Händen geben. Ich möchte einen ähnlichen Rat den Henriquinquisten erteilen, für den unmöglichen Fall, daß sie einst wieder durch Nationalunglück, durch ein Strafgericht Gottes, in Besitz der offiziellen Gewalt gerieten; nehmt den Guizot zum Minister, und ihr werdet euch dreimal vierundzwanzig Stunden länger halten können, und ich fürchte, Herrn Guizot nicht Unrecht zu tun, wenn ich die Meinung ausspreche, daß er so tief herabsteigen könnte, um eure schlechte Sache durch seine Beredsamkeit und seine gouvernementalen Talente zu unterstützen. Seid ihr ihm doch ebenso gleichgültig, wie die Spießbürger, für die er jetzt so großen Geistesaufwand macht in Wort und Tat, und wie das System des Königs, dem er mit stoischem Gleichmute dient.

Herr Molé unterscheidet sich von diesen beiden dadurch, daß er erstens der eigentliche Staatsmann ist, dessen Persönlichkeit schon den Patrizier verrät, dem das Talent der Staatslenkung angeboren oder durch Familientraditionen anerzogen worden. Bei ihm ist keine Spur vom plebejischen Emporkömmling wie bei Herrn Thiers, und noch weniger hat er die Ecken eines Schulmanns, wie Herr Guizot, und bei der Aristokratie der fremden Höfe mag er durch eine solche äußere Repräsentation und diplomatische Leichtigkeit die Genialität ersetzen, welche wir bei Herrn Thiers und Guizot finden. Er hat kein andres System, als das des Königs, ist auch zu sehr Hofmann, um ein andres haben zu wollen, und das weiß der König, und er ist der Minister nach dem Herzen Ludwig Philipp's. Ihr werdet sehen, jedesmal wenn man ihm die Wahl lassen wird, Herrn Guizot oder Herrn Thiers zum Premierminister zu nehmen, wird Ludwig Philipp immer wehmütig antworten: „Laßt mich Molé nehmen." Der König erinnert mich bei dieser Gelegenheit an einen kleinen Jungen, dem ich ein Spielzeug kaufen wollte. Als ich ihn fragte, was ihm lieber wäre, ein Chinese oder ein Türke, antwortete der Kleine: „Ich will lieber ein rot angestrichenes Holzpferdchen, mit einer Flöte im Steiß." Wenn Louis Philipp sagt: „Laßt mich Molé nehmen", so darf man nicht vergessen: Molé, das ist er selber, und da doch einmal geschieht, was er will, so wäre es gar kein Unglück, wenn Molé wieder Minister würde.

Aber ein Glück wäre es auch nicht, denn das königliche System würde nach wie vor in Wirksamkeit bleiben, und wie sehr wir die edle Absicht des Königs hochschätzen, wie sehr wir ihm den besten Willen für das Glück Frankreichs zutrauen, so müssen wir doch bekennen, daß die Mittel zur Ausführung nicht die richtigen sind, daß das ganze System keinen Schuß Pulver taugt, wenn es nicht gar einst durch einen Schuß Pulver in die Luft springt. Ludwig Philipp will Frankreich regieren durch die Kammer, und er glaubt alles gewonnen zu haben, wenn er durch Begünstigung ihrer Glieder bei allen Regierungsvorschlägen die parlamentarische Majorität gewonnen. Aber sein Irrtum besteht darin, daß er Frankreich durch die Kammer repräsentiert glaubt. Dieses aber ist nicht der Fall, und er erkennt ganz die Interessen eines Volks, welche von denen der Kammer sehr verschieden sind und von letzterer nicht sonderlich beachtet werden. Steigt seine Impopularität bis zu einem bedenklichen Punkte, so wird ihn schwerlich die Kammer retten können, und es ist noch die Frage, ob jene begünstigte Bourgeoisie, für die er so viel tut, ihm im gefährlichen Augenblick mit Enthusiasmus zu Hilfe eilen wird.

„Unser Unglück ist", sagte mir jüngst ein Habitué der Tuilerien, „daß unsre Gegner, indem sie uns schwächer glauben, als wir sind, uns nicht fürchten, und daß unsre Freunde, die zuweilen schmollen, uns eine größere Stärke zumuten, als wir in der Wirklichkeit besitzen."

LI.

Paris, den 5. Mai 1843

Die eigentliche Politik lebt jetzt zurückgezogen in ihrem Hôtel auf dem Boulevard des Capucines. Industrielle und artistische Fragen sind unterdessen an der Tagesordnung, und man streitet jetzt, ob das Zuckerrohr oder die Runkelrübe begünstigt werden solle, ob es besser ist, die Nordeisenbahn einer Kompagnie zu überlassen oder sie ganz auf Kosten des Staates auszubauen, ob das klassische System in der Poesie durch den Succeß von „Lukretia" wieder auf die Beine kommen werde; die Namen, die man in diesem Augenblick am häufigsten nennt, sind Rothschild und Ponsard.

Die Untersuchung über die Wahlen bildet ein kleines Intermezzo in der Kammer. Der voluminöse Bericht über diese betrübsame Angelegenheit enthält sehr wunderliche Details. Der Verfasser ist ein gewisser Lanyer, den ich vor zwölf Jahren als einen äußerst ungeschickten Arzt bei seinem einzigen Patienten antraf, und der seitdem zum Besten der Menschheit den Äskulapstab an den Nagel gehängt hat. Sobald die Enquête beseitigt, beginnen die Debatten über die Zuckerfrage, bei welcher Gelegenheit Herr von Lamartine die Interessen des Kolonialhandels vertreten wird. Die Gegner des Zuckerrohrs sind entweder beteiligte Industrielle, die das Heil Frankreichs nur vom Standpunkt ihrer Bude beurteilen, oder es sind alte abgelebte Bonapartisten, die an der Runkelrübe, der Lieblingsidee des Kaisers, mit einer gewissen Pietät festhalten. Diese Greise, die seit 1814 geistig stehen geblieben, bilden immer ein wehmütig komisches Seitenstück zu unsern überrheinischen alten Deutschtümern, und wie diese einst für die deutsche Eiche und den Eichelkaffee, so schwärmten jene für die Gloire und den Runkelrübenzucker. Aber die Zeit rollt rasch vorwärts, unaufhaltsam, auf rauchenden Dampfwagen, und die abgenutzten Helden der Vergangenheit, die alten Stelzfüße abgeschlossener Nationalität, die Invaliden und Inkurablen, werden wir bald aus den Augen verlieren.

Die Eröffnung der beiden neuen Eisenbahnen, wovon die eine nach Orleans, die andere nach Rouen führt, verursacht hier ein Erschütterung, die jeder mitempfindet, wenn er nicht etwa auf einem sozialen Isolierschemel steht. Die ganze Bevölkerung von Paris bildet in diesem Augenblick gleichsam eine Kette, wo einer dem andern den elektrischen Schlag mitteilt. Während aber die große Menge verdutzt und betäubt die äußere Erscheinung der großen Bewegungsmächte anstarrt, erfaßt den Denker ein unheimliches Grauen, wie wir es immer empfinden, wenn das Ungeheuerste, das Unerhörteste geschieht, dessen Folgen unabsehbar und unberechenbar sind. Wir merken bloß, daß unsre ganze

Existenz in neue Gleise fortgerissen, fortgeschleudert wird, daß neue Verhältnisse, Freuden und Drangsale uns erwarten, und das Unbekannte übt seinen schauerlichen Reiz, verlockend und zugleich beängstigend. So muß unsern Vätern zumut gewesen sein, als Amerika entdeckt wurde, als die Erfindung des Pulvers sich durch ihre ersten Schüsse ankündigte, als die Buchdruckerei die ersten Aushängebogen des göttlichen Wortes in die Welt schickte. Die Eisenbahnen sind wieder ein solches providentielles Ereignis, das der Menschheit einen neuen Umschwung gibt, das die Farbe und Gestalt des Lebens verändert; es beginnt ein neuer Abschnitt in der Weltgeschichte, und unsre Generation darf sich rühmen, daß sie dabei gewesen. Welche Veränderungen müssen jetzt eintreten in unsrer Anschauungsweise und in unsern Vorstellungen! Sogar die Elementarbegriffe von Zeit und Raum sind schwankend geworden. Durch die Eisenbahnen wird der Mann getötet, und es bleibt uns nur noch die Zeit übrig. Hätten wir nur Geld genug, um auch letztere anständig zu töten! In vierthalb Stunden reist man jetzt nach Orleans, in ebenso viel' Stunden nach Rouen. Was wird das erst geben, wenn die Linien nach Belgien und Deutschland ausgeführt und mit den dortigen Bahnen verbunden sein werden! Mir ist, als kämen die Berge und Wälder aller Länder auf Paris angerückt. Ich rieche schon den Duft der deutschen Linden; vor meiner Tür brandet die Nordsee.

Es haben sich nicht bloß für die Ausführung der Nordeisenbahn, sondern auch für die Anlage vieler andern Linien große Gesellschaften gebildet, die das Publikum in gedruckten Zirkularen zu Teilnahme auffordern. Jede versendet einen Prospektus, an dessen Spitze in großen Zahlen das Kapital paradiert, das die Kosten der Unternehmung decken wird. Es beträgt immer einige fünfzig bis hundert, ja sogar mehre hunderte Millionen Franks; es werden, sobald die zur Subskription limitierte Zeit verflossen, keine Subskribenten mehr angenommen; auch wird bemerkt, daß, im Fall die Summe des limitierten Gesellschaftskapitals vor jenem Termin erreicht ist, niemand mehr zur Subskription zugelassen werden kann. Ebenfalls mit kolossalen Buchstaben stehen obenangedruckt die Namen der Personen, die das *Comité de suveillance* der Societät bilden; es sind nicht bloß Namen von Financiers, Bankiers, Receveursgeneraux, Usinen-Inhabern und Fabrikanten, sondern auch Namen von hohen Staatsbeamten, Prinzen, Herzögen, Marquis, Grafen, die zwar meist unbekannt, aber mit ihrer offiziellen und feudalistischen Titulatur gar prachtvoll klingen, so daß man glaubt, die Trompetenstöße zu vernehmen, womit Bajazzo auf dem Balkon einer Marktbude das verehrungswürdige Publikum zum Hereintreten einladet. *On ne paie qu'en entrant.* Wer traute nicht einem solchen *Comité de surveillance*, das aber keineswegs, wie viele glauben, eine solidarische Garantie versprochen haben will und keine feste

Stütze ist, sondern als Karyatide figuriert. Ich bemerkte einem meiner Freunde meine Verwunderung, daß unter den Mitgliedern der Komités sich auch Marineoffiziere befänden, ja daß ich auf vielen Prospektus-Cirkularen als Präsidenten der Sozietät die Namen von Admirälen gedruckt sähe. So z. B. sähe ich den Namen des Admirals Rosamel, nach welchem sogar die ganze Gesellschaft und sogar ihre Aktien genannt werden. Mein Freund, der sehr lachlustig, meinte, eine solche Beigesellung von Seeoffizieren sei eine sehr kluge Vorsichtsmaßregel der respektiven Gesellschaften, für den Fall, daß sie mit der Justiz in eine fatale Kollision kämen, und von einer Jury zu den Galeeren verurteilt würden; die Mitglieder der Gesellschaft hätten alsdann immer einen Admiral bei sich, was ihnen zu Toulon oder Brest, wo es viel zu rudern gibt, von Nutzen sein möchte. Mein Freund irrt sich. Jene Leute haben nicht zu befürchten, in Toulon oder in Brest ans Ruder zu kommen: das Ruder, das ihren Händen einst anheimfällt oder zum Teil schon anheimgefallen, gehört einer ganz andern Örtlichkeit, es is das Staatsruder, dessen sich die herrschende Geldaristokratie täglich mehr und mehr bemächtigt. Jene Leute werden bald nicht sowohl das *Comité de surveillance* der Eisenbahnsozietät, sondern auch das *Comité de suveillance* unserer ganzen bürgerlichen Gesellschaft bilden, und sie werden es sein, die uns nach Toulon oder Brest schicken.

Das Haus Rothschild, welches die Konzession der Nordeisenbahn soumissioniert und sie aller Wahrscheinlichkeit nach erhalten wird, bildet keine eigentliche Sozietät, und jede Beteiligung, die jenes Haus einzelnen Personen gewährt, ist eine Vergünstigung, ja, um mich ganz bestimmt auszudrücken, sie ist ein Geldgeschenk, das Herr von Rothschild seinen Freunden angedeihen läßt. Die eventuellen Aktien, die sogenannten Promessen des Hauses Rothschild, sehen nämlich mehrere hundert Franken über pari, und wer daher solche Aktien al pari von dem Baron James de Rothschild begehrt, bettelt im wahren Sinne des Wortes. Aber die ganze Welt bettelt jetzt bei ihm, es regnet Bettelbriefe, und da die Vornehmsten mit dem würdigen Beispiel vorangehen, ist jetzt das Betteln keine Schande mehr. Herr von Rothschild ist daher der Held des Tages, und er spielt überhaupt in der Geschichte unsrer heutigen Misère eine so große Rolle, daß ich ihn oft und so ernsthaft als möglich besprechen muß. Er ist in der Tat eine merkwürdige Person. Ich kann seine finanzielle Fähigkeit nicht beurteilen, aber, nach Resultaten zu schließen, muß sie sehr groß sein. Eine eigentümliche Kapazität ist bei ihm die Beobachtungsgabe oder der Instinkt, womit er die Kapazitäten andrer Leute in jeder Sphäre, wo nicht zu beurteilen, doch herauszufinden versteht*). Man hat ihn ob solcher

---

*) Der vorige Absatz und der Anfang des obigen fehlen in der Augsburger Allgemeinen Zeitung. Dagegen findet sich dort folgende Stelle: „Wenn nur

Begabnis mit Ludwig XIV. verglichen; und wirklich, im Gegen-satz zu seinen Herren Kollegen, die sich gern mit einem Generalstab von Mittelmäßigkeiten umgeben, sahen wir Herrn James von Rothschild immer in intimster Verbindung mit den Notabilitäten jeder Disziplin; wenn ihm auch das Fach ganz unbekannt war, so wußte er doch immer, wer darin der beste Mann. Er versteht vielleicht keine Note Musik, aber Rossini war beständig sein Hausfreund. Ary Scheffer ist sein Hofmaler; Carème war sein Koch. Herr von Rothschild weiß sicher kein Wort Griechisch, aber der Hellenist Letronne ist der Gelehrte, den er am meisten auszeichnet. Sein Leibarzt war der geniale Dypuytren, und es herrschte zwischen beiden die brüderliche Zuneigung. Den Wert eines Cremieux, des großen Juristen, dem eine große Zukunft bevorsteht, hat Herr von Rothschild schon früher begriffen, und er fand in ihm seinen treuen Anwalt. In gleicher Weise hat er die politischen Fähigkeiten Ludwig Philipp's gleich von Anfang gewürdigt, und er stand immer auf vertrautem Fuße mit diesem Großmeister der Staatskunst. Den Emile Pereire, den Pontifex Maximus der Eisenbahnen, hat Herr von Rothschild ganz eigentlich entdeckt, er machte denselben gleich zu seinem ersten Ingenieur, und durch ihn gründete er die Eisenbahn nach Versailles, nämlich die des rechten Ufers, wo nie ein Unglück geschieht. Die Poesie, sowohl die französische wie die deutsche, ist ebenfalls in der Gunst des Herrn von Rothschild sehr würdig vertreten; doch will es mich bedünken, als ob hier eine liebenswürdige Kourtoisie im Spiele, und als ob der

---

Rothschild und die Kammer sich verständigen in bezug auf die Nordeisenbahn. Der kleinlichste Parteigeist ist hier sehr tüchtig, Schwierigkeiten zu säen und den notwendigen Unternehmungseifer zu lähmen. Die Kammer, aufgeregt durch Privatschikane jeder Sorte, wird an den vorgeschlagenen Bedingungen der Rothschild'schen Sozietät mäkeln, und es entstehen alsdann die unleidlichsten Zögerungen und Zagnisse. Aller Augen sind bei dieser Gelegenheit auf das Haus Rothschild gerichtet, das die Sozietät, die sich zur Ausführung jener Eisenbahn gebildet, ebenso solid wie rühmlich repräsentiert. Es ist eine beachtenswerte Erscheinung, daß das Haus Rothschild, welches früher nur den gouvernementalen Bedürfnissen seine Tätigkeit und Hilfsquellen zuwandte, sich jetzt vielmehr an die Spitze großer Nationalunternehmungen stellt, Industrie und Volkswohlfahrt befördernd durch seine enormen Kapitalien und seinen unermeßlichen Kredit. Der größte Teil der Mitglieder dieses Hauses, oder vielmehr dieser Familie, ist gegenwärtig in Paris versammelt; doch die Geheimnisse eines solchen Kongresses sind zu gut bewahrt, als daß wir etwas darüber berichten könnten. Unter diesen Rothschilden herrscht eine große Eintracht. Sonderbar, sie heiraten immer untereinander, und die Verwandtschaftsgrade kreuzen sich dergestalt, daß der Historiograph einst seine liebe Not haben wird mit der Entwirrung dieses Knäuels. Das Haupt oder vielmehr der Kopf der Familie ist der Baron James, ein merkwürdiger Mann, dessen eigentümlichste Kapazität sich freilich nur in Finanzverhältnissen offenbart, der aber zugleich durch Beobachtungsgabe oder Instinkt die Kapazitäten in jeder andern Sphäre, wo nicht zu beurteilen, doch herauszufinden versteht." **Der Herausgeber.**

Herr Baron für unsre heutigen lebenden Dichter nicht so schwärmerisch begeistert sei, wie für die großen Toten, z.B. für Homer, Sophokles, Dante, Cervantes, Shakespeare, Goethe, lauter verstorbene Poeten, verklärte Genien, die, geläutert von allen irdischen Schlacken, jeder Erdennot entrückt sind und keine Nordeisenbahnaktien verlangen*).

In diesem Augenblick ist der Stern Rothschild im Zenith seines Glanzes. Ich weiß nicht, ob ich mir nicht einen Mantel an Devotion zuschulden kommen lasse, indem ich Herrn von Rothschild nur einen Stern nannte. Doch er wird mir nicht darob grollen, wie jener andere, Ludwig XIV., der einst über einen armen Dichter in Zorn geriet, weil er die Impertinenz hatte, ihn mit einem Stern zu vergleichen, ihn, der gewohnt war, die Sonne genannt zu werden, und auch diesen Himmelskörper als sein offizielles Sinnbild angenommen.

Ich will heute, um ganz sicher zu gehen, Herrn von Rothschild dennoch mit der Sonne vergleichen; erstens kostet es mir nichts, und dann, wahrhaftig, ich kann es mit gutem Fug in diesem Augenblick, wo jeder ihm huldigt, um von seinen goldnen Strahlen gewärmt zu werden. – Unter uns gesagt, dieser *furor* der Verehrung ist für die arme Sonne keine geringe Plage, und sie hat keine Ruhe vor ihren Anbetern, worunter manche gehören, die wahrlich nicht wert sind, von der Sonne beschienen zu werden; diese Pharisäer psalmodieren am lautesten ihr „Lob und Preis," und der arme Baron wird von ihnen so sehr moralisch torquiert und abgehetzt; daß man ein Mitleid mit ihm haben möchte. Ich glaube überhaupt, das Geld ist für ihn mehr ein Unglück, als ein Glück; hätte er ein hartes Naturell, so würde er weniger Ungemach ausstehen, aber ein gutmütiger, sanfter Mensch, wie er ist, muß er viel leiden vor dem Andrang des vielen Elends, das er lindern soll, von den Ansprüchen, die man beständig an ihn macht, und von dem Undank, der jeder seiner Wohltaten auf dem Fuße folgt. Überreichtum ist vielleicht schwerer zu ertragen als Armut. Jedem, der sich in großer Geldnot befindet, rate ich, zu Herrn von Rothschild zu gehen: nicht um bei

---

*) In der Augsburger Allgemeinen Zeitung lautet dieser Satz: „Nur die Poesie, die französische wie die deutsche, ist durch keine lebende Größe repräsentiert in der Gunst des Herrn von Rothschild; derselbe liebt nur Shakespeare, Racine, Goethe, lauter verstorbene Dichter etc." – Es folgt dann, statt obiger Fortsetzung, nur noch die Stelle: „Apropos Dichtkunst: ich kann nicht umhin, hier flüchtig zu erwähnen, daß Monsieur Ponsard nichts weniger als ein großer Dichter ist. Unverstand und Parteigeist haben ihn aufs Schild gehoben und werden ihn ebenso schnell wieder fallenlassen. Ich kenne seine vielbesprochene „Lukretia" nur nach Auszügen, aber so viel habe ich gleich gemerkt, daß die Franzosen von der Poesie, die in diesem Stücke enthalten, keine Indigestion bekommen werden. Unterdessen bringt jene Tragödie die alten bestäubten Streitfragen über das Klassische und Romantische wieder aufs Tapet, ein Zwist, der für den deutschen Zuschauer nachgerade langweilig wird." **Der Herausgeber.**

ihm zu borgen (denn ich zweifle, daß er etwas Erkleckliches bekömmt), sondern um sich durch den Anblick jenes Geld-Elends zu trösten. Der arme Teufel, der zu wenig hat und sich nicht zu helfen weiß, wird sich hier überzeugen, daß es einen Menschen gibt, der noch weit mehr gequält ist, weil er zu viel Geld hat, weil alles Geld der Welt in seine kosmopolitische Riesentasche geflossen, und weil er eine solche Last mit sich herumschleppen muß, während rings um ihn her der große Haufe von Hungrigen und Dieben die Hände nach ihm ausstreckt. Und welche schreckliche und gefährliche Hände! – Wie geht es Ihnen? frug einst ein deutscher Dichter den Herrn Baron. „Ich bin verrückt", erwiderte dieser. Ehe Sie nicht Geld zum Fenster hinauswerfen, sagte der Dichter, glaube ich es nicht. Der Baron fiel ihm aber seufzend in die Rede: „Das ist eben meine Verrücktheit, daß ich nicht manchmal das Geld zum Fenster hinauswerfe."

Wie unglücklich sind doch die Reichen in diesem Leben, – und nach dem Tode kommen sie nicht einmal in den Himmel! „Ein Kamel wird eher durch ein Nadelöhr gehen, als daß ein Reicher ins Himmelreich käme" – dieses Wort des göttlichen Kommunisten ist ein furchtbares Anathema und zeugt von seinem bittern Haß gegen die Börse und haute finance von Jerusalem. Es wimmelt in der Welt von Philanthropen, es gibt Tierquälergesellschaften, und man tut wirklich sehr viel für die Armen. Aber für die Reichen, die noch viel unglücklicher sind, geschieht gar nichts. Statt Preisfragen über Seidenkultur, Stallfütterung und Kant'sche Philosophie aufzugeben, sollten unsre gelehrten Sozietäten einen bedeutenden Preis aussetzen zur Lösung der Frage, wie man ein Kamel durch ein Nadelöhr fädeln könne. Ehe diese große Kamelfrage gelöst ist und die Reichen eine Aussicht gewinnen, ins Himmelreich zu kommen, wird auch für die Armen kein durchgreifendes Heil begründet. Die Reichen würden weniger hartherzig sein, wenn sie nicht bloß auf Erdenglück angewiesen wären und nicht die Armen beneiden müßten, die einst dort oben in *floribus* sich des ewigen Lebens gaudieren. Sie sagen: Warum sollen wir hier auf Erden für das Lumpengesindel etwas tun, da es ihm doch einst besser geht als uns, und wir jedenfalls nach dem Tode nicht mit demselben zusammentreffen. Wüßten die Reichen, daß sie dort oben wieder in aller Ewigkeit mit uns gemeinsam hausen müssen, so würden sie sich gewiß hier auf Erden etwas genieren und sich hüten, uns gar zu sehr zu mißhandeln. Laßt uns daher vor allem die große Kamelfrage lösen.

Hartherzig sind die Reichen, das ist wahr. Sie sind es sogar gegen ihre ehemaligen Kollegen, wenn sie etwas heruntergekommen sind. Da bin ich jüngst dem armen August Leo begegnet, und das Herz blutete mir beim Anblick des Mannes, der ehemals mit den Häuptern der Börse, mit der Aristokratie der Spekulanten, so intim verbunden und sogar selbst ein Stück Bankier war. Aber sagt mir doch, ihr hochmögenden Herren, was hat euch der arme Leo getan, daß ihr ihn so schnöde ausgestoßen habt aus der Gemeinde? – ich meine nicht aus der jüdischen, ich meine aus der Finanzgemeinde. Ja, der Ärmste genießt seit einiger Zeit die Ungunst seiner Genossen in so hohem Grade, daß man ihn von allen verdienstlichen Unternehmungen, d. h. von allen Unternehmungen, woran etwas verdient wird, wie einen Misselsüchtigen ausschließt. Auch von dem letzten Emprunt hat man ihm nichts zufließen lassen, und auf Beteiligung bei neuen Eisenbahn-Entreprisen muß er gänzlich verzichten, seitdem er bei der Versailler Eisenbahn der *rive gauche* eine so klägliche Schlappe erlitten und seine Leute in so schreckliche Verlüste hineingerechnet hat. Keiner will mehr etwas von ihm wissen, jeder stößt ihn zurück, und sogar sein einziger Freund, (der, beiläufig gesagt, ihn nie ausstehen konnte), sogar seine Jonathan, der Stockjobber Läusedorf, verläßt ihn und läuft jetzt beständig hinter dem Baron Meklenburg einher, und kriecht demselben fast zwischen die Rockschläge hinein. – Beiläufig bemerke ich ebenfalls, daß genannter Baron Meklenburg, einer unserer eifrigsten Agioteure und Industriellen, keineswegs ein Israeli ist, wie man gewöhnlich glaubt, weil man ihn mit Abraham Meklenburg verwechselt, oder weil man ihn immer unter den Starken Israel's sieht, unter den Krethi und Plethi der Börse, wo sie sich um ihn versammeln; denn sie lieben ihn sehr. Diese Leute sind keine religiösen Fanatiker, wie man sieht, und ihr Unmut gegen den armen Leo ist daher keinen intoleranten Ursachen beizumessen; sie grollen ihm nicht wegen seiner Abtrünnigkeit von der schönen jüdischen Religion, und sie zuckten nur mitleidig die Achsel über die schlechten Religions-Wechsel-Geschäfte des armen Leo, der in dem protestantischen Bethaus der *Rue des billettes* jetzt das Amt eines Marguillers versieht – das ist gewiß ein bedeutendes Ehrenamt, aber ein Mann wie August Leo wäre mit der Zeit auch in der Synagoge zu großen Würden emporgestiegen, man hätte vielleicht bei Beschneidungsfeierlichkeiten das Kind, dem die Vorhaut abgeschnitten wird, oder das Messerchen, womit solches geschieht, seinen Händen anvertraut, oder man hätte ihn auch bei Lesung der Thora mit den kostspieligsten Tageswürden überhäuft, ja, da er sehr musikalisch ist und gar für Kirchenmusik so viel Sinn besitzt, wäre ihm vielleicht am Neujahrsfeste der jüdischen Kirche das Blasen mit dem Schofar, dem heiligen Horne, zu Teil worden. Nein, er ist nicht das Opfer eines religiösen oder moralischen Unwillens starrköpfiger Pharisäer, es sind nicht Fehler des Herzens, welche dem armen Leo zur Last gelegt werden, sondern Rechnungsfehler, und verlorene Millionen verzeiht selbst kein Christ. Aber habt doch endlich Erbarmen mit dem armen Gefallenen, mit der gesunkenen Größe, nehmt ihn wieder auf in Gnaden, laßt ihn wieder teilnehmen an einem guten Geschäfte, gönnt ihm einmal wieder einen kleinen Prosit, woran sich sein gebrochenes Herz erlabe, *date obolum Beli-*

sario – gebt einen Obolus einem Belisar, der zwar kein großer Feldherr, aber blind gewesen und nie im Leben irgendeinem Bedürftigen einen Obolus gegeben hat!

Auch patriotische Gründe gibt es, welche die Erhaltung des armen Leo wünschenswert machen. Gekränktes Selbstgefühl und die großen Verluste nötigen, wie ich höre, den einst so wohlhabenden Mann, das sehr teure Paris zu verlassen und sich auf das Land zurückzuziehen, wo er, wie Cincinnatus, seinen selbstgepflanzten Kohl verspeisen oder, wie einst Nebukadnezar, auf seinen eigenen Wiesen grasen kann. Das wäre nun ein großer Verlust für die deutsche Landsmannschaft. Denn alle deutsche Reisende zweiten und dritten Ranges, die hierher nach Paris kamen, fanden im Hause des Herrn Leo eine gastliche Aufnahme, und manche, die in der frostigen Franzosenwelt ein Unbehagen empfanden, konnten sich mit ihrem deutschen Herzen hieher flüchten und mit gleichgesinnten Gemütern wieder heimisch fühlen. An kalten Winterabenden fanden sie hier eine warme Tasse Tee, etwas homöopathisch zubereitet, aber nicht ganz ohne Zucker. Sie sahen hier Herrn von Humboldt, nämlich in *effigie* an der Wand hängend als Lockvogel. Hier sahen sie den Nasenstein in *natura*. Auch die deutsche Gräfin fand man hier. Es zeigten sich hier auch die vornehmsten Diplomaten von Krähwinkel, nebst ihren kräh- und schwiefwinklichten Gemahlinnen und ihren Töchtern mit blonden Haaren, blonden Zähnen und Händen. Hier hörte man mitunter sehr ausgezeichnete Klavierspieler und Geiger, neu angekommene Virtuosen, die von Seelenverkäufern an das Haus Leo empfohlen worden und sich in seinen Soiréen musikalisch ausbeuten ließen. Es waren die holden Klänge der Muttersprache, sogar der Großmuttersprache, welche hier den Deutschen begrüßten. Hier war die Mundart des Hamburger Dreckwalls am reinsten gesprochen, und wer diese klassischen Laute vernahm, dem ward es zumute, als röche er wieder die Twieten des Mönckedamms. Wenn aber gar die Adelaide von Beethoven gesungen wurde, flossen hier die sentimentalsten Tränen! Ja, jenes Haus war eine Oase, eine sehr aasige Oase deutsche Gemütlichkeit in der Sandwüste des traulichen Kankans, wo man ruddelte wie an den Ufern des Mains, wo man klüngelte wie im Weichbilde der hil'gen Stadt Köln, wo dem väterländischen Klatsch manchmal auch zur Erfrischung ein Gläschen Bier beigestellt ward – deutsches Herz, was verlangst du mehr? Es wäre jammerschade, wenn diese Klatschbude geschlossen würde.

LII.

Paris, den 6. Mai 1843

Die kostbare Zeit wird leichtsinnig verzettelt. Ich sage die kostbare Zeit, und ich verstehe darunter die Friedensjahre, die uns durch die Regierung Ludwig Philipp's verbürgt sind. An dem Lebensfaden desselben hängt die Ruhe Frankreichs, und der Mann ist alt, und unerbittlich ist die Scherge der Parze. Statt diese Zeit zu benutzen und den Knäuel der innern und äußern Mißverständnisse zu entwirren, sucht man die Verwicklungen und Schwierigkeiten noch zu steigern. Nichts als geschminkte Komödie und Ränke hinter den Kulissen. Durch dieses Kleintreiben kann Frankreich wirklich an den Rand des Abgrunds geraten. Die Wetterfahnen verlassen sich auf ihr berühmtes Talent der Vielseitigkeit in der Bewegung; sie fürchten nicht die ärgsten Stürme, da sie immer verstanden, sich nach jedem Luftzug zu drehen. Ja, der Wind kann euch nicht brechen, denn ihr seid noch beweglicher wie der Wind. Aber ihr bedenkt nicht, daß ihr trotz eurer windigen Versatilität dennoch kläglich aus eurer Höhe herabpurzelt, wenn der Turm niederstürzt, auf dessen Spitze ihr gestellt seid! Fallen müßt ihr mit Frankreich, und dieser Turm ist untergraben, und im Norden hausen sehr böswillige Wettermacher. Die Schamanen an der Newa sind in diesem Augenblick nicht in der Ekstase des Sturmbeschwörens; aber hier hängt doch alles von Laune ab, von der absoluten Laune erhabenster Willkür. Wie gesagt, mit dem Ableben Ludwig Philipp's verschwinden alle Bürgschaft der Ruhe; dieser größere Hexenmeister hält die Stürme gebunden durch seine geduldige Klugheit. Wer ruhig schlafen will, muß in seinem Nachtgebet den König von Frankreich allen Schutzengeln des Lebens empfehlen.

Guizot wird sich noch geraume Zeit halten, was gewiß wünschenswert, da eine ministerielle Krisis immer mit unvorhergesehenen Fatalitäten verbunden ist. Ein Ministerwechsel ist bei den veränderungssüchtigen Franzosen vielleicht ein Surrogat für den periodischen Dynastiewechsel. Aber diese Umwälzungen im Personal der höchsten Staatsbeamten sind darum nicht minder ein Unglück für ein Land, das mehr als jedes andere der Stabilität bedürftig ist. Wegen ihrer prekären Stellung können die Minister sich in keine weitausgreifende Plane einlassen, und der nackte Erhaltungstrieb absorbiert alle ihre Kräfte. Ihr schlimmstes Mißgeschick ist nicht sowohl ihre Abhängigkeit vom königlichen Willen, der meistens verständig und heilsam ist, sondern ihre Abhängigkeit von den sogenannten Konservativen, jenen konstitutionellen Janitscharen, welche hier nach Laune die Minister absetzen und einsetzen. Erregt einer derselben ihre Ungnade, so versammeln sie sich in ihren parlamentarischen Ortas und pauken los auf ihre Kessel. Die Ungnade dieser Leute entspringt aber gewöhnlich aus wirklichen Suppenkesselinteressen; sie sind es nämlich, welche Frankreich eigentlich regieren, indem kein Minister ihnen etwas verweigern darf, keinerlei Amt oder Vergünstigung, weder ein Konsulat für den ältesten Sohn ihres Herrn Schwagers noch ein Tabaksprivilegium für die Witwe ihres Portiers. Es ist unrichtig, wenn man von dem Regiment der Bourgeoisie im allgemeinen spricht, man sollte nur von dem Regimente der konservativen Deputierten reden: Diese sind es, welche das jetzige Frankreich ausbeuten in ihrem Privatinteresse wie einst der Geburtsadel. Letzterer ist von der konservativen Partei keineswegs bestimmt gesondert, und wir begegnen manchem alten Namen unter den parlamentarischen Tagesherrschern. Der Name „Konservative" ist aber eigentlich ebenfalls keine richtige Bezeichnung, da es gewiß nicht allen, die wir solchermaßen benamsen, um die Konservation der politischen Zustände zu tun ist, und manche daran sehr gern ein bißchen rütteln möchen; ebenso wie es in der Opposition sehr viele Männer gibt, die das Bestehende um alles in der Welt willen nicht umstürzen möchten, und gar besonders vor dem Krieg eine Todesscheu hegen. Die meisten jener Oppositionsmänner wollen nur ihre Partei ans Regiment bringen, um dieses, gleich den Konservativen, in ihrem Privatinteresse auszubeuten. Die Prinzipien sind auf beiden Seiten nur Losungsworte ohne Bedeutung; es handelt sich im Grunde nur darum, welche von beiden Parteien die materiellen Vorteile der Herrschaft erwerbe. In dieser Beziehung haben wir hier denselben Kampf, der sich jenseits des Kanals, unter den Namen Whigs und Tories, seit zwei Jahrhunderten hinschleppt.

Die englische konstitutionelle Regierungsform war, wie männiglich bekannt, das große Muster, wonach sich das jetzige französische parlamentarische Geheimwesen gebildet; namentlich die Doktrinäre haben dieses Vorbild bis zur Pedanterie nachzuäffen gesucht, und es wäre nicht unwahrscheinlich, daß die allzu große Nachgiebigkeit, womit das heutige Ministerium die Usurpationen der Konservativen erduldet und sich von denselben ausbeuten läßt, am Ende aus einer gelehrten Gründlichkeit hervorginge, die ihr reiches, durch mühsame Studien erworbenes Wissen getreulichst dokumentieren möchten. Der 29. Oktober, d.h. der Herr Professor, den die Opposition mit jenem Monatsdatum bezeichnet, kennt das Räderwerk der englischen Staatsmaschine besser als irgendjemand, und wenn er glaubt, daß eine solche Maschine auch diesseits des Kanals nicht anders fungieren könne als durch die unsittlichen Mittel, in deren Anwendung Walpole ein Meister und Robert Peel keineswegs ein Stümper war, so ist eine solche Ansicht gewiß sehr zu beklagen, aber wir können ihr nicht mit hinlänglicher Gelehrsamkeit und Geschichtskenntnis widersprechen. Wir müssen sagen, die Maschine selbst taugt nichts; aber fehlt uns dieser Mut, so können wir den dirigierenden Maschinenmeister keiner allzu herben Kritik unterwerfen. Und wozu nützte am Ende diese Kritik? Was hülfe es, in Augsburg zu rügen, wenn an der Seine gesündigt wird? Die Opposition eines Ausländers in ausländischen Blättern, wo es sich um Gebreste der innern Verwaltung Frankreichs handelt, wäre eine Rodomontade, die ebenso ungeziemend wie närrisch. Nicht die innere Administration, sondern nur Akte der Politik, die auch auf unser eignes Vaterland einen Einfluß üben könnten, soll ein Korrespondent besprechen. Ich werde daher die jetzige Korruption, das Bestechungssystem, womit meine Kollegen in deutschen Zeitungen so viele Kolumnen anfüllen, weder in Frage stellen noch rechtfertigen. Was geht das uns an, wer in Frankreich die besten Ämter, die fettesten Sinekuren, die prachtvollsten Orden erschleicht oder an sich reißt? Was kümmert es uns, ob es ein Schnapphahn der Rechten oder ein Schnapphahn der Linken ist, der die goldenen Gedärme des Budgets einsteckt? Wir haben nur dafür zu sorgen, daß wir uns selbst in der respektiven Heimat von unsern heimischen Tories oder Whigs durch kein Ämtchen, durch keinen Titel, durch kein Bändchen erkaufen lassen, wenn es gilt, für die Interessen des deutschen Volks zu reden oder zu stimmen! Warum sollen wir jetzt über den Splitter, den wir in französischen Augen bemerkt, so viel Zeter schreien, wenn wir uns über den Balken in den blauen Augen unsrer deutschen Behörden entweder gar nicht oder sehr kleinlaut äußern dürfen? Wer könnte übrigens in Deutschland beurteilen, ob der Franzose, dem das französische Ministerium eine Stelle oder Gunst gewährt, dieselbe verdienter- oder unverdienterweise empfing? Die Ämterjägerei wird nicht aufhören unter einem Ministerium Thiers oder Barrot, wenn Guizot fällt. Kämen gar die Republikaner ans Ruder, so würde die Korruption sich mehr im Gewande der Hypokrisie zeigen, statt daß sie jetzt ohne Schminke, schier naiv zynisch auftritt. Die Partei wird immer den Männern der Partei die große Schüssel vorsetzen. Einen entsetzlich grauenhaften Anblick böte uns gewiß die Stunde, „wo sich das Laster erbricht und die Tugend zu Tische setzt!" Mit welcher Wolfsgier würden die armen Hungerleider die Tugend nach der langen Fastenzeit sich über die guten Speisen herstürzen! Wie mancher Cato würde ich bei dieser Gelegenheit den Magen verderben! Wehe den Verrätern, die sich satt gegessen und sogar Rebhühner und Trüffeln gegessen und Champagner getrunken während unsrer jetzigen Zeit der Verderbnis, der Bestechung, der Guizot'schen Korruption!

Ich will nicht untersuchen, von welcher Beschaffenheit diese sogenannte Guizot'sche Korruption ist und welche Beklagnisse die verletzten Interessen anführen. Muß der große Puritaner wirklich seiner Selbsterhaltung wegen zu dem anglikanischen Bestechungssystem seine Zuflucht nehmen, so ist er gewiß sehr zu bedauern: eine Vestalin, welche einer *maisonde tolérance* vorstehen müßte, befände sich gewiß in keiner minder unpassenden Lage. Vielleicht besticht ihn selbst der Gedanke, daß von seiner Selbsterhaltung auch der Fortbestand des ganzen jetzigen gesellschaftlichen Zustandes von Frankreich abhänge sei. Das Zusammenbrechen desselben ist für ihn der Beginn allermöglichen Schrecknisse. Guizot ist der Mann des geregelten Fortschritts, und er sieht die teuern, blutteuern Erworbenheiten der Revolution jetzt mehr als je gefährdet durch ein düster heranziehendes Weltgewitter. Er möchte gleichsam Zeit gewinnen, um die Garben der Ernte unter Dach zu bringen. In der Tat, die Fortdauer jener Friedensperiode, wo die gereiften Früchte eingescheuert werden können, ist unser erstes Bedürfnis. Die Saat der liberalen Prinzipien ist erst grünlich abstrakt emporgeschossen, und das muß erst ruhig einwachsen in die konkret knorrigste Wirklichkeit. Die Freiheit, die bisher nur hier und da Mensch geworden, muß auch in die Massen selbst, in die untersten Schichten der Gesellschaft übergehen und Volk werden. Diese Volkswerdung der Freiheit, dieser geheimnisvolle Prozeß, der, wie jede Geburt, wie jede Frucht, als notwendige Bedingnis Zeit und Ruhe begehrt, ist gewiß nicht minder wichtig, als es jene Verkündigung der Prinzipien war, womit sich unsre Vorgänger beschäftigt haben. Das Wort wird Fleisch, und das Fleisch blutet. Wir haben eine geringere Arbeit, aber größeres Leid als unsre Vorgänger, welche glaubten, alles sei glücklich zu Ende gebracht, nachdem die heiligen Freiheits- und Gleichheitsgesetze feierlich proklamiert und auf hundert Schlachtfeldern sanktioniert worden. Ach! Das ist noch jetzt der leidige Irrtum so vieler Revolutionsmänner, welche sich einbilden, die Hauptsache sei, daß ein Fetzen Freiheit mehr oder weniger abgerissen werde von dem Purpurmantel der regierenden Macht: sie sind zufrieden, wenn nur die Ordonanz, die irgendein demokratisches Grundgesetz promulgiert, recht hübsch, schwarz auf weiß, abgedruckt steht im „Moniteuer." Da erinnere ich mich, als ich vor zwölf Jahren den alten Lafayette besuchte, drückte derselbe mir beim Fortgehen ein Papier in die Hand, und er hatte dabei ganz die überzeugende Miene eines Wunderdoktors, der uns ein Universalclixir überreicht. Es war die bekannte Erklärung der Menschenrechte, die der Alte vor sechzig Jahren aus Amerika mitgebracht und noch immer als die Panacee betrachtete, womit man die ganze Welt radikal kurieren könne. Nein, mit dem bloßen Rezept ist dem Kranken noch nicht geholfen, obgleich jenes unerläßlich ist, er bedarf auch der Tausendmischerei des Apothekers, der Sorgfalt der Wärterin, er bedarf der Ruhe, er bedarf der Zeit.

Retrospektive Aufklärung

(August 1854)

Als ich in obigem Berichte, vielleicht etwas zu beschaulich indifferent, aber mit gutem Gewissen, ganz ohne heuchlerische Tugendgrämelei, über die sogenannte Guizot'sche Korruption schrieb, kam es mir wahrlich nicht in den Sinn, daß ich selber fünf Jahre später als Teilnehmer einer solchen Korruption angeklagt werden sollte! Die Zeit war sehr gut gewählt, und die Verleumdung hatte freien Spielraum in der Sturm- und Drangperiode vom Februar 1848, wo alle politischen Leidenschaften, plötzlich entzügelt, ihren rasenden Veitstanz begannen. Es herrschte überall eine Verblendung, wie sie nur bei den Hexen auf dem Blocksberg oder bei dem Jakobinismus in seinen rohesten Schreckenstagen vorgekommen. Es gab wieder unzählige Klubs, wo von den schmutzigsten Lippen der unbescholtenste Leumund angespuckt ward; die Mauern aller Gebäude waren mit Schmähungen, Denunziationen, Aufruhrpredigten, Drohungen, Invektiven in Versen und in Prosa besudelt, – eine schmierige Mordbrandliteratur. Sogar Blanqui, der inkarnierte Terrorismus und der bravste Kerl unter der Sonne, ward damals der gemeinsten Angeberei und eines Einverständnisses mit der Polizei bezichtigt. – Keine honnette Person verteidigte sich mehr. Wer einen schönen Mantel besaß, verhüllte darin das Antlitz. In der ersten Revolution mußte der Name Pitt dazu dienen, die besten Patrioten als verkaufte Verräter zu beflecken – Danton, Robespierre, ja sogar Marat denunzierte man als besoldet von Pitt. Der Pitt der Februarrevolution hieß Guizot, und den lächerlichsten Verdächtigungen mußte der Name Guizot Vorschub leisten. Erregte man den Neid eines jener Tageshelden, die schwach von Geist waren, aber lange in Sainte-Pelagie oder gar auf dem Mont Saint-Michel gesessen, so konnte man darauf rechnen, nächstens in seinem Klub als ein Helfershelfer Guizot's, als ein feiler Söldner des Guizot'schen Bestechungssystems angeklagt zu werden. Es gab damals keine Guillotine, womit man die Köpfe abschnitt, aber man hatte eine Guizotine erfunden, womit man uns die Ehre abschnitt. Auch der Name des Schreibers dieser Blätter entging nicht der Verunglimpfung in jener Tollzeit, und ein Korrespondent der „Allgemeinen Zeitung" entblödete sich nicht, in einem anonymen Artikel von den unwürdigsten Stipulationen zu sprechen, wodurch ich für eine namhafte Summe meine literarische Tätigkeit den gouvernementalen Bedürfnissen des Ministeriums Guizot verkauft hätte.

Ich enthalte mich jeder Beleuchtung der Person jenes fürchterlichen Anklägers, dessen rauhe Tugend durch die herrschende Korruption so sehr in Harnisch geraten; ich will diesem mutigen

Ritter nicht das Visier seiner Anonymität abreißen, und nur beiläufig bemerkte ich, daß er kein Deutscher, sondern ein Italiener ist, der, in Jesuitenschulen erzogen, seiner Erziehung treu blieb, und zu dieser Stunde in den Bureaux der österreichischen Gesandtschaft zu Paris eine kleine Aufstellung genießt. Ich bin tolerant, gestattete jedem sein Handwerk zu treiben, wir können nicht alle ehrliche Leute sein, es muß Käuze von allen Farben geben, und wenn ich mir etwa eine Rüge gestatte, so ist es nur die raffinierte Treulosigkeit, womit mein ultramontaner Brutus sich auf die Autorität eines französischen Flugblattes berief, das, der Tagesleidenschaft dienend, nicht rein von Entstellungen und Mißdeutungen jeder Art war, aber in bezug auf mich selbst sich auch kein Wort zuschulden kommen ließ, welches obige Bezichtigung rechtfertigen konnte. Wie es kam, daß die sonst so behutsame „Allgemeine Zeitung" ein Opfer solcher Mystifikation wurde, will ich später andeuten. Ich begnüge mich hier, auf die Augsburger „Allgemeine Zeitung" vom 23. Mai 1848, Außerordentliche Beilage, zu verweisen, wo ich in einer öffentlichen Erklärung*)

---

*) Dieselbe lautet in unverkürzter Fassung, wie folgt:

Erklärung.

„Die „*Revue Retrospective*" erfreut seit einiger Zeit die republikanische Welt mit der Publikation von Papieren aus den Archiven der vorigen Regierung, und unter anderem veröffentlichte sie auch die Rechnungen des Ministeriums der auswärtigen Angelegenheiten während der Geschäftsführung Guizot's. Der Umstand, daß der Name des Unterzeichneten hier mit namhaften Summen angeführt war, lieferte einen weiten Spielraum für Verdächtigungen der gehässigsten Art, und perfide Zusammenstellung, wozu keinerlei Berechtigung durch die „Revue Retrospective" vorlag, diente einem Korrespondenten der „Allgemeinen Zeitung" zur Folie einer Anklage, die unumwunden dahin lautet, als habe das Ministerium Guizot für bestimmte Summen meine Feder erkauft, um seine Regierungsakte zu verteidigen. Die Redaktion der „Allgemeinen Zeitung" begleitet jene Korrespondenz mit einer Note, worin sie vielmehr die Meinung ausspricht, daß ich nicht für das, was ich schrieb, jene Unterstützung empfangen haben möge, „sondern für das, was ich *nicht* schrieb." Die Redaktion der „Allgemeinen Zeitung", die seit zwanzig Jahren nicht sowohl durch das, was sie von mir druckte, als vielmehr durch das, was sie *nicht* druckte, hinlänglich Gelegenheit hatte zu merken, daß ich nicht der servile Schriftsteller bin, der sich sein Stillschweigen bezahlen läßt – besagte Redaktion hätte mich wohl mit jener *levis nota* verschonen können. Nicht dem Korrespondenzartikel, sondern der Redaktionsnote widme ich diese Zeilen, worin ich mich so bestimmt als möglich über mein Verhältnis zum Guizot'schen Ministerium erklären will. Höhere Interessen bestimmen mich dazu, nicht die kleinen Interessen der persönlichen Sicherheit, nicht einmal die der Ehre. Meine Ehre ist nicht in der Hand des ersten besten Zeitungskorrespondenten; nicht das erste, beste Tagesblatt ist ihr Tribunal; nur von den Assisen der Literaturgeschichte kann ich gerichtet werden. Dann auch will ich nicht zugeben, daß Großmut als Furcht interpretiert und verunglimpft werde. Nein, die Unterstützung, welche ich von dem Ministerium Guizot empfing, war kein Tribut; sie war eben nur eine Unterstützung, sie war – ich nenne die Sache bei ihrem Namen – das große Almosen, welches das französische Volk an

über die saubere Insinuation ganz unumwunden, nicht der geringsten Zweideutigkeit Raum lassend, mich aussprach. Ich unterdrücke alle verschämten Gefühle der Eitelkeit, und in öffentlicher „Allgemeinen Zeitung" machte ich das traurige Geständnis, daß auch mich am Ende die schreckliche Krankheit des Exils, die Armut, heimgesucht hatte, und daß auch ich meine Zuflucht nehmen mußte zu jenem „großen Almosen, welches das französische Volk an so viele Tausende von Fremden spendete, die sich durch ihren Eifer für die Sache der Revolution in ihrer Heimat mehr oder minder glorreich kompromittiert hatten und an dem gastlichen Herde Frankreichs eine Freistätte suchten."

Dieses waren meine nackten Worte in der besagten Erklärung, ich nannte die Sache bei ihrem betrübsamsten Namen. Obgleich ich wohl andeuten konnte, daß die Hilfsgelder, welche mir als eine *„allocution annuelle d'une pension de secours"* zuerkannt worden, auch wohl als eine hohe Anerkennung meiner literarischen Reputation gelten machen, wie man mir mit der zartesten Kourtoisie notifiziert

---

so viele Tausende von Fremden spendete, die sich durch ihren Eifer für die Sache der Revolution in ihrer Heimat mehr oder weniger glorreich kompromittiert hatten und an dem gastlichen Herde Frankreichs eine Freistätte suchten. Ich nahm solche Hilfsgelder in Anspruch kurz nach jener Zeit, als die bedauerlichen Bundestagsdekrete erschienen, die mich, als den Chorführer eines sogenannten jungen Deutschlands, auch finanziell zu verderben suchten, indem sie nicht bloß meine vorhandenen Schriften, sondern auch alles, was späterhin aus meiner Feder fließen würde, im voraus mit Interdikt belegten, und mich solchermaßen meines Vermögens und meiner Erwerbsmittel beraubten, ohne Urteil und Recht. Daß mir die Auszahlung der verlangten Hilfsgelder auf die Kasse des Ministeriums der äußeren Angelegenheiten, und zwar auf die Pensionsfonds, angewiesen wurde, die keiner öffentlichen Kontrolle ausgesetzt, hatte zunächst seinen Grund in dem Umstand, daß die andern Kassen dermalen zu sehr belastet gewesen. Vielleicht auch wollte die französische Regierung nicht ostensibel einen Mann unterstützen, der den deutschen Gesandtschaften immer ein Dorn im Auge war, und dessen Ausweisung bei mancher Gelegenheit reklamiert worden. Wie dringend meine königlich preußischen Freunde mit solchen Reklamationen die französische Regierung behelligten, ist männiglich bekannt. Herr Guizot verweigerte jedoch hartnäckig meine Ausweisung und zahlte mir jeden Monat meine Pension, regelmäßig, ohne Unterbrechung. Nie begehrte er dafür von mir den geringsten Dienst. Als ich ihm, bald nachdem er das Portefeuille der auswärtigen Angelegenheiten übernommen, meine Aufwartung machte und ihm dafür dankte, daß er mir trotz meiner radikalen Farbe die Fortsetzung meiner Pension notifizieren ließ, antwortete er mit melancholischer Güte: „Ich bin nicht der Mann, der einem deutschen Dichter, welcher im Exile lebt, ein Stück Brot verweigern könnte". Diese Worte sagte mir Herr Guizot im November 1840, und es war das erste und zugleich das letzte Mal in meinem Leben, daß ich die Ehre hatte, ihn zu sprechen. Ich habe der Redaktion der „Revue Retrospective" die Beweise geliefert, welche die Wahrheit der obigen Erläuterungen beurkunden, und aus den authentischen Quellen, die ihr zugänglich sind, mag sie jetzt, wie es französischer Loyauté ziemt, sich über die Bedeutung und den Ursprung der in Rede stehenden Pension aussprechen.

Paris, den 15. Mai 1848. Heinrich Heine."

hatte, so setzte ich doch jene Pension unbedingt auf Rechnung der Nationalgroßmut, der politischen Bruderliebe, welche sich hier ebenso rührend schön kundgab, wie es die evangelische Barmherzigkeit jemals getan haben mag. Es gab hochfahrende Gesellen unter meinen Exilkollegen, welche jede Unterstützung nur Subvention nannten; bettelstolze Ritter, welche alle Verpflichtung haßten, nannten sie ein Darlehen, welches sie später wohlverzinst den Franzosen zurückzahlen würden – ich jedoch demütigte mich vor der Notwendigkeit und gab der Sache ihren wahren Namen. In der erwähnten Erklärung hatte ich hinzugesetzt: „Ich nahm solche Hilfsgelder in Anspruch kurz nach jener Zeit, als die bedauerlichen Bundestagsdekrete erschienen, die mich, als den Chorführer eines sogenannten jungen Deutschlands, auch finanziell zu verderben suchten, indem sie nicht bloß meine vorhandenen Schriften, sondern auch alles, was späterhin aus meiner Feder fließen würde, im voraus mit Interdikt belegten, und mich solchermaßen meines Vermögens und meiner Erwerbsmittel beraubten, ohne Urteil und Recht."

Ja, „ohne Urteil und Recht." – Ich glaube mit Fug solchermaßen ein Verfahren bezeichnen zu dürfen, das unerhört war in den Annalen absurder Gewalttätigkeit. Durch ein Dekret meiner heimischen Regierung wurden nicht bloß alle Schriften verboten, die ich bisher geschrieben, sondern auch die künftigen, alle Schriften, die ich bisher geschrieben, sondern auch die künftigen, alle Schriften, welche ich hinfüro schreiben würde; mein Gehirn wurde konfisziert, und meinem armen unschuldigen Magen sollten durch dieses Interdikt alle Lebensmittel abgeschnitten werden. Zugleich solle auch mein Name ganz ausgerottet werden aus dem Gedächtnis der Menschen, und an alle Zensoren meiner Heimat erging die strenge Verordnung, daß sie sowohl in Tagesblättern, wie in Broschüren und Büchern jede Stelle streichen sollten, wo von mir die Rede sei, gleichviel ob günstig oder nachteilig. Kurzsichtige Toren! solche Beschlüsse und Verordnungen waren ohnmächtig gegen einen Autor, dessen geistige Interessen siegreich aus allen Verfolgungen hervorgingen, wenn auch seine zeitlichen Finanzen sehr gründlich zugrunde gerichtet wurden, so daß ich noch heute die Nachwirkung der kleinlichen Nücken verspüre. Aber verhungert bin ich nicht, obgleich ich in dieser Zeit von der bleichen Sorge hart genug bedrängt ward. Das Leben in Paris ist so kostspielig, besonders wenn man hier verheiratet ist und keine Kinder hat. Letztere, diese lieben kleinen Puppen vertreiben dem Gatten und zumal der Gattin die Zeit, und da brauchen sie keine Zerstreuung außer dem Hause zu suchen, wo dergleichen so teuer. Und dann habe ich nie die Kunst gelernt, wie man die Hungrigen mit bloßen Worten abspeist, um so mehr, da mir die Natur ein so wohlhabendes Äußeres verliehen, daß niemand an meine Dürftigkeit geglaubt hätte. Die Notleidenden, die bisher meine Hilfe reichlich genossen, lachten, wenn ich sagte, daß ich künftig selber darben müsse. War ich nicht der Verwandte aller möglichen Millionäre? Hatte nicht der Generalissimus aller Millionäre, hatte nicht dieser Millionärissimus mich seinen Freund genannt, seinen Freund? Ich konnte nie meinen Klienten begreiflich machen, daß der große Millionärissimus mich eben deshalb seinen Freund nenne, weil ich kein Geld von ihm begehre; verlangte ich Geld von ihm, so hätte ja gleich die Freundschaft ein Ende! Die Zeiten von David und Jonathan, von Orestes und Pylades seien vorüber. Meine armen, hilfsbedürftigen Dummköpfe glaubten, daß man so leicht etwas von den Reichen erhalten könne. Sie haben nicht, wie ich, gesehen, mit welchen schrecklichen eisernen Schlössern und Stangen ihre großen Geldkisten verwahrt sind. Nur von Leuten, welche selbst wenig haben, läßt sich allenfalls etwas erborgen, denn erstens sind ihre Kisten nicht von Eisen, und dann wollen sie reicher scheinen, als sie sind.

Ja, zu meinen sonderbaren Mißgeschicken gehörte auch, daß nie jemand an meine eignen Geldnöte glauben wollte. In der Magna Charta, welche, wie uns Cervantes berichtet, der Gott Apollo den Poeten otroyiert hat, lautet freilich der erste Paragraph: „Wenn ein Poet versichert, daß er kein Geld habe, soll man ihm auf sein bloßes Wort glauben, und keinen Eidschwur verlangen" – ach! ich berief mich vergebens auf dieses Vorrecht meines Poetenstandes. So geschah es auch, daß die Verleumdung leichtes Spiel hatte, als sie die Motive, welche mich bewogen, die in Rede stehende Pension anzunehmen, nicht den natürlichsten Nöten und Befugnissen zuschrieb. Ich erinnere mich, als damals mehre meiner Landsleute, darunter der Entschiedenste und Geistreichste, Dr. Marx, zu mir kamen, um ihren Unwillen über den verleumderischen Artikel der „Allgemeinen Zeitung" auszusprechen, rieten sie mir, kein Wort darauf zu antworten, indem sie selbst bereits in deutschen Blättern sich dahin geäußert hätten, daß ich die empfangene Pension gewiß nur in der Absicht angenommen, um meine ärmern Parteigenossen tätiger unterstützen zu können. Solches sagten mir sowohl der ehemalige Herausgeber der „Neuen Rheinischen Zeitung" als auch die Freunde, welche seinen Generalstab bildeten; ich aber dankte für die liebreiche Teilnahme, und ich versicherte diesen Freunden, daß sie sich geirrt, daß ich gewöhnlich jene Pension sehr gut für mich selbst brauchen konnte, und daß ich dem böswilligen anonymen Artikel der „Allgemeinen Zeitung" nicht indirekt durch meine Freunde, sondern direkt mit eigner Namensunterschrift entgegentreten müsse.

Bei dieser Gelegenheit will ich auch erwähnen, daß die Redaktion des französischen Flugblattes, die „Revue Retrospective," auf welches sich der Korrespondent der „Allgemeinen Zeitung" berief, ihren Unwillen über eine solche Zitation in einer bestimmen Abwehr bezeigen wollte, die übrigens ganz überflüssig gewesen wäre, da der flüchtigste Anblick auf jenes französische Blatt hinlänglich dartat, daß dasselbe in jeder Verunglimpfung meines

Namens unschuldig; doch die Existenz jenes Blattes, welches in zwanglosen Lieferungen erschien, war sehr ephemer, und es ward von dem tollen Tagesstrudel verschlungen, bevor es die projektierte Abwehr bringen konnte. Der Redakteur *en chef* jener retrospektiven Revue war der Buchhändler Paulin, ein wackerer, ehrlicher Mann, der sich mir seit zwei Dezennien immer sehr teilnehmend und dienstwillig erwiesen; durch Geschäftsbezüge und gemeinschaftliche intime Freunde hatten wir Gelegenheit, uns wechselseitig hochschätzen und achten zu lernen. Paulin war der Associé meines Freundes Dubochet, er liebt wie einen Bruder meinen vielberühmten Freund Mignet, und er vergöttert Thiers, welcher unter uns gesagt, die „Revue Retrospective" heimlich patronisierte; jedenfalls ward sie von Personen seiner Koterie gestiftet und geleitet, und diesen Personen konnte es wohl nicht in den Sinn kommen, einen Mann zu verunglimpfen, von welchem sie wußten, daß ihr Gönner ihn mit seiner besonderen Vorliebe beehrte.

Die Redaktion der „Allgemeinen Zeitung" hatte in keinem Fall jenes französische Blatt gekannt, ehe sie den saubern Korruptionsartikel druckte. In der Tat, der flüchtigste Anblick hätte ihr die abgefeimte Arglist ihres Korrespondeten entdeckt. Diese bestand darin, daß er mir eine Solidarität mit Personen auflud, die von mir gewiß ebenso entfernt und ebenso verschieden waren wie ein Chesterkäse vom Monde. Um zu zeigen, wie das Guizot'sche Ministerium nicht bloß durch Ämterverteilung, sondern auch durch bare Geldspenden sein Korruptionssystem übte, hatte die erwähnte französische Revue das Budget, Einnahme und Ausgabe des Departements, dem Guizot verstand, abgedruckt, und hier sahen wir allerdings jedes Jahr die ungeheuersten Summen verzeichnet für ungenannte Ausgaben, und das anklagende Blatt hatte gedroht, in spätern Nummern die Personen namhaft zu machen, in deren Säckel jene Schätze geflossen. Durch das plötzliche Eingehen des Blattes kam die Drohung nicht zur Ausführung, was uns sehr leid war, da jeder alsdann sehen konnte, wie wir bei solcher geheimen Munifizenz, welche direkt vom Minister oder seinem Sekretär ausging und eine Gratifikation für bestimmte Dienste war, niemals beteiligt gewesen. Von solchen sogenannten *Bons du ministre*, den wirklichen Geheimfonds, sind sehr zu unterscheiden die Pensionen, womit der Minister sein Budget schon belastet vorfindet zu Gunsten bestimmter Personen, denen jährlich bestimmte Summen als Unterstützung zuerkannt worden. Es war eine sehr ungroßmütige, ich möchte sagen eine sehr unfranzösische Handlung, daß das retrospektive Flugblatt, nachdem es in Bausch und Bogen die verschiedenen Gesandtschaftsgehalte und Gesandtschaftsausgaben angegeben, auch die Namen der Personen druckte, welche Unterstützungspensionen genossen, und wir müssen solches um so mehr tadeln, da hier nicht bloß in Dürftigkeit gesunkene Männer des höchsten Ranges vorkamen, sondern auch große Damen, die ihre gefallene Größe gern unter einigen Putzflittern verbargen und jetzt mit Kummer ihr vornehmes Elend enthüllt sahen. Von zarterem Takte geleitet, wird der Deutsche dem unartigen Beispiel der Franzosen nicht folgen, und wir verschweigen hier die Nomenklatur der hochadligen und durchlauchtigen Frauen, die wir auf der Liste der Pensionsfonds im Departemente Guizot's verzeichnet fanden. Unter den Männern, welche auf derselben Liste mit jährlichen Unterstützungssummen genannt waren, sahen wir Exulanten aus allen Weltgegenden, Flüchtlinge aus Griechenland und St. Domingo, Armenien und Bulgarien, aus Spanien und Polen, hochklingende Namen von Baronen, Grafen, Fürsten, Generälen und Exministern, von Priestern sogar, gleichsam eine Aristokratie der Armut bildend, während auf den Listen der Kassen andrer Departemente minder brillante arme Teufel paradierten. Der deutsche Poet brauchte sich wahrlich seiner Genossenschaft nicht zu schämen, und er befand sich in Gesellschaften von Berühmtheiten des Talentes und des Unglücks, deren Schicksal erschütternd. Dicht neben meinem Namen auf er erwähnten Pensionsliste, in derselben Rubrik und in derselben Kategorie, fand ich den Namen eines Mannes, der einst ein Reich beherrschte größer als die Monarchie des Ahasverus, der da König war von Haude bis Kusch, von Indien bis an die Mohren, über hundert und siebenundzwanzig Länder; – es war Godoi, der *Prince de la Paix*, der unumschränkte Günstling Ferdinand's VII. und seiner Gattin, die sich in seine Nase verliebt hatte – nie sah ich eine umfangreichere, kurfürstlichere Purpurnase, und ihre Füllung mit Schnupftabak muß gewiß dem armen Godoi mehr gekostet haben, als sein französisches Jahrgehalt betrug. Ein anderer Name, den ich neben dem meinigen erblickte, und der mich mit Rührung und Ehrfurcht erfüllte, war der meines Freundes und Schiksalsgenossen, des ebenso glorreichen wie unglücklichen Augustin Thierry, des größten Geschichtsschreibers unserer Zeit. Aber anstatt neben solchen respektabeln Leuten meinen Namen zu nennen, wußte der ehrliche Korrespondent der „Allgemeinen Zeitung" aus den erwähnte Budgetlisten, wo freilich auch pensionierte diplomatische Agenten verzeichnet standen, just zwei Namen der deutschen Landsmannschaft herauszuklauben, welche Personen gehörten, die gewiß besser sein mochten als ihr Ruf, aber jedenfalls dem meinigen schaden mußten, wenn man mich damals mit ihnen zusammenstellte*). Der eine war ein deutscher Gelehrter aus Göttingen, ein Legationsrat, der von jeher ein

---

*) Vgl. den Korrespondenzartikel in der Beilage zur Nr. 119 der „Allgemeinen Zeitung" vom 28. April 1848. Außer Heine, dessen monatliche Pension nur 400 Franks betrug, waren dort noch drei deutsche Namen: *Schmider* (?), Baron *von Klindworth* und Dr. *Weil* – Letzterer als Redakteur der „Stuttgarter Zeitung" mit einem Jahrgehalt von 18 000 Franks – aufgeführt.   **Der Herausgeber.**

Sündenbock der liberalen Partei gewesen und das Talent besaß, durch eine zur Schau getragene diplomatische Geheimtuerei für das Schlimmste zu gelten. Begabt mit einem Schatz von Kenntnissen und einem eisernen Fleiße, war er für viele Kabinette ein sehr brauchbarer Arbeiter gewesen, und so arbeitete er später gleichfalls in der Kanzlei Guizot's, welcher ihn auch mit verschiedenen Missionen betraute, und diese Dienste rechtfertigen seine Besoldung, die sehr bescheiden war. Die Stellung des andern Landsmanns, mit welchem der ehrliche Korruptionskorrespondent mich zusammen nannte, hatte mit der meinigen ebenso wenig Analogie, wie die des ersteren; er war ein Schwabe, der bisher als unbescholtener Spießbürger in Stuttgart lebte, aber jetzt in einem fatal zweideutigen Lichte erschien, als man sah, daß er auf dem Budget Guizot's mit einer Pension verzeichnet stand, die fast ebensogroß war wie das Jahrgehalt, das aus derselben Kasse der Oberst Gustavson, Exkönig von Schweden, bezog; ja, sie war drei- oder viermal so groß, wie die auf demselben Guizot'schen Budget eingezeichneten Pensionen des Baron von Eckstein und des Herrn Capefigue, welche beide, nebenbei gesagt, seit undenklicher Zeit Korrespondenten der „Allgemeinen Zeitung" sind. Der Schwabe konnte in der Tat seine fabelhaft große Pension durch kein notorisches Verdienst rechtfertigen, er lebte nicht als Verfolgter in Paris, sondern, wie gesagt, in Stuttgart als ein großer Dichter, er war kein Lumen der Wissenschaft, kein Astronom, kein berühmter Staatsmann, kein Heros der Kunst, er war überhaupt kein Heros, im Gegenteil, er war sehr unkriegerisch, und als er einst die Redaktion der „Allgemeinen Zeitung" beleidigt hatte, und diese letztere sporenstreichs von Augsburg nach Stuttgart reiste, um den Mann auf Pistolen herauszufordern: – da wollte der gute Schwabe kein Bruderblut vergießen (denn die Redaktion der „Allgemeinen Zeitung" ist von Geburt eine Schwäbin), und er lehnte das Pistolenduell noch aus dem ganz besonderen Sanitätsgrunde ab, weil er keine bleiernen Kugeln vertragen könne und sein Bauch nur an gebackene Schaletkugeln und schwäbische Knödeln gewöhnt sei.

Korsen, nordamerikanische Indianer und Schwaben verzeihen nie; und auf diese schwäbische Bendetta rechnete der Jesuitenzögling, als er seinen korrupten Korruptionsartikel der „Allgemeinen Zeitung" einschickte; und die Redaktion derselben ermangelte nicht, brühwarm eine Pariser Korrespondenz anzudrucken, welche den guten Leumund des unerschlossenen schwäbischen Landsmanns den unheimlichsten und schändlichsten Hypothesen und Konjekturen überlieferte. Die Redaktion der „Allgemeinen Zeitung" konnte ihr Unparteilichkeit bei der Aufnahme dieses Artikels um so glänzender zur Schau stellen, da darin einer ihrer befreundeten Korrespondenten nicht minder bedenklich bloßgestellt war. Ich weiß nicht, ob sie der Meinung gewesen, daß sie mir durch den Abdruck schmählicher, aber haltloser Beschuldigungen einen

Dienst erweise, indem sie mir dadurch Gelegenheit böte, jedem unwürdigen Gerede, jeder im Nebel schleichenden Insinuation mit einer bestimmten Erklärung entgegen zu treten –*) Genug, die Redaktion der „Allgemeinen Zeitung" druckte den eingesandten Korruptionsartikel, doch sie begleitete denselben mit einer Note, worin sie in bezug auf meine Pension die Bemerkung machte, „daß ich dieselbe in keinem Falle für das, was ich schrieb, sondern nur für das, was ich nicht schrieb, empfangen haben könne."

Ach, diese gewiß wohlgemeinte, aber wegen ihrer allzu witzigen Abfassung sehr verunglückte Ehrenrettungsnote war ein wahres Pavé, ein Pflasterstein, wie die französischen Journalisten in ihrer Koteriesprache eine ungeschickte Verteidigung nennen, welche den Verteidigten totschlägt, wie es der Bär in der Fabel tat, als er von der Stirn des schlafenden Freundes eine Schmeißfliege verscheuchen wollte, und mit dem Quaderstein, den er auf sie schleuderte, auch das Hirn des Schützlings zerschmetterte.

Das Augsburgische Pavé mußte mich empfindlicher verletzen als der Korrespondenzartikel der armseligen Schmeißfliege, und in der Erklärung, die ich damals, wie oben erwähnt, in der „Allgemeinen Zeitung" drucken ließ, sagte ich darüber folgende Worte: „Die Redaktion der „Allgemeinen Zeitung" begleitet jene Korrespondenz mit einer Note, worin sie vielmehr die Meinung ausspricht, daß ich nicht für das, was ich schrieb, jene Unterstützung empfangen haben möge, sondern für das, was ich *nicht schrieb*. Die Redaktion der „Allgemeinen Zeitung" sei seit zwanzig Jahren nicht sowohl durch das, was sie von mir druckte, als vielmehr durch das, was sie *nicht druckte*, hinlänglich Gelegenheit hatte, zu merken, daß ich nicht der servile Schriftsteller bin, der sich sein Stillschweigen bezahlen läßt – besagte Redaktion hätte mich wohl mit jener *levis nota* verschonen können."

Zeit, Ort und Umstände erlaubten damals keine weitern Erörterungen, doch heute, wo alle Rücksichten erloschen, ist es mir erlaubt, noch viel tatsächlicher darzutun, daß ich weder für das, was ich schrieb, noch für das, was ich *nicht* schrieb, vom Ministerium Guizot bestochen sein konnte. Für Menschen, die mit dem Leben abgeschlossen, haben solche retrospektive Rechtfertigungen einen sonderbar wehmütigen Reiz, und ich überlasse mich demsel-

---

*) Im Originalmanuskript der „Lutetia" findet sich hier noch folgende, später von Heine durchstrichene Stelle. „Sie, die Redaktion, glaubte vielleicht auch, daß die Ernährung meines Namens in jenem Artikel mir in keinem Fall sehr schädlich sein könne, da sie selbst wohl wußte, wie leicht es mir war, der absurden Anschuldigung ein Dementi zu geben – jedenfalls hatte sie oft genug die Beweise in Händen gehabt, wie wenig die Anklage eines feilen Servilismus auf mich paßte, und es war ihr geringsam bekannt, daß ich seit Jahren kein Wort geschrieben, welches den Vorwurf einer Beschönigung der Guizot'schen Administration oder die Annahme einer ministeriellen Kompèreschaft nur halbwegs rechtfertigen konnte." **Der Herausgeber.**

ben mit träumerischer Indolenz. Es ist mir zu Sinne, als ob ich einem Längstverstorbenen eine fromme Genugtuung verschaffe; jedenfalls stehen hier am rechten Platze die folgenden Erläuterungen über französische Zustände zur Zeit des Ministeriums Guizot.

Das Ministerium vom 29. November 1840 sollte man eigentlich nicht das Ministerium Guizot, sondern vielmehr das Ministerium Soult nennen, da letzterer Präsident des Ministerkonseils war. Aber Soult war nur dessen Titularoberhaupt, ungefähr wie der jedesmalige König von Hannover immer den Titel eines Rektors der Universität Georgia-Augusta führt, während Se. Magnifizenz, der zeitliche Prorektor zu Göttingen, die wirkliche Rektoratsgewalt ausübt. Trotz der offiziellen Machtvollkommenheit Soult's war von ihm nie die Rede; nur daß zuweilen die liberalen Blätter, wenn sie mit ihm zufrieden waren, ihn den Sieger von Toulouse nannten; hatte er aber ihr Mißfallen erregt, so verhöhnten sie ihn, steif und fest behauptend, daß er die Schlacht bei Toulouse nicht gewonnen habe. Man sprach nur von Guizot, und dieser stand während mehren Jahren im Zenit seiner Popularität bei der Bourgeoisie, die von der Kriegslust seines Vorgängers ins Bockshorn gejagt worden; es versteht sich von selbst, daß der Nachfolger von Thiers noch größere Sympathie jenseits des Rheins erregte. Wir Deutschen konnten dem Thiers nicht verzeihen, daß er uns aus dem Schlaf getrommelt, aus unserm gemütlichen Pflanzenschlaf, und wir rieben uns die Augen und riefen: „Vivat Guizot!" Besonders die Gelehrten sangen das Lob desselben, in Pindar'schen Hymnen, wo auch die Prosodie, das antike Silbenmaß, treu nachgeahmt war, und ein hier durchreisender deutscher Professor der Philologie versicherte mir, daß Guizot ebensogroß sei wie Thiersch. Ja, ebenso groß wie mein lieber, menschenfreundlicher Freund Thiersch, der Verfasser der besten griechischen Grammatik! Auch die deutsche Presse schwärmte für Guizot, und nicht bloß die zahmen Blätter, sondern auch die wilden, und diese Begeisterung dauerte sehr lange; ich erinnere mich noch kurz vor dem Sturz des vielgefeierten Lieblings der Deutschen fand ich im radikalsten deutschen Journal, in der „Speierer Zeitung," eine Apologie Guizot's aus der Feder eines jener Tyrannenfresser, deren Tomahawk und Skalpiermesser keine Barmherzigkeit jemals kannte. Die Begeisterung für Guizot ward in der „Allgemeinen Zeitung" fürnehmlich vertreten von meinem Kollegen mit dem Venuszeichen und von meinem Kollegen mit dem Pfeil*); Ersterer schwang das Weihrauchfaß mit facerdotaler Weihe, letzterer bewahrte selbst in der Extase seine Süße und Zierlichkeit; beide hielten aus bis zur Katastrophe.

Was mich betrifft, so hatte ich, seitdem ich mich ernstlich mit französischer Literatur beschäftigt, die ausgezeichneten Verdienste

---

*) Baron von Eckstein und Dr. Seuffert.　　　　**Der Herausgeber.**

Guizot's immer erkannt und begriffen, und meine Schriften zeugen von meiner frühen Verehrung des weltberühmten Mannes. Ich liebte mehr seinen Nebenbuhler Thiers, aber nur seiner Persönlichkeit wegen, nicht ob seiner Geistesrichtung, die eine borniert nationale ist, so daß er fast ein französischer Altdeutscher zu nennen wäre, während Guizot's kosmopolitische Anschauungsweise meiner eignen Denkungsart näher stand. Ich liebte vielleicht in ersterem manche Fehler, deren man mich selber zieh, während die Tugenden des andern beinahe abstoßend auf mich wirkten. Erstern mußte ich oft tadeln, doch geschah es mit Widerstreben; wenn mir letzterer Lob abzwang, so erteilte ich es gewiß erst nach strengster Prüfung. Wahrlich, nur mit unabhängiger Wahrheitsliebe besprach ich den Mann, welcher damals den Mittelpunkt aller Besprechungen bildete, und ich referierte immer getreu, was ich hörte. Es war für mich eine Ehrensache, die Berichte, worin ich den Charakter und die gouvernementalen Ideen (nicht die administrativen Akte) des großen Staatsmannes am wärmsten würdigte, hier in diesem Buche ganz unverändert abzudrucken, obgleich dadurch manche Wiederholungen entstehen mußten. Der geneigte Leser wird bemerken, diese Besprechungen gehen nicht weiter als bis gegen Ende des Jahres 1843, wo ich überhaupt aufhörte, politische Artikel für die „Allgemeine Zeitung" zu schreiben, und mich darauf beschränkte, dem Redakteur derselben in unserer Privatkorrespondenz manchmal freundschaftliche Mitteilungen zu machen; nur dann und wann veröffentlichte ich einen Artikel über Wissenschaft und schöne Künste.

Das ist nun das Schweigen, das *Nicht*schreiben, wovon die „Allgemeine Zeitung" spricht, und das mir als einen Verkauf meiner Redefreiheit ausgedeutet werden sollte. Lag nicht viel näher die Annahme, daß ich um jene Zeit in meinem Glauben an Guizot schwankend, überhaupt an ihm irre geworden sein mochte? Ja, das war der Fall, doch im März 1848 geziemte mir kein solches Geständnis. Das erlaubten damals weder Pietät noch Anstand. Ich mußte mich darauf beschränken, der treulosen Insinuation, welche mein plötzliches Verstummen der Bestechung zuschrieb, in der erwähnten Erklärung bloß das rein Faktische meines Verhältnisses zum Guizot'schen Ministerio entgegenzustellen. Ich wiederhole hier diese Tatsachen. Vor dem 29. November 1840, wo Herr Guizot das Ministerium übernahm, hatte ich nie die Ehre gehabt, denselben zu sehen. Erst einen Monat später machte ich ihm einen Besuch, um ihm dafür zu danken, daß die Komptabilität seines Departements von ihm die Weisung erhalten hatte, mir auch unter dem neuen Ministerium meine jährliche Unterstützungspension nach wie vor in monatlichen Terminen auszuzahlen. Jener Besuch war der erste und zugleich der letzte, den ich in diesem Leben dem illustren Manne abstattete. In der Unterredung, womit er mich beehrte, sprach er mit Tiefsinn und Wärme seine Hochschätzung für Deutschland aus, und diese Anerkennung meines Vaterlandes, so wie auch die schmeichelhaften Worte, welche er mir über meine eigenen literarischen Erzeugnisse sagte, waren die einzige Münze, mit welcher er mich bestochen hat. Nie fiel es ihm ein, irgendeinen Dienst von mir zu verlangen. Und am allerwenigsten mochte es dem stolzen Manne, der nach Impopularität lechzte, in den Sinn kommen, eine kümmerliche Lobspende in der französischen Presse oder in der Augsburger „Allgemeinen Zeitung" von mir zu verlangen, von mir, der ihm bisher ganz fremd war, während weit gravitätischer und also zuverlässigere Leute, wie der Baron von Eckstein oder der Historiograph Capefigue, welche beide, wie oben bemerkt, ebenfalls Mitarbeiter der „Allgemeinen Zeitung" waren, mit Herrn Guizot in vieljährigem gesellschaftlichen Verkehr gestanden, und gewiß ein delikates Vertrauen verdient hätten. Seit der erwähnten Unterredung habe ich Herrn Guizot nie wieder gesehen; nie sah ich seinen Sekretär oder sonst jemand, der in seinem Büreau arbeitete. Nur zufällig erfuhr ich einst, daß Herr Guizot von transrhenanischen Gesandtschaften oft und dringend angegangen worden, mich aus Paris zu entfernen. Nicht ohne Lachen konnte ich dann an die ärgerlichen Gesichter denken, welche jene Reklamanten geschnitten haben mochten, als sie entdeckten, daß der Minister, von welchem sie meine Ausweisung verlangt, mich obendrein durch ein Jahrgehalt unterstützte. Wie wenig derselbe wünschte, dieses edle Verfahren devulgiert zu sehen, begriff ich ohne besondern Wink, und diskrete Freunde, denen ich nichts verhehlen kann, teilten meine Schadenfreude.

Für diese Belustigung und die Großmut, womit er mich behandelt, war ich Herrn Guizot gewiß zu großem Dank verpflichtet. Doch als ich in meinem Glauben an seine Standhaftigkeit gegen königliche Zumutungen irre ward, als ich ihn vom Willen Ludwig Philipp's allzu verderblich beherrscht sah, und den großen entsetzlichen Irrtum dieses autokratischen Starrwillens, dieses unheilvollen Eigensinns begriff: da würde wahrlich nicht der psychische Zwang der Dankbarkeit mein Wort gefesselt haben, ich hätte gewiß mit ehrfurchtsvoller Betrübnis die Mißgriffe gerügt, wodurch das allzu nachgiebige Ministerium oder vielmehr der betörte König, das Land und die Welt dem Untergang entgegenführte. Aber es knebelten meine Feder auch brutale physische Hindernisse, und diese reelle Ursache meines Schweigens, meines Nichtschreibens, kann ich erst heute öffentlich enthüllen.

Ja, im Fall ich auch das Gelüste empfunden hätte, in der „Allgemeinen Zeitung" gegen das unselige Regierungssystem Ludwig Philipp's nur eine Silbe drucken zu lassen, so wäre mir solches unmöglich gewesen, aus dem ganz einfachen Grunde, weil der kluge König schon vor dem 29. November gegen einen solchen verbrecherischen Korrespondenten-Einfall, gegen ein solches Attentat, seine Maßregeln genommen, indem er höchstselbst geruhte, den damaligen Zensor der „Allgemeinen Zeitung" zu Augsburg nicht bloß zum Ritter, sondern sogar zum Offizier der französischen Ehrenlegion zu ernennen. So groß auch meine Vorliebe für den seligen König war, so fand doch der Augsburger Zensor, daß ich nicht genug liebte, und er strich jedes mißliebige Wort, und sehr viele meiner Artikel über die königliche Politik blieben ganz ungedruckt. Aber kurz nach der Februarrevolution, wo mein armer Ludwig Philipp ins Exil gewandert war, erlaubte mir weder die Pietät noch der Anstand der Veröffentlichung einer solchen Tatsache, selbst im Fall der Augsburger Zensor ihr sein Imprimatur verliehen hätte.

Ein anderes, ähnliches Geständnis gestattete damals nicht die Zensur des Herzens, die noch weit ängstlicher, als die der „Allgemeinen Zeitung." Nein, kurz nach dem Sturze Guizot's durfte ich nicht öffentlich eingestehen, daß ich vorher auch aus Furcht schwieg. Ich mußte mir nämlich Anno 1844 gestehen, daß, wenn Herr Guizot von meiner Korrespondenz erführe und die darin enthaltene Kritik ihm einigermaßen mißfiele, der leidenschaftliche Mann wohl fähig gewesen wäre, die Gefühle der Großmut überwindend, dem unbequemen Kritiker in einer sehr summarischen Weise das Handwerk zu legen. Mit der Ausweisung des Korrespondenten aus Paris hätte auch seine Pariser Korrespondenz notwendigerweise ein Ende gehabt. In der Tat, seine Magnifizenz hatte die Fasces der Gewalt in Händen, er konnte mir zu jeder Zeit das *consilium abeundi* erteilen, und ich mußte dann auf der Stelle den Ranzen schnüren. Seine Pedelle in blauer Uniform mit zitronengelben Aufschlägen hätten mich bald meinen Pariser kritischen Studien entrissen und bis an jene Pfähle begleitet, „die wie das Zebra sind gestreift", wo mich andere Pedelle mit noch viel fataleren Livréen und germanisch ungeschliffenern Manieren in Empfang genommen hätten, um mir die Honneurs des Vaterlandes zu machen – – –

Aber, unglücklicher Poet, warst du nicht durch deine französische Naturalisation hinlänglich geschützt gegen solche Ministerwillkür?

Ach, die Beantwortung dieser Frage entreißt mir ein Geständnis, das vielleicht die Klugheit geböte zu verschweigen. Aber die Klugheit und ich, wir haben schon lange nicht mehr aus derselben Kumpe gegessen – und ich will heute rücksichtslos bekennen, daß ich mich nie in Frankreich naturalisieren ließ, und meine Naturalisation, die für eine notorische Tatsache gilt, dennoch nur ein deutsches Mädchen ist. Ich weiß nicht, welcher müßige oder listige Kopf dasselbe ersonnen. Mehrere Landsleute wollten freilich aus authentischer Quelle diese Naturalisation erschnüffelt haben; sie referierten darüber in deutschen Blättern, und ich unterstütze den irrigen Glauben durch Schweigen. Meine lieben literarischen und politischen Gegner in der Heimat, und manche sehr einflußreiche intime Feinde hier in Paris, wurden dadurch irre geleitet und glaubten, ich sei durch ein französisches Bürgerrecht gegen mancherlei Vexationen und Machinationen geschützt, womit der Fremde, der hier einer exzeptionellen Jurisdiktion unterworfen ist, so leicht heimgesucht werden kann. Durch diesen wohltätigen Irrtum entging ich mancher Böswilligkeit und mancher Ausbeutung von Industriellen, die in geschäftlichen Konflikten ihre Bevorrechtung benutzt hätten. Ebenso widerwärtig wie kostspielig wird auf die Länge in Paris der Zustand des Fremden, der nicht naturalisiert ist. Man wird geprellt und geärgert, und zumeist eben von naturalisierten Ausländern, die am schäbigsten darauf erpicht sind, ihre erworbenen Befugnisse zu mißbrauchen. Aus mißmütiger Fürsorge erfüllte ich einst die Formalitäten, die zu nichts verpflichten und uns doch in den Stand setzen, nötigenfalls die Rechte der Naturalisation ohne Zögernis zu erlangen. Aber ich hegte immer eine unheimliche Scheu vor dem definitiven Akt. Durch dieses Bedenken, durch diese tiefeingewurzelte Abneigung gegen die Naturalisation, geriet ich in eine falsche Stellung, die ich als die Ursache aller meiner Nöten, Kümmernisse und Fehlgriffe während meinem dreiundzwanzigjährigen Aufenthalt in Paris betrachten muß. Das Einkommen eines guten Amtes hätte hier meinen kostspieligen Haushalt und die Bedürfnisse meiner nicht sowohl launischen als vielmehr menschlich freien Lebensweise hinreichend gedeckt – aber wohne vorhergehende Naturalisation war mir der Staatsdienst verschlossen. Hohe Würden und fette Sinekuren stellten mir meine Freunde lockend genug in Aussicht, und es fehlte nicht an Beispielen von Ausländern, die in Frankreich die glänzendsten Stufen der Macht und der Ehre erstiegen. – Und ich darf es sagen, ich hätte weniger als andere mit einheimischer Schelsucht zu kämpfen gehabt, denn nie hatte ein Deutscher in so hohem Grade wie ich die Sympathie der Franzosen gewonnen, sowohl in der literarischen Welt als auch in der hohen Gesellschaft, und nicht als Gönner, sondern als Kamerad pflegte der Vornehmste meinen Umgang. Der ritterliche Prinz, der dem Throne am nächsten stand, und nicht bloß ein ausgezeichneter Feldherr und Staatsmann war, sondern auch das „Buch der Lieder" im Original las, hätte mich gar zu gern in französischen Diensten gesehen, und sein Einfluß wäre groß genug gewesen, um mich in solcher Laufbahn zu fördern. Ich vergesse nicht die Liebenswürdigkeit, womit einst im Garten des Schlosses einer fürstlichen Freundin der große Geschichtschreiber der französischen Revolution und des Empires, welcher damals der allgewaltige Präsident des Konseils war, meinen Arm ergriff und, daß ich ihm sagen möchte, was mein Herz begehre, und daß er sich anheischig mache, mir alles zu verschaffen. – Im Ohr klingt mir noch jetzt der schmeichlerische Klang seiner Stimme, in der Nase prickelt mir noch der Duft des großen blühenden Magnoliabaums, dem wir vorübergingen, und der mit seinen alabasterweißen vornehmen Blumen in die blauen Lüfte emporragte, so prachtvoll, so stolz, wie damals, in den Tagen seines Glückes, das Herz des deutschen Dichters!

Ja, ich habe das Wort genannt. Es war der närrische Hochmut des deutschen Dichters, der mich davon abhielt, auch nur pro forma ein Franzose zu werden. Es war eine ideale Grille, wovon ich mich nicht losmachen konnte. In bezug auf das, was wir gewöhnlich Patriotismus nennen, war ich immer ein Freigeist, doch konnte ich mich nicht eines gewissen Schauers erwehren, wenn ich etwas tun sollte, was nur halbwegs als ein Lossagen vom Vaterlande erscheinen mochte. Auch im Gemüt des Aufgeklärtesten nistet immer ein kleines Alräunchen des alten Aberglaubens, das sich nicht ausbannen läßt; man spricht nicht gern davon, aber es treibt in den geheimsten Schlupfwinkeln unsrer Seele sein unkluges Wesen. Die Ehe, welche ich mit unsrer lieben Frau Germania, der blonden Bärenhäuterin, geführt, war nie eine glückliche gewesen. Ich erinnere mich wohl noch einiger schönen Mondscheinnächte, wo sie mich zärtlich preßte an ihren großen Busen mit den tugendhaften Zitzen – doch diese sentimentalen Nächte lassen sich zählen, und gegen Morgen trat immer eine verdrießlich gähnende Kühle ein, und begann das Keifen ohne Ende. Auch lebten wir zuletzt getrennt von Tisch und Bett. Aber bis zu einer eigentlichen Scheidung sollte es nicht kommen. Ich habe es nie übers Herz bringen können, mich ganz loszusagen von meinem Hauskreuz. Jede Abtrünnigkeit ist mir verhaßt, und ich hätte mich von keiner deutschen Katze lossagen mögen, nicht von einem deutschen Hund, wie unausstehlich mir auch seine Flöhe und Treue. Das kleinste Ferkelchen meiner Heimat kann sich in dieser Beziehung nicht über mich beklagen. Unter den vornehmen und geistreichen Säuen von Perigord, welche die Trüffeln erfunden und sich damit mästen, verleugnete ich nicht die bescheidenen Grünzlinge, die daheim im Teutoburger Wald nur mit der Frucht der vaterländischen Eiche sich atzen aus schlichtem Holztrog wie einst ihre frommen Vorfahren, zur Zeit als Arminius den Varus schlug. Ich habe auch nicht eine Borste meines Deutschtums, keine einzige Schelle an meiner deutschen Kappe eingebüßt, und ich habe noch immer das Recht, daran die schwarz-rot-goldene Kokarde zu heften. Ich darf noch immer zu Maßmann sagen: „Wir deutsche Esel!" Hätte ich mich in Frankreich naturalisieren lassen, würde mir Maßmann antworten können: „Nur ich bin ein deutscher Esel, du aber bist es nicht mehr" – und er schlüge dabei einen verhöhnenden Purzelbaum, der mir das Herz bräche. Nein, solcher Schmach habe ich mich nicht ausgesetzt. Die Naturalisation mag für andre Leute passen; ein versoffener Advokat aus Zweibrücken, ein Strohkopf mit einer eisernen Stirn und einer kupfernen Nase, mag immerhin, um ein Schulmeisteramt zu erschnappen, ein Vaterland aufgeben, das nichts von ihm weiß und nie etwas von ihm erfahren wird – aber dasselbe geziemt sich nicht für einen deutschen Dichter, welcher die schönsten deutschen Lieder gedichtet hat. Es wäre für mich ein entsetzlicher, wahnsinniger Gedanke, wenn ich mir sagen müßte, ich sei ein deutscher Poet und zugleich ein naturalisierter Franzose. – Ich käme mir selber vor wie eine jener Mißgeburten mit zwei Köpfen, die man in den Buden der Jahrmärkte zeigt. Es würde mich beim Dichten unerträglich genieren, wenn ich dächte, der eine Kopf finge auf einmal an, im französischen Truthahnpathos die unnatürlichsten Alexandriner zu skandieren, während der andere in den angebornen wahren Naturmetren der deutschen Sprache seine Gefühle ergösse. Und, ach! unausstehlich sind mir, wie die Metrik, so die Verse der Franzosen, dieser parfümierte Quark – kaum ertrage ich ihre ganz geruchlosen besseren Dichter. – Wenn ich jene sogenannte *Poésie lyrique* der Franzosen betrachte, erkenne ich erst ganz die Herrlichkeit der deutschen Dichtkunst, und ich könne mir alsdann wohl etwas darauf einbilden, daß ich mich rühmen darf, in diesem Gebiete meine Lorbeern errungen zu haben. – Wir wollen auch kein Blatt davon aufgeben, und der Steinmetz, der unsre letzte Schlafstätte mit einer Inschrift zu verzieren hat, soll keine Einrede zu gewärtigen haben, wenn er dort eingräbt die Worte: „Hier ruht ein deutscher Dichter."

LIII.

Paris, den 1. Juni 1843

Der Kampf gegen die Universität, der von klerikaler Seite noch immer fortgesetzt wird sowie auch die entschiedene Gegenwehr, wobei sich besonders Michelet und Quinet hervortaten, beschäftigt noch immer das große Publikum. Vielleicht wird dieses Interesse bald wieder verdrängt von irgendeiner neuen Tagesfrage; aber der Zwist selbst wird so bald nicht geschlichtet sein, denn er wurzelt in einem Zwiespalt, der Jahrhunderte alt ist, und vielleicht als der letzte Grund aller Umwälzungen im französischen Staatsleben betrachtet werden dürfte. Es handelt sich hier weder um Jesuiten noch um Freiheit des Unterrichts; beides sind nur Losungsworte, sie sind keineswegs der Ausdruck dessen, was die kriegführenden Parteien denken und wollen. Etwas ganz anderes, als man zu gestehen wagt, wo nicht gar das Gegenteil der innern Überzeugung, wird auf beiden Seiten ausgesprochen. Man schlägt manchmal auf den Sack und meint den Esel, heißt das altdeutsche Sprichwort. Wir hegen eine zu gute Meinung von dem Verstande der Universitätsprofessoren, als daß wir annehmen dürften, sie polemisierten im vollsten

Ernst gegen den toten Ritter Ignaz von Loyola und seine Grabesgenossen. Wir schenken hingegen dem Liberalismus der Gegner zu wenig Glauben, als daß wir ihre radikalen Grundsätze in betreff der Lehrfreiheit, ihre eifrige Anpreisung der Freiheit des Unterrichts, für bare Münze nehmen möchten. Das öffentliche Feldgeschrei ist hier im Widerspruch mit dem geheimen Gedanken. Gelehrte List und fromme Lüge. Die wahre Bedeutung diese Zwiste ist nichts anderes als die uralte Opposition zwischen Philosophie und Religion, zwischen Vernunfterkenntnis und Offenbarungsglauben, eine Opposition, die von den Männern der Wissenschaft geleitet, sowohl im Adel wie in der Bürgerschaft beständig gärte, und in den neunziger Jahren den Sieg erfocht. Ja bei einigen überlebenden Akteurs der französischen Staatstragödie, bei Politikern von tiefster Erinnerung, erlauschte ich nicht selten das Bekenntnis, daß die ganze französische Revolution zuletzt doch nur durch den Haß gegen die Kirche entstanden ist, und daß man den Thron zertrümmerte, weil er den Altar schützte. Die konstitutionelle Monarchie hätte sich, ihrer Meinung nach, schon unter Ludwig XVI. festsetzen können; aber man fürchtete, daß ihm seine religiösen Überzeugungen höher gelten würden, als seine irdischen Interessen – und Ludwig XVI. ward das Opfer dieser Furcht, dieses Argwohns, dieses Verdachtes! *Il était suspect;* das war in jener Schreckenszeit ein Verbrechen, worauf die Todesstrafe stand.

Obgleich Napoleon die Kirche in Frankreich wieder herstellte und begünstigte, so galt doch sein eiserner Willensstolz für eine hinlängliche Bürgschaft, daß die Geistlichkeit unter seiner Regierung sich nicht allzusehr überheben oder gar zur Herrschaft emporschwingen würde; er hielt sie eben so sehr im Zaum wie uns andre, und seine Grenadiere, welche mit blankem Gewehr neben der Prozession einher marschierten, schienen weniger die Ehrengarde als vielmehr die Gefangenschaftseskorte der Religion zu sein. Der gewaltige Imperator wollte allein regieren, wollte auch mit dem Himmel seine Gewalt nicht teilen, das wußte jeder. Im Beginn der Restauration wurden schon die Gesichter länger, und die Männer der Wissenschaft fühlten wieder ein geheimes Grauen. Aber Ludwig XVIII. war ein Mann ohne religiöses Bewußtsein, ein Witzling, der sehr dick war, schlechte lateinische Verse machte und gute Leberpasteten aß; das beruhigte das Publikum. Man wußte, daß er Krone und Haupt nicht gefährden werde, um den Himmel zu gewinnen, und je weniger man ihn als Mensch achtete, desto größeres Vertrauen flößt er ein als König von Frankreich; seine Frivolität war eine Garantie, diese schützte ihn selbst vor dem Verdacht, den schwarzen Erbfeind zu begünstigen, und wäre er am Leben geblieben, so hätten die Franzosen keine neue Revolution gemacht. Diese machten sie unter der Regierung Karl's X., eines Königs, der persönlich die höchste Achtung verdiente, und von dem man im voraus überzeugt war, daß er, dem Heile seiner Seele alle Erdenbürger opfernd, mit ritterlichem Mute bis zum letzten Atemzuge für die Kirche kämpfen werde, gegen Satan und die revolutionären Heiden. Man stürzte ihn vom Thron, eben weil man ihn für einen edlen, gewissenhaften, ehrlichen Mann hielt. Ja, er war es, ebenso wie Ludwig XVI., aber 1830 wäre der bloße Verdacht ebenfalls hinreichend gewesen, um Karl X. dem Untergang zu widmen. Dieser Verdacht ist auch der wahre Grund, daß ihn die Geistlichkeit erzogen, und das Volk nannte ihn immer *le petit jésuite*.

Es ist ein wahres Glück für die Juliusdynastie, daß sie durch Zufall und Zeitumstände diesem tödlichen Verdachte entgangen ist. Der Vater Ludwig Philipp's war wenigstens kein Frömmler, das gestehen selbst seine ärgsten Verleumder. (Nebenbei gesagt, nie ist jemand so unerbittlich verleumdet worden wie dieser unglückliche Fürst.) Er gestattete dem Sohne die freie Ausbildung seines Geistes, und dieser hat mit der Ammenmilch die Philosophie des achtzehnten Jahrhunderts eingesogen. Auch lautet der Refrain aller legitimistischen Klagen, daß der jetzige König nicht gottesfürchtig genug sei, daß er immer ein liberaler Freigeist gewesen, und daß er sogar seine Kinder in Unglauben heranwachsen lasse. In der Tat, seine Söhne sind ganz die Söhne des neuen Frankreichs, in dessen öffentlichen Kollegien sie ihren Unterricht genossen. Der verstorbene Herzog von Orleans war der Stolz der jungen Generation, die mit ihm in die Schule gegangen und wahrhaftig viel gelernt hatte*). Der Umstand, daß die Mutter des Kronprinzen von Frankreich eine Protestantin, ist von unabsehbarer Wichtigkeit. Der Verdacht der Bigotterie, der der ältern Dynastie so fatal geworden, wird die Orleans nicht treffen.

Der Kampf gegen die Kirche wird nichtsdestoweniger seine große politische Bedeutung behalten. Wie gewaltig auch die Macht des Klerus in der letzten Zeit emporblühte, wie bedeutend auch seine Stellung in der Gesellschaft, wie sehr er auch gedeiht, so sind doch die Gegner immer gerüstet, ihm die Stirne zu bieten, und wenn bei nächtlichem Überfall der Liberalismus sein „Bursche heraus!" ruft, kommen gleich an allen Fenster die Lichter zum Vorschein, und jung und alt rennt heran mit allen möglichen Schlägern,

---

*) In der Augsburger Allgemeinen Zeitung lautet der Schluß dieses Absatzes: „Der Herzog von Nemours soll ihm nicht nachstehen in aufgeklärter Denkweise, er soll in dieser Beziehung ganz das Ebenbild seines Vaters sein. Was vielleicht zur Vermittelung der allzu schroffen Gegensätze beiträgt, ist der Umstand, daß die Mutter des Kronprinzen von Frankreich eine Protestantin ist, sowie es auch von unabsehbarer Wichtigkeit sein mag, daß Ludwig Philipp noch bei Lebzeiten die Erziehung seines Enkels anordnen konnte. In welcher Weise dieses geschehen, ist bekannt. Jener der ältern Dynastie so fatal gewordene Verdacht vonseiten der vielen, welchen die Religion fremd und ihre Pfleger verhaßt sind, wird die Orleans nicht treffen." **Der Herausgeber.**

wo nicht gar mit den Piken des Jakobinismus. Der Klerus will, wie er es immer wollte, in Frankreich zur Oberherrschaft gelangen, und wir sind unparteiisch genug, um seine geheimen und öffentlichen Bestrebungen nicht den kleinen Trieben des Ehrgeizes, sondern den uneigennützigsten Besorgnissen für das Seelenheil des Volkes zuzuschreiben. Die Erziehung der Jugend ist ein Mittel, wodurch der heilige Zweck am klügsten befördert wird, auch ist auf diesem Wege schon das Unglaublichste geschehen, und der Klerus mußte notwendigerweise mit den Befugnissen der Universität in Kollision geraten. Um die Oberaufsicht des vom Staat organisierten liberalen Unterrichts zu vernichten, suchte man die revolutionären Antipathien gegen Privilegien jeder Art ins Interesse zu ziehen, und die Männer, welche, gelangten sie zur Herrschaft, nicht einmal die Freiheit des Denkens erlauben würden, schwärmen jetzt mit begeisterten Phrasen für Lehrfreiheit und klagen über Geistesmonopol. Der Kampf mit der Universität war also kein zufälliges Scharmützel und mußte früh oder spät ausbrechen; der Widerstand war ebenfalls ein Akt der Notwendigkeit, und obgleich wider Willen und Lust, mußte dennoch die Universität den Fehdehandschuh aufnehmen. Aber selbst den Gemäßigsten stieg bald das kochende Blut der Leidenschaft zu Häupten, und es war Michelet, der weiche, mondscheinsanfte Michelet, welcher plötzlich wild wurde und im öffentlichen Auditorium des College de France die Worte ausrief: „Um euch fortzujagen, haben wir eine Dynastie gestürzt, und ist es nötig, so werden wir noch sechs Dynastien umstürzen, um euch fortzujagen!"

Daß eben Menschen wie Michelet und sein wohlverwandter Freund Edgar Quinet als die heftigsten Kämpen aufgetreten gegen die Klerisei, ist eine merkwürdige Erscheinung, die ich mir nie träumen ließ, als ich zuerst die Schriften dieser Männer las, Schriften, die auf jeder Seite Zeugnis geben von tiefster Sympathie für das Christentum. Ich erinnere mich einer rührenden Stelle der französischen Geschichte von Michelet, wo der Verfasser von der Liebesangst spricht, die ihn ergreife, wenn er den Verfall der Kirche zu besprechen habe; es sei ihm dann zumute wie damals, als er seine alte Mutter pflegte, die auf ihrem Krankenbette sich durchgelegen hatte, so daß er nur mit aller ersinnlichen Schonung ihren wunden Leib zu berühren wagte. Es zeugt gewiß nicht von jener Klugheit, die man sonst als Jesuitismus bezeichnet hat, daß man Leute wie Michelet und Quinet zum zornigsten Widerstand aufstachelte. Der Ernst möchte uns schier verlassen, indem wir diesen Mißgriff hervorheben, zumal in bezug auf Michelet. Dieser Michelet ist ein geborner Spiritualist, niemand hegt einen tiefern Abscheu vor der Aufklärung des achtzehnten Jahrhunderts, vor dem Materialismus, vor der Frivolität, vor jenen Voltairianern, deren Name noch immer Legion ist, und mit denen er sich jetzt dennoch verbündete. Er hat sogar zur Logik seine Zuflucht nehmen müssen! Hartes Schicksal für einen Mann, der sich nur in den Fabelwäldern der Romantik heimisch fühlt, der sich am liebsten auf mystisch blauen Gefühlswogen schaukelt, und sich ungern mit Gedanken abgibt, die nicht symbolisch vermummt! Über seine Sucht der Symbolik, über sein beständiges Hinweisen auf das Symbolische, habe ich im Quartier Latin zuweilen anmutig scherzen hören, und Michelet heißt dort Monsieur Symbole. Die Vorherrschaft der Phantasie und des Gemütes übt aber einen gewaltigen Reiz auf die studierende Jugend, und ich habe mehrmals vergebens versucht, bei Monsieur Symbole im Collége de France zu hospitieren; ich fand den Hörsaal immer überfüllt von Studenten, die mit Begeisterung sich um den Gefeierten drängten. Seine Wahrheitsliebe und strenge Redlichkeit ist vielleicht ebenfalls der Grund, warum man ihn so ehrt und liebt. Als Schriftsteller behauptet Michelet den ersten Rang. Seine Sprache ist die holdseligste, die man sich denken kann, und alle Edelseine der Poesie glänzen in seiner Darstellung. Soll ich einen Tadel aussprechen, so möchte ich zunächst den Mangel an Dialektik und Ordnung bedauern; wir begegnen hier einer bis zur Fratze gesteigerten Abenteuerlichkeit, einem berauschten Übermaß, wo das Erhabene überschlägt ins Skurrile und das Sinnige ins Läppische. Ist er ein großer Historiker? Verdient er, neben Thiers, Mignet, Guizot und Thierry, diesen ewigen Sternen, genannt zu werden? Ja, er verdient es, obgleich er die Geschichte in einer ganz andern Weise schreibt. Soll der Historiker, nachdem er geforscht und gedacht, uns die Vorfahren und ihr Treiben, die Tat der Zeit zur Anschauung bringen; soll er durch die Zaubergewalt des Wortes die tote Vergangenheit aus dem Grabe beschwören, daß sie lebendig vor unsre Seele tritt – ist dieses die Aufgabe, so können wir versichern, daß Michelet sie vollständig löst. Mein großer Lehrer, der selige Hegel, sagte mir einst: „Wenn man die Träume aufgeschrieben hätte, welche die Menschen während einer bestimmten Periode geträumt haben, so würde einem aus der Lektüre diese gesammelten Träume ein ganz richtiges Bild vom Geiste jener Periode aufsteigen." Michelet's französische Geschichte ist eine solche Kollektion von Träumen, ein solches Traumbuch – das ganze träumende Mittelalter schaut daraus hervor mit seinen tiefen, leidenden Augen, mit dem gespenstigen Lächeln, und wir erschrecken fast ob der grellen Wahrheit der Farbe und Gestalt. In der Tat, für die Schilderung jener somnambülen Zeit paßte eben ein somnambüler Geschichtschreiber, wie Michelet.

In derselben Weise wie gegen Michelet, hat gegen Quinet sowohl die klerikale Partei als auch die Regierung ein höchst unkluges Verfahren eingeschlagen. Daß erstere, die Männer der Liebe und des Friedens, sich in ihrem frommen Eifer weder klug noch sanftmütig zeigen würden, setzt mich nicht in Verwunderung. Aber eine Regierung, an deren Spitze ein Mann der Wissenschaft, hätte sich doch milder und vernünftiger benehmen können. Ist der Geist Guizot's ermüdet von den Tageskämpfen? Oder hätten wir uns in ihm geirrt, als wir ihn für den Kämpen hielten, der die Eroberungen des menschlichen Geistes gegen Lug und Klerisei am standhaftesten verteidigen würde? Als er nach dem Sturz von Thiers ans Ruder kam, schwärmten für ihn alle Schulmeister Germania's, und wir machten Chorus mit dem aufgeklärten Gelehrtenstand. Diese Hosiannatage sind vorüber, und es ergreift uns eine Verzagnis, ein Zweifel, ein Mißmut, der nicht auszusprechen weiß, was er nur dunkel empfindet und ahnt, und der sich endlich in ein grämliches Stillschweigen versenkt. Da wir wirklich nicht recht wissen, was wir sagen sollen, da wir an dem alten Meister irre geworden, so dürfte es wohl am ratsamsten sein, von andern Dingen zu schwatzen als von der Tagespolitik im gelangweilten, schläfrigen und gähnenden Frankreich. – Nur über das Verfahren gegen Edgar Quinet wollen wir noch unsre unmaßgebliche Rüge aussprechen. Wie den Michelet, hätte man auch den Edgar Quinet nicht so schnöde reizen dürfen, daß auch dieser, jetzt ganz seinem innersten Naturell zuwider, getrieben ward, das Christkind mitsamt dem Bade auszuschütten und in die Reihen jener Kohorten zu treten, welche die äußerste Linke der revolutionären Armada bilden. Spiritualisten sind alles fähig, wenn man sie rasend macht, und sie können alsdann sogar in den nüchtern vernünftigsten Rationalismus überschnappen. Wer weiß, ob nicht Michelet und Quinet am Ende die krassesten Jakobiner werden, die tollsten Vernunftanbeter, fanatische Nachfrevler von Robespierre und Marat.

Michelet und Quinet sind nicht bloß gute Kameraden, getreue Waffenbrüder, sondern auch wahlverwandte Geistesgenossen. Dieselben Sympathien, dieselben Antipathien. Nur ist das Gemüt des einen weicher, ich möchte sagen: indischer; der andere hat hingegen in seinem Wesen etwas Derbes, etwas Gotisches. Michelet mahnt mich an die großblumig starkgewürzten Riesengedichte des Mahabarata; Quinet erinnert vielmehr an die eben so ungeheuerlichen, aber schrofferen und felsenhafteren Lieder der Edda. Quinet ist eine nordische Natur, man kann sagen: eine deutsche, sie hat ganz den deutschen Charakter, im guten wie im üblen Sinne; Deutschlands Odem weht in allen seinen Schriften. Wenn ich den „Ahsaver" oder andre Quinet'sche Poesien lese, wird mir ganz heimatlich zumute, ich glaube die vaterländischen Nachtigallen zu vernehmen, ich rieche den Duft der Gelbveiglein, wohlbekannte Glockentöne summen mir ums Haupt, auch die wohlbekannten Schellenkappen höre ich klingeln; deutschen Tiefsinn, deutschen Denkerschmerz, deutsche Gemütlichkeit, deutsche Maikäfer, mitunter sogar ein bißchen deutsche Langeweile, finde ich in den Schriften unseres Edgar Quinet. Ja, er ist der Unsrige, er ist ein Deutscher, eine gute deutsche Haut, obgleich er sich in jüngster Zeit als ein wütender Germanenfresser gebärdete. Die rauhe, etwas täppische Weise, womit er in der *„Revue des deux mondes",*) gegen uns loszog, war nichts weniger als französisch, und eben an dem tüchtigen Faustschlag und der echten Grobheit erkannten wir den Landsmann. Edgar ist ganz ein Deutscher, nicht bloß dem Geiste, sondern auch der äußern Erscheinung nach, und wer ihm auf den Straßen von Paris begegnet, hält ihn gewiß für irgendeinen Halle'schen Theologen, der eben durchs Examen gefallen und, um sich zu erholen, nach Frankreich gedämmert. Eine kräftige, vierschrötige, ungekämmte Gestalt. Ein liebes, ehrliches, wehmütiges Gesicht. Grauer, schlottriger Oberrock, den Jung-Stilling genäht zu haben scheint. Stiefel, die vielleicht einst Jakob Böhm besohlte.

Quinet hat lange Zeit jenseits des Rheins gelebt, namentlich in Heidelberg, wo er studierte und sich täglich in Creuzer's Symbolik berauschte. Er durchwanderte ganz Deutschland zu Fuß, besah alle unsere gotischen Ruinen und schmollierte dort mit den ausgezeichnetsten Gespenstern. Im Teutoburger Walde, wo Hermann den Varus schlug, hat er westfälischen Schinken mit Pumpernickel gegessen; auf dem Sonnenstein gab er seine Karte ab. Ob er auch zu Mölln Eulenspiegel's Grab besuchte, kann ich nicht behaupten. Was ich aber ganz bestimmt weiß, das ist: Es gibt jetzt in der ganzen Welt keine drei Dichter, die so viel Phantasie, Ideenreichtum und Genialität besitzen wie Edgar Quinet.

LIV.

Paris, den 21. Juni 1843

Alle Jahre besuchte ich regelmäßig die feierliche Sitzung in der Rotunde des Palais Mazarin, wo man sich stundenlang vorher einfinden muß, um Platz zu finden unter der Elite der Geistesaristokratie, wozu glücklicherweise die schönsten Damen gehören. Nach langem Warten kommen endlich durch eine Seitentür die Herren Akademiker, die Mehrzahl aus Leuten bestehend, die sehr alt oder wenigstens nicht sehr gesund sind; Schönheit darf hier nicht gesucht werden. Sie setzen sich auf ihre langen harten Holzbänke; man spricht zwar von den Fauteuils der Akademie, aber diese existieren nicht in der Wirklichkeit und sind nur eine Fiktion. Die Sitzung beginnt mit einer langen, langweiligen Rede über die Jahresarbeiten und die eingegangenen Preisschriften, die der temporäre Präsident zu halten pflegt. Hierauf erhebt sich der Sekretär,

---

*) Der in Rede stehende Artikel findet sich in dem Heft jener Revue vom 15. Dezember 1842 und führt die Überschrift: *„De la Teutomanie"*.
Der Herausgeber.

der perpetuelle, dessen Amt ein ewiges ist, wie das Königtum. Die Sekretäre der Akademie und Ludwig Philipp sind Personen, die nicht durch Minister- und Kammerlaune abgesetzt werden können. Leider ist Ludwig Philipp schon hochbejahrt, und wir wissen noch nicht, ob sein Nachfolger uns mit gleichem Talent die schöne Friedensruhe erhalten wird. Aber Mignet ist noch jung, oder, was noch besser, er ist der Typus der Jugendlichkeit selbst, er bleibt verschont von der Hand der Zeit, die uns andern die Haare weiß färbt, wo nicht gar ausrauft, und die Stirne so häßlich fältet; der schöne Mignet trägt noch seine goldlockichte Frisur wie vor zwölf Jahren, und sein Antlitz ist noch immer blühend wie das der Olympier. Sobald der Perpetuelle auf die Rednerbühne getreten, nimmt er seine Lorgnette und beäugelt das Publikum. –

„Er zählt die Häupter seiner Lieben,
Und sieh, es fehlt kein teures Haupt."

Hierauf betrachtet er auch die um ihn her sitzenden Kollegen, und, wenn ich boshaft wäre, würde ich seinen Blick ganz eigen kommentieren. Er kommt mir in solchen Momenten immer vor wie ein Hirt, der seine Herde mustert. Sie gehören ihm ja alle, ihm, dem Perpetuellen, der sie alle überleben und sie früh oder spät in seinen *l'écris historiques* sezieren und einbalsamieren wird. Er scheint eines jeden Gesundheitszustand zu prüfen, um sich zu der künftigen Rede vorbereiten zu können. Der alte Ballanche sieht sehr krank aus, und Mignet schüttelt den Kopf. Da jener arme Mann gar kein Leben gelebt und auf dieser Erde gar nichts anderes getan hat, als daß er zu den Füßen von Madame Recamier saß und Bücher schrieb, die niemand liest und jeder lobt, wo wird Mignet wirklich seine Not haben, ihm in seinem *Précis historique* eine menschliche Seite abzugewinnen und ihn genießbar machen.

In der heurigen Sitzung war der verstorbene Daunou der Gegenstand, den Mignet behandelte*). Zu meiner Schande gestehe

---

*) Statt des obigen Briefanfangs, heißt es in der „Zeitung für die elegante Welt": „In der *Académie des sciences morales et politiques,* jener Sektion des Institut de France, die am meisten Lebenskraft äußert und die verjährten Spötteleien gegen Akademiker ganz zu Schanden macht, wurden jüngst auch neue Arbeiten über deutsche Philosophie angekündigt, und hier wird auch nächstens die Preisschrift über Kant gekrönt werden. Die diesjährige öffentliche Sitzung, welche vorigen Sonnabend stattfand, war eine jener schönen Feierlichkeiten, die ich nie versäume. Ich traf es diesmal besonders gut, indem Mignet, der *Secrétaire perpétuel,* über einen verstorbenen Akademiker zu sprechen hatte, welcher an der politischen und sozialen Bewegung Frankreichs großen Anteil genommen, so daß sich der Geschichtschreiber der Revolution hier auf seinem eigentümlichen Felde befand und gleichsam die großen Springbrunnen seines Geistes spielen lassen konnte.
Herr Mignet sprach über Daunou, und zu meiner Schande gestehe ich etc."
Der Herausgeber.

ich, daß letzterer mir unbegreiflich wenig bekannt war, daß ich nur mit Mühe einige seiner Lebensmomente in meinem Gedächtnisse wiederfand. Auch bei anderen, besonders bei der jüngeren Generation, begegnete ich einer großen Unwissenheit in bezug auf Daunou. Und dennoch hatte dieser Mann während einem halben Jahrhundert an dem großen Rad gedreht, und dennoch hatte er unter der Republik und dem Kaisertume die wichtigsten Ämter bekleidet, und dennoch war er bis an sein Lebensende ein tadelloser Verfechter der Menschheitsrechte, ein unbeugsamer Kämpe gegen Geistesknechtschaft, einer jener hohen Organisatoren der Freiheit, die gut sprachen, aber noch besser handelten, und das schöne Wort in die heilsame Tat umschufen. Warum aber ist er trotz aller seiner Verdienste, trotz rastlosen politischen und literarischen Tätigkeit dennoch nicht berühmt geworden? Warum glüht in unsrer Erscheinung sein Name nicht so farbig wie die Namen so mancher seiner Kollegen, die eine minder bedeutende Rolle gespielt? Was fehlte ihm, um zur Berühmtheit zu gelangen? Ich will es mit einem Wort sagen: die Leidenschaft. Nur durch irgendeine Manifestation der Leidenschaft werden die Menschen auf dieser Erde berühmt. Hier genügt eine einzige Handlung, ein einziges Wort, aber sie müssen das leidenschaftliche Gepräge tragen. Ja, sogar die zufällige Begegnung mit großen Ereignissen der Leidenschaft gewährt unsterblichen Nachruhm. Der selige Daunou war aber ein stiller Mönch, der den klösterlichen Frieden im Gemüte trug, während alle Stürme der Revolution um ihn her rasten, der sein Tagwerk vollbrachte ruhig und furchtlos, unter Robespierre wie unter Napoleon, und der ebenso bescheiden starb, wie er bescheiden lebte. Ich will nicht sagen, daß seine Seele nicht glühte, aber es war eine Glut ohne Flamme, ohne Geprassel, ohne Spektakel*).

---

*) Der Schluß des Briefes lautet in der „Zeitung für die elegante Welt", wie folgt: „Daß Mignet in seiner *Notice historique* für den Lebenslauf dieses scheinlosen Mannes so viel Interesse zu erregen wußte, zeugt von seiner unübertrefflichen Kunst der Darstellung. Ich möchte sagen: die Sauce war diesmal besser als der Fisch. Keiner versteht wie Mignet, in klaren Übersichten die verwickelten Zustände zur Anschauung zu bringen, in wenigen Grundzügen eine ganze Zeit zu resumieren, und das charakteristische Wort zu finden für Personen und Verhältnisse. Die Resultate der mühsamsten Forschungen und des Nachsinnens werden hier, wie gelegentliches Füllwerk, in kurze Zwischensätze gedrängt; viel Dialektik, viel Geist, viel Glanz, aber alles echt, nirgends eitel Schein. Bewunderungswürdige Harmonie zwischen Inhalt und Form, und man weiß nicht, was man hier von beiden am meisten bewundern soll, die Gedanken oder den Stil, die Edelsteine oder ihre kostbare Fassung. Ja, während alle Arbeiten Mignet's einen Gelehrtenfleiß und Tiefsinn bekunden, die an Deutschland erinnern, ist dennoch die Darstellung ganz so nett, so durchsichtig, gedrungen, wohlgeordnet, logisch, wie man sie nur bei Franzosen finden kann. Im Geiste Mignet's gewahren wir die Eigenschaften beider Nationen. In seiner persönlichen Erscheinung bemerken wir ein ähnliches Phänomen. Er ist blond und blauäugig wie ein Sohn des Nordens, und doch verleugnet er nicht den südlichen Ursprung

Trotz dem scheinlosen Leben des Mannes wußte Mignet doch Interesse für diesen stillen Helden zu erregen, und da dieser das höchste Lob verdiente, konnte es ihm auch in reichem Maße gezollt werden. Aber wäre Daunou keineswegs ein so rühmenswerter Mensch gewesen, hätte er gar zu jenen charakterlosen Fröschen gehört, deren so mancher im Sumpf (Marais) des Konventes saß und schweigsam fortlebte, während die Bessern sich um den Kopf sprachen, ja, er hätte sogar ein Lump sein können, so würde ihn dennoch der Weihrauchkessel des offiziellen Lobes stattsam eingequalmt haben. Obgleich Mignet seine Reden, *Précis historiques* nennt, so sind sie doch noch immer die alten *Éloges*, und es sind noch dieselben Komplimente aus der Zeit Ludwig's XIV., nur daß sie jetzt nicht mehr in gepuderten Allongeperücken stecken, sondern sehr modern frisiert sind. Und der jetzige *Secrétaire perpétuel* der Akademie ist einer der größten Friseure unsrer Zeit, und besitzt den rechten Schick für dieses edle Gewerbe. Selbst wenn an einem Menschen kein einziges gutes Haar ist, weiß er ihm doch einige Löckchen des Lobes anzukräuseln und den Kahlkopf unter dem Toupet der Phrase zu verbergen. Wie glücklich sind doch diese französischen Akademiker! Da sitzen sie im süßesten Seelenfrieden auf ihren sichern Bänken, und sie können ruhig sterben, denn sie wissen, wie bedenklich auch ihre Handlungen gewesen, so wird sie doch der gute Mignet nach ihrem Tode rühmen und preisen. Unter den Palmen seines Wortes, die ewig grün wie die seiner Uniform, eingelullt von dem Geplätscher der oratorischen Antithesen, lagern sie hier in der Akademie wie in einer kühlen Oase. Die Karawane der Menschheit aber schreitet ihnen zuweilen vorüber, ohne daß sie es merkten, oder etwas anders vernahmen als das Geklingel der Kamele.

---

in der Grazie und Sicherheit seiner Bewegung. Er ist einer der schönsten Männer und, unter uns gesagt, das Publikum, welches jedesmal im Palais Mazarin die große Aula füllt, wenn ein Vortrag von Mignet angekündigt worden, besteht größtenteils aus mehr oder minder jungen Damen, die sich oft stundenlang vorher dorthin begeben, um die besten Plätze zu bekommen, wo man den *Secrétaire perpétuel* ebenso gut sehen wie hören kann. Die Mehrzahl seiner Kollegen sind Männer, deren Äußeres minder begünstigt, wo nicht gar sehr unangenehm vernachlässigt von der Mutter Natur. Ich kann nicht ohne Lachen an die Äußerung denken, womit eine junge Person, die letzthin in der Akademie neben mir saß, auf einige Mitglieder der ehrwürdigen Körperschaft hinwies. Sie sagte: „Diese Herren müssen sehr gelehrt sein, denn sie sind sehr häßlich." Eine solche Schlußfolge mag im Publikum nicht selten vorkommen, und sie ist vielleicht der Schlüssel mancher gelehrten Reputation. – In derselben Sitzung, wo Mignet über Daunou sprach, hielt auch Herr Portalis eine große Rede. Himmel, welcher Redner! Er mahnte mich an Demosthenes. Ich erinnere mich nämlich, daß Demosthenes in seiner Jugend, um seine spröden Sprachwerkzeuge zu überwinden, sich im Sprechen übte, während er mehrere Kieselsteine im Munde hielt. Herr Portalis sprach, als hätte er das ganze Maul voll Kieselsteine, und weder ich noch irgend jemand des Auditoriums konnte von seiner Rede das Mindeste verstehen." **Der Herausgeber.**

Anhang

Kommunismus, Philosophie und Klerisei

I.

Paris, den 15. Juni 1843

Hätte ich zur Zeit des Kaisers Nero in Rom privatisiert und etwa für die Oberpostamtszeitung von Böotien oder für die unoffizielle Staatszeitung von Abdera die Korrespondenz besorgt, so würden meine Kollegen nicht selten darüber gescherzt haben, daß ich z. B. von den Staatsintrigen der Kaiserin-Mutter gar nichts zu berichten wisse, daß ich nicht einmal von den glänzenden Diners rede, womit der judäische König Agrippa das diplomatische Korps zu Rom jeden Samstag regaliere, und daß ich hingegen beständig von jenen Galiläern spräche, von jenem obskuren Häuflein, das, meistens aus Sklaven und alten Weibern bestehend, in Kämpfen und Visionen sein blödsinniges Leben verträume und sogar von den Juden desavouiert werde. Meine wohlunterrichteten Kollegen hätten gewiß ganz besonders ironisch über mich gelächelt, wenn ich vielleicht von dem Hoffeste des Cäsar's, wobei Seine Majestät höchstselbst die Gitarre spielte, nichts Wichtigeres zu berichten wußte, als daß einige jener Galiläer mit Pech bestrichen und angezündet wurden, und solchergestalt die Gärten des goldenen Palastes erleuchteten. Es war in der Tat eine sehr bedeutsame Illumination, und es war ein grausamer, echt römischer Witz, daß die sogenannten Obskuranten als Lichter dienen mußten bei der Feier der antiken Lebenslust. Aber dieser Witz ist zuschanden geworden, jene Menschenfackeln streuten Funken umher, wodurch die alte Römerwelt mit all ihrer morschen Herrlichkeit in Flammen aufging; die Zahl jenes obskuren Häufleins ward Legion im Kampfe mit ihr mußten die Legionen Cäsar's die Waffen strecken, und das ganze Reich, die Herrschaft zu Wasser und zu Lande, gehört jetzt den Galiläern.

Es ist durchaus nicht meine Absicht, hier in homiletische Betrachtungen überzugehen, ich habe nur durch ein Beispiel zeigen wollen, in welcher siegreichen Weise eine spätere Zukunft jene Vorneigung rechtfertigen dürfte, womit ich in meinen Berichten sehr oft von einer kleinen Gemeinde gesprochen, die, der Ecclesia pressa des ersten Jahrhunderts sehr ähnlich, in der Gegenwart verachtet und verfolgt wird, und doch eine Propaganda auf den Beinen hat, deren Glaubenseifer und düsterer Zerstörungswille ebenfalls an galiläische Anfänge erinnert. Ich spreche wieder von den Kommunisten, der einzigen Partei in Frankreich, die eine entschlossene Beachtung verdient. Ich würde für die Trümmer des Saint-Simonismus, dessen Bekenner, unter seltsamen Aushängeschildern, noch immer am Leben sind, sowie auch für die Fourieristen, die noch frisch und rührig wirken, dieselbe Aufmerksamkeit in Anspruch nehmen; aber diese ehrenwerten Männer bewegt doch nur das Wort, die soziale Frage als Frage, der überlieferte Begriff, und sie werden nicht getrieben von dämonischer Notwendigkeit, sie sind nicht die prädestinierten Knechte, womit der höchste Weltwille seine ungeheuren Beschlüsse durchsetzt. Früh oder spät wird die zerstreute Familie Saint-Simon's und der ganze Generalstab der Fourieristen zu dem wachsenden Heere des Kommunismus übergehen, und dem rohen Bedürfnisse das gestaltende Wort leihend, gleichsam die Rolle der Kirchenväter übernehmen.

Eine solche Rolle spielt bereits Pierre Leroux, den wir vor elf Jahren in der Salle-Taitbout als einen der Bischöfe des Saint-Simonismus kennen lernten. Ein vortrefflicher Mann, der nur den Fehler hatte, für seinen damaligen Stand viel zu trübsinnig zu sein. Auch hat ihm Enfantin das sarkastische Lob erteilt: „Das ist der tugendhafteste Mensch nach den Begriffen der Vergangenheit." Seine Tugend hat allerdings etwas vom alten Sauerteig der Entsagungsperiode, etwas verschollen Stoisches, das in unsrer Zeit ein fast befremdlicher Anachronismus ist, und gar den heitern Richtungen einer pantheistischen Genußreligion gegenüber als eine honorable Lächerlichkeit erscheinen mußte. Auch ward es diesem traurigen Vogel am Ende sehr unbehaglich in dem glänzenden Gitterkorb, worin so viele Goldfasanen und Adler, aber noch mehr Sperlinge flatterten, und Pierre Leroux war der erste, der gegen die Doktrin von der neuen Sittlichkeit protestierte und sich mit einem fanatischen Anathema von der fröhlich bunten Genossenschaft zurückzog. Hierauf unternahm er, in Gemeinschaft mit Hippolyt Carnot, die neuere *Revue encyclopédique,* und die Artikel, die er darin schrieb, sowie auch sein Buch „*De l'humanité*" bilden den Übergang zu den Doktrinen, die er jetzt seit einem Jahre in der *Revue indépendante* niederlegte. Wie es jetzt mit der großen Enzyklopädie aussieht, woran Leroux und der vortreffliche Reynauld am tätigsten wirken, darüber kann ich nichts Bestimmtes sagen. So viel darf ich behaupten, daß dieses Werk eine würdige Fortsetzung seines Vorgängers ist, jenes kolossalen Pamphlets in dreißig Quartbänden, worin Diderot das Wissen seines Jahrhunderts resumierte. In einem besonderen Abdruck erschienen die Artikel, welche Leroux in seiner Enzyklopädie gegen den Counsin'schen Eklektizismus oder Eklektismus, wie die Franzosen das Unding nennen, geschrieben hat. Cousin ist überhaupt das schwarze Tier, der Sündenbock, gegen welchen Pierre Leroux seit undenklicher Zeit polemisiert, und diese Polemik ist bei ihm zur Monomanie geworden. In den Dezemberheften der *Revue indépendante* erreicht sie ihren rasend gefährlichsten und skandalosesten Gipfel. Cousin wird hier nicht bloß wegen seiner eigenen Denkweise angegriffen, sondern auch bösartiger Handlungen beschuldigt. Diesmal läßt sich die Tugend vom Winde der Leidenschaft am weitesten fortreißen und gerät aufs hohe Meer der Verleumdung. Nein, wir wissen es aus guter Quelle, daß Cousin zufälligerweise ganz unschuldig ist an den unverzeihlichen Modifizierungen, welche die postume Schrift seines Schülers Jouffroi erlitten; wir wissen es nämlich nicht aus dem Munde seiner Anhänger, sondern seiner Gegner, die sich darüber beklagen, daß Cousin aus ängstlicher Schonung der Universitätsinteressen die Publikation der Jouffroi'schen Schrift widerraten und verdrießlich seine Beihilfe verweigert habe. Sonderbare Wiedergeburt derselben Erscheinungen, wie wir sie bereits vor zwanzig Jahren in Berlin erlebt! Diesmal begreifen wir sie besser, und wenn auch unsre persönlichen Sympathien nicht für Cousin sind, so wollen wir doch unparteiisch gestehen, daß ihn die radikale Partei mit demselben Unrecht und mit derselben Beschränktheit verlästerte, die wir uns selbst einst in bezug auf den großen Hegel zuschulden kommen ließen. Auch dieser wollte gern, daß seine Philosophie im schützenden Schatten der Staatsgewalt ruhig gedeihe und mit dem Glauben der Kirche in keinen Kampf gerate, ehe sie hinlänglich ausgewachsen und stark, – und der Mann, dessen Geist am klarsten und dessen Doktrin am liberalsten war, sprach sie dennoch in so trüb scholastischer, verklausulierter Form aus, daß nicht bloß die religiöse, sondern auch die politische Partei der Vergangenheit in ihm einen Verbündeten zu besitzen glaubte. Nur die Eingeweihten lächelten ob solchem Irrtum, und erst heute verstehen wir dieses Lächeln; damals waren wir jung und töricht und ungeduldig, und wir eiferten gegen Hegel, wie jüngst die äußerste Linke in Frankreich gegen Cousin eiferte. Nur daß bei diesem die äußerste Rechte sich nicht täuschen läßt durch die Vorsichtsmaßregeln des Ausdrucks; die römisch-katholisch-apostolische Klerisei zeigt sich hier weit scharfsichtiger, als die königlich-preußisch-protestantische; sie weiß ganz bestimmt, daß die Philosophie ihr schlimmster Feind ist, sie weiß, daß dieser Feind sie aus der Sorbonne verdrängt hat, und, um diese Festung wieder zu erobern, unternahm sie gegen Cousin einen Vertilgungskrieg, und sie führt ihn mit jener geweihten Taktik, wo der Zweck die Mittel heiligt. So wird Cousin von zwei entgegengesetzten Seiten angegriffen, und während die ganze Glaubensarmee mit fliegenden Kreuzfahnen, unter Anführung des Erzbischofs von Chartres, gegen ihn vorrückt, stürmen auf ihn los auch die Sanskülotten des Gedankens, brave Herzen, schwache Köpfe, mit Pierre Leroux an ihrer Spitze. In diesem Kampf sind alle unsre Siegeswünsche für Cousin; denn, wenn auch die Bevorrechtung der Universität ihre Übelstände hat, so verhindert sie doch, daß der ganze Unterricht in die Hände jener Leute fällt, die immer mit unerbittlicher Grausamkeit die Männer der Wissenschaft und des Fortschrittes verfolgten, und solange Cousin in der Sorbonne wohnt, wird, wenigstens dort nicht, wie ehemals, der Scheiterhaufen als letztes Argument, als *ultima ratio,* in der Tagespolemik angewendet werden. Ja, er wohnt dort als Gonfaloniere der Gedankenfreiheit, und das Banner derselben weht über dem sonst so verrufenen Obskurantenneste der Sorbonne. Was uns für Cousin noch besonders stimmt, ist die liebreiche Perfidie, womit man die Beschuldigungen des Pierre Leroux auszubeuten wußte. Die Arglist hatte sich diesmal hinter die Tugend versteckt, und Cousin wird wegen einer Handlung angeklagt, für die, hätte er sie wirklich begangen, ihm nur Lob, volles orthodoxes Lob von der klerikalen Partei gespendet werden müßte; Jansenisten ebensowohl wie Jesuiten predigten ja immer den Grundsatz, daß man um jeden Preis das öffentliche Ärgernis zu verhindern suche. Nur das öffentliche Ärgernis sei die Sünde, und nur diese solle man vermeiden, sagte gar salbungsvoll der fromme Mann, den Molière kanonisiert hat. Aber nein, Cousin darf sich keiner so erbaulichen Tat rühmen, wie man sie ihm zuschreibt; dergleichen liegt vielmehr im Charakter seiner Gegner, die von jeher, um den Skandal zu hintertreiben oder schwache Seelen vor Zweifel zu bewahren, es nicht verschmähten, Bücher zu verstümmeln oder ganz umzuändern oder zu vernichten, so daß die kostbarsten Denkmale und Urkunden der Vorzeit teils gänzlich untergegangen, teils verfälscht sind. Nein, der heilige Eifer des Bücherkastrierens und gar der fromme Betrug der Interpolationen gehört nicht zu den Gewohnheiten der Philosophen.

Und Victor Cousin ist ein Philosoph in der ganzen deutschen Bedeutung des Wortes. Pierre Leroux ist es nur im Sinne der Franzosen, die unter Philosophie vielmehr allgemeine Untersuchungen über gesellschaftliche Fragen verstehen. In der Tat, Victor Cousin ist ein deutscher Philosoph, der sich mehr mit dem menschlichen Geiste als mit den Bedürfnissen der Menschheit beschäftigt, und durch das Nachdenken über das große Ego in einen gewissen Egoismus geraten. Die Liebhaberei für den Gedanken an und für sich absorbierte ihn zunächst wegen der schönen Form, und in der Metaphysik ergötzte ihn am Ende nur die Dialektik; von dem Übersetzer des Plato könnte man, das banale Wort umkehrend, gewissermaßen behaupten, er liebe den Plato mehr als die Wahrheit. Hier unterscheidet sich Cousin von den deutschen Philosophen; wie den letzteren, ist auch ihm das Denken letzter Zweck des Denkens, aber zu solcher philosophischen Absichtslosigkeit gesellt sich bei ihm auch ein gewisser artistischer Indifferentismus. Wie sehr muß nun dieser Mann einem Pierre Leroux verhaßt sein, der weit mehr ein Freund der Menschen als der Gedanken ist, dessen Gedanken alle einen Hintergedanken haben, nämlich das Interesse der Menschheit, und der als geborener Ikonoklast keinen Sinn hat für künstlerische Freude an der Form! In solcher geistigen Verschiedenheit liegen genug Gründe des Grolls, und man hätte nicht nötig gehabt, die Feindschaft des Leroux gegen Cousin aus persönlichen Motiven, aus geringfügigen Vorfallenheiten des Tageslebens zu erklären. Ein bißchen unschuldige Privatmalice mag mit unterlaufen; denn die Tugend, wie erhaben sie auch das Haupt in den Wolken trägt und nur in Himmelsbetrachtungen verloren scheint, so bewahrt sie doch im getreusamsten Gedächtnisse jeden kleinen Nadelstich, den man ihr jemals versetzt hat.

Nein, der leidenschaftliche Grimm, die Berserkerwut des Pierre Leroux gegen Victor Cousin ist ein Ergebnis der Geistesdifferenz dieser beiden Männer. Es sind Naturen, die sich notwendigerweise abstoßen. Nur in der Ohnmacht kommen sie einander wieder nahe, und die gleiche Schwäche der Fundamente verleiht den entgegengesetzten Doktrinen eine gewisse Ähnlichkeit. Der Eklektizismus von Cousin ist eine feindrähtige Hängebrücke zwischen dem schottisch plumpen Empirismus und der deutsch abstrakten Idealität, eine Brücke, die höchstens dem leichtfüßigen Bedürfnisse einiger Spaziergänger genügen mag, aber kläglich einbrechen würde, wollte die Menschheit mit ihrem schweren Herzensgepäcke und ihren trampelnden Schlachtrossen darüber hinmarschieren. Leroux ist ein Pontifex Maximus in einem höhern, aber noch weit unpraktischern Stile, er will eine kolossale Brücke bauen, die, aus einem einzigen Bogen bestehend, auf zwei Pfeilern ruhen soll, wovon der eine aus dem materialistischen Granit des vorigen Jahrhunderts, der andre aus dem geträumten Mondschein der Zukunft verfertigt worden, und diesem zweiten Pfeiler gibt er zur Basis irgendeinen noch unentdeckten Stern in der Milchstraße. Sobald dieses Riesenwerk fertig sein wird, wollen wir darüber referieren. Bis jetzt läßt sich von dem eigentlichen System des Leroux nichts Bestimmtes sagen, er gibt bis jetzt nur Materialien, zerstreute Bausteine. Auch fehlt es ihm durchaus an Methode, ein Mangel, der den Franzosen eigentümlich ist, mit wenigen Ausnahmen, worunter besonders Charles de Rémusat genannt werden mußt, der in seinen *Essais de Philosophie* (ein kostbares Meisterbuch!) die Bedeutung der Methode begriffen und für ihre Anwendung ein großes Talent offenbart hat. Leroux ist gewiß ein größerer Produzent im Denken, aber es fehlt ihm hier, wie gesagt, die Methode. Er hat bloß die Ideen, und in dieser Hinsicht ist ihm eine gewisse Ähnlichkeit mit Joseph Schelling nicht abzusprechen, und daß alle seine Ideen das befreiende Heil der Menschheit betreffen, und er, weit entfernt, die alte Religion mit der Philosophie zu flicken, vielmehr die Philosophie mit dem Gewande einer neuen Religion beschenkt. Unter den deutschen Philosophen ist es Krause, mit dem Leroux die meiste Verwandtschaft hat. Sein Gott ist ebenfalls nicht außerweltlich, sondern er ist ein Insasse dieser Welt, behält aber dennoch eine gewisse Persönlichkeit, die ihn sehr gut kleidet. An der *immortalité de l'âme* kaut Leroux beständig, ohne davon satt zu werden; es ist dies nichts als ein perfektioniertes Wiederkäuen der ältern Perfektibilitätslehre. Weil er sich gut aufgeführt in diesem Leben, hofft Leroux, daß er in einer spätern Existenz zu noch größerer Vollkommenheit gedeihen werde; Gott stehe alsdann dem Cousin bei, wenn derselbe nicht unterdessen ebenfalls Fortschritte gemacht hat!

Pierre Leroux mag wohl jetzt fünfzig Jahr' alt sein, wenigstens sieht er darnach aus; vielleicht ist er jünger. Körperlich ist er nicht von der Natur allzu verschwenderisch begünstigt worden. Eine untersetzte, stämmige, vierschrötige Gestalt, die keineswegs durch die Traditionen der vornehmen Welt einige Grazie gewonnen. Leroux ist ein Kind des Volks, war in seiner Jugend Buchdrucker, und er trägt noch heute in seiner äußern Erscheinung die Spuren des Proletariats. Wahrscheinlich mit Absicht hat er den gewöhnlichen Firnis verschmäht, und wenn er irgendeiner Koketterie fähig ist, so besteht diese vielleicht in dem hartnäckigen Beharren bei der rohen Ursprünglichkeit. Es gibt Menschen, welche nie Handschuhe tragen, weil sie kleine weiße Hände haben, woran man die höhere Race erkennt; Pierre Leroux trägt ebenfalls keine Handschuhe, aber sicherlich aus ganz andern Gründen. Er ist ein asketischer Entsagungsmensch, dem Luxus und jedem Sinnenreiz abhold, und die Natur hat ihm die Tugend erleichtert. Wir wollen aber den Adel seiner Gesinnung, den Eifer, womit er dem Gedanken alle niederen Interessen opfere, überhaupt seine hohe Uneigennützigkeit, als nicht minder verdienstlich anerkennen, und noch weniger wollen wir den rohen Diamanten deswegen herabsetzen, weil er keine glänzende Geschliffenheit besitzt und sogar in trübes Blei gefaßt ist. – Pierre Leroux ist ein Mann, und mit der Männlichkeit des Charakters verbindet er, was selten ist, einen Geist, der sich zu den höchsten Spekulationen emporschwingt, und ein Herz, welches sich versenken kann in die Abgründe des Volksschmerzes. Er ist nicht bloß ein denkender, sondern auch ein fühlender Philosoph, und sein ganzes Leben und Streben ist der Verbesserung des moralischen und materiellen Zustandes der untern Klassen gewidmet. Er, der gestählte Ringer, der die härtesten Schläge des Schicksals ertrüge, ohne zu zwinkern, und der, wie Saint-Simon und Fourier, zuweilen in der bittersten Not und Entbehrung darbte, ohne sich sonderlich zu beklagen; er ist nicht imstande, die Kümmernisse seiner Mitmenschen ruhig zu ertragen, seine harte Augenwimper feuchtet sich beim Anblick fremden Elends, und die Ausbrüche seines Mitleids sind alsdann stürmisch, rasend, nicht selten ungerecht.

Ich habe mich eben einer indiskreten Hinweisung auf Armut schuldig gemacht. Aber ich konnte doch nicht umhin, dergleichen zu erwähnen; diese Armut ist charakteristisch und zeigt uns, wie der vortreffliche Mann die Leiden des Volks nicht bloß mit dem Verstande erfaßt, sondern auch leiblich mitgelitten hat, und wie seine Gedanken in der schrecklichsten Realität wurzeln. Das gibt seinen Worten ein pulsierendes Lebensblut und einen Zauber, der stärker als die Macht des Talentes. – Ja, Pierre Leroux ist arm, wie Saint-Simon und Fourier es waren, und die providentielle Armut dieser großen Sozialisten war es, wodurch die Welt bereichert wurde, bereichert mit einem Schatze von Gedanken, die uns neue Welten des Genusses und des Glückes eröffnen. In welcher gräßlichen Armut Saint-Simon seine letzten Jahre verbrachte, ist allgemein bekannt; während er sich mit der leidenden Menschheit, dem großen Patienten, beschäftigte und Heilmittel ersann für dessen achtzehnhundertjähriges Gebreste, erkrankte er selbst zuweilen vor Misère, und er fristete sein Dasein nur durch Betteln. Auch Fourier mußte zu den Almosen der Freunde seine Zuflucht nehmen, und wie oft sah ich ihn in seinem grauen, abgeschabten Rocke längs den Pfeilern des Palais-Royal hastig dahinschreiten, die beiden Rocktaschen schwer belastet, so daß aus der einen der Hals einer Flasche und aus der andern ein langes Brot hervorguckten. Einer meiner Freunde, der ihn mir zuerst zeigte, machte mich aufmerksam auf die Dürftigkeit des Mannes, der seine Getränke beim Weinschank und sein Brot beim Bäcker selber holen mußte. Wie kommt es, frug ich, daß solche Männer, solche Wohltäter des Menschengeschlechts, in Frankreich darben müssen? „Freilich", erwiderte mein Freund sarkastisch lächelnd, „Das macht dem gepriesenen Lande der Intelligenz keine sonderliche Ehre, und das würde gewiß nicht bei uns in Deutschland passieren; die Regierung würde bei uns die Leute von solchen Grundsätzen unter ihre besondere Obhut nehmen und ihnen lebenslänglich freie Kost und Wohnung geben in der Festung Spandau oder auf dem Spielberg."

Ja, Armut ist das Los der großen Menschheitshelfer, der heilenden Denker in Frankreich, aber diese Armut ist bei ihnen nicht bloß ein Antrieb zu tieferer Forschung und ein stärkendes Stahlbad der Geisteskräfte, sondern sie ist auch eine empfehlende Annonce für ihre Lehre, und in dieser Beziehung gleichfalls von providentieller Bedeutsamkeit. In Deutschland wird er Mangel an irdischen Gütern sehr gemütlich entschuldigt, und besonders das Genie darf bei uns darben und verhungern, ohne eben verachtet zu werden. In England ist man schon minder tolerant, das Verdienst eines Mannes wird dort nur nach seinem Einkommen abgeschätzt, und *„how much is he worth?"* heißt buchstäblich: „Wie viel Geld besitzt er, wie viel verdient er?" Ich habe mit eigenen Ohren angehört, wie in Florenz ein dicker Engländer ganz ernsthaft einen Franziskanermönch fragte, wieviel es ihm jährlich einbringe, daß er so barfüßig und mit einem dicken Strick um den Leib herumgehe? In Frankreich ist es anders, und wie gewaltig auch die Gewinnsucht des Industrialismus um sich greift, so ist doch die Armut bei ausgezeichneten Personen ein wahrer Ehrentitel, und ich möchte schier behaupten, daß der Reichtum, einen unehrlichen Verdacht begründend, gewissermaßen mit einem geheimen Makel mit einer *levis nota*, die sonst vortrefflichsten Leute behafte. Das mag wohl daher entstehen, weil man bei so vielen die unsaubern Quellen kennt, woraus die großen Reichtümer geflossen. Ein Dichter sagte, „daß der erste König ein glücklicher Soldat war!" – in Betreff der Stifter unsrer heutigen Finanz-Dynastien dürfen wir vielleicht das prosaische Wort aussprechen, daß der erste Bankier ein glücklicher Spitzbube gewesen. Der Kultus des Reichtums ist zwar in Frankreich so allgemein wie in andern Ländern, aber es ist ein Kultus ohne heiligen Respekt; die Franzosen tanzen ebenfalls um das goldene Kalb, aber ihr Tanzen ist zugleich Spott, Pfersiflage, Selbstverhöhnung, einen Art Kankan. Es ist dieses eine merkwürdige Erscheinung, erklärbar teils aus der generösen Natur der Franzosen, teils auch aus ihrer Geschichte. Unter dem alten Regime galt nur die Geburt, nur die Ahnenzahl gab Ansehen, und die Ehre war eine Frucht des Stammbaums. Unter der Republik gelangte die Tugend zur Herrschaft, die Armut ward eine Würde, und, wie vor Angst, so auch vor Scham, verkroch sich das Geld. Aus jener Periode stammen die vielen dicken Soustücke, die ernsthaften Kupfermünzen mit den Symbolen der Freiheit, so wie auch die Traditionen von pekuniärer Uneigennützigkeit, die wir noch heutigentages bei den höchsten Staatsverwaltern Frankreichs antreffen, wie z. B. bei Molé, bei Guizot, bei Thiers, dessen Hände eben so rein sind wie die der Revolutionsmänner, die er gefeiert. Zur Zeit des Kaisertums florierte nur der militärische Ruhm, eine neue Ehre ward gestiftet, die der Ehrenlegion, deren Großmeister der siegreiche Imperator, mit Verachtung herabschaute auf die rechnende Krämergilde, auf die Lieferanten, die Schmuggler, die Stockjobbers, die glücklichen Spitzbuben. Während er Restauration intrigierte der Reichtum gegen die Gespenster des alten Regimes, die wieder ans Ruder gekommen und deren Insolenz täglich wuchs; das beleidigte, ehrgeizige Geld wurde Demagoge, liebäugelte herablassend mit den Kurzjacken, und als die Juliussonne die Gemüter erhitzte, ward der Adelkönig Karl X. vom Throne herabgeschmissen. Der Bürgerkrieg Ludwig Philipp stieg hinauf, er, der Repräsentant des Geldes, das jetzt herrscht, aber in der öffentlichen Meinung zu gleicher Zeit von der besiegten Partei der Vergangenheit und der getäuschten Partei der Zukunft frondiert wird. Ja, das adeltümliche Faoubourg Saint-Germain und die proletarischen Faoubourgs Saint-Antoine und Saint-Marceau überbieten sich in der Verhöhnung der geldstolzen Emporkömmlinge, und, wie sich von selbst versteht, die alten Republikaner mit ihrem Tugendpathos und die Bonapartisten mit pathetischen Heldentiraden stimmen ein in diesen herabwürdigenden Ton. Erwägt man diese zusammenwirkenden Größe, so wird es begreiflich, warum dem Reichen jetzt in der öffentlichen Meinung eine fast übertriebene Geringschätzung zuteil wird, während jeder nach Reichtum lechzt.

Ich möchte, auf das Thema zurückkommend, womit ich diesen Artikel begonnen, hier ganz besonders andeuten, wie es für den Kommunismus ein unberechenbar günstiger Umstand ist, daß der Feind, den er bekämpft, bei all seiner Macht dennoch in sich selber keinen moralischen Halt besitzt. Die heutige Gesellschaft verteidigt sich nur aus platter Notwendigkeit, ohne Glauben an ihr Recht, ja ohne Selbstachtung, ganz wie jene ältere Gesellschaft, deren morsches Gebälke zusammenstürzte, als der Sohn des Zimmermanns kam.

II.

Paris, den 8. Juli 1843

In China sind sogar die Kutscher höflich. Wenn sie in einer engen Straße mit ihren Fuhrwerken etwas hart aneinander stoßen und Deichseln und Räder sich verwickeln, erheben sich keineswegs ein Schimpfen und Fluchen, wie die Kutscher bei uns zulande, sondern sie steigen ruhig von ihrem Sitz herunter, machen eine Anzahl Knickse und Bücklinge, sagen sich diverse Schmeicheleien, bemühen sich hernach, gemeinschaftlich ihre Wagen in das gehörige Geleise zu bringen, und wenn alles wieder in Ordnung ist, machen sie nochmals verschiedene Bücklinge und Knickse, sagen sich ein respektives Lebewohl und fahren von dannen. Aber nicht bloß unsre Kutscher, sondern auch unsre Gelehrten sollen sich hieran ein Beispiel nehmen. Wenn diese Herren miteinander in Kollision geraten, machen sie sehr wenig Komplimente und suchen sich keineswegs hilfreich zu verständigen, sondern sie fluchen und schimpfen alsdann wie die Kutscher des Occidents. Und dieses klägliche Schauspiel gewähren uns zumeist Theologen und Philosophen, obgleich erstere auf das Dogma der Demut und Barmherzigkeit besonders angewiesen sind, und letztere in der Schule der Vernunft zunächst Geduld und Gelassenheit erlernt haben sollten. Diese Fehde zwischen der Universität und den Ultramontanen hat diesen

Frühling bereits mit einer Flora von Grobheiten und Schmähreden bereichert, die selbst auf unsern deutschen Mistbeeten nicht kostbarer gedeihen könnte. Das wuchert, das sproßt, das blüht in unerhörter Pracht. Wir haben weder Lust noch Beruf, hier zu botanisieren. Der Duft mancher Giftblumen könnte uns betäubend zu Kopf steigen und uns verhindern, mit kühler Unparteilichkeit den Wert beider Parteien und die politische Bedeutung und Bedeutsamkeit des Kampfes zu würdigen. Sobald die Leidenschaften ein bißchen verduftet sind, wollen wir solche Würdigung versuchen. So viel können wir schon heute dagegen: Das Recht ist auf beiden Seiten, und die Personen werden getrieben von der fatalsten Notwendigkeit. Der größte Teil der Katholiken, weise und gemäßigt, verdammt zwar das unzeitige Schilderheben ihrer Parteigenossen, aber diese gehorchen dem Befehl ihres Gewissens, ihrem höchsten Glaubensgesetz, dem *compelle intrare*, sie tun ihre Schuldigkeit, und sie verdienen aus diesem Grunde unsre Achtung. Wie kennen sie nicht, wir haben kein Urteil über ihre Person, und wir sind nicht berechtigt, an ihrer Ehrlichkeit zu zweifeln ...

Diese Leute sind nicht eben meine Lieblinge, aber, aufrichtig gestanden, trotz ihrem düstern, blutrünstigen Zelotismus sind sie mir lieber als die toleranten Amphibien des Glaubens und Wissens, als jene Kunstgläubigen, die ihre erschlafften Seelen durch fromme Musik und Heiligenbilder kitzeln lassen, und gar als jene Religionsdilettanten, die für die Kirche schwärmen, ohne ihren Dogmen einen strengen Gehorsam zu widmen, die mit den heiligen Symbolen nur liebäugeln, aber keine ernsthafte Ehe eingehen wollen, und die man hier *catholiques marrons* nennt. Letztere füllen jetzt unsere fashionablen Kirchen, z. B. Sainte-Madeleine, oder Notre-Dame-de-Lorette, jene heiligen Boudoirs, wo der süßlichste Rokokogeschmack herrscht, ein¯Weihkessel, der nach Lavendel duftet, reichgepolsterte Betstühle, rosige Beleuchtung und schmachtende Gesänge, überall Blumen und tändelnde Engel, kokette Andacht, die sich fächert mit Eventails von Boucher und Watteau – Pompadourchristentum.

Ebenso unrecht wie unrichtig ist die Benennung „Jesuiten", womit man hier die Gegner der Universität zu bezeichnen pflegt. Erstens gibt es gar keine Jesuiten mehr in dem Sinne, den man mit jenem Namen verknüpft. Aber wie es oben in der Diplomatie Leute gibt, die jedesmal, wenn die Flutzeit der Revolution eintritt, das gleichzeitige Heranbranden so vieler brausenden Wellen für das Werk eines *Comité directeur* in Paris erklären, so gibt es Tribunen hier unten, die, wenn die Ebbe beginnt, wenn die revolutionären Springfluten sich wieder verlaufen, diese Erscheinung den Intrigen der Jesuiten zuschreiben, und sich ernsthaft einbilden, es residiere ein Jesuitengeneral in Rom, welcher durch seine vermummten Schergen die Reaktion der ganzen Welt leite. Nein, es existiert kein solcher Jesuitengeneral in Rom, wie auch in Paris kein *Comité directeur* existiert; das sind Märchen für große Kinder, hohle Schreckpopanze, moderner Aberglaube. Oder ist es eine bloße Kriegslist, daß man die Gegner der Universität für Jesuiten erklärt? Es gibt in der Tat hierzulande keinen Namen, der weniger populär wäre. Man hat im vorigen Jahrhundert gegen diesen Orden so gründlich polemisiert, daß noch eine geraume Zeit vergehen dürfe, ehe man ein mildes, unparteiisches Urteil über ihn fällen wird. Es will mich bedünken, als habe man die Jesuiten nicht selten ein bißchen jesuitisch behandelt, und als seien die Verleumdungen, die sie sich zuschulden kommen ließen, ihnen manchmal mit zu großen Zinse zurückbezahlt worden. Man könnte auf die Väter der Gesellschaft Jesu das Wort anwenden, welches Napoleon über Robespierre aussprach: Sie sind hingerichtet worden, nicht gerichtet. Aber der Tod wird kommen, wo man auch ihnen Gerechtigkeit widerfahren lassen und ihre Verdienste anerkennen wird. Schon jetzt müssen wir eingestehen, daß sie durch ihre Missionsanstalten die Gesittung der Welt, die Zivilisation unberechenbar gefördert, daß sie ein heilsames Gegengift gewesen gegen die lebenverpestenden Miasmen von Port-Royal, daß sogar ihre vielgescholtene Accomodationslehre noch das einzige Mittel war, wodurch die Kirche über die moderne, freiheitslustige und genußsüchtige Menschheit ihre Oberherrschaft bewahren konnte. *Mangez un boeuf et soyez chrétien*, sagten die Jesuiten zu dem Beichtkinde, dem in der Karwoche nach einem Stückchen Rindfleisch gelüstete; aber ihre Nachgiebigkeit lag nur in der Not des Momentes, und sie hätten später, sobald ihre Macht befestigt, die fleischfressenden Völker wieder zu den magersten Fastenspeisen zurückgelenkt. Laxe Doktrinen für die empörte Gegenwart, eiserne Ketten für die unterjochte Zukunft. Sie waren so klug!

Aber alle Klugheit hilft nichts gegen den Tod. Sie liegen längst im Grabe. Es gibt freilich Leute in schwarzen Mänteln und mit ungeheueren, dreieckig aufgekrämpten Filzhüten, aber das sind keine echten Jesuiten. Wie manchmal ein zahmes Schaf sich in ein Wolfsfell des Radikalismus vermummt, aus Eitelkeit oder Eigennutz oder Schabernack, so steckt im Fuchspelz des Jesuitismus manchmal nur ein beschränktes Grauchen. – Ja, sie sind tot. Die Väter der Gesellschaft Jesu haben in den Sakristeien nur ihre Garderobe zurückgelassen, nicht ihren Geist. Dieser spukt an andern Orten, und manche Champions der Universität, die ihn so eifrig exorzieren, sind vielleicht davon besessen, ohne es zu merken. Ich sage dieses nicht in bezug auf die Herren Michelet und Quinet, die ehrlichsten und wahrhaftigsten Seelen, sondern ich habe hier im Auge zunächst den wohlbestallten Minister des öffentlichen Unterrichts, den Rektor der Universität, den Herrn Villemain. Seiner Magnifizenz zweideutiges Treiben berührt mich immer widerwärtig. Ich kann leider nur dem Esprit und dem Stile dieses Mannes meine Achtung zollen. Nebenbei gesagt, wir sehen hier, daß der berühmte Ausspruch von Buffon: *„Le style c'est l' homme"*, grundfalsch ist. Der Stil des Herrn Villmain ist schön, edel, wohlgewachsen und reinlich. – Auch Victor Cousin kann ich nicht ganz verschonen mit dem Vorwurf des Jesuitismus. Der Himmel weiß, daß ich geneigt bin, Herrn Cousin's Vorzügen Gerechtigkeit widerfahren zu lassen, daß ich den Glanz seines Geistes gern anerkenne; aber die Worte, womit er jüngst in der Akademie die Übersetzung Spinoza's ankündigte, zeugen weder von Mut noch von Wahrheitsliebe. Cousin hat gewiß die Interessen der Philosophie unendlich gefördert, indem er den Spinoza dem denkenden Frankreich zugänglich machte, aber er hätte zugleich ehrlich gestehen sollen, daß er dadurch der Kirche keinen großen Dienst geleistet. Im Gegenteil sagte er, der Spinoza sei von einem seiner Schüler, einem Zögling der *École normale*, übersetzt worden, um ihn mit einer Widerlegung zu begleiten, und während die Priesterpartei die Universität so heftig angreife, sei es doch eben diese arme, unschuldige, verketzerte Universität, welche den Spinoza widerlege, den gefährlichen Spinoza, jenen Erbfeind des Glaubens, der mit einer Feder aus den schwarzen Flügeln Satan's seine deiciden Bücher geschrieben! Wen betrügt man hier? ruft Figaro. Es war in der *Académie des sciences morales et politiques*, wo Cousin in solche Weise die französische Übersetzung des Spinoza ankündigte; sie ist außerordentlich gelungen, während die gerühmte Widerlegung so schwach und dürftig ist, daß sie in Deutschland für ein Werk der Ironie gelten würde.

III.

Paris, den 20. Juli 1843

Jedes Volk hat seinen Nationalfehler, und wir Deutschen haben den unsrigen, nämlich jene berühmte Langsamkeit; wir wissen es sehr gut, wir haben Blei in den Stiefeln, sogar in den Pantoffeln. Aber was nützt den Franzosen alle Geschwindigkeit, all ihr flinkes, anstelliges Wesen, wenn sie ebensoschnell vergessen, was sie getan? Sie haben kein Gedächtnis, und das ist ihr größtes Unglück. Die Frucht jeder Tat und jeder Untat geht hier verloren durch Vergeßlichkeit. Jeden Tag müssen sie den Kreislauf ihrer Geschichte wieder durchlaufen, ihr Leben wieder von vorne anfangen, ihre Kämpfe aufs neue durchkämpfen, und morgen hat der Sieger vergessen, daß er gesiegt hatte, und der Überwundene hat ebenso leichtsinnig seine Niederlage und ihre heilsamen Lehren vergessen. Wer hat im Julius 1830 die große Schlacht gewonnen? Wer hat sie verloren? Wenigstens in dem großen Hospital, wo, um mich eines Ausdrucks von Mignet zu bedienen, jede gestürzte Macht ihre Blessierten untergebracht hat, hätte man sich dessen erinnern sollen! Diese einzige Bemerkung erlauben wir uns in Beziehung auf die Debatten, die in der Pairskammer über den Sekundärunterricht stattgefunden, und wo die klerikale Partei nur scheinbar unterlag. In der Tat triumphierte sie, und es war schon ein hinlänglicher Triumph, daß sie als organisierte Partei ans Tageslicht trat. Wir sind weit entfernt, dieses kühne Auftreten zu tadeln, und es mißfällt uns weit weniger als jene schlottrige Halbheit, zeigte sich hier Herr Villemain, der kleine Rhetor, der windige Bel-Esprit, dieser abgestandene Voltairianer, der sich ein bißchen an den Kirchenvätern gerieben, um einen gewissen ernsthaften Anstrich zu gewinnen, und der von einer Unwissenheit beseelt war, die ans Erhabene grenzte! Es ist nur unbegreiflich, daß ihm Herr Guizot nicht auf der Stelle den Laufpaß gegeben, denn diesem großen Gelehrten mußte jene schülerhafte Verlegenheit, jener Mangel an den dürftigsten Vorkenntnissen, jene wissenschaftliche Nullität, noch weit empfindlicher mißfallen, als irgendein politischer Fehler! Um die Schwäche und Inhaltslosigkeit seines Kollegen einigermaßen zu decken, mußte Guizot mehrmals das Wort ergreifen; aber alles, was er sagte, war matt, farblos und unerquicklich. Er würde gewiß bessere Dinge vorgebracht haben, wenn er nicht Minister der auswärtigen Angelegenheiten, sondern Minister des Unterrichts gewesen wäre und für die besondern Interessen dieses Departements eine Lanze gebrochen hätte. Ja, er würde sich für die Gegenpartei noch weit gefährlicher erwiesen haben, wenn er ganz ohne weltliche Macht, nur mit seiner geistlichen Macht bewaffnet, wenn er als bloßer Professor für die Befugnisse der Philosophie in die Schranken getreten wäre! In einer solchen günstigern Lage war Victor Cousin, und ihm gebührt vorzugsweise die Ehre des Tages. Cousin ist nicht, wie jüngst ziemlich griesgrämig behauptet worden, ein philosophischer Dilettant, sondern er ist vielmehr ein großer Philosoph, er ist hier Haussohn der Philosophie, und als diese angegriffen wurde von ihren unversöhnlichsten Feinden, mußte unser Victor Cousin seine *oratio pro domo* halten. Und er sprach gut, ja vortrefflich, mit Überzeugung. Es ist für uns immer ein kostbares Schauspiel, wenn die friedliebensten Männer, die durchaus von keiner Streitlust beseelt sind, durch die innern Bedingungen ihrer Existenz, durch die Macht der Ereignisse, durch ihre Geschichte, ihre Stellung, ihre Natur, kurz durch eine unabweisliche Fatalität, gezwungen werden, zu kämpfen. Ein solcher Kämpfer, ein solcher Gladiator der Notwendigkeit war Cousin, als ein unphilosophischer Minister des Unterrichts die Interessen der Philosophie nicht zu verteidigen vermochte. Keiner wußte besser als Victor Cousin, daß es sich hier um keine neue Sache handelte, daß sein Wort wenig beitragen würde zur Schlichtung des alten Streits, und daß da kein definitiver Sieg zu erwarten sei. Ein solches Bewußtsein übt immer einen dämpfenden Einfluß, und alles Brillantfeuer des Geistes konnte auch hier die innere Trauer über die Fruchtlosigkeit aller Anstrengungen keineswegs verbergen. Selbst bei den Gegnern haben Cousin's Reden einen ehrenden Eindruck hervorgebracht, und die Feindschaft, die sie ihm widmen, ist ebenfalls eine Anerkennung. Den Villemain verachten sie, den Cousin aber fürchten sie. Sie fürchten ihn nicht wegen seiner Gesinnung, nicht wegen seines Charakters, nicht wegen seiner individuellen Vorzüge oder Fehler, sondern sie fürchten in ihm die deutsche Philosophie. Du lieber Himmel! man erzeigt hier unserer deutschen Philosophie und unserm Cousin allzu große Ehre. Obgleich letzterer ein geborener Dialektiker ist, obgleich er zugleich für Form die größte Begabnis besitzt, obgleich er bei seiner philosophischen Spezialität auch noch von großem Kunstsinn unterstützt wird, so ist er doch noch sehr weit davon entfernt, die deutsche Philosophie so gründlich tief in ihrem Wesen zu erfassen, daß er ihre Systeme in einer klaren, allgemein verständlichen Sprache formulieren könnte, wie es nötig wäre für Franzosen, die nicht, wie wir, die Geduld besitzen, ein abstraktes Idiom zu studieren. Was sich aber nicht in gutem Französisch sagen läßt, ist nicht gefährlich für Frankreich. Die Sektion der *Sciences morales et politiques* der französischen Akademie hat bekanntlich eine Darstellung der deutschen Philosophie seit Kant zu einer Preisfrage gewählt, und Cousin, der hier als Hauptdirigent zu betrachten ist, suchte vielleicht fremde Kräfte, wo seine eignen nicht ausreichten. Aber auch andere haben die Aufgabe nicht gelöst, und in der jüngsten feierlichen Sitzung der Akademie ward uns angekündigt, daß auch dies Jahr keine Preisschrift über die deutsche Philosophie gekrönt werden könne.

Gefängnisreform und Strafgesetzgebung

Paris, Juli 1843

Nachdem der Gesetzvorschlag über die Gefängnisreform während vier Wochen in der Deputiertenkammer debattiert worden, ist derselbe endlich mit sehr unwesentlichen Abänderungen und durch eine bedeutende Majorität angenommen worden. Damit wir es gleich von vornherein sagen, nur der Minister des Innern, der eigentliche Schöpfer jenes Gesetzvorschlags, war der einzige, der mit festen Füßen auf der Höhe der Frage stand, der bestimmt wußte, was er wollte, und einen Triumph der Überlegenheit feierte. Dem Rapporteur, Herrn von Tocqueville, gebührt das Lob, daß er mit Festigkeit seine Gedanken durchschaut; er ist ein Mann von Kopf, der wenig Herz hat und bis zum Gefrierpunkt die Argumente seiner Logik verfolgt; auch haben seine Reden einen gewissen frostigen Glanz wie geschnittenes Eis. Was Herrn Tocqueville jedoch an Gemüt fehlt, das hat sein Freund, Monsieur de Beaumont, in liebreichster Fülle, und diese beiden Unzertrennlichen, die wir immer gepaart sehen auf ihren Reisen, in ihren Publikationen, in der Deputiertenkammer, ergänzen sich aufs beste. Der eine, der scharfe Denker, und der andere, der milde Gemütsmensch, gehören beisammen, wie das Essigfläschchen und das Ölfläschchen. – Aber die Opposition, wie vage, wie gehaltlos, wie schwach, wie ohnmächtig zeigte sie sich bei dieser Gelegenheit! Sie wußte nicht, was sie wollte, sie mußte das Bedürfnis der Reform eingestehen, konnte nichts Positives vorschlagen, war beständig im Widerspruch mit sich selber und opponierte hier, wie gewöhnlich, aus blöder Gewohnheit des Oppositionsmetiers. Und dennoch würde sie, nun letzterm zu genügen, leichtes Spiel gehabt haben, wenn sie sich auf das hohe Pferd der Idee gesetzt hätte, auf irgendeine generöse Rosinante der Theorienwelt, statt auf ebener Erde den zufälligen Lücken und Schwächen des ministeriellen Systems nachzukriechen und im Detail zu schikanieren, ohne das Ganze erschüttern zu können. Nicht einmal unser unvergleichlicher Don Alphonso de Lamartine, der ingeniose Junker, zeigte sich hier in seiner idealen Ritterlichkeit. Und doch war die Gelegenheit günstig, und er hätte hier die höchsten und wichtigsten Menschheitsfragen besprechen können, mit olymperschütternden Worten; er konnte hier feuerspeiende Berge reden und mit einem Ozean von Weltuntergangspoesie die Kammer überschwemmen. Aber nein, der edle Hidalgo war hier ganz entblößt von seinem schönen Wahnsinn und sprach so vernünftig wie die nüchternsten seiner Kollegen.

Ja, nur auf dem Felde der Idee hätte die Opposition, wo nicht sich behaupten, doch wenigstens glänzen können. Bei solcher Gelegenheit hätte eine deutsche Opposition ihre gelehrtesten Lorbeeren erfochten. Denn die Gefängnisfrage ist ja enthalten in jener allgemeinen Frage über die Bedeutung der Strafe überhaupt, und hier treten uns die großen Theorien entgegen, die wir heute nur in flüchtigster Kürze erwähnen wollen, um für die Würdigung des neuen Gefängnisgesetzes einen deutschen Standpunkt zu gewinnen.

Wir sehen hier zunächst die sogenannte Vergeltungstheorie, das alte harte Gesetz der Urzeit, jenes *jus talionis*, das wir noch bei dem alttestamentalischen Moses in schauerlichster Naivität vorfinden. Leben um Leben, Auge um Auge, Zahn um Zahn. Mit dem Martyrode des großen Versöhner fand auch diese Idee der Sühne ihren

Abschluß, und wir können behaupten, der milde Christus habe dem antiken Gesetze auch hier persönlich Genüge getan und dasselbe auch für die übrige Menschheit aufgehoben. Sonderbar! während hier die Religion im Fortschritt erscheint, ist es die Philosophie, welche stationär geblieben, und die Strafrechtstheorie unserer Philosophen von Kant bis auf Hegel ist, trotz aller Verschiedenheit des Ausdrucks, noch immer das alte *jus talionis*. Selbst unser Hegel wußte nichts Besseres anzugeben, und er vermochte nur die rohe Anschauungsweise einigermaßen zu spiritualisieren, ja, bis zur Poesie zu erheben. Bei ihm ist die Strafe das *Recht des Verbrechers*; nämlich indem dieser das Verbrechen begeht, gewinnt er ein unveräußerliches Recht auf die adäquate Bestrafung; letztere ist gleichsam das objektive Verbrechen. Das Prinzip der Sühne ist hier bei Hegel ganz dasselbe wie bei Moses, nur daß dieser den antiken Begriff der Fatalität in der Brust trug, Hegel aber immer von dem modernen Begriff der Freiheit bewegt wird; sein Verbrecher ist ein freier Mensch, das Verbrechen selbst ein Akt der Freiheit, und es muß ihm dafür sein Recht geschehen. Hierüber nur ein Wort. Wir sind dem altdacerdotalen Standpunkt entwachsen, und es widerstrebt uns, zu glauben, daß, wenn der einzelne eine Untat begangen, die Gesellschaft in *corpore* gezwungen sei, dieselbe Untat zu begehen, sie feierlich zu wiederholen. Für den modernen Standpunkt, wie wir ihn bei Hegel finden, ist jedoch unser sozialer Zusand noch zu niedrig; denn Hegel setzt immer eine absolute Freiheit voraus, von der wir noch sehr entfernt sind und vielleicht noch eine gute Weile entfernt bleiben werden.

Unsere zweite große Straftheorie ist die der Abschreckung. Diese ist weder religiös noch philosophisch, sie ist rein absurd. Hier wird einem Menschen, der ein Verbrechen beging, Pein angetan, damit ein Dritter damit abgeschreckt werde, ein ähnliches Verbrechen zu begehen. Es ist das höchste Unrecht, daß jemand leiden soll zum Heile eines andern, und diese Theorie mahnt mich immer an die armen *souffre-douleurs*, die ehemals mit den kleinen Prinzen erzogen und jedesmal durchgepeitscht wurden, wenn ihr erlauchter Kamerad irgendeinen Fehler begangen. Diese nüchterne und frivole Abschreckungstheorie borgt von der facerdotalen Theorie gleichsam ihre *pompes funèbres*, auch sie errichtet auf öffentlichem Markt ein *castrum doloris*, um die Zuschauer anzulocken und zu verblüffen. Der Staat ist hier ein Scharlatan, nur mit dem Unterschied, daß der gewöhnliche Scharlatan dir versichert, er reiße die Zähne aus, ohne Schmerzen zu verursachen, während jener im Gegenteil durch seine schauerlichen Apparate mit weit größern Schmerzen droht, als vielleicht der arme Patient wirklich zu ertragen hat. Diese blutige Schalatanerie hat mich immer angewidert.

Soll ich hier die sogenannte Theorie vom physischen Zwang, die zu meiner Zeit in Göttingen und in der umliegenden Gegend zum Vorschein gekommen, als eine besondere Theorie erwähnen? Nein, sie ist nichts als der alte Abschreckungssauerteig, neu umgeknetet. Ich habe mal einen ganzen Winter hindurch den Lykurg Hannovers, den traurigen Hofrat Bauer, darüber schwätzen gehört in seiner seichtesten Prosa. Diese Tortur erduldete ich ebenfalls aus physischem Zwang, denn der Schwätzer war Examinator meiner Fakultät, und ich wollte damals Doktor Juris werden.

Die dritte große Straftheorie ist die, wobei die moralische Verbesserung des Verbrechers in Betracht kommt. Die wahre Heimat dieser Theorie ist China, wo alle Autorität von der väterlichen Gewalt abgeleitet wird. Jeder Verbrecher ist dort ein ungezogenes Kind, das der Vater zu bessern sucht, und zwar durch den Bambus. Diese patriarchalische, gemütliche Ansicht hat in neuerer Zeit ganz besonders in Preußen ihre Verehrer gefunden, die sie auch in die Gesetzgebung einzuführen suchten. Bei solcher chinesischen Bambustheorie drängt sich uns zunächst das Bedenken auf, daß alle Verbesserung nichts helfen dürfte, wenn nicht vorher die Verbesserer gebessert würden. In China scheint das Staatsoberhaupt dergleichen Einrede dunkel zu fühlen, und wenn im Reiche der Mitte irgendein ungeheures Verbrechen begangen wird, legt sich der Kaiser, der Himmelssohn, selber eine harte Buße auf, während, daß er selber durch irgendeine Sünde ein solches Landesunglück verschuldet haben müsse. Wir würden es mit großem Vergnügen sehen, wenn, unser heimischer Pietismus auf solche fromme Irrtümer geriete und sich zum Heil des Staats weidlich kasteien wollte. In China gehört es zur Konsequenz der patriarchalischen Ansicht, daß es neben den Bestrafungen auch gesetzliche Belohnungen gibt, daß man für gute Handlungen irgendeinen Ehrenknopf mit oder ohne Schleife bekömmt, wie man für schlechte Handlungen die gehörige Tracht Schläge empfängt, so daß, um mich philosophisch auszudrücken, der Bambus die Belohnung des Lasters und der Orden die Strafe der Tugend ist. Die Partisane der körperlichen Züchtigung haben jüngst in den Rheinprovinzen einen Widerstand gefunden, der aus einer Empfindungsweise hervorgegangen, die nicht sehr original ist und leider als ein Überbleibsel der französischen Fremdherrschaft betrachtet werden dürfte.

Wir haben noch eine vierte große Straftheorie, die wir kaum noch eine solche nennen können, da der Begriff „Strafe" hier ganz verschwindet. Man nennt sie die Präventionstheorie, weil hier die Verhütung der Verbrechen das leitende Prinzip ist. Die eifrigsten Vertreter dieser Ansicht sind zunächst die Radikalen aller sozialistischen Schulen. Als der Entschiedenste muß hier der Engländer Owen genannt werden, der kein Recht der Bestrafung anerkennt, solange die Ursache der Verbrechen, die sozialen Übel, nicht fortgeräumt worden. So denken auch die Kommunisten, die materialistischen ebensowohl wie die spiritualistischen, welche letztern ihre

Abneigung gegen das herkömmliche Kriminalrecht, das sie das alttestamentalische Rachegesetz nennen, durch evangelische Texte beschönigen. Die Fourieristen dürfen ebenfalls konsequenterweise kein Strafrecht anerkennen, da nach ihrer Lehre die Verbrechen nur durch ausgeartete Leidenschaften entstehen und ihr Staat sich eben die Aufgabe gestellt hat, durch eine neue Organisation der menschlichen Leidenschaften ihre Ausartung zu verhüten. Die Saint-Simonisten hatten freilich weit höhere Begriffe von der Unendlichkeit des menschlichen Gemütes, als daß sie sich auf einen geregelten und numerierten Schematismus der Leidenschaften, wie wir ihn bei Fourier finden, eingelassen hätten. Jedoch auch sie hielten das Verbrechen nicht bloß für ein Resultat gesellschaftlicher Mißstände, sondern auch einer fehlerhaften Erziehung, und von den besser geleiteten, wohlerzogenen Leidenschaften erwarteten sie eine vollständige Regeneration, das Weltreich der Liebe, wo alle Traditionen der Sünde in Vergessenheit geraten und die Idee eines Strafrechts als eine Blasphemie erscheinen würde.

Minder schwärmerische und sogar sehr praktische Naturen haben sich ebenfalls für die Präventionstheorie entschieden, insofern sie von der Volkserziehung die Abnahme der Verbrechen erwarteten. Sie haben noch ganz besondere staatsökonomische Vorschläge gemacht, die dahin zielen, den Verbrecher vor seinen eigenen bösen Anfechtungen zu schützen, in derselben Weise wie die Gesellschaft vor der Untat selbst hinreichend bewahrt wird. Hier stehen wir auf dem positiven Boden der Präventionslehre. Der Staat wird hier gleichsam eine große Polizeianstalt im edelsten und würdigsten Sinne, wo dem bösen Gelüste jeder Antrieb entzogen wird, wo man nicht durch Ausstellungen von Leckerbissen und Putzwaren einen armen Schlucker zum Diebstahl und die arme Gefallsucht zur Prostitution reizt, wo keine diebischen Emporkömmlinge, keine Robert-Macaires der hohen Finanz, keine Menschenfleischhändler, keine glücklichen Halunken ihren unverschämten Luxus öffentlich zur Schau geben dürfen, kurz, wo das demoralisierende böse Beispiel unterdrückt wird. Kommen, trotz aller Vorkehrungsmaßregeln, dennoch Verbrechen zum Vorschein, so sucht man die Verbrecher unschädlich zu machen, und sie werden entweder eingesperrt oder, wenn sie der Ruhe der Gesellschaft gar zu gefährlich sind, ein bißchen hingerichtet. Die Regierung, als Mandatarin der Gesellschaft, verhängt hier keine Pein als Strafe, sondern als Notwehr, und der höhere oder geringere Grad dieser Pein wird nur von dem Grade des Bedürfnisses der sozialen Selbstverteidigung bestimmt. Nur von diesem Gesichtspunkte aus sind wir für die Todesstrafe oder vielmehr für die Tötung großer Bösewichter, welche die Polizei aus dem Wege schaffen muß, wie sie tolle Hunde totschlägt.

Wenn man aufmerksam das *Exposé des motifs* liest, womit der französische Minister des Innern seinen Gesetzentwurf in betreff der Gefängnisreform einleitete, so ist es augenscheinlich, wie hier die zuletzt bezeichnete Ansicht den Grundgedanken bildet, und wie das sogenannte Repressiv-Prinzip der Franzosen im Grunde nur die Praxis unserer Präventivtheorie ist.

Im Prinzip sind also unsere Ansichten ganz übereinstimmend mit denen der französischen Regierung. Aber unsre Gefühle sträuben sich gegen die Mittel, wodurch die gute Absicht erreicht werden soll. Auch halten wir sie für Frankreich ganz ungeeignet. In diesem Lande der Soziabilität wäre die Absperrung in Zellen, die pennsylvanische Methode eine unerhörte Grausamkeit, und das französische Volk ist zu großmütig, als daß es je um solchen Preis seine gesellschaftliche Ruhe erkaufen möchte. Ich bin daher überzeugt, selbst nachdem die Kammern eingewilligt, kommt das entsetzliche, unmenschliche, ja unnatürliche Zellenargefängniswesen nicht in Ausführung, und die vielen Millionen, welche die nötigen Bauten kosten, sind, Gottlob! verlorenes Geld. Diese Burgverließe des neuen Bürgerrittertums wird das Volk ebenso unwillig niederreißen, wie es einst die adlige Bastille zerstörte. So furchtbar und düster dieselbe von außen gewesen sein mochte, so war sie doch gewiß nur ein heiteres Kiosk, ein sonniges Gartenhaus, im Vergleich mit jenen kleinen schweigenden amerikanischen Höllen, die nur ein blödsinniger Pietist ersinnen, und nur ein herzloser Krämer, der für sein Eigentum zittert, billigen konnte. Der gute fromme Bürger soll hinfüro ruhiger schlafen können – das will die Regierung mit löblichem Eifer bewirken. Aber warum sollen sie nicht etwas weniger schlafen? – Bessere Leute müssen jetzt wachend die Nächte verbringen. Und dann, haben sie nicht den lieben Gott, um sie zu schützen, sie, die Frommen? – Oder zweifeln sie an diesem Schutz, sie, die Frommen?

Aus den Pyrenäen

I.

Barèges, den 26. Juli 1846

Seit Menschengedenken gab es kein solches Zuströmen nach den Heilquellen von Barèges wie dieses Jahr. Das kleine Dorf, das aus etwa sechzig Häusern und einigen Dutzend Notbaracken besteht, kann die kranke Menge nicht mehr fassen; Spätkömmlinge fanden kaum ein kümmerliches Obdach für eine Nacht und mußten leidend umkehren. Die meisten Gäste sind französische Militärs, die in Afrika sehr viele Lorbeeren, Lanzenstiche und Rheumatismen eingeerntet haben. Einige alte Offiziere aus der Kaiserzeit keuchen hier ebenfalls umher, und suchen in der Badewanne die glorreichen Erinnerungen zu vergessen, die sie bei jedem Witterungswechsel so verdrießlich jucken. Auch ein deutscher Dichter befindet sich hier, der manches auszubaden haben mag, aber bis jetzt keineswegs seines Verstandes verlustig und noch viel weniger in ein Irrenhaus eingesperrt worden ist, wie ein Berliner Korrespondent in der hochlöblichen „Leipziger Allgemeinen Zeitung" berichtet hat. Freilich, wir können uns irren, Heinrich Heine ist vielleicht verrückter, als er selbst weiß; aber mit Gewißheit dürfen wir versichern, daß man ihn hier in dem anarchischen Frankreich noch immer auf freien Füßen herumgehen läßt, was ihm wahrscheinlich zu Berlin, wo die geistige Sanitätspolizei strenger gehandhabt wird, nicht gestattet werden möchte. Wie dem auch sei, fromme Gemüter an der Spree mögen sich trösten, wenn auch nicht der Geist, so ist doch der Leib des Dichters hinlänglich belastet mit lähmenden Gebresten, und auf der Reise von Paris hierher ward sein Siechtum so unleidlich, daß er unfern von Bagnères de Bigorre den Wagen verlassen und sich auf einem Lehnsessel über das Gebirge tragen lassen mußte. Er hatte bei dieser erhabenen Fahrt manche erfreuliche Lichtblicke, nie hat ihn Sonnenglanz und Waldgrün inniger bezaubert, und die großen Felsenkoppen, wie steinerne Riesenhäupter, sahen ihn an mit fabelhaftem Mitleid. Die *Hautes Pyrénées* sind wunderbar schön. Besonders seelenerquickend ist die Musik der Bergwasser, die, wie ein volles Orchester, in den rauschenden Talfluß, den sogenannten Gâve, hinabstürzen. Gar lieblich ist dabei das Geklingel der Lämmerherden, zumal wenn sie in großer Anzahl wie jauchzend von den Bergeshalden heruntergesprungen kommen, voran die langwolligen Mutterschafe und dorisch gehörnten Widder, welche große Glocken an den Hälsen tragen, und nebenherlaufend der junge Hirt, der sie nach dem Taldorfe zur Schur führt, und bei dieser Gelegenheit auch die Liebste besuchen will. Einige Tage später ist das Geklingel minder heiter, denn es hat unterdessen gewittert, aschgraue Nebelwolken hängen tief herab, und mit seinen geschornen, fröstelnd nackten Lämmern steigt der junge Hirt melancholisch wieder hinauf in seine Alpeneinsamkeit; er ist ganz eingewickelt in seinen braunen, reichgeflickten Baskesenmantel, und das Scheiden von ihr war vielleicht bitter.

Ein solcher Anblick mahnt mich aufs lebhafteste an das Meisterwerk von Decamps, welches der diesjährige Salon besaß, und das von so vielen, ja von dem kunstverständigsten Franzosen, Theophile Gautier, mit hartem Unrecht getadelt ward. Der Hirt auf jenem Gemälde, der in seiner zerlumpten Majestät wie ein wahrer Bettelkönig aussieht und an seiner Brust, unter den Fetzen des Mantels, ein armes Schäfchen vor dem Regenguß zu schützen sucht, ist stumpfsinnig trüben Wetterwolken mit ihren feuchten Grimassen, der zottighäßliche Schäferhund – alles ist auf jenem Bilde so naturwahr, so pyrenäentreu gemalt, so ganz ohne sentimentalen Anstrich und ohne süßliche Veridealisierung, daß einem hier das

Talent des Decamp's fast erschreckend, in seiner naivsten Nacktheit, offenbar wird.

Die Pyrenäen werden jetzt von vielen französischen Malern mit großem Glück ausgebeutet, besonders wegen der hiesigen pittoresken Volkstrachten, und die Leistungen von Leleux, die unser feintreffender Pfeilkollege immer so schön gewürdigt, verdienen das gespendete Lob; auch bei diesem Maler ist Wahrheit der Natur, aber ohne ihre Bescheidenheit, sie tritt schier allzu keck hervor und sie artet aus in Virtuosität. Die Kleidung der Bergbewohner, der Bearnaisen, der Basken und der Grenzspanier, ist in der Tat so eigentümlich und staffeleifähig, wie es ein junger Enthusiast von der Pinselgilde, der den banalen Frack verabscheut, nur irgend verlangen kann; besonders pittoresk ist die Kopfbedeckung der Weiber, die scharlachrote, bis an die Hüften über den schwarzen Leibrock herabhängende Kapuze. Einen überaus köstlichen Anblick gewähren derartig kostümierte Ziegenhirtinnen, wenn sie, auf hochgesattelten Maultieren sitzend, den altertümlichen Spinnstock unterm Arm, mit ihren gehörnten schwarzen Zöglingen über die äußersten Spitzen der Berge einherreiten und der abenteuerliche Zug sich in den reinsten Konturen abzeichnet an dem sonnig blauen Himmelsgrund.

Das Gebäude, worin sich die Badeanstalt von Barèges befindet, bildet einen schauderhaften Kontrast mit den umgebenden Naturschönheiten, und sein mürrisches Äußere entspricht vollkommen den innern Räumen: unheimlich finstere Zellen, gleich Grabgewölben mit gar zu schmalen steinernen Badewannen, einer Art provisorischer Särge, worin man alle Tage eine Stunde lang sich üben kann im Stilliegen mit ausgestreckten Beinen und gekreuzten Armen eine nützliche Vorübung für Lebensabiturienten. Das beklagenswerteste Gebrechen zu Barèges ist der Wassermangel; die Heilquellen strömen nämlich nicht in hinlänglicher Fülle. Eine traurige Abhilfe in dieser Beziehung gewähren die sogenannten Piscinen, ziemlich enge Wasserbehälter, worin sich ein Dutzend, auch wohl anderthalb Dutzend Menschen gleichzeitig baden in aufrechter Stellung. Hier gibt es Berührungen, die selten angenehm sind, und bei dieser Gelegenheit begreift man in ihrem ganzen Tiefsinn die Worte des toleranten Ungars, der sich den Schnurrbart strich und zu seinem Kameraden sagte: „Mir ist ganz gleich, was der Mensch ist, ob er Christ oder Jude, republikanisch oder kaiserlich, Türke oder Preuße, wenn nur der Mensch gesund ist."

II.

Barèges, den 7. August 1846

Über die therapeutische Bedeutung der hiesigen Bäder wage ich mich nicht mit Bestimmtheit auszusprechen. Es läßt sich vielleicht überhaupt nichts Bestimmtes darüber sagen. Man kann das Wasser einer Quelle chemisch ersetzen und genau angeben, wieviel Schwefel, Salz oder Butter darin enthalten ist, aber niemand wird es wagen, selbst in bestimmten Fällen die Wirkung dieses Wassers für ein ganz probates, untrügliches Heilmittel zu erklären; denn diese Wirkung ist ganz abhängig von der individuellen Leibesbeschaffenheit des Kranken, und das Bad, das bei gleichen Krankheitssymptomen dem einen fruchtet, übt auf den andern nicht den mindesten, wo nicht gar den schädlichsten Einfluß. In der Weise wie z. B. der Magnetismus enthalten auch die Heilquellen eine Kraft, die hinlänglich konstatiert, aber keineswegs determiniert ist, deren Grenzen und auch geheimste Natur den Forschern bis jetzt unbekannt geblieben, so daß der Arzt dieselben nur versuchsweise, wo alle andern Mittel fehlschlagen, als Medikament anzuwenden pflegt. Wenn der Sohn Äskulap's gar nicht mehr weiß, was er mit dem Patienten anfangen soll, dann schickt er uns ins Bad mit einem langen Konsultationszettel, der nichts anderes ist als ein offener Empfehlungsbrief an den Zufall!

Die Lebensmittel hier sind sehr schlecht, aber desto teurer. Frühstück und Mittagessen werden den Gästen in hohen Körben und von ziemlich klebrichten Mägden aufs Zimmer getragen, ganz wie in Göttingen. Hätten wir nur hier ebenfalls den jugendlich-akademischen Appetit, womit wir einst die gelehrt-trockensten Kalbsbraten Georgia Augusta's zermalmten! Das Leben selbst ist hier so langweilig wie an den blumigen Ufern der Leine. Doch kann ich nicht umhin zu erwähnen, daß wir zwei sehr hübsche Bälle genossen, wo die Tänzer alle ohne Krücken erschienen. Es fehlte dabei nicht an einigen Töchtern Albion's, die sich durch Schönheit und linkisches Wesen auszeichneten; sie tanzten, als ritten sie auf Eseln. Unter den Französinnen glänzte die Tochter des berühmten Cellarius, die – welche Ehre für das kleine Barèges – hier eigenfüßig die Polka tanzte. Auch mehre junge Tanznixen der Pariser großen Oper, welche man Ratten nennt, unter andern die silberfüßige Mademoiselle Lelhomme, wirbelten hier ihre Entrechats, und ich dachte bei diesem Anblick wieder lebhaft an mein liebes Paris, wo ich es vor lauter Tanz und Musik am Ende nicht mehr aushalten konnte, und wohin das Herz sich jetzt dennoch wieder zurücksehnt. Wunderbar närrischer Zauber! Vor lauter Plaisir und Belustigung wird Paris zuletzt so ermüdend, so erdrückend, so überlästig, alle Freuden sind dort mit so erschöpfender Anstrengung verbunden, daß man jauchzend froh ist, wenn man dieser Galeere des Vergnügens einmal entspringen kann – und kaum ist man einige Monate von dort entfernt, so kann eine einzige Walzermelodie oder der bloße Schatten eines Tänzerinnenbeins in unserm Gemüt das sehnsüchtigste Heimweh nach Paris erwecken! Da geschieht aber nur den bemoosten Häuptern dieses süßen Bagnos, nicht den jungen

Burschen unsrer Landsmannschaft, die nach einem kurzen Semesteraufenthalt in Paris gar kläglich bejammern, daß es dort nicht so gemütlich still sei, wie jenseits des Rheins, wo das Zellensystem des einsamen Nachdenkens eingeführt ist, daß man sich dort nicht ruhig sammeln könne wie etwa zu Magdeburg oder Spandau, daß das sittliche Bewußtsein sich dort verliere im Geräusch der Genußwellen, die sich überstürzen, daß die Zerstreuung dort zu groß sei – ja, sie ist wirklich zu groß in Paris, denn während wir uns dort zerstreuen, zerstreut sich auch unser Geld!

Ach, das Geld! Es weiß sich sogar hier Barèges zu zerstreuen, so langweilig auch dieses Heilnest. Es übersteigt alle Begriffe, wie teuer der heilige Aufenthalt; er kostet mehr als das Doppelte, was man in andern Badeörtern der Pyrenäen ausgibt. Und welche Habsucht bei diesen Gebirgsbewohnern, die man als eine Art Naturkinder, als die Reste einer Unschuldsrace zu preisen pflegt! Sie huldigen dem Geld mit einer Inbrunst, die an Fanatismus grenzt, und das ist ihr eigentlicher Nationalkultus. Aber ist das Geld jetzt nicht der Gott der ganzen Welt, ein allmächtiger Gott, den selbst der verstockteste Atheist keine drei Tage lang verleugnen könnte, denn ohne seine göttliche Hilfe würde ihm der Bäcker auch nicht die kleinste Semmel verabfolgen lassen.

Dieser Tage bei der großen Hitze kamen ganze Schwärme von Engländern nach Barèges; rotgesunde beefsteakgemästete Gesichter, die mit der bleichen Gemeinde der Badegäste schier beleidigend kontrastierten. Der bedeutendste dieser Ankömmlinge ist ein enorm reiches und leidlich bekanntes Parlamentsglied von der toristischen Klicke. Dieser Gentleman scheint die Franzosen nicht zu lieben, aber hingegen uns Deutsche mit der größten Zuneigung zu beehren. Er rühmte besonders unsre Redlichkeit und Treue. Auch wolle er zu Paris, wo er den Winter zu verbringen gedenke, sich keine französischen Bedienten, sondern nur deutsche anschaffen. Ich dankte ihm für das Zutrauen, das er uns schenke, und empfahl ihm einige Landsleute von der historischen Schule.

Zu den hiesigen Badegästen rechnen wir auch, wie männiglich bekannt ist, den Prinzen von Remours, der einige Stunden von hier zu Luz, mit seiner Familie wohnt, aber täglich hierher fährt, um sein Bad zu nehmen. Als er das erste Mal in dieser Absicht nach Barèges kam, saß er in einer offenen Kalesche, obgleich das miserabelste Nebelwetter an jenem Tage herrschte, ich schloß daraus, daß er sehr gesund sein müsse, und jedenfalls keinen Schnupfen scheue. Sein erster Besuch galt dem hiesigen Militärhospital, wo er leutselig mit den kranken Soldaten sprach, sich nach ihren Blessuren erkundigte, auch nach ihrer Dienstzeit usw. Eine solche Demonstration, obgleich sie nur ein altes Trompeterstückchen ist, womit schon so viele erlauchte Personen ihre Virtuosität beurkundet haben, verfehlt doch nie ihre Wirkung, und als der Fürst bei der Badeanstalt anlangte, wo das neugierige Publikum ihn erwartete, war er bereits ziemlich populär*). Nichtsdestoweniger ist der Herzog von Nemours nicht so beliebt wie sein verstorbener Bruder, dessen Eigenschaften sich mit mehr Offenheit kundgaben. Dieser herrliche Mensch, oder besser gesagt dieses herrliche Menschengedicht, welches Ferdinand Orleans hieß, war gleichsam in einem populären, allgemein faßlichen Stil gedichtet, während der Nemours in einer für die große Menge minder leicht zugänglichen Kunstform sich zurückzieht. Beide Prinzen bildeten immer einen merkwürdigen Gegensatz in ihrer äußern Erscheinung. Die des Orleans war nonchalant ritterlich; der andere hat vielmehr etwas von seiner Patrizierart. Ersterer war ganz ein junger französischer Offizier, übersprudelnd von leichtsinnigster Bravour, ganz die Sorte, die gegen Festungsmauern und Frauenherzen mit gleicher Lust Sturm läuft. Es heißt, der Nemours sei ein guter Soldat, vom kaltblütigsten Mute, aber nicht sehr kriegerisch**). Er wird daher, wenn er zur Regentschaft

---

*) In der Augsburger Allgemeinen Zeitung findet sich hier folgende Einschaltung: „Da diesem designierten Regenten eine so große Zukunft bevorsteht und seine Persönlichkeit auf das Schicksal von ganz Europa Einfluß haben kann, betrachtete ich ihn mit etwas geschärfter Aufmerksamkeit, und ich suchte in seiner äußern Erscheinung die Signatur der inneren Gemütsart zu erspähen. Bei diesem etwas mißtrauischen Geschäfte entwaffnete mich zunächst die stille Grazie, welche jene schlankzierliche Jünglingsgestalt gleichsam umfloß, und dann der schöne mitleidige Blick, womit das Auge auf den Leidensgestalten ruhte, die hier in trübsamer Menge versammelt waren. Dieser Blick hatte durchaus nichts Offizielles, nichts Einstudiertes, es war ein reiner, wahrhafter Strahl aus einer edlen, menschenfreundlichen Seele. Das Mitleid, das sich hier im Auge des Nemours verriet, hatte dabei etwas rührend Bescheidenes, wie denn überhaupt die Bescheidenheit der auffallend schönste Zug in seinem Charakter sein soll. Diese Bescheidenheit fanden wir auch bei seinem Bruder, dem Herzog von Orleans, der auf dem Schlachtfelde des Lebens so bedauerlich früh gefallen. Der Herzog von Nemours ist nicht so beliebt etc." **Der Herausgeber.**

**) Statt des obigen Satzes findet sich in der Augsburger Allgemeinen Zeitung folgende Stelle: „Der Nemours sieht vielmehr aus wie ein Staatsmann, aber wie einer, der ein Gewissen hat und mit der Besonnenheit auch den edelsten Willen verbindet. Soll ich mich durch Beispiele verständlichen, so wähle ich dieselben am liebsten im Gebiete der Dichtung, und es will mich bedünken, als habe Goethe die beiden Fürsten schon so halbwegs geschildert unter dem Namen Egmont und Oranien. Personen, die ihm nahestehen, sagen mir, der Prinz von Nemours besitze sehr viel Kenntnisse und eine klare Übersicht aller heimischen und ausländischen Zustände; eifrig sei er bemüht, sich bei jedem Sachverständigen zu unterrichten, er selbst aber zeige sich wenig mitteilend, und man wisse nicht, ob aus Schüchternheit oder Verschlossenheit. Als hervorstechende Eigenschaft loben sie an ihm seine hohe Zuverlässigkeit; er verspreche selten, mit der größten Zurückhaltung, aber man könne sich auf sein Wort verlassen wie auf einen Felsen. Er sei ein guter Soldat, von dem kaltblütigsten Mute, aber nicht sehr kriegslustig. Er liebe seine Familie leidenschaftlich, und der kluge Vater habe wohl gewußt, in wessen Hände er das Heil des Hauses Orleans gelegt. Welche Bürgschaft aber bietet der Mann für die Interessen Frankreichs und der Menschheit überhaupt? Ich glaube: die beste; jedenfalls, wir wollen es ansprechen, eine weit bessere als sein seliger Bruder uns geboten hätte. Er ist weniger populär als dieser es war und er

gelangt, sich nicht so leicht von der Trompete Bellona's verlocken lassen, wie sein Bruder dessen fähig war; was uns sehr lieb ist, da wir wohl ahnen, welches teure Land der Kriegsschauplatz sein würde, und welches naive Volk am Ende die Kriegskosten bezahlen müßte. Nur eins möchte ich gern wissen, ob nämlich der Herzog von Nemours auch so viel Geduld besitzt wie sein glorreicher Vater, der durch diese Eigenschaft, die allen seinen französischen Gegnern fehlt, unermüdlich gesiegt und dem schönen Frankreich und der Welt den Frieden erhalten hat.

III.

Barèges, den 20.August 1846

Der Herzog von Nemours hat auch Geduld. Daß er diese Kardinaltugend besitzt, bemerkte ich an der Gelassenheit, womit er jede Verzögerung erträgt, wenn sein Bad bereitet wird. Er erinnert keineswegs an seinen Großoheim und dessen *„J'ai failli attendre!"* Der Herzog von Nemours versteht zu warten, und als eine ebenfalls gute Eigenschaft bemerkte ich an ihm, daß er andere nicht lange warten läßt. Ich bin sein Nachfolger (nämlich in der Badewanne) und muß ihm das Lob erteilen, daß er dieselbe so pünktlich verläßt wie ein gewöhnlicher Sterblicher, dem hier seine Stunde bis auf die Minute zugemessen ist. Er kommt alle Tage hieher, gewöhnlich in einem offenen Wagen, selber die Pferde lenkend, während neben ihm ein verdrießlich müßiges Kutschergesicht und hinter ihm sein korpulenter deutscher Kammerdiener sitzt. Sehr oft, wenn das Wetter schön, läuft der Fürst neben dem Wagen her, die ganze Strecke von Luz bis Barèges, wie er denn überhaupt Leibesübungen sehr zu lieben scheint. Den Bergbewohnern imponiert er durch die gelenkige Keckheit, womit er die steilsten Höhen erklimmt; bei der Rolandsbresche im Gavarnital zeigt man die halsbrechenden Felswände, wo der Prinz hinaufgeklettert. Er ist ein vorzüglicher Jäger und soll jüngst einen Bären in sehr große Gefahr gebracht haben. Er macht auch mit seiner Gemahlin, die eine der schönsten Frauen ist, sehr häufige Ausflüge nach merkwürdigen Gebirgsörtern. So kam er mit ihr jüngst hierher, um den Pic du Midi zu besteigen, und während die Fürstin mit ihrer Gesellschaftsdame in Palankinen den Berg hinaufgetragen wird, eilte der junge Fürst ihnen voraus, um

---

darf also weniger wagen, wenn einmal die Errungenschaften der Revolution mit den Bedürfnissen der Regierung in Konflikt gerieten. Geliebte Regenten, die ein blindes Zutrauen genießen, sind der Freiheit mitunter sehr gefährlich. Der Nemours weiß, daß man ihn argwöhnisch beaufsichtigt, und er wird sich in acht nehmen vor jedem verfänglichen Akt. Auch wird er sich nicht so leicht von der Trompete Bellona's verlocken lassen etc." **Der Herausgeber.**

auf der Koppe eine Weile einsam und ungestört jene kolossalen Naturschönheiten zu betrachten, die unsere Seele so idealisch emporheben aus der niedern Werkeltagswelt. Als jedoch der Prinz auf die Spitze des Berges gelangte, erblickte er dort steif aufgepflanzt – drei Gendarmen! Nun gibt es aber wahrlich nichts auf der Welt, was ernüchternder und abkühlender wirken mag, als das positive Gesetztafelgesicht eines Gendarmen und das schauderhafte Zitronengelb seines Baudeliers. Alle schwärmerischen Gefühle werden uns da gleichsam in der Brust arretiert, *au nom de la loi*, und ich begreife sehr gut die Äußerung einer kleinen Französin, welche vorigen Winter so sehr darüber empört war, daß man Gendarmen sogar in Kirchen erblickte, in frommen Gotteshäusern, wo man sich den Empfindungen der Andacht hingeben wolle; „dieser Anblick", sagte sie „zerstört mir alle Illusion."

Ich mußte wehmütig lachen, als man mir erzählte, wie dämisch verdrießlich der Nemours ausgesehen, als er bemerkte, welche Surprise der servile Diensteifer des Präfekten ihm auf dem Gipfel des Pic du Midi bereitet hatte. Armer Prinz, dachte ich, du irrst dich sehr, wenn du glaubst, daß du jetzt noch einsam und unbelauscht schwärmen kannst; du bist der Gendarmerie verfallen, und du wirst einst selbst der Obergendarm sein müssen, der für den Landfrieden zu sorgen hat. Armer Prinz!

Hier in Barèges wird es täglich langweiliger. Das Unleidliche ist eigentlich nicht der Mangel an gesellschaftlichen Zerstreuungen, sondern vielmehr, daß man auch die Vorteile der Einsamkeit entbehrt, indem hier beständig ein Schreien und Lärmen, das kein stilles Hinträumen erlaubt und uns jeden Augenblick aus unsern Gedanken aufschreckt. Ein grelles nervenzerreißendes Knallen mit der Peitsche, die hiesige Nationalmusik, hört man vom frühesten Morgen bis spät in die Nacht. Wenn nun gar das schlechte Wetter eintritt und die Berge schlaftrunken ihre Nebelkappen über die Ohren ziehen, dann dehnen sich hier die Stunden zu ennuyanten Ewigkeiten. Die leibhaftige Göttin der Langeweile, das Haupt gehüllt in eine bleierne Kapuze und Klopstock's Messiade in der Hand, wandelt dann durch die Straße von Barèges, und wen sie angähnt, dem versickert im Herzen der letzte Tropfen Lebensmut! Es geht so weit, daß ich aus Verzweiflung die Gesellschaft unsers Gönners, des englischen Parlamentsgliedes, nicht mehr zu vermeiden suche. Er zollt noch immer die gerechteste Anerkennung unsern Haustugenden und sittlichen Vorzügen. Doch will es mich bedünken, als liebe er uns weniger enthusiastisch, seitdem ich in unsern Gesprächen die Äußerung fallen ließ, daß die Deutschen jetzt ein großes Gelüste empfänden nach dem Besitz einer Marine, daß wir zu allen Schiffen unsrer künftigen Flotte schon die Namen ersonnen, daß die Patrioten in den Zwangsprytaneen, statt der bisherigen Wolle, jetzt nur Linnen zu Segeltüchern spinnen wollen, und daß die Eichen im

Teutoburger Walde, die seit der Niederlage des Barus geschlafen, endlich erwacht seien und sich zu freiwilligen Mastbäumen erboten haben. Dem edlen Briten mißfiel sehr diese Mitteilung, und er meinte, wir Deutschen täten besser, wenn wir den Ausbau des Kölner Doms, des großen Glaubenswerks unsrer Väter, mit unzersplitterten Kräften betrieben.

Jedesmal wenn ich mit Engländern über meine Heimat rede, bemerke ich mit tiefster Beschämung, daß der Haß, den sie gegen die Franzosen hegen, für dieses Volk weit ehrenvoller ist als die impertinente Liebe, die sie uns Deutschen angedeihen lassen, und die wir immer irgendeiner Lakune unsrer weltlichen Macht oder unsrer Intelligenz verdanken; sie lieben uns wegen unsrer maritimen Unmacht, wobei keine Handelskonkurrenz zu besorgen steht; sie lieben uns wegen unsrer politischen Naivität, die sie im Fall eines Krieges mit Frankreich in alter Weise auszubeuten hoffen. –

Eine Diversion in der hiesigen Langeweile gewährten die Klatschgeschichten, die Chronika der Wahlen, welche auch in unsern Bergen ihr skandaloses Echo gefunden. Die Opposition hat in dem Departement des *hautes Pyrénées* wieder eine Niederlage erlitten, und das war vorauszusehen bei der politischen Indifferenz und der grenzenlosen Geldgier, die hier herrschen. Der Kandidat der Bewegungspartei, der zu Tarbes durchfiel, soll ein rechtschaffener, braver Mann sein, der wegen seiner Überzeugung und treuen Ausdauer gerühmt wird, obgleich auch bei ihm, wie bei so vielen andern Gesinnungshelden, die Überzeugung eigentlich nur ein Stillstand im Denken ist, und die Ausdauer dabei nur eine psychische Schwäche. Diese Leute beharren bei den Grundsätzen, denen sie bereits so viele Opfer gebracht haben, aus demselben Grunde, warum manche Menschen sich nicht von einer Maitresse losmachen können; sie behalten sie, weil ihnen die Person ja doch schon so viel gekostet hat.

Daß Herr Achilles Fould zu Tarbes gewählt worden und in der nächsten Deputiertenkammer wieder die hohen Pyrenäen repräsentieren wird, haben die Zeitungen zur Genüge berichtet. Der Himmel bewahre mich davor, daß ich Partikularitäten der Wahl oder der Personen hier mitteile. Der Mann ist nicht besser und nicht schlechter als hundert andere, die mit ihm auf den grünen Bänken des Palais-Bourbon übereinstimmend die Majorität bilden werden. Der Auserwählte ist übrigens konservativ, nicht ministeriell, und er hat von jeher nicht Guizot, sondern Herrn Molé protegiert. Seine Erhebung zur Deputation macht mir ein wahrhaftes Vergnügen, aus dem ganz einfachen Grunde, weil dadurch das Prinzip der bürgerlichen Gleichstellung der Israeliten in seiner letzten Konsequenz sanktioniert wird. Es ist freilich, sowohl durch das Gesetz wie durch die öffentliche Meinung, hier in Frankreich längst der Grundsatz anerkannt worden, daß den Juden, die sich durch Talent oder Hochsinn auszeichnen, alle Staatsmänner ohne Ausnahme zugänglich sein müssen. Wie tolerant dieses auch klingt, so finde ich hier doch noch den säuerlichen Beigeschmack des verjährten Vorurteils. Ja, solange die Juden nicht auch ohne Talent und ohne Hochsinn zu jenen Ämtern zugelassen werden, so gut wie Tausende von Christen, die weder denken noch fühlen, sondern nur rechnen können: solange ist noch immer das Vorurteil nicht radikal entwurzelt, und es herrscht noch immer der alte Druck! Die mittelalterliche Intoleranz schwindet aber bis auf die letzte Schattenspur, sobald die Juden auch ohne sonstiges Verdienst bloß durch ihr Geld zur Deputation, dem höchsten Ehrenamte Frankreichs, gelangen können, ebenso gut wie ihre christlichen Brüder, und in dieser Beziehung ist die Ernennung des Herrn Achilles Fould ein definitiver Sieg des Prinzips der bürgerlichen Gleichheit.

Noch zwei andere Bekenner des mosaischen Glaubens, deren Namen einen ebenso guten Geldklang hat, sind diesen Sommer zu Deputierten gewählt worden. Inwieweit fördern auch diese das demokratische Gleichheitsprinzip? Es sind ebenfalls zwei millionenbesitzende Bankiers, und in meinen historischen Untersuchungen über den Nationalreichtum der Juden von Abraham bis auf heute werde ich auch Gelegenheit finden, von Herrn Benoit Fould und Herrn von Eichtal zu reden. *Honni soit qui mal y pense!* Ich bemerke im voraus, um Mißdeutungen zu entgehen, daß das Ergebnis meiner Forschungen über den Nationalreichtum der Juden für diese sehr rühmlich ist und ihnen zur größten Ehre gereicht. Israel verdankt nämlich seinen Reichtum einzig und allein jenem erhabenen Gottesglauben, dem es seit Jahrtausenden ergeben blieb. Die Juden verehrten ein höchstes Wesen, das unsichtbar im Himmel waltet, während die Heiden, unfähig einer Erhebung zum Reingeistigen, sich allerlei goldene und silberne Götter machten, die sie auf Erden anbeteten. Hätten diese blinden Heiden all das Gold und Silber, das sie zu solchem schnöden Götzendienst vergeudeten, in bares Geld umgewandelt und auf Interessen gelegt, so wären sie ebenfalls so reich geworden wie die Juden, die ihr Gold und Silber vorteilhafter zu plazieren wußten, vielleicht in assyrisch-babylonischen Staatsanleihen, in Nebukadnezar'schen Obligationen, in ägyptischen Kanalaktien, in fünfprozentigen Sidoniern und andern klassischen Papieren, die der Herr gesegnet hat, wie er auch die modernen zu segnen pflegt.

Die Februarrevolution

Paris, den 3. März 1848

Ich habe Ihnen über diese Ereignisse der drei großen Februartage noch nicht schreiben können, denn der Kopf war mir ganz betäubt. Beständig Getrommel, Schießen und Marseillaise. Letztere, das unaufhörliche Lied, sprengte mir fast das Gehirn, und ach! das staatsgefährlichste Gedankengesindel, das ich dort seit Jahren eingekerkert hielt, brach wieder hervor. Um den Aufruhr, der in meinem Gemüte entstand, einigermaßen zu dämpfen, summte ich zuweilen vor mich hin irgendeine heimatlich fromme Melodie, z. B. „Heil dir im Siegerkranz" oder „Üb du nur Treu' und Redlichkeit" – vergebens! der welsche Teufelsgesang überdröhnte in mir alle bessern Laute. Ich fürchte, die dämonischen Freveltöne werden in Bälde auch euch zu Ohren kommen und ihr werdet ebenfalls ihre verlockende Macht erfahren. So ungefähr muß das Lied geklungen haben, das der Rattenfänger von Hameln pfiff. Wiederholt sich der größte Autor? Geht ihm die Schöpfungskraft aus? Hat er das Drama, das er uns vorigen Februar zum Besten gab, nicht schon vor achtzig Jahren ebenfalls zu Paris aufführen lassen unter dem Titel: „die Juliusrevolution"? Aber ein gutes Stück kann man zweimal sehen. Jedenfalls ist es verbessert und vermehrt, und zumal der Schluß ist neu und ward mit rauschendem Beifall aufgenommen. Ich hatte einen guten Platz, um der Vorstellung beizuwohnen, ich hatte gleichsam einen Sperrsitz, da die Straße, wo ich mich befand, von beiden Seiten durch Barrikaden gesperrt wurde. Nur mit knapper Not konnte man mich wieder nach meiner Behausung bringen. Gelegenheit hatte ich hier vollauf, das Talent zu bewundern, das die Franzosen bei dem Bau ihrer Barrikaden beurkunden. Jene hohen Bollwerke und Verschanzungen, zu deren Anfertigung die deutsche Gründlichkeit ganze Tage bedürfte, sie werden hier in einigen Minuten improvisiert, sie springen wie durch Zauber aus dem Boden hervor, und man sollte glauben, die Erdgeister hätten dabei unsichtbar die Hand im Spiel. Die Franzosen sind das Volk der

Geschwindigkeit. Die Heldentaten, die sie in jenen Februartagen verrichteten, erfüllen uns ebenfalls mit Erstaunen, aber wir wollen uns doch nicht davon verblüffen lassen. Auch andere Leute haben Mut: der Mensch ist seiner Natur nach eine tapfere Bestie. Die Todesverachtung, womit die französischen Ouvriers gefochten haben, sollte uns eigentlich nur deshalb in Verwunderung setzen, weil sie keineswegs aus einem religiösen Bewußtsein entspringt und keinen Halt findet in dem schönen Glauben an ein Jenseits, wo man den Lohn dafür beköммt, daß man hier auf Erden fürs Vaterland gestorben ist. Ebensogroß wie die Tapferkeit, ich möchte auch sagen ebenso uneigennützig, war die Ehrlichkeit, wodurch jene armen Leute in Kittel und Lumpen sich auszeichneten. Ja, ihre Ehrlichkeit war uneigennützig und dadurch verschieden von jener krämerhaften Berechnung, wonach durch ausdauernde Ehrlichkeit mehr Kunden und Gewinn entsteht als durch die Befriedigung diebischer Gelüste, die uns am Ende doch nicht weit fördern – ehrlich währt am längsten. Die Reichen waren nicht wenig darüber erstaunt, daß die armen Hungerleider, die während drei Tagen in Paris herrschten, sich doch nie an fremdem Eigentum vergriffen. Die Reichen zitterten für ihre Geldkasten und machten große Augen, als nirgends gestohlen wurde. Die Strenge, womit das Volk gegen etwelche Diebe verfuhr, die man auf der Tat ertappte, war manchen sogar nicht ganz recht, und es ward gewissen Leuten beinahe unheimlich zumute, als sie vernahmen, daß man Diebe auf der Stelle erschieße. Unter einem solchen Regimente, dachten sie, ist man am Ende doch seines Lebens nicht sicher. Zerstört ward vieles von der Volkswut, zumal im Palais-Royal und in den Tuilerien, geplündert ward nirgends. Nur Waffen nahm man, wo man sie fand, und in jenen königlichen Palästen ward auch dem Volk erlaubt, die vorgefundenen Lebensmittel sich zuzueignen. Ein Junge von fünfzehn Jahren, der in unserm Hause wohnte und sich mitgeschlagen, brachte seiner kranken Großmutter einen Topf Konfitüren mit, die er in den Tuilerien eroberte. Der kleine Held hatte nichts davon genascht und brachte den Topf unerbrochen nach Haus. Wie freute er sich, daß die alte Frau die Konfitüren Ludwig Philipp's, wie er sie nannte, so äußerst wohlschmeckend fand! Armer Ludwig Philipp! In so hohem Alter wieder zum Wanderstab greifen! Und in das nebelkalte England, wo die Konfitüren des Exils doppelt bitter schmecken!

Kunstberichte aus Paris

Französische Maler
Gemäldeausstellungen in Paris

Gemäldeausstellung von 1831
(Geschrieben im September und Oktober 1831)

Der Salon ist jetzt geschlossen, nachdem die Gemälde desselben seit Anfang Mai ausgestellt worden. Man hat sie im allgemeinen nur mit flüchtigen Augen betrachtet; die Gemüter waren anderwärts beschäftigt und mit ängstlicher Politik erfüllt. Was mich betrifft, der ich in dieser Zeit zum ersten Male die Hauptstadt besuchte und von unzählig neuen Eindrücken befangen war, ich habe noch viel weniger als andere mit der erforderlichen Geistesruhe die Säle des Louvres durchwandern können. Da standen sie nebeneinander, an die dreitausend, die hübschen Bilder, die armen Kinder der Kunst, denen die geschäftige Menge nur das Almosen eines gleichgültigen Blicks zuwarf. Mit stummen Schmerzen bettelten sie um ein bißchen Mitempfindung oder um Aufnahme in einem Winkelchen des Herzens. Vergebens! die Herzen waren von der Familie der eigenen Gefühle ganz angefüllt und hatten weder Raum noch Futter für jene Fremdlinge. Aber das war es eben, die Ausstellung glich einem Waisenhause, einer Sammlung zusammengeraffter Kinder, die sich selbst überlassen gewesen und wovon keins mit dem anderen verwandt war. Sie bewegte unsere Seele wie der Anblick unmündiger Hilflosigkeit und jugendlicher Zerrissenheit.

Welch verschiedenes Gefühl ergreift uns dagegen schon beim Eintritt in eine Galerie jener italienischen Gemälde, die nicht als Findelkinder ausgesetzt worden in die kalte Welt, sondern an den Brüsten einer großen, gemeinsamen Mutter ihre Nahrung eingesogen und als eine große Familie, befriedet und einig, zwar nicht immer dieselben Worte, aber doch dieselbe Sprache sprechen.

Die katholische Kirche, die einst auch den übrigen Künsten eine solche Mutter war, ist jetzt verarmt und selber hilflos. Jeder Maler malt jetzt auf eigene Hand und für eigene Rechnung; die Tageslaune, die Grille der Geldreichen oder des eigenen müßigen Herzens gibt ihm den Stoff, die Palette gibt ihm die glänzendsten Farben, und die Leinwand ist geduldig. Dazu kommt noch, daß jetzt bei den französischen Malern die mißverstandene Romantik grassiert, und nach ihrem Hauptprinzip jeder sich bestrebt, ganz anders als die andern zu malen, oder, wie die kursierende Redensart heißt, seine Eigentümlichkeit hervortreten zu lassen. Welche Bilder hiedurch manchmal zum Vorschein kommen, läßt sich leicht erraten.

Da die Franzosen jedenfalls viel gesunde Vernunft besitzen, so haben sie das Verfehlte immer richtig beurteilt, das wahrhaft Eigentümliche leicht erkannt, und aus einem bunten Meer von Gemälden die wahrhaften Perlen leicht herausgefunden. Die Maler, deren Werke man am meisten besprach und als das Vorzüglichste pries, waren A. Scheffer, H. Vernet, Delacroix, Decamps, Lessore, Schnetz, Delaroche und Robert. Ich darf mich also darauf beschränken, die öffentliche Meinung zu referieren. Sie ist von der meinigen nicht sehr abweichend. Beurteilung technischer Vorzüge oder Mängel will ich so viel als möglich vermeiden. Auch ist dergleichen von wenig Nutzen bei Gemälden, die nicht in öffentlichen Galerien der Betrachtung ausgestellt bleiben, und noch weniger nützt es dem deutschen Berichtempfänger, der sie gar nicht gesehen. Nur Winke über das Stoffartige und die Bedeutung der Gemälde mögen Letzterem willkommen sein. Als gewissenhafter Referent erwähne ich zuerst die Gemälde von

A. Scheffer

Haben doch der Faust und das Gretchen dieses Malers im ersten Monat der Ausstellung die meiste Aufmerksamkeit auf sich gezogen, da die besten Werke von Delaroche und Robert erst späterhin aufgestellt wurden. Überdies, wer nie etwas von Scheffer gesehen, wird gleich frappiert von seiner Manier, die sich besonders in der Farbengebung ausspricht. Seine Feinde sagen ihm nach, er male nur mit Schnupftabak und grüner Seife. Ich weiß nicht, wie weit sie ihm Unrecht tun. Seine braunen Schatten sind nicht selten sehr affektiert und verfehlen den in Rembrandt'scher Weise beabsichtigten Lichteffekt. Seine Gesichter haben meistens jene fatale Kouleur, die uns manchmal das eigene Gesicht verleiden konnte, wenn wir es, überwacht und verdrießlich, in jenen grünen Spiegeln erblickten, die man in alten Wirtshäusern, wo der Postwagen des Morgens stillehält, zu finden pflegt. Betrachtet man aber Scheffer's Bilder etwas näher und länger, so befreundet man sich mit seiner Weise, man findet die Behandlung des Ganzen sehr poetisch, und man sieht, daß aus den trübsinnigen Farben ein lichtes Gemüt hervorbricht, wie Sonnenstrahlen aus Nebelwolken. Jene mürrisch gefegte, gewischte Malerei, jene todmüden Farben mit unheimlich vagen Umrissen, sind in den Bildern von Faust und Gretchen sogar von gutem Effekt. Beide sind lebensgroße Kniestücke. Faust sitzt in einem mittelaltertümlichen roten Sessel, neben einem mit Pergamentbüchern bedeckten Tische, der seinem linken Arm, worin sein bloßes Haupt ruht, als Stütze dient. Den rechten Arm, mit der flachen Hand nach außen gekehrt, stemmt er gegen seine Hüfte. Gewand seifengrünlich blau. Das Gesicht fast Profil und schnupftabacklich fahl; die Züge desselben streng edel. Trotz der kranken Mißfarbe, der gehöhlten Wangen, der Lippenwelkheit, der eingedrückten Zerstörnis, trägt dieses Gesicht dennoch die Spuren seiner ehemaligen Schönheit, und indem die Augen ihr holdwehmütiges Licht darüber hingießen, sieht es aus wie eine schöne Ruine, die der Mond beleuchtet.

Ja, dieser Mann ist eine schöne Menschenruine; in den Falten über diesen verwirrten Augbrauen brüten fabelhaft gelahrte Eulen, und hinter dieser Stirne lauern böse Gespenster; um Mitternacht öffnen sich dort die Gräber verstorbener Wünsche, bleiche Schatten dringen hervor, und durch die öden Hirnkammern schleicht, wie mit gebundenen Füßen, Gretchen's Geist. Das ist eben das Verdienst des Malers, daß er uns nur den Kopf eines Mannes gemalt hat, und daß der bloße Anblick desselben uns die Gefühle und Gedanken mitteilt, die sich in des Mannes Hirn und Herzen bewegen. Im Hintergrunde, kaum sichtbar und ganz grün, widerwärtig grün gemalt, erkennt man auch den Kopf des Mephistopheles, des bösen Geistes, des Vaters der Lüge, des Fliegengottes, des Gottes der grünen Seife.

Gretchen ist ein Seitenstück von gleichem Werte. Sie sitzt ebenfalls auf einem gedämpft roten Sessel, das ruhende Spinnrad mit vollem Wocken zur Seite; in der Hand hält sie ein aufgeschlagenes Gebetbuch, worin sie nicht liest und worin ein verblichen buntes Muttergottesbildchen hervortröstet. Sie hält das Haupt gesenkt, so daß die größere Seite des Gesichtes, das ebenfalls fast Profil, gar seltsam beschattet wird. Es ist, als ob des Faustes nächtliche Seele ihren Schatten werfe über das Antlitz des stillen Mädchens. Die beiden Bilder hingen nahe nebeneinander, und es war um so bemerkbarer, daß auf dem des Faustes aller Lichteffekt dem Gesichte gewidmet worden, daß hingegen auf Gretchen's Bild weniger das Gesicht, und desto mehr dessen Umrisse beleuchtet sind. Letzteres erhielt dadurch noch etwas unbeschreibbar Magisches. Gretchen's Mieder ist saftig grün, ein schwarzes Käppchen bedeckt ihre Scheitel, aber ganz spärlich, und von beiden Seiten dringt ihr schlichtes, goldgelber Haar um so glänzender hervor. Ihr Gesicht bildet ein rührend edles Oval, und die Züge sind von einer Schönheit, die sich selbst verbergen möchte aus Bescheidenheit. Sie ist die Bescheidenheit selbst, mit ihren lieben blauen Augen. Es zieht eine stille Träne über die schöne Wange, eine stumme Perle der Wehmut. Sie ist zwar Wolfgang Goethe's Gretchen, aber sie hat den ganzen Friedrich Schiller gelesen, und sie ist viel mehr sentimental als naiv, und viel mehr schwer idealisch als leicht graziös. Vielleicht ist sie zu treu und zu ernsthaft, um graziös sein zu können, denn die Grazie besteht in der Bewegung. Dabei hat sie etwas so Verläßliches, so Solides, so Reelles, wie ein barer Louisd'or, den man noch in der Tasche hat. Mit einem Wort, sie ist ein deutsches Mädchen, und wenn man ihr tief hineinschaut in die melancholischen Veilchen, so denkt man an Deutschland, an duftige Lindenbäume, an Hölty's Geschichte, an den steinernen Roland vor dem Rathaus, an den alten Konrektor, an seine rosige Nichte, an das Forsthaus mit den Hirschgeweihen, an schlechten Tabak und gute Gesellen, an Großmutters Kirchhofgeschichten, an treuherzige Nachtwächter, an Freundschaft, an erste Liebe und allerlei andere süße Schnurrpfeifereien. – Wahrlich, Scheffer's Gretchen kann nicht beschrieben werden. Sie hat mehr Gemüt als Gesicht. Sie ist eine gemalte Seele. Wenn ich bei ihr vorüberging, sagte ich immer unwillkürlich: „Liebes Kind!"

Leider finden wir Scheffer's Manier in allen seinen Bildern, und wenn sie seinem Faust und Gretchen angemessen ist, so mißfällt sie uns gänzlich bei Gegenständen, die eine heitere, klare, farbenglühende Behandlung erforderten, z. B. bei einem kleinen Gemälde, worauf tanzende Schulkinder. Mit seinen gedämpften, freudlosen Farben hat uns Scheffer nur einen Rudel kleiner Gnomen dargestellt. Wie bedeutend auch sein Talent der Porträtierung ist, ja, wie sehr ich hier seine Originalität der Auffassung rühmen muß, so sehr widersteht mir auch hier seine Farbengebung. Es gab aber ein Porträt im Salon, wofür eben die Scheffer'sche Manier ganz geeignet war. Nur mit diesen unbestimmten, gelogenen, gestorbenen, charakterlosen Farben konnte der Mann gemalt werden, dessen Ruhm darin besteht, daß man auf seinem Gesichte nie seine Gedanken lesen konnte, ja, daß man immer das Gegenteil darauf las. Es ist der Mann, dem wir hinten Fußtritte geben könnten, ohne daß vorne das stereotype Lächeln von seinen Lippen schwände. Es ist der Mann, der vierzehn falsche Eide geschworen, und dessen Lügentalente von allen aufeinander folgenden Regierungen Frankreichs benutzt wurden, wenn irgendeine tödliche Perfidie ausgeübt werden sollte, so daß er an jene alte Giftmischerin erinnert, an jene Locusta, die wie ein frevelhaftes Erbstück im Hause des Augustus lebte, und schweigend und sicher dem einen Cäsar nach dem andern und dem einen gegen den andern zu Dienste stand mit ihrem diplomatischen Tränklein. Wenn ich vor dem Bilde des falschen Mannes stand, den Scheffer so treu gemalt, dem er mit seinen Schierlingsfarben sogar die vierzehn falschen Eide ins Gesicht hinein gemalt, dann durchfröstelte mich der Gedanke: Wem gilt wohl seine neueste Mischung in London?

Scheffer`s Heinrich IV. und Ludwig Philipp I., zwei Reitergestalten in Lebensgröße, verdienen jedenfalls eine besondere Erwähnung. Ersterer, *le roi par droit de conquête et par droit de naissance*, hat vor meiner Zeit gelebt; ich weiß nur, daß er einen *Henri-quatre* getragen, und ich kann nicht bestimmen, inwieweit er getroffen ist. Der andere, *le roi des barricades, le roi par la grâce du peuple souverain*, ist mein Zeitgenosse, und ich kann urteilen, ob sein Porträt ihm ähnlich sieht oder nicht. Ich sah letzteres, ehe ich das Vergnügen hatte, seine Majestät den König selbst zu sehen, und ich erkannte ihn dennoch nicht im ersten Augenblick. Ich sah ihn vielleicht in einem allzu sehr erhöhten Seelenzustande, nämlich am ersten Festtage der jüngsten Revolutionsfeier, als er durch die Straßen von Paris einherritt, in der Mitte der jubelnden Bürgergarde und der Juliusdekorierten, die alle, wie wahnsinnig, die Parisienne und die Marseiller Hymne brüllten, auch mitunter die Carmanole tanzten. Seine Majestät der König saß hoch zu Roß, halb wie ein gezwungener Triumphator, halb wie ein freiwillig Gefangener, der einen Triumphzug zieren soll; ein entthronter Kaiser ritt symbolisch oder auch prophetisch an seiner Seite; seine beiden jungen Söhne ritten ebenfalls neben ihm, wie blühende Hoffnungen, und seine schwülstigen Wangen glühten hervor aus dem Walddunkel des großen Backenbarts, und seine süßlich grüßenden Augen glänzten vor Lust und Verlegenheit. Auf dem Scheffer'schen Bilde sieht er minder kurzweilig aus, ja fast trübe, als ritte er eben über die *Place de grève*, wo sein Vater geköpft worden; sein Pferd scheint zu straucheln. Ich glaube, auf dem Scheffer'schen Bilde ist auch der Kopf nicht oben so spitz zulaufend wie beim erlauchten Originale, wo diese eigentümliche Bildung mich immer an das Volkslied erinnert:

> Es steht ein Tann' im tiefen Tal,
> Ist unten breit und oben schmal.

Sonst ist das Bild ziemlich getroffen, sehr ähnlich, doch diese Ähnlichkeit entdeckte ich erst, als ich den König selbst gesehen. Das scheint mit bedenklich, sehr bedenklich für den Wert der ganzen Scheffer'schen Porträtmalerei.

Die Porträtmaler lassen sich nämlich in zwei Klassen einteilen. Die einen haben das wunderbare Talent, gerade diejenigen Züge aufzufassen und hinzumalen, die auch dem fremden Beschauer eine Idee von dem darzustellenden Gesichte geben, so daß er den Charakter des unbekannten Originals gleich begreift und letzteres, sobald er dessen ansichtig wird, gleich wieder erkennt. Bei den alten Meistern, vornehmlich bei Holbein, Tizian und Bandyk finden wir solche Weise, und in ihren Porträten frappiert uns jene Unmittelbarkeit, die uns die Ähnlichkeit derselben mit den längstverstorbenen Originalen so lebendig zusichert. „Wir möchten darauf beschwören, daß diese Porträte getroffen sind!" sagen wir dann unwillkürlich, wenn wir Galerien durchwandeln.

Eine zweite Weise der Porträtmalerei finden wir namentlich bei englischen und französischen Malern, die nur das leichte Wiedererkennen beabsichtigen, und nur jene Züge auf die Leinwand werfen, die uns das Gesicht und den Charakter des wohlbekannten Originals ins Gedächtnis zurückrufen. Maler arbeiten eigentlich für die Erinnerung, und sie sind überaus beliebt bei wohlerzogenen Eltern und zärtlichen Eheleuten, die uns ihre Gemälde nach Tische zeigen, und uns nicht genug versichern können, wie gar niedlich der liebe Kleine getroffen war, ehe er die Würmer bekommen, oder wie sprechend ähnlich der Herr Gemahl ist, den wir noch nicht die Ehre haben zu kennen, und dessen Bekanntschaft uns noch bevorsteht, wenn er von der Braunschweiger Messe zurückkehrt.

Scheffer's „Leonore" ist in Hinsicht der Farbengebung weit ausgezeichneter als seine übrigen Stücke. Die Geschichte ist in die Zeit der Kreuzzüge verlegt, und der Maler gewann dadurch Gelegenheit zu brillanteren Kostümen und überhaupt zu einem romantischen Kolorit. Das heimkehrende Heer zieht vorüber, und die arme Leonore vermißt darunter ihren Geliebten. Es herrscht in dem ganzen Bilde eine sanfte Melancholie, nichts läßt den Spuk der künftigen Nacht vorausahnen. Aber ich glaube eben, weil der Maler die Szene in die fromme Zeit der Kreuzzüge verlegt hat, wird die verlassene Leonore nicht die Gottheit lästern und der tote Reiter wird sie nicht abholen. Die Bürger'sche Leonore lebte in einer protestantischen, skeptischen Periode, und ihr Geliebter zog in den siebenjährigen Krieg, um Schlesien für den Freund Voltaire's zu erkämpfen. Die Scheffer'sche Leonore lebte hingegen in einem katholischen, gläubigen Zeitalter, wo Hunderttausend, begeistert von einem religiösen Gedanken, sich ein rotes Kreuz auf den Rock nähten und als Pilgerkrieger nach dem Morgenlande wanderten, um dort ein Grab zu erobern. Sonderbare Zeit! Aber, wir Menschen, sind wir nicht alle Kreuzritter, die wir mit allen unseren mühseligen Kämpfen am Ende nur ein Grab erobern? Diesen Gedanken lese ich auf dem edlen Gesichte des Ritters, der von seinem hohen Pferde herab so mitleidig auf die trauernde Leonore niederschaut. Diese lehnt ihr Haupt an die Schultern der Mutter. Das Scheffer'sche Gemälde ist eine schöne, musikalische Komposition; die Farben klingen darin so heiter trübe wie ein wehmütiges Frühlingslied.

Die übrigen Stücke von Scheffer verdienen keine Beachtung. Dennoch gewannen sie vielen Beifall, während manch besseres Bild von minder ausgezeichneten Malern unbeachtet blieb. So wirkt der Name des Meisters. Wenn Fürsten einen böhmischen Glasstein am

Finger tragen, wird man ihn für einen Diamanten halten, und trüge ein Bettler auch einen echten Diamantring, so würde man doch meinen, es sei eitel Glas.

Die oben angestellte Betrachtung leitet mich auf

Horace Bernet

Der hat auch nicht mit lauter echten Steinen den diesjährigen Salon geschmückt. Das vorzüglichste seiner ausgestellten Gemälde war eine Judith, die im Begriff steht, den Holofernes zu töten. Sie hat sich eben vom Lager desselben erhoben, ein blühend schlankes Mädchen. Ein violettes Gewand, um die Hüften hastig geschürzt, geht bis zu ihren Füßen hinab; oberhalb des Leibes trägt sie ein blaßgelbes Unterkleid, dessen Ärmel von der rechten Schulter heruntefällt, und den sie mit der linken Hand, etwas metzgerhaft, und doch zugleich bezaubernd zierlich, wieder in die Höhe streift; denn mit der rechten Hand hat sie eben das krumme Schwert gezogen gegen den schlafenden Holofernes. Da steht sie, eine reizende Gestalt, an der eben überschrittenen Grenze der Jungfräulichkeit, ganz gottrein und doch weltbefleckt, wie eine entweihte Hostie. Ihr Kopf ist wunderbar anmutig und unheimlich liebenswürdig; schwarze Locken, wie kurze Schlangen, die nicht herabflattern, sondern sich bäumen, furchtbar graziös. Das Gesicht ist etwas beschattet, und süße Wildheit, düstere Holdseligkeit und sentimentaler Grimm rieselt durch die edlen Züge der tödlichen Schönen. Besonders in ihrem Auge funkelt süße Grausamkeit und die Lüsternheit der Rache; denn sie hat auch den eignen beleidigten Leib zu rächen an dem häßlichen Heiden. In der Tat, dieser ist nicht sonderlich liebreizend, aber im Grunde scheint er doch ein *bon enfant* zu sein. Er schläft so gutmütig in der Nachwonne seiner Beseligung; er schnarcht vielleicht, oder, wie Luise sagt, er schläft laut; seine Lippen bewegen sich noch, als wenn sie küßten; er lag noch eben im Schoße des Glücks, oder vielleicht lag auch das Glück in seinem Schoße; und trunken von Glück und gewiß auch von Wein, ohne Zwischenspiel von Qual und Krankheit, sendet ihn der Tod durch seinen schönsten Engel in die weiße Nacht der ewigen Vernichtung. Welch ein beneidenswertes Ende! Wenn ich einst sterben soll, ihr Götter, laßt mich sterben wie Holofernes!

Ist es Ironie von Horace Vernet, daß die Strahlen der Frühsonne auf den Schlafenden, gleichsam verklärend, hereinbrechen, und daß eben die Nachtlampe erlischt?

Minder durch Geist, als vielmehr durch kühne Zeichnung und Farbengebung, empfiehlt sich ein anderes Gemälde von Vernet, welches den jetzigen Papst vorstellt. Mit der goldenen dreifachen Krone auf dem Haupte, gekleidet mit einem goldgestickten weißen Gewande, auf einem goldenen Stuhle sitzen, wird der Knecht der

Knechte Gottes in der Peterskirche herumgetragen. Der Papst selbst, obgleich rotwangig, sieht schwächlich aus, fast verbleichend in dem weißen Hintergrund von Weihrauchdampf und weißen Federwedeln, die über ihn hingehalten werden. Aber die Träger des päpstlichen Stuhles sind stämmige, charaktervolle Gestalten in karmoisinroten Livréen, die schwarzen Haare herabfallend über die gebräunten Gesichter. Es kommen nur drei davon zum Vorschein, aber sie sind vortrefflich gemalt. Dasselbe läßt sich rühmen von den Kapuzinern, deren Häupter nur, oder vielmehr deren gebeugte Hinterhäupter mit den breiten Tonsuren im Vordergrunde sichtbar werden. Aber eben die verschwimmende Unbedeutenheit der Hauptpersonen und das bedeutende Hervortreten der Nebenpersonen ist ein Fehler des Bilds. Letztere haben mich durch die Leichtigkeit, womit sie hingeworfen sind, und durch die Kolorit an den Paul Veronese erinnert. Nur der venezianische Zauber fehlt, jene Farbenpoesie, die, gleich dem Schimmer der Lagunen, nur oberflächlich ist, aber dennoch die Seele so wunderbar bewegt.

In Hinsicht der kühnen Darstellung und der Farbengebung, hat sich ein drittes Bild von Horace Vernet vielen Beifall erworben. Es ist die Arretierung der Prinzen Condé, Conti und Longueville. Der Schauplatz ist eine Treppe des Palais-Royal, und die arretierten Prinzen steigen herab, nachdem sie eben, auf Befehl Annens von Österreich, ihre Degen abgegeben. Durch dieses Herabsteigen behält fast jede Figur ihren ganzen Umriß. Condé ist der erste auf der untersten Stufe; er hält sinnend seinen Knebelbart in der Hand, und ich weiß, was er denkt. Von der obersten Stufe der Treppe kommt ein Offizier herab, der die Degen der Prinzen unterm Arme trägt. Es sind drei Gruppen, die natürlich entstanden und natürlich zusammengehören. Nur wer eine sehr hohe Stufe in der Kunst erstiegen, hat solche Treppenideen.

Zu den weniger bedeutenden Bildern von Horace Vernet gehört ein Camille Desmoulins, der im Garten des Palais-Royal auf eine Bank steigt und das Volk haranguiert. Mit der linken Hand reißt er ein grünes Blatt von einem Baume, in der rechten hält er eine Pistole. Armer Camille! dein Mut war nicht höher als diese Bank, und da wolltest du stehen bleiben, und du schautest dich um. „Vorwärts, immer vorwärts!" ist aber das Zauberwort, das die Revolutionäre aufrecht erhalten kann; – bleiben sie stehen und schauen sie sich um, dann sind sie verloren, wie Eurydice, als sie, dem Saitenspiel des Gemahls folgend, nur einmal zurückschaute in die Greuel der Unterwelt. Armer Camille! armer Bursche! Das waren die lustigen Flegeljahre der Freiheit, als du auf die Bank sprangest und dem Despotismus die Fenster einwarfest und Laternenwitze rissest; der Spaß wurde nachher sehr trübe, die Füchse der Revolution wurden bemooste Häupter, denen die Haare zu Berge stiegen, und du hörtest schreckliche Töne neben dir erklingen, und hinter dir, aus dem Schattenreich, riefen dich die Geisterstimmen der Gironde, und du schautest dich um.

In Hinsicht der Kostüme von 1789 war dieses Bild ziemlich interessant. Da sah man sie noch, die gepuderten Frisuren, die engen Frauenkleider, die kutscherlichen Oberröcke mit kleinen Kräglein, die zwei Uhrketten, die parallel über dem Bauche hängen, und gar jene terroristischen Westen mit breitaufgeschlagenen Klappen, die bei der republikanischen Jugend in Paris jetzt wieder in Mode gekommen sind und *gilets à la Robespierre* genannt werden. Robespierre selbst ist ebenfalls auf dem Bilde zu sehen, auffallend durch seine sorgfältige Toilette und sein geschniegeltes Wesen. In der Tat, sein Äußeres war immer schmuck und blank, wie das Beil einer Guillotine; aber auch sein Inneres, sein Herz, war uneigennützig, unbestechbar und konsequent, wie das Beil einer Guillotine. Diese unerbittliche Strenge war jedoch nicht Gefühllosigkeit, sondern Tugend, gleich der Tugend des Junius Brutus, die unser Herz verdammt und die unsere Vernunft mit Entsetzen bewundert. Robespierre hatte sogar eine besondere Vorliebe für Desmoulins, seinen Schulkameraden, den er hinrichten ließ, als dieser *Fanfaron de la liberté* eine unzeitige Mäßigung predigte und staatsgefährliche Schwächen beförderte. Während Camille's Blut auf der Grève floß, flossen vielleicht in einsamer Kammer die Tränen des Maximilian. Dies soll keine banale Redensart sein. Unlängst sagte mir ein Freund, daß ihm Bourdon de Loise erzählt habe, er sei einst in das Arbeitszimmer des *Comité du Dalut public* gekommen, als dort Robespierre ganz allein, in sich selbst versunken, über seinen Akten saß und bitterlich weinte.

Ich übergehe die übrigen, noch minder bedeutenden Gemälde von Horace Vernet, dem vielseitigen Maler, der alles malt, Heiligenbilder, Schlachten, Stilleben, Bestien, Landschaften, Porträte, alles flüchtig, fast pamphletartig.

Ich wende mich zu

Delacroix,

der ein Bild geliefert, vor welchem ich immer einen großen Volkshaufen stehen sah, und das ich also zu denjenigen Gemälden zähle, denen die meiste Aufmerksamkeit zuteil worden. Die Heiligkeit des Sujets erlaubt keine strenge Kritik des Kolorits, welche vielleicht mißlich ausfallen könnte. Aber trotz etwaiger Kunstmängel atmet in dem Bilde ein großer Gedanke, der uns wunderbar entgegenweht. Eine Volksgruppe während den Juliustagen ist dargestellt, und in der Mitte, beinahe wie eine allegorische Figur, ragt hervor ein jugendliches Weib, mit einer roten phyrgischen Mütze auf dem Haupte, eine Flinte in der Hand, und in der andern eine dreifarbige Fahne. Sie schreitet dahin über Leichen, zum Kampf auffordernd, entblößt bis zur Hüfte, ein schöner, ungestümer Leib, das Gesicht ein kühnes Profil, frecher Schmerz in den Zügen, eine seltsame Mischung von Phryne, Poissarde und Freiheitsgöttin. Daß sie eigentlich letztere bedeuten solle, ist nicht ganz bestimmt ausgedrückt, diese Figur scheint vielmehr die wilde Volkskraft, die eine fatale Bürde abwirft, darzustellen. Ich kann nicht umhin zu gestehen, diese Figur erinnert mich an jene peripathetischen Philosophinnen, an jene Schnell-Läuferinnen der Liebe oder Schnell-Liebende, die des Abends auf den Boulevards umherschwärmen; ich gestehe, daß der kleine Schornsteincupido, der, mit einer Pistole in jeder Hand, neben dieser Gassen-Venus steht, vielleicht nicht allein von Ruß beschmutzt ist; daß der Pantheonskandidat, der tot am Boden liegt, vielleicht den Abend vorher mit Kontremarken des Theaters gehandelt; daß der Held, der mit seinem Schießgewehr hinstürmt, in seine Gesichte die Galere und in seinem häßlichen Rock gewiß noch den Duft des Assisenhofes trägt; – aber das ist es eben, ein großer Gedanke hat diese gemeinen Leute, diese *crapule*, geadelt und geheiligt und die entschlafene Würde in ihrer Seele wieder aufgeweckt.

Heilige Julitage von Paris! ihr werdet ewig Zeugnis geben von dem Uradel der Menschen, der nie ganz zerstört werden kann. Wer euch erlebt hat, der jammert nicht mehr auf den alten Gräbern, sondern freudig glaubt er jetzt an die Auferstehung der Völker. Heilige Julitage! wie schön war die Sonne und wie groß war das Volk von Paris! Die Götter im Himmel, die dem großen Kampfe zusahen, jauchzten vor Bewunderung, und sie wären gerne aufgestanden von ihren goldenen Stühlen und wären gerne zur Erde herabgestiegen, um Bürger zu werden von Paris! Aber neidisch, ängstlich, wie sie sind, fürchteten Sie am Ende, daß die Menschen zu hoch und zu herrlich emporblühen möchten, und durch ihre willigen Priester suchten sie „das Glänzende zu schwärzen und das Erhabne in den Staub zu ziehn", und sie stifteten die belgische Rebellion, das de Potter'sche Viehstück. Es ist dafür gesorgt, daß die Freiheitsbäume nicht in den Himmel hineinwachsen.

Auf keinem von allen Gemälden des Salons ist so sehr die Farbe eingeschlagen, wie auf Delacroix' Julirevolution. Indessen, eben diese Abwesenheit von Firnis und Schimmer, dabei der Pulverdampf und Staub, der die Figuren wie graues Spinnweb bedeckt, das sonnengetrocknete Kolorit, das gleichsam nach einem Wassertropfen lechzt, alles dieses gibt dem Bilde eine Wahrheit, eine Wesenheit, eine Ursprünglichkeit, und man ahnt darin die wirkliche Physiognomie der Julitage.

Unter den Beschauern waren so manche, die damals entweder mitgestritten oder doch wenigstens zugesehen hatten, und diese konnten das Bild nicht genug rühmen. „Matin", rief ein Epicier, „diese Gamins haben sich wie Riesen geschlagen!" Eine junge Dame meinte, auf dem Bilde fehle der polytechnische Schüler, wie man ihn sehe auf allen andern Darstellungen der Julirevolution, deren sehr viele, über vierzig Gemälde, ausgestellt waren. Ein elsässischer Korporal sprach auf Deutsch zu seinem Kameraden: „Was ist doch die Malerei eine große Künstlichkeit! Wie treu ist das alles abgebildet! Wie natürlich gemalt ist der Tote, der dort auf der Erde liegt! Man sollte darauf schwören, er lebt!"

„Papa!", rief eine kleine Karlistin, „wer ist die schmutzige Frau mit der roten Mütze?" – „Nun freilich", spöttelte der noble Papa mit einem süßlich zerquetschten Lächeln, „nun freilich, liebes Kind, mit der Reinheit der Lilien hat sie nichts zu schaffen. Es ist die Freiheitsgöttin." – „Papa, sie hat auch nicht einmal ein Hemd an." – „Eine wahre Freiheitsgöttin, liebes Kind, hat gewöhnlich kein Hemd, und ist daher sehr erbittert auf alle Leute, die weiße Wäsche tragen."

Bei diesen Worten zupfte der Mann seine Manschetten etwas tiefer über die langen müßigen Hände, und sagte zu seinem Nachbar: „Eminenz! wenn es den Republikanern heut an der Pforte Saint-Denis gelingt, daß eine alte Frau von den Nationalgarden totgeschossen wird, dann tragen sie die heilige Leiche auf den Boulevards herum, und das Volk wird rasend, und wir haben dann eine neue Revlution." – *„Tant mieux!"*, flüsterte die Eminenz, ein hagerer, zugeknöpfter Mensch, der sich in weltliche Tracht vermummt, wie jetzt von allen Priestern in Paris geschieht, aus Furcht vor öffentlicher Verhöhnung, vielleicht auch des bösen Gewissens halber; *„tant mieux*, Marquis! wenn nur recht viel Greuel geschehen, damit das Maß wieder voll wird! Die Revolution verschluckt dann wieder ihre eignen Anstifter, besonders, jene eitlen Bankiers, die sich, Gottlob! jetzt schon ruiniert haben." – Ja, Eminenz, sie wollten uns *à tout prix* vernichten, weil wir sie nicht in unsere Salons aufgenommen; das ist das Geheimnis der Julirevolution, und da wurde Geld verteilt an die Vorstädter, und die Arbeiter wurden von den Fabrikherren entlassen, und Weinwirte wurden bezahlt, die umsonst Wein schenkten und noch Pulver hineinmischten, um den Pöbel zu erhitzen, *et du reste, c'était le soleil!"*

Der Marquis hat vielleicht recht: es war die Sonne. Zumal im Monat Juli hat die Sonne immer am gewaltigsten mit ihren Strahlen die Herzen der Pariser entflammt, wenn die Freiheit bedroht war, und sonnentrunken erhob sich dann das Volk von Paris gegen die morschen Bastillen und Ordonanzen der Knechtschaft. Sonne und Stadt verstehen sich wunderbar, und sie lieben sich. Ehe die Sonne des Abends ins Meer hinabsteigt, verweilt ihr Blick noch lange mit Wohlgefallen auf der schönen Stadt Paris, und mit ihren letzten Strahlen küßt sie die dreifarbigen Fahnen auf den Türmen der schönen Stadt Paris. Mit Recht hatte ein französischer Dichter den Vorschlag gemacht, das Julifest durch eine symbolische Vermählung zu feiern, und wie einst der Doge von Venedig jährlich den goldenen Bucentauro bestiegen, um die herrschende Venezia mit dem adriatischen Meere zu vermählen, so solle alljährlich auf dem Bastillenplatze die Stadt Paris sich vermählen mit der Sonne, dem großen, flammenden Glücksstern ihrer Freiheit. Casimis Perier hat diesen Vorschlag nicht goutiert, er fürchtet den Polterabend einer solchen Hochzeit, der fürchtet die allzustarke Hitze einer solchen Ehe, und er bewilligt der Stadt Paris höchstens eine morganatische Verbindung mit der Sonne.

Doch ich vergesse, daß ich nur Berichterstatter einer Ausstellung bin. Als solcher gelange ich jetzt zur Erwähnung eines Malers, der, indem er die allgemeine Aufmerksamkeit erregte, zu gleicher Zeit mich selber so sehr ansprach, daß seine Bilder mir nur wie ein buntes Echo der eignen Herzensstimme erschienen, oder vielmehr, daß die wohlverwandten Farbentöne in meinem Herzen wunderbar wiederklangen.

Decamps

heißt der Maler, der solchen Zauber auf mich ausübte. Leider habe ich eins seiner besten Werke, das Hundehospital gar nicht gesehen. Es war schon fortgenommen, als ich die Ausstellung besuchte. Einige andere gute Stücke von ihm entgingen mir, weil ich sie aus der großen Menge nicht herausfinden konnte, ehe sie ebenfalls fortgenommen wurden. Ich erkannte aber gleich von selbst, daß Decamps ein großer Maler sei, als ich zuerst ein kleines Bild von ihm sah, dessen Kolorit und Einfachheit mich seltsam frappierten. Es stellte nur ein türkisches Gebäude vor, weiß und hochgebaut, hie und da eine kleine Fensterluke, wo ein Türkengesicht hervorlauscht, unter ein stilles Wasser, worin sich die Kreidewände mit ihren rötlichen Schatten abspiegeln, wunderbar ruhig. Nachher erfuhr ich, daß Decamps selbst in der Türkei gewesen, und daß es nicht bloß sein originelles Kolorit war, was mich so sehr frappiert, sondern auch die Wahrheit, die sich mit getreuen und bescheidenen Farben in seinen Bildern des Orients ausspricht. Dieses geschieht ganz besonders in seiner „Patrouille". In diesem Gemälde erblicken wir den großen Hadji-Bei, Oberhaupt der Polizei zu Smyrna, der mit seinen Myrmidonen durch diese Stadt die Runde macht. Er sitzt schwammbauchig hoch zu Roß, in aller Majestät seiner Insolenz, ein beleidigend arrogantes, unwissend stockfinsteres Gesicht, das von einem weißen Turban überschildet wird; in den Händen hält er das Szepter des absoluten Bastonadentums, und neben ihm, zu Fuß, laufen neun getreue Vollstrecker seines Willens *quand même*, hastige Kreaturen mit kurzen magern Beinen und fast tierischen Gesichtern, katzenhaft, ziegenböcklich, äffisch, ja, eins derselben bildet eine Mosaik von Hundeschnauze, Schweinsaugen, Eselsohren, Kalbslächeln und Hasenangst. In den

Händen tragen sie nachlässig Waffen, Piken, Flinten, die Kolben nach oben, auch Werkzeuge der Gerichtigkeitspflege, nämlich einen Spieß und ein Bündel Bambusstöcke. Da die Häuser, an denen der Zug vorbeikommt, kalkweiß sind und der Boden lehmig gelb ist, so macht es fast den Effekt eines chinesischen Schattenspiels, wenn man die dunkeln putzigen Figuren längst dem hellen Hintergrund und über einen hellen Vorgrund dahineilen sieht. Es ist lichte Abenddämmerung, und die seltsamen Schatten der magern Menschen- und Pferdebeine verstärken die barock magische Wirkung. Auch rennen die Kerls mit so drolligen Kapriolen, mit so unerhörten Sprüngen, auch das Pferd wirft die Beine so närrisch geschwinde, daß es halb auf dem Bauch zu kriechen und halb zu fliegen scheint – und das alles haben einige hiesige Kritiker am meisten getadelt und als Unnatürlichkeit und Karikatur verworfen.

Auch Frankreich hat seine stehenden Kunstrezensenten, die nach alten vorgefaßten Regeln jedes neue Werk bekritteln, seine Oberkenner, die in den Ateliers herumschnüffeln und Beifall lächeln, wenn man ihre Marotte kitzelt, und diese haben nicht ermangelt, über Decamp's Bild ihr Urteil zu fällen. Ein Herr Jal, der über jede Ausstellung eine Broschüre ediert, hat sogar nachträglich im Figaro jenes Bild zu schmähen gesucht, und er meint die Freunde desslben zu persiflieren, wenn er scheinbar demütigst gesteht, „er sei nur ein Mensch, der nach Verstandesbegriffen urteile, und sein armer Verstand könne in dem Decamp'schen Bilde nicht das große Meisterwerk sehen, das von jenen Überschwenglichen, die nicht bloß mit dem Verstande erkennen, darin erblickt wird". Der arme Schelm, mit seinem armen Verstande! er weiß nicht, wie richtig er sich selbst gerichtet! Dem armen Verstande gebührt wirklich niemals die erste Stimme, wenn über Kunstwerke geurteilt wird, ebensowenig als er bei der Schöpfung derselben jemals die erste Rolle gespielt hat. Die Idee des Kunstwerks steigt aus dem Gemüte, und dieses verlangt bei der Phantasie die verwirklichende Hilfe. Die Phantasie wirft ihm dann alle ihre Blumen entgegen, verschüttet fast die Idee und würde sie eher töten als beleben, wenn nicht der Verstand heranhinkte, und die überflüssigen Blumen beiseite schöbe, oder mit seiner blanken Gartenschere abmäht. Der Verstand übt nur Ordnung, sozusagen: die Polizei, im Reiche der Kunst. Im Leben ist er meistens ein kalter Kalkulator, der unsere Torheiten addiert; ach! manchmal ist er nur der Fallitenbuchhalter des gebrochenen Herzens, der das Defizit ruhig ausrechnet.

Der große Irrtum besteht immer darin, daß der Kritiker die Frage aufwirft: Was soll der Künstler? Viel richtiger wäre die Frage: Was will der Künstler? oder gar: Was muß der Künstler? Die Frage: Was soll der Künstler? entstand durch jene Kunstphilosophen, die, ohne eigene Poesie, sich Merkmale der verschiedenen Kunstwerke abstrahierten, nach dem Vorhandensein eine Norm für alle Zukünftige feststellten, und Gattungen schieden, und Definitionen und Regeln ersannen. Sie wußten nicht, daß alle solche Abstraktionen nur allenfalls zur Beurteilung des Nachahmervolks nützlich sind, daß aber jeder Originalkünstler und gar jedes neue Kunstgenie nach seiner eigenen mitgebrachten Ästhetik beurteilt werden muß. Regeln und sonstige alte Lehren sind bei solchen Geistern noch viel weniger anwendbar. Für junge Riesen, wie Menzel sagt, gibt es keine Fechtkunst, denn sie schlagen ja doch alle Paraden durch. Jeder Genius muß studiert und nur nach dem beurteilt werden, was er selbst will. Hier gilt nur die Beantwortung der Fragen: hat er die Mittel, seine Idee auszuführen? Hat er die richtigen Mittel angewendet? Hier ist fester Boden. Wir modeln nicht mehr an der fremden Erscheinung nach unsern subjektiven Wünschen, sondern wir verständigen uns über die gottgegebenen Mittel, die dem Künstler zu Gebote stehen bei der Veranschaulichung seiner Idee. In den rezitierenden Künsten bestehen diese Mittel in Tönen und Worten. In den darstellenden Künsten bestehen sie in Farben und Formen. Töne und Worte, Farben und Formen, das Erscheinende überhaupt, sind jedoch nur Symbole der Idee, Symbole, die in dem Gemüte des Künstlers aufsteigen, wenn es der heilige Weltgeist bewegt, seine Kunstwerke sind nur Symbole, wodurch er andern Gemütern seine eigenen Ideen mitteilt. Wer mit den wenigsten und einfachsten Symbolen das meiste und bedeutendste ausspricht, der ist der größte Künstler.

Es dünkt mir aber des höchsten Preises wert, wenn die Symbole, womit der Künstler seine Idee ausspricht, abgesehen von ihrer innern Bedeutsamkeit, noch außerdem an und für sich die Sinne erfreuen, wie Blumen eines Selams, die, abgesehen von ihrer geheimen Bedeutung, auch an und für sich blühend und lieblich sind und verbunden zu einem schönen Strauße. Ist aber solche Zusammenstimmung immer möglich? Ist der Künstler so ganz willensfrei bei der Wahl und Verbindung seiner geheimnisvollen Blumen? Oder wählt und verbindet er nur, was er muß? Ich bejahe diese Frage einer mystischen Unfreiheit. Der Künstler gleicht jener schlafwandelnden Prinzessin, die des Nachts in den Gärten von Bagdad mit tiefer Liebesweisheit die sonderbarsten Blumen pflückte und zu einem Selam verband, dessen Bedeutung sie gar nicht mehr wußte, als sie erwachte. Da saß sie nun des Morgens in ihrem Harem, und betrachtete den nächtlichen Strauß und sann darüber nach wie über einen vergessenen Traum, und schickte ihn endlich dem geliebten Kalifen. Der feiste Eunuch, der ihn überbrachte, ergötzte sich sehr an den hübschen Blumen, ohne ihre Bedeutung zu ahnen. Harun Alraschid aber, der Beherrscher der Gläubigen, der Nachfolger des Propheten, der Beisitzer des Salòmonischen Rings, dieser erkannte gleich den Sinn des schönen Straußes, sein Herz jauchzte vor Freude, und er küßte jede Blume, und er lachte, daß ihm die Tränen herabliefen in den langen Bart.

Ich bin kein Nachfolger des Propheten und besitze auch nicht den Ring Salomonis, und habe auch keinen langen Bart, aber ich darf dennoch behaupten, daß ich den schönen Selam, den uns Decamps aus dem Morgenlande mitgebracht, noch immer besser verstehe, als alle Eunuchen mitsamt ihrem Kislar-Aga, dem großen Oberkenner, dem vermittelnden Zwischenläufer im Harem der Kunst. Das Geschwätze solcher verschnittenen Kennerschaft wird mir nachgerade unerträglich, besonders die herkömmlichen Redensarten und der wohlgemeinte gute Rat für junge Künstler, und gar das leidige Verweisen auf die Natur und wieder die liebe Natur.

In der Kunst bin ich Supernaturalist. Ich glaube, daß der Künstler nicht alle seine Typen in der Natur auffinden kann, sondern daß ihm die bedeutendsten Typen, als eingeborene Symbolik eingeborener Ideen, gleichsam in der Seele geoffenbart werden. Ein neuerer Ästhetiker, welcher „italienische Forschungen" geschrieben, hat das alte Prinzip von der Nachahmung der Natur wieder mundgerecht zu machen gesucht, indem er behauptete: der bildende Künstler müsse alle seine Typen in der Natur finden. Dieser Ästhetiker hat, indem er solchen obersten Grundsatz für die bildenden Künste aufstellte, an eine der ursprünglichsten dieser Künste gar nicht gedacht, nämlich an die Architektur, deren Typen man jetzt in Waldlauben und Felsengrotten nachträglich hineingefabelt, die man aber gewiß dort nicht zuerst gefunden hat. Sie lagen nicht in der äußern Natur, sondern in der menschlichen Seele.

Dem Kritiker, der im Decamps'schen Bilde die Natur vermißt, und die Art, wie das Pferd des Hadji-Bei die Füße wirft und wie seine Leute laufen, als unnaturgemäß tadelt, dem kann der Künstler getrost antworten: daß er ganz märchentreu gemalt und ganz nach innerer Traumanschauung. In der Tat, wenn dunkle Figuren auf hellen Grund gemalt werden, erhalten sie schon dadurch einen visionären Ausdruck, sie scheinen vom Boden abgelöst zu sein, und verlangen daher vielleicht etwas unmaterieller, etwas fabelhaft luftiger behandelt zu werden. Die Mischung des Tierischen mit dem Menschlichen in den Figuren auf dem Decamps'schen Bilde ist noch außerdem ein Motiv zu ungewöhnlicher Darstellung; in solcher Mischung selbst liegt jener uralte Humor, den schon die Griechen und Römer in unzähligen Mißgebilden auszusprechen wußten, wie wir mit Ergötzen sehen auf den Wänden von Herkulanum und bei den Statuen der Satyrn, Zentauren usw. Gegen den Vorwurf der Karikatur schützt aber den Künstler der Einklang seines Werks, jene deliziöse Farbenmusik, die zwar komisch, aber doch harmonisch klingt, der Zauber seines Kolorits. Karikaturmaler sind selten gute Koloristen, eben jener Gemütszerrissenheit wegen, die ihre Vorliebe zur Karikatur bedingt. Die Meisterschaft des Kolorits entspringt ganz eigentlich aus dem Gemüte des Malers und ist abhängig von der Einfachheit seiner Gefühle. Auf Hogarth's Originalgemälden in der Nationalgalerie zu London sah ich nichts als bunte Kleckse, die gegen einander losschrieen, eine Emeute von grellen Farben.

Ich habe vergessen zu erwähnen, daß auf dem Decamps'schen Bilde auch einige junge Frauenzimmer, unverschleierte Griechinnen, am Fenster sitzen und den drolligen Zug vorüberfliegen sehen. Ihre Ruhe und Schönheit bildet mit demselben einen ungemein reizenden Kontrast. Sie lächeln nicht; diese Impertinenz zu Pferde mit dem nebenherlaufenden Hundegehorsam ist ihnen ein gewohnter Anblick, und wir fühlen uns dadurch um so wahrhafter versetzt in das Vaterland des Absolutismus.

Nur der Künstler, der zugleich Bürger eines Freistaats ist, konnte mit heiterer Laune dieses Bild malen. Ein anderer als ein Franzose hätte stärker und bitterer die Farben aufgetragen, er hätte etwas Berliner-Blau hineingemischt, oder wenigstens etwas grüne Galle, und der Grundton der Persiflage wäre verfehlt worden.

Damit mich dieses Bild nicht noch länger festhält, wende ich mich rasch zu einem Gemälde, worauf der Name

Lessore

zu lesen war, und das durch seine wundersame Wahrheit und durch einen Luxus von Bescheidenheit und Einfachheit jeden anzog. Man stutzte, wenn man vorbeiging. „Der kranke Bruder", ist es im Katalog verzeichnet. In einer ärmlichen Dachstube, auf einem ärmlichen Bette, liegt ein siecher Knabe und schaut mit flehenden Augen nach einem roh hölzernen Kruzifix, das an der kahlen Wand befestigt ist. Zu seinen Füßen sitzt ein anderer Knabe, niedergeschlagenen Blicks, bekümmert und traurig. Ein kurzes Jäckchen und seine Höschen sind zwar reinlich, aber vielfältig geflickt und von ganz grobem Tuche. Die gelbe wollene Decke auf dem Bette, und weniger die Möbel, als vielmehr der Mangel derselben, zeugen von banger Dürftigkeit. Dem Stoffe ganz anpassend ist die Behandlung. Diese erinnert zumeist an die Bettelbilder des Murillo. Scharfgeschnittene Schatten, gewaltige, feste, ernste Striche, die Farben nicht geschwinde hingefegt, sondern ruhigkühn aufgelegt, sonderbar gedämpft und dennoch nicht trübe; den Charakter der ganzen Behandlung bezeichnet Shakespeare mit den Worten: *„the modesty of nature."* Umgeben von brillanten Gemälden mit glänzenden Prachtrahmen, mußte dieses Stück um so mehr auffallen, da der Rahmen alt und von angeschwärztem Golde war, ganz übereinstimmend mit Stoff und Behandlung des Bildes. Solchermaßen konsequent in seiner ganzen Erscheinung und kontrastierend mit seiner ganzen Umgebung, machte dieses Gemälde einen tiefen melancholischen Eindruck auf jeden Beschauer und erfüllte die Seele mit jenem unnennbaren Mitleid, das uns zuweilen ergreift, wenn wir aus dem erleuchteten Saal einer heitern Gesellschaft plötzlich hinaustreten auf die dunkle Straße und von einem zerlumpten Mitgeschöpfe angeredet werden, das über Hunger und Kälte klagt. Dieses Bild sagt viel mit wenigen Strichen, und noch vielmehr erregt es in unserer Seele.

Schnetz

ist ein bekannterer Name. Ich erwähne ihn aber nicht mit so großem Vergnügen wie den vorhergehenden, der bis jetzt wenig in der Kunstwelt genannt worden. Vielleicht weil die Kunstfreunde schon bessere Werke von Schnetz gesehen, gewährten sie ihm viele Auszeichnung, und in Berücksichtigung derselben muß ich ihm auch in diesem Bericht einen Sperrsitz gönnen. Er malt gut, ist aber nach meinen Ansichten kein guter Maler. Sein großes Gemälde im diesjährigen Salon, italienische Landleute, die vor einem Madonnabilde um Wunderhilfe flehen, hat vortreffliche Einzelheiten, besonders ein starrkrampfbehafteter Knabe ist vortrefflich gezeichnet, große Meisterschaft bekundet sich überall im Technischen; doch das ganze Bild ist mehr redigiert als gemalt, die Gestalten sind deklamatorisch in Szene gesetzt, und es ermangelt innerer Anschauung, Ursprünglichkeit und Einheit. Schnetz bedarf zu vieler Striche, um etwas zu sagen, und was er alsdann sagt, ist zum Teil überflüssig. Ein großer Künstler wird zuweilen, ebensowohl wie ein mittelmäßiger, etwas Schlechtes geben, aber niemals gibt er etwas Überflüssiges. Das hohe Streben, das große Wollen mag bei einem mittelmäßigen Künstler immerhin achtungswert sein, in seiner Erscheinung kann es jedoch sehr unerquicklich wirken. Eben die Sicherheit, womit er fliegt, gefällt uns so sehr bei dem hochfliegenden Genius; wir erfreuen uns seines hohen Flugs, je mehr wir von der gewaltigen Kraft seiner Flügel überzeugt sind, und vertrauungsvoll schwingt sich unsere Seele mit ihm hinauf in die reinste Sonnenhöhe der Kunst. Ganz anders ist uns zumute bei jenen Theatergenien, wo wir die Bindfäden erblicken, woran sie hinaufgezogen werden, so daß wir, jeden Augenblick den Sturz befürchtend, ihre Erhabenheit nur mit zitterndem Unbehagen betrachteten. Ich will nicht entscheiden, ob die Bindfäden, woran Schnetz schwebt, zu dünn sind, oder ob sein Genie zu schwer ist, nur so viel kann ich versichern, daß er meine Seele nicht erhoben hat, sondern herabgedrückt.

Ähnlichkeit in den Studien und in der Wahl der Stoffe hat Schnetz mit einem Maler, der oft deshalb mit ihm zusammen genannt wird, der aber in der diesjährigen Ausstellung nicht bloß ihn, sondern auch, mit wenigen Ausnahmen, alle seine Kunstgenossen überflügelt und auch, als Beurkundung der öffentlichen Anerkenntnis, bei der Preisverteilung das Offizierskreuz der Ehrenlegion erhalten hat.

L. Robert

heißt dieser Maler. „Ist er ein Historienmaler oder ein Genremaler?" höre ich die deutschen Zunftmeister fragen. Leider kann ich hier diese Frage nicht umgehen, ich muß mich über jene unverständigen Ausdrücke etwas verständigen, um den größten Mißverständnissen ein für allemal vorzubeugen. Jene Unterscheidung von Historie und Genre ist so sinnverwirrend, daß man glauben sollte, sie sei eine Erfindung der Künstler, die am babylonischen Turme gearbeitet haben. Indessen ist sie von späterem Datum. In den ersten Perioden der Kunst gab es nur Historienmalerei, nämlich Darstellungen aus der heiligen Historie. Nachher hat man die Gemälde, deren Stoffe nicht bloß der Bibel, der Legende, sondern auch der profanen Zeitgeschichte und der heidnischen Götterfabel entnommen wurden, ganz ausdrücklich mit dem Namen Historienmalerei bezeichnet, und zwar im Gegensatze zu jenen Darstellungen aus dem gewöhnlichen Leben, die namentlich in den Niederlanden aufkamen, wo der protestantische Geist die katholischen und mythologischen Stoffe ablehnte, wo für letztere vielleicht weder Modelle, noch Sinn jemals vorhanden waren, und wo doch so viele ausgebildete Maler lebten, die Beschäftigung wünschten, und so viele Freunde der Malerei, die gerne Gemälde kauften. Die verschiedenen Manifestationen des gewöhnlichen Leben wurden alsdann verschiedene „Genres".

Sehr viele Maler haben den Humor des bürgerlichen Kleinlebens bedeutsam dargestellt, doch die technische Meisterschaft wurde leider die Hauptsache. Alle diese Bilder gewinnen aber für uns ein historische Interesse; denn wenn wir die hübschen Gemälde des Mieris, des Netscher, des Jan Steen, des Van Dow, des Van der Werff usw. betrachten, offenbart sich uns wunderbar der Geist ihrer Zeit, wir sehen, sozusagen, dem sechzehnten Jahrhundert in die Fenster und erlauschen damalige Beschäftigungen und Kostüme. In Hinsicht der letztern waren die niederländischen Maler ziemlich begünstigt, die Bauerntracht war nicht unmalerisch, und die Kleidung des Bürgerstandes war bei den Männern eine allerliebste Verbindung von niederländischer Behaglichkeit und spanischer Grandezza, bei den Frauen eine Mischung von bunten Allerweltsgrillen und einheimischem Phlegma. Z. B. Mynheer mit dem burgundischen Samtmantel und dem bunten Ritterbarett hatte eine irdene Pfeife im Munde; Myfrow trug schwere schillernde Schleppenkleider von venezianischem Atlas, Brüsseler Kanten, afrikanische Straußfedern, russisches Pelzwerk, westöstliche Pantoffeln, und hielt im Arm eine andalusische Mandoline mit ein braunzottiges *Hondchen* von saardamer Race; der aufwartende Mohrenknabe, de türkische Teppich, die bunten Papageien, die fremdländischen Blumen, die großen Silber- und Goldgeschirre mit getriebenen Arabesken, dergleichen warf auf das holländische Käseleben sogar einen orientalischen Märchenschimmer.

Als die Kunst, nachdem sie lange geschlafen, in unserer Zeit wieder erwachte, waren die Künstler in nicht geringer Verlegenheit ob der darzustellenden Stoffe. Die Sympathie für Gegenstände der heiligen Historie und der Mythologie war in den meisten Ländern Europa's gänzlich erloschen, sogar in katholischen Ländern, und doch schien das Kostüm der Zeitgenossen gar zu unmalerisch, um Darstellungen aus der Zeitgeschichte und aus dem gewöhnlichen Leben zu begünstigen. Unser moderner Frack hat wirklich so etwas Grundprosaisches, daß er nur parodistisch in einem Gemälde zu gebrauche wäre*). Die Maler, die ebenfalls dieser Meinung sind, haben sich daher nach malerischen Kostümen umgesehen. Die Vorliebe für ältere geschichtliche Stoffe mag hiedurch besonders gefördert worden sein, und wir finden in Deutschland eine ganze Schule, der es freilich nicht an Talenten gebricht, die aber unablässig bemüht ist, die heutigsten Menschen mit den heutigsten Gefühlen in die Garderobe des katholischen und feudalistischen Mittelalters, in Kutten und Harnische, einzukleiden. Andere Maler haben ein anderes Auskunftsmittel versucht; zu ihren Darstellungen wählten sie Volksstämme, denen die herandrängende Zivilisation noch nicht ihre Originalität und ihre Nationaltracht abgestreift hat. Daher die Szenen aus dem Tiroler Gebirge, die wir auf den Gemälden der Münchener Maler so oft sehen. Dieses Gebirge liegt ihnen so nahe, und das Kostüm seiner Bewohner ist malerischer als das unserer Dandies. Daher auch jene freudigen Darstellungen aus dem italienischen Volksleben, das ebenfalls den meisten Malern sehr nahe ist wegen ihres Aufenthaltes in Rom, wo sie jene idealische Natur und jene uredle Menschenformen und malerische Kostüme finden, wonach ihr Künstlerherz sich sehnt.

Robert, Franzose von Geburt, in seiner Jugend Kupferstecher, hat späterhin eine Reihe Jahre in Rom gelebt, und zu der eben erwähnten Gattung, zu Darstellungen aus dem italienischen Volksleben, gehören die Gemälde, die er dem diesjährigen Salon

---

*) Hier folgt in dem ältesten Abdruck die Stelle: „Noch unlängst stritt ich deshalb mit einem Philosophen aus Berlin, einer Stadt in Preußen, welcher mir die mystische Bedeutsamkeit des Fracks und die naturhistorische Poesie seiner Form erklären wollte. Er erzählte mir folgenden Mythos: Der erste Mensch sei nicht unanständig kleidlos, sondern ganz eingenäht in einen Schlafrock erschaffen worden, und als nachher aus seiner Rippe das Weib entstand, sei auch vorn aus seinem Schlafrock ein großes Stück geschnitten worden, welches dem Weibe als Schürze dienen mußte, so daß der Schlafrock durch jenen Ausschnitt ein Frack wurde und dieser in der weiblichen Schürze seine natürliche Ergänzung fand. Trotz dieser schönen Entstehung des Fracks und seiner poetischen Bedeutung einer Ergänzung der Geschlechter, kann ich mich doch nicht mit seiner Form befreunden; auch die Maler teilen mit mir diese Abneigung, und sie haben sich nach malerischeren Kostümen umgesehen." **Der Herausgeber.**

geliefert. Er ist also ein Genremaler, höre ich Zunftmeister aussprechen, und ich kenne eine Frau Historienmalerin, die jetzt über ihn die Nase rümpft. Ich kann aber jene Benennung nicht zugeben, weil es im alten Sinne keine Historienmaler mehr gibt. Es wäre gar zu vag, wenn man diesen Namen für alle Gemälde, die einen tiefen Gedanken aussprechen, in Anspruch nehmen wollte und sich dann bei jedem Gemälde herumstritte, ob ein Gedanke darin ist; ein Streit, wobei am Ende nichts gewonnen wird, als ein Wort. Vielleicht, wenn es in seiner natürlichsten Bedeutung, nämlich für Darstellungen aus der Weltgeschichte, gebraucht würde, wäre dieses Wort, Historienmalerei, ganz bezeichnend für eine Gattung, die jetzt so üppig emporwächst und deren Blüte schon erkennbar ist in den Meisterwerken von Delaroche.

Doch ehe ich letzteren besonders bespreche, erlaube ich mir noch einige flüchtige Worte über die Robert'schen Gemälde. Es sind, wie ich schon angedeutet, lauter Darstellungen aus Italien, Darstellungen, die uns die Holdseligkeit dieses Landes aufs wunderbarste zur Anschauung bringen. Die Kunst, lange Zeit die Zierde von Italien, wird jetzt der Cicerone seiner Herrlichkeit, die sprechenden Farben des Malers offenbaren uns seine geheimsten Reize, ein alter Zauber wird wieder mächtig, und das Land, das uns einst durch seine Waffen und später durch seine Worte unterjochte, unterjocht uns jetzt durch seine Schönheit. Ja, Italien wird uns immer beherrschen, und Maler, wie Robert, fesseln uns wieder an Rom.

Wenn ich nicht irre, kennt man schon durch Lithographie die Pifferari von Robert, die jetzt zur Ausstellung gekommen sind und jene Pfeifer aus den albanischen Gebirgen vorstellen, welche um Weihnachtszeit nach Rom kommen, vor den Marienbildern musizieren und gleichsam der Muttergottes ein heiliges Ständchen bringen. Dieses Stück ist besser gezeichnet als gemalt, es hat etwas Schroffes, Trübes, Bolognesisches, wie etwa ein kolorierter Kupferstich. Doch bewegt es die Seele, als hörte man die naiv fromme Musik, die eben von jenen albanischen Gebirgshirten gepfiffen wird.

Minder einfach, aber vielleicht noch tiefsinniger ist ein anderes Bild von Robert, worauf man eine Leiche sieht, die unbedeckt nach italienischer Sitte von der barmherzigen Brüderschaft zu Grabe getragen wird. Letztere, ganz schwarz vermummt, in der schwarzen Kappe nur zwei Löcher für die Augen, die unheimlich herauslugen, schreitet dahin wie ein Gespensterzug. Auf einer Bank im Vordergrunde, dem Beschauer entgegen, sitzt der Vater, die Mutter und der junge Bruder des Verstorbenen. Ärmlich gekleidet, tiefbekümmert, gesenkten Hauptes, und mit gefalteten Händen sitzt der alte Mann in der Mitte zwischen dem Weibe und dem Knaben. Er schweigt; denn es gibt keinen größeren Schmerz in dieser Welt als den Schmerz eines Vaters, wenn er, gegen die Sitte der Natur, sein Kind überlebt. Die gelb bleiche Mutter scheint verzweiflungsvoll zu jammern. Der Knabe, ein armer Tölpel, hat ein Brot in den Händen, er will davon essen, aber kein Bissen will ihm munden ob des unbewußten Mißkummers, und um so trauriger ist seine Miene. Der Verstorbene scheint der älteste Sohn zu sein, die Stütze und Zierde der Familie, korinthische Säule des Hauses, und jugendlich blühend, anmutig und fast lächelnd liegt er auf der Bahre, so daß in diesem Gemälde das Leben trüb, häßlich und traurig, der Tod aber unendlich schön erscheint, so anmutig und fast lächelnd.

Der Maler, der so schön den Tod verklärt, hat jedoch das Leben noch weit herrlicher darzustellen gewußt; sein großes Meisterwerk: „Die Schnitter", ist gleichsam die Apotheose des Lebens; beim Anblick desselben vergißt man, daß es ein Schattenreich gibt, und man zweifelt, ob es irgendwo herrlicher und lichter sei als auf dieser Erde. „Die Erde ist der Himmel, und die Menschen sind heilig, durchgöttert", das ist die große Offenbarung, die mit seligen Farben aus diesem Bilde leuchtet. Das Pariser Publikum hat dieses gemalte Evangelium besser aufgenommen, als wenn der heilige Lukas es geliefert hätte. Die Pariser haben jetzt gegen letztern sogar ein allzu ungünstiges Vorurteil.

Eine öde Gegend der Romagna im italienisch blühendsten Abendlichte erblicken wir auf dem Robert'schen Gemälde. Der Mittelpunkt desselben ist ein Bauerwagen, der von zwei großen, mit schweren Ketten geschirrten Büffeln gezogen wird und mit einer Familie von Landleuten beladen ist, die eben Halt machen will. Rechts sitzen Schnitterinnen neben ihren Garben und ruhen aus von der Arbeit, während ein Dudelsackpfeifer musiziert und ein lustiger Gesell zu diesen Tönen tanzt, seelenvergnügt, und es ist, als hörte man die Melodie und die Worte:

> *Damigella, tutta bella,*
> *Versa, versa il bel vino!*

Links kommen ebenfalls Weiber mit Fruchtgarben, jung und schön, Blumen, belastet mit Ähren; auch kommen von derselben Seite zwei junge Schnitter, wovon der eine etwas wollüstig schmachtend mit zu Boden gesenktem Blick einherschwankt, der andere aber, mit aufgehobener Sichel, in die Höhe jubelt. Zwischen den beiden Büffeln des Wagens steht ein stämmiger, braunbrustiger Bursche, der nur der Knecht zu sein scheint und stehend Siesta hält. Oben auf dem Wagen, an der einen Seite, liegt weich gebettet der Großvater, ein milder, erschöpfter Greis, der aber vielleicht geistig den Familienwagen lenkt; an der anderen Seite erblickt man dessen Sohn, einen kühn ruhigen, männlichen Mann, der mit untergeschlagenem Beine auf dem Rücken des einen Büffels sitzt und das sichtbare Zeichen des Herrschers, die Peitsche, in den Händen hat; etwas höher auf dem Wagen, fast erhaben, steht das schöne junge Eheweib des Mannes, ein Kind im Arm, eine Rose mit einer Knospe, und neben ihr steht eine ebenso hold blühende Jünglingsgestalt, wahrscheinlich der Bruder, der die Leinwand der Zeltstange eben entfalten will. Da das Gemälde, wie ich höre, jetzt gestochen wird und vielleicht schon nächsten Monat als Kupferstich nach Deutschland reist, so erspare ich mir jede weitere Beschreibung. Aber ein Kupferstich wird ebenso wenig, wie irgendeine Beschreibung, den eigentlichen Zauber des Bildes aussprechen können. Dieser besteht im Kolorit. Die Gestalten, die sämtlich dunkler sind als der Hintergrund, werden durch den Widerschein des Himmels so himmlisch beleuchtet, so wunderbar, daß sie an und für sich in freudigst hellen Farben erglänzen, und dennoch alle Konturen sich streng abzeichnen. Einige Figuren scheinen Porträt zu sein. Doch der Maler hat nicht, in der dumm ehrlichen Weise mancher seiner Kollegen, die Natur nachgepinselt und die Gesichter diplomatisch genau abgeschrieben, sondern, wie ein geistreicherer Freund bemerkte, Robert hat die Gestalten, die ihm die Natur geliefert, erst in sein Gemüt aufgenommen, und wie die Seelen im Fegfeuer, die dort nicht ihre Individualität, sondern ihre irdischen Schlacken einbüßen, ehe sie selig hinaufsteigen in den Himmel, so wurden jene Gestalten in der glühenden Flammentiefe des Künstlergemütes so fegfeurig gereinigt und geläutert, daß sie verklärt emporstiegen in den Himmel der Kunst, wo ebenfalls ewiges Leben und ewige Schönheit herrscht, wo Venus und Maria niemals ihre Anbeter verlieren, wo Romeo und Julia nimmer sterben, wo Helena ewig jung bleibt und Hekuba wenigstens nicht älter wird.

In der Farbengebung des Robert'schen Bildes erkennt man das Studium des Raphael. An diesen erinnert mich ebenfalls die architektonische Schönheit der Gruppierung. Auch einzelne Gestalten, namentlich die Mutter mit dem Kinde, ähneln den Figuren auf den Gemälden des Raphael, und zwar aus seiner Vorfrühlingsperiode, wo er noch die strengen Typen des Perugino, zwar sonderbar treu, aber doch holdselig gemildert, wiedergab.

Es wird mir nicht einfallen, zwischen Robert und dem größten Maler der katholischen Weltzeit eine Parallele zu ziehen. Aber ich kann doch nicht umhin, ihre Verwandtschaft zu gestehen. Es ist indessen nur eine materielle Formenverwandtschaft, nicht eine geistige Wahlverwandtschaft. Raphael ist ganz getränkt von katholischem Christentum, einer Religion, die den Kampf des Geistes mit der Materie oder des Himmels mit der Erde ausspricht, eine Unterdrückung der Materie beabsichtigt, jeden Protest derselben eine Sünde nennt, und die Erde vergeistigen oder vielmehr die Erde dem Himmel aufopfern möchte. Robert gehört aber einem Volke an, worin der Katholizismus erloschen ist. Denn, beiläufig gesagt, der Ausdruck der Charte, daß der Katholizismus die Religion der Mehrheit des Volkes sei, ist nur eine französische Galanterie gegen Notre Dame de Paris, die ihrerseits wieder mit gleicher Höflichkeit die drei Farben der Freiheit auf dem Haupte trägt, eine Doppelheuchelei, wogegen die rohe Menge etwas unförmlich protestierte, als sie jüngst die Kirchen demolierte und die Heiligenbilder in der Seine schwimmen lehrte. Robert ist ein Franzose, und er, wie die meisten seiner Landsleute, huldigt unbewußt einer noch verhüllten Doktrin, die von einem Kampfe des Geistes mit der Materie nichts wissen will, die dem Menschen nicht die sichern irdischen Genüsse verbietet und dagegen desto mehr himmlische Freuden ins Blaue hinein verspricht, die den Menschen vielmehr schon auf dieser Erde beseligen möchte, und die sinnliche Welt ebenso heilig achtet wie die geistige; denn „Gott ist alles, was da ist". Robert's Schnitter sind daher nicht nur sündenlos, sondern sie kennen keine Sünde, ihr irdisches Tagwerk ist Andacht, sie beten beständig, ohne die Lippen zu bewegen, sie sind selig ohne Himmel, versöhnt ohne Opfer, rein ohne beständiges Abwaschen, ganz heilig. Daher, wenn auf katholischen Bildern nur die Köpfe, als der Sitz des Geistes, mit einem Heiligenschein umstrahlt sind und die Vergeistigung dadurch symbolisiert wird, so sehen wir dagegen auf dem Robert'schen Bilde auch die Materie verheiligt, indem hier der ganze Mensch, der Leib ebensogut wie der Kopf, vom himmlischen Lichte, wie von einer Glorie, umflossen ist.

Aber der Katholizismus ist im neuen Frankreich nicht bloß erloschen, sondern er hat hier auch einmal einen rückwirkenden Einfluß auf die Kunst, wie in unserm protestantischen Deutschland, wo er durch die Poesie, die jeder Vergangenheit inwohnt, eine neue Geltung gewonnen. Es ist vielleicht bei den Franzosen ein stiller Nachgrimm, der ihnen die katholischen Traditionen verleidet, während für alle andern Erscheinungen der Geschichte ein gewaltiges Interesse bei ihnen auftaucht. Diese Bemerkung kann ich durch eine Tatsache beweisen, die sich eben wieder durch jene Bemerkung erklären läßt. Die Zahl der Gemälde, worauf christliche Geschichten, sowohl des alten Testaments als des neuen, sowohl der Tradition als der Legende, dargestellt sind, ist im diesjährigen Salon so gering, daß manche Unter-Unterabteilung einer weltlichen Gattung weit mehr Stücke geliefert, und wahrhaftig bessere Stücke. Nach genauer Zählung finde ich unter den dreitausend Nummern des Katalogs nur neunundzwanzig jener heiligen Gemälde verzeichnet, während allein schon derjenigen Gemälde, worauf Szenen aus Walter Scott's Romanen dargestellt sind, über dreißig gezählt werden. Ich kann also, wenn ich von französischer Malerei rede, gar nicht mißverstanden werden, wenn ich die Ausdrücke „historische Gemälde" und „historische Schule" in ihrer natürlichen Bedeutung gebrauche.

Delaroche

ist der Chorführer einer solchen Schule. Dieser Maler hat keine Vorliebe für die Vergangenheit selbst, sondern für ihre Darstellung, für die Veranschaulichung ihres Geistes, für Geschichtschreibung mit Farben. Diese Neigung zeigt sich jetzt bei dem größten Teile der französischen Maler; der Salon war erfüllt mit Darstellungen aus der Geschichte, und die Namen Deveria, Steuben und Johannot verdienen hier die ausgezeichnetste Erwähnung. Auch in den Schwesterkünsten herrscht eine solche Neigung, zumal in der poetischen Literatur der Franzosen, wo Victor Hugo ihr am glänzendsten huldigt. Die neusten Fortschritte der Franzosen in der Wissenschaft der Geschichte und ihre großen Leistungen in der wirklichen Geschichtschreibung sind daher keine isolierten Erscheinungen.

Delaroche, der große Historienmaler, hat vier Stücke zur diesjährigen Ausstellung geliefert. Zwei derselben beziehen sich auf die französische, die zwei andern auf die englische Geschichte. Die beiden ersten sind gleich kleinen Umfangs, fast wie sogenannte Kabinettstücke, und sehr figurenreich und pittoresk. Das eine stellt den Kardinal Richelieu vor, der „sterbekrank von Tarascon die Rhone hinauffährt und selbst, in einem Kahne, der hinter seinem eigenen Kahne befestigt ist, den Cinq-Mars und den de Thou nach Lyon führt, um sie dort köpfen zu lassen". Zwei Kähne, die hintereinander fahren, sind zwar eine unkünstlerische Konzeption, doch ist sie hier mit vielem Geschick behandelt. Die Farbengebung ist glänzend, ja blendend, und die Gestalten schwimmen fast im strahlenden Abendgold. Dieses kontrastiert um so wehmütiger mit dem Geschick, dem die drei Hauptfiguren entgegenfahren. Die zwei blühenden Jünglinge werden zur Hinrichtung geschleppt, und zwar von einem sterbenden Greise. Wie buntgeschmückt auch diese Kähne sind, so schiffen sie doch hinab ins Schattenreich des Todes. Die herrlichen Goldstrahlen der Sonne sind nur Scheidegrüße, es ist Abendzeit, und sie muß ebenfalls untergehen; sie wird nur noch einen blutroten Lichtstreif über die Erde werfen, und dann ist alles Nacht.

Ebenso farbenglänzend und in seiner Bedeutung ebenso tragisch ist das historische Seitenstück, das ebenfalls einen sterbenden Kardinal-Minister, den Mazarin, darstellt. Er liegt in einem bunten Prachtbette, in der buntesten Umgebung von lustigen Hofleuten und Dienerschaft, die miteinander schwatzen und Karten spielen und umherspazieren, lauter farbenschillernde, überflüssige Personen, am überflüssigsten für einen Mann, der auf dem Todbette liegt. Hübsche Kostüme aus der Zeit der Fronde, noch nicht überladen mit Goldtroddeln, Stickereien, Bändern und Spitzen, wie in Ludwig's XIV. späterer Prachtzeit, wo die letzten Ritter sich in hoffähige Kavaliere verwandelten, ganz in der Weise, wie auch das Schlachtschwert sich allmählich verfeinerte, bis es endlich ein alberner Galanteriedegen wurde. Die Trachten auf dem Gemälde, wovon ich spreche, sind noch einfach, Rock und Koller erinnern noch an das ursprüngliche Kriegshandwerk des Adels, auch die Federn auf dem Hute sind noch keck und bewegen sich noch nicht ganz nach dem Hofwind. Die Haare der Männer wollen noch in natürlichen Locken über die Schulter, und die Damen tragen die witzige Frisur *à la Sevigne*. Die Kleider der Damen melden indes schon einen Übergang in die langschleppende, weitaufgebauschte Abgeschmacktheit der späteren Periode. Die Korsetts sind aber noch naiv zierlich, und die weißen Reize quellen daraus hervor wie Blumen aus einem Füllhorn. Es sind lauter hübsche Damen auf dem Bilde, lauter hübsche Hofmasken; auf den Gesichtern lächelnde Liebe, und vielleicht grauer Trübsinn im Herzen, die Lippen unschuldig, wie Blumen, und dahinter ein böses Zünglein, wie die kluge Schlange. Tändelnd und zischelnd sitzen drei dieser Damen, neben ihnen ein feinöhriger, spitzäugiger Priester mit lauschender Nase, vor der linken Seite des Krankenbettes. Vor der rechten Seite sitzen drei Chevaliers und eine Dame, die Karten spielen, wahrscheinlich Landsknecht, ein sehr gutes Spiel, das ich selbst in Göttingen gespielt und worin ich einmal sechs Taler gewonnen. Ein edler Hofmann in einem dunkelvioletten, rotbekreuzten Sammetmantel steht in der Mitte des Zimmers und macht die kratzfüßigste Verbeugung. Am rechten Ende des Gemäldes ergehen sich zwei Hofdamen und ein Abbé, welcher der einen ein Papier zu lesen gibt, vielleicht ein Sonett von eigner Fabrik, während er nach der andern schielt. Diese spielt hastig mit ihrem Fächer, dem lustigen Telegraphen der Liebe. Beide Damen sind allerliebste Geschöpfe, die eine morgenrötlich blühend wie eine Rose, die andere etwas dämmerungssüchtig, wie ein schmachtender Stern. Im Hintergrund des Gemäldes sitzt ebenfalls schwatzendes Hofgesinde und erzählt einander vielleicht allerlei Staatsunterrocksgeheimnisse oder wettet vielleicht, daß der Mazarin in einer Stunde tot sei. Mit diesem scheint es wirklich zu Ende zu gehen; sein Gesicht ist leichenblaß, sein Auge gebrochen, seine Nase bedenklich spitz, in seiner Seele erlischt allmählich jene schmerzliche Flamme, die wir Leben nennen, in ihm wird es dunkel und kalt, der Flügelschlag des nächtlichen Engels berührt schon seine Stirne; – in diesem Augenblick wendet sich zu ihm die spielende Dame und zeigt ihm ihre Karten und scheint ihn zu fragen, ob sie mit ihrem Koeur trumpfen soll?

Die zwei andern Gemälde von Delaroche geben Gestalten aus der englischen Geschichte. Sie sind in Lebensgröße und einfacher gemalt. Das eine zeigt die beiden Prinzen im Tower, die Richard III. ermorden läßt. Der junge König und sein jüngerer Bruder sitzen auf einem altertümlichen Ruhebette, und gegen die Türe des Gefängnisses läuft ihr kleines Hündchen, das durch Bellen die Ankunft der Mörder zu verraten scheint. Der junge König, noch halb Knabe und schon halb Jüngling, ist eine überaus rührende Gestalt. Ein gefangener König, wie Sterne so richtig fühlt, ist schon an und für sich ein wehmütiger Gedanke; und hier ist der gefangene König noch beinahe ein unschuldiger Knabe, und hilflos preisgegeben einem tückischen Mörder. Trotz seines zarten Alters scheint er schon viel gelitten zu haben; in seinem bleichen, kranken Antlitz liegt schon tragische Hoheit, und seine Füße, die mit ihren langen, blausamtnen Schnabelschuhen vom Lager herabhängen und doch nicht den Boden berühren, geben ihm gar ein gebrochen Ansehen, wie das einer geknickten Blume. Alles das ist, wie gesagt, sehr einfach, und wirkt desto mächtiger. Ach! es hat mich noch um so mehr bewegt, da ich in dem Antlitz des unglücklichen Prinzen die lieben Freundesaugen entdeckte, die mir so oft zugelächelt, und mit noch lieberen Augen so lieblich verwandt waren. Wenn ich vor dem Gemälde des Delaroche stand, kam es mir immer ins Gedächtnis, wie ich einst auf einem schönen Schlosse im teuren Polen vor dem Bilde des Freundes stand und mit seiner holden Schwester von ihm sprach und ihre Augen heimlich verglich mit den Augen des Freundes. Wir sprachen auch von dem Maler des Bildes, der kurz vorher gestorben, und wie die Menschen dahinsterben, einer nach dem andern – Ach! der liebe Freund selbst ist jetzt tot, erschossen bei Praga, die holden Lichter der schönen Schwester sind ebenfalls erloschen, ihr Schloß ist abgebrannt, und es wird mir einsam ängstlich zumute, wenn ich bedenke, daß nicht bloß unsere Lieben so schnell aus der Welt verschwinden, sondern sogar von dem Schauplatz, wo wir mit ihnen gelebt, keine Spur zurückbleibt, als hätte nichts davon existiert, als sei alles nur ein Traum.

Indessen noch weit schmerzlichere Gefühle erregt das andere Gemälde von Delaroche, das eine andere Szene aus der englischen Geschichte darstellt. Es ist eine Szene aus jener entsetzlichen Tragödie, die auch ins Fränkische übersetzt worden ist und so viele Tränen gekostet hat diesseits und jenseits des Kanals, und die auch den deutschen Zuschauer so tief erschüttert. Auf dem Gemälde sehen wir die beiden Helden des Stücks, den einen als Leiche im Sarge, den andern in voller Lebenskraft und den Sargdeckel aufhebend, um den toten Feind zu betrachten. Oder sind es etwa nicht die Helden selbst, sondern nur Schauspieler, denen vom Direktor der Welt ihre Rolle vorgeschrieben war, und die vielleicht, ohne es zu wissen, zwei kämpfende Prinzipien tragierten? Ich will sie hier nicht nennen, die beiden feindseligen Prinzipien, die zwei großen Gedanken, die sich vielleicht schon in der schaffenden Gottesbrust befehdeten, und die wir auf diesem Gemälde einander gegenüber sehen, das eine schmählich verwundet und verblutend, in der Person von Karl Stuart, das andere keck und siegreich, in der Person von Oliver Cromwell.

In einem von den dämmernden Sälen Whitehall's auf dunkelroten Sammetstühlen, steht der Sarg des enthaupteten Königs, und davor steht ein Mann, der mit ruhiger Hand den Deckel aufhebt und den Leichnam betrachtet. Jener Mann steht dort ganz allein, seine Figur ist breit untersetzt, seine Haltung nachlässig, sein Gesicht bäurisch ehrenfest. Seine Tracht ist die eines gewöhnlichen Kriegers, puritanisch schmucklos; eine lang herabhängende dunkelbraune Samtweste, darunter eine gelbe Lederjacke; Reiterstiefel, die so hoch heraufgehen, daß die schwarze Hose kaum zum Vorschein kommt; quer über die Brust ein schmutziggelbes Degengehänge, woran ein Degen mit Glockengriff; auf den kurzgeschnittenen dunkeln Haaren des Hauptes ein schwarzer aufgekrämpter Hut mit einer roten Feder; am Halse ein übergeschlagenes, weißes Kräglein, worunter noch ein Stück Harnisch sichtbar wird; schmutzige gelblederne Handschuhe; in der einen Hand, die nahe am Degengriffe liegt, ein kurzer, stützender Stock, in der andern Hand der erhobene Deckel des Sarges, worin der König liegt.

Die Toten haben überhaupt einen Ausdruck im Gesichte, wodurch der Lebende, den man neben ihnen erblickt, wie ein Geringerer erscheint; denn sie übertreffen ihn immer an vornehmer Leidenschaftslosigkeit und vornehmer Kälte. Das fühlen auch die Menschen, und aus Respekt vor dem höheren Totenstande tritt die Wache ins Gewehr und präsentiert, wenn eine Leiche vorübergetragen wird, und sei es auch die Leiche des ärmsten Flickschneiders. Es ist daher leicht begreiflich, wie sehr dem Oliver Cromwell seine Stellung ungünstig ist bei jeder Vergleichung mit dem toten Könige. Dieser, verklärt von dem eben erlittenen Martyrtume, geheiligt von der Majestät des Unglücks, mit dem kostbaren Purpur am Halse, mit dem Kuß der Melpomene auf den weißen Lippen, bildet den herabdrückendsten Gegensatz zu der rohen, der lebendigen Puritanergestalt. Auch mit der äußeren Bekleidung derselben konstrastieren tiefschneidend bedeutsam die letzten Prachtspuren der gefallenen Herrlichkeit, das reiche grünseidene Kissen im Sarge, die Zierlichkeit des blendendweißen Leichenhemds, garniert mit Brabanter Spitzen.

Welchen großen Weltschmerz hat der Maler hier mit wenigen Strichen ausgesprochen! Da liegt sie, die Herrlichkeit des Königtums, einst Trost und Blüte der Menschheit, elendiglich verblutend. Englands Leben ist seitdem bleich und grau, und die entsetzte Poesie floh den Boden, den sie ehemals mit ihren heitersten Farben geschmückt. Wie tief empfand ich dieses, als ich einst um Mitternacht an dem fatalen Fenster von Whitehall vorbeiging und die jetzige kaltfeuchte Prosa von England mich durchfröstelte! Warum war aber meine Seele nicht von eben so tiefen Gefühlen ergriffen, als ich jüngst zum ersten Male über den entsetzlichen Platz ging, wo Ludwig XVI. gestorben? Ich glaube, weil dieser, als er starb, kein König mehr war, weil er, als sein Haupt fiel, schon vorher die Krone verloren hatte. König Karl verlor aber die Krone nur mit dem Haupte selbst. Er glaubte an diese Krone, an sein absolutes Recht; er kämpfte dafür, wie ein Ritter, kühn und schlank; er starb adelig stolz, protestierend gegen die Gesetzlichkeit seines Gerichts, ein wahrer Märtyrer des Königtums von Gottes Gnaden. Der arme Bourbon verdient nicht diesen Ruhm, sein Haupt war schon durch eine Jakobinermütze entkönigt; er glaubte nicht mehr an sich selber, er glaubte fest an die Kompetenz seiner Richter, er beteuerte nur seine Unschuld; er war wirklich bürgerlich tugendhaft, ein guter, nicht sehr magerer Hausvater; sein Tod hat mehr einen sentimentalen als einen tragischen Charakter, er erinnert allzu sehr an August Lafontaine's Familienromane – Eine Träne für Ludwig Capet, einen Lorbeer für Karl Stuart!

„*Un plagiat infame d'un crime étranger*" sind die Worte, womit der Vicomte Chateaubriand jene trübe Begebenheit bezeichnet, die einst am 21. Januar auf dem Place de la Concorde stattfand. Er macht den Vorschlag, auf dieser Stelle eine Fountaine zu errichten, deren Wasser aus einem großen Becken von schwarzem Marmor hervorsprudeln, um abzuwaschen – „ihr wißt wohl, was ich meine", setzt er pathetisch geheimnisvoll hinzu. Der Tod Ludwig's XVI. ist überhaupt das beflorte Paradepferd, worauf der edle Vicomte sich beständig herumtummelt; seit Jahr und Tag exploidiert er die Himmelfahrt des Sohns des heiligen Ludwigs, und eben die raffinierte Giftdürftigkeit, womit er dabei deklamiert, und seine weitgeholten Trauerwitze zeugen von keinem wahren Schmerze. Am allerfatalsten ist es, wenn seine Worte widerhallen aus den Herzen des Faubourg Saint-Germain, wenn dort die alten Emigrantenkoterien mit heuchlerischen Seufzern noch immer über Ludwig XVI. jammern, als wären sie seine eigentlichen Angehörigen, als habe er eigentlich ihnen zugehört, als wären sie besonders bevorrechtet, seinen Tod zu betrauern. Und doch ist dieser Tod ein allgemeines Weltunglück gewesen, das den geringsten Tagelöhner ebensogut betraf wie den höchsten Zeremonienmeister der Tuilerien, und das jedes fühlende Menschenherz mit unendlichem Kummer erfüllten mußte. O, der feinen Sippschaft! seit sie nicht mehr unsere legitimen Freuden usurpieren kann, usurpiert sie unsere legitimsten Schmerzen.

Es ist vielleicht an der Zeit, einerseits das allgemeine Volksrecht solchen Schmerzen zu vindizieren, damit sich das Volk nicht einreden lasse, nicht ihm gehörten die Könige, sondern einigen Auserwählten, die das Privilegium haben, jedes königliche Mißgeschick als ihr eigenes zu bejammern; andererseits ist es vielleicht an der Zeit, jene Schmerzen laut auszusprechen, da es jetzt wieder einige eiskluge Staatsgrübler gibt, einige nüchterne Bacchanten der Vernunft, die in ihrem logischen Wahnsinn uns alle Ehrfurcht, die das uralte Sakrament des Königtums gebietet, aus der Tiefe unserer Herzen herausdisputieren möchten. Indessen, die trübe Ursache jener Schmerzen nennen wir keineswegs ein Plagiat, noch viel weniger ein Verbrechen, und am allerwenigsten infam; wir nennen sie eine Schickung Gottes. Würden wir doch die Menschen zu hoch stellen und zugleich zu tief herabsetzen, wenn wir ihnen so viel Riesenkraft und zugleich so viel Frevel zutrauten, daß sie aus eigener Willkür jenes Blut vergossen hätten, dessen Spuren Chateaubriand mit dem Wasser seines schwarzen Waschbeckens vertilgen will.

Wahrlich, wenn man die derzeitigen Zustände erwägt und die Bekenntnisse der überlebenden Zeugen einsammelt, so sieht man, wie wenig der freie Menschenwille bei dem Tode Ludwig's XVI. vorwaltete. Mancher, der gegen den Tod stimmen wollte, tat das Gegenteil, als er die Tribüne bestiegen und von dem dunkeln Wahnsinn der politischen Verzweiflung ergriffen wurde. Die Girondisten fühlten, daß sie zu gleicher Zeit ihr eigenes Todesurteil aussprachen. Manche Reden, die bei dieser Gelegenheit gehalten wurden, dienten nur zur Selbstbetäubung. Der Abbé Sieyes, angeekelt von dem widerwärtigen Geschwätze, stimmte ganz einfach für den Tod, und als er von der Tribüne herabgestiegen, sagte er zu seinem Freunde: *„J'ai voté la mort sans phrase."* Der böse Leumund aber mißbrauchte diese Privatäußerung; dem mildesten Menschen ward als parlamentarisch das Schreckenswort *„la mort sans phrase"* aufgebürdet, und es steht jetzt in allen Schulbüchern, und die Jungen lernen's auswendig. Wie man mir allgemein versichert, Bestürzung und Trauer herrschte am 21. Januar in ganz Paris, sogar die wütendsten Jakobiner schienen von schmerzlichem Mißbehagen niedergedrückt. Mein gewöhnlicher Kabriolettführer, ein alter Sanskülotte, erzählte mir, als er den König sterben sah, sei ihm zumute gewesen, „als würde ihm selber ein Glied abgesägt". Er setzte hinzu: „Es hat mir im Magen weh getan, und ich hatte den ganzen Tag einen Abscheu vor Speisen." Auch meinte er, „der alte Veto" habe sehr unruhig ausgesehen, als wolle er sich zur Wehr setzen. So viel ist gewiß, er starb nicht so großartig wie Karl I., der erst ruhig seine protestierende Rede hielt, wobei er so besonnen blieb, daß er die umstehenden Edelleute einige Male ersuchte, das Beil nicht zu betasten, damit es nicht stumpf werde. Der geheimnisvoll verlarvte Scharfrichter von Whitehall wirkte ebenfalls schauerlich poetischer als Samson mit seinem nackten Gesichte. Hof und Henker hatten die letzte Maske fallen lassen, und es war ein prosaisches Schauspiel. Vielleicht hätte Ludwig eine lange christliche Verzeihungsrede gehalten, wenn nicht die Trommel bei den ersten Worten schon so gerührt worden wäre, daß man kaum seine Unschuldserklärung gehört hat. Die erhabenen Himmelfahrtsworte, die Chateaubriand und seine Genossen beständig paraphrasieren: *„Fils de Saint Louis, monte au ciel!"* diese Worte sind auf dem Schafotte gar nicht gesprochen worden, sie passen gar nicht zu dem nüchternen Werkeltagscharakter des guten Edgeworth, dem sie in den Mund gelegt werden, und sie sind die Erfindung eines damaligen Journalisten, und sie sind die Erfindung eines damaligen Journalisten, namens Charles Hiß, der sie denselben Tag drucken ließ. Dergleichen Berichtigung ist freilich sehr unnütz; diese Worte stehen jetzt ebenfalls in allen Kompendien, sie sind schon längst auswendig gelernt, und die arme Schuljugend müßte noch obendrein auswendig lernen, daß diese Worte nie gesprochen worden.

Es ist nicht zu leugnen, daß Delaroche absichtlich durch sein ausgestelltes Bild zu geschichtlichen Vergleichungen aufforderte, und, wie zwischen Ludwig XVI. und Karl I., wurden auch zwischen Cromwell und Napoleon beständig Parallelen gezogen. Ich darf aber sagen, daß beiden Unrecht geschah, wenn man sie mit einander verglich. Denn Napoleon blieb frei von der schlimmsten Blutschuld, die Hinrichtung des Herzogs von Enghien war nur ein Meuchelmord; Cromwell aber sank nie so tief, daß er sich von einem Priester zum Kaiser salben ließ und, ein abtrünniger Sohn der Revolution, die gekrönte Vetterschaft der Cäsaren erbuhlte. In dem Leben des einen ist ein Blutfleck, in dem Leben des andern ist ein Ölfleck. Wohl fühlten sie aber beide die geheime Schuld. Dem Bonaparte, der ein Washington von Europa werden konnte, und nur dessen Napoleon ward, ihm ist nie wohl geworden in seinem kaiserlichen Purpurmantel; ihn verfolgte die Freiheit, wie der Geist einer erschlagenen Mutter, er hörte überall ihre Stimme, sogar des Nachts, aus den Armen der anvermählten Legitimität, schreckte sie ihn vom Lager; und dann sah man ihn hastig herumrennen in den hallenden Gemächern der Tuilerien, und er schalt und tobte; und wenn er dann des Morgens bleich und müde in den Staatsrat kam, so klagte er über Ideologie, und wieder Ideologie, und sehr gefährliche Ideologie, und Corvisart schüttelte das Haupt.

Wenn Cromwell ebenfalls nicht ruhig schlafen konnte und des Nachts ängstlich in Whitehall umherlief, so war es nicht, wie fromme Kavaliere meinten, ein blutiges Königsgespenst, was ihn verfolgte, sondern die Furcht vor den leiblichen Rächern seiner Schuld; er fürchtete die materiellen Dolche der Feinde, und deshalb trug er unter dem Wams immer einen Harnisch, und er wurde immer mißtrauischer, und endlich gar, als das Büchlein erschien: „Töten ist kein Mord", da hat Oliver Cromwell nie mehr gelächelt.

Wenn aber die Vergleichung des Protektors und des Kaisers wenig Ähnlichkeit bietet, so ist die Ausbeute desto reicher bei den Parallelen zwischen den Fehlern der Stuart's und der Bourbonen überhaupt, und zwischen den Restaurationsperioden in beiden Ländern. Es ist fast eine und dieselbe Untergangsgeschichte. Auch dieselbe Quasilegitimität der neuen Dynastie ist vorhanden wie einst in England. Im Foyer des Jesuitismus werden ebenfalls wieder, wie einst, die heiligen Waffen geschmiedet, die alleinseligmachende Kirche seufzt und intrigiert ebenfalls für das Kind des Mirakles, und es fehlt nur noch, daß der französische Prätendent, so wie einst der englische, nach dem Vaterland zurückkehre. Immerhin, mag er kommen! Ich prophezeie ihm das entgegengesetzte Schicksal Saul's, der seines Vaters Esel suchte und eine Krone fand: – der junge Heinrich wird nach Frankreich kommen und eine Krone suchen, und er findet hier nur die Esel seines Vaters.

Was die Beschauer des Cromwell am meisten beschäfitgte, war die Entzifferung seiner Gedanken bei dem Sarge des toten Karl. Die Geschichte berichtet diese Szene nach zwei verschiedenen Sagen. Nach der einen habe Cromwell des Nachts, bei Fackelschein, sich den Sarg öffnen lassen, und erstarrten Leibs und verzerrten Angesichts sei er lange davor stehen geblieben, wie ein stummes Steinbild. Nach einer anderen Sage öffnete er den Sarg bei Tage, betrachtete ruhig den Leichnam und sprach die Worte: „Er war ein starkgebauter Mann, und er hätte noch lange leben können." Nach meiner Ansicht hat Delaroche diese demokratische Legende im Sinne gehabt. Im Gesichte seines Cromwell ist durchaus kein Erstaunen oder Bewundern oder sonstiger Seelensturm ausgedrückt; im Gegenteil, den Beschauer erschüttert diese grauenhafte, entsetzliche Ruhe im Gesichte des Mannes. Da steht sie, die gefestete, erdsichere Gestalt, „brutal wie eine Tatsache", gewaltig ohne Pathos, dämonisch natürlich, wunderbar ordinär, verfehmt und zugleich gefeit, und da betrachtet sie ihr Werk, fast wie ein Holzhacker, der eben eine Eiche gefällt hat. Er hat sie ruhig gefällt, die große Eiche, die einst so stolz ihre Zweige verbreitet über England und Schottland, die Königseiche, in deren Schatten so viele schöne Menschengeschlechter geblüht, und worunter die Elfen der Poesie ihre süßesten Reigen getanzt; – er hat sie ruhig gefällt mit dem unglückseligen Beil, und da liegt sie zu Boden mit all ihrem holden Laubwerk und mit der unverletzten Krone – Unglückseliges Beil!

„*Do you not think, Sir, that the guillontine is a great improvement?*" Das waren die gequäkten Worte, womit mir Brite, der hinter mir stand, die Empfindungen unterbrach, die ich eben niedergeschrieben und die so wehmütig meine Seele erfüllten, während ich Karl's Halswunde auf dem Bilde von Delaroche betrachtete. Sie ist etwas allzu grell blutig gemalt. Auch ist der Deckel des Sarges ganz verzeichnet und gibt diesem das Ansehen eines Violinkastens. Im übrigen ist aber das Bild ganz unübertrefflich meisterhaft gemalt, mit der Feinheit des Vandyck und mit der Schattenkühnheit des Rembrandt; es erinnert mich namentlich an die republikanischen Kriegergestalten auf dem großen historischen Gemälde des Letztern, die Nachtwache, die ich im Trippenhuis zu Amsterdam gesehen.

Der Charakter des Delaroche sowie des größten Teils seiner Kunstgenossen, nähert sich überhaupt am meisten der flämischen Schule; nur daß die französische Grazie etwas zierlich leichter die Gegenstände behandelt und die französische Eleganz hübsch oberflächlich darüber hinspielt. Ich möchte daher den Delaroche einen graziösen, eleganten Niederländer nennen.

An einem andern Orte werde ich vielleicht die Gespräche berichten, die ich so oft vor seinem Cromwell vernahm. Kein Ort gewährte eine bessere Gelegenheit zur Belauschung der Volksgefühle und Tagesmeinungen. Das Gemälde hing in der großen Tribüne am Eingang der langen Galerie, und daneben hing Robert's ebenso bedeutsames Meisterwerk, gleichsam tröstend und versöhnend. In der Tat, wenn die kriegsrohe Puritanergestalt, der entsetzliche Schnitter mit dem abgemähten Königshaupt, aus dunkelm Grunde hervortretend, den Beschauer erschütterte und alle politischen Leidenschaften in ihm aufwühlte, so ward seine Seele doch gleich wieder beruhigt durch den Anblick jener andern Schnitter, die, mit ihren schönen Ähren heimkehrend zum Erntefest der Liebe und des Friedens, im klarsten Himmelslichte blühten. Fühlen wir bei dem einen Gemälde, wie der große Zweikampf noch nicht zu Ende, wie der Boden noch zittert unter unsern Füßen; hören wir hier noch das Rasen des Sturmes, der die Welt niederzureißen droht; sehen wir hier noch den gähnenden Abgrund, der gierig die Blutströme einschlürft, so daß grauenhafte Untergangsfurcht uns ergreift: so sehen wir auf dem andern Gemälde, wie ruhig sicher die Erde stehen bleibt und immer liebreich ihre goldenen Früchte hervorbringt, wenn auch die ganze römische Universaltragödie mit allen ihren Gladiatoren und Kaisern und Lastern und Elefanten darüber hingetrampelt. Wenn wir auf dem einen Gemälde jene Geschichte sehen, die sich so närrisch herumrollt in Blut und Kot, oft Jahrhunderte lang blödsinnig stillsteht, und dann wieder unbeholfen hastig aufspringt, und in die Kreuz und in die Quer wütet, und die wir Weltgeschichte nennen: so sehen wir auf dem andern Gemälde, jene noch größere Geschichte, die dennoch genug Raum hat auf einem mit Büffeln bespannten Wagen; eine Geschichte ohne Anfang und ohne Ende, die sich ewig wiederholt und so einfach ist wie das Meer, wie der Himmel, wie die Jahreszeiten; eine heilige Geschichte, die der Dichter beschreibt und deren Archiv in jedem Menschenherzen zu finden ist: – die Geschichte der Menschheit!

Wahrlich, wohltuend und heilsam war es, daß Robert's Gemälde dem Gemälde des Delaroche zur Seite gestellt worden. Manchmal, wenn ich den Cromwell lange betrachtet und mich ganz in ihn versenkt hatte, daß ich fast seine Gedanken hörte, einsilbig barsche Worte, verdrießlich hervorgebrummt und gezischt im Charakter jener englischen Mundart, die dem fernen Grollen des Meeres und dem Schrillen der Sturmvögel gleicht: dann rief mich heimlich wieder zu sich der stille Zauber des Nebengemäldes, und mir war, als hörte ich lächelnden Wohllaut, als hörte ich Toskana's süße Sprache von römischen Lippen erklingen, und meine Seele wurde besänftigt und erheitert.

Ach! wohl tut es not, daß die liebe, unverwüstliche, melodische Geschichte der Menschheit unsere Seele tröste in dem mißtönenden

Lärm der Weltgeschichte. Ich höre in diesem Augenblick da draußen, dröhnender, betäubender als jemals, diesen mißtönenden Lärm, dieses sinnverwirrende Getöse; es zürnen die Trommeln, es klirren die Waffen; ein empörtes Menschenmeer mit wahnsinnigen Schmerzen und Flüchen, wälzt sich durch die Gassen das Volk von Paris und heult: „Warschau ist gefallen! Unsere Avantgarde ist gefallen! Nieder mit den Ministern! Krieg den Russen! Tod den Preußen!" – Es wird mir schwer, ruhig am Schreibtische sitzen zu bleiben und meinen armen Kunstbericht, meine friedliche Gemäldebeurteilung zu Ende zu schreiben. Und dennoch, gehe ich hinab auf die Straße und man erkennt mich als Preußen, so wird mir von irgendeinem Julihelden das Gehirn eingedrückt, so daß alle meine Kunstideen zerquetscht werden; oder ich bekomme einen Bajonettstich in die linke Seite, wo jetzt das Herz schon von selber blutet, und vielleicht obendrein werde ich in die Wache gesetzt als fremder Unruhstörer.

Bei solchem Lärm verwirren und verschieben sich alle Gedanken und Bilder. Die Freiheitsgöttin von Delacroix tritt mir mit ganz verändertem Gesicht entgegen, fast mit Angst in dem wilden Auge. Mirakulöse verändert sich das Bild des Papstes von Vernet; der alte schwächliche Statthalter Christi sieht auf einmal so jung und gesund aus und erhebt sich lächelnd auf seinem Sessel, und es ist, als ob seine starken Träger das Maul aufsperrten zu einem *Te deum laudamus*. Der junge englische Prinz sinkt zu Boden, und sterbend sieht er mich an mit den wohlbekannten Freundesblicken, mit jener schmerzlichen Innigkeit, die den Polen eigen ist. Auch der tote Karl bekommt ein ganz anderes Gesicht und verwandelt sich plötzlich, und wenn ich genauer hinschaue, so liegt kein König, sondern das ermordete Polen in dem schwarzen Sarge, und davor steht nicht mehr Cromwell, sondern der Zar von Rußland, eine adlige, reiche Gestalt, ganz so herrlich, wie ich ihn vor einigen Jahren zu Berlin gesehen, als er neben dem König von Preußen auf dem Balkone stand und diesem die Hand küßte. Dreißigtausend schaulustige Berliner jauchzten Hurrah! und ich dachte in meinem Herzen: Gott sei uns allen gnädig! Ich kannte ja das sarmatische Sprichwort: „Die Hand, die man noch nicht abhauen will, die muß man küssen." – –*)

Ach! ich wollte, der König von Preußen hätte sich auch hier an

---

*) Die oben nachfolgende Stelle lautete, von Zensurstrichen arg verstümmelt, im ältesten Abdruck: „– – – – – – – – Ach, Deutschlands rechte Hand war gelähmt, lahm geküßt, und unsere beste Schutzmauer fiel, unsere Avantgarde fiel, das mutige Polen liegt im Sarge, und wenn uns jetzt der Zar wieder besucht, dann ist an uns die Reihe, ihm die Hand zu küssen – Gott sei uns allen gädig!
Da hier nicht mehr von Königsmord – – – – – – – – – – – – – die Rede ist, so will ich alle weitere Erörterung übergehen und zu meinem eigentlichen Thema zurückkehren." **Der Herausgeber.**

die linke Hand küssen lassen, und hätte mit der rechten Hand das Schwert ergriffen und dem gefährlichsten Feinde des Vaterlandes so begegnet, wie es Pflicht und Gewissen verlangten. Haben sich diese Hohenzollern die Vogtwürde des Reiches im Norden angemaßt, so mußten sie auch seine Marken sichern gegen das herandrängende Rußland. Die Russen sind ein braves Volk, und ich will sie gern achten und lieben; aber seit dem Falle Warschau's, der letzten Schutzmauer, die uns von ihnen getrennt, sind sie unseren Herzen so nahe gerückt, daß mir angst wird.

Ich fürchte, wenn uns jetzt der Zar von Rußland wieder besucht, dann ist an uns die Reihe, ihm die Hand zu küssen – Gott sei uns allen gnädig!

Gott sei uns allen gnädig! Unsere letzte Schutzmauer ist gefallen, die Göttin der Freiheit erbleicht, unsere Freunde liegen zu Boden, der römische Großpfaffe erhebt sich boshaft lächelnd, und die siegende Aristokratie steht triumphierend an dem Sarge des Volkstums.

Ich höre, Delaroche malt jetzt ein Seitenstück zu seinem Cromwell, einen Napoleon auf Sankt Helena, und er wählt den Moment, wo Sir Hudson Lowe die Decke aufhebt von dem Leichnam jenes großen Repräsentanten der Demokratie.

Zu meinem Thema zurückkehrend, hätte ich hier noch manchen wackern Maler zu rühmen, z. B. die beiden Seemaler Gudin und Jsabey, so wie auch einige ausgezeichnete Darsteller des gewöhnlichen Lebens, den geistreichen Destouches und den witzigen Pigal; aber trotz des besten Willens ist es mir dennoch unmöglich, ihre stillen Verdienste ruhig auseinander zu setzen, denn da draußen stürmt es wirklich zu laut, und es ist unmöglich, die Gedanken zusammen zu fassen, wenn solche Stürme in der Seele widerhallen. Ist es doch in Paris sogar an sogenannt ruhigen Tagen sehr schwer, das eigene Gemüt von den Erscheinungen der Straße abzuwenden und Privatträumen nachzuhängen. Wenn die Kunst auch in Paris mehr als anderswo blüht, so werden wir doch in ihrem Genusse jeden Augenblick gestört durch das rohe Geräusch des Lebens; die süßesten Töne der Pasta und Malibran werden uns verleidet durch den Notschrei der erbitterten Armut, und das trunkene Herz, das eben Robert's Farbenlust eingeschlürft, wird schnell wieder ernüchtert durch den Anblick des öffentlichen Elends. Es gehört fast ein Goethe'scher Egoismus dazu, um hier zu einem ungetrübten Kunstgenuß zu gelangen, und wie sehr einem gar die Kunstkritik erschwert wird, das fühle ich eben in diesem Augenblick. Ich vermochte gestern dennoch an diesem Berichte weiter zu schreiben, nachdem ich einmal unterdessen nach den Boulevards gegangen war, wo ich einen todblassen Menschen vor Hunger und Elend niederfallen sah. Aber wenn auf einmal ein ganzes Volk niederfällt an den Boulevards von Europa – dann ist es unmöglich, ruhig weiter zu schreiben. Wenn die Augen des Kritikers von Tränen getrübt werden, ist auch sein Urteil wenig mehr wert.

Mit Recht klagen die Künstler in dieser Zeit der Zwietracht, der allgemeinen Befehdung. Man sagt, die Malerei bedürfe des friedlichen Ölbaums in jeder Hinsicht. Die Herzen, die ängstlich lauschen, ob nicht die Kriegstrompete erklingt, haben gewiß nicht die gehörige Aufmerksamkeit für die süße Musik. Die Oper wird mit tauben Ohren gehört, das Ballett sogar wird nur teilnahmslos angeglotzt. „Und daran ist die verdammte Julirevolution schuld", seufzen die Künstler, und sie verwünschen die Freiheit und die leidige Politik, die alles verschlingt, so daß von ihnen gar nicht mehr die Rede ist.

Wie ich höre – aber ich kann's kaum glauben – wird sogar in Berlin nicht mehr vom Theater gesprochen, und der *Morning Chronicle,* der gestern berichtet, daß die Reformbill im Unterhause durchgegangen ist, erzählt bei dieser Gelegenheit, daß der Doktor Raupach sich jetzt in Baden-Baden befinde und über die Zeit jammere, weil sein Kunsttalent dadurch zugrunde gehe.

Ich bin gewiß ein großer Verehrer des Doktor Raupach, ich bin immer ins Theater gegangen, wenn die „Schülerschwänke", oder die „Sieben Mädchen in Uniform", oder „Das Fest der Handwerker", oder sonst ein Stück von ihm gegeben wurde; aber ich kann doch nicht leugnen, daß der Untergang Warschau's mir weit mehr Kummer macht, als ich vielleicht empfinden würde, wenn der Doktor Raupach mit seinem Kunsttalente unterginge. O Warschau! Warschau! nicht für einen ganzen Wald von Raupachen hätte ich dich hingegeben!

Meine alte Prophezeiung von dem Ende der Kunstperiode, die bei der Wiege Goethe's anfing und bei seinem Sarge aufhören wird, scheint ihrer Erfüllung nahe zu sein. Die jetzige Kunst muß zugrunde gehen, weil ihr Prinzip noch im abgelebten alten Regime, in der heiligen römischen Reichsvergangenheit wurzelt. Deshalb, wie alle welken Überreste dieser Vergangenheit, steht sie im unerquicklichsten Widerspruch mit der Gegenwart. Dieser Widerspruch, und nicht die Zeitbewegung selbst, ist der Kunst so schädlich; im Gegenteil, diese Zeitbewegung müßte ihr sogar gedeihlich werden, wie einst in Athen und Florenz, wo eben in den wildesten Kriegs- und Parteistürmen die Kunst ihre herrlichsten Blüten entfaltete. Freilich, jene griechischen und florentinischen Künstler führten kein egoistisch isoliertes Kunstleben, die müßig dichtende Seele hermetisch verschlossen gegen die großen Schmerzen und Freuden der Zeit; im Gegenteil, ihre Werke waren nur das träumende Spiegelbild ihrer Zeit, und sie selbst waren ganze Männer, deren Persönlichkeit eben so gewaltig wie ihre bildende Kraft; Phidias und Michelangelo waren Männer aus einem Stück, wie ihre Bildwerke, und wie diese zu ihren griechischen und katholischen Tempeln paßten, so standen jene Künstler in heiliger Harmonie mit ihrer Umgebung: sie trennten nicht ihre Kunst von der Politik des Tages, sie arbeiteten nicht mit kümmerlicher Privatbegeisterung, die sich leicht in jeden beliebigen Stoff hineinlügt; Aeschylus hat die Perser mit derselben Wahrheit gedichtet, womit er zu Marathon gegen sie gefochten, und Dante schrieb seine Komödie nicht als stehender Kommissionsdichter, sondern als flüchtiger Guelfe, und in Verbannung und Kriegsnot klagte er nicht über den Untergang seines Talentes, sondern über den Untergang der Freiheit.

Indessen, die neue Zeit wird auch eine neue Kunst gebären, die mit ihr selbst in begeistertem Einklang sein wird, die nicht aus der verblichenen Vergangenheit ihre Symbolik zu borgen braucht, und die sogar eine neue Technik, die von der seitherigen verschieden, hervorbringen muß. Bis dahin möge, mit Farben und Klängen, die selbsttrunkenste Subjektivität, die weltentzügelte Individualität, die gottfreie Persönlichkeit mit all ihrer Lebenslust sich geltend machen, was doch immer ersprießlicher ist als das tote Scheinwesen der alten Kunst.

Oder hat es überhaupt mit der Kunst und mit der Welt selbst ein trübseliges Ende? Jene überwiegende Geistigkeit, die sich jetzt in der europäischen Literatur zeigt, ist sie vielleicht ein Zeichen von nahem Absterben, wie bei Menschen, die in der Todesstunde plötzlich hellsehend werden und mit verbleichenden Lippen die übersinnlichsten Geheimnisse aussprechen? Oder wird das greise Europa sich wieder verjüngen, und die dämmernde Geistigkeit seiner Künstler und Schriftsteller ist nicht das wunderbare Ahnungsvermögen der Sterbenden, sondern das schaurige Vorgefühl einer Wiedergeburt, das sinnige Wehen eines neuen Frühlings?

Die diesjährige Ausstellung hat durch manches Bild jene unheimliche Todesfurcht abgewiesen und die bessere Verheißung bekundet. Der Erzbischof von Paris erwartet alles Heil von der Cholera, von dem Tode; ich erwarte es von der Freiheit, von dem Leben. Darin unterscheidet sich unser Glauben. Ich glaube, daß Frankreich aus der Herzenstiefe seines neuen Lebens auch eine neue Kunst hervoratmen wird. Auch diese schwere Aufgabe wird von den Franzosen gelöst werden, von den Franzosen, diesem leichten, flatterhaften Volke, das wir so gerne mit einem Schmetterling vergleichen.

Aber der Schmetterling ist auch ein Sinnbild der Unsterblichkeit der Seele und ihrer ewigen Verjüngung.

Gemäldeausstellung von 1833

Als ich im Sommer 1831 nach Paris kam, war ich doch über nichts mehr verwundert als über die damals eröffnete Gemäldeausstellung, und obgleich die wichtigsten politischen und religiösen Revolutionen meine Aufmerksamkeit in Anspruch nahmen, so konnte ich doch nicht unterlassen, zuerst über die große Revolution zu schreiben, die hier im Reiche der Kunst stattgefunden, und als deren bedeutsamste Erscheinung der erwähnte Salon zu betrachten war.

Nicht minder, als meine übrigen Landsleute, hegte auch ich die ungünstigsten Vorurteile gegen die französische Kunst, namentlich gegen die französische Malerei, deren letzte Entwicklungen mir ganz unbekannt geblieben. Es hat aber auch eine eigene Bewandtnis mit der Malerei in Frankreich. Auch sie folgte der sozialen Bewegung und ward endlich mit dem Volke selber verjüngt. Doch geschah dieses nicht so unmittelbar wie in den Schwesterkünsten Musik und Poesie, die schon vor der Revolution ihre Umwandlung begonnen.

Herr Louis de Maynard, welcher in der *Europe littéraire* über den diesjährigen Salon eine Reihe Artikel geliefert, welche zu dem Interessantesten gehören, was je ein Franzose über Kunst geschrieben, hat sich in Betreff obiger Bemerkung mit folgenden Worten ausgesprochen, die ich, so weit es bei Lieblichkeit und Grazie des Ausdrucks möglich ist, getreu wiedergebe:

„In derselben Weise, wie die gleichzeitige Politik und die Literatur, beginnt auch die Malerei des achtzehnten Jahrhunderts; in derselben Weise erreichte sie eine gewisse vollendete Entfaltung; und sie brach auch zusammen denselben Tag, als alles in Frankreich zusammengebrochen. Sonderbares Zeitalter, welches mit einem lauten Gelächter bei dem Tode Ludwig's XIV. anfängt und in den Armen des Scharfrichters endigt, „des Herrn Scharfrichters" wie Madame Dubarry ihn nannte. O, dieses Zeitalter, welches alles verneinte, alles verspottelte, alles entweihte und an nichts glaubte, war eben deshalb um so tüchtiger zu dem großen Werke der Zerstörung, und es zerstörte, ohne im mindesten etwas wieder aufbauen zu können, und es hatte auch keine Lust dazu.

„Indessen, die Künste, wenn sie auch derselben Bewegung folgen, folgen sie ihr doch nicht mit gleichem Schritte. So ist die Malerei im achtzehnten Jahrhundert zurückgeblieben. Sie hat ihre Crebillon hervorgebracht, aber keine Voltaire, eine Diderot. Beständig im Solde der vornehmen Gönnerschaft, beständig im unterröcklichen Schutze der regierenden Maitressen, hat sich ihre Kühnheit und ihre Kraft allmählich aufgelöst, ich weiß nicht wie. Sie hat in all ihrer Ausgelassenheit nie jenen Ungestüm, nie jene Begeisterung bekundet, die uns fortreißt und blendet und für den schlechten Geschmack entschädigt. Sie wirkt mißbehaglich mit ihren frostigen Spielereien, mit ihren welken Kleinkünsten im Bereiche eines Boudoirs, wo ein nettes Zierdämchen, auf dem Sofa hingestreckt, sich leichtsinnig sächert. Favart mit seinen Eglées und Zulmas ist wahrheitlicher als Watteau und Boucher mit ihren koketten Schäferinnen und idyllischen Abbés. Favart, wenn er sich auch lächerlich machte, so meinte er es doch ehrlich. Die Maler jenes Zeitalters nahmen am wenigsten Teil an dem, was sich in Frankreich vorbereitete. Der Ausbruch der Revolution überraschte sie im Negligé. Die Philosophie, die Politik, die Wissenschaft, die Literatur, jede durch einen besonderen Mann repräsentiert, waren sie stürmisch, wie eine Schar Trunkenbolde, auf ein Ziel losgestürmt, das sie nicht kannten; aber je näher sie demselben gelangten, desto besänftigter wurde ihr Fieber, desto ruhiger wurde ihr Antlitz, desto sicherer wurde ihr Gang. Jenes Ziel, welches sie noch nicht kannten, mochten sie wohl dunkel ahnen; denn im Buche Gottes hatten sie lesen können, daß alle menschlichen Freuden mit Tränen endigen. Und, ach! sie kamen von einem zu wüsten, jauchzenden Gelage, als daß sie nicht zu dem Ernstesten und Schrecklichsten gelangen mußten. Wenn man die Unruhe betrachtet, wovon sie in dem süßesten Rausche dieser Orgie des achtzehnten Jahrhunderts zuweilen beängstigt worden, so sollte man glauben, das Schafott, das all diese tolle Lust endigen sollte, habe ihnen schon von ferne zugewinkt wie das dunkle Haupt eines Gespenstes.

„Die Malerei, welche sich damals von der ernsthaften sozialen Bewegung entfernt gehalten, sei es nun, weil sie von Wein und Weibern ermattet war, oder sei es auch, weil sie ihre Mitwirkung für fruchtlos hielt, genug, sie hat sich bis zum letzten Augenblick dahingeschleppt zwischen ihren Rosen, Moschusdüften und Schäferspielen. Vien und einige andere fühlen wohl, daß man sie zu jedem Preis daraus emporziehen müßte, aber sie wußten nicht, wie man alsdann damit anfangen sollte. Lesueur, den der Lehrer David's sehr hochachtete, konnte keine neue Schule hervorbringen. Er mußte dessen wohl eingeständig sein. In eine Zeit geschleudert, wo alles geistige Königtum in die Gewalt eines Mara und eines Robespierre geraten, war David in derselben Verlegenheit, wie jene Künstler. Wissen wir doch, daß er nach Rom ging, und daß er ebenso Vanlooisch heimkehrte, wie er abgereist war. Erst später, als das griechisch-römische Altertum gepredigt wurde, als Publizisten und Philosophen auf den Gedanken gerieten, man müsse zu den literarischen, sozialen und politischen Formen der Alten zurückkehren, erst alsdann entfaltete sich sein Geist in all seiner angeborenen Kühnheit und mit gewaltiger Hand zog er die Kunst aus der tändelnden, parfümierten Schäferei, worin sie versunken, und erhob sie in die ernsten Regionen des antiken Heldentums. Die Reaktion war unbarmherzig, wie jede Reaktion, und David betrieb sie bis zum Äußersten. Es begann durch ihn ein Terrorismus auch in der Malerei."

Über David's Schaffen und Wirken in ist Deutschland hinlänglich unterrichtet. Unsere französischen Gäste haben uns während der Kaiserzeit oft genug von dem großen David unterhalten. Ebenfalls von seinen Schülern, die ihn, jeder in seiner Weise, fortgesetzt, von Gerard, Gros, Girodet und Guerin, haben wir vielfach reden hören. Weniger weiß man bei uns von einem andern Manne, dessen Namen ebenfalls mit einem G anfängt, und welcher, wenn auch nicht der Stifter, doch der Eröffner einer neuen Malerschule in Frankreich. Das ist Gericault.

Von dieser neuen Malerschule habe ich in den vorstehenden Blättern unmittelbar Kunde gegeben. Indem ich die besten Stücke des Salon von 1831 beschrieben, lieferte ich auch zu gleicher Zeit eine Charakteristik der neuen Meister. Jener Salon war nach dem allgemeinen Urteil der außerordentlichste, den Frankreich je geliefert, und er bleibt denkwürdig in den Annalen der Kunst. Die Gemälde, die ich einer Beschreibung würdigte, werden sich Jahrhunderte erhalten, und mein Wort ist vielleicht ein nützlicher Beitrag zur Geschichte der Malerei.

Von jener unermeßlichen Bedeutung des Salon von 1831 habe ich mich dieses Jahr vollauf überzeugen können, als die Säle des Louvre, welche während zwei Monat geschlossen waren, sich den ersten April wieder öffneten, und uns die neuesten Produkte der französischen Kunst entgegen grüßten. Wie gewöhnlich hatte man die alten Gemälde, welche die Nationalgalerie bilden, durch spanische Wände verdeckt, und an letzteren hingen die neuen Bilder, so daß zuweilen hinter den gotischen Abgeschmacktheiten eines neuromantischen Malers gar lieblich die mythologischen alt-italienischen Meisterwerke hervorlauschten. Die ganze Ausstellung glich einem *Codex palimpsestus*, wo man sich über den neubarbarishen Text um so mehr ärgert, wenn man wußte, welche griechische Götterpoesie damit übersudelt worden.

Wohl gegen viertehalbtausend Gemälde waren ausgestellt, und es befand sich darunter fast kein einziges Meisterstück. War das die Folge einer allzu großen Ermüdung nach einer allzu großen Aufregung? Beurkundete sich in der Kunst der National-Katzenjammer, den wir jetzt, nachdem der übertolle Freiheitsrausch verdampft, auch im politischen Leben der Franzosen bemerken? War die diesjährige Ausstellung nur ein bunte Gähnen, nur ein farbiges Echo der diesjährigen Kammer? Wenn der Salon von 1831 noch von der Sonne des Julius durchglüht war, so tröpfelte in dem Salon 1833 noch der trübe Regen des Junius. Die beiden gefeierten Helden des vorigen Salon, Delaroche und Robert, traten diesmal gar nicht in die Schranken, und die übrigen Maler, die ich früher gerühmt, gaben dies Jahr nichts Vorzügliches. Mit Ausnahme eines Bildes von

Tony Johannot, einem Deutschen, hat kein einziges Gemälde dieses Salons mich gemütlich angesprochen. Herr Scheffer gab wieder eine Margarethe, die von großen Fortschritten im Technischen zeugte, aber doch nicht viel bedeutete. Es war dieselbe Idee, glühender gemalt und frostiger gedacht. Auch Horace Vernet gab wieder ein großes Bild, worauf jedoch nur schöne Einzelheiten. Decamps hat sich wohl über den Salon und sich selber lustig machen wollen, und er gab meistens Affenstücke; darunter ein ganz vortrefflicher Affe, der ein Historienbild malt. Das deutschchristlich lang herabhängende Haar desselben mahnte mich ergötzlich an überrheinische Freunde.

Am meisten besprochen und durch Lob und Widerspruch gefeiert wurde dieses Jahr Herr Ingres. Er gab zwei Stücke; das eine war das Porträt einer jungen Italienerin, das andere war das Porträt des Herrn Berin l'ainé, eines alten Franzosen.

Wie Ludwig Philipp im Reiche der Politik, so war Herr Ingres dieses Jahr König im Reiche der Kunst. Wie jener in den Tuilerien, so herrschte dieser im Louvre. Der Charakter des Herrn Ingres ist ebenfalls Justemilieu, er ist nämlich ein Justemilieu zwischen Mieris und Michelangelo. In seinen Gemälden findet man die heroische Kühnheit des Mieris und die feine Farbengebung des Michelangelo.

In demselben Maße, wie die Malerei in der diesjährigen Ausstellung wenig Begeisterung zu erregen vermochte, hat die Skulptur sich um so glänzender gezeigt, und sie lieferte Werke, worunter viele zu den höchsten Hoffnungen berechtigten und eins sogar mit den besten Erzeugnissen dieser Kunst wetteifern konnte. Es ist der Kain des Herrn Etex. Es ist eine Gruppe von symmetrischer, ja monumentaler Schönheit, von antediluvianischem Charakter, und doch zugleich voller Zeitbedeutung. Kain mit Weib und Kind, schicksalergeben, gedankenlos brütend, eine Versteinerung trostloser Ruhe. Dieser Mann hat seinen Bruder getötet infolge eines Opferzwistes, eines Religionsstreits. Ja, die Religion hat den ersten Brudermord verursacht, und seitdem trägt sie das Blutzeichen auf der Stirne.

Ich werde auf den Kain von Etex späterhin zurückkommen, wenn ich von dem außerordentlichen Aufschwung zu reden habe, den wir in unserer Zeit bei den Bildhauern noch weit mehr als bei den Malern bemerken. Der Spartakus und der Theseus, welche beide jetzt im Tuileriengarten aufgestellt sind, erregen jedesmal, wenn ich dort spazieren gehe, meine nachdenkende Bewunderung. Nur schmerzt es mich zuweilen, wenn es regnet, daß solche Meisterstücke unserer modernen Kunst so ganz und gar der freien Luft ausgesetzt sind. Der Himmel ist hier nicht so mild wie ein Griechenland, und auch dort standen die besseren Werke nie so ganz ungeschützt gegen Wind und Wetter, wie man gewöhnlich meint. Die besseren waren wohlgeschirmt, meistens in Tempeln. Bis jetzt hat jedoch die

Witterung den neuen Statuen in den Tuilerien wenig geschadet, und es ist ein heiterer Anblick, wenn sie blendend weiß aus dem frischgrünen Kastanienlaub hervorgüßen. Dabei ist es hübsch anzuhören, wenn die Bonnen den kleinen Kindern, die dort spielen, manchmal erklären, was der marmorne nackte Mann bedeutet, der so zornig sein Schwert in der Hand hält, oder was das für ein sonderbarer Kranz ist, der auf seinem menschlichen Leib einen Ochsenkopf trägt, und den ein anderer nackter Mann mit einer Keule niederschlägt; der Ochsenmensch, sagen sie, hat viele kleine Kinder gefressen. Junge Republikaner, die vorübergehen, pflegen auch wohl zu bemerken, daß der Spartakus sehr bedenklich nach den Fenstern der Tuilerien hinaufschielt, und in der Gestalt des Minotaurus sehen sie das Königtum. Andere Leute tadeln auch wohl an dem Theseus die Art, wie er die Keule schwingt, und selber die Hand zerschmettern. Dem sei aber, wie ihm wolle, bis jetzt sieht das alles noch sehr gut aus. Jedoch nach einigen Wintern werden diese vortrefflichen Statuen schon verwittert und brüchig sein, und Moos wächst dann an dem Schwerte des Spartakus, und friedliche Insektenfamilien nisten zwischen dem Ochsenkopfe des Minotaurus und der Keule des Theseus, wenn diesem nicht gar unterdessen die Hand mitsamt der Keule abgebrochen ist.

Da hier doch so viel unnützes Militär gefüttert werden muß, so sollte der König in den Tuilerien neben jede Statue eine Schildwache stellen, die, wenn es regnet, einen Regenschirm darüber ausspannt. Unter dem bürgerköniglichen Regenschirm würde dann im wahren Sinne des Wortes die Kunst geschützt sein.

Allgemein ist die Klage der Künstler über die allzu große Sparsamkeit des Königs. Als Herzog von Orleans, heißt es, habe er die Künste eifriger beschützt. Man murrt, er bestelle verhältnismäßig zu wenig Bilder und zahle dafür verhältnismäßig zu wenig Geld. Er ist jedoch, mit Ausnahme des Königs von Bayern, der größte Kunstkenner unter den Fürsten. Sein Geist ist vielleicht jetzt zu sehr politisch befangen, als daß er sich mit Kunstsachen so eifrig wie ehemals beschäftigen könnte. Wenn aber seine Vorliebe für Malerei und Skulptur etwas abgekühlt, so hat sich seine Neigung für Architektur fast bis zur Wut gesteigert. Nie ist in Paris so viel gebaut worden, wie jetzt auf Betrieb des Königs geschieht. Überall Anlagen zu neuen Bauwerken und ganz neuen Straßen. An den Tuilerien und dem Louvre wird beständig gehämmert. Der Plan zu der neuen Bibliothek ist das Großartigste, was sich denken läßt. Die Magdalenenkirche, der alte Tempel des Ruhms, ist seiner Vollendung nahe. An dem großen Gesandtschaftspalaste, den Napoleon an der rechten Seite der seine aufführen wollte, und der nur zur Hälfte fertig geworden, so daß er wie Trümmer einer Riesenburg aussieht, an diesem ungeheuren Werke wird jetzt weiter gebaut. Dabei erheben sich wunderbar kolossale Monumente auf den öffentlichen Plätzen.

Auf dem Bastillenplatz erhebt sich der große Elefant, der nicht übel die bewußte Kraft und die gewaltige Vernunft des Volks repräsentiert. Auf der Place de la Concorde sehen wir schon in hölzerner Abbildung den Obelisk des Luxor; in einigen Monaten steht dort das ägyptische Original und dient als Denkstein des schauerlichen Ereignisses, das einst am 21. Januar auf diesem Orte statt fand. Wie viel' tausendjährige Erfahrungen uns dieser hieroglyphenbedeckte Bote aus dem Wunderland Ägypten mitbringen mag, so hat doch der junge Laternenpfahl, der auf der Place de la Concorde seit fünfzig Jahren steht, noch viel merkwürdigere Dinge erlebt, und der alte rote urheilige Riesenstein wird vor Entsetzen erblassen und zittern, wenn mal in einer stillen Winternacht jener frivol französische Laternenpfahl zu schwatzen beginnt und die Geschichte des Platzes erzählt, worauf sie beide stehen.

Das Bauwesen ist die Hauptleidenschaft des Königs, und diese kann vielleicht die Ursache seines Sturzes werden. Ich fürchte, trotz allen Versprechungen werden ihm die *Forts détachés* nicht aus dem Sinne kommen; denn bei diesem Projekte können seine Lieblingswerkzeuge, Kelle und Hammer, angewendet werden, und das Herz klopft ihm vor Freude, wenn er an einen Hammer denkt. Dieses Klopfen übertäubt vielleicht einst die Stimme seiner Klugheit, und ohne es zu ahnen, wird er von seinen Lieblingslaunen beschwatzt, wenn er jene Forts für sein einziges Heil und ihre Errichtung für leicht ausführbar hält. Durch das Medium der Architektur gelangen wir daher vielleicht in die größten Bewegungen der Politik. In Beziehung auf jene Forts und auf den König selbst will ich hier ein Fragment aus einem Memoire mitteilen, das ich vorigen Juli geschrieben:

„Das ganze Geheimnis der revolutionären Parteien besteht darin, daß sie die Regierung nicht mehr angreifen wollen, sondern vonseiten derselben irgendeinen großen Angriff abwarten, um daher in Paris nicht ausbrechen ohne den besondern Willen der Regierung, die erst durch irgendeine bedeutende Torheit die Veranlassung geben muß. Gelingt die Insurrektion, so wird Frankreich sogleich zu einer Republik erklärt, und die Revolution wälzt sich über ganz Europa, dessen alte Institutionen alsdann, wo nicht zertrümmert, doch wenigstens sehr erschüttert werden. Mißlingt die Insurrektion, so beginnt hier eine unerhört furchtbare Reaktion, die alsdann in den Nachbarländern mit der gewöhnlichen Ungeschicklichkeit nachgeäfft wird, und dann ebenfalls manche Umgestaltung des Bestehenden hervorbringen kann. Auf jeden Fall wird die Ruhe Europa's gefährdet durch alles, was die hiesige Regierung gegen die Interessen der Revolution Außerordentliches unternimmt, durch jede Feindseligkeit, die sie gegen die Parteien der Revolution ausübt. Da nun der Wille der hiesigen Regierung ganz ausschließlich der Wille des Königs ist, so ist die Brust Ludwig

Philipp's die eigentliche Pandorabüchse, die alle Übel enthält, die sich auf einmal über diese Erde ergießen können. Leider ist es nicht möglich, auf seinem Gesichte die Gedanken seines Herzens zu lesen: denn in der Verstellungskunst scheint die jüngere Linie eben so sehr Meister zu sein, wie die ältere. Kein Schauspieler auf dieser Erde hat sein Gesicht so sehr in seiner Gewalt, keiner weiß so meisterhaft seine Rolle durchzuspielen wie unser Bürgerkönig. Er ist vielleicht einer der geschicktesten, geistvollsten und mutigsten Menschen Frankreichs; und doch hat er, als es galt, die Krone zu gewinnen, sich ein ganz harmloses, spießbürgerliches, zaghaftes Ansehen zu geben gewußt, und die Leute, die ihn ohne viel Umstände auf den Thron setzen, glauben gewiß, ihn mit noch weit weniger Umständen wieder davon herunterwerfen zu können. Diesmal hat das Königtum die blödsinnige Rolle des Brutus gespielt. Daher sollten die Franzosen eigentlich über sich selber und nicht über den Ludwig Philipp lachen, wenn sie jene Karikaturen ansehen, wo letzterer mit seinem weißen Filzhut und großen Regenschirm dargestellt wird. Beides waren Requisiten, und, wie die *Poignées de main*, gehörten sie zu seiner Rolle. Der Geschichtschreiber wird ihm einst das Zeugnis geben, daß er diese gut ausgeführt hat; dieses Bewußtsein kann ihn trösten über die Satiren und Karikaturen, die ihn zur Zielscheibe ihres Witzes gewählt. „Die Menge solcher Spottblätter und Zerrbilder wird täglich größer, und überall an den Mauern der Häuser sieht man groteske Birnen. Noch nie ist ein Fürst in seiner eignen Hauptstadt so sehr verhöhnt worden, wie Ludwig Philipp. Aber er denkt: „Wer zuletzt lacht, lacht am besten; ihr werdet die Birne nicht fressen, die Birne frißt euch." Gewiß, er fühlt alle Beleidigungen, die man ihm zufügt; denn er ist ein Mensch. Er ist auch nicht von so gnädiger Lammsnatur, daß er sich nicht dafür rächen möchte; er ist ein Mensch, aber ein starker Mensch, der seinen augenblicklichen Unmut bezwingen kann und seiner Leidenschaft zu gebieten weiß. Wenn die Stunde kommt, die er für die rechte hält, dann wird er losschlagen; erst gegen die innern Feinde, hernach gegen die äußern, die ihn noch weit empfindlicher beleidigt haben. Dieser Mann ist alles fähig, und wer weiß, ob er nicht einst jenen Handschuh, der von allen möglichen *Poignées de main* so schmutzig geworden, der ganzen heiligen Alliance als Fehdehandschuh hinwirft. Es fehlt ihm wahrhaftig nicht an fürstlichem Selbstgefühl. Ihn, den ich kurz nach der Juliusrevolution mit Filzhut und Regenschirm sah, wie verändert blickte ich ihn plötzlich am sechsten Junius voriges Jahr, als er die Republikaner bezwang. Es war nicht mehr der gutmütige, schwammbäuchige Spießbürger, das lächelnde Fleischgesicht; sogar seine Korpulenz gab ihm plötzlich ein würdiges Ansehen, er warf das Haupt so kühn in die Höhe, wie es jemals irgendeiner seiner Vorfahren getan, er erhob sich in dickster Majestät, jedes Pfund ein

König. Als er aber dennoch fühle, daß die Krone auf seinem Haupte noch nicht ganz fest saß und noch manches schlechte Wetter eintreten könnte, wie schnell hatte er wieder den alten Filzhut aufgestülpt und seinen Regenschirm zur Hand genommen! Wir bürgerlich, einige Tage nachher bei der großen Revue, begrüßte er wieder Gevatter Schneider und Schuster, wie gab er wieder rechts und links die herzlichsten *Poitnées de main,* und nicht bloß mit der Hand, sondern auch mit den Augen, mit den lächelnden Lippen, ja sogar mit dem Backenbart. Und dennoch, dieser lächelnde, grüßende, bittende, flehende gute Mann trug damals in seiner Brust vierzehn *Forts détachés.*

„Diese Forts sind jetzt Gegenstand der bedenklichsten Fragen, und die Lösung derselben kann furchtbar werden und den ganzen Erdkreis erschüttern. Das ist wieder der Fluch, der die klugen Leute ins Verderben stürzt, sie glauben klüger zu sein als ganze Völker, und doch hat die Erfahrung gezeigt, daß die Massen immer richtig geurteilt, und, wo nicht die ganzen Pläne, doch immer die Absichten ihrer Machthaber erraten. Die Völker sind allwissend, alldurchschauend; das Auge des Volks ist das Auge Gottes. So hat das französische Volk mitleidig die Achsel gezuckt, als die Regierung ihm landesväterlich vorheuchelt: sie wolle Paris befestigen, um es gegen die heilige Alliance verteidigen zu können. Jeder fühlte, daß nur Ludwig Philipp sich selber befestigen wollte gegen Paris. Es ist wahr, der König hat Gründe genug, Paris zu fürchten, die Krone glüht ihm auf dem Haupte und versengt ihm das Toupet, so lange die große Flamme noch lodert in Paris, dem Foyer der Revolution. Aber warum gesteht er dieses nicht ganz offen? Warum gebärdet er sich noch immer als einen treuen Wächter dieser Flamme? Ersprießlicher wäre vielleicht für ihn das offene Bekenntnis an die Gewürzkrämer und sonstige Parteigenossen: daß er für sie und sich selber nicht stehen könne, so lange er nicht gänzlich Herr von Paris, daß er deshalb die Hauptstadt mit vierzehn Forts umgebe, deren Kanonen jeder Emeute gleich von oben herab Stillschweigen gebieten würden. Offenes Eingeständnis, daß es sich um seinen Kopf und alle Justemilieu-Köpfe handle, hätte vielleicht gute Wirkung hervorgebracht. Aber jetzt sind nicht bloß die Parteien der Opposition, sondern auch die Boutiquiers und die meisten Anhänger des Justemilieu-Systems ganz verdrießlich über die *Fort détachés,* und die Presse hat ihnen hinlänglich die Gründe auseinandergesetzt, weshalb sie verdrießlich sind. Die meisten Boutiquiers sind nämlich jetzt der Meinung, Ludwig Philipp sei ein ganz vortrefflicher König, er sei wert, daß man Opfer für ihn bringe, ja sich manchmal für ihn in Gefahr setze, wie am 5. und 6. Junius, wo sie ihrer 40 000 Mann, in Gemeinschaft mit 20 000 Mann Linientruppen, gegen mehrere hundert Republikaner ihr Leben gewagt haben; keineswegs jedoch sei Ludwig Philipp wert, daß man, um ihn zu behalten, bei späteren bedeutenderen Emeuten ganz Paris, also sich selber nebst Weib und Kind und sämtlichen Boutiken, in die Gefahr setzt, von vierzehn Höhen herab zu Grunde geschossen zu werden. Man sei ja, meinen sie übrigens, seit fünfzig Jahren an alle möglichen Revolutionen gewöhnt, man habe sich ganz darauf einstudiert, bei geringen Emeuten zu intervenieren, damit die Ruhe gleich wieder hergestellt wird, bei größeren Insurrektionen sich gleich zu unterwerfen, damit ebenfalls die Ruhe gleich wieder hergestellt wird. Auch die Fremden, meinen sie, die reichen Fremden, die in Paris so viel Geld verzehren, hätten jetzt eingesehen, daß eine Revolution für jeden ruhigen Zuschauer ungefährlich, daß dergleichen mit großer Ordnung, sogar mit großer Artigkeit stattfinde, dergestalt, daß es für einen Ausländer noch ein besonderes Amüsement sei, eine Revolution in Paris zu erleben. Umgäbe man aber Paris mit *Forts détachés,* so würde die Furcht, daß man eines frühen Morgens zugrunde geschossen werden könne, die Ausländer, die Provinzialen, und nicht bloß die Fremden, sondern auch viele hier ansässige Rentiers aus Paris verscheuchen; man würde dann weniger Zucker, Pfeffer und Pomade verkaufen und geringere Hausmiete gewinnen; kurz, Handel und Gewerbe würden zugrunde gehn. Die Epiciers, die solcherweise für den Zins ihrer Häuser, für die Kunden ihrer Boutiken und für sich selbst und ihre Familien zittern, sind daher Gegner eines Projektes, wodurch Paris eine Festung wird, wodurch Paris nicht mehr das alte heitere, sorglose Paris bleibt. Andere, die zwar zum Justemilieu gehören, aber den liberalen Prinzipien der Revolution nicht entsagt haben und solche Prinzipien noch immer mehr lieben, als den Ludwig Philipp: Diese wollen das Bürgerkönigtum vielmehr durch Institutionen, als durch eine Art von Bauwerken geschützt sehen, die allzu sehr an die alte feudalistische Zeit erinnern, wo der Inhaber der Zitadelle die Stadt nach Willkür beherrschen konnte. Ludwig Philipp, sagen sie, sei bis jetzt noch ein treuer Wächter der bürgerlichen Freiheit und Gleichheit, die man durch so viel Blut erkämpft; aber er sei ein Mensch, und im Menschen wohne immer ein geheimes Gelüste nach absoluter Herrschaft. Im Besitz der *Fort détachés* könne er ungeahndet nach Willkür jede Laune befriedigen; er sei alsdann weit unumschränkter, als es die Könige vor der Revolution jemals sein mochten; diese hätten nur einzelne Unzufriedene in die Bastille setzen können, er embastilliere ganz Paris. Ja, wenn man auch der edlen Gesinnung des jetzigen Königs ganz sicher wäre, so könne man doch nicht für die Gesinnungen seiner Nachfolger Bürge stehen, noch viel weniger für die Gesinnungen aller derjenigen, die sich durch List oder Zufall einst in den Besitz jener *Fort détachés* setzen und alsdann Paris nach Willkür beherrschen könnten. Weit wichtiger noch als diese Einwürfe, war eine andere Besorgnis, die sich von allen Seiten kundgab und sogar diejenigen erschütterte, die bis jetzt weder gegen noch für die Regierung, ja nicht einmal für oder gegen die Revolution Partei genommen. Sie betraf das höchste und wichtigste Interesse des ganzen Volkes, die Nationalunabhängigkeit. Trotz aller französischen Eitelkeit, die nie gern an 1814 und 1815 zurückdenkt, mußte man sich doch heimlich gestehen, daß eine dritte Invasion nicht so ganz außer dem Bereiche der Möglichkeit läge, daß die *Forts détachés* nicht bloß den Alliierten kein allzu großes Hindernis sein würden, wenn sie Paris einnehmen wollten, sondern daß sie eben dieser Forts sich bemächtigen könnten, um Paris für ewige Zeiten in Zaum zu halten, oder wo nicht gar für immer in den Grund zu schießen. Ich referiere hier nur die Meinung der Franzosen, die sich für überzeugt halten, daß einst bei der Invasion die fremden Truppen sich wieder von Paris entfernten, weil sie keinen Stützpunkt gegen die große Einwohnermasse gefunden, und daß jetzt die Fürsten in der Tiefe ihrer Herzen nichts Sehnlicheres wünschen, als Paris, das Foyer der Revolution, von Grund aus zu zerstören – –"

Sollte jetzt wirklich das Projekt der *Fort détachés* für immer aufgegeben sein? Das weiß nur der Gott, der in die Nieren der Könige schaut.

Ich kann nicht umhin zu erwähnen, daß uns vielleicht der Parteigeist verblendet und der König wirklich die gemeinnützigsten Absichten hegt und sich nur gegen die heilige Alliance barrikadieren will. Es ist aber unwahrscheinlich. Die heilige Alliance hat tausend Gründe, vielmehr den Ludwig Philipp zu fürchten, und noch außerdem einen allerwichtigsten Hauptgrund, seine Erhaltung zu wünschen. Denn erstens ist Ludwig Philipp der mächtigste Fürst in Europa, seine materiellen Kräfte werden verzehnfacht durch die ihnen inwohnende Beweglichkeit, und zehnfach, ja hundertfach stärker noch sind die geistigen Mittel, worüber er nötigenfalls gebieten könnte; und sollten dennoch die vereinigten Fürsten den Sturz dieses Mannes bewirken, so hätten sie selber die mächtigste und vielleicht letzte Stütze des Königtums in Europa umgestürzt. Ja, die Fürsten sollten dem Schöpfer der Kronen und Throne tagtäglich auf ihren Knieen dafür danken, daß Ludwig Philipp König von Frankreich ist. Schon haben sie einmal die Torheit begangen, den Mann zu töten, der am gewaltigsten die Republikaner zu bändigen vermochte, den Napoleon. O, mit Recht nennt ihr euch Könige von Gottes Gnaden! Es war eine besondere Gnade Gottes, daß er den Königen noch einmal einen Mann schickte, der sie rettete, als wieder der Jakobinismus die Axt in Händen hatte und das alte Königtum zu zertrümmern drohte; töten die Fürsten auch diesen Mann, so kann ihnen Gott nicht mehr helfen. Durch die Sendung des Napoleon Bonaparte und des Ludwig Philipp Orleans, dieser zwei Mirakel, hat dem Königtum zweimal seine Rettung angeboten. Denn Gott ist vernünftig und sieht ein, daß die republikanische Regierungsform sehr unpassend, unersprießlich und unerquicklich ist für das alte Europa. Und auch ich habe diese Einsicht. Aber wir können vielleicht beide nichts ausrichten gegen die Verblendung der Fürsten und Demagogen. Gegen die Dummheit kämpfen wir Götter selbst vergebens.

Ja, es ist meine heiligste Überzeugung, daß das Republikentum unpassend, unersprießlich und unerquicklich wäre für die Völker Europa's, und gar unmöglich für die Deutschen. Als, in blinder Nachäffung der Franzosen, die deutschen Demagogen eine deutsche Republik predigten, und nicht bloß die Könige, sondern auch das Königtum selbst, die letzte Garantie unserer Gesellschaft, mit wahnsinniger Wut zu verlästern und zu schmähen suchten, da hielt ich es für Pflicht, mich auszusprechen, wie es in vorstehenden Blättern in Beziehung auf den 21. Januar geschehen ist. Obgleich mir seit dem 28. Junius des vorigen Jahrs mein Monarchismus etwas sauer gemacht wird, so habe ich doch jene Äußerungen bei diesem erneuerten Druck nicht ausscheiden wollen. Ich bin stolz darauf, daß ich einst den Mut besessen, weder durch Liebkosung und Intrigue, noch durch Drohung mich fortreißen zu lassen in Unverstand und Irrsal. Wer nicht so weit geht, als sein Herz ihn drängt und die Vernunft ihm erlaubt, ist eine Memme; wer weiter geht, als er gehen wollte, ist ein Sklave.

Gemäldeausstellung von 1843

Paris, den 7. Mai 1843

Die Gemäldeausstellung erregt dieses Jahr ungewöhnliches Interesse, aber es ist mir unmöglich, über die gepriesenen Vorzüglichkeiten dieses Salons nur ein halbweg vernünftiges Urteil zu fällen. Bis jetzt empfand ich nur ein Mißbehagen sondergleichen, wenn ich die Gemächer des Louvre durchwandelte. Diese tollen Farben, die alle zu gleicher Zeit auf mich loskreischen, dieser bunte Wahnwitz, der mich von allen Seiten angrinst, diese Anarchie in goldnen Rahmen, macht auf mich einen peinlichen, fatalen Eindruck. Ich quäle mich vergebens, dieses Chaos im Geiste zu ordnen und den Gedanken der Zeit darin zu entdecken, oder auch nur den verwandtschaftlichen Charakterzug, wodurch diese Gemälde sich als Produkte unsrer Gegenwart kundgeben. Alle Werke einer und derselben Periode haben nämlich einen solchen Charakterzug, das Malerzeichen des Zeitgeistes. Z. B. auf der Leinwand des Watteaux, oder des Boucher, oder des Vanloo, spiegelt sich ab das graziöse gepuderte Schäferspiel, die geschminkte, tändelnde Leerheit, das süßliche Reifrockglück des herrschenden Pompadourtums, überall hellfarbig bebänderte Hirtenstäbe, nirgends ein Schwert. In entgegengesetzter Weise sind die Gemälde des David und seiner Schüler nur das farbige Echo der republikanischen Tugendperiode, die in den imperialistischen Kriegsruhm überschlägt, und wir sehen hier eine forcierte Begeisterung für das marmorne Modell, einen abstrakten frostigen Verstandesrausch, die Zeichnung korrekt, streng, schroff, die Farbe trüb, hart, unverdaulich: Spartanersuppen. Was wird sich aber unsern Nachkommen, wenn sie einst die Gemälde der heutigen Maler betrachten, als die zeitliche Signatur offenbaren? Durch welche gemeinsame Eigentümlichkeiten werden sich diese Bilder gleich beim ersten Blick als Erzeugnisse aus unsrer gegenwärtigen Periode ausweisen? Hat vielleicht der Geist der Bourgeoisie, der Industrialismus, der jetzt das ganze soziale Leben Frankreichs durchdringt, auch schon in den zeichnenden Künsten sich dergestalt geltend gemacht, daß allen heutigen Gemälden das Wappen dieser neuen Herrschaft aufgedrückt ist? Besonders die Heiligenbilder, woran die diesjährige Ausstellung so reich ist, erregen in mir eine solche Vermutung. Da hängt im langen Saal eine Geißelung, deren Hauptfigur mit ihrer leidenden Miene dem Direktor einer verunglückten Aktiengesellschaft ähnlich sieht, der vor seinen Aktionären steht und Rechnung ablegen soll; ja, letztere sind auch auf dem Bilde zu sehen, und zwar in der Gestalt von Henkern und Pharisäern, die gegen den Ecce-Homo schrecklich erbost sind und an ihren Aktien sehr viel Geld verloren zu haben scheinen. Der Maler soll in der Hauptfigur seinen Oheim, Herrn August Leo, porträtiert haben. Die Gesichter auf den eigentlich historischen Bildern, welche heidnische und mittelalterliche Geschichten darstellen, erinnern ebenfalls an Kramladen, Börsenspekulation, Merkantilismus, Spießbürgerlichkeit. Da ist ein Wilhelm der Eroberer zu sehen, dem man nur eine Bärenmütze aufzusetzen brauchte, und er verwandelte sich in einen Nationalgardisten, der mit musterhaftem Eifer die Wache bezieht, seine Wechsel pünktlich bezahlt, seine Gattin ehrt und gewiß das Ehrenlegionskreuz verdient. Aber gar die Porträts? Die meisten haben einen so pekuniären, eigennützigen, verdrossenen Ausdruck, den ich mir nur dadurch erkläre, daß das lebendige Original in den Stunden der Sitzung immer an das Geld dachte, welches ihm das Porträt kosten werde, während der Maler beständig die Zeit bedauerte, die er mit dem jämmerlichen Lohndienst vergeuden mußte.

Unter den Heiligenbildern, welche von der Mühe zeugen, die sich die Franzosen geben, recht religiös zu tun, bemerkte ich eine Samaritanerin am Brunnen. Obgleich der Heiland dem feindseligen Stamme der Juden angehört, übt sie dennoch an ihm Barmherzigkeit. Sie bietet dem Durstigen ihren Wasserkrug, und während er trinkt, betrachtet sie ihn mit einem sonderbaren Seitenblick, der ungemein pfiffig und mich an die gescheite Antwort erinnerte, welche einst eine kluge Tochter Schwabens dem Herrn Superintendenten gab, als dieser die Schuljugend im Religionsunterricht examinierte. Er frug nämlich, woran das Weib aus Samaria erkannt hatte, daß Jesus ein Jude war? „An der Beschneidung" – antwortete keck die kleine Schwäbin.

Das merkwürdigste Heiligenbild des Salons ist von Horace Bernet, dem einzigen großen Meister, welcher dies Jahr ein Gemälde zur Ausstellung geliefert. Das Sujet ist sehr verfänglich, und wir müssen, wo nicht die Wahl, doch gewiß die Auffassung desselben bestimmt tadeln. Dieses Sujet, der Bibel entlehnt, ist die Geschichte Juda's und seiner Schwiegertochter Thamar. Nach unsern modernen Begriffen und Gefühlen erscheinen uns beide Personen in einem sehr unsittlichen Lichte. Jedoch nach der Ansicht des Altertums, wo die höchste Aufgabe des Weibes darin bestand, daß sie Kinder gebar, daß sie den Stamm ihres Mannes fortpflanze – (zumal nach der althebräischen Denkweise, wo der nächste Anverwandte die Witwe eines Verstorbenen heiraten mußte, wenn derselbe kinderlos starb, nicht bloß damit durch solche posthume Nachkommenschaft die Familiengüter, sondern damit auch das Andenken der Toten, ihr Fortleben in den Spätergebornen, gleichsam ihre irdische Unsterblichkeit, gesichert werde), – nach solcher antiken Anschauungsweise war die Handlung der Thamar eine höchst sittliche, fromme, gottgefällige Tat, naiv schön und fast so heroisch wie die Tat der Judith, die unsern heutigen Patriotismusgefühlen schon etwas näher steht. Was ihren Schwiegervater Juda betrifft, so vindizieren wir für ihn eben keinen Lorbeer, aber wir behaupten, daß er in keinem Falle eine Sünde beging. Denn erstens war die Beiwohnung eines Weibes, das er an der Landstraße fand, für den Hebräer der Vorzeit ebensowenig eine unerlaubte Handlung, wie der Genuß einer Frucht, die er von einem Baume an der Straße abgebrochen hätte, um seinen Durst zu löschen; und es war gewiß ein heißer Tag im heißen Mesopotamien, und der arme Erzvater Juda lechzte nach einer Erfrischung. Und dann trägt seine Handlung ganz den Stempel des göttlichen Willens, sie war eine providentielle – ohne jenen großen Durst hätte Thamar kein Kind bekommen; dieses Kind aber wurde der Ahnherr David's, welcher als König über Juda und Israel herrschte, und es ward also zugleich auch der Stammvater jenes noch größern Königs mit der Dornenkrone, den jetzt die ganze Welt verehrt, Jesus von Nazareth.

Was die Auffassung dieses Sujets betrifft, so will ich, ohne mich in einen allzu homiletischen Tadel einzulassen, dieselbe mit wenigen Worten beschreiben. Thamar, die schöne Person, sitzt an der Landstraße und offenbart bei dieser Gelegenheit ihre üppigsten

Reize. Fuß, Bein Knie usw. sind von einer Vollendung, die an Poesie grenzt. Der Busen quillt hervor aus dem knappen Gewand, blühend, duftig, verlockend, wie die verbotene Frucht im Garten Eden. Mit der rechen Hand, die ebenfalls entzückend trefflich gemalt ist, hält sich die Schöne einen Zipfel ihres weißen Gewandes vors Gesicht, so daß nur die Stirn und die Augen sichtbar. Diese großen schwarzen Augen sind verführerisch wie die Stimme der glatten Satansmuhme. Das Weib ist zu gleicher Zeit Apfel und Schlange, und wir dürfen den armen Juda nicht deswegen verdammen, daß er ihr die verlangten Pfänder: Stab, Ring und Gürtel, sehr hastig hinreicht. Sie hat, um dieselben in Empfang zu nehmen, die linke Hand ausgestreckt, während sie, wie gesagt, mit der rechten das Gesicht verhüllt. Diese doppelte Bewegung der Hände ist von einer Wahrheit, wie sie die Kunst nur in ihren glücklichsten Momenten hervorbringt. Es ist hier eine Naturtreue, die zauberhaft wirkt. Dem Juda gab der Maler eine begehrliche Physiognomie, die eher an einen Faun als an einen Patriarchen erinnern dürfte, und seine ganze Bekleidung besteht in jener weißen wollenen Decke, die seit der Eroberung Algier's auf so vielen Bildern eine große Rolle spielt. Seit die Franzosen mit dem Orient in unmittelbarste Bekanntschaft getreten, geben ihre Maler auch den Helden der Bibel ein wahrhaftes morgenländisches Kostüm. Das frühere traditionelle Idealkostüm ist in der Tat etwas abgenutzt durch dreihundertjährigen Gebrauch, und am allerwenigsten wäre es passend, nach dem Beispiel der Venezianer die alten Hebräer in einer modernen Tagestracht zu vermummen. Auch Landschaft und Tiere des Morgenlandes behandeln seitdem die Franzosen mit größerer Treue in ihren Historienbildern, und dem Kamele, welches sich auf dem Gemälde des Horace Vernet befindet, sieht man es wohl an, daß der Maler es unmittelbar nach der Natur kopiert und nicht, wie ein deutscher Maler, aus der Tiefe seines Gemüts geschöpft hat. Ein deutscher Maler hätte vielleicht hier in der Kopfbildung des Kamels das Sinnige, das Vorweltliche, ja das Alttestamentalische hervortreten lassen. Aber der Franzose hat nur ein Kamel gemalt, wie Gott es erschaffen hat, ein oberflächliches Kamel, woran kein einzig symbolisches Haar ist, und welches, sein Haupt hervorstreckend über die Schulter des Juda, mit der größten Gleichgültigkeit dem verfänglichen Handel zuschaut. Diese Gleichgültigkeit, dieser Indifferentismus, ist ein Grundzug des in Rede stehenden Gemäldes, und auch in dieser Beziehung trägt dasselbe das Gepräge unsrer Periode. Der Maler tauche seinen Pinsel weder in die ätzende Böswilligkeit Voltaire'scher Satire, noch in die liederlichen Schmutztöpfe von Parny und Konsorten; ihn leitet weder Polemik noch Immoralität; die Bibel gilt ihm so viel wie jedes andere Buch, er betrachtet dasselbe mit echter Toleranz, er hat gar kein Vorurteil mehr gegen dieses Buch, er findet es sogar hübsch und amüsant, und er verschmäht es nicht, demselben seine Sujet zu entlehnen. In dieser Weise malte er Judith, Rebekka am Brunnen, Abraham und Hagar, und so malte er auch Juda und Thamar, ein vortreffliches Gemälde, das wegen seiner lokalartigen Auffassung ein sehr passendes Altarbild wäre für die Pariser neue Kirche von Notre-Dame-de-Lorette im Lorettenquartier.

Horace Vernet gilt bei der Menge für den größten Maler Frankreichs, und ich möchte dieser populären Ansicht nicht ganz bestimmt widersprechen. Jedenfalls ist er der nationalste der französischen Maler, und er überragt sie alle durch das fruchtbare Können, durch die dämonische Überschwenglichkeit, durch die ewig blühende Selbstverjüngung seiner Schöpferkraft. Das Malen ist ihm angeboren, wie dem Seidenwurm das Spinnen, wie dem Vogel das Singen, und seine Werke erscheinen wie Ergebnisse der Notwendigkeit. Kein Stil, aber Natur. Fruchtbarkeit, die ans Lächerliche grenzt. Eine Karikatur hat den Horace Vernet dargestellt, wie er auf einem hohen Rosse, mit einem Pinsel in der Hand, vor einer ungeheuer lang ausgespannten Leinwand hinreitet und im Galopp malt, sobald er ans Ende der Leinwand anlangt, ist auch das Gemälde fertig. Welche Menge von kolossalen Schlachtstücken hat er in der jüngsten Zeit für Versailles geliefert! In der Tat, mit Ausnahme von Österreich und Preußen, besitzt wohl kein deutscher Fürst so viele Soldaten, wie deren Horace Vernet schon gemalt hat! Wenn die fromme Sage wahr ist, daß am Tage der Auferstehung jeden Menschen auch seine Werke nach der Stätte des Gerichtes begleiten, so wird gewiß Horace Vernet am jüngsten Tage in Begleitung von einigen hunderttausend Mann Fußvolk und Kavallerie im Tale Josaphat anlangen. Wie furchtbar auch die Richter sein mögen, die dorten sitzen werden, um die Lebenden und Toten zu richten, so glaube ich doch nicht, daß sie den Horace Vernet ob der Ungebührlichkeit, womit er Juda und Thamar behandelte, zum ewigen Feuer verdammen werden. Ich glaube es nicht. Denn erstens, das Gemälde ist so vortrefflich gemalt, daß man schon deshalb den Beklagten freisprechen müßte. Zweitens ist der Horace Vernet ein Genie, und dem Genie sind Dinge erlaubt, die den gewöhnlichen Sündern verboten sind. Und endlich, wer an der Spitze von einigen hunderttausend Soldaten anmarschiert kömmt, dem wird ebenfalls viel verziehen, selbst wenn er zufälligerweise kein Genie wäre.

Über die französische Bühne

Vertraute Briefe an August Lewald

(Geschrieben im Mai 1837, auf einem Dorfe bei Paris)

Erster Brief

Endlich, endlich erlaubt es die Witterung, Paris und den warmen Kamin zu verlassen, und die ersten Stunden, die ich auf dem Lande zubringe, sollen wieder dem geliebten Freunde gewidmet sein. Wie hübsch scheint mir die Sonne aufs Papier und vergoldet die Buchstaben, die Ihnen meine heitersten Grüße überbringen! Ja, der Winter flüchtet sich über die Berge, und hinter ihm drein flattern die neckischen Frühlingslüfte, gleich einer Schar leichtfertiger Grisetten, die einen verliebten Greis mit Spottgelächter, oder wohl gar mit Birkenreisern, verfolgen. Wie er keucht und ächzt, der weißhaarige Geck! Wie ihn die jungen Mädchen unerbittlich vor sich hintreiben! Wie die bunten Busenbänder knistern und glänzen! Hie und da fällt eine Schleife ins Gras! Die Veilchen schauen neugierig hervor, und mit ängstlicher Wonne betrachten sie die heitere Hetzjagd. Der Alte ist endlich ganz in die Flucht geschlagen, und die Nachtigallen singen ein Triumphlied. Sie singen so schön und so frisch! Endlich können wir die große Oper mitsamt Meyerbeer und Duprez entbehren. Nourrit entbehren wir schon längst. Jeder in dieser Welt ist am Ende entbehrlich, ausgenommen etwa die Sonne und ich. Denn ohne diese beiden kann ich mir keinen Frühling denken, und auch keine Frühlingslüfte und keine Grisetten und keine deutsche Literatur! ... Die ganze Welt wäre ein gähnendes Nichts, der Schatten einer Null, der Traum eines Flohs, ein Gedicht von Karl Streckfuß!

Ja, es ist Frühling, und ich kann endlich die Unterjacke ausziehn. Die kleinen Jungen haben sogar ihre Röckchen ausgezogen und springen in Hemdärmeln um den großen Baum, der neben der kleinen Dorfkirche steht und als Glockenturm dient. Jetzt ist der Baum ganz mit Blüten bedeckt, und sieht aus wie ein alter gepuderter Großvater, der ruhig und lächelnd in der Mitte der blonden Enkel steht, die lustig um ihn herumtanzen. Manchmal überschüttet er sie neckend mit seinen weißen Flocken. Aber dann jauchzen die Knaben um so brausender. Streng ist es untersagt, bei Prügelstrafe untersagt, an dem Glockenstrang zu ziehen. Doch der große Junge, der den übrigen ein gutes Beispiel geben solle, kann dem Gelüste nicht widerstehen, er zieht heimlich an dem verbotenen Strang, und dann ertönt die Glocke wie großväterliches Mahnen.

Späterhin, im Sommer, wenn der Baum in ganzer Grüne prangt und das Laubwerk die Glocke dicht umhüllt, hat ihr Ton etwas Geheimnisvolles, es sind wunderbar gedämpfte Laute, und sobald sie erklingen, verstummen plötzlich die geschwätzigen Vögel, die sich auf den Zweigen wiegten, und fliegen erschrocken davon.

Im Herbste ist der Ton der Glocke noch viel ernster, noch viel schauerlicher, und man glaubt eine Geisterstimme zu vernehmen. Besonders wenn jemand begraben wird, hat das Glockengeläute einen unaussprechlich wehmütigen Nachhall; bei jedem Glockenschlag fallen dann einige gelbe kranke Blätter vom Baume herab, und dieser tönende Blätterfall, dieses klingende Sinnbild des Sterbens, erfüllte mich einst mit so übermächtiger Trauer, daß ich wie ein Kind weinte. Das geschah vorig Jahr, als die Margot ihren Mann begrub. Er war in der Seine verunglückt, als diese ungewöhnlich stark ausgetreten. Drei Tage und drei Nächte schwamm die arme Frau in ihrem Fischerboote an den Ufern des Flusses herum, ehe sie ihren Mann wieder auffischen und christlich begraben konnte. Sie wusch ihn und kleidete ihn und legte ihn selbst in den Sarg, und auf dem Kirchhofe öffnete sie den Deckel, um den Toten noch einmal zu betrachten. Sie sprach kein Wort und weinte keine einzige Träne; aber ihre Augen waren blutig, und nimmermehr vergesse ich dieses weiße Steingesicht mit den blutrünstigen Augen ...

Aber jetzt ist ein schönes Frühlingswetter, die Sonne lacht, die Kinder jauchzen, sogar lauter als eben nötig wäre, und hier in dem kleinen Dorfhäuschen, wo ich schon vorig Jahr die schönsten Monate zubrachte, will ich Ihnen über das französische Theater eine Reihe Briefe schreiben, und dabei, Ihrem Wunsche gemäß, auch die Bezüge auf die heimische Bühne nicht außer Augen lassen. Letzteres hat seine Schwierigkeit, da die Erinnerungen der deutschen Bretterwelt täglich mehr und mehr in meinem Gedächtnisse erbleichen. Von Theaterstücken, die in der letzten Zeit geschrieben worden, ist mir nichts zu Gesicht gekommen als zwei Tragödien von Immermann: „Merlin" und „Peter der Große", welche gewiß beide, der „Merlin" wegen der Poesie, der „Peter" wegen der Politik, nicht aufgeführt werden konnten ... Und denken Sie sich meine Miene: in dem Pakete, welches diese Schöpfungen eines lieben großen Dichters enthielt, fand ich einige Bände beigepackt, welche „Dramatische Werke von Ernst Raupach" betitelt waren!

Von Angesicht kannte ich ihn zwar, aber gelesen hatte ich noch nie etwas von diesem Schoßkinde der deutschen Theaterdirektionen. Einige seiner Stücke hatte ich nur durch die Bühne kennengelernt, und da weiß man nicht genau, ob der Autor von dem Schauspieler, oder dieser von jenem hingerichtet wird. Die Gunst des Schicksals wollte es nun, daß ich in fremdem Lande einige Lustspiele des Doktors Ernst Raupach mit Muße lesen konnte. Nicht ohne Anstrengung konnte ich mich bis zu den letzten Akten durcharbeiten. Die schlechten Witze möchte ich ihm alle hingehen lassen, und am Ende will er damit nur dem Publikum schmeicheln; denn der arme Hecht im Parterre wird zu sich selber sagen: „Solche Witze kann ich auch machen!" und für dieses befriedigte Selbstgefühl wird er dem Autor Dank wissen. Unerträglich war mir aber der Stil. Ich bin so sehr verwöhnt, der gute Ton der Unterhaltung, die wahre, leichte Gesellschaftssprache ist mir durch meinen langen Aufenthalt in Frankreich so sehr zum Bedürfnis geworden, daß ich bei der Lektüre der Raupach'schen Lustspiele ein sonderbares Übelbefinden verspürte. Dieser Stil hat auch so etwas Einsames, Abgesondertes, Ungeselliges, das die Brust beklemmt. Die Konversation in diesen Lustspielen ist erlogen, sie ist immer nur bauchrednerisch vielstimmiger Monolog, ein ödes Ablagern von lauter hagestolzen Gedanken, Gedanken, die allein schlafen, sich selbst des Morgens ihren Kaffee kochen, sich selbst rasieren, allein spazieren gehen vors Brandenburger Tor, und für sich selbst Blumen pflücken. Wo er Frauenzimmer sprechen läßt, tragen die Redensarten unter der weißen Musselinrobe eine schmierige Hose von Gesundheitsflanell und riechen nach Tabak und Juchten.

Aber unter den Blinden ist der einäugige König, und unter unsern schlechten Lustspieldichtern ist Raupach der beste. Wenn ich schlechte Lustspieldichter sage, so will ich nur von jenen armen Teufeln reden, die ihre Machwerke unter dem Titel „Lustspiele" aufführen lassen, oder, da sie meistens Komödianten, selber aufführen. Aber diese sogenannten Lustspiele sind eigentlich nur prosaische Pantomimen mit traditionellen Masken: Väter, Bösewichter, Hofräte, Chevaliers, der Liebhaber, die Liebende, die Soubrette, Mütter, oder wie sie sonst bekannt werden in den Kontrakten unserer Schauspieler, die nur zu dergleichen feststehenden Rollen, nach herkömmlichen Typen, abgerichtet sind. Gleich der italienischen Maskenkomödie ist unser deutsches Lustspiel eigentlich nur ein einziges, aber unendlich variiertes Stück. Die Charaktere und Verhältnisse sind gegeben, und wer ein Talent zu Kombinationsspielen besitzt, unternimmt die Zusammensetzung dieser gegebenen Charaktere und Verhältnisse und bildet daraus ein scheinbar neues Glück, ungefähr nach demselben Verfahren, wie man im chinesischen Puzzlespiel mit einer bestimmten Anzahl verschiedenartig ausgeschnittener Holzblättchen allerlei Figuren kombiniert. Mit diesem Talente sind oft die unbedeutendsten Menschen begabt, und vergebens strebt danach der wahre Dichter, der seinen Genius nur frei zu bewegen und nur lebende Gestalten, keine konstruierten Holzfiguren, zu schaffen weiß. Einige wahre Dichter, welche sich die undankbare Mühe gaben, deutsche Lustspiele zu schreiben, schufen einige neue komische Masken; aber da gerieten sie in Kollision mit den Schauspielern, welche, nur zu den schon vorhandenen Masken dressiert, um ihre Ungelehrigkeit oder Lernfaulheit zu beschönigen, gegen die neuen Stücke so wirksam kabalierten, daß sie nicht aufgeführt werden konnten.

Vielleicht liegt dem Urteil, das mir eben über die Werke des Dr. Raupach entfallen ist, ein geheimer Unmut gegen die Person des Verfassers zum Grunde. Der Anblick dieses Mannes hat mich einst zittern gemacht, und, wie Sie wissen, das verzeiht kein Fürst. Sie sehen mich mit Befremden an, Sie finden den Dr. Raupach gar nicht so furchtbar und sind auch nicht gewohnt, mich vor einem lebenden Menschen zittern zu sehen? Aber es ist dennoch der Fall, ich habe vor dem Dr. Raupach einst eine solche Angst empfunden, daß meine Knie zu schlottern und meine Zähne zu klappern begonnen. Ich kann, neben dem Titelblatt der dramatischen Werke von Ernst Raupach, das gestochene Gesicht des Verfassers nicht betrachten, ohne daß mir noch jetzt das Herz in der Brust bebt ... Sie sehen mich mit großem Erstaunen an, teurer Freund, und ich höre auch neben Ihnen eine weibliche Stimme, welche neugierig fleht: „Ich bitte, erzählen Sie ..."

Doch das ist eine lange Geschichte, und dergleichen heute zu erzählen, dazu fehlt mir die Zeit. Auch werde ich an zu viele Dinge, die ich gerne vergäße, bei dieser Gelegenheit erinnert, z. B. an die trüben Tage, die ich in Potsdam zubrachte und an den großen Schmerz, der mich damals in die Einsamkeit bannte. Ich spazierte dort mutterseelenallein in dem verschollenen Sanssouci, unter den Orangenbäumen der großen Rampe ... Mein Gott, wie unerquicklich, poesielos sind diese Orangenbäume! Sie sehen aus wie verkleidete Eichbüsche, und dabei hat jeder Baum seine Nummer, wie ein Mitarbeiter am Brockhausischen Konversationsblatte, und diese numerierte Natur hat etwas so pfiffig Langweiliges, so korporalstöckig Gezwungenes! Es wollte mich immer bedünken, als schnupften sie Tabak, diese Orangenbäume, wie ihr seliger Herr, der alte Fritz, welcher, wie Sie wissen, ein großer Heros gewesen, zur Zeit, als Ramler ein großer Dichter war. Glauben Sie beileibe nicht, daß ich den Ruhm Friedrich's des Großen zu schmälern suche! Ich erkenne sogar seine Verdienste um die deutsche Poesie. Hat er nicht dem Gellert einen Schimmel und der Madame Karschin fünf Taler geschenkt? Hat er nicht, um die deutsche Literatur zu fördern, seine eignen schlechten Gedichte in französischer Sprache geschrieben? Hätte er sie in deutscher Sprache herausgegeben, so konnte sein hohes Beispiel einen unberechenbaren Schaden stiften! Die deutsche Muse wird ihm diesen Dienst nie vergessen.

Ich befand mich, wie gesagt, in Potsdam nicht sonderlich heiter gestimmt, und dazu kam noch, daß der Leib mit der Seele eine Wette einging, wer von beiden mich am meisten quälen könne. Ach! der psychische Schmerz ist leichter zu ertragen als der physische, und gewährt man mir z. B. die Wahl zwischen einem bösen Gewissen und einem bösen Zahn, so wähle ich ersteres. Ach, es ist nichts gräßlicher als Zahnschmerz! Das fühlte ich in Potsdam, ich vergaß alle meine Seelenleiden und beschloß, nach Berlin zu reisen, um mir dort den kranken Zahn ausziehen zu lassen. Welche schauerliche, grauenhafte Operation! Sie hat so etwas vom Geköpftwerden. Man muß sich auch dabei auf einen Stuhl setzen und ganz still halten und ruhig den schrecklichen Ruck erwarten! Mein Haar sträubt sich, wenn ich nur daran denke. Aber die Vorschung in ihrer Weisheit hat alles zu unserem Besten eingerichtet, und sogar die Schmerzen des Menschen dienen am Ende nur zu seinem Heile. Freilich, Zahnschmerzen sind fürchterlich, unerträglich; doch die wohltätig berechnende Vorsehung hat unseren Zahnschmerzen eben diesen fürchterlich unerträglichen Charakter verliehen, damit wir aus Verzweiflung endlich zum Zahnarzt laufen und uns den Zahn ausreißen lassen. Wahrlich, niemand würde sich zu dieser Operation, oder vielmehr Exekution, entschließen, wenn der Zahnschmerz nur im mindesten erträglich wäre!

Sie können sich nicht vorstellen, wie zagen und bangen Sinnes ich während der dreistündigen Fahrt im Postwagen saß. Als ich zu Berlin anlangte, war ich wie gebrochen, und da man in solchen Momenten gar keinen Sinn für Geld hat, gab ich dem Postillon zwölf gute Groschen Trinkgeld. Der Kerl sah mich mit sonderbar unschlüssigem Gesichte an; denn nach dem neuen Nagler'schen Postreglement war es den Postillonen streng untersagt, Trinkgelder anzunehmen. Er hielt lange das Zwölfgroschenstück, als wenn er es wöge, in der Hand, und ehe er es einsteckte, sprach er mit wehmütiger Stimme: „Seit zwanzig Jahren bin ich Postillon und bin ganz an Trinkgelder gewöhnt, und jetzt auf einmal wird uns von dem Herrn Oberpostdirektor bei harter Strafe verboten, etwas von den Passagieren anzunehmen; aber das ist ein unmenschliches Gesetz, kein Mensch kann ein Trinkgeld abweisen, das ist gegen die Natur!" Ich drückte dem ehrlichen Mann die Hand und seufzte. Seufzend gelangte ich endlich in den Gasthof, und als ich mich dort gleich nach einem guten Zahnarzt erkundigte, sprach der Wirt mit großer Freude: „Das ist ja ganz vortrefflich, soeben ist ein berühmter Zahnarzt von St. Petersburg bei mir eingekehrt, und wenn Sie an der Table-d'hôte speisen, werden Sie ihn sehen." Ja, dachte ich, ich will erst meine Henkersmahlzeit halten, ehe ich mich aufs Armesünderstühlchen setze. Aber bei Tische fehlte mir doch alle Lust zum Essen. Ich hatte Hunger, aber keinen Appetit. Trotz meines Leichtsinns konnte ich mir doch die Schrecknisse, die in der nächsten Stunde meiner harrten, nicht aus dem Sinne schlagen. Sogar mein Lieblingsgericht, Hammelfleisch mit Teltower Rübchen, widerstand mir. Unwillkürlich suchten meine Augen den schrecklichen Mann, den Zahnhenker aus St. Petersburg, und mit dem Instinkte der Angst hatte ich ihn bald unter den übrigen Gästen herausgefunden. Er saß fern von mir am Ende der Tafel, hatte ein verzwicktes und verkniffenes Gesicht, ein Gesicht wie eine Zange, womit man Zähne auszieht. Es war ein fataler Kauz, in einem aschgrauen Rock mit blitzenden Stahlknöpfen. Ich wagte kaum, ihm ins Gesicht zu sehen, und als er eine Gabel in die Hand nahm, erschrak ich, als nahe er schon meinen Kinnbacken mit dem Brecheisen. Mit bebender Angst wandte ich mich weg von seinem Anblick und hätte mir auch gern die Ohren verstopft, um nur nicht den Ton seiner Stimme zu vernehmen. An diesem Tone merkte ich, daß er einer jener Leute war, die inwendig im Leibe grau angestrichen sind und hölzerne Gedärme haben. Er sprach von Rußland, wo er lange Zeit verweilt, wo aber seine Kunst keinen hinreichenden Spielraum gefunden. Er sprach mit jener stillen impertinenten Zurückhaltung, die noch unerträglicher ist als die vollauteste Aufschneiderei. Jedesmal wenn er sprach, ward mir flau zumute und zitterte meine Seele. Aus Verzweiflung warf ich mich in ein Gespräch mit meinem Tischnachbar, und indem ich dem Schrecklichen recht ängstlich den Rücken zukehrte, sprach ich auch so selbstbetäubend laut, daß ich die Stimme desselben endlich nicht mehr hörte. Mein Nachbar war ein liebenswürdiger Mann, von dem vornehmsten Anstand, von den feinsten Manieren, und seine wohlwollende Unterhaltung linderte die peinliche Stimmung, worin ich mich befand. Es war die Bescheidenheit selbst. Die Rede floß milde von seinen sanftgewölbten Lippen, seinen Augen waren klar und freundlich, und als er hörte, daß ich an einem kranken Zahne litt, errötete er und bot mir seine Dienste an. Um Gotteswillen, rief ich, wer sind Sie denn? „Ich bin der Zahnarzt Meier aus Sankt Petersburg", antwortete er. Ich rückte fast unartig schnell mit meinem Stuhle von ihm weg, und stotterte in großer Verlegenheit: Wer ist denn dort oben an der Tafel der Mann im aschgrauen Rock mit blitzenden Spielknöpfen? „Ich weiß nicht", erwiderte mein Nachbar, indem er mich befremdet ansah. Doch der Kellner, welcher meine Frage vernommen, flüsterte mir mit großer Wichtigkeit ins Ohr: „Es ist der Herr Theaterdichter Raupach."

Zweiter Brief

... Oder ist es wahr, daß wir Deutschen wirklich kein gutes Lustspiel produzieren können und auf ewig verdammt sind, dergleichen Dichtungen von den Franzosen zu borgen?

Ich höre, daß ihr euch in Stuttgart mit dieser Frage so lange herumgequält, bis ihr aus Verzweiflung auf den Kopf des besten Lustspieldichters einen Preis gesetzt habt. Wie ich vernehme, gehörten Sie selber, lieber Lewald, zu den Männern der Jury, und die J. G. Cotta'sche Buchhandlung hat euch so lange ohne Bier und Tabak eingesperrt gehalten, bis ihr euer dramaturgisches Verdikt ausgesprochen. Wenigstens habt ihr dadurch den Stoff zu einem guten Lustspiel gewonnen.

Nichts ist haltloser als die Gründe, womit man die Bejahung der oben aufgeworfenen Fragen zu unterstützen pflegt. Man behauptet z. B., die Deutschen besäßen kein gutes Lustspiel, weil sie ein ernstes Volk seien, die Franzosen hingegen wären ein heiteres Volk und deshalb begabter für das Lustspiel. Dieser Satz ist grundfalsch. Die Franzosen sind keineswegs ein heiteres Volk. Im Gegenteil, ich fange an zu glauben, daß Lorenz Sterne recht hatte, wenn er behauptete, sie seien viel zu ernsthaft. Und damals, als Yorick seine sentimentale Reise nach Frankreich schrieb, blühte dort noch die ganze Leichtfüßigkeit und parfümierte Fadaise des alten Regimes, und die Franzosen haten im Nachdenken noch nicht durch die Guillotine und Napoleon die gehörigen Lektionen bekommen. Und gar jetzt, seit der Juliusrevolution, wie haben sie in der Ernsthaftigkeit, oder wenigstens in der Spaßlosigkeit die langweiligsten Fortschritte gemacht! Ihre Gesichter sind länger geworden, ihre Mundwinkel sind tiefsinniger herabgezogen; sie lernten von uns Philosophie und Tabakrauchen. Eine große Umwandlung hat sich seitdem mit den Franzosen begeben, sie sehen sich selber nicht mehr ähnlich. Nichts ist kläglicher als das Geschwätze unserer Teutomanen, die, wenn sie gegen die Franzosen losziehen, doch noch immer die Franzosen des Empires, die sie in Deutschland gesehen, vor Augen haben. Sie denken nicht daran, daß dieses veränderungslustige Volk, ob dessen Unbeständigkeit sie selber immer eifern, seit zwanzig Jahren nicht in Denkungsart und Gefühlsweise stabil bleiben konnte!

Nein, sie sind nicht heiterer als wir; wir deutsche haben für das Komische vielleicht mehr Sinn und Empfänglichkeit als die Franzosen, wir, das Volk des Humors. Dabei findet man in Deutschland für die Lachlust ergiebigere Stoffe, mehr wahrhaft lächerliche Charaktere, als in Frankreich, wo die Persiflage der Gesellschaft jede außerordentliche Lächerlichkeit im Keime erstickt, wo kein Originalnarr sich ungehindert entwickeln und ausbilden kann. Mit Stolz darf ein Deutscher behaupten, daß nur auf deutschem Boden die Narren zu jener titanenhaften Höhe emporblühen können, wovon ein verflachter, früh unterdrückter französischer Narr keine Ahnung hat. Nur Deutschland erzeugt jene kolossalen Toren, deren Schellenkappe bis in den Himmel reicht und mit ihrem Geklingel die Sterne ergötzt! Laßt uns nicht die Verdienste der Landsleute verkennen und ausländischer Narrheit huldigen; laßt uns nicht ungerecht sein gegen das eigne Vaterland!

Es ist ebenfalls ein Irrtum, wenn man die Unfruchtbarkeit der deutschen Thalia dem Mangel an freier Luft oder, erlauben Sie mir das leichtsinnige Wort, dem Mangel an politischer Freiheit zuschreibt. Das, was man politische Freiheit zu nennen pflegt, ist für das Gedeihen des Lustspiels durchaus nicht nötig. Man denke nur an Venedig, wo, trotz der Bleikammern und geheimen Ersäufungsanstalten, dennoch Goldoni und Gozzi ihre Meisterwerke schufen, an Spanien, wo, trotz dem absoluten Beil und dem orthodoxen Feuer, die köstlichen Mantel- und Degenstücke gedichtet wurden, man denke an Molière, welcher unter Ludwig XIV. schrieb, sogar China besitzt vortreffliche Lustspiele ... Nein, nicht der politische Zusand bedingt die Entwicklung des Lustspiels bei einem Volke, und ich würde dieses ausführlich beweisen, geriete ich nicht dadurch in ein Gebiet, von welchem ich mich gern entfernt halte. Ja, liebster Freund, ich hege eine wahre Scheu vor der Politik, und jedem politischen Gedanken gehe ich auf zehn Schritte aus dem Wege, wie einem tollen Hunde. Wenn mir in meinem Ideengange unversehens ein politischer Gedanke begegnet, bete ich schnell den Spruch ...

Kennen Sie, liebster Freund, den Spruch, den man schnell vor sich hinspricht, wenn man einem tollen Hunde begegnet? Ich erinnere mich desselben noch aus meinen Knabenjahren, und ich lernte ihn damals von dem alten Kaplan Asthöver. Wenn wir spazieren gingen und eines Hundes ansichtig wurden, der den Schwanz ein bißchen zweideutig eingekniffen trug, beteten wir geschwind: „O Hund, du Hund – Du bist nicht gesund – Du bist vermaledeit – In Ewigkeit – Vor deinem Biß – Behüte mich mein Herr und Heiland Jesu Christ, Amen!"

Wie vor der Politik, hege ich jetzt auch eine grenzenlose Furcht vor der Theologie, die mir ebenfalls nichts als Verdruß eingetränkt hat. Ich lasse mich vom Satan nicht mehr verführen, ich enthalte mich selbst alles Nachdenkens über das Christentum und bin kein Narr mehr, daß ich Hengstenberg und Konsorten zum Lebensgenuß bekehren wollte; mögen diese Unglücklichen bis an ihr Lebensende nur Disteln statt Ananas fressen und ihr Fleisch kasteien; *tant mieux*, ich selber möchte ihnen die Ruten dazu liefern. Die Theologie hat mich ins Unglück gebracht; Sie wissen, durch welches Mißverständnis. Sie wissen, wie ich vom Bundestag, ohne daß ich drum nachgesucht hätte, beim jungen Deutschland angestellt wurde, und wie ich bis auf heutigen Tag vergebens um meine Entlassung gebeten habe. Vergebens schreibe ich die demütigsten Bittschriften, vergebens behaupte ich, daß ich an alle meine religiösen Irrtümer gar nicht mehr glaube ... Nichts will fruchten! Ich verlange wahrhaftig keinen Groschen Pension, aber ich möchte gern in Ruhestand gesetzt werden. Liebster Freund, Sie tun mir wirklich einen Gefallen, wenn Sie mich in Ihrem Journale gelegentlich des Obskurantismus und Servilismus beschuldigen wollten; das kann mir nützen. Von meinen Feinden brauche ich einen solchen Liebesdienst nicht besonders zu erbitten, sie verleumden mich mit der größten Zurvorkommenheit.

... Ich bemerkte zuletzt, daß die Franzosen, bei denen das Lustspiel mehr als bei uns gedeiht, nicht eben ihrer politischen Freiheit diesen Vorteil beizumessen haben; es ist mir vielleicht erlaubt, etwas ausführlicher zu zeigen, wie es vielmehr der soziale Zustand ist, dem die Lustspieldichter in Frankreich ihre Suprematie verdanken.

Sie wissen, was ich unter „sozialem Zustand" verstehe. Es sind die Sitten und Gebräuche, das Tun und Lassen, das ganze öffentliche wie häusliche Treiben des Volks, insofern sich die herrschende Lebensansicht darin ausspricht. Selten behandelt der französische Lustspieldichter das öffentliche Treiben des Volkes als Hauptstoff, er pflegt nur einzelne Momente desselben zu benutzen; auf diesem Boden pflückt er nur hie und da einige närrische Blumen, womit er den Spiegel umkränzt, aus dessen ironisch geschliffenen Facetten uns das häusliche Treiben der Franzosen entgegenlacht. Zwar sind es Zerrbilder, die uns dieser Spiegel zeigt; aber wie alles bei den Franzosen aufs heftigste übertrieben und Karikatur wird, so geben uns diese Zerrbilder dennoch die unbarmherzige Wahrheit, wenn auch nicht die Wahrheit von heute, doch gewiß die Wahrheit von morgen. Eine größere Ausbeute findet der Lustspieldichter in den Kontrasten, die, manche alte Institution mit den heutigen Sitten, und manche heutigen Sitten mit der geheimen Denkweise des Volkes bildet, und endlich gar besonders ergiebig sind für ihn die Gegensätze, die so ergötzlich zum Vorschein kommen, wenn der edle Enthusiasmus, der bei den Franzosen so leicht auflodert und ebenfalls leicht erlischt, mit den positiven, industriellen Tendenzen des Tages in Kollision gerät. Wir stehen hier auf einem Boden, wo die große Despotin, die Revolution, seit fünfzig Jahren ihre Willkürherrschaft ausgeübt, hier niederreißend, dort schonend, aber überall rüttelnd an den Fundamenten des gesellschaftlichen Lebens; – und diese Gleichheitswut, die nicht das Niedrige erheben, sondern nur die Erhabenheiten abflachen konnte; dieser Zwist der Gegenwart mit der Vergangenheit, die sich wechselseitig verhöhnen, der Zank eines Wahnsinnigen mit einem Gespenste; dieser Umsturz aller Autoritäten, der geistigen sowohl als der materiellen; dieses Stolpern über die letzten Trümmer derselben; und dieser Blödsinn in ungeheuren Schicksalstunden, wo die Notwendigkeit einer Autorität fühlbar wird, und wo der Zerstörer vor seinem eignen Werke erschrickt, aus Angst zu singen beginnt und endlich laut auflacht ... Sehen Sie, das ist schrecklich, gewissermaßen sogar entsetzlich, aber für das Lustspiel ist das ganz vortrefflich!

Nur wird doch einem Deutschen etwas unheimlich hier zumute. Bei den ewigen Göttern! wir sollten unserem Herrn und Heiland täglich dafür danken, daß wir kein Lustspiel haben wie die Franzosen, daß bei uns keine Blumen wachsen, die nur einem Scherbenberg, einem Trümmerhaufen, wie es die französische Gesellschaft ist, entblühen können! Der französische Lustspieldichter kommt mir zuweilen vor wie ein Affe, der auf den Ruinen einer zerstörten Stadt sitzt und Grimassen schneidet und sein grinsendes Gelache erhebt, wenn aus den gebrochenen Ogiven der Kathedrale der Kopf eines wirklichen Fuchses herausschaut, wenn im ehemaligen Boudoir der königlichen Maitresse eine wirkliche Sau ihr Wochenbett hält, oder wenn die Raben auf den Zinnen des Gildehauses gravitätisch Rat halten, oder gar die Hyäne in der Fürstengruft die alten Knochen aufwühlt ...

Ich habe schon erwähnt, daß die Hauptmotive des französischen Lustspiels nicht dem öffentlichen, sondern dem häuslichen Zustande des Volkes entlehnt sind; und hier ist das Verhältnis zwischen Mann und Frau das ergiebigste Thema. Wie in allen Lebensbezügen, so sind auch in der Familie der Franzosen alle Bande gelockert und alle Autoritäten niedergebrochen. Daß das väterliche Ansehen bei Sohn und Tochter vernichtet ist, ist leicht begreiflich, bedenkt man die korrosive Macht jenes Kritizismus, der aus der materialistischen Philosophie hervorging. Dieser Mangel an Pietät gebärdet sich noch weit greller in dem Verhältnis zwischen Mann und Weib, sowohl in den ehelichen als außerehelichen Bündnissen, die hier einen Charakter gewinnen, der sie ganz besonders zum Lustspiele eignet. Hier ist der Originalschauplatz aller jener Geschlechtskriege, die uns in Deutschland nur aus schlechten Übersetzungen oder Bearbeitungen bekannt sind, und die ein Deutscher kaum als ein Polybius, aber nimmermehr als ein Cäsar beschreiben kann. Krieg freilich führen die beiden Gatten, wie überhaupt Mann und Weib in allen Landen, aber dem schönen Geschlecht fehlt anderswo als in Frankreich die Freiheit der Bewegung, der Krieg muß versteckter geführt werden; er kann nicht äußerlich dramatisch zur Erscheinung kommen. Anderswo bringt es die Frau kaum zu einer kleinen Emeute, höchstens zu einer Insurrektion. Hier aber stehen sich beide Ehemächte mit gleichen Streitkräften gegenüber, und liefern ihre entsetzlichsten Hausschlachten. Bei der Einförmigkeit des deutschen Lebens amüsiert ihr euch sehr im deutschen Schauspielhaus beim Anblick jener Feldzüge der beiden Geschlechter, wo eins das andere durch strategische Künste, geheimen Hinterhalt, nächtlichen Überfall, zweideutigen Waffenstillstand, oder gar durch ewige Friedensschlüsse zu überlisten sucht. Ist man aber hier in Frankreich auf den Wahlplätzen selbst, wo dergleichen nicht bloß zum Scheine, sondern auch in der Wirklichkeit aufgeführt wird, und trägt man ein deutsches Gemüt in der Brust, so schmilzt einem das Vergnügen bei dem besten französischen Lustspiel. Und ach! seit langer Zeit lache ich nicht mehr über Arnal, wenn er mit seiner köstlichsten Niäserie den Hahnrei spielt. Und ich lache auch nicht mehr über Jenny Vertpré, wenn sie als große Dame, alle mögliche Grazie entfaltend, mit den Blumen des Ehebruchs tändelt. Und ich lache auch nicht mehr über Mademoiselle Dejazet, die, wie Sie wissen, die Rolle einer Grisette so vortrefflich, mit einer klassischen Frechheit, mit einer göttlichen Liederlichkeit, zu spielen weiß. Wie viel' Niederlagen in der Tugend gehörten dazu, ehe dieses Weib zu solchen Triumphen in der Kunst gelangen konnte! Sie ist vielleicht die beste Schauspielerin Frankreichs. Wie meisterhaft spielt sie Fretillon oder eine arme Modistin, die durch die Liberalität eines reichen Liebhabers sich plötzlich mit allem Luxus einer großen Dame umgeben sieht, oder eine kleine Wäscherin, die zum ersten Male die Zärtlichkeiten eines Karabins (auf Deutsch: *Studiosus Medicinae*) anhört und sich von ihm nach dem Bal champêtre der Grande Chaumière geleiten läßt ... Ach! Das ist alles sehr hübsch und spaßhaft, und die Leute lachen dabei; aber ich, wenn ich heimlich bedenke, wo dergleichen Lustspiel in der Wirklichkeit endet, nämlich in den Gossen der Prostitution, in den Hospitälern von Saint Lazare, auf den Tischen der Anatomie, wo der Karabin nicht selten seine ehemalige Liebesgefährtin belehrsam zerschneiden sieht ... dann erstickt mir das Lachen in der Kehle, und fürchtete ich nicht, vor dem gebildetsten Publikum der Welt als Narr zu erscheinen, so würde ich meine Tränen nicht zurückhalten.

Sehen Sie, teurer Freund, das ist eben der geheime Fluch des Exils, daß uns nie ganz wöhnlich zumute wird in der Atmosphäre der Fremde, daß wir mit unserer mitgebrachten, heimischen Denk- und Gefühlsweise immer isoliert stehen unter einem Volke, das ganz anders fühlt und denkt als wir, daß wir beständig verletzt werden von sittlichen, oder vielmehr unsittlichen Erscheinungen, womit der Einheimische sich längst ausgesöhnt, ja wofür er durch die Gewohnheit allen Sinn verloren hat, wie für die Naturerscheinungen seines Landes ... Ach! das geistige Klima ist uns in der Fremde eben so unwirtlich wie das physische; ja, mit diesem kann man sich leichter abfinden, und höchstens erkrankt dadurch der Leib, nicht die Seele!

Ein revolutionärer Frosch, welcher sich gern aus dem dicken Heimatgewässer erhübe und die Existenz des Vogels in der Luft für das Ideal der Freiheit ansieht, wird es dennoch im Trocknen, in der sogenannten freien Luft, nicht lange aushalten können, und sehnt sich gewiß bald zurück nach dem schweren, soliden Geburtssumpf. Anfangs bläht er sich sehr stark auf und begrüßt freudig die Sonne, die im Monat Juli so herrlich strahlt, und er spricht zu sich selber: „Ich bin mehr als meine Landsleute, die Fische, die Stockfische, die stummen Wassertiere, mir gab Jupiter die Gabe der Rede, ja ich bin sogar Sänger, schon dadurch fühl' ich mich den Vögeln verwandt, und es fehlen mir nur die Flügel ..." Der arme Frosch! und bekäme er auch Flügel, so würde er sich doch nicht über alles erheben können, in den Lüften würde ihm der leichte Vogelsinn fehlen, er würde immer unwillkürlich zur Erde hinabschauen, von dieser Höhe würden ihm die schmerzlichen Erscheinungen des irdischen Jammertals erst recht sichtbar werden, und der gefiederte Frosch wird alsdann größere Beengnisse empfinden, als früher in dem deutschesten Sumpf!

Dritter Brief

Das Gehirn ist mir schwer und wüst. Ich habe diese Nacht fast gar nicht schlafen können. Beständig rollte ich mich im Bette umher, und beständig rollte mir selber im Kopfe der Gedanke: Wer war der verlarvte Scharfrichter, welcher zu Whitehalle Karl I. köpfte? Erst gegen Morgen schlummerte ich ein, und da träumte mir, es sei Nacht, und ich stände einsam auf dem *Pont-neuf* zu Paris und schaute hinab in die dunkle Seine. Unten aber zwischen den Pfeilern der Brücke kamen nackte Menschen zum Vorschein, die bis an die Hüften aus dem Wasser hervortauchten, in den Händen brennende Lampen hielten und etwas zu suchen schienen. Sie schauten mit bedeutsamen Blicken zu mir hinauf, und ich selber nickte ihnen hinab, wie im geheimnisvollen Einverständnis ... Endlich schlug die schwere Notredame-Glocke, und ich erwachte. Und nun grüble ich schon eine Stunde darüber nach, was eigentlich die nackten Leute unter dem *Pont-neuf* suchten? Ich glaube, im Traume wußt' ich es und habe es seitdem vergessen.

Die glänzenden Morgennebel versprechen einen schönen Frühlingstag. Der Hahn kräht. Der alte Invalide, welcher neben uns wohnt, sitzt schon vor seiner Haustüre und singt seine napoleonischen Lieder. Sein Enkel, das blondgelockte Kind, ist ebenfalls schon auf seinen nackten Beinchen und steht jetzt vor meinem Fenster, ein Stück Zucker in den Händchen, und will damit die Rosen füttern. Ein Sperling trippelt heran mit den kleinen Füßchen und betrachtet das liebe Kind wie neugierig, wie verwundert. Mit hastigem Schritt kommt aber die Mutter, das schöne Bauerweib, nimmt das Kind auf den Arm und trägt es wieder in das Haus, damit es sich nicht in der Morgenluft erkälte.

Ich aber greife wieder zur Feder, um über das französische Theater meine verworrenen Gedanken in einem noch verworreneren Stile niederzukritzeln. Schwerlich wird in dieser geschriebenen Wildnis etwas zum Vorschein kommen, was für Sie, teurer Freund, belehrsam wäre. Ihnen, dem Dramaturgen, der das Theater in allen seinen Beziehungen kennt und den Komödianten in die Nieren sieht, wie uns Menschen der liebe Gott; Ihnen, der Sie auf den Brettern, die die Welt bedeuten, einst gelebt, geliebt und gelitten haben, wie in der Welt selbst der liebe Gott: Ihnen werde ich wohl weder über deutsches noch französisches Theater viel Neues sagen können! Nur flüchtige Bemerkungen wage ich hier hinzuwerfen, die ein geneigtes Kopfnicken von Ihnen erschmeicheln sollen.

So, hoffe ich, findet Ihre Beistimmung, was ich im vorigen Briefe über das französische Lustspiel angedeutet habe. Das sittliche Verhältnis, oder vielmehr Mißverhältnis zwischen Mann und Weib ist hier in Frankreich der Dünger, welcher den Boden des Lustspiels so kostbar befruchtet. Die Ehe, oder vielmehr der Ehebruch ist der Mittelpunkt aller jener Lustspielraketen, die so brillant in die Höhe schießen, aber eine melancholische Dunkelheit, wo nicht gar einen üblen Duft zurücklassen. Die alte Religion, das katholische Christentum, welche die Ehe sanktionierte und den ungetreuen Gatten mit der Hölle bedrohte, ist hier mitsamt dieser Hölle erloschen. Die Moral, die nichts anders ist als die in die Sitten eingewachsene Religion, hat dadurch alle ihre Lebenswurzeln verloren und rankt jetzt mißmutig welk an den dürren Stäben der Vernunft, die man an die Stelle der Religion aufgepflanzt hat. Aber nicht einmal diese armselig wurzellose, nur auf Vernunft gestützte Moral wird hier gehörig respektiert, und die Gesellschaft huldigt nur die Konvenienz, welche nichts anders ist als der Schein der Moral, die Verpflichtung einer sorgfältigen Vermeidung alles dessen, was einen öffentlichen Skandal hervorbringen kann; ich sage: einen öffentlichen, nicht einen heimlichen Skandal, denn alles Skandalöse, was nicht zur Erscheinung kommt, existiert nicht für die Gesellschaft; sie bestraft die Sünde nur in Fällen, wo die Zungen allzu laut murmeln. Und selbst dann gibt es gnädige Milderungen. Die Sünderin wird nicht früher ganz verdammt, als bis der Ehegatte selbst sein Schuldig ausspricht. Der verrufensten Messaline öffnen sich die Flügeltore des französischen Salons, solange das eheliche Hornvieh geduldig an ihrer Seite hineintrabt. Dagegen das Mädchen, das sich wahnsinnig großmütig, weiblich aufopferungsvoll in die Arme des Geliebten wirft, ist auf immer aus der Gesellschaft verbannt. Aber dieses geschieht selten, erstens weil Mädchen hierzulande nie lieben, und zweitens weil sie im Liebesfalle sich so bald als möglich zu verheiraten suchen, um jener Freiheit teilhaft zu werden, die von der Sitte nur den verheirateten Frauen bewilligt ist.

Das ist es. Bei uns in Deutschland, wie auch in England und anderen germanischen Ländern, gestattet man den Mädchen die größtmögliche Freiheit, verehelichte Frauen hingegen treten in die strengste Abhängigkeit und unter die ängstlichste Obhut ihres Gemahls. Hier in Frankreich ist, wie gesagt, das Gegenteil der Fall, junge Mädchen verharren hier so lange in klösterlicher Eingezogenheit, bis sie entweder heiraten oder unter strengster Aufsicht einer

Verwandten in die Welt eingeführt werden. In der Welt, d. h. im französischen Salon, sitzen sie immer schweigend und wenig beachtet; denn es ist hier weder guter Ton, noch klug, einem unverheirateten Mädchen den Hof zu machen.

Das ist es. Wir Deutsche, wie unsere germanischen Nachbarn, wir huldigen mit unserer Liebe immer nur unverheirateten Mädchen, und nur diese besingen unsere Poeten; bei den Franzosen hingegen ist nur die verheiratete Frau der Gegenstand der Liebe, im Leben wie in der Kunst.

Ich habe soeben auf eine Tatsache hingewiesen, welche einer wesentlichen Verschiedenheit der deutschen Tragödie und der französischen zum Grunde liegt. Die Heldinnen der deutschen Tragödien sind fast immer Jungfrauen, in der französischen Tragödie sind es verheiratete Weiber, und die komplizierteren Verhältnisse, die hier eintreten, eröffnen vielleicht einen freieren Spielraum für Handlung und Passion.

Es wird mir nie in den Sinn kommen, die französische Tragödie auf Kosten der deutschen, oder umgekehrt zu preisen. Die Literatur und die Kunst jedes Landes sind bedingt von lokalen Bedürfnissen, die man bei ihrer Würdigung nicht unberücksichtigt lassen darf. Der Wert deutscher Tragödien, wie die von Goethe, Schiller, Kleist, Immermann, Grabbe, Oehlenschläger, Uhland und Grillparzer, Werner und dergleichen Großdichtern besteht mehr in der Poesie als in der Handlung und Passion. Aber wie köstlich auch die Poesie ist, so wirkt sie doch mehr auf den einsamen Leser als auf eine große Versammlung. Was im Theater auf die Masse des Publikums am hinreißendsten wirkt, ist eben Handlung und Passion, und in diesen beiden exzellieren die französischen Trauerspieldichter. Die Franzosen sind schon von Natur aktiver und passionierter als wir, und es ist schwer zu bestimmen, ob es die angeborene Aktivität ist, wodurch die Passion bei ihnen mehr als bei uns zur äußeren Erscheinung kommt, oder ob die angeborene Passion ihren Handlungen einen leidenschaftlicheren Charakter erteilt und ihr ganzes Leben dadurch dramatischer gestaltet als das unsrige, dessen stille Gewässer im Zwangsbette des Herkommens ruhig dahinfließen und mehr Tiefe als Wellenschlag verraten. Genug, das Leben ist hier in Frankreich dramatischer, und der Spiegel des Lebens, das Theater, zeigt hier im höchsten Grade Handlung und Passion.

Die Passion, wie sie sich in der französischen Tragödie gebärdet, jener unaufhörliche Sturm der Gefühle, jener beständige Donner und Blitz, jene ewige Gemütsbewegung ist den Bedürfnissen des französischen Publikums ebensosehr angemessen, wie es den Bedürfnissen eines deutschen Publikums angemessen ist, daß der Autor die tollen Ausbrüche der Leidenschaft erst langsam motiviert, daß er nachher stille Pausen eintreten läßt, damit sich das deutsche Gemüt wieder sanft erhole, daß er unserer Besinnung und der Ahnung kleine Ruhestellen gewährt, daß wir bequem und ohne Übereilung gerührt werden. Im deutschen Parterre sitzen friedliebende Staatsbürger und Regierungsbeamte, die dort ruhig ihr Sauerkraut verdauen möchten, und oben in den Logen sitzen blauäugige Töchter gebildeter Stände, schöne blonde Seelen, die ihren Strickstrumpf oder sonst eine Handarbeit ins Theater mitgebracht haben und gelinde schwärmen wollen, ohne daß ihnen eine Masche fällt. Und alle Zuschauer besitzen jene deutsche Tugend, die uns angeboren oder wenigstens anerzogen wird, Geduld. Auch geht man bei uns ins Schauspiel, um das Spiel der Komödianten, oder, wie wir uns ausdrücken, die Leistungen der Künstler zu beurteilen, und letztere liefern allen Stoff der Unterhaltung in unseren Salons und Journalen. Ein Franzose hingegen geht ins Theater, um das Stück zu sehen, um Emotionen zu empfangen; über das Dargestellte werden die Darsteller ganz vergessen, und wenig ist überhaupt von ihnen die Rede. Die Unruhe treibt den Franzosen ins Theater, und hier sucht er am allerwenigsten Ruhe. Ließe ihm der Autor nur einen Moment Ruhe, er wäre kapabel, Azor zu rufen, was auf Deutsch pfeifen heißt. Die Hauptaufgabe für den französischen Bühnendichter ist also, daß sein Publikum gar nicht zu sich selber, gar nicht zur Besinnung komme, daß Schlag auf Schlag die Emotionen herbeigeführt werden, daß Liebe, Haß, Eifersucht, Ehrgeiz, Stolz, *Point d'honneur*, kurz alle jene leidenschaftlichen Gefühle, die im wirklichen Leben der Franzosen sich schon tobsüchtig genug gebärden, auf den Brettern in noch wilderen Rasereien ausbrechen.

Aber um zu beurteilen, ob in einem französischen Stück die Überreibung der Leidenschaft zu groß ist, ob hier nicht alle Grenzen überschritten sind, dazu gehört die innigste Bekanntschaft mit dem französischen Leben selbst, das dem Dichter als Vorbild diente. Um französische Stücke einer gerechten Kritik zu unterwerfen, muß man sie mit französischem, nicht mit deutschem Maßstabe messen. Die Leidenschaften, die uns, wenn wir in einem umfriedeten Winkel des geruhsamen Deutschlands ein französisches Stück sehen oder lesen, ganz übertrieben erscheinen, sind vielleicht dem wirklichen Leben hier treu nachgesprochen, und was uns im theatralischen Gewande so greuelhaft unnatürlich vorkommt, ereignet sich täglich und stündlich zu Paris in der bürgerlichen Wirklichkeit. Nein, in Deutschland ist es unmöglich, sich von dieser französischen Leidenschaft eine Vorstellung zu machen. Wir sehen ihre Handlungen, wir hören ihre Worte; aber diese Handlungen und Worte setzen uns zwar in Verwunderung, erregen in uns vielleicht eine ferne Ahnung, aber nimmermehr geben sie uns eine bestimmte Kenntnis der Gefühle, denen sie entsprossen. Wer wissen will, was Brennen ist, muß die Hand ins Feuer halten; der Anblick eines Gebrannten ist nicht hinreichend, und am ungenügendsten ist es, wenn wir über die Natur der Flamme nur durch Hörensagen oder Bücher unterrichtet werden. Leute, die am Nordpol der Gesellschaft leben, haben keinen Begriff davon, wie leicht in dem heißen Klima der französischen Sozietät die Herzen sich entzünden oder gar während den Juliustagen die Köpfe von den tollsten Sonnenstichen erhitzt sind. Hören wir, wie sie dort schreien, und sehen wir, wie sie Gesichter schneiden, wenn dergleichen Gluten ihnen Hirn und Herz versengen, so sind wir Deutschen schier verwundert und schütteln die Köpfe, und erklären alles für Unnatur oder gar Wahnsinn.

Wie wir Deutsche in den Werken französischer Dichter den unaufhörlichen Sturm und Drang der Passion nicht begreifen können, so unbegreiflich ist den Franzosen die stille Heimlichkeit, das ahnungs- und erinnerungssüchtige Traumleben, das selbst in den leidenschaftlich bewegtesten Dichtungen der Deutschen beständig hervortritt. Menschen, die nur an den Tag denken, nur dem Tage die höchste Geltung zuerkennen und ihn daher auch mit der erstaunlichsten Sicherheit handhaben, diese begreifen nicht die Gefühlsweise eines Volkes, das nur ein Gestern und ein Morgen, aber kein Heute hat, das sich der Vergangenheit beständig erinnert und die Zukunft beständig ahnet, aber die Gegenwart nimmermehr zu fassen weiß, in der Liebe, wie in der Politik. Mit Verwunderung betrachten sie uns Deutsche, die wir oft sieben Jahre lang die blauen Augen der Geliebten anflehen, ehe wir es wagen, mit entschlossenem Arm ihre Hüften zu umschlingen. Sie sehen uns an mit Verwunderung, wenn wir erst die ganze Geschichte der französischen Revolution samt allen Kommentarien gründlich durchstudieren und die letzten Supplementbände abwarten, ehe wir diese Arbeit ins Deutsche übertragen, ehe wir eine Prachtausgabe der Menschenrechte, mit einer Dedikation an den König von Bayern ...

„O Hund, du Hund – Du bist nicht gesund – Du bist vermaledeit – In Ewigkeit – Vor deinem Biß – Behüte mich mein Herr und Heiland Jesu Christ, Amen!"

Vierter Brief

... Der Herr wird alles zum Besten lenken. Er, ohne dessen Willen kein Sperling vom Dache fällt und der Regierungsrat Karl Streckfuß keinen Vers macht, Er wird das Geschick ganzer Völker nicht der Willkür der kläglichsten Kurzsichtigkeit überlassen. Ich weiß es ganz gewiß. Er, der einst die Kinder Israel mit so großer Wundermacht aus Ägypten führte, aus dem Lande der Kasten und der vergötterten Ochsen, Er wird auch den heutigen Pharaonen seine Kunststücke zeigen. Die übermütigen Philister wird Er von Zeit zu Zeit in ihr Gebiet zurückdrängen, wie einst unter den

Richtern. Und gar die neue babylonische Hure, wie wird er sie mit Fußtritten regalieren! Siehst du ihn, den Willen Gottes? Er zieht durch die Luft, wie das stumme Geheimnis eines Telegraphen, der hoch über unsern Häuptern seine Verkündigungen den Wissenden mitteilt, während die Uneingeweihten unten im lauten Marktgetümmel leben und nichts davon merken, daß ihre wichtigsten Interessen, Krieg und Frieden, unsichtbar über sie hin in den Lüften verhandelt werden. Sieht einer von uns in die Höhe, und ist er ein Zeichenkundiger, der die Zeichen auf den Türmen versteht, und warnt er die Leute vor nahendem Unheil, so nennen sie ihn einen Träumer und lachen ihn aus. Manchmal widerfährt ihm noch Schlimmeres, und die Gemahnten grollen ihm ob der bösen Kunde und steinigen ihn. Manchmal auch wird der Prophet auf die Festung gesetzt, bis die Prophezeiung eintreffe, und da kann er lange sitzen. Denn der liebe Gott tut zwar immer, was er als das Beste erfunden und beschlossen, aber er übereilt sich nicht.

O, Herr! ich weiß, du bist die Weisheit und die Gerechtigkeit selbst, und was du tust, wird immer gerecht und weise sein. Aber ich bitte dich, was du tun willst, tu es ein bißchen geschwind. Du bist ewig und hast Zeit genug und kannst warten. Ich aber bin sterblich und ich sterbe.

Ich bin diesen Morgen, liebster Freund, in einer wunderlich weichen Stimmung. Der Frühling wirkt auf mich recht sonderbar. Den Tag über bin ich betäubt, und es schlummert meine Seele. Aber des Nachts bin ich so aufgeregt, daß ich erst gegen Morgen einschlafe, und dann umschlingen mich die qualvoll entzückendsten Träume. O schmerzliches Glück, wie beängstigend drücktest du mich an dein Herz vor einigen Stunden! Mir träumte von ihr, die ich nicht lieben will und nicht lieben darf, deren Leidenschaft mich aber dennoch heimlich beseligt. Es war in ihrem Landhause, in dem kleinen, dämmerigen Gemache, wo die wilden Oleanderbäume das Balkonfenster überragen. Das Fenster war offen, und der helle Mond schien zu uns ins Zimmer herein und warf seine silbernen Streiflichter über ihre weißen Arme, die mich so liebevoll umschlossen hielten. Wir schwiegen und dachten nur an unser süßes Elend. An den Wänden bewegten sich die Schatten der Bäume, deren Blüten immer stärker dufteten. Draußen im Garten, erst ferne, dann wieder nahe, ertönte eine Geige, lange, langsam gezogene Töne, jetzt traurig, dann wieder gutmütig heiter, manchmal wie wehmütiges Schluchzen, mitunter auch grollend, aber immer lieblich, schön und wahr ... „Wer ist das?" flüsterte ich leise. Und sie antwortete: „Es ist mein Bruder, welcher die Geige spielt." Aber bald schwieg draußen die Geige, und statt ihrer vernahmen wir einer Flöte schmelzend verhallende Töne, und die klangen so bittend, so flehend, so verblutend, und es waren so geheimnisvolle Klagelaute, daß sie einem die Seele mit wahnsinnigem Grauen erfüllten, daß man an die schauerlichsten Dinge denken mußte, an Leben ohne Liebe, an Tod ohne Auferstehung, an Tränen, die man nicht weinen kann ... „Wer ist das?" flüsterte ich leise. Und sie antwortete: „Es ist mein Mann, welcher die Flöte bläst."

Teurer Freund, schlimmer noch als das Träumen ist das Erwachen.

Wie glücklich sind doch die Franzosen! Sie träumen gar nicht. Ich habe mich genau darnach erkundigt, und dieser Umstand erklärt auch, warum sie mit so wacher Sicherheit ihr Tagesgeschäft verrichten und sich nicht auf unklare, dämmernde Gedanken und Gefühle einlassen, in der Kunst wie im Leben. In den Tragödien unsrer großen deutschen Dichter spielt der Traum eine große Rolle, wovon französische Trauerspieldichter nicht die geringste Ahnung haben. Ahnungen haben sie überhaupt nicht. Was der Art in neueren französischen Dichtungen zum Vorschein kommt, ist weder dem Naturell des Dichters noch des Publikums angemessen, ist nur den Deutschen nachempfunden, ja am Ende vielleicht nur armselig abgestohlen. Denn die Franzosen begehen nicht bloß Gedankenplagiate, sie entwenden uns nicht bloß poetische Figuren und Bilder, Stimmungen, Seelenzustände, sie begehen Gefühlsplagiate. Dieses gewahrt man namentlich, wenn einige von ihnen die Gemütsfaseleien der katholisch-romantischen Schule aus der Schlegelzeit jetzt nachheucheln.

Mit wenigen Ausnahmen, können alle Franzosen ihre Erziehung nicht verleugnen; sie sind mehr oder weniger Materialisten, je nachdem sie mehr oder weniger jene französische Erziehung genossen, die ein Produkt der materialistischen Philosophie ist. Daher ist ihren Dichtern die Naivität, das Gemüt, die Erkenntnis durch Anschauungen und das Aufgehen im angeschauten Gegenstande versagt. Sie haben nur Reflexion, Passion und Sentimentalität.

Ja, ich möchte hier zu gleicher Zeit eine Andeutung aussprechen, bis zur Beurteilung mancher deutschen Autoren nützlich wäre: Die Sentimentalität ist ein Produkt des Materialismus. Der Materialist trägt nämlich in der Seele das dämmernde Bewußtsein, daß dennoch in der Welt nicht alles Materie ist; wenn ihm sein kurzer Verstand die Materialität aller Dinge noch so bündig demonstriert, so sträubt sich doch dagegen sein Gefühl; es beschleicht ihn zuweilen das geheime Bedürfnis, in den Dingen auch etwas Urgeistiges anzuerkennen; und dieses unklare Sehnen und Bedürfen erzeugt jene unklare Empfindsamkeit, welche wir Sentimentalität nennen. Sentimentalität ist die Verzweiflung der Materie, die sich selber nicht genügt und nach etwas Besserem ins unbestimmte Gefühl hinausschwärmt. – Und in der Tat, ich habe gefunden, daß es eben die sentimentalen Autoren waren, die zu Hause, oder wenn ihnen der Wein die Zunge gelöst hatte, in den derbsten Zoten ihren Materialismus auskramen. Der sentimentale Ton, besonders wenn er mit patriotischen, sittlich religiösen Bettelgedanken verbrämt ist, gilt aber bei dem großen Publikum als das Kennzeichen einer schönen Seele!

Frankreich ist das Land des Materialismus, er bekundet sich in allen Erscheinungen des hiesigen Lebens. Manche begabte Geister versuchen zwar seine Wurzel auszugraben, aber diese Versuche bringen noch größere Mißlichkeiten hervor. In den aufgelockerten Boden fallen die Samenkörner jener spiritualistischen Irrlehren, deren Gift den sozialen Beistand Frankreichs aufs unheilsamste verschlimmert.

Täglich steigert sich meine Angst über die Krisen, die dieser soziale Zustand Frankreichs hervorbringen kann; wenn die Franzosen nur im mindesten an die Zukunft dächten, könnten sie auch keinen Augenblick mit Ruhe ihres Daseins froh werden. Und wirklich freuen sie sich dessen nie mit Ruhe. Sie sitzen nicht gemächlich am Bankette des Lebens, sondern sie verschlucken dort eilig die holden Gerichte, stürzen den süßen Trank hastig in den Schlund, und können sich dem Genusse nie mit Wohlbehagen hingeben. Sie mahnen mich an den alten Holzschnitt in unserer Hausbibel, wo die Kinder Israel vor dem Auszug aus Ägypten das Passahfest begehen, und stehend, reisegerüstet und den Wanderstab in den Händen ihren Lämmerbraten verzehren. Werden uns in Deutschland die Lebenswonnen auch viel spärlicher zugeteilt, so ist es uns doch vergönnt, sie mit behaglichster Ruhe zu genießen. Unsere Tage gleiten sanft dahin, wie ein Haar, welches man durch die Milch zieht.

Liebster Freund, der letztere Vergleich ist nicht von mir, sondern von einem Rabbinen; ich las ihn unlängst in einer Blumenlese rabbinischer Poesie, wo der Dichter das Leben des Gerechten mit einem Haare vergleicht, welches man durch die Milch zieht. Anfangs kotzte ich ein bißchen über dieses Bild, denn nichts wirkt erbrechlicher auf meinen Magen, als wenn ich des Morgens meinen Kaffee trinke und ein Haar in der Milch finde. Nur gar ein langes Haar, welches sich sanft hindurchziehen läßt, wie das Leben des Gerechten! Aber das ist eine Idiosynkrasie von mir; ich will mich durchaus an das Bild gewöhnen, und werde es bei jeder Gelegenheit anwenden. Ein Schriftsteller darf sich nicht seiner Subjektivität ganz überlassen, er muß alles schreiben können, und sollte es ihm noch so übel dabei werden.

Das Leben eines Deutschen gleicht einem Haar, welches durch die Milch gezogen wird. Ja, man könnte er Vergleichung noch größere Vollkommenheit verleihen, wenn man sagte: Das deutsche Volk gleicht einem Zopf von dreißig Millionen zusammengeflochtenen Haaren, welcher in einem großen Milchtopfe seelenruhig herumschwimmt. Die Hälfte des Bildes könnte ich beibehalten und das französische Leben mit einem Milchtopfe vergleichen, worin tausend und abertausend Fliegen hineingestürzt sind, und die einen sich auf den Rücken der andern emporzuschwingen suchen, am Ende aber doch alle zugrund gehen, mit Ausnahme einiger wenigen, die sich durch Zufall oder Klugheit bis an den Rand des Topfes zu rudern gewußt, und dort im Trockenen, aber mit nassen Flügeln, herumkriechen.

Ich habe Ihnen über den sozialen Zustand der Franzosen, aus besondern Gründen, nur wenige Andeutungen geben wollen; wie sich aber die Verwickelung lösen wird, das vermag kein Mensch zu erraten. Vielleicht naht Frankreich einer schrecklichen Katastrophe. Diejenigen, welche eine Revolution anfangen, sind gewöhnlich ihre Opfer, und solches Schicksal trifft vielleicht Völker ebensogut, wie Individuen. Das französische Volk, welches die große Revolution Europa's begonnen, geht vielleicht zugrunde, während nachfolgende Völker die Früchte seines Beginnens ernten.

Aber hoffentlich irre ich mich. Das französische Volk ist die Katze, welche, sie falle auch von der gefährlichsten Höhe herab, dennoch nie den Hals bricht, sondern unten gleich wieder auf den Beinen steht.

Eigentlich, liebster Lewald, weiß ich nicht, ob es naturhistorisch richtig ist, daß die Katzen immer auf die vier Pfoten fallen und sich daher nie beschädigen, wie ich als kleiner Junge einst gehört hatte. Ich wollte damals gleich das Experiment anstellen, stieg mit unserer Katze aufs Dach und warf sie von dieser Höhe in die Straße hinab. Zufällig aber ritt eben ein Kosak an unserem Hause vorbei, die arme Katze fiel just auf die Spitze seiner Lanze und er ritt lustig mit dem gespießten Tiere von dannen. – Wenn es nun wirklich wahr ist, daß Katzen immer unbeschädigt auf die Beine fallen, so müssen sie sich doch in solchem Falle vor den Lanzen der Kosaken in acht nehmen ...

Ich habe in meinen vorigen Briefen ausgesprochen, daß es nicht der politische Zustand ist, wodurch das Lustspiel in Frankreich mehr als in Deutschland gefördert wird. Dasselbe ist auch der Fall in betreff der Tragödie. Ja, ich wage zu behaupten, daß der politische Zustand Frankreichs dem Gedeihen der französischen Tragödie sogar nachteilig ist. Der Tragödiendichter bedarf eines Glaubens an Heldentum, der ganz unmöglich ist in einem Lande, wo die Preßfreiheit, repräsentative Verfassung und Bourgeoisie herrschen. Denn die Preßfreiheit, indem sie täglich mit ihren frechsten Lichtern die Menschlichkeit eines Helden beleuchtet, raubt seinem Haupte jenen wohltätigen Nimbus, der ihm die blinde Verehrung des Volkes und des Poeten sichert. Ich will gar nicht einmal erwähnen, daß der Republikanismus in Frankreich die Preßfreiheit benutzt, um alle hervorragende Größe durch Spöttelei oder Verleumdung niederzudrücken und alle Begeisterung für Persönlichkeiten von Grund aus zu vernichten. Diese Verlästerungslust wird nun aber noch ganz außerordentlich unterstützt durch das sogenannte repräsentative Verfassungswesen, durch jenes System von Fiktionen, welches die Sache der Freiheit mehr vertagt als befördert, und keine große Persönlichkeiten aufkommen läßt, weder im Volke noch auf dem Throne. Denn dieses System diese Verhöhnung wahrer Vertretung der Nationalinteressen, dieses Gemische von kleinen Wahlumtrieben, Mißtrauen, Keifsucht, öffentlicher Insolenz, geheimer Feilheit und offizieller Lüge, demoralisiert die Könige ebensosehr, wie die Völker. Hier müssen die Könige Komödie spielen, ein nichtssagendes Geschwätz mit noch weniger sagenden Geheimplätzen beantworten, ihren Feinden huldreich lächeln, ihre Freunde aufopfern, immer indirekt handeln, und durch ewige Selbstverleugnung alle freien, großmütigen und tatlustigen Regungen eines königlichen Heldensinns in ihrer Brust ertöten. Eine solche Verkleinlichung aller Größe und radikale Vernichtung des Heroismus verdankt man aber ganz besonders jener Bourgeoisie, jenem Bürgerstand, der durch den Sturz der Geburtsaristokratie hier in Frankreich zur Herrschaft gelangte und seinen engen nüchternen Krämergesinnungen in jeder Sphäre des Lebens den Sieg verschafft. Es wird nicht lange dauern, und alle heroischen Gedanken und Gefühle müssen hierzulande, wo nicht ganz erlöschen, doch wenigstens lächerlich werden. Ich will beileibe nicht das alte Regiment adliger Bevorrechtigung zurückwünschen; denn es war nichts als überfirnißte Fäulnis, eine geschmückte und parfümierte Leiche, die man ruhig ins Grab senken oder gewaltsam in die Gruft hineintreten mußte, im Fall sie ihr trostloses Scheinleben fortsetzen und sich allzu sträubsam gegen die Bestattung wehren wollte. Aber das neue Regiment, das an die Stelle der alten getreten, ist noch viel fataler; und noch weit unleidlicher anwidern muß uns diese ungefirnißte Roheit, dieses Leben ohne Wohlduft, diese betriebsame Geldritterschaft, diese Nationalgarde, diese bewaffnete Furcht, die dich mit dem intelligenten Bajonette niederstößt, wenn du etwa behauptest, daß die Leitung der Welt nicht dem kleinen Zahlensinn, nicht dem hochbesteuerten Rechentalente gebührt, sondern dem Genie, der Schönheit, der Liebe und der Kraft.

Die Männer des Gedankens, die im achtzehnten Jahrhundert die Revolution so unermüdlich vorbereitet, sie würden erröten, wenn sie sähen, wie der Eigennutz seine kläglichen Hütten baut an die Stelle der niedergebrochenen Paläste, und wie aus diesen Hütten eine neue Aristokratie hervorwuchert, die, noch unerfreulicher als die ältere, nicht einmal durch eine Idee, durch den idealen Glauben an fortgezeugte Tugend sich zu rechtfertigen sucht, sondern nur in Erwerbnissen, die man gewöhnlich einer kleinlichen Beharrlichkeit, wo nicht gar den schmutzigsten Lastern verdankt, im Geldbesitz, ihre letzten Gründe findet.

Wenn man diese neue Aristokratie genau betrachtet, gewahrt man dennoch Analogien zwischen ihr und der früheren Aristokratie, wie sie nämlich kurz vor ihrem Absterben sich zeigte. Der Geburtsvorzug stützte sich damals auf Papier, womit man die Zahl der Ahnen, nicht ihre Vortrefflichkeit, bewies. Es war eine Art Geburtspapiergeld und gab den Adligen unter Ludwig XV. und Ludwig XVI. ihren sanktionierten Wert, und klassifizierte sie nach verschiedenen Graden des Ansehens, in derselben Weise, wie das heutige Handelspapiergeld den Industriellen unter Ludwig Philipp ihre Geltung gibt und ihren Rang bestimmt. Die Beurteilung der Würde und die Abmessung des Grades, wozu die papiernen Urkunden berechtigen, übernimmt hier die Handelsbörse, und zeigt dabei dieselbe Gewissenhaftigkeit, womit einst der geschworene Heraldiker im vorigen Jahrhundert die Diplome untersuchte, womit der Adlige seine Vorzüglichkeit dokumentierte. Diese Geldaristokraten, obgleich sie, wie die ehemaligen Geburtsaristokraten, eine Hierarchie bilden, wo immer einer sich besser dünkt als der andere, haben dennoch schon einen gewissen *Esprit-de-corps*, sie halten in bedrängten Fällen solidarisch zusammen, bringen Opfer, wenn die Korporationsehre auf dem Spiele steht, und, wie ich höre, errichten sie sogar Unterstüzungsstifte für heruntergekommene Standesgenossen.

Ich bin heute bitter, teurer Freund, und verkenne selbst jenen Geist der Wohltätigkeit, den der neue Adel, mehr als der alte, an den Tag gibt. Ich sage: an den Tag gibt, denn diese Wohltätigkeit ist nicht lichtscheu und zeigt sich am liebsten im hellen Sonnenschein. Diese Wohltätigkeit ist bei dem heutigen Geldadel, was bei dem ehemaligen Geburtsadel die Herablassung war, eine löbliche Tugend, deren Ausübung dennoch unsere Gefühle verletzte und uns manchmal wie eine raffinierte Insolenz vorkam. O, ich hasse die Millionäre der Wohltätigkeit noch weit mehr als den reichen Geizhals, der seine Schätze mit ängstlicher Sorge unter Schloß und Riegel verborgen hält. Er beleidigt uns weniger als der Wohltätige, welcher seinen Reichtum, den er durch Ausbeutung unserer Bedürfnisse und Nöten uns abgewonnen hat, öffentlich zur Schau stellt und uns davon einige Heller als Almosen zuwirft.

Fünfter Brief

Mein Nachbar, der alte Grenadier, sitzt heute nachsinnend vor seiner Haustür; manchmal beginnt er eins seiner alten bonapartistischen Lieder, doch die Stimme versagt ihm vor innerer Bewegung; seine Augen sind rot, und allem Anschein nach hat der alte Kauz geweint.

Aber er war gestern abend bei Franconi und hat dort die Schlacht bei Austerlitz gesehen. Um Mitternacht verließ er Paris, und die Erinnerungen beschäftigten seine Seele so übermächtig, daß er wie somnambül die ganze Nacht durchmarschierte und zu seiner eigenen Verwunderung diesen Morgen im Dorfe anlangte. Er hat mir die Fehler des Stücks auseinandergesetzt, denn er war selber bei Austerlitz, wo das Wetter so kalt gewesen, daß ihm die Flinte an den Fingern festfror; bei Franconi hingegen konnte man es vor Hitze nicht aushalten. Mit dem Pulverdampf war er sehr zufrieden, auch mit dem Geruche der Pferde; nur behauptete er, daß die Kavallerie bei Austerlitz keine so gut dressierte Schimmel besessen. Ob das Manöver der Infanterie ganz richtig dargestellt worden, wußte er nicht genau zu beurteilen, denn bei Austerlitz, wie bei jeder Schlacht, sei der Pulverdampf so stark gewesen, daß man kaum sah, was ganz in der Nähe vorging. Der Pulverdampf bei Franconi war aber, wie der Alte sagte, ganz vortrefflich, und schlug ihm so angenehm auf die Brust, daß er dadurch von seinem Husten geheilt ward. „Und der Kaiser?", fragte ich ihn. „Der Kaiser", antwortete der Alte, „war ganz unverändert, wie er leibte und lebte, in seiner grauen Kapote mit dem dreieckigen Hütchen, und das Herz pochte mir in der Brust. Ach, der Kaiser", setzte der Alte hinzu, „Gott weiß, wie ich ihn liebe, ich bin oft genug in diesem Leben für ihn ins Feuer gegangen, und sogar nach dem Tode muß ich für ihn ins Feuer gehen!"

Den letzten Zusatz sprach Ricou, so heißt der alte, mit einem geheimnisvoll düsteren Tone, und schon mehrmals hatte ich von ihm die Äußerung vernommen, daß er einst für den Kaiser in die Hölle käme. Als ich heute ernsthaft in ihn drang, mir dies rätselhaften Worte zu erklären, erzählte er mir folgende entsetzliche Geschichte:

Als Napoleon den Papst Pius VII. von Rom wegführen und nach dem hohen Bergschlosse von Savana bringen ließ, gehörte Ricou zu einer Kompagnie Grenadiere, die ihn dort bewachten. Anfangs gewährte man dem Papste manche Freiheiten; ungehindert konnte er zu beliebigen Stunden seine Gemächer verlassen und sich nach der Schloßkapelle begeben, wo er täglich selber Messe las. Wenn er dann durch den großen Saal schritt, wo die kaiserlichen Grenadiere Wache hielten, streckte er die Hand nach ihnen aus und gab ihnen den Segen. Aber eines Morgens erhielten die Grenadiere bestimmten Befehl, den Ausgang der päpstlichen Gemächer strenger als vorher zu bewachen und dem Papst den Durchgang im großen Saale zu versagen. Unglücklicherweise traf just Ricou das Los, diesen Befehl auszuführen, ihn, welcher Bretagner von Geburt, also erzkatholisch war und in dem gefangenen Papste den Statthalter Christi verehrte. Der arme Ricou stand Schildwache vor den Gemächern des Papstes, als Diener, wie gewöhnlich, um in der Schloßkapelle Messe zu lesen, durch den großen Saal wandern wollte. Aber Ricou trat vor ihn hin und erklärte, daß er die Konsigne erhalten, den heiligen Vater nicht durchzulassen. Vergebens suchten einige Priester, die sich im Gefolge des Papstes befanden, ihm ins Gemüt zu reden und ihm zu bedeuten, welch einen Frevel, welche Sünde, welche Verdammnis er auf sich lade, wenn er Seine Heiligkeit, das Oberhaupt der Kirche, verhindere, Messe zu lesen ... Aber Ricou blieb unerschütterlich, er berief sich immer auf die Unmöglichkeit, seine Konsigne zu brechen, und als der Papst dennoch weiter schreiten wollte, rief er entschlossen: *„Au nom de l'Empereur!"* und trieb ihn mit vorgehaltenem Bajonette zurück. Nach einigen Tagen wurde der strenge Befehl wieder aufgehoben, und der Papst durfte, wie früherhin, um Messe zu lesen, den großen Saal durchwandern. Allen Anwesenden gab er dann wieder den Segen, nur nicht dem armen Ricou, den er seitdem immer mit strengem Strafblicke ansah und dem er den Rücken kehrte, während er gegen die übrigen die segnende Hand ausstreckte. „Und doch konnte ich nicht anders handeln", – setzte der alte Invalide hinzu, als er mir diese entsetzliche Geschichte erzählte, – „ich konnte nicht anders handeln, ich hatte meine Konsigne, ich mußte dem Kaiser gehorchen; und auf seinen Befehl – Gott verzeih mir's! – hätte ich dem lieben Gott selber das Bajonett durch den Leib gerannt."

Ich habe dem armen Schelm versichert, daß der Kaiser für alle Sünden der großen Armee verantwortlich ist, was ihm aber wenig schaden könne, da kein Teufel in der Hölle sich unterstehen würde, den Napoleon anzutasten. Der Alte gab mir gern Beifall und erzählte, wie gewöhnlich, mit geschwätziger Begeisterung von der Herrlichkeit des Kaiserreichs, der imperialen Zeit, wo alles so goldströmend und blühend, statt daß heutzutage die ganze Welt welk und abgefärbt aussieht.

War wirklich die Zeit des Kaiserreichs in Frankreich so schön und beglückend, wie diese Bonapartisten, klein und groß, vom Invaliden Ricou bis zur Herzogin von Abrantes, uns vorzuprahlen pflegen? Ich glaube nicht. Die Äcker lagen brach, und die Menschen wurden zur Schulbank geführt. Überall Muttertränen und häusliche Verödung. Aber es geht diesen Bonapartisten wie dem versoffenen Bettler, der die scharfsinnige Bemerkung gemacht hatte, daß, solange er nüchtern blieb, seine Wohnung nur eine erbärmliche Hütte, sein Weib in Lumpen gehüllt und sein Kind krank und hungrig war, daß aber, sobald er einige Gläser Branntwein getrunken, dieses ganze Elend sich plötzlich änderte, seine Hütte sich in einen Palast verwandelte, sein Weib wie eine geputzte Prinzessin aussah, und sein Kind wie die wohlgenährteste Gesundheit ihn anlachte. Wenn man ihn nun ob seiner schlechten Wirtschaft manchmal ausschalt, so versicherte er immer, man möge ihm nur genug

Branntwein zu trinken geben, und sein ganzer Haushalt würde bald ein glänzenderes Ansehen gewinnen. Statt Branntwein war es Ruhm, Ehrgier und Eroberungslust, was jene Bonapartisten so sehr berauschte, daß sie die wirkliche Gestalt der Dinge während der Kaiserzeit nicht sahen, und jetzt, bei jeder Gelegenheit, wo eine Klage über schlechte Zeiten laut wird, rufen sie immer: „Das würde sich gleich ändern, Frankreich würde blühen und glänzen, wenn man uns wieder wie sonst zu trinken gäbe: Ehrenkreuze, Epaulette, *Contributions volontaire*, spanische Gemälde, Herzogtümer in vollen Zügen."

Wie dem aber auch sei, nicht bloß die alten Bonapartisten, sondern auch die große Masse des Volks wiegt sich gern in diesen Illusionen, und die Tage des Kaiserreichs sind die Poesie dieser Leute, eine Poesie, die noch dazu Opposition bildet gegen die Geistesnüchternheit des siegenden Bürgerstandes. Der Heroismus der imperialen Herrschaft ist der einzige, wofür die Franzosen noch empfänglich sind, und Napoleon ist der einzige Heros, an den sie noch glauben.

Wenn Sie dieses erwägen, teurer Freund, so begreifen Sie auch seine Geltung für das französische Theater und den Erfolg, womit die hiesigen Bühnendichter diese einzige, in der Sandwüste des Indifferentismus einzige Quelle der Begeisterung so oft ausbeuten. Wenn in den kleinen Vaudevillen der Boulevards-Theater eine Szene aus der Kaiserzeit dargestellt wird, oder gar der Kaiser in Person auftritt, dann mag das Stück auch noch so schlecht sein, es fehlt doch nicht an Beifallsbezeigungen; denn die Seele der Zuschauer spielt mit, und sie applaudieren ihren eigenen Gefühlen und Erinnerungen. Da gibt es Kouplets, worin Stichworte sind, die wie betäubende Kolbenschläge auf das Gehirn eines Franzosen, andere, die wie Zwiebeln auf seine Tränendrüsen wirken. Das jauchzt, das weint, das flammt bei den Worten: *Aigle français, soleil d'Austerlitz, Jena, les pyramides, la grande armée, l'honneur, la vieille garde, Napoléon* ... oder wenn gar der Mann selber, *l'homme* zum Vorschein kommt am Ende des Stücks, als *Deus ex machina!* Er hat immer das Wünschelhütchen auf dem Kopfe und die Hände hinterm Rücken, und spricht so lakonisch als möglich. Er singt nie. Ich habe nie Vaudeville gesehen, worin Napoleon gesungen. Alle andere singen. Ich habe sogar den alten Fritz, *Frédéric le Grand*, in Vaudevillen singen hören, und zwar sang er so schlechte Verse, daß man schier glauben konnte, er habe sie selbst gedichtet.

In der Tat, die Verse dieser Vaudeville sind spottschlecht, aber nicht die Musik, namentlich in den Stücken, wo alte Stelzfüße die Feldherrngröße und das kummervolle Ende des Kaisers besingen. Die graziöse Leichtfertigkeit des Vaudeville geht dann über in einen elegisch-sentimentalen Ton, der selbst einen Deutschen rühren könnte. Den schlechten Texten solcher *Complaintes* sind nämlich alsdann jene bekannten Melodien untergelegt, womit das Volk seine Napoleonslieder absingt. Diese letzteren ertönen hier an allen Worten, man sollte glauben, sie schwebten in der Luft oder die Vögel sängen sie in den Baumzweigen. Mir liegen beständig diese elegisch-sentimentalen Melodien im Sinn, wie ich sie von jungen Mädchen, kleinen Kindern, verkrüppelten Soldaten, mit allerlei Begleitungen und allerlei Variationen singen hörte. Am rührendsten sang sie der blinde Invalide auf der Zitadelle von Dieppe. Meine Wohnung lag dicht am Fuße jener Zitadelle, wo sie ins Meer hinausragt, und dort auf dem dunklen Gemäuer saß er ganze Nächte, der Alte, und sang die Taten des Kaisers Napoleon. Das Meer schien seinen Gesängen zu lauschen, das Wort Gloire zog immer so feierlich über die Wellen, die manchmal wie vor Bewunderung aufrauschten und dann wieder still weiter zogen ihren nächtlichen Weg... Wenn sie nach Sankt Helena kamen, grüßten sie vielleicht ehrfurchtsvoll den tragischen Felsen oder brandeten dort mit schmerzlichem Unmut. Wie manche Nacht stand ich am Fenster und horchte ihm zu, dem alten Invaliden von Dieppe. Ich kann seiner nicht vergessen. Ich sehe ihn noch immer sitzen auf dem alten Gemäuer, während aus den dunklen Wolken der Mond hervortrat und ihn wehmütig beleuchtete, den Ossian des Kaiserreichs.

Von welcher Bedeutung Napoleon einst für die französische Bühne sein wird, läßt sich gar nicht ermessen. Bis jetzt sah man den Kaiser nur in Vaudevillen oder großen Spektakel- und Dekorationsstücken. Aber es ist die Göttin der Tragödie, welche diese hohe Gestalt als rechtmäßiges Eigentum in Anspruch nimmt. Ist es doch, als habe jene Fortuna, die sein Leben so sonderbar lenkte, ihn zu einem ganz besonderen Geschenk für ihre Kousine Melpomene bestimmt. Die Tragödiendichter aller Zeiten werden die Schicksale dieses Mannes in Versen und Prosa verherrlichen. Die französischen Dichter sind jedoch ganz besonders an diesen Helden gewiesen, da das französische Volk mit seiner ganzen Vergangenheit gebrochen hat, für die Helden der feudalistischen und kourtisanesken Zeit der Valois und Bourbonen keine wohlwollende Sympathie, wo nicht gar eine häßliche Antipathie empfindet, und Napoleon, der Sohn der Revolution, die einzige große Herrschergestalt, der einzige königliche Held ist, woran das neue Frankreich sein volles Herz weiden kann.

Hier habe ich beiläufig von einer anderen Seite angedeutet, daß der politische Zustand der Franzosen dem Gedeihen ihrer Tragödie nicht günstig sein kann. Wenn sie geschichtliche Stoffe aus dem Mittelalter oder aus der Zeit der letzten Bourbonen behandeln, so können sie sich des Einflusses eines gewissen Parteigeistes nimmermehr erwehren, und der Dichter bildet dann schon von vorn herein, ohne es zu wissen, eine modern-liberale Opposition gegen den alten König oder Ritter, den er feiern wollte. Dadurch entstehen Mißlaute, die einem Deutschen, der mit der Vergangenheit noch nicht tatsächlich gebrochen hat, und gar einem deutschen Dichter, der in der Unparteilichkeit Goethe'scher Künstlerweise auferzogen worden, aufs unangenehmste ins Gemüt stechen. Die letzten Töne der Marseillaise müssen verhallen, ehe Autor und Publikum in Frankreich sich an den Helden ihrer früheren Geschichte wieder gehörig erbauen können. Und wäre auch die Seele des Autors schon gereinigt von allen Schlacken des Hasses, so fände doch sein Wort kein unparteiisches Ohr im Parterre, wo die Männer sitzen, die nicht vergessen können, in welche blutigen Konflikte sie mit der Sippschaft jener Helden geraten, die auf der Bühne tragieren. Man kann den Anblick der Väter nicht sehr goutieren, wenn man den Söhnen auf der *Place de grève* das Haupt abgeschlagen hat. So etwas trübt den reinen Theatergenuß. Nicht selten verkennt man die Unparteilichkeit des Dichters so weit, daß man ihn antirevolutionärer Gesinnungen beschuldigt. – „Was soll dieses Rittertum, dieser phantastische Plunder?", ruft dann der entrüstete Republikaner und er schreit Anathema über den Dichter, der die Helden alter Zeit zur Verführung des Volkes, zur Erweckung aristokratischer Sympathien mit seinen Versen verherrlicht.

Hier, wie in vielen anderen Dingen, zeigt sich eine wohlverwandtschaftliche Ähnlichkeit zwischen den französischen Republikanern und den englischen Puritanern. Es knurrt fast derselbe Ton in ihrer Theaterpolemik, nur daß diesen der religiöse, jenen der politische Fanatismus die absurdesten Argumente leiht. Unter den Aktenstücken aus der Cromwell'schen Periode gibt es eine Streitschrift des berühmten Puritaners Prynne, betitelt: „*Historiomastix*", (gedruckt 1633), woraus ich Ihnen folgende Diatribe gegen das Theater zur Ergötzung mitteile:

„*There is scarce one devil in hell, hardly a notorious sin or sinner upon earth, either of modern or ancient times, but hath some part or other in our stage-plays.*

O, that our players, our play-hunter would now seriously consider, that the persons, whose parts, whose sins they act and see, are even then yelling in the eternal flames of hell for these particular sins of theyrs even then, whilest they are playing of these sins, these parts of theyrs on the stage! Oh, that they would ow remember the sights, the groans, the tears, the anguish, weeping and gnashing of teeth, the crys and shrieks that these wickednesses cause in hell, whilest they are acting, applauding, committing and laughing at them in the playhouse!"

Sechster Brief

Mein teurer, innig geliebter Freund! Mir ist, als trüge ich diesen Morgen einen Kranz von Mohnblumen auf dem Haupte, der all mein Sinnen und Denken einschläfert. Unwirsch rüttle ich manchmal den Kopf, und dann erwachen wohl darin hie und da einige Gedanken, aber gleich nicken sie wieder ein und schnarchen um die Wette. Die Witze, die Flöhe des Gehirns, die zwischen den schlummernden Gedanken umherspringen, zeigen sich ebenfalls nicht besonders munter und sind vielmehr sentimental und träge. Ist es die Frühlingsluft, die dergleichen Kopfbetäubungen verursacht, oder die veränderte Lebensart? Hier geh' ich abends schon um neun Uhr zu Bette, ohne müde zu sein, genieße dann keinen gesunden Schlaf, der alle Glieder bindet, sondern wälze mich die ganze Nacht in einem traumsüchtigen Halbschlummer. In Paris hingegen, wo ich mich erst einige Stunden nach Mitternacht zur Ruhe begeben konnte, war mein Schlaf wie von Eisen. Kam ich doch erst um acht Uhr von Tische, und dann rollten wir ins Theater. Der Dr. Detmold aus Hannover, der den verflossenen Winter in Paris zubrachte und uns immer ins Theater begleitete, hielt uns munter, wenn die Stücke auch noch so einschläfernd. Wir haben viel zusammen gelacht und kritisiert und medisiert. Seien Sie ruhig, Liebster, Ihrer wurde nur mit der schönsten Anerkenntnis gedacht. Wir zollten Ihnen das freundlichste Lob.

Sie wundern sich, daß ich so oft ins Theater gegangen; Sie wissen, der Besuch des Schauspielhauses gehört nicht eben zu meinen Gewohnheiten. Aus Kaprice enthielt ich mich diesen Winter des Salonlebens, und damit die Freunde, bei denen ich selten erschien, mich nicht im Theater sähen, wählte ich gewöhnlich eine Avantszene, in deren Ecke man sich am besten den Augen des Publikums verbergen kann. Diese Avantszenen sind auch außerdem meine Lieblingsplätze. Man sieht hier nicht bloß, was auf dem Theater gespielt wird, sondern auch was hinter den Kulissen vorgeht, hinter jenen Kulissen, wo die Kunst aufhört und die liebe Natur wieder anfängt. Wenn auf der Bühne irgendeine pathetische Tragödie zu schauen ist, und zu gleicher Zeit von dem liederlichen Komödiantentreiben hinter den Kulissen hie und da ein Stück zum Vorschein kömmt, so mahnt dergleichen an antike Wandbilder oder an die Fresken der Münchener Glyptothek und mancher italienischer Palazzos, wo in den Ausschnitt-Ecken der großen historischen Gemälde lauter possierliche Arabesken, lachende Götterspäße, Bacchanalien und Satyridyllen angebracht sind.

Das Theatre Français besuchte ich sehr wenig; dieses Haus hat für mich etwas Ödes, Unerfreuliches. Hier spuken noch die Gespenster der alten Tragödie, mit Dolch und Giftbecher in den bleichen Händen, hier stäubt noch der Puder der klassischen Perücken. Daß man auf diesem klassischen Boden manchmal der modernen Romantik ihre tollen Spiele erlaubt, oder daß man den Anforderungen des älteren und des jüngeren Publikums durch eine Mischung des Klassischen und Romantischen entgegen kommt, daß man gleichsam ein tragisches Justemilieu gebildet hat, das ist am unerträglichsten. Diese französischen Tragödiendichter sind emanzipierte Sklaven, die immer noch ein Stück der alten klassischen Kette mit sich herumschleppen; ein feines Ohr hört bei jedem ihrer Tritte noch immer ein Geklirre, wie zur Zeit der Herrschaft Agamemnon's und Talma's.

Ich bin weit davon entfernt, die ältere französische Tragödie unbedingt zu verwerfen. Ich ehre Corneille und liebe Racine. Sie haben Meisterwerke geliefert, die auf ewigen Postamenten stehen bleiben im Tempel der Kunst. Aber für das Theater ist ihre Zeit vorüber, sie haben ihre Sendung erfüllt vor einem Publikum von Edelleuten, die sich gern für Erben des älteren Heroismus hielten, oder wenigstens diesen Heroismus nicht kleinbürgerlich verwarfen. Auch noch unter dem Empire konnten die Helden von Corneille und Racine auf die größte Sympathie rechnen, damals, wo sie vor der Loge des großen Kaisers und vor einem Parterre von Königen spielten. Diese Zeiten sind vorbei, die alte Aristokratie ist tot, und Napoleon ist tot, und der Thron ist nichts als ein gewöhnlicher Holzstuhl, überzogen mit rotem Sammet, und heute herrscht die Bourgeoisie, die Helden des Paul de Kock und des Eugène Scribe.

Ein Zwitterstil und eine Geschmacksanarchie, wie sie jetzt im Theatre Français vorwalten, ist greulich. Die meisten Novatoren neigen sich gar zu einem Naturalismus, der für die höhere Tragödie ebenso verwerflich ist wie die hohle Nachahmung des klassischen Pathos. Sie kennen zur Genüge, lieber Lewald, das Natürlichkeitssystem, den Ifflandianismus, der einst in Deutschland grassierte, und von Weimar aus, besonders durch den Einfluß von Schiller und Goethe, besiegt wurde. Ein solches Natürlichkeitssystem will sich auch hier ausbreiten, und seine Anhänger eifern gegen metrische Form und gemessenen Vortrag. Wenn erstere nur in dem Alexandriner und letzterer nur in dem Zittergegröhle der älteren Periode bestehen soll, so hätten diese Leute Recht, und die schlichte Prosa und der nüchternste Gesellschaftston wären ersprießlicher für die Bühne. Aber die wahre Tragödie muß alsdann untergehen. Diese fordert Rhythmus der Sprache und eine von dem Gesellschaftston verschiedene Deklamation. Ich möchte dergleichen fast für alle dramatische Erzeugnisse in Anspruch nehmen. Wenigstens sei die Bühne niemals eine banale Wiederholung des Lebens, und sie zeige dasselbe in einer gewissen vornehmen Veredlung, die sich, wenn auch nicht in Wortmaß und Vortrag, doch in dem

Grundton, in der inneren Feierlichkeit eines Stückes, ausspricht. Denn das Theater ist eine andere Welt, die von der unsrigen geschieden ist, wie die Szene vom Parterre. Zwischen dem Theater und der Wirklichkeit liegt das Orchester, die Musik, und zieht sich der Feuerstreif der Rampe. Die Wirklichkeit, nachdem sie das Tonreich durchwandert und auch die bedeutungsvollen Rampenlichter überschritten, steht auf dem Theater als Poesie verklärt uns gegenüber. Wie ein verhallendes Echo klingt noch in ihr der holde Wohllaut der Musik, und sie ist märchenhaft angestrahlt von den geheimnisvollen Lampen. Das ist ein Zauberklang und Zauberglanz, der einem prosaischen Publikum sehr leicht als unnatürlich vorkommt, und der noch weit natürlicher ist, als die gewöhnliche Natur; es ist nämlich durch die Kunst erhöhete, bis zur blühendsten Göttlichkeit gesteigerte Natur.

Die besten Tragödiendichter der Franzosen sind noch immer Alexandre Dumas und Victor Hugo. Diesen nenne ich zuletzt, weil seine Wirksamkeit für das Theater nicht so groß und erfolgreich ist, obgleich er alle seine Zeitgenossen diesseits des Rheins an poetischer Bedeutung überragt. Ich will ihm keineswegs das Talent für das Dramatische absprechen, wie von vielen geschieht, die aus perfider Absicht beständig seine lyrische Größe preisen. Er ist ein Dichter und kommandiert die Poesie in jeder Form. Seine Dramen sind ebenso lobenswert wie seine Oden. Aber auf dem Theater wirkt mehr das Rhetorische als das Poetische, und die Vorwürfe, die bei dem Fiasko eines Stückes dem Dichter gemacht werden, träfen mit größerem Rechte die Masse des Publikums, welches für naive Naturlaute, tiefsinnige Gestaltungen und psychologische Feinheiten minder empfänglich ist, als für pompöse Phrase, plumpes Gewieher der Leidenschaft und Kulissenreißerei. Letzteres heißt im französischen Schauspielerargot: *brûler les planches*.

Victor Hugo ist überhaupt hier in Frankreich noch nicht nach seinem vollen Werte gefeiert. Deutsche Kritik und deutsche Unparteilichkeit weiß seine Verdienste mit besserem Maße zu messen und mit freierem Lobe zu würdigen. Hier steht seiner Anerkenntnis nicht bloß eine klägliche Kritikasterei, sondern auch die politische Parteisucht im Wege. Die Karlisten betrachten ihn als einen Abtrünnigen, der seine Leier, als sie noch von den letzten Akkorden des Salbungslieds Karl's X. vibrierte zu einem Hymnus auf die Juliusrevolution umzustimmen gewußt. Die Republikaner mißtrauen seinem Eifer für die Volkssache, und wittern in jeder Phrase die versteckte Vorliebe für Adeltum und Katholizismus. Sogar die unsichtbare Kirche vor Constantin, auch diese verwirft ihn; denn diese betrachtet die Kunst als ein Priestertum und verlangt, daß jedes Wort des Dichters, des Malers, des Bildhauers, des Musikers, Zeugnis gebe von seiner höheren Weihe, daß es seine heilige Sendung beurkunde, daß es die Beglückung und Verschönerung des Menschengeschlechts bezwecke. Die Meisterwerke Victor Hugo's vertragen keinen solchen moralischen Maßstab, ja sie sündigen gegen alle jene großmütigen, aber irrigen Anforderungen der neuen Kirche. Ich nenne sie irrig, denn, wie Sie wissen, ich bin für die Autonomie der Kunst; weder der Religion, noch der Politik soll sie als Magd dienen, sie ist sich selber letzter Zweck, wie die Welt selbst. Hier begegnen wir denselben einseitigen Vorwürfen, die schon Goethe von unseren Frommen zu ertragen hatte, und, wie dieser, muß auch Victor Hugo die unpassende Anklage hören, daß er keine Begeisterung empfände für das Ideale, daß er ohne moralischen Halt, daß er ein kaltherziger Egoist sei usw. Dazu kommt eine falsche Kritik, welche das Beste, was wir an ihm loben müssen, sein Talent der sinnlichen Gestaltung, für einen Fehler erklärt, und sie sagen, es mangle seinen Schöpfungen die innerliche Poesie, *la poësie intime*, Umriß und Farbei seien ihm die Hauptsache, es gebe äußerlich faßbare Poesie, er sei materiell, kurz sie tadeln an ihm eben die löblichste Eigenschaft, seinen Sinn für das Plastische.

Und dergleichen Unrecht geschieht ihm nicht von den alten Klassikern, die ihn nur mit aristotelischen Waffen befehdeten und längst besiegt sind, sondern von seinen ehemaligen Kampfgenossen, einer Fraktion der romantischen Schule, die sich mit ihrem literarischen Gonfaloniere ganz überworfen hat. Fast alle seine früheren Freunde sind von ihm abgefallen, und, um die Wahrheit zu gestehen, abgefallen durch seine eigne Schuld, verletzt durch jenen Egoismus der bei der Schöpfung von Meisterwerken sehr vorteilhaft, im gesellschaftlichen Umgange aber sehr nachteilig wirkt. Sogar Saint-Beuve hat es nicht mehr mit ihm aushalten können; sogar Saint-Beuve tadelt ihn jetzt, er, welcher einst der getreueste Schildknappe seines Ruhmes war. Wie in Afrika, wenn der König von Darfur öffentlich ausreitet, ein Panegyrist vor ihm herläuft, welcher mit lautester Stimme beständig schreit: „Seht da den Büffel, den Abkömmling eines Büffels, den Stier der Stiere, alle andre sind Ochsen, und nur dieser ist der rechte Büffel!" so lief einst Saint-Beuve jedesmal vor Victor Hugo einher, wenn dieser mit einem neuen Werke vors Publikum trat, und stieß in die Posaune und lobhudelte den Büffel der Poesie. Diese Zeit ist vorbei, Saint-Beuve feiert jetzt die gewöhnlichen Kälber und ausgezeichneten Kühe der französischen Literatur, die befreundeten Stimmen schweigen oder tadeln, und der größte Dichter Frankreichs kann in seiner Heimat nimmermehr die gebührende Anerkennung finden.

Ja, Victor Hugo ist der größte Dichter Frankreichs, und, was viel sagen will, er könnte sogar in Deutschland unter den Dichtern erster Klasse eine Stellung einnehmen. Er hat Phantasie und Gemüt, und dazu einen Mangel an Takt, wie nie bei Franzosen, sondern nur bei uns Deutschen gefunden wird. Es fehlt seinem Geiste an Harmonie und er ist voller geschmackloser Auswüchse, wie Grabbe und

Jean Paul. Es fehlt ihm das schöne Maßhalten, welches wir bei den klassischen Schriftstellern bewundern. Seine Muse, trotz ihrer Herrlichkeit, ist mit einer gewissen deutschen Unbeholfenheit behaftet. Ich möchte dasselbe von seiner Muse behaupten, was man von den schönen Engländerinnen sagt: sie hat zwei linke Hände.

Alexandre Dumas ist kein so großer Dichter wie Victor Hugo, aber er besitzt Eigenschaften, womit er auf dem Theater weit mehr als dieser, ausrichten kann. Ihm fehlt zu Gebote jener unmittelbare Ausdruck der Leidenschaft, welchen die Franzosen Verve nennen, und dann ist er mehr Franzose als Hugo: er sympathisiert mit allen Tugenden und Gebrechen, Tagesnöten und Unruhigkeiten seiner Landsleute, er ist enthusiastisch, aufbrausend, komödiantenhaft, edelmütig, leichtsinnig, großsprecherisch, ein echter Sohn Frankreichs, der Gascogne von Europa. Er redet zu dem Herzen mit dem Herzen, und wird verstanden und applaudiert. Sein Kopf ist ein Gasthof, wo manchmal gute Gedanken einkehren, die sich aber dort nicht länger als über Nacht aufhalten; sehr oft steht er leer. Keiner hat wie Dumas ein Talent für das Dramatische. Das Theater ist sein wahrer Beruf. Er ist ein geborener Bühnendichter, und von Rechts wegen gehören ihm alle dramatischen Stoffe, er finde sie in der Natur oder in Schiller, Shakspeare und Calderon. Er entlockt ihnen neue Effekte, er schmilzt die alten Münzen um, damit sie wieder eine freudige Tagesgeltung gewinnen, und wir sollten ihm sogar danken für seine Diebstähle an der Vergangenheit, denn er bereichert damit die Gegenwart. Eine ungerechte Kritik, ein unter betrübsamen Umständen ans Licht getretener Aufsatz im Journal des Débats, hat unserem armen Dichter bei der großen unwissenden Menge sehr stark geschadet, indem vielen Szenen seiner Stücke die frappantesten Parallelstellen in ausländischen Tragödien nachgewiesen wurden. Aber nichts ist törichter als dieser Vorwurf des Plagiats, es gibt in der Kunst kein sechstes Gebot, der Dichter darf überall zugreifen, wo er Material zu seinen Werken findet, und selbst ganze Säulen mit ausgemeißelten Kapitälern darf er sich zueignen, wenn nur der Tempel herrlich ist, den er damit stützt. Dieses hat Goethe sehr gut verstanden, und vor ihm sogar Shakespeare. Nichts ist törichter als das Begehrnis, ein Dichter solle alle seine Stoffe aus sich selber heraus schaffen, das sei Originalität. Ich erinnere mich einer Fabel, wo die Spinne mit der Biene spricht und ihr vorwirft, daß sie aus tausend Blumen das Material sammle, wovon sie ihren Wachsbau und den Honig darin bereite; „ich aber", setzt sie triumphierend hinzu, „ich ziehe mein ganzes Kunstgewebe in Originalfäden aus mir selber hervor."

Wie ich eben erwähnte, der Aufsatz gegen Dumas im *Journal des Débats* trat unter betrübsamen Umständen ans Licht; er war nämlich abgefaßt von einem jener jungen Seïden, die blindlings den Befehlen Victor Hugo's gehorchen, und er ward gedruckt in einem

Blatte, dessen Direktoren mit demselben auf's innigste befreundet sind. Hugo war großartig genug, die Mitwissenschaft an dem Erscheinen dieses Artikels nicht abzuleugnen, und er glaubte, seinem alten Freunde Dumas, wie es in literarischen Freundschaften üblich ist, zu rechter Zeit den zweckmäßigen Todesstoß versetzt zu haben. In der Tat, über Dumas' Renommée hing seitdem ein schwarzer Trauerflor, und viele behaupten, wenn man diesen Flor wegzöge, werde man gar nichts mehr dahinter erblicken. Aber seit der Aufführung eines Dramas wie „Edmund Kean" ist Dumas' Renommée aus ihrer dunklen Verhüllung wieder leuchtend hervorgetreten, und er beurkundete damit aufs Neue sein großes dramatisches Talent.

Dieses Stück, welches sich gewiß auch die deutsche Bühne zugeeignet hat, ist mit einer Lebendigkeit aufgefaßt und ausgeführt, wie ich noch nie gesehen, da ist ein Guß, eine Neuheit in den Mitteln, die sich wie von selbst darbieten, eine Fabel, deren Verwicklungen ganz natürlich auseinander entspringen, ein Gefühl, das aus dem Herzen kommt und zu dem Herzen spricht, kurz eine Schöpfung. Mag Dumas auch in Äußerlichkeiten des Kostümes und des Lokales sich kleine Fehler zuschulden kommen lassen: in dem ganzen Gemälde herrscht nichtsdestoweniger eine erschütternde Wahrheit; er versetzte mich im Geiste wieder ganz zurück nach Alt-England, und den seligen Kean selber, den ich dort so oft sah, glaubte ich wieder leibhaftig vor mir zu sehen. Zu solcher Täuschung hat freilich auch der Schauspieler beigetragen, der die Rolle de Kean spielte, obgleich sein Äußeres, die imposante Gestalt von Frederic Lemaitre, so sehr verschieden war von der kleinen untersetzten Figur des seligen Kean. Dieser hatte aber dennoch etwas in seiner Persönlichkeit sowie auch in seinem Spiel, was ich bei Frederic Lemaitre wiederfinde. Es herrscht zwischen ihnen eine wunderbare Verwandtschaft. Kean war eine jener exzeptionellen Naturen, die weniger die allgemeinen schlichten Gefühle, als vielmehr das Ungewöhnliche, Bizarre, Außerordentliche, das sich in einer Menschenbrust begeben kann, durch überraschende Bewegung des Körpers, unbegreiflichen Ton der Stimme und noch unbegreiflicheren Blick des Auges, zur äußeren Anschauung bringen. Dasselbe ist bei Frederic Lemaitre der Fall, und dieser ist ebenfalls einer jener fürchterlichen Farceure, bei deren Anblick Thalia vor Entsetzen erbleicht und Melpomene vor Wonne lächelt. Kean war einer jener Menschen, deren Charakter allen Reibungen der Zivilisation trotzt, die, ich will nicht sagen aus besserem, sondern aus ganz anderem Stoffe als wir andern bestehen, eckige Sonderlinge mit einseitiger Begabung, aber in dieser Einseitigkeit außerordentlich alles Vorhandene überragend, erfüllt von jener unbegrenzten, unergründlichen, unbewußten teuflisch göttlichen Macht, welche wir das Dämonische nennen. Mehr oder minder findet sich dieses Dämonische bei allen großen Männern der Tat oder des Wortes. Kean war gar kein vielseitiger Schauspieler; er konnte zwar in vielerlei Rollen spielen, doch in diesen Rollen spielte er immer sich selber. Aber dadurch gab er uns immer eine erschütternde Wahrheit, und obgleich zehn Jahre seitdem verflossen sind, sehe ich ihn doch noch immer vor mir stehen als Synlock, als Othello, Richard, Macbeth, und bei manchen dunklen Stellen dieser Shakespeare'schen Stücke erschloß mir sein Spiel das volle Verständnis. Da gab's Modulationen in seiner Stimme, die ein ganzes Schreckenleben offenbarten, da gab es Lichter in seinem Auge, die einwärts alle Finsternisse einer Titanenseele beleuchteten, da gab es Plötzlichkeiten in der Bewegung der Hand, des Fußes, des Kopfes, die mehr sagten als ein vierbändiger Kommentar von Franz Horn.

Siebenter Brief

Wie Sie wissen, lieber Lewald, ist es nicht meine Gewohnheit, das Spiel der Komödianten, oder wie man vornehm sagt: die Leistungen der Künstler, mit behaglicher Wortfülle zu besprechen. Aber Edmund Kean, dessen ich im vorigen Briefe erwähnte und auf den ich noch einmal zurückkomme, war kein gewöhnlicher Bretterheld, und ich gestehe Ihnen, in meinem englischen Tagebuch verschmähte ich es nicht, neben einer Kritik der weltwichtigsten Parlamentsredner des Tages, auch über das jedesmalige Spiel von Kean meine flüchtigen Wahrnehmungen aufzuzeichnen. Leider ist, mit so vielen meiner besten Papiere, auch dieses Buch verloren gegangen. Doch will es mich bedünken, als hätte ich Ihnen einmal in Wandsbeck etwas über die Darstellung des Shylock von Kean daraus vorgelesen. Der Jude von Venedig war die erste Heldenrolle, die ich ihn spielen sah. Ich sage Heldenrolle, denn er spielte ihn nicht als einen gebrochenen alten Mann, als eine Art Schema des Hasses, wie unser Devrient tat, sondern als einen Helden. So steht er noch immer in meinem Gedächtnisse, angetan mit seinem schwarzseidenen Rockelor, der ohne Ärmel ist und nur bis ans Knie reicht, so daß das blutrote Untergewand, welches bis zu den Füßen hinabfällt, desto greller hervortritt. Ein schwarzer breitrandiger, aber zu beiden Seiten aufgekrämpter Filzhut, der hohe Kegel mit einem blutroten Bande umwunden, bedeckt das Haupt, dessen Haare sowie auch die des Bartes, lang und pechschwarz herabhängen und gleichsam einen wüsten Rahmen bilden zu dem gesund roten Gesichte, worin zwei weiße, lechzende Augäpfel schauerlich beängstigend hervorlauern. In der rechten Hand hält er einen Stock, weniger als Stütze, denn als Waffe. Nur den Ellbogen seines linken Arms stützte er darauf, und in der linken Hand ruht verräterisch nachdenklich das schwarze Haupt mit den noch schwärzeren Gedanken, während er dem Bassanio erklärt, was unter dem bis auf heutigen Tag gültigen Ausdruck: „ein guter Mann" zu verstehen ist. Wenn er die Parabel vom Erzvater Jakob und Laban's Schafen erzählt, fühlt er sich wie versponnen in seinen eigenen Worten, und bricht plötzlich ab: *„Ay, he was the third";* während einer langen Pause scheint er dann nachzudenken über das, was er sagen will, man sieht, wie sich die Geschichte in seinem Kopfe allmählich rundet, und wenn er dann plötzlich, als habe er den Leitfaden seiner Erzählung wieder aufgefunden, fortfährt: *„No, not take interest ..."*, so glaubt man nicht eine auswendig gelernte Rolle, sondern eine mühsam selbsterdachte Rede zu hören. Am Ende der Erzählung lächelt er auch wie ein Autor, der mit seiner Erfindung selbst zufrieden ist. Langsam beginnt er: *„Signor Antonio, many a time and oft"*, bis er zu dem Wort „dog" kommt, welches schon heftiger hervorgestoßen wird. Der Ärger schwillt bei *„and spit upon my Jewish gabardine ..."* bis *„own"*. Dann tritt er näher heran, aufrecht und stolz, und mit hähnischer Bitterkeit spricht er: *„Well then ..."* bis *„ducats –"* Aber plötzlich beugt sich sein Nacken, er zieht den Hut ab, und mit unterwürfigen Gebärden spricht er: *„Or shall I bend low ..."* bis *„monies"*? Ja, auch seine Stimme ist alsdann unterwürfig, nur leise hört man darin den verbissenen Groll, um die freundlichen Lippen ringeln kleine muntere Schlangen, nur die Augen können sich nicht verstellen, sie schießen unaufhörlich ihre Giftpfeile, und dieser Zwiespalt von äußerer Demut und innerem Grimm endigt beim letzten Wort *(monies)* mit einem schaurig gezogenen Lachen, welches plötzlich schroff abbricht, während das zur Unterwürfigkeit krampfhaft verzerrte Gesicht einige Zeit larvenartig unbeweglich bleibt, und nur das Auge, das böse Auge, drohend und tödlich daraus hervorglotzt.

Aber das ist alles vergebens. Die beste Beschreibung kann Ihnen Edmund Kean's Wesen nicht deutlich machen. Eine Deklamation, die Abgebrochenheit seines Vortrags, haben ihm viele mit Glück abgelauscht; denn der Papagei kann die Stimme des Adlers, des Königs der Lüfte, ganz täuschend nachahmen. Aber den Adlerblick, das kühne Feuer, das in die verwandte Sonne hineinschauen kann, Kean's Auge, diesen magischen Blitz, diese Zauberflamme, das hat kein gewöhnlicher Theatervogel sich aneignen können. Nur im Auge Frederic Lemaitre's, und zwar während er den Kean spielte, entdeckte ich etwas, was mit dem Blick des wirklichen Kean die größte Ähnlichkeit hatte.

Es wäre ungerecht, wenn ich, nach so rühmlicher Erwähnung Frederic Lemaitre's, den andern großen Schauspieler, dessen sich Paris zu erfreuen hat, mit Stillschweigen überginge. Bocage genießt hier eines ebenso glänzenden Ruhmes, und seine Persönlichkeit ist, wo nicht ebenso merkwürdig, doch gewiß ebenso interessant wie die seines Kollegen. Bocage ist ein schöner, vornehmer Mensch, der sich in den edelsten Formen bewegt. Er besitzt eine metallreiche, zu allen Tonarten biegsame Stimme, die ebensogut des fruchtbarsten Donners von Zorn und Grimm, als der hinschmelzendsten Zärtlichkeit des Liebeflüsterns fähig ist. In den wildesten Ausbrüchen der Leidenschaft bewahrt er eine Grazie, bewahrt er die Würde der Kunst und verschmäht es in rohe Natur überzuschnappen, wie Frederic Lemaitre, der zu diesem Preise größere Effekte erreicht, aber Effekte, die uns nicht durch poetische Schönheit entzücken. Dieser ist eine exzeptionelle Natur, der von seiner dämonischen Gewalt mehr besessen wird, als er sie selber besitzt, und den ich mit Kean vergleichen konnte; jener, Bocage, ist nicht von andern Menschen organisch verschieden, sondern unterscheidet sich von ihnen durch eine ausgebildete Organisation, er ist nicht ein Zwittergeschöpf von Ariel und Kaliban, sondern er ist ein harmonischer Mensch, eine schöne, schlanke Gestalt, die Phöbus Apollo. Sein Auge ist nicht so bedeutend, aber mit der Kopfbewegung kann er ungeheure Effekte hervorbringen, besonders wenn er manchmal weltverhöhnend vornehm das Haupt zurückwirft. Er hat kalte ironische Seufzer, die einem wie eine stählerne Säge durch die Seele ziehen. Er hat Tränen in der Stimme und tiefe Schmerzenslaute, daß man glauben sollte, er verblute nach innen. Wenn er sich plötzlich mit beiden Händen die Augen bedeckt, so wird einem zumute, als spräche der Tod: „Es werde Finsternis!" Wenn er aber dann wieder lächelt, mit all seinem süßen Zauber lächelt, dann ist es, als ob in seinen Mundwinkeln die Sonne aufgehe.

Da ich doch einmal in die Beurteilung des Spiels gerate, so erlaube ich mir, Ihnen über die Verschiedenheit der Deklamation in den drei Königreichen der zivilisierten Welt, in England, Frankreich und Deutschland, einige unmaßgebliche Bemerkungen mitzuteilen.

Als ich in England der Vorstellung englischer Tragödien zuerst beiwohnte, ist mir besonders eine Gestikulation aufgefallen, die mit der Gestikulation der Pantomimenspiele die größte Ähnlichkeit zeigte. Dieses erschien mir aber nicht als Unnatur, sondern vielmehr als Übertreibung der Natur, und es dauerte lange, ehe ich mich daran gewöhnen und trotz des karikierten Vortrags die Schönheit einer Shakespeare'schen Tragödie auf englischem Boden genießen konnte. Auch das Schreien, das zerreißende Schreien, womit dort sowohl Männer wie Weiber ihre Rollen tragieren, konnte ich im Anfang nicht vertragen. Ist in England, wo die Schauspielhäuser so groß sind, dieses Schreien notwendig, damit die Worte nicht im weiten Raume verhallen? Ist die oberwähnte karikierte Gestikulation ebenfalls eine lokale Notwendigkeit, indem der größte Teil der Zuschauer in so großer Entfernung von der Bühne sich befindet? Ich weiß nicht. Es herrscht vielleicht auf dem englischen Theater ein Gewohnheitsrecht der Darstellung, und diesem ist die Übertreibung beizumessen, die mir besonders auffiel bei Schauspielerinnen, bei zarten Organen, die, auf Stelzen schreitend, nicht selten in die widerwärtigsten Mißlaute herabstürzen, bei jungfräulichen Leidenschaften, die sich wie Trampeltiere gebärden. Der Umstand, daß früherhin die Frauenzimmerrollen auf der englischen Bühne von Männern gespielt wurden, wirkt vielleicht noch auf die Deklamation der heutigen Schauspielerinnen, die ihre Rollen vielleicht nach alten Überlieferungen, nach Theatertraditionen, herschreien.

Indessen, wie groß auch die Gebrechen sind, womit die englische Deklamation behaftet ist, so leistet sie doch einen bedeutenden Ersatz durch die Innigkeit und Naivität, die sie zuweilen hervortreten läßt. Diese Eigenschaften verdankt sie der Landessprache, die eigentlich ein Dialekt ist, und alle Tugenden einer aus dem Volke unmittelbar hervorgegangenen Mundart besitzt. Die französische Sprache ist vielmehr ein Produkt der Gesellschaft und sie entbehrt jene Innigkeit und Naivität, die nur eine lautere, dem Herzen des Volkes entsprungene und mit dem Herzblut desselben geschwängerte Wortquelle gewähren kann. Dafür aber besitzt die französische Deklamation eine Grazie und Flüssigkeit, die der englischen ganz fremd, ja unmöglich ist. Die Rede ist hier in Frankreich durch das schwatzende Gesellschaftsleben während drei Jahrhunderten so rein filtriert worden, daß sie alle unedle Ausdrücke und unklare Wendungen, alles Trübe und Gemeine, aber auch allen Duft, alle jene wilden Heilkräfte, alle jenen geheimen Zauber, die im rohen Worte rinnen und rieseln, unwiederbringlich verloren hat. Die französische Sprache, und also auch die französische Deklamation, ist, wie das Volk selber, nur dem Tage, der Gegenwart, angewiesen, das dämmernde Reich der Erinnerung und der Ahnung ist ihr verschlossen; sie gedeiht im Lichte der Sonne, und von dieser stammt ihre schöne Klarheit und Wärme; fremd und unwirtlich ist ihr die Nacht mit dem blassen Mondschein, den mystischen Sternen, den süßen Träumen und schauerlichen Gespenstern.

Was aber das eigentliche Spiel der französischen Schauspieler betrifft, so überragen sie ihre Kollegen in allen Landen, und zwar aus dem natürlichen Grunde, weil alle Franzosen geborene Komödianten sind. Das weiß sich in alle Lebensrollen so leicht hineinzustudieren und immer so vorteilhaft zu drapieren, daß es eine Freude ist anzusehen. Die Franzosen sind die Hofschauspieler des lieben Gottes, *le scomédiens ordinaires du bon Dieu,* eine auserlesene Truppe, und die ganze französische Geschichte kommt mir manchmal vor wie eine große Komödie, die aber zum Besten der Menschheit aufgeführt wird. Im Leben wie in der Literatur und den bildenden Künsten der Franzosen herrscht der Charakter des Theatralischen.

Was uns Deutsche betrifft, so sind wir ehrliche Leute und gute Bürger. Was uns die Natur versagt, das erzielen wir durch Studium. Nur wenn wir zu stark brüllen, fürchten wir zuweilen, daß man in den Logen erschrecken und uns bestrafen möchte, und wir insinuieren dann mit einer gewissen Schlauheit, daß wir keine wirklichen Löwen sind, sondern nur in tragische Löwenhäute eingenähte Zettel, und diese Insinuation nennen wir Ironie. Wir sind ehrliche Leute und spielen am besten ehrliche Leute. Jubilierende Staatsdiener, alte Dalner, rechtschaffene Oberforstmeister und treue Bediente sind unsere Wonne. Helden werden uns sehr sauer, doch können wir schon damit fertig werden, besonders in Garnisonstädten, wo wir gute Muster vor Augen haben. Mit Königen sind wir nicht glücklich. In fürstlichen Residenzen hindert uns der Respekt, die Königsrollen mit absoluter Keckheit zu spielen; man könnte es übel nehmen, und wir lassen dann unter dem Hermelin den schäbigen Kittel der Untertansdemut hervorlauschen. In den deutschen Freistaaten, in Hamburg, Lübeck, Bremen und Frankfurt, in diesen glorreichen Republiken, dürften die Schauspieler ihre Könige ganz unbefangen spielen, aber der Patriotismus verleitet sie, die Bühne zu politischen Zwecken zu mißbrauchen, und sie spielen mit Vorsatz ihre Könige so schlecht, daß sie das Königtum, wo nicht verhaßt, doch wenigstens lächerlich machen. Sie befördern indirekt den Sinn für Republikanismus, und das ist besonders in Hamburg der Fall, wo die Könige am miserabelsten gespielt werden. Wäre der dortige hochweise Senat nicht undankbar, wie die Regierungen aller Republiken, Athen, Rom, Florenz, es immer gewesen sind, so müßte die Republik Hamburg für ihre Schauspieler ein großes Pantheon errichten, mit der Aufschrift: „Den schlechten Komödianten das dankbare Vaterland!"

Erinnern Sie sich noch, lieber Lewald, des seligen Schwarz, der in Hamburg den König Philipp im „Don Carlos" spielte, und immer seine Worte ganz langsam bis in den Mittelpunkt der Erde hinabzog und dann wieder plötzlich gen Himmel schnellte, dergestalt, daß sie uns nur eine Sekunde lang zu Gesicht kamen?

Aber, um nicht ungerecht zu sein, müssen wir eingestehen, daß es vornehmlich an der deutschen Sprache liegt, wenn auf unserem Theater der Vortrag schlechter ist als bei den Engländern und Franzosen. Die Sprache der ersteren ist ein Dialekt, die Sprache der letzteren ist ein Erzeugnis der Gesellschaft; die unsrige ist weder das eine noch das andere, sie entbehrt dadurch sowohl der naiven Innigkeit als der flüssigen Grazie, sie ist nur eine Büchersprache, ein bodenloses Fabrikat der Schriftsteller, das wir durch Buchhändlervertrieb von der Leipziger Messe beziehen. Die Deklamation der Engländer ist Übertreibung der Natur, Übernatur: die unsrige ist Unnatur. Die Deklamation der Franzosen ist affektierter Tiradenton; die unsrige ist Lüge. Da ist ein herkömmliches Gegreine auf unserem Theater, wodurch mir oft die besten Stücke von Schiller verleidet wurden, besonders bei sentimentalen Stellen, wo unsere Schauspielerinnen in ein wäßriges Gesinge zerschmelzen, wovon Gubitz sagt: „Sie p–ff–n mit dem Herzen." Doch wir wollen von deutschen Schauspielerinnen nichts Böses sagen, sie sind ja meine Landsmänninnen, und dann haben ja die Gänse das Kapitol gerettet, und dann gibt es auch so viele ordentliche Frauenzimmer darunter, und endlich ... ich werde hier unterbrochen von dem Teufelslärm, der vor meinem Fenster, auf dem Kirchhofe, los ist.

... Bei den Knaben, die eben noch so friedlich um den großen Baum herumtanzten, regte sich der alte Adam, oder vielmehr der alte Kain, und sie begannen sich untereinander zu balgen. Ich mußte, um die Ruhe wieder herzustellen, zu ihnen hinaustreten, und kaum gelang es mir, sie mit Worten zu beschwichtigen. Da war ein kleiner Junge, der mit ganz besodnerer Wut auf den Rücken eins andern kleinen Jungen losschlug. Als ich ihn frug: Was hat dir das arme Kind getan? sah er mich großäugig an und stotterte: „Es ist ja mein Bruder."

Auch in meinem Hause blüht heute nichts weniger als der ewige Frieden. Auf dem Korridor höre ich eben einen Spektakel, als fiele eine Klopstock'sche Ode die Treppe herunter. Wirt und Wirtin zanken sich, und letztere macht ihrem armen Mann den Vorwurf, er sei ein Verschwender, er verzehre ihr Heiratsgut, und sie stürbe vor Kummer. Krank ist sie freilich, aber vor Geiz. Jeder Bissen, den ihr Mann in den Mund steckt, beköммt ihr schlecht. Und dann auch, wenn ihr Mann seine Medizin einnimmt und etwas in den Flaschen übrig läßt, pflegt sie selber diese Reste zu verschlucken, damit kein Tropfen von der teuren Medizin verloren gehe, und davon wird sie krank. Der arme Mann, ein Schneider von Nation und seines Handwerks ein Deutscher, hat sich aufs Land zurückgezogen, um seine übrigen Tage in ländlicher Ruhe zu genießen. Diese Ruhe findet er aber gewiß nur auf dem Grabe seiner Gattin. Deshalb vielleicht hat er sich ein Haus neben dem Kirchhof gekauft, und schaut er so sehnsuchtsvoll nach den Ruhestätten der Abgeschiedenen. Sein einziges Vergnügen besteht in Tabak und Rosen, und von letzteren weiß er die schönsten Gattungen zu ziehen. Er hat diesen Morgen einige Töpfe mit Rosenstöcken in das Parterre vor meinem Fenster eingepflanzt. Sie blühen wunderschön. Aber, liebster Lewald, fragen Sie doch Ihre Frau, warum diese Rosen nicht duften? Entweder haben diese Rosen den Schnupfen, oder ich.

Achter Brief

Ich habe im vorletzten Briefe die beiden Chorführer des französischen Dramas besprochen. Es waren jedoch nicht eben die Namen Victor Hugo und Alexandre Dumas, welche diesen Winter auf den Theatern des Boulevards am meisten florierten. Hier gab's drei Namen, die beständig im Mund des Volkes widerklangen, obgleich sie bis jetzt in der Literatur unbekannt sind. Es waren: Mallefile, Rougemont und Bouchardy. Von ersterem hoffe ich das Beste, er besitzt, soviel ich merke, große poetische Anlagen. Sie erinnern sich vielleicht seiner „Sieben Infanten von Lara", jenes Greuelstücks, das wir einst an der Porte Saint-Martin miteinander sahen. Aus diesem wüsten Mischmasch von Blut und Wut traten manchmal wunderschöne, wahrhaft erhabene Szenen hervor, die von romantischer Phantasie und dramatischem Talente zeugten. Eine andere Tragödie von Mallefile, „Glenarvon", ist von noch größerer Bedeutung, da sie weniger verworren und unklar, und eine Exposition enthält, die erschütternd schön und grandios. In beiden Stücken sind die Rollen der ehebrecherischen Mutter vortrefflich besetzt durch Mademoiselle Georges, die ungeheure strahlende Fleischsonne am Theaterhimmel des Boulevards. Vor einigen Monaten gab Mallefile ein neues Stück, betitelt: „Der Alpenhirt, *le Paysan des Alpes*. Hier hat er sich einer größeren Einfachheit beflissen, aber auf Kosten des poetischen Gehalts. Das Stück ist schwächer als seine früheren Tragödien. Wie in diesen, werden auch hier die ehelichen Schranken pathetisch niedergerissen.

Der zweite Laureat des Boulevards, Rougemont, begründete seine Renommée durch drei Schauspiele, die in der kurzen Frist von etwas sechs Monaten hintereinander zum Vorschein kamen und des größten Beifalls genossen. Das erst hieß: „Die Herzogin von Lavaubalière", ein schwaches Machwerk, worin viel Handlung ist, die aber nicht überraschend kühn oder natürlich sich entfaltet, sondern immer mühsam durch kleinliche Berechnung herbeigeführt wird, so wie auch die Leidenschaft darin ihre Glut nur erheuchelt und innerlich träge und wurmkalt ist. Das zweite Stück, betitelt: „Leon" ist schon besser, und obgleich es ebenfalls an der erwähnten Vorsätzlichkeit leidet, so enthält es doch einige großartig erschütternde Szenen. Vorige Woche sah ich das dritte Stück, „Eulalie Granger", ein rein bürgerliches Drama, ganz vortrefflich, indem der Verfasser darin der Natur seines Talentes gehorcht und die traurigen Wirrnisse heutiger Gesellschaft mit Verstandesklarheit in einem schön eingerahmten Gemälde darstellt.

Von Bouchardy, dem dritten Laureaten, ist bis jetzt nur ein einziges Stück aufgeführt worden, das aber mit beispiellosem Erfolg gekrönt ward. Es heißt „Gaspardo", ist binnen fünf Monaten alle

Tage gespielt worden, und geht es in diesem Zuge fort, so erlebt es einige hundert Vorstellungen. Ehrlich gesagt, der Verstand steht mir still, wenn ich den letzten Gründen dieses kolossalen Beifalls nachsinne. Das Stück ist mittelmäßig, wo nicht gar ganz schlecht. Voll Handlung, wovon aber die eine über den Kopf der andern stolpert, so daß ein Effekt dem andern den Hals bricht. Der Gedanke, worin sich der ganze Spektakel bewegt, ist eng, und weder ein Charakter noch eine Situation kann sich natürlich entwickeln und entfalten. Dieses Aufeinandertürmen von Stoff ist zwar schon bei den vorhergenannten Bühnendichtern in unerträglichem Grade zu finden; aber der Verfasser des „Gaspardo" hat sie beide noch überboten. Indessen, das ist Vorsatz, das ist Prinzip, wie mir einige junge Dramaturgen versichern, durch dieses Zusammenhäufen von heterogenen Stoffen, Zeitperioden und Lokalen unterscheidet sich der jetzige Romantiker von den ehemaligen Klassikern, die in den geschlossenen Schranken des Dramas auf die Einheit der Zeit, des Ortes und der Handlung so strenge hielten.

Haben diese Neuerer wirklich die Grenzen des französischen Theaters erweitert? Ich weiß nicht. Aber diese französischen Bühnendichter mahnen mich immer an den Kerkermeister, welcher über die Enge des Gefängnisses sich beklagte, und, um den Raum desselben zu erweitern, kein besseres Mittel wußte, als daß er immer mehr und mehr Gefangene hineinsperrte, die aber, statt die Kerkerwände auszudehnen, sich nur einander erdrückten.

Nachträglich erwähne ich, daß auch in „Gaspardo" und „Eulalie Granger", wie in allen dionysischen Spielen des Boulevards, die Ehe als Sündenbock geschlachtet wird.

Ich möchte Ihnen gern noch, lieber Freund, von einigen anderen Bühnendichtern des Boulevards berichten, aber wenn sie auch dann und wann ein verdauliches Stück liefern, so zeigt sich darin nur eine Leichtigkeit der Behandlung, die wir bei allen Franzosen finden, keineswegs aber eine Eigentümlichkeit der Auffassung. Auch habe ich nur die Stücke gesehen und gleich vergessen, und mich nie danach erkundigt, wie ihre Autoren hießen. Zum Ersatze aber will ich Ihnen die Namen der Eunuchen mitteilen, die dem König Ahasveros in Susa als Kämmerer dienten; sie hießen: Mehuman, Bistha, Harbona, Bigtha, Abagtha, Sethar und Charkas.

Die Theater des Boulevards, von denen ich eben sprach, und die ich in diesen Briefen beständig im Sinne hatte, sind die eigentlichen Volkstheater, welche an der Porte Saint-Martin anfangen, und dem Boulevard du Temple entlang in immer absteigendem Werte sich aufgestellt haben. Ja, diese lokale Rangordnung ist ganz richtig. Erst kommt das Schauspielhaus, welches den Namen der Porte Saint-Martin führt und für das Drama gewiß das beste Theater von Paris ist, die Werke von Hugo und Dumas am vortrefflichsten gibt und eine vortreffliche Truppe, worunter Mademoiselle Georges und

Bocage, besitzt. Hierauf folgt das Ambigu-Comique, wo es schon mit Darstellung und Darstellern schlechter bestellt ist, aber noch immer das romantische Drama tragiert wird. Von da gelangen wir zu Franconi, welche Bühne jedoch in dieser Reihe nicht mitzurechnen ist da man dort mehr Pferde- als Menschenstücke aufführt. Dann kommt *la Gaîté*, ein Theater, das unlängst abgebrannt, aber jetzt wieder aufgebaut ist, und von außen wie von innen seinem heiteren Namen entspricht. Das romantische Drama hat hier ebenfalls das Bürgerrecht, und auch in diesem freundlichen Hause fließen zuweilen die Tränen und pochen die Herzen von den furchtbarsten Emotionen; aber hier wird doch schon mehr gesungen und gelacht, und das Vaudeville kommt schon mit seinem leichten Geträller zum Vorschein. Dasselbe ist der Fall in dem daneben stehenden Theater *les Folies dramatiques,* welches ebenfalls Dramen und noch mehr Vaudevilles gibt; aber schlecht ist dieses Theater nicht zu nennen, und ich habe manches gute Stück aufführen, und zwar gut aufführen sehen. Nach den *Folies dramatiques*, dem Werte wie dem Lokale nach, folgt das Theater von Madame Saqui, wo man ebenfalls noch Dramen, aber äußerst mittelmäßige und die miserabelsten Singspäße gibt, die endlich bei den benachbarten Fünambülen in die dersten Possenreißereien ausarten. Hinter den Fünambülen, wo einer der vortrefflichsten Pierrots, der berühmte Debureau, seine weißen Gesichter schneidet, entdeckte ich noch ein ganz kleines Theater, welches *Lazary* heißt, wo man ganz schlecht spielt, wo das Schlechte endlich seine Grenzen gefunden, wo die Kunst mit Brettern zugenagelt ist.

Während Ihrer Abwesenheit ist zu Paris noch ein neues Theater errichtet worden, ganz am Ende des Boulevards, bei der Bastille, und heißt: *Théâtre de la Porte Saint-Antoine.* Es ist in jeder Hinsicht *hors de ligne*, und man kann es weder seiner artistischen noch lokalen Stellung nach unter die erwähnten Boulevardstheater rangieren. Auch ist es zu neu, als daß man über seinen Wert schon etwas Bestimmtes aussprechen dürfte. Die Stücke, die dort aufgeführt werden, sind übrigens nicht schlecht. Unlängst habe ich dort, in der Nachbarschaft der Bastille, ein Drama aufführen sehen, welches den Namen dieses Gefängnisses trägt, und sehr ergreifende Stellen enthielt. Die Heldin, wie sich von selbst versteht, ist die Gemahlin des Gouverneurs der Bastille und entflieht mit einem Staatsgefangenen Auch ein gutes Lustspiel sah ich dort aufführen, welches den Titel führt. *„Mariez-vous donc!"* und die Schicksale eines Ehemannes veranschaulichte, der keine vornehme Konvenienz-Ehe schließen wollte, sondern ein schönes Mädchen aus dem Volke heiratet. Der Vetter wird ihr Liebhaber, die Schwiegermutter bildet mit diesem und der getreuen Gemahlin die Hausopposition gegen den Ehemann, den ihr Luxus und die schlechte Wirtschaft in Armut stürzen. Um den Lebensunterhalt für seine Familie zu gewinnen, muß der Unglückliche endlich an der Barrière eine Tanzbude für Lumpengesindel eröffnen. Wenn die Quadrille nicht vollzählig ist, läßt er sein siebenjähriges Söhnchen mittanzen, und das Kind weiß schon seine Pas mit den liederlichsten Pantomimen des Chahüts zu variieren. So findet ihn ein Freund, und während der arme Mann, mit der Violine in der Hand, fiedelnd und springend die Touren angibt, findet er manchmal eine Zwischenpause, wo er dem Ankömmling seine Ehestandsnöten erzählen kann. Es gibt nichts Schmerzlicheres, als der Kontrast der Erzählung und der gleichzeitigen Beschäftigung des Erzählers, der seine Leidensgeschichte oft unterbrechen muß, um mit einem *chassez!* oder *en avant deux!* in die Tanzreihen einzuspringen und mitzutanzen. Die Tanzmusik, die melodramatisch jenen Ehestandsgeschichten als Accompagnement dient, diese sonst so heiteren Töne schneiden einem hier ironisch gräßlich ins Herz. Ich habe nicht in das Gelächter der Zuschauer einstimmen können. Gelacht habe ich nur über den Schwiegervater, einen alten Trunkenbold, der all sein Hab und Gut verschluckt und endlich betteln gehen muß. Aber er bettelt höchst humoristisch. Er ist ein dicker Faulwanst mit einem rotblinden Hund, welchen er seinen Belisar nennt. Der Mensch, behauptet er, sei undankbar gegen die Hunde, die den blinden Menschen so oft als getreue Führer dienten; er aber wolle diesen Bestien ihre Menschenliebe vergelten, und er diene jetzt als Führer seinem armen Belisar, seinem blinden Hund.

Ich habe so herzlich gelacht, daß die Umstehenden mich gewiß für den Chatouilleur des Theaters hielten.

Wissen Sie, was ein chatouilleur ist? Ich selber kenne die Bedeutung dieses Wortes erst seit kurzem, und verdanke diese Belehrung meinem Barbier, dessen Bruder als Chatouilleur bei einem Boulevardstheater angestellt ist. Er wird nämlich dafür bezahlt, daß er bei der Vorstellung von Lustspielen jedesmal, wenn ein guter Witz gerissen wird, laut lacht und die Lachlust des Publikums aufreizt. Dieses ist ein sehr wichtiges Amt, und der Succeß von vielen Lustspielen hängt davon ab. Denn manchmal sind die guten Witze sehr schlecht, und das Publikum würde durchaus nicht lachen, wenn nicht der Chatouilleur die Kunst verstände, durch allerlei Modulationen seines Lachens, vom leisesten Kichern bis zum herzlichsten Wonnegrunzen, das Mitgelächter der Menge zu erzwingen. Das Lachen hat einen epidemischen Charakter wie das Gähnen, und ich empfehle Ihnen für die deutsche Bühne die Einführung eines Chatouilleurs, eines Vorlachers. Vorgähner besitzen Sie dort gewiß genug. Aber es ist nicht leicht, jenes Amt zu verrichten, und, wie mir mein Barbier versichert, es gehört viel Talent dazu. Sein Bruder übt es jetzt schon seit fünfzehn Jahren und brachte es darin zu einer solchen Virtuosität, daß er nur einen einzigen seiner feineren, halbgedämpften, halbentschlüpften Fistellaute anzuschlagen braucht, um die Menge in ein volles Jauchzen ausbrechen zu lassen. „Er ist ein

Mann von Talent", setzte mein Barbier hinzu, „und er verdient mehr Geld, als ich; denn außerdem ist er noch als Leidtragender bei den *Pompes funèbres* angestellt, und er hat des Morgens oft fünf bis sechs Leichenzüge, wo er, in seiner rabenschwarzen Trauerkleidung mit weißem Taschentuch und betrübtem Gesichte, so weinerlich aussehen kann, daß man schwören sollte, er folge dem Sarge seines eigenen Vaters."

Wahrlich, lieber Lewald, ich habe Respekt vor dieser Vielseitigkeit, doch wäre ich auch derselben fähig, für alles Geld in der Welt möchte ich nicht die Ämter dieses Mannes übernehmen. Denken Sie sich, wie schrecklich es ist, an einem Frühlingsmorgen, wenn man eben seinen vergnügten Kaffee getrunken und die Sonne einem froh ins Herz lacht, schon gleich eine Leichenbittermiene vorzunehmen und Tränen zu vergießen für irgendeinen abgeschiedenen Gewürzkrämer, den man vielleicht gar nicht kennt, und dessen Tod einem nur erfreulich sein kann, weil er dem Leidtragenden sieben Francs und zehn Sous einträgt. Und dann, wenn man sechsmal vom Kirchhofe zurückgekehrt und todmüde und sterbensverdrießlich und ernsthaft ist, soll man noch den ganzen Abend lachen über alle schlechten Witze, die man schon so oft belacht hat, lachen mit dem ganzen Gesichte, mit jeder Muskel, mit allen Krämpfen des Leibes und der Seele, um ein blasiertes Parterre zum Mitgelächter zu stimulieren ... Das ist entsetzlich! Ich möchte lieber König von Frankreich sein.

Neunter Brief

Aber was ist die Musik? Diese Frage hat mich gestern abend vor dem Einschlafen stundenlang beschäftigt. Es hat mit der Musik eine wunderliche Bewandtnis; ich möchte sagen: sie ist ein Wunder. Sie steht zwischen Gedanken und Erscheinung; als dämmernde Vermittlerin steht sie zwischen Geist und Materie; sie ist beiden verwandt und doch von beiden verschieden; sie ist Geist, aber Geist, welches eines Zeitmaßes bedarf; sie ist Materie, aber Materie, die des Raumes entbehren kann.

Wir wissen nicht, was Musik ist. Aber was gute Musik ist, das wissen wir, und noch besser wissen wir, was schlechte Musik ist; denn von letzterer ist uns eine größere Menge zu Ohren gekommen. Die musikalische Kritik kann sich nur auf Erfahrung, nicht auf eine Synthese stützen; sie sollte die musikalischen Werke nur nach ihren Ähnlichkeiten klassifizieren und den Eindruck, den sie auf die Gesamtheit hervorgebracht, als Maßstab einnehmen.

Nichts ist unzulänglicher als das Theoretisieren in der Musik; hier gibt es freilich Gesetze, mathematisch bestimmte Gesetze, aber diese Gesetze sind nicht die Musik, sondern ihre Bedingnisse, wie die Kunst des Zeichnens und die Farbenlehre, oder gar Palette und Pinsel, nicht die Malerei sind, sondern nur notwendige Mittel. Das Wesen der Musik ist Offenbarung, er läßt sich keine Rechenschaft davon geben, und die wahre musikalische Kritik ist eine Erfahrungswissenschaft.

Ich kenne nichts Unerquicklicheres als eine Kritik von Monsieur Fetis, oder von seinem Sohne, Monsieur Fötus, wo *a priori*, aus letzten Gründen, einem musikalischen Werke sein Wert ab- oder zuräsonniert wird. Dergleichen Kritiken, abgefaßt in einem gewissen Argot und gespickt mit technischen Ausdrücken, die nicht der allgemein gebildeten Welt, sondern nur den exekutierenden Künstlern bekannt sind, geben jenem leeren Gewächse ein gewisses Ansehen bei der großen Menge. Wie mein Freund Detmold in Beziehung auf die Malerei ein Handbuch geschrieben hat, wodurch man in zwei Stunden zur Kunstkennerschaft gelangt, so sollte jemand ein ähnliches Büchlein in Beziehung auf die Musik schreiben und, durch ein ironisches Vokabular der musikalischen Kritikphrasen und der Orchesterjargons, dem hohlen Handwerke eines Fetis und eines Fötus ein Ende machen. Die beste Musikkritik, die einzige, die vielleicht etwas beweist, hörte ich voriges Jahr in Marseille an der Table-d'hôte, wo zwei Commis-Bayageurs über das Tagesthema, ob Rossini oder Meyerbeer der größere Meister sei, disputierten. Sobald der eine dem Italiener die höchste Vortrefflichkeit zusprach, apponiert der andere, aber nicht mit trockenen Worten, sondern er trillerte einige besonders schöne Melodien aus Robert-le-Diable. Hierauf wußte der erstere nicht schlagender zu repartieren, als indem er eifrig einige Fetzen aus dem Barbiere-de-Seviglia entgegensang, und so trieben sie es beide während der ganzen Tischzeit; statt eines lärmenden Austausches von nichtssagenden Redensarten gaben sie uns die köstlichste Tafelmusik, und am Ende mußte ich gestehen, daß man über Musik entweder gar nicht oder nur auf diese realistische Weise disputieren sollte.

Sie merken, teurer Freund, daß ich Sie mit keinen herkömmlichen Phrasen in betreff der Oper belästigen werde. Doch bei Besprechung der französischen Bühne kann ich letztere nicht ganz unerwähnt lassen. Auch keine vergleichende Diskussion über Rossini und Meyerbeer, in gewöhnlicher Weise, haben Sie von mir zu befürchten. Ich beschränke mich darauf, beide zu lieben, und keinen von beiden liebe ich auf Unkosten des anderen. Wenn ich mit ersterem vielleicht mehr noch als mit letzterem sympathisiere, so ist das nur ein Privatgefühl, keineswegs ein Anerkenntnis größeren Wertes. Vielleicht sind es eben Untugenden, welche manchen entsprechenden Untugenden in mir selber so wahlverwandt anklingen. Von Natur neige ich mich zu einem gewissen *Dolce far niente*, und ich lagere mich gern auf blumigen Rasen, und betrachte dann die ruhigen Züge der Wolken und ergötze mich an ihrer Beleuchtung; doch der Zufall wollte, daß ich aus dieser gemächlichen Träumerei sehr oft harte Rippenstöße des Schicksals geweckt wurde, ich mußte gezwungenerweise teilnehmen an den Schmerzen und Kämpfen der Zeit, und ehrlich war dann meine Teilnahme, und ich schlug mich trotz den Tapfersten ... Aber, ich weiß nicht, wie ich mich ausdrücken soll, meine Empfindungen behielten doch immer eine gewisse Abgeschiedenheit von den Empfindungen der anderen; ich wußte, wie ihnen zumute war, aber mir war ganz anders zumute, wie ihnen; und wenn ich mein Schlachtroß auch noch so rüstig tummelte und mit dem Schwert auch noch so gnadenlos auf die Feinde einhieb, so erfaßte mich doch nie das Fieber oder die Lust oder die Angst der Schlacht; ob meiner inneren Ruhe ward mir oft unheimlich zu Sinne, ich merkte, daß die Gedanken anderörtig verweilten, während ich im dichtesten Gedränge des Parteikriegs mich herumschlug, und ich kam mir manchmal vor wie Ogier, der Däne, welcher traumwandelnd gegen die Sarazenen focht. Einem solchen Menschen muß Rossini besser zusagen als Meyerbeer, und doch zu gewissen Zeiten wird er der Musik des letzteren, wo nicht sich ganz hingeben, doch gewiß enthusiastisch huldigen. Denn auf den Wogen Rossini'scher Musik schaukeln sich am behaglichsten die individuellen Freuden und Leiden des Menschen; Liebe und Haß, Zärtlichkeit und Sehnsucht, Eifersucht und Schmollen, alles ist hier das isolierte Gefühl eines einzelnen. Charakteristisch ist daher in der Musik Rossini's das Vorwalten der Melodie, welche immer der unmittelbare Ausdruck eines isolierten Empfindens ist. Bei Meyerbeer hingegen finden wir die Oberherrschaft der Harmonie; in dem Strome der harmonischen Massen verklinge, ja ersäufen die Melodien, wie die besonderen Empfindungen der einzelnen Menschen untergehen in dem Gesamtgefühl eines ganzen Volkes, und in diese harmonischen Ströme stürzt sich gern unsre Seele, wenn sie von den Leiden und Freuden des ganzen Menschengeschlechts erfaßt wird und Partei ergreift für die großen Fragen der Gesellschaft. Meyerbeer's Musik ist mehr sozial als individuell; die dankbare Gegenwart, die ihre inneren und äußeren Fehden, ihren Gemütszwiespalt und ihren Willenskampf, ihre Not und ihre Hoffnung in seiner Musik wiederfindet, feiert ihre eigene Leidenschaft und Begeisterung, während sie dem großen Maestro applaudiert. Rossini's Musik war angemessener für die Zeit der Restauration, wo, nach großen Kämpfen und Enttäuschungen, bei den blasierten Menschen der Sinn für ihre großen Gesamtinteressen in den Hintergrund zurückweichen mußte und die Gefühle der Ichheit wieder in ihre legitimen Rechte eintreten konnten. Nimmermehr würde Rossini während der Revolution und dem Empire seine große Popularität erlangt haben. Robespierre hätte ihn vielleicht antipatriotischer, moderantistischer Melodien angeklagt, und Napoleon hätte ihn gewiß nicht als Kapellmeister angestellt bei der großen Armee, wo er einer Gesamtbegeisterung bedurfte ... Armer Schwan von Pesaro! Der gallische Hahn und der kaiserliche Adler hätten dich vielleicht zerrissen, und geeigneter als die Schlachtfelder der Bürgertugend und des Ruhmes war für dich ein stiller See, an dessen Ufer die zahmen Lilien dir friedlich nickten, und wo du ruhig auf und ab rudern konntest, Schönheit und Lieblichkeit in jeder Bewegung! Die Restauration war Rossini's Triumphzeit, und sogar die Sterne des Himmels, die damals Feierabend hatten und sich nicht mehr um das Schicksal der Völker bekümmerten, lauschten ihm mit Entzücken. Die Juliusrevolution hat indessen im Himmel und auf Erden eine große Bewegung hervorgebracht, Sterne und Menschen, Engel und Könige, ja der liebe Gott selbst, wurden ihrem Friedenszustand entrissen, haben wieder viel' Geschäfte, haben weder Muße noch hinlängliche Seelenruhe, um sich an den Melodien des Privatgefühls zu ergötzen, und nur wenn die großen Chöre von Robert-le-Diable oder gar der Hugenotten harmonisch grollen, harmonisch jauchzen, harmonisch schluchzen, horchen ihre Herzen und schluchzen, jauchzen und grollen im begeisterten Einklang.

Dieses ist vielleicht der letzte Grund jenes unerhörten, kolossalen Beifalls, dessen sich die zwei großen Opern von Meyerbeer in der ganzen Welt erfreuen. Er ist der Mann seiner Zeit, und die Zeit, die immer ihre Leute zu wählen weiß, hat ihn tumultuarisch aufs Schild gehoben, und proklamiert seine Herrschaft und hält mit ihm ihren fröhlichen Einzug. Es ist eben keine behagliche Position, solcherweise im Triumph getragen zu werden: durch Ungeschick oder Ungeschicklichkeit eines einzigen Schildhalters kann man in ein bedenkliches Wackeln geraten, wo nicht gar stark beschädigt werden; die Blumenkränze, die einem an den Kopf fliegen, können zuweilen mehr verletzen als erquicken, wo nicht gar besudeln, wenn sie aus schmutzigen Händen kommen, und die Überlast der Lorbeeren kann einem gewiß viel Angstschweiß auspressen ... Rossini, wenn er solchem Zuge begegnet, lächelt überaus ironisch mit seinen feinen italienischen Lippen, und er klagt dann über seinen schlechten Magen, der sich täglich verschlimmere, so daß er gar nichts mehr essen könne.

Das ist hart, denn Rossini war immer einer der größten Gourmands. Meyerbeer ist just das Gegenteil; wie in seiner äußeren Erscheinung, so ist er auch in seinen Genüssen die Bescheidenheit selbst. Nur wenn er Freunde geladen hat, findet man bei ihm einen guten Tisch. Als ich einst *à la fortune du pot* bei ihm speisen wollte, fand ich ihn bei einem ärmlichen Gerichte Stockfische, welches sein ganzes Diner ausmachte; wie natürlich, ich behauptete, schon gespeist zu haben.

Manche haben behauptet, er sei geizig. Dieses ist nicht der Fall. Er ist nur geizig in Ausgaben, die seine Person betreffen. Für andere ist er die Freigebigkeit selbst, und besonders unglückliche Landsleute haben sich derselben bis zum Mißbrauch erfreut. Wohltätigkeit ist eine Haustugend der Meyerbeer'schen Familie, besonders der Mutter, welcher ich alle Hilfsbedürftigen, und nie ohne Erfolg, auf den Hals jage. Diese Frau ist aber auch die glücklichste Mutter, die es auf dieser Welt gibt. Überall umklingt sie die Herrlichkeit ihres Sohnes, wo sie geht und steht, flattern ihr einige Fetzen seiner Musik um die Ohren, wo ein ganzes Publikum seine Begeisterung für Giacomo in dem brausendsten Beifall ausspricht, da bebt ihr Mutterherz vor Entzückungen, die wir kaum ahnen mögen. Ich kenne in der ganzen Weltgeschichte nur eine Mutter, die ihr zu vergleichen wäre, das ist die Mutter des heiligen Boromäus, die noch bei ihren Lebzeiten ihren Sohn kanonisiert sah, und in der Kirche, nebst Tausenden von Gläubigen, vor ihm knien und zu ihm beten konnte.

Meyerbeer schreibt jetzt eine neue Oper, welcher ich mit großer Neugier entgegensehe. Die Entfaltung dieses Genius ist für mich ein höchst merkwürdiges Schauspiel. Mit Interesse folge ich den Phasen seines musikalischen wie seines persönlichen Lebens und beobachte die Wechselwirkungen, die zwischen ihm und seinem europäischen Publikum stattfinden. Es sind jetzt zehn Jahre, daß ich ihm zuerst in Berlin begegnete, zwischen dem Universitätsgebäude und der Wachtstube, zwischen der Wissenschaft und der Trommel, und er schien sich in dieser Stellung sehr beklemmt zu fühlen. Ich erinnere mich, ich traf ihn in der Gesellschaft des Dr. Marx, welcher damals zu einer gewissen musikalischen Regence gehörte, die während der Minderjährigkeit eines gewissen jungen Genies, das man als legitimen Thronfolger Mozart's betrachtete, beständig dem Sebastian Bach huldigte. Der Enthusiasmus für Sebastian Bach sollte aber nicht bloß jenes Interregnum ausfüllen, sondern auch die Reputation von Rossini vernichten, den die Regence am meisten fürchtete und also auch am meisten haßte. Meyerbeer galt damals für einen Nachahmer Rossini's, und der Dr. Marx behandelte ihn mit einer gewissen Herablassung, mit einer leutseligen Oberhoheitsmiene, worüber ich jetzt herzlich lachen muß. Der Rossinismus war damals das große Verbrechen Meyerbeer's; er war noch weit entfernt von der Ehre, um seiner selbst willen angefeindet zu werden. Er enthielt sich auch wohlweislich aller Ansprüche, und als ich ihm erzählte, mit welchem Enthusiasmus ich jüngst in Italien seinen „Crotiato" aufführen sehen, lächelte er mit launiger Wehmut und sagte: „Sie kompromittieren sich, wenn Sie mich armen Italiener hier in Berlin loben, in der Hauptstadt von Sebastian Bach!"

Meyerbeer war in der Tat damals ganz ein Nachahmer der Italiener geworden. Der Mißmut gegen den feuchtkalten, verstandswitzigen, farblosen Berlinianismus hatte frühzeitig eine natürliche Reaktion in ihm hervorgebracht; er entsprang nach Italien, genoß fröhlich seines Lebens, ergab sich dort ganz seinen Privatgefühlen und komponierte dort jene köstlichen Opern, worin der Rossinismus mit der süßesten Übertreibung gesteigert ist; hier ist das Geld noch übergüldet und die Blume mit noch stärkeren Wohldüften parfümiert. Das war die glücklichste Zeit Meyerbeer's, er schrieb im vergnügen Rausche der italienischen Sinnenlust, und im Leben wie in der Kunst pflückte er die leichtesten Blumen.

Aber dergleichen konnte einer deutschen Natur nicht lange genügen. Ein gewisses Heimweh nach dem Ernste des Vaterlands ward in ihm wach; während er unter welschen Myrten lagerte, beschlich ihn die Erinnerung an die geheimnisvollen Schauer deutscher Eichenwälder; während südliche Zephyre ihn umkosten, dachte er an die dunkeln Choräle des Nordwinds; – es ging ihm vielleicht gar wie der Frau von Sevigué, die, als sie neben einer Orangerie wohnte und beständig von lauter Orangenblüten umduftet war, sich am Ende nach dem schlechten Geruche einer gesunden Mistkarre zu sehnen begann ... Kurz, eine neue Reaktion fand statt, Signor Giacomo ward plötzlich wieder ein Deutscher und schloß sich wieder an Deutschland, nicht an das alte, morsche, abgelebte Deutschland des engbrüstigen Spießbürgertums, sondern an das junge, großmütige, weltfreie Deutschland einer neuen Generation, die alle Fragen der Menschheit zu ihren eigenen gemacht hat, und die, wenn auch nicht immer auf ihrem Banner, doch desto unauslöschlichere in ihrem Herzen, die großen Menschheitsfragen eingeschrieben trägt.

Bald nach der Julirevolution trat Meyerbeer vor das Publikum mit einem neuen Werke, das während den Wehen jener Revolution seinem Geiste entsprossen, mit Robert-le-Diable, dem Helden, der nicht genau weiß, was er will, der beständig mit sich selber im Kampfe liegt, ein treues Bild des moralischen Schwankens damaliger Zeit, einer Zeit, die sich zwischen Tugend und Laster so qualvoll unruhig bewegte, in Bestrebungen und Hindernissen sich aufrieb, und nicht immer genug Kraft besaß, den Anfechtungen Satan's zu widerstehen! Ich liebe keineswegs diese Oper, dieses Meisterwerk der Zagheit, ich sage der Zagheit nicht bloß in betreff des Stoffes, sondern auch der Exekution, indem der Komponist seinem Genius noch nicht traut, noch nicht wagt, sich dem ganzen Willen desselben hinzugeben, und der Menge zitternd dient, statt ihr unerschrocken zu gebieten. Man hat damals Meyerbeer mit Recht ein ängstliches Genie genannt; es mangelte ihm der siegreiche Glaube an sich selbst, er zeigte Furcht vor der öffentlichen Meinung, der kleinste Tadel erschreckte ihn, er schmeichelte allen Launen des Publikums und gab links und rechts die eifrigsten *Poignées de main*, als habe er auch in der Musik die Volkssouveränität anerkannt und begründe sein Regiment auf Stimmenmehrheit, im Gegensatze zu Rossini, der als König von Gottes Gnade im Reiche der Tonkunst absolut herrschte. Diese Ängstlichkeit hat ihn im Leben noch nicht verlassen; er ist noch immer besorgt um die Meinung des Publikums, aber der Erfolg von Robert-le-Diable bewirkte glücklicherweise, daß er von jener Sorge nicht belästigt wird, während er arbeitet, daß er mit weit mehr Sicherheit komponiert, daß er den großen Willen seiner Seele in ihren Schöpfungen hervortreten läßt. Und mit dieser erweiterten Geistesfreiheit schrieb er die Hugenotten, worin aller Zweifel verschwunden, der innere Selbstkampf aufgehört und der äußere Zweikampf angefangen hat, dessen kolossale Gestaltung uns in Erstaunen setzt. Erst durch dieses Werk gewann Meyerbeer sein unsterbliches Bürgerrecht in der ewigen Geisterstadt, im himmlischen Jerusalem der Kunst. In den Hugenotten offenbart sich endlich Meyerbeer ohne Scheu; mit unerschrockenen Linien zeichnete er hier seinen ganzen Gedanken, und alles, was seine Brust bewegte, wagte er auszusprechen in ungezügelten Tönen.

Was dieses Werk ganz besonders auszeichnet, ist das Gleichmaß, das zwischen dem Enthusiasmus und der artistischen Vollendung stattfindet, oder, um mich besser auszudrücken; die gleiche Höhe, welche darin die Passion und die Kunst erreichen; der Mensch und der Künstler haben hier gewetteifert, und wenn jener die Sturmglocke der wildesten Leidenschaft anzieht, weiß dieser die rohen Naturtöne zum schauerlich süßesten Wohllaut zu verklären. Während die große Menge ergriffen wird von der inneren Gewalt, von der Passion der Hugenotten, bewundert der Kunstverständige die Meisterschaft, die sich in den Formen bekundet. Dieses Werk ist ein gotischer Dom, dessen himmelstrebender Pfeilerbau und kolossale Kuppel von der kühnen Hand eines Riesen aufgepflanzt zu sein scheinen, während die unzähligen, zierlich feinen Festons, Rosetten und Arabesken, die wie ein steinerner Spitzenschleier darüber ausgebreitet sind, von einer unermüdlichen Zwergsgeduld Zeugnis geben. Riese in der Konzeption und Gestaltung des Ganzen, Zwerg in der mühseligen Ausführung der Einzelheiten, ist uns der Baumeister der Hugenotten eben so unbegreiflich wie die Kompositoren der alten Dome. Als ich jüngst mit einem Freunde vor der Kathedrale zu Amiens stand, und mein Freund dieses Monument von felsentürmender Riesenkraft und unermüdlich schnitzelnder Zwergsgeduld mit Schrecken und Mitleiden betrachtete und mich endlich frug, wie es komme, daß wir heutzutage keine solchen Bauwerke mehr zustande bringen, antwortete ich ihm: „Teurer Alphonse, die Menschen in jener alten Zeit hatten Überzeugungen, wir Neueren haben nur Meinungen, und es gehört etwas mehr als eine bloße Meinung dazu, um so einen gotischen Dom aufzurichten."

Das ist es. Meyerbeer ist ein Mann der Überzeugung. Dieses bezieht sich aber nicht eigentlich auf die Tagesfragen der Gesellschaft, obgleich auch in diesem Betracht bei Meyerbeer die Gesinnungen fester begründet stehen als bei anderen Künstlern. Meyerbeer, den die Fürsten dieser Erde mit allen möglichen Ehrenbezeigungen überschütten, und der auch für diese Auszeichnungen so viel Sinn hat, trägt doch ein Herz in der Brust, welches für die heiligsten Interessen der Menschheit glüht, und unumwunden gesteht er seinen Kultus für die Helden der Revolution. Es ist ein Glück für ihn, daß manche nordischen Behörden keine Musik verstehen, sie würden sonst in den Hugenotten nicht bloß einen Parteikampf zwischen Protestanten und Katholiken erblicken. Aber dennoch sind seine Überzeugungen nicht eigentlich politischer und noch weniger religiöser Art; nein, auch nicht religiöser Art, seine Religion ist nur negativ, sie besteht nur darin, daß er, ungleich anderer Künstler, vielleicht aus Stolz, seine Lippen mit keiner Lüge beflecken will, daß er gewisse zudringliche Segnungen ablehnt, deren Annahme immer als eine zweideutige, nie als eine großmütige Handlung betrachtet werden kann. Die eigentliche Religion Meyerbeer's ist die Religion Mozart's, Gluck's, Beethoven's, es ist die Musik; nur an diese glaubt er, nur in diesem Glauben findet er seine Seligkeit und lebt er mit einer Überzeugung, die den Überzeugungen früherer Jahrhunderte ähnlich ist an Tiefe, Leidenschaft und Ausdauer. Ja, ich möchte sagen, er ist Apostel dieser Religion. Wie mit apostolischem Eifer und Drang behandelte er alles, was seine Musik betrifft. Während andere Künstler zufrieden sind, wenn sie etwas Schönes geschaffen haben, ja nicht selten alles Interesse für ihr Werk verlieren, sobald es fertig ist, so beginnt im Gegenteil bei Meyerbeer die größere Kindesnot erst nach der Entbindung, er gibt sich alsdann nicht zufrieden, bis die Schöpfung seines Geistes sich auch glänzend dem übrigen Volke offenbart, bis das ganze Publikum von seiner Musik erbaut wird, bis seine Oper in alle Herzen die Gefühle gegossen, sie er der ganzen Welt predigen will, bis er mit der ganzen Menschheit kommuniziert hat. Wie der Apostel, um eine einzige verlorene Seele zu retten, weder Mühe noch Schmerzen achtet, so wird auch Meyerbeer, erfährt er, daß irgend jemand seine Musik verleugnet, ihm unermüdlich nachstellen, bis er ihn zu sich bekehrt hat; und das einzige gerettete Lamm, und sei es auch die unbedeutendste Feuilletonistenseele, ist ihm dann lieber als die ganze Herde von Gläubigen, die ihn immer mit orthodoxer Treue verehrten.

Die Musik ist die Überzeugung von Meyerbeer, und das ist vielleicht der Grund aller jener Ängstlichkeiten und Bekümmernisse, die der große Meister so oft an den Tag legt, und die uns nicht selten ein Lächeln entlocken. Man muß ihn sehen, wenn er eine neue Oper einstudiert; er ist dann der Plagegeist aller Musiker und Sänger, die er mit unaufhörlichen Proben quält. Nie kann er sich ganz zufrieden geben, ein einziger falscher Ton im Orchester ist ihm ein Dolchstich, woran er zu sterben glaubt. Diese Unruhe verfolgt ihn noch lange, wenn die Oper bereits aufgeführt und mit Beifallsrausch empfangen worden. Er ängstigt sich dann noch immer, und ich glaube, er gibt sich nicht eher zufrieden, als bis einige tausend Menschen, die seine Oper gehört und bewundert haben, gestorben und begraben sind; bei diesen wenigstens hat er keinen Abfall zu befürchten, diese Seelen sind ihm sicher. An den Tagen, wo seine Oper gegeben wird, kann es ihm der liebe Gott nie recht machen; regnet es und ist es kalt, so fürchtet er, daß Mademoiselle Falcon den Schnupfen bekomme; ist hingegen der Abend hell und warm, so fürchtet er, daß das schöne Wetter die Leute ins Freie locken und das Theater leer stehen möchte. Nichts ist der Peinlichkeit zu vergleichen, womit Meyerbeer, wenn seine Musik endlich gedruckt wird, die Korrektur besorgt; diese unermüdliche Verbesserungssucht während der Korrektur ist bei den Pariser Künstlern zum Sprichwort geworden. Aber man bedenke, daß ihm die Musik über alles teuer ist, teurer gewiß als sein Leben. Als die Cholera in Paris zu wüten begann, beschwor ich Meyerbeer, so schleunig als möglich abzureisen; aber er hatte noch für einige Tage Geschäfte, die er nicht hintenan setzen konnte, er hatte mit einem Italiener das italienische Libretto für Robert-le-Diable zu arrangieren.

Weit mehr als Robert-le-Diable sind die Hugenotten ein Werk der Überzeugung, sowohl in Hinsicht des Inhalts als der Form. Wie ich schon bemerkt habe, während die große Menge vom Inhalt hingerissen wird, bewundert der stillere Betrachter die ungeheuren Fortschritte der Kunst, die neuen Formen, die hier hervortreten. Nach dem Ausspruch der kompetentesten Richter müssen jetzt alle Musiker, die für die Oper schreiben wollen, vorher die Hugenotten studieren. In der Instrumentation hat es Meyerbeer am weitesten gebracht. Unerhört ist die Behandlung der Chöre, die sich hier wie Individuen aussprechen und aller opernhaften Herkömmlichkeit entäußert haben. Seit dem Don Juan gibt es gewiß keine größere Erscheinung im Reiche der Tonkunst als jener vierte Akt der Hugenotten, wo auf die grauenhaft erschütternde Szene der Schwerterweihe, der eingesegneten Mordlust, noch ein Duo gesetzt ist, das jenen ersten Effekt noch überbietet; ein kolossales Wagnis, das man dem ängstlichen Genie kaum zutrauen sollte, dessen Gelingen aber ebensosehr unser Entzücken wie unsere Verwunderung erregt. Was mich betrifft, so glaube ich, daß Meyerbeer diese Aufgabe nicht durch Kunstmittel gelöst hat, sondern durch Naturmittel, indem jenes famose Duo eine Reihe von Gefühlen ausspricht, die vielleicht nie, oder wenigstens nie mit solcher Wahrheit, in einer Oper hervorgetreten, und für welche dennoch in den Gemütern der Gegenwart die wildesten Sympathien auflodern. Was mich betrifft, so gestehe ich, daß nie bei einer Musik mein Herz so stürmisch pochte wie bei dem vierten Akte der Hugenotten, daß ich aber diesem Akte und seinen Aufregungen gern aus dem Wege gehe und mit weit größerem Vergnügen dem zweiten Akte beiwohne. Dieser ist ein gehaltvolleres Idyll, das an Lieblichkeit und Grazie den romantischen Lustspielen von Shakespeare, vielleicht aber noch mehr dem „Aminta" von Tasso ähnlich ist. In der Tat, unter den Rosen der Freude lauscht darin eine sanfte Schwermut, die an den unglücklichen Hofdichter von Ferrera erinnert. Es ist mehr die Sehnsucht nach Heiterkeit als die Heiterkeit selbst, es ist kein herzliches Lachen, sondern ein Lächeln des Herzens, eines Herzens, welches heimlich krank ist und von Gesundheit nur träumen kann. Wie kommt es, daß ein Künstler, dem von der Wiege an alle blutsaugenden Lebenssorgen abgewedelt worden, der, geboren im Schoße des Reichtums, gehätschelt von der ganzen Familie, die allen seinen Neigungen bereitwillig, ja enthusiastisch frönte, weit mehr als irgendein sterblicher Künstler zum Glück berechtigt war, – wie kommt es, daß dieser dennoch jene ungeheuren Schmerzen erfahren hat, die uns aus seiner Musik entgegenseufzen und schluchzen? Denn was er nicht selber empfindet, kann der Musiker nicht so gewaltig, nicht so erschütternd aussprechen. Es ist sonderbar, daß der Künstler, dessen materielle Bedürfnisse befriedigt sind, desto unleidlicher von moralischen Drangsalen heimgesucht wird! Aber das ist ein Glück für das Publikum, das den Schmerzen des Künstlers seine idealsten Freuden verdankt. Der Künstler ist jenes Kind, wovon das Volksmärchen erzählt, daß seine Tränen lauter Perlen sind. Ach! die böse Stiefmutter, die Welt, schlägt das arme Kind um so unbarmherziger, damit es nur recht viele Perlen weine!

Man hat die Hugenotten, mehr noch als Robert-le-Diable, eines Mangels an Melodien ziehen wollen. Dieser Vorwurf beruht auf einem Irrtum. „Vor lauter Wald sieht man die Bäume nicht." Die Melodie ist hier der Harmonie untergeordnet, und bereits bei einer Vergleichung mit der rein menschlichen, individuellen Musik Rossini's, worin das umgekehrte Verhältnis stattfindet, habe ich angedeutet, daß es diese Vorherrschaft der Harmonie ist, welche die Musik von Meyerbeer als eine menschheitlich bewegte, gesellschaftlich moderne Musik charakterisiert. An Melodien fehlt es ihr wahrlich nicht, nur dürfen diese Melodien nicht störsam schroff, ich möchte sagen egoistisch, hervortreten, sie dürfen nur dem Ganzen dienen, sie sind diszipliniert, statt daß bei den Italienern die Melodien isoliert, ich möchte fast sagen außergesetzlich, sich geltend machen, ungefähr wie ihre berühmten Banditen. Man merkt es nur nicht; mancher gemeine Soldat schlägt sich in einer großen Schlacht ebensogut wie der Kalabrese, der einsame Raubheld, dessen persönliche Tapferkeit uns weniger überraschen würde, wenn er unter regulären Truppen, in Reih' und Glied, sich schlüge. Ich will einer

Vorherrschaft der Melodie beileibe ihr Verdienst nicht absprechen, aber bemerken muß ich, als eine Folge derselben sehen wir in Italien jene Gleichgültigkeit gegen das Ensemble der Oper, gegen die Oper als geschlossenes Kunstwerk, die sich so naiv äußerte, daß man in den Logen, während keine Bravourpartien gesungen werden, Gesellschaft empfängt, ungeniert plaudert, wo nicht gar Karten spielt.

Die Vorherrschaft der Harmonie in den Meyerbeer'schen Schöpfungen ist vielleicht eine notwendige Folge seiner weiten, das Reich des Gedankens und der Erscheinungen umfassenden Bildung. Zu seiner Erziehung wurden Schätze verwendet und sein Geist war empfänglich; er ward früh eingeweiht in alle Wissenschaften und unterscheidet sich auch hierdurch von den meisten Musikern, deren glänzende Ignoranz einigermaßen verzeihlich, da es ihnen gewöhnlich an Mitteln und Zeit fehlte, sich außerhalb ihres Faches große Kenntnisse zu erwerben. Das Gelernte ward bei ihm Natur, und die Schule der Welt gab ihm die höchste Entwicklung; er gehört zu jener geringen Zahl Deutscher, die selbst Frankreich als Muster der Urbanität anerkennen mußte. Solche Bildungshöhe war vielleicht nötig, wenn man das Material, das zur Schöpfung der Hugenotten gehörte, zusammenfinden und sicheren Sinnes gestalten wollte. Aber ob nicht, was an Weite der Auffassung und Klarheit des Überblicks gewonnen ward, an anderen Eigenschaften verloren ging, das ist eine Frage. Die Bildung vernichtet bei dem Künstler jene scharfe Akzentuation, jene schroffe Färbung, jene Ursprünglichkeit der Gedanken, jene Unmittelbarkeit der Gefühle, die wir bei rohbegrenzten, ungebildeten Naturen so sehr bewundern.

Die Bildung wird überhaupt immer teuer erkauft, und die kleine Blanka hat recht. Dieses etwa achtjährige Töchterchen von Meyerbeer beneidet den Müßiggang der kleinen Buben und Mädchen, die sie auf der Straße spielen sieht, und äußerte sich jüngst folgendermaßen: „Welch ein Unglück, daß ich gebildete Eltern habe! Ich muß von Morgen bis Abend alles Mögliche auswendig lernen und still sitzen und artig sein, während die ungebildeten Kinder da unten den ganzen Tag glücklich herumlaufen und sich amüsieren können!"

Zehnter Brief

Außer Meyerbeer besitzt die *Académie royale de musique* wenige Tondichter, von welchen es der Mühe lohnte ausführlich zu reden. Und dennoch befindet sich die französische Oper in der reichsten Blüte, oder, um mich richtiger auszudrücken, sie erfreut sich täglich einer guten Recette. Dieser Zustand des Gedeihens begann vor sechs Jahren durch die Leitung des berühmten Herrn Veron, dessen Prinzipien seitdem von dem neuen Direktor, Herrn Duponchel, mit demselben Erfolg angewendete werden. Ich sage Prinzipien, denn in der Tat, Herr Veron hatte Prinzipien, Resultate seines Nachdenkens in der Kunst und Wissenschaft, und wie er als Apotheker eine vortreffliche Mixtur für den Husten erfunden hat, so erfand er als Operndirektor ein Heilmittel gegen die Musik. Er hatte nämlich an sich selber bemerkt, daß ein Schauspiel von Franconi ihm mehr Vergnügen machte als die beste Oper; er überzeugte sich, daß der größte Teil des Publikums von denselben Empfindungen beseelt sei, daß sie meisten Leute aus Konvenienz in die große Oper gehen und nur dann sich dort ergötzen, wenn schöne Dekorationen, Kostüme und Tänze so sehr ihre Aufmerksamkeit fesseln, daß sie die fatale Musik ganz überhören. Der große Veron kam daher auf den genialen Gedanken, die Schaulust der Leute in so hohem Grade zu befriedigen, daß die Musik sie gar nicht mehr genieren kann, daß sie in der großen Oper dasselbe Vergnügen finden wie bei Franconi. Der große Veron und das große Publikum verstanden sich; jener wußte die Musik unschädlich zu machen, und gab unter dem Titel „Oper" nichts als Pracht- und Spektakelstücke; dieses, das Publikum konnte mit seinen Töchtern und Gattinnen in die große Oper gehen, wie es gebildeten Ständen ziemt, ohne vor Langeweile zu sterben. Amerika war entdeckt, das Ei stand auf der Spitze, das Opernhaus füllte sich täglich, Franconi ward überboten und machte bankrott, und Herr Veron ist seitdem ein reicher Mann. Der Name Veron wird ewig leben in den Annalen der Musik; er hat den Tempel der Göttin verschönert, aber sie selbst zur Tür hinausgeschmissen. Nichts übertrifft den Luxus, der in der großen Oper überhand genommen, und diese ist jetzt das Paradies der Harthörigen.

Der jetzige Direktor folgt den Grundsätzen seines Vorgängers, obgleich er zu der Persönlichkeit desselben den ergötzlich schroffsten Kontrast bildet. Haben Sie Herrn Veron jemals gesehen? Im Café de Paris oder auf dem Boulevard Coblence ist sie Ihnen gewiß manchmal aufgefallen, diese feiste karikierte Figur, mit dem schief eingedrückten Hute auf dem Kopfe, welcher in einer ungeheuren weißen Krawatte, deren Vatermörder bis über die Ohren reichen, um ein überreiches Flechtengeschwür zu bedecken, ganz vergraben ist, so daß das rote, lebenslustige Gesicht mit den kleinen blinzelnden Augen nur wenig zum Vorschein kommt. In dem Bewußtsein seiner Menschenkenntnis und seines Gelingens wälzt er sich so behaglich, so insolent behaglich einher, umgeben von einem Hofstaate junger, mitunter auch ältlicher Dandies der Literatur, die er gewöhnlich mit Champagner oder schönen Figurantinnen realisiert. Er ist der Gott des Materialismus, und sein geistverhöhnender Blick schnitt mir oft peinigend ins Herz, wenn ich ihm begegnete; manchmal dünkte mir, als kröchen aus seinen Augen eine Menge kleiner Würmer, klebricht und glänzend.

Herr Duponchel ist ein hagerer, gelbblasser Mann, welcher, wo nicht edel, doch vornehm aussieht, immer trist, eine Leichenbittermiene, und jemand nannte ihn ganz richtig: *un deuil perpétuel*. Nach seiner äußeren Erscheinung würde man ihn eher für den Aufseher des *Père la chaise*, als für den Direktor der großen Oper halten. Er erinnert mich immer an den melancholischen Hofnarren Ludwig's XIII. Dieser Ritter von der traurigen Gestalt ist jetzt *Maître de plaisir* der Pariser, und ich möchte ihn manchmal belauschen, wenn er einsam in seiner Behausung auf neue Späße sinnt, womit er seinen Souverän, das französische Publikum, ergötzen soll, wenn er wehmütig-närrisch das trübe Haupt schüttelt, daß die Schellen an seiner schwarzen Kappe wie seufzend klingeln, wenn er für die Falcon die Zeichnung eines neuen Kostüms koloriert, und wenn er das rote Buch ergreift, um nachzusehen, ob die Taglioni …

Sie sehen mich verwundert an? Ja, das ist ein kurioses Buch, dessen Bedeutung sehr schwer mit anständigen Worten zu erklären sein möchte. Nur durch Analogien kann ich mich hier verständlich machen. Wissen Sie, was der Schnupfen der Sängerinnen ist? Ich höre sie seufzen, und sie denken wieder an ihre Märtyrerzeit: die letzte Probe ist überstanden, die Oper ist schon für den Abend angekündigt, da kommt plötzlich die Prima-Donna und erklärt, daß sie nicht singen könne, denn sie habe den Schnupfen. Da ist nichts anzufangen, ein Blick gen Himmel, ein ungeheurer theatralischer Schmerzensblick! und ein neuer Zettel wird gedruckt, worin man einem verehrungswürdigen Publikum anzeigt, daß die Vorstellung der „Vestalin", wegen Unpäßlichkeit der Mademoiselle Schnaps, nicht stattfinden könne und statt dessen „Rochus Pumpernickel" aufgeführt wird. Den Tänzerinnen half es nichts, wenn sie den Schnupfen ansagten, er hinderte sie ja nicht am Tanzen, und sie beneideten lange Zeit die Sängerinnen ob jene rheumatischen Erfindung, womit diese sich zu jeder Zeit einen Feierabend und ihrem Feinde, dem Theaterdirektor, einen Leidenstag verschaffen konnten. Sie erflehten daher vom lieben Gott dasselbe Qualrecht, und dieser, ein Freund des Balletts, wie alle Monarchen, begabte sie mit einer Unpäßlichkeit, die, an sich selber harmlos, sie dennoch verhindert, öffentlich zu pirouettieren, und die wir, nach der Analogie von *thé dansant*, den tanzenden Schnupfen nennen möchten. Wenn nun eine Tänzerin nicht auftreten will, hat sie ebensogut ihren unabweisbaren Vorwand wie die beste Sängerin. Der ehemalige Direktor der großen Oper verwünschte sich oft zu allen Teufeln, wenn „Die Sylphide" gegeben werden sollte, und die Taglioni ihm meldete, sie könne heute keine Flügel und keine Trikothosen anziehen und nicht auftreten, denn sie habe den tanzenden Schnupfen ... . Der große Veron, in seiner tiefsinnigen Weise, entdeckte, daß der tanzende Schnupfen sich von dem singenden Schnupfen der Sängerinnen nicht bloß durch die Farbe, sondern auch durch eine gewisse Regelmäßigkeit unterscheide, und seine jedesmalige Erscheinung lange voraus berechnet werden könne; denn der liebe Gott, ordnungsliebend wie er ist, gab den Tänzerinnen eine Unpäßlichkeit, die im Zusammenhang mit den Gesetzen der Astronomie, der Physik, der Hydraulik, kurz des ganzen Universums steht und folglich kalkulabel ist; der Schnupfen der Sängerinnen hingegen ist eine Privaterfindung, eine Erfindung der Weiberlaune, und folglich inkalkulabel. In diesem Umstand der Berechenbarkeit der periodischen Wiederkehr des tanzenden Schnupfens suchte der große Veron eine Abhilfe gegen die Vexationen der Tänzerinnen, und jedesmal, wenn eine derselben der ihrigen, nämlich den tanzenden Schnupfen, bekam, war das Datum dieses Ereignisses in ein besonderes Buch genau aufgezeichnet, und das ist das rote Buch, welches eben Herr Duponchel in Händen hielt und in welchem er nachrechnen konnte, an welchem Tage die Taglioni ... Dieses Buch, welches den Inventionsgeist, und überhaupt den Geist des ehemaligen Operndirektors, des Veron, charakterisiert, ist gewiß von praktischer Nützlichkeit.

Aus den vorhergehenden Bemerkungen werden Sie die gegenwärtige Bedeutung der französischen großen Oper begriffen haben. Sie hat sich mit den Feinden der Musik ausgesöhnt, und, wie in die Tuilerien ist der wohlhabende Bürgerstand auch in die Akademie de Musique eingedrungen, während die vornehme Gesellschaft das Feld geräumt hat. Die schöne Aristokratie, diese Elite, die sich durch Rang, Bildung, Geburt, Fashion und Müßiggang auszeichnet, flüchtete sich in die italienische Oper, in diese musikalische Oase, wo die großen Nachtigallen der Kunst noch immer trillern, die Quellen der Melodie noch immer zaubervoll rieseln, und die Palmen der Schönheit mit ihren stolzen Fächern Beifall winken ... während rings umher eine blasse Sandwüste, eine Sahara der Musik. Nur noch einzelne gute Konzerte tauchen manchmal hervor in dieser Wüste, und gewähren dem Freunde der Tonkunst eine außerordentliche Labung. Dahin gehörten diesen Winter die Sonntage des Conservatoires, einige Privatsoiréen auf der Rue de Bondy, und besonders die Konzerte von Berlioz und Liszt. Die beiden letzteren sind wohl die merkwürdigsten Erscheinungen in der hiesigen musikalischen Welt; ich sage die merkwürdigsten, nicht die schönsten, nicht die erfreulichsten. Von Berlioz werden wir bald eine Oper erhalten. Das Sujet ist eine Episode aus dem Leben Benvenuto's Cellini, der Guß des Perseus. Man erwartet Außerordentliches, da dieser Komponist schon Außerordentliches geleistet. Seine Geistesrichtung ist das Phantastische, nicht verbunden mit Gemüt, sondern mit Sentimentalität; er hat große Ähnlichkeit mit Callot, Gozzi und Hoffmann. Schon seinen äußere Erscheinung deutet darauf hin. Es ist schade, daß er seine ungeheure, antediluvianische Frisur, diese aufsträubenden Haare, die über seine Stirne, wie ein Wald über eine schroffe Felswand, sich erhoben, abschneiden lassen; so sah ich ihn zum ersten Male vor sechs Jahren, und so wird er immer in meinem Gedächtnis stehen. Es war im *Conservatoire de Musique*, und man gab eine große Symphonie von ihm, ein bizarres Nachtstück, das nur zuweilen erhellt wird von einer sentimentalweißen Weiberrobe, die darin hin und her flattert, oder von einem schwefelgelben Blitz der Ironie. Das beste darin ist ein Hexensabbat, wo der Teufel Messe liest und die katholische Kirchenmusik mit der schauerlichsten, blutigsten Possenhaftigkeit parodiert wird. Es ist eine Farce, wobei alle geheimen Schlangen, die wir im Herzen tragen, freudig emporzischen. Mein Logennachbar, ein redseliger junger Mann, zeigte mir den Komponisten, welcher sich am äußersten Ende des Saales in einem Winkel des Orchesters befand und die Pauke schlug. Denn die Pauke ist sein Instrument. „Sehen Sie in der Avantszene", sagte mein Nachbar, „jene dicke Engländerin? Das ist Miß Smithson; in diese Dame ist Herr Berlioz seit drei Jahren sterbensverliebt, und dieser Leidenschaft verdanken wir die wilde Symphonie, die Sie heute hören." In der Tat, in der Avantszene-Loge saß die berühmte Schauspielerin von Coventgarden; Berlioz sah immer unverwandt nach ihr hin, und jedesmal, wenn sein Blick dem ihrigen begegnete, schlug er los auf seine Pauke, wie wütend. Miß Smithson ist seitdem Madame Berlioz geworden, und ihr Gatte hat sich seitdem auch die Haare abschneiden lassen. Als ich diesen Winter im Conservatoire wieder seine Symphonie hörte, saß er wieder als Paukenschläger im Hintergrunde des Orchesters, die dicke Engländerin saß wieder in der Avantszene, ihre Blicke begegneten sich wieder ... aber er schlug nicht mehr so wütend auf die Pauke.

Liszt ist der nächste Wahlverwandte von Berlioz und weiß dessen Musik am besten zu exekutieren. Ich brauche Ihnen von seinem Talente nicht zu reden; sein Ruhm ist europäisch. Er ist unstreitig derjenige Künstler, welcher in Paris die unbedingtesten Enthusiasten findet, aber auch die eifrigsten Widersacher. Das ist ein bedeutendes Zeichen, daß niemand mit Indifferenz von ihm redet. Ohne positiven Gehalt kann man in dieser Welt weder günstige, noch feindliche Passionen erwecken. Es gehört Feuer dazu, um die Menschen zu entzünden, sowohl zum Haß als zur Liebe. Was am besten für Liszt zeugt, ist die volle Achtung, womit selbst die Gegner seinen persönlichen Wert anerkennen. Er ist ein Mensch von verschrobenem, aber edlem Charakter, uneigennützig und ohne Falsch. Höchst merkwürdig sind seine Geistesrichtungen, er hat große Anlagen zur Spekulation, und mehr noch, als die Interessen seiner Kunst, interessieren ihn die Untersuchungen der verschiedenen Schulen, die sich mit der Lösung der großen, Himmel und Erde umfassenden Frage beschäftigen. Er glühte lange Zeit für die schöne Saint-Simonistische Weltansicht, später umnebelten ihn die spiritualistischen oder vielmehr vaporischen Gedanken von Ballanche, jetzt schwärmt er für die republikanisch-katholischen Lehren eines Lamennais, welcher die Jakobinermütze aufs Kreuz gepflanzt hat ... Der Himmel weiß! in welchem Geistesstall er sein nächstes Steckenpferd finden wird. Aber lobenswert bleibt immer dieses unermüdliche Lechzen nach Licht und Gottheit, es zeugt von seinem Sinn für das Heilige, für das Religiöse. Daß ein so unruhiger Kopf, der von allen Nöten und Doktrinen der Zeit in die Wirre getrieben wird, der das Bedürfnis fühlt, sich um alle Bedürfnisse der Menschheit zu bekümmern, und gern die Nase in alle Töpfe steckt, worin der liebe Gott die Zukunft kocht: daß Franz Liszt kein stiller Klavierspieler für ruhige Staatsbürger und gemütliche Schlafmützen sein kann, das versteht sich von selbst. Wenn er am Fortepiano sitzt und sich mehrmals das Haar über die Stirne zurückgestrichen hat und zu improvisieren beginnt, dann stürmt er nicht selten allzu toll über die elfenbeinernen Tasten, und es erklingt eine Wildnis von himmelhohen Gedanken, wo zwischen hie und da die süßesten Blumen ihren Duft verbreiten, daß man zugleich beängstigt und beseligt wird, aber doch noch mehr beängstigt.

Ich gestehe es Ihnen, wie sehr ich auch Liszt liebe, so wirkt doch seine Musik nicht angenehm auf mein Gemüt, um so mehr, da ich ein Sonntagskind bin und die Gespenster auch sehe, welche andere Leute nur hören, da, wie Sie wissen, bei jedem Ton, den die Hand auf dem Klavier anschlägt, auch die entsprechende Klangfigur in meinem Geiste aufsteigt, kurz, da die Musik meinem inneren Auge sichtbar wird. Noch zittert mir der Verstand im Kopfe bei der Erinnerung des Konzerts, worin ich Liszt zuletzt spielen hörte. Es war im Konzerte für die unglücklichen Italiener, im Hôtel jener schönen, edlen und leidenden Fürstin, welche ihr leibliches und ihr geistiges Vaterland, Italien und den Himmel, so schön repräsentiert ... (Sie haben sie gewiß in Paris gesehen, die ideale Gestalt, welche dennoch nur das Gefängnis ist, worin die heiligste Engelseele eingekerkert worden ... Aber dieser Kerker ist so schön, daß jeder wie verzaubert davor stehen bleibt und ihn anstaunt) ... Es war im Konzerte zum Besten der unglücklichen Italiener, wo ich Liszt verflossenen Winter zuletzt spielen hörte, ich weiß nicht mehr was, aber ich möchte darauf schwören, er variierte einige Themata aus der Apokalypse. Anfangs konnte ich sie nicht ganz deutlich sehen, die vier mystischen Tiere, ich hörte nur ihre Stimme, besonders das Gebrüll des Löwen und das Krächzen des Adlers. Den Ochsen mit dem Buch in der Hand sah ich ganz genau. Am besten spielte er das Tal Josaphat. Es waren Schranken wie bei einem Turnier, und als Zuschauer um den ungeheuren Raum drängten sich die auferstandenen Völker, grabesbleich und zitternd. Zuerst galoppierte Satan in die Schranken, schwarz geharnischt auf einem milchweißen

Schimmel. Langsam ritt hinter ihm her der Tod, auf seinem fahlen Pferde. Endlich erschien Christus, in goldener Rüstung, auf einem schwarzen Roß, und mit seiner heiligen Lanze stach er erst Satan zu Boden, hernach den Tod, und die Zuschauer jauchzten ... Stürmischen Beifall zollte man dem Spiel des wackeren Liszt, welcher ermüdet das Klavier verließ, sich vor den Damen verbeugte ... Um die Lippen der Schönsten zog jenes melancholisch-süße Lächeln, welches an Italien erinnert und den Himmel ahnen läßt ...

Das eben erwähnte Konzert hatte für das Publikum noch ein besonderes Interesse. Aus Journalen wissen Sie zur Genüge, welches trübselige Mißverhältnis zwischen Liszt und dem Wiener Pianisten Talberg herrscht, welchen Rumor ein Artikel von Liszt gegen Thalberg in der musikalischen Welt erregt hat, und welche Rollen die lauernde Feindschaft und Klatschsucht sowohl zum Nachteil des Kritikers als des Kritisierten dabei spielten. In der Blütezeit dieser skandalösen Reibungen entschlossen sich nun beide Helden des Tages, in demselben Konzerte, einer nach dem andern, zu spielen. Sie setzten beide die verletzten Privatgefühle beiseite, um einen wohltätigen Zweck zu fördern, und das Publikum, welchem sie Gelegenheit boten, ihre eigentümlichen Verschiedenheiten durch augenblickliche Vergleichung zu erkennen und zu würdigen, zollte ihnen reichlich den verdienten Beifall.

Ja, man braucht den musikalischen Charakter beider nur einmal zu vergleichen, um sich zu überzeugen, daß es von ebensogroßer Heimtück wie Beschränktheit zeugt, wenn man den einen auf Kosten des anderen lobte. Ihre technische Ausbildung wird sich wohl die Wage halten, und was ihren geistigen Charakter betrifft, so läßt sich wohl kein schrofferer Kontrast erdenken, als der edle, seelenvolle, verständige, gemütliche, stille, deutsche, ja österreichische Thalberg, gegenüber dem wilden, wetterleuchtenden, vulkanischen, himmelstürmenden Liszt!

Die Vergleichung zwischen Virtuosen beruht gewöhnlich auf einem Irrtum, der einst auch in der Poetik florierte, nämlich in dem sogenannten Prinzip von der überwundenen Schwierigkeit. Wie man aber seitdem eingesehen hat, daß die metrische Form eine ganz andere Bedeutung hat, als von der Sprachkünstlichkeit des Dichters Zeugnis zu geben, und daß wir einen schönen Vers nicht deshalb bewundern, weil seine Anfertigung viele Mühe gekostet hat, so wird man bald einsehen, daß es hinlänglich ist, wenn ein Musiker alles, was er fühlt und denkt, oder was andere gefühlt und gedacht, durch sein Instrument mitteilen kann, und daß alle virtuosischen *Tours de force,* die nur von der überwundenen Schwierigkeit zeugen, als unnützer Schall zu verwerfen und ins Gebiet der Taschenspielerei, des Volteschlagens, der verschluckten Schwerter, der Balancierkünste und der Eiertänze zu verweisen sind. Es ist hinreichend, daß der Musiker sein Instrument ganz in der Gewalt habe, daß man des materiellen Vermittlers ganz vergesse und nur der Geist vernehmbar werde. Überhaupt, seit Kalkbrenner die Kunst des Spiels zur höchsten Vollendung gebracht, sollten sich die Pianisten nicht viel auf ihre technische Fertigkeit einbilden. Nur Aberwitz und Böswilligkeit durften in pedantischen Ausdrücken von einer Revolution sprechen, welche Thalberg auf seinem Instrumente hervorgebracht habe. Man hat diesem großen, vortrefflichen Künstler einen schlechten Dienst erwiesen, als man, statt die jugendliche Schönheit, Zärte und Lieblichkeit seines Spiels zu rühmen, ihn als einen Columbus darstellte, der auf dem Pianoforte Amerika entdeckt habe, während die anderen sich bisher nur mühsam um das Vorgebirge der guten Hoffnung herumspielen mußten, wenn sie das Publikum mit musikalischen Spezereien erquicken wollten. Wie mußte Kalkbrenner lächeln, als er von der neuen Entdeckung hörte!

Es wäre ungerecht, wenn ich bei dieser Gelegenheit nicht eines Pianisten erwähnen wollte, der neben Liszt am meisten gefeiert wird. Es ist Chopin*), der nicht bloß als Virtuose durch technische Vollendung glänzt, sondern auch als Komponist das Höchste leistet. Das ist ein Mensch vom ersten Range. Chopin ist der Liebling jener Elite, die in der Musik die höchsten Geistesgenüsse sucht. Sein Ruhm ist aristokratischer Art, er ist parfümiert von den Lobsprüchen der guten Gesellschaft, er ist vornehm wie seine Person.

Chopin ist von französischen Eltern in Polen geboren und hat einen Teil seiner Erziehung in Deutschland genossen. Diese Einflüsse dreier Nationalitäten machen seine Persönlichkeit zu einer höchst merkwürdigen Erscheinung; er hat sich nämlich das beste angeeignet, wodurch sich die drei Völker auszeichnen: Polen gab ihm seinen chevaleresken Sinn und seinen geschichtlichen Schmerz, Frankreich gab ihm seine leichte Anmut, seine Grazie, Deutschland gab ihm den romantischen Tiefsinn … Die Natur aber gab ihm eine zierliche, schlanke, etwas schmächtige Gestalt, das edelste Herz und das Genie. Ja, dem Chopin muß man Genie zusprechen in der vollen Bedeutung des Wortes; er ist nicht bloß Virtuose, er ist auch Poet, er kann uns die Poesie, die in seiner Seele lebt, zur Anschauung bringen, er ist Tondichter, und nichts gleicht dem Genuß, den er uns verschafft, wenn er am Klavier sitzt und improvisiert. Er

---

*) Im ältesten Abdruck lautet diese Stelle: „Es ist Chopin, und dieser kann zugleich als Beispiel dienen, wie es einem außerordentlichen Menschen nicht genügt, in der technischen Vollendung mit den Besten seines Faches rivalisieren zu können. Chopin ist nicht damit zufrieden, daß seine Hände ob ihrer Fertigkeit von anderen Händen beifällig beklatscht werden; er strebt nach einem besseren Lorbeer, seine Finger sind nur die Diener seiner Seele, und diese wird applaudiert von Leuten, die nicht bloß mit den Ohren hören, sondern auch mit der Seele. Er ist daher der Liebling jener Elite etc."
Der Herausgeber.

ist alsdann weder Pole, noch Franzose, noch Deutscher, er verrät dann einen weit höheren Ursprung, man merkt alsdann, er stammt aus dem Lande Mozart's, Raphael's, Goethe's, sein wahres Vaterland ist das Traumreich der Poesie. Wenn er am Klavier sitzt und improvisiert, ist es mir, als besuche mich ein Landsmann aus der geliebten Heimat und erzähle mir die kuriosesten Dinge, die während meiner Abwesenheit dort passiert sind ... Manchmal möcht' ich ihn mit Fragen unterbrechen: Und wie geht's der schönen Nixe, die ihren silbernen Schleier so kokett um die grünen Locken zu binden wußte? Verfolgt sie noch immer der weißbärtige Meergott mit seiner närrisch abgestandenen Liebe? Sind bei uns die Rosen noch immer so flammenstolz? Singen die Bäume noch immer so schön im Mondschein? ...

Ach! es ist schon lange her, daß ich in der Fremde lebe, und mit meinem fabelhaften Heimweh komme ich mir manchmal vor wie der fliegende Holländer und seine Schiffsgenossen, die auf den kalten Wellen ewig geschaukelt werden und vergebens zurückverlangen nach den stillen Kaien, Tulpen, Myfrowen, Tonpfeifen und Porzellantassen von Holland ... „Amsterdam! Amsterdam! wann kommen wir wieder nach Amsterdam!" seufzen sie im Sturm, während die Heulwinde sie beständig hin und herschleudern auf den verdammten Wogen ihrer Wasserhölle. Wohl begreife ich den Schmerz, womit der Kapitän des verwünschten Schiffes einst sagte: „Komme ich jemals zurück nach Amsterdam, so will ich dort lieber ein Stein werden an irgendeiner Straßenecke, als daß ich jemals die Stadt wieder verlasse!" Armer Vanderdecken!

Ich hoffe, liebster Freund, daß diese Briefe Sie froh und heiter antreffen, im rosigen Lebenslichte, und daß es mir nicht wie dem fliegenden Holländer ergehe, dessen Briefe gewöhnlich an Personen gerichtet sind, die während seiner Abwesenheit in der Heimat längst verstorben sind!

Ach, wie viele meiner Lieben sind dahingeschieden, während mein Lebensschiff in der Fremde von den fatalsten Stürmen hin und her getrieben wird! Ich fange an schwindlicht zu werden, und ich glaube, auch die Sterne am Himmel stehen nicht mehr fest und bewegen sich in leidenschaftlichen Kreisen. Ich schließe die Augen, und dann greifen nach mir die tollen Träume mit ihren langen Armen, und ziehen mich in unerhörte Gegenden und schauerliche Beängstigungen ... Sie haben keinen Begriff davon, teurer Freund, wie seltsam, wie abenteuerlich wunderbar die Landschaften sind, die ich im Traume sehe, und welche grauenhaften Schmerzen mich sogar im Schlafe quälen ...

Verflossene Nacht befand ich mich in einem ungeheuren Dome. Es herrschte darin dämmerndes Zwielicht ... Nur in den obersten Räumen, durch die Galerien, die über dem ersten Pfeilerbau sich erhoben, zogen die flackernden Lichter einer Prozession: rohröckige

Chorknaben, ungeheure Wachskerzen und Kreuzfahnen vorantragend, braune Mönche und Priester, in buntfarbigen Meßgewanden hintendrein folgend ... Und der Zug bewegte sich märchenhaft schauerlich in den Höhen, der Kuppel entlang, aber allmählich herabsteigend, während ich unten, das unglückselige Weib am Arm, im Schiffe der Kirche immer hin und her floh. – Ich weiß nicht mehr, ob welcher Befürchtung: wir flohen mit herzpochender Angst, suchten uns manchmal hinter einem von den Riesenpfeilern zu verstecken, jedoch vergebens, und wir flohen immer ängstlicher, da die Prozession, auf Wendeltreppen herabsteigend, uns endlich nahete . .. Es war ein unbegreiflich wehmütiger Gesang, und was noch unbegreiflicher, voran schritt eine lange, blasse schon ältliche Frau, die noch Spuren großer Schönheit im Gesichte trug und sich mit gemessenen Pas, fast wie eine Operntänzerin, zu uns hin bewegte. In den Händen trug sie einen Strauß von schwarzen Blumen, den sie uns mit theatralischer Gebärde darreichte, während ein wahrer, ungeheurer Schmerz in ihren großen, glänzenden Augen zu weinen schien ... Nun aber änderte sich plötzlich die Szene, und, statt in einem dunklen Dome, befanden wir uns in einer Landschaft, wo die Berge sich bewegten und allerlei Stellungen annahmen, wie Menschen, und wo die Bäume mit roten Flammenblättern zu brennen schienen, und wirklich brannten ... Denn als die Berge, nach den tollsten Bewegungen, sich gänzlich verflachten, verloderten auch die Bäume in sich selber, fielen wie Asche zusammen ... Und endlich befand ich mich ganz allein auf einer weiten, wüsten Ebene, unter meinen Füßen nichts als gelber Sand, über mir nichts als trostlos fahler Himmel. Ich war allein. Die Gefährtin war von meiner Seite verschwunden, und indem ich sie angstvoll suchte, fand ich im Sande eine weibliche Bildsäule, wunderschön, aber die arme abgebrochen, wie bei der Venus von Milo, und der Marmor an manchen Stellen kummervoll verwittert. Ich stand eine Weile davor in wehmütiger Betrachtung, bis endlich ein Reiter angeritten kam. Das war ein großer Vogel, ein Strauß, und er ritt auf einem Kamele, drollig anzusehen. Er machte ebenfalls Halt vor der gebrochenen Statue, und wir unterhielten uns lange über die Kunst. Was ist die Kunst? frug ich ihn. Und er antwortete: „Fragen Sie das große steinerne Sphinx, welche im Vorhof des Museums zu Paris kauert."

Teurer Freund, lachen Sie nicht über meine Nachtgeschichte! Oder haben auch Sie ein werkeltägiges Vorurteil gegen Träume? –

Morgen reise ich nach Paris. Leben Sie wohl!

Anhang

George Sand

Paris, den 30. April 1840

Gestern abend, nach langem Erwarten von Tag zu Tag, nach einem fast zweimonatlichen Hinzögern, wodurch die Neugier, aber auch die Geduld des Publikums überreizt wurde – endlich gestern abend ward „Cosima", das Drama von George Sand, im *Théâtre français* aufgeführt. Das Gedränge und die Hitze war unerträglich. Man hat keinen Begriff davon, wie seit einigen Wochen alle Notabilitäten der Hauptstadt, alles, was hier hervorragt durch Rang, Geburt, Talent, Laster, Reichtum, kurz durch Auszeichnung jeder Art, sich Mühe gab, dieser Vorstellung beiwohnen zu können. Der Ruhm des Autors ist so groß, daß die Schaulust aufs höchste gespannt war; aber nicht bloß die Schaulust, sondern noch ganz andere Interessen und Leidenschaften kamen ins Spiel. Man kannte im voraus die Kabalen, die Intrigen, die Böswilligkeiten, die sich gegen das Stück verschworen und mit dem niedrigsten Metierneid gemeinschaftliche Sache machten. Der kühne Autor, der durch seine Romane bei der Aristokratie und bei dem Bürgerstand gleich großes Mißfallen erregte, sollte für seine „irreligiösen und immoralischen Grundsätze" bei Gelegenheit eines dramatischen Debüts öffentlich büßen; denn, wie ich Ihnen dieser Tage schrieb, die französische Noblesse betrachtet die Religion als eine Abwehr gegen die herandrohenden Schrecknisse des Republikanismus und protegiert sie, um ihr Ansehen zu befördern und ihre Köpfe zu schützen, während die Bourgeoisie durch die antimatrimonialen Doktrinen eines George Sand ebenfalls ihre Köpfe bedroht sieht, nämlich bedroht durch einen gewissen Hornschmuck, den ein verheirateter Bürgergardist ebensogern entbehrt, wie er gern mit dem Kreuze die Ehrenlegion geziert zu werden wünscht.

Der Autor hatte sehr gut seine mißliche Stellung begriffen und in seinem Stück alles vermieden, was die adligen Ritter der Religion und die bürgerlichen Schildknappen der Moral, die Legitimisten der Politik und der Ehe, in Harnisch bringen konnte; und der Vorfechter der sozialen Revolution, der in seinen Schriften das Wildeste wagte, hatte auf der Bühne die zahmsten Schranken gesetzt, und sein nächster Zweck war, nicht auf dem Theater seine Prinzipien zu proklamieren, sondern vom Theater Besitz zu nehmen. Daß ihm dies gelingen könne, erregte aber eine große Furcht unter gewissen kleinen Leuten, denen die angedeuteten religiösen, politischen und moralischen Differenzen ganz fremd sind, und die nur den gemeinsten Handwerksinteressen huldigen. Da sind die sogenannten Bühnendichter, die in Frankreich, ebenso wie bei uns in Deutschland, eine ganz abgesonderte Klasse bilden und, wie mit der eigentlichen Literatur selbst, so auch mit den ausgezeichneten Schriftstellern, deren die Nation sich rühmt, nichts gemein haben. Letztere, mit wenigen Ausnahmen, stehen dem Theater ganz fern, nur daß bei uns die großen Schriftsteller mit vornehmer Geringschätzung sich eigenwillig von der Bretterwelt abwenden, während sie in Frankreich sich herzlich gern darauf produzieren möchten, aber durch die Machinationen der erwähnten Bühnendichter von diesem Terrain zurückgetrieben werden. Und im Grunde kann man es den kleinen Leuten nicht verdenken, daß sie sich gegen die Invasion der Großen so viel als möglich wehren. „Was wollt ihr bei uns", rufen sie, bleibt in eurer Literatur, und drängt euch nicht zu unsern Suppentöpfen! Für euch der Ruhm, für uns das Geld! Für euch die langen Artikel der Bewunderung, die Anerkenntnis der Geister, die höhere Kritik, die uns arme Schelme ganz ignoriert! Für euch der Lorbeer, für uns der Braten! Für euch der Rausch der Poesie, für uns der Schaum des Champagners, den wir vergnüglich schlürfen in Gesellschaft des Chefs der Klaqueure und der anständigen Damen. Wir essen, trinken, werden applaudiert, ausgepfiffen und vergessen, während ihr in den Revuen „beider Welten" gefeiert werdet und der erhabendsten Unsterblichkeit entgegenhungert!"

In der Tat, das Theater gewährt jenen Bühnendichtern den glänzendsten Wohlstand; die meisten von ihnen werden reich, leben in Hülle und Fülle, statt daß die größten Schriftsteller Frankreichs, ruiniert durch den belgischen Nachdruck und den bankerotten Zustand des Buchhandels, in trostloser Armut dahindarben. Was ist natürlicher, als daß sie manchmal nach den goldenen Früchten schmachten, die hinter den Lampen der Bretterwelt reifen, und die Hand darnach ausstrecken, wie jüngst Balzac tat, dem solches Gelüst so schlecht bekam! Herrscht schon in Deutschland ein geheimes Schutz- und Trutzbündnis zwischen den Mittelmäßigkeiten, die das Theater ausbeuten, so ist dies in weit schnöderer Weise der Fall zu Paris, wo alle diese Misère zentralisiert ist. Und dabei sind hier die kleinen Leute so aktiv, so geschickt, so unermüdlich in ihrem Kampf gegen die Großen, und ganz besonders in ihrem Kampf gegen das Genie, das immer isoliert steht, auch etwas ungeschickt ist, und, im Vertrauen gesagt, auch gar zu träumerisch träge ist.

Welche Aufnahme fand nun das Drama von George Sand, des größten Schriftstellers, den das neue Frankreich hervorgebracht, des unheimlich einsamen Genius, der auch bei uns in Deutschland gewürdigt worden? War die Aufnahme eine entschieden schlechte oder eine zweifelhaft gute? Ehrlich gestanden, ich kann diese Frage nicht beantworten. Die Achtung vor dem großen Namen lähmte vielleicht manches böse Vorhaben. Ich erwartete das Schlimmste. Alle Antagonisten des Autors hatten sich ein Rendezvous gegeben in dem ungeheuren Saale des *Théâtre français*, der über zweitausend Personen faßt. Etwa einhundertvierzig Billette hatte die Administration zur Verfügung des Autors gestellt, um sie an die Freunde zu verteilen; ich glaube aber, verzettelt durch weibliche Laune, sind davon nur wenige in die rechten, applaudierenden Hände geraten. Von einer organisierten Klaque war gar nicht die Rede; der gewöhnliche Chef derselben hatte seine Dienste angeboten, fand aber kein Gehör bei dem stolzen Verfasser der „Lelia". Die sogenannten Römer, die in der Mitte des Parterres unter dem großen Leuchter so tapfer zu applaudieren pflegen, wenn ein Stück von Scribe oder Ancelot aufgeführt wird, waren gestern im *Théâtre français* nicht sichtbar. Die Beifallsbezeigungen, die dennoch häufig und hinlänglich geräuschvoll stattfanden, waren um so ehrenwerter. Während des fünften Akts hörte man einige Meucheltöne, und doch enthielt dieser Akt weit mehr dramatische und poetische Schönheiten als die vorhergehenden, worin das Bestreben, alles Anstößige zu vermeiden, fast in eine unerfreuliche Zagnis ausartete.

Über den Wert des Stücks überhaupt will ich mir hier kein Urteil gestatten. Genug, der Verfasser ist George Sand, und das gedruckte Werk wird in einigen Tagen der Kritik von ganze Europa überliefert werden. Das ist ein Vorteil, den die großen Reputationen genießen: sie werden von einer Jury gerichtet, welche sich nicht irre machen läßt von einigen literarischen Eunuchen, die aus dem Winkel eines Parterres oder eines Journals ihre pfeifenden Stimmchen vernehmen lassen.

Über die Darstellung des bestrittenen Dramas kann ich leider nur das Schlimmste berichten. Außer der berühmten Dorval, die gestern nicht schlechter, aber auch nicht besser als gewöhnlich spielte, trugen alle Akteure ihre monotone Mittelmäßigkeit zur Schau. Der Haupthelld des Stücks, ein Monsieur Beauvallet, spielte, um biblisch zu reden, „wie ein Schwein mit einem goldenen Nasenring". George Sand scheint vorausgesehen zu haben, wie wenig sein Drama, trotz aller Zugeständnisse, die er den Kapricen der Schauspieler machte, von den mimischen Leistungen derselben zu erwarten hatte, und im Gespräch mit einem deutschen Freunde sagte er scherzhaft: „Sehen Sie, die Franzosen sind alle geborne Komödianten, und jeder spielt in der Welt mehr oder minder brillant seine Rolle; diejenigen aber unter meinen Landsleuten, die am wenigsten

Talent für die edle Schauspielkunst besitzen, widmen sich dem Theater und werden Akteure."

Ich habe selbst frühe bemerkt, daß das öffentliche Leben in Frankreich, das Repräsentativsystem und das politische Treiben, die besten schauspielerischen Talente der Franzosen absorbiert, und deshalb auf dem eigentlichen Theater nur die Mediokritäten zu finden sind. Dieses gilt aber nur von den Männern, nicht von den Weibern; die französische Bühne ist reich an Schauspielerinnen vom höchsten Wert, und die jetzige Generation überflügelt vielleicht die frühere. Große außerordentliche Talente bewundern wir, die sich hier um so zahlreicher entfalten konnten, da die Frauen durch eine ungerechte Gesetzgebung, durch die Usurpation der Männer, von allen politischen Ämtern und Würden ausgeschlossen sind und ihre Fähigkeiten nicht auf den Brettern des Palais Bourbon und des Luxembourg geltend machen können. Ihrem Drang nach Öffentlichkeit stehen nur die öffentlichen Häuser der Kunst und der Galanterie offen, und sie werden entweder Aktricen oder Loretten, oder auch beides zugleich, denn hier in Frankreich sind diese zwei Gewerbe nicht so streng geschieden, wie bei uns in Deutschland, wo die Komödianten oft zu den reputierlichsten Personen gehören und nicht selten sich durch bürgerlich gute Aufführung auszeichnen; sie sind bei uns nicht durch die öffentliche Meinung wie Paris ausgestoßen aus der Gesellschaft, und sie finden vielmehr in den Häusern des Adels, in den Soiréen toleranter jüdischer Bankiers und sogar in einigen honetten bürgerlichen Familien eine zuvorkommende Aufnahme. Hier in Frankreich im Gegenteil, wo so viele Vorurteile ausgerottet sind, ist das Anathema der Kirche noch immer wirksam in bezug auf die Schauspieler; sie werden noch immer als Verworfene betrachtet, und da die Menschen immer schlecht werden, wenn man sie schlecht behandelt, so bleiben mit wenigen Ausnahmen die Schauspieler hier im verjährten Zustande des glänzend schmutzigen Zigeunertums. Thalia und die Tugend schlafen hier selten in demselben Bette, und sogar unsre berühmteste Melpomene steigt manchmal von ihrem Kothurn herunter, um ihn mit den liederlichen Pantöffelchen einer Philine zu vertauschen.

Alle schöne Schauspielerinnen haben hier ihren bestimmten Preis, und die, welche um keinen bestimmten Preis zu haben, sind gewiß die teuersten. Die meisten jungen Schauspielerinnen werden von Beschwerden oder reichen Parvenüs unterhalten. Die eigentlichen unterhaltenen Frauen, die sogenannten *femmes entretenues*, empfinden dagegen die gewaltige Sucht, sich auf dem Theater zu zeigen, eine Sucht, worin Eitelkeit und Kalkül sich vereinigen, da sie dort am besten ihre Körperlichkeit zur Schau stellen, sich den vornehmen Lüstlingen bemerkbar machen und zugleich auch vom größern Publikum bewundern lassen können. Diese Personen, die man besonders auf den kleinen Theatern spielen sieht, erhalten gewöhnlich gar keine Gage, im Gegenteil, sie bezahlen noch monatlich den Direktoren eine bestimmte Summe für die Vergünstigung, daß sie auf ihrer Bühne sich produzieren können. Man weiß daher selten hier, wo die Aktrice und die Kourtisane ihre Rolle wechseln, wo die Komödie aufhört und die liebe Natur wieder anfängt, wo der fünffüßige Jambus in die vierfüßige Unzucht übergeht. Diese Amphibien von Kunst und Laster, diese Melusinen des Seinestrandes, bilden gewiß den gefährlichsten Teil des galanten Paris, worin so viele holdselige Monstra ihr Wesen treiben. Wehe dem Unerfahrenen, der in ihre Netze gerät! Wehe auch dem Erfahrenen, der wohl weiß, daß das holde Ungetüm in einen häßlichen Fischschwanz endet, und dennoch der Verzauberung nicht zu widerstehen vermag, und vielleicht eben durch die Wollust des innern Grauens, durch den fatalen Reiz des lieblichen Verderbens, des süßen Abgrunds, desto sicherer überwältigt wird!

Die Weiber, von welchen hier die Rede, sind nicht böse oder falsch, sie sind sogar gewöhnlich von außerordentlicher Herzensgüte, sie sind nicht so betrüglich und so habsüchtig, wie man glaubt, sie sind mitunter vielmehr die treuherzigsten und großmütigsten Kreaturen; alle ihre unreinen Handlungen entstehen durch das momentane Bedürfnis, die Not und die Eitelkeit; sie sind überhaupt nicht schlechter als andre Töchter Eva's, die von Kind auf durch Wohlhabenheit und überwachende Sippschaft oder durch die Gunst des Schicksals vor dem Fallen und dem Noch-tiefer-fallen geschützt werden. – Das Charakteristische bei ihnen ist eine gewisse Zerstörungssucht, von welcher sie besessen sind, nicht bloß zum Schaden eines Galans, sondern auch zum Schaden desjenigen Mannes, den sie wirklich lieben, und zumeist zum Schaden ihrer eignen Person. Diese Zerstörungssucht ist tief verwebt mit einer Sucht, einer Wut, einem Wahnsinn nach Genuß, dem augenblicklichsten Genuß, der keinen Tag Frist gestattet, an keinen Morgen denkt und aller Bedenklichkeiten überhaupt spottet. Sie erpressen dem Geliebten seinen letzten Sou, bringen ihn dahin, auch seine Zukunft zu verpfänden, um nur der Freude der Stunde zu genügen; sie treiben ihn dahin, selbst jene Ressourcen zu vergeuden, die ihnen selber zugute kommen dürften, sie sind manchmal sogar schuld, daß er seine Ehre eskomptiert – kurz, sie ruinieren den Geliebten in der grauenhaftesten Eile und mit einer schauerlichen Gründlichkeit. Montesquieu hat irgendwo in seinem *Esprit des lois* das Wesen des Despotismus dadurch zu charakterisieren gesucht, daß er die Despoten mit jenen Wilden verglich, die, wenn sie die Früchte eines Baumes genießen wollen, sogleich zur Axt greifen und den Baum selbst niederfällen, und sich dann gemächlich neben dem Stamm niedersetzen und in genäschiger Hast die Früchte aufspeisen. Ich möchte diese Vergleichung auf die erwähnten Damen anwenden. Nach Shakespeare, der uns in der Cleopatra, die ich einst eine *Reîne entretenue* genannt habe, ein tiefsinniges Beispiel solcher Frauengestalten aufgezeichnet hat, ist gewiß unser Freund Honoré de Balzac derjenige, der sie mit der größten Treue geschildert. Er beschreibt sie, wie ein Naturforscher irgendeine Tierart oder ein Pathologe eine Krankheit beschreibt ohne moralisierenden Zweck, ohne Vorliebe noch Abscheu. Es ist ihm gewiß nie eingefallen, solche Phänomena zu verschönern oder gar zu rehabilitieren, was die Kunst ebensosehr verböte als die Sittlichkeit ...

Ich wollte aussprechen, daß das Verfahren seines Kollegen George Sand ein ganz anderes ist, daß dieser Schriftsteller eine bestimmte Tendenz vor Augen hat, die er in all' seinen Werken verfolgt; ich wollte sogar aussprechen, daß ich diese Tendenz nicht billige – allein es fällt mir rechtzeitig ein, daß solche Bemerkungen sehr übel am Platze wären in einem Augenblick, wo alle Feinde des Autors die „Lelia" gemeinsame Sache im Theatre-Français wider sie machen. Aber was, zum Henker! wollte sie auf dieser Galeere? Weiß sie denn nicht, daß man eine Pfeife für einen Sou kaufen kann, daß der armseligste Tropf ein Virtuos auf diesem Instrumente ist? Wir haben Leute gesehen, die pfeifen konnten, als wären sie Paganinis ...

Spätere Notiz

(1854)

Berichterstattungen über die erste Vorstellung eines Dramas, wo schon der gefeierte Name des Autors die Neugier reizt, müssen mit großer Eilfertigkeit abgefaßt und abgeschickt werden, damit nicht böswillige Mißurteile oder verunglimpfender Klatsch einen bedenklichen Vorsprung gewinnen. In den vorstehenden Blättern fehlt daher jede nähere Besprechung des Dichters oder vielmehr der Dichterin, die hier ihren ersten Bühnenversuch wagte; ein Versuch, der gänzlich mißglückte, so daß die Stirn, die an Lorbeerkränze gewöhnt, diesmal mit sehr fatalen Dornen gekrönt worden. Für die angedeutete Entbehrnis in obigem Berichte bieten wir heute einen notdürftigen Ersatz, indem wir aus einer vor etlichen Jahren geschriebenen Monographie etwelche Bemerkungen über die Person oder vielmehr die persönliche Erscheinung George Sand's hier mitteilen. Sie lauten wie folgt:

„Wie männiglich bekannt, ist George Sand ein Pseudonym, der Nom de guerre einer schönen Amazone. Bei der Wahl dieses Namens leitete sie keineswegs die Erinnerung an den unglückseligen Sand, den Meuchelmörder Kotzebue's, des einzigen Lustspieldichters der Deutschen. Unsre Heldin wählte jenen Namen, weil er die erste Silbe von Sandeau, so hieß nämlich ihr Liebhaber, der ein achtungswerter Schriftsteller, aber dennoch mit seinem ganzen Namen nicht so berühmt werden konnte wie seine Geliebte mit der Hälfte desselben, die sie lachend mitnahm, als sie ihn verließ. Der wirkliche Name von George Sand ist Aurora Dudevant, wie ihr legitimer Gatte geheißen, der kein Mythos ist, wie man glauben sollte, sondern ein leiblicher Edelmann aus der Provinz Berry, und den ich selbst einmal das Vergnügen hatte, mit eignen Augen zu sehen. Ich sah ihn sogar bei seiner, damals schon de facto geschiedenen Gattin, in ihrer kleinen Wohnung auf dem Quai Voltaire, und daß ich ihn eben dort sah, war an und für sich eine Merkwürdigkeit, ob welcher, wie Chamisso sagen würde, ich selbst mich für Geld sehen lassen könnte. Er trug ein nichtssagendes Philistergesicht und schien weder böse noch roh zu sein, doch begriff ich sehr leicht, daß diese feuchtkühle Tagtäglichkeit, dieser porzellanhafte Blick, diese monotonen, chinesischen Pagodenbewegungen für ein banales Weibzimmer sehr amüsant sein konnten, jedoch einem tieferen Frauengemüte auf die Länge sehr unheimlich werden und dasselbe endlich mit Schauder und Entsetzen, bis zum Davonlaufen, erfüllen mußten.

Der Familienname der Sand ist Dupin. Sie ist die Tochter eines Mannes von geringem Stande, dessen Mutter die berühmte, aber jetzt vergessene Tänzerin Dupin gewesen. Diese Dupin soll eine natürliche Tochter des Marschalls Moritz von Sachsen gewesen sein, welcher selber zu den vielen hundert Hurenkindern gehörte, die der Kurfürst August der Starke hinterließ. Die Mutter des Moritz von Sachsen war Aurora von Königsmark, und Aurora Dudevant, welche nach ihrer Ahnin genannt wurde, gab ihrem Sohne ebenfalls den Namen Moritz. Dieser und ihre Tochter, Solange geheißen und an den Bildhauer Clesinger vermählt, sind die zwei einzigen Kinder von George Sand. Sie war immer eine vortreffliche Mutter, und ich habe oft stundenlang dem französischen Sprachunterricht beigewohnt, den sie ihren Kindern erteilte, und es ist schade, daß die sämtliche *Académie française* diesen Lektionen nicht beiwohnte, da sie gewiß davon viel profitieren konnte.

George Sand, die große Schriftstellerin, ist zugleich eine schöne Frau. Sie ist sogar eine ausgezeichnete Schönheit. Wie der Genius, der sich in ihren Werken ausspricht, ist ihr Gesicht eher schön als interessant zu nennen; das Interessante ist immer eine graziöse oder geistreiche Abweichung vom Typus des Schönen, und die Züge von George Sand tragen eben das Gepräge einer griechischen Regelmäßigkeit. Der Schnitt derselben ist jedoch nicht schroff und wird gemildert durch die Sentimentalität, die darüber wie ein schmerzlicher Schleier ausgegossen. Die Stirn ist nicht hoch, und gescheitelt fällt bis zur Schulter das köstliche, kastanienbraune Lockenhaar. Ihre Augen sind etwas matt, wenigstens sind sie nicht glänzend, und ihr Feuer mag wohl durch viele Tränen erloschen oder in ihre Werke übergegangen sein, die ihre Flammenbrände über die ganze Welt verbreitet, manchen trostlosen Kerker erleuchtet, vielleicht aber auch manchen stillen Unschuldstempel verderblich entzündet haben. Der Autor von „Lelia" hat stille, sanfte Augen, die weder an Sodom noch an Gomorrha erinnern. Sie hat weder eine emanzipierte Adlernase, noch ein witziges Stumpfnäschen; es ist eben eine ordinäre grade Nase. Ihren Mund umspielt gewöhnlich ein gutmütiges Lächeln, es ist aber nicht sehr anziehend; die etwas hängende Unterlippe verrät ermüdete Sinnlichkeit. Das Kinn ist vollfleischig, aber doch schön gemessen. Auch ihre Schultern sind schön, ja prächtig. Ebenfalls die Arme und die Hände, die sehr klein, wie ihre Füße. Die Reize des Busens mögen andre Zeitgenossen beschreiben; ich gestehe meine Inkompetenz. Ihr übriger Körperbau scheint etwas zu dick, wenigstens zu kurz zu sein. Nur der Kopf trägt den Stempel der Idealität, erinnert an die edelsten Überbleibsel der griechischen Kunst, und in dieser Beziehung konnte immerhin einer unserer Freunde die schöne Frau mit der Marmorstatue der Venus von Milo vergleichen, die in den unteren Sälen des Louvres aufgestellt. Ja, George Sand ist schön wie die Venus von Milo; sie übertrifft diese sogar durch manche Eigenschaften: sie ist z. B. sehr viel jünger. Die Physiognomen, welche behaupten, daß die Stimme des Menschen seinen Charakter am untrüglichsten ausspreche, würden sehr verlegen sein, wenn sie die außerordentliche Innigkeit einer George Sand aus ihrer Stimme herauslauschen sollten. Letzter ist matt und welk, ohne Metall, jedoch sanft und angenehm. Die Natürlichkeit ihres Sprechens verleiht ihr einigen Reiz. Von Gesangsbegabnis ist bei ihr keine Spur; George Sand singt höchstens mit der Bravour einer schönen Grisette, die noch nicht gefrühstückt hat oder sonst nicht eben bei Stimme ist. Das Organ von George Sand ist ebensowenig glänzend wie das, was sie sagt. Sie hat durchaus nichts von dem sprudelnden Esprit ihrer Landsmänninnen, aber auch nichts von ihrer Geschwätzigkeit. Dieser Schweigsamkeit liegt aber weder Bescheidenheit noch sympathetisches Versenken in die Rede eines andern zugrunde. Sie ist einsilbig vielmehr aus Hochmut, weil sie dich nicht wert hält, ihren Geist an dir zu vergeuden, oder gar aus Selbstsucht, weil sie das Beste deiner Rede in sich aufzunehmen trachtet, um es später in ihren Büchern zu verarbeiten. Daß George Sand aus Geiz im Gespräche nichts zu geben und immer etwas zu nehmen versteht, ist ein Zug, worauf mich Alfred de Musset einst aufmerksam machte. „Sie hat dadurch einen großen Vorteil vor uns andern", sagte Musset, der in seiner Stellung als langjähriger Kavaliere servente jener Dame die beste Gelegenheit hatte, sie gründlich kennen zu lernen.

Nie sagt George Sand etwas Witziges, wie sie überhaupt eine der unwitzigsten Französinnen ist, die ich kenne. Mit einem liebenswürdigen, oft sonderbaren Lächeln hört sie zu, wenn andre reden, und die fremden Gedanken, die sie in sich aufgenommen und verarbeitet hat, gehen aus dem Alambik ihres Geistes weit kostbarer hervor. Sie ist eine sehr feine Horcherin. Sie hört auch gerne auf den Rat ihrer Freunde. Bei ihrer unkanonischen Geistesrichtung hat sie, wie begreiflich, keinen Beichtvater, doch da die Weiber, selbst die emanzipationssüchtigsten, immer eines männlichen Lenkers, einer männlichen Autorität bedürfen, so hat George Sand gleichsam einen literarischen *Directeur de conscience*, den philosophischen Kapuziner Pierre Leroux. Diese wirkt leider sehr verderblich auf ihr Talent, denn er verleitet sie, sich in unklare Faseleien und halbausgebrütete Ideen einzulassen, statt sich der heitern Lust farbenreicher und bestimmter Gestaltungen hinzugeben, die Kunst der Kunst wegen übend. Mit weit weltlichern Funktionen hatte George Sand unsern vielgeliebten Frederic Chopin betraut. Dieser große Musiker und Pianist war während langer Zeit ihr Kavaliere servente; vor seinem Tode entließ sie ihn; sein Amt war freilich in der letzten Zeit einer Sinecure geworden.

Ich weiß nicht, wie mein Freund Heinrich Laube einst in der „Allgemeinen Zeitung" mir eine Äußerung in den Mund legen konnte, die dahin lautete, als sei der damalige Liebhaber von George Sand der geniale Franz Liszt gewesen. Laube's Irrtum entstand gewiß durch Ideen-Assoziation, indem er die Namen zweier gleichberühmter Pianisten verwechselte. Ich benutze diese Gelegenheit, dem guten oder vielmehr dem ästhetischen Leumund der Dame einen wirklichen Dienst zu erweisen, indem ich meinen deutschen Landsleuten zu Wien und Prag die Versicherung erteile, daß es eine der miserabelsten Verleumdungen ist, wenn dort einer der miserabelsten Liederkompositeurs vom mundfaulsten Dialekte, ein namenloses, kriechendes Insekt, sich rühmt, mit George Sand in intimem Umgange gestanden zu haben. Die Weiber haben allerlei Idiosynkrasien, und es gibt deren sogar, welche Spinnen verspeisen; aber ich bin noch keiner Frau begegnet, welche Wanzen verschluckt hätte. Nein, an dieser prahlerischen Wanze hat Lelia nie Geschmack gefunden, und sie tolerierte dieselbe nur manchmal in ihrer Nähe, weil sie gar zu zudringlich war.

Lange Zeit, wie ich oben bemerkt, war Alfred de Musset der Herzensfreund von George Sand. Sonderbarer Zufall, daß einst der größte Dichter in Prosa, den die Franzosen besitzen, und der größte ihrer jetzt lebenden Dichter in Versen (jedenfalls der größte nach Béranger) lange Zeit, in leidenschaftlicher Liebe für einander entbrannt, ein lorbeergekröntes Paar bildeten*). George Sand in Prosa

---

*) In dem mir vorliegenden Originalmanuskript lautete die nachfolgende Stelle ursprünglich, wie folgt: „In der Tat, wie George Sand in Prosa alle andren schönwissenschaftlichen Autoren in Frankreich überragt, so ist Alfred de

und Alfred de Musset in Versen überragen in der Tat den so gepriesenen Victor Hugo, der mit seiner grauenhaft hartnäckigen, fast blödsinnigen Beharrlichkeit den Franzosen und endlich sich selber weiß machte, daß er der größte Dichter Frankreichs sei. Ist dieses wirklich seine eigne fixe Idee? Jedenfalls ist es nicht die unsrige. Sonderbar! die Eigenschaft, die ihm am meisten fehlt, ist eben diejenige, die bei den Franzosen so viel gilt und zu ihren schönsten Eigentümlichkeiten gehört. Es ist dieses der Geschmack. Da sie den Geschmack bei allen französischen Schriftstellern antrafen, mochte der gänzliche Mangel desselben bei Victor Hugo ihnen vielleicht eben als eine Originalität erscheinen. Was wir bei ihm am unleidlichsten vermissen, ist das, was wir Deutsche „Natur" nennen: er ist gemacht, verlogen, und oft im selben Verse sucht die eine Hälfte die andre zu belügen; er ist durch und durch kalt, wie nach Aussage der Hexen der Teufel ist, eiskalt sogar in seinen leidenschaftlichen Ergüssen; seine Begeisterung ist nur eine Phantasmagorie, ein Kalkül ohne Liebe, oder vielmehr, er liebt nur sich; er ist ein Egoist, und damit ich noch Schlimmeres sage, er ist ein Hugoist. Wir sehen hier mehr Härte als Kraft, eine freche eiserne Stirn, und bei allem Reichtum der Phantasie und des Witzes dennoch die Unbeholfenheit eines Parvenüs oder eines Wilden, der sich durch Überladung und unpassende Anwendung von Gold und Edelsteinen lächerlich macht – kurz, barocke Barbarei, gellende Dissonanz und die schauderhafteste Difformität! Es sagte jemand von dem Genius des Victor Hugo: *C'est un beau bossu.* Das Wort ist tiefsinniger, als diejenigen ahnen, welche Hugo's Vortrefflichkeit rühmen.

Ich will hier nicht bloß darauf hindeuten, daß in seinen Romanen und Dramen die Haupthelden mit einem Höcker belastet sind, sondern daß er selbst im Geiste höckericht ist. Nach unsrer modernen Identitätslehre ist es ein Naturgesetz, daß der inneren, der geistigen Signatur eines Menschen auch seine äußere, die körperliche Signatur entspricht – Diese Idee trug ich noch im Kopfe, als ich nach Frankreich kam, und ich gestand einst meinem Buchhändler Eugène Renduel, welcher auch der Verleger Hugo's war, daß ich nach der Vorstellung, die ich mir von letzterem gemacht hatte, nicht wenig verwundert gewesen sei, in Herrn Hugo einen Mann zu finden, der nicht mit einem Höcker behaftet sei. „Ja, man kann ihm seine Difformität nicht ansehen", bemerkte Herr Renduel zerstreut.

Musset dort der größte *Poète lyrique*. Nach ihnen kommt Béranger. Beider Nebenbuhler, Victor Hugo, der dritte große Lyriker der Franzosen, steht weit hinter jenen beiden ersten, deren Verse sich so schön durch Wahrheit, Harmonie und Grazie auszeichnen. In welchem bedauerlich hohen Grade Victor Hugo diese Eigenschaften entbehrt, ist allgemein bekannt. Es fehlt ihm der Geschmack, der bei den Franzosen so allgemein ist, daß ihnen sein Mangel vielleicht als Originalität erscheint; es fehlt ihm das, was wir Deutsche „Natur" nennen etc." **Der Herausgeber.**

Wie, rief ich, er ist also ganz frei davon? „Nicht so ganz und gar", war die verlegene Antwort, und nach vielem Drängen gestand mir Freund Renduel, er habe eines Morgens Herrn Hugo in dem Momente überrascht, wo er das Hemd wechselte, und da habe er bemerkt, daß eine seiner Hüften, ich glaube die rechte, so mißwüchsig hervortretend sei, wie man es bei Leuten findet, von denen das Volk zu sagen pflegt, sie hätten einen Buckel, nur wisse man nicht, wo er sitze. Das Volk in seiner scharfsinnigen Naivität nennt solche Leute auch verfehlte Bucklichte, falsche Buckelmenschen, so wie es die Albinos weiße Mohren nennt. Es ist bedeutsam, daß es eben der Verleger des Dichters war, dem jene Difformität nicht verborgen blieb. Niemand ist ein Held vor seinem Kammerdiener, sagt das Sprichwort, und vor einem Verleger, dem lauernden Kammerdiener seines Geistes, wird auch der größte Schriftsteller nicht immer als ein Heros erscheinen; sie sehen uns zu oft in unserm menschlichsten Negligé. Jedenfalls ergötzte ich mich sehr an der Entdeckung Renduel's, denn sie rettet die Idee meiner deutschen Philosophie, daß nämlich der Leib der sichtbare Geist ist und die geistigen Gebresten auch in der Körperlichkeit sich offenbaren. Ich muß mich ausdrücklich gegen die irrige Annahme verwahren, als ob auch das Umgekehrte der Fall sein müsse, als ob der Leib eines Menschen ebenfalls immer sein sichtbarer Geist wäre und die äußerliche Mißgestalt auch auf eine innere schließen lasse. Nein, wir haben in verkrüppelten Hüllen sehr oft die gradgewachsen schönsten Seelen gefunden, was um so erklärlicher, da die körperlichen Difformitäten gewöhnlich durch irgendein physisches Ereignis entstanden sind, und nicht selten auch einen Folge von Vernachlässigung oder Krankheit nach der Geburt. Die Difformität der Seele hingegen wird mit zur Welt gebracht, und so hat der französische Poet, an welchem alles falsch ist, auch einen falschen Buckel.

Wir erleichtern uns die Beurteilung der Werke George Sand's, indem wir sagen, daß sie den bestimmtesten Gegensatz zu denen des Victor Hugo bilden. Jener Autor hat alles, was diesem fehlt; George Sand hat Wahrheit, Natur, Geschmack, Schönheit und Begeisterung, und alle diese Eigenschaften verbindet die strengste Harmonie. George Sand's Genius hat die wohlgeründet schönsten Hüften, und alles, was sie fühlt und denkt, haucht Tiefsinn und Anmut. Ihr Stil ist eine Offenbarung von Wohllaut und Reinheit der Form. Was aber den Stoff ihrer Darstellungen betrifft, ihre Sujets, die nicht selten schlechte Sujets genannt werden dürften, so enthalte ich mich hier jeder Bemerkung, und ich überlasse dieses Thema ihren Feinden*) – –"

---

*) „und ich überlasse dieses Thema der Diskussion ihrer tugendhaften Feinde, die ein bißchen eifersüchtig auf ihre unmoralischen Erfolge sind", schließt dieser Satz in der französischen Ausgabe.   **Der Herausgeber.**

Musikalische Berichte aus Paris
(1840–1847)

Spontini und Meyerbeer

Paris, den 12. Juni 1840

Der Ritter Spontini bombardiert in diesem Augenblick die armen Pariser mit lithographierten Briefen, um zu jedem Preis das Publikum an seine verschollene Person zu erinnern. Es liegt in diesem Augenblick ein Cirkular vor mir, das er an alle Zeitungsredaktoren schickt, und das keiner drucken will aus Pietät für den gesunden Menschenverstand und Spontini's alten Namen. Das Lächerliche grenzt hier ans Sublime. Diese peinliche Schwäche, die sich im barockesten Stil ausspricht oder vielmehr ausärgert, ist ebenso merkwürdig für den Arzt wie für den Sprachforscher. Ersterer gewahrt hier das traurige Phänomen einer Eitelkeit, die im Gemüt immer wütender auflodert, je mehr die edlern Geisteskräfte darin erlöschen; der andere aber, der Sprachforscher, sieht, welch ein ergötzlicher Jargon entsteht, wenn ein starrer Italiener, der in Frankreich notdürftig etwas Französisch gelernt hat, dieses sogenannte Italiener-Französisch während eines fündundzwanzigjährigen Aufenthalts in Berlin ausbildete, so daß das Kauderwelsch mit sarmatischen Barbarismen gar wunderlich gespickt ward. Dieses Cirkular beginnt mit den Worten: *C'est très probablement une bénévole supposition ou un souhait amical jeté à loisir dans le camp des nouvellistes de Paris, que l'annonce que je viens de lire dans la „Gazette d'Etat" de Berlin et dans les „Débats" du 16. courant, que l'administration de l'académie royale de musique a arrêté de remettre en scèna la Vestale! ce dont aucuns désirs ni soucis ne m'ont un seul instant occupé après mon dernier départ de Paris!* Als ob jemand in der „Staatszeitung" oder in den „Debats" aus freiem Antrieb von Herrn Spontini spräche, und als ob er nicht selbst die ganze Welt mit Briefen tribulierte, um an seine

Oper zu erinnern. Das Cirkular ist vom Februar datiert, ward aber neuerdings wieder hergeschickt, weil Signor Spontini hört, daß man hier sein beühmtes Werk wieder aufführen wolle, welches nichts als eine Falle sei – eine Falle, die er benutzen will, um hierher berufen zu werden. nachdem er nämlich gegen seine Feinde pathetisch deklamiert hat, setzt er hinzu: *Et voilà justement le nouveau piége que je crois avoir deviné, et ce qui me fait un impérieux devoir de m'opposer, me trouvant absent, à la remise en scène de mes opéras sur le théatre de l'académie royale de musique, à moins que je ne sois officiellement engagé moi-même par l'administration, sous la garantie du Ministère de l'Intérieur, à me rendre à Paris, pour aider de mes conseils créateurs les artistea (la tradition de mes opéras étant perdue), pour assister aux répétitions et contribuer au succès de lu Vesale, puisque c'est d'elle qu'il s'agit.* Das ist noch die einzige Stelle in diesen Spontini'schen Sümpfen, wo fester Boden; die Pfiffigkeit streckt hier ihre länglichsten Ohren hervor. Der Mann will durchaus Berlin verlassen, wo er es nicht mehr aushalten kann, seitdem die Meyerbeer'schen Opern gegeben werden, und vor einem Jahr kam er auf einige Wochen hierher und lief von Morgen bis Mitternacht zu allen Personen von Einfluß, um seine Berufung nach Paris zu betreiben. Da die meisten Leute hier ihn für längst verstorben hielten, so erschraken sie nicht wenig ob seiner plötzlichen, geisterhaften Erscheinung. Die ränkevolle Behendigkeit dieser toten Gebeine hatte in der Tat etwas Unheimliches. Herr Duponchel, der Direktor der großen Oper, ließ ihn gar nicht vor sich und rief mit Entsetzen: „Diese intrigante Mumie mag mir vom Leibe bleiben; ich habe bereits genug von den Intrigen der Lebenden zu erdulden!" Und doch hatte Herr Moritz Schlesinger, Verleger der Meyerbeer'schen Opern – denn durch diese gute ehrliche Seele ließ der Ritter seinen Besuch bei Herrn Duponchel voraus ankündigen – alle seine glaubwürdige Beredsamkeit aufgeboten, um seinen Empfohlenen im besten Lichte darzustellen. In der Wahl dieser empfehlenden Mittelsperson bekundete Herr Spontini seinen ganzen Scharfsinn. Er zeigte ihn auch bei andern Gelegenheiten; z.B. wenn er über jemand räsonnierte, so geschah es gewöhnlich bei dessen intimsten Freunden. Den französischen Schriftstellern erzählte er, daß er in Berlin einen deutschen Schriftsteller festsetzen lassen, der gegen ihn geschrieben. Bei den französischen Sängerinnen beklagte er sich über deutsche Sängerinnen, die sich nicht bei der Berliner Oper engagieren wollten, wenn man ihnen nicht kontraktlich zugestand, daß sie in keine Spontini'schen Oper zu singen brauchten!

Aber er will durchaus hierher; er kann es nicht mehr aushalten in Berlin, wohin er, wie er behauptet, durch den Haß seiner Feinde verbannt worden, und wo man ihm dennoch keine Ruhe lasse. Dieser Tage schrieb er an die Redaktion der *France musicale*: seine Feinde begnügten sich nicht, daß sie ihn über den Rhein getrieben, über die Weser, über die Elbe; sie möchten ihn noch weiter verjagen, über die Weichsel, über den Niemen! Er findet große Ähnlichkeit zwischen seinem Schicksal und dem Napoleon'schen. Er dünkt sich ein Genie, wogegen sich alle musikalischen Mächte verschworen. Berlin ist sein Sankt Helena und Rellstab sein Hudson Lowe. Jetzt aber müsse man seine Gebeine nach Paris zurückkommen lassen und im Invalidenhause der Tonkunst, in der *Académie royale de musique,* feierlich beisetzen. – –

Das Alpha und Omega aller Spontini'schen Beklagnisse ist Meyerbeer. Als mir hier in Paris der Ritter die Ehre seines Besuches schenkte, war er unerschöpflich an Geschichten, die geschwollen von Gift und Galle. Er kann die Tatsache nicht ableugnen, daß der König von Preußen unsern großen Giacomo mit Ehrenbezeigungen überhäuft und darauf bedacht ist, denselben mit hohen Ämtern und Würden zu betrauen, aber er weiß dieser königlichen Huld die schnödesten Motive anzudichten. Am Ende glaubt er selbst seine eignen Erfindungen, und mit einer Miene der tiefsten Überzeugung versicherte er mir: als er einst bei Seiner Majestät dem König gespeist, habe Allerhöchst derselbe nach der Tafel mit heiterer Offenherzigkeit gestanden, daß er den Meyerbeer um jeden Preis an Berlin fesseln wolle, damit dieser Millionär sein Vermögen nicht im Auslande verzehre. Da die Musik, die Sucht, als Opernkomponist zu glänzen, eine bekannte Schwäche des reichen Mannes sei, suche er, der König, diese schwache Seite zu benutzen, um den Ehrgeizigen durch Auszeichnungen zu ködern. – „Es ist traurig", soll der König hinzugesetzt haben, „daß ein vaterländisches Talent, das ein so großes, fast geniales Vermögen besitzt, in Italien und Paris seinen guten preußischen harten Taler vergeuden mußte, um als Komponist gefeiert zu werden – was man für Geld haben kann, ist auch bei uns in Berlin zu haben, auch in unsern Treibhäusern wachsen Lorbeerbäume für den Narren, der sie bezahlen will, auch unsre Journalisten sind geistreich und lieben ein gutes Frühstück oder gar ein gutes Mittagessen, auch unsre Eckensteher und Saure-Gurkenhändler haben zum Beifallklatschen ebenso derbe Hände wie die Pariser Klaque – ja wenn unsre Tagediebe, statt in der Tabagie, ihre Abende im Opernhause zubrächten, um die Hugenotten zu applaudieren, würde auch ihre Ausbildung dadurch gewinnen – die niederen Klassen müßten sittlich und ästhetisch gehoben werden, und die Hauptsache ist, daß Geld unter die Leute komme, zumal in der Hauptstadt." – Solcherweise, versicherte Spontini, habe sich Seine Majestät geäußert, um sich gleichsam zu entschuldigen, daß er ihn, den Verfasser der Vestalin, dem Meyerbeer sakrifiziere. Als ich bemerkte, daß es im Grunde sehr löblich sei, wenn ein Fürst ein solches Opfer bringe, um den Wohlstand seiner Hauptstadt zu fördern – da fiel mir Spontini in die Rede: „O, Sie irren sich, der König von Preußen protegiert die schlechte Musik nicht aus staatsökonomischen Gründen, sondern vielmehr weil er die Tonkunst haßt und wohl weiß, daß sie zugrunde gehen muß durch Beispiel und Leitung eines Mannes, der, ohne Sinn für Wahrheit und Adel, nur der rohen Menge schmeicheln will."

Ich konnte nicht umhin, dem hämischen Italiener offen zu gestehen, daß es nicht klug von ihm sei, dem Nebenbuhler alles Verdienst abzusprechen. – „Nebenbuhler!", rief der Wütende und wechselte zehnmal die Farbe, bis endlich die gelbe wieder die Oberhand behielt – dann aber, sich fassend, frug er mit höhnischem Zähnefletschen: „Wissen Sie ganz gewiß, daß Meyerbeer wirklich der Komponist der Musik ist, die unter seinem Namen aufgeführt wird? Ich stutzte nicht wenig ob dieser Tollhausfrage, und mit Erstaunen hörte ich, Meyerbeer habe in Italien einigen armen Musikern ihre Kompositionen abgekauft und daraus Opern verfertigt, die aber durchgefallen seien, weil der Quark, den man ihm geliefert, gar zu miserabel war. Später habe er von einem talentvollen Abbate zu Venedig etwas Besseres erstanden, welches er dem „Crociato" einverleibte. Er besitze auch Weber's hinterlassene Manuskripte, die er der Witwe abgeschwatzt, und woraus er gewiß später schöpfen werde. Robert-le-Diable und die Hugenotten seien größtenteils die Produktion eines Franzosen, welcher Gouin heiße und herzlich gern unter Meyerbeer's Namen seine Opern zur Aufführung bringe, um nicht sein Amt eines *Chef de Bureau* an der Post einzubüßen, da seine Vorgesetzten gewiß seinem administrativen Eifer mißtrauen würden, wenn sie wüßten, daß er ein träumerischer Komponist; die Philister halten praktische Funktionen für unvereinbar mit artistischer Begabnis, und der Postbeamte Gouin ist klug genug, seine Autorschaft zu verschweigen und allen Weltruhm seinem ehrgeizigen Freund Meyerbeer zu überlassen. Daher die innige Verbindung beider Männer, deren Interessen sich ebenso innig ergänzen. Aber ein Vater bleibt immer Vater, und dem Freund Gouin liegt das Schicksal seiner Geisteskinder beständig am Herzen: die Details der Aufführung und des Erfolges von Robert-le-Diable und den Hugenotten nehmen seine ganze Tätigkeit in Anspruch, er wohnt jeder Probe bei, er unterhandelt beständig mit dem Operndirektor, mit den Sängern, den Tänzern, dem Chef der Klaque, den Journalisten; er läuft mit seinen Transtiefeln ohne Lederstrippen von morgens bis abends nach allen Zeitungsredaktionen, um irgendein Reklam zu Gunsten der sogenannten Meyerbeer'schen Opern anzubringen, und seine Unermüdlichkeit soll jeden in Erstaunen setzen.

Als mir Spontini diese Hypothese mitteilte, gestand ich, daß sie nicht aller Wahrscheinlichkeit ermangele, und daß, obgleich das vierschrötige Äußere, das ziegelrote Gesicht, die kurze Stirn, das schmierig schwarze Haar des erwähnten Herrn Gouin vielmehr an einen Ochsenzüchter oder Viehmäster als an einen Tonkünstler erinnere, dennoch in seinem Benehmen manches vorkomme, das ihn in den Verdacht bringe, der Autor der Meyerbeer'schen Opern zu sein. Es passiert ihm manchmal, daß er Robert-le-Diable oder die Hugenotten „unsere Oper" nennt. Es entschlüpfen ihm Redensarten wie: „Wir haben heute eine Repetition" – „wir müssen eine Arie abkürzen". Auch ist es sonderbar, bei keiner Vorstellung jener Opern fehlt Herr Gouin, und wird eine Bravourarie applaudiert, vergißt er sich ganz und verbeugt sich nach allen Seiten, als wolle er dem Publiko danken. Ich gestand dieses alles dem grimmigen Italiener, aber dennoch, fügte ich hinzu, trotzdem daß ich mit eignen Augen dergleichen bemerkt, halte ich Herrn Gouin nicht für den Autor der Meyerbeer'schen Opern; ich kann nicht glauben, daß Herr Gouin die Hugenotten und Robert-le-Diable geschrieben habe; ist es aber doch der Fall, so muß gewiß die Künstlereitelkeit am Ende die Oberhand gewinnen, und Herr Gouin wird öffentlich die Autorschaft jener Opern für sich vindizieren.

„Nein", erwiderte der Italiener mit einem unheimlichen Blick, der stechend wie ein blankes Stilett, „dieser Gouin kennt zu gut seinen Meyerbeer, als daß er nicht wüßte, welche Mittel seinem schrecklichen Freunde zu Gebote stehen, um jemand zu beseitigen, der ihm gefährlich ist. Er wäre kapabel, unter dem Vorwande, sein armer Gouin sei verrückt geworden, denselben auf ewig in Charenton einsperren zu lassen. Er würde für ihn das Kostgeld der ersten Klasse von Geisteskranken bezahlten, und er ginge zweimal die Woche nach Charenton, um sich zu überzeugen, ob sein armer Freund auch gehörig bewacht werde; er gäbe den Wärtern ein liberales Trinkgeld, damit sie gut für seinen Freund sorgten, für seinen irrsinnigen Orest, als dessen Pylades er sich gebärdete, zur großen Erbauung aller Maulaffen, die seine Generosität rühmen würden. Armer Gouin! wenn er von seinen schönen Chören in Robert-le-Diable spräche, legte man ihm die Zwangsjacke an, und spräche er von seinem herrlichen Duett in den Hugenotten, so gäbe man ihm die Douche. Und der arme Schelm dürfte noch froh sein, mit dem Leben davon zu kommen. Alle, die jenem Ehrgeizling hindernd im Wege stehen, müssen weichen. Wo ist Weber? wo Bellini? Hum! Hum!"

Dieses Hum! Hum! war trotz aller unverschämten Bosheit so drollig, daß ich nicht ohne Lachen die Bemerkung machte: Aber Sie, Maestro, Sie sind noch nicht aus dem Wege geräumt, auch nicht Donizetti, oder Mendelssohn, oder Rossini, oder Halevy. – „Hum! Hum!" war die Antwort, „Hum! Hum! Halevy geniert seinen Konfrater nicht, und diese würde ihn sogar dafür bezahlen, daß er nur existiere, als ungefährlicher Scheinrivale, und von Rossini weiß er durch seine Späher, daß derselbe keine Note mehr komponiert – auch hat Rossini's Magen schon genug gelitten, und er berührt kein Piano, um nicht Meyerbeer's Argwohn zu erregen. Hum! Hum!

Aber Gottlob! nur unsre Leiber können getötet werden, nicht unsre Geisteswerke; diese werden in ewiger Frische fortblühn, während mit dem Tode jenes Cartouche der Musik auch seine Unsterblichkeit ein Ende nimmt, und seine Opern ihm folgen ins stumme Reich der Vergessenheit!"

Nur mit Mühe zügelte ich meinen Unwillen, als ich hörte, mit welcher frechen Geringschätzung der welsche Neidhart von dem großen hochgefeierten Meister sprach, welcher der Stolz Deutschlands und die Wonne des Morgenlandes ist, und gewiß als der wahre Schöpfer von Robert-le-Diable und den Hugenotten betrachtet und bewundert werden muß! Nein, so etwas Herrliches hat kein Gouin komponiert! Bei aller Verehrung für den hohen Genius, wollen freilich zuweilen dieser Meisterwerke nach dem Ableben des Meisters, aber in meiner Unterredung mit Spontini gab ich mir doch die Miene, als sei ich überzeugt von ihrer Fortdauer nach dem Tode, und um den boshaften Italiener zu ärgern, machte ich ihm im Vertrauen eine Mitteilung, woraus er ersehen konnte, wie weitsichtig Meyerbeer für das Gedeihen seiner Geisteskinder bis über das Grab hinaus gesorgt hat. Diese Fürsorge, sagte ich, ist ein psychologischer Beweis, daß nicht Herr Gouin, sondern der große Giacomo der wirkliche Vater sei. Derselbe hat nämlich in seinem Testament zu Gunsten seiner musikalischen Geisteskinder gleichsam ein Fideikommiß gestiftet, indem er jedem ein Kapital vermachte, dessen Zinsen dazu bestimmt sind, die Zukunft der armen Waisen zu sichern, so daß auch nach dem Hinscheiden des Herrn Vaters die gehörigen Popularitätsausgaben, der eventuelle Aufwand von Flitterstaat, Klaque, Zeitungslob usw., bestritten werden können. Selbst für das noch ungeborene Prophetchen soll der zärtliche Erzeuger die Summe von 150000 Taler Preußisch Kourant ausgesetzt haben. Wahrlich, noch nie ist ein Prophet mit einem so großen Vermögen zur Welt gekommen; der Zimmermannssohn von Bethlehem und der Kameltreiber von Mekka waren nicht so begütert. Robert-le-Diable und die Hugenotten sollen minder reichlich dotiert sein; sie können vielleicht auch einige Zeit vom eignen Fette zehren, so lange für Dekorationspracht und üppige Ballettbeine gesorgt ist; später werden sie Zulage bedürfen. Für den „Crotiato" dürfte die Dotation nicht so glänzend ausfallen, mit Recht zeigt sich hier der Vater ein bißchen knickerig, und er klagt, der lockere Fant habe ihm einst in Italien zu viel gekostet; er sei ein Verschwender. Desto großmütiger bedenkt Meyerbeer seine unglückliche durchgefallene Tochter „Emma de Rosburgo"; sie soll jährlich in der Presse wieder aufgeboten werden, sie soll eine neue Ausstattung bekommen, und erscheint in einer Prachtausgabe von Satin-Belin; für verkrüppelte Wechselbälge schlägt immer am treuesten das liebende Herz der Eltern. Solcherweise sind alle Meyerbeer'schen

Geisteskinder gut versorgt, ihre Zukunft ist verassekuriert für alle Zeiten. –

Der Haß verblendet selbst die Klügsten, und es ist kein Wunder, daß ein leidenschaftlicher Narr, wie Spontini, meine Worte nicht ganz bezweifelte. – Er rief aus: „O! er ist alles fähig! Unglückliche Zeit! Unglückliche Welt!"

Ich schließe hier, da ich ohnehin heute sehr tragisch gestimmt bin und trübe Todesgedanken über meinen Geist ihren Schatten werfen. Heute hat man meinen armen Sakoski begraben, den berühmten Lederkünstler – denn die Benennung Schuster ist zu gering für einen Sakoski. Alle *Marchands bottiers* und *Fabricants de chaussures* von Paris folgten seiner Leiche. Er ward achtundachtzig Jahre alt, und starb an einer Indigestion. Er lebte weise und glücklich. Wenig bekümmerte er sich um die Köpfe, aber desto mehr um die Füße seiner Zeitgenossen. Möge die Erde dich eben so wenig drücken, wie mich deine Stiefel!

Musikalische Saison von 1841

Paris, den 20. April 1841

Der diesjährige Salon offenbarte nur eine buntgefärbte Ohnmacht. Fast sollte man meinen, mit dem Wiederaufblühen der bildende Künste habe es bei uns ein Ende; es war kein neuer Frühling, sondern ein leidiger Altweibersommer. Einen freudigen Aufschwung nahm die Malerei und die Skulptur, sogar die Architektur, bald nach der Juliusrevolution; aber die Schwingen waren nur äußerlich angeheftet, und auf den forcierten Flug folgte der kläglichste Sturz. Nur die junge Schwerterkunst, die Musik, hatte sich mit ursprünglicher, eigentümlicher Kraft erhoben. Hat sie schon ihren Lichtgipfel erreicht? Wird sie sich lange darauf behaupten? Oder wird sie schnell wieder herabsinken? Das sind Fragen, die nur ein späteres Geschlecht beantworten kann. Jedenfalls hat es aber den Anschein, als ob in den Annalen der Kunst unsre heutige Gegenwart vorzugsweise als das Zeitalter der Musik eingezeichnet werden dürfte. Mit der allmählichen Vergeistigung des Menschengeschlechts halten auch die Künste ebenmäßig Schritt. In der frühesten Periode mußte notwendigerweise die Architektur alleinig hervortreten, die unbewußte rohe Größe massenhaft verherrlichend, wie wir's z. B. sehen bei den Ägyptern. Späterhin erblicken wir bei den Griechen die Blütezeit der Bildhauerkunst, und diese bekundet schon eine äußere Bewältigung der Materie; der Geist meißelte eine ahnende Sinnigkeit in den Stein. Aber der Geist fand dennoch den Stein viel zu hart für seine steigenden Offenbarungsbedürfnisse, und er wählte die Farbe, den bunten Schatten, um eine verklärte und dämmernde Welt des Liebens und Leidens darzustellen. Da entstand die große Periode der Malerei, die am Ende des Mittelalters sich glänzend entfaltete. Mit der Ausbildung des Bewußtseinlebens schwindet bei den Menschen alle plastische Begabnis, am Ende erlischt sogar der Farbensinn, der doch immer an bestimmte Zeichnung gebunden ist, und die gesteigerte Spiritualität, das abstrakte Gedankentum, greift nach Klängen und Tönen, um eine lallende Überschwenglichkeit auszudrücken, die vielleicht nichts anderes ist als die Auflösung der ganzen materiellen Welt; die Musik ist vielleicht das letzte Wort der Kunst, wie der Tod das letzte Wort des Lebens.

Ich habe diese kurze Bemerkung hier vorangestellt, um anzudeuten, weshalb die musikalische Saison mich mehr ängstigt als erfreut. Daß man hier fast in lauter Musik ersäuft, daß es in Paris fast kein einziges Haus gibt, wohin man sich wie in eine Arche retten kann vor dieser klingenden Sintflut, daß die edle Tonkunst unser ganzes Leben überschwemmt – Dies ist für mich ein bedenkliches Zeichen, und es ergreift mich darob manchmal ein Mißmut, der bis zur murrsinnigsten Ungerechtigkeit unsre großen Maëstri und Virtuosen ausartet. Unter diesen Umständen darf man keinen allzu heitren Lobgesang von mir erwarten für den Mann, den hier die schöne Welt, besonders die hysterische Damenwelt, in diesem Augenblick mit einem wahnsinnigen Enthusiasmus umjubelt, und der in der Tat einer der merkwürdigsten Repräsentanten der musikalischen Bewegung ist. Ich spreche von Franz Liszt, dem genialen Pianisten, dessen Spiel mir manchmal vorkommt wie eine melodische Agonie der Erscheinungswelt. Ja, der Geniale ist jetzt wieder hier und gibt Konzerte, die einen Zauber üben, der ans Fabelhafte grenzt. Neben ihm schwinden alle Klavierspieler – mit Ausnahme eines einzigen, des Chopin, des Raphael's des Fortepiano. In der Tat, mit Ausnahme dieses einzigen sind alle andern Klavierspieler, die wir dieses Jahr in unzähligen Konzerten hörten, eben nur Klavierspieler, sie glänzen durch die Fertigkeit, womit sie das besaitete Holz handhaben; bei Liszt hingegen denkt man nicht mehr an überwundene Schwierigkeit, das Klavier verschwindet, und es offenbart sich die Musik. In dieser Beziehung hat Liszt, seit wir ihn zum letzten Mal hörten, den wunderbarsten Fortschritt gemacht. Mit diesem Vorzug verbindet er eine Ruhe, die wir früher an ihm vermißten. Wenn er z.B. damals auf dem Pianoforte ein Gewitter spielte, sahen wir die Blitze über sein eigenes Gesicht dahinzucken, wie von Sturmwind schlotterten seine Glieder, und seine langen Haarzöpfe träuften gleichsam vom dargestellten Platzregen. Wenn er jetzt auch das stärkste Donnerwetter spielt, so ragt er doch selber darüber empor, wie der Reisende, der auf der Spitze einer Alpe steht, während es im Tal gewittert; die Wolken lagern tief unter ihm, die Blitze ringeln wie Schlangen zu seinen Füßen, das Haupt erhebt er lächelnd in den reinen Äther.

Trotz seiner Genialität begegnet Liszt einer Opposition hier in Paris*), die meistens aus ernstlichen Musikern besteht und seinem Nebenbuhler, dem kaiserlichen Thalberg, den Lorbeer reicht. – Liszt hat bereits zwei Konzerte gegeben, worin er, gegen allen Gebrauch, ohne Mitwirkung anderer Künstler ganz allein spielte. Er bereitet jetzt ein drittes Konzert zum Besten des Monuments von Beethoven. Dieser Komponist muß in der Tat dem Geschmack eines Liszt am meisten zusagen. Namentlich Beethoven treibt die spiritualistische Kunst bis zu jener tönenden Agonie der Erscheinungswelt, bis zu jener Vernichtung der Natur, die mich mit einem Grauen erfüllt, das ich nicht verhehlen mag, obgleich meine Freunde darüber den Kopf schütteln. Für mich ist es ein sehr bedeutungsvoller Umstand, daß Beethoven am Ende seiner Tage taub ward und sogar die unsichtbare Tonwelt keine klingende Realität mehr für ihn hatte. Seine Töne waren nur noch Erinnerungen eines Tones, Gespenster verschollener Klänge, und seine letzten Produktionen tragen an der Stirne ein unheimliches Totenmal.

Minder schauerlich als die Beethoven'sche Musik war für mich der Freund Beethoven's, *l'Ami de Beethoven,* wie er sich hier überall produzierte, ich glaube sogar auf Visitenkarten. Eine schwarze Hopfenstange mit einer entsetzlich weißen Krawatte und einer Leichenbittermiene. War dieser Freund Beethoven's wirklich dessen Pylades? Oder gehörte er zu jenen gleichgültigen Bekannten, mit denen ein genialer Mensch zuweilen um so lieber Umgang pflegt, je unbedeutender sie sind, und je prosaischer ihr Geplapper ist, das ihm eine Erholung gewährt nach ermüdend poetischen Geistesflügen? Jedenfalls sahen wir hier eine neue Art der Ausbeutung des Genius, und die kleinen Blätter spöttelten nicht wenig über den *Ami de Beethoven*. „Wie konnte der große Künstler einen so unerquicklichen, geistesarmen Freund ertragen!" riefen die Franzosen, die über das monotone Geschwätz jenes langweiligen Gastes alle Geduld verloren. Sie dachten nicht daran, daß Beethoven taub war.

Die Zahl der Konzertgeber während der diesjährigen Saison war Legion, und an mittelmäßigen Pianisten fehlte es nicht, die in öffentlichen Blättern als Mirakel gepriesen wurden. Die meisten sind junge Leute, die in bescheiden eigner Person oder durch irgendeinen bescheidenen Bruder jene Lobeserhebungen in die Presse för-

---

*) „die vielleicht eben durch seine Genialität hervorgerufen ward. Diese Eigenschaft ist in gewissen Augen ein ungeheures Verbrechen, das man nicht genug bestrafen kann. „Dem Talent wird schon nachgerade verziehen, aber gegen das Genie ist man unerbittlich!" – so äußerte sich einst der selige Lord Byron, mit welchem unser Liszt viele Ähnlichkeit bietet", lesen wir in der Augsb. Allg. Zeitung. **Der Herausgeber.**

dern. Die Selbstvergötterung dieser Art, die sogenannten Reklamen, bilden eine sehr ergötzliche Lektüre. Eine Reklame, die jüngst in der „Gazette musicale" enthalten war, meldete aus Marseille, daß der berühmte Döhler auch dort alle Herzen entzückt habe, und besonders durch seine interessante Blässe, die, eine Folge überstandener Krankheit, die Aufmerksamkeit der schönen Welt in Anspruch genommen. Der berühmte Döhler ist seitdem nach Paris zurückgekehrt und hat mehrere Konzerte gegeben; auch spielte er in dem Konzert der „Gazette musicale" des Herrn Schlesinger, der ihn mit Lorbeerkränzen aufs liberalste belohnt. Die „France musicale" preist ihn ebenfalls und mit gleicher Unparteilichkeit; diese Zeitschrift hegt einen blinden Groll gegen Liszt, und um indirekt diesen Löwen zu stacheln, lobt sie das kleine Kaninchen. Von welcher Bedeutung ist aber der wirkliche Wert des berühmten Döhler? Die einen sagen, er sei der Letzte unter den Pianisten des zweiten Rangs; andere behaupten, unter den Pianisten des dritten Ranges sei er der Erste! Er spielt in der Tat hübsch, nett und niedlich. Sein Vortrag ist allerliebst, beurkundet eine erstaunliche Fingerfertigkeit, zeugt aber weder von Kraft noch Geist. Zierliche Schwäche, elegante Ohnmacht, interessante Blässe.

Zu den diesjährigen Konzerten, die im Andenken der Kunstliebhaber forttönen, gehören die Matinéen, welche von den Herausgebern der beiden musikalischen Zeitungen ihren Abonnenten geboten wurden. Die „France musicale", redigiert von den Brüdern Escudier, zwei liebenswürdigen, gescheiten und kunstsinnigen jungen Leuten, glänzte in ihrem Konzert durch die Mitwirkung der italienischen Sänger und des Violinspielers Vieuxtemps, der als einer der Löwen der musikalischen Saison betrachtet wurde. Ob sich unter dem zottigen Fell dieses Löwen ein wirklicher König der Bestien oder nur ein armes Grauchen verbirgt, vermag ich nicht zu entscheiden. Ehrlich gesagt, ich kann den übertriebenen Lobsprüchen, die ihm gezollt wurden, keinen Glauben schenken. Es will mich bedünken, als ob er auf der Leiter der Kunst noch nicht eine sonderliche Höhe erklommen. Vieuxtemps steht etwa auf der Mitte jener Leiter, auf deren Spitze wir einst Paganini erblickten, und auf deren letzter, unterster Sprosse unser vortrefflicher Sina steht, der berühmte Badegast von Boulogne und Eigentümer eines Autographs von Beethoven. Vielleicht steht Herr Vieuxtemps dem Herrn Sina noch viel näher als dem Nicolo Paganini.

Vieuxtemps ist ein Sohn Belgiens, wie denn überhaupt aus den Niederlanden die bedeutendsten Violinisten hervorbringen. Die Geige ist ja das dortige Nationalinstrument, das von groß und klein, von Mann und Weib kultiviert wird, von jeher, wie wir auf den holländischen Bildern sehen. Der ausgezeichnete Violinist dieser Landsmannschaft ist unstreitig Beriot, der Gemahl der Malibran; ich kann mich manchmal der Vorstellung nicht erwehren, als säße in seiner Geige die Seele der verstorbenen Gattin und sänge. Nur Ernst, der poesiereiche Böhme, weiß seinem Instrument so schmelzende, so verblutend süße Klagetöne zu entlocken. – Ein Landsmann Beriot's ist Artôt, ebenfalls ein ausgezeichneter Violinist, bei dessen Spiel man aber nie an eine Seele erinnert wird; ein geschniegelter, wohlgedrechselter Gesell, dessen Vortrag glatt und glänzend, wie Wachsleinen. Haumann, der Sohn des Brüsseler Nachdruckes, treibt auf der Violine das Metier des Vaters; was er zeigt, sind reinliche Nachdrücke der vorzüglichsten Geiger, die Texte hie und da verbrämt mit überflüssigen Originalnoten und vermehrt mit brillanten Druckfehlern. – Die Gebrüder Franco-Mendez, welche auch dieses Jahr Konzerte gaben, wo sie ihr Talent als Violinspieler bewährten, stammen ganz eigentlich aus dem Lande der Treckschuiten und Quispeldorchen. Dasselbe gilt von Batta, dem Violincellisten; er ist ein geborener Holländer, kam aber früh hierher nach Paris, wo er durch seine knabenhafte Jugendlichkeit ganz besonders die Damen ergötzte. Er war ein liebes Kind und weinte auf seine Bratsche wie ein Kind. Obgleich er mittlerweile ein großer Junge geworden, so kann er doch die süße Gewohnheit des Greinens nimmermehr lassen, und als er jüngst wegen Unpäßlichkeit nicht öffentlich auftreten konnte, hieß es allgemein: durch das kindische Weinen auf dem Violoncello habe er sich endlich eine wirkliche Kinderkrankheit, ich glaube die Masern, an den Hals gespielt. Er scheint jedoch wieder ganz hergestellt zu sein, und die Zeitungen melden, daß der berühmte Batta nächsten Donnerstag eine musikalische Matinée bereite, welche das Publikum für die lange Entbehrnis seines Lieblings entschädigen werde.

Das letzte Konzert, welches Herr Maurice Schlesinger den Abonnenten seiner „Gazette musicale" gab, und das, was ich bereits angedeutet habe, zu den glänzendsten Erscheinungen der Saison gehörte, war für uns Deutsche von ganz besonderem Interesse. Auch war hier die ganze Landsmannschaft vereinigt, begierig, die Mademoiselle Löwe zu hören, die gefeierte Sängerin, die das schöne Lied von Beethoven, „Adelaide", in deutscher Zunge sang. Die Italiener und Herr Vieuxtemps, welche ihre Mitwirkung versprochen, ließen während des Konzerts absagen, zur größten Bestürzung des Konzertgebers, welcher mit der ihm eigentümlichen Würde vors Publikum trat und erklärte, Herr Vieuxtemps wolle nicht spielen, weil er das Lokal und das Publikum als seiner nicht angemessen betrachte! Die Insolenz jenes Geigers verdient die strengste Rüge. Das Lokal des Konzerts war der Musard'sche Saal der Rue Vivienne, wo man nur während des Karnevals ein bißchen Kankan tanzt, jedoch das übrige Jahr hindurch die anständige Musik von Mozart, Giacomo Meyerbeer und Beethoven exekutiert. Den italienischen Sängern, einem Signor Rubini und Signor Lablache, verzeiht man allenfalls ihre Laune, von Nachtigallen kann man sich wohl die Prätension gefallen lassen, daß sie nur einem Publikum von Goldfasanen und Adlern singen wollen. Aber Mynheer, der flämische Storch, dürfte nicht so wählig sein und eine Gesellschaft verschmähen, worunter sich das honetteste Geflügel, Pfauen und Perlhühner die Menge, und mitunter auch die ausgezeichnetsten deutschen Schnapphähne und Mistfinken befanden. – Welcher Art war der Erfolg des Debüts der Mademoiselle Löwe? Ich will die ganze Wahrheit kurz aussprechen: sie sang vortrefflich, gefiel allen Deutschen, und machte Fiasko bei den Franzosen.

Was dieses letztere Mißgeschick betrifft, so möchte ich der verehrten Sängerin zu ihrem Troste versichern, daß es eben ihre Vorzüge waren, die einem französischen Succeß im Wege standen. In der Stimme der Mademoiselle Löwe ist deutsche Seele, ein stilles Ding, das sich bis jetzt nur wenigen Franzosen offenbart hat und in Frankreich nur allmählich Eingang findet. Wäre Mademoiselle Löwe einige Dezennien später gekommen, sie hätte vielleicht größere Anerkennung gefunden. Bis jetzt aber ist die Masse des Volks noch immer dieselbe. Die Franzosen haben Geist und Passion, und beides genießen sie am liebsten in einer unruhigen, stürmischen, gehackten, aufreizenden Form. Dergleichen vermißten sie aber ganz und gar bei der deutschen Sängerin, die ihnen noch obendrein die Beethoven'sche „Adelaide" vorsang. Dieses ruhige Aufseufzen des Gemütes, diese blauäugigen, schmachtenden Waldeinsamkeitstöne, diese gesungenen Lindenblüten mit obligatem Mondschein, dieses Hinsterben in überirdischer Sehnsucht, dieses erzdeutsche Lied, fand kein Echo in französischer Brust, und ward sogar als transrhenanische Sensiblerie verspöttet. Jedenfalls war Mademoiselle Löwe sehr schlecht beraten in der Wahl der Stücke, die sie vortrug. Und dann, sonderbar! es waltet ein unglücklicher Stern über den Debüts in den Schlesinger'schen Konzerten. Mancher junge Künstler weiß ein trübes Lied davon zu singen. Am traurigsten erging es dem armen Ignaz Moscheles, der vor einem Jahr aus London herüberkam nach Paris, um seinen Ruhm, der durch merkantilische Ausbeutung sehr welk geworden, ein bißchen aufzufrischen. Er spielte in einem Schlesinger'schen Konzerte, und fiel durch, jammervoll.

Obgleich Mademoiselle Löwe hier keinen Beifall fand, geschah doch alles Mögliche, um ihr ein Engagement für die *Académie royale de musique* auszuwirken. Der Name Meyerbeer wurde bei dieser Gelegenheit aufdringlicher in Anschlag gebracht, als es dem verehrten Meister wohl lieb sein möchte. Ist es wahr, sollte Meyerbeer seine neue Oper nicht zur Aufführung geben, im Fall man die Löwe nicht engagiert? Hat Meyerbeer wirklich die Erfüllung der Wünsche des Publikums an eine so kleinliche Bedingung geknüpft? Ist er wirklich so überbescheiden, daß er sich einbildet, der Erfolg seines neuen Werks sei abhängig von der mehr oder minder geschmeidigen Kehle einer Prima-Donna?*)

Die zahlreichen Verehrer und Bewunderer des bewunderungswürdigen Meisters sehen mit Betrübnis, wie der Hochgefeierte bei jeder neuen Produktion seines Genius sich mit der Sicherstellung des Erfolgs so unsäglich abmüht und an das winzigste Detail desselben seine besten Kräfte vergeudet. Sein zarter, schwächlicher Körperbau muß darunter leiden. Seine Nerven werden krankhaft überreizt, und bei seinem chronischen Unterleibsleiden wird er oft von der herrschenden Cholerine heimgesucht. Der Geisteshonig, der aus seinen musikalischen Meisterwerken träufelt und uns erquickt, kostete dem Meister selbst die furchtbarsten Leibesschmerzen. Als ich das letzte Mal die Ehre hatte, ihn zu sehen, erschrak ich über sein miserables Aussehen. Bei seinem Anblick dachte ich an den Diarrhöen-Gott der tartarischen Volkssage, worin schauderhaft drollig erzählt wird, wie dieser bauchgrimmige Kakadämon auf dem Jahrmarkte von Kasan einmal zu seinem eignen Gebrauche sechstausend Töpfe kaufte, so daß der Töpfer dadurch ein reicher Mann wurde. Möge der Himmel unserm hochverehrten Meister eine bessere Gesundheit schenken, und möge er selber nie vergessen, daß sein Lebensfaden sehr schlapp und die Schere der Parze

---

*) In der Augsburger Allgemeinen Zeitung lautet der Schluß dieses Briefes, wie folgt: „Wohlunterrichtete Personen versichern mich, Meyerbeer sei ganz unschuldig an der verzögerten Aufführung seiner neuen Oper, und die Autorität seines Namens werde zuweilen ausgebeutet, um fremde Interessen zu fördern; er habe der Direktion der *Académie royale de musique* sein vollendetes Werk zur Verfügung angeboten, ohne in betreff der ersten Sängerin irgendeine wählige Bedingnis zu stellen.

„Obgleich, wie ich oben bemerkt habe, die innerliche Tugend des deutschen Gesanges, seine süße Heimlichkeit, den Franzosen noch immer verborgen bleibt, so läßt sich doch nicht in Abrede stellen, daß die deutsche Musik bei dem französischen Volk sehr in Aufnahme, wo nicht gar zu Herrschaft kommt. Es ist dies die Sehnsucht Undinens nach einer Seele. Wird das schöne Kind durch den Gewinnst dieser Seele glücklicher sein? Darüber möchten wir nicht urteilen; wir wollten hier nur eine Tatsache aufzeichnen, die vielleicht einen Aufschluß gibt über die außerordentliche Popularität des großen Meisters, der den Robert-le-Diable und die Hugenotten geschaffen und dessen dritte Oper, der „Prophet", mit einer fieberhaften Ungeduld, mit einem Herzklopfen erwartet wird, wovon man keinen Begriff hat. Man lächle nicht, wenn ich behaupte, auch in der Musik – nicht bloß in der Literatur – liege etwas, was die Nationen vermittelt. Durch ihre Universalsprache ist die Musik mehr als jede andere Kunst geeignet, sich ein Weltpublikum zu bilden.

„Jüngst sagte mir ein Franzose, durch die Meyerbeer'schen Opern sei er in die Goethe'sche Poesie eingeweiht worden, jene hätten ihm die Pforten der Goethe'schen Dichtung erschlossen. Es liegt ein tiefer Sinn in diesem Ausspruch, und er bringt mich auf den Gedanken, daß der deutschen Musik überhaupt hier in Frankreich die Sendung beschieden sein mag, als eine präludierende Ouvertüre das Verständnis unserer deutschen Literatur zu befördern." **Der Herausgeber.**

desto schärfer ist. Möge er nie vergessen, welche hohe Interessen sich an seine Selbsterhaltung knüpfen. Was soll aus seinem Ruhme werden, wenn er selbst, der hochgefeierte Meister, was der Himmel noch lange verhüte, plötzlich dem Schauplatz seiner Triumphe durch den Tod entrissen würde? Wird ihn die Familie fortsetzen, diesen Ruhm, worauf ganz Deutschland stolz ist?*) An materiellen Mitteln würde es der Familie gewiß nicht fehlen, wohl aber an intellektuellen Mitteln. Nur der große Giacomo selbst, der nicht bloß Generalmusikdirektor aller königlich preußischen Musikanstalten, sondern auch der Kapellenmeister des Meyerbeer'schen Ruhmes ist, nur er kann das ungeheure Orchester dieses Ruhmes dirigieren – Er nickt mit dem Haupte, und alle Posaunen der großen Journale ertönen *unisono;* er zwinkert mit den Augen und alle Violinen des Lobes fiedeln um die Wette; er bewegt nur leise den linken Nasenflügel, und alle Feuilleton-Flageolette flöten ihre süßesten Schmeichellaute. – Da gibt es auch unerhörte, antediluvianische Blasinstrumente, Jerichotrompeten und noch unentdeckte Windharfen, Saiteninstrumente der Zukunft, deren Anwendung die außerordentlichste Begabnis für Instrumentation bekundet. – Ja, in so hohem Grade, wie unser Meyerbeer, verstand sich noch kein Komponist auf die Instrumentation, nämlich auf die Kunst, alle möglichen Menschen als Instrumente zu gebrauchen, die kleinsten wie die größten, und durch ihr Zusammenwirken eine Übereinstimmung in der öffentlichen Anerkennung, die ans Fabelhafte grenzt, hervorzuzaubern. Das hat kein andrer jemals verstanden. Während die besten Opern von Mozart und Rossini bei der ersten Vorstellung durchfielen, und erst Jahre vergingen, ehe sie wahrhaft gewürdigt wurden, finden die Meisterwerke unsres edlen Meyerbeer bereits bei der ersten Aufführung den ungeteiltesten Beifall, und schon den andern Tag liefern sämtliche Journale die verdienten Lob- und Preisartikel. Das geschieht durch das harmonische Zusammenwirken der Instrumente; in der Melodie muß Meyerbeer den beiden genannten Meistern nachstehen, aber er überflügelt sie durch Instrumentation. Der Himmel weiß, daß er sich oft der niederträchtigsten Instrumente bedient; aber vielleicht eben durch diese bringt er die großen Effekte hervor auf die große Menge, die ihn bewundert, anbetet, verehrt und sogar achtet. – Wer kann das Gegenteil beweisen? Von allen Seiten fliegen ihm die Lorbeerkränze zu, er trägt auf dem Haupte einen ganzen Wald von Lorbeeren, er weiß sie kaum mehr zu lassen und keucht unter dieser grünen Last. Er sollte sich einen kleinen Esel anschaffen, der, hinter ihm her trottierend, ihm die schweren Kränze nachtrüge. Aber Gouin ist eifersüchtig und leidet nicht, daß ihn ein anderer begleite.

---

*) „worauf das ganze deutsche Volk, und Herr Moritz Schlesinger insbesondere, stolz ist?" heißt es in der französischen Ausgabe. **Der Herausgeber.**

Ich kann nicht umhin, hier ein geistreiches Wort zu erwähnen, das man dem Musiker Ferdinand Hiller zuschreibt. Als nämlich jemand denselben darüber befragte, was er von Meyerbeer's Opern halte, soll Hiller ausweichend verdrießlich geantwortet haben: „Ach, laßt uns nicht von Politik reden!"

Der Karneval in Paris

Paris, den 7. Februar 1842

„Wir tanzen hier auf einem Vulkan" – aber wir tanzen. Was in dem Vulkan gärt, kocht und brauset, wollen wir heute nicht untersuchen, und nur wie man darauf tanzt, sei der Gegenstand unserer Betrachtung. Da müssen wir nun zunächst von der *Académie royale de musoque* reden, wo noch immer jenes ehrwürdige *Corps de Ballet* existiert, das die choreographischen Überlieferungen treulich bewahrt und als die Pairie des Tanzes zu betrachten ist. Wie jene andere, die im Luxembourg residiert, zählte diese Pairie unter ihrem Personal gar viele Perücken und Mumien, über die ich mich nicht aussprechen will aus leicht begreiflicher Furcht. Das Mißgeschick des Herrn Perré, des Geranten des Siècle, der jüngst zu sechs Monaten Karzer und 10000 Franken verurteilt worden, hat mich gewitzigt. Nur von Carlotta Grisi will ich reden, die in der respektabeln Versammlung der Rue-Lepelletier gar wunderlieblich hervorstrahlt, wie eine Apfelsine unter Kartoffeln. Nächst dem glücklichen Stoff, der den Schriften eines deutschen Autors entlehnt, war es zumeist die Carlotta Grisi, die dem Ballett: „Die Willie" unerhörte Bogue verschaffte. Aber wie köstlich tanzt sie! Wenn man sie sieht, vergißt man, daß Taglioni in Rußland und Elsler in Amerika ist, man vergißt Amerika und Rußland selbst, ja die ganze Erde, und man schwebt mit ihr empor in die hängenden Zaubergärten jenes Geisterreichs, worin sie als Königin waltet. Ja, sie hat ganz den Charakter jener Elementargeister, die wir uns immer tanzend denken, und von deren gewaltigen Tanzweisen das Volk so viel Wunderliches fabelt. In der Sage von den Willis ward jene geheimnisvolle, rasende, mitunter menschenverderbliche Tanzlust, die den Elementargeistern eigen ist, auch auf die toten Bräute übertragen; zu dem altheidnisch übermütigen Luftreiz des Nixen- und Elfentums gesellten sich noch die melancholisch wollüstigen Schauer, das dunkelsüße Grausen des mittelalterlichen Gespensterglaubens.

Entspricht die Musik dem abenteuerlichen Stoffe jenes Balletts? War Herr Adam, der die Musik geliefert, fähig, Tanzweisen zu dichten, die, wie es in der Volkssage heißt, die Bäume des Waldes zum Hüpfen und den Wasserfall zum Stillstehen zwingen? Herr Adam war, soviel ich weiß, in Norwegen, aber ich zweifle, ob ihm dort irgendein runenkundiger Zauberer jene Strömkarlmelodie gelehrt, wovon man nur zehn Variationen aufzuspielen wagt; es gibt nämlich noch eine elfte Variation, die großes Unglück anrichten könnte – spielt man diese, so gerät die ganze Natur in Aufruhr, die Berge und Felsen fangen an zu tanzen, die Häuser tanzen, und drinnen tanzen Tisch und Stühle, der Großvater ergreift die Großmutter, der Hund ergreift die Katze zum Tanzen, selbst das Kind springt aus der Wiege und tanzt. Nein, solche gewalttätige Melodien hat Herr Adam nicht von seiner nordischen Reise heimgebracht; aber was er geliefert, ist immer ehrenwert, und er behauptet eine ausgezeichnete Stellung unter den Tondichtern der französischen Schule.

Ich kann nicht umhin hier zu erwähnen, daß die christliche Kirche, die alle Künste in ihren Schoß aufgenommen und benutzt hat, dennoch mit der Tanzkunst nichts anzufangen wußte und sie verwarf und verdammte. Die Tanzkunst erinnerte vielleicht allzusehr an den alten Tempeldienst der Heiden, sowohl der römischen Heiden als der germanischen und keltischen, deren Götter eben in jene elfenhaften Wesen übergingen, denen der Volksglaube, wie ich oben andeutete, eine wundersame Tanzsucht zuschrieb. Überhaupt ward der böse Feind am Ende als der eigentliche Schutzpatron des Tanzes betrachtet, und in seiner frevelhaften Gemeinschaft tanzten die Hexen und Hexenmeister ihre nächtlichen Reigen. Der Tanz ist verflucht, sagt ein fromm bretonisches Volkslied, seit die Tochter der Herodias vor dem argen König tanzte, der ihr zu Gefallen Johannem töten ließ. „Wenn du tanzen siehst", fügt der Sänger hinzu, „so denke an das blutige Haupt des Täufers auf der Schüssel, und das höllische Gelüste wird deiner Seele nichts anhaben können!" Wenn man über den Tanz in der *Académie royale de musique* etwas tiefer nachdenkt, so erscheint er als ein Versuch, diese erzheidnische Kunst gewissermaßen zu christianisieren, und das französische Ballett riecht fast nach gallikanischer Kirche, wo nicht gar nach Jansenismus, wie alle Kunsterscheinungen des großen Zeit alters Ludwig's XIV. Das französische Ballett ist in dieser Beziehung ein wohlverwandtes Seitenstück zu der Racine'schen Tragödie und den Gärten von Le Nôtre. Es herrscht darin derselbe gerechte Zuschnitt, dasselbe Etikettenmaß, dieselbe höfische Kühle, dasselbe gezierte Sprödetun, dieselbe Keuschheit. In der Tat, die Form und das Wesen des französischen Balletts ist keusch, aber die Augen der Tänzerinnen machen zu den sittsamsten Pas einen sehr lasterhaften Kommentar, und ihr liederliches Lächeln ist in beständigem Widerspruch mit ihren Füßen. Wir sehen das Entgegengesetzte bei den sogenannten Nationaltänzen, die mir deshalb tausendmal lieber sind als die Ballette der großen Oper. Die Nationaltänze sind oft allzu sinnlich, fast schlüpfrig in ihren Formen, z.B. die indischen, aber der heilige Ernst auf den Gesichtern der Tanzenden moralisiert diesen Tanz und erhebt ihn sogar zum Kultus. Der große Vestris hat einst ein Wort gesagt, worüber bereits viel gelacht worden. In seiner pathetischen Weise sagt er nämlich zu einem seiner Jünger: „Ein großer Tänzer muß tugendhaft sein." Sonderbar! der große Vestris liegt schon seit vierzig Jahren im Grab (er hat das Unglück des Hauses Bourbon, womit die Familie Vestris immer sehr befreundet war, nicht überleben können), und erst vorigen Dezember, als ich der Eröffnungssitzung der Kammern beiwohnte und träumerisch mich meinen Gedanken überließ, kam mir der selige Vestris in den Sinn, und wie durch Inspiration begriff ich plötzlich die Bedeutung seines tiefsinnigen Wortes: „Ein großer Tänzer muß tugendhaft sein!"

Von den diesjährigen Gesellschaftsbällen kann ich wenig berichten, da ich bis jetzt nur wenige Soiréen mit meiner Gegenwart beehrt habe. Dieses ewige Einerlei fängt nachgerade an mich zu ennuyieren, und ich begreife nicht, wie ein Mann es auf die Länge aushalten kann. Von Frauen begreife ich es sehr gut. Für diese ist der Putz, den sie auskramen können, das Wesentlichste. Die Vorbereitungen zum Ball, die Wahl der Robe, das Ankleiden, das Frisiertwerden, das Probelächeln vor dem Spiegel, kurz Flitterstaat und Gefallsucht sind ihnen die Hauptsache und gewähren ihnen die genußreichste Unterhaltung. Aber für uns Männer, die wir nur demokratisch schwarze Fräcke und Schuhe anziehen, (die entsetzlichen Schuhe!) – für uns ist eine Soirée nur eine unerschöpfliche Quelle der Langeweile, vermischt mit einigen Gläsern Mandelmilch und Himbeersaft. Von der holden Musik will ich gar nicht reden*). Was die Bälle der vornehmen Welt noch langweiliger macht, als sie von Gott und Rechts wegen sein dürften, ist die dort herrschende Mode, daß man nur zum Schein tanzt, daß man die vorgeschriebenen Figuren nur gehend exekutiert, daß man ganz gleichgültig, fast verdrießlich die Füße bewegt. Keiner will mehr den andern amüsieren, und dieser Egoismus beurkundet sich auch im Tanze der heutigen Gesellschaft.

Die untern Klassen, wie gerne sie auch die vornehme Welt nachäffen, haben sich dennoch nicht zu solchem selbstsüchtigen Scheintanz verstehen können; ihr Tanzen hat noch Realität, aber leider eine sehr bedauernswürdige. Ich weiß kaum, wie ich die eigentümliche Betrübnis ausdrücken soll, die mich jedesmal ergreift, wenn ich an öffentlichen Belustigungsorten, namentlich zur Karnevalszeit, das tanzende Volk betrachte. Eine kreischende,

---

*) Statt dieses Satzes heißt es in der Augsburger Allgemeinen Zeitung: „Die Musik besteht hier aus altabgeleierten Motiven von Rossini und Meyerbeer, den beiden schweigenden Meistern, die in Paris diesen Winter mehr als je besprochen wurden, nicht im Interesse der Kunst, sondern der Herren Troupenas und Schlesinger." **Der Herausgeber.**

schrillende, übertriebene Musik begleitet hier einen Tanz, der mehr oder weniger an den Kankan streift. Hier höre ich die Frage: Was ist der Kankan? Heiliger Himmel, ich soll für die „Allgemeine Zeitung" eine Definition des Kankan geben! Wohlan, der Kankan ist ein Tanz, der nie in ordentlicher Gesellschaft getanzt wird, sondern nur auf gemeinen Tanzböden, wo derjenige, der ihn tanzt, oder diejenige, die ihn tanzt, unverzüglich von einem Polizeiagenten ergriffen und zur Türe hinausgeschleppt wird. Ich weiß nicht, ob diese Definition hinlänglich belehrsam, aber es ist auch gar nicht nötig, daß man in Deutschland ganz genau erfahre, was der französische Kankan ist. So viel wird schon aus jener Definition zu merken sein, daß die vom seligen Vestris angepriesene Tugend hier kein notwendiges Requisit ist, und daß das französische Volk sogar beim Tanzen von der Polizei inkommodiert wird. Ja, dieses letztere ist ein sehr sonderbarer Übelstand, und jeder denkende Fremde muß sich darüber wundern, daß in den öffentlichen Tanzsälen bei jeder Quadrille mehre Polizeiagenten oder Kommunalgardisten stehen, die mit finster katonischer Miene die tanzende Moralität bewachen. Es ist kaum begreiflich, wie das Volk unter solcher schmählichen Kontrolle seine lachende Heiterkeit und Tanzlust behält. Diese gallische Leichtsinn aber macht eben seine vergnügtesten Sprünge, wenn er in der Zwangsjacke steckt, und obgleich das strenge Polizeiauge es verhütet, daß der Kankan in seiner zynischen Bestimmtheit getanzt wird, so wissen doch die Tänzer durch allerlei ironische Entrechats und übertreibende Anstandsgesten ihre verpönten Gedanken zu offenbaren, und die Verschleierung erscheint alsdann noch unzüchtiger als die Nacktheit selbst. Meiner Ansicht nach ist es für die Sittlichkeit von keinem großen Nutzen, daß die Regierung mit so vielem Waffengepränge bei dem Tanze des Volks interveniert; das Verbotene reizt eben am süßesten, und die raffinierte, nicht selten geistreiche Umgehung der Zensur wirkt hier noch verderblicher als erlaubte Brutalität. Diese Bewachung der Volkslust charakterisiert übrigens den hiesigen Zustand der Dinge und zeigt, wie weit es die Franzosen in der Freiheit gebracht haben.

Es sind aber nicht bloß die geschlechtlichen Beziehungen, die auf den Pariser Bastringuen der Gegenstand ruchloser Tänze sind. Es will mich manchmal bedünken, als tanze man dort eine Verhöhnung alles dessen, was als das Edelste und Heiligste im Leben gilt, aber durch Schlauköpfe so oft ausgebeutet und durch Einfaltspinsel so oft lächerlich gemacht worden, daß das Volk nicht mehr, wie sonst, daran glauben kann. Ja, er verlor den Glauben an jenen Hochgedanken, wovon unsre politischen und literarischen Tartüffe so viel singen und sagen; und gar die Großsprechereien der Ohnmacht verleideten ihm so sehr alle idealen Dinge, daß es nichts anderes mehr darin sieht als die hohle Phrase, als die sogenannte Blague, und wie diese trostlose Anschauungsweise durch Robert

Macaire repräsentiert wird, so gibt sie sich doch auch kund in dem Tanz des Volks, der als eine eigentliche Pantomime des Robert-Macairetums zu betrachten ist. Wer von letzterm einen ungefähren Begriff hat, begreift jetzt jene unaussprechlichen Tänze, welche, eine getanzte Persiflage, nicht bloß die geschlechtlichen Beziehung verspotten, sondern auch die bürgerlichen, sondern auch alles, was gut und schön ist, sondern auch jede Art von Begeisterung, die Vaterlandsliebe, die Treue, den Glauben, die Familiengefühle, den Heroismus, die Gottheit. Ich wiederhole es, mit einer unsäglichen Trauer erfüllt mich immer der Anblick des tanzenden Volks an den öffentlichen Vergnügungsorten von Paris; und gar besonders ist dies der Fall in den Karnevalstagen, wo der tolle Mummenschanz die dämonische Lust bis zum Ungeheuerlichsten steigert. Fast ein Grauen wandelte mich an, als ich einem jener bunten Nachtfeste beiwohnte, die jetzt in der Opéra comique gegeben werden, und wo, nebenbei gesagt, weit prächtiger, als auf den Bällen der großen Oper der taumelnde Spuk sich gebärdet. Hier musiziert Beelzebub mit vollem Orchester, und das freche Höllenfeuer der Gasbeleuchtung zerreißt einem die Augen. Hier ist das verlorne Tal, wovon die Amme erzählt; hier tanzen die Unholden wie bei uns in der Walpurgisnacht, und manche ist darunter, die sehr hübsch, und bei aller Verworfenheit jene Grazie, die den verteufelten Französinnen angeboren ist, nicht ganz verleugnen kann. Wenn aber gar die Galopp-Ronde erschmettert, dann erreicht der santanische Spektakel seine unsinnigste Höhe, und es ist dann, als müsse die Saaldecke platzen und die ganze Sippschaft sich plötzlich emporschwingen auf Besenstielen, Ofengabeln, Kochlöffeln – „oben hinaus, nirgends an!" – ein gefährlicher Moment für viele unserer Landsleute, die leider keine Hexenmeister sind und nicht das Sprüchlein kennen, das man herbeten muß, um nicht von dem wütenden Heer fortgerissen zu werden.

Rossini und Mendeslssohn

Paris, Mitte April 1842

Als ich vorigen Sommer an einem schönen Nachmittag in Cette anlangte, sah ich, wie eben längs dem Quai, vor welchem sich das mittelländische Meer ausbreitet, die Prozession vorüberzog, und ich wieder nie diesen Anblick vergessen. Voran schritten die Brüderschaften in ihren roten, weißen oder schwarzen Gewanden, die Büßer mit übers Haupt gezogenen Kapuzen, worin zwei Löcher, woraus die Augen gespenstisch hervorlugten; in den Händen brennende Wachskerzen oder Kreuzfahnen. Dann kamen die verschiedenen Mönchsorden. Auch eine Menge Laien, Frauen und Männer, blasse gebrochene Gestalten, die gläubig einherschwankten, mit rührend kummervollem Singsang. Ich war dergleichen oft in meiner Kindheit am Rhein begegnet, und ich kann nicht lernen, daß jene Töne eine gewisse Wehmut, eine Art Heimweh in mir weckten. Was ich aber früher noch nie gesehen und was nachbarlich spanische Sitte zu sein schien, war die Truppe von Kindern, welche die Passion darstellten. Ein kleines Bübchen, kostümiert wie man den Heiland abzubilden pflegt, die Dornenkrone auf dem Haupt, dessen schönes Goldhaar traurig lang herabwallte, keuchte gebückt einher unter der Last eines ungeheuer großen Holzkreuzes; auf der Stirn grell gemalte Blutstropfen, und Wundenmale an den Händen und nackten Füßen. Zur Seite ging ihm ein ganz schwarz gekleidetes kleines Mädchen, welches, als schmerzenreiche Mutter, mehre Schwerter mit vergoldeten Heften an der Brust und fast in Tränen zerfloß – ein Bild tiefster Betrübnis. Andere kleine Knaben, die hinterdrein gingen, stellten die Apostel vor, darunter auch Judas, mit rotem Haar und einen Beutel in der Hand. Ein paar Bübchen waren auch als römische Lanzknechte behelmt und bewehrt und schwangen ihre Säbel. Mehre Kinder trugen Ordenshabit und Kirchenornat; kleine Kapuziner, kleine Jesuitchen, kleine Bischöfe mit Inful und Krummstab, allerliebste Nönnchen, gewiß keines über sechs Jahr' alt. Und sonderbar, es waren darunter auch einige Kinder als Amoretten gekleidet, mit seidenen Flügeln und goldenen Köchern, und in der unmittelbarsten Nähe des kleinen Heilands wackelten zwei noch viel kleinere, höchstens vierjährige Geschöpfchen in altfränkischer Schäfertracht, mit bebänderten Hütchen und Stäben, zum Küssen niedlich, wie Marzipanpüppchen; sie repräsentierten wahrscheinlich die Hirten, die an der Krippe des Christkindes gestanden. Sollte man es aber glauben, dieser Anblick erregte in der Seele des Zuschauers die ernsthaft andächtigsten Gefühle, und daß es kleine unschuldige Kinder waren, die das größte, kolossalste Martyrtum tragierten, wirkte um so rührender! Das war keine Nachäffung im historischen Großstil, keine schiefmäulige Frommtuerei, keine Berliner Glaubenslüge: – Das war der naivste Ausdruck des tiefsinnigsten Gedankens, und die herablassend kindliche Form verhinderte eben, daß der Inhalt vernichtend auf unser Gemüt wirkte oder sich selbst vernichtete. Dieser Inhalt ist ja von so ungeheuerlicher Schmerzensgewalt und Erhabenheit, daß er die heroisch grandioseste und pathetisch ausgerecktste Darstellungsart überragt und sprengt. Deshalb haben die größten Künstler sowohl in der Malerei als in der Musik die überschwenglichen Schrecknisse der Passion mit so viel' Blumen als möglich verlieblicht und den blutigen Ernst durch spielende Zärtlichkeit gemildert – und so tat auch Rossini, als er sein Stabat Mater komponierte.

Letzteres, das Stabat von Rossini, war die hervorragende Merkwürdigkeit der hingeschiedenen Saison, die Besprechung desselben ist noch immer an der Tagesordnung, und eben die Rügen, die von norddeutschem Standpunkt aus gegen den großen Meister laut werden, beurkunden recht schlagend die Ursprünglichkeit und Tiefe seines Genius. Die Behandlung sei zu weltlich, zu sinnlich, zu spielend für den geistlichen Stoff, sie sei zu leicht, zu angenehm, zu unterhaltend – so stöhnen die Klagen einiger schweren, langweiligen Kritikaster, die, wenn auch nicht absichtlich eine übertriebene Spiritualität erheucheln, doch jedenfalls von der heiligen Musik sehr beschränkte, sehr irrige Begriffe sich angequält. Wie bei den Malern, so herrscht auch bei den Musikern eine ganz falsche Ansicht über die Behandlung christlicher Stoffe. Jene glauben, das wahrhaft Christliche müsse in subtilen magern Konturen und so abgehärmt und farblos als möglich dargestellt werden; die Zeichnungen von Overbeck sind in dieser Beziehung ihr Ideal. Um diese Verblendung durch eine Tatsache zu widersprechen, mache ich nur auf die Heiligenbilder der spanischen Schule aufmerksam; hier ist das Volle der Kontouren und der Farbe vorherrschend, und es wird doch niemand leugnen, daß diese spanischen Gemälde das ungeschwächteste Christentum atmen und ihre Schöpfer gewiß nicht minder glaubenstrunken waren, als die berühmten Meister, die in Rom zum Katholizismus übergegangen sind, um mit unmittelbarer Inbrunst malen zu können. Nicht die äußere Dürre und Blässe ist ein Kennzeichen des wahrhaft Christlichen in der Kunst, sondern eine gewisse innere Überschwenglichkeit, die weder angetauft noch einstudiert werden kann in der Musik wie in der Malerei, und so finde ich auch das Stabat von Rossini wahrhaft christlicher als den Paulus, das Oratorium von Felix Mendelssohn-Bartholdy, das von den Gegnern Rossini's als ein Muster der Christentümlichkeit gerühmt wird.

Der Himmel bewahre mich, gegen einen so verdienstvollen Meister, wie der Verfasser des Paulus, hierdurch einen Tadel aussprechen zu wollen, und am allerwenigsten wird es dem Schreiber dieser Blätter in den Sinn kommen, an der Christlichkeit des erwähnten Oratoriums zu mäkeln, weil Felix Mendelssohn-Bartholdy von Geburt ein Jude ist. Aber ich kann doch nicht unterlassen, darauf hinzudeuten, daß in dem Alter, wo Herr Mendelssohn in Berlin das Christentum anfing (er wurde nämlich erst in seinem dreizehnten Jahr getauft), Rossini es bereits verlassen und sich ganz in die Weltlichkeit der Opernmusik gestürzt hatte. Jetzt, wo er diese wieder verließ und sich zurückträumte in seine katholischen Jugenderinnerungen, in die Zeiten, wo er im Dom zu Pesaro als Chorschüler mitsang, oder als Akoluth bei der Messe fungierte – jetzt, wo die alten Orgeltöne wieder in seinem Gedächtnis aufrauschten und er die Feder ergriff, um ein Stabat zu schreiben, da brauchte er wahrlich den Geist des Christentums nicht erst wissenschaftlich zu konstruieren, noch viel weniger Händel oder Sebastian

Bach sklavisch zu kopieren; er brauchte nur die frühesten Kindheitsklänge wieder aus seinem Gemüt hervorzurufen, und, wunderbar! so ernsthaft, so schmerzentief auch diese Klänge ertönen, so gewaltig sie auch das Gewaltigste ausseufzen und ausbluten, so behielten sie doch etwas Kindheitliches und mahnten mich an die Darstellung der Passion durch Kinder, die ich in Cette gesehen. Ja, an diese kleine fromme Mummerei mußte ich unwillkürlich denken, als ich der Aufführung des Stabat von Rossini zum erstenmal beiwohnte: das ungeheure erhabene Martyrium ward hier dargestellt, aber in den naivsten Jugendlauten, die furchtbaren Klagen der Malter Dolorosa ertönten, aber wie aus unschuldig kleiner Mädchenkehle, neben den Flören der schwärzesten Trauer rauschten die Flügel aller Amoretten der Anmut, der Schrecknisse des Kreuztodes waren gemildert wie von tändelndem Schäferspiel, und das Gefühl der Unendlichkeit umwogte und umschloß das Ganze wie der blaue Himmel, der auf die Prozession von Cette herableuchtete, wie das blaue Meer, an dessen Ufer sie singend und klingend dahinzog! Das ist die ewige Holdseligkeit des Rossini, seine unverwüstliche Milde, die kein Impresario und kein Marchaud-de-Musique zugrunde ärgern konnte oder auch nur zu trüben vermochte! Wie schnöde, wie abgefeimt tückisch ihm auch oftmals mitgespielt wurde im Leben, so finden wir doch in seinen musikalischen Produkten nicht eine Spur von Galle. Gleich jener Quelle Arethusa, die ihre ursprüngliche Süßigkeit bewahrte, obgleich sie die bittern Gewässer des Meeres durchzogen, so behielt auch das Herz Rossini's seine melodische Lieblichkeit und Süße, obgleich es aus allen Wermutskelchen dieser Welt hinlänglich gekostet.

Wie gesagt, das Stabat des großen Maestro war dieses Jahr die vorherrschende musikalische Begebenheit. Über die erste tonangebende Exekution brauche ich nichts zu melden; genug, die Italiener sangen. Der Saal der italienischen Oper schien der Vorhof des Himmels; dort schulchzten heilige Nachtigallen und flossen die fashionabelsten Tränen. Auch die „France musicale" gab in ihren Konzerten den größten Teil des Stabat, und, wie sich von selbst versteht, mit ungeheurem Beifall. In diesen Konzerten hörten wir auch den Paulus des Herrn Felix Medelssohn-Bartholdy, der durch diese Nachbarschaft eben unsre Aufmerksamkeit in Anspruch nahm und die Vergleichung mit Rossini von selber hervorrief. Bei dem großen Publikum gereichte diese Vergleichung keineswegs zum Vorteil unseres jungen Landsmannes; es ist auch, als verglichen man die Apennine Italiens mit dem Templower Berg bei Berlin. Aber der Templower Berg hat darum nicht weniger Verdienste, und den Respekt der großen Menge erwirbt er sich schon dadurch, daß er ein Kreuz auf seinem Gipfel trägt. „Unter diesem Zeichen wirst du fliegen." Freilich nicht in Frankreich, dem Lande der Ungläubigkeit, wo Herr Mendelssohn immer Fiasko gemacht hat. Er war das geopferte Lamm der Saison, während Rossini der musikalische Löwe war, dessen süßes Gebrüll noch immer forttönt. Es heißt hier, Herr Felix Mendelssohn werde dieser Tage persönlich nach Paris kommen. So viel ist gewiß, durch hohe Verwendung und diplomatische Bemühungen ist Herr Leon Pillet dahin gebracht worden, sein Libretto von Herrn Scribe anfertigen zu lassen, das Herr Mendelssohn für die große Oper komponieren soll. Wird unser junger Landsmann sich diesem Geschäft mit Glück unterziehen? Ich weiß nicht. Seine künstlerische Begabnis ist groß; doch hat sie sehr bedenkliche Grenzen und Lücken. Ich finde in talentlicher Beziehung eine große Ähnlichkeit zwischen Herrn Felix Mendelssohn und der Mademoiselle Rachel Felix, der tragischen Künstlerin. Eigentümlich ist beiden ein großer strenger, sehr ernsthafter Ernst, ein entschiedenes, beinahe zudringliches Anlehnen an klassische Muster, die feinste, geistreichste Berechnung, Verstandesschärfe, und endlich der gänzliche Mangel an Naivität. Gibt es aber in der Kunst eine geniale Ursprünglichkeit ohne Naivität? Bis jetzt ist dieser Fall noch nicht vorgekommen.

Musikalische Saison von 1843

Erster Bericht

Paris, den 20. März 1843

Die Langeweile, welche die klassische Tragödie der Franzosen ausdünstet, hat niemand besser begriffen als jene gute Bürgersfrau unter Ludwig XV., die zu ihren Kindern sagte: „Benedeit nicht den Adel und verzeiht ihm seinen Hochmut, er muß ja doch als Strafe des Himmels jeden Abend im *Theâtre français* sich zu Tode langweilen." Das alte Regime hat aufgehört, und das Zepter ist in die Hände der Bourgeoisie geraten; aber diese neuen Herrscher müssen ebenfalls sehr viele Sünden abzubüßen haben, und der Unmut der Götter trifft sie noch unleidlicher als ihre Vorgänger im Reiche; denn nicht bloß, daß ihnen Mademoiselle Rachel die moderige Hefe des antiken Schlaftrunks jeden Abend kredenzt, müssen sie jetzt sogar den Abhub ihrer romantischen Küche, versifiziertes Sauerkraut, die „Burggrafen" von Victor Hugo, verschlucken! Ich will kein Wort verlieren über den Wert dieses unverdaulichen Machwerks, das mit allen möglichen Prätensionen auftritt, namentlich mit historischen, obgleich alles Wissen Victor Hugo's über Zeit und Ort, wo sein Stück spielt, lediglich aus der französischen Übersetzung von Schreiber's „Handbuch für Rheinreisende" geschöpft ist. Hat der Mann, der vor einem Jahre in öffentlicher Akademie zu sagen wagte, daß es mit dem deutschen Genius ein Ende habe *(la pensée allemande est rentrée dans l'ombre)*, hat dieser größte Adler der Dichtkunst diesmal wirklich die Zeitgenossenschaft so allmächtig überflügelt? Wahrlich keineswegs. Sein Werk zeugt weder von poetischer Fülle noch Harmonie, weder von Begeisterung noch Geistesfreiheit, es enthält keinen Funken Genialität, sondern nichts als gespreizte Unnatur und bunte Deklamation. Eckige Holzfiguren, überladen mit geschmacklosem Flitterstaat, bewegt durch sichtbare Drähte, ein unheimliches Puppenspiel, eine grasse, krampfhafte Nachäffung des Lebens; durch und durch erlogene Leidenschaft. Nichts ist mir fataler als diese Hugo'sche Leidenschaft, die sich so glühend gebärdet, äußerlich so prächtig auflodert, und doch inwendig so armselig nüchtern und frostig ist. Diese kalte Passion, die uns in so flammenden Redensarten aufgetischt wird, erinnert mich immer an das gebratene Eis, das die Chinesen so künstlich zu bereiten wissen, indem sie kleine Stückchen Gefrornes, eingewickelt in einen dünnen Teig, einige Minuten übers Feuer halten; ein antithetischer Leckerbissen, den man schnell verschlucken muß, und wobei man Lippe und Zunge an der heißen Rinde verbrennt, den Magen aber erkältet.

Aber die herrschende Bourgeoisie muß ihrer Sünden wegen nicht bloß alte klassische Tragödien und Trilogien, die nicht klassisch sind, ausstehen, sondern die himmlischen Mächte haben ihr einen noch schauderhaften Kunstgenuß beschert, nämlich jenes Pianoforte, dem man jetzt nirgends mehr ausweichen kann, das man in allen Häusern erklingen hört, in jeder Gesellschaft, Tag und Nacht. Ja, Pianoforte heißt das Marterinstrument, womit die jetzige vornehme Gesellschaft noch ganz besonders torquiert und gezüchtigt wird für alle ihre Usurpationen. Wenn nur nicht der Unschuldige mit leiden müßte! Diese ewige Klavierspielerei ist nicht mehr zu ertragen! (Ach! meine Wandnachbarinnen, junge Töchter Albion's, spielten in diesem Augenblick ein brillantes Morceau für zwei linke Hände). Diese grellen Klimpertöne ohne natürliches Verhallen, diese herzlosen Schwirrklänge, dieses erzprosaische Schollern und Pickern, dieses Fortepiano tötet all unser Denken und Fühlen, und wir werden dumm, abgestumpft, blödsinnig. Dieses Überhandnehmen des Klavierspielens und gar die Triumphzüge der Klaviervirtuosen sind charakteristisch für unsere Zeit und zeugen ganz eigentlich von dem Siege des Maschinenwesens über den Geist. Die technische Fertigkeit, die Präzision eines Automaten, das Identifizieren mit dem besaiteten Holze, die tönende Instrumentwerdung des Menschen, wird jetzt als das Höchste gepriesen und gefeiert. Wie Heuschreckenscharen kommen die Klaviervirtuosen jeden Winter nach Paris, weniger um Geld zu erwerben, als vielmehr um sich hier einen Namen zu machen, der ihnen in andern Ländern desto reichlicher eine pekuniäre Ernte verschafft. Paris dient ihnen als eine Art Annoncenpfahl, wo ihr Ruhm in kolossalen Lettern zu lesen. Ich sage, ihr Ruhm ist hier zu lesen, denn es ist die Pariser Presse, welche ihn der gläubigen Welt verkündet, und jene Virtuosen verstehen sich mit der größten Virtuosität auf die Ausbeutung der Journale und der Journalisten. Sie wissen auch dem Harthörigsten schon beizukommen, denn Menschen sind immer Menschen, sind empfänglich für Schmeichelei, spielen auch gern eine Protektorrolle, und eine Hand wäscht die andere; die unreinere ist aber selten die des Journalisten, und selbst der feile Lobhudler ist zugleich eine betrogener Tropf, den man zur Hälfte mit Liebkosungen bezahlt. Man spricht von der Käuflichkeit der Presse; man irrt sich sehr. Im Gegenteil, die Presse ist gewöhnlich düpiert, und dies gilt ganz besonders in Beziehung auf die berühmten Virtuosen. Berühmt sind sie eigentlich alle, nämlich in den Reklamen, die sie höchstselbst oder durch einen Bruder oder durch ihre Frau Mutter zum Druck befördern. Es ist kaum glaublich, wie demütig sie in den Zeitungsbureaux um die geringste Lobspende betteln, wie sie sich krümmen und winden. Als ich noch bei dem Direktor der *„Gazette musicale"* in großer Gunst stand – (ach! ich habe sie durch jugendlichen Leichtsinn verscherzt) – konnte ich so recht mit eignen Augen ansehen, wie ihm jene Berühmten untertänig zu Füßen lagen und vor ihm krochen und wedelten, um in seinem Journale ein bißchen gelobt zu werden; und von unsern hochgefeierten Virtuosen, die wie siegreiche Fürsten in allen Hauptstädten Europa's sich huldigen lassen, könnte man wohl in Beranger's Weise sagen, daß auf ihren Lorbeerkronen noch der Staub von Moritz Schlesinger's Stiefeln sichtbar ist. Wie diese Leute auf unsre Leichtgläubigkeit spekulieren, davon hat man keinen Begriff, wenn man nicht hier an Ort und Stelle die Betriebsamkeit ansieht. In dem Bureau der erwähnten musikalischen Zeitung begegnete ich einmal einem zerlumpten alten Mann, der sich als den Vater eines berühmten Virtuosen ankündigte und die Redaktoren des Journals bat, eine Reklame anzudrucken, worin einige edle Züge aus dem Kunstlebens seines Sohnes zur Kenntnis des Publikums gebracht wurden. Der Berühmte hat nämlich irgendwo in Südfrankreich mit kolossalem Beifall ein Konzert gegeben und mit dem Ertrag eine den Einsturz drohende altgotische Kirche unterstützt; ein andermal hatte er für eine überschwemmte Witwe gespielt, oder auch für einen siebzigjährigen Schulmeister, der seine einzige Kuh verloren, usw. Im längern Gespräche mit dem Vater jenes Wohltäters der Menschheit gestand der Alte ganz naiv, daß sein Herr Sohn freilich nicht so viel für ihn tue, wie er wohl vermöchte, und daß er ihn manchmal sogar ein klein bißchen darben lasse. Ich möchte dem Berühmten anraten, auch einmal für die baufälligen Hosen seines alten Vaters ein Konzert zu geben.

Wenn man diese Misère angesehen, kann man wahrlich den schwedischen Studenten nicht mehr grollen, die sich etwas allzu stark gegen den Unfug der Virtuosenvergötterung ausgesprochen und dem berühmten Ole Bull bei seiner Ankunft in Upsala die bekannte Ovation bereiteten. Der Gefeierte glaubte schon, man würde ihm die Pferde ausspannen, machte sich schon gefaßt auf Fackelzug und Blumenkränze, als er eine ganz unerwartete Tracht Ehrenprügel bekam, eine wahrhaft nordische Surprise.

Die Matadoren der diesjährigen Saison waren die Herren Sivori und Dreyschock. Ersterer ist ein Geiger, und schon als solchen stelle ich ihn über letztern, den furchtbaren Klavierschläger. Bei den Violinisten ist überhaupt die Virtuosität nicht ganz und gar Resultat mechanischer Fingerfertigkeit und bloßer Technik, wie bei den Pianisten. Die Violine ist ein Instrument, welches fast menschliche Launen hat und mit der Stimmung des Spielers, sozusagen, in einem sympathetischen Rapport steht, das geringste Mißbehagen, die leiseste Gemütserschütterung, ein Gefühlshauch, findet hier einen unmittelbaren Wiederhall, und das kommt wohl daher, weil die Violine, so ganz nahe an unsre Brust gedrückt, auch unser Herzklopfen vernimmt. Dies ist jedoch nur bei Künstlern der Fall, die wirklich ein Herz in der Brust tragen, welches klopft, die überhaupt eine Seele haben. Je nüchterner und herzloser der Violinspieler, desto gleichförmiger wird immer seine Exekution sein, und er kann auf den Gehorsam seiner Fiedel rechnen, zu jeder Stunde, an jedem Orte. Aber diese gepriesene Sicherheit ist doch nur das Ergebnis einer geistigen Beschränktheit, und eben die größten Meister waren es, deren Spiel nicht selten abhängig gewesen von äußern und inneren Einflüssen. Ich habe niemand besser, aber auch zu Zeiten niemand schlechter spielen gehört als Paganini, und dasselbe kann ich von Ernst rühmen. Dieser letztere, Ernst, vielleicht der größte Violinspieler unserer Tage, gleicht dem Paganini auch in seinen Gebrechen, wie in seiner Genialität. Ernst's Abwesenheit ward hier diesen Winter sehr bedauert von allen Musikfreunden, welche die Höhen der Kunst zu schätzen wissen. Signor Sivori war ein sehr matter Ersatz, doch wir haben ihn mit großem Vergnügen gehört. Da er in Genua geboren ist und vielleicht als Kind in den engen Straßen seiner Vaterstadt, wo man sich nicht ausweichen kann, dem Paganini zuweilen begegnete, hat man ihn hier für einen Schüler desselben proklamiert. Nein, Paganini hatte nie einen Schüler, konnte keinen haben, denn das Beste, was er wußte, das, was das Höchste in der Kunst ist, das läßt sich weder lehren noch lernen.

Was ist in der Kunst das Höchste? Das, was auch in allen andern Manifestationen des Lebens das Höchste ist; die selbstbewußte Freiheit des Geistes. Nicht bloß ein Musikstück, das in der Fülle jenes Selbstbewußtseins komponiert worden, sondern auch der bloße Vortrag desselben kann als das künstlerisch Höchste betrachtet werden, wenn uns daraus jener wundersame Unendlichkeitshauch anweht, der unmittelbar bekundet, daß der Exekutant mit dem Komponisten auf derselben freien Geisteshöhe steht, daß er ebenfalls ein Freier ist. Ja, dieses Selbstbewußtsein der Freiheit in der Kunst offenbart sich ganz besonders durch die Behandlung, durch die Form, in keinem Falle durch den Stoff, und wir können im Gegenteil behaupten, daß die Künstler, welche die Freiheit selbst und die Befreiung zu ihrem Stoffe gewählt, gewöhnlich von beschränktem, gefesseltem Geiste, wirklich Unfreie sind. Diese Bemerkung bewährt sich heutigen Tages ganz besonders in der deutschen Dichtkunst, wo wir mit Schrecken sehen, daß die zügellos trotzigsten Freiheitssänger, beim Licht betrachtet, meist nur bornierte Naturen sind, Philister, deren Zopf unter der roten Mütze hervorlauscht, Eintagsfliegen, von denen Goethe sagen würde:

> Matte Fliegen! Wie sie rasen!
> Wie sie, sumsend überkeck,
> Ihren kleinen Fliegendreck,
> Träufeln auf Tyrannennasen!

Die wahrhaft großen Dichter haben immer die großen Interessen ihrer Zeit anders aufgefaßt als in gereimten Zeitungsartikeln, und sie haben sich wenig darum bekümmert, wenn die knechtische Menge, deren Roheit sie anwidert, ihnen den Vorwurf des Aristokratismus machte.

Zweiter Bericht

Paris, den 26. März 1843

Als die merkwürdigsten Erscheinungen der heurigen Saison habe ich die Herren Sivori und Dreyschock genannt. Letzterer hat den größten Beifall geerntet, und ich referiere getreulich, daß ihn die öffentliche Meinung für einen der größten Klaviervirtuosen proklamiert und den gefeiertsten derselben gleichgestellt hat. Er macht einen höllischen Spektakel. Man glaubt nicht einen Pianisten Dreyschock, sondern drei Schock Pianisten zu hören. Da an dem Abend seines Konzertes der Wind südwestlich war, so konnten Sie vielleicht in Augsburg die gewaltigen Klänge vernehmen; in solcher Entfernung ist ihre Wirkung gewiß eine angenehme. Hier jedoch, im Departement de la Seine, berstet uns leicht das Trommelfell, wenn dieser Klavierschläger loswettert. Häng dich, Franz List! du bis ein gewöhnlicher Windgötze in Vergleichung mit diesem Donnergott, der wie Birkenreiser die Stürme zusammenbindet und damit das Meer stäupt. Auch ein Däne, namens Villmers, hat sich hier diesen Winter erfolgreich hören lassen und wird gewiß mit der Zeit ebenfalls die höchste Stufe seiner Kunst erklimpern. Die ältern Pianisten treten immer mehr in den Schatten, und diese armen, abgelebten Invaliden des Ruhmes müssen jetzt hart dafür leiden, daß sie in ihrer Jugend überschätzt worden. Nur Kalkbrenner hält sich noch ein bißchen. Er ist diesen Winter wieder öffentlich aufgetreten in dem Konzerte einer Schülerin; auf seinen Lippen glänzt noch immer jenes einbalsamierte Lächeln, welches wir jüngst auch bei einem ägyptischen Pharaonen bemerkt haben, dessen Mumie in dem hiesigen Museum abgewickelt wurde. Nach einer mehr als fünundzwanzigjährigen Abwesenheit hat Herr Kalkbrenner auch jüngst den Schauplatz seiner frühesten Erfolge, nämlich London, wieder besucht und dort den größten Beifall eingeerntet. Das Beste ist, daß er mit heilem Halse hierher zurückgekehrt*) und wir jetzt wohl nicht mehr an die geheime Sage glauben dürfen, als habe Herr Kalkbrenner England so lange gemieden wegen der dortigen ungesunden Gesetzgebung, die das galante Vergehen der Bigamie mit dem Strange bestrafe. Wir können daher annehmen, daß jene Sage ein Märchen war, denn es ist eine Tatsache, daß Herr Kalkbrenner zurückgekehrt ist zu seinen hiesigen Verehrern, zu den schönen Fortepianos, die er in Kompagnie mit Herrn Pleyel fabriziert, zu seinen Schülerinnen, die sich alle zu seinen Meisterinnen im französischen Sinne des Wortes ausbilden, zu seiner Gemäldesammlung, welche, wie er behauptet, kein Fürst bezahlen könne, zu seinem hoffnungslosen Sohne, welcher in der Bescheidenheit bereits seinen Vater übertrifft, und zu der braven Fischhändlerin, die ihm den famosen Turbot überließ, den der Oberkoch des Fürsten von Benevent, Talleyrand Perigord, ehemaligen Bischofs von Autun, für seinen Herrn bereits bestellt hatte – Die Poissarde sträubte sich lange, dem berühmten Pianisten, der inkognito auf den Fischmarkt gegangen war,

---

*) Die nachfolgende Stelle lautet in der französischen Ausgabe: „und daß seine Anwesenheit in Paris allen finstern und verleumderischen Gerüchten, die über ihn in Umlauf waren, ein Dementi erteilt. Er ist mit heilem Halse zurückgekehrt, die Taschen voll Guineen und den Kopf leerer als je. Triumphierend kehrt er zurück, und er erzählt uns, wie Ihre Majestät die Königin von England entzückt war, ihn so wohl zu sehen, und wie sie sich geschmeichelt fühlte durch seinen Besuch in Windsor oder in einem anderen Schlosse, dessen Name mir entfallen. Ja, der große Kaltbrenner ist mit heilem Halse nach seiner Pariser Residenz zurückgekehrt, zu seinen Verehrern, seinen schönen Pianofortes, die er in Kompagnie mit Herrn Pleyel fabriziert, zu seinen zahlreichen Schülern, die aus allen Künstlern bestehen, mit denen er nur ein einzig Mal in seinem Leben gesprochen, und zu seiner Gemäldesammlung, welche, wie er behauptet, kein Fürst bezahlen könne. Es versteht sich von selbst, daß er hier auch den kleinen achtjährigen Jungen wiedergefunden, den er seinem Herrn Sohn benamst, und dem er noch mehr musikalisches Talent als sich selber zuerkennt, indem er ihn über Mozart stellt. Dies lymphatische, kränklich aufgeblasene Männlein, das auf jeden Fall in der Bescheidenheit bereits seinen Vater übertrifft, hört sein eigenes Lob mit der unerschütterlichsten Kaltblütigkeit an; und mit dem Air eines gelangweilten, der Ehrenbezeigungen der Welt überdrüssigen Greises erzählt er selbst von seinen Erfolgen bei Hofe, wo die schönen Prinzessinnen ihm das weiße Händchen geküßt. Die Arroganz dieses Kleinen, dieses blasierten Fötus, ist ebenso widerwärtig als komisch. Ich weiß nicht, ob Herr Kalkbrenner in Paris gleichfalls die brave Fleischhändlerin wiedergefunden, die ihm einst den famosen Türbot überließ etc." **Der Herausgeber.**

den besagten Türbot zu überlassen, doch als ersterer seine Karte hervorzog, sie auf den letztern niederlegte und die arme Frau den Namen Kalkbrenner las, befahl sie auf der Stelle, den Fisch nach seiner Wohnung zu bringen, und sie war lange nicht zu bewegen, irgendeine Zahlung anzunehmen, hinlänglich bezahlt, wie sie sei, durch die große Ehre. Deutsche Stockfische ärgern sich über eine solche Fischgeschichte, weil sie selbst nicht imstande sind, ihr Selbstbewußtsein in solcher brillanten Weise geltend zu machen, und weil sie Herrn Kalkbrenner überdies beneiden ob seinem eleganten äußern Auftreten, ob seinem feinen geschniegelten Wesen, ob seiner Glätte und Süßlichkeit, ob der ganzen marzipanenen Erscheinung, die jedoch für den ruhigen Beobachter durch manche unwillkürliche Berlinismen der niedrigsten Klasse einen etwas schäbigen Beisatz hat, so daß Koreff ebenso witzig als richtig von dem Manne sagen konnte: „Er sieht aus wie ein Bonbon, der in den Dreck gefallen."

Ein Zeitgenosse des Herrn Kalkbrenner ist Herr Pixis, und obgleich er von untergeordneterm Range, wollen wir doch hier als Kuriosität seiner erwähnen. Aber ist Herr Pixis wirklich noch am Leben? Er selber behauptet es und beruft sich dabei auf das Zeugnis des Herrn Sina, des berühmten Badegastes von Boulogne, den man nicht mit dem Berg Sinai verwechseln darf. Wir wollen diesem braven Wellenbändiger Glauben schenken, obgleich manche böse Zungen sogar versichern, Herrn Pixis habe nie existiert. Nein, letzterer ist ein Mensch, der wirklich lebt; ich sage Mensch, obgleich ein Zoologe ihm einen geschwänzteren Namen erteilen würde. Herr Pixis kam nach Paris schon zur Zeit der Invasion, in dem Augenblick, wo der belvederische Apoll den Römern wieder ausgeliefert wurde und Paris verlassen mußte. Die Acquisition des Herrn Pixis sollte den Franzosen einigen Ersatz bieten. Er spielte Klavier, komponierte auch sehr niedlich, und seine musikalischen Stückchen wurden ganz besonders geschätzt von den Vogelhändlern, welche Kanarienvögel auf Drehorgeln zum Gesange abrichten. Diesen gelben Dingern brauchte man eine Komposition des Herrn Pixis nur einmal vorzuleiern, und sie begriffen sie auf der Stelle und zwitscherten sie nach, daß es eine Freude war und jedermann applaudierte: „Pixissime!" Seitdem die ältern Bourbonen vom Schauplatz abgetreten, wird nicht mehr „Pixissime" gerufen; die neuen Sangvögel verlangen neue Melodien*). Durch seine äußere Erscheinung, die physische, macht sich Herr Pixis noch einigermaßen geltend; er

---

*) Der später von Heine geänderte Schluß dieses Absatzes lautete in dem mir vorliegenden Originalmanuskript ursprünglich wie folgt: „und wie Kalkbrenner ist auch Herr Pixis eine arme Mumie, und zwar die Mumie eines Ibis. Der lange Schnabel des Ibis bietet in der Tat die größte Ähnlichkeit mit jener fabelhaft langen Pixisnase, welche zu den Merkwürdigkeiten der musikalischen Welt gehört und die Zielscheibe so vieler schlechten Späße geworden; in dieser Beziehung mußte ich ihrer einmal erwähnen." **Der Herausgeber.**

hat nämlich die größte Nase in der musikalischen Welt, und um diese Spezialität recht auffallend bemerkbar zu machen, zeigt er sich oft in Gesellschaft eines Romanzenkomponisten, der gar keine Nase hat und deswegen jüngst den Orden der Ehrenlegion erhalten hat, denn gewiß nicht seiner Musik wegen ist Herr Panseron solchermaßen dekoriert worden. Man sagt, daß derselbe auch zum Direktor der großen Oper ernannt werden solle, weil er nämlich der einzige Mensch sei, von dem nicht zu befürchten stehe, daß ihn der Maestro Giacomo Meyerbeer an der Nase herumziehen werde.

Herr Herz, gehört wie Kalkbrenner und Pixis, zu den Mumien; er glänzt nur noch durch seinen schönen Konzertsaal, er ist längst tot und hat kürzlich auch geheiratet. Zu den hier ansässigen Klavierspielern, die jetzt am meisten Glück machen, gehören Halle und Eduard Wolf; doch nur von letzterem wollen wir besonders Notiz nehmen, da er sich zugleich als Komponist auszeichnet. Eduard Wolf ist fruchtbar und voller Verve und Originalität. Seine Studien für das Pianoforte werden am meisten gerühmt, und er befindet sich jetzt so recht in der Vogue. Stephan Heller ist mehr Komponist als Virtuose, obgleich er auch wegen seines Klavierspiels sehr geehrt wird. Seine musikalischen Erzeugnisse tragen alle den Stempel eines ausgezeichneten Talentes, und er gehört schon jetzt zu den großen Meistern. Er ist ein wahrer Künstler, ohne Affektation, ohne Übertreibung; romantischer Sinn in klassischer Form. Thalberg ist schon seit zwei Monaten in Paris, will aber selbst kein Konzert geben; nur im Konzerte eines seiner Freunde wird er diese Woche öffentlich spielen. Dieser Künstler unterscheidet sich vorteilhaft von seinen Klavierkollegen, ich möchte fast sagen: durch sein unmusikalisches Betragen*). Wie im Leben, so auch in seiner Kunst, bekundet Thalberg den angebornen Takt, sein Vortrag ist so gentlemanlike, so wohlhabend, so anständig, so ganz ohne Grimasse, so ganz ohne forciertes Genialtum, so ganz ohne jene renommierende Beugelei, welche die innere Verzagnis schlecht verhehlt, wie wir dergleichen bei unsern musikalischen Glückspilzen so oft bemerkten. Die gesunden Weiber lieben ihn. Die kränklichen Frauen sind ihm nicht minder hold, obgleich er nicht durch epileptische Anfälle auf dem Klavier ihr Mitleid in Anspruch nimmt, obgleich er sie weder elektrisiert noch galvanisiert; negative, aber schöne Eigenschaften. Es gibt nur einen, den ich ihm vorzöge, das ist Chopin, der aber viel mehr Komponist als Virtuose ist. Bei Chopin vergesse ich ganz die Meisterschaft des Klavierspiels, und versinke in die süßen Abgründe

---

*) In der Augsburger Allgemeinen Zeitung heißt es statt des obigen Satzes: „Trotz meiner Abneigung gegen das Klavier werde ich ihn dennoch zu hören suchen. Es hat aber seine eigne Bewandtnis mit der Toleranz, die ich dem Thalberg angedeihen lasse. Dieser bezaubert mich, ich möchte fast sagen: durch sein musikalisches Betragen – sein Spiel ist ganz getaucht in Harmonie." **Der Herausgeber.**

seiner Musik, in die schmerzliche Lieblichkeit seiner ebenso tiefen wie zarten Schöpfungen. Chopin ist der große geniale Tondichter, den man eigentlich nur in Gesellschaft von Mozart oder Beethoven oder Rossini nennen sollte.

In den sogenannten lyrischen Theatern hat es diesen Winter nicht an Novitäten gefehlt. Die Bouffes gaben uns „Don Pasquale", ein neues Opus von Signor Donizetti, dem musikalischen Raupach. Auch diesem Italiener fehlt es nicht an Erfolg, sein Talent ist groß, aber noch größer ist seine Fruchtbarkeit, worin er nur den Kaninchen nachsteht. In der Opéra-comique sahen wir *„La part du diable"*. Text von Scribe, Musik von Auber; Dichter und Komponist passen hier gut zusammen, sie sind sich auffallend ähnlich in ihren Vorzügen wie in ihren Mängeln. Beide haben viel Esprit, viel Grazie, viel Erfindung, sogar Leidenschaft; dem einen fehlt nur die Poesie, während dem andern nur die Musik fehlt. Das Werk findet sein Publikum und macht immer ein volles Haus.

In der *Académie royale de musique,* der großen Oper, gab man dieser Tage „Karl VI.", Text von Casimir Delavigne, Musik von Halevy. Auch hier bemerken wir zwischen dem Dichter und Komponisten eine wahlverwandte Ähnlichkeit. Sie haben beide durch gewissenhaftes edles Streben ihre natürliche Begabnis zu steigern gewußt und mehr durch die äußere Zucht der Schule als durch innere Ursprünglichkeit sich herangebildet. Deshalb sind sie auch beide nie ganz dem Schlechten verfallen, wie es dem Originalgenie zuweilen begegnet; sie leisteten immer etwas Erquickliches, etwas Schönes, etwas Respektables, Akademisches, Klassisches. Beide sind dabei gleich edle Naturen, würdige Gestalten, und in einer Zeit, wo das Geld sich geizig versteckt, wollen wir an dem kursierenden Silber nicht geringschätzig mäkeln. „Der fliegende Holländer" von Dietz ist seitdem traurig gescheitert; ich habe diese Oper nicht gehört, nur das Libretto kam mir zu Gesicht, und mit Widerwillen sah ich, wie die schöne Fabel, die ein bekannter deutsche Schriftsteller (H. Heine) fast ganz mundgerecht für die Bühne ersonnen, in dem französischen Texte verhunzt worden.

Der „Prophet" von Meyerbeer wird noch immer erwartet, und zwar mit einer Ungeduld, die, aufs unleidlichste gesteigert, am Ende in einen fatalen Unmut überschlagen dürfte. Es bildet sich hier schon ohnehin eine sonderbare Reaktion gegen Meyerbeer, dem man in Paris die Huld nicht verzeiht, die ihm in Berlin gnädigst zuteil wird. Man ist ungerecht genug, ihm manche politische Grämlichkeiten entgelten zu lassen. Bedürftigen Talenten, die zu ihrem Lebensunterhalt auf die allerhöchste Gunst angewiesen, verzeiht man weit eher ihre Dienstbarkeit als dem großen Maestro, der unabhängig mit einem grandiosen, fast genialen Vermögen zur Welt gekommen. In der Tat hat er sich sehr bedenklichen Mißverständnissen bloßgestellt; wir werden vielleicht nächstens darauf zurückkommen. – Die

Abwesenheit von Berlioz ist fühlbar. Es wird uns hoffentlich bei seiner Rückkehr viel Schönes mitbringen; Deutschland wird ihn gewiß inspirieren, wie er auch jenseits des Rheins die Gemüter begeistert haben muß. Er ist unstreitig der größte und originellste Musiker, den Frankreich in der letzten Zeit hervorgebracht hat; er überragt alle seine Kollegen französischer Zunge.

Als gewissenhafter Berichterstatter muß ich erwähnen, daß unter den deutschen Landsleuten, die hier anwesend, sich auch der vortreffliche Meister Konradin Kreutzer befindet. Konradin Kreutzer ist hier zu bedeutendem Ansehn gelangt durch das Nachtlager von Granada, das die deutsche Truppe, verhungerten Andenkens, gegeben hat. Mir ist der verehrte Meister schon seit meinen frühesten Jugendtagen bekannt, wo mich seine Liederkompositionen entzückten; noch heute tönen sie mir im Gemüte wie singende Wälder mit schluchzenden Nachtigallen und blühender Frühlingsluft. Herr Kreutzer sagt mir, daß er für die Opéra-comique ein Libretto in Musik setzen wird. Möge es ihm gelingen, auf diesem gefährlichen Pfad nicht zu straucheln und von den abgefeimten Roués der Pariser Komödiantenwelt nicht hinters Licht geführt zu werden, wie so manchen Deutschen vor ihm geschehen, die sogar den Vorzug hatten, weniger Talent als Herrn Kreutzer zu besitzen, und jedenfalls leichtfüßiger als letzterer auf dem glatten Boden von Paris sich zu bewegen wußten. Welche traurigen Erfahrungen mußte Herr Richard Wagner machen, der endlich der Sprache der Vernunft und des Magens gehorchend, das gefährliche Projekt, auf der französischen Bühne Fuß zu fassen, klüglich aufgab und nach dem deutschen Kartoffelland zurückflatterte. Vorteilhafter ausgerüstet im materiellen und industriösen Sinne ist der alte Dessauer, welcher, wie er behauptet, im Auftrage der Opéra-comique-Direktion eine Oper komponiert. Den Text liefert ihm Herr Scribe, dem vorher ein hiesiges Bankierhaus Bürgschaft leistet, daß bei etwaigem Durchfall des alten Dessauer ihm, dem berühmten Librettofabrikanten, eine namhafte Summe als Abtrittsgeld oder Dedit ausbezahlt werde. Er hat in der Tat recht, sich vorzusehen, da der alte Dessauer, wie er uns täglich vorwimmert, an der Melancholik leidet. Aber wer ist der alte Dessauer? Es kann doch nicht der alte Dessauer sein, der im siebenjährigen Kriege so viel Lorbeeren gewonnen, und dessen Marsch so berühmt geworden, und dessen Statue im Berliner Schloßgarten stand und seitdem umgefallen ist? Nein, teurer Leser! Der Dessauer, von welchem wir reden, hat nie Lorbeeren gewonnen, er schrieb auch keine berühmten Märsche, und es ist ihm auch keine Statue gesetzt worden, welche umgefallen. Er ist nicht der preußische alte Dessauer, und dieser Name ist nur ein Nom de guerre oder vielleicht ein Spitzname, den man ihm erteilt hat ob seinem ältlichen, katzenbucklicht gekrümmten und benauten Aussehen. Er ist ein alter Jüngling, der sich schlecht konserviert. Er ist nicht aus Dessau, im Gegenteil, er ist aus Prag, wo er im israelitischen Quartier zwei große reinliche Häuser besitzt; auch in Wien soll er ein Haus besitzen und sonstig sehr vermögend sein. Er hat also nicht nötig zu komponieren wie die alte Mosson, die Schwiegermutter des großen Giacomo Meyerbeer, sagen würde. Aber aus Vorliebe für die Kunst vernachlässigte er seine Handlungsgeschäfte, trieb Musik und komponierte frühzeitig eine Oper, welche*) durch edle Beharrlichkeit zur Aufführung gelangte und anderthalb Vorstellungen erlebte. So wie in Prag, suchte der alte Dessauer auch in Wien seine Talente geltend zu machen, doch die Klique, welche für Mozart, Beethoven und Schubert schwärmt, ließ ihn nicht aufkommen; man verstand ihn nicht, was schon wegen seiner kauderwelschen Mundart und einer gewissen näselnden Aussprache des Deutschen, die an faule Eier erinnert, sehr erklärlich. Vielleicht auch verstand man ihn und eben deswegen wollte man nichts von ihm wissen. Dabei litt er an Hämorrhoiden, auch Harnbeschwerden, und bekam, wie er sich ausdrückt, die Melancholik. Um sich zu erheitern, ging er nach Paris, und hier gewann er die Gunst des berühmten Herrn Moritz Schlesinger, der seine Liederkompositionen in Verlag nahm; als Honorar erhielt er von demselben eine goldene Uhr. Als der alte Dessauer sich nach einiger Zeit zu seinem Gönner begab und ihm anzeigte, daß die Uhr nicht gehe, erwiderte derselbe: „Gehen? Habe ich gesagt, daß sie gehen wird? Gehen Ihre Kompositionen? Er geht mir mit Ihren Kompositionen, wie es Ihnen mit meiner Uhr geht – sie gehen nicht." So sprach der Musikantenbeherrscher Moritz Schlesinger, indem er den Kragen seiner Krawatte in die Höhe zupfte und am Halse herumhaspelte, als werde ihm die Binde plötzlich zu enge, wie er zu tun pflegt, wenn er in Leidenschaft gerät; denn gleich allen großen Männern ist er sehr leidenschaftlich. Dieses unheimliche Zupfen und Haspeln am Halse soll oft den bedenklichsten Ausbrüchen des Zornes vorausgehen, und der arme alte Dessauer wurde dadurch so alteriert, daß er an jenem Tage stärker als je die Melancholik bekam. Der edle Gönner tat ihm unrecht. Es ist nicht seine Schuld, daß die Liederkompositionen nicht gehen; er hat alles Mögliche getan, um sie zum Gehen zu bringen; er ist deswegen von Morgen bis Abend auf den Beinen gewesen, und er läuft jedem nach, der imstande wäre, durch irgendeine Zeitungsreklame seine Lieder zum Gehen zu bringen. Er ist eine Klette an dem Rocke jedes Journalisten, und jammert uns beständig von seiner Melancholik und wie ein Brosämchen des Lobes sein krankes Gemüt erheitern könne. Wenig begüterte Feuilletonisten, die an kleinen Journalen arbeiten, sucht er in einer andern Weise zu ködern, indem er ihnen z. B. erzählt, daß er

---

*) „welche der Besuch in Saint-Chur hieß und durch edle ect." hieß es ursprünglich in dem mir vorliegenden Originalmanuskript. **Der Herausgeber.**

jüngst dem Redakteur eines Blattes im Café de Paris ein Frühstück gegeben habe, welches ihm fünfundvierzig Franks und zehn Sous gekostet; er trägt auch wirklich die Rechnung, die *Carte payante*, jener dejeuners beständig in der Hosentasche, um sie zur Beglaubigung vorzuzeigen. Ja, der zornige Schlesinger tut dem alten Dessauer unrecht, wenn er meint, daß derselbe nicht alle Mittel anwende, um die Kompositionen zum Gehen zu bringen. Nicht bloß die männlichen, sondern auch die weiblichen Gänsefedern sucht der Ärmste zu solchem Zwecke in Bewegung zu setzen. Er hat sogar eine alte vaterländische Gans gefunden, die aus Mitleid einige Lobreklamen im sentimental flauesten Deutsch-Französisch für ihn geschrieben, und gleichsam durch gedruckten Balsam seine Melancholik zu lindern gesucht hat. Wir müssen die brave Person um so mehr rühmen, da nur reine Menschenliebe, Philanthropie, im Spiele, und der alte Dessauer schwerlich durch sein schönes Gesicht die Frauen zu bestechen vermöchte. Über dieses Gesicht sind die Meinungen verschieden; die einen sagen, es sei ein Vomitiv, die andern sagen, es sei ein Lexativ. So viel ist gewiß, bei seinem Anblick beklemmt mich immer ein fatales Dilemma, und ich weiß alsdann nicht, für welche von beiden Ansichten ich mich entscheiden soll*). Der alte Dessauer hat dem hiesigen Publikum zeigen wollen, daß sein Gesicht nicht, wie man sagte, das fatalste von der Welt sei. Er hat in dieser Absicht einen jüngern Bruder expreß von Prag hierher kommen lassen, und dieser schöne Jüngling, der wie ein Adonis des Grindes aussieht, begleitet ihn jetzt überall in Paris. –

Entschuldige, teurer Leser, wenn ich dich wohl von solchen Schmeißfliegen unterhalte; aber ihr zudringliches Gesumse kann den Geduldigsten am Ende dahin bringen, daß er zur Fliegenklatsche greift. Und dann auch wollte ich hier zeigen, welche Mistkäfer von unsern biedern Musikverlegern als deutsche Nachtigallen, als Nachfolger, ja, als Nebenbuhler von Schubert angepriesen werden. Die Popularität Schubert's ist sehr groß in Paris, und sein Name wird in der unverschämtesten Weise ausgebeutet. Der miserabelste Liederschund erscheint hier unter dem fingierten Namen Camille Schubert, und die Franzosen, die gewiß nicht wissen, daß der Vorname des echten Musikers Franz ist, lassen sich solchermaßen täuschen. Armer Schubert! Und welche Texte werden seiner Musik untergeschoben! Es sind namentlich die von Schubert komponierten Lieder von Heinrich Heine, welche hier am beliebtesten sind, aber die Texte sind so entsetzlich übersetzt, daß der Dich-

---

*) Der Schluß dieses Absatzes fehlt in der französischen Ausgabe. Der Name „Dessauer" ist dort in *„de Sauer"* geändert, und Heine schreibt in bezug hierauf wie folgt: „Ich muß jedoch bemerken, daß ich den Namen des Musikers, von dem ich soeben geredet, falsch geschrieben habe, und daß er ihne Zweifel ganz denselben Namen wie der alte Dessauer, der berühmte Verfasser des Dessauer Marsches, führt." **Der Herausgeber.**

ter herzlich froh war, als er erfuhr, wie wenig die Musikverleger sich ein Gewissen daraus machen, den wahren Autor verschweigend, den Namen eines obskuren französischen Paroliers auf das Titelblatt jener Lieder zu setzen. Es geschah vielleicht auch aus Pfiffigkeit, um nicht an *Droits d'auteur* zu erinnern. Hier in Frankreich gestatten diese dem Dichter eines komponierten Liedes immer die Hälfte des Honorars. Wäre diese Mode in Deutschland eingeführt, so würde ein Dichter, dessen „Buch der Lieder" seit zwanzig Jahren von allen deutschen Musikhändlern ausgebeutet wird, wenigstens von diesen Leuten einmal ein Wort des Dankes erhalten haben. – Es ist ihm aber von den vielen hundert Kompositionen seiner Lieder, die in Deutschland erschienen, nicht ein einziges Freiexemplar zugeschickt worden! Möge auch einmal für Deutschland die Stunde schlagen, wo das geistige Eigentum des Schriftstellers ebenso ernsthaft anerkannt werde wie das baumwollene Eigentum des Nachtmützenfabrikanten. Dichter werden aber bei uns als Nachtigallen betrachtet, denen nur die Luft angehöre; sie sind rechtlos, wahrhaft vogelfrei!

Ich will diesen Artikel mit einer guten Handlung beschließen. Wie ich höre, soll sich Herr Schindler in Köln, wo er Musikdirektor ist, sehr darüber grämen, daß ich in einem meiner Saisonberichte sehr wegwerfend von seiner weißen Krawatte gesprochen und von ihm selbst behauptet habe, auf seiner Visitenkarte sei unter seinem Namen der Zusatz „Ami de Beethoven" zu lesen gewesen. Letzteres stellt er in Abrede; was die Krawatte betrifft, so hat es damit ganz seine Richtigkeit, und ich habe nie ein fürchterlich weißeres und steiferes Ungeheuer gesehen; doch in betreff der Karte muß ich aus Menschenliebe gestehen, daß ich selber daran zweifle, ob jene Worte wirklich darauf gestanden. Ich habe die Geschichte nicht erfunden, aber vielleicht mit zu großer Zuvorkommenheit geglaubt, wie es denn bei allem in der Welt mehr auf die Wahrscheinlichkeit als auf die Wahrheit selbst ankommt. Erstere beweist, daß man den Mann einer solchen Narrheit fähig hielt, und bietet uns das Maß seines wirklichen Wesens, während ein wahres Faktum an und für sich nur eine Zufälligkeit ohne charakteristische Bedeutung sein kann. Ich habe die erwähnte Karte nicht gesehen; dagegen sah ich dieser Tage mit leiblich eignen Augen die Visitenkarte eines schlechten italienischen Sängers, der unter seinem Namen die Worte: *„Neveu de Mr. Rubini"* hatte drucken lassen.

Musikalische Saison 1844

Erster Bericht

Paris, den 25. April 1844

A tout seigneur tout honneur. Wir beginnen heute mit Berlioz, dessen erstes Konzert die musikalische Saison eröffnete und gleichsam als Ouvertüre derselben zu betrachten war. Die mehr oder minder neuen Stücke, die hier dem Publikum vorgetragen wurden, fanden den gebührenden Applaus, und selbst die trägsten Gemüter wurden fortgerissen von der Gewalt des Genius, der sich in allen Schöpfungen des großen Meisters bekundet. Hier ist ein Flügelschlag, der keinen gewöhnlichen Sangesvogel verrät, das ist eine kolossale Nachtigall, ein Sprosser von Adlersgröße, wie es deren in der Urwelt gegeben haben soll. Ja, die Berliozische Musik überhaupt hat für mich etwas Urweltliches, wo nicht gar Antediluvarisches, und sie mahnt mich an untergegangene Tiergattungen, an fabelhafte Königstümer und Sünden, an aufgetürmte Unmöglichkeiten, an Babylon, an die hängenden Gärten der Semiramis, an Ninive, an die Wunderwerke von Mizraim, wie wir dergleichen erblicken auf den Gemälden des Engländers Martin. In der Tat, wenn wir uns nach einer Analogie in der Malerkunst umsehen, so finden wir die wahlverwandteste Ähnlichkeit zwischen Berlioz und dem tollen Britten, derselbe Sinn für das Ungeheuerliche, für das Riesenhafte, für materielle Unermeßlichkeit. Bei dem einen die grellen Schatten- und Licht-Effekte, bei dem andern kreischende Instrumentierung; bei dem einen wenig Melodie, bei dem andern wenig Farbe, bei beiden wenig Schönheit und gar kein Gemüt. Ihre Werke sind weder antik noch romantisch, sie erinnern weder an Griechenland noch an das katholische Mittelalter, sondern sie mahnen weit höher hinauf an die assyrisch-babylonisch-ägyptische Architektur-Periode und an die massenhafte Passion, die sich darin aussprach.

Welch ein ordentlicher moderner Mensch ist dagegen unser Felix Mendelssohn-Bartholdy, der hochgefeierte Landsmann, den wir heute zunächst wegen der Symphonie erwähnen, die im Konzertsaale des Conservatoires von ihm gegeben worden. Dem tätigen Eifer seiner hiesigen Freunde und Gönner verdanken wir diesen Genuß. Obgleich diese Symphonie Mendelssohn's im Conservatoire sehr frostig aufgenommen wurde, verdient sie dennoch die Anerkennung aller wahrhaft Kunstverständigen. Sie ist von echter Schönheit und gehört zu Mendelssohn's besten Arbeiten*). Wie aber

---

*) Dieser Satz heißt in der Augsburger Allgemeinen Zeitung ausführlicher: „Namentlich ist der zweite Satz (Scherzo in F-Dur) und das dritte Adagio in

kommt es, daß dem so verdienten und hochbegabten Künstler seit der Aufführung des „Paulus", den man dem hiesigen Publikum auferlegte, dennoch kein Lorbeerkranz auf französischem Boden hervorblühen will? Wie kommt es, daß hier alle Bemühungen scheitern, und daß das letzte Verzweiflungsmittel des Odeontheaters, die Aufführung der Chöre zur Antigone, ebenfalls nur ein klägliches Resultat hervorbrachte? Mendelssohn bietet uns immer Gelegenheit, über die höchsten Probleme der Ästhetik nachzudenken. Namentlich werden wir bei ihm immer an die große Frage erinnert: Was ist der Unterschied zwischen Kunst und Lüge? Wir bewundern bei diesem Meister zumeist sein großes Talent für Form, für Stilistik, seine Begabnis, sich das Außerordentliche anzueignen, seine reizend schöne Faktur, sein feines Eidechsenohr, seine zarten Fühlhörner und seine ernsthafte, ich möchte fast sagen passionierte Indifferenz. Suchen wir in einer Schwesterkunst nach einer analogen Erscheinung, so finden wir sie diesmal in der Dichtkunst, und sie heißt Ludwig Tieck. Auch dieser Meister wußte immer das Vorzüglichste zu reproduzieren, sei es schreibend oder vorlesend, er verstand sogar das Naive zu machen, und er hat doch nie etwas geschaffen, was die Menge bezwang und lebendig blieb in ihrem Herzen*). Dem begabteren Mendelssohn würde es schon eher gelingen, etwas ewig Bleibendes zu schaffen, aber nicht auf dem Boden, wo zunächst Wahrheit und Leidenschaft verlangt wird, nämlich auf der Bühne; auch Ludwig Tieck, trotz seinem hitzigsten Gelüste, konnte es nie zu einer dramatischen Leistung bringen.

Außer der Mendelssohn'schen Symphonie hörten wir im Conservatoire mit großem Interesse eine Symphonie des seligen Mozart, und eine nicht minder talentvolle Komposition von Händel. Sie wurden mit großem Beifall aufgenommen. Diese beiden, Mozart und Händel, haben es endlich dahin gebracht, die Aufmerksamkeit der Franzosen auf sich zu ziehen, wozu sie freilich viel Zeit bedurften, da keine Propaganda von Diplomaten, Pietisten und Bankiers für sie tätig war.

Unser vortrefflicher Landsmann Ferdinand Hiller genießt unter den wahrhaft Kunstverständigen ein zu großes Ansehen, als daß wir nicht, so groß auch die Namen sind, die wir eben genannt, den seinigen hier unter den Komponisten erwähnen dürften, deren Arbei-

---

A-Dur charaktervoll, und mitunter von echter Schönheit. Die Instrumentation ist vortrefflich, und die ganze Symphonie gehört zu Mendelssohn's besten Arbeiten."   Der Herausgeber.

*) Der Schluß dieses Absatzes lautet in der Augsburger Allgemeinen Zeitung, wie folgt: „Beiden eigen ist der hitzigste Wunsch nach dramatischer Leistung, und auch Mendelssohn wird vielleicht alt und mürrisch werden, ohne etwas wahrhaft Großes auf die Bretter gebracht zu haben. Er wird es wohl versuchen, aber es muß ihm mißlingen, da hier Wahrheit und Leidenschaft zunächst begehrt werden."   **Der Herausgeber.**

ten im Conservatoire die verdiente Anerkennung fanden. Hiller ist mehr ein denkender als ein fühlender Musiker, und man wirft ihm noch obendrein eine zu große Gelehrsamkeit vor. Geist und Wissenschaft mögen wohl manchmal in den Kompositionen dieses Doktrinärs etwas kühlend wirken, jedenfalls aber sind sie immer anmutig, reizend und schön. Von schiefmäuliger Exzentrizität ist hier keine Spur, Hiller besitzt eine artistische Wahlverwandtschaft mit seinem Landsmann Wolfgang Goethe. Auch Hiller ward geboren zu Frankfurt, wo ich bei meiner letzten Durchreise sein väterliches Haus sah; es ist genannt „Zum grünen Frosch", und das Abbild eines Frosches ist über der Haustüre zu sehen. Hiller's Kompositionen erinnern aber nie an solch unmusikalische Bestie, sondern nur an Nachtigallen, Lerchen und sonstiges Frühlingsgevögel.

An konzertgebenden Pianisten hat es auch dieses Jahr nicht gefehlt. Namentlich die Ideen des Märzen waren in dieser Beziehung sehr bedenkliche Tage. Das alles klimpert drauflos und will gehört sein, und sei es auch nur zum Schein, um jenseits der Barrière von Paris sich als große Zelebrität gebärden zu dürfen. Den erbettelten und erschlichenen Fetzen Feuilletonlob wissen die Kunstjünger, zumal in Deutschland, gehörig auszubeuten, und in den dortigen Reklamen heißt es dann, das berühmte Genie, der große Rudolf W. sei angekommen, der Nebenbuhler von Liszt und Thalberg, der Klavierheros, der in Paris so großes Aufsehen erregt habe und sogar von dem Kritiker Jules Janin gelobt worden, Hosianna! Wer nun eine solche arme Fliege zufällig in Paris gesehen hat, und überhaupt weiß, wie wenig hier von noch weit bedeutendern Personnagen Notiz genommen wird, findet die Leichtgläubigkeit des Publikums sehr ergötzlich, und die plumpe Unverschämtheit der Virtuosen sehr ekelhaft. Das Gebrechen aber liegt tiefer, nämlich in dem Zustand unsrer Tagespresse, und dieser ist wieder nur ein Ergebnis fatalerer Zustände. Ich muß immer darauf zurückkommen, daß es nur drei Pianisten gibt, die eine ernste Beachtung verdienen, nämlich: Chopin, der holdselige Tondichter, der aber leider auch diesen Winter sehr krank und wenig sichtbar war; dann Thalberg, der musikalische Gentleman, der am Ende gar nicht nötig hätte, Klavier zu spielen, um überall als eine schöne Erscheinung begrüßt zu werden, und der sein Talent auch wirklich nur als eine Apanage zu betrachten scheint; und dann unser Liszt, der trotz aller Verkehrtheiten und verletzenden Ecken dennoch unser teurer Liszt bleibt, und in diesem Augenblick wieder die schöne Welt von Paris in Aufregung gesetzt. Ja, er ist hier, der große Agitator, unser Franz Liszt, der irrende Ritter aller möglichen Orden, (mit Ausnahme der französischen Ehrenlegion, die Ludwig Philipp keinem Virtuosen geben will); er ist hier, der hohenzollern-hechingensche Hofrat, der Doktor der Philosophie und Wunderdoktor der Musik, der wieder auferstandene Rattenfänger von Hameln, der neue Faust, dem immer ein Pudel in der Gestalt Belloni's folgt, der geadelte und dennoch edle Franz Liszt! Er ist hier, der moderne Amphion, der mit den Tönen seines Saitenspiels beim Kölner Dombau die Steine in Bewegung setzte, daß sie sich zusammenfügten wie einst die Mauern von Theben! Er ist hier, der moderne Homer, den Deutschland, Ungarn und Frankreich, die drei größten Länder, als Landeskind reklamieren, während der Sänger der Ilias nur von sieben kleinen Provinzialstädten in Anspruch genommen ward! Er ist hier, der Attila, die Geißel Gottes aller Erard'schen Pianos, die schon bei der Nachricht seines Kommens erzitterten, und die nun wieder unter seiner Hand zucken, bluten und wimmern, daß die Tierquälergesellschaft sich ihrer annehmen sollte! Er ist hier, das tolle, schöne, häßliche, rätselhafte, fatale und mitunter sehr kindische Kind seiner Zeit, der gigantische Zwerg, der rasende Roland mit dem ungarischen Ehrensäbel, der heute kerngesunde, morgen wieder sehr kranke Franz Liszt, dessen Zauberkraft uns bezwingt, dessen Genius uns entzückt, der geniale Hans Narr, dessen Wahnsinn uns selber den Sinn verwirrt, und den wir in jedem Fall den loyalen Dienst erweisen, daß wir die große Furore, die er hier erregt, zur öffentlichen Kunde bringen. Wir konstatieren unumwunden die Tatsache des ungeheuern Succeß; wie wir diese Tatsache nach unserm Privatbedünken ausdeuten und ob wir überhaupt unsern Privatbeifall dem gefeierten Virtuosen zollen oder versagen, mag demselben gewiß gleichgültig sein, da unsre Stimme nur die eines einzelnen und unsre Autorität in der Tonkunst nicht von sonderlicher Bedeutung ist.

Wenn ich früherhin von dem Schwindel hörte, der in Deutschland und namentlich in Berlin ausbrach, als sich Liszt dort zeigte, zuckte ich mitleidig die Achsel und dachte: Das stille sabbatliche Deutschland will die Gelegenheit nicht versäumen, um sich ein bißchen erlaubte Bewegung zu machen, es will die schlaftrunkenen Glieder ein wenig rütteln, und meine Abderiten an der Spree kitzeln sich gern in einen gegebenen Enthusiasmus hinein, und einer deklamiert dem andern nach: „Amor, Beherrscher der Menschen und der Götter!" Es ist ihnen, dacht' ich, bei dem Spektakel um den Spektakel selbst zu tun, um den Spektakel an sich, gleichviel wie dessen Veranlassung heiße, Georg Herwegh, Saphir, Franz Liszt oder Fanny Elsler; wird Herwegh verboten, so hält man sich an Liszt, der unverfänglich und unkompromittierend. So dachte ich, so erklärte ich mir die Lisztomanie, und ich nahm sie für ein Merkmal des politisch unfreien Zustandes jenseits des Rheins. Aber ich habe mich doch geirrt, und das merkte ich erst vorige Woche im italienischen Opernhaus, wo Liszt sein erstes Konzert gab und zwar vor einer Versammlung, die man wohl die Blüte der hiesigen Gesellschaft nennen konnte. Jedenfalls waren es wachende Pariser, Menschen, die mit den höchsten Erscheinungen der Gegenwart vertraut, die mehr oder minder lange mitgelebt hatten das große Drama der Zeit, darunter so viele Invaliden aller Kunstgenüsse, die müdesten Männer der Tat, Frauen, die ebenfalls sehr müde, indem sie den ganzen Winter hindurch die Polka getanzt, eine Unzahl beschäftigter und blasierter Gemüter – Das war wahrlich kein deutschsentimentales, berlinisch-anempfindelndes Publikum, vor welchem Liszt spielte, ganz allein, oder vielmehr nur begleitet von seinem Genius. Und dennoch, wie gewaltig, wie erschütternd wirkte schon seine bloße Erscheinung! Wie ungestüm war der Beifall, der ihm entgegenklatschte! Auch Bouquete wurden ihm zu Füßen geworfen! Es war ein erhabener Anblick, wie der Triumphator mit Seelenruhe die Blumensträuße auf sich regnen ließ, und endlich, graziöse lächelnd, eine rote Kamelia, die er aus einem solchen Bouquet hervorzog, an seine Brust steckte. Und dieses tat er in Gegenwart einiger jungen Soldaten, die eben aus Afrika gekommen, wo sie keine Blumen, sondern bleierne Kugeln auf sich regnen sahen und ihe Brust mit den roten Kamelias des eignen Heldenbluts geziert war, ohne daß man hier oder dort davon besonders Notiz nahm. Sonderbar! dachte ich, diese Pariser, die den Napoleon gesehen, der eine Schlacht nach der andern liefern mußte, um ihre Aufmerksamkeit zu fesseln, diese jubeln jetzt unserm Franz Liszt! Und welcher Jubel! Eine wahre Verrücktheit, wie sie unerhört in den Annalen der Furore! Was ist aber der Grund dieser Erscheinung? Die Lösung der Frage gehört vielleicht eher in die Pathologie als in die Ästhetik*). Ein Arzt, dessen Spezialität weibliche Krankheiten sind, und den ich über den Zauber befragte, den unser Liszt auf sein Publikum ausübt, lächelte sonderbar und sprach dabei allerlei von Magnetismus, Galvanismus, Elektrizität, von der Kontagion in einem schwülen, mit unzähligen Wachskerzen und einigen hundert parfümierten und schwitzenden Menschen angefüllten Saale, von Histrionalepilepsis, von den Phänomenen des Kitzelns, von musikalischen Kanthariden und andern scabrosen Dingen, welche, glaub' ich, Bezug haben auf die Mysterien der *bona dea*. Vielleicht aber liegt die Lösung der Frage nicht so abenteuerlich tief, sondern auf einer sehr prosaischen Oberfläche. Es will mich manchmal bedünken, die ganze Hexerei ließe sich dadurch erklären, daß niemand auf dieser Welt seine Successe, oder vielmehr die *Mise en scène* derselben, so gut zu organisieren weiß wie unser Franz Liszt. In dieser Kunst ist er ein Genie, ein Philadelphia, ein Bosko, ein Houdin, ja, ein Meyerbeer. Die vornehmsten Personen dienen ihm gratis als

---

*) In der Augsburger Allgemeinen Zeitung lautet der Schluß dieses Absatzes: „Die elektrische Wirkung einer dämonischen Natur auf eine zusammengepreßte Menge, die ansteckende Gewalt der Ekstase, und vielleicht der Magnetismus der Musik selbst, dieser spiritualistischen Zeitkrankheit, welche fast in uns allen vibriert – diese Phänomene sind mir noch nie so deutlich und so beängstigend entgegen getreten wie in dem Konzert von Liszt." **Der Herausgeber.**

Kompères, uns seine Mietenthusiasten sind musterhaft dressiert. Knallende Champagnerflaschen und der Ruf von verschwenderischer Freigebigkeit, ausposaunt durch die glaubwürdigsten Journale, lockt Rekruten in jeder Stadt. Nichtsdestoweniger mag es der Fall sein, daß unser Franz Liszt wirklich von Natur sehr spendabel und frei wäre von Geldgeiz, einem schäbigen Laster, das so vielen Virtuosen anklebt, namentlich den Italienern, und das wir sogar bei dem flötensüßen Rubini finden, von dessen Filz eine in jeder Beziehung sehr spaßhafte Anekdote erzählt wird. Der berühmte Sänger hatte nämlich in Verbindung mit Franz Liszt eine Kunstreise auf gemeinschaftliche Kosten unternommen, und der Profit der Konzerte, die man in verschiedenen Städten geben wollte, sollte geteilt werden. Der große Pianist, der überall den Generalintendanten seiner Berühmtheit, den schon erwähnten Signor Belloni, mit sich herumführt, übertrug demselben bei dieser Gelegenheit alles Geschäftliche. Als der Signor Belloni aber nach beendigter Geschäftsführung seine Rechnung eingab, bemerkte Rubini mit Entsetzen, daß unter den gemeinsamen Ausgaben auch eine bedeutende Summe für Lorbeerkränze, Blumenbouquete, Lobgedichte und sonstige Ovationskosten angesetzt war. Der naive Sänger hatte sich eingebildet, daß man ihm seiner schönen Stimme wegen solche Beifallszeichen zugeschmissen, er geriet jetzt in großen Zorn, und wollte durchaus nicht die Bouquete bezahlen, worin sich vielleicht die kostbarsten Kamelias befanden. Wär' ich ein Musiker, dieser Zwist böte mir das beste Sujet einer komischen Oper.

Aber ach! laßt uns die Huldigungen, welche die berühmten Virtuosen einernten, nicht allzu genau untersuchen. Ist doch der Tag ihrer eitlen Berühmtheit sehr kurz, und die Stunde schlägt bald, wo der Titane der Tonkunst vielleicht zu einem Stadtmusikus von sehr untergesetzter Statur zusammenschrumpft, der in seinem Kaffeehause den Stammgästen erzählt und auf seine Ehre versichert, wie man ihm einst Blumenbouquete von den schönsten Kamelias zugeschleudert, und wie sogar einmal zwei ungarische Gräfinnen, um sein Schnupftuch zu erhaschen, sich selbst zur Erde geschmissen und blutig gerauft haben! Die Eintagsreputation der Virtuosen verdünstet und verhallt, öde, spurlos, wie der Wind eines Kameles in der Wüste.

Der Übergang vom Löwen zum Kaninchen ist etwas schroff. Dennoch darf ich hier jene zahmeren Klavierspieler nicht unbeachtet lassen, die in der diesjährigen Saison sich ausgezeichnet. Wir können nicht alle große Propheten sein, und es muß auch kleine Propheten geben, wovon zwölf auf ein Dutzend gehen. Als den Größten unter den Kleinen nennen wir hier Theodor Döhler. Sein Spiel ist nett, hübsch, artig, empfindsam, und er hat eine ganz eigentümliche Manier, mit der waagerecht ausgestreckten Hand bloß durch die gebogenen Fingerspitzen die Tasten anzuschlagen. Nach Döhler verdient Halle unter den kleinen Propheten eine besondere Erwähnung;

er ist ein Habakuk von ebenso bescheidenem wie wahrem Verdienst. Ich kann nicht umhin, hier auch des Herrn Schad zu erwähnen, der unter den Klavierspielern vielleicht denselben Rang einnimmt, den wir dem Jonas unter den Propheten einräumen; möge ihn nie ein Walfisch verschlucken! Ein ganz vorzügliches Konzert gab Herr Antoine de Kontski, ein junger Pole von ehrenwertem Talente, der auch schon seine Zelebrität erworben. Zu den merkwürdigsten Erscheinungen der Saison gehörten die Debüts des jungen Mathias; Talent hohen Ranges. Die ältern Pharaonen werden täglich mehr überflügelt und versinken in mutloser Dunkelheit.

Als gewissenhafter Berichterstatter, der nicht bloß von neuen Opern und Konzerten, sondern auch von allen anderen Katastrophen der musikalischen Welt zu berichten hat, muß ich auch von den vielen Verheiratungen reden, die darin zum Ausbruch gekommen oder auszubrechen drohen. Ich rede von wirklichen, lebenslänglichen, höchst anständigen Heiraten, nicht von jenem wilden Ehe-Dilettantismus, der des Maires mit der dreifarbigen Schärpe und des Segens der Kirche entbehrt. Chacun sucht jetzt seine Chacune. Die Herren Künstler tänzeln einher auf Freiersfüßen und trällern Hymenäen. Die Violine verschwägert sich mit der Flöte; die Hornmusik wird nicht ausbleiben. Einer der drei berühmtesten Pianisten vermählte sich unlängst mit der Tochter des in jeder Hinsicht größten Bassisten der italienischen Oper; die Dame ist schön, anmutig und geistreich. Vor einigen Tagen erfuhren wir, daß noch ein anderer ausgezeichneter Pianist aus Warschau in den heiligen Ehestand trete, daß auch er sich hinauswage auf jenes hohe Meer, für welches noch kein Kompaß erfunden worden*). Immerhin, kühner Segler, stoß ab vom Lande, und möge kein Sturm dein Ruder

---

*) In der Augsburger Allgemeinen Zeitung lautet der Anfang dieses Absatzes wie folgt: „Als gewissenhafter Berichterstatter muß ich hier die Konzerte erwähnen, womit die beiden musikalischen Zeitungen, die „Gazette musicale" des Herrn Moritz Schlesinger, und die „France musicale" der Herren Escudier, ihre Abonnenten erfreuten. Wir hörten hier besonders hübsche und doch gute Sängerinnen: Madame Sabatier, Mademoiselle Lia Duport und Madame Castellan. Da diese Konzerte gratis gegeben worden, so waren die Anforderungen des Publikums desto strenger; sie wurden aber reichlich befriedigt. Mit Vergnügen melde ich hier die wichtige Nachricht, daß der siebenjährige Krieg zwischen den erwähnten zwei musikalischen Zeitschriften und ihren Redakteuren, Gottlob! zu Ende ist. Die edlen Kämpfer haben sich zum Friedensbündnis die Hände gereicht und sind jetzt gute Freunde. Diese Freundschaft wird dauernd sein, da sie auf wechselseitige Achtung gegründet ist. Das Projekt einer Verschwägerung zwischen beiden hohen Häusern war nur die müßige Erfindung kleiner Journale. Die Ehe, und zwar die lebenslängliche Ehe, ist jetzt in der Kunstwelt das Tagesthema. Thalberg vermählte sich unlängst mit der Tochter von Lablache, einer ausgezeichnet anmutigen und geistreichen Dame. Vor einigen Tagen erfuhren wir, daß auch unser vortrefflicher Eduard Wolf sich verheiratete, daß er sich hinauswage auf jenes hohe Meer, für welches noch kein Kompaß erfunden ist."
Der Herausgeber.

brechen! Jetzt heißt es sogar, daß Panofka, der größte Violinist, den Breslau nach Paris geschickt, sich hier verheiratet, daß auch dieser Fiedelkundige seines ruhigen Junggesellentums überdrüssig geworden und das furchtbare, unbekannte Jenseits versuchen wolle. Wir leben in einer heldenmütigen Periode. Dieser Tage verlobte sich ein ebenfalls berühmter Virtuos. Er hat, wie Theseus, eine schöne Ariadne gefunden, die ihn durch das Labyrinth dieses Lebens leiten wird; an einem Garnknäuel fehlt es ihr nicht, denn sie ist eine Näherin.

Die Violinisten sind in Amerika, und wir erhielten die ergötzlichsten Nachrichten über die Triumphzüge von Ole Bull, dem Lafayette des Puffs, dem Reclamenheld beider Welten. Der Entrepreneur seiner Successe ließ ihn zu Philadelphia arretieren, um ihn zu zwingen, die in Rechnung gestellten Ovationskosten zu berichten. Der Gefeierte zahlte, und man kann jetzt nicht mehr sagen, daß der blonde Normanne, der geniale Geiger, seinen Ruhm jemandem schuldig sei. Hier in Paris hörten wir unterdessen den Sivori; Porzia würde sagen: „Da ihn der liebe Gott für einen Mann ausgibt, so will ich ihn dafür nehmen." Ein andermal überwinde ich vielleicht mein Mißbehagen, um über dieses geigende Brechpulver zu referieren. Alexandre Batta hat auch dieses Jahr ein schönes Konzert gegeben; er weint noch immer auf dem großen Violoncello seine kleinen Kindertränen. Bei diese Gelegenheit könnte ich auch Herrn Semmelmann loben; er hat es nötig.

Ernst war hier. Der wollte aber aus Laune kein Konzert geben; er gefällt sich darin, bloß bei Freunden zu spielen und den wahrhaft Kunstverständigen zu genügen. Dieser Künstler wird hier geliebt und geachtet wie wenige. Er verdient es. Er ist der wahre Nachfolger Paganini's, er erbte die bezaubernde Geige, womit der Genueser die Steine, ja sogar die Klötze zu rühren wußte. Paganini, der uns mit leisem Bogenstrich jetzt zu den sonnigsten Höhen führte, jetzt in grauenvolle Tiefen blicken ließ, besaß freilich eine weit dämonischere Kraft; aber seine Schatten und Lichter waren mitunter zu grell, die Kontraste zu schneidend, und seine grandiosesten Naturlaute mußten oft als künstlerische Mißgriffe betrachtet werden. Ernst ist harmonischer, und die weichen Tinten sind bei ihm vorherrschend. Dennoch hat er eine Vorliebe für das Phantastische, auch für das Barocke, wo nicht gar für das Skurile, und viele seiner Kompositionen erinnern mich immer an die Märchenkomödien des Gozzi, an die abenteuerlichsten Maskenspiele, an „venezianischen Karneval". Das Musikstück, das unter diesém Namen bekannt ist, und unverschämterweise von Sivori gekapert ward, ist ein allerliebstes Kapriccio von Ernst. Dieser Liebhaber des Phantastischen kann, wenn er will, auch rein poetisch sein, und ich habe jüngst eine Nocturne von ihm gehört, die wie aufgelöst war in Schönheit. Man glaubte sich entrückt in eine italienische Mondnacht, mit stillen

Zypressenalleen, schimmernd weißen Statuen und träumerisch plätschernden Springbrunnen. Ernst hat, wie bekannt ist, in Hannover seine Entlassung genommen, und ist nicht mehr königlich hannöverscher Konzertmeister. Das war auch kein passender Platz für ihn. Er wäre weit eher geeignet, am Hofe irgendeiner Feenkönigin, wie z.B. der Frau Morgane, die Kammermusik zu leiten; hier fände er ein Auditorium, das ihn am besten verstünde, und darunter manche hohe Herrschaften, die ebenso kunstsinnig wie fabelhaft, z.B. den König Arthus, Dietrich von Bern, Ogier den Dämonen u.a. Und welche Damen würden ihm hier applaudieren! Die blonden Hannoveranerinnen mögen gewiß hübsch sein, aber sie sind doch nur Heidschnucken in Vergleichung mit einer Fee Melior, mit der Dame Abunde, mit der Königin Genevra, der schönen Melusine und andern berühmten Frauenspersonen, die sich am Hofe der Königin Morgane in Avalun aufhalten. An diesem Hofe (an keinem andern) hoffen wir einst dem vortrefflichen Künstler zu begegnen, denn auch uns hat man dort eine vorteilhafte Anstellung versprochen.

Zweiter Bericht

Paris, den 1. Mai 1844

Die *Académie royale de musique*, die sogenannte große Oper, befindet sich bekanntlich in der Rue Lepelletier, ungefähr in der Mitte, der Restauration von Paolo Broggi gerade gegenüber. Broggi ist der Name eines Italieners, der einst der Koch von Rossini war. Als Letzterer voriges Jahr nach Paris kam, besuchte er auch die Trattoria seines ehemaligen Dieners, und nachdem er dort gespeist, blieb er vor der Türe lange Zeit stehen, in diesem Nachdenken das große Operngebäude betrachtend. Eine Träne trat in sein Auge, und als jemand ihn frug, weshalb er so wehmütig bewegt erscheine, gab der große Maestro zur Antwort: Paolo habe ihm sein Leibgericht, Ravioli mit Parmesankäse, zubereitet wie ehemals, aber er sei nicht imstande gewesen, die Hälfte der Portion zu verzehren, und auch diese drücke ihn jetzt; er, der ehemals den Magen eines Straußes besessen, könne heutzutage kaum so viel vertragen wie eine verliebte Turteltaube.

Wir lassen dahingestellt sein, in wie weit der alte Spottvogel seinen indiskreten Frager mystifiziert hat, und begnügen uns heute, jedem Musikfreund zu raten, bei Broggi eine Portion Ravioli zu essen, und nachher ebenfalls, einen Augenblick vor der Türe der Restauration verweilend, das Haus der großen Oper zu betrachten. Es zeichnet sich nicht aus durch brillanten Luxus, es hat vielmehr das Äußere eines sehr anständigen Pferdestalls, und das Dach ist platt. Auf diesem Dach stehen acht große Statuen, welche Musen vorstellen. Eine neunte fehlt, und ach! Das ist eben die Muse der Musik. Über die Abwesenheit dieser sehr achtungswerten Muse sind die sonderbarsten Auslegungen im Schwange. Prosaische Leute sagen, ein Sturmwind habe sie vom Dache heruntergeworfen. Poetischere Gemüter behaupten dagegen, die arme Polyhymnia habe sich selbst hinabgestürzt, in einem Anfall von Verzweiflung über das miserable Singen von Monsieur Duprez und Madame Stolz. Das ist immer möglich; die zerbrochene Glasstimme von Duprez ist so mißtönend geworden, daß es kein Mensch, viel weniger eine Muse, aushalten kann, dergleichen anzuhören. Wenn das noch länger dauert, werden auch die andern Töchter der Mnemosyne sich vom Dach stürzen, und es wird bald gefährlich sein, des Abends über die Rue Lepelletier zu gehen. Von der schlechten Musik, die hier in der großen Oper seit einiger Zeit grassiert, will ich gar nicht reden. Donizetti ist in diesem Augenblick noch der Beste, der Achilles. Man kann sich also leicht eine Vorstellung machen von den geringern Heroen. Wie ich höre, hat auch jener Achille sich in sein Zelt zurückgezogen; er boudiert, Gott weiß warum! und er ließ der Direktion melden, daß er die versprochenen fünfundzwanzig Opern nicht liefern werde, da er gesonnen sei, sich auszuruhen. Welche Prahlerei! Entweder hat sie Wind und dreht sich, oder sie hat keinen Wind und steht still. Herr Donizetti hat aber hier einen rührigen Vetter, Signor Accursi, der beständig für ihn Wind macht, und mehr als not tut; denn Donizetti ist, wie gesagt, der beste unter den Komponisten des Tages.

Der jüngste Kunstgenuß, den uns die *Académie de musique,* geboten, ist der Lazzarone von Halevy*). Dieses Werk hat ein trauriges Schicksal gehabt; es fiel durch mit Pauken und Trompeten. Über den Wert enthalte ich mich jeder Äußerung, ich konstatiere bloß sein schreckllisches Ende.

---

*) In der Augsburger Allgemeinen Zeitung findet sich der nachfolgende Schluß dieses Absatzes: „Dieses Werk hat ein schreckliches Schicksal gehabt. Halevy hat hier sein Waterloo gefunden, ohne je ein Napoleon gewesen zu sein. Das größere Mißgeschick ist für ihn bei dieser Gelegenheit der Abfall von Moritz Schlesinger. Letzterer war immer sein Pylades, und wenn Orestes Halevy auch die verfehlteste Oper schrieb und sie noch so kläglich durchfiel, so ging doch der Freund immer ruhig für ihn in den Tod und druckte das Opus. In einer Zeit der Selbstsucht war ein solches Schauspiel freundschaftlicher Selbstaufopferung immer sehr erfreulich, sehr erquickend. Jetzt aber behauptet Pylades, der Wahnsinn seines Freundes sei so gestiegen, daß er nichts mehr von ihm vorlegen könnte, ohne selbst verrückt zu sein."

In der französischen Ausgabe lautet der Schluß des obigen Absatzes in wesentlich anderer Fassung: „Es ist das Werk eines großen Künstlers, und ich weiß nicht, weshalb es durchgefallen ist. Herr Halevy ist vielleicht zu sorgloser Natur und kajoliert nicht hinlänglich Herrn Alexander, den Entrepreneur der Bühnenerfolge und den großen Freund Meyerbeer's." **Der Herausgeber.**

Jedesmal, wenn in der *Académie de musique* oder bei den Bouffes eine Oper durchfällt oder sonst ein ausgezeichnetes Fiasko gemacht wird, bemerkt man dort eine unheimliche hagere Figur mit blassem Gesicht und kohlschwarzen Haaren, eine Art männlicher Ahnfrau, deren Erscheinung immer ein musikalisches Unglück bedeutet. Die Italiener, sobald sie derselben ansichtig, strecken hastig den Zeige- und Mittelfinger aus und sagen; das sei der Jettatore. Die leichtsinnigen Franzosen aber, die nicht einmal einen Aberglauben haben, zucken bloß die Achsel und nennen jene Gestalt Monsieur Spontini. Es ist in der Tat unser ehemaliger Generaldirektor der Berliner großen Oper, der Komponist der „Vestalin" und des „Ferdinand Cortze", zweier Prachtwerke, die noch lange fortblühen werden im Gedächtnisse der Menschen, die man noch lange bewundern wird, während der Verfasser selbst alle Bewunderung eingebüßt und nur noch ein welkes Gespenst ist, das neidisch umherspukt und sich ärger über das Leben des Lebendigen. Er kann sich nicht darüber trösten, daß er längst tot ist und sein Herrscherstab übergegangen in die Hände Meyerbeeer's. Dieser, behauptet der Verstorbene, habe ihn verdrängt aus seinem Berlin, das er immer so sehr geliebt; und wer aus Mitleid für ehemalige Größe die Geduld hat, ihn anzuhören, kann haarklein erfahren, wie er schon unzählige Aktenstücke gesammelt, um die Meyerbeer'schen Verschwörungsintrigen zu enthüllen. Man sagt mir, deutsche Gutmütigkeit habe schon ihre Feder dazu hergegeben, jene Beweistümer der Narrheit zu redigieren.

Die fixe Idee des armen Mannes ist und bleibt Meyerbeer, und man erzählt die ergötzlichsten Geschichten, wie die Animosität sich immer durch eine zu große Beimischung von Eitelkeit unschädlich erweist. Klagt irgendein Schriftsteller über Meyerbeer, daß diese z.B. die Gedichte, die er ihm schon seit Jahren zugeschickt, noch immer nicht komponiert habe, dann ergreift Spontini hastig die Hand des verletzten Poeten, und ruft: *„J'ai votre affaire,* ich weiß das Mittel, wie Sie sich an Meyerbeer rächen können, es ist ein untrügliches Mittel, und es besteht darin, daß Sie über mich einen großen Artikel schreiben, und je höher Sie meine Verdienste würdigen, desto mehr ärgert sich Meyerbeer." Ein andermal ist ein französischer Minister ungehalten über den Verfasser der „Hugenotten", der trotz der Urbanität, womit man ihn hier behandelt hat, dennoch in Berlin eine servile Hofcharge übernommen, und unser Spontini springt freudig an den Minister hinan und ruft. *„J'ai votre affaire,* Sie können den Undankbaren aufs härteste bestrafen, Sie können ihm einen Dolchstich versetzen, und zwar indem Sie mich zum Großoffizier der Ehrenlegion ernennen." Jüngst findet Spontini den armen Leon Pillet, den unglücklichen Direktor der großen Oper, in der wütendsten Aufregung gegen Meyerbeer, der ihm durch Mr. Gouin anzeigen ließ, daß er wegen des schlechten Singpersonals den „Propheten" noch nicht geben wolle. Wie funkelten da die

Augen des Italieners! „*J'ai votre affaire*", rief er entzückt, „ich will Ihnen einen göttlichen Rat geben, wie Sie den Ehrgeizling zu Tode demütigen; lassen Sie mich in Lebensgröße meißeln, setzen Sie meine Statue ins Foyer der Oper, und dieser Marmorblock wird dem Meyerbeer wie ein Alp das Herz zerdrücken." Der Gemütszustand Spontini's beginnt nachgerade seine Angehörigen, namentlich die Familie des reichen Pianofabrikanten Erard, womit er durch seine Gattin verschwägert, in große Besorgnisse zu versetzen. Jüngst stand ihn jemand in den obern Sälen des Louvre, wo die ägyptischen Antiquitäten aufgestellt. Der Ritter Spontini stand wie eine Bildsäule mit verschlungenen Armen fast eine Stunde lang vor einer große Mumie, deren prächtige Goldlarve einen König ankündigt, der kein Geringerer sein soll als jener Amenophes, unter dessen Regierung die Kinder Israel das Land Ägypten verlassen haben. Aber Spontini brach am Ende sein Schweigen und sprach folgendermaßen zu seiner erlauchten Mitmumie: „Unseliger Pharao! du bist an meinem Unglück schuld. Ließest du die Kinder Israel nicht aus dem Lande Ägypten fortziehen, oder hättest du sie sämtlich im Nil ersäufen lassen, so wäre ich nicht durch Meyerbeer und Mendelssohn aus Berlin verdrängt worden, und ich dirigierte dort noch immer die große Oper und die Hofkonzerte. Unseliger Pharao, schwacher Krokodilenkönig, durch deine halben Maßregeln geschah es, daß ich jetzt ein zugrunde gerichteter Mann bin – und Moses und Halevy und Mendelssohn und Meyerbeer haben gesiegt!" Solche Reden hält der unglückliche Mann, und wir können ihm unser Mitleid nicht versagen.

Was Meyerbeer betrifft, so wird wie oben angedeutet, sein „Prophet" noch lange Zeit ausbleiben. Er selbst aber wird nicht, wie die Zeitungen jüngst meldeten, für immer in Berlin seinen Aufenthalt nehmen. Er wird, wie bisher, abwechselnd die eine Hälfte des Jahres hier in Paris und die andere in Berlin zubringen, wozu er sich förmlich verpflichtet hat. Seine Lage erinnert so ziemlich an Proserpina, nur daß der arme Maestro hier wie dort seine Hölle und seine Höllenqual findet. Wir erwarten ihn noch diesen Sommer hier, in der schönen Unterwelt, wo schon einige Schock musikalischer Teufel und Teufelinnen seiner harren, um ihm die Ohren voll zu heulen. Von morgens bis abends muß er Sänger und Sängerinnen anhören, die hier debütieren wollen, und in seinen Freistunden beschäftigen ihn die Albums reisender Engländerinnen. Wie ich höre, wird nächsten Winter bei den Italienern der „Crociato" gegeben, und die Umarbeitung, wozu sich Meyerbeer bereden ließ, dürfte wohl etwelche neue Teufeleien für ihn hervorrufen. Jedenfalls aber wird er sich nicht wie im Himmel fühlen, wenn er jetzt die „Hugenotten" hier aufführen sieht, die noch immer dazu dienen müssen, die Kasse zu füllen nach jedem Unfall. Es sind in der Tat nur „Die Hugenotten" und „Robert-le-Diable", die wahrhaft fortleben im Gemüt des Publikums, und diese Meisterwerke werden noch lange herrschen.

An Debütanten war diesen Winter in der großen Oper kein Mangel. Ein deutscher Landsmann debütierte als Marcel in den „Hugenotten". Er war vielleicht in Deutschland nur ein Grobian mit einer brummigen Bierstimme, und glaubte deshalb in Paris als Bassist auftreten zu können. Der Kerl schrie wie ein Waldesel. Auch eine Dame, die ich im Verdacht habe, eine Deutsche zu sein, produzierte sich auf den Brettern der Rue Lepelletier. Sie soll außerordentlich tugendhaft sein und singt sehr falsch. Man behauptet, nicht bloß der Gesang, sondern alles an ihr, die Haare, zwei Drittel ihrer Zähne, die Hüften, der Hinterteil, alles sei falsch, nur ihr Atem sei echt; die frivolen Franzosen werden dadurch gezwungen sein, sich ehrfurchtsvoll entfernt von ihr zu halten. Unsre Primadonna, Madame Stolz wird sich nicht länger behaupten können, der Boden ist unterminiert, und obgleich ihr als Weib alle Geschlechtslist zu Gebote steht, wird sie doch am Ende von dem großen Giacomo Macchiavelli überwunden, der die Viardot-Garcia an ihrer Stelle engagiert sehen möchte, um die Hauptrolle in seinem „Propheten" zu singen. Madame Stolz sieht ihr Schicksal voraus, sie ahnt, daß selbst die Affenliebe, die ihr der Direktor der Oper widmet, ihr nichts helfen kann, wenn der große Meister der Tonkunst seine Künste spielen läßt; und sie hat beschlossen, freiwillig Paris zu verlassen, nie wieder zurückzukehren und in fremden Landen ihr Leben zu beschließen. *Ingrata patria*, sagte sie jüngst, *ne ossa quidem mea habebis*. In der Tat, seit einiger Zeit besteht sie wirklich nur noch aus Haut und Knochen.

Bei den Italienern, in der Opera buffa, gab es vorigen Winter ebenso brillante Fiaskos wie in der großen Opfer. Auch über die Sänger wurde dort viel geklagt, mit dem Unterschied, daß die Italiener manchmal nicht singen wollten, und die armen französischen Sangeshelden nicht singen konnten. Nur das kostbare Nachtigallenpaar, Signor Mario und Signora Grisi, waren immer pünktlich auf ihrem Posten in der Salle Ventadour und trillerten uns dort den blühendsten Frühling vor, während draußen Schnee und Wind, und Fortepianokonzerte, und Deputiertenkammerdebatten, und Polkawahnsinn. Ja, das sind holdselige Nachtigallen, und die italienische Oper ist der ewig blühende singende Wald, wohin ich oft flüchte, wenn winterlicher Trübsinn mich umnebelt oder der Lebensfrost unerträglich wird. Dort, im süßen Winkel einer etwas verdeckten Loge, wird man wieder angenehm erwärmt, und man verblutet wenigstens nicht in der Kälte. Der melodische Zauber verwandelt dort in Poesie, was eben noch täppische Wirklichkeit war, der Schmerz verliert sich in Blumenarabesken, und bald lacht wieder das Herz. Welche Wonne, wenn Mario singt, und in den Augen der Grisi die Töne des geliebten Sprossers sich gleichsam abspiegeln wie ein sichtbares Echo! Welche Lust, wenn die Grisi singt, und in ihrer Stimme der zärtliche Blick und das beglückte Lächeln des Mario melodisch widerhallt! Es ist ein liebliches Paar und der persische Dichter, der die Nachtigall die Rose unter den Vögeln und die Rose wieder die Nachtigall unter den Blumen genannt hat, würde hier erst recht in ein Imbroglio geraten, denn jene beiden, Mario und Grisi sind nicht bloß durch Gesang, sondern auch durch Schönheit ausgezeichnet.

Ungern, trotz jenem reizenden Paar, vermissen wir hier bei den Bouffes Pauline Viardot, oder, wie wir sie lieber nennen, die Garcia. Sie ist nicht ersetzt, und niemand kann sie ersetzen. Diese ist keine Nachtigall, die bloß ein Gattungstalent hat und das Frühlingsgenre vortrefflich schluchzt und trillert; sie ist auch keine Rose, denn sie ist häßlich, aber von einer Art Häßlichkeit, die edel, ich möchte fast sagen schön ist, und die den großen Löwenmaler Lacroix manchmal bis zur Begeisterung entzückte! In der Tat, die Garcia mahnt weniger an die zivilisierte Schönheit und zahme Grazie unserer europäischen Heimat, als vielmehr an die schauerliche Pracht einer exotischen Wildnis, und in manchen Momenten ihres passionierten Vortrags, zumal wenn sie den großen Mund mit den blendend weißen Zähnen überweit öffnet, und so grausam süß und anmutig fletschend lächelt: dann wird einem zumute, als müßten jetzt auch die ungeheuerlichsten Vegetationen und Tiergattungen Hindostans oder Afrikas zum Vorschein kommen; – man meint, jetzt müßten auch Riesenpalmen, umrankt von tausendblumigen Lianen, emporschießen; – und man würde sich nicht wundern, wenn plötzlich ein Leopard, oder eine Giraffe, oder sogar ein Rudel Elefantenkälber über die Szene liefen. Wir hören mit großem Vergnügen, daß diese Sängerin wieder auf dem Wege nach Paris ist.

Während die *Académie de musique* aufs jammervollste darniederlag, und die Italiener sich ebenfalls betrübsam hinschleppten, erhob sich die dritte lyrische Szene, die Opera-comique, zu ihrer fröhlichsten Höhe. Hier überflügelt ein Erfolg den andern, und die Kasse hatte immer einen guten Klang. Ja, es wurde noch mehr Geld als Lorbeeren eingeerntet, was gewiß für die Direktion kein Unglück gewesen. Die Texte der neuen Opern, die sich gab, waren immer von Scribe, dem Maune, der einst das große Wort aussprach: „Das Gold ist eine Chimäre!" und der dennoch dieser Chimäre beständig nachläuft. Er ist der Mann des Geldes, des klingenden Realismus, der sich nie versteigt in die Romantik einer unfruchtbaren Wolkenwelt, und sich festklammert an der irdischen Wirklichkeit der Vernunftheirat, des industriellen Bürgertums und der Tantième. Einen ungeheuren Beifall findet Scribe's neue Oper: „die Sirene", wozu Auber die Musik geschrieben. Autor und Komponist passen ganz für einander; sie haben den raffiniertesten Sinn für das Interessante, sie wissen uns angenehm zu unterhalten, sie entzücken und blenden uns sogar durch die glänzenden Facetten ihres Esprits, sie besitzen ein gewisses Filigrantalent der Verknüpfung allerliebster Kleinigkeiten, und man vergißt bei ihnen, daß es eine Poesie gibt. Sie sind eine Art Kunstloretten, welche alle Gespenstergeschichten der Vergangenheit aus unserer Erinnerung fortlächeln, und mit ihrem koketten Getändel wie mit Pfauenfächern die sumsenden Zukunftsgedanken, die unsichtbaren Mücken, von uns abwedeln. Zu dieser harmlos buhlerischen Gattung gehört auch Adam, der mit seinem „Cagliostro" ebenfalls in der Opera-comique sehr leichtfertige Lorbeeren eingeerntet. Adam ist eine liebenswürdig erfreuliche Erscheinung und ein Talent, welches noch großer Entwicklung fähig ist. Eine rühmliche Erwähnung verdient auch Thomas, dessen Operette „Mina" viel Glück gemacht.

Alle diese Triumphe übertraf jedoch die Vogue des „Deserteurs", einer alten Oper von Monsigny, welche die Opera-comique aus den Kartons der Vergessenheit hervorzog. Hier ist echt französische Musik, die heiterste Grazie, eine harmlose Süße, eine Frische wie der Duft von Waldblumen, Naturwahrheit, sogar Poesie. Ja, letztere fehlt nicht, aber es ist eine Poesie ohne Schauer der Unendlichkeit, ohne geheimnisvollen Zauber, ohne Wehmut, ohne Ironie, ohne Morbidezza, ich möchte fast sagen: eine elegant bäurische Poesie der Gesundheit. Die Oper von Monsigny mahnte mich unmittelbar an seinen Zeitgenossen, den Maler Greuze; ich sah hier wie leibhaftig die ländlichen Szenen, die dieser gemalt, und ich glaubte gleichsam die Musikstücke zu vernehmen, die dazu gehörten. Bei der Anhörung jener Oper ward es mir ganz deutlich, wie die bildenden und rezitierenden Künste derselben Periode immer einen und denselben Geist atmen, und ihre Meisterwerke die intimste Wahlverwandtschaft beurkunden.

Ich kann diesen Bericht nicht schließen, ohne zu bemerken, daß die musikalische Saison noch nicht zu Ende ist und dieses Jahr gegen alle Gewohnheit bis in den Mai fortklingt. Die bedeutendsten Bälle und Konzerte werden in diesem Augenblick gegeben, und die Polka wetteifert noch mit dem Piano. Ohren und Füße sind müde, aber können sich doch nicht zur Ruhe begeben. Der Lenz, der sich diesmal so früh eingestellt, macht Fiasko, man bemerkt kaum das grüne Laub und die Sonnenlichter. Die Ärzte, vielleicht ganz besonders die Irrenärzte, werden bald viel Beschäftigung gewinnen. In diesem bunten Taumel, in dieser Genußwut, in diesem singenden, springenden Strudel lauert Tod und Wahnsinn. Die Hämmer der Pianoforte wirken fürchterlich auf unsre Nerven, und die große Drehkrankheit, die Polka, gibt uns den Gnadenstoß.

Was ist die Polka? Zur Beantwortung dieser Zeitfrage hätte ich wenigstens sechs Spalten nötig. Doch sobald wichtigere Themata mir Muße gönnen, werde ich darauf zurückkommen.

Spätere Notiz

Den vorstehenden Mitteilungen füge ich aus melancholischer Grille die folgenden Blätter hinzu, die dem Sommer 1847 angehören, und meine letzte musikalische Berichterstattung bilden. Für mich hat alle Musik seitdem aufgehört, und ich ahnte nicht, als ich das Leidensbild Donizetti's cryannierte, daß eine ähnliche und weit schmerzlichere Heimsuchung mir nahete. Die kurze Kunstnotiz lautet wie folgt:

Seit Gustav Adolf, glorreichen Andenkens, hat keine schwedische Reputation so viel Lärm in der Welt gemacht wie Jenny Lind. Die Nachrichten, die uns darüber aus England zukommen, grenzen ans Unglaubliche. In den Zeitungen klingen nur Posaunenstöße, Fanfaren des Triumphes; wir hören nur Pindar'sche Lobgesänge. Ein Freund erzählte mir von einer englischen Stadt, wo alle Glocken geläutet wurden, als die schwedische Nachtigall dort ihren Einzug hielt; der dortige Bischof feierte dieses Ereignis durch eine merkwürdige Predigt. In seinem anglikanischen Episkopalkostüm, welches der Leichenbittertracht eines *Chef de pompes funèbres* nicht unähnlich, bestieg er die Kanzel der Hauptkirche und begrüßte die Neuangekommene als einen Heiland in Weibskleidern, als eine Frau Erlöserin, die vom Himmel herabgestiegen, um unsre Seelen durch ihren Gesang von der Sünde zu befreien, während die andern Kantatricen ebensoviele Teufelinnen seien, die uns hineintrillern in den Rachen des Satans. Die Italienerinnen Grisi und Persiani müssen vor Neid und Ärger jetzt gelb werden wie Kanarienvögel, während unsre Jenny, die schwedische Nachtigall, von einem Triumph zum andern flattert. Ich sage unsre Jenny, denn im Grunde repräsentiert die schwedische Nachtigall nicht exklusive das kleine Schweden, sondern sie repräsentiert die ganze germanische Stammesgenossenschaft, die der Cimbern eben so sehr wie die der Teutonen, sie ist auch eine Deutsche, ebensogut wie ihre naturwüchsigen und pflanzenschläfrigen Schwestern an der Elbe und am Neckar, sie gehört Deutschland, wie, der Versicherung des Franz Horn gemäß, auch Shakespeare uns angehört, und wie gleicherweise Spinoza, seinem innersten Wesen nach, nur ein Deutscher sein kann – und mit Stolz nennen wir Jenny Lind die Unsre! Juble, Uckermark, auch du hast teil an diesem Ruhme! Springe, Maßmann, deine vaterländisch freudigsten Sprünge, denn unsre Jenny spricht kein römisches Rotwelsch, sondern Gotisch, Skandinavisch, das deutscheste Deutsch, und du kannst sie als Landsmännin begrüßen; nur mußt du dich waschen, ehe du ihr deine edle Hand reichst. Ja, Jenny Lind ist eine Deutsche, schon der Name Lind mahnt an Linden, die grünen Muhmen der deutschen Eichen, sie hat keine schwarzen Haare wie die welschen Primadonnen, in ihren blauen Augen schwimmt nordisches Gemüt und Mondschein, und in ihrer Kehle tönt die reinste Jungfräulichkeit! Das ist es. „*Maidenhood is in her voice*" – das sagten alle *old spinsters* von London, alle prüden Ladies und frommen Gentlemen sprachen es augenverdrehend nach, die noch lebende *mauvaise queue* von Richardson stimmte ein, und ganze Großbritannien feierte in Jenny Lind das singende Magdtum, die gesungene Jungfernschaft. Wir wollen es gestehen, dieses ist der Schlüssel der unbegreiflichen, rätselhaft großen Begeisterung, die Jenny in England gefunden, und, unter uns gesagt, auch gut auszubeuten weiß. Sie singe nur, hieß es, um das weltliche Singen recht bald wieder aufgeben zu können und, versehen mit der nötigen Aussteuersumme, einen jungen protestantischen Geistlichen, den Pastör Svenske, zu heiraten, der unterdessen ihrer harre daheim in seinem idyllischen Pfarrhaus hinter Upsala, links um die Ecke. Seitdem freilich will verlauten, als ob der junge Pastör Svenske nur ein Mythos und der wirklich Verlobte der hohen Jungfrau ein alter abgestandener Komödiant der Stockholmer Bühne sei – aber das ist gewiß Verleumdung. Der Keuschheitssinn dieser *Primadonna immaculata* offenbart sich am schönsten in ihrem Abscheu vor Paris, dem modernen Sodom, den sie bei jeder Gelegenheit ausspricht, zur höchsten Erbauung aller *Dames patronesses* der Sittlichkeit jenseits des Kanals. Jenny hat aufs bestimmteste gelobt, nie auf den Lasterbrettern der Rue Lepelletier ihre singende Jungfernschaft dem französischen Publiko preiszugeben; sie hat alle Anträge, welche ihr Herr Leon Pillet durch seine Kunstruffiani machen ließ, streng abgelehnt. „Diese rauhe Tugend macht mich stutzen", – würde der alte Paulet sagen. Ist etwa die Volkssage gegründet, daß die heutige Nachtigall in frühern Jahren schon einmal in Paris gewesen und im hiesigen sündhaften Konservatoire Musikunterricht genossen habe, wie andere Singvögel, welche seitdem sehr lockere Zeisige geworden sind? Oder fürchtet Jenny jene frivole Pariser Kritik, die bei einer Sängerin nicht die Sitten, sondern nur die Stimme kritisiert, und Mangel an Schule für das größte Laster hält? Dem sei, wie ihm wolle, unsre Jenny kommt nicht hierher und wird die Franzosen nicht aus ihrem Sündenpfuhl heraussingen. Sie bleiben verfallen der ewigen Verdammnis.

Hier in der Pariser musikalischen Welt ist alles beim alten; in der *Académie royale de musique* ist noch immer grauer, feuchtkalter Winter, während draußen Maisonne und Veilchenduft. Im Vestibul steht noch immer wehmütig trauernd die Bildsäule des göttlichen Rossini; er schweigt. Es macht Herrn Leon Pillet Ehre, daß er diesem wahren Genius schon bei Lebzeiten die Statue gesetzt. Nichts ist possierlicher, als die Grimasse zu sehen, womit Schelsucht und Neid sie betrachten. Wenn Signor Spontini dort vorbeigeht, stößt er sich jedesmal an diesem Steine. Da ist unser großer Maestro Meyerbeer viel klüger, und wenn er des Abends in die Oper ging, wußte er jenem Marmor des Anstoßes immer vorsichtig auszuweichen, er suchte sogar den Anblick desselben zu vermeiden; in derselben Weise pflegen die Juden zu Rom, selbst auf ihren eiligsten Geschäftsgängen, immer einen großen Umweg zu machen, um nicht an jenem fatalen Triumphbogen des Titus vorbeizukommen, der zum Gedächtnis des Untergangs von Jerusalem errichtet worden. Über Donizetti's Zustand werden die Berichte täglich trauriger. Während seine Melodien freudegaukelnd die Welt erheitern, während man ihn überall singt und trillert, sitzt er selbst, ein entsetzliches Bild des Blödsinns, in einem Krankenhause bei Paris. Nur für seine Toilette hatte er vor einiger Zeit noch ein kindisches Bewußtsein bewahrt, und man mußte ihn täglich sorgfältig anziehen, in vollständiger Gala, der Frack geschmückt mit allen seinen Orden; so saß er bewegungslos, den Hut in der Hand, vom frühesten Morgen bis zum späten Abend. Aber das hat auch aufgehört, er erkennt niemand mehr; das ist Menschenschicksal.

Novellistische Fragmente

Der Rabbi von Bacharach

(Ein Fragment)

Kapitel I

Unterhalb des Rheingaus, wo die Ufer des Stromes ihre lachende Miene verlieren, Berg und Felsen mit ihren abenteuerlichen Burgruinen sich trotziger gebärden, und eine wildere, ernstere Herrlichkeit emporsteigt, dort liegt, wie eine schaurige Sage der Vorzeit, die finstre, uralte Stadt Bacharach. Nicht immer waren so morsch und verfallen diese Mauern mit ihren zahnlosen Zinnen und blinden Warttürmchen, in deren Luken der Wind pfeift und die Spatzen nisten; in diesen armselig häßlichen Lehmgassen, die man durch das zerrissene Tor erblickt, herrschte nicht immer jene öde Stille, die nur dann und wann unterbrochen wird von schreienden Kindern, keifenden Weibern und brüllenden Kühen. Diese Mauern waren einst stolz und stark, und in diesen Gassen bewegte sich frisches, freies Leben, Macht und Pracht, Lust und Leid, viel Liebe und viel Haß. Bacharach gehörte in zu jenen Munizipien, welche von den Römern während ihrer Herrschaft am Rhein gegründet worden, und die Einwohner, obgleich die folgenden Zeiten sehr stürmisch und obgleich sie späterhin unter Hohenstaufische und zuletzt unter Wittelsbacher Oberherrschaft gerieten, wußten dennoch, nach dem Beispiel andrer rheinischen Städte, ein ziemlich freies Gemeinwesen zu erhalten. Dieses bestand aus einer Verbindung einzelner Körperschaften, wovon die der patrizischen Altbürger und die der Zünfte, welche sich wieder nach ihren verschiedenen Gewerken unterabteilten, beiderseitig nach der Alleinmacht rangen, so daß sie sämtlich nach außen zu Schutz und Trutz gegen den nachbarlichen Raubadel fest verbunden standen, nach innen aber wegen streitender Interessen in beständiger Spaltung verharrten; und daher unter ihnen wenig Zusammenleben, viel Mißtrauen, oft sogar tätliche Ausbrüche der Leidenschaft. Der herrschaftliche Vogt saß auf der hohen Burg Sareck, und wie sein Falke schoß er herab, wenn man ihn rief, und auch manchmal ungerufen. Die Geistlichkeit herrschte im Dunkeln durch die Verdunkelung des Geistes. Eine am meisten vereinzelte, ohnmächtige und vom Bürgerrechte allmählich verdrängte Körperschaft war die kleine Judengemeinde, die schon zur Römerzeit in Bacharach sich niedergelassen, und späterhin während der großen Judenverfolgung ganze Scharen flüchtiger Glaubensbrüder in sich aufgenommen hatte.

Die große Judenverfolgung begann mit den Kreuzzügen und wütete am grimmigsten um die Mitte des vierzehnten Jahrhunderts, am Ende der großen Pest, die, wie jedes andre öffentliche Unglück, durch die Juden entstanden sein sollte, indem man behauptete, sie hätten den Zorn Gottes herabgeflucht und mit Hilfe der Aussätzigen die Brunnen vergiftet. Der gereizte Pöbel, besonders die Horden der Flagellanten, halbnackte Männer und Weiber, die, zur Buße sich selbst geißelnd und ein tolles Marienlied singend, die Rheingegend und das übrige Süddeutschland durchzogen, ermordeten damals viele tausend Juden, oder marterten sie, oder tauften sie gewaltsam. Eine andere Beschuldigung, die ihnen schon in früherer Zeit, das ganze Mittelalter hindurch bis Anfang des vorigen Jahrhunderts, viel Blut und Angst kostete, das war das läppische, in Chroniken und Legenden bis zum Ekel oft wiederholte Märchen, daß die Juden geweihte Hostien stählen, die sie mit Messern durchstächen, bis das Blut herausfließe, und daß sie an ihrem Paschafeste Christenkinder schlachteten, um das Blut derselben bei ihrem nächtlichen Gottesdienste zu gebrauchen. Die Juden, hinlänglich verhaßt wegen ihres Glaubens, ihres Reichtums und ihrer Schuldbücher, waren an jenem Festtage ganz in den Händen ihrer Feinde, die ihre Verderben nur gar zu leicht bewirken konnten, wenn sie das Gerücht eines solchen Kindermords verbreiteten, vielleicht gar einen blutigen Kinderleichnam in das verfehmte Haus eines Juden heimlich hineinschwärzten und dort nächtlich die betende Judenfamilie überfielen, wo alsdann gemordet, geplündert und getauft wurde, und große Wunder geschahen durch das vorgefundene tote Kind, welches die Kirche am Ende gar kanonisierte. Sankt Werner ist ein solcher Heiliger, und ihm zu Ehren ward zu Oberwesel jene prächtige Abtei gestiftet, die jetzt am Rhein eine der schönsten Ruinen bildet, und mit der gotischen Herrlichkeit ihrer langen spitzbögigen Fenster, stolz emporschießenden Pfeiler und Steinschnitzeleien uns so sehr entzückt, wenn wir an einem heiter grünen Sommertage vorbeifahren und ihren Ursprung nicht kennen. Zu Ehren dieses Heiligen wurden am Rhein noch drei andre große Kirchen errichtet, und unzählige Juden getötet oder mißhandelt. Dies geschah im Jahre 1287, und auch zu Bacharach, wo eine von diesen Sankt-Wernerskirchen gebaut wurde, erging damals über die Juden viel Drangsal und Elend. Doch zwei Jahrhunderte seitdem blieben sie verschont von solchen Anfällen der Volkswut, obgleich sie noch immer hinlänglich angefeindet und bedroht wurden.

Je mehr aber der Haß sie von außen bedrängte, desto inniger und traulicher wurde das häusliche Zusammenleben, desto tiefer wurzelte die Frömmigkeit und Gottesfurcht der Juden von Bacharach. Ein Muster gottgefälligen Wandels war der dortige Rabbiner, genannt Rabbi Abraham, ein noch jugendlicher Mann, der aber weit und breit wegen seiner Gelahrtheit berühmt war. Er war geboren in dieser Stadt, und sein Vater, der dort ebenfalls Rabbiner gewesen, hatte ihm in seinem letzten Willen befohlen, sich demselben Amt zu widmen und Bacharach nie zu verlassen, es sei denn wegen Lebensgefahr. Dieser Befehl und ein Schrank mit seltenen Büchern war alles, was sein Vater, der bloß in Armut und Schriftgelahrtheit lebte, ihm hinterließ. Dennoch war Rabbi Abraham ein sehr reicher Mann; verheiratet mit der einzigen Tochter seines verstorbenen Vaterbruders, welcher den Juwelenhandel getrieben, erbte er dessen große Reichtümer. Einige Fuchsbärte in der Gemeinde deuteten darauf hin, als wenn der Rabbi eben des Geldes wegen seine Frau geheiratet habe. Aber sämtliche Weiber widersprachen und wußten alte Geschichten zu erzählen, wie der Rabbi schon vor seiner Reise nach Spanien verliebt gewesen in Sara – man hieß sie eigentlich die schöne Sara – und wie Sara sieben Jahre warten mußte, bis der Rabbi aus Spanien zurückkehrte, indem er sie gegen den Willen ihres Vaters und selbst gegen ihre eigne Zustimmung durch den Trauring geheiratet hatte. Jedweder Jude nämlich kann ein jüdisches Mädchen zu seinem rechtmäßigen Eheweibe machen, wenn es ihm gelang, ihr einen Ring an den Finger zu stecken und dabei die Worte zu sprechen: „Ich nehme dich zu meinem Weibe nach den Sitten von Moses und Israel!" Bei der Erwähnung Spaniens pflegten die Fuchsbärte auf eine ganz eigne Weise zu lächeln; und das geschah wohl wegen eines dunkeln Gerüchts, daß Rabbi Abraham auf der hohen Schule zu Toledo zwar emsig genug das Studium des göttlichen Gesetzes getrieben, aber auch christliche Gebräuche nachgeahmt und freigeistige Denkungsart eingesogen habe, gleich jenen spanischen Juden, die damals auf einer außerordentlichen Höhe der Bildung standen. Im Innern ihrer Seele aber glaubten jene Fuchsbärte sehr wenig an die Wahrheit des angedeuteten Gerüchts. Denn überaus rein, fromm und ernst war seit seiner Rückkehr aus Spanien die Lebensweise des Rabbi, die kleinlichsten Glaubensgebräuche übte er mit ängstlicher Gewissenhaftigkeit, alle Montag und Donnerstag pflegte er zu fasten, nur am Sabbat oder anderen Feiertagen genoß er Fleisch und Wein, sein Tag verfloß in Gebet und Studium, des Tages erklärte er das göttliche Gesetz im Kreise der Schüler, die der Ruhm seines Namens nach Bacharach gezogen, und des Nachts betrachtete er die Sterne des Himmels oder die Augen der schönen Sara. Kinderlos war die Ehe des Rabbi; dennoch fehlte es nicht um ihn her an Leben und Bewegung. Der große Saal seines Hauses, welches neben der Synagoge lag, stand offen zum Gebrauche der ganzen Gemeinde; hier ging man aus und ein ohne Umstände, verrichtete schleunige Gebete, oder holte Neuigkeiten, oder hielt Beratung in allgemeiner Not; hier spielten die Kinder am Sabbatmorgen, während in der Synagoge der wöchentliche Abschnitt verlesen wurde; hier versammelte man sich bei Hochzeit- und Leichenzügen und zankte sich und versöhnte sich; hier fand der Frierende einen warmen Ofen und der Hungrige einen gedeckten Tisch. Außerdem bewegten sich um den Rabbi noch eine Menge Verwandte, Brüder und Schwestern mit ihren Weibern und Kindern sowie auch seine und seiner Frau gemeinschaftliche Öhme und Muhmen, eine weitläufige Sippschaft, die alle den Rabbi als Familienhaupt betrachteten, im Hause desselben früh und spät verkehrten, und an hohen Festtagen sämtlich dort zu speisen pflegten. Solche gemeinschaftliche Familienmahle im Rabbinerhause fanden ganz besonders statt bei der jährlichen Feier des Pascha, eines uralten, wunderbaren Festes, das noch jetzt die Juden in der ganzen Welt am Vorabend des vierzehnten Tages im Monat Nissen, zum ewigen Gedächtnisse ihrer Befreiung aus ägyptischer Knechtschaft, folgendermaßen begehen.

Sobald es Nacht ist, zündet die Hausfrau die Lichter an, spreitet das Tafeltuch über den Tisch, legt in die Mitte desselben drei von den platten ungesäuerten Bröten, verdeckt sie mit einer Serviette und stellt auf diesen erhöhten Platz sechs kleine Schüsseln, worin symbolische Speisen enthalten, nämlich ein Ei, Lattich, Mairettichwurzel, ein Lammknochen, und eine braune Mischung von Rosinen, Zimmet und Nüssen. An diesen Tisch setzt sich der Hausvater mit allen Verwandten und Genossen und liest ihnen vor aus einem abenteuerlichen Buche, das die Agade heißt, und dessen Inhalt eine seltsame Mischung ist von Sagen der Vorfahren, Wundergeschichten aus Ägypten, kuriosen Erzählungen, Streitfragen, Gebeten und Festliedern. Eine große Abendmahlzeit wird in die Mitte dieser Feier eingeschoben, und sogar während des Vorlesens wird zu bestimmten Zeit etwas von den symbolischen Gerichten gekostet sowie alsdann auch Stückchen von dem ungesäuerten Brote gegessen und vier Becher roten Weines getrunken werden. Wehmütig heiter, ernsthaft spielend und märchenhaft geheimnisvoll ist der Charakter dieser Abendfeier, und der herkömmlich singende Ton, womit die Agade von dem Hausvater vorgelesen und zuweilen chorartig von den Zuhörern nachgesprochen wird, klingt es schauervoll innig, so mütterlich einlullend, und zugleich so hastig aufweckend, daß selbst diejenigen Juden, die längst von dem Glauben ihrer Väter abgefallen und fremden Freuden und Ehren nachgejagt sind, im tiefsten Herzen erschüttert werden, wenn ihnen die alten wohlbekannten Paschaklänge zufällig ins Ohr dringen.

Im großen Saale seines Hauses saß einst Rabbi Abraham, und mit seinen Anverwandten, Schülern und übrigen Gästen beging er die Abendfeier des Paschafestes. Im Saale war alles mehr als gewöhnlich blank; über den Tisch zog sich die buntgestickte Seidendecke, deren Goldfransen bis auf die Erde hingen; traulich schimmerten die Tellerchen mit den symbolischen Speisen sowie auch die hohen weingefüllten Becher, woran als Zierat lauter heilige Geschichten von getriebener Arbeit; die Männer saßen in ihren Schwarzmänteln und schwarzen Platthüten und weißen Halsbergen; die Frauen, in ihren wunderlich glitzernden Kleidern von lombardischen Stoffen, trugen um Haupt und Hals ihr Gold- und Perlengeschmeide; und die silberne Sabbatlampe goß ihr festliches Licht über die andächtig vergnügten Gesichter der Alten und Jungen. Auf den purpurnen Sammetkissen eines mehr als die übrigen erhabenen Sessels und angelehnt, wie es der Gebrauch heischt, saß Rabbi Abraham und las und sang die Agade, und der bunte Chor stimmte ein oder antwortete bei den vorgeschriebenen Stellen. Der Rabbi trug ebenfalls sein schwarzes Festkleid, seine edelgeformten, etwas strengen Züge waren milder denn gewöhnlich, die Lippen lächelten hervor aus dem braunen Barte, als wenn sie viel Holdes erzählen wollten, und in seinen Augen schwamm es wie selige Erinnerung und Ahnung. Die schöne Sara, die auf einem ebenfalls erhabenen Sammetsessel an seiner Seite saß, trug als Wirtin nichts von ihrem Geschmeide, nur weißes Linnen umschloß ihren schlanken Leib und ihr frommes Antlitz. Dieses Antlitz war rührend schön, wie denn überhaupt die Schönheit der Jüdinnen von eigentümlich rührender Art ist; das Bewußtsein des tiefen Elends, der bittern Schmach und der schlimmen Fahrnisse, worinnen ihre Verwandte und Freunde leben, verbreitet über ihre holden Gesichtszüge eine gewisse leidende Innigkeit und beobachtende Liebesangst, die unsere Herzen sonderbar bezaubern. So saß heute die schöne Sara und sah beständig nach der vor ihr liegenden Agade, dem hübschen, in Gold und Sammet gebundenen Pergamentbuche, einem alten Erbstück mit verjährten Weinflecken aus den Zeiten ihres Großvaters, und worin so viele keck und bunt gemalte Bilder, die sie schon als kleines Mädchen am Paschaabend so gerne betrachtete, und die allerlei biblische Geschichten darstellten, als da sind: wie Abraham die steinernen Götzen seines Vaters mit dem Hammer entzwei klopft, wie die Engel zu ihm kommen, wie Moses den Mizri totschlägt, wie Pharao prächtig auf dem Throne sitzt, wie ihm die Frösche sogar bei Tische keine Ruhe lassen, wie er, Gott sei Dank! versäuft, wie die Kinder Israel vorsichtig durch das rote Meer gehen, wie sie offnen Maules mit ihren Schafen, Kühen und Ochsen vor dem Berge Sinai stehen, dann auch wie der fromme König David die Harfe spielt, und endlich wie Jerusalem mit den Türmen und Zinnen seines Tempels bestrahlt wird vom Glanze der Sonne!

Der zweite Becher war schon eingeschenkt, die Gesichter und Stimmen wurden immer heller, und der Rabbi, indem er eins der ungesäuerten Osterbrote ergriff und heiter grüßend empor hielt, las er folgende Worte aus der Agade: „Siehe Das ist die Kost, die unsere Väter in Ägypten genossen! Jeglicher, den es hungert, er komme und genieße! Jeglicher, der da traurig, er komme und teile unsere Paschafreude! Gegenwärtigen Jahres feiern wir hier das Fest, aber zum kommenden Jahre im Lande Israel's! Gegenwärtigen Jahres feiern wir es noch als Knechte, aber zum kommenden Jahre als Söhne der Freiheit!"

Da öffnete sich die Saaltüre, und herein traten zwei große blasse Männer, in sehr weite Mäntel gehüllt, und der eine sprach: „Friede sei mit euch, wir sind reisende Glaubensgenossen und wünschen das Paschafest mit euch zu feiern." Und der Rabbi antwortete rasch und freundlich: „Mit euch sei Frieden, setzt euch nieder in meiner Nähe!" Die beiden Fremdlinge setzten sich alsbald zu Tische, und der Rabbi fuhr fort im Vorlesen. Manchmal während die übrigen noch im Zuge des Nachsprechens waren, warf er kosende Worte nach seinem Weibe, und anspielend auf den alten Scherz, daß ein jüdischer Hausvater sich an diesem Abend für einen König hält, sagte er zu ihr: „Freue dich, meine Königin!" Sie aber antwortete, wehmütig lächelnd: „Es fehlt uns ja der Prinz!", und damit meinte sie den Sohn des Hauses, der, wie eine Stelle in der Agade es verlangt, mit vorgeschriebenen Worten seinen Vater um die Bedeutung des Festes befragen soll. Der Rabbi erwiderte nichts und zeigte bloß mit dem Finger nach einem eben aufgeschlagenen Bilde in der Agade, wo überaus anmutig zu schauen war, wie die drei Engel zu Abraham kommen, um ihn zu verkünden, daß ihm ein Sohn geboren werde von seiner Gattin Sara, welche unterdessen weiblich pfiffig hinter der Zelttüre steht, um die Unterredung zu belauschen. Dieser leise Wink goß dreifaches Rot über die Wangen der schönen Frau, sie schlug die Augen nieder, und sah dann wieder freundlich empor nach ihrem Manne, der singend fortfuhr im Vorlesen der wunderbaren Geschichte, wie Rabbi Jesua, Rabbi Elieser, Rabbi Asaria, Rabbi Akiba und Rabbi Tarphen in Bona-Brak angelehnt saßen und sich die ganze Nacht vom Auszuge der Kinder Israel aus Ägypten unterhielten, bis ihre Schüler kamen und ihnen zuriefen, es sei Tag und in der Synagoge verlese man schon das große Morgengebet.

Derweilen nun die schöne Sara andächtig zuhörte und ihren Mann beständig ansah, bemerkte sie, wie plötzlich sein Antlitz in grausiger Verzerrung erstarrte, das Blut aus seinen Wangen und Lippen verschwand, und seine Augen wie Eiszapfen hervorglotzten; – aber fast im selben Augenblick sah sie, wie seine Züge wieder die vorige Ruhe und Heiterkeit annahmen, wie seine Lippen und Wangen sich wieder röteten, seine Augen munter umherkreisten, ja, wie sogar eine ihm sonst ganz fremde tolle Laune sein ganzes Wesen ergriff. Die schöne Sara erschrak, wie sie noch nie in ihrem Leben erschrocken war, und ein inneres Grauen stieg kältend in ihr auf, weniger wegen der Zeichen von starrem Entsetzen, die sie einen Moment lang im Gesichte ihres Mannes erblickt hatte, als wegen seiner jetzigen Fröhlichkeit, die allmählich in jauchzende Ausgelassenheit überging. Der Rabbi schob sein Barett spielend von einem Ohre nach dem andern, zupfte und kräuselte possierlich seine Bartlocken, sang den Agadetext nach der Weise eines Gassenhauers, und bei der Aufzählung der ägyptischen Plagen, wo man mehrmals den Zeigefinger in den vollen Becher eintunkt und den anhängenden Weintropfen zur Erde wirft, bespritzte der Rabbi die jüngern Mädchen mit Rotwein, und es gab großes Klagen über verdorbene Halskrausen und schallendes Gelächter. Immer unheimlicher ward es der schönen Sara bei dieser krampfhaft sprudelnden Lustigkeit ihres Mannes, und beklommen von namenloser Bangigkeit schaute sie in das summende Gewimmel der buntbeleuchteten Menschen, die sich behaglich breit hin und her schaukelten, an den dünnen Paschabroten knoperten, oder Wein schlürften, oder mit einander schwatzten, oder laut sangen, überaus vergnügt.

Da kam die Zeit, wo die Abendmahlzeit gehalten wird; alle standen auf, um sich zu waschen, und die schöne Sara holte das große silberne, mit getriebenen Goldfiguren reichverzierte Waschbecken, das sie jedem der Gäste vorhielt, während ihm Wasser über die Hände gegossen wurde. Als sie auch dem Rabbi diesen Dienst erwies, blinzelte ihr dieser bedeutsam mit den Augen, und schlich sich zur Türe hinaus. Die schöne Sara folgte ihm auf dem Fuße; hastig ergriff der Rabbi die Hand seines Weibes, eilig zog er sie fort durch die dunklen Gassen Bacharach's, eilig zum Tor hinaus auf die Landstraße, die den Rhein entlang nach Bingen führt.

Es war eine jener Frühlingsnächte, die zwar lau genug und hellgestirnt sind, aber doch die Seele mit seltsamen Schauern erfüllen. Leichenhaft dufteten die Blumen; schadenfroh und zugleich selbstbeängstigt zwitscherten die Vögel; der Mond warf heimtückisch gelbe Streiflichter über den dunkel hinmurmelnden Strom; die hohen Felsenmassen des Ufers schienen bedrohlich wackelnde Riesenhäupter; der Turmwächter auf Burg Strahleck blies eine melancholische Weise; und dazwischen läutete eifrig gellend das Sterbeglöckchen der Sankt Wernerskirche. Die schöne Sara trug in der rechten Hand das silberne Waschbecken, ihre linke hielt der Rabbi noch immer gefaßt, und sie fühlte, wie seine Finger eiskalt waren und wie sein Arm zitterte: aber sie folgte schweigend, vielleicht weil sie von jeher gewohnt, ihrem Manne blindlings und fraglos zu gehorchen, vielleicht auch weil ihre Lippen vor innerer Angst verschlossen waren.

Unterhalb der Burg Sonneck, Lorch gegenüber, ungefähr wo jetzt das Dörfchen Niederrheinbach liegt, erhebt sich eine Felsenplatte, die bogenartig über das Rheinufer hinaushängt. Diese erstieg Rabbi Abraham mit seinem Weibe, schaute sich um nach allen Seiten und starrte hinauf nach den Sternen. Zitternd und von

Todesängsten durchfröstelt stand neben ihm die schöne Sara und betrachtete sein blasses Gesicht, das der Mond gespenstisch beleuchtete, und worauf es hin und her zuckte wie Schmerz, Furcht, Andacht und Wut. Als aber der Rabbi plötzlich das silberne Waschbecken ihr aus der Hand riß und es schollernd hinabwarf in den Rhein, da konnte sie das grausenhafte Angstgefühl nicht länger ertragen, und mit dem Ausrufe „Schadai voller Genade!" stürzte sie zu den Füßen des Mannes und beschwor ihn, das dunkle Rätsel endlich zu enthüllen.

Der Rabbi, des Sprechens ohnmächtig, bewegte mehrmals lautlos die Lippen, und endlich rief er: „Siehst du den Engel des Todes? Dort unten schwebt er über Bacharach!" Wir aber sind seinem Schwerte entronnen. Gelobt sei der Herr!" Und mit einer Stimme, die noch vor innerem Entsetzen bebte, erzählte er: wie er wohlgemut die Agade hinsingend und angelehnt saß, und zufällig unter den Tisch schaute, habe er dort zu seinen Füßen den blutigen Leichnam eines Kindes erblickt. „Da merkte ich" – setzte der Rabbi hinzu – „daß unsre zwei späte Gäste nicht von der Gemeinde Israel's waren, sondern von der Versammlung der Gottlosen, die sich beraten hatten, jenen Leichnam heimlich in unser Haus zu schaffen, um uns des Kindermordes zu beschuldigen und das Volk aufzureizen, uns zu plündern und zu ermorden. Ich durfte nicht merken lassen, daß ich das Werk der Finsternis durchschaut; ich hätte dadurch nur mein Verderben beschleunigt, und nur die List hat uns beide gerettet. Gelobt sei der Herr! Angstige dich nicht, schöne Sara; auch unsre Freunde und Verwandte werden gerettet sein. Nur nach meinem Blute lechzten die Ruchlosen; ich bin ihnen entronnen, und sie begnügen sich mit meinem Silber und Golde. Kommt mit mir, schöne Sara, nach einem anderen Lande, wir wollen das Unglück hinter uns lassen, und damit uns das Unglück nicht verfolge, habe ich ihm das letzte meiner Habe, das silberne Becken, zur Versöhnung hingeworfen. Der Gott unserer Väter wird uns nicht verlassen. – Komm herab, du bist müde; dort unten steht bei seinem Kahne der stille Wilhelm; er fährt uns den Rhein hinauf."

Lautlos und wie mit gebrochenen Gliedern war die schöne Sara in die Arme des Rabbi hingesunken, und langsam trug er sie hinab nach dem Ufer. Hier stand der stille Wilhelm, ein taubstummer, aber bildschöner Knabe, der zum Unterhalt seiner alten Pflegemutter, einer Nachbarin des Rabbi, den Fischfang trieb und hier einen Kahn angelegt hatte. Es war aber, als erriete er schon gleich die Absicht des Rabbi, ja es schien, als habe er eben auf ihn gewartet; um seine geschlossenen Lippen zog sich das lieblichste Mitleid, bedeutungstief ruhten seine großen blauen Augen auf der schönen Sara, und sorgsam trug er sie in den Kahn.

Der Blick des stummen Knaben weckte die schöne Sara aus ihrer Betäubung, sie fühlte auf einmal, daß alles, was ihr Mann ihr erzählte, kein bloßer Traum sei, und Ströme bitterer Tränen ergossen sich über ihre Wangen, die jetzt so weiß wie ihr Gewand. Da saß sie nun in der Mitte des Kahns, ein weinendes Marmorbild; neben ihr saßen ihr Mann und der stille Wilhelm, welche emsig ruderten.

Sei es nun durch den einförmigen Ruderschlag oder durch das Schaukeln des Fahrzeugs oder durch den Duft jener Bergesufer, worauf die Freude wächst, immer geschieht es, daß auch der Betrübteste seltsam beruhigt wird, wenn er in der Frühlingsnacht in einem leichten Kahne leicht dahinfährt auf dem lieben, klaren Rheinstrom. Wahrlich, der alte, gutherzige Vater Rhein kann's nicht leiden, wenn seine Kinder weinen; tränenstillend wiegt er sie auf seinen treuen Armen, und erzählt ihnen seine schönsten Märchen, und verspricht ihnen seine goldigsten Schätze, vielleicht gar den uralt versunkenen Niblungshort. Auch die Tränen der schönen Sara flossen immer milder und milder, ihre gewaltigsten Schmerzen wurden fortgespült von den flüsternden Wellen, die Nacht verlor ihr finstres Grauen, und die heimatlichen Berge grüßten wie zum zärtlichsten Lebewohl. Vor allen aber grüßte traulich ihr Lieblingsberg, der Kedrich, und in seiner seltsamen Mondbeleuchtung schien es, als stände wieder oben ein Fräulein mit ängstlich ausgestreckten Armen, als kröchen die flinken Zwerglein wimmelnd aus ihren Felsenspalten, und als käme ein Reiter den Berg hinaufgesprengt in vollem Galopp; und der schönen Sara war zumute, als sei sie wieder ein kleines Mädchen und säße wieder auf dem Schoße ihrer Muhme aus Lorch, und diese erzähle ihr die hübsche Geschichte von dem kecken Reiter, der das arme, von den Zwergen geraubte Fräulein befreite, und noch andre wahre Geschichten, vom wunderlichen Wispertale drüben, wo die Vögel ganz vernünftig sprechen und vom Pfefferkuchenland, wohin die folgsamen Kinder kommen, und von verwünschten Prinzessinnen, singenden Bäumen, gläsernen Schlössern, goldenen Brücken, lachenden Nixen ... Aber zwischen all' diesen hübschen Märchen, die klingend und leuchtend zu leben begannen, hörte die schöne Sara die Stimme ihres Vaters, der ärgerlich die arme Muhme ausschalt, daß sie dem Kinde so viel' Torheiten in den Kopf schwatze! Alsbald kam's ihr vor, als setzte man sie auf das kleine Bänkchen vor dem Sammetsessel ihres Vaters, der mit weicher Hand ihr langes Haar streichelte, gar vergnügt mit den Auge lachte, und sich behaglich hin und her wiegte in seinem weiten, blauseidenen Sabbatschlafrock ... Es mußte wohl Sabbat sein, denn die geblümte Decke war über den Tisch gespreitet, alle Geräte im Zimmer leuchteten, spiegelblank gescheuert, der weißbärtige Gemeindediener saß an der Seite des Vaters und kaute Rosinen und sprach Hebräisch, auch der kleine Abraham kam herein mit einem allmächtig großen Buche, und bat bescheidentlich seinen Oheim um die Erlaubnis, einen Abschnitt der heiligen Schrift erklären zu dürfen, damit der Oheim sich selber überzeuge, daß er in der verflossenen Woche viel gelernt habe und viel Lob und Kuchen verdiene ... Nun legte der kleine Bursche das Buch auf die breite Armlehne des Sessels, und erklärte die Geschichte von Jakob und Rahel, wie Jakob seine Stimme erhoben und laut geweint, als er sein Mühmchen Rahel zuerst erblickte, wie er so traulich am Brunnen mit ihr gesprochen, wie er sieben Jahr' um Rahel dienen mußte, und wie sie ihm so schnell verflossen, und wie er die Rahel geheiratet und immer und immer geliebt hat ... Auf einmal erinnerte sich auch die schöne Sara, daß ihr Vater damals mit lustigem Tone ausrief: „Willst du nicht eben so dein Mühmchen Sara heiraten?", worauf der kleine Abraham ernsthaft antwortete: „Das will ich, und sie soll sieben Jahr' warten." Dämmernd zogen diese Bilder durch die Seele der schönen Frau, sie sah, wie sie und ihr kleiner Vetter, der jetzt so groß und ihr Mann geworden, kindisch mit einander in der Lauberhütte spielten, wie sie sich dort ergötzten an den bunten Tapeten, Blumen, Spiegeln und vergoldeten Äpfeln, wie der kleine Abraham immer zärtlicher mit ihr koste, bis er allmählich größer und mürrischer wurde, und endlich ganz groß und ganz mürrisch ... Und endlich sitzt sie zu Hause allein in ihrer Kammer eines Samstagabends, der Mond scheint hell durchs Fenster, und die Tür fliegt auf, und hastig stürmt herein ihr Vetter Abraham, in Reisekleidern und blaß wie der Tod, und ergreift ihre Hand, steckt einen goldnen Ring an ihren Finger und spricht feierlich: „Ich nehme dich hiermit zu meinem Weibe, nach den Gesetzen von Moses und Israel!" – „Jetzt aber" – setzt er bebend hinzu – „jetzt muß ich fort nach Spanien. Lebewohl, sieben Jahre sollst du auf mich warten!" Und er stürzt fort, und weinend erzählte die schöne Sara das alles ihrem Vater ... Der tobt und wütet: „Schneid ab dein Haar, denn du bist ein verheiratetes Weib!" – und er will dem Abraham nachreiten, um einen Scheidebrief von ihm zu erzwingen; – aber der ist schon über alle Berge, der Vater kehrt schweigend nach Haus zurück, und wie die schöne Sara ihm die Reitstiefeln ausziehen hilft und besänftigend äußert, daß der Abraham nach sieben Jahren zurückkehre, da flucht der Vater: „Sieben Jahr' sollt ihr betteln gehn!", und bald stirbt er.

So zogen der schönen Sara die alten Geschichten durch den Sinn, wie ein hastiges Schattenspiel; die Bilder vermischten sich auch wunderlich, und zwischendurch schauten halb bekannte, halb fremde bärtige Gesichter und große Blumen mit fabelhaft breitem Blattwerk. Es war auch, als murmelte der Rhein die Melodien der Agade, und die Bilder derselben stiegen daraus hervor, lebensgroß und verzerrt, tolle Bilder: der Erzvater Abraham zerschlägt ängstlich die Götzengesalten, die sich immer hastig wieder von selbst zusammensetzen; der Mizri wehrt sich furchtbar gegen den ergrimmten Moses; der Berg Sinai blitzt und flammt; der König

Pharao schwimmt im roten Meere, mit den Zähnen im Maule die zackige Goldkrone festhaltend; Frösche und Menschenantlitz schwimmen hintendrein, und die Wellen schäumen und brausen, und eine dunkle Riesenhand taucht drohend daraus hervor.

Das war Hatto's Mäuseturm, und der Kahn schoß eben durch den Binger Strudel. Die schöne Sara ward dadurch etwas aus ihren Träumereien gerüttelt und schaute nach den Bergen des Ufers, auf deren Spitzen die Schloßlichter flimmerten, und an deren Fuß die mondbeleuchteten Nachtnebel sich hinzogen. Plötzlich aber glaubte sie dort ihre Freunde und Verwandte zu sehen, wie sie mit Leichengesichtern und in weißwallenden Totenhemden schreckenhaftig vorüberliefen, den Rhein entlang ... es ward ihr schwarz vor den Augen, ein Eisstrom ergoß sich in ihre Seele, und wie im Schlafe hörte sie nur noch, daß ihr der Rabbi das Nachtgebet vorbetete, langsam ängstlich, wie es bei todkranken Leuten geschieht, und träumerisch stammelte sie noch die Worte: „Zehntausend zur Rechten, zehntausend zur Linken; den König zu schützen vor nächtlichem Grauen ..."

Da verzog sich plötzlich all das eindringende Dunkel und Grausen, der düstre Vorhang ward vom Himmel fortgerissen, es zeigte sich oben die heilige Stadt Jerusalem mit ihren Türmen und Toren; in goldner Pracht leuchtete der Tempel; auf dem Vorhofe desselben erblickte die schöne Sara ihren Vater in seinem gelben Sabbatschlafrock und vergnügt mit den Augen lachend; aus den runden Tempelfenstern grüßten fröhlich alle ihre Freunde und Verwandte; im Allerheiligsten kniete der fromme König David mit Purpurmantel und funkelnder Krone, und lieblich ertönte sein Gesang und Saitenspiel – und selig lächelnd entschlief die schöne Sara.

Kapitel II

Als die schöne Sara die Augen aufschlug, ward sie fast geblendet von den Strahlen der Sonne. Die hohen Türme einer großen Stadt erhoben sich, und der stumme Wilhelm stand mit der Hakenstange aufrecht im Kahne und leitete denselben durch das lustige Gewühl vieler buntbewimpelten Schiffe, deren Mannschaft entweder müßig hinabschaute auf die Vorbeifahrenden, oder vielhändig beschäftigt war mit dem Ausladen von Kisten, Ballen und Fässern, die auf kleineren Fahrzeugen ans Land gebracht wurden, wobei ein betäubender Lärm, das beständige Hallorufen der Barkenführer, das Geschrei der Kaufleute vom Ufer her und das Keifen der Zöllner, die in ihren roten Röcken mit weißen Stäbchen und weißen Gesichtern von Schiff zu Schiff hüpften.

„Ja, schöne Sara" – sagte der Rabbi zu seiner Frau, heiter lächelnd – „Das ist hier die weltberühmte freie Reichs- und Handelsstadt Frankfurt am Main, und das ist eben der Mainfluß, worauf wir jetzt fahren. Da drüben die lachenden Häuser, umgeben von grünen Hügeln, das ist das Sachsenhausen, woher uns der lahme Gumpertz zur Zeit des Lauberhüttenfestes die schönen Myrrhen holt. Hier siehst du auch die starke Mainbrücke mit ihren dreizehn Bögen, und gar viel Volk, Wagen und Pferde, geht sicher darüberhin, und in der Mitte steht das Häuschen, wovon die Mühmele Täubchen erzählt hat, daß ein getaufter Jude darin wohnt, der jedem, der ihm eine tote Ratte bringt, sechs Heller auszahlt für Rechnung der jüdischen Gemeinde, die dem Stadtrate jährlich fünftausend Rattenschwänze abliefern soll!"

Über diesen Krieg, den die Frankfurter Juden mit den Ratten zu führen haben, mußte die schöne Sara laut lachen; das klare Sonnenlicht und die neue bunte Welt, die vor ihr auftauchte, hatte alles Grauen und Entsetzen der vorigen Nacht aus ihrer Seele verscheucht, und als sie aus dem landenden Kahne von ihrem Manne und dem stummen Wilhelm aufs Ufer gehoben worden, fühlte sie sich wie durchdrungen von freudiger Sicherheit. Der stumme Wilhelm mit seinen schönen, tiefblauen Augen sah ihr lange ins Gesicht, halb schmerzlich, halb heiter, dann warf er noch einen bedeutenden Blick nach dem Rabbi, sprang zurück in seinen Kahn, und bald war er damit verschwunden.

„Der stumme Wilhelm hat doch viele Ähnlichkeit mit meinem verstorbenen Bruder!", bemerkte die schöne Sara. „Die Engel sehen sich alle ähnlich", erwiderte leichthin der Rabbi, und sein Weib bei der Hand ergreifend, führte er sie durch das Menschengewimmel des Ufers, wo jetzt, weil es die Zeit der Ostermesse, eine Menge hölzerner Krambuden aufgebaut standen. Als sie durch das dunkle Maintor in die Stadt gelangten, fanden sie nicht minder lärmigen Verkehr. Hier in einer engen Straße erhob sich ein Kaufmannsladen neben dem andern, und die Häuser, wie überall in Frankfurt, waren ganz besonders zum Handel eingerichtet: im Erdgeschosse keine Fenster, sondern lauter offene Bogentüren, so daß man tief hineinschauen und jeder Vorübergehende die ausgestellten Waren deutlich betrachten konnte. Wie staunte die schöne Sara ob der Masse kostbarer Sachen und ihrer nie gesehenen Pracht! Da standen Venetianer, die allen Luxus des Morgenlandes und Italiens feil boten, und die schöne Sara war wie festgebannt beim Anblick der aufgeschichteten Putzsachen und Kleinodien, der bunten Mützen und Mieder, der güldnen Armspangen und Halsbänder, des ganzen Flitterkrams, den die Frauen sehr gern bewundern und womit sie sich noch lieber schmücken. Die reichgestickten Sammet- und Seidenstoffe schienen mit der schönen Sara sprechen und ihr allerlei Wunderliches ins Gedächtnis zurückfunkeln zu wollen, und es war ihr wirklich zumute, als wäre sie wieder ein kleines Mädchen, und Mühmele Täubchen habe ihr Versprechen erfüllt, und sie nach der Frankfurter Messe geführt, und jetzt eben stehe sie vor den hübschen Kleidern, wovon ihr so viel erzählt worden. Mit heimlicher Freude überlegte sie schon, was sie nach Bacharach mitbringen wolle, welchem von ihren beiden Bäschen, dem kleinen Blümchen oder dem kleinen Vögelchen, der blauseidne Gürtel am besten gefallen würde, ob auch die grünen Höschen dem kleinen Gottschalk passen mögen, – doch plötzlich sagte sie zu sich selber: Ach Gott! Die sind ja unterdessen großgewachsen und gestern umgebracht worden! Sie schrak heftig zusammen, und die Bilder der Nacht wollten schon mit all ihrem Entsetzen wieder in ihr aufsteigen; doch die goldgestickten Kleider blinzelten nach ihr wie mit tausend Schelmenaugen und redeten ihr alles Dunkle aus dem Sinn, und wie sei hinaufsah nach dem Antlitz ihres Mannes, so war dieses unumwölkt und trug seine gewöhnliche ernste Milde. „Mach die Augen zu, schöne Sara" – sagte der Rabbi, und führte seine Frau weiter durch das Menschengedränge.

Welch ein buntes Treiben! Zumeist waren es Handelsleute, die laut miteinander feilschten, oder auch mit sich selber sprechend an den Finger rechneten, oder auch von einigen hochbepackten Markthelfern, die in kurzem Hundetrab hinter ihnen herliefen, ihre Einkäufe nach der Herberge schleppen ließen. Andere Gesichter ließen merken, daß bloß die Neugier sie herbeigezogen. Am roten Mantel und der goldenen Halskette erkannte man den breiten Ratsherrn. Das schwarze, wohlhabend bauschige Wams verriet den ehrsamen stolzen Altbürger. Die eiserne Pickelhaube, das gelblederne Wams und die klirrenden Pfundsporen verkündigten den schweren Reitersknecht. Unterm schwarzen Sammethäubchen, das in einer Spitze auf der Stirne zusammenlief, barg sich ein rosiges Mädchengesicht, und die jungen Gesellen, die gleich witternden Jagdhunden hinterdrein sprangen, zeigten sich als vollkommene Stutzer durch ihre keckbefiederten Barette, ihre klingenden Schnabelschuhe und ihre seidnen Kleider von geteilter Farbe, wo die rechte Seite grün, und die linke Seite rot, oder die eine regenbogenartig gestreift, die andre buntscheckig gewürfelt war, so daß die närrischen Burschen aussahen, als wären sie in der Mitte gespalten. Von der Menschenströmung fortgezogen, gelangte der Rabbi mit seinem Weibe nach dem Römer. Dieses ist der große, mit hohen Giebelhäusern umgebene Marktplatz der Stadt, seinen Namen führend von einem ungeheuren Hause, das „Zum Römer" hieß und vom Magistrate angekauft und zu einem Rathause geweiht wurde. In diesem Gebäude wählte man Deutschlands Kaiser, und vor demselben wurden oft edle Ritterspiele gehalten. Der König Maximilian, der dergleichen leidenschaftlich liebte, war damals in Frankfurt anwesend, und Tags zuvor hatte man ihm zu Ehren vor dem Römer ein großes Stechen veranstaltet. An den hölzernen Schranken, die jetzt von den Zimmerleuten abgebrochen wurden, standen noch viele Müßiggänger und erzählten sich, wie gestern der Herzog von Braunschweig und der Markgraf von Brandenburg unter Pauken- und Trompetenschall gegen einander gerannt, wie Herr Walther der Lump den Bärenritter so gewaltig aus den Sattel gestoßen, daß die Lanzensplitter in die Luft flogen, und wie der lange blonde König Max im Kreise seines Hofgesindes auf dem Balkone stand und sich vor Freude die Hände rieb. Die Decken von goldnen Stoffen lagen noch auf der Lehne des Balkons und der spitzbögigen Rathausfenster. Auch die übrigen Häuser des Marktplatzes waren noch festlich geschmückt und mit Wappenschildern verziert, besonders das Haus Limburg, auf dessen Banner eine Jungfrau gemalt war, die einen Sperber auf der Hand trägt, während ihr ein Affe einen Spiegel vorhält. Auf dem Balkone dieses Hauses standen viele Ritter und Damen, in lächelnder Unterhaltung hinabblickend auf das Volk, das unten in tollen Gruppen und Aufzügen hin- und herwogte. Welche Menge Müßiggänger von jedem Stande und Alter drängte sich hier, um ihre Schaulust zu befriedigen! Hier wurde gelacht, gereimt, gestohlen, in die Lenden gekniffen, gejubelt, und zwischendrein schmetterte gellend die Trompete des Arztes, der im roten Mantel mit seinem Hanswurst und Affen auf einem hohen Gerüste stand, seine eigne Kunstfertigkeit recht eigentlich aussaunte, seine Tinkturen und Wundersalben anpries, oder ernsthaft das Uringlas betrachtete, das ihm irgendein altes Weib vorhielt, oder sich anschickte, einem armen Bauer den Backzahn auszureißen. Zwei Fechtmeister, in bunten Bändern einherflatternd, ihre Rappiere schwingend, begegneten sich hier wie zufällig und stießen mit Scheinzorn auf einander; nach langem Gefecht erklärten sie sich wechselseitig für unüberwindlich und sammelten einige Pfennige. Mit Trommler und Pfeifer marschierte jetzt vorbei die neu errichtete Schützengilde. Hierauf folgte, angeführt vom Stöcker, der eine rote Fahne trug, ein Rudel fahrender Fräulein, die aus dem Frauenhause „Zum Esel" von Würzburg herkamen und nach dem Rosentale hinzogen, wo die hochlöbliche Obrigkeit ihnen für die Meßzeit ihr Quartier angewiesen. „Mach die Augen zu, schöne Sara!" – sagte der Rabbi. Denn jene phantastisch und allzu knapp bekleideten Weibsbilder, worunter einige sehr hübsche, gebärdeten sich auf die unzüchtigste Weise, entblößten ihren weißen, frechen Busen, neckten die Vorübergehenden mit schamlosen Worten, schwangen ihre langen Wanderstöcke, und indem sie auf letzteren wie auf Steckenpferden die Sankt-Katharinenpforte hinabritten, sangen sie mit gellender Stimme das Hexenlied:

>„Wo ist der Bock, das Höllentier?
>Wo ist der Bock? Und fehlt der Bock,
>So reiten wir, so reiten wir,
>So reiten wir auf dem Stock!"

Dieser Singsang, den man noch in der Ferne hören konnte, verlor sich am Ende in den kirchlich langgezogenen Tönen einer herannahenden Prozession. Das war ein trauriger Zug von kahlköpfigen und barfüßigen Mönchen, welche brennende Wachslichter oder Fahnen mit Heiligenbildern oder auch große silbernen Kruzifixe trugen. An ihrer Spitze gingen rot- und weißgeröckte Knaben mit dampfenden Weihrauchkesseln. In der Mitte des Zuges unter einem prächtigen Baldachin sah man Geistliche in weißen Chorhemden von kostbaren Spitzen oder in buntseidenen Stolen, und einer derselben trug in der Hand ein sonnenartig goldnes Gefäß, das er, bei einer Heiligennische der Marktecke anlangend, hoch empor hob, während er lateinische Worte halb rief, halb sang ... Zugleich erklingelte ein kleines Glöckchen, und alles Volk ringsum verstummte, fiel auf die Kniee und bekreuzte sich. Der Rabbi aber sprach zu seinem Weibe: „Mach die Augen zu, schöne Sara!", und hastig zog er sie von hinnen nach einem schmalen Nebengäßchen, durch ein Labyrinth von engen und krummen Straßen, und endlich über den unbewohnten, wüsten Platz, der das neue Judenquartier von der übrigen Stadt trennte.

Vor jener Zeit wohnten die Juden zwischen dem Dom und dem Mainufer, nämlich von der Brücke bis zum Lumpenbrunnen und von der Mehlwaage bis zu Sankt Bartholomäi. Aber die katholischen Priester erlangten eine päpstliche Bulle, die den Juden verwehrte, in solcher Nähe der Hauptkirche zu wohnen, und der Magistrat gab ihnen einen Platz auf dem Wollgraben, wo sie das heutige Judenquartier erbauten. Dieses war mit starken Mauern versehen, auch mit eisernen Ketten vor den Toren, um sie gegen Pöbelandrang zu sperren. Denn hier lebten die Juden ebenfalls in Druck und Angst, und mehr als heutzutage in der Erinnerung früherer Nöten. Im Jahre 1240 hatte das entzügelte Volk ein großes Blutbad unter ihnen angerichtet, welches man die erste Judenschlacht nannte, und im Jahre 1349, als die Geißler bei ihrem Durchzuge die Stadt anzündeten und die Juden des Brandstiftens anklagten, wurden diese von dem aufgereizten Volke zum größten Teile ermordet, oder sie fanden den Tod in den Flammen ihrer eigenen Häuser, welches man die zweite Judenschlacht nannte. Später bedrohte man die Juden noch oft mit dergleichen Schlachten, und bei inneren Unruhen Frankfurt's, besonders bei einem Streite des Rates mit den Zünften, stand der Christenpöbel oft im Begriff, das Judenquartier zu stürmen. Letzteres hatte zwei Tore, die an katholischen Feiertagen von außen, an jüdischen Feiertagen von innen geschlossen wurden, und vor jedem Tor befand sich ein Wachthaus mit Stadtsoldaten.

Als der Rabbi mit seinem Weibe an das Tor des Judenquartiers gelangte, lagen die Landsknechte, wie man durch die offenen Fenster sehen konnte, auf der Pritsche ihrer Wachstube, und draußen vor der Türe im vollen Sonnenschein saß der Trommelschläger und phantasierte auf seiner großen Trommel. Das war eine schwere dicke Gestalt; Wams und Hosen von feuergelbem Tuch, an Armen und Lenden weit aufgepufft und, als wenn unzählige Menschenzungen daraus hervorleckten, von oben bis unten besäet mit kleine eingenähten rote Wülstchen; Brust und Rücken gepanzert mit schwarzen Tuchpolstern, woran die Trommel hing; auf dem Kopfe eine platte, runde schwarze Kappe; das Gesicht ebenso platt und rund, auch orangegelb und mit roten Schwärchen gespickt, und verzogen zu einem gähnenden Lächeln. So saß der Kerl und trommelte die Melodie des Liedes, das einst die Geißler bei der Judenschlacht gesungen, und mit seinem rauhen Biertone gurgelte er die Worte:

> „Unsre liebe Fraue,
> Die ging im Morgentaue,
> Kyrie eleison!"

„Hans, das ist eine schlechte Melodie" – rief eine Stimme hinter dem verschollenen Tore des Judenquartiers – „Hans, auch ein schlecht Lied, paßt nicht für die Trommel, paßt gar nicht und beileibe nicht in der Messe und am Ostermorgen, schlecht Lied, gefährlich Lied, Hans, Hänschen, klein Trommelhänschen, ich bin ein einzelner Mensch, und wenn du mich lieb hast, wenn du den Stern lieb hast, den langen Stern, den langen Nasenstern, so hör auf!"

Diese Worte wurden von dem ungesehenen Sprecher teils angstvoll hastig, teils aufseufzend langsam hervorgestoßen, in einem Tone, worin das ziehende Weihe und das heiser Harte schroff abwechselte, wie man ihn bei Schwindsüchtigen findet. Der Trommelschläger blieb unbewegt, und in der vorigen Melodie forttrommelnd sang er weiter:

> „Da kam ein kleiner Junge,
> Sein Bart war ihm entsprungen,
> Halleluja!"

„Hans" – rief wieder die Stimme des obenerwähnten Sprechers – „Hans, ich bin ein einzelner Mensch, und es ist ein gefährlich Lied, und ich hör' es nicht gern, und ich hab' meine Gründe, und wenn du mich lieb hast, singst du was anderes, und morgen trinken wir ..."

Bei dem Wort „Trinken" hielt der Hans inne mit seinen Trommeln und Singen, und biedern Tones sprach er: „Der Teufel hole die Juden, aber du, lieber Nasenstern, bist mein Freund, ich beschütze dich, und wenn wir noch oft zusammen trinken, werde ich dich auch bekehren. Ich will dein Pate sein; wenn du getauft wirst, wirst du selig, und wenn du Genie hast und fleißig bei mir lernst, kannst du sogar noch Trommelschläger werden. Ja, Nasenstern, du kannst es noch weit bringen, ich will dir den ganzen Katechismus vortrommeln, wenn wir morgen zusammen trinken – aber jetzt mach mal das Tor auf, da stehen zwei Fremde und begehren Einlaß."

„Das Tor auf?" – schrie der Nasenstern, und die Stimme versagte ihm fast. „Das geht nicht so schnell, lieber Hans, man kann nicht wissen, man kann gar nicht wissen, und ich bin ein einzelner Mensch. Der Veitel Rindskopf hat den Schlüssel und steht jetzt still in der Ecke und brümmelt sein Achtzehngebet; da darf man sich nicht unterbrechen lassen. Jäkel der Narr ist auch hier, aber er schlägt jetzt sein Wasser ab. Ich bin ein einzelner Mensch!"

„Der Teufel hole die Juden!" – rief der Trommelhans, und über diesen eignen Witz laut lachend, trollte er sich nach der Wachtstube und legte sich ebenfalls auf die Pritsche.

Während nun der Rabbi mit seinem Weibe jetzt ganz allein vor dem großen verschlossenen Tore stand, erhub sich hinter demselben eine schnarrende, näselnde, etwas spöttisch gezogene Stimme: „Sternchen, dröhnle nicht so lange, nimm die Schlüssel aus Rindsköpfchen's Rocktasche, oder nimm deine Nase und schließe damit das Tor auf. Die Leute stehen schon lange und warten."

„Die Leute?" – schrie ängstlich die Stimme des Mannes, den man den Nasenstern nannte – „ich glaube, es wäre nur einer, und ich bitte dich, Narr, lieber Jäkel Narr, guck mal heraus, wer da ist."

Da öffnete sich im Tore ein kleines wohlvergittertes Fensterlein, und zum Vorschein kam eine gelbe, zweihörnige Mütze und darunter das drollig verschnörkelte Lustigmachergesicht Jäkel's des Narren. In demselben Augenblicke schloß sich wieder die Fensterluke, und ärgerlich schnarrte er: „Mach auf, mach auf, draußen ist nur ein Mann und ein Weib."

„Ein Mann und ein Weib!" – ächzte der Nasenstern. – „Und wenn das Tor aufgemacht wird, wirft das Weib den Rock ab, und es ist auch ein Mann, und es sind dann zwei Männer, und wir sind nur unser Drei!"

„Sei kein Hase" – erwiderte Jäkel der Narr – „und sei herzhaft und zeige Courage!"

„Courage!" – rief der Nasenstern und lachte mit verdrießlicher Bitterkeit – „Hase" Hase ist ein schlechter Vergleich, Hase ist ein unreines Tier. Courage! Man hat mich nicht der Courage wegen hierhergestellt, sondern der Vorsicht halber. Wenn zu viele kommen, soll ich schreien. Aber ich selbst kann sie nicht zurückhalten. Mein Arm ist schwach, ich trage eine Fontanelle, und ich bin ein einzelner Mensch. Wenn man auf mich schießt, bin ich tot. Dann sitzt der reiche Mendel Reiß am Sabbat bei Tische, und wischt sich vom Maul die Rosinensauce, und streichelt sich den Bauch, und sagt vielleicht: Das lange Nasensternchen war doch ein braves Kerlchen, wäre es nicht gewesen, so hätten sie das Tier gesprengt, es hat sich doch für uns totschießen lassen, es war ein braves Kerlchen, schade daß es tot ist –"

Die Stimme wurde hier allmählich weich und weinerlich, aber plötzlich schlug sie über in einen hastigen, fast erbitterten Ton: „Courage! Und damit der reiche Mendel Reiß sich die Rosinensauce vom Maul abwischen und sich den Bauch streicheln und mich braves Kerlchen nennen möge, soll ich mich totschießen lassen? Courage! Herzhaft! Der kleine Strauß war herzhaft, und hat gestern auf dem Römer dem Stechen zugesehen, und hat geglaubt, man kenne ihn nicht, weil er einen violetten Rock trug von Sammet, drei Gulden die Elle, mit Fuchsschwänzchen, ganz goldgestickt, ganz prächtig – und sie haben ihm den violetten Rock so lange geklopft, bis er abfärbte und auch sein Rücken violett geworden ist und nicht mehr menschenähnlich sieht. Courage! Der krumme Leser war herzhaft, nannte unseren lumpigen Schuldheiß einen Lump, und sie haben ihn an den Füßen aufgehängt zwischen zwei Hunden, und der Trommelhans trommelte. Courage! Sei kein Hase! Unter den vielen Hunden ist der Hase verloren, ich bin ein einzelner Mensch und habe wirklich Furcht!"

„Schwör mal!" – rief Jäkel der Narr.

„Ich habe wirklich Furcht!" – wiederholte seufzend der Nasenstern – „ich weiß, die Furcht liegt im Geblüt, und ich habe es von meiner seligen Mutter –"

„Ja, ja!" – unterbrach ihn Jäkel der Narr – „und deine Mutter hatte es von ihrem Vater, und der hatte es wieder von dem seinigen, und so hatten es deine Voreltern einer vom andern, bis auf deinen Stammvater, welcher unter König Saul gegen die Philister zu Felde zog und der Erste war, welcher Reißaus nahm. – Aber sieh mal, Rindsköpfchen ist gleich fertig, er hat sich bereits zum vierten Mal gebückt, schon hüpft er wie ein Floh bei dem dreimaligen Worte Heilig, und jetzt greift er vorsichtig in die Tasche..."

In der Tat, die Schlüssel rasselten, knarrend öffnete sich ein Flügel des Tores, und Rabbi und sein Weib traten in die ganz menschenleere Judengasse. Der Aufschließer aber, ein kleiner Mann mit gutmütig sauerm Gesichte, nickte träumerisch wie einer, der in seinen Gedanken nicht gern gestört sein möchte, und nachdem er das Tor wieder sorgsam verschlossen, schlappte er, ohne ein Wort zu reden, nach einem Winkel hinter dem Tore, beständig Gebete vor sich hinmurmelnd. Minder schweigsam war Jäkel der Narr, ein untersetzter, etwas krummbeiniger Gesell, mit einem lachend vollroten Antlitz und einer unmenschlich großen Fleischhand, die er aus den weiten Ärmeln seiner buntscheckigen Jacke zum Willkomm hervorstreckte. Hinter ihm zeigte oder vielmehr barg sich eine lange magere Gestalt, der schmale Hals weiß befiedert von einer seinen batistnen Krause, und das dünne, blasse Gesicht gar wundersam geziert mit einer fast unglaublich langen Nase, die sich neugierig angstvoll hin und her bewegte.

„Gott willkommen! zum guten Festtag!" – rief Jäkel der Narr – „wundert euch nicht, daß jetzt die Gasse so leer und still ist. Alle unsere Leute sind jetzt in der Synagoge, und ihr kommt eben zur rechten Zeit, um dort die Geschichte von der Opferung Isaak's vorlesen zu hören. Ich kenne sie, es ist eine interessante Geschichte, und wenn ich sie nicht schon dreiunddreißig Mal angehört hätte, so würde ich sie gern dies Jahr noch einmal hören. Und es ist eine wichtige Geschichte, denn wenn Abraham den Isaak wirklich geschlachtet hätte, und nicht den Ziegenbock, so wären jetzt mehr Ziegenböcke und weniger Juden auf der Welt." – Und mit wahnsinnig lustiger Grimasse fing der Jäkel an, folgendes Lied aus der Agade zu singen:

„Ein Böcklein, ein Böcklein, das gekauft Väterlein, er gab dafür zwei Suslein; ein Böcklein! ein Böcklein!

„Es kam ein Kätzlein und aß das Böcklein, das gekauft Väterlein, er gab dafür zwei Suslein; ein Böcklein, ein Böcklein!

„Es kam ein Hündlein, und biß das Kätzlein, das gefressen das Böcklein, das gekauft Väterlein, er gab dafür zwei Suslein; ein Böcklein! ein Böcklein!

„Es kam ein Stöcklein und schlug das Hündlein, das gebissen das Kätzlein, das gefressen das Böcklein, das gekauft Väterlein, er gab dafür zwei Suslein! ein Böcklein, ein Böcklein!

„Es kam ein Feuerlein und verbrannte das Stöcklein, das geschlagen das Hündlein, das gebissen das Kätzlein, das gefressen das Böcklein, das gekauft Väterlein, er gab dafür zwei Suslein, ein Böcklein, ein Böcklein!

„Es kam ein Wasserlein und löschte das Feuerlein, das verbrannt das Stöcklein, das geschlagen das Hündlein, das gebissen das Kätzlein, das gefressen das Böcklein das gekauft Väterlein, er gab dafür zwei Suslein; ein Böcklein, ein Böcklein!

„Es kam ein Öchslein und soff das Wässerlein, das gelöscht das Feuerlein, das verbrannt das Stöcklein, das geschlagen das Hündlein, das gebissen das Kätzlein, das gefressen das Böcklein, das gekauft Väterlein, er gab dafür zwei Suslein; ein Böcklein, ein Böcklein!

„Es kam ein Schlächterlein und schlachtete das Öchslein, das gesoffen das Wässerlein, das gelöscht das Feuerlein, das verbrannt das Stöcklein, das geschlagen das Hündlein, das gebissen das Kätzlein, das gefressen das Böcklein, das gekauft Väterlein, er gab dafür zwei Suslein; ein Böcklein, ein Böcklein!

„Es kam ein Todesenglein und schlachtete das Schlächterlein, das geschlachtet das Öchslein, das gesoffen das Wässerlein, das gelöscht das Feuerlein, das verbrannt das Stöcklein, das geschlagen das Hündlein, das gebissen das Kätzlein, das gefressen das Böcklein, das gekauft Väterlein, er gab dafür zwei Suslein; ein Böcklein, ein Böcklein!

„Ja, schöne Frau" – fügte der Sänger hinzu – „einst kommt der Tag, wo der Engel des Todes den Schlächter schlachten wird, und all unser Blut kommt über Edom; denn Gott ist ein rächender Gott – – –"

Aber plötzlich den Ernst, der ihn unwillkürlich beschlichen, gewaltsam abstreifend, stürzte sich Jäkel der Narr wieder in seine Possenreißerein und fuhr fort mit schnarrendem Lustigmacherton: „Fürchtet Euch nicht schöne Frau, der Nasenstern tut euch nichts zuleid. Nur für die alte Schnapper-Elle ist er gefährlich. Sie hat sich in seine Nase verliebt, aber die verdient es auch. Sie ist schön wie der Turm, der gen Damaskus schaut und erhaben wie die Zeder des Libanon's. Auswendig glänzt sie wie Glimmgold und Sirup, und inwendig ist lauter Musik und Lieblichkeit. Im Sommer blüht sie, im Winter ist sie zugefroren, und Sommer und Winter wird sie gehätschelt von Schnapper-Elle's weißen Händen. Ja, die Schnapper-Elle ist verliebt in ihn, ganz vernarrt. Sie pflegt ihn, sie füttert ihn, und sobald er fett genug ist, wird sie ihn heiraten, und für ihr Alter ist sie noch jung genug, und wer mal nach dreihundert Jahren hieher nach Frankfurt kömmt, wird den Himmel nicht sehen können vor lauter Nasensternen!"

„Ihr seid Jäkel der Narr" – rief lachend der Rabbi – „ich merk' es Euren Worten. Ich habe oft von Euch sprechen gehört."

„Ja, ja" erwiderte jener mit drolliger Bescheidenheit – „ja, ja, das macht der Ruhm. Man ist oft weit und breit für einen größern Narren bekannt als man selbst weiß. Doch ich gebe mir viele Mühe ein Narr zu sein, und springe und schüttle mich, damit die Schellen klingeln. Andere haben's leichter ... Aber sagt mir, Rabbi, warum reiset Ihr am Feiertage?"

„Meine Rechtfertigung" – versetzte der Befragte – „steht im Talmud, und es heißt: Gefahr vertreibt den Sabbat."

„Gefahr!" – schrie plötzlich der lange Nasenstern und gebärdete sich wie in Todesangst – „Gefahr! Gefahr! Trommelhans, trommel, trommle, Gefahr! Gefahr! Trommelhans ..."

Draußen aber rief der Trommelhans mit seiner dicken Bierstimme: „Tausend Donner-Sakrament! Der Teufel hole die Juden! Das ist schon das dritte Mal, daß du mich heute aus dem Schlafe weckst, Nasenstern! Mach mich nicht rasend! Wenn ich rase, werde ich wie der leibhaftige Satanas, und dann, so wahr ich ein Christ bin, dann schieße ich mit der Büchse durch die Gitterluke des Tores, und dann hüte jeder seine Nase!"

„Schieß nicht! schieß nicht! ich bin ein einzelner Mensch" – wimmerte angstvoll der Nasenstern und drückte sein Gesicht fest an die nächste Mauer, und in dieser Stellung verharrte er zitternd und leise betend.

„Sagt, sagt, was ist passiert?" – rief jetzt auch Jäkel der Narr mit all jener hastigen Neugier, die schon damals den Frankfurter Juden eigentümlich war.

Der Rabbi aber riß sich von ihm los und ging mit seinem Weibe weiter die Judengasse hinauf. „Sieh, schöne Sara", – sprach er seufzend – „wie schlecht geschützt ist Israel! Falsche Freunde hüten seine Tore von außen, und drinnen sind seine Hüter Narrheit und Furcht!"

Langsam wanderten die beiden durch die lange, leere Straße, wo nur hie und da ein blühender Mädchenkopf zum Fenster hinausguckte, während sich die Sonne in den blanken Scheiben festlich heiter bespiegelte. Damals nämlich waren die Häuser des Judenviertels noch neu und nett, auch niedriger wie jetzt, indem erst späterhin die Juden, als sie in Frankfurt sich sehr vermehrten und doch ihr Quartier nicht erweitern durften, dort immer ein Stockwerk über das andere bauten, sardellenartig zusammenrückten und dadurch an Leib und Seele verkrüppelten. Der Teil des Judenquartiers, der nach dem großen Brande stehen geblieben und den man die alte Gasse nennt, jene hohen schwarzen Häuser, wo ein grinsendes, feuchtes Volk umherschachert, ist ein schauderhaftes Denkmal des Mittelalters. Die ältere Synagoge existiert nicht mehr; sie war minder geräumig als die jetzige, die später erbaut wurde, nachdem die Nüremberger Vertriebenen in die Gemeinde aufgenommen worden. Sie lag nördlicher. Der Rabbi brauchte ihre Lage nicht erst zu erfragen. Schon aus der Ferne vernahm er die vielen verworrenen und überaus lauten Stimmen. Im Hofe des Gotteshauses trennte er sich von seinem Weibe. Nachdem er an dem Brunnen, der dort steht, seine Hände gewaschen, trat er in jenen untern Teil der Synagoge, wo die Männer beten; die schöne Sara hingegen erstieg eine Treppe und gelangte oben nach der Abteilung der Weiber.

Diese obere Abteilung war eine Art Galerie mit drei Reihen hölzerner, braunrot angestrichener Sitze, deren Lehne oben mit einem hängenden Brette versehen war, das, um das Gebetbuch darauf zu legen, sehr bequem aufgeklappt werden konnte. Die Frauen saßen hier schwatzend neben einander, oder standen aufrecht, inbrünstig betend; manchmal auch traten sie neugierig an das große Gitter, das sich längs der Morgenseite hinzog, und durch dessen dünne grüne Latten man hinabschauen konnte in die untere Abteilung der Synagoge. Dort, hinter hohen Betpulten, standen die Männer in ihren schwarzen Mänteln, die spitzen Bärte herabschießend über die weißen Halskrausen, und die plattbedeckten Köpfe mehr oder minder verhüllt von einem viereckigen, mit den gesetzlichen Schaufäden versehenen Tuche, das aus weißer Wolle oder Seide bestand, mitunter auch mit goldnen Tressen geschmückt war. Die Wände der Synagoge waren ganz einförmig geweißt, und man sah dort keine andere Zierat als etwa das vergoldete Eisengitter um die viereckige Bühne, wo die Gesetzabschnitte verlesen werden, und die heilige Lade, ein kostbar gearbeiteter Kasten, scheinbar getragen von marmornen Säulen mit üppigen Kapitälern, deren Blumen- und Laubwerk gar lieblich emporrankte, und bedeckt mit einem Vorhang von kornblauem Sammet, worauf mit Goldflittern, Perlen und bunten Steinen eine fromme Inschrift gestickt war. Hier hing die silberne Gedächtnis-Ampel und erhob sich ebenfalls eine vergitterte Bühne, auf deren Geländer sich allerlei heilige Geräte befanden, unter andern der siebenarmige Tempel-Leuchter und vor demselben, das Antlitz gegen die Lade, stand der Vorsänger, dessen Gesang instrumentenartig begleitet wurde von den Stimmen seiner beiden Gehülfen, des Bassisten und des Diskantsängers. Die Juden haben nämlich alle wirkliche Instrumentalmusik aus ihrer Kirche verbannt, wähnend, daß der Lobgesang Gottes erbaulicher aufsteige aus der warmen Menschenbrust als aus kalten Orgelpfeifen. Recht kindlich freute sich die schöne Sara, als jetzt der Vorsänger, ein trefflicher Tenor, seine Stimme erhob, und die uralten, ernsten Melodien, die sie so gut kannte, in noch nie geahnter junger Lieblichkeit aufblüheten, während der Bassist zum Gegensatze die tiefen, dunkeln Töne hineinbrummte, und in den Zwischenpausen der Diskantsänger fein und süß trillerte. Solchen Gesang hatte die schöne Sara in der Synagoge von Bacharach niemals gehört, denn der Gemeindevorsteher, David Levi, machte dort den Vorsänger, und wenn dieser schon bejahrte zitternde Mann mit seiner zerbröckelten, meckernden Stimme wie ein junges Mädchen trillern wollte, und in solch gewaltsamer Anstrengung seinen schlaff herabhängenden Arm fieberhaft schüttelte, so reizte dergleichen wohl mehr zum Lachen als zur Andacht.

Ein frommes Behagen, gemischt mit weiblicher Neugier, zog die schöne Sara ans Gitter, wo sie hinabschauen konnte in die untere Abteilung, die sogenannte Männerschule. Sie hatte noch nie eine so große Anzahl Glaubensgenossen gesehen, wie sie da unten erblickte, und es ward ihr noch heimlich wohler ums Herz in der Mitte so vieler Menschen, die ihr so nahe verwandt durch gemeinschaftliche Abstammung, Denkweise und Leiden. Aber noch viel bewegter wurde die Seele des Weibes, als drei alte Männer ehrfurchtsvoll vor die heilige Lade traten, den glänzenden Vorhang an die Seite schoben, den Kasten aufschlossen und sorgsam jenes Buch herausnahmen, das Gott mit eigner Hand geschrieben und für dessen Erhaltung die Juden so viel erduldet, so viel Elend und Haß, Schmach und Tod, ein tausendjähriges Martyrtum. Dieses Buch, eine große Pergamentrolle, war wie ein fürstliches Kind in einem buntgestickten Mäntelchen von rotem Sammet gehüllt; oben auf den beiden Rollhölzern steckten zwei silberne Gehäuschen, worin allerlei Granaten und Glöckchen sich zierlich bewegten und klingelten, und vorn an silbernen Kettchen hingen goldne Schilde mit bunten Edelsteinen. Der Vorsänger nahm das Buch, und als sei es ein wirkliches Kind, ein Kind, um dessentwillen man große Schmerzen erlitten und das man nur desto mehr liebt, wiegte er es in seinen Armen, tänzelte damit hin und her, drückte es an seine Brust, und durchschauert von solcher Berührung, erhub er seine Stimme zu einem so jauchzend frommen Dankliede, daß es der schönen Sara bedünkte, als ob die Säulen der heiligen Lade zu blühen begönnen, und die wunderbaren Blumen und Blätter der Kapitäler immer höher hinaufwüchsen, und die Töne des Diskantisten sich in lauter Nachtigallen verwandelten, und die Wölbung der Synagoge gesprengt würde von den gewaltigen Tönen des Bassisten, und die Freudigkeit Gottes herabströmte aus dem blauen Himmel. Das war ein schöner Psalm. Die Gemeinde wiederholte chorartig die Schlußverse, und nach der erhöhten Bühne in die Mitte der Synagoge schritt langsam der Vorsänger mit dem heiligen Buche, während Männer und Knaben sich hastig hinzudrängten, um die Sammethülle desselben zu küssen oder auch nur zu berühren. Auf der erwähnten Bühne zog man von dem heiligen Buche das sammtne Mäntelchen sowie auch die mit bunten Buchstaben beschriebenen Windeln, womit es umwickelt war, und aus der geöffneten Pergamentrolle, in jenem singenden Tone, der am Paschafeste noch gar besonders moduliert wird, las der Vorsänger die erbauliche Geschichte von der Versuchung Abraham's.

Die schöne Sara war bescheiden vom Gitter zurückgewichen, und eine breite, putzbeladene Frau von mittlerem Alter und gar gespreizt wohlwollendem Wesen hatte ihr mit stummem Nicken die Miteinsicht in ihrem Gebetbuche vergönnt. Diese Frau mochte wohl keine große Schriftgelehrtin sein; denn als sie die Gebete murmelnd vor sich hinlas, wie die Weiber, da sie nicht laut mitsingen dürfen, zu tun pflegen, so bemerkte die schöne Sara, daß sie viele Worte allzusehr nach Gutdünken aussprach und manche gute Zeile ganz überschlupperte. Nach einer Weile aber hoben sich schmachtend langsam die wasserklaren Augen der guten Frau, ein flaches Lächeln glitt über das porzellanhaft rot' und weiße Gesicht, und mit einem Tone, der so vornehm als möglich hinschmelzen wollte, sprach sie zur schönen Sara: „Er singt sehr gut. Aber ich habe doch in Holland noch viel besser singen hören. Sie sind fremd und wissen vielleicht nicht, daß es der Vorsänger aus Worms ist, und daß man ihn hier behalten will, wenn er mit jährlichen vierhundert Gulden zufrieden. Es ist ein lieber Mann, und seine Hände sind wie Alabaster. Ich halte viel von einer schönen Hand. Eine schöne Hand ziert den ganzen Menschen!" – Dabei legte die gute Frau selbstgefällig ihre Hand, die wirklich noch schön war, auf die

Lehne des Betpultes, und mit einer graziösen Beugung des Hauptes andeutend, daß sie sich im Sprechen nicht gern unterbrechen lasse, setzte sie hinzu: „Das Singerchen ist noch ein Kind und sieht sehr abgezehrt aus. Der Baß ist gar zu häßlich, und unser Stern hat mal sehr witzig gesagt: Der Baß ist ein größerer Narr als man von einem Baß zu verlangen braucht! Alle Drei speisen in meiner Garküche, und sie wissen vielleicht nicht, daß ich Elle Schnapper bin."

Die schöne Sara dankte für diese Mitteilung, wogegen wieder die Schnapper-Elle ihr ausführlich erzählte, wie sie einst in Amsterdam gewesen, dort wegen ihrer Schönheit gar vielen Nachstellungen unterworfen war, und wie sie drei Tage vor Pfingsten nach Frankfurt gekommen und den Schnapper geheiratet, wie dieser am Ende gestorben, wie er auf dem Todbette die rührendsten Dinge gesprochen, und wie es schwer sei, als Vorsteherin einer Garküche die Hände zu konservieren. Manchmal sah sie nach der Seite mit wegwerfendem Blicke, der wahrscheinlich einigen spöttischen jungen Weibern galt, die ihren Anzug musterten. Merkwürdig genug war diese Kleidung: ein weit ausgebauschter Rock von weißem Atlas, worin alle Tierarten der Arche Noäh grellfarbig gestickt, ein Wams von Goldstoff wie ein Küraß, die Ärmel von rotem Samt, gelb geschlitzt, auf dem Haupte eine unmenschlich hohe Mütze, um den Hals eine allmächtige Krause von weißem Steiflinnen, sowie auch eine silberne Kette, woran allerlei Schaupfennige, Kameen und Raritäten, unter andern ein großes Bild der Stadt Amsterdam, bis über den Busen herabhingen. Aber die Kleidung der übrigen Frauen war nicht minder merkwürdig und bestand wohl aus einem Gemische von Moden verschiedener Zeiten, und manches Weiblein, bedeckt mit Gold und Diamanten, glich einem wandelnden Juwelierladen. Es war freilich den Frankfurter Juden damals eine bestimmte Kleidung gesetzlich vorgeschrieben, und zur Unterscheidung von den Christen sollten die Männer an ihren Mänteln gelbe Ringe und die Weiber an ihren Mützen hochaufstehende blaugestreifte Schleier tragen. Jedoch im Judenquartier wurde diese obrigkeitliche Verordnung wenig beachtet, und dort, besonders an Festtagen und zumal in der Synagoge, suchten die Weiber so viel Kleiderpracht als möglich gegen einander auszukramen, teils um sich beneiden zu lassen, teils auch um den Wohlstand und die Kreditfähigkeit ihrer Eheherren darzutun.

Während nun unten in der Synagoge die Gesetzabschnitte aus den Büchern Mosis vorgelesen werden, pflegt dort die Andacht etwa nachzulassen. Mancher macht es sich bequem und setzt sie nieder, flüstert auch wohl mit einem Nachbar überweltliche Angelegenheiten, oder geht hinaus auf den Hof, um frische Luft zu schöpfen. Kleine Knaben nehmen sich unterdessen die Freiheit, ihre Mütter in der Weiberabteilung zu besuchen, und hier hat alsdann die Andacht wohl noch größere Rückschritte gemacht; hier wird geplaudert, geruddelt, gelacht, und, wie es überall geschieht, die jüngeren Frauen scherzen über die alten, und diese klagen wieder über Leichtfertigkeit der Jugend und Verschlechterung der Zeiten. Gleichwie es aber unten in der Synagoge zu Frankfurt einen Vorsänger gab, so gab es in der oberen Abteilung eine Vorklatscherin. Das war Hündchen Reiß, eine platte grünliche Frau, die jedes Unglück witterte und immer eine skandalöse Geschichte auf der Zunge trug. Die gewöhnliche Zielscheibe ihrer Spitzreden war die arme Schnapper-Elle, sie wußte gar drollig die erzwungen vornehmen Gebärden derselben nachzuäffen sowie auch den schmachtenden Anstand, womit sie die schalkhaften Huldigungen der Jugend entgegen nimmt.

„Wißt ihr wohl", – rief jetzt Hündchen Reiß – „die Schnapper-Elle hat gestern gesagt: Wenn ich nicht schön und klug und geliebt wäre, so möchte ich nicht auf der Welt sein.!"

Da wurde etwas laut gekichert, und die nahstehende Schnapper-Elle, merkend, daß es auf ihre Kosten geschah, hob verachtungsvoll ihr Auge empor, und wie ein stolzes Prachtschiff segelte sie nach einem entfernten Platze. Die Vögele Ochs, eine runde, etwas täppische Frau, bemerkte mitleidig, die Schnapper-Elle sei zwar eitel und beschränkt, aber sehr bravmütig, und sie tue sehr viel Gutes an Leuten, die es nötig hätten.

„Besonders an den Nasenstern" – zischte Hündchen Reiß. Und alle, die das zarte Verhältnis kannten, lachten um so lauter.

„Wißt ihr wohl" – setzte Hündchen hämisch hinzu – „der Nasenstern schläft jetzt auch im Hause der Schnapper-Elle ... Aber seht mal, dort unten die Süschen Flörsheim trägt die Halskette, die Daniel Fläsch bei ihrem Manne versetzt hat. Die Fläsch ärgert sich ... Jetzt spricht sie mit der Försheim ... Wie sie sich so freundlich die Hand drücken! Und hassen sich doch wie Midian und Moab! Wie sie sich so liebevoll anlächeln! Freßt euch nur nicht vor lauter Zärtlichkeit! Ich will mir das Gespräch anhören."

Und nun, gleich einem lauernden Tiere, schlich Hündchen Reiß hinzu und hörte, daß die beiden Frauen teilnehmend einander klagten, wie sehr sie sich verflossene Woche abgearbeitet, um in ihren Häusern aufzuräumen und das Küchengeschirr zu scheuern, was vor dem Paschafeste geschehen muß, damit kein einziges Brosämchen der gesäuerten Brote daran kleben bleibe. Auch von der Mühseligkeit beim Backen der ungesäuerten Brote sprachen die beiden Frauen. Die Fläsch hatte noch besondere Beklagnisse; im Backhause der Gemeinde mußte sie viel Ärger erleiden, nach der Entscheidung des Loses konnte sie dort erst in den letzten Tagen, am Vorabend des Festes, und erst spät nachmittags zum Backen gelangen, die alte Hanne hatte den Teig schlecht geknetet, die Mägde rollten mit ihren Wergelhölzern den Teig viel zu dünn, die

Hälfte der Brote verbrannte im Ofen, und außerdem regnete es so stark, daß es durch das bretterne Dach des Backhauses beständig tröpfelte, und sie mußten sich dort, naß und müde, bis tief in die Nacht abarbeiten.

„Und daran, liebe Flörsheim" – setzte die Fläch hinzu mit einer schonenden Freundlichkeit, die keineswegs echt war – „daran waren Sie auch ein bißchen schuld, weil Sie mir nicht ihre Leute zur Hilfeleistung beim Backen geschickt haben."

„Ach, Verzeihung" – erwiderte die andre – „meine Leute waren zu sehr beschäftigt, die Meßwaren müssen verpackt werden, wir haben jetzt so viel zu tun, mein Mann ..."

„Ich weiß", – fiel ihr die Fläsch mit schneidend, hastigem Tone in die Rede – „ich weiß, ihr habt viel zu tun, viel' Pfänder und gute Geschäfte, und Halsketten ..."

Eben wollte ein giftiges Wort den Lippen der Sprecherin entgleiten, und die Flörsheim ward schon rot wie ein Krebs, als plötzlich Hündchen Reiß laut aufkreischte: „Um Gottes Willen, die fremde Frau liegt und stirbt ... Wasser! Wasser!"

Die schöne Sara lag in Ohnmacht, blaß wie der Tod, und um sie herum drängte sich ein Schwarm von Weibern, geschäftig und jammernd. Die eine hielt ihr den Kopf, eine zweite hielt ihr den Arm; einige alte Frauen besprützten sie mit den Wassergläschen, die hinter ihren Betpulten hängen zum Behufe des Händewaschens, im Fall sie zufällig ihren eignen Leib berührten; andre hielten unter die Nase der Ohnmächtigen eine alte Zitrone, die, mit Gewürznägelchen durchstochen, noch vom letzten Fasttage herrührte, wo sie zum nervenstärkenden Anriechen diente. Ermattet und tief seufzend schlug endlich die schöne Sara die Augen auf, und mit stummen Blicken dankte sie für die gütige Sorgfalt. Doch jetzt ward unten das Achtzehn-Gebet, welches niemand versäumen darf, feierlich angestimmt, und die geschäftigen Weiber eilten zurück nach ihren Plätzen, und verrichteten jenes Gebet, wie es geschehen muß, stehend und das Gesicht gewendet gegen Morgen, welches die Himmelsgegend, wo Jerusalem liegt. Vögele Ochs, Schnapper-Elle und Hündchen Reiß verweilten am längsten bei der schönen Sara; die beiden ersteren, indem sie ihr eifrigst ihre Dienste anboten, die letztere, indem sie sich nochmals bei ihr erkundigte, weshalb sie so plötzlich ohnmächtig geworden.

Die Ohnmacht der schönen Sara hatte aber eine ganz besondere Ursache. Es ist nämlich Gebrauch in der Synagoge, daß jemand, welcher einer großen Gefahr entronnen, nach der Verlesung der Gesetzesabschnitte öffentlich hervortritt und der göttlichen Vorsicht für seine Rettung dankt. Als nun Rabbi Abraham zu solcher Danksagung unten in der Synagoge sich erhob und die schöne Sara die Stimme ihres Mannes erkannte, merkte sie, wie der Ton derselben allmählich in das trübe Gemurmel des Totengebetes überging, sie hörte die Namen ihrer Lieben und Verwandten, und zwar begleitet von jenem segnenden Beiwort, das man den Verstorbenen erteilt; und die letzte Hoffnung schwand aus der Seele der schönen Sara, und ihre Seele ward zerrissen von der Gewißheit, daß ihre Lieben und Verwandte wirklich ermordet worden, daß ihre kleine Nichte tot sei, daß auch ihr Bäschen, Blümchen und Vögelchen, tot seien, auch der kleine Gottschalk tot sei, alle ermordet und tot! Von dem Schmerze dieses Bewußtseins wäre sie schier selber gestorben, hätte sich nicht eine wohltätige Ohnmacht über ihre Sinne ergossen.

Kapitel III

Als die schöne Sara nach beendigtem Gottesdienste in den Hof der Synagoge hinabstieg, stand dort der Rabbi, harrend seines Weibes. Er nickte ihr mit heiterem Antlitz und geleitete sie hinaus auf die Straße, wo die frühere Stille ganz verschwunden und ein lärmiges Menschengewimmel zu schauen war. Bärtige Schwarzröcke, wie Ameisenhaufen; Weiber, glanzreich hinflatternd, wie Goldkäfer; neugekleidete Knaben, die den Alten die Gebetbücher nachtrugen; junge Mädchen, die, weil sie nicht in die Synagoge gehen dürfen, jetzt aus den Häusern ihren Eltern entgegen hüpfen, vor ihnen die Lockenköpfchen beugen, um den Segen zu empfangen – Alle heiter und freudig, und die Gasse auf und ab spazierend im seligen Vorgefühl eines guten Mittagsmahls, dessen lieblicher Duft schon mundwässernd hervorstieg aus den schwarzen, mit Kreide bezeichneten Töpfen, die eben von den lachenden Mägden aus dem großen Gemeinde-Ofen geholt werden.

In diesem Gewirre war besonders bemerkbar die Gestalt eines spanischen Ritters, auf dessen jugendlichen Gesichtszügen jene reizende Blässe lag, welche die Frauen gewöhnlich einer unglücklichen Liebe, die Männer hingegen einer glücklichen zuschreiben. Sein Gang, obgleich gleichgültig hinschlendernd, hatte dennoch eine etwas gesuchte Zierlichkeit; die Federn seines Baretts bewegten sich mehr durch das vornehme Wiegen des Hauptes als durch das Wehen des Windes; mehr als eben notwendig klirrten seine goldenen Sporen und das Wehrgehänge seines Schwertes, welches er im Arme zu tragen schien, und dessen Griff kostbar hervorblitzte aus dem weißen Reitermantel, der seine schlanken Glieder scheinbar nachlässig umhüllte und dennoch den sorgfältigen Faltenwurf verriet. Hin und wieder, teils mit Neugier, teils mit Kennermienen, nahte er sich den vorüberwandelnden Frauenzimmern, sah ihnen seelenruhig fest ins Antlitz, verweilte bei solchem Anschauen, wenn die Gesichter der Mühe lohnten, sagte auch manchem liebenswürdigen Kinde einige rasche Schmeichelworte und schritt sorglos weiter, ohne die Wirkung zu erwarten. Die schöne Sara hatte er schon mehrmals umkreist, jedesmal wieder zurückgescheucht von dem gebietenden Blick derselben oder auch von der rätselhaft lächelnden Miene ihres Mannes, aber endlich, in stolzem Abstreifen aller scheuen Befangenheit, trat er beiden keck in den Weg, und mit stutzerhafter Sicherheit und süßlich galantem Tone hielt er folgende Anrede:

„Sennora, ich schwöre! Hört, Sennora, ich schwöre! Bei den Rosen beider Kastilien, bei den arragonesischen Hyazinthen und andalusischen Grantablühten! Bei der Sonne, die ganz Spanien mit all' seinen Blumen, Zwiebeln, Erbsensuppen, Wäldern, Bergen, Mauleseln, Ziegenböcken und Alt-Christen beleuchtet! Bei der Himmelsdecke, woran diese Sonne nur ein goldner Quast ist! Und bei dem Gott, der auf der Himmelsdecke sitzt, und Tag und Nacht über neue Bildung holdseliger Frauengestalten nachsinnt ... Ich schwöre, Sennora, Ihr seid das schönste Weib, das ich im deutschen Lande gesehen habe, und so Ihr gewillet seid, meine Dienste anzunehmen, so bitte ich Euch um die Gunst, Huld und Erlaubnis, mich Euren Ritter nennen zu dürfen, und in Schimpf und Ernst Eure Farben zu tragen!"

Ein errötender Schmerz glitt über das Antlitz der schönen Sara, und mit einem Blicke, der um so schneidender wirkt, je sanfter die Augen sind, die ihn versenden, und mit einem Tone, der um so vernichtender, je bebend weicher die Stimme, antwortete die tiefgekränkte Frau:

„Edler Herr! Wenn Ihr mein Ritter sein wollt, so müßt Ihr gegen ganze Völker kämpfen, und in diesem Kampfe gibt es wenig Dank und noch weniger Ehre zu gewinnen! Und wenn Ihr gar meine Farben tragen wollt, so müßt Ihr gelbe Ringe auf Euren Mantel nähen oder eine blaugestreifte Schärpe umbinden; denn dieses sind meine Farben, die Farben meines Hauses, des Hauses, welches Israel heißt und sehr elend ist, und auf den Gassen verspottet wird von den Söhnen des Glücks."

Plötzliche Purpurröte bedeckte die Wangen des Spaniers, eine unendliche Verlegenheit arbeitete in allen seinen Zügen, und fast stotternd sprach er:

„Sennora ... Ihr habt mich mißverstanden ... unschuldiger Scherz ... aber, bei Gott, kein Spott über Israel ... ich stamme selber aus dem Hause Israel ... mein Großvater war ein Jude, vielleicht sogar mein Vater ..."

„Und ganz sicher, Sennor, ist Euer Oheim ein Jude" – fiel ihm der Rabbi, der dieser Szene ruhig zugesehen, plötzlich in die Rede, und mit einem fröhlich neckenden Blicke setzte er hinzu: – „Und ich will mich selbst dafür verbürgen, daß Don Isaak Abarbanel, Neffe des großen Rabbi, dem besten Blute Israel's entsprossen ist, wo nicht gar dem königlichen Geschlechte David's!"

Da klirrte das Schwertgehänge unter dem Mantel des Spaniers, seine Wangen erblichen wieder bis zur fahlsten Blässe, auf seiner

Oberlippe zuckte es wie Hohn, der mit dem Schmerze ringt, aus seinen Augen grinste der zornigste Tod, und in einem ganz verwandelten, eiskalten, scharfgehackten Tone sprach er:

„Sennor Rabbi! Ihr kennt mich. Nun wohlan, so wißt Ihr auch, wer ich bin. Und weiß der Fuchs, daß ich der Brut des Löwen angehöre, so wird er sich hüten, und seinen Fuchsbart nicht in Lebensgefahr bringen und meinen Zorn nicht reizen! Wie will der Fuchs den Löwen richten? Nur wer wie der Löwe fühlt, kann seine Schwächen begreifen ..."

„O, ich begreife es wohl", – antwortete der Rabbi, und wehmütiger Ernst zog über seine Stirne – „ich begreife es wohl, wie der stolze Leu aus Stolz seinen fürstlichen Pelz abwirft und sich in den bunten Schuppenpanzer des Krokodils verkappt, weil es Mode ist, ein greinendes, schlaues, gefräßiges Krokodil zu sein! Was sollen erst die geringeren Tiere beginnen, wenn sich der Löwe verleugnet? Aber hüte dich, Don Isaak, du bist nicht geschaffen für das Element des Krokodils. Das Wasser –(du weißt wohl, wovon ich rede) – ist dein Unglück, und du wirst untergehen. Nicht im Wasser ist dein Reich; die schwächste Forelle kann besser darin gedeihen als der König des Waldes. Weißt du noch, wie dich die Strudel des Tago verschlingen wollten ..."

In ein lautes Gelächter ausbrechend, fiel Don Isaak plötzlich dem Rabbi um den Hals, verschloß seinen Mund mit Küssen, sprang sporenklirrend vor Freude in die Höhe, daß die vorbeigehenden Juden zurückschraken, und in seinem natürlich herzlich heiteren Tone rief er:

„Wahrhaftig, du bist Abraham von Bacharach! Und es war ein guter Witz und obendrein ein Freundschaftsstück, als du zu Toledo von der Alkantara-Brücke ins Wasser sprangest und deinen Freund, der besser trinken als schwimmen konnte, beim Schopf faßtest und aufs Trockene zogest! Ich war nahe dran, recht gründliche Untersuchungen anzustellen, ob auf dem Grunde des Tago wirklich Goldkörner zu finden, und ob ihn mit Recht die Römer den goldnen Fluß genannt haben. Ich sage dir, ich erkälte mich noch heute durch die bloße Erinnerung an jene Wasserpartie."

Bei diesen Worten gebärdete sich der Spanier, als wollte er anhängende Wassertropfen von sich abschütteln. Das Antlitz des Rabbi aber war gänzlich aufgeheitert. Er drückte seinem Freunde wiederholentlich die Hand, und jedesmal sagte er: „Ich freue mich!"

„Und ich freue mich ebenfalls", – sprach der andere – „wir haben uns seit sieben Jahren nicht gesehen; bei unserem Abschied war ich noch ein ganz junger Gelbschnabel, und du, du warst schon so gesetzt und ernsthaft ... Was ward aber aus der schönen Donna, die dir damals so viele Seufzer kostete, wohlgereimte Seufzer, die du mit Lautenklang begleitet hast ..."

„Still, still! die Donna hört uns, sie ist mein Weib, und du selbst hast ihr heute eine Probe deines Geschmackes und Dichtertalentes dargebracht."

Nicht ohne Nachwirkung der früheren Verlegenheit begrüßte der Spanier die schöne Frau, welche mit anmutiger Güte jetzt bedauerte, daß sie durch Äußerungen des Unmutes einen Freund ihres Mannes betrübt habe.

„Ach, Sennora", – antwortete Don Isaak – „wer mit täppischer Hand nach einer Rose griff, darf sich nicht beklagen, daß ihn die Dornen verletzten! Wenn der Abendstern sich im blauen Strome goldfunkelnd abspiegelt ..."

„Ich bitte dich um Gottes Willen", – unterbracht ihn der Rabbi, – hör auf! ... Wenn wir so lange warten sollen, bis der Abendstern sich im blauen Strome goldfunkelnd abspiegelt, so verhungert meine Frau; sie hat seit gestern nichts gegessen und seitdem viel Ungemach und Mühsal erlitten."

„Nun, so will ich euch nach der besten Garküche Israel's führen" – rief Don Isaak – „nach dem Hause meiner Freundin Schnapper-Elle, das hier in der Nähe. Schon rieche ich ihren holden Duft, nämlich die Garküche. O wüßtest du, Abraham, wie dieser Duft mich anspricht! Er ist es, der mich, seit ich in dieser Stadt verweile, so oft hinlockt nach den Zelten Jakob's. Der Verkehr mit dem Volke Gottes ist sonst nicht meine Liebhaberei, und wahrlich nicht um hier zu beten, sondern um zu essen, besuche ich die Judengasse ..."

„Du hast uns nie geliebt, Don Isaak ..."

„Ja" – fuhr der Spanier fort – „ich liebe eure Küche weit mehr als euren Glauben; es fehlt ihm die rechte Sauce. Euch selber habe ich nie ordentlich verdauen können. Selbst in euren besten Zeiten, selbst unter der Regierung meines Ahnherrn David's, welcher König war über Juda und Israel, hätte ich es nicht unter euch aushalten können, und ich wäre gewiß eines frühen Morgens aus der Burg Zion entsprungen und nach Phönizien emigriert oder nach Babylon, wo die Lebenslust schäumte im Tempel der Götter ... „Du lästerst, Isaak, den einzigen Gott", – murmelte finster der Rabbi – „du bist weit schlimmer als ein Christ, du bist ein Heide, ein Götzendiener ..."

„Ja, ich bin ein Heide, und ebenso zuwider wie die dürren, freudlosen Hebräer sind mir die trüben, qualsüchtigen Nazarener. Unsere liebe Frau von Sidon, die heilige Astarte, mag es mir verzeihen, daß ich vor der schmerzenreichen Mutter des Gekreuzigten niederknie und bete ... Nur mein Knie und meine Zunge huldigt dem Tode, mein Herz blieb treu dem Leben! ...

„Aber schau nicht so sauer", fuhr der Spanier fort in seiner Rede, als er sah, wie wenig dieselbe den Rabbi zu erbauen schien – „schau mich nicht an mit Abscheu. Meine Nase ist nicht abtrünnig geworden. Als mich einst der Zufall um Mittagszeit in diese Straße führte, und aus den Küchen der Juden mir die wohlbekannten Düfte in die Nase stiegen, da erfaßte mich jene Sehnsucht, die unsere Väter empfanden, als sie zurückdachten an die Fleischtöpfe Ägyptens; wohlschmeckende Jugenderinnerungen stiegen in mir auf; ich sah wieder im Geiste die Karpfen mit brauner Rosinensauce, die meine Tante für den Freitagabend so erbaulich zu bereiten wußte; ich sah wieder das gedämpfte Hammelfleisch mit Knoblauch und Mairettich, womit man die Toten erwecken kann, und die Suppe mit schwärmerisch schwimmenden Klößchen ... und meine Seele schmolz wie die Töne einer verliebten Nachtigall, und seitdem esse ich in der Garküche meiner Freundin Donna Schnapper-Elle!"

Diese Garküche hatte man unterdessen erreicht; Schnapper-Elle selbst stand an der Türe ihres Hauses, die Meßfremden, die sich hungrig hineindrängten, freundlich begrüßend. Hinter ihr, den Kopf über ihre Schulter hinauslehnend, stand der lange Nasenstern und musterte neugierig ängstlich die Ankömmlinge. Mit übertriebener Grandezza nahte sich Don Isaak unserer Gastwirtin, die seine schalkhaft tiefen Verbeugungen mit unendlichen Knicksen erwiderte; darauf zog er den Handschuh ab von seiner rechten Hand, umwickelte sie mit dem Zipfel seines Mantels, ergriff damit die Hand der Schnapper-Elle, strich sie langsam über die Haare seines Stutzbartes und sprach:

„Sennora! Eure Augen wetteifern mit den Gluten der Sonne! Aber obgleich die Eier, je länger sie gekocht werden, sich desto mehr verhärten, so wird dennoch mein Herz nur um so weicher, ja länger es von den Flammenstrahlen Eurer Augen gekocht wird! Aus der Dotter meines Herzens flattert hervor der geflügelte Gott Amur und sucht ein trauliches Nestchen in Eurem Busen ... Diesen Busen, Sennora, womit soll ich ihn vergleichen? Es gibt in der weiten Schöpfung keine Blume, keine Frucht, die ihm ähnlich wäre! Dieses Gewächs ist einzig in seiner Art. Obgleich der Sturm die zartesten Röslein entblättert, so ist doch Euer Busen eine Winterrose, die allen Winden trotzt! Obgleich die saure Zitrone, je mehr sie altert, nur desto gelber und runzlichter wird, so wetteifert dennoch Euer Busen mit der Farbe und Zartheit der süßesten Ananas! O Sennora, ist auch die Stadt Amsterdam so schön, wie Ihr mir gestern und vorgestern und alle Tage erzählt habt, so ist doch der Boden, worauf sie ruht, noch tausendmal schöner ..."

Der Ritter sprach diese letztern Worte mit erheuchelter Befangenheit und schielte schmachtend nach dem großen Bilde, das an Schnapper-Elle's Halse hing; der Nasenstern schaute von oben herab mit suchenden Augen, und der belobte Busen setzte sich in eine so wogende Bewegung, daß die Stadt Amsterdam hin und her wackelte.

„Ach!" – seufzte die Schnapper-Elle – „Tugend ist mehr wert als Schönheit. Was nützt mir die Schönheit? Meine Jugend geht vorüber, und seit Schnapper tot ist – er hat wenigstens schöne Hände gehabt – was hilft mir da die Schönheit?"

Und dabei seufzte sie wieder, und wie ein Echo, fast unhörbar, seufzte hinter ihr der Nasenstern.

„Was Euch die Schönheit nützt?" – rief Don Isaak – „O, Donna Schnapper-Elle, versündigt Euch nicht an der Güte der schaffenden Natur! Schmäht nicht ihre holdesten Gaben! Sie würde sich furchtbar rächen. Diese beseligenden Augen würden blöde verglasen, diese anmutigen Lippen würden sich bis ins Abgeschmackte verplatten, dieser keusche, liebesuchende Leib würde sich in eine schwerfällige Talgtonne verwandeln, die Stadt Amsterdam würde auf einen muffigen Morast zu ruhen kommen –"

Und so schilderte er Stück vor Stück das jetzige Aussehn der Schnapper-Elle, so daß der armen Frau sonderbar beängstigend zumute ward und sie den unheimlichen Reden des Ritters zu entrinnen suchte. In diesem Augenblicke war sie doppelt froh, als sie der schönen Sara ansichtig ward und sich angelegentlichst erkundigen konnte, ob sie ganz von ihrer Ohnmacht genesen. Sie stürzte sich dabei in ein lebhaftes Gespräch, worin sie alle ihre falsche Vornehmtuerei und echte Herzensgüte entwickelte, und mit mehr Weitläufigkeit als Klugheit die fatale Geschichte erzählte, wie sie selbst vor Schrecken fast in Ohnmacht gefallen wäre, als sie wildfremd mit der Trekschuite zu Amsterdam ankam, und der spitzbübische Träger ihres Koffers sie nicht in ein ehrbares Wirtshaus, sondern in ein freches Frauenhaus brachte, was sie bald gemerkt an dem vielen Branntweingesöffe und den unsittlichen Zumutungen... und sie wäre, wie gesagt, wirklich in Ohnmacht gefallen, wenn sie es während der sechs Wochen, die sie in jenem verfänglichen Hause zubrachte, nur einen Augenblick wagen durfte, die Augen zu schließen..."

„Meiner Tugend wegen" – setzte sie hinzu – „durfte ich es nicht wagen. Und das alles passierte mir wegen meiner Schönheit! Aber Schönheit vergeht, und Tugend besteht."

Don Isaak war schon im Begriff, die Einzelheiten dieser Geschichte kritisch zu beleuchten, als glücklicherweise der schele Aron Hirschkuh von Homburg an der Lahn, mit der weißen Serviette im Maule, aus dem Hause hervorkam, und ärgerlich klagte, daß schon längst die Suppe aufgetragen sei und die Gäste zu Tische säßen und die Wirtin fehle. – – –

(Der Schluß und die folgenden Kapitel sind, ohne Verschulden des Autors, verloren gegangen.)

Aus den Memoiren

des

Herrn von Schnabelewopski

———

Erstes Buch

———

(1831)

Kapitel I

Mein Vater hieß Schnabelewopski, meine Mutter hieß Schnabelewopski; als beider ehelicher Sohn wurde ich geboren den ersten April 1795 zu Schnabelewops. Meine Großtante, die alte Frau von Pipitzka, pflegte meine erste Kindheit und erzählte mir viele schöne Märchen und sang mich oft in den Schlaf mit einem Liede, dessen Worte und Melodie meinem Gedächtnisse entfallen. Ich vergesse aber nie die geheimnisvolle Art, wie sie mit dem zitternden Kopfe nickte, wenn sie es sang, und wie wehmütig ihr großer einziger Zahn, der Einsiedler ihres Mundes, alsdann zum Vorschein kam. Auch erinnere ich mich noch manchmal des Papageis, über dessen Tod sie oft bitterlich weinte. Die alte Großtante ist jetzt ebenfalls tot, und ich bin in der ganzen Welt wohl der einzige Mensch, der an ihren lieben Papagei noch denkt. Unsere Katze hieß Mimi, und unser Hund hieß Joli. Er hatte viel Menschenkenntnis und ging mir immer aus dem Wege, wenn ich zur Peitsche griff. Eines Morgens sagte unser Bedienter, der Hund trage den Schwanz etwas eingekniffen zwischen den Beinen und lasse die Zunge länger als gewöhnlich hervorhängen; und der arme Joli wurde, nebst einigen Steinen, die man ihn an den Hals festband, ins Wasser geworfen. Bei dieser Gelegenheit ertrank er. Unser Bedienter hieß Prrschtzztwitsch. Man muß dabei niesen, wenn man diesen Namen richtig aussprechen will. Unsere Magd hieß Swurtszska, welches im Deutschen etwas rauh, im Polnischen aber äußerst melodisch klingt. Es war eine dicke, untersetzte Person mit weißen Haaren und blonden Zähnen. Außerdem liefen noch zwei schöne schwarze Augen im Hause herum, welche man Seraphine nannte. Es war mein schönes herzliebes Mühmelein, und wir spielten zusammen im Garten und belauschten die Haushaltung der Ameisen einst wie toll, als ich meine kleinen Strümpfchen in die Erde pflanzte, in der Meinung, daß ein Paar große Hosen für meinen Vater daraus hervorwachsen würden.

Mein Vater war die gütigste Seele von der Welt und war lange Zeit ein wunderschöner Mann; der Kopf gepudert, hinten ein niedlich geflochtenes Zöpfchen, das nicht herabhing, sondern mit einem Kämmchen von Schildkröte auf dem Scheitel befestigt war.

Seine Hände waren blendend weiß, und ich küßte sie oft. Es ist mir, als röche ich noch ihren süßen Duft und er dränge mir stechend ins Auge. Ich habe meinen Vater sehr geliebt; denn ich habe nie daran gedacht, daß er sterben könne.

Mein Großvater väterlicher Seite war der alte Herr von Schnabelewopski; ich weiß gar nichts von ihm, außer daß er ein Mensch und daß mein Vater sein Sohn war. Mein Großvater mütterlicher Seite war der alte Herr von Wlrssrnski (man muß gleichfalls niesen, wenn man seinen Namen richtig aussprechen will), und er ist abgemalt in einem scharlachroten Sammetrock und einem langen Degen, und meine Mutter erzählte mir oft, daß er einen Freund hatte, der einen grünseidenen Rock, rosaseidne Hosen und weißseidne Strümpfe trug und wütend den kleinen Chapeaubas hin und her schwenkte, wenn er vom König von Preußen sprach.

Meine Mutter, Frau von Schnabelewopska, gab mir, als ich heranwuchs, eine gute Erziehung. Sie hatte viel gelesen; als sie mit mir schwanger ging, las sie fast ausschließlich den Plutarch, und hat sich vielleicht an einem von dessen großen Männern versehen, wahrscheinlich an einem von den Gracchen. Daher meine mystische Sehnsucht, das agrarische Gesetz in moderner Form zu verwirklichen. Mein Freiheits- und Gleichheitssinn ist vielleicht solcher mütterlicher Vorlektüre beizumessen. Hätte meine Mutter damals das Leben des Cartouche gelesen, so wäre ich vielleicht ein großer Bankier geworden. Wie oft als Knabe versäumte ich die Schule, um auf den schönen Wiesen von Schnabelewops einsam darüber nachzudenken, wie man die ganze Menschheit beglücken könnte. Man hat mich deshalb oft einen Müßiggänger gescholten und als solchen bestraft; und für meine Weltbeglückungsgedanken mußte ich schon damals viel Leid und Not erdulden. Die Gegend um Schnabelewops ist übrigens sehr schön, es fließt dort ein Flüßchen, worin man des Sommers sehr angenehm badet, auch gibt es allerliebste Vogelnester in den Gehölzen des Ufers. Das alte Gnesen, die ehemalige Hauptstadt von Polen, ist nur drei Meilen davon entfernt. Dort im Dom ist der heilige Adalbert begraben. Dort steht sein silberner Sarkophag, und darauf liegt sein eignes Konterfei in Lebensgröße, mit Bischofmütze und Krummstab, die Hände fromm gefaltet, und alles von gegossenem Silber. Wie oft muß ich deiner gedenken, du silberner Heiliger! Ach, wie oft schleichen meine Gedanken nach Polen zurück, und ich stehe wieder in dem Dome von Gnesen, an den Pfeiler gelehnt, bei dem Grabmal Adalbert's! Dann rauscht auch wieder die Orgel, als probiere der Organist ein Stück aus Allegri's Miserere; in einer fernen Kapelle wird eine Messe gemurmelt; die letzten Sonnenlichter fallen durch die bunten Fensterscheiben; die Kirche ist leer; nur vor dem silbernen Grabmal des Heiligen liegt eine betende Gestalt, ein wunderholdes Frauenbild, das mir einen raschen Seitenblick zuwirft, aber ebenso rasch sich wieder gegen den Heiligen wendet und mit ihren sehnsüchtig schlauen Lippen die Worte flüstert: „Ich bete dich an!"

In demselben Augenblick, als ich diese Worte hörte, klingelte in der Ferne der Mesner, die Orgel rauschte mit schwellendem Ungestüm, das holde Frauenbild erhob sich von den Stufen des Grabmals, warf ihren weißen Schleier über das errötete Antlitz und verließ den Dom.

„Ich bete dich an!" Galten diese Worte mir oder dem silbernen Adalbert? Gegen diesen hatte sie sich gewendet, aber nur mit dem Antlitz. Was bedeutete jener Seitenblick, den sie mir vorher zugeworfen und dessen Stahlen sich über meine Seele ergossen, gleich einem langen Lichtstreif, den der Mond über das nächtliche Meer dahingießt, wenn er aus dem Wolkendunkel hervortritt und sich schnell wieder dahinter verbirgt? In meiner Seele, die ebenso düster wie das Meer, weckte jener Lichtstreif alle die Ungetüme, die im tiefen Grunde schliefen, und die tollsten Haifische und Schwertfische der Leidenschaft schossen plötzlich hervor und tummelten sich und bissen sich vor Wonne in den Schwänzen, und dabei brauste und kreischte immer gewaltiger die Orgel, wie Sturmgetöse auf der Nordsee.

Den andern Tag verließ ich Polen.

Kapitel II

Meine Mutter packte selbst meinen Koffer; mit jedem Hemde hat sie auch eine gute Lehre hineingepackt. Die Wäscherinnen haben mir späterhin alle diese Hemden mitsamt den guten Lehren vertauscht. Mein Vater war tief bewegt; und er gab mir einen langen Zettel, worin er artikelweis aufgeschrieben, wie ich mich in dieser Welt zu verhalten habe. Der erste Artikel lautete, daß ich jeden Dukaten zweimal herumdrehen solle, ehe ich ihn ausgäbe. Das befolgte ich auch im Anfang; nachher wurde mir das beständige Herumdrehen viel zu mühsam. Mit jenem Zettel überreichte mir mein Vater auch die dazu gehörigen Dukaten. Dann nahm er eine Schere, schnitt damit das Zöpfchen von seinem lieben Haupte, und gab mir das Zöpfchen zum Andenken. Ich besitze es noch, und weine immer, wenn ich die gepuderten feinen Härchen betrachte. – –

Die Nacht vor meiner Abreise hatte ich folgenden Traum:

Ich ging einsam spazieren in einer heiter schönen Gegend am Meer. Es war Mittag, und die Sonne schien auf das Wasser, daß es wie lauter Diamanten funkelte. Hie und da am Gestade erhob sich eine große Aloe, die sehnsüchtig ihre grünen Arme nach dem sonnigen Himmel emporstreckte. Dort stand auch eine Trauerweide mit lang herabhängenden Tressen, die sich jedesmal emporhoben, wenn die Wellen heranspielten, so daß sie alsdann wie eine junge Nixe aussah, die ihre grünen Locken in die Höhe hebt, um besser hören zu können, was die verliebten Luftgeister ihr ins Ohr flüstern. In der Tat, das klang manchmal wie Seufzer und zärtliches Gekose. Das Meer erstrahlte immer blühender und lieblicher, immer wohllautender rauschten die Wellen, und auf den rauschenden glänzenden Wellen schritt einher der silberne Adalbert, ganz wie ich ihn im Gnesener Dome gesehen, den silbernen Krummstab in der silbernen Hand, die silberne Bischofmütze auf dem silbernen Haupte, und endlich, als er mir gegenüberstand, rief er mir zu mit unheimlicher Silberstimme: – – –

Ja, die Worte habe ich wegen des Wellengeräusches nicht hören können. Ich glaube aber, mein silberner Nebenbuhler hat mich verhöhnt. Denn ich stand noch lange am Strande und weinte, bis die Abenddämmerung heranbrach und Himmel und Meer trüb und blaß wurden und traurig über alle Maßen. Es stieg die Flut. Aloe und Weide krachten und wurden fortgeschwemmt von den Wogen, die manchmal hastig zurückliefen und desto ungestümer wieder heranschwollen, tosend, schaurig, in schaumweißen Halbkreisen. Denn aber auch hörte ich ein taktförmiges Geräusch wie Ruderschlag, und endlich sah ich einen Kahn mit der Brandung herantreiben. Vier weiße Gestalten, fahle Totengesichter, eingehüllt in Leichentüchern, saßen darin und ruderten mit Anstrengung. In der Mitte des Kahnes stand ein blasses, aber unendlich schönes Frauenbild, unendlich zart, wie geformt aus Lilienduft – und sie sprang ans Ufer, der Kahn mit seinen gespenstischen Ruderknechten schoß pfeilschnell wieder zurück ins hohe Meer, und in meinen Armen lag Panna Jadviga und weinte und lachte: „Ich bete dich an!"

Kapitel III

Mein erster Ausflug, als ich Schnabelewops verließ, war nach Deutschland, und zwar nach Hamburg, wo ich sechs Monat blieb, statt gleich nach Leyden zu reisen und mich dort, nach dem Wunsche meiner Eltern, dem Studium der Gottesgelahrtheit zu ergeben. Ich muß gestehen, daß ich während jedes Semesters mich mehr mit weltlichen Dingen abgab als mit göttlichen.

Die Stadt Hamburg ist eine gute Stadt; lauter solide Häuser. Hier herrscht nicht der schändliche Macbeth, sondern hier herrscht Banko. Der Geist Banko's herrscht überall in diesem kleinen Freistaate, dessen sichtbares Oberhaupt ein hoch- und wohlweiser Senat. In der Tat, es ist ein Freistaat, und hier findet man die größte politische Freiheit. Die Bürger können hier tun, was sie wollen, und der hoch- und wohlweise Senat kann hier ebenfalls tun, was er will; jeder ist hier freier Herr seiner Handlungen. Es ist eine Republik. Hätte Lafayette nicht das Glück gehabt, den Ludwig Philipp zu finden, so würde er gewiß seinen Franzosen die hamburgischen Senatoren und Oberalten empfohlen haben. Hamburg ist die beste Republik. Seine Sitten sind englisch, und sein Essen ist himmlisch. Wahrlich, es gibt Gerichte zwischen dem Wandrahmen und dem Dreckwall, wovon unsere Philosophen keine Ahnung haben. Die Hamburger sind gute Leute und essen gut. Über Religion, Politik und Wissenschaft sind ihre respektiven Meinungen sehr verschieden, aber in betreff des Essens herrscht das schönste Einverständnis. Mögen die christlichen Theologen dort noch so sehr streiten über die Bedeutung des Abendmahls: über die Bedeutung des Mittagsmahls sind sie ganz einig. Mag es unter den Juden dort eine Partei geben, die das Tischgebet auf Deutsch spricht, während eine andere es auf Hebräisch absingt: beide Parteien essen, und essen gut, und wissen das Essen gleich richtig zu beurteilen. Die Advokaten, die Bratenwender der Gesetze, die solange die Gesetze wenden und anwenden, bis ein Braten für sie dabei abfällt, diese mögen noch so sehr streiten, ob die Gerichte öffentlich sein sollen oder nicht: darüber sind sie einig, daß alle Gerichte gut sein müssen, und jeder von ihnen hat sein Leibgericht. Das Militär denkt gewiß ganz tapfer spartanisch, aber von der schwarzen Suppe will es doch nichts wissen. Die Ärzte, die in der Behandlung der Krankheiten so sehr uneinig sind und die dortige Nationalkrankheit (nämlich Magenbeschwerden) als Brownianer durch noch größere Portionen Rauchfleisch oder als Homöopathen durch 1/10000 Tropfen Absinth in einer großen Kumpe Mockturtelsuppe zu kurieren pflegen: diese Ärzte sind ganz einig, wenn von dem Geschmacke der Suppe und des Rauchfleisches selbst die Rede ist. Hamburg ist die Vaterstadt des letztern, des Rauchfleisches, und rühmt sich dessen, wie Mainz sich seines Johann Faust's und Eisleben sich seines Luther's zu rühmen pflegt. Aber was bedeutet die Buchdruckerei und die Reformation in Vergleich mit Rauchfleisch? Ob beide ersteren genutzt oder geschadet, darüber streiten zwei Parteien in Deutschland; aber sogar unsere eifrigsten Jesuiten sind eingeständig, daß das Rauchfleisch eine gute, für den Menschen heilsame Erfindung ist.

 Hamburg ist erbaut von Karl dem Großen und wird bewohnt von 80.000 kleinen Leuten, die alle mit Karl dem Großen, der in Aachen begraben liegt, nicht tauschen würden. Vielleicht beträgt die Bevölkerung von Hamburg gegen 100.000; ich weiß es nicht genau, obgleich ich ganze Tage lang auf den Straßen ging, um mir dort die Menschen zu betrachten. Auch habe ich gewiß manchen Mann übersehen, indem die Frauen meine besondere Aufmerksamkeit in Anspruch nahmen. Letztere fand ich durchaus nicht mager, sondern meistens sogar korpulent, mitunter reizend schön, und im Durchschnitt von einer gewissen wohlhabenden Sinnlichkeit, die mir beileibe nicht mißfiel. Wenn sie in der romantischen Liebe sich nicht allzu schwärmerisch zeigen und von der großen Leidenschaft des Herzens wenig ahnen, so ist das nicht ihre Schuld, sondern die Schuld Amor's des kleinen Gottes, der manchmal die schärfsten Liebespfeile auf seinen Bogen legt, aber aus Schalkheit oder Ungeschick viel zu tief schießt, und statt des Herzens der Hamburgerinnen nur ihren Magen zu treffen pflegt. Was die Männer betrifft, so sah ich meistens untersetzte Gestalten, verständige kalte Augen, kurze Stirn, nachlässig herabhängende rote Wangen, die Eßwerkzeuge besonders ausgebildet, der Hut wie festgenagelt auf dem Kopfe, und die Hände in beiden Hosentaschen, wie einer, der eben fragen will: Was hab' ich zu bezahlen?

Zu den Merkwürdigkeiten der Stadt gehören: 1) das alte Rathaus, wo die großen Hamburger Bankiers, aus Stein gemeißelt und mit Zepter und Reichsapfel in Händen, abkonterfeit stehen. 2) die Börse, wo sich täglich die Söhne Hammonia's versammeln, wie einst die Römer auf dem Forum, und wo über ihren Häuptern eine schwarze Ehrentafel hängt mit dem Namen ausgezeichneter Mitbürger. 3) Die schöne Marianne, ein außerordentlich schönes Frauenzimmer, woran der Zahn der Zeit schon seit zwanzig Jahren kaut – Nebenbei gesagt, der „Zahn der Zeit" ist eine schlechte Metapher, denn sie ist so alt, daß sie gewiß keine Zähne mehr hat, nämlich die Zeit – die schöne Marianne hat vielmehr jetzt noch alle ihre Zähne und noch immer Haare darauf, nämlich auf den Zähnen. 4) Die ehemalige Zentralkasse. 5) Altona. 6) die Originalmanuskripte von Marr's Tragödien. 7) Der Eigentümer des Röding'schen Kabinetts. 8) Die Börsenhalle. 9) Die Bacchushalle, und endlich 10) das Stadttheater. Letzteres verdient besonders gepriesen zu werden, seine Mitglieder sind lauter gute Bürger, ehrsame Hausväter, die sich nicht verstellen können und niemanden täuschen, Männer, die das Theater zum Gotteshause machen, indem sie den Unglücklichen, der an der Menschheit verzweifelt, aufs wirksamste überzeugen, daß nicht alles in der Welt eitel Heuchelei und Verstellung ist.

Bei Aufzählung der Merkwürdigkeiten der Republik Hamburg kann ich nicht umhin zu erwähnen, daß zu meiner Zeit der Apollosaal auf der Drehbahn sehr brillant war. Jetzt ist er sehr heruntergekommen, und es werden dort philharmonische Konzerte gegeben, Taschenspielerkünste gezeigt und Naturforscher gefüttert. Einst war es anders! Es schmetterten die Trompeten, es wirbelten die Pauken, es flatterten die Straußfedern, und Heloise und Minka rannten durch die Reihen der Oginski-Polonaise, und alles war sehr anständig. Schöne Zeit, wo mir das Glück lächelte! Und das Glück hieß Heloise!

Es war ein süßes, beglückendes Glück mit Rosenwangen, Liliennäschen, heißduftigen Nelkenlippen, Augen wie der blaue Bergsee; aber etwas Dummheit lag auf der Stirne, wie ein trüber Wolkenflor über einer prangenden Frühlingslandschaft. Sie war schlank wie eine Pappel und lebhaft wie ein Vogel, und ihre Haut war so zart, daß sie zwölf Tage geschwollen blieb durch den Stich einer Haarnadel. Ihr Schmollen, als ich sie gestochen hatte, dauerte aber nur zwölf Sekunden, und dann lächelte sie – Schöne Zeit, als das Glück mir lächelte!. .. Minka lächelte seltener, denn sie hatte keine schöne Zähne. Desto schöner aber waren ihre Tränen, wenn sie weinte, und sie weinte bei jedem fremden Unglück, und sie war wohltätig über alle Begriffe. Den Armen gab sie ihren letzten Schilling; sie war sogar oft in der Lage, wo sie ihr letztes Hemd weggab, wenn man es verlangte. Sie war so seelengut. Sie konnte nichts abschlagen, ausgenommen ihr Wasser. Dieser weiche, nachgiebige Charakter kontrastierte gar lieblich mit ihrer äußeren Erscheinung. Eine kühne, junonische Gestalt; weißer frecher Nacken, umringelt von wilden schwarzen Locken, wie von wollüstigen Schlangen; Augen, die unter ihren düsteren Siegesbogen so weltbeherrschend strahlten; purpurstolze, hochgewölbte Lippen; marmorne, gebietende Hände, worauf leider einige Sommersprossen; auch hatte sie in der Form eines kleinen Dolchs ein braunes Muttermal an der linken Hüfte.

Wenn ich dich in sogenannte schlechte Gesellschaft gebracht, lieber Leser, so tröste dich damit, daß sie dir wenigstens nicht so viel gekostet wie mir. Doch wird es später in diesem Buche nicht an idealischen Frauenspersonen fehlen, und schon jetzt will ich dir zur Erholung zwei Anstandsamen vorführen, die ich damals kennen und verehren lernte. Es ist Madame Pieper und Madame Schnieper. Erstere war eine schöne Frau in ihren reifsten Jahren, große schwärzliche Augen, eine große weiße Stirne, schwarze falsche Locken, eine kühne altrömische Nase, und ein Maul, das eine Guillotine war für jeden guten Namen. In der Tat, für einen Namen gab es keine leichtere Hinrichtungsmaschine als Madame Pieper's Maul; sie ließ ihn nicht lange zappeln, sie machte keine langwichtige Vorbereitungen; war der beste gute Name zwischen ihre Zähne geraten, so lächelte sie nur – aber dieses Lächeln war wie ein Fallbeil, und die Ehre war abgeschnitten und fiel in den Sack. Sie war immer ein Muster von Anstand, Ehrsamkeit, Frömmigkeit und Tugend. Von Madame Schnieper ließ sich dasselbe rühmen. Es war eine zarte Frau, kleine ängstliche Brüste, gewöhnlich mit einem wehmütig dünnen Flor umgeben, hellblonde Haare, hellblaue Augen, die entsetzlich klug hervorstachen aus dem weißen Gesichte. Es hieß, man könne ihren Tritt nie hören, und wirklich, ehe man sich dessen versah, stand sie oft neben einem und verschwand dann wieder eben so geräuschlos. Ihr Lächeln war ebenfalls tödlich für jeden guten Namen, aber minder wie ein Beil, als vielmehr wie jener afrikanische Giftwind, von dessen Hauch schon alle Blumen verwelken; elendiglich verwelken mußte jeder gute Name, über den sie nur leise hinlächelte. Sie war immer ein Muster von Anstand, Ehrsamkeit, Frömmigkeit und Tugend.

Ich würde nicht ermangeln, mehre von den Söhnen Hammonia's ebenfalls hervorzuloben und einige Männer, die man ganz besonders hochschätzt – namentlich diejenigen, welche man auf einige Millionen Mark Banko zu schätzen pflegt – aufs prächtigste zu rühmen; aber ich will in diesem Augenblick meinen Enthusiasmus unterdrücken, damit er späterhin in desto helleren Flammen emporlodere. Ich habe nämlich nichts Geringeres im Sinn, als einen Ehrentempel Hamburg's herauszugeben, ganz nach demselben Plane, welchen schon vor zehn Jahren ein berühmter Schriftsteller entworfen hat, der in dieser Absicht jeden Hamburger aufforderte, ihm ein spezifiziertes Inventarium seiner speziellen Tugenden, nebst einem Species-Taler, aufs schleunigste einzusenden. Ich habe nie recht erfahren können, warum dieser Ehrentempel nicht zur Ausführung kam; denn die einen sagten, der Unternehmer, der Ehrenmann, sei, als er kaum von Aaron bis Abendroth gekommen und gleichsam die ersten Klötze eingerammt, von der Last des Materials schon ganz erdrückt worden; die anderen sagten, der hoch und wohlweise Senat habe aus allzugroßer Bescheidenheit das Projekt hintertrieben, indem er dem Baumeister seines eignen Ehrentempels plötzlich die Weisung gab, binnen vierundzwanzig Stunden das Hamburgische Gebiet mit all seinen Tugenden zu verlassen. Aber gleichviel aus welchem Grunde, das Werk ist nicht zustande gekommen; und da ich ja doch einmal aus angeborener Neigung etwas Großes tun wollte in dieser Welt und immer gestrebt habe das Unmögliche zu leisten, so habe ich jenes ungeheure Projekt wieder aufgefaßt, und ich liefere einen Ehrentempel Hamburg's, ein unsterbliches Riesenbuch, worin ich die Herrlichkeit aller seiner Einwohner ohne Ausnahme beschreibe, worin ich edle Züge von geheimer Mildtätigkeit mitteile, die noch gar nicht in der Zeitung gestanden, worin ich Großtaten erzähle, die keiner glauben wird, und worin mein eignes Bildnis, wie ich auf dem Jungfernstieg vor dem Schweizerpavillon sitze und über Hamburg's Verherrlichung nachdenke, als Vignette paradieren soll.

Kapitel IV

Für Leser, denen die Stadt Hamburg nicht bekannt ist – und es gibt deren vielleicht in China oder Ober-Bayern – für diese muß ich bemerken, daß der schönste Spaziergang der Söhne und Töchter Hammonia's den rechtmäßigen Namen Jungfernstieg führt; daß er aus einer Lindenallee besteht, die auf der einen Seite von einer Reihe Häuser, auf der anderen Seite von dem großen Alsterbassin begrenzt wird; und daß vor letzterem, ins Wasser hineingebaut, zweit zeltartige lustige Kaffeehäuslein stehen, die man Pavillons nennt. Besonders vor dem einen, dem sogenannten Schweizerpavillon, läßt sich gut sitzen, wenn es Sommer ist und die Nachmittagssonne nicht zu wild glüht, sondern nur heiter lächelt und mit ihrem Glanze die Linden, die Häuser, die Menschen, die Alster und die Schwäne, die sich darauf wiegen, fast märchenhaft lieblich übergießt. Da läßt sich gut sitzen, und da saß ich gut gar manchen Sommernachmittag, und dachte, was ein junger Mensch zu denken pflegt, nämlich gar nichts, und betrachtete, was ein junger Mensch zu betrachten pflegt, nämlich die jungen Mädchen, die vorübergingen – und da flatterten sie vorüber, jene holden Wesen mit ihren geflügelten Häubchen und ihren verdeckten Körbchen, worin nichts enthalten ist – da trippelten sie dahin, die bunten Vierländerinnen, die ganz Hamburg mit Erdbeeren und eigener Milch versehen, und deren Röcke noch immer viel zu lang sind – da stolzierten die schönen Kaufmannstöchter, mit deren Liebe man auch so viel bares Geld bekömmt – da hüpft eine Amme, auf den Armen ein rosiges Knäbchen, das sie beständig küßt, während sie an ihren Geliebten denkt – da wandeln Priesterinnen der schaumentstiegenen Göttin, hanseatische Vestalen, Dianen, die auf die Jagd gehn, Najaden, Dryaden, Hamadyraden und sonstige Predigerstöchter – ach! da wandelt auch Minka und Heloisa! Wie oft saß ich vor dem Pavillon und sah sie vorüberwandeln in ihren rosagestreiften Roben – die Elle kostet 4 Mark und 3 Schilling, und Herr Seligmann hat mir versichert, die Rosastreifen würden im Waschen die Farbe behalten – Prächtige Dirnen! riefen dann die tugendhaften Jünglinge, die neben mir saßen. – Ich erinnere mich, ein großer Assekuradeur, der immer wie ein Pfingstochs geputzt ging, sagte einst: Die eine möcht' ich mir mal als Frühstück und die andere als Abendbrot zu Gemüt führen, und ich würde an solchem Tage gar nicht zu Mittag speisen – Sie ist ein Engel! sagte einst ein Seekapitän ganz laut, so daß sich beide Mädchen zu gleicher Zeit umsahen, und sich dann einander eifersüchtig anblickten. – Ich selber sagte nie etwas, und ich dachte meine süßesten Garnichtsgedanken, und betrachtete die Mädchen und den heiter sanften Himmel und den langen Petriturm mit der schlanken Taille und die stille blaue Alster, worauf die Schwäne so stolz und so lieblich und so sicher umherschwammen. Die Schwäne! Stundenlang konnte ich sie betrachten, diese holden Geschöpfe mit ihren sanften langen Hälsen, wie sie sich üppig auf den weichen Fluten wiegten, wie sie zuweilen selig untertauchten und wieder auftauchten, und übermütig plätscherten, bis der Himmel dunkelte, und die goldnen Sterne hervortraten, verlangend, verheißend, wunderbar zärtlich, verklärt. Die Sterne! Sind es goldne Blumen am bräutlichen

Busen des Himmels? Sind es verliebte Engelsaugen, die sich sehnsüchtig spiegeln in den blauen Gewässern der Erde und mit den Schwänen buhlen?

– – – Ach! Das ist nun lange her. Ich war damals jung und töricht. Jetzt bin ich alt und töricht. Manche Blume ist unterdessen verwelkt und manche sogar zertreten worden. Manches seidne Kleid ist unterdessen zerrissen, und sogar der rosagestreifte Kattun des Herrn Seligmann hat unterdessen die Farbe verloren. Er selbst aber ist ebenfalls verblichen – die Firma ist jetzt „Seligmann's selige Witwe" – und Heloisa, das sanfte Wesen, das geschaffen schien, nur auf weichbeblümten indischen Teppichen zu wandeln und mit Pfauenfedern gefächelt zu werden, sie ging unter in Matrosenlärm, Punsch, Tabaksrauch und schlechter Musik. Als ich Minka wiedersah – sie nannte sich jetzt Kathinka und wohnte zwischen Hamburg und Altona – da sah sie aus wie der Tempel Salomonis, als ihn Nebukadnezar zerstört hatte und roch nach assyrischem Knaster – und als sie mir Heloisa's Tod erzählte, weinte sie bitterlich und riß sich verzweiflungsvoll die Haare aus, und wurde schier ohnmächtig, und mußte ein großes Glas Branntwein austrinken, um zur Besinnung zu kommen.

Und die Stadt selbst, wie war sie verändert. Und der Jungfernstieg! Der Schnee lag auf den Dächern, und es schien, als hätten sogar die Häuser gealtert und weiße Haare bekommen. Die Linden sich gespenstisch im kalten Winde bewegten. Der Himmel war schneidend blau und dunkelte hastig. Es war Sonntag, fünf Uhr, die allgemeine Fütterungsstunde, und die Wagen rollten, Herren und Damen stiegen aus mit einem gefrornen Lächeln auf den hungrigen Lippen – Entsetzlich! in diesem Augenblick durchschauerte mich die schreckliche Bemerkung, daß ein unergründlicher Blödsinn auf allen diesen Gesichtern lag, und daß alle Menschen, die eben vorbeigingen, in einem wunderbaren Wahnwitz befangen schienen. Ich hatte sie schon vor zwölf Jahren um dieselbe Stunde mit denselben Mienen, wie die Puppen einer Rathausuhr, in derselben Bewegung gesehen, und sie hatten seitdem ununterbrochen in derselben Weise gerechnet, die Börse besucht, sich einander eingeladen, die Kinnbacken bewegt, ihre Trinkgelder bezahlt, und wieder gerechnet: zweimal zwei ist vier – Entsetzlich! rief ich, wenn einem von diesen Leuten, während er auf dem Komptoirbock säße, plötzlich einfiele, daß zweimal zwei eigentlich fünf sei, und daß er also sein ganzes Leben verrechnet und sein ganzes Leben in einem schauderhaften Irrtum vergeudet habe! Auf einmal aber ergriff mich selbst ein närrischer Wahnsinn, und als ich die vorüberwandelnden Menschen genauer betrachtete, kam es mir vor, als seien sie selber nichts anderes als Zahlen, als arabische Ziffern; und da ging eine krummfüßige Zwei neben einer fatalen Drei, ihrer schwangeren und vollbusigen Frau Gemahlin; dahinter ging Herr Vier auf Krücken; einherwatschelnd kam eine fatale Fünf, rundbäuchig mit kleinem Köpfchen; dann kam eine wohlbekannte kleine Sechse und eine noch wohlbekanntere böse Sieben – doch als ich die unglückliche Acht, wie sie vorüberschwankte, ganz genau betrachtete, erkannte ich den Assekuradeur, der sonst wie ein Pfingstochs geputzt ging, jetzt aber wie die magerste von Pharao's mageren Kühen aussah – blasse hohle Wangen wie ein leerer Suppenteller, kaltrote Nase wie eine Winterrose, abgeschabter schwarzer Rock, der einen kümmerlich weißen Widerschein gab, ein Hut, worin Saturn mit der Sense einige Luftschlösser geschnitten, doch die Stiefel noch immer spiegelblank gewichst – und er schien nicht mehr daran zu denken, Heloisa und Minka als Frühstück und Abendbrot zu verzehren, er schien sich vielmehr nach einem Mittagessen von gewöhnlichem Rindfleisch zu sehnen. Unter den vorüberrollenden Nullen erkannte ich noch manchen alten Bekannten. Diese und die anderen Zahlenmenschen rollten vorüber, hastig und hungrig, während unfern längs den Häusern des Jungfernstiegs noch grauenhafter drollig ein Leichenzug sich hinbewegte. Ein trübsinniger Mummenschanz! hinter dem Trauerwagen, einher stelzend auf ihren dünnen schwarzseidenen Beinchen, gleich Marionetten des Todes, gingen die wohlbekannten Ratsdiener, privilegierte Leidtragende in parodiert altburgundischem Kostüm; kurze schwarze Mäntel und schwarze Pluderhosen, weiße Perücken und weiße Halsberge, wo zwischen die roten bezahlten Gesichter gar possenhaft hervorgucken, kurze Stahldegen an den Hüften, unterm Arm ein grüner Regenschirm.

Aber noch unheimlicher und verwirrender als diese Bilder, die sich wie ein chinesisches Schattenspiel schweigend vorbeibewegten, waren die Töne, die von einer andern Stelle in mein Ohr drangen. Es waren heisere, schnarrende, metallose Töne, ein unsinniges Kreischen, ein ängstliches Plätschern und verzweifelndes Schlürfen, ein Keichen und Schollern, ein Stöhnen und Ächzen, ein unbeschreibbar eiskalter Schmerzlaut. Das Bassin der Alster war zugefroren, nur nahe am Ufer war ein großes breites Viereck in der Eisdecke ausgehauen, und die entsetzlichen Töne, die ich eben vernommen, kamen aus den Kehlen der armen weißen Geschöpfe, die darin herumschwammen und in entsetzlicher Todesangst schrieen, und ach! es waren dieselben Schwäne, die einst so weich und heiter meine Seele bewegten. Ach! die schönen weißen Schwäne, man hatte ihnen die Flügel gebrochen, damit sie im Herbst nicht auswandern konnten nach dem warmen Süden, und jetzt hielt der Norden sie festgebannt in seinen dunkeln Eisgruben – und der Markeur des Pavillons meinte, sie befänden sich wohl darin, und die Kälte sei ihnen gesund. Das ist aber nicht mehr, es ist einem nicht wohl, wenn man ohnmächtig in einem kalten Pfuhl eingekerkert ist, fast eingefroren, und einem die Flügel gebrochen sind, und man nicht fortfliegen kann nach dem schönen Süden, wo die schönen Blumen, wo die goldnen Sonnenlichter, wo die blauen Bergseen – Ach! auch mir erging es einst nicht viel besser, und ich verstand die Qual dieser armen Schwäne; und als es gar immer dunkler wurde, und die Sterne oben hell hervortraten, dieselben Sterne, die einst in schönen Sommernächten so liebeheiß mit den Schwänen gebuhlt, jetzt aber so winterkalt, so frostig klar und fast verhöhnend auf sie herabblickten – wohl begriff ich jetzt, daß die Sterne keine liebende, mitfühlende Wesen sind, sondern nur glänzende Täuschungen der Nacht, ewige Trugbilder in einem erträumten Himmel, goldne Lügen im dunkelblauen Nichts – –

Kapitel V

Während ich das vorige Kapitel hinschriebe, dacht' ich unwillkürlich an ganz etwas anderes. Ein altes Lied summte mir beständig im Gedächtnis, und Bilder und Gedanken verwirrten sich aufs unleidliche; ich mag wollen oder nicht, ich muß von jenem Liede sprechen. Vielleicht auch gehört es hieher und es drängt sich mit Recht in mein Geschreibsel hinein. Ich, ich fange jetzt sogar an es zu verstehen, und ich verstehe jetzt auch den verdüsterten Ton, womit der Klas Hinrichson es sang; er war ein Jütländer und diente bei uns als Pferdeknecht. Er sang es noch den Abend vorher, ehe er sich in unserem Stall erhenkte. Bei dem Refrain: „Schau dich um, Herr Vonved!" lachte er manchmal gar bitterlich; die Pferde wieherten dabei sehr angstvoll, und der Hofhund bellte, als stürbe jemand. Es ist das altdänische Lied von dem Herrn Vonved, der in der Welt ausreitet und sich so lange darin herumschlägt, bis man seine Fragen beantwortet, und er endlich, wenn alle seine Rätsel gelöst sind, gar verdrießlich nach Hause reitet. Die Harfe klingt von Anfang bis zu Ende. Was sang er im Anfang? was sang er am Ende? Ich hab' oft darüber nachgedacht. Klas Hinrichson's Stimme war manchmal tränenweich, wenn er das Lied anfing, und wurde allmählich rauh und grollend wie das Meer, wenn ein Sturm heranzieht. Es beginnt:

> Herr Vonved sitzt im Kämmerlein,
> Er schlägt die Goldharf' an so ein,
> Er schlägt die Goldharf' unterm Kleid,
> Da kommt seine Mutter gegangen herein.
> Schau dich um, Herr Venved!

Das war seine Mutter Adelin, die Königin, die spricht zu ihm: Mein junger Sohn, laß andere die Harfe spielen, gürt um das Schwert, besteige dein Roß, reit aus, versuche deinen Mut, kämpfe und ringe, schau dich um in der Welt, schau dich um, Herr Venved! Und

Herr Vonved bindet sein Schwert an die Seite,
Ihn lüstet mit Kämpfern zu streiten.
So wunderlich ist seine Fahrt:
Gar keinen Mann er drauf gewahrt.
    Schau dich um, Herr Voved!

Sein Helm war blinkend,
Sein Sporn war klingend,
Sein Roß war springend,
Selbst der Herr war so schwingend.
    Schau dich um, Herr Vonved!

Ritt einen Tag, ritt drei darnach,
Doch nimmer eine Stadt er sah;
Eia, sagte der junge Mann,
Ist keine Stadt in diesem Land?
    Schau dich um, Herr Vonved!

Er ritt wohl auf dem Weg dahin,
Herr Thule Vang begegnet' ihm,
Herr Thule mit seinen Söhnen zumal,
Die waren gute Ritter all'.
    Schau dich um, Herr Vonved!

Mein jüngster Sohn, hör' du mein Wort:
Den Harnisch tausch mit mir sofort,
Unter uns tauschen wir das Panzerkleid,
Eh' wir schlagen diesen Helden frei.
    Schau dich um, Herr Vonved!

Herr Vonved reißt sein Schwert von der Seite,
Es lüstet ihn mit Kämpfern zu streiten;
Erst schlägt er den Herren Thule selbst,
Darnach all' seine Söhne zwölf.
    Schau dich um, Herr Vonved!

Herr Vonved bindet sein Schwert an die Seite, es lüstet ihn weiter auszureiten. Da kommt er zu dem Weidmann und verlangt von ihm die Hälfte seiner Jagdbeute; der aber will nicht teilen und muß mit ihm kämpfen und wird erschlagen. Und

    Herr Vonved bindet sein Schwert an die Seite,
    Ihn lüstet weiter auszureiten.
    Zum großen Berge der Held hinreit't,
    Sieht, wie der Hirt das Vieh da treibt.
        Schau dich um, Herr Vonved!

Und hör' du, Hirte, sag du mir:
Weß ist das Vieh, das du treibst vor dir?
Und was ist runder als ein Rad?
Wo wird getrunken, fröhliche Weihnacht?
    Schau dich um, Herr Vonved!

Sag: wo steht der Fisch in der Flut?
Und wo ist der rote Vogel gut?
Wo mischet man den besten Wein?
Wo trinkt Vidrich mit den Kämpfern fein?
    Schau dich um, Herr Vonved!

Da saß der Hirt, so still sein Mund,
Davon er gar nichts sagen kunnt'.
Er schlug nach ihm mit der Zunge,
Da fiel heraus Leber und Lunge.
    Schau dich um, Herr Vonved!

Und er kommt zu einer anderen Herde, und da sitzt wieder ein Hirt, an den er seine Fragen richtet. Dieser aber gibt ihm Bescheid, und Herr Vonved nimmt einen Goldring und steckt ihn dem Hirten an den Arm. Dann reitet er weiter und kommt zu Tyge Nold, und erschlägt ihn mitsamt seinen zwölf Söhnen. Und wieder

    Er warf herum sein Pferd,
    Herr Vonved der junge Edelherr;
    Er tät über Berg' und Tale dringen,
    Doch konnt' er niemand zu Rede bringen.
        Schau dich um, Herr Vonved!

So kam er zu der dritten Schar.
Da saß ein Hirt mit silbernem Haar,
Hör' du, guter Hirte mit deiner Herd',
Du gibst mir gewißlich Antwort wert.
    Schau dich um, Herr Vonved!

Was ist runder als ein Rad?
Wo wird getrunken die beste Weihnacht?
Wo geht die Sonne zu ihrem Sitz?
Und wo ruhn eines toten Mannes Füß'?
    Schau dich um, Herr Vonved!

Was füllet aus alle Tale?
Was kleidet am besten im Königssaale?
Was ruft lauter als der Kranich kann?
Und was ist weißer als ein Schwan?
    Schau dich um, Herr Vonved!

Wer trägt den Bart auf seinem Rück'?
Wer trägt die Nas' unter seinem Kinn?
Als ein Riegel was ist schwärzer noch mehr?
Und was ist rascher als ein Reh?
Schau dich um, Herr Vonved!

Wo ist die allerbreiteste Brück'?
Was ist am meisten zuwider des Menschen Blick?
Wo wird gesungen der höchste Gang?
Wo wird getrunken der kälteste Trank?
Schau dich um, Herr Vonved!

„Die Sonn' ist runder als ein Rad,
Im Himmel begeht man die fröhliche Weihnacht,
Gen Westen geht die Sonne zu ihrem Sitz,
Gen Osten ruhn eines toten Mannes Füß'."
Schau dich um, Herr Vonved!

„Der Schnee füllt aus alle Tale,
Am herrlichsten kleidet der Mut im Saale,
Der Donner ruft lauter als der Kranich kann,
Und Engel sind weißer als der Schwan."
Schau dich um, Herr Vonved!

„Der Kiebitz trägt den Bart in dem Nacken fein,
Der Bär hat die Nas' unterm Kinn allein,
Die Sünde schwärzer ist als ein Riegel noch mehr,
Und der Gedanke rascher als ein Reh."
Schau dich um, Herr Vonved!

„Das Eis macht die allerbreiteste Brück',
Die Kröt' ist am meisten zuwider des Menschen Blick,
Zum Paradies geht der höchste Gang,
Da unten, da trinkt man den kältesten Trank."
Schau dich um, Herr Vonved!

„Weisen Spruch und Rat hast du nun hier,
So wie ich ihn habe gegeben dir."
Nun hab' ich so gutes Vertrauen auf dich,
Viel' Kämpfer zu finden bescheidest du mich.
Schau dich um, Herr Vonved!

„Ich weis' dich zu der Sonderburg,
Da trinken die Helden den Met ohne Sorg',
Dort findest du viel' Kämpfer und Rittersleut',
Die können viel gut sich wehren im Streit."
Schau dich um, Herr Vonved!

Er zog einen Goldring von der Hand,
Der wog wohl fünfzehn goldne Pfund;
Den tät er den alten Hirten reichen,
Weil er ihm durft' die Helden anzeigen,
  Schau dich um, Herr Vonved!

Und er reitet ein in die Burg, und er erschlägt zuerst den Randulf, hernach den Strandulf,

Er schlug den starken Ege Under,
Er schlug den Ege Karl, seinen Bruder,
So schlug er in die Kreuz und Quer,
Er schlug die Feinde vor sich her.
  Schau dich um, Herr Vonved!

Herr Vondes steckt sein Schwert in die Scheide,
Er denkt noch weiter fort zu reiten.
Er findet da in der wilden Mark
Einen Kämpfer, und der war viel stark.
  Schau dich um, Herr Vonved!

Sag mir, du edler Ritter gut:
Wo steht der Fisch in der Flut?
Wo wird geschenkt der beste Wein?
Und wo trinkt Vidrich mit den Kämpfern fein?
  Schau dich um, Herr Vonved!

„In Osten steht der Fisch in der Flut,
Im Norden wird getrunken der Wein so gut,
In Holland findst du Vidrich daheim
Mit Kämpfern und vielen Gesellen sein."
  Schau dich um, Herr Vonved!

Von der Brust Vonved einen Goldring nahm,
Den steck' er dem Kämpfer an seinen Arm:
Sag, du wärst der letzte Mann,
Der Gold vom Herrn Vonved gewann.
  Schau dich um, Herr Vonved!

Herr Vonved vor die hohe Zinne tät reiten,
Bat die Wächter, ihn hineinzuleiten;
Als aber keiner heraus zu ihm ging,
Da sprang er über die Mauer dahin.
  Schau dich um, Herr Vonved!

Sein Roß an einen Strick er band,
Darauf er sich zur Burgstube gewandt;
Er setzte sich oben an die Tafel sofort,
Dazu sprach er kein einziges Wort.
  Schau dich um, Herr Vonved!

Er aß, er trank, nahm Speise sich,
Den König fragt' er darum nicht; –
Gar nimmer bin ich ausgefahren,
Wo so viel' verfluchte Zungen waren.
    Schau dich um, Herr Vonved!

Der König sprach zu den Kämpfern fein:
„Der tolle Geselle muß gebunden sein;
Bindet ihr den fremden Gast nicht fest,
So dienet ihr mir nicht aufs best'."
    Schau dich um, Herr Vonved!

Nimm du fünf, nimm du zwanzig, auch dazu.
Und komm zum Spiel du selbst herzu!
Einen Hurensohn, so nenn' ich dich,
Außer du bindest mich.
    Schau dich um, Herr Vonved!

König Esmer, mein lieber Vater,
Und stolz Adelin, meine Mutter,
Haben mir gegeben das strenge Verbot,
Mit 'nem Schalk nicht zu verzehren mein Gold.
    Schau dich um, Herr Vonved!

„War Esmer, der König, dein Vater
Und Frau Adelin deine liebe Mutter,
So bist du Herr Vonved, ein Kämpfer schön,
Dazu meiner liebsten Schwester Sohn."
    Schau dich um, Herr Vonved!

„Herr Vonved, willst du bleiben bei mir,
Beides Ruhm und Ehre soll werden dir,
Und willst du zu Land ausfahren,
Meine Mutter sollen dich bewahren!"
    Schau dich um, Herr Vonved!

„Mein Gold soll werden für dich gespart,
Wenn du willst halten deine Heimfahrt."
Doch das zu tun lüstet ihn nicht,
Er wollt' fahren zu seiner Mutter zurück.
    Schau dich um, Herr Vonved!

Herr Vonved ritt auf dem Wege dahin,
Er war so gram in seinem Sinn;
Und als er zur Burg geritten kam,
Da standen zwölf Zauberweiber daran.
    Schau dich um, Herr Vonved!

Standen mit Rocken und Spindeln vor ihm,
Schlugen ihn übers weiße Schienbein hin;
Herr Vonved mit seinem Roß herumdringt,
Die zwölf Zauberweiber schlägt er in einen Ring.
Schau dich um, Herr Vonved!

Schlägt die Zauberweiber, die stehen da,
Sie finden bei ihm so kleinen Rat.
Seine Mutter genießt dasselbe Glück,
Er haut sie in fünftausend Stück'.
Schau dich um, Herr Vonved!

So geht er in den Saal hinein,
Er ißt und trinkt den klaren Wein,
Dann schlägt er die Goldharf' so lang',
Daß springen entzwei alle die Strang'.
Schau dich um, Herr Vonved!

Kapitel VI

Es war aber ein gar lieblicher Frühlingstag, als ich zum ersten Male die Stadt Hamburg verlassen. Noch sehe ich, wie im Hafen die goldnen Sonnenlichter auf die beteerten Schiffsbäuche spielen, und ich höre noch das heitre, langhingesungene Hoiho! die Matrosen. So ein Hafen im Frühling hat überdies die freundlichste Ähnlichkeit mit dem Gemüt eines Jünglings, der zum erstenmal in die Welt geht, sich zum erstenmal auf die hohe See des Lebens hinauswagt – noch sind alle seine Gedanken buntbewimpelt, Übermut schwellt alle Segel einer Wünsche, hoiho! – aber bald erheben sich die Stürme, der Horizont verdüstert sich, die Windsbraut heult, die Planken krachen, die Wellen zerbrechen das Steuer, und das arme Schiff zerschellt an romantischen Klippen oder strandet auf seicht prosaischem Sand – oder vielleicht morsch und gebrochen, mit gekapptem Mast, ohne ein einziges Anker der Hoffnung, gelangt es wieder heim in den alten Hafen und vermodert dort, abgetakelt kläglich, als elendes Wrack!

Aber es gibt auch Menschen, die nicht mit gewöhnlichen Schiffen verglichen werden dürfen, sondern mit Dampfschiffen. Diese tragen ein dunkles Feuer in der Brust, und sie fahren gegen Wind und Wetter – ihre Rauchflagge flattert wie der schwarze Federbusch des nächtlichen Reiters, ihre Zackenränder sind wie kolossale Pfundsporen, womit sie das Meer in die Wellenrippen stacheln, und das widerspenstig schäumende Element muß ihrem

Willen gehorchen wie ein Roß – aber sehr oft platzt der Kessel, und der innere Brand verzehrt uns.

Doch ich will mich aus der Metapher wieder herausziehen und auf ein wirkliches Schiff setzen, welches von Hamburg nach Amsterdam fährt. Es war ein schwedisches Fahrzeug, hatte außer dem Helden dieser Blätter auch Eisenbarren geladen, und sollte wahrscheinlich als Rückfracht eine Ladung Stockfische nach Hamburg oder Eulen nach Athen bringen.

Die Ufergegenden der Elbe sind wunderlieblich, besonders hinter Altona, bei Rainville. Unfern liegt Klopstock begraben. Ich kenne keine Gegend, wo ein toter Dichter so gut begraben liegen kann wie dort. Als lebendiger Dichter dort zu leben ist schon weit schwerer. Wie oft hab' ich dein Grab besucht, Sänger des Messias, der du so rührend wahr die Leiden Jesu besungen! Du hast aber auch lang' genug auf der Königstraße hinter dem Jungfernstieg gewohnt, um zu wissen, wie Propheten gekreuzigt werden.

Den zweiten Tag gelangten wir nach Cuxhaven, welches eine hamburgische Kolonie. Die Einwohner sind Untertanen der Republik und haben es sehr gut. Wenn sie im Winter frieren, werden ihnen aus Hamburg wollene Decken geschickt, und in allzuheißen Sommertagen schickt man ihnen auch Limonade. Als Prokonsul residiert dort ein hoch- und wohlweiser Senator. Er hat jährlich ein Einkommen von 20000 Mark und regiert über 5000 Seelen. Es ist dort ein Seebad, welches vor anderen Seebädern den Vorteil bietet, daß es zu gleicher Zeit ein Elbbad ist. Ein großer Damm, worauf man spazieren gehen kann, führt nach Ritzebüttel, welches ebenfalls zu Cuxhaven gehört. Das Wort kommt aus dem Phönizischen; die Worte „Ritze" und „Büttel" heißen auf Phönizisch: „Mündung der Elbe". Manche Historiker behaupten, Karl der Große habe Hamburg nur erweitert, die Phönizier aber hätten Hamburg und Altona gegründet, und zwar zu derselben Zeit, als Sodom und Gomorrha zugrunde gingen. Vielleicht haben sich Flüchtlinge aus diesen Städten nach der Mündung der Elbe gerettet. Man hat zwischen der Fuhlentwiete und der Kaffeemacherei einige alte Münzen ausgegraben, die noch unter der Regierung von Bera XVI. und Byrsa X. geschlagen worden. Nach meiner Meinung ist Hamburg das alte Tharsis, woher Salomo ganze Schiffsladungen voll Gold, Silber, Elfenbein, Pfauen und Affen, erhalten hat. Salomo, nämlich der König von Juda und Israel, hatte immer eine besondere Liebhaberei für Gold und Affen.

Unvergeßlich bleibt mir diese erste Seereise. Meine alte Großmuhme hatte mir so viele Wassermärchen erzählt, die jetzt alle wieder in meinem Gedächtnis aufblühten. Ich konnte ganze Stunden lang auf dem Verdecke sitzen und an die alten Geschichten denken, und wenn die Wellen murmelten, glaubte ich die Großmuhme sprechen zu hören. Wenn ich die Augen schloß, dann sah ich sie wieder leibhaftig vor mir sitzen, mit dem einzigen Zahn in dem Munde, und hastig bewegte sie wieder die Lippen, und erzählte die Geschichte vom fliegenden Holländer.

Ich hätte gern die Meernixen gesehen, die auf weißen Klippen sitzen und ihr grünes Haar kämmen; aber ich konnte sie nur singen hören.

Wie angestrengt ich auch manchmal in die klare See hinabschaute, so konnte ich doch nicht die versunkenen Städte sehen, worin die Menschen, in allerlei Fischgestalten verwünscht, ein tiefes, wundertiefes Wasserleben führen. Es heißt, die Lache und die alten Rochen sitzen dort, wie Damen geputzt, am Fenster und fächern sich und gucken hinab auf die Straße, wo Schellfische in Ratsherrentracht vorbeischwimmen, wo junge Modeheringe nach ihnen hinausflorgnieren, und wo Krabben, Hummer und sonstig niedriges Krebsvolk umherwimmelt. Ich habe aber nicht so tief hinabsehen können, und nur die Glocken hörte ich unten läuten.

In der Nacht sah ich mal ein großes Schiff mit ausgespannten blutroten Segeln vorbeifahren, daß es aussah wie ein dunkler Riese in einem weiten Scharlachmantel. War das der fliegende Holländer?

In Amsterdam aber, wo ich bald darauf anlangte, sah ich ihn leibhaftig selbst, den grauenhaften Mynheer, und zwar auf der Bühne. Bei dieser Gelegenheit, im Theater zu Amsterdam, lernte ich auch eine von jenen Nixen kennen, die ich auf dem Meere selbst vergeblich gesucht. Ich will ihr, weil sie gar zu lieblich war, ein besonderes Kapitel weihen.

Kapitel VII

Die Fabel von dem fliegenden Holländer ist euch gewiß bekannt. Es ist die Geschichte von dem verwünschten Schiffe, das nie in den Hafen gelangen kann, und jetzt schon seit undenklicher Zeit auf dem Meere herumfährt. Begegnet es einem anderen Fahrzeuge, so kommen einige von der unheimlichen Mannschaft in einem Boote herangefahren und bitten, ein Paket Briefe gefälligst mitzunehmen. Diese Briefe muß man an den Mastbaum festnageln, sonst widerfährt dem Schiffe ein Unglück, besonders wenn keine Bibel an Bord oder kein Hufeisen am Fockmaste befindlich ist. Die Briefe sind immer an Menschen adressiert, die man gar nicht kennt oder die längst verstorben, so daß zuweilen der späte Enkel einen Liebesbrief in Empfang nimmt, der an seine Urgroßmutter gerichtet ist, die schon seit hundert Jahr' im Grabe liegt. Jenes hölzerne Gespenst, jenes grauenhafte Schiff, führt seinen Namen von seinem Kapitän, einem Holländer, der einst bei allen Teufeln geschworen, daß er irgendein Vorgebirge, dessen Namen mir entfallen, trotz des heftigen Sturms, der eben wehte, umschiffen wolle, und sollte er auch bis zum jüngsten Tage segeln müssen. Der Teufel hat ihn beim Wort gefaßt, er muß bis zum jüngsten Tage auf dem Meer herumirren, es sei denn, daß er durch die Treue eines Weibes erlöst werde. Der Teufel, dumm wie er ist, glaubt nicht an Weibertreue, und erlaubte daher dem verwünschten Kapitän, alle sieben Jahr' einmal ans Land zu steigen und zu heiraten, und bei dieser Gelegenheit seine Erlösung zu betreiben. Armer Holländer! Er ist oft froh genug, von der Ehe selbst wieder erlöst und seine Erlöserin los zu werden, und er begibt sich dann wieder an Bord.

Auf diese Fabel gründete sich das Stück, das ich im Theater zu Amsterdam gesehen. Es sind wieder sieben Jahr' verflossen, der arme Holländer ist des endlosen Umherirrens müder als jemals, steigt an Land, schließt Freundschaft mit einem schottischen Kaufmann, dem er begegnet, verkauft ihm Diamanten zu spottwohlfeilem Preise, und wie er hört, daß sein Kunde eine schöne Tochter besitzt, verlangt er sie zur Gemahlin. Auch dieser Handel wird abgeschlossen. Nun sehen wir das Haus des Schotten; das Mädchen erwartet den Bräutigam, zagen Herzens. Sie schaut oft mit Wehmut nach einem großen verwitterten Gemälde, welches in der Stube hängt und einen schönen Mann in spanisch niederländischer Tracht darstellt; es ist ein altes Erbstück, und nach der Aussage der Großmutter ist es ein getreues Konterfei des fliegenden Holländers, wie man ihn vor hundert Jahr' in Schottland gesehen, zur Zeit König Wilhelm's von Oranien. Auch ist mit diesem Gemälde eine überlieferte Warnung verknüpft, daß die Frauen der Familie sich vor dem Originale hüten sollten. Eben deshalb hat das Mädchen von Kind auf sich die Züge des gefährlichen Mannes ins Herz geprägt. Wenn nun der wirkliche fliegende Holländer leibhaftig hereintritt, erschrickt das Mädchen; aber nicht aus Furcht. Auch jener ist betroffen bei dem Anblick des Portraits. Als man ihm bedeutet, wem es vorstelle, weiß er jedoch jeden Argwohn von sich fern zu halten; er lacht über den Aberglauben, er spöttelt selber über den fliegenden Holländer, den ewigen Juden des Ozeans; jedoch unwillkürlich in einen wehmütigen Ton übergehend, schildert er, wie Mynheer auf der unermeßlichen Wasserwüste die unerhörtesten Leiden erdulden müsse, wie sein Leib nichts anderes sei als ein Sarg von Fleisch, worin seine Seele sich langweilt, wie das Leben ihn von sich stößt und auch der Tod ihn abweist; gleich einer leeren Tonne, die sich die Wellen einander zuwerfen und sich spottend einander zurückwerfen, so werde der arme Holländer zwischen Tod und Leben hin und her geschleudert, keins von beiden wolle ihn behalten; sein Schmerz sei tief wie das Meer, worauf er herumschwimmt, sein Schiff sei ohne Anker und sein Herz ohne Hoffnung.

Ich glaube, dieses waren ungefähr die Worte, womit der Bräutigam schließt. Die Braut betrachtet ihn ernsthaft und wirft manchmal Seitenblicke nach seinem Konterfei. Es ist, als ob sie sein Geheimnis erraten habe, und wenn er nachher fragt: Katharina, willst du mir treu sein? antwortet sie entschlossen: Treu bis in den Tod.

Bei dieser Stelle, erinnere ich mich, hörte ich lachen, und dieses Lachen kam nicht von unten aus der Hölle, sondern von oben, vom Paradiese. Als ich hinaufschaute, erblickte ich eine wunderschöne Eva, die mich mit ihren großen blauen Augen verführerisch ansah. Ihr Arm hing über der Galerie herab, und in der Hand hielt sie einen Apfel, oder vielmehr eine Apfelsine. Statt mir aber symbolisch die Hälfte anzubieten, warf sie mir bloß metaphorisch die Schalen auf den Kopf. War es Absicht oder Zufall? Das wollte ich wissen. Ich war aber, als ich ins Paradies hinaufstieg, um die Bekanntschaft fortzusetzen, nicht wenig befremdet, ein weißes sanftes Mädchen zu finden, eine überaus weiblich weiche Gestalt, nicht schmächtig, aber doch krystallisch zart, ein Bild häuslicher Zucht und beglückender Holdseligkeit. Nur um die linke Oberlippe zog sich etwas, oder vielmehr ringelte sich etwas wie das Schwänzchen einer fortschlüpfenden Eidechse. Es war ein geheimnisvoller Zug, wie man ihn just nicht bei den reinen Engeln, aber auch nicht bei häßlichen Teufeln zu finden pflegt. Dieser Zug bedeutete weder das Gute noch das Böse, sondern bloß ein schlimmes Wissen; es ist ein Lächeln, welches vergiftet worden von jenem Apfel der Erkenntnis, den der Mund genossen. Wenn ich diesen Zug auf weichen, vollrosigen Mädchenlippen sehe, dann fühl' ich in den eignen Lippen ein krampfhaftes Zucken, ein zuckendes Verlangen jene Lippen zu küssen; es ist Wahlverwandtschaft.

Ich flüsterte daher dem schönen Mädchen ins Ohr: Juffrow! ich will Mund küssen.

Bei Gott, Mynheer, das ist ein guter Gedanke! war die Antwort, die hastig und mit entzückendem Wohllaut aus dem Herzen hervorklang.

Aber nein – die ganze Geschichte, die ich hier zu erzählen dachte, und wozu der fliegende Holländer nur als Rahmen dienen sollte, will ich jetzt unterdrücken. Ich räche mich dadurch an den Prüden, die dergleichen Geschichten mit Wonne einschlürfen, und bis an den Nabel, ja noch tiefer, davon entzückt sind, und nachher den Erzähler schelten, und in Gesellschaft über ihn die Nase rümpfen, und ihn als unmoralisch verschreien. Es ist eine gute Geschichte, köstlich wie eingemachte Ananas, oder wie frischer Kaviar, oder wie Trüffel in Burgunder, und wäre eine angenehme Lektüre nach der Betstunde; aber aus Rankühe, zur Strafe für frühere Unbill, will ich sie unterdrücken. Ich mache daher hier einen langen Gedankenstrich –

Dieser Strich bedeutet ein schwarzes Sofa, und darauf passierte die Geschichte, die ich nicht erzähle. Der Unschuldige muß mit dem Schuldigen leiden, und manche gute Seele schaut mich jetzt an mit einem bittenden Blick. Je nun, diesen Besseren will ich im Vertrauen gestehen, daß ich noch nie so wild geküßt worden, wie von jener holländischen Blondine, und daß diese das Vorurteil, welches ich bisher gegen blonde Haare und blaue Augen hegte, aufs siegreichste zerstört hat. Jetzt erst begriff ich, warum ein englischer Dichter solche Damen mit gefrorenem Champagner verglichen hat. In der eisigen Hülle lauert der heißeste Extrakt. Es gibt nichts Pikanteres als der Kontrast jener äußeren Kälte und der inneren Glut, die bacchantisch emporlodert und den glücklichen Zecher unwiderstehlich berauscht. Ja, weit mehr als in Brünetten zehrt der Sinnenbrand in manchen scheinstillen Heiligenbildern mit goldenem Glorienhaar und blauen Himmelsaugen und frommen Lilienhänden. Ich weiß eine Blondine aus einem der besten niederländischen Häuser, die zuweilen ihr schönes Schloß am Zuydersee verließ, und inkognito nach Amsterdam und dort ins Theater ging, jedem, der ihr gefiel, Apfelsinenschalen auf den Kopf warf, zuweilen gar in Matrosenherbergen die wüsten Nächte zubrachte, eine holländische Messaline.

– – Als ich ins Theater noch einmal zurückkehrte, kam ich eben zur letzten Szene des Stücks, wo auf einer hohen Meerklippe das Weib des fliegenden Holländers, die Frau fliegende Holländerin, verzweiflungsvoll die Hände ringt, während auf dem Wasser, auf dem Verdeck seines unheimlichen Schiffes, ihr unglücklicher Gemahl zu schauen ist. Er liebt sie und will sie verlassen, um sie nicht ins Verderben zu ziehen, und er gesteht ihr sein grauenhaftes Schicksal und den schrecklichen Fluch, der auf ihm lastet. Sie aber ruft mit lauter Stimme: Ich war dir treu bis zu dieser Stunde, und ich weiß ein sicheres Mittel, wodurch ich dir meine Treue erhalte bis in den Tod!

Bei diesen Worten stürzt sich das treue Weib ins Meer, und nun ist auch die Verwünschung des fliegenden Holländers zu Ende, er ist erlöst, und wir sehen, wie das gespenstische Schiff in den Abgrund des Meeres versinkt.

Die Moral des Stückes ist für die Frauen, daß sie sich in acht nehmen müssen, keinen fliegenden Holländer zu heiraten; und wir Männer ersehen aus diesem Stücke, wie wir durch die Weiber im günstigsten Falle zu Grunde gehn.

Kapitel VIII

Aber nicht bloß in Amsterdam haben die Götter sich gütigst bemüht, mein Vorurteil gegen Blondinen zu zerstören. Auch im übrigen Holland hatte ich das Glück, meine früheren Irrtümer zu berichtigen. Ich will beileibe die Holländerinnen nicht auf Kosten der Damen anderer Länder hervorstreichen. Bewahre mich der Himmel vor solchem Unrecht, welches von meiner Seite zugleich der größte Undank wäre. Jedes Land hat seine besondere Küche und seine besondern Weiblichkeiten, und hier ist alles Geschmackssache. Der eine liebt gebratene Hühner, der andere gebratene Enten; was mich betrifft, ich liebe gebratene Hühner und gebratene Enten und noch außerdem gebratene Gänse. Von hohem idealischen Standpunkte betrachtet, haben die Weiber überall eine gewisse Ähnlichkeit mit der Küche des Landes. Sind die britischen Schönen nicht ebenso gesund, nahrhaft, solide, konsistent, kunstlos und doch so vortrefflich wie Altenglands einfach gute Kost: Rostbeef, Hammelbraten, Pudding in flammendem Cognac, Gemüse in Wasser gekocht, nebst zwei Saucen, wovon die eine aus zerlassener Butter besteht? Da lächelt kein Frikassée, da täuscht kein flatterndes *Vol-au-vent*, da seufzt kein geistreiches Ragout, da tändeln nicht jene tausendartig gestopften, gesottenen, aufgehüpften, gerösteten, durchzückerten, pikanten, deklamatorischen und sentimentalen Gerichte, die wir bei einem französischen Restaurant finden, und die mit den schönen Französinnen selbst die größte Ähnlichkeit bieten! Merken wir doch nicht selten, daß bei diesen ebenfalls der eigentliche Stoff nur als Nebensache betrachtet wird, daß der Braten selber manchmal weniger wert ist als die Sauce, daß hier Geschmack, Grazie und Eleganz die Hauptsache sind. Italiens gelbfette, leidenschaftgewürzte, humoristisch garnierte, aber doch schmachtend idealische Küche trägt ganz den Charakter der italienischen Schönen. O, wie sehne ich mich manchmal nach den lombardischen Stuffados und Zampettis, nach den Fegatellis, Tagliarinis und Broccolis des holdseligen Toskana! Alles schwimmt in Öl, träge und zärtlich, und trillert Rossini's süße Melodien, und weint vor Zwiebelduft und Sehnsucht! Den Makaroni mußt du aber mit den Fingern essen, und dann heißt er: Beatrice!

Nur gar zu oft denke ich an Italien, und am öftesten des Nachts. Vorgestern träumte mir, ich befände mich in Italien und sei ein bunter Harlekin, und läge recht faulenzerisch unter einer Trauerweide. Die herabhängenden Zweige dieser Trauerweide waren aber lauter Makaroni, die mir lang und lieblich bis ins Maul hineinfielen; zwischen diesem Laubwerk von Makaroni flossen statt Sonnenstrahlen lauter gelbe Butterströme, und endlich fiel von oben herab ein weißer Regen von geriebenem Parmesankäse.

Ach! von geträumtem Makaroni wird man nicht satt – Beatrice!

Von der deutschen Küche kein Wort. Sie hat alle möglichen Tugenden und nur einen einzigen Fehler; ich sage aber nicht, welchen. Da gibt's gefühlvolles, jedoch unentschlossenes Backwerk, verliebte Eierspeisen, tüchtige Dampfnudeln, Gemütssuppen mit Gerste, Pfannkuchen mit Äpfeln und Speck, tugendhafte Hausklöße, Sauerkohl – wohl dem, der es verdauen kann!

Was die holländische Küche betrifft, so unterscheidet sie sich von letzterer erstens durch die Reinlichkeit, zweitens durch die eigentliche Leckerkeit. Besonders ist die Zubereitung der Fische unbeschreibbar liebenswürdig. Rührend inniger und doch zugleich tiefsinnlicher Sellerieduft. Selbstbewußte Naivität und Knoblauch. Tadelhaft jedoch ist es, daß sie Unterhosen von Flanell tragen; nicht die Fische, sondern die schönen Töchter des meerumspielten Hollands.

Aber zu Leyden, als ich ankam, fand ich das Essen fürchterlich schlecht. Die Republik Hamburg hatte mich verwöhnt; ich muß die dortige Küche nachträglich noch einmal loben, und bei dieser Gelegenheit preise ich noch einmal Hamburg's schöne Mädchen und Frauen. O ihr Götter! in den ersten vier Wochen, wie sehnte ich mich zurück nach den Rauchfleischlichkeiten und nach den Mockturteltauben Hammonia's! Ich schmachtete an Herz und Magen. Hätte sich nicht endlich die Frau Wirtin zur roten Kuh in mich verliebt, ich wäre vor Sehnsucht gestorben.

Heil dir, Wirtin zur roten Kuh!

Es war eine untersetzte Frau mit einem sehr großen runden Bauche und einem sehr kleinen runden Kopfe. Rote Wängelein, blaue Äugelein; Rosen und Veilchen. Stundenlang saßen wir beisammen im Garten und tranken Tee aus echt chinesischen Porzellantassen. Es war ein schöner Garten, viereckige und dreieckige Beete, symmetrisch bestreut mit Goldsand, Zinnober und kleinen blanken Muscheln. Die Stämme der Bäume hübsch rot und blau angestrichen. Kupferne Käfige voll Kanarienvögel. Die kostbarsten Zwiebelgewächse in buntbemalten, glasierten Töpfen. Der Taxus allerliebst künstlich geschnitten, mancherlei Obelisken, Pyramiden, Vasen, auch Tiergestalten bildend. Da stand ein aus Taxus geschnittener grüner Ochs, welcher mich fast eifersüchtig ansah, wenn ich sie umarmte, die holde Wirtin zur roten Kuh.

Heil dir, Wirtin zur roten Kuh!

Wenn Myfrow den Oberteil des Kopfes mit den friesischen Goldplatten umschildert, den Bauch mit ihrem buntgeblümten Damastrock eingepanzert, und die Arme mit der weißen Fülle ihrer Brabanter Spitzen gar kostbar belastet hatte, dann sah sie aus wie eine fabelhafte chinesische Suppe, wie etwa die Göttin des Porzellans, wenn ich alsdann in Begeisterung geriet und sie auf beide Backen laut küßte, so blieb sie ganz prozellanig steif stehen und seufzte ganz porzellanig: Mynheer, alle Tulpen des Gartens schienen dann mitgerührt und mitbewegt zu sein und schienen mitzuseufzen: Mynheeer!

Diese delikate Verhältnis schaffte mir manchen delikaten Bissen. Denn jede solche Liebesszene influenzierte auf den Inhalt der Eßkörbe, welche nur die vortreffliche Wirtin alle Tage ins Haus schickte. Meine Tischgenossen, sechs andere Studenten, die auf meiner Stufe mit mir aßen, konnten an der Zubereitung des Kalbsbratens oder des Ochsenfilets jedesmal schmecken, wie sehr sie mich liebte, die Frau Wirtin zur roten Kuh. Wenn das Essen einmal schlecht war, mußte ich viele demütige Spötteleien ertragen, und es hieß dann: Seht, wie der Schnabelewopski miserabel aussieht, wie gelb und runzlicht sein Gesicht, wie katzenjämmerlich seine Augen, als wollte er sie sich aus dem Kopfe herauskratzen, es ist kein Wunder, daß unsere Wirtin seiner überdrüssig wird und uns jetzt schlechtes Essen schickt. Oder man sagte auch: Um Gottes Willen, der Schnabelewopski wird täglich schwächer und matter, und verliert am Ende ganz die Gunst unserer Wirtin, und wir kriegen dann immer schlechtes Essen wie heut – wir müssen ihn tüchtig füttern, damit er wieder ein feuriges Äußeres gewinnt. Und dann stopften sie mir just die allerschlechtesten Stücke ins Maul und nötigten mich, übergebührlich viel Sellerie zu essen. Gab es aber magere Küche mehrere Tage hintereinander, dann wurde ich mit den ernsthaftesten Bitten bestürmt, für besseres Essen zu sorgen, das Herz unserer Wirtin aufs neue zu entflammen, meine Zärtlichkeit für sie zu erhöhen, kurz, mich fürs allgemeine Wohl aufzuopfern. In langen Reden wurde mir dann vorgestellt, wie edel, wie herrlich es sei, wenn jemand für das Heil seiner Mitbürger sich heroisch resigniert, gleich dem Regulus, welcher sich in eine alte vernagelte Tonne stecken ließ, oder auch gleich dem Thesus, welcher sich in die Höhle des Minotaurs freiwillig begeben hat – und dann wurde der Livius zitiert und der Plutarch usw. Auch sollte ich bildlich zur Nacheiferung gereizt werden, indem man jene Großtaten auf die Wand zeichnete, und zwar mit grotesken Anspielungen; denn der Minotaur sah aus wie die rote Kuh auf dem wohlbekannten Wirtshausschilde, und die karthaginiensische vernagelte Tonne sah aus wie meine Wirtin selbst. Überhaupt hatten jene undankbaren Menschen die äußere Gestalt der vortrefflichen Frau zur beständigen Zielscheibe ihres Witzes gewählt. Sie pflegten gewöhnlich ihre Figur aus Äpfeln zusammenzusetzen oder aus Brotkrumen zu kneten. Sie nahmen dann ein kleines Äpfelchen, welches der Kopf sein sollte, setzten dieses auf einen ganz großen Apfel, welcher den Bauch vorstellte, und dieser stand wieder auf zwei Zahnstochern, welche sich für Beine ausgaben. Sie formten auch wohl aus Brotkrumen das Bild unserer Wirtin und kneteten dann ein ganz winziges Püppchen, welches mich selber vorstellten sollte, und dieses setzten sie dann auf die große Figur, die kleine Figur sei Hannibal, welcher über die Alpen steigt. Ein anderer meinte hingegen, es sei Marius, welcher auf den Ruinen von Karthago sitzt. Dem sei nun, wie ihm wolle, wäre ich nicht manchmal über die Alpen gestiegen, oder hätte ich mich nicht manchmal auf die Ruinen von Karthago gesetzt, so würden meine Tischgenossen beständig schlechtes Essen bekommen haben.

Kapitel IX

Wenn der Braten ganz schlecht war, disputierten wir über die Existenz Gottes. Der liebe Gott hatte aber immer die Majorität. Nur drei von der Tischgenossenschaft waren atheistisch gesinnt; aber auch diese ließen sich überreden, wenn wir wenigstens guten Käse zum Dessert bekamen. Der eifrigste Deist war der kleine Simson, und wenn er mit dem langen Van Pitter über die Existenz Gottes disputierte, wurde er zuweilen höchst ärgerlich, lief im Zimmer auf und ab und schrie beständig: Das ist, bei Gott! nicht erlaubt. Der lange Van Pitter, ein magerer Friese, dessen Seele so ruhig wie das Wasser in einem holländischen Kanal, und dessen Worte sich ruhig hinzogen wie eine Treckschuite, holte seine Argumente aus der deutschen Philosophie, womit man sich damals in Leyden stark beschäftigte. Er spöttelte über die engen Köpfe, die dem lieben Gott eine Privatexistenz zuschreiben, er beschuldigte sie sogar der Blasphemie, indem sie Gott mit Weisheit, Gerechtigkeit, Liebe und ähnlichen menschlichen Eigenschaften versähen, die sich gar nicht für ihn schickten; denn diese Eigenschaften seien gewissermaßen die Negation von menschlichen Gebrechen, da wir sie nur als Gegensatz zu menschlicher Dummheit, Ungerechtigkeit und Haß aufgefaßt haben. Wenn aber Van Pitter seine eigenen pantheistischen Ansichten entwickelte, so trat der dicke Fichteaner, ein gewisser Dricksen aus Utrecht, gegen ihn auf, und wußte seinen vagen, in der Natur verbreiteten, also immer im Raume existierenden Gott gehörig durchzuhecheln, ja er behauptete, es sei Blasphemie, wenn man auch nur von einer Existenz Gottes spricht, indem „Existieren" ein Begriff sei, der einen gewissen Raum, kurz etwas Substantielles voraussetze. Ja, es sei Blasphemie, von Gott zu sagen: „Er ist"; das reinste Sein könne nicht ohne sinnliche Beschränkung gedacht werden; wenn man Gott denken wolle, müsse man von aller Substanz abstrahieren, man müsse ihn nicht denken als eine Form der Ausdehnung, sondern als eine Ordnung der Begebenheiten; Gott ist kein Sein, sondern ein reines Handeln, er sei nur Prinzip einer übersinnlichen Weltordnung.

Bei diesen Worten aber wurde der kleine Simson immer ganz wütend und lief noch toller im Zimmer herum und schrie noch lauter: O Gott! O Gott! Das ist, bei Gott! nicht erlaubt, o Gott! Ich glaube, er hätte den dicken Fichteaner geprügelt zur Ehre Gottes, wenn er nicht gar zu dünne Ärmchen hatte. Manchmal stürmte er auch wirklich auf ihn los; dann aber nahm der Dicke die beiden Ärmchen des kleinen Simson, hielt ihn ruhig fest, setzte ihm sein System ganz ruhig auseinander, ohne die Pfeife aus dem Munde zu nehmen, und blies ihm dann seine dünnen Argumente mitsamt dem dicksten Tabaksdampf ins Gesicht, so daß der Kleine fast erstickte vor Rauch und Ärger, und immer leiser und hilfeflehend wimmerte: O Gott! O Gott! Aber der half ihm nie, obgleich er dessen eigene Sache verfocht.

Trotz dieser göttlichen Indifferenz, trotz diesem fast menschlichen Undank Gottes, blieb der kleine Simson doch der beständige Champion des Deismus, und ich glaube, aus angeborener Neigung. Denn seine Väter gehörten zu dem auserwählten Volke Gottes, einem Volke, das Gott einst mit seiner besonderen Liebe protegiert, und das daher bis auf diese Stunde eine gewisse Anhänglichkeit für den lieben Gott bewahrt hat. Die Juden sind immer die gehorsamsten Deisten, namentlich diejenigen, welche, wie der kleine Simson, in der freien Stadt Frankfurt geboren sind. Diese können bei politischen Fragen so republikanisch als möglich denken, ja sich sogar sanskülottisch im Kote wälzen; kommen aber religiöse Begriffe ins Spiel, dann bleiben sie untertänige Kammerknechte ihres Jehovah, des alten Fetisches, der doch von ihrer ganzen Sippschaft nichts mehr wissen will und sich zu einem gott-reinen Geist umtaufen lassen.

Ich glaube, dieser gott-reine Geist, dieser Parvenü des Himmels, der jetzt so moralisch, so kosmopolitisch und universell gebildet ist, hegt ein geheimes Mißwollen gegen die armen Juden, die ihn noch in seiner ersten rohen Gestalt gekannt haben, und ihn täglich in ihren Synagogen an seine ehemaligen obskuren Nationalverhältnisse erinnern. Vielleicht will es der alte Herr gar nicht mehr wissen, daß er palästinischen Ursprungs und einst der Gott Abraham's, Isaak's und Jakob's gewesen und damals Jehovah geheißen hat.

Kapitel X

Mit dem kleinen Simson hatte ich zu Leyden sehr vielen Umgang, und er wird in diesen Denkblättern noch oft erwähnt werden. Außer ihm sah ich am öftesten einen anderen meiner Tischgenossen, den jungen Van Moeulen; ich konnte ganze Stunden lang sein schönes Gesicht betrachten und dabei an seine Schwester denken, die ich nie gesehen, und wovon ich nur wußte, daß sie die schönste Frau im Waterland sei. Van Moeulen war ebenfalls ein schönes Menschenbild, ein Apollo, aber kein Apollo von Marmor, sondern viel eher von Käse. Er war der vollendetste Holländer, den ich je gesehen. Ein sonderbare Gemisch von Mut und Phlegma. Als er einst im Kaffeehause einen Irländer so sehr erzürnt, daß dieser eine Pistole auf ihn losdrückte und, statt ihn zu treffen, ihm nur die irdene Pfeife vom Munde wegschoß, da blieb Van Moeulen's Gesicht so bewegungslos wie Käse, und im gleichgültig ruhigsten Tone rief er: Jan, e nüe Piep! Fatal war mir an ihm sein Lächeln, denn alsdann zeigte er eine Reihe ganz kleiner weißer Zähnchen, die eher wie Fischgräten aussahen. Er hatte die sonderbare Gewohnheit, alle Tage in seiner Wohnung die Aufstellung der Möbeln zu verändern, und wenn man zu ihm kam, fand man ihn entweder beschäftigt, die Kommode an die Stelle des Bettes, oder den Schreibtisch an die Stelle des Sofas zu setzen.

Der kleine Simson bildete in dieser Beziehung den ängstlichsten Gegensatz. Er konnte nicht leiden, daß man in seinem Zimmer das Mindeste verrückte; er wurde sichtbar unruhig, wenn man dort auch nur das Mindeste, sei es auch nur eine Lichtschere, zur Hand nahm. Alles mußte liegen bleiben, wie es lag. Denn seine Möbel und sonstigen Effekten dienten ihm als Hilfsmittel, nach den Vorschriften der Mnemonik allerlei historische Daten oder philosophische Sätze in seinem Gedächtnisse zu fixieren. Als einst die Hausmagd in seiner Abwesenheit einen alten Kasten aus seinem Zimmer fortgeschafft und seine Hemde und Strümpfe aus der Kommode genommen, um sie waschen zu lassen, da war er untröstlich, als er nach Hause kam, und er behauptete, er wisse jetzt gar nichts mehr von der assyrischen Geschichte, und alle seine Beweise für die Unsterblichkeit der Seele, die er so mühsam in den verschiedenen Schubladen ganz systematisch geordnet, seien jetzt in die Wäsche gegeben.

Zu den Originalen, die ich in Leyden kennen gelernt, gehört auch Mynheer Van der Pissen, ein Vetter van Moeulen's, der mich bei ihm eingeführt. Er war Professor der Theologie an der Universität, und ich hörte bei ihm das hohe Lied Salomonis und die Offenbarung Johannis. Er war ein schöner, blühender Mann, etwa fünfunddreißig Jahr' alt, und auf dem Katheder sehr ernst und gesetzt. Als ich ihn aber einst besuchen wolle, und in seinem Wohnzimmer niemanden fand, sah ich durch die halbgeöffnete Tür eines Seitenkabinetts ein gar merkwürdiges Schauspiel. Dieses Kabinett war halb chinesisch, halb pompadourisch verziert: an den Wänden goldig schillernde Damasttapeten; auf dem Boden der kostbarste persische Teppich; überall wunderliche Porzellanpagoden, Spielsachen von Perlmutter, Blumen, Straußfedern und Edelsteine; die Sessel von rotem Sammet mit Goldtroddeln, und darunter ein besonders erhöhter Sessel, der wie ein Thron aussah, und worauf ein kleines Mädchen saß, das etwa drei Jahr' alt sein mochte, und in blauem silbergesticktem Atlas, jedoch sehr altfränkisch, gekleidet war, und in der einen Hand, gleich einem Zepter, einen bunten Pfauenwedel und in der andern einen welken Lorbeerkranz emporhielt. Vor ihr aber auf dem Boden wälzten sich Mynheer Van der Pissen, sein kleiner Mohr, sein Pudel und sein Affe. Diese Vier zausten sich und bissen sich untereinander, während das Kind und der grüne Papagei, welcher auf der Stange saß, beständig Bravo! riefen. Endlich erhob sich Mynheer vom Boden, kniete vor dem Kinde nieder, rühmte in einer ernsthaften lateinischen Rede den Mut, womit er seine Feinde bekämpft und besiegt, ließ sich von der Kleinen den welken Lorbeerkranz auf das Haupt setzen, – und Bravo! rief das Kind und der Papagei und ich, welcher jetzt ins Zimmer trat.

Mynheer schien etwas bestürzt, daß ich ihn in seinen Wunderlichkeiten überrascht. Diese, wie man mir später sagte, trieb er alle Tage; alle Tage besiegte er den Mohr, den Pudel und den Affen; alle Tage ließ er sich belorbeeren von dem kleinen Mädchen, welches nicht sein eignes Kind, sondern ein Findling aus dem Waisenhause von Amsterdam war.

Kapitel XI

Das Haus, worin ich zu Leyden logierte, bewohnte einst Jan Steen, der große Jan Steen, den ich für ebensogroß halte wie Raphael. Auch als religiöser Maler war Jan ebensogroß, und das wird man einst ganz klar einsehen, wenn die Religion des Schmerzes erloschen ist, und die Religion der Freude den trüben Flor von den Rosenbüschen dieser Erde fortreißt, und die Nachtigallen endlich ihre lang' verheimlichten Entzückungen hervorjauchzen dürfen.

Aber keine Nachtigall wird je so heiter und jubelnd singen, wie Jan Steen gemalt hat. Keiner hat so tief wie er begriffen, daß auf dieser Erde ewig Kirmes sein sollte; er begriff, daß unser Leben nur ein farbiger Kuß Gottes sei, und er wußte, daß der heilige Geist sich am herrlichsten offenbart im Licht und Lachen.

Sein Auge lachte ins Licht hinein, und das Licht spiegelte sich in seinem lachenden Auge.

Und Jan blieb immer ein gutes, liebes Kind. Als der alte strenge Prädikat von Leyden sich neben ihn an den Herd setzte, und eine lange Vermahnung hielt über sein fröhliches Leben, seinen lachend unchristlichen Wandel, seine Trunkliebe, seine ungeregelte Wirtschaft und seine verstockte Lustigkeit, da hat Jan ihm zwei Stunden lang ganz ruhig zugehört und er verriet nicht die mindeste Ungeduld über die lange Strafpredigt, und nur einmal unterbrach er sie mit den Worten: „Ja, Domine, die Beleuchtung wäre dann viel besser, ja ich bitte Euch, Domine, dreht Euren Stuhl ein kein wenig dem Kamine zu, damit die Flamme ihren roten Schein über Euer ganzes Gesicht wirft und der übrige Körper im Schatten bleibt – –"

Der Domine stand wütend auf und ging davon. Jan aber griff sogleich nach der Palette, und malte den alten strengen Herrn, ganz wie er ihn in jener Strafpredigtpositur, ohne es zu ahnen, Modell gesessen. Das Bild ist vortrefflich und hing in meinem Schlafzimmer zu Leyden.

Nachdem ich in Holland so viele Bilder von Jan Steen gesehen, ist mir, als kennte ich das ganze Leben des Mannes. Ja, ich kenne seine sämtliche Sippschaft, seine Frau, seine Kinder, seine Mutter, alle seine Vettern, seine Hausfeinde und sonstige Angehörigen, ja, ich kenne sie von Angesicht zu Angesicht. Grüßen uns doch diese Gesichter aus allen seinen Gemälden hervor, und eine Sammlung derselben wäre eine Biographie des Malers. Er hat oft mit einem einzigen Pinselstrich die tiefsten Geheimnisse seiner Seele darin eingezeichnet. So glaube ich, seine Frau hat ihm allzu oft Vorwürfe gemacht über sein vieles Trinken. Denn auf dem Gemälde, welches das Bohnenfest vorstellt, und wo Jan mit seiner ganzen Familie zu Tische sitzt, da sehen wir seine Frau mit einem gar großen Weinkrug in der Hand, und ihre Augen leuchten wie die einer Bacchantin. Ich bin aber überzeugt, die gute Frau hat nie zuviel Wein genossen, und der Schalk hat uns weiß machen wollen, nicht er, sondern seine Frau liebe den Trunk. Deshalb lacht er desto vergnügter aus dem Bilde hervor. Er ist glücklich: er sitzt in der Mitte der Seinigen; sein Söhnchen ist Bohnenkönig und steht mit der Krone von Flittergold auf einem Stuhle; seine alte Mutter, in ihren Gesichtsfalten das seligste Schmunzeln, trägt das jüngste Enkelchen auf dem Arm; die Musikanten spielen ihre närrisch lustigsten Hopsamelodien; und die sparsam bedächtige, ökonomisch schmollende Hausfrau ist bei der ganzen Nachwelt in den Verdacht hineingemalt, als sei sie besoffen.

Wie oft, in meiner Wohnung zu Leyden, konnte ich mich ganze Stunden lang in die häuslichen Szenen zurückdenken, die der vortreffliche Jan dort erlebt und erlitten haben mußte. Manchmal glaubte ich, ich sähe ihn leibhaftig selber an seiner Staffelei sitzen, dann und wann nach dem großen Henkelkrug greifen, „überlegen und dabei trinken, und dann wieder trinken ohne zu überlegen". Das war kein trübkatholischer Spuk, sondern ein modern heller Geist der Freude, der nach dem Tode noch sein altes Atelier besucht, um lustige Bilder zu malen und zu trinken. Nur solche Gespenster werden unsere Nachkommen zuweilen schauen, am lichten Tage, während die Sonne durch die blanken Fenster schaut, und vom Turme herab keine schwarz dumpfe Glocken, sondern rotjauchzende Trompetentöne die liebliche Mittagsstunde ankündigen.

Die Erinnerung an Jan Steen war aber das Beste, oder vielmehr das einzig Gute an meiner Wohnung zu Leyden. Ohne diesen gemütlichen Reiz hätte ich darin keine acht Tage ausgehalten. Das Äußere des Hauses war elend und kläglich und mürrisch, ganz unholländisch. Das dunkle morsche Haus stand dicht am Wasser, und wenn man an der anderen Seite des Kanals vorbeiging, glaubte man eine alte Hexe zu sehen, die sich in einem glänzenden Zauberspiegel betrachtete. Auf dem Dache standen immer ein paar Störche, wie auf allen holländischen Dächern. Neben mir logierte die Kuh, deren Milch ich des Morgens trank, und unter meinem Fenster war ein Hühnersteig. Meine gefiederten Nachbarinnen lieferten gute Eier; aber da ich immer, ehe sie deren zur Welt brachten, ein langes Gackern, gleichsam die langweilige Vorrede zu den Eiern, anhören mußte, so wurde mir der Genuß derselben ziemlich verleidet. Zu den Unannehmlichkeiten meiner Wohnung gehörten aber zwei der fatalsten Mißstände: erstens das Violinspielen, womit man meine Ohren während des Tages belästigte, und dann die Störungen des Nachts, wenn meine Wirtin ihren armen Mann mit ihrer sonderbaren Eifersucht verfolgte.

Wer das Verhältnis meines Hauswirts zu meiner Frau Wirtin kennen lernen wollte, brauchte nur beide zu hören, wenn sie miteinander Musik machten. Der Mann spielte das Violoncello, und die Frau spielte das sogenannte Violon d'Amour; aber sie hielt nie Tempo, und war dem Manne immer einen Takt voraus, und wußte ihrem unglücklichen Instrumente die grellfeinsten Keiflaute abzuquälen; wenn das Cello brummte und die Violine greinte, glaubte man ein zankendes Ehepaar zu hören. Auch spielte die Frau noch immer weiter, wenn der Mann längst fertig war, daß es schien, als wollte sie das letzte Worte behalten. Es war ein großes, aber sehr mageres Weib, nichts als Haut und Knochen, ein Maul, worin einige falsche Zähne klapperten, eine kurze Stirn, fast gar kein Kinn und eine desto längere Nase, deren Spitze wie ein Schnabel sich herabzog, und womit sie zuweilen, wenn sie Violine spielte, den Ton einer Saite zu dämpfen schien.

Mein Hauswirt war etwa fünfzig Jahr' alt und ein Mann von sehr dünnen Beinen, abgezehrt bleichem Antlitz und ganz kleinen grünen Äuglein, womit er beständig blinzelte, wie eine Schildwache, welcher die Sonne ins Gesicht scheint. Er war seines Gewerbes ein Bruchbandmacher und seiner Religion nach ein Wiedertäufer. Er las sehr fleißig in der Bibel. Diese Lektüre schlich sich in seine nächtlichen Träume, und mit blinzelnden Äuglein erzählte er seiner Frau des Morgens beim Kaffee, wie er wieder hochbegnadigt worden, wie die heiligsten Personen ihn ihres Gespräches gewürdigt, wie er sogar mit der allerhöchst heiligen Majestät Jehovah's verkehrt, und wie alle Frauen des alten Testaments ihn mit der freundlichsten und zärtlichsten Aufmerksamkeit behandelt. Letzterer Umstand war meiner Hauswirtin gar nicht lieb, und nicht selten bezeigte sie die eifersüchtige Mißlaune über ihres Mannes nächtlichen Umgang mit den Weibern des alten Testaments. Wäre es noch, sagte sie, die keusche Mutter Maria, oder die alte Marthe, oder auch meinethalb die Magdalene, die sich ja gebessert hat – aber ein nächtliches Verhältnis mit den Sauftöchtern des alten Loth, mit der sauberen Madam Juditz, mit der verlaufenen Königin von Saba und dergleichen zweideutigen Weibsbildern darf nicht geduldet werden. Nichts glich aber ihrer Wut, als eines Morgens ihr Mann im Übergeschwätze seiner Seligkeit eine begeisterte Schilderung der schönen Esther entwarf, welche ihn gebeten, ihr bei ihrer Toilette behilflich zu sein, indem sie durch die Macht ihrer Reize den König Ahasveros für die gute Sache gewinnen wollte. Vergebens beteuerte der arme Mann, daß Herr Mardachai selber ihn bei seiner schönen Pflegetochter eingeführt, daß diese schon halb bekleidet war, daß er ihr nur die langen schwarzen Haare ausgekämmt – vergebens! die erboste Frau schlug den armen Mann mit seinen eignen Bruchbändern, goß ihm den heißen Kaffee ins Gesicht, und sie hätte ihn gewiß umgebracht, wenn er nicht aufs heiligste versprach, allen Umgang mit den alttestamentalischen Weibern aufzugeben, und künftig nur mit Erzvätern und männlichen Propheten zu verkehren.

Die Folge dieser Mißhandlung war, daß Mynheer von nun an sein nächtliches Glück gar ängstlich verschwieg; er wurde jetzt erst ganz ein heiliger Roué; wie er mir gestand, hatte er den Mut, sogar der nackten Susannah die unsittlichsten Anträge zu machen; ja, er war am Ende frech genug, sich in den Harem des Königs Salomon hineinzuträumen und mit dessen tausend Weibern Tee zu trinken.

Kapitel XII

Unglückselige Eifersucht! durch diese ward einer meiner schönsten Träume und mittelbar vielleicht das Leben des kleinen Simson unterbrochen!

Was ist Traum? Was ist Tod? Ist dieser nur eine Unterbrechung des Lebens, oder gänzliches Aufhören desselben? Ja, für Leute, die nur Vergangenheit und Zukunft kennen und nicht in jedem Momente der Gegenwart eine Ewigkeit leben können, ja, für solche muß der Tod schrecklich sein! Wenn ihnen die beiden Krücken, Raum und Zeit, entfallen, dann sinken sie ins ewige Nichts.

Und der Traum? Warum fürchten wir uns vor dem Schlafengehen nicht weit mehr als vor dem Begrabenwerden? Ist es nicht fruchtbar, daß der Leib eine ganze Nacht leichentot sein kann, während der Geist in uns das bewegteste Leben führt, ein Leben mit allen Schrecknissen jener Scheidung, die wir eben zwischen Leben und Geist gestiftet? Wenn einst in der Zukunft beide wieder in unserem Bewußtsein vereinigt sind, dann gibt es vielleicht keine Träume mehr, oder nur kranke Menschen, Menschen, deren Harmonie gestört, werden träumen. Nur leise und wenig träumten die Alten; ein starker, gewaltiger Traum war bei ihnen wie ein Ereignis und wurde in die Geschichtsbücher eingetragen. Das rechte Träumen beginnt erst bei den Juden, dem Volke des Geistes, und erreichte seine höchste Blüte bei den Christen, dem Geistervolk. Unsere Nachkommen werden schaudern, wenn sie einst lesen, welch ein gespenstisches Dasein wir geführt, wie der Mensch in uns gespalten war und nur die eine Hälfte ein eigentliches Leben geführt. Unsere Zeit – und sie beginnt am Kreuze Christi – wird als eine große Krankheitsperiode der Menschheit betrachtet werden.

Und doch, welche süße Träume haben wir träumen können! Unsere gesunden Nachkommen werden es kaum begreifen. Um uns her verschwanden alle Herrlichkeiten der Welt, und wir fanden sie wieder in unserer inneren Seele – in unsere Seele flüchtete sich der Duft der zertretenen Rosen und der lieblichste Gesang der verscheuchten Nachtigallen –

Ich weiß das alles und sterbe an den unheimlichen Ängsten und grauenhaften Süßigkeiten unserer Zeit. Wenn ich des Abends mich auskleide und zu Bette lege, und die Beine lang ausstrecke, und mich bedecke mit dem weißen Laken, dann schaudre ich manchmal unwillkürlich, und mir kommt in den Sinn, ich sei eine Leiche, und ich begrübe mich selbst. Dann schließe ich hastig die Augen, um diesem schauerlichen Gedanken zu entrinnen, um mich zu retten in das Land der Träume.

Es war ein süßer, lieber, sonniger Traum. Der Himmel himmelblau und wolkenlos, das Meer meergrün und still. Unabsehbar weite Wasserfläche, und darauf schwamm ein buntgewimpeltes Schiff, und auf dem Verdeck saß ich kosend zu den Füßen Jadviga's. Schwärmerische Liebeslieder, die ich selber auf rosige Papierstreifen geschrieben, las ich ihr vor, heiter seufzend, und sie horchte mit ungläubig geneigtem Ohr und sehnsüchtigem Lächeln und riß mir zuweilen hastig die Blätter aus der Hand und warf sie ins Meer. Aber die schönen Nixen, mit ihren schneeweißen Busen und Armen, tauchten jedesmal aus dem Wasser empor und erhaschten die flatternden Lieder der Liebe. Als ich mich über Bord beugte, konnte ich ganz klar bis in die Tiefe des Meeres hinabschauen, und da saßen, wie in einem gesellschaftlichen Kreise, die schönen Nixen und in ihrer Mitte stand ein junger Nix, der mit gefühlvoll belebtem Angesicht meine Liebeslieder deklamierte. Ein stürmischer Beifall erscholl bei jeder Strophe; die grünlockigten Schönen applaudierten so leidenschaftlich, daß Brust und Nacken erröteten, und sie lobten mit einer freudigen, aber doch zugleich mitleidigen Begeisterung: „Welche sonderbare Wesen sind diese Menschen! Wie sonderbar ist ihr Leben! wie tragisch ihr ganzes Schicksal! Sie lieben sich und dürfen es meistens nicht sagen, und dürfen sie es einmal sagen, so können sie doch einander selten verstehn! Und dabei leben sie nicht ewig wie wir, sie sind sterblich, nur eine kurze Spanne Zeit ist ihnen vergönnt, das Glück zu suchen, sie müssen es schnell erhaschen, hastig ans Herz drücken, ehe es entflieht – deshalb sind ihre Liebeslieder auch so zart, so innig, so süß ängstlich, so verzweiflungsvoll lustig, ein so seltsames Gemisch von Freude und Schmerz. Der Gedanke des Todes wirft seinen melancholischen Schatten über ihre glücklichsten Stunden und tröstet sie lieblich im Unglück. Sie können weinen. Welche Poesie in so einer Menschenträne!

Hörst du, sagte ich zu Jadviga, wie die da unten über uns urteilen? – Wir wollen uns umarmen, damit sie uns nicht mehr bemitleiden, damit sie sogar neidisch werden! Sie aber, die Geliebte, sah mich an mit unendlicher Liebe, und ohne ein Wort zu reden. Ich hatte sie stumm geküßt. Sie erblich, und ein kalter Schauer überflog die holde Gestalt. Sie lag endlich starr wie weißer Marmor in meinen Armen, und ich hätte sie für tot gehalten, wenn sich nicht zwei große Tränenströme unaufhaltsam aus ihren Augen ergossen – und diese Tränen überfluteten mich, während ich das holde Bild immer gewaltiger mit meinen Armen umschlang –

Da hörte ich plötzlich die keifende Stimme meiner Hauswirtin und erwachte aus meinem Traum. Sie stand vor meinem Bette, mit der Blendlaterne in der Hand, und bat mich, schnell aufzustehn und sie zu begleiten. Nie hatte ich sie so häßlich gesehen. Sie war im Hemde, und ihre verwitterten Brüste vergoldete der Mondschein, der eben durchs Fenster fiel; sie sahen aus wie zwei getrocknete Zitronen. Ohne zu wissen, was sie begehrte, fast noch schlummertrunken, folgte ich ihr nach dem Schlafgemache ihres Gatten, und da lag der arme Mann, die Nachtmütze über die Augen gezogen, und schien heftig zu träumen. Manchmal zuckte sichtbar sein Leib unter der Bettdecke, seine Lippen lächelten vor überschwenglichster Wonne, spitzten sich manchmal krampfhaft wie zu einem Kusse, und er röchelte und stammelte: Vasthi! Königin Vasthi! Majestät: Fürchte keinen Ahasveros! Geliebte Vasthi!

Mit zornglühenden Augen beugte sich nun das Weib über den schlafenden Gatten, legte ihr Ohr an sein Haupt, als ob sie seine Gedanken erlauschen könnte, und flüsterte mir zu: Haben Sie sich nun überzeugt, Mynheer Schnabelewopski? Er hat jetzt eine Buhlschaft mit der Königin Vasthi! Der schändliche Ehebrecher! Ich habe dieses unzüchtige Verhältnis schon gestern nacht entdeckt. Sogar eine Heidin hat er mir vorgezogen! Aber ich bin Weib und Christin, und Sie sollen sehen, wie ich mich räche.

Bei diesen Worten riß sie erst die Bettdecke von dem Leibe des armen Sünders – er lag im Schweiß – alsdann ergriff sie ein hirschledernes Bruchband, und schlug damit gottlästerlich los auf die dünnen Gliedmaßen des armen Sünders. Dieser, also unangenehm geweckt aus seinem biblischen Traum, schrie so laut, als ob die Hauptstadt Susa in Feuer und Holland in Wasser stünde, und brachte mit seinem Geschrei die Nachbarschaft in Aufruhr.

Den andern Tag hieß es in ganz Leyden, mein Hauswirt habe solch großes Geschrei erhoben, weil mich des Nachts in der Gesellschaft seiner Gattin gesehen. Man hatte letztere halbnackt am Fenster erblickt; und unsere Hausmagd, die mir gram war, und von der Wirtin zur roten Kuh über dies Ereignis befragt worden, erzählte, daß sie selber gesehen, wie Myfrow mir in meinem Schlafzimmer einen nächtlichen Besuch abgestattet.

Ich kann nicht ohne gewaltigen Kummer an dieses Ereignis denken. Welche fürchterliche Folgen!

Kapitel XIII

Wäre die Wirtin zur roten Kuh eine Italienerin gewesen, so hätte sie vielleicht mein Essen vergiftet; da sie aber eine Holländerin war, so schickte sie mir sehr schlechtes Essen. Schon des andern Mittags erduldeten wir die Folgen ihres weiblichen Unwillens. Das erste Gericht war: keine Suppe. Das war schrecklich, besonders für einen wohlerzogenen Menschen wie ich, der von Jugend auf alle Tage Suppe gegessen, der sich bis jetzt gar keine Welt denken konnte, wo nicht des Morgens die Sonne aufgeht und des Mittags die Suppe aufgetragen wird. Das zweite Gericht bestand aus Rindfleisch, welches kalt und hart war wie Myron's Kuh. Drittens kam ein Schellfisch, der aus dem Halse roch wie ein Mensch. Viertens kam ein großes Huhn, das, weit entfernt unsern Hunger stillen zu wollen, so mager und abgezehrt aussah, als ob es selber Hunger hätte, so daß man fast vor Mitleid nichts davon essen konnte.

Und nun, kleiner Simson, rief der dicke Dricksen, glaubst du noch an Gott? Ist das Gerechtigkeit? Die Frau Bandagistin besucht den Schnabelewopski in der dunklen Nacht, und wir müssen dafür schlecht essen am hellen, lichten Tag!

O Gott! Gott! seufzte der Kleine, gar verdrießlich wegen solcher atheistischer Ausbrüche und vielleicht auch wegen des schlechten Essens. Seine Verdrießlichkeit stieg, als auch der lange Van Pitter seine Witze gegen die Anthropomorphisten losließ und die Ägypter lobte, die einst Ochsen und Zwiebeln verehrten; denn erstere, wenn sie gebraten, und letztere, wenn sie gestovt, schmeckten ganz göttlich.

Des kleinen Simson's Gemüt wurde aber durch solche Spöttereien immer bitterer gestimmt, und er schloß endlich folgendermaßen seine Apologie des Deismus: Was die Sonne für die Blumen ist, das ist Gott für die Menschen. Wenn die Strahlen jenes himmlischen Gestirns die Blumen berühren, dann wachsen sie heiter empor und öffnen ihre Kelche und entfalten ihren buntesten Farbenschmuck. Des Nachts, wenn ihre Sonne entfernt ist, stehen sie traurig mit geschlossenen Kelchen und schlafen oder träumen von den goldenen Strahlenküssen der Vergangenheit. Diejenigen Blumen, die immer im Schatten stehen, verlieren Farbe und Wuchs, verkrüppeln und erbleichen, und welken mißmütig, glücklos. Die Blumen aber, die ganz im Dunkeln wachsen, in alten Burgkellern, unter Klosterruinen, die werden häßlich und giftig, sie ringeln am Boden wie Schlangen, schon ihr Duft ist unheilbringend, boshaft betäubend, tödlich –

O, du brauchst deine biblische Parabel nicht weiter auszuspinnen, schrie der dicke Dricksen, indem er sich ein großes Glas Schiedammer Genever in den Schlund goß; du, kleiner Simson, bist eine fromme Blume, die im Sonnenschein Gottes die heiligen Strahlen der Tugend und Liebe so trunken einsaugt, daß deine Seele wie ein Regenbogen blüht, während die unsrige, abgewendet von der Gottheit, farblos und häßlich verwelkt, wo nicht gar pestilentialische Düfte verbreitet –

Ich habe einmal zu Frankfurt, sagte der kleine Simson, eine Uhr gesehen, die an keinen Uhrmacher glaubte; sie war von Tombak und ging sehr schlecht –

Ich will dir wenigstens zeigen, daß so eine Uhr wenigstens gut schlagen kann, versetzte Dricksen, indem er plötzlich ganz ruhig wurde und den Kleinen nicht weiter molestierte.

Da letzterer trotz seiner schwachen Ärmchen ganz vortrefflich stieß, so ward beschlossen, daß sich die beiden noch denselben Tag auf Parisiens schlagen sollten. Sie stachen auf einander los mit großer Erbitterung. Die schwarzen Augen des kleinen Simson glänzten feurig groß, und kontrastierten um so wunderbarer mit seinen Ärmchen, die aus dem aufgeschürzten Hemdärmeln gar kläglich dünn hervortreten. Es wurde immer heftiger; er schlug sich ja für die Existenz Gottes, des alten Jehovah, des Königs der Könige. Dieser aber gewährte seinem Champion nicht die mindeste Unterstützung, und im sechsten Gang bekam der Kleine einen Stich in die Lunge.

O Gott! seufzte er und stürzte zu Boden.

Kapitel XIV

Diese Szene hatte mich furchtbar erschüttert. Gegen das Weib aber, das mittelbar solches Unglück verursacht, wandte sich der ganze Ungestüm meiner Empfindungen; das Herz voll Zorn und Kummer stürmte ich nach dem roten Ochsen.

Ungeheuer, warum hast du keine Suppe geschickt? Dieses waren die Worte, womit ich die erbleichende Wirtin anredete, als ich sie in der Küche antraf. Das Porzellan auf dem Kamine zitterte bei dem Ton meiner Stimme. Ich war so entsetzlich, wie der Mensch es nur immer sein kann, wenn er keine Suppe gegessen und sein bester Freund einen Stich in die Lunge bekommen.

Ungeheuer, warum hast du keine Suppe geschickt? Diese Worte wiederholte ich, während das schuldbewußte Weib starr und sprachlos vor ihr stand. Endlich aber, wie aus geöffneten Schleusen, stürzten aus ihren Augen die Tränen. Sie überschwemmten ihr ganzes Antlitz und tröpfelten bis in den Kanal ihres Busens. Dieser Anblick konnte jedoch meinen Zorn nicht erweichen, und mit verstärkter Bitterkeit sprach ich: O ihr Weiber, ich weiß, daß ihr weinen könnt; aber Tränen sind keine Suppe. Ihr seid erschaffen zu unserem Unheil. Euer Blick ist Lug, und euer Hauch ist Trug. Wer hat zuerst vom Apfel der Sünde gegessen? Gänse haben das Kapitol gerettet, aber durch ein Weib ging Troja zugrunde. O Troja, Troja, des Piramos heilige Veste, du bist gefallen durch die Schuld eines Weibes! Wer hat den Marcus Antonius ins Verderben gestürzt? Wer ließ den Marcus Tullius Cicero ermorden? Wer verlangte den Kopf Johannis des Täufers? Wer war Ursache von Abälard's Verstümmelung? Ein Weib! Die Geschichte ist voll Beispiele, wie wir durch euch zugrunde gehn. All euer Tun ist Torheit und all euer Denken ist Undank. Wir geben euch das Höchste, die heiligste Flamme des Herzens, unsere Liebe – was gebt ihr uns als Ersatz? Fleisch, schlechtes Rindfleisch, noch schlechteres Hühnerfleisch – Ungeheuer, warum hast du keine Suppe geschickt!

Vergebens begann Myfrow jetzt eine Reihe von Entschuldigungen herzustammeln und mich bei allen Seligkeiten unserer genossenen Liebe zu beschwören, ihr diesmal zu verzeihen. Sie wollte mir von nun an noch besseres Essen schicken als früher und noch immer nur sechs Gulden die Portion anrechnen, obgleich der groote Doohlenwirt für sein ordinäres Essen sich acht Gulden bezahlen läßt. Sie ging so weit, mir für den folgenden Tag Austerpastete zu versprechen: ja, in dem weichen Ton ihrer Stimme dufteten sogar Trüffel. Aber ich blieb standhaft, ich war entschlossen, auf immer zu brechen, und verließ die Küche mit den tragischen Worten: Adieu, für dieses Leben haben wir ausgekocht!

Im Fortgehn hörte ich etwas zu Boden fallen. War es irgendein Küchentopf oder Myfrow selber? Ich nahm mir nicht einmal die Mühe nachzusehen, und ging direkt nach der grooten Dohlen, um sechs Portion Essen für den nächsten Tag zu bestellen.

Nach diesem wichtigsten Geschäft eilte ich nach der Wohnung des kleinen Simson, den ich in einem sehr schlechten Zustand fand. Er lag in einem großen altfränkischen Bette, das keine Vorhänge hatte, und an dessen Ecken vier große marmorierte Holzsäulen befindlich waren, die oben einen reich vergoldeten Betthimmel trugen. Das Antlitz des Kleinen war leidend blaß, und in dem Blick, den er mir zuwarf, lag so viel Wehmut, Güte und Elend, daß ich davon bis in die Tiefe meiner Seele gerührt wurde. Der Arzt hatte ihn eben verlassen und seine Wunde für bedenklich erklärt. Van Moeulen, der allein dort geblieben, um die Nacht bei ihm zu wachen, saß vor seinem Bette und las ihm vor aus der Bibel.

Schnabelewopski, seufzte der Kleine, es ist gut, daß du kommst. Kannst zuhören und es wird dir wohltun. Das ist ein liebes Buch. Meine Vorfahren haben es in der ganzen Welt mit sich herumgetragen, und gar viel Kummer und Unglück und Schimpf und Hals dafür erduldet, oder sich gar dafür totschlagen lassen. Jedes Blatt darin hat Tränen und Blut gekostet, es ist das aufgeschriebene Vaterland der Kinder Gottes, es ist das heilige Erbe Jehovah's –

Rede nicht zu viel, rief Van Moeulen, es bekömmt dir schlecht.

Und gar, setzte ich hinzu, rede nicht von Jehovah, dem undankbarsten der Götter, für dessen Existenz du dich heute geschlagen –

O Gott! seufzte der Kleine, und Tränen fielen aus seinen Augen – O Gott, du hilfst unseren Feinden!

Rede nicht so viel, wiederholte Van Moeulen. Und du, Schnabelewopski, flüsterte er mir zu, entschuldige, wenn ich dich langweile; der Kleine wollte durchaus, daß ich ihm die Geschichte seines Namensvetters, des Simson, vorlese – wir sind am vierzehnten Kapitel, hör zu:

Simson ging hinab gen Thimnath, und sahe ein Weib zu Thimnath unter den Töchter der Philister –"

Nein, rief der Kleine mit geschlossenen Augen, wir sind schon am sechzehnten Kapitel. Ist mir doch, als lebte ich das alles mit, was du da vorliest, als hörte ich die Schafe blöken, die am Jordan weiden, als hätte ich selber den Füchsen die Schwänze angezündet und sie in die Felder der Philister gejagt, als hätte ich mit einem Eselskinnbacken tausend Philister erschlagen – O, die Philister! sie hatten uns unterjocht und verspottet, und ließen uns wie Schweine Zoll bezahlen, und haben mich zum Tanzsaal hinausgeschmissen auf dem Roß und zu Bockenheim mit Füßen getreten – hinausgeschmissen, mit Füßen getreten, auf dem Roß! O Gott, das ist nicht erlaubt!

Er liegt im Wundfieber und phantasiert, bemerkte leise Van Moeulen, und begann das sechzehnte Kapitel:

Simson ging hin gen Gaza, und sah daselbst eine Hure, und lag bei ihr.

Da ward den Gazitern gesagt: Simson ist herein gekommen. Und sie umgaben ihn, und ließen auf ihn lauern die ganze Nacht in der Stadt Thor, und waren die ganze Nacht stille und sprachen: Harre; morgen, wenn es Licht wird, wollen wir ihn erwürgen.

Simson aber lag bis zu Mitternacht. Da stund er auf zu Mitternacht, und ergriff beide Türen an der Stadt Thor, samt den beiden

Pfosten, und hub sie aus mit den Riegeln, und legte sie auf seine Schultern, und trug sie hinauf auf die Höhe des Berges von Hebron.

Darnach gewann er ein Weib lieb am Bach Sorek, die hieß Delila.

Zu der kamen der Philister Fürsten hinauf und sprachen zu ihr: Überrede ihn und besiehe, worin er so große Kraft hat, und womit wir ihn übermögen, daß wir ihn binden und zwingen; so wollen wir dir geben ein jeglicher tausend und hundert Silberlinge.

Und Delila sprach zu Simson: Lieber, sage mir, worinnen deine große Kraft sei, und womit man dich binden möge, daß man dich zwinge.

Simson sprach zu ihr: Wenn man mich bünde mit sieben Seilen von frischem Bast, die noch nicht verdorrt sind; so würde ich schwach, und wäre wie ein anderer Mensch.

Da brachten der Philister Fürsten zu ihr hinauf sieben Seile von frischem Bast, die noch verdorret waren; und sie band ihn damit.

(Man hielt aber auf ihn bei ihr in der Kammer.) Und sie sprach zu ihm: Die Philister über dir, Simson! Er aber zerriß die Seile, wie ein flächserne Schnur zerreißet, wenn sie ans Feuer reucht; und ward nicht kund, wo seine Kraft wäre.

O dumme Philister! rief jetzt der Kleine, und lächelte vergnügt; wollten mich auch auf die Konstablerwacht setzen –

Van Moeulen aber las weiter:

Da sprach Delila zu Simson: Siehe, du hast mich getäuschet und mir gelogen; nun, so sage mir doch, womit kann man dich binden?

Er antwortete ihr: Wenn sie mich bünden mit neuen Stricken, damit nie keine Arbeit geschehen ist; so würde ich schwach und wie ein anderer Mensch.

Da nahm Delila neue Stricke, und band ihn damit, und sprach: Philister über dir, Simson! (man hielt ihn aber auf ihn in der Kammer), und er zerriß sie von seinen Armen, wie einen Faden.

O dumme Philister! rief der Kleine im Bette.

Delila aber sprach zu ihm: Noch hast du mich getäuschet und mir gelogen. Lieber, sage mir doch, womit kann man dich binden? Er antwortete ihr: Wenn du sieben Locken meines Hauptes flöchtest mit einem Flechtbande, und heftetest sie mit einem Nagel ein.

Und sie sprach zu ihm: Philister über dir, Simson! Er aber wachte auf von seinem Schlaf und zog die geflochtenen Locken mit Nagel und Flechtband heraus.

Der Kleine lachte: Das war auf der Eschenheimer Gasse. Van Moeulen aber fuhr fort:

Da sprach sie zu ihm: Wie kannst du sagen, du habest mich

lieb, so dein Herz doch nicht mit mir ist? Dreimal hast du mich getäuschet, und mir nicht gesaget, worinnen deine große Kraft sei.

Da sie ihn aber trieb mit ihren Worten alle Tage und zerplagte ihn, ward seine Seele matt bis an den Tod,

Und sagte ihr sein ganzes Herz und sprach zu ihr: Es ist nie kein Schermesser auf mein Haupt kommen; denn ich bin ein Verlobter Gottes von Mutterleib an. Wenn du mich beschörest, so wiche meine Kraft von mir, daß ich schwach würde und wie alle andere Menschen.

Welch eine Dummheit! seufzte der Kleine. Van Moeulen fuhr fort:

Da nun Delila sahe, daß er ihr alle sein Herz offenbaret hatte, sandte sie hin, und ließ der Philister Fürsten rufen, und sagen: Kommet noch einmal herauf; denn er hat mir alle sein Herz offenbaret. Da kamen die Philister Fürsten zu ihr herauf und brachten das Geld mit sich in ihrer Hand.

Und sie ließ ihn entschlafen auf ihrem Schoß und rief einem, der ihm die sieben Locken seines Hauptes abschöre. Und sie fing an ihn zu zwingen. Da war seine Kraft von ihm gewichen.

Und sie sprach zu ihm: Philister über dir, Simson! Da er nun von seinem Schlaf erwachte, gedachte er: Ich will ausgehen, wie ich mehrmals getan habe, ich will mich ausreißen, und wußte nicht, daß der Herr von ihm gewichen war.

Aber die Philister griffen ihn und stachen ihm die Augen aus, und führten ihn hinab gen Gaza, und bunden ihn mit zwo ehernen Ketten, und er mußte mahlen im Gefängnis.

O Gott! Gott! wimmerte und weinte beständig der Kranke. Sei still, sagte Van Moeulen, und las weiter:

Aber das Haar seines Hauptes fing wieder an zu wachsen, wo es beschoren war.

Da aber der Philister Fürsten sich versammelten, ihrem Gott Dagon ein groß Opfer zu tun und sich zu freuen, sprachen sie: Unser Gott hat uns unsern Feind Simson in unsere Hände gegeben.

Desselbigengleichen, als ihn das Volk sahe, lobeten sie ihren Gott; denn sie sprachen: Unser Gott hat uns unsern Feind in unsere Hände gegeben, der unser Land verderbete, und Unser viele erschlug.

Da nun ihr Herz guter Dinge war, sprachen sie: Lasset Simson holen, daß er vor uns spiele. Da holeten sie Simson aus dem Gefängnis, und er spielete vor ihnen, und sie stelleten ihn zwischen zwo Säulen.

Simson aber sprach zu dem Knaben, der ihn bei der Hand leitete: Laß mich, daß ich die Säulen taste, auf welchen das Haus stehet, daß ich mich daran lehne.

Das Haus aber war voll Männer und Weiber. Es waren auch der Philister Fürsten alle da, und auf dem Dach bei dreitausend, Mann und Weib, die da zusahen, wie Simson spielete.

Simson aber rief den Herrn an, und sprach: Herr, Herr, gedenke mein, und stärke mich doch, Gott, diesmal, daß ich für meine beiden Augen mich einst räche an den Philistern!

Und er fassete die zwo Mittelsäulen, auf welchen das Haus gesetzet war und darauf sich hielt, eine in seine rechte, und die andere in seine linke Hand,

Und sprach: Meine Seele sterbe mit den Philistern! und neigete sich kräftiglich. Da fiel das Haus auf die Fürsten, und auf alles Volk, daß darinnen war, daß der Toten mehr waren, die in seinem Tode sturben, denn die bei seinem Leben sturben."

Bei dieser Stelle öffnete der kleine Simson seine Augen geisterhaft weit, hob sich krampfhaft in die Höhe, ergriff mit seinen dünnen Ärmchen die beiden Säulen, die zu Füßen seines Bettes, und rüttelte daran, während er zornig stammelte: Es sterbe meine Seele mit den Philistern! Aber die starken Bettsäulen blieben unbeweglich, ermattet und wehmütig lächelnd fiel der Kleine zurück auf seine Kissen, und aus seiner Wunde, deren Verband sich verschoben, quoll ein roter Blutstrom.

Florentinische Nächte

(1836)

———

Erste Nacht

Im Vorzimmer fand Maximilian den Arzt, wie er eben seine schwarzen Handschuhe anzog. Ich bin sehr pressiert, rief ihm dieser hastig entgegen. Signora Maria hat den ganzen Tag nicht geschlafen, und nur in diesem Augenblick ist sie ein wenig eingeschlummert. Ich brauche ihnen nicht zu empfehlen, sie durch kein Geräusch zu wecken; und wenn sie erwacht, darf sie beileibe nicht reden. Sie muß ruhig liegen, darf sich nicht rühren, nicht im mindesten bewegen, darf nicht reden, und nur geistige Bewegung ist ihr heilsam. Bitte, erzählen Sie ihr wieder allerlei närrische Geschichten, so daß sie ruhig zuhören muß.

Seien Sie unbesorgt, Doktor, erwiderte Maximilian mit einem wehmütigen Lächeln. Ich habe mich schon ganz zum Schwätzer ausgebildet und lasse sie nicht zu Worte kommen. Und ich will ihr schon genug phantastisches Zeug erzählen, so viel Sie nur begehren... Aber wielange wird sie noch leben können?

Ich bin sehr pressiert, antwortete der Arzt und entwischte.

Die schwarze Deborah, feinöhrig wie sie ist, hatte schon am Tritte den Ankommenden erkannt, und öffnete ihm leise die Türe. Auf seinen Wink verließ sie ebenso leise das Gemach, und Maximilian befand sich allein bei seiner Freundin. Nur dämmernd war das Zimmer von einer einzigen Lampe erhellt. Diese warf dann und wann halb furchtsame, halb neugierige Lichter über das Antlitz der kranken Frau, welche ganz angekleidet in weißem Musselin auf einem grünseidnen Sofa hingestreckt lag und ruhig schlief.

Schweigend, mit verschränkten Armen, stand Maximilian einige Zeit vor der Schlafenden und betrachtete die schönen Glieder, die das leichte Gewand mehr offenbarte als verhüllte, und jedesmal, wenn die Lampe einen Lichtstreif über das blasse Antlitz warf, erbebte sein Herz. Um Gott! sprach er leise vor sich hin, was ist das? Welche Erinnerung wird in mir wach? Ja, jetzt weiß ich's. Dieses weiße Bild auf dem grünen Grunde, ja, jetzt...

In diesem Augenblick erwachte die Kranke, und wie aus der Tiefe eines Traumes hervorschauend, blickten auf den Freund die sanften, dunkelblauen Augen, fragend, bittend ... An was dachten Sie eben, Maximilian? sprach sie mit jener schauerlich weichen Stimme, wie sie bei Lungenkranken gefunden wird, und worin wir zugleich das Lallen eines Kindes, das Zwitschern eines Vogels und das Geröchel eines Sterbenden zu vernehmen glauben. An was dachten Sie eben, Maximilian? wiederholte sie nochmals und erhob sich so hastig in die Höhe, daß die langen Locken wie aufgeschreckte Goldschlangen ihr Haupt umringelten.

Um Gott! rief Maximilian, indem er sie sanft wieder aufs Sopha niederdrückte, bleiben Sie ruhig liegen, sprechen Sie nicht; ich will Ihnen alles sagen, alles was ich denke, was ich empfinde, ja was ich nicht einmal selber weiß!

In der Tat, fuhr er fort, ich weiß nicht genau, was ich eben dachte und fühlte. Bilder aus der Kindheit zogen mir dämmernd durch den Sinn, ich dachte an das Schloß meiner Mutter, an den wüsten Garten dort, an die schöne Marmorstatue, die im grünen Grase lag ... Ich habe „das Schloß meiner Mutter" gesagt, aber ich bitte Sie, beileibe, denken Sie sich darunter nichts Prächtiges und Herrliches! An diese Benennung habe ich mich nun einmal gewöhnt; mein Vater legte immer einen ganz besonderen Ausdruck auf die Worte „das Schloß!" und er lächelte dabei immer so eigentümlich. Die Bedeutung dieses Lächelns begriff ich erst später, als ich, ein etwa zwölfjähriges Bübchen, mit meiner Mutter nach dem Schlosse reiste. Es war meine erst Reise. Wir fuhren den ganzen Tag durch einen dicken Wald, dessen dunkle Schauer mir immer unvergeßlich bleiben, und erst gegen Abend hielten wir still vor einer langen Querstange, die uns von einer großen Wiese trennte. Wir mußten fast eine halbe Stunde warten, ehe aus der nahegelegenen Lehmhütte der Junge kam, der die Sperre wegschob und uns einließ. Ich sage „der Junge", weil die alte Marthe ihren vierzehnjährigen Neffen noch immer den Jungen nannte; dieser hatte, um die gnädige Herrschaft würdig zu empfangen, das alte Livreekleid seines verstorbenen Oheims angezogen, und da er es vorher ein bißchen ausstäuben mußte, ließ er uns so lange warten. Hätte man ihm Zeit gelassen, würde er auch Strümpfe angezogen haben; die langen, nackten, roten Beine stachen aber nicht sehr ab von dem grellen Scharlachrock. Ob er darunter eine Hose trug, weiß ich nicht mehr. Unser Bedienter, der Johann, der ebenfalls die Benennung „Schloß" oft vernommen, machte ein sehr verwundertes Gesicht, als der Junge uns zu dem kleinen gebrochenen Gebäude führte, wo der selige Herr gewohnt. Er ward aber schier bestürzt, als meine Mutter ihm befahl, die Betten hineinzubringen. Wie konnte er ahnen, daß auf dem „Schlosse" keine Betten befindlich! und die Ordre meiner Mutter, daß er Bettung für uns mitnehmen solle, hatte er entweder ganz überhört oder als überflüssige Mühe unbeachtet gelassen.

Das kleine Haus, das, nur eine Etage hoch, in seinen besten Zeiten höchstens fünf bewohnbare Zimmer enthalten, war ein kummervolles Bild der Vergänglichkeit. Zerschlagene Möbeln, zerfetzte Tapeten, keine einzige Fensterscheibe ganz verschont, hie und da der Fußboden aufgerissen, überall die häßlichen Spuren der übermütigsten Soldatenwirtschaft. „Die Einquartierung hat sich immer bei uns sehr amüsiert", sagte der Junge mit einem blödsinnigen Lächeln. Die Mutter aber winkte, daß wir sie allein lassen möchten und während der Junge mit Johann sich beschäftigte, ging ich den Garten besehen. Dieser bot ebenfalls den trostlosesten Anblick der Zerstörnis. Die großen Bäume waren zum Teil verstümmelt, zum Teil niedergebrochen, und höhnische Wucherpflanzen erhoben sich über die gefallenen Stämme. Hie und da, an den aufgeschossenen Taxusbüschen, konnte man die ehemaligen Wege erkennen. Hie und da standen auch Statuen, denen meistens die Köpfe, wenigstens die Nasen, fehlten. Ich erinnere mich einer Diana, deren untere Hälfte von dunklem Ephen aufs lächerlichste umwachsen war, so wie ich mich auch einer Göttin des Überflusses erinnere, aus deren Füllhorn lauter mißduftendes Unkraut hervorblühte. Nur eine Statue war, Gott weiß wie, von der Bosheit der Menschen und der Zeit verschont geblieben; von ihrem Postamente freilich hatte man sie herabgestürzt ins hohe Gras, aber da lag sie unverstümmelt, die marmorne Göttin mit den reinschönen Gesichtszügen und mit dem straffgeteilten, edlen Busen, der wie eine griechische Offenbarung aus dem hohen Grase hervorglänzte. Ich erschrak fast, als ich sie sah; dieses Bild flößte mir eine sonderbar schwüle Scheu ein, und eine geheime Blödigkeit ließ mich nicht lange bei seinem holden Anblick verweilen.

Als ich wieder zu meiner Mutter kam, stand sie am Fenster, verloren in Gedanken, das Haupt gestützt auf ihrem rechten Arm, und die Tränen flossen ihr unaufhörlich über die Wangen. So hatte ich sie noch nie weinen sehen. Sie umarmte mich mit hastiger Zärtlichkeit und bat mich um Verzeihung, daß ich durch Johann's Nachlässigkeit kein ordentliches Bett bekommen werde. „Die alte Marthe", sagte sie, „ist schwer krank und kann dir, liebes Kind, ihr Bett nicht abtreten. Johann soll dir aber die Kissen aus dem Wagen so zurecht legen, daß du darauf schlafen kannst, und er mag dir auch seinen Mantel zur Decke geben. Ich selber schlafe hier auf Stroh; es ist das Schlafzimmer meines seligen Vaters; es sah sonst hier viel besser aus. Laß mich allein!" Und die Tränen schossen ihr noch heftiger aus den Augen.

War es nun das ungewohnte Lager oder das aufgeregte Herz, es ließ mich nicht schlafen. Der Mondschein drang so unmittelbar durch die gebrochenen Fensterscheiben, und es war mir, als wolle er mich hinauslocken in die helle Sommernacht. Ich mochte mich rechts oder links wenden auf meinem Lager, ich mochte die Augen schließen oder wieder ungeduldig öffnen, immer mußte ich an die schöne Marmorstatue denken, die ich im Grase liegen sehen. Ich konnte mir die Blödigkeit nicht erklären, die mich bei ihrem Anblick erfaßt hatte; ich ward verdrießlich ob dieses kindischen Gefühls, und „Morgen", sagte ich leise zu mir selber, „morgen küssen wir dich, du schönes Marmorgesicht, wir küssen dich eben auf die schönen Mundwinkel, wo die Lippen in ein so holdseliges Grübchen zusammenschmelzen!" Eine Ungeduld, wie ich sie noch nie gefühlt, rieselte dabei durch alle meine Glieder, ich konnte dem wunderbaren Drange nicht länger gebieten, und endlich sprang ich auf mit keckem Mute und sprach: „Was gibt's, und ich küsse dich noch heute, du liebes Bildnis!" Leise, damit die Mutter meine Tritte nicht höre, verließ ich das Haus, was um so leichter, da das Portal zwar noch mit einem großen Wappenschild, aber mit keinen Türen mehr versehen war; und hastig arbeitete ich mich durch das Laubwerk des wüsten Gartens. Auch kein Laut regte sich, und alles ruhte stumm und ernst im stillen Mondschein. Die Schatten der Bäume waren wie angenagelt auf der Erde. Im grünen Grase lag die schöne Göttin ebenfalls regungslos, aber kein steinerner Tod, sondern nur ein stiller Schlaf schien ihre lieblichen Glieder gefesselt zu halten, und als ich ihr nahete, fürchtete ich schier, daß ich sie durch das geringste Geräusch aus ihrem Schlummer erwecken könnte. Ich hielt den Atem zurück, als ich mich über sie hinbeugte, um die schönen Gesichtszüge zu betrachten; eine schauerliche Beängstigung stieß mich von ihr ab, eine knabenhafte Lüsternheit zog mich wieder zu ihr hin, mein Herz pochte, als wollte ich eine Mordtat begehen, und endlich küßte ich die schöne Göttin mit einer Inbrunst, mit einer Zärtlichkeit, mit einer Verzweiflung, wie ich nie mehr geküßt habe in diesem Leben. Auch nie habe ich diese grauenhaft süße Empfindung vergessen können, die meine Seele durchflutete, als die beseligende Kälte jener Marmorlippen meinen Mund berührte ... Und sehen Sie, Maria, als ich eben vor Ihnen stand und ich Sie in Ihrem weißen Musselinkleide auf dem grünen Sofa liegen sah, da mahne mich Ihr Anblick an das weiße Marmorbild im grünen Grase. Hätten Sie länger geschlafen, meine Lippen würden nicht widerstanden haben ...

Max! Max! schrie das Weib aus der Tiefe ihrer Seele – Entsetzlich! Sie wissen, daß ein Kuß von Ihrem Munde ...

O, schweigen Sie nur, ich weiß, das wäre für Sie etwas Entsetzliches! Sehen Sie mich nur nicht so flehend an. Ich mißdeute nicht Ihre Empfindungen, obgleich die letzten Gründe derselben mir verborgen bleiben. Ich habe nie meinen Mund auf Ihre Lippen drücken dürfen ...

Aber Maria ließ ihn nicht ausreden, sie hatte seine Hand erfaßt, bedeckte diese Hand mit den heftigsten Küssen, und sagte dann lächelnd: Bitte, bitte, erzählen Sie mir noch mehr von ihren Liebschaften. Wie lange liebten Sie die marmorne Schöne, die Sie im Schloßgarten Ihrer Mutter geküßt?

Wir reisten den andern Tag ab, antwortete Maximilian, und ich habe das holde Bildnis nie wiedergesehen. Aber fast vier Jahre beschäftigte es mein Herz. Eine wunderbare Leidenschaft für marmorne Statuen hat sich seitdem in meiner Seele entwickelt, und noch diesen Morgen empfand ich ihre hinreißende Gewalt. Ich kam aus der Laurentiana, der Bibliothek der Medicäer, und geriet, ich weiß nicht mehr wie, in die Kapelle, wo jenes prachtvolle Geschlecht Italiens sich eine Schlafstelle von Edelsteinen gebaut hat und ruhig schlummert. Eine ganze Stunde blieb ich dort versunken in dem Anblick eines marmornen Frauenbildes, dessen gewaltiger Leibesbau von der kühnen Kraft des Michelangelo zeugt, während doch die ganze Gestalt von einer ätherischen Süßigkeit umflossen ist, die man bei jenem Meister eben nicht zu suchen pflegt. In diesen Marmor ist das ganze Traumreich gebannt mit allen seinen stillen Seligkeiten, eine zärtliche Ruhe wohnt in diesen schönen Gliedern, ein besänftigendes Mondlicht scheint durch ihre Adern zu rinnen ... es ist die Nacht des Michelangelo Buonarotti. O, wie gern möchte ich schlafen des ewigen Schlafes in den Armen dieser Nacht ...

Gemalte Frauenbilder, fuhr Maximilian fort nach einer Pause, haben mich immer minder heftig interessiert als Statuen. Nur einmal war ich in ein Gemälde verliebt. Es war eine wunderschöne Madonna, die ich in einer Kirche zu Köln am Rhein kennen lernte. Ich wurde damals ein sehr eifriger Kirchengänger, und mein Gemüt versenkte sich in die Mystik des Katholizismus. Ich hätte damals gern, wie ein spanischer Ritter, alle Tage auf Leben und Tod gekämpft für die immakulierte Empfängnis Mariä, der Königin der Engel, der schönsten Dame des Himmels und der Erde! Für die ganze heilige Familie interessierte ich mich damals, und ganz besonders freundlich zog ich jedesmal den Hut ab, wenn ich einem Bilde des heiligen Joseph's vorbeikam. Dieser Zustand dauerte jedoch nicht lange, und fast ohne Umstände verließ ich die Mutter Gottes, als ich in eine Antiken-Galerie mit einer griechischen Nymphe bekannt wurde, die mich lange Zeit in ihren Marmorsesseln gefangen hielt.

Und Sie liebten immer nur gemeißelte oder gemalte Frauen? kicherte Maria.

Nein, ich habe auch tote Frauen geliebt, antwortete Maximilian, über dessen Gesicht sich wieder ein großer Ernst verbreitete. Er bemerkte nicht, daß bei diesen Worten Maria erschreckend zusammenfuhr, und ruhig sprach er weiter:

Ja, es ist höchst sonderbar, daß ich mich einst in ein Mädchen verliebte, nachdem sie schon seit sieben Jahren verstorben war. Als ich die kleine Bery kennen lernte, gefiel sie mir ganz außerordentlich gut. Drei Tage lang beschäftigte ich mich mit dieser jungen Person und fand das höchste Ergötzen an allem, was sie tat und sprach, an allen Äußerungen ihres reizend wunderlichen Wesens, jedoch ohne daß mein Gemüt dabei in überzärtlicher Bewegung geriet. Auch wurde ich einige Monate darauf nicht allzu tief ergriffen, als ich die Nachricht empfing, daß sie infolge eines Nervenfiebers plötzlich gestorben sei. Ich vergaß sie ganz gründlich, und ich bin überzeugt, daß ich jahrelang auch nicht ein einziges Mal an sie gedacht habe. Ganze sieben Jahre waren seitdem verstrichen, und ich befand mich in Potsdam, um in ungestörter Einsamkeit den schönen Sommer zu genießen. Ich kam dort mit keinem einzigen Menschen in Berührung, und mein ganzer Umgang beschränkte sich auf die Statuen, die sich im Garten von Sanssouci befinden. Da geschah es eines Tages, daß mir Gesichtszüge und eine seltsam liebenswürdige Art des Sprechens und Bewegens ins Gedächtnis traten, ohne daß ich mich dessen entsinnen konnte, welcher Person dergleichen angehörten. Nichts ist quälender als solches Herumstöbern in alten Erinnerungen, und ich war deshalb wie freudig überrascht, als ich nach einigen Tagen mich auf einmal der kleinen Bery erinnerte und jetzt merkte, daß es ihr liebes, vergessenes Bild war, was mir so beunruhigend vorgeschwebt hatte. Ja, ich freute mich dieser Entdeckung wie einer, der seinen intimsten Freund ganz unerwartet wiedergefunden; die verblichenen Farben belebten sich allmählich, und endlich stand die süße kleine Person wieder leibhaftig vor mir, lächelnd, schmollend, witzig, und schöner noch als jemals. Von nun an wollte mich dieses holde Bild nimmermehr verlassen, es füllte meine ganze Seele; wo ich ging und stand, stand und ging es an meiner Seite, sprach mit mir, lachte mit mir, jedoch harmlos und ohne große Zärtlichkeit. Ich aber wurde täglich mehr und mehr bezaubert von diesem Bilde, das täglich mehr und mehr Realität für mich gewann. Es ist leicht, Geister zu beschwören, doch ist es schwer, sie wieder zurück zu schicken in ihr dunkles Nichts; sie sehen uns dann so flehend an, unser eigenes Herz leiht ihnen so mächtige Fürbitte ... Ich konnte mich nicht mehr losreißen, und ich verliebte mich in die kleine Bery, nachdem sie schon seit sieben Jahren verstorben. So lebte ich sechs Monate in Potsdam, ganz versunken in dieser Liebe. Ich hütete mich noch sorgfältiger als vorher vor jeder Berührung mit der Außenwelt, und wenn irgend jemand auf der Straße etwas nahe an mir vorbeistreifte, empfand ich die mißbehaglichste Beklemmung. Ich hegte vor allen Begegnissen eine tiefe Scheu, wie solche vielleicht die nachtwandelnden Geister der Toten empfinden; denn diese, wie man sagt, wenn sie einem lebenden Menschen begegnen, erschrecken sie ebensosehr, wie der Lebende erschrickt, wenn er einem Gespenste begegnet. Zufällig kam damals ein Reisender durch Potsdam, dem ich nicht ausweichen konnte, nämlich mein Bruder.

Bei seinem Anblick und bei seinen Erzählungen von den letzten Vorfällen der Tagesgeschichte erwachte ich wie aus einem tiefen Traume, und zusammenschreckend fühlte ich plötzlich, in welcher grauenhaften Einsamkeit ich so lange für mich hingelebt. Ich hatte in diesem Zustande nicht einmal den Wechsel der Jahreszeiten gemerkt, und mit Verwunderung betrachtete ich jetzt die Bäume, die längst entblättert, mit herbstlichem Reife bedeckt standen. Ich verließ deshalb Potsdam und die kleine Bery, und in einer andern Stadt, wo mich wichtige Geschäfte erwarteten, wurde ich durch sehr eckige Verhältnisse und Beziehungen sehr bald wieder in die rohe Wirklichkeit hineingequält.

Lieber Himmel! fuhr Maximilian fort, indem ein schmerzliches Lächeln um seine Oberlippe zuckte, – lieber Himmel! die lebendigen Weiber, mit denen ich damals in unabweisliche Berührungen kam, wie haben sie mich gequält, zärtlich gequält mit ihren Schmollen, Eifersüchteln und beständigem In-Atemhalten! Auf wie vielen Bällen mußte ich mit ihnen herumtraben, in wie viele Klatschereien mußte ich mich mischen! Welche rastlose Eitelkeit, welche Freude an der Lüge, welche küssende Verräterei, welche giftige Blumen! Jene Damen wußten wir alle Lust und Liebe zu verleiden, und ich wurde auf einige Zeit ein Weiberfeind, der das ganze Geschlecht verdamme. Es erging mir fast wie dem französischen Offizier, der im russischen Feldzuge sich nur mit Mühe aus den Eisgruben der Beresina gerettet hatte, aber seitdem gegen alles Gefrorene eine solche Antipathie bekommen, daß er jetzt sogar die süßesten und angenehmsten Eissorten von Tortoni mit Abscheu von sich wies. Ja, die Erinnerung an die Beresina der Liebe, die ich damals passierte, verleidete mir einige Zeit sogar die köstlichsten Damen, Frauen wie Engel, Mädchen wie Vanillensorbet.

Ich bitte Sie, rief Maria, schmähen Sie nicht die Weiber! Das sind abgedroschene Redensarten der Männer. Am Ende, um glücklich zu sein, bedürft ihr dennoch der Weiber.

O, seufzte Maximilian, das ist freilich wahr. Aber die Weiber haben leider nur eine einzige Art, wie sie uns glücklich machen können, während sie uns auf dreißigtausend Arten unglücklich zu machen wissen.

Teurer Freund, erwiderte Maria, indem sie ein leises Lächeln verbiß, ich spreche von dem Einklange zweier gleichgestimmten Seelen. Haben sie dieses Glück nie empfunden? ... Aber ich sehe eine ungewöhnte Röte über ihre Wangen ziehen ... Sprechen Sie ... Max?

Es ist wahr, Maria, ich fühle mich fast knabenhaft befangen, da ich Ihnen die glückliche Liebe gestehen soll, die mich einst unendlich beseligt hat! Diese Erinnerung ist mir noch nicht verloren, und in ihren kühlen Schatten flüchtet sich noch oft meine Seele, wenn der brennende Staub und die Tageshitze des Lebens unerträglich wird. Ich bin aber nicht imstande, Ihnen von dieser Geliebten einen richtigen Begriff zu geben. Sie war so ätherischer Natur, daß sie sich mir nur im Traume offenbaren konnte. Ich denke, Maria, sie hegen kein banales Vorurteil gegen Träume; diese nächtlichen Erscheinungen haben wahrlich ebensoviel Realität wie jene roheren Gebilde des Tages, die wir mit Händen antasten können, und woran wir uns nicht selten beschmutzen. Ja, es war im Traume, wo ich sie sah, jenes holde Wesen, das mich am meisten auf dieser Welt beglückt hat. Über ihre Äußerlichkeit weiß ich wenig zu sagen. Ich bin imstande, die Form ihrer Gesichtszüge ganz genau anzugeben. Es war ein Gesicht, das ich nie vorher gesehen, und das ich nachher nie wieder im Leben erblickte. So viel erinnere ich mich, es war nicht weiß und rosig, sondern ganz einfarbig, ein sanft angerötetes Blaßgelb und durchsichtig wie Kristall. Die Reize dieses Gesichtes bestanden weder im strengen Schönheitsmaß, noch in der interessanten Beweglichkeit; sein Charakter bestand vielmehr in einer bezaubernden, entzückenden, fast erschreckenden Wahrhaftigkeit. Es war ein Gesicht voll bewußter Liebe und graziöser Güte; es war mehr eine Seele als ein Gesicht, und deshalb habe ich die äußere Form mir nie ganz vergegenwärtigen können. Die Augen waren sanft wie Blumen, die Lippen etwas bleich, aber anmutig gewölbt. Sie trug ein seidnes Peignoir von kornblauer Farbe, aber hierin bestand auch ihre ganze Bekleidung; Hals und Füße waren nackt, und durch das weiche, dünne Gewand lauschte manchmal wie verstohlen die schlanke Zartheit der Glieder. Die Worte, die wir miteinander gesprochen, kann ich mir ebenfalls nicht mehr verdeutlichen; soviel weiß ich, daß wir uns verlobten, und daß wir heiter und glücklich, offenherzig und traulich, wie Bräutigam und Braut, ja fast wie Bruder und Schwester, mit einander kos'ten. Manchmal aber sprachen wir gar nicht mehr und sahen uns einander an, Aug' in Auge, und in diesem beseligten Anschauen verharrten wir ganze Ewigkeiten ... Wodurch ich erwacht bin, kann ich ebenfalls nicht sagen, aber ich schwelge noch lange Zeit in dem Nachgefühle dieses Liebesglücks. Ich war lange wie getränkt von unerhörten Wonnen, die schmachtende Tiefe meines Herzens war wie gefüllt mit Seligkeit, eine mir unbekannte Freude schien über alle meine Empfindungen ausgegossen, und ich blieb froh und heiter, obgleich ich die Geliebte in meinen Träumen niemals wiedersah. Aber hatte ich nicht in ihrem Anblick ganze Ewigkeiten genossen? Auch kannte sie mich zu gut, um nicht zu wissen, daß ich keine Wiederholungen liebe.

Wahrhaftig, rief Maria, sie sind ein *homme à bonne fortune* ... Aber sagen Sie mir, war Mademoiselle Laurence eine Marmorstatue oder ein Gemälde? eine Tote oder ein Traum?

Vielleicht alles dieses zusammen, antwortete Maximilian sehr ernsthaft.

Ich konnte mir's vorstellen, teurer Freund, daß diese Geliebte von sehr zweifelhaftem Fleische sein mußte. Und wann werden Sie mir diese Geschichte erzählen?

Morgen. Sie ist lang, und ich bin heute müde. Ich komme aus der Oper und habe zu viel Musik in den Ohren.

Sie gehen jetzt oft in die Oper, und ich glaube, Max, Sie gehen dorthin mehr um zu sehen, als um zu hören.

Sie irren sich nicht, Maria, ich gehe wirklich in die Oper, um die Gesichter der schönen Italienerinnen zu betrachten. Freilich, sie sind schon außerhalb dem Theater schön genug, und ein Geschichtsforscher könnte an der Idealität ihrer Züge sehr leicht den Einfluß der bildenden Künste auf die Leiblichkeit des italienischen Volkes nachweisen. Die Natur hat hier den Künstlern das Kapital zurückgenommen, das sie ihnen einst geliehen, und siehe! es hat sich aufs entzückendste verzinst. Die Natur, welche einst den Künstlern ihre Modelle lieferte, sie kopiert heute ihrerseits die Meisterwerke, die dadurch entstanden. Der Sinn für das Schöne hat das ganze Volk durchdrungen, und wie einst das Fleisch auf den Geist, so wirkt jetzt der Geist auf das Fleisch. Und nicht fruchtlos ist die Andacht vor jenen schönen Madonnen, den lieblichen Altarbildern, die sich dem Gemüte des Bräutigams einprägen, während die Braut einen schönen Heiligen im brünstigen Sinne trägt. Durch solche Wahlverwandtschaft ist hier ein Menschengeschlecht entstanden, das noch schöner ist als der holde Boden, worauf es blüht, und der sonnige Himmel, der es wie ein goldner Rahmen umstrahlt. Die Männer interessieren mich nie viel, wenn sie nicht entweder gemalt oder gemeißelt sind, und Ihnen, Maria, überlasse ich allen möglichen Enthusiasmus in betreffe jener schönen, geschmeidigen Italiener, die so wildschwarze Backenbärte und so kühn edle Nasen und so sanft kluge Augen haben. Man sagt, die Lombarden seien die schönsten Männer. Ich habe nie darüber Untersuchungen angestellt, nur über die Lambardinnen habe ich ernsthaft nachgedacht, und diese, das habe ich wohl gemerkt, sind wirklich so schön, wie der Ruhm meldet. Aber auch schon im Mittelalter müssen sie ziemlich schön gewesen sein. Sagt man doch von Franz I., daß das Gerücht von der Schönheit der Mailänderinnen ein heimlicher Antrieb gewesen, der ihn zu seinem italienischen Feldzuge bewogen habe; der ritterliche König war gewiß neugierig, ob seine geistlichen Mühmchen, die Sippschaft seines Taufpaten, so hübsch seien, wie er rühmen hörte ... Armer Schelm! zu Pavia mußte er für diese Neugier sehr teuer büßen!

Aber wie schön sind sie erst, diese Italienerinnen, wenn die Musik ihre Gesichter beleuchtet. Ich sage: beleuchtet, denn die Wirkung der Musik, die ich in der Oper auf den Gesichtern der schönen Frauen bemerke, gleicht ganz jenen Licht- und Schatteneffekten, die uns in Erstaunen setzen, wenn wir Statuen in der

Nacht bei Fackelschein betrachten. Diese Marmorbilder offenbaren uns dann mit erschreckender Wahrheit ihren innewohnenden Geist und ihre schauerlichen stummen Geheimnisse. In derselben Weise gibt sich uns auch das ganze Leben der schönen Italienerinnen kund, wenn wir sie in der Oper sehen; die wechselnden Melodien wecken alsdann in ihrer Seele eine Reihe von Gefühlen, Erinnerungen, Wünschen und Ärgernissen, die sich alle augenblicklich in den Bewegungen ihrer Züge, in ihrem Erröten, in ihrem Erbleichen, und gar in ihren Augen aussprechen. Wer zu lesen versteht, kann alsdann auf ihren schönen Gesichtern sehr viel' süße und interessante Dinge lesen, Geschichten, die so merkwürdig wie die Novellen des Boccaccio, Gefühle, die so zart wie die Sonette des Petrarcha, Launen, die so abenteuerlich wie die Ottaverime des Aristo, manchmal auch furchtbare Verräterei und erhabene Bosheit, die so poetisch wie die Hölle des großen Dante. Da ist es der Mühe wert, hinaufzuschauen nach den Logen. Wenn nur die Männer unterdessen ihre Begeisterung nicht mit so fürchterlichen Lärm aussprächen! Dieses allzu tolle Geräusch in einem italienischen Theater wird mir manchmal lästig. Aber die Musik ist die Seele dieser Menschen, ihr Leben, ihre Nationalsache. In andern Ländern gibt es gewiß Musiker, die den größten italienischen Renommeen gleichstehen, aber es gibt kein musikalisches Volk. Der Musik wird hier in Italien nicht durch Individuen repräsentiert, sondern sie offenbart sich in der ganzen Bevölkerung, die Musik ist Volk geworden. Bei uns im Norden ist es ganz anders; da ist die Musik nur Mensch geworden und heißt Mozart oder Meyerbeer; und obendrein wenn man das Beste, was solche nordische Musiker uns bieten, genau untersucht, so findet sich darin italienischer Sonnenschein und Orangenduft, und viel eher als unserem Deutschland gehören sie dem schönen Italien, der Heimat der Musik. Ja, Italien wird immer die Heimat der Musik sein, wenn auch seine großen Maestri frühe ins Grab steigen oder verstummen, wenn auch Bellini stirbt und Rossini schweigt.

Wahrlich, bemerkte Maria, Rossini behauptet ein sehr strenges Stillschweigen. Wenn ich nicht irre, schweigt er schon seit zehn Jahren.

Das ist vielleicht ein Witz von ihm, antwortete Maximilian. Er hat zeigen wollen, daß der Name „Schwan von Pesaro", den man ihm erteilt, ganz unpassend ist. Die Schwäne singen am Ende ihres Lebens, Rossini aber hat in der Mitte des Lebens zu singen aufgehört. Und ich glaube, er hat wohl daran getan und eben dadurch gezeigt, daß er ein Genie ist. Ein Künstler, welcher nur Talent hat, behält es bis an seine Lebensende den Trieb, dieses Talent auszuüben, der Ehrgeiz stachelt ihn, er fühlt, daß er sich beständig vervollkommnet, und es drängt ihn, das Höchste zu erstreben. Der Genius aber hat das Höchste bereits geleistet, er ist zufrieden, er verachtet die Welt und den kleinen Ehrgeiz, und geht nach Hause, nach Stratford von Avon wie William Shakespeare, oder promeniert sich lachend und witzelnd auf dem Boulevard des Italiens zu Paris wie Joachim Rossini. Hat der Genius keine ganz schlechte Leibeskonstitution, so lebt er in solcher Weise noch eine gute Weile fort, nachdem er seine Meisterwerke geliefert oder, wie man sich auszudrücken pflegt, nachdem er seine Mission erfüllt hat. Es ist ein Vorurteil, wenn man meint, das Genie müsse früh sterben; ich glaube, man hat das dreißigste bis zum vierunddreißigsten Jahr als die gefährliche Zeit für die Genies bezeichnet. Wie oft habe ich den armen Bellini damit geneckt und ihm aus Scherz prophezeit, daß er, in seiner Eigenschaft als Genie, bald sterben müsse, indem er das gefährliche Alter erreiche. Sonderbar! trotz des scherzenden Tones ängstigte er sich doch ob dieser Prophezeihung, er nannte mich seinen Jettatore und machte immer das Jettatorezeichen ... Er wollte so gern leben bleiben, er hatte eine fast leidenschaftliche Abneigung gegen den Tod, er wollte nichts vom Sterben hören, er fürchtete sich davor wie ein Kind, das sich fürchtet, im Dunkeln zu schlafen ... Er war ein gutes, liebes Kind, manchmal etwas unartig, aber dann brauchte man ihm nur mit seinem baldigen Tode zu drohen, und er ward dann gleich kleinlaut und bittend und machte mit den zwei erhobenen Fingern das Jettatorezeichen ... Armer Bellini!

Sie haben ihn also persönlich gekannt? War er hübsch?

Er war nicht häßlich. Sie sehen, auch wir Männer können nicht bejahend antworten, wenn man uns über jemand von unserem Geschlechte eine solche Frage vorlegt. Es war eine hoch aufgeschlossene, schlanke Gestalt, die sich zierlich, ich möchte sagen kokett, bewegte; immer *à quatre épingles*; ein regelmäßiges Gesicht, länglich, blaßrosig; hellblondes, fast goldiges Haar, in dünnen Löckchen frisiert; hohe, sehr hohe, edle Stirn; grade Nase; bleiche, blaue Augen; schöngemessener Mund; rundes Kinn. Seine Züge hatten etwas Vages, Charakterloses, etwas wie Milch, und in diesem Milchgesichte quirlte manchmal süßsäuerlich ein Ausdruck von Schmerz. Dieser Ausdruck von Schmerz ersetzte in Bellini's Gesichte den mangelnden Geist; aber es war ein Schmerz ohne Tiefe; er flimmerte poesielos in den Augen, er zuckte leidenschaftslos um die Lippen des Mannes. Diesen flachen, matten Schmerz schien der junge Maestro in seiner ganzen Gestalt veranschaulichen zu wollen. So schwärmerisch wehmütig waren seine Haare frisiert, die Kleider saßen ihm so schmachtend an dem zarten Leibe, er trug sein spanisches Röhrchen so idyllisch, daß er mich immer an die jungen Schäfer erinnerte, die wir in unseren Schäferspielen mit bebänderten Stäben und hellfarbigen Jäckchen und Höschen minaudieren sehen. Und sein Gang war so jungfräulich, so elegisch, so ätherisch. Der ganze Mensch sah aus wie ein Seufzer *en escarpins*. Er hat bei den Frauen vielen Beifall gefunden, aber ich zweifle, ob er irgendwo eine starke Leidenschaft geweckt hat. Für mich selber hatte seine Erscheinung immer etwas spaßhaft Ungenießbares, dessen Grund wohl zunächst in seinem Französischsprechen zu finden war. Obgleich Bellini schon mehrere Jahre in Frankreich gelebt, sprach er doch das Französische so schlecht, wie es vielleicht kaum in England gesprochen werden kann. Ich sollte dieses Sprechen nicht mit dem Beiwort „schlecht" bezeichnen; schlecht ist hier viel zu gut. Man muß entsetzlich sagen, blutschänderisch, weltuntergangsmäßig. Ja, wenn man mit ihm in Gesellschaft war, und er die armen französischen Worte wie ein Henker radebrach, und unerschütterlich seine kolossalen *coq-à-l'âne* auskramte, so meinte man manchmal, die Welt müsse mit einem Donnergekrache untergehen ... Eine Leichenstille herrschte dann im ganzen Saale; Todesschreck malte sich auf allen Gesichtern, mit Kreidefarbe oder mit Zinnober; die Frauen wußten nicht, ob sie in Ohnmacht fallen oder entfliehen sollten; die Männer sahen bestürzt nach ihren Beinkleidern, um sich zu überzeugen, daß sie wirklich dergleichen trugen; und was das Furchtbarste war, dieser Schreck erregte zu gleicher Zeit eine konvulsive Lachlust, die sich kaum verbeißen ließ. Wenn man daher mit Bellini in Gesellschaft war, mußte seine Nähe immer eine gewisse Angst einflößen, die durch einen grauenhaften Reiz zugleich abstoßend und anziehend war. Manchmal waren seine unwillkürlichen Calembours bloß belustigender Art, und in ihrer possierlichen Abgeschmacktheit erinnerten sie an das Schloß seines Landsmannes des Prinzen von Pallagonien, welches Goethe in seiner italienischen Reise an ein Museum von barocken Verzerrtheiten und ungereimt zusammengekoppelten Mißgestalten schildert. Da Bellino bei solchen Gelegenheitn immer etwas ganz Harmloses und ganz Ernsthaftes gesagt zu haben glaubte, so bildete sein Gesicht mit seinem Worte eben den allertollsten Kontrast. Das, was mir an seinem Gesichte mißfallen konnte, trat dann um so schneidender hervor. Das, was mir da mißfiel, war aber nicht von der Art, daß es just als ein Mangel bezeichnet werden könnte, und am wenigsten mag es wohl den Damen ebenfalls unerfreusam gewesen sein. Bellini's Gesicht, wie seine ganze Erscheinung, hatte jene physische Frische, jene Fleischblüte, jene Rosenfarbe, die auf mich einen unangenehmen Eindruck macht, auf mich, der ich vielmehr das Totenhafte und das Marmorne liebe. Erst späterhin, als ich Bellini schon lange kannte, empfand ich für ihn einige Neigung. Dieses entstand namentlich, als ich bemerkte, daß sein Charakter durchaus edel und gut war. Seine Seele ist gewiß rein und unbefleckt geblieben von allen häßlichen Berührungen. Auch fehlte ihm nicht die harmlose Gutmütigkeit, das Kindliche, das wir bei genialen Menschen nie vermissen, wenn sie auch Dergleichen nicht für jedermann zur Schau tragen.

Ja, ich erinnere mich – fuhr Maximilian fort, indem er sich auf den Sessel niederließ, an dessen Lehne er sich bis jetzt aufrecht gestützt hatte – ich erinnere mich meines Augenblickes, wo mir Bellini in einem so liebenswürdigen Lichte erschien, daß ich ihn mit Vergnügen betrachtete und mir vornahm, ihn näher kennen zu lernen. Aber es war leider der letzte Augenblick, wo ich ihn in diesem Leben sehen sollte. Dieses war eines Abends, nachdem wir im Hause einer großen Dame, die den kleinsten Fuß in Paris hat, mit einander gespeist und sehr heiter geworden, und am Fortepiano die süßesten Melodien erklangen ... Ich sehe ihn noch immer, den guten Bellini, wie er endlich erschöpft von den vielen tollen Bellinismen, die er geschwatzt, sich auf einen Sessel niederließ ... Dieser Sessel war sehr niedrig, fast wie ein Bänkchen, so daß Bellini dadurch gleichsam zu den Füßen einer schönen Dame zu sitzen kam, die sich ihm gegenüber auf ein Sofa hingestreckt hatte und mit süßer Schadenfreude auf Bellini hinabsah, während dieser sich abarbeitete, sie mit einigen französischen Redensarten zu unterhalten, und er immer in die Notwendigkeit geriet, das, was er eben gesagt hatte, in seinem sizilianischen Jargon zu kommentieren, um zu beweisen, daß es keine Sottise, sondern im Gegenteil die feinste Schmeichelei gewesen sei. Ich glaube, daß die schöne Dame auf Bellini's Redensarten gar nicht viel hinhörte; sie hatte ihm sein spanisches Röhrchen, womit er seiner schwachen Rhetorik manchmal zu Hilfe kommen wollte, aus den Händen genommen, und bediente sich dessen, um den zierlichen Lockenbau an den beiden Schläfen des jungen Maestro ganz ruhig zu zerstören. Diesem mutwilligen Geschäfte galt wohl jenes Lächeln, das ihrem Gesichte einen Ausdruck gab, wie ich ihn nie auf einem lebenden Menschenantlitz gesehen. Nie kommt mir dieses Gesicht aus dem Gedächtnisse! Es war eins jener Gesichter, die mehr dem Traumreich der Poesie als der rohen Wirklichkeit des Lebens zu gehören scheinen, Konturen, die an Da Vinci erinnern, jenes edle Oval mit den naiven Wangengrübchen und dem sentimental spitzzulaufenden Kinn der lombardischen Schule. Die Färbung mehr römisch sanft, matter Perlenglanz, vornehme Blässe, Morbidezza. Kurz, es war ein Gesicht, wie es nur auf irgendeinem altitalienischen Portrait gefunden wird, das etwa eine von jenen großen Damen vorstellt, worin die italienischen Künstler des sechzehnten Jahrhunderts verliebt waren, wenn sie ihre Meisterwerke schufen, woran die Dichter jener Zeit dachten, wenn sie sich unsterblich sangen, und wonach die deutschen und französischen Kriegshelden Verlangen trugen, wenn sie sich das Schwert umgürteten und tatensüchtig über die Alpen stürzten ... Ja, ja, so ein Gesicht war es, worauf ein Lächeln der süßesten Schadenfreude und des vornehmsten Mutwillens spielte, während sie, die schöne Dame, mit der Spitze des spanischen Rohrs den blonden Lockenbau des guten Bellini zerstörte. In diesem Augenblick erschien mir Bellini wie berührt von einem Zauberstäbchen, wie umgewandelt zu einer durchaus befreundeten Erscheinung, und er wurde meinem Herzen auf einmal verwandt. Sein Gesicht erglänzte im Widerschein jenes Lächelns, es war vielleicht der blühendste Moment seines Lebens ... Ich werde ihn nie vergessen ... Vierzehn Tage nachher las ich in der Zeitung, daß Italien einen seiner rühmlichsten Söhne verloren!

Sonderbar! Zu gleicher Zeit wurde auch der Tod Paganini's angezeigt. An diesem Todesfall zweifelte ich keinen Augenblick, da der alte, fahle Paganini immer wie ein Sterbender aussah; doch der Tod des jungen, rosigen Bellini kam mir unglaublich vor. Und doch war die Nachricht vom Tode des Ersteren nur ein Zeitungs-Irrtum, Paganini befindet sich frisch und gesund zu Genua, und Bellini liegt im Grabe zu Paris!

Lieben Sie Paganini? frug Maria.

Dieser Mann, antwortete Maximilian, ist eine Zierde seines Vaterlandes und verdient gewiß die ausgezeichnetste Erwähnung, wenn man von den musikalischen Notabilitäten Italiens sprechen will.

Ich habe ihn nie gesehen, bemerkte Maria, aber dem Rufe nach soll sein Äußeres den Schönheitssinn nicht vollkommen befriedigen. Ich habe Portraits von ihm gesehen ...

Die alle nicht ähnlich sind, fiel ihr Maximilian in die Rede; sie verhäßlichen oder verschönern ihn, nie geben sie seinen wirklichen Charakter. Ich glaube, es ist nur einem einzigen Menschen gelungen, die wahre Physiognomie Paganini's aufs Papier zu bringen; es ist ein tauber Maler, Namens Lyser, der in seiner geistreichen Tollheit mit wenigen Kreidestrichen den Kopf Paganini's so gut getroffen hat, daß man ob der Wahrheit der Zeichnung zugleich lacht und erschrickt. „Der Teufel hat mir die Hand geführt", sagte mir der taube Maler, geheimnisvoll kichernd und gutmütig ironisch mit dem Kopfe nickend, wie er bei seinen genialen Eulenspiegeleien zu tun pflegte. Dieser Maler war immer ein wunderlicher Kauz; trotz seiner Taubheit liebte er enthusiastisch die Musik, und er soll es verstanden haben, wenn er sich nahe genug am Orchester befand, den Musikern die Musik auf dem Gesichte zu lesen, und an ihren Fingerbewegungen die mehr oder minder gelungene Exekution zu beurteilen; auch schrieb er die Operkritiken in einem schätzbaren Journale zu Hamburg. Was ist eigentlich da zu verwundern? In der sichtbaren Signatur des Spieles konnte der taube Maler die Töne sehen. Gibt es doch Menschen, denen die Töne selber nur unsichtbare Signaturen sind, worin die Farben und Gestalten hören.

Ein solcher Mensch sind Sie! rief Maria.

Es ist mir leid, daß ich die kleine Zeichnung von Lyser nicht mehr besitze; sie würde Ihnen vielleicht von Paganini's Äußerem einen Begriff verleihen. Nur in grell schwarzen, flüchtigen Strichen konnten jene fabelhaften Züge erfaßt werden, die mehr dem schweflichten Schattenreich als der sonnigen Lebenswelt zu gehören scheinen. „Wahrhaftig der Teufel hat mir die Hand geführt", beteuerte mir der taube Maler, als wir zu Hamburg vor dem Alsterpavillon standen, an dem Tage, wo Paganini dort sein erstes Konzert gab. „Ja, mein Freund", fuhr er fort, „es ist wahr, was die ganze Welt behauptet, daß er sich dem Teufel verschrieben hat, Leib und Seele, um der beste Violinist zu werden, um Millionen zu erfiedeln, und zunächst um von der verdammten Galere loszukommen, wo er schon viele Jahre geschmachtet. Denn, sehen Sie, Freund, als er zu Lucca Kapellmeister war, verliebte er sich in eine Theaterprinzessin, ward eifersüchtig auf irgendeinen kleinen Abbate, ward vielleicht *cocu,* erstach auf gut italienisch seine ungetreue Amata, kam auf die Galere zu Genua und, wie gesagt, verschrieb sich endlich dem Teufel, um loszukommen, um der beste Violinspieler zu werden, und um jedem von uns diesen Abend eine Brandschatzung von zwei Talern auferlegen zu können ... Aber, sehen Sie! alle guten Geister loben Gott! sehen Sie, dort in der Allee kommt er selber mit seinem zweideutigen Famulo!"

In der Tat, es war Paganini selber, den ich alsbald zu Gesicht bekam. Er trug einen dunkelgrauen Oberrock, der ihm bis zu den Füßen reichte, wodurch seine Gestalt sehr hoch zu sein schien. Das lange schwarze Haar fiel in verzerrten Locken auf seine Schultern herab und bildete wie einen dunklen Rahmen um das blasse, leichenartige Gesicht, worauf Kummer, Genie und Hölle ihre unverwüstlichen Zeichen eingegraben hatten. Neben ihm tänzelte eine niedrige, behagliche Figur, putzig prosaisch: – rosig verrunzeltes Gesicht, hellgraues Röckchen mit Stahlknöpfen, unausstehlich freundlich nach allen Seiten hingrüßend, mitunter aber voll besorglicher Scheu nach der düsteren Gestalt hinaufschielend, die ihm ernst und nachdenklich zur Seite wandelte. Man glaubte das Bild von Retzsch zu sehen, wo Faust mit Wagner vor den Toren von Leipzig spazieren geht. Der taube Maler kommentierte mir aber die beiden Gestalten in seiner tollen Weise, und machte mich besonders aufmerksam, auf den gemessenen, breiten Gang des Paganini. „Ist es nicht", sagte er, „als trüge er noch immer die eiserne Querstange zwischen den Beinen? Er hat sich nun einmal diesen Gang auf immer angewöhnt. Sehen Sie auch, wie verächtlich ironisch er auf seinen Begleiter manchmal hinabschaut, wenn dieser ihm mit seinen prosaischen Fragen lästig wird; er kann ihn aber nicht entbehren, ein blutiger Kontrakt bindet ihn an diesen Diener, der eben kein anderer ist als Satan. Das unwissende Volk meint freilich, dieser Begleiter sei der Komödien- und Anekdotenschreiber Harrys aus Hannover, den Paganini auf Reisen mitgenommen habe, um die Geldgeschäfte bei seinen Konzerten zu verwalten. Das Volk weiß nicht, daß der Teufel dem Herrn Georg Harrys bloß seine Gestalt abgeborgt hat, und daß die arme Seele dieses armen Menschen unterdessen neben anderem Lumpenkram in einem Kasten zu Hannover so lange eingesperrt sitzt, bis der Teufel ihr wieder ihre Fleisch-Enveloppe zurückgibt, und er vielleicht seinen Meister Paganini in einer würdigeren Gestalt, nämlich als schwarzer Pudel, durch die Welt begleiten wird."

War mir aber Paganini, als ich ihn am hellen Mittage unter den grünen Bäumen des Hamburger Jungfernstiegs einherwandeln sah, schon hinlänglich fabelhaft und abenteuerlich erschienen: wie mußte mich erst des Abends im Konzerte seine schauerlich bizarre Erscheinung überraschen. Das Hamburger Komödienhaus war der Schauplatz dieses Konzertes, und das kunstliebende Publikum hatte sich schon frühe und in solcher Anzahl eingefunden, daß ich kaum noch ein Plätzchen für mich am Orchester erkämpfte. Obgleich es Posttag war, erblickte ich doch in den ersten Ranglogen die ganze gebildete Handelswelt, einen ganzen Olymp von Bankiers und sonstigen Millionärs, die Götter des Kaffees und des Zuckers, nebst deren dicken Ehegöttinnen, Junonen vom Wandrahm und Aphroditen vom Dreckwall. Auch herrschte eine religiöse Stille im ganzen Saal. Jedes Auge war nach der Bühne gerichtet. Jedes Ohr rüstete sich zum Hören. Mein Nachbar, ein alter Pelzmakler, nahm seine schmutzige Baumwolle aus den Ohren, um bald die kostbaren Töne, die zwei Taler Entréegeld kosteten, besser einsaugen zu können. Endlich aber, auf der Bühne, kam eine dunkle Gestalt zum Vorschein, die der Unterwelt entstiegen zu sein schien. Das war Paganini in seiner schwarzen Gala: der schwarze Frack und die schwarze Weste von einem entsetzlichen Zuschnitt, wie er vielleicht am Hofe Proserpinens von der höllischen Etikette vorgeschrieben ist; die schwarzen Hosen ängstlich schlotternd um die dünnen Beine. Die langen Arme schienen noch verlängert, indem er in der einen Hand die Violine und in der andern den Bogen gesenkt hielt und damit fast die Erde berührte, als er vor dem Publikum seine unerhörten Verbeugungen auskramte. In den eckigen Krümmungen seines Leibes lag eine schauerlicher Hölzernheit und zugleich etwas närrisch Tierisches, daß uns bei diesen Verbeugungen eine sonderbare Lachlust anwandeln mußte; aber sein Gesicht, das durch die grelle Orchesterbeleuchtung noch leichenartig, weißer erschien, hatte alsdann so etwas Flehendes, so etwas blödsinnig Demütiges, daß ein grauenhaftes Mitleid unsere Lachlust niederdrückte. Hat er diese Komplimente einem Automaten abgelernt oder einem Hunde? Ist dieser bittende Blick der eines Todkranken, oder lauert dahinter ein Spott eines schlauen Geizhalses? Ist das ein Lebender, der im Verscheiden begriffen ist und der das Publikum in der Kunst-Arena, wie ein sterbender Fechter, mit seinen Zuckungen ergötzen soll? Oder ist es ein Toter, der aus dem Grabe gestiegen, ein Vampir mit der Violine, der uns, wo nicht das Blut aus dem Herzen, doch auf jeden Fall das Geld aus den Taschen saugt?

Solche Fragen kreuzten sich in unserm Kopfe, während Paganini seine unaufhörlichen Komplimente schnitt; aber alle dergleichen Gedanken mußten stracks verstummen, als der wunderbare Meister seine Violine ans Kinn setzte und zu spielen begann. Was mich betrifft, so kennen Sie ja mein musikalisches zweites Gesicht, meine Begabnis, bei jedem Tone, den ich erklingen höre, auch die adäquate Klangfigur zu sehen; und so kam es, daß mir Paganini mit jedem Striche seines Bogens auch sichtbare Gestalten und Situationen vor die Augen brachte, daß er vor mir gleichsam ein farbiges Schattenspiel hingaukeln ließ, worin er selber immer mit seinem Violinspiel als die Hauptperson agierte. Schon bei seinem ersten Bogenstreich hatten sich die Kulissen um ihn her verändert; er stand mit seinem Musikpult plötzlich in einem heitern Zimmer, welches lustig unordentlich dekoriert mit verschnörkelten Möbeln im Pompadourgeschmack: überall kleine Spiegel, vergoldete Amoretten, chinesisches Porzellan, ein allerliebstes Chaos von Bändern, Blumengirlanden, weißen Handschuhen, zerrissenen Blonden, falschen Perlen, Diademen von Goldblech und sonstigem Götterflitterkram, wie man Dergleichen im Studierzimmer einer Primadonna zu finden pflegt. Paganini's Äußeres hatte sich ebenfalls, und zwar aufs allervorteilhafteste verändert; er trug kurze Beinkleider von lilafarbigem Atlas, eine silbergestickte, weiße Weste, einen Rock von hellblauem Sammet mit goldumsponnenen Knöpfen, und die sorgam in kleinen Löckchen frisierten Haare umspielten sein Gesicht, das ganz jung und rosig blühete und von süßer Zärtlichkeit erglänzte, wenn er nach dem hübschen Dämchen hinäugelte, das neben ihm am Notenpult stand, während er Violine spielte.

In der Tat, an seiner Seite erblickte ich ein hübsches junges Geschöpf, altmodisch gekleidet, der weiße Atlas ausgebauscht unterhalb der Hüften, die Taille um so reizender schmal, die gepuderten Haare noch auffrisiert, das hübsch runde Gesicht um so freier hervorglänzend mit seinen blitzenden Augen, mit seinen geschminkten Wänglein, Schönpflästerchen und impertinent süßen Näschen. In der Hand trug sie eine weiße Papierrolle, und sowohl nach ihren Lippenbewegungen, als nach dem kokettierenden Hin- und Herwiegen ihres Oberleibchens zu schließen, schien sie zu singen; aber vornehmlich ward mir kein einziger ihrer Triller, und nur aus dem Violinspiel, womit der junge Paganini das holde Kind begleitete, erriet ich, was sie sang und was er selber während ihres Singens in der Seele fühlte. O, das waren Melodien, wie die Nachtigall sie flötet in der Abenddämmerung, wenn der Duft der Rose ihr das ahnende Frühlingsherz mit Sehnsucht berauscht! O, das war eine schmelzende, wollüstig hinschmachtende Seligkeit! Das waren Töne, die sich küßten, dann schmollend einander flohen, und endlich wieder lachend sich umschlangen und eins wurden, und in trunkener Einheit dahinstarben. Ja, die Töne trieben ein heiteres Spiel, wie Schmetterlinge, wenn einer dem anderen neckend ausweicht, sich hinter eine Blume verbirgt, endlich erhascht wird, und dann mit dem anderen, leichtsinnig beglückt, im goldnen Sonnenlichte hinaufflattert. Aber eine Spinne, eine Spinne kann solchen verliebten Schmetterlingen mal plötzlich ein tragisches Schicksal bereiten. Ahnte dergleichen das junge Herz? Ein wehmütig seufzender Ton, wie Vorgefühl eines heranschleichenden Unglücks, glitt leise durch die entzücktesten Melodien, die aus Paganini's Violine hervorstrahlten ... Seine Augen werden feucht ... Anbetend kniet er nieder vor seiner Amata ... Aber ach! indem er sich beugt, um ihre Füße zu küssen, erblickt er unter dem Bette einen kleinen Abbate! Ich weiß nicht, was er gegen den armen Menschen haben mochte, aber der Genueser wurde blaß wie der Tod, er erfaßt den Kleinen mit wütenden Händen, gibt ihm diverse Ohrfeigen sowie auch eine beträchtliche Anzahl Fußtritte, schmeißt ihn gar zur Tür hinaus, zieht alsdann ein langes Stilett aus der Tasche und stößt es in die Brust der jungen Schönen ...

In diesem Augenblick aber erscholl von allen Seiten: Bravo! Bravo! Hamburg's begeisterte Männer und Frauen zollten ihren rauschendsten Beifall dem großen Künstler, welcher eben die erste Abteilung seines Konzertes beendigt hatte, und sich mit noch mehr Ecken und Krümmungen als vorher verbeugte. Auf seinem Gesichte, wollte mich bedünken, winselte ebenfalls eine noch flehsamere Demut als vorher. In seinen Augen starrte eine grauenhafte Ängstlichkeit, wie die eines armen Sünders.

Göttlich! rief mein Nachbar, der Pelzmakler, indem er sich in den Ohren kratzte, dieses Stück war allein schon zwei Taler wert.

Als Paganini aufs neue zu spielen begann, ward es mir düster vor Augen. Die Töne verwandelten sich nicht in helle Formen und Farben; die Gestalt des Meisters umhüllte sich vielmehr in finstere Schatten, aus deren Dunkel seine Musik mit den schneidensten Jammertönen hervorklagte. Nur manchmal, wenn eine kleine Lampe, die über ihm hing, ihr kümmerliches Licht auf ihn warf, erblickte ich sein erbleichtes Antlitz, worauf aber die Jugend noch immer nicht erloschen war. Sonderbar war sein Anzug, gespalten in zwei Farben, wovon die eine gelb und die andere rot. An den Füßen lasteten ihm schwere Ketten. Hinter ihm bewegte sich ein Gesicht, dessen Physiognomie auf eine lustige Bocksnatur hindeutete, und lange, haarichte Hände, die, wie es schien, dazu gehörten, sah ich zuweilen hilfreich in die Saiten der Violine greifen, worauf Paganini spielte. Sie führten ihm auch manchmal die Hand, womit er den Bogen hielt, und ein meckerndes Beifall-Lachen accompagnierte dann die Töne, die immer schmerzlicher und blutender aus der Violine hervorquollen. Das waren Töne gleich dem Gesang der gefallenen Engel, die mit den Töchtern der Erde gebuhlt hatten und, aus dem Reiche der Seligen verwiesen, mit schamglühenden Gesichtern in die Unterwelt hinabstiegen. Das waren Töne, in deren bodenloser Untiefe weder Trost noch Hoffnung glimmte.

Wenn die Heiligen im Himmel solche Töne hören, erstirbt das Lob Gottes auf ihren verbleichenden Lippen, und sie verhüllen weinend ihre frommen Häupter! Zuweilen, wenn in die melodischen Qualnisse dieses Spiels das obligate Bockslachen hineinmeckerte, erblickte ich auch im Hintergrunde eine Menge kleiner Weibsbilder, die boshaft lustig mit den häßlichen Köpfen nickten und mit den gekreuzten Fingern in neckender Schadenfreude ihre Rübchen schabten. Aus der Violine drangen alsdann Angstlaute und ein entsetzliches Seufzen und ein Schluchzen, wie man es noch nie gehört auf Erden, und wie man es vielleicht nie wieder auf Erden hören wird, es sei denn im Tale Josaphat, wenn die kolossalen Posaunen des Gerichts erklingen und die nackten Leichen aus ihren Gräbern hervorkriechen und ihres Schicksals harren ... Aber der gequälte Violinist tat plötzlich einen Strich, einen so wahnsinnig verzweifelten Strich, daß seine Ketten rasselnd entzweisprangen und sein unheimlicher Gehilfe, mitsamt den verhöhnenden Unholden, verschwanden.

In diesem Augenblicke sagte mein Nachbar, der Pelzmakler: Schade, schade, eine Saite ist ihm gesprungen, das kommt von dem beständigen Pizzicato!

War wirklich die Seite auf der Violine gesprungen? Ich weiß nicht. Ich bemerkte nur die Transfiguration der Töne, und da schien mir Paganini und seine Umgebung plötzlich wieder ganz verändert. Jenen konnte ich kaum wieder erkennen in der braunen Mönchstracht, die ihn mehr versteckte als bekleidete. Das verwilderte Antlitz halb verhüllt von der Kapuze, einen Strick um die Hüfte, barfüßig, eine einsam trotzige Gestalt, stand Paganini auf einem felsigen Vorsprunge am Meere und spielte Violine. Es war, wie mich dünkte, die Zeit der Dämmerung, das Abendrot überfloß die weiten Meeresfluten, die sich immer röter färbten und immer feierlicher rauschten, im geheimnisvollsten Einklang mit den Tönen der Violine. Je röter aber das Meer wurde, desto fahler erbleichte der Himmel, und als endlich die wogenden Wasser wie lauter scharlachgrelles Blut aussahen, da ward droben der Himmel ganz gespenstischhell, ganz leichenweiß, und groß und drohend traten daraus hervor die Sterne ... und diese Sterne waren schwarz, schwarz wie glänzende Steinkohlen. Aber die Töne der Violine wurden immer stürmischer und kecker, in den Augen des entsetzlichen Spielmanns funkelte eine so spöttische Zerstörungslust, und seine dünnen Lippen bewegten sich so grauenhaft hastig, daß es aussah, als murmelte er uralt verruchte Zaubersprüche, womit man den Sturm beschwört und jene bösen Geister entfesselt, die in den Abgründen des Meeres gefangen liegen. Manchmal, wenn er, den nackten Arm aus dem weiten Mönchsärmel lang mager hervorstreckend, mit dem Fiedelbogen in den Lüften fegte, dann erschien er erst recht wie ein Hexenmeister, der mit dem

Zauberstabe den Elementen gebietet, und es heulte dann wie wahnsinnig in der Meerestiefe, und die entsetzten Blutwellen sprangen dann so gewaltig in die Höhe, daß sie fast die bleiche Himmelsdecke und die schwarzen Sterne dort mit ihrem roten Schaume besprützten. Das heulte, das kreischte, das krachte, als ob die Welt in Trümmer zusammenbrechen wollte, und der Mönch strich immer hartnäckiger seine Violine. Er wollte durch die Gewalt seines rasenden Willens die sieben Siegel brechen, womit Salomon die eisernen Töpfe versiegelt, nachdem er darin die überwundenen Dämonen verschlossen. Jene Töpfe hat der weise König ins Meer versenkt, und eben die Stimmen der darin verschlossenen Geister glaubte ich zu vernehmen, während Paganini's Violine ihre zornigsten Baßtöne grollte. Aber endlich glaubte ich gar wie Jubel der Befreiung zu vernehmen, und aus den roten Blutwellen sah ich hervortauchen die Häupter der entfesselten Dämonen: Ungetüme von fabelhafter Häßlichkeit, Krokodile mit Fledermausflügeln, Schlangen mit Hirschgeweihen, Affen bemützt mit Trichtermuscheln, Seehunde mit patriarachalisch langen Bärten, Weibergesichter mit Brüsten an der Stelle der Wangen, grüne Kamelsköpfe, Zwittergeschöpfe von unbegreiflicher Zusammensetzung, alle mit kaltklugen Augen hinglotzend und mit langen Floßstangen hingreifend nach dem fiedelnden Mönche ... Diesem aber, in dem rasenden Beschwörungseifer, fiel die Kapuze zurück, und die lockigen Haare, im Winde dahinflatternd, umringelten sein Haupt wie schwarze Schlangen.

Diese Erscheinung war so sinneverwirrend, daß ich, um nicht wahnsinnig zu werden, die Ohren mir zuhielt und die Augen schloß. Da war nun der Spuk verschwunden, und als ich wieder aufblickte, sah ich den armen Genueser in seiner gewöhnlichen Gestalt seine gewöhnlichen Komplimente schneiden, während das Publikum aufs entzückteste applaudierte.

„Das ist also das berühmte Spiel auf der G-Saite", bemerkte mein Nachbar; „ich spiele selber die Violine und weiß, was es heißt, dieses Instrument so zu bemeistern!" Zum Glück war die Pause nicht groß, sonst hätte mich der musikalische Pelzkenner gewiß in ein langes Kunstgespräch eingemufft. Paganini setzte wieder ruhig seine Violine ans Kinn, und mit dem ersten Strich seines Bogens begann auch wieder die wunderbare Transfiguration der Töne. Nur gestaltete sie sich nicht mehr so grellfarbig und leiblich bestimmt. Diese Töne entfalteten sich ruhig, majestätetisch wogend und anschwellend, wie die eines Orgelchorals in einem Dome; und alles umher hatte sich immer weiter und höher ausgedehnt zu einem kolossalen Raume, wie nicht das körperliche Auge, sondern nur das Auge des Geistes ihn fassen kann. In der Mitte dieses Raumes schwebte eine leuchtende Kugel, worauf riesengroß und stolzerhaben ein Mann stand, der die Violine spielte. Diese Kugel, war sie die Sonne? Ich weiß nicht. Aber in den Zügen des Mannes erkannte ich Paganini, nur idealisch verschönert, himmlisch verklärt, versöhnungsvoll lächelnd. Sein Leib blühte in kräftigster Männlichkeit, ein hellblaues Gewand umschloß die veredelten Glieder, um seine Schultern wallte in glänzenden Locken das schwarze Haar; und wie er da fest und sicher stand, ein erhabenes Götterbild, und die Violine strich, da war es, als ob die ganze Schöpfung seinen Tönen gehorchte. Er war der Mensch-Planet, um den sich das Weltall bewegte, mit gemessener Feierlichkeit und in seligen Rhythmen erklingend. Diese großen Lichter, die so ruhig glänzend um ihn her schwebten, waren es die Sterne des Himmels, und jene tönende Harmonie, die aus ihren Bewegungen entstand, war es der Sphärengesang, wovon Poeten und Seher so viel Verzückendes berichtet haben? Zuweilen, wenn ich angestrengt weit hinausschaute in die dämmernde Ferne, da glaubte ich lauter weiße wallende Gewänder zu sehen, worin kolossale Pilgrime vermummt einher wandelten, mit weißen Stäben in den Händen, und sonderbar! die goldnen Knöpfe jener Stäbe waren eben jene großen Lichter, die ich für Sterne gehalten hatte. Die Pilgrime zogen in weiter Kreisbahn um den großen Spielmann umher, von den Tönen seiner Violine erglänzten immer heller die goldnen Knöpfe ihrer Stäbe, und die Choräle, die von ihren Lippen erschollen und die ich für Sphärengesang halten konnte, waren eigentlich nur das verhallende Echo jener Violinentöne. Eine unnennbare heilige Inbrunst wohnte in diesen Klängen, die manchmal kaum hörbar zitterten, wie geheimnisvolles Flüstern auf dem Wasser, dann wieder süßschauerlich anschwollen, wie Waldhorntöne im Mondschein, und dann endlich mit ungezügeltem Jubel dahinbrausten, als griffen tausend Barden in die Saiten ihrer Harfen und erhüben ihre Stimmen zu einem Siegeslied. Das waren Klänge, die nie das Ohr hört, sondern nur das Herz träumen kann, wenn es des Nachts am Herzen der Geliebten ruht. Vielleicht auch begreift sie das Herz am hellen, lichten Tage, wenn es sich jauchzend versenkt in die Schönheitslinien und Ovale eines griechischen Kunstwerks...

„Oder wenn man eine Bouteille Champagner zuviel getrunken hat!" ließ sich plötzlich eine lachende Stimme vernehmen, die unseren Erzähler wie aus einem Traume weckte. Als er sich umdrehte, erblickte er den Doktor, der in Begleitung der schwarzen Deborah ganz leise ins Zimmer getreten war, um sich zu erkundigen, wie seine Medizin auf die Kranke gewirkt habe.

„Dieser Schlaf gefällt mir nicht", sprach der Doktor, indem er nach dem Sofa zeigte.

Maximilian, welcher, versunken in den Phantasmen seiner eignen Rede, gar nicht gemerkt hatte, daß Maria schon lange eingeschlafen war, biß sich verdrießlich in die Lippen.

Dieser Schlaf, fuhr der Doktor fort, verleiht ihrem Antlitz

schon ganz den Charakter des Todes. Sieht es nicht schon aus wie jene weißen Masken, jene Gipsabgüsse, worin wir die Züge der Verstorbenen zu bewahren suchen?

Ich möchte wohl, flüsterte ihm Maximilian ins Ohr, von dem Gesichte unserer Freundin einen solchen Abguß aufbewahren. Sie wird auch als Leiche noch sehr schön sein.

Ich rate Ihnen nicht dazu, entgegnete der Doktor. Solche Masken verleiden uns die Erinnerung an unsere Lieben. Wir glauben, in diesem Gipse sei noch etwas von ihrem Leben enthalten, und was wir darin aufbewahrt haben, ist doch ganz eigentlich der Tod selbst. Regelmäßig schöne Züge bekommen hier etwas grauenhaft Starres, Verhöhnendes, Fatales, wodurch sie uns mehr erschrecken als erfreuen. Wahre Karikaturen aber sind die Gipsabgüsse von Gesichtern, deren Reiz mehr von geistiger Art war, deren Züge weniger regelmäßig als interessant gewesen; denn sobald die Grazien des Lebens darin erloschen sind, werden die wirklichen Abweichungen von den idealen Schönheitslinien nicht mehr durch geistige Reize ausgeglichen. Gemeinsam ist aber allen diesen Gipsgesichtern ein gewisser rätselhafter Zug, der uns bei längerer Betrachtung aufs unleidliche die Seele durchfröstelt; sie sehen alle aus wie Menschen, die im Begriffe sind, einen schweren Gang zu gehen.

Wohin? frug Maximilian, als der Doktor seinen Arm ergriff und ihn aus dem Zimmer fortführte.

Zweite Nacht

Und warum wollen Sie mich noch mit dieser häßlichen Medizin quälen, da ich ja doch so bald sterbe!

Es war Maria, welche eben, als Maximilian ins Zimmer trat, diese Worte gesprochen. Vor ihr stand der Arzt, in der einen Hand eine Medizinflasche, in der anderen einen kleinen Becher, worin ein bräunlicher Saft widerwärtig schäumte. Teuerster Freund, rief er, indem er sich zu dem Eintretenden wandte, Ihre Anwesenheit ist mir jetzt sehr lieb. Suchen Sie doch Signora dahin zu bewegen, daß sie nur diese wenigen Tropfen einschlürft; ich habe Eile.

Ich bitte Sie, Maria! flüsterte Maximilian mit jener weichen Stimme, die man nicht sehr oft an ihm bemerkt hat, und die aus einem so wunden Herzen zu kommen schien, daß die Kranke, sonderbar gerührt, fast ihres eigenen Leides vergessend, den Becher in die Hand nahm; ehe sie ihn aber zum Munde führte, sprach sie lächelnd: Nicht wahr, zur Belohnung erzählen Sie mir dann auch die Geschichte von der Laurentia?

Alles, was Sie wünschen, soll geschehen! nickte Maximilian.

Die blasse Frau trank alsbald den Inhalt des Bechers, halb lächelnd, halb schaudernd.

Ich habe Eile, sprach der Arzt, indem er seine schwarzen Handschuhe anzog. Legen Sie sich ruhig nieder, Signora, und bewegen Sie sich so wenig als möglich. Ich habe Eile.

Begleitet von der schwarzen Deborah, die ihm leuchtete, verließ er das Gemach. – Als nun die beiden Freunde allein waren, sahen sie sich lange schweigend an. In beider Seele wurden Gedanken laut, die eins dem andern zu verhehlen suchte. Das Weib aber ergriff plötzlich die Hand des Mannes und bedeckte sie mit glühenden Küssen.

Um Gottes Willen, sprach Maximilian, bewegen Sie sich nicht so gewaltsam und legen Sie sich wieder ruhig aufs Sofa.

Als Maria diesen Wunsch erfüllte, bedeckte er ihre Füße sehr sorgsam mit dem Shawl, den er vorher mit seinen Lippen berührt hatte. Sie mochte es wohl bemerkt haben, denn sie zwinkte vergnügt mit den Augen wie ein glückliches Kind.

War Mademoiselle Laurence sehr schön?

Wenn Sie mich nie unterbrechen wollen, teure Freundin, und mir angeloben, ganz schweigsam und ruhig zuzuhören, so will ich alles, was Sie zu wissen begehren, umständlich berichten.

Dem bejahenden Blicke Maria's mit Freundlichkeit zulächelnd, setzte sich Maximilian auf den Sessel, der vor dem Sofa stand, und begann folgendermaßen seine Erzählung:

Es sind nun acht Jahre, daß ich nach London reiste, um die Sprache und das Volk dort kennenzulernen. Hol' der Teufel das Volk mitsamt seiner Sprache! Da nehmen sie ein Dutzend einsilbiger Worte ins Maul, kauen sie, knatschen sie, spucken sie wieder aus, und das nennen sie Sprechen. Zum Glück sind sie ihrer Natur nach ziemlich schweigsam, und obgleich sie uns immer mit aufgesperrtem Maule ansehen, so verschonen sie uns jedoch mit langen Konversationen. Aber wehe uns, wenn wir einem Sohne Albions in die Hände fallen, der die große Tour gemacht und auf dem Kontinente Französisch gelernt hat. Dieser will dann die Gelegenheit benutzen, die erlangten Sprachkenntnisse zu üben, und überschüttet uns mit Fragen über alle möglichen Gegenstände, und kaum hat man die eine Frage beantwortet, so kommt er mit einer neuen herangezogen, entweder über Alter oder Heimat oder Dauer unseres Aufenthalts, und mit diesem unaufhörlichen Inquirieren glaubt er uns aufs allerbeste zu unterhalten. Einer meiner Freunde in Paris hatte vielleicht recht, als er behauptete, daß die Engländer ihre französische Konversation auf dem *Bureau des passeports* erlernen. Am nützlichsten ist ihre Unterhaltung bei Tische, wenn sie ihre kolossalen Rostbeefe tranchieren und mit den ernsthaftesten Mienen uns abfragen, welch ein Stück wir verlangen, ob stark oder schwach gebraten, ob aus der Mitte oder aus der braunen Rinde, ob fett oder mager. Diese Rostbeefe und ihre Hammelbraten sind aber auch alles, was sie Gutes haben. Der Himmel bewahre jeden Christenmensch vor ihren Saucen, die aus $^1/_3$ Mehl und $^2/_3$ Butter, oder, je nachdem die Mischung eine Abwechslung bezweckt, aus $^1/_3$ Butter und $^2/_3$ Mehl bestehen. Der Himmel bewahre auch jeden vor ihren naiven Gemüsen, die sie in Wasser abgekocht, ganz wie Gott sie erschaffen hat, auf den Tisch bringen. Entsetzlicher noch als die Küche der Engländer sind ihre Toaste und ihre obligaten Standreden, wenn das Tischtuch aufgehoben wird und die Damen sich von der Tafel wegbegeben, und statt ihrer ebensoviele Bouteillen Portwein aufgetragen werden ... denn durch letztere glauben sie die Abwesenheit des schönen Geschlechtes aufs beste zu ersetzen. Ich sage des schönen Geschlechtes, denn die Engländerinnen verdienen diesen Namen. Es sind schöne, weiße, schlanke Leiber. Nur der allzubreite Raum zwischen der Nase und dem Munde, der bei ihnen ebenso häufig wie bei den englischen Männern gefunden wird, hat mir oft in England die schönsten Gesichter verleidet. Diese Abweichung von dem

Typus des Schönen wirkt auf mich noch fataler, wenn ich die Engländer hier in Italien sehe, wo ihre kärglich gemessenen Nasen und die breite Fleischfläche, die sich darunter bis zum Maule erstreckt, einen desto schrofferen Kontrast bildet mit den Gesichtern der Italiener, deren Züge mehr von antiker Regelmäßigkeit sind, und deren Nasen, entweder römisch gebogen oder griechisch gesenkt, nicht selten ins Allzulängliche ausarten. Sehr richtig ist die Bemerkung eines deutschen Reisenden, daß die Engländer, wenn sie hier unter den Italienern wandeln, alle wie Statuen aussehen, denen man die Nasenspitze abgeschlagen hat.

Ja, wenn man den Engländern in einem fremden Lande begegnet, kann man durch den Kontrast ihre Mängel erst recht grell hervortreten sehen. Es sind die Götter der Langeweile, die in blank lackierten Wagen mit Extrapost durch alle Länder jagen, und überall eine graue Staubwolke von Traurigkeit hinter sich lassen. Dazu kommt ihre Neugier ohne Interesse, ihre geputzte Plumpheit, ihre freche Blödigkeit, ihr eckiger Egoismus, und ihre öde Freude an allen melancholischen Gegenständen. Schon seit drei Wochen sieht man hier auf der Piazza del Gran Duca alle Tage einen Engländer, welcher stundenlang mit offenem Maule jenem Charlatane zuschaut, der dort, zu Pferde sitzend, den Leuten die Zähne ausreißt. Dieses Schauspiel soll den edlen Sohn Albions vielleicht schadlos halten für die Exekutionen, die er in seinem teuern Vaterlande versäumt ... Denn nächst Boxen und Hahnenkampf gibt es für einen Briten keinen köstlicheren Anblick als die Agonie eines armen Teufels, der ein Schaf gestohlen oder eine Handschrift nachgeahmt hat, und vor der Fassade von Old-Baylie eine Stunde lang mit einem Strick um den Hals ausgestellt wird, ehe man ihn in die Ewigkeit schleudert. Es ist keine Übertreibung, wenn ich sage, daß Schafdiebstahl und Fälschung in jenem häßlich grausamen Lande gleich den abscheulichsten Verbrechen, gleich Vatermord und Blutschande, bestraft werden. Ich selber, den ein trister Zufall vorbeiführte, ich sah in London einen Menschen hängen, weil er ein Schaf gestohlen, und seitdem verlor ich alle Freude am Hammelbraten; das Fett erinnert mich immer an die weiße Mütze des armen Sünders. Neben ihm ward ein Irländer gehenkt, der die Handschrift eines reichen Bankiers nachgeahmt; noch immer sehe ich die naive Todesangst des armen Paddy, welcher vor den Assisen nicht begreifen konnte, daß man ihn einer nachgeahmten Handschrift wegen so hart bestrafe, ihn, der doch jedem Menschenkind erlaube, seine eigne Handschrift nachzuahmen! Und dieses Volk spricht beständig von Christentum und versäumt des Sonntags keine Kirche und überschwemmt die ganze Welt mit Bibeln.

Ich will es Ihnen gestehen, Maria, wenn mir in England nichts munden wollte, weder Menschen noch Küche, so lag auch wohl zum Teile der Grund in mir selber. Ich hatte einen guten Vorrat von

Mißlaune mit hinübergebracht aus der Heimat, und ich suchte Erheiterung bei einem Volke, das selber nur im Strudel der politischen und merkantilischen Tätigkeit seine Langeweile zu töten weiß. Die Vollkommenheit der Maschinen, die hier überall angewendet werden, und so viele menschliche Verrichtungen übernommen, hatte ebenfalls für mich etwas Unheimliches; dieses künstliche Getriebe von Rädern, Stangen, Zylindern und tausenderlei kleinen Häkchen, Stiftchen und Zähnchen, die sich fast leidenschaftlich bewegen, erfüllte mich mit Grauen. Das Bestimmte, das Genaue, das Ausgemessene und die Pünktlichkeit im Leben der Engländer beängstigte mich nicht minder; denn gleichwie die Maschinen in England uns wie Menschen vorkommen, so erscheinen uns dort die Menschen wie Maschinen. Ja, Holz, Eisen und Messing scheinen dort den Geist des Menschen usurpiert zu haben und vor Geistesfülle fast wahnsinnig geworden zu sein, während der entgeistete Mensch als ein hohles Gespenst ganz maschinenmäßig seine Gewohnheitsgeschäfte verrichtet, zur bestimmten Minute Beefsteake frißt, Parlamentsreden hält, seine Nägel bürstet, in die Stage-Coach steigt oder sich aufhängt.

Wie mein Mißbehagen in diesem Lande sich täglich steigerte, können Sie sich wohl vorstellen. Nichts aber gleicht der schwarzen Stimmung, die mich einst befiel, als ich gegen Abendzeit auf der Waterloo-Brücke stand und in die Wasser der Themse hineinblickte. Mir war, als spiegelte sich darin meine Seele, als schaute sie mir aus dem Wasser entgegen mit allen ihren Wundenmalen ... Dabei kamen mir die kummervollsten Geschichten ins Gedächtnis ... Ich dachte an die Rose, die immer mit Essig begossen worden und dadurch ihre süßesten Düfte einbüßte und frühzeitig verwelkte ... Ich dachte an den verirrten Schmetterling, den ein Naturforscher, der den Montblanc bestieg, dort ganz einsam zwischen den Eiswänden umherflattern sah ... Ich dachte an die zahme Äffin, die mit den Menschen so vertraut war, mit ihnen spielte, mit ihnen speiste, aber einst bei Tische in dem Braten, der in der Schüssel lag, ihr eignes junges Äffchen erkannte, es hastig ergriff, damit in den Wald eilte, und sich nie mehr unter ihren Freunden, den Menschen, sehen ließ ... Ach, mir war so weh zumute, daß mir gewaltsam die heißen Tropfen aus den Augen stürzten ... Sie fielen hinab in die Themse und schwammen fort ins große Meer, das schon so manche Menschenträne verschluckt hat, ohne es zu merken!

In diesem Augenblick geschah es, daß eine sonderbare Musik mich aus meinen dunklen Träumen weckte, und als ich mich umsah, bemerkte ich am Ufer einen Haufen Menschen, die um irgendein ergötzliches Schauspiel einen Kreis gebildet zu haben schienen. Ich trat näher und erblickte eine Künstlerfamilie, welche aus folgenden vier Personen bestand:

Erstens eine kleine untersetzte Frau, die ganz schwarz gekleidet war, einen sehr kleinen Kopf und einen mächtig dick hervortretenden Bauch hatte. Über diesen Bauch hing ihr eine ungeheuer große Trommel, worauf sie ganz unbarmherzig lostrommelte.

Zweitens ein Zwerg, der wie ein altfranzösischer Marquis ein brodiertes Kleid trug, einen großen gepuderten Kopf, aber übrigens sehr dünne winzige Gliedmaßen hatte und hin und her tänzelnd den Triangel schlug.

Drittens ein etwa fünfzehnjähriges junges Mädchen, welches eine kurze, enganliegende Jacke von blaugestreifter Seide und weite, ebenfalls blaugestreifte Pantalons trug. Es war eine lustig gebaute, anmutige Gestalt. Das Gesicht griechisch schön. Edel grade Nase, lieblich geschürzte Lippen, träumerisch weich gerundetes Kinn, die Farbe sonnig gelb, die Haare glänzend schwarz um die Schläfen gewunden: so stand sie, schlank und ernsthaft, ja mißlaunig, und schaute auf die vierte Person der Gesellschaft, welche eben ihre Kunststücke produzierte.

Diese vierte Person war ein gelehrter Hund, ein sehr hoffnungsvoller Pudel, und er hatte eben zur höchsten Freude des englischen Publikums aus den Holzbuchstaben, die man ihm vorgelegt, den Namen des Lord Wellington zusammengesetzt und ein sehr schmeichelhaftes Beiwort, nämlich Heros, hinzugefügt. Da der Hund, was man schon seinem geistreichen Äußern anmerken konnte, kein englisches Vieh war, sondern nebst den anderen drei Personen aus Frankreich hinübergekommen, so freuten sich Albions Söhne, daß ihr großer Feldherr wenigstens bei französischen Hunden jene Anerkennung erlangt habe, die ihm von den übrigen Kreaturen Frankreichs so schmählich versagt wird.

In der Tat, diese Gesellschaft bestand aus Franzosen, und der Zwerg, welcher sich hiernächst als Monsieur Türlütü ankündigte, fing an in französischer Sprache und mit so leidenschaftlichen Gesten zu bramarbasieren, daß die armen Engländer noch weiter als gewöhnlich ihre Mäuler und Nasen aufsperrten. Manchmal nach einer langen Phrase krähte er wie ein Hahn, und diese Kikerikis sowie auch die Namen von vielen Kaisern, Königen und Fürsten, die er seiner Rede einmischte, waren wohl das einzige, was die armen Zuschauer verstanden. Jene Kaiser, Könige und Fürsten rühmte er nämlich als seine Gönner und Freunde. Schon als Knabe von acht Jahren, wie er versicherte, hatte er eine lange Unterredung mit der hochstseligen Majestät Ludwig XVI., welcher auch späterhin bei wichtigen Gelegenheiten ihn immer um Rat fragte. Den Stürmen der Revolution war er, wie so viele andere, durch die Flucht entgangen, und erst unter dem Kaisertum war er ins geliebte Vaterland zurückgekehrt, um teilzunehmen an dem Ruhme der großen Nation. Napoleon, sagte er, habe ihn nie geliebt, dagegen von Seiner Heiligkeit dem Papste Pius VII. sei er fast vergöttert worden. Der Kaiser Alexander gab ihm Bonbons, und die Prinzessin

Wilhelm von Kyritz nahm ihn immer auf den Schoß. Seine Durchlaucht der Herzog Karl von Braunschweig ließ ihn manchmal auf seinen Hunden umherreiten, und Seine Majestät der König Ludwig von Reuß-Schleiz-Kreuz und von Schwarzburg-Sondershausen liebten ihn wie einen Bruder und hatten immer aus derselben Pfeife mit ihm geraucht. Ja, von Kindheit auf, sagte er, habe er unter lauter Souveränen gelebt, die jetzigen Monarchen seien gleichsam mit ihm aufgewachsen, und er betrachte sie wie seinesgleichen, und er lege auch jedes Mal Trauer an, wenn einer von ihnen das Zeitliche segne. Nach diesen gravitätischen Worten krähte er wie ein Hahn.

Monsieur Türlütü war in der Tat einer der kuriosesten Zwerge, die ich je gesehen; sein verrunzelt altes Gesicht bildete einen so putzigen Kontrast mit seinem kindisch schmalen Leibchen, und seine ganze Person kontrastierte wieder so putzig mit den Kunststücken, die er produzierte. Er warf sich nämlich in die kecksten Posituren, und mit einem unmenschlich langen Rappiere durchstach er die Luft die Kreuz und die Quer, während er beständig bei seiner Ehre schwur, daß diese Quarte oder jene Terze von niemanden zu parieren sei, daß hingegen seine Parade von keinem sterblichen Menschen durchgeschlagen werden könne, und daß er jeden im Publikum auffordere, sich mit ihm in der edlen Fechtkunst zu messen. Nachdem der Zwerg dieses Spiel einige Zeit getrieben und niemanden gefunden hatte, der sich zu einem öffentlichen Zweikampfe mit ihm entschließen wollte, verbeugte er sich mit altfranzösischer Grazie, dankte für den Beifall, den man ihm gespendet, und nahm sich die Freiheit, einem hochzuverehrenden Publiko das außerordentliche Schauspiel anzukündigen, das jemals auf englischem Boden bewundert worden. „Sehen Sie, diese Person" – rief er, nachdem er schmutzige Glacéhandschuh angezogen und das junge Mädchen, das zur Gesellschaft gehörte, mit ehrfurchtsvoller Galanterie bis in die Mitte des Kreises geführt – „diese Person ist Mademoiselle Laurence, die einzige Tochter der ehrbaren und christlichen Dame, die Sie dort mit der großen Trommel sehen, und die jetzt noch Trauer trägt wegen des Verlustes ihre innigstgeliebten Gatten, des größten Bauchredners Europas! Mademoiselle Laurence wird jetzt tanzen! Bewundern Sie jetzt den Tanz von Mademoiselle Laurence!" Nach diesen Worten krähte er wieder wie ein Hahn.

Das junge Mädchen schien weder auf diese Reden, noch auf die Blicke der Zuschauer im mindesten zu achten; verdrießlich in sich selbst versunken, harrte sie, bis der Zwerg einen großen Teppich zu ihren Füßen ausgebreitet und wieder in Begleitung der großen Trommel seinen Triangel zu spielen begann. Es war eine sonderbare Musik, eine Mischung von täppischer Brummigkeit und wollüstigem Gekitzel, und ich vernahm eine pathetisch närrische, wehmütig freche, bizarre Melodie, die dennoch von der sonderbarsten Einfachheit. Dieser Musik aber vergaß ich bald, als das junge Mädchen zu tanzen begann.

Tanz und Tänzerin nahmen fast gewaltsam meine ganze Aufmerksamkeit in Anspruch. Das war nicht das klassische Tanzen, das wir noch in unseren großen Balletten finden, wo, ebenso wie in der klassischen Tragödie, nur gespreizte Einheiten und Künstlichkeiten herrschen; das waren nicht jene getanzten Alexandriner, jene deklamatorischen Sprünge, jene antithetischen Entrechats, jene edle Leidenschaft, die so wirbelnd auf einem Fuße herumpirouettiert, daß man nichts sieht als Himmel und Trikot, nichts als Idealität und Lüge! Es ist mir wahrlich nichts so sehr zuwider wie das Ballett in der großen Oper zu Paris, wo sich die Tradition jenes klassischen Tanzens am reinsten erhalten hat, während die Franzosen in den übrigen Künsten, in der Poesie, in der Musik und in der Malerei, das klassische System umgestürzt haben. Es wird ihnen aber schwer werden, eine ähnliche Revolution in der Tanzkunst zu vollbringen; es sei denn, daß sie hier wieder, wie in ihrer politischen Revolution, zum Terrorismus ihre Zuflucht nehmen und den verstockten Tänzern und Tänzerinnen des alten Regimes die Beine guillotinieren. Mademoiselle Laurence war keine große Tänzerin, ihre Fußspitzen waren nicht sehr biegsam, ihre Beine waren nicht geübt zu allen möglichen Verrenkungen, sie verstand nichts von der Tanzkunst, wie sie Vestris lehrt, aber sie tanzte wie die Natur den Menschen zu tanzen gebietet: ihr ganzes Wesen war im Einklange mit ihren Pas, nicht bloß ihre Flügel, sondern ihr ganzer Leib tanzte, ihr Gesicht tanzte ... sie wurde manchmal blaß, fast totenblaß, ihre Augen öffneten sich gespenstisch weit, um ihre Lippen zuckten Begier und Schmerz, und ihre schwarzen Haare, die in glatten Ovalen ihre Schläfen umschlossen, bewegten sich wie zwei flatternde Rabenflügel. Das war in der Tat kein klassischer Tanz, aber auch kein romantischer Tanz, in dem Sinne wie ein junger Franzose von der Eugène Renduel'schen Schule sagen würde. Dieser Tanz hatte weder etwas Mittelalterliches, noch etwas Venetianisches, noch etwas Bucklichtes, noch etwas Makabrisches, es war weder Mondschein darin, noch Blutschande ... Es war ein Tanz, welcher nicht durch äußere Bewegungsformen zu amüsieren strebte, sondern die äußeren Bewegungsformen schienen Worte einer besonderen Sprache, die etwas Besonderes sagen wollte. Was aber sagt dieser Tanz? Ich konnte es nicht verstehen, so leidenschaftlich auch diese Sprache sich gebärdete. Ich ahnte nur manchmal, daß von etwas grauenhaft Schmerzlichem die Rede war. Ich, der sonst die Signatur aller Erscheinungen so leicht begreift, ich konnte dennoch dieses getanzte Rätsel nicht lösen, und daß ich immer vergeblich nach dem Sinne desselben tappte, daran war auch wohl die Musik schuld, die mich gewiß absichtlich auf falsche Fährten leitete, mich listig zu verwirren suchte und mich immer störte. Monsieur Türlütü's Triangel kicherte manchmal so hämisch! Madame Mutter aber schlug auf ihre große Trommel so zornig, daß ihr Gesicht aus dem Gewölke der schwarzen Mütze wie ein blutrotes Nordlicht hervorglühte.

Als die Truppe sich wieder entfernt hatte, blieb ich noch lange auf demselben Platze stehen und dachte darüber nach, was dieser Tanz bedeuten mochte. War es ein südfranzösischer oder spanischer Nationaltanz? An dergleichen mahnte wohl der Ungestüm, womit die Tänzerin ihr Leibchen hin und her schleuderte, und die Wildheit, womit sie manchmal ihr Haupt rückwärts warf in der frevelhaft kühnen Weise jener Bacchantinnen, die wir auf den Reliefs der antiken Vasen mit Erstaunen betrachten. Ihr Tanz hatte dann etwas trunken Willenloses, etwas finster Unabwendbares, etwas Fatalistisches, sie tanzte dann wie das Schicksal. Oder waren es Fragmente einer uralten verschollenen Pantomime? Oder war es getanzte Privatgeschichte? Manchmal beugte sich das Mädchen zur Erde wie mit lauerndem Ohre, als hörte sie eine Stimme, die zu ihr heraufspräche ... sie zitterte dann wie Espenlaub, bog rasch nach einer andern Seite, entlud sich dort ihrer tollsten, ausgelassensten Sprünge, beugte dann wieder das Ohr zur Erde, horchte noch ängstlicher als zuvor, nickte mit dem Kopfe, ward rot, ward blaß, schauderte, blieb eine Weile kerzengrade stehen wie erstarrt, und machte endlich eine Bewegung wie jemand, der sich die Hände wäscht. War es Blut, was sie so sorgfältig lange, so grauenhaft sorgfältig von ihren Händen abwusch? Sie warf dabei seitwärts einen Blick, der so bittend, so flehend, so seelenschmelzend ... und dieser Blick fiel zufällig auf mich.

Die ganze folgende Nacht dachte ich an diesen Blick, an diesen Tanz, an das abenteuerliche Accompagnement; und als ich des anderen Tages, wie gewöhnlich, durch die Straßen von London schlenderte, empfand ich den sehnlichsten Wunsch, der hübschen Tänzerin wieder zu begegnen, und ich spitzte immer die Ohren, ob ich nicht irgend eine Trommel- und Triangelmusik hörte. Ich hatte endlich in London etwas gefunden, wofür ich mich interessierte, und ich wanderte nicht mehr zwecklos einher in seinen gähnenden Straßen.

Ich kam eben aus dem Tower und hatte mir dort die Axt, womit Anna Bullen geköpft worden, genau betrachtet sowie auch die Diamanten der englischen Krone und die Löwen, als ich auf dem Towerplatze inmitten eines großen Menschenkreises wieder Madame Mutter mit der großen Trommel erblickte und Monsieur Türlütü wie einen Hahn krähen hörte. Der gelehrte Hund scharrte wieder das Heldentum des Lord Wellington zusammen, der Zwerg zeigte wieder seine unparierbaren Terzen und Quarten, und Mademoiselle Laurence begann wieder ihren wunderbaren Tanz. Es waren wieder dieselben rätselhaften Bewegungen, dieselbe Sprache, die etwas sagte, was ich nicht verstand, dasselbe ungestüme Zurückwerfen des schönen Kopfes, dasselbe Lauschen nach der Erde, die Angst, die sich durch immer tollere Sprünge beschwichtigen will, und wieder das Horchen mit nach dem Boden geneigtem Ohr, das Zittern, das Erblassen, das Erstarren, dann auch das furchtbar geheimnisvolle Händewaschen, und endlich der bittende, flehende Seitenblick, der diesmal noch länger auf mir verweilte.

Ja, die Weiber, die jungen Mädchen ebensogut wie die Frauen, merken es gleich, sobald sie die Aufmerksamkeit eines Mannes erregen. Obgleich Mademoiselle Laurence, wenn sie nicht tanzte, immer regungslos verdrießlich vor sich hinsah und, während sie tanzte, manchmal nur einen einzigen Blick auf das Publikum warf, so war es von jetzt an doch nie mehr bloßer Zufall, daß dieser Blick immer auf mich fiel, und je öfter ich sie tanzen sah, desto bedeutungsvoller strahlte er, aber auch desto unbegreiflicher. Ich war wie verzaubert von diesem Blicke, und drei Wochen lang von Morgen bis Abend trieb ich mich umher in den Straßen von London, überall verweilend, wo Mademoiselle Laurence tanzte. Trotz des größten Volksgeräusches konnte ich schon in der weitesten Entfernung die Töne der Trommel und des Triangels vernehmen, und Monsieur Türlütü, sobald er mich hereneilen sah, erhub sein freundlichstes Krähen. Ohne daß ich mit ihm, noch mit Mademoiselle Laurence, noch mit Madame Mutter, noch mit dem gelehrten Hund jemals ein Wort sprach, so schien ich doch am Ende ganz zu ihrer Gesellschaft zu gehören. Wenn Monsieur Türlülü Geld einsammelte, betrug er sich immer mit dem feinsten Takt, sobald er mir nahete, und er schaute immer nach der entgegengesetzten Seite, wenn ich in sein dreieckiges Hütchen ein kleines Geldstück warf. Er besaß wirklich einen vornehmen Anstand, er erinnerte an die guten Manieren der Vergangenheit, man konnte es dem kleinen Manne anmerken, daß er mit Monarchen aufgewachsen, und um so befremdlicher war es, wenn er zuweilen, ganz und gar seiner Würde vergessend, wie ein Hahn krähte.

Ich kann Ihnen nicht beschreiben, wie sehr ich verdrießlich wurde, als ich einst drei Tage lang vergebens die kleine Gesellschaft in allen Straßen London's gesucht, und endlich wohl merkte, daß sie die Stadt verlassen habe. Die Langeweile nahm mich wieder in ihre bleiernen Arme und preßte mir wieder das Herz zusammen. Ich konnte es endlich nicht länger aushalten, sagte ein Lebewohl, dem Mob, den Blackguards, den Gentlemen und den Fashionables von England, den vier Ständen des Reichs, und reiste zurück nach dem zivilisierten festen Lande, wo ich vor der weißen Schürze des ersten Kochs, dem ich dort begegnete, anbetend niederkniete. Hier konnte ich wieder einmal wie ein vernünftiger Mensch zu Mittag essen und an der Gemütlichkeit uneigennütziger Gesichter meine Seele erquicken. Aber Mademoiselle Laurence konnte ich nimmermehr vergessen, sie tanzte lange Zeit in meinem Gedächtnisse, in einsamen Stunden mußte ich noch oft nachdenken über die rätselhaften Pantomimen des schönen Kindes, besonders über das Lauschen mit nach der Erde gebeugten Ohre. Es dauerte auch eine gute Weile, ehe die abenteuerlichen Triangel- und Trommelmelodien in meiner Erinnerung verhallten.

Und das ist die ganze Geschichte? schrie auf einmal Maria, indem sie sich leidenschaftlich emporrichtete.

Maximilian aber drückte sie wieder sanft nieder, legte bedeutungsvoll den Zeigefinger auf seinen Mund und flüsterte: Still! still! nur kein Wort gesprochen! liegen Sie wieder hübsch ruhig, und ich werde Ihnen den Schwanz der Geschichte erzählen. Nur beileibe unterbrechen Sie mich nicht.

Indem er sich noch etwas gemächlicher in seinen Sessel zurücklehnte, fuhr Maximilian folgendermaßen fort in seiner Erzählung:

Fünf Jahre nach diesem Begebnis kam ich zum ersten Male nach Paris, und zwar in einer sehr merkwürdigen Periode. Die Franzosen hatten soeben ihre Juliusrevolution aufgeführt, und die ganze Welt applaudierte. Dieses Stück war nicht so gräßlich wie die früheren Tragödien der Republik und des Kaiserreichs. Nur einige tausend Leichen blieben auf dem Schauplatz. Auch waren die politischen Romantiker nicht sehr zufrieden und kündigten ein neues Stück an, worin mehr Blut fließen würde und wo der Henker mehr zu tun bekäme.

Paris ergötzte mich sehr durch die Heiterkeit, die sich in allen Erscheinungen dort kundgibt und auch auf ganz verdüsterte Gemüter ihren Einfluß ausübt. Sonderbar! Paris ist der Schauplatz, wo die größten Tragödien der Weltgeschichte aufgeführt werden, Tragödien, bei deren Erinnerung sogar in den entferntesten Ländern die Herzen zittern und die Augen naß werden; aber dem Zuschauer dieser großen Tragödien ergeht es hier in Paris, wie es mir einst an der Porte Saint-Martin erging, als ich die „Tour de Nelse" aufführen sah. Ich kam nämlich hinter eine Dame zu sitzen, die einen Hut von rosaroter Gaze trug, und dieser Hut war so breit, daß er mir die ganze Aussicht auf die Bühne versperrte, daß ich alles, was dort tragiert wurde, nur durch die rote Gaze dieses Hutes sah, und daß mir also alle Greuel der „Tour de Nesle" im heitersten Rosenlichte erschienen. Ja, es gibt in Paris ein solches Rosenlicht, welches alle Tragödien für den nahen Zuschauer erheitert, damit ihm dort der Lebensgenuß nicht verleidet wird. Sogar die Schrecknisse, die man im eignen Herzen mitgebracht hat nach Paris, verlieren dort ihre beängstigenden Schauer. Die Schmerzen werden sonderbar gesänftigt. In dieser Luft von Paris heilen alle Wunden viel schneller als irgend anderswo; es ist in dieser Luft etwas so Großmütiges, so Mildreiches, so Liebenswürdiges wie im Volke selbst.

Was mir am besten an diesem Pariser Volke gefiel, das war sein höfliches Wesen und sein vornehmes Ansehen. Süßer Ananasduft der Höflichkeit! wie wohltätig erquicktest du meine kranke Seele, die in Deutschland so viel Tabaksqualm, Sauerkrautsgeruch und Grobheit eingeschluckt! Wie Rossini's Melodien erklangen in meinem Ohr die artigen Entschuldigungsreden eines Franzosen, der am Tage meiner Ankunft mich auf der Straße nur leise gestoßen hatte. Ich erschrak fast vor solcher süßen Höflichkeit, ich, der ich an deutsch flegelhafte Rippenstöße ohne Entschuldigung gewöhnt war. Während der ersten Woche meines Aufenthaltes in Paris suchte ich vorsätzlich einigemal gestoßen zu werden, bloß um mich an dieser Musik der Entschuldigungsreden zu erfreuen. Aber nicht bloß wegen dieser Höflichkeit, sondern auch schon seiner Sprache wegen hatte für mich das französische Volk einen gewissen Anstrich von Vornehmheit. Denn, wie Sie wissen, bei uns im Norden gehört die französische Sprache zu den Attributen des hohen Adels, mit Französisch-sprechen hatte ich von Kindheit an die Idee der Vornehmheit verbunden. Und so eine Pariser Dame de la Halle sprach besser Französisch als eine deutsche Stiftsdame von vierundsechzig Ahnen.

Wegen dieser Sprache, die ihm ein vornehmes Ansehen verleiht, hatte das französische Volk in meinen Augen etwas allerliebst Fabelhaftes. Dieses entsprang aus einer anderen Reminiszenz meiner Kindheit. Das erste Buch nämlich, worin ich Französisch lesen lernte, waren die Fabeln von Lafontaine; die naiv vernünftigen Redensarten derselben hatten sich meinem Gedächtnisse am unauslöschlichsten eingeprägt, und als ich nun nach Paris kam und überall Französisch sprechen hörte, erinnerte ich mich beständig der Lafontaine'schen Fabeln, ich glaubte immer die wohlbekannten Tierstimmen zu hören; jetzt sprach der Löwe, dann wieder sprach der Wolf, dann das Lamm oder der Storch oder die Taube, nicht selten vermeinte ich auch den Fuchs zu vernehmen, und in meiner Erinnerung erwachten manchmal die Worte:

Eh! bonjour, moniseur du Corbeau!
Que vous êtes joli! que vous me semblez beau!

Solche fabelhafte Reminiszenzen erwachten aber in meiner Seele noch viel öfter, wenn ich zu Paris in jene höhere Region geriet, welche man die Welt nennt. Dieses war ja eben jene Welt, die dem seligen Lafontaine die Typen seiner Tiercharaktere geliefert hatte. Die Wintersaison begann bald nach meiner Ankunft in Paris, und ich nahm teil an dem Salonleben, worin sich jene Welt mehr oder minder lustig herumtreibt. Als das Interessanteste dieser Welt frappierte mich nicht sowohl die Gleichheit der feinen Sitten, die dort herrscht, sondern vielmehr die Verschiedenheit ihrer Bestandteile. Manchmal, wenn ich mir in einem großen Salon die Menschen betrachtete, die sich dort friedlich versammelt, glaubte ich mich in jenen Raritätenboutiken zu befinden, wo die Reliquien aller Zeiten kunterbunt nebeneinander ruhen; ein griechischer Apollo neben einer chinesischen Pagode, ein mexikanischer Vizlipuzli neben einem gotischen Ecco-hommo, ägyptische Götzen mit Hundeköpfchen, heilige Fratzen von Holz, von Elfenbein, von Metall usw. Da sah ich alte Mousquetairs, die einst mit Marie Antoinette getanzt, Republikaner von der gelinden Observanz, die in der Assemblée Nationale vergöttert wurden, Montagnards ohne Barmherzigkeit und ohne Flecken, ehemalige Direktorialmänner, die im Luxembourg gethront, Großwürdenträger des Empires, vor denen ganz Europa gezittert, herrschende Jesuiten der Restauration, kurz lauter abgefärbte, verstümmelte Gottheiten aus allen Zeitaltern, und woran niemand mehr glaubt. Die Namen heulen, wenn sie sich berühren, aber die Menschen sieht man friedsam und freundlich nebeneinander stehen wie die Antiquitäten in den erwähnten Boutiken des Quai Voltaire. In germanischen Landen, wo die Leidenschaften weniger disziplinierbar sind, wäre ein gesellschaftliches Zusammenleben so heterogener Personen etwas ganz Unmögliches. Auch ist bei uns im kalten Norden das Bedürfnis des Sprechens nicht so stark wie im wärmeren Frankreich, wo die größten Feinde, wenn sie sich in einem Salon begegnen, nicht lange ein finsteres Stillschweigen beobachten können. Auch ist in Frankreich die Gefallsucht so groß, daß man eifrig dahin strebt, nicht bloß den Freunden, sondern auch den Feinden zu gefallen. Da ist ein beständiges Drapieren und Minaudieren, und die Weiber haben hier ihre liebe Mühe, die Männer in der Koketterie zu übertreffen; aber es gelingt ihnen dennoch.

Ich will mit dieser Bemerkung nichts Böses gemeint haben, beileibe nichts Böses in betreff der französischen Frauen, und am allerwenigsten in betreff der Pariserinnen. Bin ich doch der größte Verehrer derselben, und ich verehre sie ihrer Fehler wegen noch weit mehr als wegen ihrer Tugenden. Ich kenne nichts Treffenderes als die Legende, daß die Pariserinnen mit allen möglichen Fehlern zur Welt kommen, daß aber eine holde Fee sich ihrer erbarmt und jedem ihrer Fehler einen Zauber verleiht, wodurch er sogar als ein neuer Liebreiz wirkt. Diese holde Fee ist die Grazie. Sind die Pariserinnen schön? Wer kann das wissen? Wer kann alle Intrigen der Toilette durchschauen, wer kann entziffern, ob das echt ist, was der Tüll verrät, oder ob das falsch ist, was das bauschige Seidenzeug vorprahlt! Und ist es dem Auge gelungen, durch die Schale zu dringen, und sind wir eben im Begriff, den Kern zu erforschen, dann hüllt er sich gleich in eine neue Schale, und nachher wieder in eine neue, und durch diesen unaufhörlichen Modewechsel spotten sie des männlichen Scharfblicks. Sind ihre Gesichter schön? Auch dieses wäre schwierig zu ermitteln. Denn alle ihre Gesichtszüge sind in beständiger Bewegung, jede Pariserin hat tausend Gesichter, eins lachender, geistreichere, holdseliger als das andere, und setzt denjenigen in Verlegenheit, der darunter das schönste Gesicht auswählen oder gar das wahre Gesicht erraten will. Sind ihre Augen groß? Was weiß ich! Wir untersuchen nicht lange das Kaliber der Kanone, wenn ihre Kugel uns den Kopf entführt. Und wen sie nicht treffen, diese Augen, den blenden sie wenigstens durch ihr Feuer, und er ist froh genug, sich in sicherer Schußweite zu halten. Ist der Raum zwischen Nase und Mund bei ihnen breit oder schmal? Manchmal ist er breit, wenn sie die Nase rümpfen; manchmal ist er schmal, wenn ihre Oberlippe sich übermütig bäumt. Ist ihr Mund groß oder klein? Wer kann wissen, wo der Mund aufhört und das Lächeln beginnt? Damit ein richtiges Urteil gefällt werde, muß der Verurteilende und der Gegenstand der Beurteilung sich im Zustande der Ruhe befinden. Aber wer kann ruhig bei einer Pariserin sein, und welche Pariserin ist jemals ruhig? Es gibt Leute, welche glauben, sie könnten den Schmetterling ganz genau betrachten, wenn sie ihn mit einer Nadel aufs Papier festgestochen haben. Das ist ebenso töricht wie grausam. Der angeheftete, ruhige Schmetterling ist kein Schmetterling mehr. Den Schmetterling muß man betrachten, wenn er um die Blumen gaukelt ... und die Pariserin muß man betrachten, nicht in ihrer Häuslichkeit, wo sie mit der Nadel in der Brust befestigt ist, sondern im Salon, bei Soiréen und Bällen, wenn sie mit den gesticken Gaze- und Seidenflügeln dahinflattert unter den blitzenden Kristallkronen der Freude! Dann offenbart sich bei ihnen eine hastige Lebenssucht, eine Begier nach süßer Betäubung, ein Lechzen nach Trunkenheit, wodurch sie fast grauenhaft verschönert werden und einen Reiz gewinnen, der unsere Seele zugleich entzückt und erschüttert.

Dieser Durst, das Leben zu genießen, als wenn in der nächsten Stunde der Tod sie schon abriefe von der sprudelnden Quelle des Genusses, oder als wenn diese Quelle in der nächsten Stunde schon versiegt sein würde, diese Hast, diese Wut, dieser Wahnsinn der Pariserinnen, wie er sich besonders auf Bällen zeigt, mahnt mich immer an die Sage von den toten Tänzerinnen, die man bei uns die Willis nennt. Diese sind nämlich junge Bräute, die vor dem Hochzeittage gestorben sind, aber die unbefriedigte Tanzlust so gewaltig im Herzen bewahrt haben, daß sie nächtlich aus ihren Gräbern hervorsteigen, sich scharenweis an den Landstraßen versammeln, und sich dort während der Mitternachtsstunde den wildesten Tänzen überlassen. Geschmückt mit ihren Hochzeitskleidern, Blumenkränze auf den Häuptern, funkelnde Ringe an den bleichen Händen, schauerlich lachend, unwiderstehlich schön, tanzen die Willis im Mondschein, und sie tanzen immer um so tobsüchtiger und ungestümer, je mehr sie fühlen, daß die vergönnte

Tanzstunde zu Ende rinnt, und sie wieder hinabsteigen müssen in die Eiskälte des Grabes.

Es war auf einer Soirée in der Chaussée d'Autin, wo mir diese Betrachtung recht tief die Seele bewegte. Es war eine glänzende Soirée, und nichts fehlte an den herkömmlichen Ingredienzen des gesellschaftlichen Vergnügens: genug Licht, um beleuchtet zu werden, genug Spiegel, um sich betrachten zu können, genug Menschen, um sich heiß zu drängen, genug Zuckerwasser und Eis um sich abzukühlen. Man begann mit Musik. Franz Liszt hatte sich ans Fortepiano drängen lassen, strich seine Haare aufwärts über die geniale Stirn und lieferte eine seiner brillantesten Schlachten. Die Tasten schienen zu bluten. Wenn ich nicht irre, spielte er eine Passage aus den Palingenesieen von Ballauche, dessen Ideen er in Musik übersetzte, was sehr nützlich für diejenigen, welche die Werke dieses berühmten Schriftstellers nicht im Originale lesen können. Nachher spielte er den Gang nach der Hinrichtung, *la marche au supplice*, von Berlioz, das treffliche Glück, welches dieser junge Musiker, wenn ich nicht irre, am Morgen seines Hochzeitstages komponiert hat. Im ganzen Saale erblassende Gesichter, wogende Busen, leises Atmen während der Pausen, endlich tobender Beifall. Die Weiber sind immer wie berauscht, wenn Liszt ihnen etwas vorgespielt hat. Mit toller Freude überließen sie sich jetzt dem Tanz, die Willis des Salon, und ich hatte Mühe, mich aus dem Getümmel in ein Nebenzimmer zu retten. Hier wurde gespielt, und auf großen Sesseln ruheten einige Damen, die den Spielenden zuschauten, oder sich wenigstens das Ansehen gaben, als interessierten sie sich für das Spiel. Als ich an einer dieser Damen vorbeistreifte und ihre Robe meinen Arm berührte, fühlte ich von der Hand bis hinauf zur Schulter ein leises Zucken, wie von einem sehr schwachen elektrischen Schlage. Ein solcher Schlag durchfuhr aber mit der größten Stärke mein ganzes Herz, als ich das Antlitz der Dame betrachtete. Ist sie es, oder ist sie es nicht? Es war dasselbe Gesicht, das an Form und sonniger Färbung einer antike gleich; nur war es nicht mehr so marmorrein und marmorglatt wie ehemals. Dem geschärften Blicke waren auf Stirn und Wange einige kleine Brüche, vielleicht Pockennarben, bemerkbar, die hier ganz an jene feinen Witterungsflecken mahnten, wie man sie auf dem Gesichte von Statuen, die einige Zeit dem Regen ausgesetzt standen, zu finden pflegt. Es waren auch dieselben schwarzen Haare, die in glatten Ovalen wie Rabenflügel die Schläfen bedeckten. Als aber ihr Auge dem meinigen begegnete, und zwar mit jenem wohlbekannten Seitenblick, dessen rascher Blitz mir immer so rätselhaft durch die Seele schoß, da zweifelte ich nicht länger – es war Mademoiselle Laurence.

Vornehme hingestreckt in ihrem Sessel, in der einen Hand einen Blumenstrauß, mit der anderen gestützt auf der Armlehne, saß Mademoiselle Laurence unfern eines Spieltisches, und schien dort dem Wurf der Karten ihre ganze Aufmerksamkeit zu widmen. Vornehm und zierlich war ihr Anzug, aber dennoch ganz einfach, von weißem Atlas. Außer Armbändern und Brustnadeln von Perlen trug sie keinen Schmuck. Eine Fülle von Spitzen bedeckte den jugendlichen Busen, bedeckte ihn fast puritanisch bis am Halse, und in dieser Einfachheit und Zucht der Bekleidung bildete sie einen rührend lieblichen Kontrast mit einigen älteren Damen, die buntgeputzt und diamantenblitzend neben ihr saßen, und die Ruinen ihrer ehemaligen Herrlichkeit, die Stelle, wo einst Troja stand, melancholisch nackt zur Schau trugen. Sie sah noch immer wunderschön und entzückend verdrießlich aus, und es zog mich unwiderstehbar zu ihr hin, und endlich stand ich hinter ihrem Sessel, brennend vor Begier mit ihr zu sprechen, jedoch zurückgehalten von zagender Delikatesse.

Ich mochte wohl schon einige Zeit schweigend hinter ihr gestanden haben, als sie plötzlich aus ihrem Bouquet eine Blume zog und, ohne sich nach mir umzusehen, über ihre Schulter hinweg mir diese Blume hinreichte. Sonderbar war der Duft dieser Blume, und er übte auf mich eine eigentümliche Verzauberung. Ich fühlte mich entzückt aller gesellschaftlichen Förmlichkeit, und mir war wie in einem Traume, wo man allerlei tut und spricht, worüber man sich selber wundert, und wo unsere Worte einen gar kindisch traulichen und einfachen Charakter tragen. Ruhig, gleichgültig, nachlässig, wie man es bei alten Freunden zu tun pflegt, beugte ich mich über die Lehne des Sessels, und flüsterte der jungen Dame ins Ohr:

Mademoiselle Laurence, wo ist denn die Mutter mit der Trommel?

„Sie ist tot", antwortete sie in demselben Tone, ebenso ruhig, gleichgültig, nachlässig.

Nach einer kurzen Pause beugte ich mich wieder über die Lehne des Sessels und flüsterte der jungen Dame ins Ohr: Mademoiselle Laurence, wo ist denn der gelehrte Hund?

„Er ist fortgelaufen in die weite Welt", antwortete sie wieder in demselben ruhigen, gleichgültigen, nachlässigen Tone.

Und wieder nach einer kurzen Pause beugte ich mich über die Lehne des Sessels und flüsterte der jungen Dame ins Ohr: Mademoiselle Laurence, wo ist denn Monsieur Türlütü, der Zwerg?

„Er ist bei den Riesen auf dem Boulevard du Temple", antwortete sie. Sie hatte aber kaum diese Worte gesprochen, und zwar wieder in demselben ruhigen, gleichgültigen, nachlässigen Tone, als ein ernster alter Mann von hoher militärischer Gestalt zu ihr hintrat und ihr meldete, daß ihr Wagen vorgefahren sei. Langsam von ihrem Sitze sich erhebend, hing sie sich jenem an den Arm, und ohne auch nur einen Blick auf mich zurückzuwerfen, verließ sie mit ihm die Gesellschaft.

Als ich die Dame des Hauses, die den ganzen Abend am Eingange des Hauptsaales stand und den Ankommenden und Fortgehenden ihr Lächeln präsentierte, um den Namen der jungen Person befragte, die so eben mit dem alten Manne fortgegangen, lachte sie mir heiter ins Gesicht und rief: „Mein Gott! wer kann alle Menschen kennen! ich kenne ihn ebensowenig..." Sie stockte, denn sie wollte gewiß sagen, ebensowenig wie mich selber, den sie ebenfalls an jenem Abende zum ersten Male gesehen. Vielleicht, bemerkte ich ihr, kann mir Ihr Herr Gemahl einige Auskunft geben; wo finde ich ihn?

„Auf der Jagd bei Saint-Germain", antwortete die Dame mit noch stärkerem Lachen, „er ist heute in der Frühe abgereist und kehrt erst morgen abend zurück ... Aber warten Sie, ich kenne jemanden, der mit der Dame, wonach Sie sich erkundigen, viel gesprochen hat, ich weiß nicht seinen Namen, aber Sie können ihn leicht erfragen, wenn sie sich nach dem jungen Menschen erkundigen, dem Herr Casimir Perrier einen Fußtritt gegeben hat, ich weiß nicht wo."

So schwer es auch ist, einen Menschen daran zu erkennen, daß er vom Minister einen Fußtritt erhalten, so hatte ich doch meinen Mann bald ausfindig gemacht, und ich verlangte von ihm nähere Aufklärung über das sonderbare Geschöpf, das mich so sehr interessierte und das ich ihm deutlich genug zu bezeichnen wußte. „Ja", sagte der junge Mensch, „ich kenne sie ganz genau, ich habe auf mehren Soiréen mit ihr gesprochen" – und er wiederholte mir eine Menge nichtssagender Dinge, womit er sie unterhalten. Was ihm besonders aufgefallen, war ihr ernsthafter Blick, jedesmal wenn er ihr eine Artigkeit sagte. Auch wunderte er sich nicht wenig, daß sie seine Einladung zu einer Contredanse immer abgelehnt, und zwar mit der Versicherung, sie verstünde nicht zu tanzen. Namen und Verhältnisse kannte er nicht. Und niemand, soviel ich mich auch erkundigte, wußte mir hierüber etwas Näheres mitzuteilen. Vergebens rann ich durch alle möglichen Soiréen, nirgends konnte ich Mademoiselle Laurence wiederfinden.

Und das ist die ganze Geschichte? – rief Maria, indem sie sich langsam umdrehte und schläfrig gähnte – Das ist die ganze merkwürdige Geschichte? Und Sie haben weder Mademoiselle Laurence, noch die Mutter mit der Trommel, noch den Zwerg Tütlütü, und auch nicht den gelehrten Hund jemals wiedergesehen?

Bleiben Sie ruhig liegen, versetzte Maximilian. Ich habe sie alle wieder gesehen, sogar den gelehrten Hund. Er befand sich freilich in einer sehr schlimmen Not, der arme Schelm, als ich ihm zu Paris begegnete. Es war im Quartier Latin. Ich kam eben der Sorbonne vorbei, und aus den Pforten derselben stürzte ein Hund, und hinter ihm drein mit Stöcken ein Dutzend Studenten, zu denen sich bald zwei Dutzend alte Weiber gesellten, die alle im Chorus schrien: Der Hund ist toll! Fast menschlich sah das unglückliche Tier aus in seiner Todesangst, wie Tränen floß das Wasser aus seinen Augen, und als er keuchend an mir vorbei rann und sein feuchter Blick an mich hinstreifte, erkannte ich meinen alten Freund, den gelehrten Hund, den Lobredner von Lord Wellington, der einst das Volk von England mit Bewunderung erfüllt. War er vielleicht wirklich toll? War er vielleicht vor lauter Gelehrsamkeit übergeschnappt, als er im Quartier Latin seine Studien fortsetzte? Oder hat er vielleicht in der Sorbonne durch sein Scharren und Knurren seine Mißbilligung zu erkennen gegeben über die pausbäckigen Scharlatanerien irgendeines Professors, der sich seines ungünstigen Zuhörers dadurch zu entledigen suchte, daß er ihn für toll erklärte? Und ach! die Jugend untersucht nicht lange, ob es verletzter Gelehrtendünkel oder gar Brotneid war, welcher zuerst ausrief: Der Hund ist toll! und sie schlägt zu mit ihren gedankenlosen Stöcken, und auch die alten Weiber sind dann bereit mit ihrem Geheule, und sie überschreien die Stimme der Unschuld und der Vernunft. Mein armer Freund mußte unterliegen, vor meinen Augen wurde er erbärmlich totgeschlagen, verhöhnt, und endlich auf einen Misthaufen geworfen! Armer Märtyrer der Gelehrsamkeit.

Nicht viel heiterer war der Zustand des Zwergs Monsieur Türlütü, als ich ihn auf dem Boulevard du Temple wiederfand. Mademoiselle Laurence hatte mir zwar gesagt, er habe sich dorthin begeben, aber sei es, daß ich nicht daran dachte, ihn im Ernste dort zu suchen, oder daß das Menschengewühl mich dort daran verhinderte, genug, erst spät bemerkte ich die Boutike, wo die Riesen zu sehen sind. Als ich hineintrat, fand ich zwei lange Schlingel, die müßig auf der Pritsche lagen und rasch aufsprangen und sich in Riesenpositur vor mich hinstellten. Sie waren wahrhaftig nicht so groß, wie sie auf ihrem Aushängezettel prahlten. Es waren zwei lange Schlingel, welche in Rosatrikot gekleidet gingen, sehr schwarze, vielleicht falsche Backenbärte trugen, und ausgehöhlte Holzkeulen über ihre Köpfe schwangen. Als ich sie nach dem Zwerg befragte, wovon ihr Aushängezettel ebenfalls Meldung tue, erwiderten sie, daß er seit vier Wochen wegen seiner zunehmenden Unpäßlichkeit nicht mehr gezeigt werde, daß ich ihn aber dennoch sehen könne, wenn ich das doppelte Entréegeld bezahlen wolle. Wie gern bezahlt man, um einen Freund wieder zu sehen, das doppelte Entréegeld! Und ach! es war ein Freund, den ich auf dem Sterbebette fand. Dieses Sterbebett war eigentlich eine Kinderwiege, und darin lag der arme Zwerg mit seinem gelb verschrumpften Greisengesicht. Ein etwa vierjähriges kleines Mädchen saß neben ihm und bewegte mit dem Fuße die Wiege und sang in lachend schäkerndem Tone:

Schlaf, Türlütüchen, schlafe!

Als der Kleine mich erblickte, öffnete er so weit als möglich seine gläsern blassen Augen, und ein wehmütiges Lächeln zuckte um seine weißen Lippen; er schien mich gleich wieder zu erkennen, reichte mir sein vertrocknetes Händchen und röchelte leise: Alter Freund!

Es war in der Tat ein betrübsamer Zustand, worin ich den Mann fand, der schon im achten Jahre mit Ludwig XVI. eine lange Unterredung gehalten, den der Zar Alexander mit Bonbons gefüttert, den die Prinzessin von Kyritz auf dem Schoße getragen, der auf den Hunden des Herzogs von Braunschweig umhergeritten, dem der König von Bayern seine Gedichte vorgelesen, der mit deutschen Fürsten aus derselben Pfeife geraucht, den der Papst vergöttert, und den Napoleon nie geliebt hatte! Dieser letzter Umstand bekümmerte den Unglücklichen noch auf seinem Todbette oder, wie gesagt, in seiner Todeswiege, und er weinte über das tragische Schicksal des großen Kaisers, der ihn nie geliebt, der aber in einem so kläglichen Zustande auf Sankt Helena geendet – „ganz wie ich jetzt endige, setzte er hinzu, einsam, verkannt, verlassen von allen Königen und Fürsten, ein Hohnbild ehemaliger Herrlichkeit!"

Obgleich ich nicht recht begriff, wie ein Zwerg, der unter Riesen stirbt, sich mit dem Riesen, der unter Zwergen gestorben, vergleichen konnte, so rührten mich doch die Worte des armen Türlütü und gar sein verlassener Zustand in der Sterbestunde. Ich konnte nicht umhin, meine Verwunderung zu bezeigen, daß Mademoiselle Laurence, die jetzt so vornehm geworden, sich nicht um ihn bekümmere. Kaum hatte ich aber diesen Namen genannt, so bekam der Zwerg in der Wiege die furchtbarsten Krämpfe, und mit seinen weißen Lippen wimmerte er: „Undankbares Kind! das ich auferzogen, das ich zu meiner Gattin erheben wollte, dem ich gelehrt, wie man sich unter den Großen dieser Welt bewegen und gebärden muß, wie man lächelt, wie man sich bei Hof verbeugt, wie man repräsentiert ... du hast meinen Unterricht gut benutzt, und bist jetzt eine große Dame und hast jetzt eine Kutsche und Lakaien und viel Geld, und viel Stolz und kein Herz. Du lässest mich hier sterben, einsam und elend sterben, wie Napoleon auf Sankt Helena! O Napoleon, du hast mich nie geliebt ..." Was er hinzusetzte, konnte ich nicht verstehen. Er hob sein Haupt, machte einige Bewegungen mit der Hand, als ob er gegen jemanden fechte, vielleicht gegen den Tod. Aber der Sense dieses Gegners widersteht kein Mensch, weder ein Napoleon, noch ein Türlütü. Hier hilft keine Parade. Matt, wie überwunden, ließ der Zwerg sein Haupt wieder sinken, sah mich lange an mit einem unbeschreibbar geisterhaften Blick, krähte plötzlich wie ein Hahn, und verschied.

Dieser Todesfall betrübte mich um so mehr, da mir der Verstorbene keine nähere Auskunft über Mademoiselle Laurence gegeben hatte. Wo sollte ich sie jetzt wiederfinden? Ich war weder verliebt in sie, noch fühlte ich sonstig große Zuneigung zu ihr, und doch stachelte mich eine geheimnisvolle Begier, sie überall zu suchen; wenn ich in irgendeinen Salon getreten, und die Gesellschaft gemustert, und das wohlbekannte Gesicht nicht fand, dann verlor ich bald alle Ruhe, und es trieb mich wieder von hinnen. Über dieses Gefühl nachdenkend, stand ich einst um Mitternacht an einem entlegenen Eingang der großen Oper, auf einen Wagen wartend, und sehr verdrießlich wartend, da es eben stark regnete. Aber es kaum kein Wagen, oder vielmehr es kamen nur Wagen, welche anderen Leuten gehörten, die sich vergnügt hineinsetzten, und es wurde allmählich sehr einsam um mich her. „So müssen Sie denn mit mir fahren", sprach endlich eine Dame, die, tief verhüllt in ihrer schwarzen Mantille, ebenfalls harrend einige Zeit neben mir gestanden, und jetzt im Begriffe war, in einen Wagen zu steigen. Die Stimme zuckte mir durchs Herz, der wohlbekannte Seitenblick übte wieder seinen Zauber, und ich war wieder wie im Traume, als ich mich neben Mademoiselle Laurence in einem weichen, warmen Wagen befand. Wir sprachen kein Wort, hätten auch einander nicht verstehen können, da der Wagen mit dröhnendem Geräusche durch die Straßen von Paris dahinrasselte, sehr lange, bis er endlich vor einem großen Torwege stillhielt.

Bediente in brillanter Livree leuchteten uns die Treppe hinauf und durch eine Reihe Gemächer. Eine Kammerfrau, die mit schläfrigem Gesichte uns entgegenkam, stotterte unter vielen Entschuldigungen, daß nur im roten Zimmer eingeheizt sei. Indem sie der Frau einen Wink gab, sich zu entfernen, sprach Laurence mit Lachen: „Der Zufall führt Sie heute weit, nur in meinem Schlafzimmer ist eingeheizt ..."

In diesem Schlafzimmer, worin wir uns bald allein befanden, loderte ein sehr gutes Kaminfeuer, welches um so ersprießlicher, da das Zimmer ungeheuer groß und hoch war. Dieses große Schlafzimmer, dem vielmehr der Name Schlafsaal gebührte, hatte auch etwas sonderbar Ödes. Möbel und Dekoration, alles trug dort das Gepräge einer Zeit, deren Glanz uns jetzt so bestäubt und deren Erhabenheit uns jetzt so nüchtern erscheint, daß ihre Reliquien bei uns ein gewisses Unbehagen, wo nicht gar ein geheimes Lächeln erregen. Ich spreche nämlich von der Zeit des Empires, von der Zeit der goldnen Adler, der hochfliegenden Federbüsche, der griechischen Koiffüren, der Gloire, der großen Tambourmajors, der militärischen Messen, der offiziellen Unsterblichkeit, die der Moniteur dekretierte, des Kontinentalkaffees, welchen man aus Zichorien verfertigte, und des schlechten Zuckers, den man aus Runkelrüben fabrizierte, und der Prinzen und Herzöge, die man aus gar nichts machte. Sie hatte aber immer ihren Reiz, diese Zeit des pathetischen Materialismus ... Talma deklamierte, Gros malte, die Bigottini tanzte, Grassini sang, Maury predigte, Rovigo hatte die Polizei, der Kaiser las den Ossian, Pauline Borghese ließ sich moulieren als Venus, und zwar ganz nackt, denn das Zimmer war gut geheizt, wie das Schlafzimmer, worin ich mich mit Mademoiselle Laurence befand.

Wir saßen am Kamin, vertraulich schwatzend, und seufzend erzählte sie mir, daß sie verheiratet sei an einen bonapartischen Helden, der sie alle Abende vor dem Zubettgehen mit der Schilderung einer seiner Schlachten erquicke; er habe ihr vor einigen Tagen, ehe er abgereist, die Schlacht bei Jena geliefert; er sei sehr kränklich und werde schwerlich den russischen Feldzug überleben. Als ich sie frug, wielange ihr Vater tot sei, lachte sie und gestand, daß sie nie einen Vater gekannt habe, und daß ihre sogenannte Mutter niemals verheiratet gewesen sei.

Nicht verheiratet! rief ich, ich habe sie ja selber zu London wegen dem Tod ihres Mannes in tiefster Trauer gesehen!

„O, erwiderte Laurence, sie hat während zwölf Jahren sich immer schwarz gekleidet, um bei den Leuten Mitleid zu erregen als unglückliche Witwe, nebenbei auch, um einen heiratslustigen Gimpel anzulocken, und sie hoffte unter schwarzer Flagge desto schneller in den Hafen der Ehe zu gelangen. Aber nur der Tod erbarmte sich ihrer, und sie starb an einem Blutsturz. Ich habe sie nie geliebt, denn sie hat mir immer viel' Schläge und wenig zu essen gegeben. Ich wäre verhungert, wenn mir nicht manchmal Monsieur Türlütü ein Stückchen Brot insgeheim zustecke; aber der Zwerg verlangte dafür, daß ich ihn heirate, und als seine Hoffnungen scheiterten, verband er sich mit meiner Mutter, ich sage „Mutter" aus Gewohnheit, und beide quälten mich gemeinschaftlich. Da sagten sie immer, ich sei ein überflüssiges Geschöpf, der gelehrte Hund sei tausendmal mehr wert als ich mit meinem schlechten Tanzen. Und sie lobten dann den Hund auf meine Kosten, rühmten ihn bis in den Himmel, streichelten ihn, fütterten ihn mit Kuchen, und warfen mir die Krumen zu. Der Hund, sagten sie, sei ihre beste Stütze, er entzücke das Publikum, das sich für mich nicht im mindesten interessiere, der Hund müsse mich ernähren mit seiner Arbeit, ich fräße das Gnadenbrot des Hundes. Der verdammte Hund!"

O, verwünschen Sie ihn nicht mehr, unterbrach ich die Zürnende, er ist jetzt tot, ich habe ihn sterben sehen ...

„Ist die Bestie verreckt?" rief Laurence, indem sie aufsprang, errötende Freude im ganzen Gesichte.

Und auch der Zwerg ist tot, setzte ich hinzu.

„Monsieur Türlütü?" rief Laurence, ebenfalls mit Freude. Aber diese Freude schwand allmählich aus ihrem Gesichte, und mit einem milderen, fast wehmütigen Tone sprach sie endlich: „Armer Türlütü!"

Als ich ihr nicht verhehlte, daß sich der Zwerg in seiner Sterbestunde sehr bitter über sie beklagt, geriet sie in die leidenschaftlichste Bewegung, und versicherte mir unter vielen Beteuerungen, daß sie die Absicht hatte, den Zwerg aufs beste zu versorgen, daß sie ihm ein Jahrgehalt angeboten, wenn er still und bescheiden irgendwo in der Provinz leben wolle. „Aber ehrgeizig, wie er ist, fuhr Laurence fort, verlangte er, in Paris zu bleiben und sogar in meinem Hotel zu wohnen; er könne alsdann, meinte er, durch meine Vermittlung seine ehemaligen Verbindungen im Faubourg Saint-Germain wieder anknüpfen, und seine frühere glänzende Stellung in der Gesellschaft wieder einnehmen. Als ich ihm dieses rund abschlug, ließ er mir sagen, ich sei ein verfluchtes Gespenst, ein Vampir, ein Totenkind..."

Laurence hielt plötzlich inne, schauderte heftig zusammen und seufzte endlich aus tiefster Brust: „Ach, ich wollte, sie hätten mich bei meiner Mutter im Grabe gelassen!" Als ich in sie drang, mir diese geheimnisvollen Worte zu erklären, ergoß sich ein Strom von Tränen aus ihren Augen, und zitternde und schluchzend gestand sie mir, daß die schwarze Trommelfrau, die sich für ihre Mutter ausgegeben, ihr einst selbst erklärt habe, das Gerücht, womit man sich über ihre Geburt herumtrage, sei kein bloßes Märchen. „In der Stadt nämlich, wo wir wohnen", fuhr Laurence fort, „hieß man mich immer das Totenkind! Die alten Spinnweiber behaupteten, ich sei eigentlich die Tochter eines dortigen Grafen, der seine Frau beständig mißhandelte und, als sie starb, sehr prachtvoll begraben ließ; sie sei aber hochschwanger und nur scheintot gewesen, und als einige Kirchhofsdiebe, um die reichgeschmückte Leiche zu bestehlen, ihr Grab öffneten, hätten sie die Gräfin ganz lebendig und in Kindesnöten gefunden; und als sie nach der Entbindung gleich verschied, hätten die Diebe sie wieder ruhig ins Grab gelegt und das Kind mitgenommen und ihrer Hehlerin, der Geliebten des großen Bauchredners, zur Erziehung übergeben. Dieses arme Kind, das begraben gewesen, noch ehe es geboren worden, nannte man nun überall das Totenkind ... Ach! Sie begreifen nicht, wieviel Kummer ich schon als kleines Mädchen empfand, wenn man mich bei diesem Namen nannte. Als der große Bauchredner noch lebte und nicht selten mit mir unzufrieden war, rief er immer: Verwünschtes Totenkind, ich wollt', ich hätte dich nie aus dem Grabe geholt! Ein geschickter Bauchredner, wie er war, konnte er seine Stimme so modulieren, daß man glauben mußte, sie käme aus der Erde hervor, und er machte mir dann weis, das sei die Stimme meiner verstorbenen Mutter, die mir ihre Schicksale erzähle. Er konnte sie wohl kennen, diese furchtbaren Schicksale, denn er war einst Kammerdiener des Grafen. Sein grausames Vergnügen war es, wenn ich armes kleines Mädchen über die Worte, die aus der Erde hervorzusteigen schienen, das furchtbarste Entsetzen empfand. Diese Worte, die aus der Erde hervorzusteigen schienen, meldeten gar schreckliche Geschichten, Geschichten, die ich in ihrem Zusammenhange nie begriff, die ich auch späterhin allmählich vergaß, die mir aber, wenn ich tanzte, recht lebendig wieder in den Sinn kamen. Ja, wenn ich tanzte, ergriff mich immer eine sonderbare Erinnerung, ich vergaß meiner selbst und kam mir vor, als sei ich eine ganz andere Person, und als quälten mich alle Qualen und Geheimnisse dieser Person ... und sobald ich aufhörte zu tanzen, erlosch wieder alles in meinem Gedächtnis."

Während Laurence dieses sprach, langsam und wie fragend, stand sie vor mir am Kamine, worin das Feuer immer angenehmer loderte, und ich saß in dem Lehnsessel, welcher wahrscheinlich der Sitz ihres Gatten, wenn er des Abends vor Schlafengehen seine Schlachten erzählte. Laurence sah mich an mit ihren großen Augen, als früge sie mich um Rat; sie wiegte ihren Kopf so wehmütig sinnend; sie flößte mir ein so edles, süßes Mitleid ein; sie war so schlank, so jung, so schön, diese Lilie, die aus dem Grabe gewachsen, diese Tochter des Todes, dieses Gespenst mit dem Gesichte eines Engels und dem Leibe einer Bajadere! Ich weiß nicht, wie es kam, es war vielleicht die Influenz des Sessels, worauf ich saß, aber mir ward plötzlich zu Sinne, als sei ich der alte General, der gestern auf dieser Stelle die Schlacht bei Jena geschildert, als müsse ich fortfahren in meiner Erzählung, und ich sprach: Nach der Schlacht bei Jena ergaben sich binnen wenigen Wochen, fast ohne Schwertstreich, alle preußischen Festungen. Zuerst ergab sich Magdeburg; es war die stärkste Festung, und sie hatte dreihundert Kanonen. Ist das nicht schmählich?

Mademoiselle Laurence ließ mich aber nicht weiter reden, alle trübe Stimmung war von ihrem schönen Antlitz verflogen, sie lachte wie ein Kind und rief: „Ja, das ist schmählich mehr als schmählich! Wenn ich eine Festung wäre und dreihundert Kanonen hätte, würde ich mich nimmermehr ergeben!"

Da nun Mademoiselle Laurence keine Festung war und keine dreihundert Kanonen hatte ...

Bei diesen Worten hielt Maximilian plötzlich ein in seiner Erzählung, und nach einer kurzen Pause frug er leise: Schlafen Sie, Maria?

Ich schlafe, antwortete Maria.

Desto besser, sprach Maximilian mit einem feinen Lächeln, ich brauche also nicht zu fürchten, daß ich Sie langweile, wenn ich die Möbel des Zimmers, worin ich mich befand, wie heutige Novellisten pflegen, etwas ausführlich beschreibe.

Vergessen Sie nur nicht das Bett, teurer Freund!

Es war in der Tat, erwiderte Maximilian, ein sehr prachtvolles Bett. Die Füße, wie bei allen Betten des Empires, bestanden aus Karyatiden und Sphinxen, es strahlte von reichen Vergoldungen, namentlich von goldnen Adlern, die sich wie Turteltauben schnäbelten, vielleicht ein Sinnbild der Liebe unter dem Empire. Die Vorhänge des Bettes waren von roter Seide, und da die Flammen des Kamins sehr stark hindurchschienen, so befand ich mich mit Laurence in einer ganz feuerroten Beleuchtung, und ich kam mir vor wie der Gott Pluto, der, von Höllengluten umlodert, die schlafende Proserpine in seinen Armen hält. Sie schlief, und ich betrachtete in diesem Zustand ihr holdes Gesicht und suchte in ihren Zügen ein Verständnis jener Sympathie, die meine Seele für sie empfand. Was bedeutete dieses Weib? Welcher Sinn lauert unter der Symbolik dieser schönen Formen? Ich hielt dies anmutige Rätsel jetzt als mein Eigentum in meinen Armen, und doch fand ich nicht seine Lösung.

Aber ist es nicht Torheit, den inneren Sinn einer fremden Erscheinung ergründen zu wollen, während wir nicht einmal das Rätsel unserer eigenen Seele zu lösen vermögen! Wissen wir doch nicht einmal genau, ob die fremden Erscheinungen wirklich existieren! Könnten wir doch manchmal die Realität nicht von bloßen Traumgesichten unterscheiden! War es ein Gebilde meiner Phantasie, oder war es entsetzliche Wirklichkeit, was ich in jener Nacht hörte und sah? Ich weiß es nicht. Ich erinnere mich nur, daß, während die wildesten Gedanken durch mein Herz fluteten, ein seltsames Geräusch mir ans Ohr drang. Es war eine verrückte Melodie, sonderbar leise. Sie kam mir ganz bekannt vor, und endlich unterschrieb ich die Töne eines Triangels und einer Trommel. Diese Musik schwirrend und summend, schien aus weiter Ferne zu erklingen, und dennoch, als ich aufblickte, sah ich nahe vor mir mitten im Zimmer ein wohlbekanntes Schauspiel: es war Monsieur Türlütü, der Zwerg, welcher den Triangel spielte, und Madame Mutter, welche die große Trommel schlug, während der gelehrte Hund am Boden herumscharrte, als suche er wieder seine hölzernen Buchstaben zusammen. Der Hund schien nur mühsam sich zu bewegen, und sein Fell war von Blut befleckt. Madame Mutter trug noch immer ihre schwarze Trauerkleidung, aber ihr Bauch war nicht mehr so spaßhaft hervortretend, sondern vielmehr widerwärtig herabhängend; auch ihr Gesicht war nicht mehr rot, sondern blaß. Der Zwerg, welcher noch immer die brodierte Toupet trug, schien etwas gewachsen zu sein, vielleicht weil er so gräßlich abgemagert war. Er zeigte wieder seine Fechterkünste und schien auch seine alten Prahlereien wieder abzuhaspeln; er sprach jedoch so leise, daß ich kein Wort verstand, und nur an seiner Lippenbewegung konnte ich manchmal merken, daß er wieder wie ein Hahn krähte.

Während diese lächerlich grauenhaften Zerrbilder wie ein Schattenspiel mit unheimlichere Hast sich vor meinen Augen bewegten, fühlte ich, wie Mademoiselle Laurence immer unruhiger atmete. Ein kalter Schauer überfröstelte ihren ganzen Leib, rund wie von unerträglichen Schmerzen zuckten ihre holden Glieder. Endlich aber, geschmeidig wie ein Aal, glitt sie aus meinen Armen, stand plötzlich mitten im Zimmer und begann zu tanzen, während die Mutter mit der Trommel und der Zwerg mit dem Triangel ihre gedämpfte, leise Musik ertönen ließen. Sie tanzte ganze wie ehemals an der Waterloobrücke und auf den Karrefours von London. Es waren dieselben geheimnisvollen Pantomimen, dieselben Ausbrüche der leidenschaftlichsten Sprünge, dasselbe bacchastische Zurückwerfen des Hauptes, manchmal auch dasselbe Hinbeugen nach der Erde, als wolle sie horchen, was man unten spräche, dann auch das Zittern, das Erbleichen, das Erstarren, und wieder aufs neue das Horchen mit nach dem Boden gebeugtem Ohr. Auch rieb sie wieder ihre Hände, als ob sie sich wüsche. Endlich schien sie auch wieder ihren tiefen, schmerzlichen, bittenden Blick auf mich zu werfen ... aber nur in den Zügen ihres todblassen Antlitzes erkannte ich diesen Blick, nicht in ihren Augen, denn diese waren geschlossen. In immer leiseren Klängen verhallte die Musik; die Trommelmutter und der Zwerg, allmählich verbleichend und wie Nebel zerquirlend, verschwanden endlich ganz; aber Mademoiselle Laurence stand noch immer und tanzte mit verschlossenen Augen. Dieses Tanzen mit verschlossenen Augen im nächtlich stillen Zimmer gab diesem holden Wesen ein so gespenstisches Aussehen, daß mir sehr unheimlich zumute wurde, daß ich manchmal schauderte, und ich war herzlich froh, als sie ihren Tanz beendigt hatte und wieder eben so geschmeidig, wie sie fortgehuscht war, in meine Arme glitt.

Wahrhaftig, der Anblick dieser Szene hatte für mich nichts Angenehmes. Aber der Mensch gewöhnt sich an alles. Und es ist sogar möglich, daß das Unheimliche diesem Weibe einen noch besonderen Reiz verlieh, daß sich meinen Empfindungen eine schauerliche Zärtlichkeit beimischte ... genug, nach einigen Wochen wunderte ich mich nicht mehr im mindesten, wenn des Nachts die leisen Klänge von Trommel und Triangel ertönten, und meine teure Laurence plötzlich aufstand und mit verschlossenen Augen ein Solo tanzte. Ihr Gemahl, der alte Bonapartist, kommandierte in der Gegend von Paris, und seine Dienstpflicht erlaubte ihm nur die Tage in der Stadt zuzubringen. Wie sich von selbst versteht, er wurde mein intimster Freund, und er weinte helle Tropfen, als er späterhin für lange Zeit von mir Abschied nahm. Er reiste nämlich mit seiner Gemahlin nach Sizilien, und beide habe ich seitdem nicht wiedergesehen.

Als Maximilian diese Erzählung vollendet, erfaßte er rasch seinen Hut und schlüpfte aus dem Zimmer.

Heinrich Heine

über

Ludwig Börne

(1840)

Erstes Buch

Es war im Jahr 1815 nach Christi Geburt, daß mir der Name Börne zuerst ans Ohr klang. Ich befand mich mit meinem seligen Vater auf der Frankfurter Messe, wohin er mich mitgenommen, damit ich mich in der Welt einmal umsehe; das sei bildend. Da bot sich mir ein großes Schauspiel. In den sogenannten Hütten, oberhalb der Zeil, sah ich die Wachsfiguren, wilde Tiere, außerordentliche Kunst- und Naturwerke. Auch zeigte mir mein Vater die großen, sowohl christlichen als jüdischen Magazine, worin man die Waren zehn Prozent unter dem Fabrikpreis einkauft, und man doch immer betrogen wird. Auch das Rathaus, den Römer, ließ er mich sehen, wo die deutschen Kaiser gekauft wurden, zehn Prozent unter dem Fabrikpreis. Der Artikel ist am Ende ganz ausgegangen. Einst führte mich mein Vater ins Lesekabinett einer der △ oder □ Logen, wo er oft soupierte, Kaffee trank, Karten spielte und sonstige Freimaurer-Arbeiten verrichtete. Während ich im Zeitungslesen vertieft lag, flüsterte mir ein junger Mensch, der neben mir saß, leise ins Ohr:

„Das ist der Doktor Börne, welcher gegen die Komödianten schreibt!"

Als ich aufblickte, sah ich einen Mann, der, nach einem Journale suchend, mehrmals im Zimmer sich hin- und herbewegte und bald wieder zur Tür hinausging. So kurz auch sein Verweilen, so blieb mir doch das ganze Wesen des Mannes im Gedächtnisse, und noch heute könnte ich ihn mit diplomatischer Treue abkonterfeien. Er trug einen schwarzen Leibrock, der noch ganz neu glänzte, und blendend weiße Wäsche; aber er trug dergleichen nicht wie ein Stutzer, sondern mit einer wohlhabenden Nachlässigkeit, wo nicht gar mit einer verdrießlichen Indifferenz, die hinlänglich bekundete, daß er sich mit dem Knoten der weißen Krawatte nicht lange vor dem Spiegel beschäftigt, und daß er den Rock gleich angezogen, sobald ihn der Schneider gebracht, ohne lange zu prüfen, ob er zu eng oder zu weit.

Er schien weder groß noch klein von Gestalt, weder mager noch dick, sein Gesicht war weder rot noch blaß, sondern von einer angeröteten Blässe oder verblaßten Röte, und was sich darin zunächst aussprach, war eine gewisse ablehnende Vornehmheit, ein gewisses Dedain, wie man es bei Menschen findet, die sich besser als ihre Stellung fühlen, aber an der Leute Anerkenntnis zweifeln. Es war nicht jene geheime Majestät, die man auf dem Antlitz eines Königs oder eines Genies, die sich inkognito unter der Menge verborgen halten, entdecken kann; es war vielmehr jener revolutionäre, mehr oder minder titanenhafte Mißmut, den man auf den Gesichtern der Prätendenten jeder Art bemerkt. Sein Auftreten, seine Bewegung, sein Gang hatten etwas Sicheres, Bestimmtes, Charaktervolles. Sind außerordentliche Menschen heimlich umflossen von dem Ausstrahlen ihres Geistes? Ahnet unser Gemüt dergleichen Glorie, die wir mit den Augen des Leibes nicht sehen können? Das moralische Gewitter in einem solchen außerordentlichen Menschen wirkt vielleicht elektrisch auf junge, noch nicht abgestumpfte Gemüter, die ihm nahen, wie das materielle Gewitter auf Katzen wirkt. Ein Funken aus dem Auge des Mannes berührte mich, ich weiß nicht wie, aber ich vergaß nicht diese Berührung und vergaß nie den Doktor Börne, welcher gegen die Komödianten schrieb.

Ja, er war damals Theaterkritiker und übte sich an den Helden der Bretterwelt. Wie mein Universitätsfreund Dieffenbach, als wir in Bonn studierten, überall, wo er einen Hund oder eine Katze erwischte, ihnen gleich die Schwänze abschnitt, aus purer Schneidelust, was wir ihm damals, als die armen Bestien gar entsetzlich heulten, so sehr verargten, später aber ihm gern verziehen, da ihn diese Schneidelust zu dem größten Operateur Deutschlands machte, so hat sich auch Börne zuerst an Komödianten versucht, und manchen jugendlichen Übermut, den er damals beging an den Heigeln, Weidnern, Ursprüngen und dergleichen unschuldigen Tieren, die seitdem ohne Schwänze herumlaufen, muß man ihm zugute halten für die besseren Dienste, die er später als großer politischer Operateur mit seiner gewetzten Kritik zu leisten verstand.

Es war Vanhagen von Ense, welcher etwa zehn Jahre nach dem erwähnten Begegnisse den Namen Börne wieder in meiner Erinnerung heraufrief, und mir Aufsätze dieses Mannes, namentlich in der „Wage" und in den „Zeitschwingen", zu lesen gab. Der Ton, womit er mir diese Lektüre empfahl, war bedeutsam dringend, und das Lächeln, welches um die Lippen der anwesenden Rahel schwebte, jenes wohlbekannte, rätselhaft wehmütige, vernunftvoll mystische Lächeln, gab der Empfehlung ein noch größeres Gewicht. Rahel schien nicht bloß auf literarischem Wege über Börne unterrichtet zu sein, und, wie ich mich erinnere, versicherte sie bei dieser Gelegenheit, es existierten Briefe, die Börne einst an eine geliebte Person gerichtet habe, und worin sein leidenschaftlicher hoher Geist sich noch glänzender als in seinen gedruckten Aufsätzen ausspräche*). Auch über seinen Stil äußerte sich Rahel, und zwar mit Worten, die jeder, der mit ihrer Sprache nicht vertraut ist, sehr mißverstehen möchte; sie sagte: „Börne kann nicht schreiben, eben so wenig wie ich oder Jean Paul." Unter Schreiben verstand sie nämlich die ruhige Anordnung, sozusagen die Redaktion der Gedanken, die logische Zusammensetzung der Redeteile, kurz jene Kunst des Periodenbaues, den sie sowohl bei Goethe wie bei ihrem Gemahl so enthusiastisch bewunderte, und worüber wir damals fast täglich die fruchtbarsten Debatten führten. Die heutige Prosa, was ich hier beiläufig bemerken will, ist nicht ohne viel Versuch, Beratung, Widerspruch und Mühe geschaffen worden. Rahel liebte vielleicht Börne um so mehr, da sie ebenfalls zu jenen Autoren gehörte, die, wenn sie gut schreiben sollen, sich immer in einer leidenschaftlichen Anregung, in einem gewissen Geistesrausch befinden müssen, – Bacchanten des Gedankens, die dem Gotte mit heiliger Trunkenheit nachtaumeln. Aber bei ihrer Vorliebe für wahlverwandte Naturen hegte sie dennoch die größte Bewunderung für jene besonnenen Bildner des Wortes, die all ihr Denken, Fühlen und Anschauen, abgelöst von der gebärenden Seele, wie einen gegebenen Stoff zu handhaben und gleichsam plastisch darzustellen wissen. Ungleich jener großen Frau, hegte Börne den engsten Widerwillen gegen dergleichen Darstellungsart; in seiner subjektiven Befangenheit begriff er nicht die objektive Freiheit, die Goethe'sche Weise, und die künstlerische Form hielt er für Gemütlosigkeit; er glich dem Kinde, welches, ohne den glühenden Sinn einer griechischen Statue zu ahnen, nur die marmornen Formen betastet und über Kälte klagt.

Zudem ich hier antezipierend von dem Widerwillen rede, welchen die Goethe'sche Darstellungsart in Börne aufregte, lasse ich zugleich erraten, daß die Schreibart des letztern schon damals kein unbedingtes Wohlgefallen bei mir hervorrief. Es ist nicht meines Amtes, die Mängel dieser Schreibweise aufzudecken, auch würde jede Andeutung über das, was mir an diesem Stile am meisten mißfiel, nur von den wenigsten verstanden werden. Nur so viel will ich bemerken, daß, um vollendete Prosa zu schreiben, unter anderm auch eine große Meisterschaft in metrischen Formen erforderlich ist. Ohne eine solche Meisterschaft fehlt dem Prosaiker ein gewisser Takt, es entschlüpfen ihm Wortfügungen, Ausdrücke, Zäsuren und Wendungen, die nur in gebundener Rede statthaft sind, und es entsteht ein geheimer Mißlaut, der nur wenige, aber sehr feine Ohren verletzt.

Wie sehr ich aber auch geneigt war, an der Außenschale, an

---

*) Die erwähnte Korrespondenz – „Briefe des jungen Börne an Henriette Herz" – ist aus Varnhagen's Nachlaß (Leipzig, F. W. Brockhaus, 1861) veröffentlicht worden. **Der Herausgeber.**

dem Stile Börne's zu mäkeln, und namentlich, wo er nicht beschreibt, sondern räsonniert, die kurzen Sätze seiner Prosa als eine kindische Unbeholfenheit zu betrachten, so ließ ich doch dem Inhalt, dem Kern seiner Schriften die reichlichste Gerechtigkeit widerfahren, ich verehrte die Originalität, die Wahrheitsliebe, überhaupt den edlen Charakter, der sich durchgängig darin aussprach, und seitdem verlor ich den Verfasser nicht mehr aus dem Gedächtnis. Man hatte mir gesagt, daß er noch immer zu Frankfurt lebe, und als ich mehre Jahre später, Anno 1827, durch diese Stadt reisen mußte, um mich nach München zu begeben, hatte ich mir bestimmt vorgenommen, dem Doktor Börne in seiner Behausung meinen Besuch abzustatten. Dieses gelang mir, aber nicht ohne vieles Umherfragen und Fehlsuchen; überall wo ich mich nach ihm erkundigte, sah man mich ganz befremdlich an, und man schien in seinem Wohnorte ihn entweder wenig zu kennen, oder sich noch weniger um ihn zu bekümmern. Sonderbar! Hören wir in der Ferne von einer Stadt, wo dieser oder jener große Mann lebt, unwillkürlich denken wir uns ihn als den Mittelpunkt der Stadt, deren Dächer sogar von seinem Ruhme bestrahlt würden. Wie wundern wir uns nun, wenn wir in der Stadt selbst anlangen und den großen Mann wirklich darin aufsuchen wollen und ihn erst lange erfragen müssen, bis wir ihn unter der großen Menge herausfinden! So sieht der Reisende schon in weitester Ferne den hohen Dom einer Stadt; gelangt er aber in ihr Weichbild selbst, so verschwindet derselbe wieder seinen Blicken, und erst hin- und herwandernd durch viele krumme und enge Sträßchen kommt der große Turmbau wieder zum Vorschein, in der Nähe von gewöhnlichen Häusern und Boutiken, die ihn schier verborgen halten ...

Ich hatte Mühe, den Mann wiederzuerkennen, dessen früheres Aussehen mir noch lebhaft im Gedächtnisse schwebte. Keine Spur mehr von vornehmer Unzufriedenheit und stolzer Verdüsterung. Ich sah jetzt ein zufriedenes Männchen, sehr schmächtig, aber nicht krank, ein kleines Köpfchen mit schwarzen glatten Härchen, auf den Wangen sogar ein Stück Röte, die lichtbraunen Augen sehr munter, Gemütlichkeit in jedem Blick, in jeder Bewegung, auch im Tone. Dabei trug er ein gesticktes Kamisölchen von grauer Wolle, welches, eng anliegend wie ein Ringpanzer, ihm ein drollig märchenhaftes Ansehen gab. Er empfing mich mit Herzlichkeit und Liebe; es vergingen keine drei Minuten, und wir gerieten ins vertraulichste Gespräch. Wovon wir zuerst redeten? Wenn Köchinnen zusammenkommen, sprechen sie von ihrer Herrschaft, und wenn deutsche Schriftsteller zusammenkommen, sprechen sie von ihren Verlegern. Unsere Konversation begann daher mit Cotta und Campe, und als ich, nach einigen gebräuchlichen Klagen, die guten Eigenschaften des letztern eingestand, vertraute mir Börne, daß er mit einer Herausgabe seiner sämtlichen Schriften schwanger gehe, und für dieses Unternehmen sich den Campe merken wolle. Ich konnte nämlich von Julius Campe versichern, daß er kein gewöhnlicher Buchhändler sei, der mit Edlen, Schönen, Großen nur Geschäfte machen und eine gute Konjunktur benutzen will, sondern daß er manchmal das Große, Schöne, Edle unter sehr ungünstigen Konjunkturen druckt und wirklich sehr schlechte Geschäfte damit macht. Auf solche Worte horchte Börne mit beiden Ohren, und sie haben ihn späterhin veranlaßt, nach Hamburg zu reisen und sich mit dem Verleger der „Reisebilder" über eine Herausgabe seiner sämtlichen Schriften zu verständigen.

Sobald die Verleger abgetan sind, beginnen die wechselseitigen Komplimente zwischen zwei Schriftstellern, die sich zum ersten Male sprechen. Ich übergehe, was Börne über meine Vorzüglichkeit äußerte, und erwähne nur den leisen Tadel, den er bisweilen in den schäumenden Kelch des Lebens eintröpfeln ließ. Er hatte nämlich kurz vorher den zweiten Teil der „Reisebilder" gelesen, und vermeinte, daß ich von Gott, welcher doch Himmel und Erde erschaffen und so weise die Welt regiere, mit zu wenig Reverenz, hingegen von dem Napoleon, welcher doch nur ein sterblicher Despot gewesen, mit übertriebener Ehrfurcht gesprochen habe. Er schien den Napoleon wenig zu lieben, obgleich er doch unbewußt den größten Respekt vor ihm in der Seele trug. Es verdroß ihn, daß die Fürsten sein Standbild von der Vendomesäule so ungroßmütig herabgerissen.

„Ach!" rief er mit einem bittern Seufzer, „ihr konntet dort seine Statue getrost stehen lassen; ihr brauchtet nur ein Plakat mit der Inschrift: „Achtzehnter Brumaire" daran zu befestigen, und die Vendomesäule wäre seine verdiente Schandsäule geworden! Wie liebte ich diesen Mann bis zum achtzehnten Brumaire; noch bis zum Frieden von Campo Formio bin ich ihm zugetan; als er aber die Stufen des Thrones erstieg, sank er immer tiefer im Werte; man konnte von ihm sagen: er ist die rote Treppe hinaufgefallen!"

„Ich habe noch diesen Morgen", setzte Börne hinzu, „ihn bewundert, als ich in diesem Buche, das hier auf meinem Tische liegt – er zeigte auf Thier's Revolutionsgeschichte – die vortreffliche Anekdote las, wie Napoleon zu Udine eine Entrevue mit Kobentzel hat und im Eifer des Gesprächs das Porzellan zerschlägt, das Kobentzel einst von der Kaiserin Katharina erhalten und gewiß sehr liebte. Dieses zerschlagene Porzellan hat vielleicht den Frieden von Campo Formio herbeigeführt. Der Kobentzel dachte gewiß: „Mein Kaiser hat so viel Porzellan, und das gibt ein Unglück. Wenn der Kerl nach Wien käme und gar zu feurig in Eifer geriete – das Beste ist, wir machen mit ihm Friede." Wahrscheinlich in jener Stunde, als zu Udine das Porzellanservice von Kobentzel zu Boden purzelte und in lauter Scherben zerbrach, zitterte zu Wien alles

Porzellan, und nicht bloß die Kaffeekannen und Tassen, sondern auch die chinesischen Pagoden, sie nickten mit den Köpfen vielleicht hastiger als je, und der Friede wurde ratifiziert. In Bilderläden sieht man den Napoleon gewöhnlich, wie er auf bäumendem Roß den Simplon besteigt, wie er mit hochgeschwungener Fahne über die Brücke von Lodi stürmt usw. Wenn ich aber ein Maler wäre, so würde ich ihn darstellen, wie er das Service von Kobentzel zerschlägt. Das war seine erfolgreichste Tat. Jeder König fürchtete seitdem für sein Porzellan, und gar besondere Angst überkam die Berliner wegen ihrer großen Porzellanfabrik. Sie haben keinen Begriff davon, liebster Heine, wie man durch den Besitz von schönem Porzellan im Zaum gehalten wird.. Sehen Sie z. B. mich, der ich einst so wild war, als ich wenig Gepäck hatte und gar kein Porzellan. Mit dem Besitztum, und gar mit gebrechlichem Besitztum kommt die Furcht und die Knechtschaft. Ich habe mir leider vor kurzem ein schönes Teeservice angeschafft – die Kanne war so lockend prächtig vergoldet – auf der Zuckerdose war das eheliche Glück abgemalt, zwei Liebende, die sich schnäbeln – auf der einen Tasse der Katharinenturm, auf einer andern die Konstablerwache, lauter vaterländische Gegenden auf den übrigen Tassen. – Ich habe wahrhaftig jetzt meine liebe Sorge, daß ich in meiner Dummheit nicht zu frei schreibe und plötzlich flüchten müßte. – Wie könnte ich in der Geschwindigkeit all' diese Tassen und gar die große Kanne einpacken? In der Eile könnten sie zerbrochen werden, und zurücklassen möchte ich sie in keinem Falle. Ja, wir Menschen sind sonderbare Käuze! Derselbe Mensch, der vielleicht Ruhe und Freude seines Lebens, ja das Leben selbst aufs Spiel setzen würde, um seine Meinungsfreiheit zu behaupten, der will doch nicht gern ein paar Tassen verlieren, und wird ein schweigender Sklave, um seine Teekanne zu konservieren. Wahrhaftig, ich fühle, wie das verdammte Porzellan mich im Schreiben hemmt, ich werde so milde, so vorsichtig, so ängstlich ... Am Ende glaub' ich gar, der Porzellanhändler war ein österreichischer Polizeiagent, und Metternich hat mir das Porzellan auf den Hals geladen, um mich zu zähmen. Ja, ja, deshalb war es so wohlfeil, und der Mann so beredsam. Ach, die Zuckerdose mit dem ehelichen Glück war eine so süße Lockspeise! Ja, je mehr ich mein Porzellan betrachte, desto wahrscheinlicher wird mir der Gedanke, daß es von Metternich herrührt. Ich verdenke es ihm im mindesten, daß man mir auf solche Weise beizukommen sucht. Wenn man kluge Mittel gegen mich anwendet, werde ich nie unwirsch; nur die Plumpheit und die Dummheit ist mir unausstehlich. Da ist aber unser Frankfurter Senat – –"

Ich habe meine Gründe, den Mann nicht weiter sprechen zu lassen, und bemerke nur, daß er am Ende seiner Rede mit gutmütigem Lachen ausrief:

„Aber noch bin ich stark genug, meine Porzellanfesseln zu brechen, und macht man mir den Kopf warm, wahrhaftig, die schöne vergoldete Teekanne fliegt zum Fenster hinaus mitsamt der Zuckerdose und dem ehelichen Glück und dem Katharinenturm und der Konstablerwache und den vaterländischen Gegenden, und ich bin dann wieder ein freier Mann, nach wie vor!"

Börne's Humor, wovon ich eben ein sprechendes Beispiel gegeben, unterschied sich von dem Humor Jean Paul's dadurch, daß letzterer gern die entferntesten Dinge ineinanderrührte, während jener, wie ein lustiges Kind, nur nach dem Nahliegenden griff, und während die Phantasie des konfusen Polyhistors von Bayreuth in der Rumpelkammer aller Zeiten herumkramte und mit Siebenmeilenstiefeln alle Weltgegenden durchschweifte, hatte Börne nur den gegenwärtigen Tag im Auge, und die Gegenstände, die ihn beschäftigen, lagen alle in seinem räumlichen Gesichtskreis. Er besprach das Buch, das er eben gelesen, das Ereignis, das eben vorfiel, den Stein, an den er sich eben gestoßen, Rothschild, an dessen Haus er täglich vorbeiging, den Bundestag, der auf der Zeil residiert und den er ebenfalls an Ort und Stelle hassen konnte, endlich alle Gedankenwege führten ihn zu Metternich. Sein Groll gegen Goethe hatte vielleicht ebenfalls örtliche Anfänge; ich sage Anfänge, nicht Ursachen; denn wenn auch der Umstand, daß Frankfurt ihre gemeinschaftliche Vaterstadt war, Börne's Aufmerksamkeit zunächst auf Goethe lenkte, so war doch der Haß, der gegen diesen Mann in ihm brannte und immer leidenschaftlicher entloderte, nur die notwendige Folge einer tiefen, in der Natur beider Männer begründeten Differenz. Hier wirkte keine kleinliche Schelsucht, sondern ein uneigennütziger Widerwille, der angebornen Trieben gehorcht, ein Hader, welcher, alt wie die Welt, sich in allen Gesichtern des Menschengeschlechts kundgibt und am grellsten hervortrat in dem Zweikampfe, welchen der judäische Spiritualismus gegen hellenische Lebensherrlichkeit führte, ein Zweikampf, der noch immer nicht entschieden ist und vielleicht nie ausgekämpft wird, der kleine Nazarener haßte den großen Griechen, der noch dazu ein griechischer Gott war.

Das Werk von Wolfgang Menzel war eben erschienen, und Börne freute sich kindisch, daß jemand gekommen sei, der den Mut zeige, so rücksichtslos gegen Goethe aufzutreten.

„Der Respekt", setzte er naiv hinzu, „hat mich immer davon abgehalten, dergleichen öffentlich auszusprechen. Der Menzel, der hat Mut, der ist ein ehrlicher Mann und ein Gelehrter; den müssen Sie kennenlernen, an dem werden wir noch viele Freude erleben; der hat viel Courage, der ist ein grundehrlicher Mann und ein großer Gelehrter! An dem Goethe ist gar nichts, er ist eine Memme, ein serviler Schmeichler und ein Dilettant."

Auf dieses Thema kam er oft zurück; ich mußte ihm versprechen, in Stuttgart den Menzel zu besuchen und er schrieb mir gleich zu diesem Behufe eine Empfehlungskarte, und ich höre ihn noch eifrig hinzusetzen: „Der hat Mut, außerordentlich viel Courage, der ist ein braver, grundehrlicher Mann und ein großer Gelehrter!"

Wie in seinen Äußerungen über Goethe, so auch in seiner Beurteilung anderer Schriftsteller, verriet Börne seine nazarenische Beschränktheit. Ich sage nazarenisch, um mich weder des Ausdrucks „jüdisch" noch „christlich" zu bedienen, obgleich beide Ausdrücke für mich synonym sind und von mir nicht gebraucht werden, um einen Glauben, sondern um ein Naturell zu bezeichnen. „Juden" und „Christen" sind für mich ganz sinnverwandte Worte, im Gegensatz zu „Hellenen", mit welchem Namen ich ebenfalls kein bestimmtes Volk, sondern eine sowohl angeborene als angebildete Geistesrichtung und Anschauungsweise bezeichne. In dieser Beziehung möchte ich sagen: alle Menschen sind entweder Juden oder Hellenen, Menschen mit asketischen, bildfeindlichen, vergeistungssüchtigen Trieben, oder Menschen von lebensheiterem, entfaltungsstolzem und realistischem Wesen. So gab es Hellenen in deutschen Predigerfamilien, und Juden, die in Athen geboren und vielleicht von Theseus abstammen. Der Bart macht nicht den Juden, oder der Zopf macht nicht den Christen, kann man hier mit Recht sagen. Börne war ganz Nazarener, seine Antipathie gegen Goethe ging unmittelbar hervor aus seinem nazarenischen Gemüte, seine spätere politische Exaltation war begründet in jenem schroffen Asketismus, jenem Durst nach Märtyrtum, der überhaupt bei den Republikanern gefunden wird, den sie republikanische Tugend nennen, und der von der Passionsfrucht der früheren Christen so wenig verschieden ist. In seiner spätern Zeit wendete sich Börne sogar zum historischen Christentum, er sank fast in den Katholizismus, er fraternisierte mit dem Pfaffen Lamennais und verfiel in den widerwärtigsten Kapuzinerton, als er sich einst über einen Nachfolger Goethe's einen Pantheisten von der heitern Observanz, öffentlich aussprach. – Psychologisch merkwürdig ist die Untersuchung, wie in Börne's Seele allmählich das eingeborene Christentum emporstieg, nachdem es lange niedergehalten worden von seinem scharfen Verstand und seiner Lustigkeit. Ich sage Lustigkeit, *gaité*, nicht Freude, *joie;* die witzige, eichkätzchenhafte Munterkeit, gar lieblich kapriziös, gar süß, auch glänzend, worauf aber bald eine starre Gemütsvertrübung folgt; es fehlt ihnen die Majestät der Genußseligkeit die nur bei bewußten Göttern gefunden wird.

Ist aber in unserem Sinne kein großer Unterschied zwischen Juden und Christen, so existiert dergleichen desto herber in der Weltbetrachtung Frankfurter Philister; über die Mißstände, die sich daraus ergeben, sprach Börne sehr viel und sehr oft während den drei Tagen, die ich ihm zuliebe in der freien Reichs- und Handelsstadt Frankfurt am Main verweilte.

Ja, mit drolliger Güte drang er mir das Versprechen ab, ihm drei Tage meines Lebens zu schenken, er ließ mich nicht mehr von sich, und ich mußte mit ihm in der Stadt herumlaufen, allerlei Freunde besuchen, auch Freundinnen ...

Mich interessiert bei ausgezeichneten Leuten der Gegenstand ihrer Liebesgefühle immer weniger als das Gefühl der Liebe selbst. Letzteres aber – das wie ich – muß bei Börne sehr stark gewesen sein. Wie später bei der Lektüre seiner gesammelten Schriften, so schon in Frankfurt durch manche hingeworfene Äußerung, merkte ich, daß Börne zu verschiedenen Jahreszeiten seines Lebens von den Tücken des kleinen Gottes weidlich geplagt worden. Namentlich von den Qualen der Eifersucht weiß er viel zu sagen, wie denn überhaupt die Eifersucht in seinem Charakter lag und ihn, im Leben wie in der Politik, alle Erscheinungen durch die gelbe Lupe des Mißtrauens betrachten ließ. Ich erwähnte, daß Börne zu verschiedenen Zeiten seines Lebens von Liebesleiden heimgesucht worden.

„Ach", seufzte er einmal wie aus der Tiefe schmerzlicher Erinnerungen, „in spätern Jahren ist diese Leidenschaft noch weit gefährlicher als in der Jugend. Man sollte es kaum glauben, da sich doch mit dem Alter auch unsere Vernunft entwickelt hat und diese uns unterstützen könnte im Kampfe mit der Leidenschaft. Saubere Unterstützung! Merken Sie sich das: die Vernunft hilft uns nur, jene kleinen Kapricen zu bekämpfen, die wir auch ohne ihre Intervention bald überwinden würden. Aber sobald sich eine große, wahre Leidenschaft unseres Herzens bemächtigt hat und unterdrückt werden soll, wegen des positiven Schadens, der uns dadurch bedroht, alsdann gewährt uns die Vernunft wenig Hilfe, ja, die Kanaille, sie wird alsdann sogar eine Bundesgenossin des Feindes, und anstatt unsere materiellen oder moralischen Interessen zu vertreten, leiht sie dem Feinde der Leidenschaft alle ihre Logik, alle ihre Syllogismen, alle ihre Sophismen, und dem stummen Wahnsinn liefert sie die Waffe des Wortes. Vernünftig, wie sie ist, schlägt sich die Vernunft immer zur Partei des Stärkern, zur Partei der Leidenschaft, und verläßt sie wieder, sobald die Force derselben durch die Gewalt der Zeit oder durch das Gesetz der Reaktion gebrochen wird. Wie verhöhnt sie alsdann die Gefühle, die sie kurz vorher so eifrig rechtfertigte! Mißtrauen Sie, lieber Freund, in der Leidenschaft immer der Sprache der Vernunft, und ist die Leidenschaft erloschen, so mißtrauen Sie ihr ebenfalls, und sein Sie nicht ungerecht gegen Ihr Herz! ...

Börne wollte mich die Merkwürdigkeiten Frankfurt's sehen lassen, und vergnügt, im gemütlichsten Hundetrab, lief er mir zur Seite, als wir durch die Straßen wanderten. Ein wunderliches

Ansehen gab ihm sein kurzes Mäntelchen und sein weißes Hütchen, welches zur Hälfte mit einem schwarzen Flor umwickelt war. Der schwarze Flor bedeutete den Tod seines Vaters, welcher ihn bei Lebzeiten sehr knapp gehalten, ihm jetzt aber auf einmal viel Geld hinterließ. Börne schien damals die angenehmen Empfindungen solcher Glücksveränderungen noch in sich zu tragen und überhaupt im Zenit des Wohlbehagens zu stehen. Er klagte sogar über seine Gesundheit, d.h., er klagte, er werde täglich gesünder und mit der zunehmenden Gesundheit schwänden seine geistigen Fähigkeiten. „Ich bin zu gesund und kann nichts mehr schreiben", klagte er im Scherz, vielleicht auch im Ernst, denn bei solchen Naturen ist das Talent abhängig von gewissen krankhaften Zuständen, von einer gewissen Reizbarkeit, die ihre Empfindungs- und Ausdrucksweise steigert, und die mit der eintretenden Gesundheit wieder verschwindet. „Er hat mich bis zur Dummheit kuriert", sagte Börne von seinem Arzte, zu welchem er mich führte, und in dessen Haus ich auch mit ihm speiste.

Die Gegenstände, womit Börne in zufällige Berührung kam, gaben seinem Geiste nicht bloß die nächste Beschäftigung, sondern wirkten auch unmittelbar auf die Stimmung seines Geistes, und mit ihrem Wechsel stand seine gute oder böse Laune in unmittelbarer Verbindung. Wie das Meer von den vorüberziehenden Wolken, so empfing Börne's Seele die jedesmalige Färbung von den Gegenständen, denen er auf seinem Weg begegnete. Der Anblick schöner Gartenanlagen oder einer Gruppe schäkernder Mägde, die uns entgegenlachte, warfen gleichsam Rosenlichter über Börne's Seele, und der Widerschein derselben gab sich kund in sprühenden Witzen. Als wir aber durch das Judenquartier gingen, schienen die schwarzen Häuser ihre finstern Schatten in sein Gemüt zu gießen.

„Betrachten Sie diese Gasse", sprach er seufzend, „und rühmen Sie mir alsdann das Mittelalter! Die Menschen sind tot, die hier gelebt und geweint haben, und können nicht widersprechen, wenn unsere verrückten Poeten und noch verrückteren Historiker, wenn Narren und Schälke von der alten Herrlichkeit ihre Entzückungen drucken lassen; aber wo die toten Menschen schweigen, da sprechen desto lauter die lebendigen Steine."

In der Tat, die Häuser jener Straße sahen mich an, als wollten sie mir betrübsame Geschichten erzählen, Geschichten, die man wohl weiß, aber nicht wissen will oder lieber vergäße, als daß man sie ins Gedächtnis zurückriefe. So erinnere ich mich noch eines giebelhohen Hauses, dessen Kohlenschwärze um so greller hervorstach, da unter den Fenstern eine Reihe kreideweißer Talglichter hingen; der Eingang, zur Hälfte mit rostigen Eisenstangen vergittert, führte in eine dunkle Höhle, wo die Feuchtigkeit von den Wänden herabzurieseln schien, und aus dem Innern tönte ein höchste sonderbarer, näselnder Gesang. Die gebrochene Stimme schien die eines alten Mannes, und die Melodie wiegte sich in den sanftesten Klagelauten, die allmählich bis zum entsetzlichsten Zorne anschwollen. Was ist das für ein Lied? frug ich meinen Begleiter. „Es ist ein gutes Lied", antwortete dieser mit einem mürrischen Lachen, „ein lyrisches Meisterstück, das im diesjährigen Musenalmanach schwerlich seinesgleichen findet ... Sie kennen es vielleicht in der deutschen Übersetzung: Wir saßen an den Flüssen Babel's, unsere Harfen hingen an den Trauerweiden usw. Ein Prachtgedicht! und der alte Rabbi Chayim singt es sehr gut mit seiner zittrigen, abgemergelten Stimme; die Sonntag sänge es vielleicht mit größerem Wohllaut, aber nicht mit so viel Ausdruck, mit so viel Gefühl ... Denn der alte Mann haßt noch immer die Babylonier und weint noch täglich über den Untergang Jerusalem's durch Nebukadnezar ... Dieses Unglück kann er gar nicht vergessen, obgleich so viel Neues seitdem passiert ist, und noch jüngst der zweite Tempel durch Titus, den Bösewicht, zerstört worden. Ich muß ihnen nämlich bemerken, der alte Rabbi Chayim betrachtet den Titus keineswegs als ein *delicium generis humani*, er hält ihn für einen Bösewicht, den auch die Rache Gottes erreicht hat ... Es ist ihm nämlich eine kleine Mücke in die Nase geflogen, die, allmählich wachsend, mit ihren Klauen in seinem Gehirn herumwühlte und ihm so grenzenlose Schmerzen verursachte, daß er nur dann einige Erholung empfand, wenn in seiner Nähe einige hundert Schmiede auf ihre Amboße loshämmerten. Das ist sehr merkwürdig, daß alle Feinde der Kinder Israel ein so schlechtes Ende nehmen. Wie es dem Nebukadnezar gegangen ist, wissen Sie, er ist in seinen alten Tagen ein Ochs geworden und hat Gras essen müssen. Sehen Sie den persischen Staatsminister Haman, ward er nicht am Ende gehenkt zu Susa, in der Hauptstadt? Und Antiochus, der König von Syrien, ist er nicht bei lebendigem Leibe verfault durch die Läusesucht? Die spätern Bösewichter, die Judenfeinde, sollten sich in acht nehmen ... Aber was hilft's, es schreckt sie nicht ab, das furchtbare Beispiel, und dieser Tage habe ich wieder eine Broschüre gegen die Juden gelesen, von einem Professor der Philosophie, der sich *Magis amica* nennt. Er wird einst Gras essen, ein Ochs ist er schon von Natur, vielleicht gar wird er mal gehenkt, wenn er die Sultanin Favorite des Königs von Flachsenfingen beleidigt, und Lause hat er gewiß auch schon wie der Antiochus. Am liebsten wär' mir's, er ginge zur See und machte Schiffbruch an der nordafrikanischen Küste. Ich habe nämlich jüngst gelesen, daß die Muhammedaner, die dort wohnen, sich durch ihre Religion berechtigt glauben, alle Christen, die bei ihnen Schiffbruch leiden und in ihre Hände fallen, als Sklaven zu behandeln. Sie verteilen unter sich diese Unglücklichen und benutzen jeden derselben nach seinen Fähigkeiten. So hat nun jüngst ein Engländer, der jene Künste bereiste, dort einen deutschen Gelehrten gefunden, der Schiffbruch gelitten und Sklave geworden, aber zu gar nichts anderem zu gebrauchen war, als daß man ihm Eier zum Ausbrüten unterlegte; er gehörte nämlich zur theologischen Fakultät. Ich wünsche nun, der Doktor *Magis amica* käme in eine solche Lage; wenn er auf seinen Eiern drei Wochen unausstehlich sitzen müßte (sind es Enteneier, sogar vier Wochen), so kämen ihm gewiß allerlei Gedanken in den Sinn, die ihm bisher nie eingefallen, und ich wette, er verwünscht den Glaubensfanatismus, der in Europa die Juden und in Afrika die Christen herabwürdigt, und sogar einen Doktor der Theologie bis zur Bruthenne entmenscht ... Die Hühner, die er ausgebrütet, werden sehr tolerant schmecken, besonders wenn man sie mit einer Sauce *à la Marengo* verzehrt."

Aus leicht begreiflichen Gründen übergehe ich die Bemerkungen, die mein Begleiter in bitterster Fülle losließ, als wir auf unserer Wanderung im Weichbilde Frankfurt's dem Hause vorüberg ingen, wo der Bundestag seine Sitzungen hält. Die Schildwache hielt ihr Mittagsschläfchen in aufrechter Stellung, und die Schwalben, die an den Fliesen der Fenster ihre friedlichen Nester gebaut, flogen seelenruhig auf und nieder. Schwalben bedeuten Glück, behauptete meine Großmutter; sie war sehr abergläubisch.

Von der Ecke der Schnurgasse bis zur Börse mußten wir uns durchdrängen; hier fließt die goldene Ader der Stadt, hier versammelt sich der edle Handelsstand und schachert und mauschelt ... Was wir nämlich in Norddeutschland Mauscheln nennen, ist nichts anders als die eigentliche Frankfurter Landessprache, und sie wird von der unbeschnittenen Population ebenso vortrefflich gesprochen, wie von der beschnittenen. Börne sprach diesen Jargon sehr schlecht, obgleich er, ebenso wie Goethe, den heimatlichen Dialekt nie ganz verleugnen konnte. Ich habe bemerkt, daß Frankfurter, die sich von allen Handelsinteressen entfernt hielten, am Ende jene Frankfurter Aussprache, die wir, wie gesagt, in Norddeutschland Mauscheln nennen, ganz verlernten.

Eine Strecke weiter, am Ausgange der Saalgasse, erfreuten wir uns einer viel angenehmeren Begegnung. Wir sahen nämlich einen Rudel Knaben, welche aus der Schule kamen, hübsche Jungen mit rosigen Gesichtchen, einen Pack Bücher unterm Arm.

„Weit mehr Respekt", – rief Börne, – „weit mehr Respekt habe ich für diese Buben, als für ihre erwachsenen Väter. Jener Kleine mit der hohen Stirn denkt vielleicht jetzt an den zweiten punischen Krieg, und er ist begeistert für Hannibal, als man ihm heute erzählte, wie der große Karthager schon als Knabe den Römern Rache schwur – ich wette, da hat sein kleines Herz mitgeschworen ... Haß und Untergang dem bösen Rom! Halte Deinen Eid, mein kleiner Waffenbruder! Ich möchte ihn küssen, den vortrefflichen Jungen! Der andere Kleine, der so pfiffig hübsch aussieht, denkt vielleicht an den Mithridates und möchte ihn einst nachahmen ... Das ist auch gut, ganz gut, und du bist mir willkommen. Aber, Bursche, wirst du auch Gift schlucken können, wie der alte König des Pontus? Übe dich frühzeitig! Wer mit Rom Krieg führen will, muß alle möglichen Gifte vertragen können, nicht bloß plumpen Arsenik, sondern auch einschläferndes phantastisches Opium, und gar das schleichende Aquatoffana der Verleumdung! Wie gefällt ihnen der Knabe, der so lange Beine hat und ein so unzufrieden aufgestülptes Näschen? Den jückt es vielleicht, ein Catilina zu werden, er hat auch lange Finger, und er wird einmal den Ciceros unserer Republik, den gepuderten Vätern des Vaterlandes, eine Gelegenheit geben, sich mit langen, schlechten Reden zu blamieren. Der dort, der arme kränkliche Bub', möchte gewiß weit lieber die Rolle der Brutus spielen ... Armer Junge, du wirst keinen Cäsar finden, und mußt dich begnügen, einige alte Perücken mit Worten zu erstechen, und wirst dich endlich nicht in dein Schwert, sondern in die Schelling'sche Philosophie stürzen und verrückt werden! Ich habe Respekt für diese Kleinen, die sich den ganzen Tag für die hochherzigsten Geschichten der Menschheit interessieren, während ihre Väter nur für das Steigen oder Fallen der Staatspapiere Interesse fühlen und an Kaffeebohnen und Kochenille und Manufakturwaren denken! Ich hätte nicht übel Lust, den kleinen Brutus dort eine Tüte mit Zuckerkringeln zu kaufen ... Nein, ich will ihm lieber Branntwein zu trinken geben, damit er klein bleibe ... Nur solange wir klein sind, sind wir ganz uneigennützig, ganz heldenmütig, ganz heroisch ... Mit dem wachsenden Leib schrumpft die Seele immer mehr ein ... Ich fühle es an mir selber ... Ach, ich bin ein großer Mann gewesen, als ich noch ein kleiner Junge war!"

Als wir über den Römerberg kamen, wollte Börne mich in die alte Kaiserburg hinaufführen, um dort die goldene Bulle zu betrachten.

„Ich habe sie noch nie gesehen", seufzte er, „und seit meiner Kindheit hegte ich immer eine geheime Sehnsucht nach dieser goldenen Bulle. Als Knabe machte ich mir die wunderlichste Vorstellung davon, und ich hielt sie für eine Kuh mit goldnen Hörnern; später bildete ich mir ein, es sei ein Kalb, und erst als ich ein großer Junge ward, erfuhr ich die Wahrheit, daß sie nämlich nur eine alte Haut sei, ein nichtsnützig Stück Pergament, worauf geschrieben steht, wie Kaiser und Reich sich einander wechselseitig verkauften. Nein, laßt uns diesen miserabelen Kontrakt, wodurch Deutschland zugrunde ging, nicht betrachten; ich will sterben, ohne die goldne Bulle gesehen zu haben."

Ich übergebe hier ebenfalls die bitteren Nachbemerkungen. Es gab ein Thema, das man nur zu berühren brauchte, um die wildesten und schmerzlichsten Gedanken, die in Börne's Seele lauerten, hervorzurufen; dieses Thema war Deutschland und der politische Zustand des deutschen Volkes. Börne war Patriot vom Wirbel bis zur Zehe, und das Vaterland war seine ganze Liebe.

Als wir denselben Abend wieder durch die Judengasse gingen und das Gespräch über die Insassen derselben wieder anknüpften, sprudelte die Quelle des Börne'schen Geistes um so heiterer, da auch jene Straße, die am Tage einen düstern Anblick gewährte, jetzt aufs fröhlichste illuminiert war, und die Kinder Israel an jenem Abend, wie mir mein Cicerone erklärte, ihr lustiges Lampenfest feierten. Dieses ist einst gestiftet worden zum ewigen Andenken an den Sieg, den die Makkabäer über den König von Syrien so heldenmütig erfochten haben.

„Sehen Sie", sagte Börne, „Das ist der 18. Oktober der Juden, nur daß dieser makkabäische 18. Oktober mehr als zwei Jahrtausende alt ist und noch immer gefeiert wird, statt daß der Leipziger 18. Oktober noch nicht das fünfzehnte Jahr erreicht hat und bereits in Vergessenheit geraten. Die Deutschen sollten bei der alten Madame Rothschild in die Schule gehen, um Patriotismus zu lernen. Sehen Sie, hier in diesem kleinen Hause wohnte die alte Frau, die Lätitia, die so viele Finanz-Bonaparten geboren hat, die große Mutter der Anleihen, die aber trotz der Weltherrschaft ihrer königlichen Sohne noch immer ihr kleines Stammschlößchen in der Judengasse nicht verlassen will und heute wegen des großen Freudenfestes ihre Fenster mit weißen Vorhängen geziert hat. Wie vergnügt funkeln die Lämpchen, die sie mit eigenen Händen anzündete, um jenen Siegestag zu feiern, wo Judas Makkabäus und seine Brüder so tapfer und heldenmütig das Vaterland befreiten, wie in unsern Tagen Friedrich Wilhelm, Alexander und Franz II. Wenn die gute ale Frau Lämpchen betrachtet, treten ihr die Tränen in die alten Augen, und sie erinnert sich mit wehmütiger Wonne jener jüngeren Zeit, wo der selige Meyer Amschel Rothschild, ihr teurer Gatte, das Lampenfest mit ihr feierte, und ihre Söhne noch kleine Bübchen waren und kleine Lichtchen auf den Boden pflanzten, und in kindischer Lust darüber hin und her sprangen, wie es Brauch und Sitte ist in Israel!"

„Der alte Rothschild", fuhr Börne fort, „der Stammvater der regierenden Dynastie, war ein braver Mann, die Frömmigkeit und Gutherzigkeit selbst. Es war ein mildtätiges Gesicht mit einem spitzigen Bärtchen, auf dem Kopf ein dreieckig gehörnter Hut, und die Kleidung mehr als bescheiden, fast ärmlich. So ging er in Frankfurt herum, und beständig umgab ihn, wie ein Hofstaat, ein Haufen armer Leute, denen er Almosen erteilte oder mit gutem Rat zusprach; wenn man auf der Straße eine Reihe von Bettlern antraf mit getrösteten und vergnügten Mienen, so wußte man, daß hier eben der alte Rothschild seinen Durchzug gehalten. Als ich noch ein kleines Bübchen war, und eines Freitags abends mit meinem Vater durch die Judengasse ging, begegneten wir dem alten Rothschild, welcher eben aus der Synagoge kam; ich erinnere mich, daß er, nachdem er mit meinem Vater gesprochen, auch mir einige liebreiche Worte sagte, und daß er endlich die Hand auf meinen Kopf legte, um mich zu segnen. Ich bin fest überzeugt, diesem Rothschild'schen Segen verdanke ich es, daß späterhin, obgleich ich ein deutscher Schriftsteller wurde, doch niemals das bare Geld in meiner Tasche ganz ausging."

Ich kann nicht umhin, hier die Zwischenbemerkung einzuschalten, daß Börne immer im behaglichen Wohlstande lebte, und sein späterer Ultraliberalismus keineswegs, wie bei vielen Patrioten, dem verbissenen Ingrimm der eigenen Armut beizumessen war. Obgleich er selber reich war, ich sage reich nach dem Maßstabe seiner Bedürfnisse, so hegte er doch einen unergründeten Groll gegen die Reichen. Obgleich der Segen des Vaters auf seinem Haupte ruhte, so haßte er doch die Söhne, Meyer Amschel Rothschild's Söhne.

Wie weit die persönlichen Eigenschaften dieser Männer zu jenem Hasse berechtigten, will ich hier nicht untersuchen; es wird an einem anderen Orte ausführlich geschehen. Hier möchte ich nur der Bemerkung Raum geben, daß unsere deutschen Freiheitsprediger ebenso ungerecht wie töricht handeln, wenn sie das Haus Rothschild wegen seiner politischen Bedeutung, wegen seiner Einwirkung auf die Interessen der Revolution, kurz wegen seines öffentlichen Charakters, mit so viel Grimm und Blutgier anfeinden. Es gibt keine stärkere Beförderer der Revolution als eben die Rothschilde ... und, was noch befremdlicher klingen mag, diese Rothschilde, die Bankiers der Könige, diese fürstlichen Säckelmeister, deren Existenz durch einen Umsturz des europäischen Staatensystems in die ernsthaftesten Gefahren geraten dürfte, sie tragen dennoch im Gemüte das Bewußtsein ihrer revolutionären Sendung. Namentlich ist dieses der Fall bei dem Manne, der unter dem scheinlosen Namen Baron James bekannt ist, und in welchem sich jetzt, nach dem Tode seines erlauchten Bruders von England, die ganze politische Bedeutung des Hauses Rothschild resumiert. Dieser Nero der Finanz, der sich in der Rue Lafitte seinen goldenen Palast erbaut hat und von dort aus als unumschränkter Imperator die Börsen beherrscht, er ist, wie weiland sein Vorgänger, der römische Nero, am Ende ein gewaltsamer Zerstörer des bevorrechteten Patriziertums und Begründer der neuen Demokratie. Einst, vor mehren Jahren, als er in guter Laune war und wir Arm in Arm, ganz famillionär, wie Hirsch Hyacinth sagen würde, in den Straßen von Paris umherflanierten, setzte mit Baron James ziemlich klar auseinander, wie eben er selber durch sein Staatspapiersystem für den gesellschaftlichen Fortschritt in Europa überall die ersten Bedingnisse erfüllt, gleichsam Bahn gebrochen habe.

„Zu jeder Begründung einer neuen Ordnung von Dingen", sagte er mir, „gehört ein Zusammenfluß von bedeutenden Menschen, die sich mit diesen Dingen gemeinsam zu beschäftigen haben. Dergleichen Menschen lebten ehemals vom Ertrag ihrer Güter oder ihres Armes, und waren deshalb nie ganz frei, sondern immer an einen entfernten Grundbesitz oder an irgendeine örtliche Amtsverwaltung gefesselt; jetzt aber gewährt das Staatspapiersystem diesen Menschen die Freiheit, jeden beliebigen Aufenthalt zu wählen, überall können sie von den Zinsen ihrer Staatspapiere, ihres portativen Vermögens, geschäftslos leben, und sie ziehen sich zusammen und bilden die eigentliche Nacht der Hauptstädte. Von welcher Wichtigkeit aber eine solche Residenz der verschiedenartigsten Kräfte, eine solche Zentralisation der Intelligenzen und sozialen Autoritäten, das ist hinlänglich bekannt. Ohne Paris hätte Frankreich nie seine Revolution gemacht; hier hatten so viele ausgezeichnete Geister Weg und Mittel gefunden, eine mehr oder minder sorglose Existenz zu führen, miteinander zu verkehren, und so weiter. Jahrhunderte haben in Paris einen solchen günstigen Zustand allmählich herbeigeführt. Durch das Rentensystem wäre Paris weit schneller Paris geworden, und die Deutschen, die gern eine ähnliche Hauptstadt hätten, sollten nicht über das Rentensystem klagen – es zentralisiert, es macht vielen Leuen möglich, an einem selbstgewählten Orte zu leben, und von dort aus der Menschheit jeden nützlichen Impuls zu geben ..."

Von diesem Standpunkte aus betrachtet Rothschild die Resultate seines Schaffens und Treibens. Ich bin mit dieser Ansicht ganz einverstanden, ja ich gehe noch weiter, und ich sehe in Rothschild einen der größten Revolutionäre, welche die moderne Demokratie begründeten. Richelieu, Robespierre und Rothschild sind für mich drei terroristische Namen, und sie bedeuten die graduelle Vernichtung der alten Aristokratie. Richelieu, Robespierre und Rohtschild sind die drei furchtbarsten Nivelleurs Europas. Richelieu zerstörte die Souveränität des Feudaladels und beugte ihn unter jene königliche Willkür, die ihn entweder durch Hofdienst herabwürdigte, oder durch krautkunkerliche Untätigkeit in der Provinz vermodern ließ. Robespierre schlug diesem unterwürfigen und faulen Adel endlich das Haupt ab. Aber der Boden blieb, und der neue Herr derselben, der neue Gutsbesitzer, ward ganz wieder ein Aristokrat, wie seine Vorgänger, deren Prätensionen er unter anderem Namen fortsetzte. Da kam Rothschild und zerstörte die Oberherrschaft des Bodens, indem er das Staatspapierensystem zur höchsten Macht emporhob, dadurch die großen Besitztümer und Einkünfte des Bodens belehnte. Er stiftete freilich dadurch eine neue Aristokratie, aber diese, beruhend auf dem unzuverlässigsten Elemente, auf dem Gelde, kann nimmermehr so nachhaltig mißwirken, wie die ehemalige Aristokratie, die im Boden, in der Erde selber, wurzelte. Geld ist flüssiger als Wasser, windiger als Luft, und dem jetzigen Geldadel verzeiht man gern seine Impertinenzen, wenn man seine Vergänglichkeit bedenkt ... er zerrinnt und verdunstet, ehe man sich dessen versieht.

Indem ich oben die Namen Richelieu, Robespierre und Rothschild zusammenstellte, drängte sich mir die Bemerkung auf, daß diese drei größten Terroristen noch mancherlei andere Ähnlichkeiten bieten. Sie haben z.B. mit einander gemein eine gewisse unnatürliche Liebe zur Poesie; Richelieu schrieb schlechte Tragödien, Robespierre machte erbärmliche Madrigale, und James Rothschild, wenn er lustig wird, fängt er an zu reimen ...

Doch das gehört nicht hierher, diese Blätter haben sich zunächst mit einem kleineren Revolutionär, mit Ludwig Börne, zu beschäftigen. Dieser hegte, wie wir mit Bedauern bemerken, den höchsten Haß gegen die Rothschilde, und in seinem Gespräche, als wir zu Frankfurt dem Stammhause derselben vorübergingen, äußerte sich jener Haß bereits eben so grell und giftig, wie in seinen späteren Pariser Briefen. Nichtsdestoweniger ließ er doch den persönlichen Eigenschaften dieser Leute manche Gerechtigkeit widerfahren, und er gestand mir ganz naiv, daß er sie nur hassen könne, daß es ihm aber trotz aller Mühe nicht möglich sei, sie verächtlich oder gar lächerlich zu finden.

„Denn sehen Sie", sprach er, „die Rothschilde haben so viel Geld, eine solche Unmasse von Geld, daß sie uns einen fast grauenhaften Respekt einflößen; sie identifizierten sich, sozusagen, mit dem Begriff des Geldes überhaupt, und Geld kann man nicht verachten. Auch haben diese Leute das sicherste Mittel angewendet, um jenem Ridikül zu entgehen, dem so manche andere baronisierte Millionärenfamilien des alten Testaments verfallen sind: sie enthalten sich des christlichen Weihwassers. Die Taufe ist jetzt bei den reichen Juden an der Tagesordnung, und das Evangelium, das den Armen Judäa's vergebens gepredigt worden, ist jetzt in *floribus* bei den Reichen. Aber da die Annahme desselben nur Selbstbetrug, wo nicht gar Lüge ist, und das angeheuchelte Christentum mit dem alten Adam bisweilen recht grell kontrastiert, so geben diese Leute dem Witze und dem Spotte die bedenklichsten Blößen. Oder glauben Sie, daß durch die Taufe die innere Natur ganz verändert worden? Glauben Sie, daß man Läuse in Flöhe verwandeln kann, wenn man sie mit Wasser begießt?"

Ich glaube nicht.

„Ich glaub's auch nicht, und ein ebenso melancholischer wie lächerlicher Anblick ist es für mich, wenn die alten Läuse, die noch aus Ägypten stammen, aus der Zeit der pharaonischen Plage, sich plötzlich einbilden, sie wären Flöhe, und christlich zu hüpfen beginnen. In Berlin habe ich auf der Straße alte Töchter Israel's gesehen, die am Halse lange Kreuze trugen, Kreuze, die noch länger als ihre Nasen und bis an den Nabel reichten; in den Händen hielten sie ein evangelisches Gesangbuch, und sie sprachen von der prächtigen Predigt, die sie eben in der Dreifaltigkeitskirche gehört. Die eine frug die andere, bei wem sie das Abendmahl genommen, und beide rochen dabei aus dem Halse. Widerwärtiger war mir noch der Anblick von schmutzigen Bartjuden, die aus ihren polnischen Kloaken kamen, von der Bekehrungsgesellschaft in Berlin für den Himmel angeworben wurden, und in ihrem mundfaulen Dialekte das Christentum predigten und so entsetzlich dabei stanken. Es wäre jedenfalls wünschenswert, wenn man dergleichen polnisches Läusevolk nicht mit gewöhnlichem Wasser, sondern mit Eau-de-Cologne taufen ließe."

Im Hause des Gehängten, unterbrach ich diese Rede, muß man nicht von Stricken sprechen, lieber Doktor; sagen Sie mir vielmehr: wo sind jetzt die großen Ochsen, die, wie mein Vater mir einst erzählte, auf dem jüdischen Kirchhofe hier zu Frankfurt herumliefen und in der Nacht so entsetzlich brüllten, daß die Ruhe der Nachbaren dadurch gestört wurde?

„Ihr Herr Vater", rief Börne lachend, „hat Ihnen in der Tat keine Unwahrheit gesagt. Es existierte früherhin der Gebrauch, daß die jüdischen Viehhändler die männliche Erstgeburt ihrer Kühe nach biblischer Vorschrift dem lieben Gotte widmeten, und in dieser Absicht aus allen Gegenden Deutschlands hieher nach Frankfurt brachten, wo man jenen Ochsen Gottes den jüdischen Kirchhof zum Grasen anwies, und wo sie bis an ihr seliges Ende sich herumtrieben und wirklich oft entsetzlich brüllten. Aber die alten Ochsen sind jetzt tot, und das heutige Rindvieh hat nicht mehr den rechten Glauben, und ihre Erstgeburten bleiben ruhig daheim, wenn sie nicht gar zum Christentume übergehen. Die alten Ochsen sind tot."

Ich kann nicht umhin, bei dieser Gelegenheit zu erwähnen, daß mich Börne während meines Aufenthalts in Frankfurt einlud, bei einem seiner Freunde zu Mittag zu speisen, und zwar, weil derselbe, in getreuer Beharrnis an jüdischen Gebräuchen, mir die berühmte Schaletspeise vorsetzen werde; und in der Tat, ich erfreute mich dort jenes Gerichtes, das vielleicht noch ägyptischen Ursprungs und alt wie die Pyramiden ist. Ich wundre mich, daß Börne späterhin, als er scheinbar in humoristischer Laune, in der Tat aber aus plebejischer Absicht, durch mancherlei Erfindungen und Insinuationen, wie gegen Kronenträger überhaupt, so auch gegen ein gekröntes Dichterhaupt den Pöbel verhetzte ... ich wundre mich, daß er in seinen Schriften nie erzählt hat, mit welchem Appetit, mit welchem Enthusiasmus, mit welcher Andacht, mit welcher Überzeugung ich einst beim Doktor St. ... das altjüdische Schaletessen verzehrt habe! Dieses Gericht ist aber auch ganz vortrefflich, und es ist schmerzlichst zu bedauern, daß die christliche Kirche, die dem alten Judentume so viel Gutes entlehnte, nicht auch den Schalet adoptiert hat. Vielleicht hat sie sich dieses für die Zukunft noch vorbehalten, und wenn es ihr mal ganz schlecht geht, wenn ihre heiligsten Symbole, sogar das Kreuz, seine Kraft verloren, greift die christliche Kirche zum Schaletessen, und die entwischten Völker werden sich wieder mit neuem Appetit in ihren Schoß hineindrängen. Die Juden wenigstens werden sich alsdann auch mit Überzeugung dem Christentume anschließen ... denn, wie ich klar einsehe, es ist nur der Schalet, der sie zusammenhält in ihrem alten Bunde. Börne versicherte mir sogar, daß die Abtrünnigen, welche zum neuen Bunde übergegangen, nur den Schalet zu riechen brauchen, um ein gewisses Heimweh nach der Synagoge zu empfinden, daß der Schalet, sozusagen, der Kuhreigen der Juden sei.

Auch nach Bornheim sind wir miteinander hinausgefahren am Sabbat, um dort Kaffee zu trinken und die Töchter Israel's zu betrachten ... Es waren schöne Mädchen und rochen nach Schalet, allerliebst. Börne zwinkerte mit den Augen. In diesem geheimnisvollen Zwinkern, in diesem unsicher lüsternen Zwinkern, das sich vor der innern Stimme fürchtet, lag die ganze Verschiedenheit unserer Gefühlsweise. Börne nämlich war, wenn auch nicht in seinen Gedanken, doch desto mehr in seinen Gefühlen, ein Sklave der nazarenischen Abstinenz; und wie es allen Leuten seinesgleichen geht, die zwar die sinnliche Enthaltsamkeit als höchste Tugend anerkennen, aber nicht vollständig ausüben können, so wagte er es nur im Verborgenen, zitternd und errötend, wie ein genäschiger Knabe, von Eva's verbotenen Äpfeln zu kosten. Ich weiß nicht, ob bei diesen Leuten der Genuß intensiver ist als bei uns, die wir dabei den Reiz des geheimen Unterschleifs, der moralischen Kontrebande, entbehren; behauptet man doch, daß Muhammed seinen Türken den Wein verboten habe, damit er ihnen desto süßer schmecke.

In großer Gesellschaft war Börne wortkarg und einsilbig, und dem Fluß der Rede überließ er sich nur im Zwiegespräch, wenn er glaubte, sich neben einem gleichgesinnten Menschen zu befinden. Daß Börne mich für einen solchen ansah, war ein Irrtum, der späterhin für mich sehr viele Verdrießlichkeiten zur Folge hatte. Schon damals in Frankfurt harmonierten wir nur im Gebiete der Politik, keineswegs in den Gebieten der Philosophie oder der Kunst oder der Natur, – die ihm sämtlich verschlossen waren. Vielleicht entfallen mir späterhin in diese Beziehung einige charakteristische Züge. Wir waren überhaupt von entgegengesetztem Wesen, und diese Verschiedenheit wurzelte am Ende vielleicht nicht bloß in unserer moralischen, sondern auch physischen Natur.

Es gibt im Grunde nur zwei Menschensorten, die mageren und die fetten, oder vielmehr Menschen, die immer dünner werden, und solche, die aus schmächtigen Anfängen allmählich zur ründlichsten Korpulenz übergehen. Die ersteren sind eben die gefährliche Sorte, die Cäsar so sehr fürchtete – „ich wollte, er wäre fetter", sagte er von Cassius. Brutus war von einer ganz andern Sorte, und ich bin überzeugt, wenn er nicht die Schlacht bei Philippi verloren und sich bei dieser Gelegenheit erstochen hätte, wäre er ebenso dick geworden wie der Schreiber dieser Blätter – „Und Brutus war ein braver Mann."

Da ich hier an Shakespeare erinnert werde, so ergreife ich die Gelegenheit, mich für eine alte Lesart zu erklären, die den Hamlet „fett" nennt. – Bedauernswürdiger Prinz von Dänemark! die Natur hatte dich dazu bestimmt, in glücklichster Wohlbeleibtheit deine Tage zu verschlendern, und da fällt auf einmal die Welt aus ihren Angeln, und du sollst sie wieder einrahmen! Armer dicker Dänenprinz! – – –

Die drei Tage, welche ich in Frankfurt in Börne's Gesellschaft zubrachte, verflossen in fast idyllischer Friedsamkeit. Es bestrebte sich angelegentlich, mir zu gefallen. Er ließ die Raketen seines Witzes so heiter als möglich aufleuchten, und wie bei chinesischen Feuerwerken am Ende der Feuerwerker selbst unter sprühendem Flammengeprassel in die Luft steigt, so schlossen die humoristischen Reden des Mannes immer mit einem tollen Brillantfeuer, worin er sich selbst aufs keckste preisgab. Er war harmlos wie ein Kind. Bis zum letzten Augenblick meines Aufenthalts in Frankfurt lief er gemütlich neben mir einher, mir an den Augen ablauschend, ob er mir vielleicht noch irgendeine Liebe erweisen könne. Er wußte, daß ich auf Veranlassung des alten Baron Cotta nach München reiste, um dort die Redaktion der politischen Annalen zu übernehmen und auch einigen projektierten literarischen Instituten meine Tätigkeit zu widmen. Es galt damals, für die liberale Presse jene Organe zu schaffen, die späterhin so heilsamen Einfluß üben könnten; es galt die Zukunft zu säen, eine Aussaat, für welche in der Gegenwart nur die Feinde Augen hatten, so daß der arme Säemann schon gleich nur Ärger und Schmähung einerntete. Männiglich bekannt sind die giftigen Jämmerlichkeiten, welche die ultramontane aristokratische Propaganda in München gegen mich und meine Freunde ausübte.

„Hüten Sie sich, in München mit den Pfaffen zu kollidieren", waren die letzten Worte, welche mir Börne beim Abschied ins Ohr flüsterte. Als ich schon im Coupé des Postwagens saß, blickte er mir noch lange nach, wehmütig, wie ein alter Seemann, der sich aufs feste Land zurückgezogen hat und sich von Mitleid bewegt fühlt, wenn er einen jungen Fant sieht, der sich zum ersten Male aufs Meer begibt ... Der Alte glaubte damals, dem tückischen Elemente auf ewig Valet gesagt zu haben und den Rest seiner Tage im sichern Hafen beschließen zu können. Armer Mann! Die Götter wollten ihm diese Ruhe nicht gönnen! Er mußte bald wieder hinaus auf die hohe See, und dort begegneten sich unsere Schiffe, während jener furchtbare Sturm wütete, worin er zugrunde ging. Wie das heulte! wie das krachte! Beim Licht der gelben Blitze, die aus dem schwarzen Gewölk herabschossen, konnte ich genau sehen, wie Mut und Sorge auf dem Gesichte des Mannes schmerzlich wechselten! Er stand am Steuer seines Schiffes und trotzte dem Ungestüm der Wellen, die ihn manchmal zu verschlingen drohten, manchmal ihn nur kleinlich bespritzten und durchnäßten, was einen so kummervollen und zugleich komischen Anblick gewährte, daß man darüber weinen und lachen konnte. Armer Mann! Sein Schiff war ohne Anker und sein Herz ohne Hoffnung. Ich sah, wie der Mast brach, wie die Winde das Tauwerk zerrissen ... Ich sah, wie er die Hand nach mir ausstreckte ...

Ich durfte sie nicht erfassen, ich durfte die kostbare Ladung, die heiligen Schätze, die mir vertraut, nicht dem sicheren Verderben preisgeben ... Ich trug an Bord meines Schiffes die Götter der Zukunft.

Zweites Buch

Helgoland, den 1. Julius 1830

– – Ich selber bin dieses Guerilla-Krieges müde und sehne mich nach Ruhe, wenigstens nach einem Zustand, wo ich mich meinen natürlichen Neigungen, meiner träumerischen Art und Weise, meinem phantastischen Sinnen und Grübeln ganz fessellos hingeben kann. Welche Ironie des Geschickes, daß ich, der ich mich so gerne auf die Pfühle des stillen beschaulichen Gemütslebens bette, daß eben ich dazu bestimmt war, meine armen Mitdeutschen aus ihrer Behaglichkeit hervorzugeißeln und in die Bewegung hineinzuhetzen! Ich, der ich mich am liebsten damit beschäftige, Wolkenzüge zu beobachten, metrische Wortzauber zu erklügeln, die Geheimnisse der Elementargeister zu erlauschen, und mich in die Wunderwelt alter Märchen zu versenken ... ich mußte politische Annalen herausgeben, Zeitinteressen vortragen, revolutionäre Wünsche anzetteln, die Leidenschaften aufstacheln, den armen deutschen Michel beständig an der Nase zupfen, daß er aus seinem gesunden Riesenschlaf erwache ... Freilich, ich konnte dadurch bei dem schnarchenden Giganten nur ein sanftes Niesen, keineswegs aber ein Erwachen bewirken ... Und riß ich auch heftig an seinem Kopfkissen, so rückte er es sich doch wieder zurecht mit schlaftrunkener Hand ... Einst wollte ich aus Verzweiflung seine Nachtmütze in Brand stecken, aber sie war so feucht von Gedankenschweiß, daß sie nur gelinde rauchte ... und Michel lächelte im Schlummer ...

Ich bin müde und lechze nach Ruhe. Ich werde mir ebenfalls eine deutsche Nachtmütze anschaffen und über die Ohren ziehen. Wenn ich nur wüßte, wo ich jetzt mein Haupt niederlegen kann. In Deutschland ist es unmöglich. Jeden Augenblick würde ein Polizeidiener herankommen und mich rütteln, um zu erproben, ob ich wirklich schlafe; schon diese Idee verdirbt mir alles Behagen. Aber in der Tat, wo soll ich hin? Wieder nach Süden? Nach dem Lande, wo die Zitronen blühen und die Goldorangen? Ach! vor jedem Zitronenbaum steht dort eine östreichische Schildwache, und donnert dir ein schreckliches „Wer da!" entgegen. Wie die Zitronen, so sind auch die Goldorangen jetzt sehr sauer. Oder soll ich nach Norden? Etwa nach Nordosten? Ach, die Eisbären sind jetzt gefährlicher als je, seitdem sie sich zivilisieren und Glacéhandschuhe tragen. Oder soll ich wieder nach dem verteufelten England, wo ich nicht in *effigie* hängen, wieviel weniger in Person leben möchte! Man sollte einem noch Geld dazu geben, um dort zu wohnen, und statt dessen kostet einem der Aufenthalt in England doppelt so viel wie an anderen Orten. Nimmermehr nach diesem schnöden Lande, wo die Maschinen sich wie Menschen, und die Menschen wie Maschinen gebärden. Das schnurrt und schweigt so beängstigend. Als ich dem hiesigen Gouverneur präsentiert wurde, und dieser Stockengländer mehre Minuten, ohne ein Wort zu sprechen, unbeweglich vor mir stand, kam es mir unwillkürlich in den Sinn, ihn einmal von hinten zu betrachten, um nachzusehen, ob man etwa dort vergessen hat, die Maschinen aufzuziehen. Daß die Insel Helgoland unter britischer Herrschaft steht, ist mir schon hinlänglich fatal. Ich bilde mir manchmal ein, ich röche jene Langeweile, welche Albion's Söhne überall ausdünsten. In der Tat, aus jedem Engländer entwickelt sich ein gewisses Gas, die tödliche Stickluft der Langeweile, und dieses habe ich mit eigenen Augen beobachtet, nicht in England, wo die Atmosphäre ganz davon geschwängert ist, aber in südlichen Ländern, wo der reisende Brite isoliert umherwandert, und, die graue Aureole der Langeweile, die sein Haupt umgibt, in der sonnig blauen Luft recht schneidend sichtbar wird. Die Engländer freilich glauben, ihre dicke Langeweile sei ein Produkt des Ortes, und, um derselben zu entfliehen, reisen sie durch alle Lande, langweilen sich überall und kehren heim mit einem *Diary of an ennuyé*. Es geht ihnen wie dem Soldaten, dem seine Kameraden, als er schlafend auf der Pritsche lag, Unrat unter die Nase rieben; als er erwachte, bemerkte er, es röche schlecht in der Wachtstube, und er ging hinaus, kam aber bald zurück, und behauptete, auch draußen röche es übel, die ganze Welt stänke.

Einer meiner Freunde, welcher jüngst aus Frankreich kam, behauptete, die Engländer bereisten den Kontinent aus Verzweiflung über die plumpe Küche ihrer Heimat; an den französischen Table d'hôten sähe man dicke Engländer, die nichts als Vol-au-Vents, Crème, Suprèmes, Ragouts, Gelées und dergleichen luftige Speisen verschluckten, und zwar mit jenem kolossalen Appetite, der sich daheim an Roastbeefmassen und Yorkshirer Plumpudding geübt hatte, und wodurch am Ende alle französischen Gastwirte zugrunde gehen müssen. Ist etwa wirklich die Exploitation der Tabled'hôten der geheime Grund, weshalb die Engländer herumreisen? Während wir über die Flüchtigkeit lächeln, womit sie überall die Merkwürdigkeiten und Gemäldegalerien ansehen, sind sie es vielleicht, die uns mystifizieren, und ihre belächelte Neugier ist nichts als ein pfiffiger Deckmantel für ihre gastronomischen Absichten.

Aber wie vortrefflich auch die französische Küche, in Frankreich selbst soll es jetzt schlecht aussehen, und die große Retirade hat noch kein Ende. Die Jesuiten florieren dort und singen Triumphlieder. Die dortigen Machthaber sind dieselben Toren, denen man bereits vor fünfzig Jahren die Köpfe abgeschlagen ... Was half's! sie sind dem Grabe wieder entstiegen, und jetzt ist ihr Regiment törichter als früher; denn als man sie aus dem Totenreich ans Tageslicht heraufließ, haben manche von ihnen in der Hast den ersten, besten Kopf aufgesetzt, der ihnen zur Hand lag, und da ereigneten sich gar heillose Mißgriffe; die Köpfe passen manchmal nicht zu dem Rumpf und zu dem Herzen, das darin spukt. Da ist mancher, welcher wie die Vernunft selbst auf der Tribüne sich ausspricht, so daß wir den klugen Kopf bewundern, und doch läßt er sich gleich darauf von dem unverbesserlich verrückten Herzen zu den dümmsten Handlungen verleiten ... Es ist ein grauenhafter Widerspruch zwischen den Gedanken und Gefühlen, den Grundsätzen und Leidenschaften, den Reden und den Taten dieser Revenants!

Oder soll ich nach Amerika, nach diesem ungeheuren Freiheitsgefängnis, wo die unsichtbaren Ketten mich noch schmerzlicher drücken würden als zu Hause die sichtbaren, und wo der widerwärtigste alle Tyrannen, der Pöbel, seine rohe Herrschaft ausübt! Du weißt, wie ich über dieses gottverfluchte Land denke, das ich einst liebte, als ich es nicht kannte ... Und doch muß ich es öffentlich loben und preisen, aus Metierpflicht ... Ihr lieben deutschen Bauern! geht nach Amerika! dort gibt es weder Fürsten noch Adel, alle Menschen sind dort gleich, gleiche Flegel ... mit Ausnahme freilich einiger Millionen, die eine schwarze oder braune Haut haben und wie die Hunde behandelt werden! Die eigentliche Sklaverei, die in den meisten nordamerikanischen Provinzen abgeschafft, empört mich nicht so sehr wie die Brutalität, womit dort die freien Schwarzen und die Mulatten behandelt werden. Wer auch nur im entferntesten Grade von einem Neger stammt, und, wenn auch nicht mehr in der Farbe, sondern nur in der Gesichtsbildung eine solche Abstammung verrät, muß die größten Kränkungen erdulden, Kränkungen, die uns in Europa fabelhaft dünken. Dabei machen diese Amerikaner großes Wesen von ihrem Christentum und sind die eifrigsten Kirchengänger. Solche Heuchelei haben sie von den Engländern gelernt, die ihnen übrigens ihre schlechtesten Eigenschaften zurückließen. Der weltliche Nutzen ist ihre eigentliche Religion, und das Geld ist ihr Gott, ihr einziger, allmächtiger Gott. Freilich, manches edle Herz mag dort im stillen die allgemeine Selbstsucht und Ungerechtigkeit bejammern. Will es aber gar dagegen ankämpfen, so harret seiner ein Märtyrtum, das alle europäischen Begriffe übersteigt. Ich glaube, es war in New York, wo ein protestantischer Prediger über die Mißhandlung der farbigen Menschen so empört war, daß er, dem grausamen Vorurteil trotzend, seine eigene Tochter mit einem Neger verheiratete. Sobald diese wahrhaft christliche Tat bekannt wurde, stürmte das Volk nach dem Hause des Predigers, der nur durch die Flucht dem Tode entrann; aber das Haus ward demoliert, und die Tochter des Predigers, das arme Opfer, ward vom Pöbel ergriffen und mußte seine Wut entgelten. *She was flinshed*, d. h., sie ward splitternackt ausgekleidet, mit Teer bestrichen, in den aufgeschnittenen Federbetten herumgewälzt, in solcher anklebenden Federhülle durch die ganze Stadt geschleift und verhöhnt ...

O Freiheit, du bist ein böser Traum!

Helgoland, den 8. Julius

– – Da gestern Sonntag war und eine kleine bleierne Langeweile über der ganzen Insel lag und mir fast das Haupt eindrückte, griff ich aus Verzweiflung zur Bibel ... und ich gestehe es dir, trotzdem, daß ich ein heimlicher Hellene bin, hat mich das Buch nicht bloß gut unterhalten, sondern auch weidlich erbaut. Welch ein Buch! groß und weit wie die Welt, wurzelnd in die Abgründe der Schöpfung und hinaufragend in die blauen Geheimnisse des Himmels ... Sonnenaufgang und Sonnenuntergang, Verheißung und Erfüllung, Geburt und Tod, das ganze Drama der Menschheit, alles ist in diesem Buche ... Es ist das Buch der Bücher, Biblia. Die Juden sollten sich leicht trösten, daß sie Jerusalem und den Tempel und die Bundeslade und die goldenen Geräte und Kleinodien Salomonis eingebüßt haben ... solcher Verlust ist doch nur geringfügig in Vergleichung mit der Bibel, dem unzerstörbaren Schatze, den sie gerettet. Wenn ich nicht irre, war es Muhammed, welcher die Juden, „das Volk des Buches" nannte, ein Name, der ihnen bis zum heutigen Tag im Oriente verblieben und tiefsinnig bezeichnend ist. Ein Buch ist ihr Vaterland, ihr Besitz, ihr Herrscher, ihr Glück und ihr Unglück. Sie leben in den umfriedeten Marken dieses Buches, hier üben sie ihr unveräußerliches Burgerrecht, hier kann man sie nicht verjagen, nicht verachten, hier sind sie stark und bewunderungswürdig. Versenkt in die Lektüre dieses Buches, merkten sie wenig von den Veränderungen, die um sie her in der wirklichen Welt vorfielen; Völker erhuben sich und schwanden, Staaten blühten empor und erloschen, Revolutionen stürmten über den Erdboden ... sie aber, die Juden, lagen gebeugt über ihrem Buche und merkten nichts von der wilden Jagd der Zeit, die über ihre Häupter dahinzog!

Wie der Prophet des Morgenlandes sie „das Volk des Buches" nannte, so hat sie der Prophet des Abendlandes in seiner Philosophie der Geschichte als „das Volk des Geistes" bezeichnet. Schon in ihren frühesten Anfängen, wie wir im Pentateuch bemerken, bekunden die Juden ihre Vorneigung für das Abstrakte, und ihre ganze Religion ist nichts als ein Akt der Dialektik, wodurch Materie und Geist getrennt, und das Absolute nur in der alleinigen Form des Geistes anerkannt wird. Welche schauerlich isolierte Stellung mußten sie einnehmen unter den Völkern des Altertums, die, dem freudigsten Naturdienste ergeben, den Geist vielmehr in den Erscheinungen der Materie, in Bild und Symbol begriffen! Welche entsetzliche Opposition bildeten sie deshalb gegen das buntgefärbte, hieroglyphenwimmelnde Ägypten, gegen Phönizien, den großen Freudetempel der Astarte, oder gar gegen die schöne Sünderin, das holde, süßduftige Babylon und endlich gar gegen Griechenland, die blühende Heimat der Kunst!

Es ist ein merkwürdiges Schauspiel, wie das Volk des Geistes sich allmählich ganz von der Materie befreit, sich ganz spiritualisiert. Moses gab dem Geiste gleichsam materielle Bollwerke gegen den realen Andrang der Nachbarvölker; rings um das Feld, wo er Geist gesäet, pflanzte er das schroffe Zeremonialgesetz und eine egoistische Nationalität als schützende Dornhecke. Als aber die heilige Geistpflanze so tiefe Wurzel geschlagen und so himmelhoch emporgeschossen, daß sie nicht mehr ausgereutet werden konnte, da kam Jesus Christus und riß das Zeremonialgesetz nieder, das fürder keine nützliche Bedeutung mehr hatte, und er sprach sogar das Vernichtungsurteil über die jüdische Nationalität ... Er berief alle Völker der Erde zur Teilnahme an dem Reiche Gottes, das früher nur einem einzigen auserlesenen Gottesvolke gehörte, er gab der ganzen Menschheit das jüdische Bürgerrecht ... Das war eine große Emanzipationsfrage, die jedoch weit großmütiger gelöst wurde, wie die heutigen Emanzipationsfragen in Sachsen und Hannover ... Freilich der Erlöser, der seine Brüder vom Zeremonialgesetz und der Nationalität befreite, und den Kosmopolitismus stiftete, ward ein Opfer seine Humanität, und der Stadtmagistrat von Jerusalem ließ ihn kreuzigen, und der Pöbel verspottete ihn ...

Aber nur der Leib ward verspottet und gekreuzigt, der Geist ward verherrlicht, und das Märtyrtum des Triumphators, der dem Geiste die Weltherrschaft erwarb, ward Sinnbild dieses Sieges, und die ganze Menschheit strebte seitdem, *in imitationem Christi*, nach leiblicher Abtötung und übersinnlichem Aufgehen im absoluten Geiste ...

Wann wird die Harmonie wieder eintreten, wann wird die Welt wieder gefunden von dem einseitigen Streben nach Vergeistigung, dem tollen Irrtume, wodurch sowohl Seele wie Körper erkrankten! Ein großes Heilmittel liegt in der politischen Bewegung und in der Kunst. Napoleon und Goethe haben trefflich gewirkt. Jener, indem er die Völker zwang, sich allerlei gesunde Körperbewegung zu gestatten; dieser, indem er uns wieder für griechische Kunst empfänglich machte und solide Werke schuf, woran wir uns, wie an marmornen Götterbildern, festklammern können, um nicht unterzugehen im Nebelmeer des absoluten Geistes ...

Helgoland, den 18. Julius

Im alten Testamente habe ich das erste Buch Mosis ganz durchgelesen. Wie lange Karavanenzüge zog die heilige Vorwelt durch meinen Geist. Die Kamele ragen hervor. Auf ihrem hohen Rücken sitzen die verschleierten Rosen von Kanaan. Fromme Viehhirten, Ochsen und Kühe vor sich hintreibend. Das zieht über kahle Berge, heiße Sandflächen, wo nur hie und da eine Palmengruppe zum Vorschein kommt und Kühlung fächelt. Die Knechte graben Brunnen. Süßes, stilles, hellsonniges Morgenland! Wie lieblich ruht es sich unter deinen Zelten! O Laban, könnte ich deine Herden weiden! Ich würde dir gerne sieben Jahre dienen um Rahel, und noch andere sieben Jahre für die Lea, die du mir in den Kauf gibst! Ich höre, wie sie blöken, die Schafe Jakob's, und ich sehe, wie er ihnen die geschälten Stäbe vorhält, wenn sie in der Brunftzeit zur Tränke gehn. Die gesprenkelten gehören jetzt uns. Unterdessen kommt Ruben nach Hause und bringt seiner Mutter einen Strauß Judaim, die er auf dem Felde gepflückt. Rahel verlangt die Judaim, und Lea gibt sie ihr mit der Bedingung, daß Jakob dafür die nächste Nacht bei ihr schlafe. Was sind Judaim? Die Kommentatoren haben sich vergebens darüber den Kopf zerbrochen. Luther weiß sich nicht besser zu helfen, als daß er diese Blumen ebenfalls Judaim nennt. Es sind vielleicht schwäbische Gelbveiglein. Die Liebesgeschichte von der Dina und dem jungen Sichem hat mich sehr gerührt. Ihre Brüder Simeon und Levy haben jedoch die Sache nicht so sentimentalisch aufgefaßt. Abscheulich ist es, daß sie den unglücklichen Sichem und alle seine Angehörigen mit grimmiger Hinterlist erwürgten, obgleich der arme Liebhaber sich anheischig machte, ihre Schwester zu heiraten, ihnen Länder und Güter zu geben, sich mit ihnen zu einer einzigen Familie zu verbünden, obgleich er bereits in dieser Absicht sich und sein ganzes Volk beschneiden ließ. Die beiden Burschen hätten froh sein sollen, daß ihre Schwester eine so glänzende Partie machte, die angelobte Verschwörung war für ihren Stamm von hochstem Nutzen, und dabei gewannen sie außer der kostbarsten Morgengabe auch eine gute Strecke Land, dessen sie eben sehr bedurften ... Man kann sich nicht anständiger aufführen wie dieser verliebte Sichemprinz, der am Ende doch nur aus Liebe die Rechte der Ehe antizipiert hatte ... Aber das ist es, er hatte ihre Schwester geschwächt, und für dieses Vergehen gibt es bei jenen ehrstolzen Brüdern keine andere Buße als den Tod ... und wenn der Vater sie ob ihrer blutigen Tat zur Rede stellt und die Vorteile erwähnt, die ihnen die Verschwägerung mit Sichem verschafft hätte, antworten sie: „Sollten wir etwa Handel treiben mit der Jungfernschaft unserer Schwester?"

Störrische, grausame Herzen, diese Brüder! Aber unter dem harten Stein duftet das zarteste Sittlichkeitsgefühl. Sonderbar, dieses Sittlichkeitsgefühl, wie es sich noch bei anderen Gelegenheiten im Leben der Erzväter äußert, ist nicht Resultat einer positiven Religion oder einer politischen Gesetzgebung – nein, damals gab es bei den Vorfahren der Juden weder positive Religion noch politisches Gesetz, beides entstand erst in späterer Zeit. Ich glaube daher behaupten zu können, die Sittlichkeit ist unabhängig von Dogma und Legislation, sie ist ein reines Produkt des gesunden Menschengefühls, und die wahre Sittlichkeit, die Vernunft des Herzens, wird ewig fortleben, wenn auch Kirche und Staat zugrund gehen.

Ich wünschte, wir besäßen ein anderes Wort zur Bezeichnung dessen, was wir jetzt Sittlichkeit nennen. Wir könnten sonst verleitet werden, die Sittlichkeit als ein Produkt der Sitte zu betrachten. Die romanischen Völker sind in demselben Falle, indem ihre *morale* von *mores* abgeleitet worden. Aber wahre Sittlichkeit ist, wie von Dogma und Legislation, so auch von den Sitten eines Volkes unabhängig. Letztere sind Erzeugnisse des Klimas, der Geschichte, und aus solchen Faktoren entstanden Legislation und Dogmatik. Es gibt daher eine indische, eine chinesische, eine christliche Sitte, aber es gibt nur eine einzige, nämlich eine menschliche Sittlichkeit. Diese läßt sich vielleicht nicht im Begriff erfassen, und das Gesetz der Sittlichkeit, das wir Moral nennen, ist nur eine dialektische Spielerei. Die Sittlichkeit offenbart sich in Handlungen und nur in den Motiven derselben, nicht in ihrer Form und Farbe, liegt die sittliche Bedeutung. Auf dem Titelblatt von Golowin's Reise nach Japan stehen als Motto die schönen Worte, welche der russische Reisende von einem vornehmen Japanesen vernommen: „Die Sitten der Völker sind verschieden, aber gute Handlungen werden überall als solche anerkannt werden."

Solange ich denke, habe ich über diesen Gegenstand, die Sittlichkeit, nachgedacht. Das Problem über die Natur des Guten und Bösen, das seit anderthalb Jahrtausend alle große Gemüter in quälende Bewegung gesetzt, hat sich bei mir nur in der Frage von der Sittlichkeit geltend gemacht – –

Aus dem alten Testament springe ich manchmal ins neue, und auch hier überschauert mich die Allmacht des großen Buches. Welchen heiligen Boden betritt hier dein Fuß! Bei dieser Lektüre sollte man die Schuhe ausziehen, wie in der Nähe von Heiligtümern.

Die merkwürdsten Worte des neuen Testaments sind für mich die Stelle im Evangelium Johannis, Kap. XVI, Vers 12 u. 13. „Ich habe euch noch viel zu sagen, aber ihr könnt es jetzt nicht tragen.

Wenn aber jener, der Geist der Wahrheit, kommen wird, der wird euch in alle Wahrheit leiten. Denn er wird nicht von sich selbst reden, sondern, was er hören wird, das wird er reden, und was zukünftig ist, wird er euch verkündigen." Das letzte Wort ist also nicht gesagt worden, und hier ist vielleicht der Ring, woran sich eine neue Offenbarung knüpfen läßt. Sie beginnt mit der Erlösung vom Worte, macht dem Märtyrtum ein Ende und stiftet das Reich der ewigen Freude: das Millenium. Alle Verheißungen finden zuletzt die reichste Erfüllung.

Eine gewisse mystische Doppelsinnigkeit ist vorherrschend im neuen Testamente. Eine kluge Abschweifung, nicht ein System sind die Worte: „Gib Cäsarn, was des Cäsar's, und Gott, was Gottes ist." So auch, wenn man Christum frägt: „Bist du König der Juden?" ist die Antwort ausweichend. Ebenfalls auf die Frage, ob er Gottes Sohn ist. Muhammed zeigt weit offener, bestimmter. Als man ihn mit einer ähnlichen Frage anging, nämlich, ob er Gottes Sohn sei, antwortet er: „Gott hat keine Kinder."

Welch ein großes Drama ist die Passion! Und wie tief ist es motiviert durch die Prophezeiungen des alten Testaments! Sie konnte nicht umgangen werden, *testamentum*. Gleich den Wundern, so hat auch die Passion als Annonce gedient ... Wenn jetzt ein Heiland aufsteht, braucht er sich nicht mehr kreuzigen zu lassen, um seine Lehre eindrücklich zu veröffentlichen ... er läßt sie ruhig drucken und annonciert das Büchlein in der Allgemeinen Zeitung mit sechs Kreuzern die Zeile Inserationsgebühr.

Welche süße Gestalt, dieser Gottmensch! Wie borniert erscheint, in Vergleichung mit ihm, der Heros des alten Testaments! Moses liebt sein Volk mit einer rührenden Innigkeit; wie eine Mutter sorgt er für die Zukunft dieses Volkes. Christus liebt die Menschheit, jene Sonne umflammte die ganze Erde mit den wärmenden Strahlen seiner Liebe. Welch ein lindernder Balsam für alle Wunden diese Welt sind seine Worte! Welch ein Heilquell für alle Leidende war das Blut, welches auf Golgatha floß! ... Die weißen marmornen Griechengötter wurden bespritzt von diesem Blute und erkrankten vor innerem Grauen und konnten nimmermehr genesen! Die meisten freilich trugen schon längst in sich das verzehrende Siechtum, und nur der Schreck beschleunigte ihren Tod. Zuerst starb Pan. Kennst du die Sage, wie Plutarch sie erzählt? Diese Schiffersage des Altertums ist höchst merkwürdig. – Sie lautet folgendermaßen:

Zur Zeit des Tiberius fuhr ein Schiff nahe an den Inseln Parä, welche an der Küste von Ätolien liegen, des Abends vorüber. Die Leute, die sich darauf befanden, waren noch nicht schlafen gegangen, und viele saßen nach dem Nachtessen beim Trinken, als man auf einmal von der Küste her eine Stimme vernahm, welche den Namen Thamus (so hieß nämlich der Steuermann) so laut rief, daß alle in die größte Verwunderung gerieten. Beim ersten und zweiten Rufe schwieg Thamus, beim dritten antwortete er; worauf dann die Stimme mit noch verstärktem Tone diese Worte zu ihm sagte: „Wenn du auf die Höhe des Palodes anlangst, so verkündige, daß der große Pan gestorben ist!" Als er nun diese Höhe erreichte, vollzog Thamus den Auftrag, und rief vom Hinterteil des Schiffes nach dem Lande hin: „Der große Pan ist tot!" Auf diesen Rufe erfolgten von dorther die sonderbarsten Klagetöne, ein Gemisch von Seufzen und Geschrei der Verwunderung, und wie von vielen zugleich erhoben. Die Augenzeugen erzählten dies Ereignis in Rom, wo man die wunderlichsten Meinungen darüber äußerte. Tiberius ließ die Sache näher untersuchen und zweifelte nicht an der Wahrheit. –

Helgoland, den 29. Julius

Ich habe wieder im alten Testamente gelesen. Welch ein großes Buch! Merkwürdiger noch als der Inhalt ist für mich diese Darstellung, wo das Wort gleichsam ein Naturprodukt ist, wie ein Baum, wie eine Blume, wie das Meer, wie die Sterne, wie der Mensch selbst. Das sproßt, das fließt, das dunkelt, das lächelt, man weiß nicht wie, man weiß nicht warum, man findet alles ganz natürlich. Das ist wirklich das Wort Gottes, statt daß andere Bücher nur von Menschenwitz zeugen. Im Homer, dem anderen großen Buche, ist die Darstellung ein Produkt der Kunst, und wenn auch der Stoff immer, ebenso wie in der Bibel, aus der Realität aufgegriffen ist, so gestaltet er sich doch zu einem poetischen Gebilde, gleichsam umgeschmolzen im Tiegel des menschlichen Geistes; er wird geläutert durch einen geistigen Prozeß, welchen wir die Kunst nennen. In der Bibel erscheint auch keine Spur von Kunst; das ist der Stil eines Notizenbuchs, worin der absolute Geist, gleichsam ohne alle individuelle menschliche Beihilfe, die Tagesvorfälle eingezeichnet, ungefähr mit derselben tatsächlichen Treue, womit wir unsere Waschzettel schreiben. Über diesen Stil läßt sich gar kein Urteil aussprechen, man kann nur seine Wirkung auf unser Gemüt konstatieren, und nicht wenig mußten die griechischen Grammatiker in Verlegenheit geraten, als sie manche frappante Schönheiten in der Bibel nach hergebrachten Kunstbegriffen definieren sollten. Longinus spricht von Erhabenheit. Neuere Ästhetiker sprechen von Naivität. Ach! wie gesagt, hier fehlen alle Maßstäbe der Beurteilung ... die Bibel ist das Wort Gottes.

Nur bei einem einzigen Schriftsteller finde ich etwas, was an jenen unmittelbaren Stil der Bibel erinnert. Das ist Shakespeare. Auch bei ihm tritt das Wort manchmal in jener schauerlichen

Nacktheit hervor, die uns erschreckt und erschüttert; in den Shakespeare'schen Werken sehen wir manchmal die leibhaftige Wahrheit ohne Kunstgewand. Aber das geschieht nur in einzelnen Momenten; der Genius der Kunst, vielleicht seine Ohnmacht fühlend, überließ hier der Natur sein Amt auf einige Augenblicke, und behauptet hernach um so eifersüchtiger seiner Herrschaft in der plastischen Gestaltung und in der witzigen Verknüpfung des Dramas. Shakespeare ist zu gleicher Zeit Jude und Grieche, oder vielmehr beide Elemente, der Spiritualismus und die Kunst, haben sich in ihm versöhnungsvoll durchdrungen und zu einem höheren Ganzen entfaltet.

Ist vielleicht solche harmonische Vermischung der beiden Elemente die Aufgabe der ganzen europäischen Zivilisation? Wir sind noch sehr weit entfernt von einem solchen Resultate. Der Grieche Goethe, und mit ihm die ganze poetische Partei, hat in jüngster Zeit seine Antipathie gegen Jerusalem fast leidenschaftlich ausgesprochen. Die Gegenpartei, die keinen großen Namen an ihrer Spitze hat, sondern nur einige Schreihälse, wie z. B. der Jude Pustkuchen, der Jude Wolfgang Menzel, der Jude Hengstenberg, diese erheben ihr pharisäisches Zeter um so krächzender gegen Athen und den großen Heiden.

Mein Stubennachbar, ein Justizrat aus Königsberg, der hier badet, hält mich für einen Pietisten, da er immer, wenn er mir seinen Besuch abstattet, die Bibel in meinen Händen findet. Er möchte mich deshalb gern ein bißchen prickeln, und ein kaustisch ostpreußisches Lächeln beflimmert sein mageres hagestolzes Gesicht jedesmal, wenn er über Religion mit mir sprechen kann. Wir disputierten gestern über die Dreieinigkeit. Mit dem Vater ging es noch gut; das ist ja der Weltschöpfer, und jedes Ding muß seine Ursache haben. Es haperte schon bedeutend mit dem Glauben an den Sohn, den sich der kluge Mann gern verbitten möchte, aber jedoch am Ende mit fast ironischer Gutmütigkeit annahm. Jedoch die dritte Person der Dreieinigkeit, der heilige Geist, fand den unbedingtesten Widerspruch. Was der heilige Geist ist, konnte er durchaus nicht begreifen, und plötzlich auflachend schrie er: „Mit dem heiligen Geist hat es wohl am Ende dieselbe Bewandtnis wie mit dem dritten Pferde, wenn man Extrapost reist; man muß immer dafür bezahlen und bekömmt es doch nie zu sehen, dieses dritte Pferd."

Mein Nachbar, der unter mir wohnt, ist weder Pietist noch Nationalist, sondern ein Holländer, indolent und ausgebuttert wie der Käse, womit er handelt. Nichts kann ihn in Bewegung setzen, er ist das Bild der nüchternsten Ruhe, und sogar wenn er sich mit meiner Wirtin über sein Lieblingsthema, das Einsalzen der Fische, unterhält, erhebt sich seine Stimme nicht aus der plattesten Monotonie. Leider, wegen des dünnen Bretterbodens, muß ich manchmal dergleichen Gespräche anhören, und während ich hier oben mit dem Preußen über die Dreieinigkeit sprach, erklärte unten der Holländer, wie man Kabeljau, Laberdan und Stockfisch von einander unterscheidet; es sei im Grunde ein- und dasselbe, und man bezeichne damit nur drei verschiedene Einsalzungsgrade.

Mein Hauswirt ist ein prächtiger Seemann, berühmt auf der ganzen Insel wegen seiner Unerschrockenheit in Sturm und Not, dabei gutmütig und sanft wie ein Kind. Er ist eben von einer großen Fahrt zurückgekehrt, und mit lustigem Ernste erzählte er mir von einem Phänomen, welches er gestern am 28. Juli auf der hohen See wahrnahm. Es klingt drollig. Mein Hauswirt behauptet nämlich, die ganze See roch nach frischgebackenem Kuchen, und zwar sei ihm der warme, delikate Kuchenduft so verführerisch in die Nase gestiegen, daß ihm ordentlich weh ums Herz ward. Siehst du, das ist ein Seitenstück zu dem neckenden Luftbild, das dem lechzenden Wanderer in der arabischen Sandwüste eine klare, erquickende Wasserfläche vorspiegelt. Eine gebackene Fata Morgana.

Helgoland, den 1. August

– – *Du hast keinen Begriff davon, wie das* dolce far niente mir hier behagt. Ich habe kein einziges Buch, das sich mit den Tagesinteressen beschäftigt, hieher mitgenommen. Meine ganze Bibliothek besteht aus Paul Warnefried's Geschichte der Longobarden, der Bibel, dem Homer und einige Schartecken über Hexenwesen. Über letzteres möchte ich gern ein interessantes Büchlein schreiben. Zu diesem Behufe beschäftigte ich mich jüngst mit Nachforschung über die letzten Spuren des Heidentums in der getauften modernen Zeit. Es ist höchst merkwürdig, wie lange und unter welchen Vermummungen sich die schönen Wesen der griechischen Fabelwelt in Europa erhalten haben. – Und im Grunde erhielten sie sich ja bei uns bis auf heutigen Tag, bei uns, den Dichtern. Letztere haben seit dem Sieg der christlichen Kirche immer eine stille Gemeinde gebildet, wo die Freude des alten Bilderdienstes, der jauchzende Götterglaube sich fortpflanzte von Geschlecht auf Geschlecht, durch die Tradition der heiligen Gesänge ... Aber, ach! die *ecclesia press*, die den Homeros als ihren Propheten verehrt, wird täglich mehr und mehr bedrängt, der Eifer der schwarzen Familiaren wird immer bedenklicher angefacht. Sind wir bedroht mit einer neuen Götterverfolgung?

Furcht und Hoffnung wechseln ab in meinem Geiste, und mir wird sehr ungewiß zumute.

– – Ich habe mich mit dem Meere wieder ausgesöhnt (du weißt, wir waren *en délicatesse*), und wir sitzen wieder des Abends beisammen und halten geheime Zwiegespräche. Ja, ich will die Politik und die Philosophie an den Nagel hängen und mich wieder der Naturbetrachtungen und der Kunst hingeben. Ist doch all dieses Quälen und Abmühen nutzlos, und obgleich ich mich marterte für das allgemeine Heil, so wird doch dieses wenig dadurch gefördert. Die Welt bleibt nicht im starren Stillstand, aber im erfolglosesten Kreislauf. Einst, als ich noch jung und unerfahren, glaubte ich, daß, wenn auch im Befreiungskampfe der Menschheit der einzelne Kämpfer zugrunde geht, dennoch die große Sache am Ende siege. ... Und ich erquickte mich an jenen schönen Versen Byron's:

„Die Wellen kommen eine nach der andern herangeschwommen, und eine nach der andern zerbrechen sie und zerstieben sie auf dem Strande, aber das Meer selber schreitet vorwärts – –"

Ach! wenn man dieser Naturerscheinung länger zuschaut, so bemerkt man, daß das vorwärtsgeschrittene Meer nach einem gewissen Zeitlauf sich wieder in sein voriges Bett zurückzieht, später aufs neue daraus hervortritt, mit derselben Heftigkeit das verlassene Terrain wieder zu gewinnen sucht, endlich kleinmütig wie vorher die Flucht ergreift, und, dieses Spiel beständig wiederholend, dennoch niemals weiter kommt ... Auch die Menschheit bewegt sich nach den Gesetzen von Ebbe und Flut, und vielleicht auch auf die Geisterwelt übt der Mond seine fiderischen Einflüsse. – –

Es ist heute junges Licht, und trotz aller wehmütigen Zweifelsucht, womit sich meine Seele hin und her quält, beschleichen mich wunderliche Ahnungen ... Es geschieht jetzt etwas Außerordentliches in der Welt ... Die See riecht nach Kuchen, und die Wolkenmönche sahen vorige Nacht so traurig aus, so betrübt ...

Ich wandelte einsam am Strand in der Abenddämmerung. Ringsum herrschte feierliche Stille. Der hochgewölbte Himmel glich der Kuppel einer gotischen Kirche. Wie unzählige Lampen, hingen darin die Sterne; aber sie brannen düster und zitternd. Wie eine Wasserorgel, rauschten die Meereswellen; stürmische Choräle, schmerzlich verzweiflungsvoll, jedoch mitunter auch triumphierend. Über mir ein luftiger Zug von weißen Wolkenbilder, die wie Mönche aussahen, alle gebeugten Hauptes und kummervollen Blickes dahinziehend, eine traurige Prozession ... Es sah fast aus, als ob sie einer Leiche folgten ... Wer wird begraben? Wer ist gestorben? sprach ich zu mir selber. Ist der große Pan tot?

Helgoland, den 6. August

Während sein Heer mit den Longobarden kämpfte, saß der König der Heruler ruhig in seinem Zelte und spielte Schach. Er bedrohte mit dem Tode denjenigen, der ihm eine Niederlage melden würde. Der Späher, der, auf einem Baume sitzend, dem

Kampfe zuschaute, rief immer: „Wir siegen! wir siegen!" – bis er endlich laut aufseufzte: „Unglücklicher König! Unglückliches Volk der Heruler!" Da merkte der König, daß die Schlacht verloren, aber zu spät! Denn die Longobarden drangen zu gleicher Zeit in sein Zelt und erstachen ihn ...

Eben diese Geschichte las ich in Paul Warnefried, als das dicke Zeitungspaket mit den warmen, glühend heißen Neuigkeiten vom festen Lande ankam. Es waren Sonnenstrahlen, eingewickelt in Druckpapier, und sie entflammten meine Seele bis zum wildesten Brand. Mir war, als könnte ich den ganzen Ozean bis zum Nordpol anzünden mit den Gluten der Begeisterung und der tollen Freude, die in mir loderten. Jetzt weiß ich auch, warum die ganze See nach Kuchen roch. Der Seine-Fluß hatte die gute Nachricht unmittelbar ins Meer verbreitet, und in ihren Kristallpalästen haben die schönen Wasserfrauen, die von jeher allem Heldentum hold, gleich einen Thé-dansant gegeben, zur Feier der großen Begebenheiten, und deshalb roch das ganze Meer nach Kuchen. Ich lief wie wahnsinnig im Hause herum und küßte zuerst die dicke Wirtin, und dann ihren freundlichen Seewolf, auch umarmte ich den preußischen Justizkommissarius, um dessen Lippen freilich das frostige Lächeln des Unglaubens nicht ganz verschwand, sogar den Holländer drückte ich an mein Herz ... Aber dieses indifferente Fettgesicht blieb kühl und ruhig, und ich glaube, wär' ihm die Juliussonne in Person um den Hals gefallen, Mynheer würde nur in einen gelinden Schweiß, aber keineswegs in Flammen geraten sein. Diese Nüchternheit inmitten einer allgemeinen Begeisterung ist empörend. Wie die Spartaner ihre Kinder vor der Trunkenheit bewahrten, indem sie ihnen als warnendes Beispiel einen berauschten Heloten zeigten, so sollten wir in unseren Erziehungsanstalten einen Holländer füttern, dessen sympathielose, gehäbige Fischnatur den Kindern einen Abscheu vor der Nüchternheit einflößen möge. Wahrlich, diese holländische Nüchternheit ist ein weit fataleres Laster als die Besoffenheit eines Heloten. Ich möchte Mynheer prügeln ...

Aber nein, keine Exzesse! Die Pariser haben uns ein so brillantes Beispiel von Schonung gegeben. Wahrlich, ihr verdient es, frei zu sein, ihr Franzosen, denn ihr tragt die Freiheit im Herzen. Dadurch unterscheidet ihr euch von euren armen Vätern, welche sich aus jahrtausendlicher Knechtschaft erhoben, und bei allen ihren Heldentaten auch jene wahnsinnige Greuel ausübten, worüber der Genius der Menschheit sein Antlitz verhüllte. Die Hände des Volks sind diesmal nur blutig geworden im Schlachtgewühle gerechter Gegenwehr, nicht nach dem Kampf. Das Volk verband selbst die Wunden seiner Feinde, und als die Tat abgetan war, ging es wieder ruhig an seine Tagesbeschäftigung, ohne für die große Arbeit auch nur ein Trinkgeld verlangt zu haben!

„Vor dem Sklaven, wenn er die Kette bricht,
Vor dem freien Menschen erzittert nicht!"

Du siehst, wie berauscht ich bin, wie außer mir, wie allgemein ... ich zitiere Schiller's banalsten Vers*).

Und den alten Knaben, dessen unverbesserliche Torheit so viel Bürgerblut gekostet, haben die Pariser mit rührender Schonung behandelt. Er saß wirklich beim Schachspiel, wie der König der Heruler, als die Sieger in sein Zelt stürzten. Mit zitternder Hand unterzeichnete er die Abdankung. Er hat die Wahrheit nicht hören wollen. Er behielt ein offnes Ohr, nur für die Lüge der Höflinge. Diese riefen immer: „Wir siegen! wir siegen!" Unbegreiflich war diese Zuversicht des königlichen Toren ... Verwundert blickte er aus, als das „Journal des Debats", wie einst der Wächter während der Longobardenschlacht, plötzlich ausrief: *„Malheureux roi! malheureuse France!"*

Mit ihm, mit Karl X., hat endlich das Reich Karl's des Großen ein Ende, wie das Reich des Romulus sich endigte mit Romulus Augustulus. Wie einst ein neues Rom, so beginnt jetzt ein neues Frankreich.

Es ist mir alles noch wie ein Traum; besonders der Name Lafayette klingt mir wie eine Sage aus der frühesten Kindheit. Sitzt er wirklich jetzt wieder zu Pferde, kommandierend die Nationalgarde? Ich fürchte fast, es sei nicht wahr, denn es ist gedruckt. Ich will selbst nach Paris gehen, um mich mit leiblichen Augen davon zu überzeugen ... Es muß prächtig aussehen, wenn er dort durch die Straßen reitet, der Bürger beider Welten, der göttergleiche Greis, die silbernen Locken herabwallend und über die heilige Schulter ... Er grüßt mit den alten lieben Augen die Enkel jener Väter, die einst mit ihm kämpften für Freiheit und Gleichheit ... Es sind jetzt sechzig Jahr', daß er aus Amerika zurückgekehrt mit der Erklärung der Menschheitsrechte, den zehn Geboten des neuen Weltglaubens, die ihm dort offenbart wurden unter Kanonendonner und Blitz ... Dabei weht wieder auf den Türmen von Paris die dreifarbige Fahne, und es klingt die Marseillaise!

Lafayette, die dreifarbige Fahne, die Marseillaise ... Ich bin wie berauscht. Kühne Hoffnungen steigen leidenschaftlich empor, wie Bäume mit goldenen Früchten und wilden, wachsenden Zweigen, die ihr Laubwerk weit ausstrecken bis in die Wolken ... Die Wolken aber im raschen Fluge entwurzeln diese Riesenbäume und jagen

---

*) „ich zitiere Schiller's Glocke", hieß es in der früheren deutschen Ausgabe. Auch waren die Verse unrichtig mitgeteilt:

„Den Sklaven, wenn er die Kette bricht,
Den freien Mann, den fürchte nicht!"

Heine hat beides in der französischen Ausgabe berichtigt. **Der Herausgeber.**

damit von dannen. Der Himmel hängt voller Violinen, und auch ich rieche es jetzt, die See duftet nach frischgebackenem Kuchen. Das ist ein beständiges Geigen da droben in himmelblauer Freudigkeit, und das klingt aus den smaragdenen Wellen wie heiteres Mädchengekichere. Unter der Erde aber kracht es und klopft es, der Boden öffnet sich, die alten Götter strecken daraus ihre Köpfe hervor, und mit hastiger Bewunderung fragen sie: „Was bedeutet der Jubel, der bis ins Mark der Erde drang? Was gibt's Neues? Dürfen wir wieder hinauf!"! Nein, ihr bleibt unten im Nebelheim, wo bald ein neuer Todesgenosse zu euch hinabsteigt ... „Wie heißt er?" Ihr kennt ihn gut, ihn, der euch einst hinabstieß in das Reich der ewigen Nacht ...

Pan ist tot!

Helgoland, den 10. August

Lafayette, die dreifarbige Fahne, die Marseillaise ...

Fort ist meine Sehnsucht nach Ruhe. Ich weiß jetzt wieder, was ich soll, was ich muß ... Ich bin der Sohn der Revolution und greife wieder zu den gefeiten Waffen, vorüber meine Mutter ihren Zaubersegen ausgesprochen ... Blumen! Blumen! Ich will mein Haupt bekränzen zum Todeskampf. Und auch die Leier, reicht mir die Leier, damit ich ein Schlachtlied singe ... Worte gleich flammenden Sternen, die aus der Höhe herabschießen und die Paläste verbrennen und die Hütten erleuchten ... Worte gleich blanken Wurfspeeren, die bis in den siebenten Himmel hinaufschwirren und die frommen Heuchler treffen, die sich dort eingeschlichen ins Allerheiligste ... Ich bin ganz Freude und Gesang, ganz Schwert und Flamme!

Vielleicht auch ganz toll ... Von jenen wilden, in Druckpapier gewickelten Sonnenstrahlen ist mir einer ins Gehirn geflogen, und alle meine Gedanken brennen lichterloh. Vergebens tauche ich den Kopf in die See. Kein Wasser löscht dieses griechische Feuer. Aber es geht den anderen nicht viel besser. Auch die übrigen Badegäste traf der Pariser Sonnenstich, zumal die Berliner, die dieses Jahr in großer Anzahl hier befindlich und von einer Insel zur andern kreuzen, so daß man sagen konnte, die ganze Nordsee sei überschwemmt von Berlinern. Sogar die armen Helgolander jubeln vor Freude, obgleich sie die Ereignisse nur instinktmäßig begreifen. Der Fischer, welcher mich gestern nach der kleinen Sandinsel, wo man badet, überfuhr, lachte mich an mit den Worten: „Die armen Leute haben gesiegt!" Ja, mit seinem Instinkt begreift das Volk die Ereignisse vielleicht besser als wir mit allen unseren Hilfskenntnissen. So erzählte mir einst Frau von Varnhagen, als man den Ausgang der Schlacht bei Leipzig noch nicht wußte, sei plötzlich die Magd ins Zimmer gestürzt mit dem Angstschrei: „Der Adel hat gewonnen."

Diesmal haben die armen Leute den Sieg erfochten. „Aber es hilft ihnen nicht, wenn sie nicht auch das Erbrecht besiegen!" Diese Worte sprach der ostpreußische Justizrat in einem Tone, der mir sehr auffiel. Ich weiß nicht, warum diese Worte, die ich nicht begreife, mir so beängstigend im Gedächtnis bleiben. Was will er damit sagen, der trockene Kauz?

Diesen Morgen ist wieder ein Paket Zeitungen angekommen. Ich verschlinge sie wie Manna. Ein Kind, wie ich bin, beschäftigen mich die rührenden Einzelheiten noch weit mehr als das bedeutungsvolle Ganze. O, könnte ich nur den Hund Medor sehen! Dieser interessiert mich weit mehr, als die anderen, die dem Philipp von Orleans mit schnellen Sprüngen die Krone apportiert haben. Der Hund Medor apportierte seinem Herrn Flinte und Patrontasche, und als sein Herr fiel und samt seinen Mithelden auf dem Hofe des Louvre begraben wurde, da blieb der arme Hund, wie ein Steinbild der Treue, regungslos auf dem Grabe sitzen, Tag und Nacht, von den Speisen, die man ihm bot, nur wenig genießend, den größten Teil derselben in die Erde verscharrend, vielleicht als Atzung für seinen begrabenen Herrn!

Ich kann gar nicht mehr schlafen, und durch den überreizten Geist jagen die bizarrsten Nachtgesichter. Wachende Träume, die über einander hinstolpern, so daß die Gestalten sich abenteuerlich vermischen, und, wie im chinesischen Schattenspiel, sich jetzt zwerghaft verkürzen, dann wieder gigantisch verlängern; zum Verrücktwerden. In diesem Zustande ist mir manchmal zu Sinne, als ob meine eignen Glieder ebenfalls sich kolossal ausdehnten und daß ich, wie mit ungeheuer langen Beinen, von Deutschland nach Frankreich und wieder zurückliefe. Ja, ich erinnere mich, vorige Nacht lief ich solchermaßen durch alle deutsche Länder und Ländchen und klopfte an den Türen meiner Freunde und störte die Leute aus dem Schlafe ... Sie glotzten mich manchmal an mit verwunderten Glasaugen, so daß ich selbst erschrak und nicht gleich wußte, was ich eigentlich wollte und warum ich sie weckte! Manche dicke Philister, die allzu widerwärtig schnarchten, stieß ich bedeutungsvoll in die Rippen, und gähnend frugen sie: „Wieviel Uhr ist es denn?" In Paris, liebe Freunde, hat der Hahn gekräht; Das ist alles, was ich weiß. – Hinter Augsburg, auf dem Wege nach München, begegneten mir eine Menge gotischer Dome, die auf der Flucht zu sein schienen und ängstlich wackelten. Ich selber, des vielen Umherlaufens satt, ich gab mich endlich ans Fliegen, und so flog ich von einem Stern zum andern. Sind aber keine bevölkerte Welten, wie andere träumen, sondern nur glänzende Steinkugeln, öde und fruchtlos. Sie fallen nicht herunter, weil sie nicht wissen, worauf sie fallen können. Schweben dort oben auf und ab in der größten Verlegenheit. Kam auch in den Himmel. Tür und Tor stand offen. Lange, hohe, weit hallende Säle mit altmodischen Vergoldungen, ganz leer, nur daß hie und da auf einem samtnen Armsessel ein alter gepuderter Bedienter saß, in verblichen roter Livrée und gelinde schlummernd. In manchen Zimmern waren die Türflügel aus ihren Angeln gehoben, an andern Orten waren die Türen fest verschlossen und obendrein mit großen runden Amtssiegeln dreifach versiegelt, wie in Häusern, wo ein Bankrott oder ein Todesfall eingetreten. Kam endlich in ein Zimmer, wo an einem Schreibpult ein alter dünner Mann saß, der unter hohen Papierstößen kramte. War schwarz gekleidet, hatte ganz weiße Haare, ein faltiges Geschäftsgesicht, und frug mich mit gedämpfter Stimme, was ich wolle? In meiner Naivität hielt ich ihn für den lieben Herrgott, und ich sprach zu ihm ganz zutrauungsvoll: „Ach, lieber Herrgott, ich möchte donnern lernen, blitzen kann ich ... ach, lehren Sie mich auch donnern!" „Sprechen Sie nicht so laut", entgegnete mir heftig der alte dünne Mann, drehte mir den Rücken und kramte weiter unter seinen Papieren. „Das ist der Herr Registrator", flüsterte mir einer von den roten Bedienten, der von seinem Schlafsessel sich erhob und sich gähnend die Augen rieb ...

Pan ist tot!

Cuxhafen, den 19. August

Unangenehme Überfahrt, in einem offenen Kahn, gegen Wind und Wetter; so daß ich, wie immer in solchen Fällen, von der Seekrankheit zu leiden hatte. Auch das Meer, wie andre Personen, lohne meine Liebe mit Ungemach und Quälnissen. Anfangs geht er gut, da laß' ich mir das neckende Schaukeln gern gefallen. Aber allmählich schwindelt es mir im Kopfe, und allerlei fabelhafte Gesichte umschwirren mich. Aus den dunkeln Meerstrudeln steigen die alten Dämonen hervor, in scheußlicher Nacktheit bis an die Hüften, und sie heulen schlechte unverständliche Verse, und spritzen mir den weißen Wellenschaum ins Antlitz. Zu noch weit fataleren Fratzenbildern gestalten sich droben die Wolken, die so tief herabhängen, daß sie fast mein Haupt berühren und mir mit ihren dummen Fistelstimmchen die unheimlichen Narreteien ins Ohr pfeifen. Solche Seekrankheit, ohne gefährlich zu sein, gewährt sie dennoch die entsetzlichen Mißempfindungen, unleidlich bis zum Wahnsinn. Am Ende, im fieberhaften Katzenjammer, bildete ich mir ein*), ich hätte die Bibel verschluckt, das alte mitsamt dem neuen Testamente, und siehe da, die heiligen Gestalten begannen in mir zu rumoren und zu

---

*) „ich sei ein Walfisch, und ich trüge im Bauche den Propheten Jonas. Der Prophet Jonas aber rumorte und wütete in meinem Bauche und schrie beständig:" lautet der Schluß des Absatzes in der früheren deutschen Ausgabe.
Der Herausgeber.

gestikulieren, daß sich mir alles im Bauche herumdrehte. Der König David spielte die Harfe, aber ach, die Saiten des Instrumentes waren meine eignen Gedärme! Die ganze Menagerie der Apokalypse brülle in mir, und dazwischen sangen die Propheten, die vier großen in tiefem Tenor, die zwölf kleinen im Fistelbaß. Das grunzte und ruchzte verworren, aber den ganzen Chorus übertäubte die Stimme des Propheten Jonas, welcher beständig schrie:

„O Ninive! O Ninive! du wirst untergehen! In deinen Palästen werden Bettler sich lausen, und in deinen Tempeln werden die babylonischen Küraßiere ihre Stuten füttern. Aber euch, ihr Priester Baal's, euch wird man bei den Ohren fassen, und eure Ohren festnageln an die Pforten der Tempel! Ja, an die Türen eurer Läden wird man euch mit den Ohren annageln, ihr Leibbäcker Gottes! Denn ihr habt falsches Gewicht gegeben, ihr habt leichte betrügerische Brote dem Volke verkauft! O, ihr geschorenen Schlauköpfe! wenn das Volk hungerte, reichet ihr ihm eine dünne homöopathische Scheinspeise, und wenn es dürstete, tranket ihr seiner, statt seiner; höchstens den Königen reichet ihr den vollen Kelch. Ihr aber, ihr assyrischen Spießbürger und Grobiane, ihr werdet Schläge bekommen mit Stöcken und Ruten, und auch Fußtritte werdet ihr bekommen und Ohrfeigen, und ich kann es euch voraussagen mit Bestimmtheit, denn erstens werde ich alles Mögliche tun, damit ihr sie bekommt, und zweitens bin ich Prophet, der Prophet Jonas, Sohn Amithai ... O Ninive! O Ninive! du wirst untergehn!"

So ungefähr predigte mein Bauchredner*), und er schien dabei so stark zu gestikulieren und sich in meinen Gedärmen zu verwickeln, daß sich mir alles kullernd im Leibe herumdrehte ... bis ich es endlich nicht länger ertragen konnte und den Propheten Jonas ausspuckte.

Als ich solcherweise plötzlich erleichtert ward, vernahm ich neben mir die Stimme des preußischen Justizrats, der zu mir sprach: „Wohl bekomm's! Gut, daß Sie endlich die tolle Lektüre wieder los sind, die Sie auf Helgoland mit dem großen Hummer verschlangen ... Wir sind jetzt gleich im Hafen, und eine Tasse Tee wird uns bald wieder herstellen." Ich befolgte seinen Rat und genas endlich ganz und gar**), als ich landete und im Gasthofe zu Cuxhafen eine gute Tasse Tee bekam.

Hier wimmelt's von Hamburgern und ihren Gemahlinnen, die das Seebad gebrauchen. Auch Schiffskapitäne aus allen Ländern,

---

*) „als ich plötzlich erleichtert ward und neben mir die Stimme des preußischen Justizrats vernahm", lautet der Schluß dieses Satzes in der französischen Ausgabe. **Der Herausgeber.**
**) „Solcherweise ward ich erleichtert und genas endlich ganz und gar", lautet der Anfang dieses Absatzes in der früheren deutschen Ausgabe.
Der Herausgeber.

die auf guten Fahrtwind warten, spazieren hier hin und her auf den hohen Dämmen, oder sie liegen in den Kneipen und trinken sehr starken Grog und jubeln über die drei Julitage. In allen Sprachen bringt man den Franzosen ihr wohlverdientes Vivat, und der sonst so wortkarge Brite preist sie ebenso redselig wie jener geschwätzige Portugiese, der es bedauerte, daß er seine Ladung Orangen nicht direkt nach Paris bringen könne, um das Volk zu erfrischen nach der Hitze des Kampfes. Sogar in Hamburg, wie man mir erzählt, in jenem Hamburg, wo der Franzosenhaß am tiefsten wurzelte, herrscht jetzt nichts als Enthusiasmus für Frankreich ... Alles ist vergessen, Davoust, die beraubte Bank, die füsilierten Bürger, die altdeutschen Röcke, die schlechten Befreiungsverse, Vater Blücher, „Heil dir im Siegerkranz". Alles ist vergessen ... In Hamburg flattert die Trikolore, überall erklingt dort die Marseillaise, sogar die Damen erscheinen im Theater mit dreifarbigen Bandschleifen auf der Brust und sie lächeln mit ihren blauen Augen, roten Mündlein und weißen Näschen ... Sogar die reichen Bankiers, welche infolge der revolutionären Bewegung an ihren Staatspapieren sehr viel Geld verlieren, teilen großmütig die allgemeine Freude, und jedesmal, wenn ihnen der Makler meldet, daß die Kurse noch tiefer gefallen, schauen sie desto vergnügter und antworten: „Es ist schon gut, es tut nichts, es tut nichts!" –

Ja, überall, in allen Landen, werden die Menschen die Bedeutung dieser drei Julitage sehr leicht begreifen und darin einen Triumph der eigenen Interessen erkennen und feiern. Die große Tat der Franzosen spricht so deutlich zu allen Völkern und allen Intelligenzen, den höchsten und den niedrigsten, und in den Steppen der Baschkieren werden die Gemüter ebensotief erschüttert werden wie auf den Höhen Andalusiens ... Ich sehe schon, wie dem Neapolitaner der Makkaroni und dem Irländer seine Kartoffel im Munde stecken bleibt, wenn die Nachricht bei ihnen anlangt ... Pultschinell ist kapabel, zum Schwert zu greifen, und Paddy wird vielleicht einen Bull machen, worüber den Engländern das Lachen vergeht.

Und Deutschland? Ich weiß nicht. Werden wir endlich von unseren Eichenwäldern den rechten Gebrauch machen, nämlich zu Barrikaden für die Befreiung der Welt? Werden wir, denen die Natur so viel Tiefsinn, so viel Kraft, so viel Mut erteilt hat, endlich unsere Gottesgaben benutzen und das Wort des großen Meisters, die Lehre von den Rechten der Menschheit begreifen, proklamieren und in Erfüllung bringen?

Es sind jetzt sechs Jahre, daß ich, zu Fuß das Vaterland durchwandernd, auf der Wartburg ankam und die Zelle besuchte, wo Doktor Luther gehaust. Ein braver Mann, auf den ich keinen Tadel kommen lasse; er vollbrachte ein Riesenwerk, und wir wollen ihm immer dankbar die Hand küssen, für das, was er tat. Wir wollen nicht mit ihm schmollen, daß er unsere Freunde allzu unhöflich anließ, als sie in der Exegese des göttlichen Wortes etwas weiter gehen wollen als er selber, als sie auch die irdische Gleichheit der Menschen in Vorschlag brachen ... Ein solcher Vorschlag war freilich damals noch unzeitgemäß, und Meister Hemmling, der dir dein Haupt abschlug, armer Thomas Münzer, er war in gewisser Hinsicht wohl berechtigt zu solchem Verfahren; denn er hatte das Schwert in Händen und sein Arm war stark!

Auf der Wartburg besuchte ich auch die Rüstkammer, wo die alten Harnische hängen, die alten Pickelhauben, Tartschen, Hellebarden, Flamberge, die eiserne Garderobe des Mittelalters. Ich wandelte nachsinnend im Saale herum mit einem Universitätsfreunde, einem jungen Herrn vom Adel, dessen Vater damals einer der mächtigsten Viertelfürsten in unserer Heimat war und das ganze zitternde Ländchen beherrschte. Auch seine Vorfahren sind mächtige Barone gewesen, und der junge Mann schwelgte in heraldischen Erinnerungen bei Anblick der Rüstungen und der Waffen, die, wie ein angehefteter Zettel meldete, irgendeinem Ritter seiner Sippschaft angehört hatten. Als er das lange Schwert des Ahnherrn von dem Haken herablangte und aus Neugier versuchte, ob er es wohl handhaben könnte, gestand er, daß es ihm doch etwas zu schwer sei, und er ließ entmutigt den Arm sinken. Als ich dieses sah, als ich sah, wie der Arm des Enkels zu schwach für das Schwert seiner Väter, da dachte ich heimlich in meinem Sinn: Deutschland könnte frei sein.

Neun Jahre später

Überall herrschte eine dumpfe Ruhe. Die Sonne warf elegische Strahlen auf den breiten Rücken der deutschen Geduld. Kein Windhauch bewegte den friedlichen Wetterhahn auf unseren frommen Kirchtürmen. Hoch oben auf einem einsamen Felsen saß ein Sturmvogel; aber er ließ schläfrig sein Gefieder hängen und schien selbst zu glauben, daß er sich getäuscht habe, und daß so bald kein Orkan losbrechen werde. Er war recht traurig und fast mutlos geworden, er, welcher kurz vorher so mächtig und geräuschvoll die Lüfte durchflogen und dem guten Deutschland alle möglichen Stürme verkündet. – Plötzlich zuckte im Westen ein Blitz über den Himmel, ein Donnerschlag folgte und ein schreckliches Krachen, als wäre das Ende der Welt erschienen. – Bald kamen in der Tat die Berichte von der großen Katastrophe, von den drei Tagen zu Paris, wo abermals die Sturmglocke des Volkszornes erscholl. Man glaubte schon in der Ferne die Trompete des jüngsten Gerichts zu vernehmen. Alles schien das Hereinbrechen jenes Weltunterganges zu weissagen, wovon die nordischen Skalden einst mit Zittern und Zähnklappern gesungen; ja man hätte glauben können, schon den riesigen Fenriswolf seinen greulichen Rachen öffnen zu sehn, um auf einmal den Mond zu verschlingen, wie es die furchtbaren alliterierenden Verse der Edda uns verkündigt. Er verschlang ihn aber doch nicht, und der gute deutsche Mond leuchtet noch bis auf diese Stunde so still und so zärtlich, wie in den Tagen Werther's und Lottens, empfindsamen Angedenkens.

Zwischen meinem ersten und meinem zweiten Begegnis mit Ludwig Börne liegt jene Juliusrevolution, welche unsere Zeit gleichsam in zwei Hälften auseinander sprengte. Die vorstehenden Briefe mögen Kunde geben von der Stimmung, in welcher mich die große Begebenheit antraf, und in gegenwärtiger Denkschrift sollen sie als vermittelnde Brücke dienen, zwischen dem ersten und dritten Buche. Der Übergang wäre sonst zu schroff. Außerdem mögen sie als geeignetes Dokument von der Stimmung zeugen, welche vor dem Eintreffen jenes Ereignisses in Deutschland herrschte, wo die trübseligste Entmutigung und Niedergeschlagenheit sofort in das enthusiastischste Vertrauen auf die Zukunft überging. Alle Bäume der Hoffnung begannen wieder zu grünen, und selbst die verkrüppeltsten Stämme, welche längst verdorrt waren, trieben neues Laub. Seit Luther auf dem Reichstage zu Worms seine Thesen vor dem versammelten Reiche verteidigte, hat keine Begebenheit mein deutsches Vaterland so tief aufgeregt wie die Juliusrevolution. Diese Aufregung ward freilich später ein wenig gedämpft, aber sie erwachte wieder im Jahr 1840, und seitdem glomm das Feuer beständig unter die Asche fort, bis im Februar 1848 die Flammen der Revolution aufs neue im allgemeinen Brande emporschlugen. Gegenwärtig sind die alten Löschmänner der heiligen Alliance mit ihrem alten staatsretterischen Apparat auf die Bühne zurückgekehrt, aber es zeigt sich gleichfalls schon zu dieser Stunde ihre Unzulänglichkeit. Was mag das Schicksal den Deutschen aufsparen? Ich prophezeie nicht gern, und ich halte es für nützlicher, von der Vergangenheit zu berichten, in welcher die Zukunft sich spiegelt*).

---

*) Der Schluß der französischen Ausgabe lautet von hier an wie folgt: „Ich hoffe daher, daß die Mitteilung der nachstehenden Briefe sich von selbst rechtfertigen wird. Ich habe sie in ihrer ursprünglichen Gestalt abgedruckt, obschon manche kleine Unrichtigkeiten, die sich darin vorfinden, hin und wieder eine Naivität verraten, welche dem französischen Leser ein Lächeln auf Kosten des deutschen Neulings abdringen mag. Ich ließ dem General Lafayette sein wallendes Silberhaar, obschon ich einige Zeit nachher, als ich die Ehre hatte, Herrn de Lafayette in Paris zu begegnen, jene Silberlocken höchst prosaisch in eine braune Perücke verwandelt sah; aber der biedere General hatte darum nicht minder ein ehrwürdiges Aussehen, und trotz seiner modern spießbürgerlichen Kleidung erkannte man in ihm den großen Ritter ohne Furcht und Tadel, den Bayard der Freiheit. Gleich nach meiner Ankunft in Paris wollte ich auch die Bekanntschaft des Hundes Medor machen; allein dieser entsprach durchaus nicht meiner Erwartung. Ich sah

Ich trug Bedenken, eine größere Anzahl dieser Briefe mitzuteilen, da in den nächstfolgenden der zeitliche Freiheitsrausch allzu ungestüm über alle Polizeiverordnungen hinaustaumelte, während späterhin allzu ernüchterte Betrachtungen eintreten und das enttäuschte Herz in mutlose, verzagende und verzweifelnde Gedanken sich verliert! Schon die ersten Tage meiner Ankunft in der Hauptstadt der Revolution merkte ich, daß die Dinge in der Wirklichkeit ganz andere Farben trugen, als ihnen die Lichteffekte meiner Begeisterung in der Ferne geliehen hatten. Das Silberhaar, das ich um die Schulter Lafayette's, des Helden beider Welten, so majestätisch flattern sah, verwandelte sich bei näherer Betrachtung in eine braune Perücke, die einen engen Schädel kläglich bedeckte. Und gar der Hund Medor, den ich auf dem Hofe des Louvre besuchte, und der, gelagert unter dreifarbigen Fahnen und Trophäen, sich ruhig füttern ließ: er war nicht der rechte Hund, sondern eine ganz gewöhnliche Bestie, die sich fremde Verdienste anmaßte, wie bei den Franzosen oft geschieht, und ebenso wie viele andre, exploitierte er den Ruhm der Julirevolution ... Er ward gehätschelt, gefördert, vielleicht zu den höchsten Ehrenstellen erhoben, während der wahre Medor einige Tage nach dem Siege bescheiden davongeschlichen war, wie das wahre Volk, das die Revolution gemacht ...

Armes Volk! Armer Hund! *sic.*

Es ist eine schon ältliche Geschichte. Nicht für sich, seit undenklicher Zeit, nicht für sich hat das Volk geblutet und gelitten, sondern für andre. Im Juli 1830 erfocht es den Sieg für jene Bour-

---

nur ein häßliches Tier, in dessen Blick keine Spur von Begeisterung lag; es blinzelte darin sogar etwas Schielend-falsches, etwas Verschlagen-eigennütziges, ja, ich möchte sagen: etwas Industrielles. Ein junger Mann, den ich dort traf, sagte mir, es sei gar nicht der rechte Medor, sondern ein intriganter Pudel, ein Hund aus späterer Zeit *(un chien du lendemain)*, der sich füttern und pflegen lasse und den Ruhm des wahren Medor exploitiere, während dieser nach dem Tode seines Herrn bescheiden davongeschlichen, wie das Volk, das die Revolution gemacht. – „Der arme Medor", fügte der Student hinzu, „irrt jetzt vielleicht in Paris umher, hungernd und obdachlos, wie mancher andere Juliheld; denn das Sprichwort, welches besagt, ein guter Hund finde nie einen guten Knochen, ist hier in Frankreich von betrübsamer Wahrheit, – man unterhält hier in wohlfeilen warmen Ställen und füttert mit dem besten Fleisch eine Meute von Bulldoggen, Jagdhunden und andern aristokratischen Vierfüßlern; auf seidenen Kissen, wohlgekämmt und parfümiert, und mit Zuckerbrot gesättigt, sehen Sie den Wachtelhund oder das kleine Windspiel ruhen, die jeden ehrlichen Menschen anbellen, aber der Herrin des Hauses zu schmeicheln wissen, und zuweilen selbst eingeweiht sind in menschliche Laster. Ach, solche schlechte, unmoralische Bestien gedeihen in unserer Gesellschaft, während jeder tugendhafte Hund, jeder Wahrheits- und Naturköter *(tout chien de la vérité et de la nature)*, der seinen Überzeugungen treu bleibt, elendiglich umkommt, und räudig mit Ungeziefer bedeckt, auf einem Misthaufen krepiert!" – So sprach der Student, der mir wegen seiner hohen politischen Anschauungsart sehr gefiel. Es begann just zu regnen, und da er keinen Schirm hatte, nahm ich ihn unter den meinen während der Wegestrecke, die wir mit einander zurücklegten."

Der Herausgeber.

geoisie, die ebensowenig taugt wie jene Noblesse, an deren Stelle sie trat mit demselben Egoismus ... Das Volk hat nichts gewonnen durch seinen Sieg, als Reue und größere Not. Aber seid überzeugt, wenn wieder die Sturmglocke geläutet wird und das Volk zur Flinte greift, diesmal kämpft es für sich selber und verlangt den wohlverdienten Lohn. Diesmal wird der wahre, echte Medor geehrt und gefüttert werden ... Gott weiß, wo er jetzt herumläuft, verachtet, verhöhnt und hungernd ...

Doch still, mein Herz, du verrätst dich zu sehr ...

Drittes Buch

– – – Es war im Herbst 1831, ein Jahr nach der Juliusrevolution, als ich zu Paris den Doktor Ludwig Börne wieder sah. Ich besuchte ihn im Gasthof *Hôtel de Castille,* und nicht wenig wunderte ich mich über die Veränderung, die sich in seinem ganzen Wesen aussprach. Das bißchen Fleisch, das ich früher an seinem Leibe bemerkt hatte, war jetzt ganz verschwunden, vielleicht geschmolzen von den Strahlen der Juliussonne, die ihm leider auch ins Hirn gedrungen. Aus seinen Augen leuchteten bedenkliche Funken. Er saß, oder vielmehr er wohnte in einem großen buntseidenen Schlafrock, wie eine Schildkröte in ihrer Schale, und wenn er manchmal argwöhnisch sein dünnes Köpfchen hervorbeugte, ward mir unheimlich zumute. Aber das Mitleid überwog, wenn er aus dem weiten Ärmel die arme abgemagerte Hand zum Gruß oder zum freundschaftlichen Händedruck ausstreckte. In seiner Stimme zitterte eine gewisse Kränklichkeit, und auf seinen Wangen grinsten schon die schwindsüchtig roten Streiflichter. Das schneidende Mißtrauen, das in allen seinen Zügen und Bewegungen lauerte, war vielleicht eine Folge der Schwerhörigkeit, woran er früher schon litt, die aber seitdem immer zunahm und nicht wenig dazu beitrug, mir seine Konversation zu verleiden.

„Willkommen in Paris!" – rief er mir entgegen. – „Das ist brav! Ich bin überzeugt, die Guten, die es am besten meinen, werden alle bald hier sein. Hier ist der Konvent der Patrioten von ganz Europa, und zu dem großen Werke müssen sich alle Völker die Hände reichen. Sämtliche Fürsten müssen in ihren eigenen Ländern beschäftigt werden, damit sie nicht in Gemeinschaft die Freiheit in Deutschland unterdrücken. Ach Gott! Ach Deutschland! Es wird bald sehr betrübt bei uns aussehen und sehr blutig. Revolutionen sind eine schreckliche Sache, aber sie sind notwendig, wie Amputationen, wenn irgendein Glied in Fäulnis geraten. Da muß man schnell zuschneiden, und ohne ängstliches Innehalten. Jede Verzögerung bringt Gefahr, und wer aus Mitleid oder aus Schrecken, beim Anblick des vielen Blutes, die Operation nur zur Hälfte verrichtet, der handelt grausamer als der schlimmste Wüterich. Hol' der Henker alle weichherzigen Chirurgen und ihre Halbheit! Marat hatte ganz Recht – *il faut faire saigner le genre humain*, und hätte man ihm die 300000 Köpfe bewilligt, die er verlangte, so wären Millionen der besseren Menschen nicht zugrunde gegangen, und die Welt wäre auf immer von dem alten Übel geheilt!"

„Die Republik", – ich lasse den Mann ausreden, mit Übergehung mancher schnörkelhaften Absprünge, – „Die Republik muß durchgesetzt werden. Nur die Republik kann uns retten. Der Henker hole die sogenannten konstitutionellen Verfassungen, wovon unsere deutschen Kammerschwätzer alles Heil erwarten. Konstitutionen verhalten sich zur Freiheit wie positive Religionen zur Naturreligion; sie werden durch ihr stabiles Element ebensoviel Unheil anrichten wie jene positiven Religionen, die, für einen gewissen Geisteszustand des Volkes berechnet, im Anfang sogar diesem Geisteszustand überlegen sind, aber späterhin sehr lästig werden, wenn der Geist des Volkes die Satzung überflügelt. Die Konstitutionen entsprechen einem politischen Zustand, wo die Bevorrechtungen von ihren Rechten einige abgeben, und die armen Menschen, die früher ganz zurückgesetzt waren, plötzlich jauchzen, daß sie ebenfalls Rechte erlangt haben ... Aber diese Freude hört auf, sobald die Menschen durch ihren freieren Zustand für die Idee einer vollständigen, ganz ungeschmälerten, ganz gleichheitlichen Freiheit empfänglich geworden sind; was uns heute die herrliche Akquisition dünkt, wird unsern Enkeln als ein kümmerlicher Abfinden erscheinen, und das geringste Vorrecht, das die ehemalige Aristokratie noch behielt, vielleicht das Recht, ihre Röcke mit Petersilie zu schmücken, wird alsdann ebensoviel Bitterkeit errege, wie einst die härteste Leibeigenschaft, ja, eine noch tiefere Bitterkeit, da die Aristokratie mit ihrem letzten Petersilien-Vorrecht um so hochmütiger prunken wird! ... Nur die Naturreligion, nur die Republik kann uns retten. Aber die letzten Reste des alten Regiments müssen vernichtet werden, ehe wir daran denken können, das neue bessere Regiment zu begründen. Da kommen die untätigen Schwächlinge und Quietisten und schnüffeln: wir Revolutionäre rissen alles nieder, ohne imstande zu sein, etwas an die Stelle zu setzen! Und sie rühmen die Institutionen des Mittelalters, worin die Menschheit so sicher und ruhig gesessen habe. Und jetzt, sagen sie, sei alles so kahl und nüchtern und öde und das Leben sei voll Zweifel und Gleichgültigkeit.

„Ehemals wurde ich immer wütend über diese Lobredner des Mittelalters. Ich habe mich aber an diesen Gesang gewöhnt, und jetzt ärgere ich mich nur, wenn die lieben Sänger in eine andere Tonart übergehen und beständig über unser Niederreißen jammern. Wir hätten gar nichts anderes im Sinne, als alles niederzureißen. Und wie dumm ist diese Anklage! Man kann ja nicht eher bauen, ehe das alte Gebäude niedergerissen ist, und der Niederreißer verdient ebensoviel Lob, als der Aufbauende, ja, noch mehr, da sein Geschäft noch viel wichtiger ... Z. B. in meiner Vaterstadt, auf dem Dreifaltigkeitsplatze, stand eine alte Kirche, die so morsch und baufällig war, daß man fürchtete, durch ihren Einsturz würden einmal plötzlich viele Menschen getötet oder verstümmelt werden. Man riß sie nieder, und die Niederreißer verhüteten ein großes Unglück, statt daß die ehemaligen Erbauer der Kirche nur ein großes Glück beförderten ... Und man kann eher ein großes Glück entbehren, als ein großes Unglück ertragen! Es ist wahr, viele gläubige Herrlichkeit blühte einst in den alten Mauern, und sie waren späterhin eine fromme Reliquie des Mittelalters, gar poetisch anzuschauen, des Nachts, im Mondenschein ... Wenn aber, wie meinem armen Vetter, als er mal vorbeiging, einige Steine dieses übriggebliebenen Mittelalters auf den Kopf fielen (er blutete lange und leidet noch heute an der Wunde), der verwünscht die Verehrer alter Gebäude, und segnet die tapfern Arbeitsleute, die solche gefährlichen Ruinen niederreißen ... Ja, sie haben sie niedergerissen, sie haben sie dem Boden gleich gemacht, und jetzt wachsen dort grüne Bäumchen und spielen kleine Kinder des Mittags im Sonnenlicht."

In solchen Reden gab's keine Spur der früheren Harmlosigkeit, und der Humor des Mannes, worin alle gemütliche Freude erloschen, ward mitunter gallenbitter, blutdürstig und sehr trocken. Das Abspringen von einem Gegenstand zum andern entstand nicht mehr durch tolle Laune, sondern durch launische Tollheit, und war wohl zunächst der buntscheckigen Zeitungslektüre beizumessen, womit sich Börne damals Tag und Nacht beschäftigte. Inmitten seiner terroristischen Expektorationen griff er plötzlich zu einem jener Tagesblätter, die in großen Haufen vor ihm ausgestreut lagen und rief lachend:

„Hier können Sie's lesen, hier steht's gedruckt: Deutschland ist mit großen Dingen schwanger!" Ja, das ist wahr, Deutschland geht schwanger mit großen Dingen, aber das wird eine schwere Entbindung geben. Und hier bedarf's eines männlichen Geburtshelfers, und der muß mit eisernen Instrumenten agieren. Was glauben Sie?"

Ich glaube, Deutschland ist gar nicht schwanger.

„Nein, nein, Sie irren sich. Es wird vielleicht eine Mißgeburt zur Welt kommen, aber Deutschland wird gebären. Nur müssen wir uns der geschwätzigen alten Weiber entledigen, die sich herandrängen und ihren Hebammendienst anbieten. Da ist z. B. so eine Vettel von Rotteck. Dieses alte Weib ist nicht einmal ein ehrlicher Mann. Ein armseliger Schriftsteller, der ein bißchen liberalen Demagogismus treibt und den Tagesenthusiasmus ausbeutet, um die große Menge zu gewinnen, um seinen schlechten Büchern Absatz zu verschaffen, um sich überhaupt eine Wichtigkeit zu geben. Der ist halb Fuchs, halb Hund, und hüllt sich in ein Wolfsfell, um mit den Wölfen zu heulen. Da ist mir doch tausendmal lieber der dumme Kerl von Raumer – soeben lese ich seine Briefe aus Paris – Der ist ganz Hund, und wenn er liberal knurrt, täuscht er niemand, und jeder weiß, er ist ein untertäniger Pudel, der niemand beißt. Das läuft beständig herum und schnoppert an allen Küchen und möchte gern einmal in unsere Suppe seine Schnauze stecken, fürchtet aber die Fußtritte der hohen Gönner. Und sie geben ihm wirklich Fußtritte und halten das arme Vieh für einen Revolutionär. Lieber Himmel, es verlangt nur ein bißchen Wedelfreiheit, und wenn man ihm diese gewährt, so leckt es dankbar die goldenen Sporen der uckermärkischen Ritterschaft. Nichts ist ergötzlicher als solche unermüdliche Beweglichkeit neben der unermüdlichen Geduld. Dieses tritt recht hervor in jenen Briefen, wo der arme Laufhund auf jeder Seite selbst erzählt, wie er vor den Pariser Theatern ruhig Queue machte ... Ich versichere Sie, er macht ruhig Queue mit dem großen Troß und ist so einfältig, es selbst zu erzählen. Was aber noch weit stärker, was die Gemeinheit seiner Seele ganz zur Anschauung bringt, ist das Geständnis, daß er, wenn er vor Ende der Vorstellung das Theater verließ, jedesmal seine Kontremarke verkaufte. Es ist wahr, als Fremder braucht er nicht zu wissen, daß solcher Verkauf einen ordentlichen Menschen herabwürdigt; aber er hätte nur die Leute zu betrachten brauchen, denen er seine Kontremarke verhandelte, um von selbst zu merken, daß sie nur der Abschaum der Gesellschaft sind, Diebesgesindel und Maquereaus, kurz Leute, mit denen ein ordentlicher Mensch nicht gern spricht, viel weniger ein Handelsgeschäft treibt. Der muß von Natur sehr schmutzig sein, wer aus diesen schmutzigen Händen Geld nimmt!!"

Damit man nicht wähne, als stimme ich in dem Urteil über den Herrn Professor Friedrich von Raumer ganz mit Börne überein, so bemerke ich zu seinem Vorteil, daß ich ihn zwar für schmutzig halte, aber nicht für dumm. Das Wort schmutzig, wie ich ebenfalls ausdrücklich bemerken will, muß hier nicht im materiellen Sinne genommen werden ... Die Frau Professorin würde sonst Zeter schreien und alle ihre Waschzettel drucken lassen, worin verzeichnet steht, wie viele reine Unterhemden und Chemisettchen ihr liebes Männlein im Laufe des Jahres angezogen ... und ich bin überzeugt, die Zahl ist groß, da Herr Professor Raumer im Laufe des Jahres so viel läuft und folglich schwitzt und folglich viel Wäsche nötig hat. Es kommt ihm nämlich nicht der gebratene Ruhm ins Haus geflogen, er muß vielmehr beständig auf den Beinen sein, um ihn aufzusuchen, und wenn er ein Buch schreibt, so muß er erst von Pontio nach Pilato rennen, um die Gedanken zusammenzukriegen und endlich dafür zu sorgen, daß das mühsam zusammengestoppelte Opus auch von der literarischen Klaque hinlänglich unterstützt wird. Das bewegliche süßhölzerne Männchen ist ganz einzig in dieser Betriebsamkeit, und nicht mit Unrecht bemerkte einst eine geistreiche Frau: „Sein Schreiben ist eigentlich ein Laufen." Wo was zu machen ist, da ist es, das Raumerchen aus Anhalt-Dessau. Jüngst lief es nach London; vorher sah man es während drei Monaten überall hin und her laufen, um die dazu nötigen Empfehlungsschreiben zu betteln, und nachdem er in der englischen Gesellschaft ein bißchen herumgeschnoppert und ein Buch zusammengelaufen, erläuft es auch einen Verleger für die englische Übersetzung, und Sara Austin, meine liebenswürdige Freundin, muß notgedrungen ihre Feder dazu hergeben, um das saure fließpapierne Deutsch in velinschönes Englisch zu übersetzen und ihre Freunde anzutreiben, das übersetzte Produkt in den verschiedenen englischen Revues zu rezensieren ... und diese erlaufenen englischen Rezensionen läßt dann Brockhaus zu Leipzig wieder ins Deutsche übersetzen, unter dem Titel: „Englische Stimmen über Frau von Raumer!"

Ich wiederhole, daß ich mit dem Urteil Börner's über Herrn von Raumer nicht übereinstimme; er ist ein schmutziger, aber kein dummer Kerl, wie Börne meinte, der, vielleicht weil er ebenfalls „Briefe aus Paris" drucken ließ, den armen Nebenbuhler so scharf kritisierte, und bei jeder Gelegenheit eine Lauge des boshaftesten Spottes über ihn ausgoß.

Ja, lacht nicht, Herr von Raumer war damals ein Nebenbuhler von Börne, dessen „Briefe aus Paris" fast gleichzeitig mit den erwähnten Briefen erschienen, worin es, das Raumerchen, mit der Madame Crelinger und ihrem Gatten aus Paris korrespondierte. Diese Briefe sind längst verschollen, und wir erinnern uns nur noch des spaßhaften Eindrucks, den sie hervorbrachten, als sie gleichzeitig mit den Pariser Briefen von Börne auf den literarischen Markte erschienen. Was letztere betrifft, so gestehe ich, die zwei ersten Bände, die mir in jener Periode zu Gesicht kamen, haben mich nicht wenig erschreckt. Ich war überrascht von diesem ultraradikalen Tone, den ich am wenigsten von Börne erwartete. Der Mann, der sich in seiner anständigen, geschniegelten Schreibart immer selbst inspizierte und kontrollierte, und der jede Silbe, ehe er sie niederschrieb, vorher abwog und abmaß ... der Mann, der in seinem Stile immer etwas beibehielt von der Gewöhnung seines reichsstädtischen Spießbürgertums, wo nicht gar von den Ängstlichkeiten seines früheren Amtes ... der ehemalige Polizeiaktuar von Frankfurt am Main stürzte sich jetzt in einen Sanskülottismus des Gedankens und des Ausdrucks, wie man dergleichen in Deutschland noch nie erlebt hat. Himmel! welche entsetzliche Wortfügungen; welche hochverräterische Zeitwörter! welche majestätsverbrecherische Akkusative! welche Imperative! welche polizeiwidrige Fragezeichen! welche Metaphern, deren bloßer Schatten schon zu zwanzig Jahr' Festungsstrafe berechtigte! Aber trotz des

Grauens, den mir jene Briefe einflößten, weckten sie in mir eine Erinnerung, die sehr komischer Art, die mich fast zum Lachen erheiterte, und die ich hier durchaus nicht verschweigen kann. Ich gestehe es, die ganze Erscheinung Börne's, wie sie sich in jenen Briefen offenbarte, erinnerte mich an den alten Polizeivogt, der, als ich ein kleiner Knabe war, in meiner Vaterstadt regierte. Ich sage: regierte, da er, mit unumschränktem Stock die öffentliche Ruhe verwaltend, uns kleine Buben einen ganz majestätischen Respekt einflößte und uns schon durch seinen bloßen Anblick gleich auseinander jagte, wenn wir auf der Straße gar zu lärmige Spiele trieben. Dieser Polizeivogt wurde plötzlich wahnsinnig und bildete sich ein, er sei ein kleiner Gassenjunge, und zu unserer unheimlichsten Verwunderung sahen wir, wie er, der allmächtige Straßenbeherrscher, statt Ruhe zu stiften, uns zu dem lautesten Unfug aufforderte. „Ihr seid viel zu zahm", rief er, „ ich aber will euch zeigen, wie man Spektakel machen muß!" Und dabei fing er an, wie ein Löwe zu brüllen oder wie ein Kater zu miauen, und er klingelte an den Häusern, daß die Türglocke abriß, und er warf Steine gegen die klirrenden Fensterscheiben, immer schreiend: „Ich will euch lehren, Jungens, wie man Spektakel macht!" Wir kleinen Buben amüsierten uns sehr über den Alten und liefen jubelnd hinter ihm drein, bis man ihn ins Irrenhaus abführte.

Während der Lektüre der Börne'schen Briefe dachte ich wahrhaftig immer an den alten Polizeivogt, und mir war oft, als hörte ich wieder seine Stimme: „Ich will euch lehren, wie man Spektakel macht!"

In den mündlichen Gesprächen Börne's war die Steigerung seines politischen Wahnsinns minder auffallend, da sie im Zusammenhang blieb mit den Leidenschaften, die in seiner nächsten Umgebung wüteten, sich beständig schlagfertig hielten und nicht selten auch tatsächlich zuschlugen. Als ich Börne zum zweiten Male besuchte, in der Rue de Provence, wo er sich definitiv einquartiert hatte, fand ich in seinem Salon eine Menagerie von Menschen, wie man sie kaum im Jardin-des-Plantes finden möchte. Im Hintergrunde kauerten einige deutsche Eisbären, welche Tabak rauchten, fast immer schwiegen und nur dann und wann einige vaterländische Donnerworte im tiefsten Brummbaß hervorfluchten. Neben ihnen hockte auch ein polnischer Wolf, welcher eine rote Mütze trug und manchmal die süßlich fadesten Bemerkungen mit heiserer Kehle heulte. Dann fand ich dort einen französischen Affen, der zu den häßlichsten gehörte, die ich jemals gesehen; er schnitt beständig Gesichter, damit man sich das schönste darunter aussuchen möge. Das unbedeutendste Subjekt in jener Börne'schen Menagerie war ein Herr*, der Sohn des alten *, eines Weinhändlers in Frankfurt am Main, der ihn gewiß in sehr nüchterner Stimmung gezeugt ... eine lange hagere Gestalt, der wie der Schatten einer *eau-de-Cologne*-Flasche aussah, aber keineswegs wie der Inhalt derselben roch. Trotz seines dünnen Aussehens trug er, wie Börne behauptete, zwölf wollene Unterjacken; denn ohne dieselben würde er gar nicht existieren. Börne machte sich beständig über ihn lustig:

„Ich präsentiere Ihnen hier einen *, es ist freilich kein * erster Größe, aber er ist doch mit der Sonne verwandt, er empfängt von derselben sein Licht ... er ist ein untertäniger Verwandter des Herrn von Rothschild ... Denken Sie sich, Herr *, ich habe diese Nacht im Traum den Frankfurter Rothschild hängen sehen, und Sie waren es, welcher ihm den Strick um den Hals legte ..."

Herr * erschrak bei diesen Worten, und wie in Todesangst rief er: „Herr Berne, ich bitt' Ihnen, sagen Sie das nicht weiter ... ich hab' Grind ... ich hab' Grind ..." – wiederholte mehrmals der junge Mensch, und indem er sich gegen mich wandte, bat er mich mit leiser Stimme, ihm in eine Ecke des Zimmers zu folgen, um mir seine delikate „Posiziaun" zu vertrauen. „Sehen Sie", flüsterte er heimlich, „ich habe eine delikate Posiziaun. Die Frau von Herrn von Rothschild ist, sozusagen, meine Tante. Ich bitt' Ihnen, erzählen Sie nicht im Hause des Herrn Baron von Rothschild, daß Sie mich hier bei Berne gesehen haben ... ich hab' Grind."

Börne machte sich über diesen Unglücklichen beständig lustig, und besonders hechelte er ihn wegen der mundfaulen und kauderwälschen Art, wie er das Französische aussprach. „Mein lieber Landsmann", sagte er, „die Franzosen haben unrecht, über Sie zu lachen; sie offenbaren dadurch ihre Unwissenheit, Verstanden sie Deutsch, so würden sie einsehen, wie richtig Ihre Redensarten konstruiert sind, nämlich vom deutschen Standpunkte aus ... Und warum sollen Sie Ihre Nationalität verleugnen? Ich bewundere sogar, mit welcher Gewandtheit Sie Ihre Muttersprache, das Frankfurter Mauscheln ins Französische übertragen ... Die Franzosen sind ein unwissendes Volk und werden es nie dahin bringen, ordentlich Deutsch zu lernen. Sie haben keine Geduld ... Wir Deutschen sind das geduldigste und gelehrigste Volk ... Wie viel müssen wir schon als Knaben lernen! Wie viel Latein! Wie viel Griechisch! Wie viel' persische Könige, und ihre ganze Sippschaft bis zum Großvater! ... ich wette, so ein unwissender Franzose weiß sogar in seinen alten Tagen noch nicht, daß die Mutter des Cyrus Frau Mandane geheißen und eine geborne Artyages war. Auch haben wir die besten Handbücher für alle Wissenschaften herausgegeben. Neander's Kirchengeschichte und Meyer Hirsch's Rechenbuch sind klassisch. Wir sind ein denkendes Volk, und weil wir so viel' Gedanken hatten, daß wir sie nicht alle aufschreiben konnten, haben wir die Buchdruckerei erfunden, und weil wir manchmal vor lauter Denken und Bücherschreiben oft das liebe Brot nicht hatten, erfanden wir die Kartoffel."

„Das deutsche Volk", brummte der deutsche Patriot aus seiner Ecke, „hat auch das Pulver erfunden."

Börne wandte sich rasch nach dem Patrioten, der ihn mit dieser Bemerkung unterbrochen hatte, und sprach sarkastisch lächelnd: Sie irren sich, mein Freund, man kann nicht so eigentlich behaupten, daß das deutsche Volk das Pulver erfunden habe. Das deutsche Volk besteht aus dreißig Millionen Menschen. Nur einer davon hat das Pulver erfunden ... die übrigen, 29.999.999 Deutsche, haben das Pulver nicht erfunden. – Übrigens ist das Pulver eine gute Erfindung, ebenso wie die Druckerei, wenn man nur den rechten Gebrauch davon macht. Wir Deutschen aber benutzen die Presse, um die Dummheit, und das Pulver, um die Sklaverei zu verbreiten –"

Einlenkend, als man ihm diese irrige Behauptung verwies, fuhr Börne fort: „Je nun, ich will eingestehen, daß die deutsche Presse sehr viel Heil gestiftet, aber es wird überwogen von dem gedruckten Unheil. Jedenfalls muß man dieses einräumen in Beziehung auf bürgerlicher Freiheit ... Ach! wenn ich die ganze deutsche Geschichte durchgehe, bemerke ich, daß die Deutschen für bürgerliche Freiheit wenig Talent besitzen, hingegen die Knechtschaft, sowohl theoretisch als praktisch, immer leicht erlernten und diese Disziplin nicht bloß zu Hause, sondern auch im Auslande mit Erfolg dozierten. Die Deutschen waren immer die *ludi magistri* der Sklaverei, und wo der blinde Gehorsam in die Leiber oder in die Geister eingeprügelt werden sollte, nahm man einen deutschen Exerziermeister. Auch haben wir die Sklaverei über ganz Europa verbreitet, und als Denkmäler dieser Sündflut sitzen deutsche Fürstengeschlechter auf allen Thronen Europa's, wie nach uralten Überschwemmungen auf den höchsten Bergen die Reste versteinerter Seeungeheuer gefunden werden ... Und noch jetzt, kaum wird ein Volk frei, so wird ihm ein deutscher Prügel auf den Rücken gebunden ... und sogar in der heiligen Heimat des Harmodios und Aristogeiton's, im wiederbefreiten Griechenland, wird jetzt deutsche Knechtschaft eingesetzt, und auf der Akropolis von Athen fließt bayerisches Bier und herrscht der bayersche Stock ... Ja, es ist erschrecklich, daß der König von Bayern, dieser kleine Tyrannos und schlechte Poet, seinen Sohn auf den Thron jenes Landes setzen durfte, wo einst die Freiheit und die Dichtkunst geblüht, jenes Landes, wo es eine Ebene gibt, welche Marathon, und einen Berg, welcher Parnaß heißt! Ich kann nicht daran denken, ohne daß mir das Gehirn ... Wie ich in der heutigen Zeitung gelesen, haben wieder drei Studenten in München vor dem Bilde des König Ludwig's niederknien und Abbitte tun müssen. Niederknien vor dem Bilde eines Menschen, der noch dazu ein schlechter Poet ist! Wenn ich ihn in meiner Macht hätte, dieser schlechte Dichter sollte niederknien vor dem Bilde der Musen und Abbitte tun wegen seiner schlechten Verse, wegen beleidigter

Majestät der Poesie! Sprecht mir jetzt noch von römischen Kaisern, welche so viel' Tausende von Christen hinrichten ließen, weil diese nicht vor ihrem Bilde knien wollten ... Jene Tyrannen waren wenigstens Herren der ganze Welt von Aufgang bis zum Niedergang, und wie wir an ihren Statuen noch heute sehen, wenn auch keine Götter, so waren sie doch schöne Menschen. Man beugt sich am Ende leicht vor Macht und Schönheit. Aber niederknien vor Ohnmacht und Häßlichkeit, vor einem süddeutschen Winkeldespötchen, welches aussieht wie ein – – –"

– – Es bedarf wohl keines besonderen Winks für den scharfsinnigen Leser, aus welchen Gründen ich den Frevler nicht weiter sprechen lasse. Ich glaube, die angeführten Phrasen sind hinreichend, um die damalige Stimmung des Mannes zu bekunden; sie war im Einklang mit dem hitzigen Treiben jener deutscher Tumultanten, die seit der Juliusrevolution in wilden Schwärmen nach Paris kamen und sich schon gleich um Börne sammelten. Es ist kaum zu begreifen, wie dieser sonst so gescheite Kopf sich von der rohesten Tobsucht beschwatzen und zu den gewaltsamsten Hoffnungen verleiten lassen konnte! Zunächst geriet er in den Kreis jenes Wahnsinnes, als dessen Mittelpunkt der berühmte Buchhändler F. zu betrachten war. Dieser F., man sollte es kaum glauben, war ganz der Mann nach dem Herzen Börne's. Die rote Wut, die in der Brust des einen kochte, das dreitägige Juliusfieber, das die Glieder des einen rüttelte, der jakobinische Veitstanz, worin der eine sich drehte, fand den entsprechenden Ausdruck in den Pariser Briefen des andern. Mit dieser Bemerkung will ich aber nur einen Geistesirrtum, keineswegs einen Herzensirrtum andeuten, bei dem einen wie bei dem andern. Denn auch F. meinte es gut mit dem deutschen Vaterlande, er war aufrichtig, heldenmütig, jeder Selbstopferung fähig, jedenfalls ein ehrlicher Mann, und zu solchem Zeugnis glaube ich mich um so mehr verpflichtet, da, seit er in strenger Haft schweigen muß, die servile Verleumdung an seinem Leumund nagt. Man kann ihn mancher unklugen, aber keiner zweideutigen Handlung beschuldigen; er zeigte namentlich im Unglück sehr viel Charakter, er war durchgluht von reinster Bürgertugend, und um die Schellenkappe, die sein Haupt umklingelt, müssen wir einen Kranz von Eichenlaub flechten. Der edle Narr, er war mir tausendmal lieber als jener andre Buchhändler, der ebenfalls nach Paris gekommen, um eine deutsche Übersetzung der französischen Revolution zu besorgen, jener leise Schleicher, welcher matt und menschenfreundlich wimmerte und wie eine Hyäne aussah, die zur Abführung eingenommen ... Übrigens rühmte man auch letztern als einen ehrlichen Mann, der sogar seine Schulden bezahle, wenn er das große Los in der Lotterie gewinnt, und wegen solcher Ehrlichkeitsverdienste ward er zum Finanzminister des erneuten deutschen Reichs vorgeschlagen ... Im Vertrauen gesagt, er mußte sich mit den Finanzen begnügen, denn die Stelle eines Ministers des Innern hatte F. schon vorweg vergeben, nämlich an Garnier, wie er auch die deutsche Kaiserkrone dem Hauptmanne bereits zugesagt ...

Garnier freilich behauptete, der Buchhändler F. wolle den Hauptmann S. zum deutschen Kaiser machen, weil dieser Lump ihm Geld schuldig sei und er sonst nicht zu seinem Gelde kommen könne ... Das ist aber unrichtig und zeugt nur von Garnier's Medisance; F. hat vielleicht aus republikanischer Arglist eben das kläglichste Subjekt zum Kaiser gewählt, um dadurch das Monarchentum herabzuwürdigen und lächerlich zu machen ...

Der Einfluß des F. war indessen bald beendigt, als derselbe, ich glaube im November, Paris verließ, und an der Stelle des großen Agitators einige neue Oberhäupter emporstiegen; unter diesen waren die Bedeutendsten der schon erwähnte Garnier und ein gewisser Wolfrum. Ich darf sie wohl mit Namen nennen, da der eine tot ist, und dem andern, welcher sich im sichern England befindet, durch die Hindeutung auf seine ehemalige Wichtigkeit ein großer Gefallen gezeigt wird; beide aber, Garnier zum Teil, Wolfrum aber ganz, schöpften ihre Inspirationen aus dem Munde Börne's, der von nun an als die Seele der Pariser Propaganda zu betrachten war. Der Wahnsinn blieb derselbe, aber, um mit Polonius zu reden, es kam Methode hinein.

Ich habe mich eben des Wortes „Propaganda" bedient; aber ich gebrauche dasselbe in einem andern Sinne als gewisse Delatoren, die unter jenem Ausdruck eine geheime Verbrüderung verstehen, eine Verschwörung der revolutionären Geister in ganz Europa, eine Art blutdürstiger, atheistischer und regizider Maçonnerie. Nein, jene Pariser Propaganda bestand vielmehr aus rohen Händen als aus feinen Köpfen; es waren Zusammenkünfte von Handwerkern deutscher Zunge, die in einem großen Saale des Passage Saumon oder in den Fanbourgs sich versammelten, wohl fürnehmlich, um in der lieben Sprache der Heimat über vaterländische Gegenstände miteinander zu konversieren. Hier wurden nun, durch leidenschaftliche Reden im Sinne der rheinbayrischen Tribüne, viele Gemüter fanatisiert, und da der Republikanismus eine so grade Sache ist, und leichter begreifbar, als z. B. die konstitutionelle Regierungsform, wobei schon mancherlei Kenntnisse vorausgesetzt werden, so dauerte es nicht lange und Tausende von deutschen Handwerksgesellen wurden Republikaner und predigten die neue Überzeugung. Diese Propaganda war weit gefährlicher als alle jene erlogenen Popanze, womit die erwähnten Delatoren unsre deutschen Regierungen schreckten, und vielleicht weit mächtiger, als Börne's geschriebene Reden, war Börne's mündliches Wort, welches er an Leute richtete, die es mit deutschem Glauben einsogen und mit apostolischem Eifer in der Heimat verbreiteten. Ungeheuer groß ist die Anzahl deutscher Handwerker, welche ab und zu nach Frankreich auf die Wanderschaft gehen. Wenn ich daher las, wie norddeutsche Blätter sich darüber lustig machten, daß Börne mit sechshundert Schneidergesellen auf den Montmartre gestiegen, um ihnen eine Bergpredigt zu halten, mußte ich mitleidig die Achsel zucken, aber am wenigsten über Börne, der eine Saat ausstreute, die früh oder spät die furchtbarsten Früchte hervorbringt. Er sprach sehr gut, bündig, überzeugend, volksmäßig; nackte, kunstlose Rede, ganz im Bergpredigerton. Ich habe ihn freilich nur ein einziges Mal reden hören, nämlich in dem Passage Saumon, wo Garnier der „Volksversammlung" präsidierte ... Börne sprach über den Preßverein, welcher sich vor aristokratischer Form zu bewahren habe; Garnier donnerte gegen Nikolas, den Zar von Rußland; ein verwachsener, krummbeiniger Schustergeselle trat auf und behauptete, alle Menschen seien gleich ... Ich ärgerte mich nicht wenig über diese Impertinenz ... Es war das erste und letzte Mal, daß ich der Volksversammlung beiwohne.

Dieses eine Mal war aber auch hinreichend ... Ich will dir gern, lieber Leser, bei dieser Gelegenheit ein Geständnis machen, das du eben nicht erwartest. Du meinst vielleicht, der höchste Ehrgeiz meines Lebens hätte immer darin bestanden, ein großer Dichter zu werden, etwa gar auf dem Kapitol gekrönt zu werden, wie weiland Messer Francesko Patrarcha ... Nein, es waren vielmehr die großen Volksredner, die ich immer beneidete, und ich hätte für mein Leben gern auf öffentlichem Markte vor einer bunten Versammlung das große Wort erhoben, welches die Leidenschaften aufwühlt oder besänftigt und immer eine augenblickliche Wirkung hervorbringt. Ja, unter vier Augen will ich es dir gern eingestehen, daß ich in jener unerfahrenen Jugendzeit, wo uns die komödianthaften Gelüste anwandeln, mich oft in eine solche Rolle hineindachte. Ich wollte durchaus ein großer Redner werden, und wie Demosthenes deklamierte ich zuweilen am einsamen Meeresstrand, wenn Wind und Wellen brausten und heulten; so übt man seine Lungen und gewöhnt sich dran, mitten im größten Lärm einer Volksversammlung zu sprechen. Nicht selten sprach ich auch auf freiem Felde vor einer großen Anzahl Ochsen und Kühe, und es gelang mir, das versammelte Rindviehvolk zu überbrüllen. Schwerer schon ist es, vor Schafen eine Rede zu halten. Bei allem, was du ihnen sagst, diesen Schafsköpfen, wenn du sie ermahnst, sich zu befreien, nicht wie ihre Vorfahren geduldig zur Schlachtbank zu wandern ... sie antworten dir nach jedem Satze mit einem so unerschütterlich gelassenen Mäh! Mäh! daß man die Kontenance verlieren kann. Kurz, ich tat alles, um, wenn bei uns einmal eine Revolution aufgeführt werden möchte, als deutscher Volksredner auftreten zu können. Aber ach! schon gleich bei der ersten Probe merkte ich, daß ich in einem solchen Stücke meine Lieblingsrolle nimmermehr tragieren kann. Und lebten sie noch, weder Demosthenes, noch Cicero, noch Mirabeau könnten in einer deutschen Revolution als Sprecher auftreten; denn bei einer deutschen Revolution wird geraucht. Denkt euch meinen Schreck, als ich in Paris der ebenerwähnten Volksversammlung beiwohnte, fand ich sämtliche Vaterlandsretter mit Tabakspfeifen im Maule, und der ganze Saal war so erfüllt von schlechtem Knasterqualm, daß er mir gleich auf die Brust schlug und es mir platterdings unmöglich gewesen wäre, ein Wort zu reden ...

Ich kann den Tabaksqualm nicht vertragen, und ich merkte, daß in einer deutschen Revolution die Rolle eines Großsprechers in der Weise Börne's & Konsorten nicht für mich paßte. Ich merkte überhaupt, daß die deutsche Tribunalkarrière nicht eben mit Rosen, und am allerwenigsten mit reinlichen Rosen bedeckt. So z. B. mußt du allen diesen Zuhörern, „lieben Brüdern und Gevattern" recht derb die Hand drücken. Es ist vielleicht metaphorisch gemeint, wenn Börne behauptet: im Fall ihm ein König die Hand gedrückt, würde er sie nachher ins Feuer halten, um sie zu reinigen; es ist aber durchaus nicht bildlich, sondern ganz buchstäblich gemeint, daß ich, wenn mir das Volk die Hand gedrückt, sie nachher waschen werde.

Man muß in wirklichen Revolutionszeiten das Volk mit eignen Augen gesehen, mit eigner Nase gerochen haben, man muß mit eignen Ohren anhören, wie dieser souveräne Rattenkönig sich ausspricht, um zu begreifen, was Mirabeau andeuten will mit den Worten: „Man macht keine Revolution mit Lavendelöl." Solange wir die Revolutionen in den Büchern lesen, sieht das alles sehr schön aus, und es ist damit, wie mit jenen Landschaften, die, kunstreich gestochen auf dem weißen Belinpapier, so rein, so freundlich aussehen, aber nachher, wenn man sie in natura betrachtet, vielleicht an Grandiosität gewinnen, doch einen sehr schmutzigen und schäbigen Anblick in den Einzelheiten gewähren; die in Kupfer gestochenen Misthaufen riechen nicht, und der in Kupfer gestochene Morast ist leicht mit den Augen zu durchwaten!

War es Tugend oder Wahnsinn, was den Ludwig Börne dahin brachte, die schlimmsten Mißdüfte mit Wonne einzuschnaufen und sich vergnüglich im plebejischen Kot zu wälzen? Wer löst uns das Rätsel dieses Mannes, der in weichlichster Seide erzogen worden, späterhin in stolzen Anflügen seine innere Vornehmheit bekundete, und gegen das Ende seiner Tage plötzlich überschnappte in pöbelhafte Töne und in die banalen Manieren eines Demagogen der untersten Stufe? Stachelten ihn etwa die Röten des Vaterlandes bis zum entsetzlichsten Grade des Zorns, oder ergriff ihn der schauerliche Schmerz eines verlorenen Lebens? ... Ja, das war es vielleicht; er sah, wie er dieses ganze Leben hindurch mit all seinem Geiste und all seiner Mäßigung nichts ausgerichtet hatte, weder für sich noch für andere, und er verhüllte sein Haupt, oder, um bürgerlich zu reden, er zog die Mütze über die Ohren und wollte fürder weder sehen noch hören und stürzte sich in den heulenden

Abgrund ... Das ist immer eine Ressource, die uns übrig bleibt, wenn wir angelangt bei jenen hoffnungslosen Marken, wo alle Blumen verwelkt sind, wo der Leib müde und die Seele verdrießlich ... Ich will nicht dafür stehen, daß ich nicht einst unter denselben Umständen dasselbe tue ... Wer weiß, vielleicht am Ende meiner Tage überwinde ich meinen Widerwillen gegen den Tabaksqualm und lerne rauchen und halte die ungewaschensten Reden vor dem ungewaschensten Publikum ...

Blätternd in Börne's Pariser Briefen, stieß ich jüngst auf eine Stelle, welche mit den Äußerungen, die mir oben entschlüpft, einen sonderbaren Zusammenklang bildet. Sie lautet folgendermaßen:

„– – Vielleicht fragen Sie mich verwundert, wie ich Lump dazu komme, mich mit Byron zusammen zu stellen? Darauf muß ich Ihnen erzählen, was Sie noch nicht wissen. Als Byron's Genius auf seiner Reise durch das Firmament auf der Erde ankam, eine Nacht dort zu verweilen, stieg er zuerst bei mir ab. Aber das Haus gefiel ihm gar nicht, er eilte schnell wieder fort und kehrte in das Hotel Byron ein. Viele Jahre hat mich das geschmerzt, lange hat es mich betrübt, daß ich so wenig geworden, gar nichts erreicht. Aber jetzt ist es vorüber, ich habe es vergessen und lebe zufrieden in meiner Armut. Mein Unglück ist, daß ich im Mittelstande geboren bin, für den ich gar nicht passe. Wäre mein Vater Besitzer von Millionen oder ein Bettler gewesen, wäre ich der Sohn eines vornehmen Mannes oder eines Landstreichers, hätte ich es gewiß zu etwas gebracht. Der halbe Weg, den andere durch ihre Geburt voraus hatten, entmutigte mich; hätten sie den ganzen Weg vorausgehabt, hätte ich sie gar nicht gesehen und sie eingeholt. So aber bin ich der Perpendikel einer bürgerlichen Stubenuhr geworden, schweifte rechts, schweifte links aus und mußte immer zur Mitte zurückkehren."

Dieses schrieb Börne den 20. März 1831. Wie über andre, hat er auch über sich selber schlecht prophezeit. Die bürgerliche Stubenuhr wurde ein Sturmglocke, deren Geläute Angst und Schrecken verbreitete. Ich habe bereits gezeigt, welche ungestüme Glockner an den Strängen rissen, ich habe angedeutet, wie Börne den zeitgenossenschaftlichen Passionen als Organ diente und seine Schriften nicht als das Produkt eines einzelnen, sondern als Dokument unserer politischen Sturm- und Drangperiode betrachtet werden müssen. Was in jener Periode sich besonders geltend machte und die Gährung bis zum kochenden Sud steigerte, waren die polnischen und rheinbayrischen Vorgänge, und diese haben auf den Geist Börne's den mächtigsten Einfluß geübt. Ebenso glühend wie einseitig war sein Enthusiasmus für die Sache Polens, und als dieses mutige Land unterlag, trotz der wunderbarsten Tapferkeit seiner Helden, da brachen bei Börne alle Dämme der Geduld und Vernunft. Das ungeheure Schicksal so vieler edlen Märtyrer der Freiheit, die, in langen Trauerzügen Deutschland durchwandernd, sich in Paris versammelten, war in der Tat geeignet, ein edel gefühlvolles Herz bis in seine Tiefen zu bewegen. Aber was brauch' ich dich, teurer Leser, an diese Betrübnisse zu erinnern, du hast in Deutschland den Durchzug der Polen mit eignen tränenden Augen angesehen, und du weißt, wie das ruhige, stille deutsche Volk, das die eignen Landesnöten so geduldig erträgt, bei dem Anblick der unglücklichen Sarmaten von Mitleid und Zorn so gewaltig erschüttert wurde und so sehr außer Fassung kam, daß wir nahe daran waren, für jene Fremden das zu tun, was wir nimmermehr für uns selber täten, nämlich die heiligen Untertanspflichten beiseite zu setzen und eine Revolution zu machen ... zum Besten der Polen.

Ja, mehr als alle obrigkeitlichen Plackereien und demagogischen Schriften hat der Durchzug der Polen den deutschen Michel revolutioniert, und es war ein großer Fehler der respektiven deutschen Regierungen, daß sie jenen Durchzug in der bekannten Weise gestatten. Der größere Fehler freilich bestand darin, daß sie die Polen nicht längere Zeit in Deutschland verweilen ließen; denn diese Ritter der Freiheit hätten bei verlängertem Aufenthalt jene bedenkliche, höchst bedrohliche Sympathie, die sie den Deutschen einflößten, selber wieder zerstört. Aber sie zogen rasch durchs Land, hatten keine Zeit, durch Dichtung und Wahrheit einer den anderen zu diskreditieren, und sie hinterließen die staatsgefährlichste Aufregung.

Ja, wir Deutschen waren nahe daran, eine Revolution zu machen, und zwar nicht aus Zorn und Not, wie andere Völker, sondern aus Mitleid und Sentimentalität, aus Rührung für unsre armen Gastfreunde, die Polen. Tatsüchtig schlugen unsre Herzen, wenn diese uns am Kamin erzählten, wieviel sie ausgestanden von den Russen, wieviel Elend, wieviel' Knutenschläge ... bei den Schlägen horchten wir noch sympathischer, denn eine geheime Ahnung sagte uns, die russischen Schläge, welche jene Polen bereits empfangen, seien dieselben, die wir in der Zukunft noch zu bekommen haben. Die deutschen Mütter schlugen angstvoll die Hände über den Kopf, als sie hörten, daß der Kaiser Nikolas, der Menschenfresser, alle Morgen drei kleine Polenkinder verspeise, ganz roh, mit Essig und Öl. Aber am tiefsten erschüttert waren unsere Jungfrauen, wenn sie im Mondschein an der Heldenbrust der polnischen Märtyrer lagen, und mit ihnen jammerten und weinten über den Fall von Warschau und den Sieg der russischen Barbaren ... Das waren keine frivole Franzosen, die bei solchen Gelegenheiten nur schäkerten und lachten ... nein, diese larmoyanten Schnurrbärte gaben auch etwas fürs Herz, sie hatten Gemüt, und nichts gleicht der holden Schwärmerei, womit deutsche Mädchen und Frauen ihre Bräutigame und Gatten beschworen, so schnell als mögliche eine Revolution zu machen ... zum Besten der Polen.

Eine Revolution ist in Unglück, aber ein noch größeres Unglück ist eine verunglückte Revolution; und mit einer solchen bedrohte uns die Einwanderung jener nordischen Freunde, die in unsre Angelegenheiten alle jene Verwirrung und Unzuverlässigkeit gebracht hätten, wodurch sie selber daheim zugrunde gegangen. Ihre Einmischung wäre uns um so verderblicher geworden, da die deutsche Unerfahrenheit sich von den Ratschlägen jener kleinen polnischen Schlauheit, die sich für politische Einsicht ausgibt, gern leiten ließ, und gar die deutsche Bescheidenheit, bestochen von jener flinken Ritterlichkeit, die den Polen eigen ist, diesen letztern die wichtigsten Führerstellen vertraut hätte. – Ich habe mich damals in dieser Beziehung über die Popularität der Polen nicht wenig geängstigt. Es hat sich vieles seitdem geändert, und gar für die Zukunft, für die deutschen Freiheitsinteressen einer spätern Zeit braucht man die Popularität der Polen wenig zu fürchten*). Ach nein, wenn einst Deutschland sich wieder rüttelt, und diese Zeit wird dennoch kommen, dann werden die Polen kaum noch dem Namen nach existieren, sie werden ganz mit den Russen verschmolzen sein, und als solche werden wir uns auf donnernden Schlachtfeldern wieder begegnen ... und sie werden für uns minder gefährlich sein als Feinde, denn als Freunde. Der einzige Vorteil, den wir ihnen verdanken, ist jener Russenhaß, den sie bei uns gesäet und der, still fortwuchernd im deutschen Gemüte, uns mächtig vereinigen wird, wenn die große Stunde schlägt, wo wir uns zu verteidigen haben gegen jenen furchtbaren Riesen, der jetzt noch schläft und im Schlafe wächst, die Füße weit ausstreckend in die duftigen Blumengärten des Morgenlandes, mit dem Haupte anstoßend an den Nordpol, träumend ein neues Weltreich ... Deutschland wird einst mit diesem Riesen den Kampf bestehen müssen, und für diesen Fall ist es gut, daß wir die Russen schon früh hassen lernten, daß dieser Haß in uns gesteigert wurde, daß auch alle andern Völker daran teilnehmen ... Das ist ein Dienst, den uns die Polen leisten, die jetzt als Propaganda des Russenhasses in der ganzen Welt umherwandern. Ach, diese unglücklichen Polen! sie selber werden einst die nächsten Opfer unseres blinden Zornes sein, sie werden einst, wenn der Kampf beginnt, die russische Advantgarde bilden, und sie genießen alsdann die bittern Früchte jenes Hasses, den sie selber gesäet. Ist es der Wille des Schicksals, oder ist es glorreiche Beschränktheit, was die Polen immer dazu verdammte, sich selber

---

*) Dieser Satz lautet in dem mir vorliegenden Originalmanuskripte ursprünglich wie folgt: „Sosehr ich die Polen liebe, sosehr mich auch die innigsten Freundschaftsgefühle zu ihnen hinziehen, sosehr ich sie auch in gesellschaftlichen Bezügen achte und wertschätze, so konnte ich doch obige Bemerkung nimmermehr verschweigen. Nicht als ob ich die Popularität der Polen für die Zukunft, für die deutschen Freiheitsinteressen einer späteren Periode gefährlich hielte, ach nein! etc." **Der Herausgeber.**

die schlimmste Falle und endlich die Todesgrube zu graben ... seit den Tagen Sobieski's, der die Türken schlug, Polens natürliche Alliierte, und die Östreicher rettete ... der ritterliche Dummkopf!

Ich habe oben von der „kleinen polnischen Schlauheit" gesprochen. Ich glaube, dieser Ausdruck wird keiner Mißdeutung anheimfallen; kommt er doch aus dem Munde eines Mannes, dessen Herz am frühesten für Polen schlug, und der lange schon vor der polnischen Revolution für dieses heldenmütige Volk sprach und litt. Jedenfalls will ich jenen Ausdruck noch dahin mildern, daß ich nachträglich bemerke, er bezieht sich hier auf die Jahre 1831 und 1832, wo die Polen von der großen Wissenschaft der Freiheit nicht einmal die ersten Elementarkenntnisse besaßen, und die Politik ihnen nichts anders dünkte, als eben ein Gewebe von Weiberkniffen und Hinterlist, kurz, als eine Manifestation jener „kleinen polnischen Schlauheit", für welche sie sich ein ganz besonderes Talent zutrauten.

Diese Polen waren gleichsam ihrem heimatlichen Mittelalter entsprungen, und, ganze Urwälder von Unwissenheit im Kopfe tragend, stürmten sie nach Paris, und hier warfen sie sich entweder in die Sektionen der Republikaner oder in die Sakristeien der katholischen Schule; denn um Republikaner zu sein, dazu braucht man wenig zu wissen, und um Katholik zu sein, braucht man gar nichts zu wissen, sondern braucht man nur zu glauben. Die Gescheitesten unter ihnen begriffen die Revolution nur in der Form der Emeute, und sie ahnten nimmermehr, daß namentlich in Deutschland durch Tumult und Straßenauflauf wenig gefördert wird. Ebenso unheilvoll wie spaßhaft war das Manöver, womit einer ihrer größten Staatsmänner gegen die deutschen Regierungen verfuhr*). Er hatte nämlich bei dem Durchzug der Polen bemerkt, wie ein einziger Pole hinreichend war, um eine stille deutsche Stadt in Bewegung zu setzen, und da er der gelehrteste Litauer war und aus der Geographie ganz

---

* Statt des vorhergehenden und der ersten Hälfte des vorliegenden Absatzes fand sich im Originalmanuskript ursprünglich folgende Stelle: „Ich werde an einem andern Orte von der Sonnenseite der Polen reden, von den Vorzügen, die ihnen, wie sehr sie sich auch untereinander verleumden, nimmermehr abzusprechen sind. Hier leider konnte nur von ihrer Schattenseite die Rede sein, von ihrer Geistesbeschränktheit in politischen Dingen, die uns so viel geschadet und noch mehr schaden konnte. Diese unglücklichen Polen, welche von der großen Wissenschaft der Freiheit nicht einmal die ersten Elementarkenntnisse besaßen und nur barbarische Rauflust in der Brust und ganze Urwälder von Unwissenheit im Kopfe trugen: diese unglücklichen Polen begriffen die Revolution nur in der Form der Emeute, und selbst die Gescheitesten von ihnen ahnten nimmermehr, daß eine radikale Umwälzung in Deutschland wenig gefördert wird durch Volksaufläufe oder durch ein Stegreifscharmützel, wie in Frankfurt, wo polnischer Scharfsinn angeraten hatte, die Konstabler-Wache mit *Pelotonfeuer* anzugreifen. Ebenso unheilvoll wie spaßhaft war das Manöver, womit L., der große polnische Staatsmann, von hier aus gegen die deutschen Regierungen agierte."
Der Herausgeber.

genau wußte, daß Deutschland aus einigen dreißig Staat besteht, schickte er von Zeit zu Zeit einen Polen nach der Hauptstadt eines dieser Staaten ... er setzte gleichsam einen Polen auf irgendeinen jener dreißig deutschen Staaten, wie auf die Nummern eines Rouletts, wahrscheinlich ohne große Hoffnung des Gelingens, aber ruhig berechnend: „An einem einzigen Polen ist nicht viel verloren; verursacht er jedoch wirklich eine Emeute, gewinnt meine Nummer, so kommt vielleicht eine ganze Revolution dabei heraus!"

Ich spreche von 1831 und 1832. Seitdem sind acht Jahre verflossen, und ebensogut wie die Helden deutscher Zunge haben auch die Polen manche bittere, aber nützliche Erfahrung gemacht, und viele von ihnen konnten die schreckliche Muße des Exils zum Studium der Zivilisation benutzen. Das Unglück hat sie ernsthaft geschult, und sie haben etwas Tüchtiges lernen können. Wenn sie einst in ihr Vaterland zurückkehren, werden sie dort die heilsamste Saat ausstreuen, und, wo nicht ihre Heimat, doch gewiß die Welt wird die Früchte ihrer Aussaat ernten. Das Licht, das sie einst mit nach Hause bringen, wird sich vielleicht weit verbreiten nach dem fernsten Nordosten, und die dunkeln Föhrenwälder in Flammen setzen, so daß bei der auflodernden Helle unsere Feinde sich einander beschauen und vor einander entsetzen werden ... sie würgen sich alsdann untereinander in wahnsinnigem Wechselschreck und erlösen uns von aller Gefahr ihres Besuches. Die Vorsehung vertraut das Licht zuweilen den ungeschicktesten Händen, damit ein heilsamer Brand entstehe in der Welt ...

Nein, Polen ist noch nicht verloren ... Mit seiner politischen Existenz ist sein wirkliches Leben noch nicht abgeschlossen. Wie einst Israel nach dem Falle Jerusalem's, so vielleicht nach dem Falle Warschau's erhebt Polen sich zu den höchsten Bestimmungen. Es sind diesem Volke vielleicht noch Taten vorbehalten, die der Genius der Menschheit höher schätzt als die gewonnenen Schlachten und das rittertümliche Schwertergeklirre nebst Pferdegetrampel seiner nationalen Vergangenheit! Und auch ohne solche nachblühende Bedeutung wird Polen nie ganz verloren sein ... Es wird ewig leben auf den rühmlichsten Blättern der Geschichte!!!

Nächst dem Durchzug der Polen, habe ich die Vorgänge in Rheinbayern als den nächsten Hebel bezeichnet, welcher nach der Julirevolution die Aufregung in Deutschland bewirkte und auch auf unsere Landsleute in Paris den größten Einfluß ausübte. Die hiesige Volksversammlung war im Anfang nichts anderes als eine Filialgesellschaft des Preßvereins von Zweibrücken. Einer der gewaltigsten Redner der Bipontiner kam hierher; ich habe ihn nie in der Volksversammlung sprechen gehört, sah ihn damals nur zufällig einmal im Kaffeehause, wo er mit hoher Stirn das neue Reich verkündete, und die gemäßigten Verräter, namentlich die Redaktoren der Augsburger „Allgemeinen Zeitung" mit dem Strange bedrohte ... (Ich wundere mich, daß ich damals noch den Mut hatte, als Redakteur der „Allgemeinen Zeitung" tätig zu sein ... Jetzt sind die Zeiten minder gefährlich ... Es sind seitdem acht Jahre verflossen, und der damalige Schreckensmann, der Tribun aus Zweibrücken, ist in diesem Augenblick einer der schreibseligsten Mitarbeiter der „Allgemeinen Zeitung" ...)

Von Rheinbayern sollte die deutsche Revolution ausgehen. Zweibrücken war das Bethlehem, wo die junge Freiheit, der Heiland in der Wiege lag und welterlösend greinte. Neben dieser Wiege brüllte manches Öchslein, das späterhin, als man auf seine Hörner zählte, sich als ein sehr gemütliches Rindvieh erwies. Man glaubte ganz sicher, daß die deutsche Revolution in Zweibrücken beginnen würde, und alles war dort reif zum Ausbruch. Aber, wie gesagt, die Gemütlichkeit einiger Personen vereitelte jenes polizeiwidrige Unterfangen. Da war z. B. unter den verschworen Bipontinern ein gewaltiger Bramarbos, der immer am lautesten wütete, der von Tyrannenhaß am tollsten übersprudelte, und dieser sollte, mit der ersten Tat vorangehend, eine Schildwache, die einen Hauptposten bewachte, gleich niederstechen ... „Was!" – rief der Mann, als man ihm diese Ordre gab, – „was! mir, mir konntet ihr eine so schauderhafte, so abscheuliche, so blutdürstige Handlung zumuten? Ich, ich soll eine unschuldige Schildwache umbringen? Ich, der ich ein Familienvater bin! Und diese Schildwache ist vielleicht ebenfalls ein Familienvater. Ein Familienvater soll einen Familienvater ermorden! ja töten! umbringen!"

Da der Dr. Pistor, einer der Zweibrücker Helden, welcher mir diese Geschichte erzählte, jetzt dem Bereiche jeder Verantwortlichkeit entsprungen ist, darf ich ihn wohl als Gewährsmann nennen. Er versicherte mir, daß die deutsche Revolution durch die erwähnte Sentimentalität des Familienvaters vorderhand ajourniert wurde. Und doch war der Moment ziemlich günstig. Nur damals und während den Tagen des Hambacher Festes hätte mit einiger Aussicht guten Erfolges die allgemeine Umwälzung in Deutschland versucht werden können. Jene Hambacher Tage waren der letzte Termin, den die Göttin der Freiheit uns gewährte; die Sterne waren günstig; seitdem erlosch jede Möglichkeit des Gelingens. Dort waren sehr viele Männer der Tat versammelt, die selber von ernstem Willen glühten und auf die sicherste Hilfe rechnen konnten. Jeder sah ein, es sei der rechte Moment zu dem großen Wagnis, und die meisten setzten gerne Glück und Leben aufs Spiel ... Wahrlich, es war nicht die Furcht, welche damals nur das Wort entzügelte und die Tat zurückdämmte. – Was war es aber, was die Männer von Hambach abhielt, die Revolution zu beginnen?

Ich wage es kaum zu sagen, denn es klingt unglaublich, aber ich habe die Geschichte aus authentischer Quelle, nämlich von einem Mann, der als wahrheitsliebender Republikaner bekannt und selber zu Hambach in dem Komitée saß, wo man über die anzufangende Revolution debattierte; er gestand mir nämlich im Vertrauen, als die Frage der Kompetenz zur Sprache gekommen, als man darüber stritt, ob die zu Hambach anwesenden Patrioten auch wirklich kompetent seien, im Namen von ganz Deutschland eine Revolution anzufangen? da seien diejenigen, welche zur raschen Tat rieten, durch die Mehrheit überstimmt worden, und die Entscheidung lautete: „man sei nicht kompetent."

O Schilda, mein Vaterland!

Benedey möge es mir verziehen, wenn ich diese geheime Kompetenzgeschichte ausplaudere und ihn selber als Gewährsmann nenne; aber es ist die beste Geschichte, die ich auf dieser Erde erfahren habe. Wenn ich daran denke, vergesse ich alle Kümmernisse dieses irdischen Jammertals, und vielleicht einst nach dem Tode in der neblichten Langeweile des Schattenreichs wird die Erinnerung an diese Kompetenzgeschichte mich aufheitern können ... Ja, ich bin überzeugt, wenn ich sie dort Proserpinen erzähle, der mürrischen Gemahlin des Höllengotts, so wird sie lächeln, vielleicht laut lachen ...

O Schilda, mein Vaterland!

Ist die Geschichte nicht wert, mit goldenen Buchstaben auf Samt gestickt zu werden, wie die Gedichte des Mollakat, welche in der Moschee von Mekka zu schauen sind? Ich möchte sie jedenfalls in Verse bringen und in Musik setzen lassen, damit sie großen Königskindern als Wiegenlied vorgesungen werden ... Ihr könnt ruhig schlafen, und zur Belohnung für das furchtheilende Lied, das ich euch gesungen, ihr großen Königskinder, ich bitte euch, öffnet die Kerkertüren der gefangenen Patrioten ... Ihr habt nichts zu riskieren, die deutsche Revolution ist noch weit von euch entfernt, gut Ding will Weile, und die Frage der Kompetenz ist noch nicht entschieden ...

O Schilda, mein Vaterland!

Wie dem aber auch sei, das Fest von Hambach gehört zu den merkwürdigsten Ereignissen der deutschen Geschichte, und wenn ich Börne glauben soll, der diesem Feste beiwohnte, so gewährte dasselbe ein gutes Vorzeichen für die Sache der Freiheit. Ich hatte Börne lange aus den Augen verloren, und es war bei seiner Rückkehr von Hambach, daß ich ihn wiedersah, aber auch zum letzten Male in diesem Leben. Wir gingen miteinander in den Tuilerien spazieren, er erzählte mir viel von Hambach und war noch ganz begeistert von dem Jubel jener großen Volksfeier. Er konnte nicht genug die Eintracht und den Anstand rühmen, die dort herrschten. Es ist wahr, ich habe es auch aus anderen Quellen erfahren, zu Hambach gab es durchaus keine äußere Exzesse, weder betrunkene Tobsucht noch pöbelhafte Roheit, und die Orgie, der Kirmestaumel, war mehr in den Gedanken als in den Handlungen. Manches tolle Wort wurde laut ausgesprochen in jenen Reden, die zum Teil späterhin gedruckt erschienen. Aber der eigentliche Wahnwitz ward bloß beflüstert. Börne erzählte mir: während er mit Siebenpfeifer redete, nahte sich demselben ein alter Bauer und raunte ihm einige Worte ins Ohr, worauf jener verneinend den Kopf schüttelte. „Aus Neugier", setzte Börne hinzu, „frug ich den Siebenpfeifer, was der Bauer gewollt, und jener gestand mir, daß der alte Bauer ihm mit bestimmten Worten gesagt habe: Herr Siebenpfeifer, wenn Sie König sein wollen, wir machen Sie dazu!"

„Ich habe mich sehr amüsiert", fuhr Börne fort; „wir waren dort alle wie Blutsfreunde, drückten uns die Hände, tranken Brüderschaft, und ich erinnere mich besonders eines alten Mannes, mit welchem ich eine ganze Stunde geweint habe, ich weiß gar nicht mehr warum. Wir Deutschen sind ein ganz prächtiges Volk und gar nicht mehr so unpraktisch wie sonst. Wir hatten in Hambach auch das lieblichste Maiwetter, wie Milch und Rosen, und ein schönes Mädchen war dort, die mir die Hand küssen wollte, als wär' ich ein alter Kapuziner; ich habe das nicht gelitten, und Vater und Mutter befahlen mir, daß sie mit dem größten Vergnügen meine sämtlichen Schriften gelesen. Ich habe mich sehr amüsiert. Auch meine Uhr ist mir gestohlen worden. Aber das freut mich ebenfalls, das ist gut, das gibt mir Hoffnung. Auch wir, und das ist gut, auch wir haben Spitzbuben unter uns, und werden daher desto leichter reussieren. Da ist der verwünschte Kerl von Montesquieu, welcher uns eingeredet hatte, die Tugend sei das Prinzip der Republikaner! und ich ängstigte mich schon, daß unsere Partei aus lauter ehrlichen Leuten bestehen und deshalb nichts ausrichten würde. Es ist durchaus nötig, daß wir, ebensogut wie unsre Feinde, auch Spitzbuben unter uns haben. Ich hätte gern den Patrioten entdeckt, der mir zu Hambach meine Uhr gemaust; ich würde ihm, wenn wir zur Regierung kommen, sogleich die Polizei übertragen und die Diplomatie. Ich kriege ihn aber heraus, den Dieb. Ich werde nämlich im „Hamburger Korrespondenten" annoncieren, daß ich dem ehrlichen Finder meiner Uhr die Summe von hundert Louisd'or auszahle. Die Uhr ist es wert, schon als Kuriosität – es ist nämlich die erste Uhr, welche die deutsche Freiheit gestohlen hat. Ja, auch wir, Germaniens Söhne, wir erwachen aus unserer schläfrigen Ehrlichkeit ... Tyrannen zittert, wir stehlen auch!"

Der arme Börne konnte nicht aufhören, von Hambach zu reden und von dem Plaisir, das er dort genossen. Es war, als ob er ahnte, daß er zum letzten Mal in Deutschland gewesen, zum letzten Mal deutsche Luft geatmet, deutsche Dummheiten eingesogen mit durstigen Ohren – „Ach!" seufzte er, „wie der Wanderer im Sommer nach einem Labetrunk schmachtet, so schmachte ich manchmal nach jenen frischen, erquicklichen Dummheiten, wie sie nur auf dem Boden unseres Vaterlandes gedeihen. Diese sind so tiefsinnig, so melancholisch lustig, daß einem das Herz dabei jauchzt. Hier bei den Franzosen sind die Dummheiten so trocken, so oberflächlich, so vernünftig, daß sie für jemand, der an Besseres gewohnt, ganz ungenießbar sind. Ich werde deshalb in Frankreich täglich vergrämter und bitterer und sterbe am Ende. Das Exil ist eine schreckliche Sache. Komme ich einst in den Himmel, ich werde mich gewiß auch dort unglücklich fühlen, unter den Engeln, die so schön singen und so gut riechen ... sie sprechen ja kein Deutsch und rauchen keinen Knaster ... Nur im Vaterland ist mir wohl! Vaterlandsliebe! Ich lache über dieses Wort im Munde von Leuten, die nie im Exil gelebt ... Sie könnten ebensogut von Milchbreiliebe sprechen. Milchbreiliebe! In einer afrikanischen Sandwüste hat das Wort schon seine Bedeutung. Wenn ich je so glücklich bin, wieder nach dem lieben Deutschland zurückzukehren, so nennen Sie mich einen Schurken, wenn ich dort gegen irgendeinen Schriftsteller schreibe, der im Exile lebt. Wäre nicht die Furcht vor den Schändlichkeiten, die man einen im Geständnis aussagen läßt, ich wäre nicht mehr fortgegangen, hätte mich ruhig festsetzen lassen, wie der brave Wirt und die anderen, denen ich ihr Schicksal voraussagte, ja, denen ich alles voraussagte, wie ich es im Traum gesehen ..."

„Ja, das war ein närrischer Traum", rief Börne plötzlich mit lautem Lachen, und aus der düsteren Stimmung in die heitere überspringend, wie es seine Gewohnheit war, „Das war ein närrischer Traum! Die Erzählungen des Handwerksburschen, der in Amerika gewesen, hatten mich dazu vorbereitet. Dieser erzählte mir nämlich, in den nordamerikanischen Städten sähe man auf der Straße sehr große Schildkröten herumkriechen, auf deren Rücken mit Kreide geschrieben steht, in welchem Gasthaus und an welchem Tage sie als Turtelsuppe verspeist werden. Ich weiß nicht, warum mich diese Erzählung so sehr frappierte, warum ich den ganzen Tag an die armen Tiere dachte, die so ruhig durch die Straßen von Boston herumkriechen und nicht wissen, daß auf ihrem Rücken ganz bestimmt der Tag und der Ort ihres Untergangs geschrieben steht ... Und nachts, denken Sie sich, im Traume sehe ich meine Freunde, die deutschen Patrioten, in lauter solche Schildkröten verwandelt, ruhig herumkriechen, und auf dem Rücken eines jeden steht mit großen Buchstaben ebenfalls Ort und Datum, wo man ihn einstecken werde in den verdammten Suppentopf ... Ich habe des andern Tags die Leute gewarnt, durfte ihnen aber nicht sagen, was mir geträumt, denn sie hätten's mir übel genommen, daß sie, die Männer der Bewegung, mir als langsame Schildkröten erschienen .
.. Aber das Exil, das Exil, das ist eine schreckliche Sache ... Ach! wie beneide ich die französischen Republikaner! Sie leiden, aber im Vaterlande. Bis zum Augenblick des Todes steht ihr Fuß auf dem

geliebten Boden des Vaterlandes. Und gar die Franzosen, welche hier in Paris kämpfen und alle jene teuren Denkmäler vor Augen haben, die ihnen von den Großtaten ihrer Väter erzählen und sie trösten und aufmuntern! Hier sprechen die Steine und singen die Bäume, und so ein Stein hat mehr Ehrgefühl und predigt Gottes Wort, nämlich die Märtyrgeschichte der Menschheit, weit eindringlicher als alle Professoren der historischen Schule zu Berlin und Göttingen. Und diese Kastanienbäume hier in den Tuilerien, ist es nicht, als sängen sie heimlich die Marseillaise mit ihren tausend grünen Zungen? ... Hier ist heiliger Boden, hier sollte man die Schuhe ausziehen, wenn man spazieren geht ... Hier links ist die Terrasse der Feuillants; dort rechts, wo sich jetzt die Rue Rivoli hinzieht, hielt der Klub der Jakobiner seine Sitzungen ... Hier vor uns, im Tuileriengebäude, donnerte der Konvent, die Titanenversammlung, wogegen Bonaparte mit seinem Blitzvogel nur wie ein kleiner Jupiter erscheint ... dort gegenüber grüßt uns die Place Louis XVI., wo das große Exempel statuiert wurde ... Und zwischen beiden, zwischen Schloß und Richtplatz, zwischen Feuillants und Jakobinerklub, in der Mitte, der heilige Wald, wo jeder Baum ein blühender Freiheitsbaum ..."

An diesen alten Kastanienbäumen in dem Tuileriengarten sind aber mitunter sehr morsche Äste, und eben in dem Augenblicke, wo Börne die obige Phrase schließen wollte, brach mit lautem Gekrach ein Ast jener Bäume, und mit voller Wucht aus bedeutender Höhe herunterstürzend, hätte er beide schier zerschmettert, wenn wir nicht hastig zur Seite sprangen. Börne, welcher nicht so schnell wie ich sich rettete, ward von einem Zweige des fallenden Astes an der Hand verletzt, und brummte verdrießlich: „Ein böses Zeichen!"

Viertes Buch

– Und dennoch beurkundete das Fest von Hambach einen großen Fortschritt, zumal wenn man es mit jenem anderen Feste vergleicht, das einst ebenfalls zur Verherrlichung gemeinsamer Volksinteressen auf der Wartburg stattfand. Nur in Außendingen, in Zufälligkeiten, sind sich beide Bergfeier sehr ähnlich; keineswegs ihrem tieferen Wesen nach. Der Geist, der sich auf Hambach aussprach, ist grundverschieden von dem Geiste, oder vielmehr von dem Gespenste, das auf der Wartburg seinen Spuk trieb. Dort, auf Hambach, jubelte die moderne Zeit ihre Sonnenaufgangslieder und mit der ganzen Menschheit ward Brüderschaft getrunken; hier aber, auf der Wartburg, krächzte die Vergangenheit ihren obskuren Rabengesang, und bei Fackellicht wurden Dummheiten gesagt und getan, die des blödsinnigsten Mittelalters würdig waren! Auf Hambach hielt der französische Liberalismus seine trunkensten Bergpredigten, und sprach man auch viel Unvernünftiges, so ward doch die Vernunft selber anerkannt als jene höchste Autorität, die da bindet und löset und den Gesetzen ihre Gesetze vorschreibt; auf der Wartburg hingegen herrschte jener beschränkte Teutomanismus, der viel von Liebe und Glaube greinte, dessen Liebe aber nichts anders war als Haß des Fremden, und dessen Glaube nur in der Unvernunft bestand, und der in seiner Unwissenheit nichts Besseres zu erfinden wußte, als Bücher zu verbrennen! Ich sage: Unwissenheit, denn in dieser Beziehung war jene frühere Opposition, die wir unter dem Namen „die Altdeutschen" kennen, noch großartiger als die neuere Opposition, obgleich diese nicht gar besonders durch Gelehrsamkeit glänzt. Eben derjenige, welcher das Bücherverbrennen auf der Wartburg in Vorschlag brachte, war auch zugleich das unwissendste Geschöpf, das je auf Erden turnte und altdeutsche Lesarten herausgab – wahrhaftig, dieses Subjekt hätte auch Bröder's lateinische Grammatik ins Feuer werfen sollen!

Sonderbar! trotz ihrer Unwissenheit hatten die sogenannten Altdeutschen von der deutschen Gelahrtheit einen gewissen Pedantismus geborgt, der eben so widerwärtig wie lächerlich war. Mit welchem kleinseligen Silbenstechen und Auspünkteln diskutierten sie über die Kennzeichen deutscher Nationalität! Wo fängt der Germane an? wo hört er auf? Darf ein Deutscher Tabak rauchen? Nein, behauptete die Mehrheit. Darf ein Deutscher Handschuhe tragen? Ja, jedoch von Büffelhaut (Der schmutzige Maßmann wollte ganz sicher gehen und trug gar keine.) Aber Bier trinken darf ein Deutscher, und er soll es als echter Sohn Germania's; denn Tacitus spricht ganz bestimmt von deutscher *Cerevisia*. Im Bierkeller zu Göttingen mußte ich einst bewundern, mit welcher Gründlichkeit meine altdeutschen Freunde die Proskriptionslisten anfertigten für den Tag, wo sie zur Herrschaft gelangen würden. Wer nur im siebenten Glied von einem Franzosen, Juden oder Slaven abstammte, ward zum Exil verurteilt. Wer nur im mindesten etwas gegen Jahn oder überhaupt gegen altdeutsche Lächerlichkeiten geschrieben hatte, konnte sich auf den Tod gefaßt machen, und zwar auf den Tod durchs Beil, nicht durch die Guillotine, obgleich diese ursprünglich eine deutsche Erfindung und schon im Mittelalter bekannt war, unter dem Namen „die welsche Falle". Ich erinnere mich bei dieser Gelegenheit, daß man ganz ernsthaft debattierte: ob man einen gewissen Berliner Schriftsteller, der sich im ersten Bande seines Werkes gegen die Turnkunst ausgesprochen hatte, bereits auf die erwähnte Proskriptionsliste setzen dürfe; denn diesem letzten Bande könne der Autor vielleicht Dinge sagen, die den inkriminierten Äußerungen des ersten Bandes eine ganz andere Bedeutung erteilen.

Sind diese dunklen Narren, die sogenannten Deutschtümler, ganz vom Schauplatz verschwunden? Nein. Sie haben bloß ihre schwarzen Röcke, die Livrées ihres Wahnsinns, abgelegt. Die meisten entledigten sich sogar ihres weinerlich brutalen Jargons, und vermummt in den Farben und Redensarten des Liberalismus, waren sie in der neuen Opposition desto gefährlicher während der politischen Sturm- und Drangperiode nach den Tagen des Julius. Ja, im Heere der deutschen Revolutionsmänner wimmelte es von ehemaligen Deutschtümlern, die mit sauren Lippen die moderne Parole nachlallten und sogar die Marseillaise sangen ... sie schnitten dabei die fatalsten Gesichter ... Jedoch es galt einen gemeinschaftlichen Kampf für ein gemeinschaftliches Interesse, für die Einheit Deutschlands, der einzigen Fortschrittsidee, die jene frühere Opposition zu Markte gebracht. Unsre Niederlage ist vielleicht ein Glück ... Man hätte als Waffenbrüder treulich nebeneinander gefochten, man wäre sehr einig gewesen während der Schlacht, sogar noch in der Stunde des Sieges ... aber den andern Morgen wäre eine Differenz zur Sprache gekommen, die unausgleichbar und nur durch die *ultima ratio populorum* zu schlichten war, nämlich durch die welsche Falle. Die Kurzsichtigen freilich unter den deutschen Revolutionären beurteilten alles nach französischen Maßstäben, und sie sonderten sich schon in Konstitutionelle und Republikaner, und wiederum in Girondisten und Montagnards, und nach solchen Einteilungen haßten und verleumdeten sie sich schon um die Wette; aber die Wissenden wußten sehr gut, daß es im Heere der deutschen Revolution eigentlich nur zwei grundverschiedene Parteien gab, die keiner Transaktion fähig und heimlich dem blutigsten Hader entgegenzürnten. Welche von beiden schien die überwiegende? Die Wissenden unter den Liberalen verhehlten einander nicht, daß ihre Partei, welche den Grundsätzen der französischen Freiheitslehre huldigte, zwar an Zahl die stärkere, aber an Glaubenseifer und Hilfsmitteln die schwächere sei. In der Tat, jene regenerierten Deutschtümler bildeten zwar die Minorität, aber ihr Fanatismus, welcher mehr religiöser Art, überflügelt leicht einen Fanatismus, den nur die Vernunft ausgebrütet hat; ferner stehen ihnen jene mächtigen Formeln zu Gebot, womit man den rohen Pöbel beschwört; die Worte: „Vaterland, Deutschland, Glauben der Väter usw." elektrisieren die unklaren Volksmassen noch immer weit sicherer als die Worte: „Menschheit, Weltbürgertum, Vernunft der Söhne, Wahrheit ...!" Ich will hiermit andeuten, daß jene Repräsentanten der Nationalität im deutschen Boden weit tiefer wurzeln, als die Repräsentanten des Komsopolitismus, und daß letztere im Kampfe mit jenen wahrscheinlich den kürzeren ziehen, wenn sie ihnen nicht schleunigst zuvorkommen ... durch die welsche Falle.

In Revolutionszeiten bleibt uns nur die Wahl zwischen Töten und Sterben.

Man hat keinen Begriff von solchen Zeiten, wenn man nicht etwas gekostet hat von dem Fieber, das alsdann die Menschen schüttelt und ihnen eine ganz eigene Denk- und Gefühlsweise einhaucht. Es ist unmöglich, die Worte und Taten solcher Zeiten während der Windstille einer Friedensperiode, wie die jetzige, zu beurteilen.

Ich weiß nicht, inwieweit obige Andeutungen einem stillen Verständnis begegnen. Unsere Nachfolger erben vielleicht unsere geheimen Übel, und es ist Pflicht, daß wir sie darauf hinweisen, welches Heilmittel wir für probat hielten. Zugleich habe ich hier oben insinuiert, inwiefern zwischen mir und jenen Revolutionären, die den französischen Jakobinismus auf deutsche Verhältnisse übertrugen, eine gewisse Verbündung stattfinden mußte ... Trotzdem, daß mich meine politischen Meinungen von ihnen schieden im Reiche des Gedankens, würde ich mich doch jederzeit denselben angeschlossen haben auf den Schlachtfeldern der Tat ... Wir hatten ja gemeinschaftliche Feinde und gemeinschaftliche Gefahren!

Freilich, in ihrer trüben Befangenheit haben jene Revolutionäre nie die positiven Garantien dieser natürlichen Alliance begriffen. Auch war ich ihnen so weit vorausgeschritten, daß sie mich nicht mehr sahen, und in ihrer Kurzsichtigkeit glaubten sie, ich wäre zurückgeblieben*).

Es ist weder hier der Ort, noch ist es jetzt an der Zeit, ausführlicher über die Differenzen zu reden, die sich bald nach der Juliusrevolution zwischen mir und den deutschen Revolutionären in Paris kundgeben mußten. Als der bedeutendste Repräsentant dieser letzteren muß unser Ludwig Börne betrachtet werden, zumal in den letzten Jahren seines Lebens, als infolge der republikanischen Niederlagen, die zwei tätigsten Agitatoren, Garnier und Wolfrum, vom Schauplatze abtraten.

Von ersterem ist bereits Erwähnung geschehen. Er war einer der rüstigsten Umtriebler, und man muß ihm das Zeugnis geben, daß er alle demagogische Talente im höchsten Grade besaß. Ein Mensch von vielem Geiste, auch vielen Kenntnissen und großer Beredsamkeit. Aber ein Intrigant. In den Stürmen einer deutschen Revolution hätte Garnier gewiß eine Rolle gespielt; da aber das Stück nicht aufgeführt wurde, ging es ihm schlecht. Man sagt, er mußte von Paris flüchten, weil sein Gastwirt ihm nach dem Leben trachtete, nicht indem er ihm die Speisen zu vergiften drohte, sondern indem er ihm gar keine Speisen mehr ohne bare Bezahlung verabreichen wollte. Der andere der beiden Agitatoren, Wolfrum, war ein junger Mensch aus Altbayern, wenn ich nicht irre, aus Hof, der hier als Kommis in einem Handlungshause konditionierte, aber seine Stelle aufgab, um den ausbrechenden Freiheitsideen, die auch ihn ergriffen hatten, seine ganze Tätigkeit zu widmen. Es war ein braver, uneigennütziger, von reiner Begeisterung getriebener Mensch, und ich halte mich um so mehr verpflichtet, dieses auszusprechen, da sein Andenken noch nicht ganz gereinigt ist von einer schauderhaften Verleumdung. Als er nämlich aus Paris verwiesen wurde und der General Lafayette den Grafen d'Argout, damaligen Minister des Innern, ob dieser Willkür in der Kammer zur Rede stellt, schneuzte Graf d'Argout seine lange Nase und behauptete: der Verwiesene sei ein Agent der bayerischen Jesuiten gewesen und unter seinen Papieren habe man die Beweisstücke gefunden. Als Wolfrum, welcher sich in Belgien aufhielt, von dieser schnöden Beschuldigung durch die Tagesblätter Kunde empfing, wollte er auf der Stelle hierher zurückkeilen, konnte aber wegen mangelnder Barschaft nur zu Fuße reisen, und, erkrankt durch Übermüdung und innere Aufregung, mußte er bei seiner Ankunft in Paris im *Hôtel-Dieu* einkehren; hier starb er unter fremdem Namen.

---

*) Hier folgte ursprünglich nachstehende, später von Heine durchstrichene Stelle: Es ist wahr, vor der Juliusrevolution hatte auch ich den Ansichten und Folgerungen des französischen Demokratismus unbedingt gehuldigt, die Erklärung der Menschenrechte dünkte mir der Gipfel aller politischen Weisheit, und Lafayette war mein Held ... Aber dieser ist jetzt tot, und sein alter Schimmel ist auch tot, und ich habe beide noch immer sehr lieb, kann sie aber nicht genau mehr voneinander unterscheiden." **Der Herausgeber.**

Wolfrum und Garnier waren immer Börne's treue Anhänger, aber sie behaupteten ihm gegenüber eine gewisse Unabhängigkeit, und nicht selten schöpften sie ihre Inspirationen aus ganz andern Quellen. Seitdem aber diese beiden verschwanden, trat Börne unter den Revolutionären zu Paris unmittelbar persönlich hervor, er herrschte nicht mehr durch Agenten seines Willens, sondern in eigenem Namen, und es fehlte ihm nicht an einem Hofstaat von beschränkten und erhitzten Köpfen, die ihm mit blinder Verehrung huldigten. Unter diesen lieben Getreuen saß er in aller Majestät seines buntseidenen Schlafrocks und hielt Gericht über die Großen dieser Erde, und neben dem Zaren aller Reußen war es wohl der Schreiber dieser Blätter, den sein rhadamantischer Zorn am stärksten traf ... Was in seinen Schriften nur halbwegs angedeutet wurde, fand im mündlichen Vortrag die grellste Ergänzung, und der argwöhnische Kleingeist, der ihn bemeisterte, und eine gewisse infame Tugend, die für die heilige Sache sogar die Lüge nicht verschmäht, kurz Beschränktheit und Selbsttäuschung, trieben den Mann bis in die Moräste der Verleumdung.

Der Vorwurf in den Worten „argwöhnischer Kleingeist" soll hier weniger das Individuum als vielmehr die ganze Gattung treffen, die in Maximilian Robespierre, glorreichen Andenkens, ihren vollkommensten Repräsentanten gefunden, Mit diesem hatte Börne zuletzt die größte Ähnlichkeit: im Gesichte lauerndes Mißtrauen, im Herzen eine blutdürstige Sentimentalität, im Kopfe nüchterne Begriffe ... nur stand ihm keine Guillotine zu Gebote, und er mußte zu Worten seine Zuflucht nehmen und bloß verleumden. Auch dieser Vorwurf trifft mehr die Gattung; denn sonderbar! ebenso wie die Jesuiten, haben die Jakobiner das Lügen als ein erlaubtes Kriegsmittel adoptiert, vielleicht weil sich beide der höchsten Zwecke bewußt waren: Jene stritten für die Sache Gottes, diese für die Sache der Menschheit ... Wir wollen ihnen daher ihre Verleumdungen verzeihen!

Ob aber bei Ludwig Börne nicht manchmal ein geheimer Neid im Spiele war? Er war ja ein Mensch, und während er glaubte, er ruiniere den guten Leumund eines Andersgesinnten nur im Interesse der Republik, während er sich vielleicht noch etwas darauf zu Gute tat, dieses Opfer gebracht zu haben, befriedigte er unbewußt die versteckten Gelüste der eignen bösen Natur, wie einst Maximilian Robespierre, glorreichen Andenkens!

Und namentlich in betreff meiner hat der Selige sich schon Privatgefühlen hingegeben, und alle seine Anfeindungen waren am Ende nichts anders als der kleine Neid, den er kleine Tambour-Maître gegen den großen Tambour-Major empfindet – er beneidete mich, ob des großen Federbusches, der so keck in die Lüfte hineinjauchzt, ob meiner reichgestickten Uniform, woran mehr Silber, als er, der kleine Tambour-Maître, mit seinem ganzen Vermögen bezahlen konnte, ob der Geschicklichkeit, womit ich den großen Stock balanciere, ob der Liebesblicke, die mir die jungen Dirnen zuwerfen, und die ich vielleicht mit etwas Koketterie erwidre!

Der Umgebung Börne's mag ebenfalls vieles von den angedeuteten Verirrungen zur Last fallen; er ward von den lieben Getreuen zu mancher schlimmen Äußerung angestachelt, und das mündlich Geäußerte ward noch bösartiger aufgestutzt und zu wunderlichen Privatzwecken verarbeitet. Bei all seinem Mißtrauen war er leicht zu betrügen, er ahnte nie, daß er ganz fremden Leidenschaften diente und nicht selten sogar den Einflüsterungen seiner Gegner gehorchte. Man versichert mir, einige von den Spionen, die für Rechnung gewisser Regierungen hier herumschnüffeln, wußten sich so patriotisch zu gebärden, daß Börne ihnen sein ganzes Vertrauen schenkte und Tag und Nacht mit ihnen zusammenhockte und konspirierte.

Und doch wußte er, daß er von Spionen umgeben war, und einst sagte er mir: „Da geht beständig ein Kerl hinter mir her, der mich auf allen Straßen verfolgt, vor allen Häusern stehen bleibt, wo ich hineingehe und gewiß von irgendeiner Regierung teuer dafür bezahlt wird. Wüßte ich nur, welche Regierung, ich würde ihr schreiben, daß ich das Geld selbst verdienen möchte, daß ich selber ihr täglich einen gewissenhaften Rapport abstatten wolle, wie ich den ganzen Tag zugebracht, mit wem ich gesprochen, wohin ich gegangen – ja, ich bin erbötig, diesen Rapport zu weit wohlfeilerem Preise, ja für die Hälfte des Geldes zu liefern, das dieser Kerl, der beständig hinter mir einher geht, sich zahlen läßt; denn ich muß ja alle diese Gänge ohnedies machen. Ich könnte vielleicht davon leben, daß ich mein eigner Spion werde."

Es gab übrigens noch ganz besondere Mißstände, die mir geboten, mich von Börne entfernt zu halten................ .... Dieses Geständnis mag befremdlich klingen im Munde eines Mannes, der nie im Zelotengeschrei sogenannter Sittenprediger einstimmte und selber hinlänglich von ihnen inketzert wurde. Verdiente ich wirklich diese Verketzerungen? Nach tiefster Selbstprüfung kann ich mir das Zeugnis geben, daß niemals meine Gedanken und Handlungen in Widerspruch gerieten mit der Moral, mit jener Moral, die meiner Seele eingeboren, die vielleicht meine Seele selbst ist, die beseelende Seele meines Lebens. Ich gehorche fast passiv einer sittlichen Notwendigkeit, und mache deshalb keine Ansprüche auf Lorbeerkränze und sonstige Tugendpreise. Ich habe jüngst ein Buch gelesen, worin behauptet wird, ich hätte mich gerühmt, es liefe keine Phryne über die Pariser Boulevards, deren Reize mir unbekannt geblieben. Gott weiß, welchen ehrwürdigen Korrespondenzler solche saubre Anekdoten nachgesprochen wurden, ich kann aber dem Verfasser jenes Buches die Versicherung geben, daß ich selbst in meiner tollsten Jugendzeit nie ein Weib erkannt habe, wenn ich nicht dazu begeistert ward durch ihre Schönheit, die körperliche Offenbarung Gottes, oder durch die große Passion, jene große Passion, die ebenfalls göttlicher Art, weil sie uns von allen selbstsüchtigen Kleingefühlen befreit und die eiteln Güter des Lebens, ja das Leben selbst hinopfern läßt! ... Und die Welt ist am Ende gerecht, und sie verzeiht die Flammen, wenn nur der Brand stark und echt ist, und schön lodert und lange ... Gegen eitel verpuffendes Strohfeuer ist sie hart, und sie verspottet jede ängstliche Halbglut ... Die Welt achtet und ehrt jede Leidenschaft, sobald sie sich als eine wahre erprobt, und die Zeit erzeugt auch in diesem Falle eine gewisse Legitimität ...

Mit Mißbehagen erfüllte mich ferner Börne's beständiges Kannengießen. Immer politisches Räsonnieren und wieder Räsonnieren, und sogar beim Essen, wo er mich aufzusuchen wußte. Bei Tische, wo ich so gern alle Misère der Welt vergesse, verdarb er mir die besten Gerichte durch seine patriotische Galle, die er gleichsam wie eine bittre Sauce darüber hinschwatzte. Kalbsfüße *à la Maître d'Hôtel*, damals meine harmlose Lieblingsspeise, er verleidete sie mir durch Hiobsposten aus der Heimat, die er aus den unzuverlässigsten Zeitungen zusammengestellt hatte. Und dann seine verfluchten Bemerkungen, die einem den Appetit verdarben. So z. B. kroch er mir mal nach in den Restaurant der Rue Lepelletier, wo damals nur politische Flüchtlinge aus Italien, Spanien, Portugal und Polen zu Mittag speisten. Börne, welcher sie alle kannte, bemerkte mit freudigem Händereiben: wir beiden seien von der ganzen Gesellschaft die einzigen, die nicht von ihrer respektiven Regierung zum Tode verurteilt worden. „Aber ich habe", setzte er hinzu, „noch nicht alle Hoffnung aufgegeben, es ebensoweit zu bringen. Wir werden am Ende alle gehenkt, und Sie ebensogut wie ich." Ich äußerte bei dieser Gelegenheit, daß es in der Tat für die Sache der deutschen Revolution sehr fördersam wäre, wenn unsere Regierungen etwas rascher verführen und einige Revolutionäre wirklich aufhingen, damit die übrigen sähen, daß die Sache gar kein Spaß und alles an alles gesetzt werden müsse ... „Sie wollen gewiß", fiel mir Börne in die Rede, „daß wir nach dem Alphabet gehenkt werden, und da wäre ich einer der ersten und käme schon im Buchstab B., man mag mich nun als Börne oder als Baruch hängen; und es hätte dann noch gute Weile, bis man an Sie käme, tief ins H."

Das waren nun Tischgespräche, die mich nicht sehr erquickten, und ich rächte mich dafür, indem ich für die Gegenstände des Börne'schen Enthusiasmus eine übertriebene, fast leidenschaftliche Gleichgültigkeit affektierte. Z. B. Börne hatte sich geärgert, daß ich gleich bei meiner Ankunft in Paris nichts Besseres zu tun wußte, als für deutsche Blätter einen langen Bericht über die damalige Gemäldeausstellung zu schreiben. Ich lasse dahingestellt sein, ob das Kunstinteresse, das mich zu solcher Arbeit trieb, so ganz unvereinbar war mit den revolutionären Interessen des Tages; aber Börne sah hierin einen Beweis meines Indifferentismus für die heilige Sache der Menschheit, und ich konnte ihm ebenfalls die Freude seines patriotischen Sauerkrauts verleiden, wenn ich bei Tisch von nichts als von Bildern sprach, von Robert's Schnittern, von Horace Vernet's Judith, von Scheffer's Faust. „Was taten Sie", frug er mich einst, „am ersten Tag Ihrer Ankunft in Paris? Was war Ihr erster Gang?" Er antwortete gewiß, daß ich ihm die Place Louis XV. oder das Pantheon, die Grabmäler Rousseau's und Voltaire's als meine erste Ausflucht nennen würde, und er machte ein sonderbares Gesicht, als ich ihm ehrlich die Wahrheit gestand, daß ich nämlich gleich bei meiner Ankunft nach der *Bibliothèque royale* gegangen und mir vom Aufseher der Manuskripte den Manessischen Kodex der Minnesänger hervorholen ließ. Und das ist wahr; seit Jahren gelüstete mich, mit eignen Augen die teuern Blätter zu sehen, die uns unter anderen die Gedichte Walther's von der Vogelweide, des größten deutschen Lyriker's aufbewahrt haben. Für Börne war dieses ebenfalls ein Beweis meines Indifferentismus, und er zieh mich des Widerspruchs mit meinen politischen Grundsätzen. Daß ich es nie der Mühe wert hielt, letztere mit ihm zu diskutieren, versteht sich von selbst; und als er einst auch in meinen Schriften einen Widerspruch entdeckt haben wollte, begnügte ich mich mit der ironischen Antwort: „Sie irren sich, Liebster, dergleichen findet sich nie in meinen Büchern, denn jedesmal, ehe ich schreibe, pflege ich vorher meine politischen Grundsätze in meinen früheren Schriften wieder nachzulesen, damit ich mir nicht widerspreche und man mir keinen Abfall von meinen liberalen Prinzipien vorwerfen könne." Aber nicht bloß beim Essen, sondern sogar in meiner Nachtruhe inkommodierte mich Börne mit seiner patriotischen Exaltation. Er kam einmal um Mitternacht zu mir heraufgestiegen in meine Wohnung, weckte mich aus dem süßesten Schlaf, setzte sich vor mein Bett und jammerte eine ganze Stunde über die Leiden des deutschen Volks und über die Schändlichkeiten der deutschen Regierungen, und wie die Russen für Deutschland so gefährlich seien, und wie er sich vorgenommen habe, zur Rettung Deutschlands gegen den Kaiser Nikolas zu schreiben und gegen die Fürsten, die das Volk so mißhandelten, und gegen den Bundestag ... Und ich glaube, er hätte bis zum Morgen in diesem Zuge fortgeredet, wenn ich nicht plötzlich nach langem Schweigen in die Worte ausbrach: „Sind Sie Gemeindeversorger?" –

Nur zweimal habe ich ihn seitdem wieder gesprochen. Das eine Mal bei der Heirat eines gemeinsamen Freundes, der uns beide als Zeugen gewählt, das andre Mal auf einem Spaziergang in den Tuilerien, dessen ich bereits erwähnte. Bald darauf erschien der dritte und vierte Teil seiner Pariser Briefe, und ich vermied nicht bloß jede Gelegenheit des Zusammentreffens, sondern ich ließ ihn auch merken, daß ich ihm geflissentlich auswich, und seit der Zeit habe ich ihm zwar zwei- oder dreimal begegnet, aber nie habe ich seitdem ein einziges Wort mit ihm gesprochen. Bei seiner sanguinischen Art wurmte ihn das bis zur Verzweiflung, und er setzte alle möglichen Erfindungen ins Spiel, um mir wieder freundschaftlich nahen zu dürfen, oder wenigstens eine Unterredung mit mir zu bewirken. Ich hatte also nie im Leben mit Börne einen mündlichen Disput, nie sagten wir uns irgendeine schwere Beleidigung; nur aus seinen gedruckten Reden merkte ich die lauernde Böswilligkeit und nicht verletztes Selbstgefühl, sondern höhere Sorgen und die Treue, die ich meinem Denken und Wollen schuldig bin, bewogen mich, mit einem Mann zu brechen, der meine Gedanken und Bestrebungen kompromittieren wollte. Solches hartnäckige Ablehnen ist aber nicht ganz in meiner Art, und ich wäre vielleicht nachgiebig genug gewesen, mit Börne wieder zu sprechen und Umgang zu pflegen ... zumal da sehr liebe Personen mich mit vielen Bitten angingen und die gemeinschaftlichen Freunde oft in Verlegenheit gerieten bei Einladungen, deren ich keine annahm, wenn ich nicht vorher die Zusicherung erhielt, daß Herr Börne nicht geladen sei .. . noch außerdem rieten mir meine Privatinteressen, den grimmblütigen Mann durch solches strenge Zurückweisen nicht allzu sehr zu reizen ... aber ein Blick auf seine Umgebung, auf seine lieben Getreuen, auf den vielköpfigen und mit den Schwänzen zusammengewachsenen Rattenkönig, dessen Seele er bildete, und der Ekel hielt mich zurück von jeder neuen Berührung mit Börne.

So vergingen mehrere Jahre, drei, vier Jahre, ich verlor den Mann auch geistig aus dem Gesicht, selbst von jenen Artikeln, die er in französischen Zeitschriften gegen mich schrieb und die im ehrlichen Deutschland so verleumderisch ausgebeutet wurden, nahm ich wenig Notiz, als ich eines späten Herbstabends die Nachricht erhielt: Börne sei gestorben.

Wie man mir sagt, soll er seinen Tod selbst verschuldet haben durch Eigensinn, indem er sich lange weigerte, seinen Arzt, den vortrefflichen Dr. Sichel, rufen zu lassen. Dieser nicht bloß berühmte, sondern auch sehr gewissenhafte Arzt, der ihn wahrscheinlich gerettet hätte, kam zu spät, als der Kranke bereits eine terroristische Selbstkur an sich vorgenommen und seinen ganzen Körper ruiniert hatte.

Börne hatte früher etwas Medizin studiert und wußte von dieser Wissenschaft grade so viel, als man eben braucht, um zu töten. In der Politik, womit er sich später abgab, waren seine Kenntnisse wahrlich nicht viel bedeutender.

Ich habe seinem Begräbnisse nicht beigewohnt, was unsere hiesigen Korrspondenzler nicht ermangelten nach Deutschland zu berichten, und was zu bösen Auslegungen Gelegenheit gab. Nichts ist aber törichter, als in jenem Umstande, der rein zufällig sein konnte, eine feindselige Härte zu erblicken. Die Toren, sie wissen nicht, daß es kein angenehmeres Geschäft gibt, als dem Leichenbegängnisse eines Feindes zu folgen!

Ich war nie Börne's Freund, und ich war auch nie sein Feind. Der Unmut, den er manchmal in mir erregen konnte, war nie bedeutend, und er büßte dafür hinlänglich durch das kalte Schweigen, das ich allen seinen Verketzerungen und Rücken entgegensetzte. Ich habe, während er lebte, auch keine Zeile gegen ihn geschrieben, ich gedachte seiner nie, ich ignorierte ihn komplett, und das ärgerte ihn über alle Maßen.

Wenn ich jetzt von ihm rede, geschieht es wahrlich weder aus Enthusiasmus noch aus Mißlaune; ich bin mir wenigstens der kältesten Unparteilichkeit bewußt. Ich schreibe hier weder eine Apologie noch eine Kritik, und indem ich nur von der eignen Anschauung ausgehe bei der Schilderung des Mannes, dürfte das Standbild, das ich von ihm liefere, vielleicht als ein ikonisches zu betrachten sein. Und es gebührt ihm ein solches Standbild, ihm, dem großen Ringer, der in der Arena unserer politischen Spiele so mutig rang, und, wo nicht der Lorbeer, doch gewiß den Kranz von Eichenlaub ersiegte.

Wir geben sein Standbild mit seinen wahren Zügen, ohne Idealisierung, je ähnlicher desto ehrender für sein Andenken. Er war ja weder ein Genie noch ein Heros; er war kein Gott des Olymp. Er war ein Mensch, ein Bürger der Erde, er war ein guter Schriftsteller und ein großer Patriot.

Indem ich Ludwig Börne einen guten Schriftsteller genannt, und ihm nur das schlichte Beiwort „gut" zuerkenne, möchte ich seinen ästhetischen Wert weder vergrößern noch verkleinern. Ich gebe überhaupt hier, wie ich bereits erwähnt, keine Kritik, ebensowenig wie eine Apologie seiner Schriften; nur mein unmaßgebliches Dafürhalten darf in diesen Blättern seine Stelle finden. Ich suche dieses Privaturteil so kurz als möglich abzufassen; daher nur wenige Worte über Börne in rein literarische Beziehung.

Soll ich in der Literatur einen verwandten Charakter aufsuchen, so böte sich zuerst Gotthold Ephraim Lessing, mit welchem Börne sehr oft verglichen worden. Aber diese Verwandtschaft beruht nur auf der inneren Tüchtigkeit, dem edlen Willen, der patriotischen Passion und dem Enthusiasmus für Humanität. Auch die Verstandesrichtung war in beiden dieselbe. Hier aber hört der Vergleich auf. Lessing war groß durch jenen offenen Sinn für Kunst und philosophische Spekulation, welcher dem armen Börne gänzlich abging. Es gibt in der ausländischen Literatur zwei Männer, die mit ihm eine weit größere Ähnlichkeit haben; diese Männer sind William Hazlitt und Paul Courrier. Beide sind vielleicht die nächsten literarischen Verwandten Börne's, nur daß Hazlitt ihn ebenfalls an Kunstsinn überflügelt und Courrier sich keineswegs zum

Börne'schen Humor erheben kann. Ein gewisser Esprit ist allen Dreien gemeinsam, obgleich er bei jedem eine verschiedene Färbung trägt – er ist trübsinnig bei Hazlitt, dem Briten, wo er wie Sonnenstrahlen aus dicken englischen Nebelwolken hervorblitzt; er ist fast mutwillig heiter bei dem Franzosen Courrier, wo er wie der junge Wein der Touraine im Kelter braust und sprudelt und manchmal übermütig emporzischt; bei Börne, dem Deutschen, ist er beides, trübsinnig und heiter, wie der säuerlich ernste Rheinwein und das närrische Mondlicht der deutschen Heimat ... Sein Esprit wird manchmal zum Humor.

Dieses ist nicht so sehr in den früheren Schriften Börne's als vielmehr in seinen Pariser Briefen der Fall. Zeit, Ort und Stoff haben hier den Humor nicht bloß begünstigt, sondern ganz eigentlich hervorgebracht. Ich will damit sagen: den Humor in den Pariser Briefen verdanken wir weit mehr den Zeitumständen, als dem Talent ihres Verfassers. Die Juliusrevolution, dieses politische Erdbeben, hatte dergestalt in allen Sphären des Lebens die Verhältnisse auseinander gesprengt und so buntscheckig die verschiedenartigsten Erscheinungen zusammengeschmissen, daß der Pariser Revolutionskorrespondent nur treu zu berichten brauchte, was er sah und hörte, und er erreichte von selbst die höchsten Effekte des Humors. Wie die Leidenschaft manchmal die Poesie ersetzt und z. B. die Liebe oder die Todesangst in begeisterte Worte ausbricht, die der wahre Dichter nicht besser und schöner zu erfinden weiß, so ersetzen die Zeitumstände manchmal den angeborenen Humor, und ein ganz prosaisch begabter, sinnreicher Autor liefert wahrhaft humoristische Werke, indem sein Geist in spaßhaften und kummervollen, schmutzigen und heiligen, grandiosen und winzigen Kombinationen einer umgestülpten Weltordnung treu abspiegelt. Ist der Geist eines solchen Autors noch obendrein selbst in bewegtem Zustand, ist dieser Spiegel verschoben oder grellgefärbt von eigner Leidenschaft, dann werden tolle Bilder zum Vorschein kommen, die selbst alle Geburten des humoristischen Genius überbieten ... Hier ist das Gitter, welches den Humor vom Irrenhause trennt ... Nicht selten in den Börne'schen Briefen zeigen sich Spuren eines wirklichen Wahnsinns, und Gefühle und Gedanken grinsen uns entgegen, die man in die Zwangsjacke stecken müßte, denen man die Douche geben sollte ...

In stilistischer Hinsicht sind die Pariser Briefe weit schatzbarer als die früheren Schriften Börne's, worin die kurzen Sätze, der kleine Hundetrab eine unerträgliche Monotonie hervorbringen und eine fast kindische Unbeholfenheit verraten. Diese kurzen Sätze verlieren sich immer mehr und mehr in den Pariser Briefen, wo die entzügelte Leidenschaft notgedrungen in weitere, vollere Rhythmen überströmt, und kolossale, gewitterschwangere Perioden dahinrollen, deren Bau schön und vollendet ist, wie durch die höchste Kunst.

Die Pariser Briefe können in Beziehung auf Börne's Stil dennoch nur als eine Übergangsstufe betrachtet werden, wenn man sie mit seiner letzten Schrift: „Menzel der Franzosenfresser" vergleicht. Hier erreicht sein Stil die höchste Ausbildung, und wie in den Worten, so auch in den Gedanken herrscht hier eine Harmonie, die von schmerzlicher, aber erhabener Beruhigung Kunde gibt. Diese Schrift ist ein klarer See, worin der Himmel mit allen Sternen sich spiegelt, und Börne's Geist taucht hier auf und unter, wie ein schöner Schwan, die Schmähungen, womit der Pöbel sein reines Gefieder besudelte, ruhig von sich abspülend. Auch hat man diese Schrift mit Recht Börne's Schwanengesang genannt. Sie ist in Deutschland wenig bekannt geworden, und Betrachtungen über ihren Inhalt wären hier gewiß an ihrem Platze. Aber da sie direkt gegen Wolfgang Menzel gerichtet ist und ich bei dieser Gelegenheit denselben wieder ausführlich besprechen müßte, so will ich lieber schweigen. Nur eine Bemerkung kann ich hier nicht unterdrücken, und sie ist glücklicherweise von der Art, daß sie vielmehr von persönlichen Bitternissen ableitet und dem Hader, worin sowohl Börne als die sogenannten Mitglieder des sogenannten jungen Deutschlands mit Menzeln gerieten, eine generelle Bedeutung zuschreibt, wo Wert oder Unwert der Individuen nicht mehr zur Sprache kommt. Vielleicht sogar liefere ich dadurch eine Justifikation des Menzel'schen Betragens und seiner scheinbaren Abtrünnigkeit.

Ja, er wurde nur scheinbar abtrünnig ... nur scheinbar ...; denn er hat der Partei der Revolution niemals mit dem Gemüte und mit dem Gedanken angehört. Wolfgang Menzel war einer jener Teutomanen, jener Deutschtümler, die nach der Sonnenhitze der Juliusrevolution gezwungen wurden, ihre altdeutschen Röcke und Redensarten auszuziehen und sich geistig wie körperlich in das moderne Gewand zu kleiden, das nach französischem Maß zugeschnitten. Wie ich bereits zu Anfang dieses Buches gezeigt, viele von diesen Teutomanen, um an der allgemeinen Bewegung und den Triumphen des Zeitgeistes teilzunehmen, drängten sich in unsere Reihen, in die Reihen der Kämpfer für die Prinzipien der Revolution, und ich zweifle nicht, daß sie mutig mitgefochten hätten in der gemeinsamen Gefahr. Ich fürchtete keine Untreue von ihnen während der Schlacht, aber nach dem Siege; ihre alte Natur, die zurückgedrängte Deutschtümelei, wäre wieder hervorgebrochen, sie hätten bald die rohe Masse mit den dunklen Beschwörungsliedern des Mittelalters gegen uns aufgewiegelt und diese Beschwörungslieder, ein Gemisch von uraltem Aberglauben und dämonischer Erdkräfte, wären stärker gewesen als alle Argumente der Vernunft ...

Menzel war der erste, der, als die Luft kühler wurde, die altdeutschen Rockgedanken wieder vom Nagel herabnahm, und mit

Lust wieder in die alten Ideenkreise zurückturnte. Wahrlich, bei dieser Umwendung fiel mir wie ein Stein vom Herzen, denn in seiner wahren Gestalt war Wolfgang Menzel weit minder gefährlicher als in seiner liberalen Vermummung; ich hätte ihm um den Hals fallen mögen und ihn küssen, als er wieder gegen die Franzosen eiferte und auf Juden schimpfte und wieder für Gott und Vaterland, für das Christentum und deutsche Eichen, in die Schranken trat und erschrecklich bramarbasierte! Ich gestehe es, wie wenig Furcht er mir in dieser Gestalt einflößte, so sehr ängstigte er mich einige Jahre früher, als er plötzlich die Juliusrevolution und die Franzosen in schwärmerische Begeisterung geriet, als er für die Rechte der Juden seine pathetischen, großherzigen, lafayettischen Emanzipationsreden hielt, als er Ansichten über Welt- und Menschenschicksal losließ, worin eine Gottlosigkeit grinste, wie dergleichen kaum bei den entschlossensten Materialisten gefunden wird, Ansichten, die kaum jener Tiere würdig, die sich nähren mit der Frucht der deutschen Eiche. Damals war er gefährlich, damals, ich gestehe es, zitterte ich vor Wolfgang Menzel!

Börne, in seiner Kurzsichtigkeit, hatte die wahre Natur des letztern nie erkannt, und da man gegen Renegaten, gegen umgewandelte Gesinnungsgenossen weit mehr Unwillen empfindet als gegen alte Feinde, so loderte sein Zorn am grimmigsten gegen Menzeln. – Was mich anbelangt, so waren ganz andere Motive im Spiel. Der Mann hatte mich nie beleidigt, selbst seine roheste Verlästerung hat keine verletzbare Stelle in meinem Gemüte getroffen. Wer meine Schrift gelesen, wird übrigens daraus ersehen haben, daß hier das Wort weniger verwunden als reizen sollte, und alles dahinzielte, den Ritter des Deutschtums auf ein ganz anderes als ein literarisches Schlachtfeld herauszufordern. Menzel hat meiner loyalen Absicht keine Genüge geleistet. Es ist nicht meine Schuld, wenn das Publikum daraus allerlei verdrießliche Folgerungen zog ... Ich hatte ihm aufs großmütigste die Gelegenheit geboten, sich durch einen einzigen Akt der Mannhaftigkeit in der öffentlichen Meinung zu rehabilitieren ... Ich setzte Blut und Leben aufs Spiel ... Er hat's nicht gewollt.

Armer Menzel! ich habe wahrlich keinen Groll gegen dich! Du warst nicht der Schlimmste. Die anderen sind weit perfider, sie verharren länger in der liberalen Vermummung, oder lassen die Maske nicht ganz fallen ... Ich meine hier zunächst einige schwäbische Kammersänger der Freiheit, deren liberale Triller immer leiser und leiser verklingen, und die bald wieder mit der alten Bierstimme die Weisen von Anno 13 und 14 anstimmen werden .. . Gott erhalte euch fürs Vaterland! Wenn ihr, um die Fetzen eurer Popularität zu retten, den Menzel euren vertrautesten Gesinnungsgenossen sakrifiziert habt, so war das eine sehr verächtliche Handlung.

Und dann muß man bei Menzeln anerkennen, daß er mit bestimmter Mannesunterschrift seine Schmähungen vertrat; er war kein anonymer Skribler und brachte immer die eigne Haut zu Markt. Nach jedem Schimpfwort, womit er uns bespritzte, hielt er fast gutmütig still, um die verdiente Züchtigung zu empfangen. Auch hat's ihm an geschriebenen Schlägen nicht gefehlt, und sein literarischer Rücken ist schwarz gestreift, wie der eines Zebras. Armer Menzel! Er zahlte für manchen anderen, dessen man nicht habhaft werden konnte, für die anonymen und pseudonymen Buschklepper, die aus den dunkelsten Schlupfwinkeln der Tagespresse ihre feigen Pfeile abschießen ... Wie willst du sie züchtigen? Sie haben keinen Namen, den du brandmarken könntest, und gelänge es dir sogar, von einem zitternden Zeitungsredakteur die paar leere Buchstaben zu erpressen, die ihnen als Namen dienen, so bist du dadurch noch nicht sonderlich gefördert ... Du findest alsdann, daß der Verfasser des insolentesten Schmähartikels kein anderer war*) als jener klägliche Drohbettler, der mit all seiner untertänigen Zudringlichkeit auch keinen Sous von dir erpressen konnte ... Oder, was noch bitterer ist, du erfährst, daß im Gegenteil ein Lumpacius, der dich um zweihundert Franks geprellt, dem du einen Rock geschenkt hast, um seine Blöße zu bedecken, dem du aber keine schriftliche Zeile geben wolltest, womit er sich in Deutschland als deinen Freund und großen Mitdichter herumpräsentieren konnte, daß ein solcher Lumpacius es war, der deinen guten Leumund in der Heimat begeiferte ... Ach, dieses Gesindel ist kapabel, mit vollem Namen gegen dich aufzutreten, und dann bist du erst recht in Verlegenheit! Antwortest du, so verleihst du ihnen eine lebenslängliche Wichtigkeit, die sie auszubeuten wissen, und sie finden eine Ehre darin, daß du sie mit demselben Stocke schlugest, womit ja schon die berühmtesten Männer geschlagen worden ... Freilich, das beste wäre, sie bekämen ihre Prügel ganz unfigürlich, mit keinem geistigen, sondern mit einem wirklich materiellen Stocke, wie einst ihr Ahnherr Thersites ...

Ja, es war ein lehrreiches Beispiel, das du uns gabst, edler Sohn des Laërtes, königlicher Dulder Odysseus! Du, der Meister des Wortes, der in der Kunst des Sprechens alle Sterblichen übertrafest! Jedem wußtest du Rede zu stehen, und du sprachest ebenso gern wie siegreich – nur an einen klebrichten Thersites wolltest du kein Wort verlieren, einen solchen Wicht hieltest du keiner Gegenrede wert, und als er dich schmähte, hast du ihn schweigend geprügelt ...

---

*) Im Originalmanuskript findet sich nachstehender, später von Heine gestrichener Schluß dieses Satzes: „als ein windiger Wurm, der eine alte Jungfer geheiratet hat und bei dieser mitleiderregenden Gelegenheit von deinen eigenen Freunden und Sippen ein Almosen erkrochen. Oder du entdeckst, daß dein anonymer Antagonist jener klägliche Drohbettler etc."
Der Herausgeber.

Wenn mein Vetter in Lüneburg dies liest, erinnert er sich vielleicht unserer dortigen Spaziergänge, wo ich jedem Betteljungen, der uns ansprach, immer einen Groschen gab, mit der ernsthaften Vermahnung: „Lieber Bursche, wenn du dich etwa später auf Literatur legen und Kritiken für die Brockhausischen Literaturblätter schreiben solltest, so reiß mich nicht herunter!" Mein Vetter lachte damals, und ich selber wußte noch nicht, daß „der Groschen, den meine Mutter einer Bettlerin verweigert", auch in der Literatur so fatalistisch wirken konnte!

Ich habe oben der Brockhausischen Literaturblätter erwähnt. Diese sind die Höhlen, wo die unglücklichsten aller deutschen Skribler schmachten und ächzen; die hier hinabsteigen, verlieren ihren Namen und bekommen eine Nummer, wie die verurteilten Polen in den russischen Bergwerken, in den Bleiminen von Nowgorod; hier müssen sie, wie diese, die entsetzlichsten Arbeiten verrichten, z. B. Herrn von Raumer als großen Geschichtschreiber loben, oder Ludwig Tieck als Gelehrten anpreisen und als Mann von Charakter usw. ... Die meisten sterben davon und werden namenlos verscharrt als tote Nummer. Viele unter diesen Unglücklichen, vielleicht die meisten, sind ehemalige Teutomanen, und wenn sie auch keine altdeutschen Röcke mehr tragen, so tragen sie doch altdeutsche Unterhosen; – sie unterscheiden sich von den schwäbischen Gesinnungsgenossen durch einen gewissen märkischen Akzent und durch ein weit windigeres Wesen. Die Volkstümelei war von jeher in Norddeutschland mehr Affektation, wo nicht gar einstudierte Lüge, namentlich in Preußen, so sogar die Championen der Nationalität ihren slavischen Ursprung vergebens zu verleugnen suchten. Da lob' ich mir meine Schwaben, die meinen es wenigstens ehrlicher und dürfen mit größerem Rechte auf germanische Rassenreinheit pochen. Ihr jetziges Hauptorgan, die Cotta'sche „Dreimonatsrevue", ist beseelt von diesem Stolz, und ihr Redakteur, der Diplomat Kölle (ein geistreicher Mann, aber der größte Schwätzer dieser Erde, und der gewiß nie ein Staatsgeheimnis verschwiegen hat!), der Redakteur jener Revue ist der eingefleischteste Rassenmäkler, und sein drittes Wort ist immer germanische, romanische und semitische Race ... Sein größter Schmerz ist, daß der Champion des Germanentums, sein Liebling Wolfgang Menzel, alle Kennzeichen der mongolischen Abstammung im Gesichte trägt.

Ich finde es für nötig, hier zu bemerken, daß ich den langweilig breiten Schmähartikel, den jüngst die erwähnte Dreimonatsschrift gegen mich auskramte, keineswegs der bloßen Teutomanie, nicht einmal einem persönlichen Grolle, beimesse. Ich war lange der Meinung, als ob der Verfasser, ein gewisser G. Pf., durch jenen Artikel sein Freund Menzel rächen wolle. Aber ich muß der Wahrheit gemäß meinen Irrtum bekennen. Ich ward seitdem verschiedenseitig eines Besseren unterrichtet. „Freundschaft zwischen dem

Menzel und dem erwähnten G. Pf.", sagte mir unlängst ein ehrlicher Schwabe, „besteht nur darin, daß letzterer dem Menzel, der kein Französisch versteht, mit seiner Kenntnis dieser Sprache aushilft. Und was den Angriff gegen Sie betrifft, so ist das gar nicht so böse gemeint; der G. Pf. war früher der größte Enthusiast für Ihre Schriften, und wenn er jetzt so glühend gegen die Immoralität derselben eifert, so geschieht das, um sich das Ansehen von strenger Tugend zu geben und sich gegen den Verdacht der sokratischen Liebe, der auf ihm lastete, etwas zu decken."

Ich würde den Ausdruck „sokratische Liebe" gern umschrieben haben, aber es sind die eigenen Worte des Dr. D......r, der mir diese harmlose Konfidenz machte. Dr. D.....r, der gewiß nichts dagegen hätte, wenn ich seinen ganzen Namen mitteilte, ist ein Mann von ausgezeichnetem Geist und von einer Wahrheitsliebe, die sich in seinem ganzen Wesen ausspricht. Da er sich in diesem Augenblick zu London befindet, konnte ich ohne vorläufige Anfrage seinen Namen nicht ganz ausschreiben; er steht aber zu Dienst, so wie auch der ganze Name eines der achtungswertesten Pariser Gelehrten, des Pr. D.....g, in dessen Gegenwart mir dieselbe Mitteilung wiederholt ward. Für das Publikum aber ist es nützlich zu erfahren, welche Motive sich zuweilen unter dem bekannten „sittlich-religiös-patriotischen Bettlermantel" verbergen.

Ich habe mich nur scheinbar von meinem Gegenstande entfernt. Manche Angriffe gegen den seligen Börne finden durch obige Winke ihre teilweise Erklärung. Dasselbe ist der Fall in Beziehung auf sein Buch: „Menzel, der Franzosenfresser". Diese Schrift ist eine Verteidigung des Kosmopolitismus gegen den Nationalismus; aber in dieser Verteidigung sieht man, wie der Kosmopolitismus Börne's nur in seinem Kopfe saß, statt daß der Patriotismus tief in seinem Herzen wurzelte, während bei seinem Gegner der Patriotismus nur im Kopfe spukte und die kühlste Indifferenez im Herzen gähnte... Die listigen Worte, womit Menzel sein Deutschtum, wie ein Hausierjude seinen Plunder, anpreist, seine alten Tiraden von Hermann dem Cherusker, dem Korsen, dem gesunden Pflanzenschlaf, Martin Luther, Blücher, der Schlacht bei Leipzig, womit er den Stolz des deutschen Volkes kitzeln will, alle diese abgelebten Redensarten weiß Börne so zu beleuchten, daß ihre lächerliche Richtigkeit aufs ergötzlichste veranschaulicht wird; und dabei brechen aus seinem eignen Herzen die rührendsten Naturlaute der Vaterlandsliebe wie verschämte Geständnisse, die man in der letzten Stunde des Lebens nicht mehr zurückhalten kann, die wir mehr hervorschluchzen als aussprechen... Der Tod steht daneben und nickt als unabweisbarer Zeuge der Wahrheit!

Ja, er war nicht bloß ein guter Schriftsteller, sondern auch ein großer Patriot.

In Beziehung auf Börne's schriftstellerischen Wert muß ich hier auch seine Übersetzung der *Paroles d'un croyant* erwähnen, die er ebenfalls in seinem letzten Lebensjahre angefertigt, und die als ein Meisterstück des Stils zu betrachten ist. Daß er eben dieses Buch übersetzte, daß er sich überhaupt in die Ideenkreise Lamennaie's verlocken ließ, will ich jedoch nicht rühmen. Der Einfluß, den dieser Priester auf ihn ausübte, zeigte sich nicht bloß in der erwähnen Übersetzung der *Paroles d'un croyant,* sondern auch in verschiedenen französischen Aufsätzen, die Börne damals für den „Reformateur" und die „Balance" schrieb, in jenen merkwürdigen Urkunden seines Geistes, wo sich ein Verzagen, ein Verzweifeln an protestantischer Vernunftautorität gar bedenklich offenbart und das erkrankte Gemüt in katholische Anschauungen hinüber schmachtet ...

Es war vielleicht ein Glück für Börne, daß er starb ... Wenn nicht der Tod ihn rettete, vielleicht sähen wir ihn heute römisch-katholisch blamiert.

Wie ist das möglich? Börne wäre am Ende katholisch geworden? Er hätte in den Schoß der römischen Kirche sich geflüchtet und das leidende Haupt durch Orgelton und Glockenklang zu betäuben gesucht? Nun ja, er war auf dem Wege, dasselbe zu tun, was so manche ehrliche Leute schon getan, als der Ärger ihnen ins Hirn stieg und die Vernunft zu fliehen zwang, und die arme Vernunft ihnen beim Abschied nur noch den Rat gab: „Wenn ihr doch verrückt sein wollt, so werdet katholisch, und man wird euch wenigstens nicht einsperren wie andere Monomanen."

„Aus Ärger katholisch werden" – so lautet ein deutsches Sprichwort, dessen verflucht tiefe Bedeutung mir jetzt erst klar wird. – Ist doch der Katholizismus die schauerlich reizendste Blüte jener Doktrin der Verzweiflung, deren schnelle Verbreitung über die Erde nicht mehr als ein großes Wunder erscheint, wenn man bedenkt, in welchem grauenhaft peinlichen Zustand die ganze römische Welt schmachtete ... Wie der einzelne sich trostlos die Adern öffnete und im Tode ein Asyl suchte gegen die Tyrannei der Cäsaren: so stürzte sich die große Menge in die Asketik, in die Abtötungslehre, in die Martyrsucht, in den ganzen Selbstmord der nazarenischen Religion, um auf einmal die damalige Lebensqual von sich zu werfen und den Folterknechten des herrschenden Materialismus zu trotzen ...

Für Menschen, denen die Erde nichts mehr bietet, ward der Himmel erfunden ... Heil dieser Erfindung! Heil einer Religion, die dem leidenden Menschengeschlecht in den bittern Kelch einige süße, einschläfernde Tropfen goß, geistiges Opium, einige Tropfen Liebe, Hoffnung und Glauben!

Ludwig Börne war, wie ich bereits in der ersten Abteilung erwähnte, seiner Natur nach ein geborner Christ, und diese spiritualistische Richtung mußte in den Katholizismus überschnappen, als die verzweifelnden Republikaner, nach den schmerzlichsten Niederlagen sich mit der katholischen Partei verbanden. – Wie weit ist es Ernst mit dieser Verbindung? Ich kann's nicht sagen. Manche Republikaner mögen wirklich aus Ärger katholisch geworden sein. Die meisten jedoch verabscheuen im Herzen ihre neuen Alliierten, und es wird Komödie gespielt von beiden Seiten. Es gilt nur den gemeinschaftlichen Feind zu bekämpfen, und in der Tat, die Verbindung der beiden Fanatismen, des religiösen und des politischen, ist bedrohlich im höchsten Grade. Zuweilen aber geschieht es, daß die Menschen sich in ihrer Rolle verlieren und aus dem listigen Spiel ein plumper Ernst wird; und so mag wohl mancher Republikaner so lange mit den katholischen Symbolen geliebäugelt haben, bis er zuletzt daran wirklich glaubte; und mancher schlaue Pfaffe mag so lange die Marseillaise gesungen haben, bis sie sein Lieblingslied ward, und er nicht mehr Messe lesen kann, ohne in die Melodie dieses Schlachtgesanges zu verfallen.

Wir armen Deutschen, die wir leider keinen Spaß verstehen, wir haben das Fraternisieren des Republikanismus und des Katholizismus für baren Ernst genommen, und dieser Irrtum kann uns einst sehr teuer zu stehen kommen. Arme deutsche Republikaner, die ihr Satan bannen wollt durch Beelzebub, ihr werdet, wenn euch solcher Exorzismus gelänge, erst recht aus dem Feuerregen in die Flammentraufe geraten! Wie gar manche deutsche Patrioten, um protestantische Regierungen zu befehden, mit der katholischen Partei gemeinschaftliche Sache treiben, kann ich nicht begreifen. Man wird mir, dem die Preußen bekanntlich so viel Herzeleid bereiteten, man wird mir schwerlich eine blinde Sympathie für Borussia zuschreiben: ich darf daher freimütig gestehen, daß ich in dem Kampfe Preußens mit der katholischen Partei nur ersterem den Sieg wünsche ... Denn eine Niederlage würde hier notwendig zur Folge haben, daß einige deutsche Provinzen, die Rheinlande, für Deutschland verloren gingen. – Was kümmert es aber die frommen Leute in München, ob man am Rhein Deutsch oder Französisch spricht; für sie ist es hinreichend, daß man dort lateinisch die Messe singt. Pfaffen haben kein Vaterland, sie haben nur einen Vater, einen Papa, in Rom.

Daß aber der Abfall der Rheinlande, ihr Heimfall an das romanische Frankreich, eine ausgemachte Sache ist zwischen den Helden der katholischen Partei und ihren französischen Verbündeten, wird männiglich bekannt sein. Zu diesen Verbündeten gehört seit einiger Zeit auch ein gewisser ehemaliger Jakobiner, der jetzt eine Krone trägt und mit gewissen gekrönten Jesuiten in Deutschland unterhandelt ... Frommer Schacher! scheinheiliger Verrat am Vaterland!

Es versteht sich von selbst, daß unser armer Börne, der sich nicht bloß von den Schriften, sondern auch von der Persönlichkeit Lamennaie's ködern ließ und an den Umtrieben der römischen Freiwerber unbewußt teilnahm, es versteht sich von selbst, daß unser armer Börne nimmermehr die Gefahren ahne, die durch die

Verbündung der katholischen und republikanischen Partei unser Deutschland bedrohen. Er hatte hiervon auch nicht die mindeste Ahnung, er, dem die Integrität Deutschlands, ebensosehr wie dem Schreiber dieser Blätter, immer am Herzen lag. Ich muß ihm in dieser Beziehung das glänzendste Zeugnis erteilen. „Auch keinen deutschen Nachttopf würde ich an Frankreich abtreten", rief er einst im Eifer des Gesprächs, als jemand bemerkte, daß Frankreich, der natürliche Repräsentant der Revolution, durch den Wiederbesitz der Rheinlande gestärkt werden müsse, um dem aristokratisch-absolutistischen Europa desto sicherer widerstehen zu können.

„Keinen Nachttopf tret' ich ab", rief Börne, im Zimmer auf und ab stampfend, ganz zornig.

„Es versteht sich", bemerkte ein Dritter, „wir treten den Franzosen keinen Fußbreit Land vom deutschen Boden ab; aber wir sollten ihnen einige deutsche Landsleute abtreten, deren wir allenfalls entbehren können. Was dächten Sie, wenn wir den Franzosen z. B. den Raumer und den Rotteck abträten?"

„Nein, nein", rief Börne, aus dem höchsten Zorn in Lachen übergehend, „auch nicht einmal den Raumer oder den Rotteck trete ich ab, die Kollektion wäre nicht mehr komplett, ich will Deutschland ganze behalten, wie es ist, mit seinen Blumen und seinen Disteln, mit seinen Riesen und Zwergen ... nein, auch die beiden Nachttöpfe trete ich nicht ab!"

Ja, dieser Börne war ein großer Patriot, vielleicht der größte der aus Germania's stiefmütterlichen Brüsten das glühendste Leben und den bittersten Tod gesogen! In der Seele dieses Mannes jauchzte und blutete eine rührende Vaterlandsliebe, die ihrer Natur nach verschämt, wie jede Liebe, sich gern unter kurrenden Scheltworten und nergelndem Murrsinn versteckte, aber in unbewachter Stunde desto gewaltsamer hervorbrach. Wenn Deutschland allerlei Verkehrtheiten beging, die böse Folgen haben konnten, wenn es den Mut nicht hatte, eine heilsame Medizin einzunehmen, sich den Star stechen zu lassen oder sonst eine kleine Operation auszuhalten, dann tobte und schimpfte Ludwig Börne und stampfte und wetterte; – wenn aber das vorausgesehene Unglück wirklich eintrat, wenn man Deutschland mit Füßen trat oder so lange peitschte, bis Blut floß, dann schmollte Börne nicht länger, und er fing an zu flennen, der arme Narr, der er war, und schluchzend behauptete er alsdann, Deutschland sei das beste Land der Welt und das schönste Land, und die Deutschen seien das schönste und edelste Volk, eine wahre Perle von Volk, und nirgends sei man klüger als in Deutschland, und sogar die Narren seien dort gescheit, und die Flegelei sei eigentlich Gemüt, und er sehnte sich ordentlich nach den geliebten Rippenstößen der Heimat, und er hatte manchmal ein Gelüste nach einer recht saftigen deutschen Dummheit, wie eine schwangere Frau nach einer Birne. Auch wurde für ihn die Entfernung vom Vaterlande eine wahre

Marter, und manches böse Wort in seinen Schriften hat diese Qual hervorgepreßt. Wer das Exil nicht kennt, begreift nicht, wie grell es unsere Schmerzen färbt, und wie es Nacht und Gift in unsere Gedanken gießt. Dante schrieb seine Hölle im Exil. Nur wer im Exil gelebt hat, weiß auch, was Vaterlandsliebe ist, Vaterlandsliebe mit all' ihren süßen Schrecken und sehnsüchtigen Kümmernissen! Zum Glück für unsere Patrioten, die in Frankreich leben müssen, bietet dieses Land so viele Ähnlichkeit mit Deutschland; fast dasselbe Klima, dieselbe Vegetation, dieselbe Lebensweise. „Wie furchtbar muß das Exil sein, wo diese Ähnlichkeit fehlt", bemerkte mir einst Börne, als wir im Jardin-des-Plantes spazieren gingen, „wie schrecklich, wenn man um sich her nur Palmen und tropische Gewächse sähe und ganz wildfremde Tierarten, wie Kängurus und Zebras ... Zu unserem Glücke sind die Blumen in Frankreich ganz so wie bei uns zu Hause, die Veilchen und Rosen sehen ganz wie deutsche aus, auch die Ochsen und Kühe, und die Esel sind geduldig und nicht gestreift, ganz wie bei uns, und die Vögel sind gefiedert und singen in Frankreich ganz so wie in Deutschland, und wenn ich gar hier in Paris die Hunde herumlaufen sehe, kann ich mich ganz wieder über den Rhein zurückdenken, und mein Herz ruft mir zu: Das sind ja unsre deutschen Hunde!"

Ein gewisser Blödsinn hat lange Zeit in Börne's Schriften jene Vaterlandsliebe ganz verkannt. Über diesen Blödsinn konnte er sehr mitleidig die Achseln zucken, und über die keuchenden alten Weiber, welche Holz zu seinem Scheiterhaufen herbeischleppten, konnte er mit Seelenruhe ein *Sancta simplicitas!* ausrufen. Aber wenn jesuitische Böswilligkeit einen Patriotismus zu verdächtigen suchte, geriet er in einen vernichtenden Grimm. Seine Entrüstung kennt alsdann keine Rücksicht mehr, und wie ein beleidigter Titane schleudert er die tödlichsten Quadersteine auf die züngelnden Schlange, die zu seinen Füßen kriechen. Hier ist er in seinem vollen Rechte, hier lodert am edelsten sein Manneszorn. Wie merkwürdig ist folgende Stelle in den Pariser Briefen, die gegen Jarke gerichtet ist, der sich unter den Gegnern Börne's durch zwei Eigenschaften, nämlich Geist und Anstand, einigermaßen auszeichnet:

„Dieser Jarke ist ein merkwürdiger Mensch. Man hat ihn von Berlin nach Wien berufen, wo er die halbe Besoldung von Gentz bekömmt. Aber er verdiente nicht deren hundertsten Teil, oder er verdiente eine hundertmal größere – es kömmt nur darauf an, was man dem Gentz bezahlen wollte, das Gute oder Schlechte an ihm. Diesen katholisch und toll gewordenen Jarke liebe ich ungemein, denn er dient mir, wie gewiß auch vielen andern, zum nützlichen Spiele und zum angenehmen Zeitvertreibe. Er gibt seit einem Jahre ein politisches Wochenblatt heraus. Das ist eine unterhaltende *Camera obscura;* darin gehen alle Neigungen und Abneigungen, Wünsche und Verwünschungen, Hoffnungen und Befürchtungen,

Freuden und Leiden, Ängste und Tollkühnheiten und alle Zwecke und Mittelchen der Monarchisten und Aristokraten mit ihren Schatten hintereinander vorüber. Der gefällige Jarke! Er verrät alles, er warnt alle. Die verborgensten Geheimnisse der großen Welt schreibt er auf die Wand meines kleinen Zimmers. Ich erfahre von ihm und erzähle jetzt Ihnen, was sie mit uns vorhaben. Sie wollen nicht allein die Früchte und Blüten und Blätter und Zweige und Stämme der Revolution zerstören sondern auch ihre Wurzeln, ihre tiefsten, ausgebreitetsten, festesten Wurzeln, und bliebe die halbe Erde daran hängen. Der Hofgärtner Jarke geht mit Messer und Schaufel und Beil umher, von einem Felde, von einem Lande in das andere, von einem Volke zum andern. Nachdem er alle Revolutionswurzeln ausgerottet und verbrannt, nachdem er die Gegenwart zerstört hat, geht er zur Vergangenheit zurück. Nachdem er der Revolution den Kopf abgeschlagen und die unglückliche Delinquentin ausgelitten hat, verbietet er ihrer längstverstorbenen, längstverwesten Großmutter das Heiraten; er macht die Vergangenheit zur Tochter der Gegenwart. Ist das nicht toll? Diesen Sommer eiferte er gegen das Fest von Hambach. Das unschuldige Fest! Der gute Hammel! Der Wolf von Bundestag, der oben am Flusse soff, warf dem Schafe von deutschem Volke, das weiter unten trank, vor: es trübe ihm das Wasser, und er müsse es auffressen. Herr Jarke ist Zunge des Wolfes. Dann rottet er die Revolution in Baden, Rheinbayern, Hessen, Sachsen aus; dann die englische Reformbill; dann die polnische, die belgische, die französische Juliusrevolution. Dann verteidigt er die göttlichen Rechte des Don Miguel. So geht er immer weiter zurück. Vor vier Wochen zerstörte er den Lafayette, nicht den Lafayette der Julirevolution, sondern den Lafayette vor fünfzig Jahren, der für die amerikanische und die erste französische Revolution kämpft. Jarke auf den Stiefeln Lafayette's herumkriechen! Es war mir, als sähe ich einen Hund an dem Fuße der größten Pyramide scharren, mit dem Gedanken, sie umzuwerfen! Immer zurück! Vor vierzehn Tagen setzte er seine Schaufel an die hundertundfünfzigjährige englische Revolution, die von 1688. Bald kömmt die Reihe an den älteren Brutus, der die Tarquinier verjagt, und so wird Herr Jarke endlich zum lieben Gotte selbst kommen, der die Unvorsichtigkeit begangen, Adam und Eva zu erschaffen, ehe er noch für eine König gesorgt hatte, wodurch sich die Menschheit in den Kopf gesetzt, sie könne auch ohne Fürsten besehen. Herr Jarke sollte aber nicht vergessen, daß, sobald er mit Gott fertig geworden, man ihn in Wien nicht mehr braucht. Und dann Adieu Hofrat, Adieu Besoldung. Er wird wohl den Verstand haben, diese eine Wurzel des Hambacher Festes stehen zu lassen.

„Das ist der nämliche Jarke, von dem ich in einem früheren Briefe Ihnen etwas mitzuteilen versprochen, was er über mich geäußert. Nicht über mich allein, es betraf auch wohl andere; aber an mich gedachte er gewiß am meisten dabei. Im letzten Sommer schrieb er im politischen Wochenblatte einen Aufsatz: „Deutschland und die Revolution." Darin kommt folgende Stelle vor. Ob die artige Bosheit oder die großartige Dummheit mehr zu bewundern sei, ist schwer zu entscheiden.

Die Stelle aus Jarke's Artikel lautet folgendermaßen:

„Übrigens ist es vollkommen richtig, daß jene Grundsätze, wie wir sie oben geschildert, niemals schaffend ins wirkliche Leben treten, daß Deutschland niemals in eine Republik nach dem Zuschnitte der heutigen Volksverführer umgewandelt, daß jene Freiheit und Gleichheit selbst durch die Gewalt des Schreckens niemals durchgesetzt werden könne; ja, es ist zweifelhaft, ob die frechsten Führer der schlechten Richtung nicht selbst bloß ein grausenhaftes Spiel mit Deutschlands höchsten Gütern spielen, ob sie nicht selbst am besten wissen, daß dieser Weg ohne Rettung zum Verderben führt, und bloß deshalb mit kluger Berechnung das Werk der Verführung treiben, um in einem großen welthistorischen Akte Rache zu nehmen für den Druck und die Schmach, den das Volk, dem sie ihrem Ursprung nach angehören, Jahrhunderte lang von dem unsrigen erduldet." –

„O, Herr Jarke, das ist zu arg! Und als Sie dieses schrieben, waren Sie noch nicht österreichischer Rat, sondern nichts weiter als das preußische Gegenteil – wie werden Sie nicht erst rasen, wenn Sie in der Wiener Staatskanzlei sitzen? Daß Sie uns die Ruchlosigkeit vorwerfen, wir wollten das deutsche Volk unglücklich machen, weil es uns selbst unglücklich gemacht – das verzeihen wir dem Kriminalisten und seiner schönen Imputations-Theorie. Daß Sie uns die Klugheit zutrauen, unter dem Scheine der Liebe unsere Feinde zu verderben – dafür müssen wir uns bei dem Jesuiten bedanken, der uns dadurch zu loben glaubte. Aber daß Sie uns für so dumm halten, wir würden eine Taube in der Hand für eine Lerche auf dem Dache fliegen lassen – dafür müssen Sie uns Rede stehen, Herr Jarke. Wie! wenn wir das deutsche Volk haßten, würden wir mit aller unserer Kraft dafür streiten, es von der schmachvollsten Erniedrigung, in der es versunken, es von der bleiernen Tyrannei, die auf ihm lastet, es von dem Übermute seiner Aristokraten, dem Hochmute seiner Fürsten, von dem Spotte aller Hofnarren, den Verleumdungen aller gedungenen Schriftsteller befreien zu helfen, um es den kleinen, bald vorübergehenden und so ehrenvollen Gefahren der Freiheit Preis zu geben? Haßten wir die Deutschen, dann schrieben wir wie Sie, Herr Jarke. Aber bezahlen ließen wir uns nicht dafür; denn auch noch die sündevolle Rache hat etwas, das entheiligt werden kann."*)

---

*) Hier folgte im Originalmanuskript ein später von Heine getilgtes Zitat aus dem „Franzosenfresser" (Börne's sämtl. Werke Bd. VI, S. 396–408), einge-

Die Verdächtigung seines Patriotismus erregte bei Börne, in der angeführten Stelle, eine Mißlaune, die der bloße Vowurf jüdischer Abstammung niemals in ihm hervorzurufen vermochte. Es amüsierte ihn sogar, wenn die Feinde, bei der Fleckenlosigkeit seines Wandels, ihm nichts Schlimmeres nachzusagen wußten, als daß er der Sprößling eines Stammes, der einst die Welt mit seinem Ruhme erfüllte und trotz aller Herabwürdigung noch immer die uralt heilige Weihe nicht ganz eingebüßt hat. Er rühmte sich sogar oft dieses Ursprungs, freilich in seiner humoristischen Weise, und den Mirabeau parodierend, sagte er einst zu einem Franzosen: *„Jésus Christ – qui en parenthèse était mon cousin – a prêché l'égalité usw."* In der Tat, die Juden sind aus jenem Teige, woraus man Götter knetet; tritt man sie heute mit Füßen, fällt man morgen vor ihnen auf die Kniee; während die einen sich im schäbigsten Kote des Schachers herumwühlen, ersteigen die anderen den höchsten Gipfel der Menschheit, und Golgotha ist nicht der einzige Berg, wo ein jüdischer Gott für das Heil der Welt beblutet. Die Juden sind das Volk des Geistes, und jedesmal, wenn sie zu ihrem Prinzip zurückkehren, sind sie groß und herrlich, und beschämen und überwinden ihre plumpen Dränger. Der tiefsinnige Rosenkranz vergleicht sie mit dem Riesen Antäus, nur daß dieser jedesmal erstarkte, wenn er die Erde berührte, jene aber, die Juden, neue Kräfte gewinnen, sobald sie wieder mit dem Himmel in Berührung kommen. Merkwürdige Erscheinung der grellsten Extreme! während unter diesen Menschen alle möglichen Fratzenbilder der Gemeinheit gefunden werden, findet man unter ihnen auch die Ideale des reinsten Menschentums, und wie sie einst die Welt in neue Bahnen des Fortschrittes geleitet, so hat die Welt vielleicht noch weiter Intuitionen von ihnen zu erwarten ...

„Die Natur", sagte mir einst Hegel, „ist sehr wunderlich; dieselben Werkzeuge, die sie zu den erhabensten Zwecken gebraucht, benutzt sie auch zu den niedrigsten Verrichtungen, z. B. jenes Glied, welchen die höchste Mission, die Fortpflanzung der Menschheit, anvertraut ist, dient auch zum – – –"

Diejenigen, welche über die Dunkelheit Hegel's klagen, werden ihn hier verstehen, und wenn er auch obige Worte nicht eben in Beziehung auf Israel aussprach, so lassen sie sich doch darauf anwenden.

Wie dem auch sei, es ist leicht möglich, daß die Sendung dieses

---

leitet durch nachstehende Worte: „Ich kann nicht umhin, eine Parallelstelle aus dem „Franzosenfresser" hier anzuführen, wo Börne in derselben Weise die matte Kleinlist, die geistige Dürftigkeit eines Raumer's beleuchtet. Der ehrliche Menzel hatte diese Vettel in seinem „Literaturblatte" weidlich herausgestrichen, und Börne macht hierüber folgende Bemerkungen:
„Und wie sie sich untereinander kennen etc. – uns als Patrioten zu meiden."
Der Herausgeber.

Stammes noch nicht ganz erfüllt, und namentlich mag dieses in Beziehung auf Deutschland der Fall sein. Auch letzteres erwartet einen Befreier, einen irdischen Messias – mit einem himmlischen haben uns die Juden schon gesegnet – einen König der Erde, einen Retter mit Zepter und Schwert, und dieser deutsche Befreier ist vielleicht derselbe, dessen auch Israel harret ...

O teurer, sehnsüchtig erwarteter Messias!

Wo ist er jetzt, wo weilt er? Ist er noch ungeboren, oder liegt er schon seit einem Jahrtausend irgendwo versteckt, erwartend die große rechte Stunde der Erlösung? Ist es der alte Barbarossa, der im Kyffhäuser schlummernd sitzt auf dem steinernen Stuhle und schon so lange schläft, daß sein weißer Bart durch den steinernen Tisch durchgewachsen? ... nur manchmal schlaftrunken schüttelt er das Haupt und blinzelt mit den halbgeschlossenen Augen, greift auch wohl träumend nach dem Schwert ... und nickt wieder ein in den schweren Jahrtausendschlaf!

Nein, es ist nicht der Kaiser Rotbart, welcher Deutschland befreien wird, wie das Volk glaubt, das deutsche Volk, das schlummersüchtige, träumende Volk, welches sich auch seinen Messias nur in der Gestalt eines alten Schläfers denken kann!

Da machen doch die Juden sich eine weit bessere Vorstellung von ihrem Messias, und vor vielen Jahren, als ich in Polen war und mit dem großen Rabbi Manasse ben Naphtali zu Krakau verkehrte, horchte ich immer mit freudig offenem Herzen, wenn er von dem Messias sprach ... Ich weiß nicht mehr, in welchem Buche des Talmuds die Details zu lesen sind, die mir der große Rabbi ganz treu mitteilte, und überhaupt nur in den Grundzügen schwebt mir seine Beschreibung des Messias noch im Gedächtnisse. Der Messias, sagte er mir, sei an dem Tage geboren, wo Jerusalem durch den Bösewicht, Titus Vespasian, zerstört worden, und seitdem wohne er ihm schönsten Palaste des Himmels, umgeben von Glanz und Freude, auch eine Krone auf dem Haupte tragend, ganz wie ein König ... aber seine Hände seien gefesselt mit goldenen Ketten!

„Was", frug ich verwundert, „was bedeuten diese goldenen Ketten?"

„Die sind notwendig", erwiderte der große Rabbi mit einem schlauen Blick und einem tiefen Seufzer, „ohne diese Fessel würde der Messias, wenn er manchmal die Geduld verliert, plötzlich herabeilen und zu frühe, zur unrechten Stunde, das Erlösungswerk unternehmen. Er ist eben keine ruhige Schlafmütze. Er ist ein schöner, sehr schlanker, aber doch ungeheuer kräftiger Mann; blühend wie die Jugend. Das Leben, das er führt, ist übrigens sehr einförmig. Den größten Teil des Morgens verbringt er mit den üblichen Gebeten oder lacht und scherzt mit seinen Dienern, welche verkleidete Engel sind und hübsch singen und die Flöte blasen. Dann läßt er sein langes Haupthaar kämmen, und man salbt ihn mit Narden und bekleidet ihn mit seinem fürstlichen Purpurgewande. Den ganzen Nachmittag studiert er die Kabbala. Gegen Abend läßt er seinen alten Kanzler kommen, der ein verkleideter Engel ist, ebenso wie die vier starken Staatsräte, die ihn begleiten, verkleidete Engel sind. Aus einem großen Buche muß alsdann der Kanzler seinem Herren vorlesen, was jeden Tag passierte ... Da kommen allerlei Geschichten vor, worüber der Messias vergnügt lächelt, oder auch mißmütig den Kopf schüttelt ... Wenn er aber hörte, wie man unten sein Volk mißhandelt, dann gerät er in den furchtbarsten Zorn und heult, daß die Himmel erzittern ... Die vier starken Staatsräte müssen dann den Ergrimmten zurückhalten, daß er nicht herabeile auf die Erde, und sie würden ihn wahrlich nicht bewältigen, wären seine Hände nicht gefesselt mit den goldenen Ketten ... Man beschwichtigt ihn auch mit sanften Reden, daß jetzt die Zeit noch nicht gekommen sei, die rechte Rettungsstunde, und er sinkt am Ende aufs Lager und verhüllt sein Antlitz und weint ..."

So ungefähr berichtete mir Manasse ben Naphtali zu Krakau, seine Glaubwürdigkeit mit Hinweisung auf den Talmud verbürgend. Ich habe oft an seine Erzählungen denken müssen, besonders in den jüngsten Zeiten, nach der Juliusrevolution. Ja, in schlimmen Tagen glaubte ich manchmal mit eigenen Ohren ein Gerassel zu hören wie von goldenen Ketten, und dann ein verzweifelndes Schluchzen ...

O verzage nicht, schönes Messias, der du nicht bloß Israel erlösen willst, wie die abergläubischen Juden sich einbilden, sondern die ganze leidende Menschheit! O, zerreißt nicht, ihr goldenen Ketten! O, haltet ihn noch einige Zeit gefesselt, daß er nicht zu frühe komme, der rettende König der Welt.

Fünftes Buch

„– – – Die politischen Verhältnisse jener Zeit (1799) haben eine gar betrübende Ähnlichkeit mit den neuesten Zuständen in Deutschland; nur daß damals der Freiheitssinn mehr unter Gelehrten, Dichtern und sonstigen Literaten blühte, heutigen Tags aber unter diesen viel minder, sondern weit mehr in der großen aktiven Masse, unter Handwerkern und Gewerbsleuten, sich ausspricht. Während zur Zeit der ersten Revolution die bleiern deutscheste Schlafsucht auf dem Volke lastete und gleichsam eine brutale Ruhe in ganze Germanien herrschte, offenbarte sich in unserer Schriftwelt das wildeste Gähren und Wallen. Der einsamste Autor, der in irgendeinem abgelegenen Winkelchen Deutschlands lebte, nahm teil an dieser Bewegung; fast sympathetisch, ohne von den politischen Vorgängen genau unterrichtet zu sein, fühlte er ihre soziale Bedeutung und sprach sie aus in seinen Schriften. Dieses Phänomen mahnt mich an die großen Seemuscheln, welche wir zuweilen als Zierat auf unsere Kamine stellen, und die, wenn sie auch noch so weit vom Meere entfernt sind, dennoch plötzlich zu rauschen beginnen, sobald dort die Flutzeit eintritt und die Wellen gegen die Küste heranbrechen. Als hier in Paris, in dem großen Menschen-Ozean, die Revolution losflutete, als es hier brandete und stürmte, da rauschten und brausten jenseits des Rheins die deutschen Herzen ... Aber sie waren so isoliert, sie standen unter lauter fühllosem Porzellan, Teetassen und Kaffeekannen und chinesischen Pagoden, die mechanisch mit dem Kopfe nickten, als wüßten sie, wovon die Rede sei. Ach! unsere armen Vorgänger in Deutschland mußten für jene Revolutionssympathie sehr arg büßen. Junker und Pfäffchen übten an ihnen ihre plumpsten und gemeinsten Tücken. Einige von ihnen flüchteten nach Paris und sind hier in Armut und Elend verkommen und verschollen. Ich habe jüngst einen blinden Landsmann gesehen, der noch seit jener Zeit in Paris ist; ich sah ihn im Palais Royal, wo er sich ein bißchen an der Sonne gewärmt hatte. Es war schmerzlich anzusehen, wie er blaß und mager war und sich seinen Weg an den Häusern weiterfühlte. Man sagte mir, es sei der alte dänische Dichter Heiberg. Auch die Dachstube habe ich jüngst gesehen, wo der Bürger Georg Forster gestorben. Den Freiheitsfreunden, die in Deutschland blieben, wäre es aber noch weit schlimmer ergangen, wenn nicht bald Napoleon und seine Franzosen uns besiegt hätten. Napoleon hat gewiß nie geahnt, daß er selber der Retter der Ideologie gewesen. Ohne ihn wären unsere Philosophen mitsamt ihren Ideen durch Galgen und Rad ausgerottet worden. Die deutschen Freiheitsfreunde jedoch, zu republikanisch gesinnt, um dem Napoleon zu huldigen, auch zu großmütig, um sich der Fremdherrschaft anzuschließen, hüllten sich seitdem in ein tiefes Schweigen. Sie gingen traurig herum mit gebrochenen Herzen, mit verschlossenen Lippen. Als Napoleon fiel, da lächelten sie, aber wehmütig, und schwiegen; sie nahmen fast gar keinen Teil an dem patriotischen Enthusiasmus, der damals mit allerhöchster Bewilligung in Deutschland emporjubelte. Sie wußten, was sie wußten, und schwiegen. Da diese Republikaner eine sehr keusche, einfache Lebensart führen, so werden sie gewöhnlich sehr alt, und als die Juliusrevolution ausbrach, waren noch viele von ihnen am Leben, und nicht wenig wunderten wir uns, als die alten Käuze, die wir sonst immer so gebeugt und fast blödsinnig schweigend umherwandeln gesehen, jetzt plötzlich das Haupt erhoben, und uns Jungen freundlich entgegen lachten und die Hände drückten, und lustige Geschichten erzählten. Einen von ihnen hörte ich sogar singen; denn im Kaffeehause sang er uns die Marseiller Hymne vor, und wir lernten da die Melodie und die schönen Worte, und es dauerte nicht lange, so sangen wir sie besser als der Alte selbst; denn der hat manchmal in der besten Strophe wie ein Narr gelacht oder geweint wie ein Kind. Es ist immer gut, wenn so alte Leute leben bleiben, um den Jungen die Lieder zu lehren. Wir Jungen werden sie nicht vergessen, und einige von uns werden sie einst jenen Enkeln einstudieren, die jetzt noch nicht geboren sind. Viele von uns aber werden unterdessen verfault sein, daheim im Gefängnisse, oder auf einer Dachstube in der Fremde – – –"

Obige Stelle, aus meinem Buche „*De l'Allemagne*" (sie fehlt in der deutschen Ausgabe)*) schrieb ich vor etwa sechs Jahren, und indem ich sie heute wieder überlese, lagern sich über meine Seele, wie feuchte Schatten, alle jene trostlosen Betrübnisse, wovon mich damals nur die ersten Ahnungen anwehten. Es rieselt mir wie Eiswasser durch die glühendsten Empfindungen, und mein Leben ist nur ein schmerzliches Erstarren. O, kalte Winterhölle, worin wir zähneklappernd leben! ... Tod, weißer Schneemann im unendlichen Nebel, was nickst du so verhöhnend! ...

Glücklich sind die, welche in den Kerkern der Heimat ruhig hinmodern ... denn diese Kerker sind eine Heimat mit eisernen Stangen, und deutsche Luft weht hindurch, und der Schlüsselmeister, wenn er nicht ganz stumm ist, spricht er die deutsche Sprache!

---

*) In der vorliegenden Gesamtausgabe der Heine'schen Werke ist obige Stelle gehörigen Orts eingeschaltet worden. **Der Herausgeber.**

... Es sind heute über sechs Monde, daß kein deutscher Laut an mein Ohr klang, und alles, was ich dichte und trachte, kleidet sich mühsam in ausländische Redensarten ... Ihr habt vielleicht einen Begriff vom leiblichen Exil, jedoch vom geistigen Exil kann nur ein deutscher Dichter sich eine Vorstellung machen, der sich gezwungen sähe, den ganzen Tag französisch zu sprechen, zu schreiben, zu seufzen! Auch meine Gedanken sind exiliert, exiliert in eine fremde Sprache.

Glücklich sind die, welche in der Fremde nur mit der Armut zu kämpfen haben, mit Hunger und Kälte, lauter natürlichen Übeln .. . Durch die Luken ihrer Dachstuben lacht ihnen der Himmel und alle seine Sterne .. O goldenes Elend, mit weißen Glacéhandschuhen, wie bist du unendlich qualsamer! .. Das verzweifelnde Haupt muß sich frisieren lassen, wo nicht gar parfümieren, und die zürnenden Lippen, welche Himmel und Erde verfluchen möchten, müssen lächeln, und immer lächeln ...

Glücklich sind die, welche über das große Leid am Ende ihr letztes bißchen Verstand verloren und ein sicheres Unterkommen gefunden in Charenton oder in Bicètre, wie der arme F***, wie der arme B***, wie der arme L*** und so manche andere, die ich weniger kannte ... Die Zelle ihres Wahnsinns dünkt ihnen eine geliebte Heimat, und in der Zwangsjacke dünken sie sich Sieger über allen Despotismus, dünken sie sich stolze Bürger eines freien Staates ... Aber das alles hätten sie zu Hause ebensogut haben können!

Nur der Übergang von der Vernunft zur Tollheit ist ein verdrießlicher Moment und gräßlich ... Mich schaudert, wenn ich daran denke, wie der F*** zum letzten Male zu mir kam, um ernsthaft mit mir zu verhandeln, daß man auch die Mondmenschen und die entferntesten Sternebewohner in den großen Völkerbund aufnehmen müsse. Aber wie soll man unsere Vorschläge ankündigen? Das war die große Frage. Ein anderer Patriot hatte in ähnlicher Absicht eine Art kolossaler Spiegel gedacht, womit man Proklamationen mit Riesenbuchstaben in der Luft abspiegelt, so daß die ganze Menschheit sie auf einmal lesen könnte, ohne daß Zensor und Polizei es zu verhindern vermöchten ... Welches staatsgefährliche Projekt! Und doch geschieht dessen keine Erwähnung in dem Bundestagsberichte über die revolutionäre Propaganda!

Am glücklichsten sind wohl die Toten, die im Grabe liegen, auf dem Père-Lachaise, wie du, armer Börne!

Ja, glücklich sind diejenigen, welche in den Kerkern der Heimat, glücklich die, welche in den Dachstuben des körperlichen Elends, glücklich die Verrückten im Tollhaus, am glücklichsten die Toten! Was mich betrifft, den Schreiber dieser Blätter, ich glaube mich am Ende gar nicht so sehr beklagen zu dürfen, da ich des Glückes aller dieser Leute gewissermaßen teilhaft werde durch jene wunderliche Empfänglichkeit, jene unwillkürliche Mitempfindung, jene Gemütskrankheit, die wir bei den Poeten finden und mit keinem rechten Namen zu bezeichnen wissen. Wenn ich auch am Tage wohlbeleibt und lachend dahinwandle durch die funkelnden Gassen Babylon's, glaubt mir`s! sobald der Abend herabsinkt, erklingen die melancholischen Harfen in meinem Herzen, und gar des Nachts erschmettern darin alle Pauken und Cymbeln des Schmerzes, die ganze Janitscharenmusik der Weltqual, und es steigt empor der entsetzlich gellende Mummenschanz ...

O welche Träume! Träume des Kerkers, des Elends, des Wahnsinns, des Todes! Ein schrillendes Gemisch von Unsinn und Weisheit, eine bunte vergiftete Suppe, die nach Sauerkraut schmeckt und nach Orangenblüten riecht! Welch ein grauenhaftes Gefühl, wenn die nächtlichen Träume das Treiben des Tages verhöhnen, und aus den flammenden Mohnblumen die ironischen Larven hervorgucken und Rübchen schaben, und die stolzen Lorbeerbäume sich in graue Disteln verwandeln, und die Nachtigallen ein Spottgelächter erheben ...

Gewöhnlich in meinen Träumen sitze ich auf einem Ecksein der Rue Laffitte, an einem feuchten Herbstabend, wenn der Mond auf das schmutzige Boulevardpflaster herabstrahlt mit langen Streiflichtern, so daß der Kot vergoldet scheint, wo nicht gar mit blitzenden Diamanten übersäet ... Die vorübergehenden Menschen sind ebenfalls nur glänzender Kot: Stockjobbers, Spieler, wohlfeile Skribenten, Falschmünzer des Gedankens, noch wohlfeilere Dirnen, die freilich nur mit dem Leibe zu lügen brauchen, satte Faulbäuche, die im Café de Paris gefüttert worden und jetzt nach der Academie de Musique hinstürzen, nach der Kathedrale des Lasters, wo Fanny Elsler tanzt und lächelt ... Dazwischen rasseln auch die Karossen und springen die Lakeien, die bunt wie Tulpen und gemein wie ihre gnädige Herrschaft ... Und wenn ich nicht irre, in einer jener frechen goldnen Kutschen sitzt der ehemalige Zigarrenhändler Aguado, und seine stampfenden Rosse bespritzen von oben bis unten meine rosaroten Trikotkleider .. Ja, zu meiner eigenen Verwunderung bin ich ganz in rosaroten Trikot gekleidet, in ein sogenanntes fleischfarbiges Gewand, da die vorgerückte Jahrzeit und auch das Klima keine völlige Nacktheit erlaubt, wie in Griechenland, bei den Thermophylen, wo der König Leonidas mit seinen dreihundert Spartanern am Vorabend der Schlacht ganz nackt tanzte, ganz nackt, das Haupt mit Blumen bekränzt ... Eben wie Leonidas auf dem Gemälde von David bin ich kostümiert, wenn ich in meinen Träumen auf dem Eckstein sitze an der Rue Laffitte, wo der verdammte Kutscher von Aguado mir meine Trikothosen bespritzt ... Der Lump, er bespritzt mir sogar den Blumenkranz, den schönen Blumenkranz, den ich auf meinem Haupt trage, der aber, unter uns gesagt, schon ziemlich trocken und nicht mehr duftet ... Ach! es waren frische, freudige Blumen, als ich mich einst damit schmückte, in der Meinung, den andern Morgen ginge es zur Schlacht, zum heiligen Todessieg für das Vaterland – – – Das ist nun lange her, mürrisch und müßig sitze ich an der Rue Laffitte und harre des Kampfes, und unterdessen welken die Blumen auf meinem Haupte, und auch meine Haare färben sich weiß, und mein Herz erkrankt mir in der Brust ... Heiliger Gott! was wird einem die Zeit so lange bei solchem tatlosen Harren, und am Ende stirbt mir noch der Mut ... Ich sehe, wie die Leute vorbeigehen, mich mitleidig anschauen und einander zuflüstern: „Der arme Narr!"

Wie die Nachtträume meine Tagesgedanken verhöhnen, so geschieht es auch zuweilen, daß die Gedanken des Tages über die unsinnigen Nachtträume sich lustig machen, und mit Recht, denn ich handle im Traume oft wie ein wahrer Dummkopf. Jüngst träumte mir, ich machte eine große Reise durch ganz Europa, nur daß ich mich dabei keines Wagens mit Pferden, sondern eines gar prächtigen Schiffes bediente. Das ging gut, wenn ein Fluß oder ein See sich auf meinem Wege befand. Solches war aber der seltenere Fall, und gewöhnlich mußte ich über festes Land, was für mich sehr unbequem, da ich alsdann mein Schiff über weite Ebenen, Waldstege, Moorgründe, und sogar über sehr hohe Berge fortschleppen mußte, bis ich wieder an einen Fluß oder See kam, wo ich gemächlich segeln konnte. Gewöhnlich aber, wie gesagt, mußte ich mein Fahrzeug selber fortschleppen, was mir sehr viel Zeitverlust und nicht geringe Anstrengung kostete, so daß ich am Ende vor Überdruß und Müdigkeit erwachte. Nun aber, des Morgens beim ruhigen Kaffee, machte ich die richtige Bemerkung, daß ich weit schneller und bequemer gereist wäre, wenn ich gar kein Schiff besessen hätte und wie ein gewöhnlicher armer Teufel immer zu Fuß gegangen wäre.

Am Ende kommt es auf eins heraus, wie wir die große Reise gemacht haben, ob zu Fuß oder zu Pferd oder zu Schiff ... Wir gelangen am Ende alle in dieselbe Herberge, in dieselbe schlechte Schenke, wo man die Türe mit einer Schaufel aufmacht, wo die Stube so eng, so kalt, so dunkel, wo man aber gut schläft, fast gar zu gut ...

Ob wir einst auferstehen? Sonderbar! meine Tagesgedanken verneinen diese Frage, und aus reinem Widerspruchsgeiste wird sie von meinen Nachtträumen bejaht. So z.B. träumte mir unlängst, ich sei in der ersten Morgenfrühe nach dem Kirchhof gegangen, und dort, zu meiner höchsten Verwunderung, sah ich, wie bei jedem Grabe ein Paar blankgewichster Stiefel stand, ungefähr wie in den Wirtshäusern vor den Stuben der Reisenden ... Das war ein wunderlicher Anblick, es herrschte eine sanfte Stille auf dem ganzen Kirchhof, die müden Erdenpilger schliefen, Grab neben Grab, und die blankgewichsten Stiefel, die dort in langen Reihen standen, glänzten im frischen Morgenlicht, so hoffnungsreich, so verheißungsvoll wie ein sonnenklarer Beweis der Auferstehung. – –

Ich vermag den Ort nicht genau zu bezeichnen, wo auf dem Père-Lachaise sich Börne's Grab befindet. Ich bemerke dieses ausdrücklich. Denn während er lebte, ward ich nicht selten von reisenden Deutschen besucht, die mich fragen, wo Börne wohne, und jetzt werde ich sehr oft mit der Frage behelligt: wo Börne begraben läge? Soviel man mir sagt, liegt er unten auf der rechten Seite des Kirchhofs, unter lauter Generälen aus der Kaiserzeit und Schauspielerinnen des Theatre-Français ... unter toten Adlern und toten Papageien.

In der „Zeitung für elegante Welt" las ich jüngst, daß das Kreuz auf dem Grabe Börne's vom Sturme niedergebrochen worden. Ein jüngerer Poet besang diesen Umstand in einem schönen Gedichte, wie denn überhaupt Börne, der im Leben so oft mit den faulsten Äpfeln der Prosa beschmissen worden, jetzt nach seinem Tode mit den wohlduftigsten Versen beräuchert wird. Das Volk steinigt gern seine Propheten, um ihre Reliquien desto inbrünstiger zu verehren; die Hunde, die uns heute anbellen, morgen küssen sie gläubig unsere Knochen! – –

Wie ich bereits gesagt habe, ich liefere hier weder eine Apologie noch eine Kritik des Mannes, womit sich diese Blätter beschäftigen. Ich zeichne nur sein Bild, mit genauer Angabe des Ortes und der Zeit, wo er mir saß. Zugleich verhehle ich nicht, welche günstige oder ungünstige Stimmung mich während der Sitzung beherrschte. Ich liefere dadurch den besten Maßstab für den Glauben, den meine Angaben verdienen.

Ist aber einerseits dieses beständige Konstatieren meiner Persönlichkeit das geeignetste Mittel, ein Selbsturteil des Lesers zu fördern, so glaube ich anderseits, zu einem Hervorstellen meiner eigenen Person in diesem Buche besonders verpflichtet zu sein, da, durch einen Zusammenfluß der heterogensten Umstände, sowohl die Feinde wie die Freunde Börne's nie aufhörten, bei jeder Besprechung desselben über mein eigenes Dichten und Trachten mehr oder minder wohlwollend oder böswillig zu räsonnieren. Die aristokratische Partei in Deutschland, wohl wissend, daß ihr die Mäßigung meiner Rede weit gefährlicher sei als die Berserkerwut Börne's, suchte mich gern als einen gleichgesinnten Kumpan desselben zu verschreien, um mir eine gewisse Solidarität seiner politischen Tollheiten aufzubürden. Die radikale Partei, weit entfernt, diese Kriegslist zu enthüllen, unterstützte sie vielmehr, um mich in den Augen der Menge als ihren Genossen erscheinen zu lassen und dadurch die Autorität meines Namens auszubeuten. Gegen solche Machinationen öffentlich aufzutreten, war unmöglich; ich hätte nur den Verdacht auf mich geladen, als desavouierte ich Börne, um die Gunst seiner Feinde zu gewinnen. Unter diesen Umständen tat mir

Börne wirklich einen Gefallen, als er nicht bloß in kurz hingeworfenen Worten, sondern auch in erweiterten Auseinandersetzungen mich öffentlich angriff und über die Meinungsdifferenz, die zwischen uns herrschte, das Publikum selber aufklärte. Das tat er namentlich im sechsten Bande seiner Pariser Briefe und in zwei Artikeln, die er in der französischen Zeitschrift „Le Réformateur" abdrucken ließ*). Diese Artikel, worauf ich, wie bereits erwähnt worden, nie antwortete, gaben wieder Gelegenheit, bei jeder Besprechung Börne's auch von mir zu reden, jetzt freilich in einem ganz anderen Tone wie früher. Die Aristokraten überhäuften mich mit den perfidesten Lobsprüchen, sie priesen mich fast zugrunde; ich wurde plötzlich wieder ein großer Dichter, nachdem ich ja eingesehen hätte, daß ich meine politische Rolle, den lächerlichen Radikalismus, nicht weiter spielen könne. Die Radikalen hingegen fingen nun an, öffentlich gegen mich loszuziehen – (privatim taten sie es zu jeder Zeit) – sie ließen kein gutes Haar an mir, sie sprachen mir allen Charakter ab und ließen nur noch den Dichter gelten. – Ja, ich bekam, sozusagen, meinen politischen Abschied und wurde gleichsam in Ruhestand nach dem Parnasius versetzt. Wer die erwähnten zwei Parteien kennt, wird die Großmut, womit sie mir den Titel eines Poeten ließen, leicht würdigen. Die einen sehen in einem Dichter nichts anderes als einen träumerischen Höfling müßiger Ideale. Die anderen sehen in dem Dichter gar nichts; in ihrer nüchternen Hohlheit findet Poesie auch nicht den dürftigsten Widerklang.

Was ein Dichter eigentlich ist, wollen wir dahingestellt sein lassen. Doch können wir nicht umhin, über die Begriffe, die man mit dem Worte „Charakter" verbindet, unsere unmaßgebliche Meinung auszusprechen.

Was versteht man unter dem Wort „Charakter"?

Charakter hat derjenige, der in den bestimmten Kreisen einer bestimmten Lebensanschauung lebt und waltet, sich gleichsam mit derselben identifiziert, und nie in Widerspruch gerät mit seinem Denken und Fühlen. Bei ganz ausgezeichneten, über ihr Zeitalter hinausragenden Geistern kann daher die Menge nie wissen, ob sie Charakter haben oder nicht, denn die große Menge hat nicht Weitblick genug, um die Kreise zu überschauen, innerhalb derselben sich jene hohen Geister bewegen. Ja, indem die Menge nicht die Grenzen des Wollens und Dürfens jener hohen Geister kennt, kann es ihr leicht begegnen, in den Handlungen derselben weder Befugnis noch Notwendigkeit zu sehen, und die geistig Blöd- und Kurzsichtigen klagen dann über Willkür, Inkonsequenz, Charakterlosig-

---

*) Einer dieser Artikel (über Heine's Buch „De l'Allemagne") ist aus dem „Réformateur" vom 30. Mai 1835 in der neuen Gesamtausgabe von Börne's Schriften, bd. VII, S 248 ff., wieder abgedruckt. **Der Herausgeber**

keit. Minder begabte Menschen, deren oberflächlichere und engere Lebensanschauung leichter ergründet und überschaut wird, und die gleichsam ihr Lebensprogramm in populärer Sprache ein- für allemal auf öffentlichem Markte proklamiert haben, diese kann das verehrungswürdige Publikum immer im Zusammenhang begreifen, es besitzt einen Maßstab für jede ihrer Handlungen, es freut sich dabei über seine eigene Intelligenz, wie bei einer aufgelösten Charade, und jubelt: „Seht, das ist ein Charakter!"

Es ist immer ein Zeichen von Borniertheit, wenn man von der bornierten Menge leicht begriffen und ausdrücklich als Charakter gefeiert wird. Bei Schriftstellern ist dies noch bedenklicher, da ihre Taten eigentlich in Worten bestehen, und was das Publikum als Charakter in ihrer Schriften verehrt, ist am Ende nichts anders, als knechtische Hingebung an den Moment als Mangel an Bildnerruhe, an Kunst.

Der Grundsatz, daß man den Charakter eines Schriftstellers aus seiner Schreibweise erkenne, ist nicht unbedingt richtig; er ist bloß anwendbar bei jener Masse von Autoren, denen beim Schreiben nur die augenblickliche Inspiration die Feder führt, und die mehr dem Worte gehorchen als befehlen. Bei Artisten ist jener Grundsatz unzulässig, denn diese sind Meister des Wortes, handhaben es zu jedem beliebigen Zwecke, prägen es nach Willkür, schreiben objektiv, und ihr Charakter verrät sich nicht in ihrem Stil.

Ob Börne ein Charakter ist, während andere nur Dichter sind, diese unfruchtbare Frage können wir nur mit dem mitleidigsten Achselzucken beantworten.

„Nur Dichter" – wir werden unsere Gegner nie so bitter tadeln, daß wir sie in eine und dieselbe Kategorie setzen mit Dante, Milton, Cervantes, Camoens, Philipp Sidney, Friedrich Schiller, Wolfgang Goethe, welche nur Dichter waren ... Unter uns gesagt, diese Dichter, sogar der letztere, zeigten manchmal Charakter!

„Sie haben Augen und sehen nicht, sie haben Ohren und hören nicht, sie haben sogar Nasen und riechen nichts." – Diese Worte lassen sich sehr gut anwenden auf die plumpe Menge, die nie begreifen wird, daß ohne innere Einheit keine geistige Größe möglich ist, und daß, was eigentlich Charakter genannt werden muß, zu den unerläßlichsten Attributen des Dichtes gehört.

Die Distribution zwischen Charakter und Dichter ist übrigens zunächst von Börne selbst ausgegangen, und er hatte selber schon allen jenen schnöden Folgerungen vorgearbeitet, die seine Anhänger später gegen den Schreiber dieser Blätter abhaspelten. In den Pariser Briefen und den erwähnen Artikeln des „Reformateur" wird bereits von meinem charakterlosen Poetentum und meiner poetischen Charakterlosigkeit hinlänglich gezüngelt, und es winden und krümmen sich dort die giftigsten Insinuationen. Nicht mit bestimmten Worten, aber mit allerlei Winken, werde ich hier der zweideutigsten Gesinnungen, wo nicht gar der gänzlichen Gesinnungslosigkeit verdächtigt! Ich werde in derselben Weise nicht bloß des Indifferentismus, sondern auch des Widerspruchs mit mir selber bezichtigt. Es lassen sich hier sogar einige Zischlaute vernehmen, die – (können die Toten im Grabe erröten?) – ja, ich kann dem Verstorbenen diese Beschämung nicht ersparen: er hat sogar auf Bestechlichkeit hingedeutet ...

Schöne, süße Ruhe, die ich in diesem Augenblick in tiefster Seele empfinde! Du belohnst mich hinreichend für alles, was ich getan, und für alles, was ich verschmäht ... Ich werde mich weder gegen den Vorwurf der Indifferenz, noch gegen den Verdacht der Feilheit verteidigen. Ich habe es vor Jahren, bei Lebzeiten der Insinuanten, meiner unwürdig gehalten; jetzt fordert Schweigen sogar der Anstand. Das gäbe ein grauenhaftes Schauspiel ... Polemik zwischen dem Tod und dem Exil! – Du reichst mir aus dem Grabe die bittende Hand? ... Ohne Groll reiche ich dir die meinige ... Sieh, wie schön ist sie und rein! Sie ward nie besudelt von dem Händedruck des Pöbels, ebensowenig wie vom schmutzigen Golde der Volksfeinde . .. Im Grunde hast du mich ja nie beleidigt ... In allen deinen Insinuationen ist auch für keinen Louisd'or Wahrheit!

Die Stelle in Börne's Pariser Briefen, wo er am unumwundensten mich angriff, ist zugleich so charakteristisch zur Beurteilung des Mannes selbst, seines Stiles, seiner Leidenschaft und seiner Blindheit, daß ich nicht umhin kann, sie hier mitzuteilen. Trotz des bittersten Wollens war er nie imstande, mich zu verletzen, und alles, was er hier, so wie auch in den erwähnten Artikeln des „Reformateur" zu meinem Nachteil vorbrachte, konnte ich mit einem Gleichmute lesen, als wäre es nicht gegen mich gerichtet, sondern etwa gegen Nabuchodonsor, König von Babylon, oder gegen den Kalifen Harun-al-Raschid, oder gegen Friedrich den Großen, welcher die Pasquille auf seine Person, die an den Berliner Straßenecken etwas zu hoch hingen, viel niedriger anzuheften befahl, damit das Publikum sie besser lesen könne. Die erwähnte Stelle ist datiert von Paris, den 25. Februar 1833, und lautet folgendermaßen:

„Soll ich über Heine's „Französische Zustände" ein vernünftig Wort versuchen? Ich wage es nicht. Das fliegenartige Mißbehagen, das mir beim Lesen des Buches um den Kopf summte, und sich bald auf diese, bald auf jene Empfindung setzte, hat mich so ärgerlich gestimmt, daß ich mich nicht verbürgen kann – ich sage nicht: für die Richtigkeit meines Urteils, denn solche anmaßliche Bürgschaft übernehme ich nie – sondern nicht einmal für die Aufrichtigkeit meines Urteils. Dabei bin ich aber besonnen genug geblieben, um zu vermuten, daß diese Verstimmung nicht Heine's Schuld ist. Wer so große Geheimnisse wie er besitzt, als wie: in der dreihundertjährigen Unmenschlichkeit der österreichischen Politik eine erhabene Ausdauer zu finden und in dem Könige von Bayern einen der edelsten und geistreichsten Fürsten, die je einen Thron geziert; den König der Franzosen, als hätte er das kalte Fieber, an dem einen Tage für gut, an dem andern für schlecht, am dritten Tage wieder für gut, am vierten wieder für schlecht zu erklären; wer es kühn und großartig findet, daß die Herren von Rothschild während der Cholera ruhig in Paris geblieben, aber die unbezahlten Mühen der deutschen Patrioten lächerlich findet; und wer bei aller dieser Weichmütigkeit sich selbst noch für einen gefesteten Mann hält – wer so große Geheimnisse besitzt, der mag noch größere haben, die das Rätselhafte seines Buches erklären; ich aber kenne sie nicht. Ich kann mich nicht bloß in das Denken und Fühlen jedes andern, sondern auch sein Blut und seine Nerven versetzen, mich an die Quellen aller seiner Gesinnungen und Gefühle stellen, und ihrem Laufe nachgehen mit unermüdlicher Geduld. Doch muß ich dabei mein eigenes Wesen nicht aufzuopfern haben, sondern nur zu beseitigen auf eine Weile. Ich kann Nachsicht haben mit Kinderspielen, Nachsicht mit den Leidenschaften eines Jünglings. Wenn aber an einem Tage des blutigsten Kampfes ein Knabe, der auf dem Schlachtfelde nach Schmetterlingen jagt, mir zwischen die Beine kömmt; wenn an einem Tage der höchsten Not, wo wir heiß zu Gott beten, ein junger Geck uns zur Seite in der Kirche nichts sieht als die schönen Mädchen, und mit ihnen liebäugelt und flüstert – so darf uns das, unbeschadet unserer Philosophie und Menschlichkeit, wohl ärgerlich machen.

Heine ist ein Künstler, ein Dichter, und zur allgemeinsten Anerkennung fehlt ihm nur noch seine eigne. Weil er oft noch etwas anders sein will als ein Dichter, verliert er sich oft. Wem, wie ihm, die Form das Höchste ist, dem muß sie auch das einzige bleiben; denn sobald er den Rand übersteigt, fließt er ins Schrankenlose hinab, und es trinkt ihn der Sand. Wer die Kunst als seine Gottheit verehrt und je nach Laune auch manches Gebet an die Natur richtet, der frevelt gegen Kunst und Natur zugleich. Heine bettelt der Natur ihren Nektar und Blütenstaub ab, und bauet mit bildendem Wachse der Kunst ihre Zellen; aber er bildet die Zelle nicht, daß sie den Honig bewahre, sondern sammelte den Honig, damit die Zelle auszufüllen. Darum rührt er auch nicht, wenn er weint; denn man weiß, daß er mit den Tränen nur seine Nelkenbeete begießt. Darum überzeugt er nicht, wenn er auch die Wahrheit spricht; denn man weiß, daß er an der Wahrheit nur das Schöne liebt. Aber die Wahrheit ist nicht immer schön, sie bleibt es nicht immer. Es dauert lange, bis sie in Blüte kömmt, und sie muß verblühen, ehe sie Früchte trägt. Heine würde die deutsche Freiheit anbeten, wenn sie in voller Blüte stände; da sie aber wegen des rauhen Winters mit Mist bedeckt ist, erkennt er sie nicht und verachtet sie. Mit welcher schönen Begeisterung hat er nicht von dem

Kampfe der Republikaner in der St. Mery-Kirche und von ihrem Heldentode gesprochen! Es war ein glücklicher Kampf, es war ihnen vergönnt, den schönen Trotz gegen die Tyrannei zu zeigen und den schönen Tod für die Freiheit zu sterben. Wäre der Kampf nicht schön gewesen, und dazu hätte es nur einer andern Örtlichkeit bedurft, wo man die Republikaner hätte zerstreuen und fangen können – hätte sich Heine über sie lustig gemacht. Was Brutus getan, würde Heine verherrlichen, so schön er nur vermag; würde aber ein Schneider den blutigen Dolch aus dem Herzen einer entehrten jungen Näherin ziehen, die gar Bärbelchen hieße, und damit die dumm trägen Bürger zu ihrer Selbstbefreiung stacheln – er lachte darüber. Man versetze Heine in das Ballhaus, zu jener denkwürdigen Stunde, wo Frankreich aus seinem tausendjährigen Schlafe erwachte und schwur, es wolle nicht mehr träumen – er wäre der tollheißeste Jakobiner, der wütendste Feind der Aristokraten und ließe alle Edelleute und Fürsten mit Wonne an einem Tage niedermetzeln. Aber sähe er aus der Rocktasche des feuerspeienden Mirabeau auf deutsche Studentenart eine Tabakspfeife mit rot-schwarz-goldner Quaste hervorragen – dann pfui, Freiheit! Und er ginge hin und machte schöne Verse auf Marie Antoinettens schöne Augen. Wenn er in seinem Buche die heilige Würde des Absolutismus preist, so geschah es, außer daß es eine Redeübung war, die sich an dem Tollsten versuchte, nicht darum, weil er politisch reinen Herzens ist, wie er sagt; sondern er tat es, weil er atemreinen Mundes bleiben möchte, und er wohl an jenem Tage, als er das schrieb, einen deutschen Liberalen Sauerkraut mit Bratwurst essen gesehen.

Wie kann man je dem glauben, der selbst nichts glaubt? Heine schämt sich so sehr, etwas zu glauben, daß er Gott den „Herrn" mit lauter Initialbuchstaben drucken läßt, um anzuzeigen, daß es ein Kunstausdruck sei, den er nicht zu verantworten habe. Den verzärtelten Heine, bei seiner sybaritischen Natur, kann das Fallen eines Rosenblattes im Schlafe stören; wie sollte er behaglich auf der Freiheit ruhen, die so knorrig ist? Er bleibe fern von ihr. Wen jede Unebenheit ermüdet, wen jeder Widerspruch verwirrt macht, der gehe nicht, denke nicht, lege sich in sein Bett und schließe die Augen. Wo gibt es denn eine Wahrheit, in der nicht etwas Lüge wäre? Wo eine Schönheit, die nicht ihre Flecken hätte? Wo ein Erhabenes, dem nicht eine Lächerlichkeit zur Seite stünde? Die Natur dichtet selten, und reimet niemals: wem ihre Prosa und ihre Ungereimtheiten nicht behagen, der wende sich zur Poesie. Die Natur regiert republikanisch, sie läßt jedem Dinge seinen Willen bis zur Reife der Missetat und straft dann erst. Wer schwache Nerven hat und Gefahren scheut, der diene der Kunst, der absoluten, die jeden rauhen Gedanken ausstreicht, eher zur Tat wird, und an jeder Tat feilt, bis sie zu schmächtig wird zur Missetat.

Heine hat in meinen Augen so großen Wert, daß es ihm nicht immer gelingen wird, sich zu überschätzen. Also nicht diese Selbstüberschätzung mache ich ihm zum Vorwurfe, sondern daß er überhaupt die Wirksamkeit einzelner Menschen überschätzt, ob er es zwar in seinem eigenen Buche so klar und schön dargetan, daß heute die Individuen nichts mehr gelten, daß selbst Voltaire und Rousseau von keiner Bedeutung wären, weil jetzt die Chöre handelten und die Personen sprächen. Was sind wir denn, wenn wir viel sind? Nichts, als die Herolde des Volks. Wenn wir verkündigen und mit lauter, vernehmlicher Stimme, was uns, jedem von seiner Partei, aufgetragen, werden wir gelobt und belohnt; wenn wir unvernehmlich sprechen, oder gar verräterisch eine falsche Botschaft bringen, werden wir getadelt und gezüchtigt. Das vergißt eben Heine, und weil er glaubt, er, wie mancher andere auch, könnte eine Partei zugrunde richten oder ihr aufhelfen, hält er sich für wichtig; sieht umher, wem er gefalle, wem nicht; träumt von Freunden und Feinden, und weil er nicht weiß, wo er geht und wohin er will, weiß er weder, wo seine Freunde, noch wo seine Feinde stehen, sucht sie bald hier, bald dort, und weiß sie weder hier noch dort zu finden. Uns andern miserablen Menschen hat die Natur zum Glück nur einen Rücken gegeben, so daß wir die Schläge des Schicksals nur von einer Seite fürchten; der arme Heine hat aber zwei Rücken, er fürchtet die Schläge der Aristokraten und die Schläge der Demokraten, und um beiden auszuweichen, muß er zugleich vorwärts und rückwärts gehen.

Um den Demokraten zu gefallen, sagt Heine: die jesuitisch-aristokratische Partei in Deutschland verleumde und verfolge ihn, weil er dem Absolutismus kühn die Stirne biete. Dann, um den Aristokraten zu gefallen, sagt er: er habe dem Jakobinismus kühn die Stirne geboten; er sei ein guter Royalist und werde ewig monarchisch gesinnt bleiben; in einem Pariser Putzladen, wo er vorigen Sommer bekannt war, sei er unter den acht Putzmachermädchen mit ihren acht Liebhabern, – alle sechzehn und von höchst gefährlicher republikanischer Gesinnung, der einzige Royalist gewesen, und darum stünden ihm die Demokraten nach dem Leben. Ganz wörtlich sagt er: „Ich bin, bei Gott! kein Republikaner; ich weiß, wenn die Republikaner siegen, so schneiden sie mir die Kehle ab." Ferner: „Wenn die Insurrektion vom 5. Juni nicht scheiterte, wäre es ihnen leicht gelungen, mir den Tod zu bereiten, den sie mir zugedacht. Ich verzeihe ihnen gern diese Narrheit." Ich nicht. Republikaner, die solche Narren wären, daß sie Heine glaubten aus dem Wege räumen zu müssen, um ihr Ziel zu erreichen, die gehörten in das Tollhaus.

Auf diese Weise glaubt Heine bald dem Absolutismus, bald dem Jakobinismus kühn die Stirne zu bieten. Wie man aber einem Feinde die Stirne bieten kann, indem man sich von ihm abwendet, das begreife ich nicht. Jetzt wird, zur Wiedervergeltung, der Jakobinismus durch eine gleiche Wendung auch Heine kühn die Stirne bieten. Dann sind die quitt, und so hart sie auch aufeinander stoßen mögen, können sie sich nie sehr wehe tun. Diese weiche Art, Krieg zu führen, ist sehr löblich, und an einem blasenden Herolde, die Heldentaten zu verkünden, kann es keiner der Kämpfenden Stirne zu diesem Falle fehlen*).

Gab es je einen Menschen, den die Natur bestimmt hat, ein ehrlicher Mensch zu sein, so ist es Heine, und auf diesem Wege könnte er sein Glück machen. Er kann keine fünf Minuten, keine zwanzig Zeilen heucheln, keinen Tag, keinen halben Bogen lügen. Wenn es eine Krone gälte, er kann kein Lächeln, keinen Spott, keinen Witz unterdrücken; und wenn er, sein eignes Wesen verkennend, doch lügt, doch heuchelt, ernsthaft scheint, wo er lachen, demütig, wo er spotten möchte, so merkt es jeder gleich, und er hat von solcher Verstellung nur den Vorwurf, nicht den Gewinn. Er gefällt sich, den Jesuiten des Liberalismus zu spielen. Ich habe es schon einmal gesagt, daß dieses Spiel der guten Sache nützen kann; aber weil es eine einträgliche Rolle ist, darf sie kein ehrlicher Mann selbst übernehmen, sondern muß sie andern überlassen. So, seiner bessern Natur zum Spott, findet Heine seine Freude daran, zu diplomatisieren und seine Zähne zum Gefängnisgitter seiner Gedanken zu machen, hinter welchem sie jeder ganz deutlich sieht und dabei lacht. Denn zu verbergen, daß er etwas zu verbergen habe, so weit bringt er es in der Verstellung nie. Wenn ihn der Graf Moltke in einen Federkrieg über den Adel zu verwickeln sucht, bittet er ihn, es zu unterlassen; „denn es schien mir gerade damals bedenklich, in meiner gewöhnlichen Weise ein Thema öffentlich zu erörtern, das die Tagesleidenschaften so furchtbar ansprechen müßte." Die Tagesleidenschaft gegen den Adel, die schon fünfzigmal dreihundertfünfundsechzig Tage dauert, könnte weder Herr von Moltke, noch Heine, noch sonst einer noch furchtbarer machen, als sie schon ist. Um von etwas warm zu sprechen, soll man also warten, bis die Leidenschaft, der es Nahrung geben kann, gedämpft ist, um sie dann von neuem zu entzünden? Das ist freilich die Weisheit der Diplomaten. Heine glaubt etwas zu wissen, das Lafayette gegen die Beschuldigung der Teilnahme an der Juni-Insurrektion verteidigen kann; aber „eine leicht begreifliche Diskretion" hält ihn ab, sich deutlich auszusprechen. Wenn Heine auf diesem Wege Minister wird, dann will ich verdammt sein, sein geheimer Sekretär zu werden und ihn von Morgen bis Abend anzusehen, ohne zu lachen.

Ich möchte herzlich gern auch die erwähnten zwei Artikel des

---

*) Die wunderliche Konstruktion des letzten Satzes (vielleicht liegt ein Druckfehler zugrunde) findet sich in allen Ausgaben der Börne'schen Briefe. **Der Herausgeber.**

„Reformateur" hier mitteilen, aber drei Schwierigkeiten halten mich davon ab; erstens würden diese Artikel zu viel Raum einnehmen, zweitens, da sie auf Französisch geschrieben, müßte ich sie selber übersetzen, und drittens, obgleich ich schon in zehn *Cabinets de lecture* nachgefragt, habe ich nirgends mehr ein Exemplar des bereits eingegangenen „Reformateur" auftreiben können. Doch der Inhalt dieser Artikel ist mir noch hinlänglich bekannt. Sie enthielten die malitiösesten Insinuationen über Abtrünnigkeit und Inkonsequenz, allerlei Anschuldigung von Sinnlichkeit, auch wird darin der Katholizismus gegen mich in Schutz genommen usw. – Von Verteidigung dagegen kann hier nicht die Rede sein; diese Schrift, welche weder eine Apologie, noch eine Kritik des Verstorbenen sein soll, bezweckt auch keine Institution des Überlebenden. Genug, ich bin mir der Redlichkeit meines Willens und meiner Absichten bewußt, und werfe ich einen Blick auf meine Vergangenheit, so regt sich in mir ein fast freudiger Stolz über die gute Strecke Weges, die ich bereits zurückgelegt. Wird meine Zukunft von ähnlichen Fortschritten zeugen?

Aufrichtig gesagt, ich zweifle daran. Ich fühle eine sonderbare Müdigkeit des Geistes; wenn er auch in der letzten Zeit nicht viel geschaffen, so war er doch immer auf den Beinen. Ob das, was ich überhaupt schuf in diesem Leben, gut oder schlecht war, darüber wollen wir nicht streiten. Genug, es war groß; ich merkte es an der schmerzlichen Erweiterung der Seele, woraus diese Schöpfungen hervorgingen... und ich merke es auch an der Kleinheit der Zwerge, die davor stehen und schwindlich hinaufblinzeln... Ihr Blick reicht nicht bis zur Spitze, und sie stoßen sich nur die Nasen an dem Piedestal jener Monumente, die ich in der Literatur Europas aufgepflanzt habe, zum ewigen Ruhme des deutschen Geistes. Sind diese Monumente ganz makellos, sind sie ganz ohne Fehl und Sünde? Wahrlich, ich will auch hierüber nichts Bestimmtes behaupten. Aber was die kleinen Leute daran auszusetzen wissen, zeugt nur von ihrer eigenen putzigen Beschränktheit. Sie erinnern mich an die kleinen Pariser Badauds, die bei der Aufrichtung des Obelisk auf der Place Louis XVI. über den Wert oder die Nützlichkeit dieses großen Sonnenzeigers ihre respektiven Ansichten austauschten. Bei dieser Gelegenheit kamen die ergötzlichsten Philistermeinungen zum Vorschein. Da war ein schwindsüchtig dünner Schneider, welcher behauptete, der rote Stein sei nicht hart genug, um dem nordischen Klima lange zu widerstehen, und das Schneewasser werde ihn bald zerbröckeln und der Wind ihn niederstürzen. Der Kerl hieß Petit Jean und machte sehr schlechte Röcke, wovon kein Fetzen auf die Nachwelt kommen wird, und er selbst liegt schon verscharrt auf dem Père la Chaise. Der rote Stein aber steht noch immer fest auf der Place Louis XVI. und wird noch Jahrhunderte dort stehen bleiben, trotzend allem Schneewasser, Wind und Schneidergeschwätz!

Das Spaßhafteste bei der Aufrichtung des Obelisken war folgendes Ereignis:

Auf der Stelle, wo der große Stein gelegen, ehe man ihn aufrichtete, fand man einige kleine Skorpionen, wahrscheinlich entsprungen aus etwelchen Skorpioneneiern, die in der Emballage des Obelisken aus Ägypten mitgebracht und hier zu Paris von der Sonnenhitze ausgebrütet wurden. Über diese Skorpionen erhuben nun die Badauds ein wahres Zetergeschrei, und sie verfluchten den großen Stein, dem Frankreich jetzt die giftigen Skorpionen verdanke, eine neue Landplage, woran noch Kinder und Kindeskinder leiden würden ... Und sie legten die kleinen Ungetüme in eine Schachtel und brachten sie zum *Commissaire de Police* des Madelaine-Viertels, wo gleich Procès-verbal darüber aufgenommen wurde ... und Eile tat not, da die armen Tierchen einige Stunden nachher starben ...

Auch bei der Aufrichtung großer Geistesobelisken können allerlei Skorpionen zum Vorschein kommen, kleinliche Gifttierchen, die vielleicht ebenfalls aus Ägypten stammen und bald sterben und vergessen werden, während das große Monument erhaben und unzerstörbar stehen bleibt, bewundert von den spätesten Enkeln. – –

Es ist doch eine sonderbare Sache mit dem Obelisken des Luxor, welchen die Franzosen aus dem alten Mizraim herübergeholt und als Zierat aufgestellt haben inmitten jenes grauenhaften Platzes, wo sie mit der Vergangenheit den entsetzlichen Bruch gefeiert am 21. des Januar 1793. Leichtsinnig wie sie sind, die Franzosen, haben sie hier vielleicht einen Denkstein aufgepflanzt, der den Fluch ausspricht über jeden, welcher Hand legt an das heilige Haupt Pharao's!

Wer enträtselt diese Stimme der Vorzeit, diese uralten Hieroglyphen? Sie enthalten vielleicht keinen Fluch, sondern ein Rezept für die Wunde unserer Zeit! O, wer lesen könnte! Wer sie aussprüche, die heilenden Worte, die hier eingegraben ... Es steht hier vielleicht geschrieben, wo die verborgene Quelle rieselt, woraus die Menschheit trinken muß, um geheilt zu werden, wo das geheime Wasser des Lebens, wovon uns die Amme in den alten Kindermärchen so viel erzählt hat, und wonach wir jetzt schmachten als kranke Greise. – Wo fließt das Wasser des Lebens? Wir suchen und suchen*) ...

Ach, es wird noch eine gute Weile dauern, ehe wir das große Heilmittel ausfindig machen; bis dahin muß noch eine lange schmerzliche Zeit dahingesiecht werden, und allerlei Quacksalber werden auftreten mit Hausmittelchen, welche das Übel nur verschlimmern. Da kommen zunächst die Radikalen und verschreiben

---

*) Hier fanden sich im Originalmanuskript ursprünglich noch die später gestrichenen Worte: „und ach, vielleicht der Mann, der es schon gefunden, vergaß einen Becher mitzubringen und kann nichts davon schöpfen, um sich und Andere damit zu tränken." **Der Herausgeber**

eine Radikalkur, die am Ende doch nur äußerlich wirkt, höchstens den gesellschaftlichen Grind vertreibt, aber nicht die innere Fäulnis. Gelänge es ihnen auch, die leidende Menschheit auf eine kurze Zeit von ihren wildesten Qualen zu befreien, so geschähe es doch nur auf Kosten der letzten Spuren von Schönheit, die dem Patienten bis jetzt geblieben sind; häßlich wie ein geheilter Philister wird er aufstehen von seinem Krankenlager, und in der häßlichen Spitaltracht, in dem aschgrauen Gleichheitskostüm, wird er sich all sein Lebtag herumschleppen müssen. Alle überlieferte Heiterkeit, alle Süße, aller Blumenduft, alle Poesie wird aus dem Leben herausgepumpt werden, und es wird davon nichts übrig bleiben als die Rumford'sche Suppe der Nützlichkeit. – Für die Schönheit und das Genie wird sich kein Platz finden in dem Gemeinwesen unserer neuen Puritaner, und beide werden fletriert und unterdrückt werden, noch weit betrübsamer als unter dem älteren Regiment. Denn Schönheit und Genie sind ja auch eine Art Königtum, und sie passen nicht in eine Gesellschaft, wo jeder, im Mißgefühl der eigenen Mittelmäßigkeit, alle höhere Begabnis herabzuwürdigen sucht bis aufs banale Niveau.

Die Könige gehen fort, und mit ihnen gehen die letzten Dichter. „Der Dichter soll mit dem König gehen", diese Worte dürften jetzt einer ganz anderen Deutung anheimfallen. Ohne Autoritätsglauben kann auch kein großer Dichter emporkommen. Sobald sein Privatleben von dem unbarmherzigsten Lichte der Presse beleuchtet wird, und die Tageskritik an seinen Worten würmelt und nagt, kann auch das Lied des Dichters nicht mehr den nötigen Respekt finden. Wenn Dante durch die Straßen von Verona ging, zeigte das Volk auf ihn mit Fingern und flüsterte: „Der war in der Hölle!" Hätte er sie sonst mit allen ihren Qualen so treu schildern können? Wie weit tiefer, bei solchem ehrfurchtsvollen Glauben, wirkte die Erzählung der Francesca von Rimini, des Ugolino und aller jener Qualgestalten, die dem Geiste des großen Dichters entquollen ...

Nein, sie sind nicht bloß seinem Geiste entquollen, er hat sie nicht gedichtet, er hat sie gelebt, er hat sie gefühlt, er hat sie gesehen, betastet, er war wirklich in der Hölle, er war in der Stadt der Verdammten ... er war im Exil*) – – –

---

*) Im Originalmanuskript fand sich hier noch folgende, später von Heine gestrichene Stelle: „Ja, leider, das Regiment der Republikaner haben wir noch zu überdulden, aber, wie ich schon gesagt habe, nur auf eine kurze Zeit. Jene plebejischen Republiken, wie unsere heutigen Republikaner sie träumen, können sich nicht lange halten. Gleichviel von welcher Verfassung ein Staat sei, er erhält sich nicht bloß durch Gemeinsinn und Patriotismus der Volksmasse, wie man gewöhnlich glaubt, sondern er erhält sich durch die Geistesmacht großer Individualitäten, die ihn lenken. Nun aber wissen wir, daß der eifersüchtige Gleichheitssinn in den oberwähnten Republiken alle ausgezeichneten Individualitäten immer zurückstoßen, ja unmöglich machen wird, und daß in Zeiten der Not nur

Die öde Werkeltagsgesinnung der modernen Puritaner verbreitet sich schon über ganz Europa wie eine graue Dämmerung, die einer starren Winterzeit vorausgeht ... Was bedeuten die armen Nachtigallen, die plötzlich schmerzlicher, aber auch süßer als je ihr melodisches Schluchzen erheben im deutschen Dichterwald? Sie sinen ein wehmütiges Ade! Die letzten Nymphen, die das Christentum verschont hat, sie flüchten ins wildeste Dickicht! In welchem traurigen Zustand habe ich sie dort erblickt, jüngste Nacht! ...

Als ob die Bitternisse der Wirklichkeit nicht hinreichend kummervoll wären, quälen mich noch die bösen Nachtgesichte ... In greller Bilderschrift zeigt mir der Traum das große Leid, das ich mir gern verhehlen möchte, und das ich kaum auszusprechen wage in den nüchternen Begriffslauten des hellen Tages. – – –

Jüngste Nacht träumte mir von einem großen wüsten Walde und einer verdrießlichen Herbstnacht. In dem großen wüßten Walde, zwischen den himmelhohen Bäumen, kamen zuweilen lichte Plätze zum Vorschein, die aber von einem gespenstisch weißen Nebel gefüllt waren. Hie und da aus dem dicken Nebel grüßte ein stilles Waldfeuer. Auf eines derselben hinzuschreitend, bemerkte ich allerlei dunkle Schatten, die sich rings um die Flammen bewegten; doch erst in der unmittelbaren Nähe konnte ich die schlanken Gestalten und ihre melancholisch holden Gesichter genau erkennen. Es waren schöne, nackte Frauenbilder, gleich den Nymphen, die wir auf den lüsternen Gemälden des Julio Romano sehen, und die in üppiger Jugendblüte unter sommergrünem Laubdach sich anmutig lagern und erlustigen ... Ach! kein so heiteres Schauspiel bot sich hier meinem Anblick! Die Weiber meines Traumes, obgleich noch immer geschmückt mit dem Liebreiz ewiger Jugend, trugen dennoch eine geheime Zerstörnis an Leib und Wesen; die Glieder waren noch immer bezaubernd durch süßes Ebenmaß, aber etwas abgemagert und wie überfröstelt von kaltem Elend, und gar in den Gesichtern, trotz des lächelnden Leichtsinns, zuckten die Spuren eines abgrundtiefen Grams. Auch statt auf schwellenden Rasenbänken, wie die Nymphen des Julio, kauerten sie auf dem harten Boden unter halb entlaubten Eichbäumen, wo, statt der verliebten Sonnenlichter, die quirlenden Dünste der feuchten Herbstnacht auf sie herabsinterten ... Manchmal erhob sich eine dieser Schönen, ergriff aus dem Reisig einen lodernden Brand, schwang ihn über ihr Haupt, gleich einem Thyrsus, und versuchte eine jener

---

Gevatter Gerber und Knackwursthändler sich an die Spitze des Gemeinwesens stellen werden ... Wir haben's erlebt, durch dieses Gründübel ihres innersten Wesens gehen die plebejischen Republiken gleich zugrunde, sobald sie mit energischen Oligarchien und Autokratien in einen entscheidenden Kampf treten.

„Dieses Bewußtsein, daß das Reich der Republikaner von kurzer Dauer sein wird, beruhigt mich, wenn ich es allmählich herandrohen sehe. Und in der Tat, die öde Werkeltagsgesinnung etc." **Der Herausgeber.**

unmöglichen Tanzposituren, die wir auf etruskischen Vasen gesehen ... aber traurig lächelnd, wie bezwungen von Müdigkeit und Nachtkälte, sank sie wieder zurück ans knisternde Feuer. Besonders eine unter diesen Frauen bewegte mein ganzes Herz mit einem fast wollüstigen Mitleid. Sie war eine hohe Gestalt, aber noch weit mehr, als die anderen, abgemagert an Armen, Beinen, Busen und Wangen, was jedoch, statt abstoßend, vielmehr zauberhaft anziehend wirkte. Ich weiß nicht, wie es kam, aber ehe ich mich dessen versah, saß ich neben ihr am Feuer, beschäftigt, ihre frostzitternden Hände und Füße an meinen brennenden Lippen zu wärmen; auch spielte ich mit ihren schwarzen feuchten Haarflechten, die über das griechisch gradnäsige Gesicht und den rührend kalten, griechisch kargen Busen herabhingen ... Ja, ihr Haupthaar war von einer fast strahlenden Schwärze, so wie auch ihre Augenbrauen, die üppig schwarz zusammenflossen, was ihrem Blick einen sonderbaren Ausdruck von schmachtender Wildheit erteilte. Wie alt bist du, unglückliches Kind? sprach ich zu ihr. „Frag mich nicht nach meinem Alter", – antwortete sie mit einem halb wehmütig, halb frevelhaften Lachen – „wenn ich mich auch um ein Jahrtausend jünger machte, so bliebe ich doch noch ziemlich bejahrt! Aber es wird jetzt immer kälter und mich schläfert, und wenn du mir dein Knie zum Kopfkissen borgen willst, so wirst du deine gehorsame Dienerin sehr verpflichten ..."

Während sie nun auf meinen Knien lag und schlummerte, und manchmal wie eine Sterbende im Schlafe röchelte, flüsterten ihre Gefährtinnen allerlei Gespräche, wovon ich nur sehr wenig verstand, da sie das Griechische ganz anders aussprachen, als ich es in der Schule, und später auch beim alten Wolf, gelernt hatte ... Nur so viel begriff ich, daß sie über die schlechte Zeit klagten und noch eine Verschlimmerung derselben befürchteten, und sich vornahmen, noch tiefer waldeinwärts zu flüchten ... Da plötzlich, in der Ferne, erhob sich ein Geschrei von rohen Pöbelstimmen ... Sie schrien, ich weiß nicht mehr, was*) ... Dazwischen kicherte ein katholisches Mettenglöckchen ... Und meine schönen Waldfrauen wurden sichtbar noch blasser und magerer, bis sie endlich ganz in Nebel zerflossen, und ich selber gähnend erwachte.

---

*) „ein Geschrei von rohen Stimmen: Es lebe die Republik!" (später verbessert in: „Es lebe Lamennais!") stand ursprünglich im Originalmanuskript. Der Herausgeber.

Vermischte Schriften

Einleitung

zu

„Kahldorf über den Adel,

in Briefen an den Grafen M. von Moltke"

(1831)

Der gallische Hahn hat jetzt zum zweiten Male gekräht, und auch in Deutschland wird es Tag. In entlegene Klöster, Schlösser, Hansestädte und dergleichen letzte Schlupfwinkel des Mittelalters flüchten sich die unheimlichen Schatten und Gespenster, die Sonnenstrahlen blitzen, wir reiben uns die Augen, das holde Licht dringt uns ins Herz, das wache Leben umrauscht uns, wir sind erstaunt, wir befragen einander: – Was taten wir in der vergangenen Nacht?

Nun ja, wir träumten in unserer deutschen Weise, d. h., wir philosophieren. Zwar nicht über die Dinge, die uns zunächst betrafen oder zunächst passierten, sondern wir philosophierten über die Realität der Dinge an und für sich, über die letzten Gründe der Dinge und ähnliche metaphysische und transzendentale Träume, wobei uns der Mordspektakel der westlichen Nachbarschaft zuweilen recht störsam wurde, ja sogar recht verdrießlich, da nicht selten die französischen Flintenkugeln in unsere philosophischen Systeme hineinpfiffen und ganze Fetzen davon fortfegten.

Seltsam ist es, daß das praktische Treiben unserer Nachbarn jenseits des Rheins dennoch eine eigene Wahlverwandtschaft hatte mit unserem philosophischen Träumen im geruhsamen Deutschland. Man vergleiche nur die Geschichte der französischen Revolution mit der Geschichte der deutschen Philosophie, und man sollte glauben: die Franzosen, denen so viel' wirkliche Geschäfte oblagen, wobei sie durchaus wach bleiben mußten, hätten uns Deutsche ersucht, unterdessen für sie zu schlafen und zu träumen, und unsere deutsche Philosophie sei nichts anders als der Traum der französischen Revolution. So hatten wir den Bruch mit dem Bestehenden und der Überlieferung im Reiche des Gedankens, ebenso wie die Franzosen im Gebiete der Gesellschaft, um die Kritik der reinen Vernunft sammelten sich unsere philosophischen Jacobiner, die nichts gelten ließen, als was jener Kritik standhielt, Kant war unser Robespierre. – Nachher kam Fichte mit seinem Ich, der Napoleon der Philosophie, die höchste Liebe und der höchste Egoismus, die Alleinherrschaft des Gedankens, der souveräne Wille, der ein schnelles Universalreich improvisierte, das ebensoschnell wieder verschwand, der despotische, schauerlich einsame Idealismus. – Unter seinem konsequenten Tritte seufzten die geheimen Blumen, die von der Kantischen Guillotine noch verschont geblieben oder seitdem unbemerkt hervorgeblüht waren, die unterdrückten Erdgeister regten sich, der Boden zitterte, die Konterrevolution brach aus, und unter Schelling erhielt die Vergangenheit mit ihren traditionellen Interessen wieder Anerkenntnis, sogar Entschädigung, und in der neuen Restauration, in der Naturphilosophie, wirtschafteten wieder die grauen Emigranten, die gegen die Herrschaft der Vernunft und der Idee beständig intrigiert, der Mystizismus, der Pietismus, der Jesuitismus, die Legitimität, die Romantik, die Deutschtümelei, die Gemütlichkeit – bis Hegel, der Orleans der Philosophie, ein neues Regiment begründete oder vielmehr ordnete, ein elektrisches Regiment, worin er freilich selber wenig bedeutet, dem er aber an die Spitze gestellt ist, und worin er den alten Kantischen Jakobinern, den Fichte'schen Bonapartisten, den Schelling'schen Pairs und seinen eignen Kreaturen eine feste, verfassungsmäßige Stellung anweist.

In der Philosophie hätten wir also den großen Kreislauf glücklich beschlossen, und es ist natürlich, daß wir jetzt zur Politik übergehen. Werden wir hier dieselbe Methode beobachten? Werden wir mit dem System des *Comité de salut publique,* oder mit dem System des *Ordre légal* den Kursus eröffnen? Diese Fragen durchzittern alle Herzen, und wer etwas Liebes zu verlieren hat, und sei es auch nur den eigenen Kopf, flüstert bedenklich: Wird die deutsche Revolution eine trockene sein oder eine naßrote – –?

Aristokraten und Pfaffen drohen beständig mit den Schreckbildern aus den Zeiten des Terrorismus, Liberale und Humanisten versprechen uns dagegen die schönen Szenen der großen Woche und ihrer friedlichen Nachfeier; – beide Parteien täuschen sich oder wollen andere täusche. Denn nicht weil die französische Revolution in den neunziger Jahren so blutig und entsetzlich, vorigen Juli aber so menschlich und schonend war, läßt sich folgern, daß eine Revolution in Deutschland ebenso den einen oder den andern Charakter annehmen müsse. Nur wenn dieselben Bedingnisse vorhanden sind, lassen sich dieselben Erscheinungen erwarten. Der Charakter der französischen Revolution war aber zu jeder Zeit bedingt von dem moralischen Zustande des Volks, und besonders von seiner politischen Bildung. Vor dem ersten Ausbruch der Revolution, aber doch nur in den höheren Ständen und hie und da im Mittelstand; die unteren Klassen waren geistig verwahrlost, und durch den engherzigsten Despotismus von jedem edlen Emporstreben abgehalten. Was aber gar politische Bildung betrifft, so fehlte sie nicht nur jenen unteren, sondern auch den oberen Klassen. Man wußte damals nur von kleinlichen Manövers zwischen rivalisierenden Korporationen, von wechselseitigem Schwächungssysteme, von Traditionen der Routine, von doppeldeutigen Formelkünsten, von Maitresseneinfluß und dergleichen Staatsmisère. Montesquieu hatte nur eine verhältnismäßig geringe Anzahl Geister geweckt. Da er immer von einem historischen Standpunkte ausgeht, gewann er wenig Einfluß auf die Massen eines enthusiastischen Volks, das am empfänglichsten ist für Gedanken, die ursprünglich und frisch aus dem Herzen quellen, wie in den Schriften Rousseau's. Als aber dieser, der Hamlet von Frankreich, der den zürnenden Geist erblickt und die argen Gemüter der gekrönten Giftmischer, die gleißende Leerheit der Schranzen, die läppische Lüge der Hofetikette und die gemeinsame Fäulnis durchschaute und schmerzhaft ausrief: „Die Welt ist aus ihren Fugen getreten, weh' mir, daß ich sie wieder einrichten soll!" als Jean Jacques Rousseau halb mit verstelltem, halb mit wirklichem Verzweiflungswahnsinn seine große Klage und Anklage erhob; – als Voltaire, der Lucian des Christentums, den römischen Priestertrug und das darauf gebaute göttliche Recht des Despotismus zugrunde lächelte; – als Lafayette, der Held zweier Welten und zweier Jahrhunderte, mit den Argonauten der Freiheit aus Amerika zurückkehrte und die Idee einer freien Konstitution, das goldene Fließ, mitbrachte; – als Necker rechnete und Sieyes definierte und Mirabeau redete, und die Donner der konstituierenden Versammlung über die welke Monarchie und ihr blühendes Defizit dahinrollten, und neue ökonomische und staatsrechtliche Gedanken, wie plötzliche Blitze, emporschossen: – da mußten die Franzosen die große Wissenschaft der Freiheit, die Politik, erst erlernen, und die ersten Anfangsgründe kamen ihnen teuer zu stehen, und es kostete ihnen ihr bestes Blut.

Daß aber die Franzosen so teures Schulgeld bezahlen mußten, das war die Schuld jener blödsinnig lichtscheuen Despotie, die, wie gesagt, das Volk in geistiger Unmündigkeit zu erhalten gesucht, alle staatswissenschaftliche Belehrung hintertrieben, den Jesuiten und Obskuranten der Sorbonne die Bücherzensur übertragen, und gar die periodische Presse, das mächtigste Beförderungsmittel der Volksintelligenz, aufs lächerlichste unterdrückt hatte. Man lese nur in Mercier's *Tableau de Paris* den Artikel über die Zensur vor der Revolution, und man wundert sich nicht mehr über jene krasse politische Unwissenheit der Franzosen, die nachher zur Folge hatte, daß sie von den neuen politischen Ideen mehr geblendet als erleuchtet, mehr erhitzt als erwärmt wurden, daß sie jedem Pamphletisten und Journalisten aufs Wort glaubten, und daß sie von jedem Schwärmer, der sich selbst betrog, und jedem Intriganten, den Pitt besoldete, zu den ausschweifendsten Handlungen verleitet werden konnten. Da ist ja eben der Segen der Preßfreiheit, sie raubt der kühnen Sprache des Demagogen allen Zauber der Neuheit, das leidenschaftliche Wort neutralisiert sie durch eben so leidenschaftliche Gegenrede, und sie erstickt in der Geburt schon die Lügengerüchte, die, von Zufall oder Bosheit gesäet, so tödlich frech emporwuchern im Verborgenen, gleich jenen Giftpflanzen, die nur in dunklen Waldsümpfen und im Schatten alter Burg- und Kirchentrümmer gedeihen, im hellen Sonnenlichte aber elendig und jämmerlich verdorren. Freilich, das helle Sonnenlicht der Preßfreiheit ist für den Sklaven, der lieber im Dunkeln die allerhöchsten Fußtritte hinnimmt, ebenso fatal wie für den Despoten, der eine einsame Ohnmacht nicht gern beleuchtet sieht. Es ist wahr, daß die Zensur solchen Leuten sehr angenehm ist. Aber es ist nicht weniger wahr, daß die Zensur, indem sie einige Zeit dem Despotismus Vorschub leistet, ihn am Ende mitsamt dem Despoten zugrunde richtet, daß dort, wo die Ideenguillotine gewirtschaftet, auch bald die Menschenzensur eingeführt wird, daß derselbe Sklave, der die Gedanken hinrichtet, späterhin mit derselben Gelassenheit*) seinen eigenen Herrn ausstreicht aus dem Buche des Lebens.

Ach! diese Geisteshenker machen uns selbst zu Verbrechern, und der Schriftsteller, der wie eine Gebärerin während des Schreibens gar bedenklich aufgeregt ist, begeht in diesem Zustande sehr oft einen Gedankenkindermord, eben aus wahnsinniger Angst vor der Richtschwerte des Zensors. Ich selbst unterdrücke in diesem Augenblick einige neugeborene unschuldige Betrachtungen über die Geduld und Seelenruhe, womit meine lieben Landsleute schon seit so vielen Jahren ein Geistermordgesetz ertragen, das Polignae in Frankreich nur zu promulgieren brauchte, um eine Revolution hervorzubringen. Ich spreche von den berühmten Ordonnanzen, deren bedenklichste eine strenge Zensur der Tagesblätter anordnete und alle edle Herzen in Paris mit Entsetzen erfüllte – die friedlichsten Bürger griffen zu den Waffen, man barrikadierte die Gassen, man focht, man stürmte, es donnerten die Kanonen, es heul-

---

*) Hier folgt im Originalmanuskript die häufig bis zur Unleserlichkeit durchstrichene Stelle: „das Henkeramt auch an Menschen verrichten werde, und daß Monsieur Sanson, als er Se. allerchristlichste Majestät, den König von Frankreich, aus dem Buche des Lebens ausstrich, nur als natürlicher Nachfolger den Zensor von Paris in Handwerk ablöste.

Dieser Wahrheit bin ich jüngst in der grauenhaftesten Weise bewußt geworden, als die Unruhen, die Europa bewegen, auch bis in die Statt meines zufälligen Aufenthalts gedrungen waren und ich die heidnische Wildheit entzügelter Volksmassen in der Nähe betrachtete. Es blieb, Gottlob! Nur bei Steinwürfen und Fensterkeklirre, und des andern Tags war schon alles wieder beschwichtigt durch die ---------------- unter dem: „Ein' feste Burg ist unser Gott" – ---------------------- gefunden hatten. Ich aber verbrachte sehr schlecht die Nacht, als jene Unruhen vorfielen, ich konnte nicht einschlafen vor lauter Revolutionsgreuelgedanken, und dachte beständig an Ludwig XVI., und dann auch an Karl I. und grübelte nach, wer wohl der verlarvte Scharfrichter gewesen sei, der ihn geköpft hat, und als ich einschlief, träumte mir, ich stände unter einer brausenden Volksmenge, die nach einem großen Hause emporgafite, das ungefähr wie Whitehall aussah, und vor dessen Fenstern sich ein schwarzes Gerüste erhob, wo auf einer schwarzen – – – – ein weißes – – – – Haupt lag, und siehe! als der verlarvte Scharfrichter zu einem Streiche auslangen wollte, entfiel ihm die Maske, und zum Vorschein kam eines wohlbekannten – – – – wohlbekanntes – – – – Gesicht."

ten die Glocken, es pfiffen die bleiernen Nachtigallen, die junge Brut des toten Adlers, die *École polytechnique*, flatterte aus dem Neste mit Blitzen in den Krallen, alte Pelikane der Freiheit stürzten in die Bajonette und nährten mit ihrem Blute die Begeisterung der Jungen, zu Pferde stieg Lafayette, der Unvergleichliche, dessengleichen die Natur nicht mehr als einmal erschaffen könnte, und den sie deshalb in ihrer ökonomischen Weise für zwei Welten und für zwei Jahrhunderte zu benutzen sucht – und nach drei heldenmütigen Tagen lag die Knechtschaft zu Boden mit ihren roten Schergen und ihren weißen Lilien; und die heilige Dreifarbigkeit, umstrahlt von der Glorie des Sieges, wehte über dem Kirchturm Unserer lieben Frauen von Paris! Da geschahen keine Greuel, da gab's kein mutwilliges Morden, da erhob sich keine allerchristlichste Guillotine, da trieb man keine gräßlichen Späße, wie z. B. bei jener famosen Rückkehr von Versailles, als man, gleich Standarten, die blutigen Köpfe des Herren von Deshuttes und von Varicourt voraustrug und in Sèvres still hielt, um sie dort von einem Citoyen-Perruquier abwaschen und hübsch frisieren zu lassen. – Nein, seit jener Zeit, schaurigen Angedenkens, hatte die französische Presse das Volk von Paris für bessere Gefühle und minder blutige Witze empfänglich gemacht, sie hatte die Ingoranz ausgejätet aus den Herzen und Intelligenz hineingesäet, die Frucht eines solchen Samens war die edle, legendenartige Mäßigung und rührende Menschlichkeit des Pariser Volks in der großen Woche – und, in der Tat! wenn Polinac späterhin nicht auch physisch den Kopf verlor, so verdankt er es einzig und allein den milden Nachwirkungen derselben Preßfreiheit, die er törichterweise unterdrücken wollte.

So erquickt der Sandelbaum mit seinen lieblichsten Düften eben jenen Feind, der frevelhaft seine Rinde verletzt hat.

Ich glaube mit diesen flüchtigen Bemerkungen genugsam angedeutet zu haben, wie jede Frage über den Charakter, den die Revolution in Deutschland annehmen möchte, sich in eine Frage über den Zustand der Zivilisation und der politischen Bildung des deutschen Volks verwandeln muß, wie diese Bildung ganz abhängig ist von der Preßfreiheit, und wie es unser ängstlichster Wunsch sein muß, daß durch letztere bald recht viel Licht verbreitet werde, ehe die Stunde kommt, wo die Dunkelheit mehr Unheil stiftet als die Leidenschaft, und Ansichten und Meinungen, je weniger sie vorher erörtert und besprochen worden, um so grauenhaft stürmischer auf die blinde Menge wirken und von den Parteien als Losungsworte benutzt werden.

„Die bürgerliche Gleichheit" könnte jetzt in Deutschland, ebenso wie einst in Frankreich, das erste Losungswort der Revolution werden, und der Freund des Vaterlandes darf wohl keine Zeit versäumen, wenn er dazu beitragen will, daß die Streitfrage „über den Adel" durch eine ruhige Erörterung geschlichtet oder ausgeglichen werde, ehe sie ungefüge Disputanten einmischen mit allzuschlagenden Beweistümern, wogegen weder die Kettenschlüsse der Polizei, noch die schärfsten Argumente der Infanterie und Kavallerie, nicht einmal die *Ultima ratio regis*, die sich leicht in eine *Ultimi ratio regis* verwandeln könnte, etwas auszurichten vermöchten. In dieser trüben Hinsicht erdachte ich die Herausgabe gegenwärtiger Schrift für ein verdienstliches Werk. Ich glaube, der Ton der Mäßigung, der darin herrscht, entspricht dem angedeuteten Zwecke. Der Verfasser bekämpft mit indischer Geduld eine Broschüre, betitelt:

"Über den Adel und dessen Verhältnis zum Bürgerstande. Von dem Grafen M. v. Moltke, königl. dänischem Kammerherrn und Mitgliede des Obergerichts zu Gottorff. Hamburg, bei Perthes und Besser. 1830."

Doch wie in dieser Broschüre, so ist auch in der Entgegnung das Thema keineswegs erschöpft, und die Hin- und Widerrede betrifft nur den allgemeinen, sozusagen dogmatischen Teil der Streitfrage. Der hochgeborene Kämpe sitzt auf seinem Tournierroß und behauptet keck die mittelalterliche Zote, daß durch adlige Zeugung ein besseres Blut entstehe als durch gemein bürgerliche Zeugung, er verteidigt die Geburtsprivilegien, das Vorzugsrecht bei einträglichen Hof-, Gesandtschafts- und Waffenämtern, womit man den Adligen dafür belohnen soll, daß er sich die große Mühe gegeben hat, geboren zu werden, und so weiter; – dagegen erhebt sich ein Streiter, der Stück vor Stück jene bestialischen und aberwitzigen Behauptungen und die übrigen noblen Ansichten herunterschlägt, und die Wahlstätte wird bedeckt mit den glänzenden Fetzen des Vorurteils und den Wappentrümmern altadliger Insolenz. Dieser bürgerliche Ritter kämpft gleichsam mit geschlossenem Visier, das Titelblatt dieser Schrift bezeichnet ihn nur mit erborgtem Namen, der vielleicht späterhin ein braver *Nom de guerre* wird. Ich weiß selbst wenig mehr von ihm zu sagen, als daß sein Vater ein Schwertfeger war und gute Klingen machte.

Daß ich selbst nicht der Verfasser dieser Schrift bin, sondern sie nur zum Druck befördere, brauche ich wohl nicht erst ausführlich zu beteuern. Ich hätte nimmermehr mit solcher Mäßigung die adeligen Prätensionen und Erblügen diskutieren können. Wie heftig wurde ich einst, als ein niedliches Gräfchen, mein bester Freund, während wir auf der Terrasse eines Schlosses spazieren gingen, die Besserblütigkeit des Adels zu beweisen suchte! Indem wir noch disputierten, beging sein Bedienter ein kleines Versehen, und der hochgeborene Herr schlug dem niedriggeborenen Knechte ins Gesicht, daß das unedle Blut hervorschoß, und stieß ihn noch obendrein die Terrasse hinab. Ich war damals zehn Jahr' jünger, und warf den edlen Grafen sogleich ebenfalls die Terrasse hinab – es war mein bester Freund, und er brach ein Bein. Als ich ihn nach seiner Genesung wiedersah – er hinkte nur noch ein bißchen – war er doch noch immer von seinem Adelsstolze nicht kuriert und behauptete frischweg: der Adel sei als Vermittler zwischen Volk und König eingesetzt, nach dem Beispiele Gottes, der zwischen sich und den Menschen die Engel gesetzt hat, die seinem Trone zunächst stehen, gleichsam ein Adel des Himmels. Holder Engel, antwortete ich, gehe mal einige Schritte auf und ab – Er tat es – und der Vergleich hinkte.

Ebenso hinkend ist ein Vergleich, den der Graf Moltke in derselben Beziehung mitteilt. Um seine Weise durch ein Beispiel zu zeigen, will ich seine eignen Worte hersetzen: „Der Versuch, den Adel aufzuheben, in welchem sich die flüchtige Achtung zu einer dauernden Gestalt verkörpert, würde den Menschen isolieren, würde ihn auf eine unsichere Höhe erheben, der es an den nötigen Bindungsmitteln an die untergeordnete Menge fehlt, würde ihn mit Werkzeugen seiner Willkür umgeben, wodurch, wie sich dieses im Oriente so oft gezeigt, die Existenz des Herrschers in eine gefahrvolle Lage gerät. Burke nennt den Adel das korinthische Kapital wohlgeordneter Staaten, und daß hierin nicht bloß eine rednerische Figur zu suchen, dafür bürgt der erhabene Geist dieses außerordentlichen Mannes, dessen ganzes Leben dem Dienste einer vernünftigen Freiheit gewidmet war."

Durch dasselbe Beispiel ließe sich zeigen, wie der edle Graf durch Halbkenntnisse getäuscht wird. Burken nämlich gebührt keineswegs das Lob, das er ihm spendet; denn ihm fehlt jene *Consistency*, welche die Engländer für die erste Tugend eines Staatsmannes halten. Burke besaß nur rhetorische Talente, womit er in der zweiten Hälfte seines Lebens die liberalen Grundsätze bekämpfte, denen er in der ersten Hälfte gehuldigt hatte. Ob er durch diesen Gesinnungswechsel die Gunst der Großen erkriechen wolle, ob Sheridan's liberale Triumphe in St. Stephan aus Depit und Eifersucht ihn bestimmten, als dessen Gegner jene mittelalterliche Vergangenheit zu verfechten, die ein ergiebigeres Feld für romantische Schilderungen und rednerische Figuren darbot, ob er ein Schurke oder ein Narr war, das weiß ich nicht. Aber ich glaube, daß es immer verdächtig ist, wenn man zu Gunsten der regierenden Gewalt seine Ansichten wechselt, und daß man dann immer ein schlechter Gewährsmann bleibt. Ein Mann, der nicht in diesem Falle ist, sagt einst: „Die Adligen sind nicht die Stützen, sondern die Karyatiden des Thrones." Ich denke, dieser Vergleich ist richtiger als der von dem Kapitel einer korinthischen Säule. Überhaupt, wir wollen letzteren so viel als möglich abweisen; es könnten sonst einige wohlbekannte Kapitalisten den kapitalen Einfall bekommen, sich anstatt des Adels als korinthisches Kapital der Staatssäulen zu erheben. Und das wäre gar der allerwiderwärtigste Anblick.

Doch ich berühre hier einen Punkt, der erst in einer späteren Schrift beleuchtet werden soll; der besondere, praktische Teil der

Streitfrage über den Adel mag alsdann ebenfalls seine gehörige Erörterung finden. Denn, wie ich schon oben angedeutet, gegenwärtige Schrift befaßt sich nur mit dem Grundsätzlichen, sie bestreitet Rechtsansprüche, und sie zeigt mir, wie der Adel im Widerspruch ist mit der Vernunft, der Zeit und mit sich selbst. Der besondere praktische Teil betrifft aber jene siegreichen Anmaßungen und faktischen Usurpationen des Adels, wodurch er das Heil der Völker so sehr bedroht und täglich mehr und mehr untergräbt. Ja, es scheint mir, als glaube der Adel selbst nicht an seine eignen Prätensionen, und schwatze sie bloß hin als Köder für bürgerliche Polemik, die sich damit beschäftigen möge, damit ihre Aufmerksamkeit und Kraft abgeleitet werde von der Hauptsache. Diese besteht nicht in der Institution des Adels als solchen, nicht in bestimmten Privilegien, nicht in Fron-, Handdienst-, Gerichts- und anderen Gerechtigkeiten und allerlei herkömmlichen Realbefreiungen; die Hauptsache besteht vielmehr in dem unsichtbaren Bündnisse aller derjenigen, die soundsoviel' Ahnen aufzuweisen haben, und die stillschweigend die Übereinkunft getroffen haben, sich aller leitenden Macht den Staaten zu bemächtigen, indem sie, gemeinschaftlich die bürgerlichen Rotüriers zurückdrängend, fast alle höhere Offizierstellen und durchaus alle Gesandtschaftsposten an sich bringen. Solchermaßen können sie die Völker durch ihre untergebenen Soldaten in Respekt halten und durch diplomatische Vehetzungskünste zwingen, gegen einander zu fechten, wenn sie die Fessel der Aristokratie abschütteln oder zu diesem Zwecke fraternisierend sich verbünden möchten.

Seit dem Beginn der französischen Revolution steht solcherweise der Adel auf Kriegsfuß gegen die Völker, und kämpfte öffentlich oder geheim gegen das Prinzip der Freiheit und Gleichheit und dessen Vertreter, die Franzosen. Der englische Adel, der durch Rechte und Besitztümer der mächtigste war, wurde Bannerführer der europäischen Aristokratie, und John Bull bezahlte dieses Ehrenamt mit seinen besten Guineen und siegte sich bankerott. Während des Friedens, der nach jenem kläglichen Sieg erfolgte, führte Östreich das noble Banner, und besorgte die Adelsinteressen, und auf jedem feigen Verträglein, das gegen den Liberalismus geschlossen wurde, prangt obenan das wohlbekannte Siegellack, und, wie ihr unglücklicher Anführer, wurden auch die Völker selber in strengem Gewahrsam gehalten, ganz Europa wurde ein Sankt Helena und Metternich war dessen Hudson Lowe. Aber nur an dem sterblichen Leib der Revolution konnte man sich rächen, nur jene menschgewordene Revolution, die mit Stiefel und Sporen und bespritzt mit Schlachtfeldblut zu einer kaiserlichen Blondine im Bett gestiegen und die weißen Laken von Habsburg befleckt hatte, nur jene Revolution konnte man an einem Magenkrebse sterben lassen; der Geist der Revolution ist jedoch unsterblich und liegt nicht unter den Trauerweiden von Longwood, und in dem großen Wochenbette des Ende Juli wurde die Revolution wiedergeboren, nicht als einzelner Mensch, sondern als ganzes Volk, und in dieser Volkwerdung spottet sie des Kerkermeisters, der vor Schrecken das Schlüsselbund aus den Händen fallen läßt. Welche Verlegenheit für den Adel! Er hat sich freilich in der langen Friedenszeit etwas erholt von den früheren Anstrengungen, und er hat seitdem als stärkende Kur täglich Eselsmilch getrunken, und zwar von der Eselin des Papstes; doch fehlt es ihm immer noch an hinlänglichen Kräften zu einem neuen Kampfe. Der englische Bull kann jetzt am wenigsten den Feinden die Spitze bieten, wie früherhin; denn der ist am meisten erschöpft, und durch das beständige Ministerwechselfieber fühlt er sich matt in allen Gliedern, und es ist ihm eine Radikalkur, wo nicht gar die Hungerkur, verordnet, und das infizierte Irland soll ihm noch obendrein amputiert werden. Östreich fühlt sich ebenfalls nicht heroisch aufgelegt, den Agamemnon des Adels gegen Frankreich zu spielen; Staberle zieht nicht gern die Kriegsuniform an und weiß sehr gut, daß seine Parapluies nicht gegen Kugelregen schützen, und dabei schrecken ihn auch jetzt die Ungarn mit ihren grimmigen Schnurrbärten, und in Italien muß er vor jedem enthusiastischen Zitronenbaum eine Schildwache stellen, und zu Hause muß er Erzherzoginnen zeugen, um im Notfall das Ungetüm, der Revolution damit abzuspeisen – „Das bringt ein Viech um", sagte Staberle.

Aber in Frankreich flammt immer mächtiger die Sonne der Freiheit und überleuchtet die ganze Welt mit ihren Strahlen – – Aber sie dringt täglich weiter, die Idee eines Bürgerkönigs ohne Hofetikette, ohne Edelknechte, ohne Kourtisanen, ohne Kuppler, ohne diamantne Trinkgelder und sonstige Herrlichkeit – Aber die Pairskammer betrachtet man schon als ein Lazarett für die Inkurablen des alten Regimes, die man nur noch aus Mitleiden toleriert und mit der Zeit ebenfalls fortschafft – Seltsame Umwandlung! in dieser Not wendet sich der Adel an denjenigen Staat, den er in der letzten Zeit als den ärgsten Feind seiner Interessen betrachtet und gehaßt, er wendet sich an Rußland. Der große Zar, der noch jüngst der Gonsaloniere der Liberalen war, indem er der feudalistischen Aristokratie feindseligst gegenüberstand und gezwungen schien, sie nächstens zu befehden, eben dieser Zar wird jetzt von eben jener Aristokratie zum Bannerführer erwählt, und er ist genötigt, ihr Vorkämpfer zu werden. Denn ruht auch der russische Staat auf dem antifeudalistischen Prinzip einer Gleichheit aller Staatsbürger, denen nicht die Geburt, sondern das erworbene Staatsamt einen Rang erteilt, so ist doch auf der andern Seite das absolute Zarentum unverträglich mit den Ideen einer konstitutionellen Freiheit, die den geringsten Untertan selbst gegen eine wohltätige fürstliche Willkür schützen kann; – und wenn Kaiser Nikolas I. wegen jenes

Prinzips der bürgerlichen Gleichheit von den Feudalisten gehaßt wurde, und obendrein, als offner Feind Englands und heimlicher Feind Östreichs, mit all seiner Macht der faktische Vertreter der Liberalen war, so wurde doch er seit dem Ende Juli der größte Gegner derselben, nachdem deren siegende Ideen von konstitutioneller Freiheit seinen Absolutismus bedrohen, und eben in seiner Eigenschaft als Autokrat weiß ihn die europäische Aristokratie zum Kampfe gegen das frank und freie Frankreich aufzureizen. Der englische Bull hat sich in einem solchen Kampfe die Hörner abgelaufen, und nun soll der russische Wolf seine Rolle übernehmen. Die hohe Noblesse von Europa weiß schlau genug das Schrecken der moskowitischen Wälder für ihre Zwecke zu benutzen und gehörig abzurichten; und den rauhen Gast schmeichelt es nicht wenig, daß er die Würde des alten, von Gottes Gnade eingesetzten Königtums verfechten soll gegen Fürstenlästrer und Adelsleugner, mit Wohlgefallen läßt er sich den mottigen Purpurmantel mit allen Goldflitterkram aus der byzantinischen Verlassenschaft um die Schulter hängen, und er läßt sich vom ehemaligen deutschen Kaiser die abgetragenen heiligen römischen Reichshosen verehren, und er setzt sich aufs Haupt die altfränkische Diamantenmütze *Caroli Magni* –

Ach! der Wolf hat die Garderobe der alten Großmutter angezogen, und zerreißt euch, arme Rotkäppchen der Freiheit!

Ist es mir doch, während ich dieses schreibe, als spritzte das Blut von Warschau bis auf mein Papier, und als hörte ich den Freudejubel der Berliner Offiziere und Diplomaten. Jubeln sie etwa zu früh? Ich weiß nicht; aber mir und uns allen ist so bang vor dem russischen Wolf und ich fürchte, auch wir deutschen Rotköpfchen fühlen bald Großmutters närrisch lange Hände und großes Maul. Dabei sollen wir uns noch obendrein marschfertig halten, um gegen Frankreich zu fechten. Heiliger Gott! Gegen Frankreich? Ja, hurra! Es geht gegen die Franzosen und die Berliner Ukasuisten und Knutologen behaupten, daß wir noch dieselben Gott-, König- und Vaterlandsretter sind wie Anno 1813, und Körner's „Leier und Schwert" soll wieder neu aufgelegt werden, Fouqué will noch einige Schlachtlieder hinzudichten, der Görres wird den Jesuiten wieder abgekauft, um den „Rheinischen Merkur" fortzusetzen, und wer freiwillig den heiligen Kampf mitmacht, kriegt Eichenlaub auf die Mütze und wird „Sie" tituliert und erhält nachher frei Theater oder soll wenigstens als Kind betrachtet werden und nur die Hälfte bezahlen, – und für patriotische Extrabemühungen soll dem ganzen Volke noch extra eine Konstitution versprochen werden.

Frei Theater ist immerhin eine schöne Sache, aber eine Konstitution wäre auch so übel nicht. Ja, wir könnten zu Zeiten ordentlich ein Gelüste danach bekommen. Nicht als ob wir der absoluten Güte oder dem guten Absolutismus unserer Monarchen mißtrauen; im

Gegenteil, wir wissen, es sind lauter charmante Leute, und ist auch mal einer unter ihnen, die dem Stande Unehre macht, wie z.B. Se. Majestät der König Don Miguel, so bildet er doch nur eine Ausnahme, und wenn die allerhöchsten Kollegen nicht seinem blutigen Skandal ein Ende machen, wie sie doch leicht könnten, so geschieht es nur, um durch den Kontrast mit solchem gekrönten Wichte noch menschenfreundlich edler dazustehen und von ihren Untertanen noch mehr geliebt zu werden. Aber eine gute Konstitution hat doch ihr Gutes, und es ist den Völkern gar nicht zu verdenken, wenn sie sogar von den besten Monarchen sich etwas Schriftliches ausbitten, wegen Leben und Sterben. Auch handelt ein vernünftiger Vater sehr vernünftig, wenn er einige heilsame Schranken baut vor den Abgründen der souveränen Macht, damit seinen Kindern nicht einst ein Unglück begegne, wenn sie auf dem hohen Pferde des Stolzes und mit prahlendem Junkergefolge allzu keck galoppieren. Ich weiß ein Königskind, das in einer schlechten adligen Reitschule schon im voraus die größten Sprünge zu wagen lernt. Für solche Königskinder muß man doppelt hohe Schranken errichten, und man muß ihnen die goldnen Sporen umwickeln, und es muß ihnen ein zahmeres Roß und eine bürgerlich bescheidenere Genossenschaft zugeteilt werden. Ich weiß eine Jagdgeschichte – bei Sankt Hubert! Und ich weiß auch jemand, der tausend Taler Preußisch Courant darum gäbe, wenn sie gelogen wäre.

Ach! die ganze Zeitgeschichte ist jetzt nur eine Jagdgeschichte. Es ist jetzt die Zeit der hohen Jagd gegen die liberalen Ideen, und die hohen Herrschaften sind eifriger als je, und ihre uniformierten Jäger schießen auf jedes ehrliche Herz, worein sich die liberalen Ideen geflüchtet, und es fehlt nicht an gelehrten Hunden, die das blutende Wort als guter Beute heranschleppen. Berlin füttert die beste Koppel, und ich höre schon, wie die Meute losbellt gegen dieses Buch.

Geschrieben den 8. März 1831

Heinrich Heine

Vorrede zum ersten Bande des „Salon"

(1833)

―――

Die nachstehenden Schriften:
  Über französische Maler,
  Memoiren des Herrn von Schnabelewopski,
  Zur Geschichte der Religion und Philosophie in Deutschland,
  Florentinische Nächte,
  Elementargeister,
  Der Rabbi von Bacharach,
  Über die französische Bühne
sowie einige Gedichte und Romanzen publizierte Heine zuerst unter dem Sammeltitel „Der Salon". Da der im übrigen willkürlichen Zusammenstellung unter diesem Titel ein weiterer organischer Zusammenhang nicht innewohnte, so wurde diese Verbindung für die Gesamtausgabe nicht beibehalten, sondern die einzelnen Abschnitte passender den „Französischen Zuständen", „Über Deutschland", „Novellistischen Fragmenten" etc. zugeteilt.

Der Herausgeber

„Ich rate Euch, Gevatter, laßt mich auf Euer Schild keinen goldenen Engel, sondern einen roten Löwen malen; ich bin mal dran gewöhnt, und Ihr werdet sehen, wenn ich Euch auch einen goldenen Engel male, so wird er doch wie ein roter Löwe aussehn."

Diese Worte eines ehrsamen Kunstgenossen soll gegenwärtiges Buch an der Stirne tragen, da sie jedem Vorwurf, der sich dagegen auffinden ließe, im voraus und ganz eingeständig begegnen. Damit alles gesagt sei, erwähne ich zugleich, daß dieses Buch, mit geringen Ausnahmen, im Sommer und Herbst 1831 geschrieben worden, zu einer Zeit, wo ich mich meistens mit den Kartons zu künftigen roten Löwen beschäftigte. Um mich her war damals viel Gebrülle und Störnis jeder Art.

Bin ich nicht heute sehr bescheiden?

Ihr könnt Euch darauf verlassen, die Bescheidenheit der Leute hat immer ihre guten Gründe. Der liebe Gott hat gewöhnlich die Ausübung der Bescheidenheit und ähnlicher Tugenden den Seinen sehr erleichtert. Es ist z.B. leicht, daß man seinen Feinden verzeiht, wenn man zufällig nicht so viel Geist besitzt, um ihnen schaden zu können, sowie es auch leicht ist, keine Weiber zu verführen, wenn man mit einer allzu schäbigen Nase gesegnet ist.

Die Scheinheiligen von allen Farben werden über manches Gedicht in diesem Buche wieder sehr tief seufzen – aber es kann ihnen nichts mehr helfen. Ein zweites, „nachwachsendes Geschlecht" hat eingesehen, daß all mein Wort und Lied aus einer großen, gottfreudigen Frühlingsidee emporblühte, die, wo nicht besser, doch wenigstens ebenso respektabel ist, wie jene triste, modrige Aschermittwochsidee, die unser schönes Europa trübselig entblumt und mit Gespenstern und Tartüffen bevölkert hat. Wogegen ich einst mit leichten Waffen frondierte, wird jetzt ein offener ernster Krieg geführt ich stehe sogar nicht mehr in den ersten Reihen.

Gottlob! die Revolution des Julius hat die Zungen gelöst, die so lange stumm geschienen; ja, da die plötzlich Erweckten alles, was sie bis dahin verschwiegen, auf einmal offenbaren wollten, so entstand viel Geschrei, welches mir mitunter gar unerfreulich die Ohren betäubte. Ich hatte manchmal nicht übel Lust, das ganze Sprechamt aufzugeben; doch das ist nicht so leicht tunlich wie etwa das Aufgeben einer geheimen Staatsratstelle, obgleich letzte mehr einbringt als das beste öffentliche Tribunat. Die Leute glauben, unser Tun und Schaffen sei eitel Wahl, aus dem Vorrat der neuen Ideen griffen wir eine heraus, für die wir sprechen und wirken, streiten und leiden wollen, wie etwa sonst ein Philolog sich seinen Klassiker auswählte, mit dessen Kommentierung er sich sein ganzes Leben hindurch beschäftigte – nein, wir ergreifen keine Idee, sondern die Idee ergreift uns, und knechtet uns, und peitscht uns in die Arena hinein, daß wir, wie gezwungene Gladiatoren, für sie kämpfen. So ist es mit jedem echten Tribunal oder Apostolat. Es war ein wehmütiges Geständnis, wenn Amos sprach zu König Amazia: „Ich bin kein Prophet, noch keines Propheten Sohn, sondern ich bin ein Kuhhirt, der Maulbeeren ablieset; aber der Herr nahm mich von der Schafherde und sprach zu mir: Gehe hin und weissage!" Es war ein wehmütiges Geständnis, wenn der arme Mönch, der vor Kaiser und Reich zu Worms angeklagt stand ob seiner Lehre, dennoch, trotz aller Demut seines Herzens, jeden Widerruf für unmöglich erklärte und mit den Worten schloß: „Hier stehe ich, ich kann nicht anders, Gott helfe mir, Amen!"

Wenn ihr diese heilige Zwingnis kenntet, ihr würdet uns nicht mehr schelten, nicht mehr schmähen, nicht mehr verleumden – wahrlich, wir sind nicht die Herren, sondern die Diener des Wortes. Es war ein wehmütiges Geständnis, wenn Maximilian Robespierre sprach: „Ich bin ein Sklave der Freiheit."

Und auch ich will jetzt Geständnisse machen. Es war nicht eitel Lust meines Herzens, daß ich alles verließ, was mir Teures im Vaterland blühte und lächelte – mancher liebte mich dort, z.B. meine Mutter – aber ich ging, ohne zu wissen warum; ich ging, weil ich mußte. Nachher ward mir sehr müde zumute; so lange vor den Juliustagen hatte ich das Prophetenamt getrieben, daß das innere Feuer mich schier verzehrt, daß mein Herz von den gewaltigen Worten, die daraus hervorgebrochen, so matt geworden wie der Leib einer Gebärerin ...

Ich dachte: – Habt meiner nicht mehr nötig, will auch einmal für mich selber leben und schöne Gedichte schreiben, Komödien und Novellen, zärtliche und heitere Gedankenspiele, die sich in meinem Hirnkasten angesammelt, und will mich wieder ruhig zurückschleichen in das Land der Poesie, wo ich als Knabe so glücklich gelebt.

Und keinen Ort hätte ich wählen können, wo ich besser imstande war, diesen Vorsatz in Ausführung zu bringen. Es war auf einer kleinen Villa dicht am Meer, nahe bei Havre-de-Grâce in der Normandie. Wunderbar schöne Aussicht auf die große Nordsee, ein ewig wechselnder und doch einfacher Anblick; heute grimmer Sturm, morgen schmeichelnde Stille; und drüberhin die weißen Wolkenzüge, riesenhaft und abenteuerlich, als wären es die spukenden Schatten jener Normannen, die einst auf diesen Gewässern ihr wildes Wesen getrieben. Unter meinem Fenster aber blühten die lieblichsten Blumen und Pflanzen: Rosen, die liebesüchtig mich anblickten, rote Nelken mit verschämt bittenden Düften, und Lorbeeren, die an die Mauer zu mir heraufrankten, fast bis in mein Zimmer hereinwuchsen, wie jener Ruhm, der mich verfolgt. Ja, einst lief ich schmachtend hinter Daphne einher, jetzt läuft Daphne nach mir, wie ein Metze, und drängt sich in mein Schlafgemach. Was ich einst begehrte, ist mir jetzt unbequem, ich möchte Ruhe haben, und wünschte, daß kein Mensch von mir spräche, wenigstens in Deutschland*). Und stille Lieder wollte ich dichten, und nur für mich, oder allenfalls um sie irgendeiner verborgenen Nachtigall vorzulesen. Es ging auch im Anfang; mein Gemüt ward wieder umfriedet von dem Geist der Dichtkunst, wohlbekannte edle Gestalten und goldene Bilder dämmerten wieder empor in meinem Gedächtnisse, ich ward wieder so traumselig, so märchentrunken, so verzaubert wie ehemals, und ich brauchte nur mit ruhiger Feder alles aufzuschreiben, was ich eben fühlte und dachte – ich begann.

Nun aber weiß jeder, daß man bei solcher Stimmung nicht immer ruhig im Zimmer sitzen bleibt, und manchmal mit begeistertem Herzen und glühenden Wangen ins freie Feld läuft, ohne auf Weg und Steg zu achten. So erging's auch mir, und, ohne zu wissen wie, befand ich mich plötzlich auf der Landstraße von Havre, und vor mir her zogen hoch und langsam mehrere große Bauernwagen, bepackt mit allerlei ärmlichen Kisten und Kasten, altfränkischem Hausgeräte, Weibern und Kindern. Nebenher gingen die Männer, und nicht gering war meine Überraschung,, als ich sie sprechen hörte – sie sprachen Deutsch, in schwäbischer Mundart. Leicht begriff ich, daß diese Leute Auswanderer waren, und als ich sie näher betrachtete, durchzuckte mich ein jähes Gefühl, wie ich es noch nie in meinem Leben empfunden; alles Blut stieg mir plötzlich in die Herzkammern und klopfte gegen die Rippen, als müsse es heraus aus der Brust, als müsse es so schnell als möglich heraus, und der Atem stockte mir in der Kehle. Ja, es war das Vaterland selbst, das mir begegnete, auf jenen Wagen saß das blaue Deutschland, mit seinen ernstblauen Augen, seinen traulichen, allzu bedächtigen Gesichtern, in den Mundwinkeln noch jene kümmerliche Beschränktheit, über die ich mich einst so sehr gelangweilt und geärgert, die mich aber jetzt gar wehmütig rührte – denn hatte ich einst, in der blühenden Lust der Jugend, gar oft die heimatlichen Verkehrtheiten und Philistereien verdrießlich durchgehechelt, hatte ich einst mit dem glücklichen, bürgermeisterlich gehäbigen, schneckenhaft trägen Vaterlande manchmal einen kleinen Haushader zu bestehen, wie er in großen Familien wohl vorfallen kann: so war doch all dergleichen Erinnerung in meiner Seele erloschen, als ich das Vater-

---

*) Die Worte: „wenigstens in Deutschland" fehlen in den französischen Ausgaben. **Der Herausgeber.**

land in Elend erblickte, in der Fremde, im Elend; selbst seine Gebrechen wurden mir plötzlich teuer und wert, selbst mit seinen Krähwinkeleien war ich ausgesöhnt, und ich drückte ihm die Hand, ich drückte die Hand jener deutschen Auswanderer, als gäbe ich dem Vaterland selber den Handschlag eines erneuten Bündnisses der Liebe, und wir sprachen Deutsch. Die Menschen waren ebenfalls sehr froh, auf einer fremden Landstraße diese Laute zu vernehmen; die besorglichen Schatten schwanden von ihren Gesichtern, und sie lächelten beinahe. Auch die Frauen, worunter manche recht hübsch, riefen mir ihr gemütliches „Griesch di Gott!" vom Wagen herab, und die jungen Bübli grüßten errötend höflich, und die ganz kleinen Kinder jauchzten mich an mit ihren zahnlosen lieben Mündchen. Und warum habt ihr denn Deutschland verlassen? fragte ich diese armen Leute. „Das Land ist gut und wären gern dageblieben", antworteten sie, „aber wir konnten's nicht länger aushalten" –

Nein, ich gehöre nicht zu den Demagogen, die nur die Leidenschaft aufregen wollen, und ich will nicht alles wiedererzählen, was ich auf jener Landstraße bei Havre unter freiem Himmel gehört habe über den Unfug der hochnobeln und allerhöchst nobeln Sippschaften in der Heimat – auch lag die größere Klage nicht im Wort selbst, sondern im Ton, womit es schlicht und grad gesprochen, oder vielmehr geseufzt wurde. Auch jene armen Leute waren keine Demagogen; die Schlußrede ihrer Klage war immer: „Was sollten wir tun? Sollten wir eine Revolution anfangen?

Ich schwöre es bei allen Göttern des Himmels und der Erde, der zehnte Teil von dem, was jene Leute in Deutschland erduldet haben, hätte in Frankreich sechsunddreißig Revolutionen hervorgebracht, und sechsunddreißig Königen die Krone mitsamt dem Kopf gekostet.

„Und wir hätten es doch noch ausgehalten und wären nicht fortgegangen", bemerkte ein achtzigjähriger, also doppelt vernünftiger Schwabe, „aber wir taten es wegen der Kinder. Die sind noch nicht so stark wie wir an Deutschland gewöhnt, und können vielleicht in der Fremde glücklich werden; freilich, in Afrika werden sie auch manches ausstehen müssen."

Diese Leute gingen nämlich nach Algier, wo man ihnen unter günstigen Bedingungen eine Strecke Landes zur Kolonisierung versprochen hatte. „Das Land soll gut sein", sagten sie, „aber wie wir hören, gibt es dort viel' giftige Schlangen, die sehr gefährlich, und man hat dort viel auszustehen von den Affen, die die Früchte vom Felde naschen und gar die Kinder stehlen und mit sich in die Wälder schleppen. Das ist grausam. Aber zu Hause ist der Amtmann auch giftig, wenn man die Steuer nicht bezahlt, und das Feld wird einem von Wildschaden und Jagd noch weit mehr ruiniert und unsere Kinder wurden unter die Soldaten gesteckt – Was sollten wir tun? Sollten wir eine Revolution anfangen?"

Zur Ehre der Menschlichkeit muß ich hier des Mitgefühls erwähnen, daß, nach der Aussage jener Auswanderer, ihnen auf ihren Leidensstationen durch ganz Frankreich zuteil wurde. Die Franzosen sind nicht bloß das geistreichste, sondern auch das barmherzigste Volk. Sogar die Ärmsten suchten diesen unglücklichen Fremden irgendeine Liebe zu erzeigen, gingen ihnen tätig zu Hand beim Aufpacken und Abladen, liehen ihnen ihre kupfernen Kessel zum Kochen, halfen ihnen Holz spalten, Wasser tragen und waschen. Habe mit eigenen Augen gesehen, wie ein französisch Bettelweib einem armen kleinen Schwäbchen ein Stück von ihrem Brot gab, wofür ich mich auch herzlich bei ihr bedankte. Dabei ist noch zu bemerken, daß die Franzosen nur das materielle Elend dieser Leute kennen; jene können eigentlich gar nicht begreifen, warum diese Deutschen ihr Vaterland verlassen. Denn wenn den Franzosen die landesherrlichen Plackereien so ganz unerträglich werden, oder auch nur etwas allzu stark beschwerlich fallen, dann kommt ihnen doch nie in den Sinn, die Flucht zu ergreifen, sondern sie geben vielmehr ihren Drängern den Laufpaß, sie werfen sie zum Lande hinaus und bleiben hübsch selber im Lande, mit einem Wort: sie fangen eine Revolution an.

Was mich betrifft, so blieb mir durch jene Begegnung ein tiefer Kummer, eine schwarze Traurigkeit, eine bleierne Verzagnis im Herzen, dergleichen ich nimmermehr mit Worten zu beschreiben vermag. Ich, der eben noch so übermütig wie ein Sieger taumelte, ich ging jetzt so matt und krank einher wie ein gebrochener Mensch. Es war dieses wahrhaftig nicht die Wirkung eines plötzlich aufgeregten Patriotismus. Ich fühlte, es war etwas Edleres, etwas Besseres. Dazu ist mir seit langer Zeit alles fatal, was den Namen Patriotismus trägt. Ja, es konnte mir einst sogar die Sache selber einigermaßen verleidet werden, als ich den Mummenschanz jener schwarzen Narren erblickte, die aus dem Patriotismus ordentlich ins Handwerk gemacht, und sich auch eine angemessene Handwerkstracht zugelegt und sich wirklich in Meister, Gesellen und Lehrlinge eingeteilt, und ihre Zunftgrüße hatten, womit sie im Lande fechten gingen. Ich sage „Fechten" im schmutzigsten Knotensinne; den das eigentliche Fechten mit dem Schwerte gehörte nicht zu ihren Handwerksbräuchen. Vater Jahn, der Herbergsvater Jahn, war im Kriege, wie männiglich bekannt, ebenso feige wie albern. Gleich dem Meister, waren auch die meisten Gesellen nur gemeine Naturen, schmierige Heuchler, deren Grobheit nicht einmal echt war. Sie wußten sehr gut, daß deutsche Einfalt noch immer die Grobheit für ein Kennzeichen des Mutes und der Ehrlichkeit ansieht, obgleich ein Blick in unsere Zuchthäuser hinlänglich belehrt, daß es auch grobe Schurken und grobe Memmen gibt. In Frankreich ist der Mut höflich und gesittet, und die Ehrlichkeit trägt Handschuh' und zieht den Hut ab. In Frankreich besteht auch der Patriotismus in der

Liebe für ein Geburtsland, welches auch zugleich die Heimat der Zivilisation und es humanen Fortschritts. Obgedachter deutscher Patriotismus hingegen bestand in einem Hasse gegen die Franzosen, in einem Hasse gegen Zivilisation und Liberalismus. Nicht wahr, ich bin ein Patriot, denn ich lobe Frankreich?

Es ist eine eigene Sache mit dem Patriotismus, mit der wirklichen Vaterlandsliebe. Man kann sein Vaterland lieben und achtzig Jahr' dabei alt werden, und es nie gewußt haben; aber man muß dann auch zu Hause geblieben sein. Das Wesen des Frühlings erkennt man erst im Winter, und hinter dem Ofen dichtet man die besten Mailieder. Die Freiheitsliebe ist eine Kerkerblume, und erst im Gefängnisse fühlt man den Wert der Freiheit. So beginnt die deutsche Vaterlandsliebe erst an der deutschen Grenze, vornehmlich aber beim Anblick deutschen Unglücks in der Fremde. In einem Buche, welches mir eben zur Hand liegt und die Briefe einer verstorbenen Freundin enthält, erschütterte mich gestern die Stelle, wo sie in der Fremde den Eindruck beschreibt, den der Anblick ihrer Landsleute im Kriege 1813 in ihr hervorbrachte. Ich will die lieben Worte hierher setzen:

„Den ganzen Morgen hab' ich häufige, bittere Tränen der Rührung und Kränkung geweint" O, ich habe es nie gewußt, daß ich mein Land so liebe! Wie einer, der durch Physik den Wert des Blutes etwa nicht kennt; – wenn man's ihm abzieht, wird er doch hinstürzen."

Das ist es. Deutschland, das sind wir selber. Und darum wurde ich plötzlich so matt und krank beim Anblick jener Auswanderer, jener großen Blutströme, die aus den Wunden des Vaterlandes rinnen und sich in den afrikanischen Sand verlieren. Das ist es; es war wie ein leiblicher Verlust, und ich fühlte in der Seele einen fast physischen Schmerz. Vergebens beschwichtigte ich mich mit vernünftigen Gründen: Afrika ist auch ein gutes Land, und die Schlangen dort züngeln nicht viel von christlicher Liebe, und die Affen dort sind nicht so widerwärtig wie die deutschen Affen – und zur Zerstreuung summte ich mir ein Lied vor. Zufällig aber war es das alte Lied von Schubart:

„. . . . .
Wir sollen über Land und Meer
Ins heiße Afrika.
. . . .
An Deutschlands Grenzen füllen wir
Mit Erde noch die Hand,
Und küssen sie – das sei dein Dank
Für Schirmung, Pflege, Speis' und Trank,
Du liebes Vaterland!"

Nur diese Worte des Liedes, das ich in meiner Kindheit gehört, blieben immer in meinem Gedächtnis, und sie traten mir jedesmal in den Sinn, wenn ich an Deutschlands Grenze kam. Von dem Verfasser weiß ich auch nur wenig, außer daß er ein armer deutscher Dichter war, und den größten Teil seines Lebens auf der Festung saß und die Freiheit liebte. Er ist nun tot und längst vermodert, aber sein Lied lebt noch; denn das Wort kann man nicht auf die Festung setzen und vermodern lassen.

Ich versichere euch, ich bin kein Patriot, und wenn ich an jenem Tage geweint habe, so geschah es wegen des kleinen Mädchens. Es war schon gegen Abend, und ein kleines deutsches Mädchen, welches ich vorher schon unter den Auswanderern bemerkt, stand allein am Strande, wie versunken in Gedanken, und schaute hinaus ins weite Meer. Die Kleine mochte wohl acht Jahr' alt sein, trug zwei niedlich geflochtene Haarzöpfchen, ein schwäbisch kurzes Röckchen von wohlgestreiftem Flanell, hatte ein bleich kränkelndes Gesichtchen, groß ernsthafte Augen, und mit weich besorgter, jedoch zugleich neugieriger Stimme frug sie mich, ob das das Weltmeer ist. – –

Bis tief in die Nacht stand ich am Meer und weinte. Ich schäme mich nicht dieser Tränen. Auch Achilles weinte am Meer, und die silberfüßige Mutter mußte aus den Wellen emporsteigen, um ihn zu trösten. Auch ich hörte eine Stimme im Wasser, aber minder trostreich, vielmehr aufweckend, gebietend, und doch grundweise. Denn das Meer weiß alles, die Sterne vertrauen ihm des Nachts die verborgensten Rätsel des Himmels, in seiner Tiefe liegen mit den fabelhaft versunkenen Reichen auch die uralten, längst verschollenen Sagen der Erde, an allen Küsten lauscht es mit tausend neugierigen Wellenohren, und die Flüsse, die zu ihm hianbströmen, bringen ihm alle Nachrichten, die sie in den entferntesten Binnenlanden erkundet oder gar aus dem Geschwätze der kleinen Bäche und Bergquellen erhorcht haben. – Wenn einem aber das Meer seine Geheimnisse offenbart und einem das große Welterlösungswort ins Herz geflüstert, dann ade, Ruhe! Ade, stille Träume! Ade, Novellen und Komödien, die ich schon so hübsch begonnen, und die nun schwerlich so bald fortgesetzt werden!

Die goldenen Engelsfarben sind seitdem auf meiner Palette fast eingetrocknet, und flüssig blieb darauf nur ein schreiendes Rot, das wie Blut aussieht, und womit man nur rote Löwen malt. Ja, mein nächstes Buch wird wohl ganz und gar ein roter Löwe werden, welches ein verehrungswürdiges Publikum nach obigem Geständnisse gefälligst entschuldigen möge. –

Paris, den 17. Oktober 1833

Heinrich Heine

Über den Denunzianten

―――――

Vorwort

zum dritten Teile des „Salon"
(1837)

―――――

―――――

Ich habe diesem Buche einige sehr unerfreuliche Bemerkungen voranzuschicken, und vielmehr über das, was es nicht enthält, als über den Inhalt selbst mich auszusprechen. Was letzteren betrifft, so steht zu berichten, daß ich von den „Florentinischen Nächten" die Fortsetzung, worin mancherlei Tagesinteressen ihr Echo fanden, nicht mitteilen konnte. Die „Elementargeister" sind nur die deutsche Bearbeitung eines Kapitels aus meinem Buche „De l'Alemagne"; alles, was ins Gebiet der Politik und der Staatsreligion hinüberspielte, ward gewissenhaft ausgemerzt, und nichts blieb übrig, als einen Reihe harmloser Märchen, die, gleich den Novellen des Decamerone, dazu dienen könnten, jene pestikenzielle Wirklichkeit, die uns dermalen umgibt, für einige Stunden zu vergessen. Das Gedicht, welches am Schlusse des Buches*), habe ich selber verfaßt, und ich denke, es wird meinen Feinden viel Vergnügen machen; ich habe kein besseres geben können. Die Zeit der Gedichte ist überhaupt bei mir zu Ende, ich kann wahrhaftig kein gutes Gedicht mehr zutage fördern, und die Kleindichter in Schwaben, statt mir zu grollen, sollten sie mich vielmehr brüderlichst in ihrer Schule aufnehmen ... Das wird auch wohl das Ende des Spaßes sein, daß ich in der schwäbischen Dichterschule, mit Fallhütchen auf dem Kopf, neben den andern auf das kleine Bänkchen zu sitzen komme und das schöne Wetter besinge, die Frühlingssonne, die Maienwonne, die Gelbveiglein und die Quetschenbäume. Ich hatte längst eingesehen, daß es mit den Versen nicht mehr recht vorwärts ging, und deshalb verlege ich mich auf gute Prosa. Da man aber in der Prosa nicht ausreicht mit dem schönen Wetter, Frühlingssonne, Maienwonne, Gelbveiglein und Quetschenbäume, so mußte ich auch für die neue Form einen neuen Stoff suchen; dadurch geriet ich auf die unglückliche Idee, mich mit Ideen zu beschäftigen, und ich dachte nach über die innere Bedeutung der Erscheinungen, über die letzten Gründe der Dinge, über die Bestimmung des Menschengeschlechts, über die Mittel, wie man die Leute besser und glücklicher machen kann, usw. Die Begeisterung, die ich von Natur für

---

*) Das Tannhäuserlied, abgedruckt in den „Neuen Geschichten".
Der Herausgeber.

diese Stoffe empfand, erleichterte mir ihre Behandlung, und ich konnte bald in einer äußerst schönen, vortrefflichen Prosa meine Gedanken darstellen ... Aber ach! Als ich es endlich im Schreiben so weit gebracht hatte, da ward mir das Schreiben selber verboten. Ihr kennt den Bundestagsbefehl vom Dezember 1835, wodurch meine ganze Schriftstellerei mit dem Interdikte belegt ward. Ich weinte wie ein Kind! Ich hatte mir so viel Mühe gegeben mit der deutschen Sprache, mit dem Akkusativ und Dativ, ich wußte die Worte so schön aneinander zu reihen, wie Perl an Perl, ich fand schon Vergnügungen an dieser Beschäftigung, sie verkürzte mir die langen Winterabende des Exils, ja, wenn ich deutsch schrieb, so konnte ich mir einbilden, ich sei in der Heimat bei der Mutter ... Und nun ward mir das Schreiben verboten! Ich war sehr weich gestimmte, als ich an den Bundestag jene Bittschrift schrieb, die ihr ebenfalls kennt, und die von manchem unter euch als gar zu untertänig getadelt worden. Meine Konsulenten, deren Responsa ich bei diesem Ereignisse einholte, waren alle der Meinung, ich müßte ein groß Spektakel erheben, große Memoiren anfertigen, darin beweisen: „daß hier ein Eingriff in Eigentumsrechte stattfände, daß man mir nur durch richterlichen Urteilsspruch die Ausbeutung meiner Besitztümer, meiner schriftstellerischen Fähigkeiten, untersagen könne, daß der Bundestag kein Gerichtshof und zu richterlichen Erkenntnissen nicht befugt sei, daß ich protestieren, künftigen Schadenersatz verlangen, kurz Spektakel machen müsse." Zu dergleichen fühlte ich mich aber keineswegs aufgelegt, ich hege die größte Abneigung gegen alle deklamatorische Rechthaberei, und ich kannte zu gut den Grund der Dinge, um durch die Dinge selbst aufgebracht zu sein. Ich wußte im Herzen, daß es durchaus nicht darauf abgesehen war, durch jenes Interdikt mich persönlich zu kränken; ich wußte, daß der Bundestag, nur die Beruhigung Deutschlands beabsichtigend, aus bester Vorsorge für das Gesamtwohl gegen den einzelnen mit Härte verfuhr; ich wußte, daß es der schnödesten Angeberei gelungen war, einige Mitglieder der erlauchten Versammlung, handelnde Staatsmänner, die sich in der Lektüre meiner neueren Schriften gewiß wenig beschäftigen konnten, über den Inhalt derselben irre zu leiten und ihnen glauben zu machen, ich sei das Haupt meiner Schule, welche sich zum Sturze aller bürgerlichen und moralischen Institutionen verschworen habe ... Und in diesem Bewußtsein schrieb ich nicht eine Protestation, sondern eine Bittschrift an den Bundestag, worin ich, weit entfernt, seine oberrichterlichen Befugnisse in Abrede zu stellen, den betrübsamen Beschluß als ein Kontumazialurteil betrachtete, und, auf alten Präzedenzien fußend, demütigst bat, mich gegen die im Beschlusse angeführten Beschuldigungen vor den Schranken der erlauchten Versammlung verteidigen zu dürfen. Von der Gefährdung meiner pekuniären Interessen tat ich keine Erwähnung. Eine gewisse Scham hielt mich davon ab. Nichtsdestoweniger haben viele edle Menschen in Deutschland, wie ich aus manchen errötenden Stellen ihrer Trostbriefe ersah, aufs tiefste gefühlt, was ich verschwieg. Und in der Tat, wenn es schon hinlänglich betrübsam ist, daß ich, ein Dichter Deutschlands, fern vom Vaterlande, im Exile leben muß, so wird es gewiß jeden fühlenden Menschen doppelt schmerzen, daß ich jetzt noch obendrein meines literarischen Vermögens beraubt werde, meines geringen Poetenvermögens, das mich in der Fremde wenigstens gegen physisches Elend schützen konnte.

Ich sage dieses mit Kummer, aber nicht mit Unmut. Denn wen sollte ich anklagen? Nicht die Fürsten; denn, ein Anhänger des monarchischen Prinzips, ein Bekenner der Heiligkeit des Königtums, wie ich mich seit der Juliusrevolution, trotz dem bedenklichsten Gebrülle meiner Umgebung, gezeigt habe, möchte ich wahrlich nicht mit meinen besonderen Beklagnissen dem verwerflichen Jakobinismus einigen Vorschub leisten. Auch nicht die Räte der Fürsten kann ich anklagen; denn, wie ich aus den sichersten Quellen erfahre, haben viele der höchsten Staatsmänner den exzeptionellen Zustand, worin man mich versetzt, mit würdiger Teilnahme bedauert und baldigste Abhilfe versprochen; ja, ich weiß es, nur wegen der Langsamkeit des Geschäftsganges ist diese Abhilfe noch nicht gesetzlich an den Tag getreten, und vielleicht, während ich diese Zeilen schreibe, wird dergleichen in Deutschland zu meinen Gunsten promulgiert. Selbst entschiedenste Gegner unter den deutschen Staatsmännern haben mir wissen lassen, daß die Strenge des erwähnten Bundestagsbeschlusses nicht den ganzen Schriftsteller treffen sollte, sondern nur den politischen und religiösen Teil desselben, der poetische Teil desselben dürfe sich unverhindert aussprechen in Gedichten, Dramen, Novellen, in jenen schönen Spielen der Phantasie, für welche ich so viel Genie besitze ... Ich könnte fast auf den Gedanken geraten, man wolle mir einen Dienst leisten und mich zwingen, meine Talente nicht für undankbare Themata zu vergeuden ... In der Tat, sie waren sehr undankbar, haben mir nichts als Verdruß und Verfolgungen zugezogen ... Gottlob! ich werde mit Gendarmen auf den besseren Weg geleitet, und bald werde ich bei euch sein, ihr Kinder der schwäbischen Schule, und wenn ich nicht auf der Reise den Schnupfen bekomme, so sollt ihr euch freuen, wie fein meine Stimme, wenn ich mit euch das schöne Wetter besinge, die Frühlingssonne, die Maienwonne, die Gelbveiglein, die Quetschenbäume.

Dieses Buch diene schon als Beweis meines Fortschreitens nach hinten. Auch hoffe ich, die Herausgabe desselben wird weder oben noch unten zu meinem Nachteile mißdeutet werden. Das Manuskript war zum größten Teile schon seit einem Jahre in den Händen meines Buchhändlers, ich hatte schon seit anderthalb Jahren mit demselben über die Herausgabe stipuliert, und es war mir nicht möglich, diese zu unterlassen.

Ich werde zu einer andern Zeit mich ausführlicher über diesen Umstand aussprechen, er steht nämlich in einiger Verbindung mit jenen Gegenständen, die meine Feder nicht berühren soll. Dieselbe Rücksicht verhindert mich, mit klaren Worten das Gespinnste von Verleumdungen zu beleuchten, womit es einer in den Annalen deutscher Literatur unerhörten Angeberei gelungen ist, meine Meinungen als staatsgefährlich zu denunzieren und das erwähnte Interdikt gegen mich zu veranlassen. Wie und in welcher Weise dieses geschehen, ist notorisch, auch ist der Denunziant, der literarische Mouchard, schon längst der öffentlichen Verachtung verfallen; es ist purer Luxus, wenn nach so viel' edlen Stimmen des Unwillens auch ich noch hinzutrete, um über das klägliche Haupt des Herrn Wolfgang Menzel in Stuttgart die Ehrlosigkeit, die Infamia, auszusprechen. Nie hat deutsche Jugend einen ärmeren Sünder mit witzigeren Ruten gestrichen und mit glühenderem Hohne gebrandmarkt! Er dauert mich wahrlich, der Unglückliche, dem die Natur ein kleines Talent und Cotta ein großes Blat anvertraut hatte, und der beides so schmutzig, so miserabel mißbrauchte!

Ich lasse es dahingestellt sein, ob es das Talent oder das Blatt war, wodurch die Stimme des Herrn Menzel so weitreichend gewesen, daß seine Denunziation so betrübsam wirken konnte, daß beschäftigte Staatsmänner, die eher Literaturblätter als Bücher lesen, ihm aufs Wort glaubten. So viel weiß ich, sein Worte mußte um so lauter erschallen, je ängstlichere Stille damals in Deutschland herrschte ... Die Stimmführer der Bewegungspartei hielten sich in einem klugen Schweigen versteckt oder saßen in wohlvergittertem Gewahrsam und harrten ihres Urteils, vielleicht des Todesurteils ... Höchstens hörte man manchmal das Schluchzen einer Mutter, deren Kind in Frankfurt die Konstablerwache mit dem Bajonette eingenommen hatte und nicht mehr hinaus konnte, ein Staatsverbrechen, welches gewiß ebenso unbesonnen wie strafwürdig war und den feinöhrigsten Argwohn der Regierungen überall rechtfertigte ... Herr Menzel hatte sehr gut seine Zeit gewählt zur Denunziation jener großen Verschwörung, die unter dem Namen „Das junge Deutschland" gegen Thron und Altar gerichtet ist und in dem Schreiber dieser Blätter ihr gefährlichstes Oberhaupt verehrt.

Sonderbar! Und immer ist es die Religion, und immer die Moral, und immer der Patriotismus, womit alle schlechten Subjekte ihre Angriffe beschönigen! Sie greifen uns an, nicht aus schäbigen Privatinteressen, nicht aus Schriftstellerneid, nicht aus angebornem Knechtsinn, sondern um den lieben Gott, um die guten Sitten und das Vaterland zu retten. Herr Menzel, welcher jahrelang, während er mit Herrn Gutzkow befreundet war, mit kummervollem Stillschweigen zugesehen, wie die Religion in Lebensgefahr schwebte, gelangt plötzlich zur Erkenntnis, daß das Christentum rettungslos verloren sei, wenn er nicht schleunigst das Schwert ergreift und dem Gutzkow von hinten ins Herz stößt. Um das Christentum selber zu retten, muß er freilich ein bißchen unchristlich handeln; doch die Engel im Himmel und die Frommen auf der Erde werden ihm die kleinen Verleumdungen und sonstigen Hausmittelchen, die der Zweck heiligt, gern zugute halten.

Wenn einst das Christentum wirklich zugrunde ginge (vor welchem Unglück uns die ewigen Götter bewahren wollen!), so würden es wahrlich nicht seine Gegner sein, denen man die Schuld davon zuschreiben müßte. Auf jeden Fall hat sich unser Herr und Heiland, Jesus Christus, nicht bei Herrn Menzel und dessen bayrischen Kreuzbrüdern zu bedanken, wenn seine Kirche auf ihrem Felsen stehen bleibt! Und ist Herr Menzel wirklich ein guter Christ, ein besserer Christ als Gutzkow und das sonstige junge Deutschland? Glaubt er alles, was in der Bibel steht? Hat er immer die Lehren des Bergpredigers strenge befolgt? Hat er immer seinen Feinden verziehen, nämlich allen denen, die in der Literatur eine glänzendere Rolle spielten als er? Hat Herr Menzel seine linke Wange sanftmütig hingehalten, als ihm der Buchhändler Frankh auf die rechte Wange eine Ohrfeige oder schwäbisch zu sprechen, eine Maulschelle gegeben? Hat Herr Menzel Witwen und Waisen immer gut rezensiert? War er jemals ehrlich, war sein Wort immer Ja oder Nein? Wahrlich nein, nächst einer geladenen Pistole hat Herr Menzel nie etwas mehr gescheut als die Ehrlichkeit der Rede, er war immer ein zweideutiger Duckmäuser, halb Hase, halb Wetterfahne, grob und windig zu gleicher Zeit, wie ein Polizeidiener. Hätte er in jenen ersten Jahrhunderten gelebt, wo einst Christ mit seinem Blute Zeugnis geben mußte für die Wahrheit des Evangeliums, da wäre er wahrlich nicht als Verteidiger desselben aufgetreten, sondern vielmehr als der Ankläger derer, die sich zum Christentume bekannten, und die man damals des Atheismus und der Immoralität beschuldigte. Wohnte Herr Menzel in Peking statt in Stuttgart, so schriebe er jetzt vielleicht lange delatorische Artikel gegen „das junge China", welches, wie aus den jüngsten Dekreten der chinesischen Regierung hervorgeht, eine Rotte von Bösewichtern zu sein scheint, die durch Schrift und Wort das Christentum verbreiten, und deshalb von den Mandarinen es himmlischen Reiches für die gefährlichsten Feinde der bürgerlichen Ordnung und der Moral erklärt werden.

Ja, nächst der Religion ist es die Moral, für deren Untergang Herr Menzel zittert. Ist er vielleicht wirklich so tugendhaft, der unerbittliche Sittenwart von Stuttgart? Eine gewisse physische Moralität will ich Herrn Menzel keineswegs absprechen. Es ist schwer, in Stuttgart nicht moralisch zu sein. In Paris ist es schon leichter, das weiß Gott! Es ist eine eigne Sache mit dem Laster. Die Tugend kann jeder allein üben, er hat niemand dazu nötig als sich selber; zu dem Laster aber gehören immer Zwei. Auch wird Herr Menzel von seinem Äußern auf glänzendste unterstützt, wenn er das Laster fliehen will. Ich habe eine zu vorteilhafte Meinung von dem guten Geschmacke des Lasters, als daß ich glauben dürfte, es würde jemals einem Menzel nachlaufen. Der arme Goethe war nicht so glücklich begabt, und es war ihm nicht vergönnt, immer tugendhaft zu bleiben. Die schwäbische Schule sollte ihrem nächsten Musenalmanach das Bildnis des Herrn Menzel voransetzen; es wäre sehr belehrsam. Das Publikum würde gleich bemerken: er sieht gar nicht aus wie Goethe. Und mit noch größerer Verwunderung würde man bemerken: dieser Held des Deutschtums, dieser Vorkämpe des Germanismus, sieht gar nicht aus wie ein Deutscher, sondern wie ein Mongole ... jeder Backenknochen ein Kalmuck!

Dieses ist nun freilich verdrießlich für einen Mann, der beständig auf Nationalität pocht, gegen alles Fremdländische unaufhörlich loszieht und unter lauter Teutomanen lebt, die ihn nur als einen nützlichen Verbündeten, jedoch keineswegs als einen reinen Stammgenossen betrachten. Wir aber sind keine altdeutsche Racenmäkler, wir betrachten die ganze Menschheit als eine große Familie, deren Mitglieder ihren Wert nicht durch Hautfarbe und Knochenbau, sondern durch die Triebe ihrer Seele, durch ihre Handlungen offenbaren. Ich würde gern, wenn es Herrn Menzel Vergnügen machte, ihm zugestehen, daß er ein makelloser Abkömmling Teut's, wo nicht gar ein legitimer Enkel Hermann's und Thusneldens sei, wenn nur sein Inneres, sein Charakter, seine Handlungen eine solche Annahme rechtfertigen könnten: aber diese widersprechen seinem Germanentume noch weit bedenklicher als sein Gesicht.

Die erste Tugend der Germanen ist eine gewisse Treue, eine gewisse schwerfällige, aber rührend großmütige Treue. Der Deutsche schlägt sich selbst für die schlechteste Sache, wenn er einmal Handgeld empfangen, oder auch nur im Rausche seinen Beistand versprochen; er schlägt sich alsdann mit seufzendem Herzen, aber er schlägt sich; wie auch die bessere Überzeugung in seiner Brust murre, er kann sich doch nicht entschließen, die Fahne zu verlassen, und er verläßt sie am allerwenigsten, wenn seine Partei in Gefahr oder vielleicht gar von feindlicher Übermacht umzingelt ist ... Daß er alsdann zu den Gegnern überliefe ist weder dem deutschen Charakter angemessen, noch dem Charakter irgendeines anderen Volkes ... Aber in diesem Falle noch gar als Denunziant zu agieren, das kann nur ein Schurke.

Und auch eine gewisse Scham liegt im Wesen der Germanen;

gegen den Schwächeren oder Wehrlosen wird er nimmermehr das Schwert ziehen, und den Feind, der gebunden und geknebelt zu Boden liegt, wird er nicht antasten, bis derselbe seiner Bande entledigt und wieder auf freien Füßen steht. Herr Menzel aber schwang seinen Flamberg am liebsten gegen Weiber, er hat sie zu Dutzenden niedergesäbelt, die deutschen Schriftstellerinnen, arme Wesen, die, um Brot für ihre Kinder zu erwerben, zur Feder gegriffen und der rohen öffentlichen Verspottung nichts als heimliche Tränen entgegensetzen konnten! Er hat gewiß uns Männern einen wichtigen Dienst geleistet, indem er uns von der Konkurrenz der weiblichen Schriftsteller befreite, er hat vielleicht auch der Literatur dadurch genützt, aber ich möchte in einem solchen Feldzuge meine Sporen nimmermehr erworben haben. Auch gegen Herrn Gutzkow, und wäre Gutzkow ein Vatermörder gewesen, hätte ich nicht meine Philippika donnern mögen, während er im Kerker lag oder gar vor Gericht stand. Und ich bin weit davon entfernt, auf alle germanischen Tugenden Anspruch zu machen, vielleicht am wenigsten auf eine gewisse Ehrlichkeit, die ebenfalls als ein besonderes Kennzeichen des Germanentums zu betrachten ist. Ich habe manchem Thoren ins Gesicht gesagt, er sei ein Weiser, aber ich tat es aus Höflichkeit. Ich habe manchen Verständigen einen Esel gescholten, aber ich tat es aus Haß. Niemals habe ich mich der Zweideutigkeit beflissen, ängstlich die Ereignisse abwartend, in der Politik wie im Privatleben, und gar niemals lag meinen Worten ein erbärmlicher Eigennutz zum Grunde. Von der Menzel'schen Politik in der Politik darf ich hier nicht reden, wegen der Politik. Übrigens ist das öffentliche Leben des Herrn Menzel sattsam bekannt, und jeder weiß, daß sein Betragen als württembergischer Deputierter ebenso heuchlerisch wie lächerlich. Über sein Privatschelmenleben kann ich, schon wegen Mangel an Raum, ebenfalls nicht reden. Auch seiner literarischen Gaunerstreiche will ich hier nicht erwähnen; es wäre zu langweilig, wenn ich ausführlich zeigen müßte, wie Herr Menzel, der ehrliche Mann, von den Autoren, die er kritisiert, ganz andere Dinge zitiert, als in ihren Büchern stehen, wie er, statt der Originalworte, lauter sinnverfälschende Synonyme liefert usw. Nur die kleine humoristische Anekdote, wie nämlich Herr Menzel dem alten Baron Cotta seine „Deutsche Literatur" zum Verlag anbot, kann ich des Spaßes wegen nicht unerwähnt lassen. Das Manuskript dieses Buches enthielt am Schlusse die großartigsten Lobsprüche auf Cotta, die jedoch keineswegs denselben verleiteten, das geforderte Honorar dafür zu bewilligen. Es schmeichelte aber immerhin den seligen Baron, sich mal recht tüchtig gelobt zu sehen, und als bald darauf das Buch bei Gebrüder Frankh herauskam, sprach er freudig zu seinem Sohne: „Georg, lies das Buch, darin wird mein Verdienst anerkannt, darin werde ich mal nach Gebühr gelobt!"

Georg aber fand, daß in dem Buche alle Lobsprüche ausgestrichen und im Gegenteil die derbsten Seitenhiebe auf seinen Vater eingeschaltet worden. Der Alte war zum Küssen liebenswürdig, wenn er diese Anekdote erzählte.

Und noch eine Tugend gibt es bei den Germanen, die wir bei Herrn Menzel vermissen: die Tapferkeit. Herr Menzel ist feige. Ich sage dieses beileibe nicht, um ihn als Mensch herabzuwürdigen; man kann ein guter Bürger sein, und doch den Tabaksrauch mehr lieben als den Pulverdampf, und gegen bleierne Kugeln eine größere Abneigung empfinden als gegen schwäbische Mehlklöße; denn letztere können zwar schwer im Magen lasten, sind aber lange nicht so unverdaulich. Auch ist Morden eine Sünde, und gar das Duell! wird es nicht aufs bestimmteste verboten durch die Religion, durch die Moral und durch die Philosophie? Aber will man beständig mit deutscher Nationalität bramarbasieren, will man für einen Helden des Deutschtums gelten, so muß man tapfer sein, so muß man sich schlagen, sobald ein beleidigter Ehrenmann Genugtuung fordert, so muß man mit dem Leben einstehen für das Wort, das man gesprochen. Das tapferste Volk sind die Deutschen. Auch andere Völker schlagen sich gut, aber ihre Schlachtlust wird immer unterstützt durch allerlei Nebengründe. Der Franzose schlägt sich gut, wenn sehr viele Zuschauer dabei sind, oder irgendeine seiner Lieblingsmarotten, z. B. Freiheit und Gleichheit, Ruhm und dergleichen mehr auf dem Spiele steht. Die Russen haben sich gegen die Franzosen sehr gut geschlagen, weil ihre Generäle ihnen versicherten, daß diejenigen unter ihnen, welche auf deutschem oder französischem Boden fielen, unverzüglich hinten in Rußland wieder auferstünden; und um geschwind wieder nach Hause zu kommen, nach Juchtenheim, stürzten sie sich mutig in die französischen Bajonette; es ist nicht wahr, daß damals bloß der Stock und der Branntwein sie begeistert habe. Die Deutschen aber sind tapfer ohne Nebengedanken, sie schlagen sich, um sich zu schlagen, wie sie trinken, um zu trinken. Der deutsche Soldat wird weder durch Eitelkeit noch durch Ruhmsucht, noch durch Unkenntnis der Gefahr in die Schlacht getrieben, er stellt sich ruhig in Reih' und Glied und tut seine Pflicht, – kalt, unerschrocken, zuverlässig. Ich spreche hier von der rohen Masse, nicht von der Elite der Nation, die auf den Universitäten, jenen hohen Schulen der Ehre, wenn auch selten in der Wissenschaft, doch desto öfter in den Gefühlen der Manneswürde die feinste Ausbildung erlangt hat. Ich habe fast sieben Jahre studierenshalber auf deutschen Universitäten zugebracht, und deutsche Schlaglust wurde für mich ein so gewöhnliches Schauspiel, daß ich an Feigheit kaum mehr glaubte. Diese Schlaglust fand ich besonders bei meinen speziellen Landsleuten, den Westfalen, die von Herzen die gutmütigsten Kinder, aber bei vorfallenden Mißverständnissen, den langen Wortwechsel nicht liebend, gewöhnlich geneigt sind, den Streit auf einem natürlichen, sozusagen freundschaftlichen Wege, nämlich durch die Entscheidung des Schwertes, schleunigst zu beendigen. Deshalb haben die Westfalen auf den Universitäten immer die meisten Duelle. Herr Menzel aber ist kein Westfale, ist kein Deutscher, Herr Menzel ist eine Memme. Als er mit den frechsten Worten die bürgerliche Ehre des Herrn Gutzkow angetastet, die persönlichsten Verleumdungen gegen denselben losgegeifert, und der Beleidigte nach Sitte und Brauch deutscher Jugend die geziemende Genugtuung forderte: da griff der germanische Held zu der kläglichen Ausflucht, daß dem Herrn Gutzkow ja die Feder zu Gebote stände, daß er ja ebenfalls gegen ihn drucken lassen könne, was ihm beliebe, daß er ihm nicht im stillen Wald mit materiellen Waffen, sondern öffentlich, auf dem Streitplatze der Journalistik, mit geistigen Waffen die geforderte Genugtuung geben werde ... ein altes Weib zu keifen, statt auf der Wohlstätte der Ehre wie ein Mann sich zu schlagen.

Es ist betrübsam, es ist jammervoll, aber dennoch wahr, Herr Menzel ist feige. Ich sage es mit Wehmut, aber es ist für höhere Interessen notwendig, daß ich es öffentlich ausspreche: Herr Menzel ist feige. Ich bin davon überzeugt. Will Herr Menzel mich vom Gegenteile überzeugen, so will ich ihm gerne auf halbem Wege entgegenkommen. Oder wird er auch mir anbieten, mittelst der Druckerpresse, durch Journale und Broschüren, mich gegen die Insunuationen zu verteidigen, die er seiner ersten Denunziation zum Grunde gelegt, die er seitdem noch fortgesetzt, und die er jetzt gewiß noch verdoppeln wird? Diese Ausflucht konnte damals gegen Herrn Gutzkow angewendet werden; denn damals war das bekannte Dekret des Bundestags noch nicht erschienen, und Herr Gutzkow ward auch seitdem von der Schwere desselben nicht so sehr niedergehalten wie ich. Auch waren in der Polemik desselben, da er Privatverleumdungen, Angriffe auf die Person, abzuwehren hatte, die Persönlichkeiten vorherrschend. Ich aber hätte mehr die Verleumdung meines Geistes, meiner Gefühl- und Denkweise zu besprechen, und ich könnte mich nicht verteidigen, ohne meine Ansichten von Religion und Moral unumwunden darzustellen; nur durch positive Bekenntnisse kann ich mich von den angeschuldigten Negationen, Atheismus und Immoralität, vollständigst reinigen. Und ihr wißt, wie beschränkt das Feld ist, das jetzt meine Feder beackern darf.

Wie gesagt, Herr Menzel hat mich nicht persönlich angegriffen, und ich habe wahrlich gegen ihn keinen persönlichen Groll. Wir waren sogar ehemals gute Freunde, und er hat mich oft genug wissen lassen, wie sehr er mich liebe. Er hat mir nie vorgeworfen, daß ich ein schlechter Dichter sei, und auch ich habe ihn gelobt. Ich hatte meine Freude an ihm und ich lobte ihn in einem Journale, welches dieses Lob nicht lange überlebte*). Ich war damals ein kleiner Junge, und mein größter Spaß bestand darin, daß ich Flöhe unter ein Mikroskop setzte und die Größe derselben den Leuten demonstrierte. Herr Menzel hingegen setzte damals den Goethe unter ein Verkleinerungsglas, und das machte mir ebenfalls ein kindisches Vergnügen. Die Späße des Herrn Menzel mißfielen mir nicht; er war damals witzig, und ohne just einen Hauptgedanken zu haben, eine Synthese, konnte er seine Einfälle sehr pfiffig kombinieren und gruppieren, daß es manchmal aussah, als habe er keine losen Streckverse, sondern ein Buch geschrieben. Er hatte auch einige wirkliche Verdienste um die deutsche Literatur; er stand von Morgen bis Abend im Kote, mit dem Besen in der Hand, und fegte den Unrat, der sich in der deutschen Literatur angesammelt hatte. Durch dieses unreinliche Tagwerk aber ist er selber so schmierig und anrüchig geworden, daß man am Ende seine Nähe nicht mehr ertragen konnte; wie man den Latrinenfeger zur Türe hinausweist, wenn sein Geschäft vollbracht, so wird Herr Menzel jetzt selber zur Literatur hinausgewiesen. Zum Unglück für ihn hat das mistduftige Geschäft so völlig seine Zeit verschlungen, daß er unterdessen gar nichts neues gelernt hat. Was soll er jetzt beginnen? Sein früheres Wissen war kaum hinreichend für den literarischen Hausbedarf; seine Unwissenheit war immer eine Zielscheibe der Moquerie für seine näheren Bekannten; nur seine Frau hatte eine große Meinung von seiner Gelehrsamkeit. Auch imponierte er ihr nicht wenig! Der Mangel an Kenntnissen und das Bedürfnis, diesen Mangel zu verbergen, hat vielleicht die meisten Irrtümer oder Schelmereien des Herrn Menzel hervorgebracht. Hätte er Griechisch verstanden, so würde es ihm nie in den Sinn gekommen sein, gegen Goethe aufzutreten. Zum Unglück war auch das Lateinische nicht seine Sache, und er mußte sich mehr ans Germanische halten, und täglich stieg seine Neigung für die Dichter des deutschen Mittelalters, für die edle Turnkunst und für Jacob Böhm, dessen deutscher Stil sehr schwer zu verstehen ist, und den er auch in wissenschaftlicher Form herausgeben wollte.

Ich sage dieses nur, um die Keime und Ursprünge seiner Teutomanie nachzuweisen, nicht um ihn zu kränken; wie ich denn überhaupt, was ich wiederholen muß, nicht aus Groll oder Böswilligkeit ihn bespreche. Sind meine Worte hart, so ist es nicht meine Schuld. Es gilt dem Publikum zu zeigen, welche Bewandtnis es hat mit jenem bramarbasierenden Helden der Nationalität, jenem Wächter des Deutschtums, der beständig auf die Franzosen schimpft und uns arme Schriftsteller des jungen Deutschlands für lauter Franzosen und Juden erklärt hat. Für Juden, das hätte nichts zu bedeu-

---

*) Vgl. den Aufsatz über W. Menzel's „Deutsche Literatur" in diese Bande.
Der Herausgeber.

ten; wir suchen nicht die Alliance des gemeinen Pöbels, und der Höhergebildete weiß wohl, daß Leute, die man als Gegner des Deismus anklagte, keine Sympathie für die Synagoge hegen konnten; man wendet sich nicht an die überwelken Reize der Mutter, wenn einem die alternde Tochter nicht mehr behagt. Daß man uns aber als die Feinde Deutschlands, die das Vaterland an Frankreich verrieten, darstellen wolle, das war wieder ein ebenso feiges wie hinterlistiges Bubenstück.

Es sind vielleicht einige ehrliche Franzosenhasser unter dieser Meute, die uns ob unserer Sympathie für Frankreich so erbärmlich verkennen und so aberwitzig anklagen. Andere sind alte Rüden, die noch immer bellen wie Anno 1813, und deren Gekläffe eben von unserem Fortschritt zeugt. „Der Hund bellt, die Karawane marschiert", sagt der Beduine. Sie bellen weniger aus Bosheit, denn aus Gewohnheit, wie der alte räudige Hofhund, der ebenfalls jeden Fremden wütend anbelfert, gleichviel, ob dieser Böses oder Gutes im Sinne führt. Die arme Bestie benutzt vielleicht diese Gelegenheit, um an ihrer Kette zu zerren und damit bedrohlich zu klirren, ohne daß es ihr der Hausherr übel nehmen darf. Die meisten aber unter jenen Franzosenhassern sind Schelme, die sich diesen Haß absichtlich angelogen, ungetreue, schamlose, unehrliche, feige Schelme, die, entblößt von allen Tugenden des deutschen Volkes, sich mit den Fehlern desselben bekleiden, um sich den Anschein des Patriotismus zu geben und in diesem Gewande die wahren Freunde des Vaterlandes gefahrlos schmähen zu dürfen. Es ist ein doppelt falsches Spiel. Die Erinnerungen der napoleonischen Kaiserzeit sind noch nicht ganz erloschen in unserer Heimat, man hat es dort noch nicht ganz vergessen, wie derb unsere Männer und wie zärtlich unsere Weiber von den Franzosen behandelt worden, und bei der großen Menge ist der Franzosenhaß noch immer gleichbedeutend mit Vaterlandsliebe; durch ein geschicktes Ausbeuten dieses Hasses hat man also wenigstens den Pöbel auf seiner Seite, wenn man gegen junge Schriftsteller zu Felde zieht, die eine Freundschaft zwischen Frankreich und Deutschland zu vermitteln suchen. Freilich, dieser Haß war einst staatsnützlich, als es galt, die Fremdherrschaft zurückzudrängen; jetzt aber ist die Gefahr nicht im Westen, Frankreich bedroht nicht mehr unsere Selbständigkeit, die Franzosen von heute sind nicht mehr die Franzosen von gestern, sogar ihr Charakter ist verändert, an die Stellte der leichtsinnigen Eroberungslust trat ein schwermütiger, beinahe deutscher Ernst, sie verbrüdern sich mit uns im Reiche des Geistes, während im Reiche der Materie ihre Interessen mit den unsrigen sich täglich inniger verzweigen – Frankreich ist jetzt unser natürlicher Bundesgenosse. Wer dieses nicht einsieht, ist ein Dummkopf; wer dieses einsieht und dagegen handelt, ist ein Verräter.

Aber was hatte Herr Menzel zu verlieren bei dem Untergange Deutschlands? Ein geliebtes Vaterland? Wo ein Stock ist, da ist des Sklaven Vaterland. Seinen unsterblichen Ruhm? Dieser erlischt in derselben Stunde, wo der Kontrakt abläuft, der ihm die Redaktion des „Stuttgarter Literaturblatts" zusichert. Ja, will der Baron Cotta eine kleine Geldsumme als stipulierte Entschädigung springen lassen, so hat die Menzel'sche Unsterblichkeit schon heute ein Ende. Oder hätte er etwas für seine Person zu fürchten? Lieber Himmel! wenn die mongolischen Horden nach Stuttgart kommen, läßt Herr Menzel sich aus der Theatergarderobe ein Amorkostüm holen, bewaffnet sich mit Pfeil und Bogen, und die Baschkiren, sobald sie nur sein Gesicht sehen, rufen freudig: „Das ist unser geliebter Bruder!"

Ich habe gesagt, daß bei unseren Teutomanen der affichierte Franzosenhaß ein doppelt falsches Spiel ist. Sie bezwecken dadurch zunächst eine Popularität, die sehr wohlfeil zu erwerben ist, da man dabei weder Verlust des Amtes noch der Freiheit zu befürchten hat. Das Losdonnern gegen heimische Gewalten ist schon weit bedenklicher. Aber um für Volkstribunen zu gelten, müssen unsere Teutomanen manchmal ein freiheitliches Wort gegen die deutschen Regierungen riskieren, und in der frechen Zagheit ihres Herzens bilden sie sich ein, die Regierungen würden ihnen gern gelegentlich ein bißchen Damagogismus verzeihen, wenn sie dafür desto unablässiger den Franzosenhaß predigten. Sie ahnen nicht, daß unsere Fürsten jetzt Frankreich nicht mehr fürchten, des Nationalhasses nicht mehr als Verteidigungsmittel bedürfen, und den König der Franzosen als die sicherste Stütze des monarchischen Prinzips betrachten.

Wer je einen Tag im Exil verbracht hat, die feuchtkalten Tage und schwarzen langen Nächte, wer die harten Treppen der Fremde jemals auf und ab gestiegen, der wird begreifen, weshalb ich die Verdächtigung in betreff des Patriotismus mit wortreicherem Unwillen von mir abweise, als alle anderen Verleumdungen, die seit vielen Jahren in so reichlicher Fülle gegen mich zum Vorschein gekommen, und die ich mit Geduld und Stolz ertrage. Ich sage: mit Stolz; denn ich konnte dadurch auf den hochmütigen Gedanken geraten, daß ich zu der Schar jener Auserwählten des Ruhmes gehörte, deren Andenken im Menschengeschlechte fortlebt, und die überall neben den geheiligten Lichtspuren ihrer Fußstapfen auch die langen, kotigen Schatten der Verleumdung auf Erden zurücklassen.

Auch gegen die Beschuldigung des Atheismus und der Immoralität möchte ich nicht mich, sondern meine Schriften verteidigen. Aber dieses ist nicht ausführbar, ohne daß es mir gestattet wäre, von der Höhe einer Synthese meine Ansichten über Religion und Moral zu entwickeln. Hoffentlich wird mir dieses, wie ich bereits erwähnt habe, bald gestattet sein. Bis dahin erlaube ich mir nur eine Bemerkung zu meinen Gunsten. Die zwei Bücher, die eigentlich als *Corpora delicti* wider mich zeugen sollten, und worin man die strafbaren Tendenzen finden will, deren man mich bezichtigt, sind nicht gedruckt, wie ich sie geschrieben habe, und sind von fremder Hand so verstümmelt worden, daß ich zu einer andern Zeit, wo keine Mißdeutung zu befürchten gewesen wäre, ihre Autorschaft abgelehnt hätte. Ich spreche nämlich vom zweiten Teile des „Salon" und von der „Romantischen Schule". Durch die großen, unzähligen Ausscheidungen, die darin stattfanden, ist die ursprüngliche Tendenz beider Bücher ganz verloren gegangen, und eine ganz verschiedene Tendenz ließ sich später hineinlegen. Worin jene ursprüngliche Tendenz bestand, sage ich nicht; aber so viel darf ich behaupten, daß es keine unpatriotische war. Namentlich im zweiten Teile des „Salon" enthielten die ausgeschiedenen Stellen eine glänzendere Anerkennung deutscher Volksgröße, als jemals der forcierte Patriotismus unserer Teutomanen zu Markte gebracht hat; in der französischen Ausgabe, im Buche *„De l'Allemagne"*, findet jeder die Bestätigung des Gesagten. Die französische Ausgabe der inkulpierten Bücher wird auch jeden überzeugen, daß die Tendenzen derselben nicht im Gebiete der Religion und der Moral lagen. Ja, manche Zungen beschuldigen mich der Indifferenz in Betreff aller Religions- und Moralsysteme, und glauben, daß mir jede Doktrin willkommen sei, wenn sie sich nur geeignet zeige, das Völkerglück Europa's zu befördern, oder wenigstens bei der Erkämpfung desselben als Waffe zu dienen. Man tut mir aber Unrecht. Ich würde nie mit der Lüge für die Wahrheit kämpfen.

Was ist Wahrheit? „Holt mir das Waschbecken", würde Pontius Pilatus sagen.

Ich habe diese Vorblätter in einer sonderbaren Stimmung geschrieben. Ich dachte während dem Schreiben mehr an Deutschland, als an das deutsche Publikum, meine Gedanken schwebten um liebere Gegenstände, als die sind, womit sich meine Feder soeben beschäftigte ... ja, ich verlor am Ende ganz und gar die Schreiblust, trat ans Fenster, und betrachtete die weißen Wolken, die eben, wie ein Leichenzug, am nächtlichen Himmel dahinziehen. Eine dieser melancholischen Wolken scheint mir so bekannt und reizt mich unaufhörlich zum Nachsinnen, wann und wo ich dergleichen Luftbildung schon früher einmal gesehen. Ich glaube endlich, es war in Norddeutschland, vor sechs Jahren, kurz nach der Juliusrevolution, an jenem schmerzlichen Abend, wo ich auf immer Abschied nahm von dem treuesten Waffenbruder, von dem uneigennützigsten Freunde der Menschheit. Wohl kannte er das trübe Verhängnis, dem jeder von uns entgegenging. Als er mir zum letzten Male die Hand drückte, hub er die Augen gen Himmel, betrachtete lange jene Wolke, deren kummervolles Ebenbild mich jetzt so trübe stimmt, und wehmütigen Tones sprach er: „Nur die schlechten und die ordinären Naturen finden ihren Gewinn bei einer Revolution. Schlimmmstenfalles, wenn sie etwa mißglückt, wissen sie doch immer noch zeitig den Kopf aus der Schlinge zu ziehen. Aber möge die Revolution gelingen oder scheitern, Männer von großem Herzen werden immer ihre Opfer sein."

Denen, die da leiden im Vaterlande, meinen Gruß!

Geschrieben zu Paris, den 24. Januar 1837

Heinrich Heine

Der Schwabenspiegel

(1838)

———

Vorbemerkung

Die hier mitgeteilten Blätter wurden im Beginn des Frühlings als Nachrede zum zweiten Teil des „Buchs der Lieder" und mit der Bitte um schleunigsten Abdruck nach Deutschland gesendet. Ich dachte nun, das Buch sei dort längst erschienen, als mir vor ein paar Wochen mein Verleger meldete, in einem süddeutschen Staate, wo er das Manuskript zur Zensur gegeben, habe man ihn während der ganzen Zeit mit dem Imprimatur hingehalten, und er schlüge mir vor, die Nachrede als besonderen Artikel in einer periodischen Publikation vorweg abdrucken zu lassen. Indem ich sie also in solcher Weise dem verehrungswürdigen Leser mitteile, glaube ich, daß er ohne große Anstrengung seines Scharfsinns erraten wird, warum ich seit zweieinhalb Jahren so vielen Schlichen und Ränken begegne, wenn ich jene Denunziatoren besprechen will, die ihrerseits ganz ohne alle Zensur- und Redaktionsbeschränkung den größten Teil der deutschen Pressen mißbrauchen dürfen. –

Paris, im Spätherbst 1838

Heinrich Heine

Nach Brauch und Sitte deutscher Dichterschaft sollte ich meiner Gedichtsammlung, die den Titel „Buch der Lieder" führt und jüngst in erneutem Abdruck erschienen ist, auch die nachfolgenden Blätter einverleiben. Aber es wollte mich bedünken, als klänge in dem „Buch der Lieder" ein Grundton, der durch Beimischung späterer Erzeugnisse seine schöne Reinheit einbüßen möchte. Diese späteren Produktionen übergebe ich daher dem Publikum als besonderen Nachtrag, und indem ich bescheidentlich fühle, daß an dem Grundton dieser zweiten Sammlung wenig zu stören ist, füge ich ein dramatisches Gedicht hinzu, welches, in einer frühesten Periode entstanden, zu einer Reihe von Dichtungen gehört, die seitdem durch betrübsames Mißgeschick unwiderbringlich verloren gegangen sind. Dieses dramatische Gedicht (Ratcliff) kann vielleicht in der Sammlung meiner poetischen Werke eine Lücke füllen und Zeugnis geben von Gefühlen, die in jenen verlorenen Dichtungen flammten oder wenigstens knisterten.

Etwas ähnliches möchte ich in Beziehung auf das Lied von Tannhäuser andeuten. Es gehört einer Periode meines Lebens, wovon ich ebenfalls wenige schriftliche Urkunden dem Publikum mitteilen kann oder vielmehr mitteilen darf.

Der Einfall, dieses Buch mit einem Konterfei meines Antlitzes zu schmücken, ist nicht von mir ausgegangen. Das Porträt des Verfassers vor den Büchern erinnert mich unwillkürlich an Genua, wo vor dem Narrenhospital die Bildsäule des Stifters aufgestellt ist. Es war mein Verleger, welcher auf die Idee geraten ist, dem Nachtrag zum „Buch der Lieder", diesem gedruckten Narrenhause, worin meine verrückten Gedanken eingesperrt sind, mein Bildnis voranzukleben. Mein Freund Julius Campe ist ein Schalk, und wollte gewiß den lieben Kleinen von der schwäbischen Dichterschule, die sich gegen mein Gesicht verschworen haben, einen Schabernack spielen ... Wenn sie jetzt an meinen Liedern klauben und knuspern, und die Tränen zählen, die darin vorkommen, so können sie nicht umhin, manchmal meine Züge zu betrachten. Aber warum grollt ihr mir so unversöhnbar, ihr guten Leutchen? Warum zieht ihr gegen mich los in weitschweifigen Artikeln, woran ich mich zu Tode langweilen könnte? Was habt ihr gegen mein Gesicht? Beiläufig will ich hier bemerken, daß das Porträt im Musenalmanach gar nicht getroffen ist. Das Bild, welches ihr heute schaut, ist weit besser, besonders der Oberteil des Gesichtes; der untere Teil ist viel zu schmächtig. Ich bin nämlich seit einiger Zeit sehr dick und wohlbeleibt geworden, und ich fürchte, ich werde bald wie ein Bürgermeister aussehen; – ach, die schwäbische Schule macht mir so viel Kummer!

Ich sehe, wie der geneigte Leser mit verwunderten Augen um Erklärung bittet: was ich unter dem Namen „schwäbische Schule" eigentlich verstehe. Was ist das, die schwäbische Schule? Es ist noch nicht lange her, daß ich selber an mehre reisende Schwaben diese Frage richtete und um Auskunft bat. Sie wollten lange nicht mit der Sprache heraus und lächelten sehr sonderbar, etwa wie die Apotheker lächeln, wenn frühmorgens am ersten April eine leichtgläubige Magd zu ihnen in den Laden kömmt und für zwei Kreuzer Mückenhonig verlangt. In meiner Einfalt glaubte ich anfangs, unter dem Namen schwäbische Schule verstände man jenen blühenden Wald großer Männer, der dem Boden Schwabens entsprossen, jene Riseneichen, die bis in den Mittelpunkt der Erde wurzeln, und deren Wipfel hinaufragt bis an die Sterne ... Und ich frug: Nicht wahr, Schiller gehört dazu, der wilde Schöpfer, der „Die Räuber" schuf? ... „Nein", lautete die Antwort, „mit dem haben wir nichts zu schaffen, solche Räuberdichter gehören nicht zur schwäbischen Schule; bei uns geht's hübsch ordentlich zu, und der Schiller hat auch früh aus dem Land hinaus müssen." Gehört denn Schelling zur schwäbischen Schule, Schelling, der irrende Weltweise, der König Artus der Philosophie, welcher vergeblich das absolute Montsalvatsch aufsucht und verschmachten muß in der mystischen Wildnis? „Wir verstehen das nicht", antwortete man mir, „aber so viel können wir ihnen versichern, der Schelling gehört nicht zur schwäbischen Schule." Gehört Hegel dazu, der Geistesweltumsegler, der unerschrocken vorgedrungen bis zum Nordpol des Gedankens, wo einem das Gehirn einfriert im abstrakten Eis? . ... „Den kennen wir gar nicht." Gehört denn David Strauß dazu, der David mit der tödlichen Schleuder? ... „Gott bewahre uns vor dem, den haben wir sogar exkommuniziert, und wollte der sich in die schwäbische Schule aufnehmen lassen, so bekäme er gewiß lauter schwarze Kugeln."

Aber, um des Himmels willen – rief ich aus, nachdem ich fast alle großen Namen Schwabens aufgezählt hatte und bis auf alte Zeiten zurückgegangen war, bis auf Keppler, den großen Stern, der den ganzen Himmel verstanden, ja, bis auf die Hohenstaufen, die so herrlich auf Erden leuchteten, irdische Sonnen im deutschen Kaisermantel – Wer gehört denn eigentlich zur schwäbischen Schule?

„Wohlan", antwortete man mir, „wir wollen Ihnen die Wahrheit sagen: die Renomméen, die Sie eben aufgezählt, sind vielmehr europäische als schwäbisch, sie sind gleichsam ausgewandert und haben sich dem Auslande aufgedrungen, statt daß die Renomméen der schwäbischen Schule jenen Kosmopolitismus verachten und hübsch patriotisch und gemütlich zu Hause bleiben bei den Gelbveiglein und Metzelsuppen des teuren Schwabenlandes." – Und nun kam ich endlich dahinter, von welcher bescheidenen Größe jene Berühmtheiten sind, die sich seitdem als schwäbische Schule aufgetan, in demselben Gedankenkreise umherhüpfen, sich mit denselben Gefühlen schmücken und auch Pfeifenquäste von derselben Farbe tragen.

Der Bedeutendste von ihnen ist der evangelische Pastor Gustav Schwab. Er ist ein Hering in Vergleichung mit den anderen, die nur Sardellen sind; versteht sich, Sardellen ohne Salz. Er hat einige schöne Lieder gedichtet, auch etwelche hübsche Balladen; freilich, mit einem Schiller, mit einem großen Walfisch, muß man ihn nicht vergleichen. Nach ihm kommt der Doktor Justinus Kerner, welcher Geister und vergiftete Blutwüste sieht, und einmal dem Publikum aufs ernsthafteste erzählt hat, daß ein paar Schuhe, ganz allein, ohne menschliche Hilfe, langsam durch das Zimmer gegangen sind bis zum Bette der Seherin von Prevorst. Das fehlt noch, daß man seine Stiefel des Abends festbinden muß, damit sie einem nicht des Nachts, trapp! trapp! vors Bett kommen und mit lederner Gespensterstimme die Gedichte des Herrn Justinus Kerner vordeklamieren! Letzter sind nicht ganz und gar schlecht, der Mann ist überhaupt nicht ohne Verdient, und von ihm möchte ich dasselbe sagen, was Napoleon von Murat gesagt hat, nämlich: „Er ist ein großer Narr, aber der beste General der Kavallerie." Ich sehe schon, wie sämtliche Insassen von Weinsberg über dieses Urteil den Kopf schütteln und mit Befremden mir entgegnen: „Unser teurer Landsmann, Herr Justinus, ist freilich ein großer Narr, aber keineswegs der beste General der Kavallerie!" Nun, wie ihr wollt, ich will euch gern einräumen, daß er kein vorzüglichere Kavalleriegeneral ist.

Herr Karl Mayer, welcher auf Latein Carolus Magnus heißt, ist ein anderer Dichter der schwäbischen Schule, und man versichert, daß er den Geist und den Charakter derselben am treuesten offenbare; er ist eine matte Fliege und besingt Maikäfer. Er soll sehr berühmt sein in der ganzen Umgegend von Waiblingen, vor dessen Toren man ihm eine Statue setzen will, und zwar eine Statue von Holz und in Lebensgröße. Dieses hölzerne Ebenbild des Sängers soll alle Jahr' mit Ölfarbe neu angestrichen werden, alle Jahr' im Frühling, wenn die Gelbveiglein düften und die Maikäfer summen. Auf dem Piédestal wird die Inschrift zu lesen sein: „Dieser Ort darf nicht verunreinigt werden!"

Ein ganz ausgezeichneter Dichter der schwäbischen Schule, versichert man mir, ist Herr *** – er sei erst kürzlich zum Bewußtsein, aber noch nicht zur Erscheinung gekommen; er habe nämlich seine Gedichte noch nicht drucken lassen. Man sagt mir, er besinge nicht bloß Maikäfer, sondern sogar Lerchen und Wachteln, was gewiß sehr löblich ist. Lerchen und Wachteln sind wahrhaftig wert, daß man sie besinge, nämlich wenn sie gebraten sind. Über den Charakter und respektiven Wert der ***schen Dichtungen kann ich, solange sie noch nicht zur äußeren Erscheinung gekommen sind, gar kein Urteil fällen, ebensowenig wie über die Meisterwerke so vieler anderen großen Unbekannten der schwäbischen Schule.

Die schwäbische Schule hat wohl gefühlt, daß es ihrem Ansehen nicht schaden würde, wenn sie neben ihren großen Unbekannten, die uns nur vermittelst eines Hydro-Gasmikroskops sichtbar werden, auch einige kleine Bekannte, einige Renomméen, die nicht bloß in der umfriedeten Heimlichkeit schwäbischer Gauen, sondern auch im übrigen Deutschland einige Geltung erworben, zu den ihrigen zählen könnte. Sie schrieben daher an den König Ludwig von Bayern, den gekrönten Sänger, welcher aber absagen ließ. Übrigens ließe er sie freundlich grüßen und schickte ihnen ein Prachtexemplar seiner Poesien mit Goldschnitt und Einband von rotem Maroquin-Papier. Hierauf wandten sich die Schwaben an den Hofrat Winkler, welcher unter dem Namen Theodor Hell seinen Dichterruhm verbreitet hat; dieser aber antwortete, seine Stellung als Herausgeber der „Abendzeitung" erlaube ihm nicht, sich in die schwäbische Schule aufnehmen zu lassen, dazu komme, daß er selber eine sächsische Schule stiften wolle, wozu er bereits eine bedeutende Anzahl poetischer Landsleute engagiert habe. In ähnlicher Weise haben auch einige berühmte Oberlausitzer und Hinterpommern die Anträge der schwäbischen Schule abgewiesen.

In dieser Not begingen die Schwaben einen wahren Schwabenstreich, sie nahmen nämlich zu Mitgliedern ihrer schwäbischen Schule einen Ungar und einen Kaschuben. Ersterer, der Ungar, nennt sich Nikolaus Lenau und ist seit der Juliusrevolution durch seine liberalen Bestrebungen, auch durch den anpreisenden Eifer meines Freundes Laube, zu einer Renommée gekommen, die er bis zu einem gewissen Grade verdient. Die Ungarn haben jedenfalls viel dadurch verloren, daß ihr Landsmann Lenau unter die Schwaben gegangen ist; indessen, solange sie ihren Tokayer behalten, können sie sich über diesen Verlust trösten.

Die andere Äquisition der schwäbischen Schule ist minder brillant; sie besteht nämlich in der Person des gefeierten Wolfgang Menzel, welcher unter den Kaschuben das Licht erblickt, an den Marken Polens und Deutschlands, an jener Grenze, wo der germanische Flegel den slavischen versteht, wie der alte Boß sagen würde, der alte Johann Heinrich Boß, der ungeschlachte, aber ehrliche sächsische Bauer, der, wie in seiner Gesichtsbildung, so auch in seinem Gemüte die Merkmale des Deutschtums trug. Daß dieses bei Herrn Wolfgang Menzel nicht der Fall ist, daß er weder dem Äußeren noch dem Inneren nach ein Deutscher ist, habe ich in der kleinen allerliebsten Schrift „Über den Denunzianten" gehörig bewiesen. Ich hätte, beiläufig gestanden, die kleine Schrift nicht herausgegeben, wenn mir die Abhandlungen über denselben Gegenstand, die großen Bomben von Ludwig Börne und David Strauß, vorher zu Gesicht gekommen wären. Aber dieser kleinen Schrift, welche die Vorrede zum dritten Teile des „Salons" bilden sollte, ward von dem Zensor dieses Buches das Imprimatur verweigert – „aus Pietät gegen Wolfgang Menzel", – und das arme Ding, obgleich in politischer und religiöser Beziehung zahm genug abgefaßt, mußte während sieben Monaten von einem Zensor zum andern wandern, bis endlich notdürftig unter die Haube kam. Wenn du, geneigter Leser, das Büchlein in der Buchhandlung von Hoffmann und Campe zu Hamburg selber holst, so wird dir dort mein Freund Julius Campe bereitwillig erzählen, wie schwer es war, den „Denunzianten" in die Presse zu bringen, wie das Ansehen desselben durch gewisse Autoritäten geschützt werden sollte, und wie endlich durch unableugbare Urkunden, durch ein Autograph des Denunzianten, der sich in den Händen von Theodor Mundt befindet, der Titel meiner Schrift aufs glänzendste gerechtfertigt wird. Was der Gefeierte dagegen vorgebracht hat, ist dir vielleicht bekannt, mein teurer Leser. Als ich ihm Stück vor Stück die Fetzen des falschen Patriotismus und der erlogenen Moral vom Leibe riß, – da erhub er wieder ein ungeheures Geschrei: die Religion ist in Gefahr, die Pfeiler der Kirche brächen zusammen, Heinrich Heine richte das Christentum zugrunde! Ich habe herzlich lachen müssen, denn dieses Zetergeschrei erinnerte mich an einen andern armen Sünder, der auf dem Marktplatz zu Lübeck mit Staupenschlag und Brandmark abgestraft wurde, und plötzlich, als das rote Eisen seinen Rücken berührte, ein entsetzliches Mordio erhob und beständig schrie: „Feuer! Feuer! Es brennt, es brennt, die Kirche steht in Flammen!" Die alten Weiber erschraken auch diesmal über solchen Feuerlärm, vernünftige Leute aber lachten und sprachen: „Der arme Schelm! nur sein eigner Rücken ist entzündet, die Kirche steht sicher auf ihrem alten Platze, auch hat dort die Polizei, aus Furcht vor Brandstiftung, noch einige Spritzen aufgestellt, und aus frommer Vorsorge darf jetzt in der Nähe der Religion nicht einmal eine Zigarre geraucht werden!" Wahrlich, das Christentum ward nie ängstlicher geschützt als eben jetzt.

Bei dieser Gelegenheit kann ich nicht umhin, dem Gerüchte zu widersprechen, als habe Herr Wolfgang Menzel, auf Andrang seiner Kollegen, sich endlich entschlossen, jene Großmut zu benutzen, womit ich ihm gestattete, sich wenigstens von dem Vorwurf der persönlichen Feigheit zu reinigen. Ehrlich gestanden, ich war immer darauf gefaßt, daß mir Ort und Zeit anberaumt würde, wo der Ritter der Vaterlandsliebe, des Glaubens und der Tugend sich bewähren wolle in all seiner Mannhaftigkeit. Aber leider bis auf diese Stunde wartete ich vergebens, und die Witzlinge in deutschen Blättern moquierten sich obendrein über meine Leichtgläubigkeit. Spottvögel haben sich sogar den Spaß erlaubt, mir im Namen der unglücklichen Gattin des Denunzianten einen Brief zu schreiben, worin die arme Frau sich über die häuslichen Nöten, die sie seit dem Erscheinen meiner kleinen Schrift zu erdulden habe, schmerzlich beklagt. Jetzt sei gar kein Auskommen mehr mit ihrem Manne, der zu Hause zeigen wolle, daß er ein Held sei. Die geringste Anspielung auf Feigheit brächte ihn zur Wut. Eines Abends habe er das kleine Kind geprügelt, weil es „Häschen an der Wand" spielte. Jüngst sei er wie rasend aus der Ständekammer gekommen und habe wie ein Ajax getobt, weil dort alle Blicke auf ihn gerichtet gewesen, als die Gesetzfrage „ob man jemanden ungestraft dem öffentlichen Gelächter preisgeben dürfe?" diskutiert wurde. Ein andermal habe er bitterlich geweint, als einer von den undankbaren Juden, die er emanzipieren wolle, ihm ins Gesicht gemauschelt: „Sie sind doch kein Patriot, Sie tun nichts fürs Volk, Sie sind nicht der Ätte, sondern die Memme des Vaterlandes." Aber gar des Nachts beginne der rechte Jammer, und dann seufze er und wimmere und stöhne, daß sich ein Stein drob erbarmen könnte. Das sei nicht länger zum Aushalten, schloß der angebliche Brief der armen Frau, sie wolle lieber sterben, als diesen Zustand länger ertragen, und um der Sache ein Ende zu machen, sei sie erbötig, statt ihres furchtsamen Gemahls, sich selber mit mir zu schlagen. Gehorsame Dienerin.

Als ich diesen Brief las und in meiner Einfalt die offenbare Mystifikation nicht gleich merkte, rief ich mit Begeisterung: Edles Weib! würdige Schwäbin! würdig deiner Mütter, die einst zu Weinsberg ihre Männer huckepack trugen!

Die Weiber im Schwabenlande scheinen überhaupt mehr Energie zu besitzen als ihre Männer, die nicht selten nur auf Geheiß ihrer Ehehälften zum Schwerte greifen. Weiß ich doch eine schöne Schwäbin, die mir seit Jahren wütender als zwanzig Teufel den Krieg macht und mich mit unversöhnlicher Feindschaft verfolgt.

Ein Naturforscher hat ganz richtig die Bemerkung gemacht, daß im Sommer, besonders in den Hundstagen, weit mehr gegen mich geschrieben wird als im Winter.

Daß es nicht die altpoetische Vornehmigkeit ist, welche mich davon abhält, dergleichen Angriffe zu besprechen, habe ich bereits an einem andern Orte erwähnt. Einesteils liegt mir ein gewisser Knebel im Munde, sobald ich mich gegen Anschuldigung von Immoralität oder irreligiöser Frivolität, oder gar politischer Inkonsequenz, durch Erörterung der letzten Gründe von all meinem Tichten und Trachten, verteidigen wollte. Anderenteils befinde ich mich meinen Widersachern gegenüber in derselben Lage, die Freund Semilasso irgendwo in seiner afrikanischen Reisebeschreibung mit der richtigen Empfindung erwähnt. Er erzählt uns nämlich, daß, als er in einem Beduinenlager übernachtete, rings um sein Zelt eine große Menge Hunde unaufhörlich bellten und heulten und winselten, was ihn aber am Schlafen gar nicht gehindert habe; „wär' es nur ein einziger Kläffer gewesen", setzt er hinzu, „so hätte ich die ganze Nacht kein Auge zutun können". Das ist es: weil der Kläffer so viele sind, und weil der Mops den Spitz, dieser wieder den gemütlichen Dachs, letzterer das edle Windspiel oder die fromme Dogge überbellt, und die schnöden Laute der verschiedenen Bestien im Gesamtgeheul verloren gehen, kann mir ein ganzer Hundelärm wenig anhaben.

Nein, Herr Gustav Pfizer ebensowenig wie die anderen hat mir jemals den Schlaf gekostet, und man darf es mir aufs Wort glauben, daß bei Erwähnung dieses Dichterlings auch nicht die mindeste Bitterkeit in meiner Seele waltet. Abe ich kann ihn, der Vollständigkeit wegen, nicht unerwähnt lassen; die schwäbische Schule zählt ihn nämlich zu den Ihrigen, was mir sonderbar genug dünkt, da er im Gegensatze zu dieser Genossenschaft mehr als reflektierende Fledermaus denn als gemütlicher Maikäfer umherflattert, und vielmehr nach der Schubart'schen Totengruft als nach Gelbveiglein riecht. Mir wurden mal seine Gedichte aus Stuttgart zugeschickt, und die freundlichen Begleitungszeilen veranlassen mich, einen flüchtigen Blick hineinzuwerfen; ich fand sie herzlich schlecht. Dasselbe kann ich auch von seiner Prosa sagen; sie ist herzlich schlecht. Ich gestehe freilich, daß ich nichts anderes von ihm gelesen habe als eine Abhandlung, die er gegen mich geschrieben. Sie ist geistlos und unbeholfen und miserabel stilisiert; letzteres ist um so unverzeihlicher, da die ganze Schule die Materialien dazu kotisiert. Das Beste in der ganzen Abhandlung ist der wohlbekannte Kniff, womit man verstümmelte Sätze aus den heterogensten Schriften eines Autors zusammenstellt, um demselben jede beliebige Gesinnung oder Gesinnungslosigkeit aufzubürden. Freilich, der Kiff ist nicht neu, doch bleibt er immer probat, da von seiten des angefochtenen Autors keine Widerlegung möglich ist, wenn er nicht etwa ganze Folianten schreiben wollte, um zu beweisen, daß der eine von den angeführten Sätzen humoristisch gemeint, der andere zwar ernst gemeint sei, aber sich auf einen Vordersatz beziehe, der ihm eben so seine richtige Bedeutung verleiht; das ferner die aneinander gereihten Sätze nicht bloß aus ihrem logischen, sondern auch aus ihrem chronologischen Zusammenhang gerissen worden, um einige scheinbare Widersprüche hervorzuklauben; daß aber eben diese Widersprüche von der höchsten Konsequenz zeugen würden, wenn man Zeitfolge, Zeitbedingungen bedächte – ach! wenn man bedächte, wie die Strategie eines Autors, der für die Sache der europäischen Freiheit kämpft, wunderlich verwickelt ist, wie seine Taktik allen möglichen Veränderungen unterworfen, wie er heute etwas als äußerst wichtig verfechten muß, was ihm morgen ganz gleichgültig sein kann, wie er heute diesen Punkt, morgen einen andern zu beschützen oder anzugreifen hat, je nachdem es die Stellung der Gegenpartei, die wechselnden Alliancen, die Siege oder die Niederlagen des Tages erfordern!

Das einzige Neue und Eigentümliche, was ich in der oben erwähnten Abhandlung des Herrn Gustav Pfizer gefunden habe, war hie und da nicht bloß eine listige Vorkehrung des Wortsinnes meiner Schriften, sondern sogar die Fälschung meiner Worte selbst – Dieses ist neu, ist eigentümlich, wenigstens bis jetzt hat man in Deutschland noch nicht einen Autor mit verfälschten Worten zitiert. Doch Herr Gustav Pfizer scheint noch ein junger Anfänger zu sein, es juckt ihm zwar die Begabnis des Fälschens in seinen Fingern, doch merkt man an ihm noch eine gewisse Befangenheit in der Ausübung, und wenn er z.B. „Hostien" zitiert, statt der gewöhnlichen „Oblaten" des Originaltextes, oder mehrmals „göttlich" zitiert, statt des ursprünglichen „vortrefflich" – so weiß er doch noch nicht recht, welchen Gebrauch er von solcher Fälschung machen kann. Er ist ein junge Anfänger. Aber sein Talent ist unleugbar, er hat es hinlänglich offenbart, die geziemendste Anerkennung darf ihm nicht verweigert werden, er verdient, daß ihm Wolfgang Menzel mit der tapferen Hand seinen schäbigsten Lorbeerkranz aufs Haupt drückt.

Indessen, ehrlich gestanden, ich rate ihm, sein Talent nicht bedeutender auszubilden. Es könnte ihn einst das Gelüste anwandeln, jenes edle Talent auch auf außerliterärische Gegenstände anzuwenden. Es gibt Länder, wo dergleichen mit einem Halsband von Hanf belohnt wird. Ich sah zu Old-Bailey in London jemanden hängen, der ein falsches Zitat unter einen Wechsel geschrieben hatte – und der arme Schelm mochte es wohl aus Hunger getan haben, nicht aus Büberei oder aus eitel Neid, oder gar um eine kleine Lobspende im „Stuttgarter Literaturblatt", ein literärisches Trinkgeld, zu verdienen. Ich hatte deshalb Mitleid mit dem armen Schelm, bei dessen Exekution sehr viele Zögerungen vorfielen. Es ist ein Irrtum, wenn man glaubt, daß das Hängen in England so schnell vonstatten gehe. Die Zubereitungen dauerten fast eine Viertelstunde. Ich ärgere mich noch heute, wenn ich daran denke, mit welcher Langsamkeit dem armen Menschen die Schlinge um den Hals gelegt und die weiße Nachtmütze über die Augen gezogen wurde. Neben ihm standen seine Freunde, vielleicht die Genossen der Schule, wozu er gehörte, und harrten des Augenblicks, wo sie ihm den Liebesdienst erweisen konnten; dieser

Liebesdienst besteht darin, daß sie den gehenkten Freund, um seine zuckende Todesqual abzukürzen, so stark als möglich an den Beinen ziehen.

Ich habe von Herrn Gustav Pfizere geredet, weil ich ihn bei Besprechung der schwäbischen Schule nicht füglich übergehen konnte. So viel darf ich versichern, daß ich in der Heiterkeit meines Herzens nicht den mindesten Unmut wider Herrn Pfizer empfinde. Im Gegenteil, sollte ich je imstande sein, ihm einen Liebesdienst zu erweisen, so werde ich ihn gewiß nicht lange zappeln lassen.

– – – Und nun laß uns ernsthaft reden, lieber Leser; was ich dir jetzt noch zu sagen habe, verträgt sich nicht mit dem scherzenden Tone, mit der leichtsinnig guten Laune, die mich beseelte, während ich diese Blätter schrieb. Es liegt mir drückend etwas im Sinne, was ich nicht mit ganz freier Zunge zu erörtern vermag, und worüber dennoch das unzweideutige Geständnis nötig wäre. Ich hege nämlich eine wahre Scheu, bei Gelegenheit – der schwäbischen Schule auch den Ludwig Uhland zu sprechen, von dem großen Dichter, den ich schier zu beleidigen fürchte, wenn ich seiner in so kläglicher Gesellschaft denke. Und dennoch, da die erwähnten Dichterlinge den Ludwig Uhland zu den Ihrigen zählen oder gar für ein Haupt ihrer Genossen ausgeben, so könnte man hier jedes Verschwiegen seines Namens als eine Unredlichkeit betrachten. Weit entfernt, an seinem Werte zu mäkeln, möchte ich vielmehr die Verehrung, die ich seinen Dichtungen zolle, mit den volltönendsten Worten an den Tag geben. Es wird sich mir bald dazu ein passendere Gelegenheit bieten. Ich werde alsdann zur Genüge zeigen, daß sich in meiner früheren Beurteilung des trefflichen Sängers zwar einige grämliche Töne, einige zeitliche Verstimmungen einschleichen konnten, daß ich aber nie die Absicht hegte, an seinem inneren Werte, an seinem Talente selbst, eine Ungerechtigkeit zu begehen. Nur über die literärhistorischen Beziehungen, über die äußeren Verhältnisse seine Muse, habe ich unumwunden eine Ansicht, die vielleicht seinen Freunden mißfällig, aber darum dennoch nicht minder ist, aussprechen müssen. Als ich nämlich Ludwig Uhland im Zusammenhang mit der „Romantischen Schule" in dem Buche, welches eben diesen Namen führt, flüchtig beurteilte, habe ich deutlich genug nachgewiesen, daß der vortreffliche Sänger nicht eine neue, eigentümliche Sangesart aufgebracht hat, sondern nur die Töne der romantischen Schule gelehrig nachsprach; daß, seitdem die Lieder seine Schulgenossen verschollen sind, Uhland's Gedichtesammlung als das einzig überlebende lyrische Denkmal jener Töne der romantischen Schule zu betrachten ist; das aber der Dichter selbst, ebensogut wie die ganze Schule, längst tot ist. Ebensogut wie Schlegel, Tieck, wie Fouqué, ist auch Uhland längst verstorben, und hat vor jenen edlen Leichen nur das größere Verdienst, daß er seinen Tod wohl begriffen und seit zwanzig Jahren nichts mehr geschrieben hat. Es ist wahrlich ein ebenso widerwärtiges wie lächerliches Schauspiel, wenn jetzt meine schwäbischen Dichterlinge den Uhland zu den Ihren zählen, wenn sie den großen Toten aus seinem Grabmal hervorholen, ihm ein Fallhütchen aufs Haupt stülpen und ihn in ihr niedriges Schulstäbchen hereinzerren, – oder wenn sie gar den erblichen Helden wohlgeharnischt aufs hohe Pferd packen wie einst die Spanier ihren Eid, und solchermaßen gegen die Ungläubigen, gegen die Verächter der schwäbischen Schule, losrennen lassen!

Das fehlt mir noch, daß ich auch im Gebiete der Kunst mit Toten zu kämpfen hätte! Leider muß ich es oft genug in anderen Gebieten, und ich versichere euch bei allen Schmerzen meiner Seele, solcher Kampf ist der fatalste und verdrießlichste. Da ist keine glühende Ungeduld, die da hetzt Hieb auf Hieb, bis die Kämpfer wie trunken hinsinken und verbluten. Ach die toten ermüden uns mehr als sie uns verwunden, und der Streit verwandelt sich am Ende in eine fechtende Langeweile. Kennst du die Geschichte von dem jungen Ritter, der in den Zauberwald zog? Sein Haar war goldig, auf seinem Helm wehten die kecken Federn, unter dem Gitter des Visiers glühten die roten Wangen, und unter dem blanken Harnisch pochte der frischeste Mut. In dem Walde aber flüsterten die Winde sehr sonderbar. Gar unheimlich schüttelten sich die Bäume, die manchmal, häßlich verwachsen, an menschliche Mißbildungen erinnerten. Aus dem Laubwerk guckte hie und da ein gespenstisch weißer Vogel, der fast verhöhnend kicherte und lachte. Allerlei Fabelgetier huschte schattenhaft durch die Büsche. Mitunter freilich zwitscherte auch mancher harmlose Zeisig, und nickte aus den breitblättrigen Schlingpflanzen manch stille schöne Blume. Der junge Fant aber immer weiter vordringend, rief endlich mit Übertrotz: „Wann erscheint denn der Kämpe, der mich besiegen kann?" Da kam, nicht eben rüstig, aber doch nicht allzu schlotterig, herangezogen ein langer, magerer Ritter mit geschlossenem Visier, und stellte sich zum Kampfe. Sein Helmbusch war geknickt, sein Harnisch war eher verwittert als schlecht, sein Schwert war schartig, aber vom besten Stahl, und sein Arm war stark. Ich weiß nicht, wielange die beiden miteinander fochten, doch es mag wohl geraume Zeit gedauert haben, denn die Blätter fielen unterdessen von den Bäumen, und diese standen lange kahl und frierend, und dann knospeten sie wieder aufs neue und grünten im Sonnenschein, und so wechselten die Jahreszeiten – ohne daß sie es merkten, die beiden Kämpfer, die beständig auf einander loshieben, anfangs unbarmherzig wild, später minder heftig, dann sogar etwas phlegmatisch, bis sie endlich ganz und gar die Schwerter sinken ließen und erschöpft ihre Helmgitter aufschlossen – Das gewährte einen betrübenden Anblick! Der eine Ritter, der herausgeforderte Kämpe, war ein Toter, und aus dem geöffneten

Visier grinste ein fleischloser Schädel. Der andere Ritter, der als junger Fant in den Wald gezogen, trug jetzt ein verfallen fahles Greisenantlitz und sein Haar war schneeweiß. – Von den hohen Bäumen herab, wie verhöhnend, kicherte und lachte das gespenstisch weiße Gevögel.

Geschrieben zu *Paris*, im Wonnemond 1838

Einleitung

zur Prachtausgabe des

„Don Quixote"

(1837)

———

„Leben und Taten des scharfsinnigen Junkers Don Quixote von der Mancha, beschrieben von Miguel Cervantes de Saavedra", war das erste Buch, das ich gelesen habe, nachdem ich schon in ein verständiges Kindesalter getreten und des Buchstabenwesens einigermaßen kundig war. Ich erinnere mich noch ganz genau jener kleinen Zeit, wo ich mich eines frühen Morgens vom Hause wegstahl und nach dem Hofgarten eilte, um dort ungestört von Don Quixote zu lesen. Es war ein schöner Maitag, lauschend im stillen Morgenlichte lag der blühende Frühling und ließ sich loben von der Nachtigall, seiner süßen Schmeichlerin, und diese sang ihr Loblied so karessierend weich, so schmelzend enthusiastisch, daß die verschämtesten Knospen aufsprangen, und die lüsternen Gräser und die duftigen Sonnenstrahlen sich hastiger küßten, und Bäume und Blumen schauerten vor eitel Entzücken. Ich aber setzte mich auf eine alte moosige Steinbank in der sogenannten Seufzerallee, unfern des Wasserfalls, und ergötze mein kleines Herz an den großen Abenteuern des kühnen Ritters. In meiner kindischen Ehrlichkeit nahm ich alles für baren Ernst; so lächerlich auch dem armen Helden von dem Geschicke mitgespielt wurde, so meinte ich doch, das müsse so sein, das gehöre nun mal zum Heldentum, das Ausgelachtwerden ebensogut wie die Wunden des Leibs, und jenes verdroß mich ebensosehr, wie ich diese in meiner Seele mitfühlte. – Ich war ein Kind und kannte nicht die Ironie, die Gott in die Welt hineingeschaffen, und die der große Dichter in seiner gedruckten Kleinwelt nachgeahmt hatte, und ich konnte die bittersten Tränen vergießen, wenn der edle Ritter für all seinen Edelmut nur Undank und Prügel genoß. Da ich, noch ungeübt im Lesen, jedes Wort laut aussprach, so konnten Vögel und Bäume, Bach und Blume alles mit anhören, und da solche unschuldige Naturwesen, ebenso wie die Kinder, von der Weltironie nichts wissen, so hielten sie gleichfalls alles für baren Ernst und weinten mit mir über die Leiden des armen Ritters; sogar eine alte ausgediente Eiche schluchzte, und der Wasserfall schüttelte heftiger seinen weißen Bart und schien zu schelten auf die Schlechtigkeit der Welt. Wir fühlten, daß der Heldensinn des Ritters darum nicht mindere Bewunderung verdient, wenn ihm der Löwe ohne Kampflust den Rücken kehrte, und daß seine Taten um so preisenswerter, je schwächer und ausgedörrter sein Leib, je morscher die Rüstung, die ihn schützte, und je armseliger der Klepper, der ihn trug. Wir verachteten den niedrigen Pöbel, der, geschmückt mit buntseidenen Mänteln, vornehmen Redensarten und Herzogstiteln, einen Mann verhöhnte, der ihm an Geisteskraft und Edelsinn so weit überlegen war. Duclinea's Ritter stieg immer höher in meiner Achtung und gewann immer mehr meine Liebe, je länger ich in dem wundersamen Buche las, was in demselben Garten täglich geschah, so daß ich schon im Herbste das Ende der Geschichte erreichte, – und nie werde ich den Tag vergessen, wo ich von dem kummervollen Zweikampfe las, worin der Ritter so schmählich unterliegen mußte!

Es war ein trüber Tag, häßliche Nebelwolken zogen den grauen Himmel entlang, die gelben Blätter fielen schmerzlich von den Bäumen, schwere Tränentropfen hingen an den letzten Blumen, die gar traurig und welk die sterbenden Köpfchen senkten, die Nachtigallen waren längst verschollen, von allen Seiten starrte mich an das Bild der Vergänglichkeit – und mein Herz wollte schier brechen, als ich las, wie der edle Ritter betäubt und zermalmt am Boden lag und, ohne das Visier zu heben, als wenn er aus dem Grabe gesprochen hätte, mit schwacher, kranker Stimme zu dem Sieger hinaufrief: „Dulcinea ist das schönste Weib der Welt, und ich der unglücklichste Ritter auf Erden, aber es ziemt sich nicht, daß meine Schwäche diese Wahrheit verleugne, – stoßt zu mit der Lanze, Ritter!"

Ach, dieser leuchtende Ritter vom silbernen Monde, der den mutigsten und edelsten Mann der Welt besiegte, war ein verkappter Barbier!

Es sind nun acht Jahre, daß ich für den vierten Teil der „Reisebilder" diese Zeilen geschrieben, worin ich den Eindruck schilderte, den die Lektüre des Don Quixote vor weit längerer Zeit in meinem Geiste hervorbrachte. Lieber Himmel, wie hoch die Jahre schnell dahinschwinden! Es ist mir, als habe ich erst gestern in der Seufzerallee des Düsseldorfer Hofgartens das Buch zu Ende gelesen, und mein Herz sei noch erschüttert von Bewunderung für die Taten und Leiden des großen Ritters. Ist mein Herz die ganze Zeit über stabil geblieben, oder ist es nach einem wunderbaren Kreislauf zu den Gefühlen der Kindheit zurückgekehrt? Das letztere mag wohl der Fall sein, denn ich erinnere mich, daß ich in jedem Lustrum meines Lebens den Don Quixote mit abwechselnd verschiedenartigen Empfindungen gelesen habe. Als ich ins Jünglingsalter emporblühete und mit unerfahrenen Händen in die Rosenbüsche des Lebens hineingriff und auf die höchsten Felsen klomm, um der Sonne näher zu sein, und des Nachts von nichts träumte als von Adlern und reinen Jungfrauen, da war mir der Don Quixote ein sehr unerquickliches Buch, und lag es in meinem Wege, so schob ich es unwillig zur Seite. Späterhin, als ich zum Manne heranreifte, versöhnte ich mich schon einigermaßen mit Dulcineas's unglücklichen Kämpen und ich fing schon an, über ihn zu lachen. Der Kerl ist ein Narr, sagte ich. Doch, sonderbarerweise, auf allen meinen Lebensfahrten verfolgten mich die Schattenbilder des dürren Ritters und seines fetten Knappen, namentlich wenn ich an einen bedenklichen Scheideweg gelangte. So erinnere ich mich, als ich nach Frankreich reiste und eines Morgens im Wagen aus einem fieberhaften Halbschlummer erwachte, sah ich im Frühnebel zwei wohlbekannte Gestalten neben mir einherreiten, und die eine an meiner rechten Seite war Don Quixote von der Mancha auf seiner abstrakten Rosinante und die andere, zu meiner Linken, war Sancho Pansa auf seinem positiven Grauchen. Wir hatten eben die französische Grenze erreicht. Der edle Manchaner beugte ehrfurchtsvoll das Haupt vor der dreifarbigen Fahne, die uns vom hohen Grenzpfahl entgegenflatterte, der gute Sancho grüßte mit etwas kühlerem Kopfnicken die ersten französischen Gendarmen, die unfern zum Vorschein kamen; endlich aber jagten beide Freunde mir davon, ich verlor sie aus dem Gesichte, und nur noch zuweilen hörte ich Rosinante's begeisterte Gewieher und die bejahenden Töne des Esels.

Ich war damals der Meinung, die Lächerlichkeit des Donquixotismus bestehe darin, daß der edle Ritter eine längst abgelebte Vergangenheit ins Leben zurückrufen wollte, und seine armen Glieder, namentlich sein Rücken, mit den Tatsachen der Gegenwart in schmerzliche Reibungen gerieten. Ach, ich habe seitdem erfahren, daß es eine ebenso undankbare Tollheit ist, wenn man die Zukunft allzu frühzeitig in die Gegenwart einführen will, und bei solchem Ankampf gegen die schweren Interessen des Tages nur einen sehr mageren Klepper, eine sehr morsche Rüstung und einen ebenso gebrechlichen Körper besitzt! Wie über jenen, so auch über diesen Donquxotismus schüttelt der Weise sein vernünftiges Haupt. – Aber Dulcinea von Toboso ist dennoch das schönste Weib der Welt; obgleich ich elend zu Boden liege, nehme ich dennoch diese Behauptung nimmermehr zurück, ich kann nicht anders, – stoßt zu mit euren Lanzen, ihr silbernen Mondritter, ihr verkappten Barbiergesellen!

Welcher Grundgedanke leitete den großen Cervantes, als er sein großes Buch schrieb? Beabsichtigte er nur den Ruin der Ritterromane, deren Lektüre zu seiner Zeit in Spanien so stark grassierte, daß geistliche und weltliche Verordnungen dagegen unmächtig waren? Oder wollte er alle Erscheinungen der menschlichen Begeisterung überhaupt und zunächst das Heldentum der Schwertführer ins Lächerliche ziehen? Offenbar bezweckte er nur eine Satire gegen die erwähnten Romane, die er durch Beleuchtung ihrer Absurditäten dem allgemeinen Gespötte und also dem Untergange überliefern wollte. Dieses gelang ihm auch aufs glänzendste; denn was weder die Ermahnungen der Kanzel noch die Drohungen der Kanzlei bewerkstelligen konnten, das erwirkte ein armer Schriftsteller mit seiner Feder; er richtete die Ritterromane so gründlich zugrunde, daß bald nach dem Erscheinen des Don Quixote der Geschmack für jene Bücher in ganz Spanien erlosch, und auch keins derselben mehr gedruckt ward. Aber die Feder des Genius ist immer größer als er selber, sie reicht immer weit hinaus über seine zeitlichen Absichten, und ohne daß er sich dessen klar bewußt wurde, schrieb Cervantes die größte Satire gegen die menschliche Begeisterung. Nimmermehr ahnte er dieses, er selber, der Held, welcher den größten Teil seines Lebens in ritterlichen Kämpfen zugebracht hatte und im späten Alter sich noch oft darüber freute, daß er in der Schlacht bei Lepanto mitgefochten, obgleich er diesen Ruhm mit dem Verluste seiner linken Hand bezahlt hatte.

Über Person und Lebensverhältnisse des Dichters, der den Don Quixote geschrieben, weiß der Biograph nur weniges zu melden. Wir verlieren nicht viel durch solchen Mangel an Notizen, die gewöhnlich bei den Frau Basen der Nachbarschaft aufgegabelt werden. Diese sehen ja nur die Hülle; wir aber sehen den Mann selbst, seine wahre, treue, unverleumdete Gestalt.

Er war ein schöner, kräftiger Mann, Don Miguel Cervantes de Saavedra. Seine Stirn war hoch und sein Herz war weit. Wundersam die Zauberkraft seines Auges. Wie es Leute gibt, welche durch die Erde schauen und die darin begrabenen Schätze oder Leichen sehen können, so drang das Auge des großen Dichters durch die Brust der Menschen, und er sah deutlich, was dort vergraben. Den Guten war sein Blick ein Sonnenstrahl, der ihr Inneres freudig erhellte; den Bösen war sein Blick ein Schwert, das ihre Gefühle grausam zerschnitt. Sein Blick drang forschend in die Seele eines Menschen und sprach mit ihr, und wenn sie nicht antworten wollte, folterte er sie, und die Seele lag blutend auf der Folter, während vielleicht ihre liebliche Hülle sich herablassend vornehm gebärdete. Was Wunder, daß ihm dadurch sehr viele Leute abhold wurden, und ihn auf seiner irdischen Laufbahn nur saumselig beförderten! Auch gelangte er niemals zu Rang und Wohlstand, und von all' seinen mühseligen Pilgerfahrten brachte er keine Perlen, sondern nur leere Muscheln nach Hause. Man sagt, er habe den Wert des Geldes nicht zu schätzen gewußt; aber ich versichere euch, er wußte den Wert des Geldes sehr zu schätzen, sobald er keins mehr hatte. Nie aber schätzte er es so hoch wie seine Ehre. Er hatte Schulden, und in einer von ihm verfaßten Charte, die Apollo den Dichtern oktroyiert, bestimmt der erste Paragraph: wenn ein Dichter versichert, kein Geld zu haben, so solle man ihm aufs Wort glauben und keinen Eid von ihm verlangen. Er liebte Musik, Blumen und Weiber. Doch auch in der Liebe für letztere ging es ihm manchmal herzlich schlecht, namentlich als er noch jung war. Konnte das Bewußtsein künftiger Größe ihn genugsam trösten in seiner Jugend, wenn schnippische Rosen ihn mit ihren

Dornen verletzten? – Einst an einem hellen Sommernachmittag ging er, ein junger Fant, am Tajo spazieren mit einer sechzehnjährigen Schönen, die sich beständig über seine Zärtlichkeit mokierte. Die Sonne war noch nicht untergegangen, sie glühte noch in ihrer goldigsten Pracht; aber oben am Himmel stand schon der Mond, winzig und blaß, wie ein weißes Wölkchen. „Siehst du", sprach der junge Dichter zu seiner Geliebten, „siehst du dort oben jene kleine bleiche Scheibe? Der Fluß hier neben uns, worin sie sich abspiegelt, scheint nur aus Mitleiden ihr ärmliches Abbild auf seinen stolzen Fluten zu tragen, und die gekräuselten Wellen werfen es zuweilen spottend ans Ufer. Aber laß nur den alten Tag verdämmern! Sobald die Dunkelheit anbricht, erglüht droben jene blasse Scheibe immer herrlicher und herrlicher, der ganze Fluß wird überstrahlt von ihrem Lichte, und die Wellen, die vorhin so wegwerfend übermütig, erschauern jetzt bei dem Anblick dieses glänzenden Gestirns und schwellen ihm entgegen mit Wollust."

In den Werken der Dichter muß man ihre Geschichte suchen, und hier findet man ihre geheimsten Bekenntnisse. Überall, mehr noch in seinen Dramen als im Don Quixote, sehen wir, was ich bereits erwähnt habe, daß Cervantes lange Zeit Soldat war. In der Tat, das römische Wort: „Leben heißt Krieg führen!" findet auf ihn seine doppelte Anwendung. Als gemeiner Soldat kämpfte er in den meisten jener wilden Waffenspiele, die König Philipp II. zur Ehre Gottes und seiner eigenen Lust in allen Landen aufführte. Dieser Umstand, daß Cervantes dem größten Kämpen des Katholizismus seine ganze Jugend gewidmet, daß er für die katholischen Interessen persönlich gekämpft, läßt vermuten, daß diese Interessen ihm auch teuer am Herzen lagen, und widerlegt wird dadurch jene vielverbreitete Meinung, daß nur die Furcht vor der Inquisition ihn abgehalten habe, die protestantischen Zeitgedanken im Don Quixote zu besprechen. Nein, Cervantes war ein getreuer Sohn der römischen Kirche, und nicht bloß blutete sein Leib im ritterlichen Kampfe für ihre gebenedeite Fahne, sondern er litt für sie auch mit seiner ganzen Seele das peinlichste Märtyrtum während seiner langjährigen Gefangenschaft unter den Ungläubigen.

Dem Zufall verdanken wir mehr Details über das Treiben des Cervantes zu Algier, und hier erkennen wir in dem großen Dichter einen ebensogroßen Helden. Die Gefangenschaftsgeschichte widerspricht aufs glänzendste der melodischen Lüge jenes glatten Lebemannes, der dem Augustus und allen deutschen Schulfüchsen weisgemacht hat, er sei ein Dichter, und Dichter seien feige. Nein, der wahre Dichter ist auch ein wahrer Held, und in seiner Brust wohnt die Geduld, die, wie der Spanier sagt, ein zweiter Mut ist. Es gibt kein erhabeneres Schauspiel als den Anblick jenes edlen Kastilianers, er dem Bei zu Algier als Sklave dient, beständig auf Befreiung sinnt, seine kühnen Pläne unermüdlich vorbereitet, allen

Gefahren ruhig entgegenblickt und, wenn das Unternehmen scheitert, lieber Tod und Folter ertrüge, als daß er nur mit einer Silbe die Mitschuldigen verriete. Der blutgierige Herr seines Leibes wird entwaffnet von so viel Großmut und Tugend, der Tiger schont den gefesselten Löwen und zittert vor dem schrecklichen Einarm, den er doch mit einem Worte in den Tod schicken könnte. Unter dem Namen „der Einarm" ist Cervantes in ganz Algier bekannt, und der Dei gesteht, daß er ruhig schlafen könne und der Ruhe seiner Stadt, seiner Armee und seiner Sklaven versichert sei, wenn er nur den einhändigen Spanier in festem Gewahrsam wisse.

Ich habe erwähnt, daß Cervantes beständig gemeiner Soldat war; aber da er sogar in so untergeordneter Stellung sich auszeichnen und namentlich seinem großen Feldherrn Don Juan d'Austria bemerkbar machen konnte, so erhielt er, als er aus Italien nach Spanien zurückkehren wollte, die rühmlichsten Zeugnisbriefe für den König, dem seine Beförderung darin nachdrücklich empfohlen ward. Als nun die algierischen Korsaren, die ihn auf dem mittelländischen Meere gefangennahmen, diese Briefe sahen, hielten sie ihn für eine Person von äußerst bedeutendem Stande, und forderten deshalb ein so erhöhtes Lösegeld, daß seine Familie, trotz aller Mühen und Opfer, ihn nicht loszukaufen vermochte, und der arme Dichter dadurch desto länger und qualsamer in der Gefangenschaft gehalten wurde. So ward sogar die Anerkennung seine Vortrefflichkeit für ihn nur eine neue Quelle des Unglücks, und so bis ans Ende seiner Tage spottete seiner jenes grausame Weib, die Göttin Fortuna, die es dem Genius nie verzeiht, daß er auch ohne ihre Gönnerschaft zu Ruhm und Ehr gelangen kann.

Aber ist das Unglück des Genius immer nur das Werk eines blinden Zufalls, oder entspringt es als Notwendigkeit aus seiner innern Natur und der Natur seiner Umgebung? Tritt seine Seele in Kampf mit der Wirklichkeit, oder beginnt die rohe Wirklichkeit einen ungleichen Kampf mit seiner edlen Seele?

Die Gesellschaft ist eine Republik. Wenn der einzelne emporstrebt, drängt ihn die Gesamtheit zurück durch Ridikül und Verlästerung. Keiner soll tugendhafter und geistreicher sein als die übrigen. Wer aber durch die unbeugsame Gewalt des Genius hinausragt über das banale Gemeindemaß, diesen trifft der Ostrazismus der Gesellschaft, sie verfolgt ihn mit so gnadenloser Verspottung und Verleumdung, daß er sich endlich zurückziehen muß in die Einsamkeit seiner Gedanken.

Ja, die Gesellschaft ist ihrem Wesen nach republikanisch. Jede Fürstlichkeit ist ihr verhaßt, die geistige ebensosehr wie die materielle. Letztere stützt nicht selten auch die erstere mehr, als man gewöhnlich ahnt. Gelangten wir doch selber zu dieser Einsicht bald nach der Juliusrevolution, als der Geist des Republikanismus in allen gesellschaftlichen Verhältnissen sich kund gab. Der Lorbeer eines großen Dichters war unsern Republikanern ebenso verhaßt, wie die Purpur eines großen Königs. Auch die geistigen Unterschiede der Menschen wollten sie vertilgen, und indem sie alle Gedanken, die auf dem Territorium des Staates entsprossen, als bürgerliches Gemeingut betrachteten, blieb ihnen nichts mehr übrig, als auch die Gleichheit des Stils zu dekretieren. Und in der Tat, ein guter Stil wurde als etwas Aristokratisches verschrieen, und vielfach hörten wir die Behauptung: „Der echte Demokrat schreibt wie das Volk, herzlich, schlicht und schlecht." Den meisten Männern der Bewegung gelang dieses sehr leicht; aber nicht jedem ist es gegeben, schlecht zu schreiben, zumal wenn man sich zuvor das Schönschreiben angewöhnt hatte, und da hieß es gleich: „Das ist ein Aristokrat, ein Liebhaber der Form, ein Freund der Kunst, ein Feind des Volks." Sie meinten es gewiß ehrlich, wie der heilige Hieronoymus, der seinen guten Stil für eine Sünde hielt und sich weidlich dafür geißelte.

Ebensowenig wie antikatholische finden wir auch antiabsolutistische Klänge in Don Quixote. Kritiker, welche dergleichen darin wittern, sind offenbar im Irrtum. Cervantes war der Sohn einer Schule, welche den unbedingten Gehorsam für den Oberherrn sogar poetisch idealisiert hatte. Und dieser Oberherr war König von Spanien, zu einer Zeit, wo die Majestät desselben die ganze Welt überstrahlte. Der gemeine Soldat fühlte sich im Lichtstrahl jener Majestät und opferte gern seine individuelle Freiheit für solche Befriedigung des kastilianischen Nationalstolzes.

Die politische Größe Spaniens zu jener Zeit mochte nicht wenig das Gemüt seiner Schriftsteller erhöhen und erweitern. Auch im Geiste eines spanischen Dichters ging die Sonne nicht unter wie im Reiche Karl's V. Die wilden Kämpfe mit den Morisken waren beendigt, und wie nach einem Gewitter die Blumen am stärksten duften, so erblüht die Poesie immer am herrlichsten nach einem Bürgerkrieg. Dieselbe Erscheinung sehen wir in England zur Zeit der Elisabeth, und gleichzeitig mit Spanien entsprang dort eine Dichterschule, die zu merkwürdigen Vergleichungen auffordert. Dort sehen wir Shakespeare, hier Cervantes als die Blüte der Schule.

Wie die spanischen Dichter unter den drei Philippen, so haben auch die englischen unter der Elisabeth eine gewisse Familienähnlichkeit, und weder Shakespeare noch Cervantes können auf Originalität in unserem Sinne Anspruch machen. Sie unterscheiden sich von ihren Zeitgenossen keineswegs durch besonderes Fühlen und Denken oder besondere Darstellungsart, sondern nur durch bedeutendere Tiefe, Innigkeit, Zärte und Kraft; ihre Dichtungen sind mehr durchdrungen und umflossen vom Äther der Poesie.

Aber beide Dichter sind nicht bloß die Blüte ihrer Zeit, sondern sie waren auch die Wurzel der Zukunft. Wie Shakespeare durch den Einfluß seiner Werke, namentlich auf Deutschland und das heutige Frankreich, als der Stifter der späteren dramatischen Kunst zu betrachten ist, so müssen wir in Cervantes den Stifter des modernen Romans verehren. Hierüber erlaube ich mir einige flüchtige Bemerkungen.

Der ältere Roman, der sogenannte Ritterroman, entsprang aus der Poesie des Mittelalters; er war zuerst eine prosaische Bearbeitung jener epischen Gedichte, deren Helden zum Sagenkreise Karl's des Großen und des heiligen Grals gehörten; immer bestand der Stoff aus ritterlichen Abenteuern. Es war der Roman des Adels, und die Personen, die darin agierten, waren entweder fabelhafte Phantasiegebilde oder Reiter mit goldenen Sporen; nirgends eine Spur von Volk. Diese Ritterromane, die in der absurdesten Weise ausarteten, stürzte Cervantes durch seinen Don Quixote. Aber indem er eine Satire schrieb, die den älteren Roman zugrunde richtete, lieferte er selber wieder das Vorbild zu einer neuen Dichtungsart, die wir den modernen Roman nennen. So pflegen immer große Poeten zu verfahren; sie begründen zugleich etwas Neues, indem sie das Alte zerstören; sie negieren nie, ohne etwas zu bejahen. Cervantes stiftete den modernen Roman, indem er in den Ritterroman die getreue Schilderung der niederen Klassen einführte, indem er ihm das Volksleben beimischte. Die Neigung, das Treiben des gemeinsten Pöbels, des verworfensten Lumpenpacks zu beschreiben, gehört nicht bloß dem Cervantes, sondern der ganzen literarischen Zeitgenossenschaft, und sie findet sich, wie bei den Poeten, so auch bei den Malern des damaligen Spanien; ein Murillo, der dem Himmel die heiligsten Farben stahl, womit er seine schönen Madonnen malte, konterfeite mit derselben Liebe auch die schmutzigsten Erscheinungen dieser Erde. Es war vielleicht die Begeisterung für die Kunst selber, wenn diese edeln Spanier manchmal an der treuen Abbildung eines Betteljungen, der sich laust, dasselbe Vergnügen empfanden, wie an der Darstellung der hochgebenedeiten Jungfrau. Oder war es der Reiz des Kontrastes, welcher eben die vornehmsten Edelleute, einen geschniegelten Hofmann wie Quevedo oder einen mächtigen Minister wie Mendoza, antrieb, ihre zerlumpten Bettler- und Gaunerromane zu schreiben; sie wollten sich vielleicht aus der Eintönigkeit ihrer Standesumgebung durch die Phantasie in eine entgegengesetzte Lebenssphäre versetzen, wie wir dasselbe Bedürfnis bei manchen deutschen Schriftstellern finden, die ihre Romane nur mit Schilderungen der vornehmen Welt füllen und ihre Helden immer zu Grafen und Baronen machen. Bei Cervantes finden wir noch nicht diese einseitige Richtung, das Unedle ganz abgesondert darzustellen; er vermischt nur das Ideale mit dem Gemeinen, das eine dient dem andern zur Abschattung oder zur Beleuchtung, und das adeltümliche Element ist darin noch ebenso mächtig wie das volkstümliche. Dieses adeltümliche, chevalereske, aristokratische Element verschwindet aber ganz in dem Roman der Engländer, die den Cervantes zuerst nachgeahmt und ihn bis auf den heutigen Tag immer als Vorbild vor Augen haben. Es sind prosaische Naturen, diese englischen Romandichter seit Richardson's Regierung, der prüde Geist ihrer Zeit widerstrebt sogar aller kernigen Schilderung des gemeinen Volkslebens, und wir sehen jenseits des Kanals jene bürgerlichen Romane entstehen, worin das nüchterne Kleinleben der Bourgeoisie sich abspiegelt. Diese klägliche Lektüre überwässerte das englische Publikum bis auf die letzte Zeit, wo der große Schotte auftrat, der im Roman eine Revolution oder eigentlich eine Restauration bewirkte. Wie nämlich Cervantes das demokratische Element in den Roman hineinbrachte, als darin nur das einseitig rittertümliche herrschend war, so brachte Walter Scott in den Roman wieder das aristokratische Element zurück, als dieses gänzlich darin erloschen war, und nur prosaische Spießbürgerlichkeit dort ihr Wesen trieb. Durch ein entgegengesetztes Verfahren hat Walter Scott dem Roman jenes schöne Ebenmaß wieder gegeben, welches wir im Don Quixote des Cervantes bewundern.

Ich glaube, in dieser Beziehung ist das Verdienst des zweiten großen Dichters Englands noch nie anerkannt worden. Seine tory'schen Neigungen, seine Vorliebe für die Vergangenheit waren heilsam für die Literatur, für jene Meisterwerke seines Genius, die überall sowohl Anklang als Nachahmung fanden und die aschgrauen Schemen des bürgerlichen Romans in die dunkleren Winkel der Leihbibliotheken verdrängten. Es ist ein Irrtum, wenn man Walter Scott nicht als den Begründer des sogenannten historischen Romans ansehen will und letztern von deutschen Anregungen herleitet. Man verkennt, daß das Charakteristische der historischen Romane eben in der Harmonie des aristokratischen und demokratischen Elements besteht, daß Walter Scott diese Harmonie, welche während der Alleinherrschaft des demokratischen Elements gestört war, durch die Wiedereinsetzung des aristokratischen Elements aufs schönste herstellte, statt daß unsere deutschen Romantiker das demokratische Element in ihren Romanen gänzlich verleugneten und wieder in das aberwitzige Gleise des Ritterromans, der vor Cervantes blühte, zurückkehrten. Unser de la Motte Fouqué ist nichts als ein Nachzügler jener Dichter, die den „Amadis von Gallien" und ähnliche Abenteuerlichkeiten zur Welt gebracht, und ich bewundere nicht bloß das Talent, sondern auch den Mut, womit der edle Freiherr zweihundert Jahre nach dem Erscheinen des Don Quixote seine Ritterbürger geschrieben hat. Es war eine sonderbare Periode in Deutschland, als letztere erschienen und das Publikum daran Gefallen fand. Was bedeutete in der Literatur diese Vorliebe für das Rittertum und die Bilder der alten Feudalzeit? Ich glaube, das deutsche Volk wollte auf immer Abschied nehmen von dem Mittelalter; aber gerührt, wie wir es leicht sind, nahmen wir

Abschied mit einem Kusse. Wir drückten zum letzten Male unsere Lippen auf die alten Leichensteine. Mancher von uns freilich gebärdete sich dabei höchst närrisch. Ludwig Tieck, der kleine Junge der Schule, grub die toten Voreltern aus dem Grabe heraus, schaukelte ihren Sarg, als wär' es eine Wiege, und mit aberwitzig kindischem Lallen sang er dabei: „Schlaf, Großväterchen, schlafe!"

Ich habe Walter Scott den zweiten großen Dichter Englands und seine Romane Meisterwerke genannt. Aber nur seinem Genius wollte ich das höchste Lob erteilen. Seine Romane selbst kann ich dem großen Roman des Cervantes keineswegs gleichstellen. Dieser übertrifft ihn an epischem Geist. Cervantes war, wie ich schon erwähnt habe, ein katholischer Dichter, und dieser Eigenschaft verdankt er vielleicht jene große epische Seelenruhe, die wie ein Kristallhimmel seine bunten Dichtungen überwölbt; nirgends eine Spalte des Zweifels. Dazu kömmt noch die Ruhe des spanischen Nationalcharakters. Walter Scott aber gehört einer Kirche, welche selbst die göttlichen Dinge einer scharfen Diskussion unterwirft; als Advokat und Schotte ist er gewöhnt an Handlung und Diskussion, und, wie in seinem Geiste und Leben, so ist auch in seinen Romanen das Dramatische vorherrschend. Seine Werke können daher nimmermehr als reines Muster jener Dichtungsart, die wir Roman nennen, betrachtet werden. Den Spaniern gebührt der Ruhm, den besten Roman hervorgebracht zu haben, wie man den Engländern den Ruhm zusprechen muß, daß sie im Drama das Höchste geleistet.

Und den Deutschen, welche Palme bleibt ihnen übrig? Nun, wir sind die besten Liederdichter dieser Erde. Kein Volk besitzt so schöne Lieder wie die Deutschen. Jetzt haben die Völker allzu viele politische Geschäfte; wenn aber diese einmal abgetan sind, wollen wir Deutsche, Briten, Spanier, Franzosen, Italiener, wir wollen alle hinausgehen in den grünen Wald und singen, und die Nachtigall soll Schiedsrichterin sein. Ich bin überzeugt, bei diesem Wettgesange wird das Lied von Wolfgang Goethe den Preis gewinnen.

Cervantes, Shakespeare und Goethe bilden das Dichter-Triumvirat, das in den drei Gattungen poetischer Darstellung, im Epischen, Dramatischen und Lyrischen das Höchste hervorgebracht. Vielleicht ist der Schreiber dieser Blätter besonders befugt, unsern großen Landsmann als den vollendetsten Liederdichter zu preisen. Goethe steht in der Mitte zwischen den beiden Ausartungen des Liedes, jenen zwei Schulen, wovon die eine leider mit einem eigenen Namen, die andere mit dem Namen Schwabens bezeichnet wird. Beide freilich haben ihre Verdienste: sie förderten indirekter Weise das Gedeihen der deutschen Poesie. Der erstere bewirkte eine heilsame Reaktion gegen den einseitigen Idealismus im deutschen Liede, sie führte den Geist zurück zur starken Realität und entwurzelte jenen sentimentalen Petrarchismus, der uns immer als eine lyrische Donquixoterie erschienen ist. Die schwäbische Schule wirkte ebenfalls indirekt zum Heile der deutschen Poesie. Wenn in Norddeutschland kräftig gesunde Dichtungen zum Vorschein kommen konnten, so verdankt man dieses vielleicht der schwäbischen Schule, die alle kränkliche, bleichsüchtige, fromm gemütliche Feuchtigkeiten der deutschen Muse an sich zog. Stuttgart war gleichsam die Fontanelle der deutschen Muse.

Indem ich die höchsten Leistungen im Drama, im Roman und im Liede dem erwähnten großen Triumvirate zuschreibe, bin ich weit davon entfernt, an dem poetischen Werte anderer großer Dichter zu mäkeln. Nichts ist törichter als die Frage: welcher Dichter größer sei als der andere? Flamme ist Flamme, und ihr Gewicht läßt sich nicht bestimmen nach Pfund und Unze. Nur platter Krämersinn kommt mit seiner schäbigen Käsewaage und will den Genius wägen. Nicht bloß die alten, sondern auch manche neuere haben Dichtungen geliefert, worin die Flamme der Poesie ebenso prachtvoll lodert wie in den Meisterwerken von Shakespeare, Cervantes und Goethe. Jedoch diese Namen halten zusammen, wie durch ein geheimes Band. Es strahlt ein verwandter Geist aus ihren Schöpfungen; es weht darin eine ewige Milde, wie der Atem Gottes; es blüht darin die Bescheidenheit der Natur. Wie an Shakespeare, erinnert Goethe auch beständig an Cervantes, und diesem ähnelt er bis in die Einzelheiten des Stils, in jener behaglichen Prosa, die von der süßesten und harmlosesten Ironie gefärbt ist. Cervantes und Goethe gleichen sich sogar in ihren Untugenden, in der Weitschweifigkeit der Rede, in jenen langen Perioden, die wir zuweilen bei ihnen finden, und die einem Aufzug königlicher Equipagen vergleichbar. Nicht selten sitzt nur ein einziger Gedanke in so einer breitausgedehnten Periode, die wie eine große vergoldete Hofkutsche mit sechs panachierten Pferden gravitätisch dahinfährt. Aber dieser einzige Gedanke ist immer etwas Hohes, wo nicht gar der Souverän.

Über den Geist des Cervantes und den Einfluß seines Buches habe ich nur mit wenigen Andeutungen reden können. Über den eigentlichen Kunstwert seines Romans kann ich mich hier noch weniger verbreiten, indem Erörterungen zur Sprache kämen, die allzu weit ins Gebiet der Ästhetik hinabführen würden. Ich darf hier auf die Form seines Romans und die zwei Figuren, die den Mittelpunkt desselben bilden, nur im allgemeinen aufmerksam machen. Die Form ist nämlich die der Reisebeschreibung, wie solches von jeher die natürlichste Form für diese Dichtungsart. Ich erinnere hier nur an den goldenen Esel des Apulejus, den ersten Roman des Altertums. Der Einförmigkeit dieser Form haben die späteren Dichter durch das, was wir heute Fabel des Romanes nennen, abzuhelfen gesucht. Aber wegen Armut an Erfindung haben jetzt die meisten Romanschreiber ihre Fabeln von einander geborgt, wenigsten haben die einen mit wenig Modifikationen immer die Fabeln der andern benutzt, und durch die dadurch entstehende Wiederkehr derselben Charaktere, Situationen und Verwicklungen ward dem Publikum am Ende die Romanlektüre einigermaßen verleidet. Um sich vor der Langweiligkeit abgedroschener Romanfabeln zu retten, flüchtete man sich für einige Zeit in die uralte, ursprüngliche Form der Reisebeschreibung. Diese wird aber wieder ganz verdrängt, sobald ein Originaldichter mit neuen, frischen Romanfabeln auftritt. In der Literatur, wie in der Politik, bewegt sich alles nach dem Gesetz der Aktion und Reaktion.

Was nun jene zwei Gestalten betrifft, die sich Don Quixote und Sancho Pansa nennen, sich beständig paradieren und doch so wunderbar ergänzen, daß sie den eigentlichen Helden des Romans bilden, so zeugen sie im gleichen Maße von dem Kunstsinn, wie von der Geistestiefe des Dichters. Wenn andere Schriftsteller, in deren Roman der Held nur als einzelne Person durch die Welt zieht, zu Monologen, Briefen und Tagebüchern ihre Zuflucht nehmen müssen, um die Gedanken und Empfindungen des Helden kund zu geben, so kann Cervantes überall einen natürlichen Dialog hervortreten lassen; und indem die eine Figur immer die Rede der andern parodiert, tritt die Intention des Dichters um so sichtbarer hervor. Vielfach nachgeahmt wird seitdem die Doppelfigur, die dem Roman des Cervantes eine so kunstvolle Natürlichkeit verleiht, und aus deren Charakter, wie aus einem einzigen Kern, der ganze Roman mit all seinem wilden Laubwerk, seinen duftigen Blüten, strahlenden Früchten und Affen und Wundervögeln, die sich auf den Zweigen wiegen, gleich einem indischen Riesenbaum sich entfaltet.

Aber es wäre ungerecht, hier alles auf Rechnung sklavischer Nachahmung zu setzen; sie lag so nahe, die Einführung solcher zwei Figuren, wie Don Quixote und Sancho Pansa, wovon die eine, die poetische, auf Abenteuer zieht, und die andere, halb aus Anhänglichkeit, halb aus Eigennutz, hinterdrein läuft durch Sonnenschein und Regen, wie wir selber sie oft im Leben begegnet haben. Um dieses Paar unter den verschiedenartigsten Vermummungen überall wieder zu erkennen, in der Kunst wie im Leben, muß man freilich nur das Wesentliche, die geistige Signatur, nicht das Zufällige ihrer äußern Erscheinung ins Auge fassen. Der Beispiele könnte ich unzählige anführen. Finden wir Don Quixote und Sancho Pansa nicht ebensogut in den Gestalten Don Juan's und Leporello', wie etwa in der Person Lord Byron's und seines Bedienten Fletcher? Erkennen wir dieselben zwei Typen und ihr Wechselverhältnis nicht in der Gestalt des Ritters von Waldsee und seines Kaspar Larifari ebensogut, wie in der Gestalt von so manchem Schriftsteller und seinem Buchhändler, welcher letztere die Narrheiten seines Autors wohl einsieht, aber dennoch, um reellen Vorteil daraus zu ziehen, ihn getreusam auf allen seinen idealen

Irrfahrten begleitet. Und der Herr Verleger Sancho, wenn er auch manchmal nur Püffe bei diesem Geschäfte gewinnt, bleibt doch immer fett, während der edle Ritter täglich immer mehr und mehr abmagert.

Aber nicht bloß unter Männern, sondern auch unter Frauenzimmern habe ich öfters die Typen Don Quixote's und seines Schildknappen wiedergefunden. Namentlich erinnere ich mich einer schönen Engländerin, einer schwärmerischen Blondine, die mit ihrer Freundin aus einer Londoner Mädchenpension entsprungen war und die ganze Welt durchziehen wollte, um ein so edles Männerherz zu suchen, wie sie es in sanften Mondscheinnächten geträumt hatte. Die Freundin, eine untersetzte Brünette, hoffte bei dieser Gelegenheit, wenn auch nicht etwas ganz apartes Ideale, doch wenigstens einen Mann von gutem Aussehen zu erbeuten. Ich sehe sie noch, mit ihren liebesüchtigen blauen Augen, die schlanke Gestalt, wie sie am Strande von Brighton weit über das flutende Meer nach der französischen Küste hinüber schmachtete ... Ihre Freundin knackte unterdessen Haselnüsse, freute sich des süßen Kerns und warf die Schalen ins Wasser.

Jedoch weder in den Meisterwerken anderer Künstler noch in der Natur selber finden wir die erwähnten beiden Typen in ihrem Wechselverhältnisse so genau ausgeführt wie bei Cervantes. Jeder Zug im Charakter und der Erscheinung des einen entspricht hier einem entgegengesetzten und doch verwandten Zuge bei dem andern. Hier hat jede Einzelheit eine parodistische Bedeutung. Ja, sogar zwischen Rosinanten und Sancho's Grauchen herrscht derselbe ironische Parallelismus, wie zwischen dem Knappen und seinem Ritter, und auch die beiden Tiere sind gewissermaßen die symbolischen Träger derselben Ideen. Wie in ihrer Denkungsart, so offenbaren Herr und Diener auch in ihrer Sprache die merkwürdigsten Gegensätze, und hier kann ich nicht umhin, der Schwierigkeiten zu erwähnen, welche der Übersetzer zu überwinden hatte, der die hausbackene, knorrige, niedrige Sprechart des guten Sancho ins Deutsche übertrug. Durch seine gehackte, nicht selten unsaubere Sprichwörtlichkeit mahnt der gute Sancho ganz den Narren des Königs Salomon, an Markulf, der ebenfalls einem pathetischen Idealismus gegenüber das Erfahrungswissen des gemeinen Volkes in kurzen Sprüchen vorträgt. Don Quixote hingegen redet die Sprache der Bildung, des höheren Standes, und auch in der Grandezza des wohlgeründeten Periodenbaues repräsentiert er den vornehmen Hidalgo. Zuweilen ist dieser Periodenbau allzuweit ausgesponnen, und die Sprache des Ritters gleicht einer stolzen Hofdame in aufgebauschtem Seidenkleid, mit langer rauschender Schleppe. Aber die Grazien, als Pagen verkleidet, tragen lächelnd einen Zipfel dieser Schleppe; die langen Perioden schließen mit den anmutigsten Wendungen.

Den Charakter der Sprache Don Quixote's und Sancho Pansa's resumieren wir in den Worten: der erstere, wenn er redet, scheint immer auf seinem hohen Pferde zu sitzen, der andere spricht, als säße er auf seinem niedrigen Esel.

Mir bliebe noch übrig, von den Illustrationen zu sprechen, die ich hier bevorworte, ausgeschmückt hat. Diese Ausgabe ist das erste der schönen Literatur angehörige Buch, das in Deutschland auf diese Weise verziert ans Licht tritt. In England und namentlich in Frankreich sind dergleichen Illustrationen an der Tagesordnung und finden fast enthusiastischen Beifall. Deutsche Gewissenhaftigkeit und Gründlichkeit wird aber gewiß die Frage aufwerfen: Sind den Interessen wahrer Kunst dergleichen Illustrationen förderlich? Ich glaube nicht. Zwar zeigen sie, wie die geistreich und leicht schaffende Hand eines Malers die Gestalten des Dichters auffaßt und wiedergibt; sie bieten auch für die etwaige Ermüdung durch die Lektüre eine angenehme Unterbrechung; aber sie sind ein Zeichen mehr, wie die Kunst, herabgezerrt von dem Piedestale ihrer Selbständigkeit, zur Dienerin des Luxus entwürdigt wird. Und dann ist hier für den Künstler nicht bloß die Gelegenheit und Verführung, sondern sogar die Verpflichtung, seinen Gegenstand nur flüchtig zu berühren, ihn beileibe nicht zu erschöpfen. Die Holzschnitte in alten Büchern dienten anderen Zwecken und können mit diesen Illustrationen nicht verglichen werden.

Die Illustrationen der vorliegenden Ausgabe sind nach Zeichnungen von Tony Johannot von den ersten Holzschneidern Englands und Frankreichs geschnitten. Sie sind, wie es schon Tony Johannot's Name verbürgt, ebenso elegant als charakteristisch aufgefaßt und gezeichnet; trotz der Flüchtigkeit der Behandlung sieht man, wie der Künstler in den Geist des Dichters eingedrungen ist. Sehr geistreich und phantastisch sind die Initialen und Culs-de-Lampe erfunden, und gewiß mit tiefsinnig poetischer Intention hat der Künstler zu den Verzierungen meistens moreske Dessins gewählt. Sehen wir ja doch die Erinnerung an die heitere Maurenzeit wie einen schönen fernen Hintergrund überall im Don Quixote hervorschimmern. – Tony Johannot, einer der vortrefflichsten und bedeutendsten Künstler in Paris, ist ein Deutscher von Geburt.

Auffallend ist es, daß ein Buch, welches so reich an pittoreskem Stoff wie der Don Quixote noch keinen Maler gefunden hat, der daraus Sujets zu einer Reihe selbständiger Kunstwerke entnommen hätte. Ist der Geist des Buches etwa zu leicht und phantastisch, als daß nicht unter der Hand des Künstlers der bunte Farbenstaub entflöhe? Ich glaube nicht. Denn der Don Quixote, so leicht und phantastisch er ist, fußt auf derber, irdischer Wirklichkeit, wie das ja sein mußte, um ihn zu einem Volksbuche zu machen. Ist es etwa, weil hinter den Gestalten, die uns der Dichter vorführt, tiefere Ideen liegen, die der bildende Künstler nicht wiedergeben kann, so daß er nur die äußere Erscheinung, wie saillant sie auch vielleicht sei, nicht aber den tieferen Sinn festhalten und reproduzieren könnte? Das ist wahrscheinlich der Grund. – Versucht haben sich übrigens viele Künstler an Zeichnungen zum Don Quixote. Was ich von englischen, spanischen und früheren französischen Arbeiten dieser Art gesehen habe, war abscheulich. Was deutsche Künstler betrifft, so muß ich hier an unseren großen Daniel Chodowiecki erinnern. Er hat eine Reihe Darstellungen zum Don Quixote gezeichnet, die, von Berger in Chodowiecki's Sinn radiert, die Bertuch'sche Übersetzung begleiteten. Es sind vortreffliche Sachen darunter. Der falsche theatralisch-konventionelle Begriff, den der Künstler, wie seine übrigen Zeitgenossen, vom spanischen Kostüme hatte, hat ihm sehr geschadet. Man sieht aber überall, daß Chodowiecki den Don Quixote vollkommen verstanden hat. Das hat mich gerade bei diesem Künstler gefreut und war mir um seinetwillen wie des Cervantes wegen lieb. Denn es ist mir immer angenehm, wenn zwei meiner Freunde sich lieben, wie es mich auch stets freut, wenn zwei meiner Feinde auf einander losschlagen. Chodowiecki's Zeit, als Periode einer sich erst bildenden Literatur, die der Begeisterung noch bedurfte und Satire ablehnen mußte, war dem Verständnisse des Don Quixote eben nicht günstig, und da zeugt es denn für Cervantes, daß seine Gestalten damals dennoch verstanden wurden und Anklang fanden, wie es für Chodowiecki zeugt, daß er Gestalten wie Don Quixote und Sancho Pansa begriff, er, welcher mehr als vielleicht je ein anderer Künstler das Kind seiner Zeit war, in ihr wurzelte, nur ihr angehörte, von ihr getragen, verstanden und anerkannt wurde.

Von neusten Darstellungen zum Don Quixote erwähne ich mit Vergnügen einige Skizzen von Decamps, dem originellsten aller lebenden französischen Maler. – Aber nur ein Deutscher kann den Don Quixote ganz versehen, und das fühlte ich dieser Tage in erfreutester Seele, als ich an den Fenstern eines Bilderladens auf dem Boulevard Montmartre ein Blatt sah, welches den edlen Manchaner in seinem Studierzimmer darstellt und nach Adolf Schröter, einem großen Meister, gezeichnet ist.

Geschrieben zu *Paris*, im Karneval 1837

Heinrich Heine

Vorwort

zu

A. Weill's „Sittengemälden

aus dem elsässischen Volksleben"

(1847)

———

Herr A. Weill, der Verfasser der elsässischen Idyllen, denen wir einige Geleitzeilen widmen, behauptet, daß er der erste gewesen, der dieses Genre auf den deutschen Büchermarkt gebracht. Es hat mit dieser Behauptung vollkommen seine Richtigkeit, wie uns Freunde versichern, die sich zugleich dahin aussprechen, als habe der erwähnte Autor nicht bloß die ersten, sondern auch die besten Dorfnovellen geschrieben. Unbekanntschaft mit den Meisterwerken der Tagesschriftstellerei jenseits des Vater Rheins hindert uns, hierüber ein selbständig eignes Urteil zu fällen.

Dem Genre selbst, der Dorfnovellistik, möchten wir übrigens keine bedeutende Stellung in der Literatur anweisen, und was die Priorität der Hervorbringung betrifft, so überschätzen wir ebenfalls nicht dieses Verdienst. Die Hauptsache ist und bleibt, daß die Arbeit, die uns vorliegt, in ihrer Art gut und gelungen ist, und in dieser Beziehung zollen wir ihr das ehrlichste Lob und die freundlichste Anerkennung.

Herr Weill ist freilich keiner jener Dichter, die mit angeborener Begabnis für plastische Gestaltung ihre stillsinnig harmonische Kunstgebilde schaffen, aber er besitzt dagegen in übersprudelnder Fülle eine seltene Ursprünglichkeit des Fühlens und Denkens, ein leicht erregbares enthusiastisches Gemüt und eine Lebhaftigkeit des Geistes, die ihm im Erzählen und Schildern ganz wunderbar zustatten kommt und seinen literarischen Erzeugnissen den Charakter eines Naturprodukts verleiht. Er ergreift das Leben in jeder momentanen Äußerung, er ertappt es auf der Tat, und er selbst ist, sozusagen, ein passioniertes Daguerreotyp, das die Erscheinungswelt mehr oder minder glücklich und manchmal, nach den Launen des Zufalls, poetisch abspiegelt. Dieses merkwürdige Talent, oder, besser gesagt, dieses Naturell bekundet sich auch in den übrigen Schriften des Herrn Weill, namentlich in seinem jüngsten Geschichtsbuche über den Bauernkrieg und in seinen sehr interessanten, sehr pikanten und sehr tumultuarischen Aufsätzen, wo er für die große Sache unserer Gegenwart aufs löblich tollste Partei ergreift. Hier zeigt sich unser Autor mit allen seinen sozialen Tugenden und ästhetischen Gebrechen; hier sehen wir ihn in seiner vollen agitatorischen Pracht und Lückenhaftigkeit. Hier ist er ganz der zerrissene, europamüde Sohn der Bewegung, der die Unbehagnisse und Ekeltümer unserer heutigen Weltordnung nicht mehr zu ertragen weiß, und hinausgaloppiert in die Zukunft, auf dem Rücken einer Idee ...

Ja, solche Menschen sind nicht allein die Träger einer Idee, sondern sie werden selbst davon getragen, und zwar als gezwungene Reiter ohne Sattel und Zügel: sie sind gleichsam mit ihrem nackten

Leibe festgebunden an die Idee, wie Mazeppa an seinem wilden Rosse auf den bekannten Bildern des Horace Vernet – sie werden davon fortgeschleift, durch alle fürchterliche Konsequenzen, durch alle Steppen und Einöden, über Stock und Stein – das Dorngestrüppe zerfleischt ihre Glieder – die Waldesbestien schnappen nach ihnen im Vorüberjagen – ihre Wunden bluten – Wo werden sie zuletzt anlangen? Unter donischen Kosaken, wie auf dem Vernet'schen Bilde? Oder an dem Goldgitter der glückseligen Gärten, wo da wandeln jene Götter ...

Wer sind jene Götter?

Ich weiß nicht, wie sie heißen, jedoch die großen Dichter und Weisen aller Jahrhunderte haben sie längst verkündigt. Sie sind jetzt noch geheimnisvoll verhüllt; aber in ahnenden Träumen wage ich es zuweilen, ihren Schleier zu lüften, und alsdann erblicke ich ... Ich kann es nicht aussprechen, denn bei diesem Anblick durchzuckt mich immer ein stolzer Schreck, und er lähmt meine Zunge. Ach! ich bin ja noch ein Kind der Vergangenheit, ich bin noch nicht geheilt von jener knechtischen Demut, jener knirschenden Selbstverachtung, woran das Menschengeschlecht seit anderthalb Jahrtausenden siechte, und die wir mit der abergläubischen Muttermilch eingesogen ... Ich darf es nicht aussagen, was ich geschaut ... Aber unsere gesünderen Nachkommen werden in freudigster Ruhe ihre Göttlichkeit betrachten, bekennen und behaupten. Sie werden die Krankheit ihrer Väter kaum begreifen können. Es wird ihnen wie ein Märchen klingen, wenn sie hören, daß weiland die Menschen sich alle Genüsse dieser Erde versagten, ihren Leib kasteiten und ihren Geist verdumpften, Mädchenblüten und Jünglingsstolz abschlachten, beständig logen und greinten, das abgeschmackteste Elend duldeten ... ich brauche wohl nicht zu sagen, wem zu Gefallen.

In der Tat, unsere Enkel werden es wie Ammenmärchen zu vernehmen meinen, wenn man ihnen erzählt, was wir geglaubt und gelitten! Und sie werden uns sehr bemitleiden! Wenn sie einst, eine freudige Götterversammlung, in ihren Tempelpalästen sitzen, um den Altar, den sie sich selber geweiht haben, und sich von alten Menschheitsgeschichten unterhalten, die schönen Enkel, dann erzählt vielleicht einer der Greise, daß es ein Zeitalter gab, in welchem ein Toter als Gott angebetet und durch ein schauerliches Leichenmahl gefeiert ward, wo man sich einbildete, das Brot, welches man esse, sei sein Fleisch, und der Wein, den man trinke, sei sein Blut. Bei dieser Erzählung werden die Wangen der Frauen erbleichen und die Blumenkränze sichtbar erbeben auf ihren schönlockichten Häuptern. Die Männer aber werden neuen Weihrauch auf den Herd-Altar streuen, um durch Wohlduft die düsteren, unheimlichen Erinnerungen zu verscheuchen.

Geschrieben zu *Paris*, am Karfreitage 1847

Heinrich Heine

Thomas Reynolds

(November 1841)

Waverley von Walter Scott ist männiglich bekannt, und während dieser Roman die rohe Menge durch stoffartiges Interesse unterhält, entzückt er den gebildeten Leser durch die Behandlung, durch eine Form, welche an Einfachheit unvergleichbar ist, und dennoch den größten Reichtum an Entfaltungen darbietet. An diese unübertreffliche, ergiebige Form erinnert uns das Buch, das unserer heutigen Besprechung vorliegt und von den hier lebenden Landsleuten des Verfassers so verschiedenartig beurteilt wird. Es ist voriges Jahr zugleich in London bei Longman und hier in Paris in der englischen Buchhandlung der Rue neuve St. Augustin erschienen und führt den Titel: *„The life of Thomas Reynolds, Esq., by his son Thomas Reynolds."* Sonderbar! die oberwähnte Form, welche Scott dem feinsten Kalkül seines künstlerischen Talents verdankte, findet sich auch in diesem Buche, aber als ein Produkt der Natur, als ein ganz unmittelbares Ergebnis des Stoffes. Letzter ist hier, ganz wie in dem Scott'schen Roman, eine verunglückte Empörung, und wie bei dem Schilderheben der schottischen Hochländer, sehen wir auch hier in dem irischen Aufstand einen etwas schwachmütigen Helden, der fast passiv von den Ereignissen hin und her geschleudert wird; nur daß der große Dichter seinem Waverley durch die liebenswürdigsten Ausschmückungen die Sympathie der Leserwelt aufs reichlichste zuwandte, was leider der Biograph des Thomas Reynolds für diesen nicht tun konnte, eben weil er keinen Roman, sondern eine wahre Geschichte schrieb. Ja, er beschrieb das Leben seines Helden mit einer so unerquicksamen Wahrheitsliebe, er berichtet die peinlichsten Tatsachen in einer so grellen Nacktheit, daß den Leser dabei manchmal eine fast schauerliche Mißstimmung anwandelt. Es ist der Sohn, welcher hier das treue Bild seines Vaters zeichnet, aber selbst die unschönen Züge desselben so sehr liebt, daß er sie durch keine erlogene Zutat idealisieren und somit dem ganzen Porträt seine teure Ähnlichkeit rauben will. Er besitzt eine so hohe Meinung von dem Charakter seines Vaters, daß er es verschmäht, selbst die unrühmlichsten Handlungen einigermaßen zu verblümen; diese sind für ihn nur betrübsame Konsequenzen einer falschen Position, nicht des Willens. Es herrscht ein schrecklicher Stolz in diesem Buche, nichts soll verheimlicht, nichts soll bemäntelt werden; aber die Umstände, die seinen Vater in die verhängnisvolle Lage hineintrieben, die Motive seines Tuns und Lassens, die Verleumdungen des Parteigrolls will der Sohn beleuchten; und nach solcher Beleuchtung kann man in der Tat nicht mehr ein hartes Verdammnisurteil fällen über den Mann, welcher der revolutionären Sippschaft in Irland gegenüber eine gar gehässige Rolle spielte, aber jedenfalls, wir müssen es gestehen, seinem Vaterland einen großen Dienst leistete; denn die Häupter der Verschwörung hatten nichts Geringeres im Sinne, als mit Hilfe einer französischen Invasion Irland ganz loszureißen von dem großbritannischen Staatsverbande, der zwar damals, in den neunziger Jahren, wie noch jetzt, sehr drückend und jammervoll auf dem irländischen Volke lastete, ihm aber einst die unberechenbarsten Vorteile bieten wird, sobald die kleinen mittelalterlichen Zwiste geschlichtet, und Irland, Schottland und England auch geistig zu einem organischen Ganzen verschmolzen sein werden. Ohne solche Verschmelzung würden die Irländer eine sehr klägliche Rolle spielen in dem nächsten europäischen Völkerturnier; denn in allen Ländern, nach dem Beispiel Frankreichs, suchen die nachbarlichen und sprachverwandten Stämme sich zu vereinigen. Es bilden sich große, kompakte Staatenmassen, und wenn einst diese kolossalen Kämpen miteinander in die Schranken treten, streitend um die Welthegemonie, dann wird der beste Patriot in Dublin keinen Augenblick daran zweifeln, daß Thomas Reynolds seinem Lande einen großen Dienst leistete, als er die Plane der Verschwörung, die Irland und England trennen wollten, verriet und mit seinem Zeugnis gegen sie auftrat. Zu dieser Stunde aber ist solche tolerante Beurteilung noch unmöglich in dem grünen Erin, wo die zwei feindlichen Parteien, die protestantisch britische und die katholisch nationale, noch immer so grimmig und trotzig sich gegenüber stehen wie in den neunziger Jahren, ja wie seit Wilhelm von Oranien, der den sogenannten Orange-Men seinen Namen hinterließ und von den Gegnern noch heute unerbittlich gehaßt wird; während erstere bei ihren Festmahlen dem Andenken König Wilhelm's die freudigsten Toaste bringen, trinken letztere auf die Gesundheit der stetigen Stute, durch welche König Wilhelm den Hals brach.

Müssen wir aber auf die Zukunft verweisen, um das, was Thomas Reynolds tat, notdürftig zu beschönigen, müssen wir, um sein Tun zu entschuldigen, unsere wärmsten Gefühle zurückdrängen, so können wir doch schon jetzt und mit freiem Herzen den schlimmsten Anklagen widersprechen, und wir sind davon überzeugt, daß die Motive seiner Tat keineswegs so häßlich waren, wie seine Feinde glaubten, daß er zwar die Verschwörung aufdeckte, keineswegs aber an den Personen der Verschwörer einen Verrat übte, am allerwenigsten an der Person des vortrefflichen Lord Edward Fitzgerald, wie Thomas Moore in der Biographie desselben unredlicherweise behauptete. Der Sohn hat bis zur Augenscheinlichkeit bewiesen, daß kein Geldvorteil seinen Vater veranlaßt haben konnte, die Partei der Regierung zu ergreifen, die im Gegenteil wenig für ihn tat und ihn für die Verluste nur kärglich entschädigte. In dieser Beziehung schirmt ihn auch das Zeugnis der vornehmsten Staatsmänner Englands, namentlich des Earl of Chichester, des Marquis Cambden und des Lord Castlereagh, welche damals an der Spitze der irischen Regierung standen. Diese rühme ihn wegen seiner Uneigennützigkeit, erklären sein Betragen für ehrenwert, versichern ihn ihrer Hochachtung – und wie wenig ich auch diese britischen Tories liebe, so zweifle ich doch nicht an ihrem Wort, denn ich weiß, sie sind viel zu hochmütig, als daß sie für einen bezahlten Verräter öffentlich lügen würden. Sie verachten alle Menschen, und doppelt verachten sie diejenigen, denen sie Geld gegeben, und gegen solche sind sie noch wortkarger. Aber nicht bloß die Höchstgestellten, sondern auch viele Landsleute geringeren Ranges sprachen Thomas Reynolds unbedingt frei von der Beschuldigung, als hab Gewinnsucht ihn geleitet. Die Kaufmannsgilde von Dublin erließ an ihn eine Adresse, welche voll ehrender Anerkennung und mit den Schmähungen seiner Feinde einen fast kosmischen Gegensatz bildet.

Wie Reynolds, der Sohn, durch die genauesten Details und die sinnreichsten Schlußfolgen bis zur Evidenz bewiesen, daß sein Vater nicht aus Eigennutz die Verschwörung verriet, so beweist er allenfalls bis zur Evidenz, daß er keineswegs an der Person der Verschwörer irgendeinen argen Verrat übte, und daß er, weit entfernt, die Gefangennahme des Lord Fitzgerald veranlaßt zu haben, im Gegenteil für die Rettung desselben die größte Sorge an den Tag legte und ihn auch mit Geld aufs redlichste unterstützte. Die Lebensbeschreibung Fitzgerald's, die wir der buntfarbigen Feder des Thomas Moore verdanken, scheint mehr Dichtung als Wahrheit zu enthalten, und mit Recht muß der Poet den Unwillen eines Sohne ertragen, der die Verunglimpfung seines Vaters mit den schärfsten Stachelreden züchtigt. Thomas Little (wie man Thomas Moore ob seiner winzigen Gestalt zu nennen pflegt) bekommt hier sehr nachdrücklich die Rute, und es ist nicht zu verwundern, daß das Männchen, das auf die ganze Londoner Presse den größten Einfluß übt, alle seine Mittel in Bewegung setzte, um das Reynolds'sche Werk in der öffentlichen Meinung herabzuwürdigen Sein Held Fitzgerald wird zwar hier von allem romantischen Nimbus entkleidet, aber er erscheint deshalb nicht minder heroisch, besonders bei seine Gefangennahme, und ich will die darauf bezügliche Stelle hier mitteilen.

„Die folgende Erzählung von der Gefangennahme des Lord Edward Fitzgerald erhielt mein Vater von dem Herrn Sirr und dem Herrn Swann; ersterer ist noch am Leben und kann berichten, wo ich etwa irre. Es war am 18. Mai, als Herr Edward Cooke, damaliger Unterstaatssekretär, den Herrn Charles Sirr, Bürgermeister *(town-mayor)*, einen wackern, tätigen und verständigen Beamten, zu sich rufen ließ und ihm den Auftrag gab, den andern Tag zwischen 5 und 6 Uhr abends nach dem Hause eines gewissen Nikolaus Murphy zu gehen, welcher Feder- und Bauholzhändler in Thomasstreet; dort fände er den Lord Edward Fitzgerald, den er arretieren solle, laut dem Verhaftbefehl, den er ihm einhändigte. Herr Sirr traf schon denselben Abend hierzu die notwendigen Anstalten, und den nächsten Morgen besprach er sich über seinen Auftrag mit dem Herrn Swann und einem gewissen Herrn Ryan, zwei Magistratspersonen, denen er das höchste Vertrauen schenkte, und deren Mithilfe er in Anspruch nahm. Herr Ryan war damals Herausgeber einer Zeitung, worin einige sehr schmähsüchtige Ausfälle gegen Lord Edward abgedruckt worden, welche letztern mit großem Haß gegen Herrn Ryan erfüllten. Herr Sirr besorgt neun Mann von der Londonderry-Miliz, sämtlich wohluniformiert. Herr Stirling, jetzt Konsul zu Genna, und Dr. Bankhead, beide Offiziere jenes Regiments, begleiteten sie, ebenfalls in Uniform.

„Es ist eine merkwürdige Tatsache, daß Lord Edward erst in der Nacht am 18. Mai nach dem Hause der Murphy ging, und daß der Staatssekretär, noch ehe er hinging, von seiner Absicht, dorthin zugehen, so sicher unterrichtet war, daß er schon des Nachmittags dem Herrn Sirr die Instruktion und den Verhaftsbefehl geben konnte, also acht bis zehn Stunden vor Lord Edward's Ankunft.

Die Herren Sirr, Swann und Ryan nebst ihren Genossen begaben sich in zwei Mietkutschen nach dem Hause Murphy; Herr Sirr sorgte auch dafür, daß eine starke Kompagnie Militär, gleichzeitig aus der Kaserne abmarschierend, unmittelbar nach der Ankunft der Kutschen vor dem Hause Murphy anlangen konnte, um ihn und seine Leute gegen den Pöbel zu schützen, der sich in jenem Viertel von Dublin sehr leicht zu einem bedeutenden Auflauf versammelt. Sobald er ankam, wußte Herr Sirr seine neun Mann so aufzustellen, daß sie alle Eingänge besetzten, sowohl Seiten- als Hintertüren. Während er diese Vorrichtung traf, eilten Herr Swann und Herr Ryan die Treppe hinauf, da im Erdgeschoß nur Komptoirstuben und Warenlager befindlich. Im ersten Gemach sahen sie niemand, aber den Speisesaal schien man eben verlassen zu haben, da sich auf der Tafel noch Überbleibsel von Dessert und Weinen befanden. Sie erreichten hastig das zweite Gemach, ohne jedoch irgendeines Menschen ansichtig zu werden; sie öffneten dort die Tür eines Schlafzimmers, welche weder verschlossen noch verriegelt war; in diesem Zimmer endlich stand Murphy am Fenster der Straße zu, ein Papier in der Hand haltend, welches er eben zu lesen schien, und auf dem Bette lag Lord Edward Fitzgerald, halb entkleidet. Auf einem Stuhle neben dem Bette lag ein Kästchen mit Taschenpistolen; Herr Swann eilte gleich darauf zu, und, sich zwischen den Stuhl und das Bett drängend, rief er: „Lord Edward Fitzgerald, Ihr seid mein Gefangener, denn wir kommen mit starkem Geleit, und jeder Widerstand ist nutzlos!" Lord Edward sprang empor, und mit einem zweischneidigen Dolch, welchen er irgend neben sich verborgen gehalten, stach er nach der Brust der Herrn Swann; Dieser wollte mit der Hand den Stich abwehren, und sie ward durchstochen am Knöchel des Zeigefingers, dergestalt, daß die Hand im buchstäblichen Sinn einen Augenblick an seiner Brust festgeheftet blieb. Der Dolch drang nämlich in eine Seite seiner Brust, und die Rippen hindurch kam er hinten am Schulterblatt wieder zum Vorschein. Herr Ryan stürzte jetzt herbei, feuerte ein Pistol auf Lord Edward ab und schoß fehl. Lord Edward, welcher ihn kannte, rief: „Ryan, du Elender!" *(Ryan, you villain!)* und indem er den Dolch, dessen Griff er noch immer in Händen hielt, aus Herrn Swann's Brust herausriß, stach er damit Herrn Ryan in die Herzgrube, und, die Waffe wieder zurückziehend, schlitzte er ihm mit der Schneide den Bauch auf bis am Nabel. Die Herren Swann und Ryan hatten beide Lord Edward um den Leib gefaßt, und da derselbe noch unverwundet, suchte er durch die Türe zu entkommen, wo Herr Ryan ihn endlich losließ, indem er mit den heraushängenden Gedärmen zu Boden stürzte, aber Herr Swann hielt ihn noch fest. Im Vorzimmer neben der Tür war eine Leiter, welche nach dem Söller führte und einen Ausgang nach dem Dache bot. Diese Vorkehrung war getroffen, um im Fall der Not die Flucht zu fördern, und auf diesem Wege wollte Lord Edward entfliehen; jedoch Herr Swann, welcher sich mit seinem ganzen Gewicht an ihm festhing, hinderte ihn, die Leiter zu ersteigen, und, um sich von dieser Last zu befreien, erhub er eben seinen Arm und wollte ihn mit dem Dolche, den er noch in Händen, aufs neue durchstoßen. Alles dies ereignete sich in weniger als einer Minute. Mittlerweile aber war das Militär aus der Kaserne angelangt, und nachdem Herr Sirr dasselbe gehörig postiert, eilte er ins Haus und die Treppe hinauf, wo er schießen hörte, und mit einem Pistol in der Hand erreichte er das Zimmer eben in dem Augenblick, wo Lord Edward seinen Arm erhoben, um Herrn Swann den Gnadenstoß zu geben; er schoß also, ohne sich lange zu bedenken, und traf Lord Edward am Arm, nahe bei der Schulter. Der Arm sank ihm machtlos, und Lord Edward war gefangen.

„Es bietet sich hier die ganz natürliche Frage: was tat unterdessen Murphy, der Hauswirt, ein Mann in der Blüte seines Alters und seiner Kraft, und dessen Schutz sich Lord Edward anvertraut hatte? Er blieb ein schweigender Zuschauer des ganzen Auftritts, obgleich jedem einleuchten muß, daß er durch die geringste

Hilfeleistung seinen Gast von Herrn Swann befreien und seine Flucht über das Dach ganz leicht bewirken konnte. Das Fenster, wo Murphy stand, ging nach der Straße, es war keine dreißig Fuß vom Boden entfernt, und die Kutschen konnten bis vierzehn Fuß der Mauer des Hauses sich nahen. Es ist auch unbegreiflich, daß in dem Hause, welches solchen Gast beherbergte, Tür und Tor von oben bis unten unverschlossen und unbewacht geblieben, und keine Seele sich dort befand außer dem Eigentümer. Der geringste Wink konnte die Flucht sichern, ehe Herr Swann die Treppe erstiegen, ebenso die geringste Hilfeleistung, nachdem schon der Angriff stattfand. Vielleicht war alles dies Zufall. Ich berichte bloß die Begebenheiten, wie sie meinem Vater erzählt worden von den Herren Sirr und Swann; erstern sprach er schon den andern Morgen, den 20., letztern erst nach seine Genesung. Murphy ward verhaftet, aber nicht verhört. Nachdem Lord Edward's Wunde verbunden, ward er sorgfältig fortgebracht; aber da die Kugel oben in die Brust gedrungen und der Brand erfolgte, starb er am 4. Junius. Herrn Ryan's Wunde ließ keinen Augenblick seine Erhaltung erhoffen; der Tod erfolgte nach einigen Tagen."

Wie über Fitzgerald, enthält das vorliegende Buch auch die interessanten Mitteilungen über Theobald Wolfe Tone, der in der irischen Verschwörung gleichfalls eine bedeutende Rolle spielte und ein ebenso unglückliches Ende nahm. Er war ein edler Mensch, durchglüht vom Feuer der Freiheitsliebe, und agierte einige Zeit als bevollmächtigter Gesandte der Verschworenen bei den französischen Republikanern. Sein Tagebuch, welches sein Sohn herausgegeben, enthält merkwürdige Notizen über seinen Aufenthalt zu Paris während der Sturm- und Drangperiode der französischen Revolution. Nach Irland kehrte er zurück mit der Expedition, die das Direktorium etwas zu spät dorthin unternahm. Die Erzählung von diese Expedition, wie sie im vorliegenden Buche umständlich zu lesen, ist höchst bedeutungsvoll und zeigt, welchen schwachen Widerstand eine Ladung in England finden würde, wenn sie besser organisiert wäre als damals. Man glaubt, der Schauplatz sei China, wenn man liest, wie einige hundert Franzosen, kommandiert von General Humbert, mit Übermut das ganze Land durchstreifen und Tausende von Engländern zu Paaren treiben. Ich kann der Versuchung nicht widerstehen, folgende Stelle mitzuteilen:

„Als der Marquis von Cornwallis am 24. August die Nachricht erhielt von der Landung der Franzosen, gab er dem Generallieutenant Lake Befehl, sich nach Galway zu begeben, um das Kommando der sich in Connaught versammelnden Truppen zu übernehmen. Dieser General begab sich nun mit den Truppen, die er zusammenbringen konnte, nach Castlebar, wo er am 26. anlangte und den Generalmajor Hutchinson fand, der dort am Vorabend eingetroffen. Die solchermaßen zu Castlebar versammelten Truppen bestanden aus 4000 Mann regulärer Soldaten, Yeomen und Landmiliz, begleitet von einem starken Park Artillerie. Der General Humbert (welcher die Franzosen kommandierte) verließ Ballina am 26. mit 800 Mann und zwei Feldschlangen, aber statt der gewöhnlichen Heerstraße durch Foxford, wo der General Taylor mit einem starken Korps stationierte, schlug er den Bergweg ein bei Barnageehy, wo nur ein geringer Posten aufgestellt war, und um 7 Uhr morgens den 27. gelangte er bis auf zwei Meilen in die Nähe von Castlebar, und fand dort vor der Stadt die königlich englischen Truppen postiert in der vorteilhaftesten Position. Alles war vereinigt, was diesen letztern einen leichten Sieg zu versprechen schien. Sie waren in großer Anzahl, 3 bis 4000 Mann, wohlversorgt mit Artillerie und Munition, sie waren frisch und wohlerquickt, während der Feind nur aus 800 Mann bestand, nur zwei Feldschlangen besaß, und durch einen mühsamen und höchst beschwerlichen Bergmarsch von etwa 24 Stunden ganz ermüdet und abgemattet war. Die königliche Artillerie, vortrefflich dirigiert durch Kapitän Shortall, tat im Anfang den Franzosen sehr viel Schaden und hielt sie einige Zeit zurück: aber diese, als sie sahen, daß sie nicht lange widerstehen könnten, wenn sie dem wohlgeleiteten Kanonenfeuer der Engländer zu viel Fronte böten, teilten sich in kleine Kolonnen und drangen mit so ungestümem Mute vorwärts, daß in wenigen Minuten die königlichen Truppen zurückwichen und, ergriffen von panischem Schrecken, nach allen Richtungen Reißaus nahmen; in äußerster Verwirrung flohen sie durch die Stadt und nahmen den Weg nach Tuam, einem Ort, der 30 Meilen von Castlebar entfernt liegt. Aber auch hier, wo sie in der Nacht anlangten, glaubten sie sich noch nicht hinlänglich geborgen, sie verweilten nur so lange, als notwendig war, um einige Erfrischungen zu sich zu nehmen, und setzten ihre schmähliche Flucht fort nach Athlone, welches 33 Meilen weiter liegt, und wo der Vortrab am Dienstag, den 29., um 1 Uhr anlangte. So groß war ihr Schrecken, daß sie 36 Meilen weit in 27 Stunden gelaufen! Der Verlust der königlichen Armee bestand in 53 Toten, 35 Verwundeten und 279 Gefangenen. Sie verlor gleichfalls zehn Stücke schweren Geschützes und 4 Feldschlangen. Wieviel die Franzosen verloren, ist nicht bekannt. Die französischen Truppen zogen ein in Castlebar, wo sie ungestört bis zum 4. September blieben."

Da aber die erwarteten Hilfstruppen nicht anlangten und überhaupt die ganze Expedition nach einem schlechten Plane eingeleitet worden, mußte sie am Ende erfolglos scheitern. Wolfe Tone, welcher bei dieser Gelegenheit den Engländern in die Hände fiel, ward vor ein Kriegsgericht gestellt und zum Strange verurteilt. Der arme Schelm, er fürchtete den Tod nicht, auf dem Grèveplatze zu Paris hatte er genug Hinrichtungen mit angesehen, aber er war nur an Guillotiniertwerden gewöhnt und hegte eine unüberwindliche Antipathie gegen das hängende Verfahren. Vergebens bat er, daß man ihn wenigstens erschießen möge, welche Todesart ihm mit größerem Recht gebühre, da er ein französisches Offizierspatent besäße, und als Kriegsgefangener zu betrachten sei. Nein, man gab seiner Bitte kein Gehör, und aus Abscheu vor dem Hängen schnitt sich der Unglückliche im Gefängnis die Kehle ab.

Von Milde war bei der englischen Regierung keine Rede zur Zeit der irischen Rebellion. Ich bin kein Freund der Guillotine und hege eben kein besonderes Vorurteil gegen das Hängen, aber ich muß bekennen, in der ganzen französischen Revolution sind kaum solche Greuel verübt worden, wie sich deren das englische Militär in Irland zuschulden kommen ließ. Obgleich ein Anhänger der Regierung, hat doch unser Verfasser diese schändliche Soldatenwirtschaft mit den treuesten Farben geschildert und vielmehr gebrandmarkt. Gott bewahre uns vor solcher Einquartierung, wie sie auf dem Kastell Kilkea ihren Unfug trieb! Am meisten rührte mich das Schicksal einer schönen Harfe, welche die Engländer mit besonderm Grimm in Stücke schlugen, weil ja die Harfe das Sinnbild Irlands. Auch die blutige Roheit der Aufrührer schildert der Verfasser mit Unparteilichkeit, und folgende Beschreibung ihrer Kriegsweise trägt das Gepräge der abscheulichsten Wahrheit.

„Die Art der Heerführung bei den Insurgenten charakterisierte ganz diese Leute. Sie postierten sich immer auf Anhöhen, die besonders emporragten, und das nannten sie ihr Lager. Ein oder zwei Zelte oder sonstiges Gehäuse diente als Obdach für die Anführer; die übrigen blieben unter freiem Himmel, Männer und Weiber nebeneinander ohne Unterschied, gehüllt in Lumpen oder Bett-Tücher, die meisten ohne andere Nachtbedeckung als das, was sie am Tage auf dem Leibe trugen. Diese Lebensart ward begünstigt von einem ununterbrochen schönen Wetter, wie es in Irland ganz ungewöhnlich ist. Auch betrachteten sie diesen Umstand als eine besondere Gunst der Vorsehung, und man hatte ihnen den Glauben beigebracht, es würde kein Tropfen Regen herabfallen, ehe sie Meister geworden von ganz Irland. In diesen Lagern, wie man sich leicht denken kann, unter solchen Haufen von rohen, aufruhrsüchtigen Menschen, herrsche die schrecklichste Wirrnis und Unfug jeder Art. Wenn ein Mann des Nachts im gesundesten Schlaf lag, stahl man ihm seine Flinte oder sonstigen Effekten. Um sich gegen diesen Mißstand zu sichern, ward es gebräuchlich, daß man, um zu schlafen, sich immer platt auf dem Bauch legte und Hut, Schuhe und dergleichen sich unter der Brust festband. Die Küche war roh über alle Begriffe; das Vieh wurde niedergeworfen und erschlagen, jeder riß dann nach Herzenslust ein Stück Fleisch davon ab, ohne es zu häuten, und röstete oder vielmehr brannte es am Lagerfeuer, ganz mit dem Fetzen Fell, das daran hängen geblieben. Den Kopf, die Füße und den Überrest des Gerippes ließ man liegen, und es verfaulte auf demselben Platze, wo man das Tier getötet. Wenn die Insurgenten kein Leder hatten, nahmen sie Bücher und bedienten sich derselben als Sättel, indem sie das Buch, in der Mitte aufgeschlagen, auf den Rücken des Pferdes legten, und Stricke ersetzten Gurt und Steigbügel. Die großen Foliobände, welche man bei Plünderungen erbeutete, erschienen zu diesem Gebrauch ganz besonders schätzbar. Da man sehr kläglich mit Munition versehen war, nahm man die Zuflucht zu Kieselsteinen oder auch zu Kugeln von gehärtetem Lehm. Die Anführer vermieden es immer, den Feind in der Nacht anzugreifen, wenn einiger Widerstand zu erwarten war, und zwar weil ihre Leute nie ordentlich ihren Befehlen Folge leisteten, sondern vielmehr dem eignen Ungestüm und den Eingebungen des Momentes gehorchten. In der Schlacht bewachten sie sich nämlich wechselseitig, da jeder fürchtete, daß ihn die andern im Stich lassen möchten im Fall eines Rückzuges, der gewöhnlich sehr schnell und unversehens stattfand; deshalb schlugen sie sich nicht gern des Nachts, wo keiner auf den Stand seiner Genossen genau acht haben konnte und immer besorgen mußte, daß sie plötzlich, ehe er sich dessen versehen, Reißaus nähmen (was man *make the run* nennt) und ihn alsdann in den Händen derer zurück ließen, die nie Pardon gaben; keiner traute dem andern. Es läßt sich behaupten, daß diese Aufrührer sich nie eine rohe Handlung oder Unziemlichkeit gegen Weiber oder Kinder zuschulden kommen ließen; nur der Brand von Scullabogue und die Behandlung Mackee's und seiner Familie in der Grafschaft Down macht eine Ausnahme; ausgenommen diese wütende Metzelei, wo auf Geschlecht und Alter nicht mehr geachtet wurde, kenne ich kein Beispiel, daß irgendwo ein Weib von den Rebellen mißhandelt worden wäre. Ich fürchte, wir können ihren Gegnern kein ebenso rühmliches Zeugnis erteilen."

Diese Schilderung der Kriegsführung bei den irischen Insurgenten leitete mich auf zwei Bemerkungen, die ich hier in der Kürze mitteilen will. Zunächst bemerke ich, daß Bücher bei einem Volksaufstand sehr brauchbar sein können, nämlich als Pferdesättel, woran unsere revolutionären Tatmänner gewiß noch nicht dachten, denn sie würden sonst auf alles Bücherschreiben nicht so ungehalten sein. Und dann bemerke ich, daß Paddy in einem Kampf mit John Bull immer den kürzern ziehen und dieser seine Herrschaft über Irland nicht so leicht einbüßen wird. Ist etwa der Irländer minder tapfer als der Engländer? Nein, vielleicht hat er sogar noch mehr persönlichen Mut. Aber bei jenem ist das Gefühl des Individualismus so vorherrschend, daß er, der einzeln so tapfer, dennoch gar zaghaft und unzuverlässig ist in jeder Assoziation, wo er seinem Nebenmann vertrauen und sich einem Gesamtwillen unterordnen soll. Solcher Geist des Individualismus ist vielleicht ein Charakterzug jenes keltischen Stammes, der den Kern des irischen Volkes bildet. Bei den Bewohnern der Bretagne in Frankreich gewahren wir dieselbe Erscheinung, und nicht mit Unrecht hat der geniale Michelet in seiner französischen Geschichte überall darauf hingewiesen, wie jener Charakterzug des Individualismus im Leben und Streben der berühmten Bretonen so bedeutungsvoll hervortritt. Sie zeichneten sich aus durch ein fast abenteuerliches Ringen des individuellen Geistes mit einer konstituierten Autorität, durch das Geltendmachen der Persönlichkeit. Der germanische Stamm ist disziplinierbarer und ficht und denkt besser in Reih' und Glied, aber er ist auch empfänglicher für Dienstbarkeit als der keltische Stamm. Die Verschmelzung beider Elemente, des germanischen und des keltischen, wird immer etwas Vortreffliches zutage fördern, und England wie Irland werden nicht bloß politisch, sondern auch moralisch gewinnen, sobald sie einst ein einiges, organisches Ganze bilden.

Ludwig Marcus

Denkworte
(Geschrieben zu *Paris*, den 22. April 1844)

Was ist der Grund, warum von den Deutschen, die nach Frankreich herüber gekommen, so viel in Wahnsinn verfallen? Die meisten hat der Tod aus der Geistesnacht erlöst; andere sind in Irrenanstalten gleichsam lebendig begraben; viele auch, denen ein Funken von Bewußtsein geblieben, suchen ihren Zustand zu verbergen, und gebärden sich halbwegs vernünftig, um nicht eingesperrt zu werden. Dies sind die Pfiffigen, die Dummen können sich nicht lange verstellen. Die Anzahl derer, die mit mehr oder minder lichten Momenten an dem finstern Übel leiden, ist sehr groß, und man möchte fast behaupten, der Wahnsinn sei die Nationalkrankheit der Deutschen in Frankreich. Wahrscheinlich bringen wir den Keim des Geberstens mit über den Rhein, und auf dem hitzigen Boden, dem glühenden Asphaltpflaster der hiesigen Gesellschaft, gedeiht rasch zur blühendsten Verrücktheit, was in Deutschland lebenslang nur eine närrische Krüppelpflanze geblieben wäre. Oder zeugt es schon von einem hohen Grade des Wahnwitzes, daß man das Vaterland verließ, um in der Fremde „die harten Treppen" auf und abzusteigen, und das noch härtere Brot des Exils mit seinen Tränen zu feuchten? Man muß jedoch beileibe nicht glauben, als seien es exzentrische Sturm- und Drangnaturen, oder gar Freunde des Müßiggangs und der entfesselten Sinnlichkeit, die sich hier in die Abgründe des Irrsinns verlieren – nein, dieses Unglück betraf immer vorzugsweise die honorabelsten Gemüter, die fleißigsten und enthaltsamsten Geschöpfe.

Zu den beklagenswertesten Opfern, die jener Krankheit erlagen, gehört auch unser armer Landsmann Ludwig Marcus. Dieser deutsche Gelehrte, der sich durch Fülle des Wissens ebenso rühmlich auszeichnete, wie durch hohe Sittlichkeit, verdient in dieser Beziehung, daß wir sein Andenken durch einige Worte ehren.

Seine Familienverhältnisse und das ganze Detail seiner Lebensumstände sind uns nie genau bekannt gewesen. Soviel ich weiß, ist er geboren zu Dessau im Jahre 1798, von unbemittelten Eltern, die dem gottesfürchtigen Kultus des Judentums anhingen. Er kam Anno 1820 nach Berlin, um Medizin zu studieren, verließ aber bald diese Wissenschaft. Dort zu Berlin sah ich ihn zuerst, und zwar im Kollegium von Hegel, wo er oft neben mir saß und die Worte des Meisters gehörig nachschrieb. Er war damals zweiundzwanzig Jahre alt, doch seine äußere Erscheinung war nichts weniger als jugendlich. Ein kleiner schmächtiger Leib, wie der eines Jungen von acht Jahren, und im Antlitz eine Greisenhaftigkeit, die wir gewöhnlich mit einem verbogenen Rückgrat gepaart finden. Eine solche Mißförmlichkeit aber war nicht an ihm zu bemerken, und eben über diesen Mangel wunderte man sich. Diejenigen, welche den verstorbenen Moses Mendelssohn persönlich gekannt, bemerkten mit Erstaunen die Ähnlichkeit, welche die Gesichtszüge des Marcus mit denen jenes berühmten Weltweisen darboten, der sonderbarerweise ebenfalls aus Dessau gebürtig war. Hätten sich die Choronologie und die Tugend nicht allzubestimmt für den ehrwürdigen Moses verbürgt, so könnten wir auf einem sehr frivolen Gedanken geraten.

Aber dem Geiste nach war Marcus wirklich ein ganz naher Verwandter jenes großen Reformator der deutschen Juden, und in seiner Seele wohnte ebenfalls die größte Uneigennützigkeit, der duldende Stillmut, der bescheidene Rechtssinn, lächelnde Verachtung des Schlechten, und eine unbeugsame, eiserne Liebe für die unterdrückten Glaubensgenossen. Das Schicksal derselben war, wie bei jenem Moses, auch bei Marcus der schmerzliche glühende Mittelpunkt aller seiner Gedanken, das Herz seines Lebens. Schon damals in Berlin war Marcus ein Polyhistor, er stöberte in allen Bereichen des Wissens, er verschlang ganze Bibliotheken, er verwühlte sich in allen Sprachschätzen des Altertums und der Neuzeit, und die Geographie, im generellsten wie im partikularsten Sinne, war am Ende sein Lieblingsstudium geworden; es gab auf diesem Erdball kein Faktum, keine Ruine, kein Idiom, keine Narrheit, keine Blume, die er nicht kannte – aber von allen seinen Geistesexkursionen kam er immer gleichsam nach Hause zurück zu der Leidensgeschichte Israel's, zu der Schädelstätte Jerusalem's und zu dem kleinen Väterdialekt Palästina's, um dessentwillen er vielleicht die semitischen Sprachen mit größerer Vorliebe als die anderen betrieb. Dieser Zug war wohl der hervorstechend wichtigste im Charakter des Ludwig Marcus, und er gibt ihm seine Bedeutung und sein Verdienst; denn nicht bloß das Tun, nicht bloß die Tatsache der hinterlassenen Leistung gibt uns ein Recht auf ehrende Anerkennung nach dem Tode, sondern auch das Streben selbst, und gar besonders das unglückliche Streben, das gescheiterte, fruchtlose, aber großmütige Wollen.

Andere werden vielleicht das erstaunliche Wissen, das der Verstorbene in seinem Gedächtnis aufgestapelt hatte, ganz besonders rühmen und preisen; für uns hat dasselbe keinen sonderlichen Wert. Wir konnten überhaupt diesem Wissen, ehrlich gestanden, niemals Geschmack abgewinnen. Alles, was Marcus wußte, wußte er nicht lebendig organisch, sondern als tote Geschichtlichkeit, die ganze Natur versteinerte sich ihm, und er kannte im Grunde nur Fossilien und Mumien. Dazu gesellte sich eine Ohnmacht der künstlerischen Gestaltung, und wenn er etwas schrieb, war es ein Mitleid, anzusehen, wie er sich vergebens abmühte, für das Darzustellende die notwendigste Form zu finden. Ungenießbar, unverdaulich, abstrus waren daher die Artikel und gar die Bücher, die er geschrieben.

Außer einigen linguistischen, astronomischen und botanischen Schriften hat Marcus eine Geschichte der Vandalen in Afrika, und in Verbindung mit dem Professor Duisburg eine nordafrikanische Geographie herausgegeben. Er hinterläßt in Manuskript ein ungeheuer großes Werk über Abyssinien, welches seine eigentliche Lebensarbeit zu sein scheint, da er sich schon zu Berlin mit Abyssinien beschäftigt hatte. Nach diesem Lande zogen ihn wohl zunächst die Untersuchungen über die Falaschas, einen jüdischen Stamm, der lange in den abyssinischen Gebirgen seine Unabhängigkeit bewahrt hat. Ja, obgleich sein Wissen sich über alle Weltgegenden verbreitete, so wußte Marcus doch am besten Bescheid hinter den Mondgebirgen Äthiopiens, an den verborgenen Quellen des Nil's, und seine größte Freude war, den Bruce oder gar den Hasselquist auf Irrtümern zu ertappen. Ich machte ihn einst glücklich, als ich ihn bat, mir aus arabischen und talmudischen Schriften alles zu kompilieren, was auf die Königin von Saba Bezug hat. Dieser Arbeit, die sich vielleicht noch unter meinen Papieren befindet, verdanke ich es, daß ich noch zu heutiger Stunde weiß, weshalb die Könige von Abyssinien sich rühmen, aus dem Stamme David entsprossen zu sein: sie leiten diese Abstammung von dem Besuch her, den ihre Ältermutter, die besagte Königin von Saba, dem weisen Salomo zu Jerusalem abgestattet. Wie ich aus besagter Kompilation ersah, ist diese Dame gewiß ebensoschön gewesen wie die Helena von Sparta. Jedenfalls hat sie ein ähnliches Schicksal nach dem Tode, da es verliebte Rabbiner gibt, die sie durch kabbalistische Zauberkunst aus dem Grabe zu beschwören wissen; nur sind sie manchmal übel daran mit der beschworenen Schönen, die den großen Fehler hat, daß sie, wo sie sich einmal hingesetzt, gar zu lange sitzen bleibt. Man kann sie nicht los werden.

Ich habe bereits angedeutet, daß irgendein Interesse der jüdischen Geschichte immer letzter Grund und Antrieb war bei den gelehrten Arbeiten des seligen Marcus; inwieweit dergleichen auch bei seinen abyssinischen Studien der Fall war, und wie auch diese ihn ganz frühzeitig in Anspruch genommen, ergibt sich unabweisbar aus einem Artikel, den er schon damals zu Berlin in der „Zeitschrift für Kultur und Wissenschaft des Judentums" abdrucken ließ. Er behandelte nämlich darin die Beschneidung bei den Abyssinierinnen. Wie herzlich lachte der verstorbene Gans, als er mir in jenem Aufsatze die Stelle zeigte, wo der Verfasser den Wunsch aussprach, es möchte jemand diesen Gegenstand bearbeiten, der demselben besser gewachsen sei.

Die äußere Erscheinung des kleinen Mannes, die nicht selten zum Lachen reizte, verhinderte ihn jedoch keineswegs, zu den ehrenwertesten Mitgliedern jener Gesellschaft zu zählen, welche die oben erwähnte Zeitschrift herausgab, und eben unter dem Namen: „Verein für Kultur und Wissenschaft des Judentums" eine hochfliegend große, aber unausführbare Idee verfolgte. Geistbegabte und tiefherzige Männer versuchten hier die Rettung einer längst verlorenen Sache, und es gelang ihnen höchstens, auf den Wahlstätten der Vergangenheit die Gebeine der ältern Kämpfer aufzufinden. Die ganze Ausbeute jenes Vereins besteht in einigen historischen Arbeiten, in Geschichtsforschungen, worunter namentlich die Abhandlungen des Dr. Zunz über die spanischen Juden im Mittelalter zu den Merkwürdigkeiten der höheren Kritik gezählt werden müssen.

Wie dürfte ich von jenem Vereine reden, ohne dieses vortrefflichen Zunz zu erwähnen, der in einer schwankenden Übergangsperiode immer die unerschütterlichste Unwandelbarkeit offenbart, und trotz seinem Scharfsinn, seiner Skepsis, seiner Gelehrsamkeit, dennoch treu blieb dem selbst gegebenen Worte, der großmütigen Grille seiner Seele. Mann der Rede und der Tat, hat er geschaffen und gewirkt, wo andere träumten und mutlos hinsanken.

Ich kann nicht umhin, auch hier meinen lieben Bendavid zu erwähnen, der mit Geist und Charakterstärke eine großartig urbane Bildung vereinigte und, obgleich schon hochbejahrt, an den jugendlichsten Irrgedanken des Vereins teilnahm. Er war ein Weiser nach antikem Zuschnitt, umflossen vom Sonnenlicht griechischer Heiterkeit, ein Standbild der wahrsten Tugend, und pflichtgehärtet wie der Marmor des kategorischen Imperativs seines Meisters Immanuel Kant. Bendavid war Zeit seines Lebens der eifrigste Anhänger der Kantischen Philosophie, für diese litt er in seiner Jugend die größten Verfolgungen, und dennoch wollte er sich nie trennen von der alten Gemeinde des mosaischen Bekenntnisses, er wollte nie die äußere Glaubenskokarde ändern. Schon der Schein einer solchen Verleugnung erfüllte ihn mit Widerwillen und Ekel. Lazarus Bendavid war, wie gesagt, ein eingefleischter Kantianer, und ich habe damit auch die Schranken seines Geistes angedeutet. Wenn wir von Hegel'scher Philosophie sprachen, schüttelte er sein kahles Haupt und sagte, das sei Aberglaube. Er schrieb ziemlich gut, sprach aber viel besser. Für die Zeitschrift des Vereins lieferte er einen merkwürdigen Aufsatz über den Messiasglauben bei den Juden, worin er mit kritischem Scharfsinn zu beweisen suchte, daß der Glaube an einen Messias durchaus nicht zu den Fundamentalartikeln der jüdischen Religion gehöre, und nur als zufälliges Beiwerk zu betrachten sei.

Das tätigste Mitglied des Vereins, die eigentliche Seele desselben, war M. Moser, der vor einigen Jahren starb, aber schon im jugendlichen Alter nicht bloß die gründlichsten Kenntnisse besaß, sondern auch durchglüht war von dem großen Mitleid für die

Menschheit, von der Sehnsucht, das Wissen zu verwirklichen in heilsamer Tat. Er war unermüdlich philantrophischen Bestrebungen, er war sehr praktisch und hat in scheinloser Stille an allen Liebeswerken gearbeitet. Das große Publikum hat von seinem Tun und Schaffen nichts erfahren, er focht und blutete inkognito, sein Name ist ganz unbekannt geblieben, und steht nicht eingezeichnet in dem Adreßkalender der Selbstaufopferung. Unsere Zeit ist nicht so ärmlich, wie man glaubt; sie hat erstaunlich viele solcher anonymen Märtyrer hervorgebracht.

Der Nekrolog des verstorbenen Marcus leitete mich unwillkürlich zu dem Nekrolog des Vereins, zu dessen ehrenwertesten Mitgliedern er gehörte, und als dessen Präsident der schon erwähnte, jetzt ebenfalls verstorbene Eduard Gans sich geltend machte. Dieser hochbegabte Mann kann am wenigsten in bezug auf bescheidene Selbstaufopferung, auf anonymes Märtyrertum gerühmt werden. Ja, wenn auch seine Seele sich rasch und weit erschloß für alle Heilsfragen der Menschheit, so ließ er doch selbst im Rausche der Begeisterung niemals die Personalinteressen außer acht. Eine witzige Dame, zu welcher Gans oft des Abends zum Tee kam, machte die richtige Bemerkung, daß er während der eifrigsten Diskussion und trotz seiner großen Zerstreutheit dennoch, nach dem Teller der Butterbrote hinlangend, immer diejenigen Butterbrote ergreife, welche nicht mit gewöhnlichem Käse, sondern mit frischem Lachs bedeckt waren.

Die Verdienste des verstorbenen Gans um deutsche Wissenschaft sind allgemein bekannt. Er war einer der rührigsten Apostel der Helge'schen Philosophie, und in der Rechtsgelahrtheit kämpfte er zermalmend gegen jene Lakaien des altrömischen Rechts, welche, ohne Ahnung von dem Geiste, der in der alten Gesetzgebung einst lebte, nur damit beschäftigt sind, die hinterlassen Garderobe derselben auszustäuben, von Motten zu säubern, oder gar zu modernem Gebrauche zurecht zu flicken. Gans fuchtelte solchen Servilismus selbst in seiner elegantesten Livrée. Wie wimmert unter seinen Fußtritten die arme Seele des Herrn von Savigny! Mehr noch durch Wort als durch Schrift förderte Gans die Entwicklung des deutschen Freiheitssinns, er entfesselte die gebundensten Gedanken und riß der Lüge die Larve ab. Er war ein beweglicher Feuergeist, dessen Mißfunken vortrefflich zündeten, oder wenigstens herrlich leuchteten. Aber den trübsinnigen Ausspruch des Dichters (im zweiten Teile des „Faust"):

„Alt ist das Wort, doch bleibet hoch und wahr der Sinn,
Daß Scham und Schönheit nie zusammen, Hand in Hand,
Den Weg verfolgen über der Erde grünen Pfad.
Tief eingewurzelt wohnt in beiden alter Haß,
Daß, wo sie immer auch des Weges sich
Begegnen, jede der Gegnerin den Rücken kehrt" –

dieses fatale Wort müssen wir auch auf das Verhältnis der Genialität zur Tugend anwenden, diese beiden leben ebenfalls in beständigem Hader und kehren sich manchmal verdrießlich den Rücken. Mit Bekümmernis muß ich hier erwähnen, daß Gans in bezug auf den erwähnten Verein für Kultur und Wissenschaft des Judentums nichts weniger als tugendhaft handelte, und sich die unverzeihlichste Felonie zuschulden kommen ließ. Sein Abfall war um so widerwärtiger, da er die Rolle eines Agitators gespielt und bestimmte Präsidialpflichten übernommen hatte. Es ist hergebrachte Pflicht, daß der Kapitän immer der Letzte sei, der das Schiff verläßt, wenn dasselbe scheitert – Gans aber rettete sich selbst zuerst. Wahrlich in moralischer Beziehung hat der kleine Marcus den großen Gans überragt, und er konnte hier ebenfalls beklagen, daß Gans seiner Aufgabe nicht besser gewachsen war.

Wir haben die Teilnahme des Marcus an dem Verein für Kultur und Wissenschaft des Judentums als einen Umstand bezeichnet, der uns wichtiger und denkwürdiger erschien als all sein stupendes Wissen und seine sämtlichen gelehrten Arbeiten. Ihm selber mag ebenfalls die Zeit, wo er den Bestrebungen und Illusionen jenes Vereins sich hingab, als die sonnigste Blütenstunde seines kümmerlichen Lebens erschienen sein. Deshalb mußte hier jenes Vereins ganz besonders Erwähnung geschehen, und eine nähere Erörterung seines Gedankens wäre wohl nicht überflüssig. Aber der Raum und die Zeit und ihre Hüter gestatten in diesen Blättern keine solche ausgeführte Darstellung, da letztere nicht bloß die religiösen und bürgerlichen Verhältnisse der Juden, sondern auch die aller deistischen Sekten auf diesem Erdball umfassen müßte. Nur so viel will ich hier aussprechen, daß der esoterische Zweck jenes Vereins nichts anderes war als eine Vermittlung des historischen Judentums mit der modernen Wissenschaft, von welcher man annahm, daß sie im Laufe der Zeit zur Weltherrschaft gelangen würde. Unter ähnlichen Umständen zur Zeit des Philo, als die griechische Philosophie allen alten Dogmen den Krieg erklärte, ward in Alexandrien ähnliches versucht, mit mehr oder minderem Mißgeschick. Von schismatischer Aufklärerei war hier nicht die Rede, und noch weniger von jener Emanzipation, die in unseren Tagen manchmal so ekelhaft geistlos durchgeträtscht wird, daß man das Interesse dafür verlieren könnte. Namentlich haben es die israelitischen Freunde dieser Frage verstanden, sie in eine wässerig graue Wolke von Langweiligkeit zu hüllen, die ihr schädlicher ist als das blödsinnige Gift der Gegner. Da gibt es gemütliche Pharisäer, die noch besonders damit prahlen, daß sie kein Talent zum Schreiben besitzen und dem Apollo zum Trotz für Jehova die Feder ergriffen haben. Mögen die deutschen Regierungen doch recht bald ein ästhetisches Erbarmen mit dem Publikum haben und jenen Salbadereien ein Ende machen durch Beschleunigung der Emanzipation, die doch früh oder später bewilligt werden muß.

Ja, die Emanzipation wird früh oder spät bewilligt werden müssen, aus Gerechtigkeitsgefühl, aus Klugheit, aus Notwendigkeit. Die Antipathie gegen die Juden hat bei den obern Klassen keine religiöse Wurzel mehr, und bei den untern Klassen transformiert sie sich täglich mehr und mehr in den sozialen Groll gegen die überwuchernde Macht des Kapitals, gegen die Ausbeutung der Armen durch die Reichen. Der Judenhaß hat jetzt einen andern Namen, sogar beim Pöbel. Was aber die Regierung betrifft, so sind sie endlich zur hochweisen Ansicht gelangt, daß der Staat ein organischer Körper ist, und daß derselbe nicht zu einer vollkommenen Gesundheit gelangen kann, solange ein einziges seiner Glieder, und sei es auch nur der kleine Zeh, an einem Gebreste leidet. Ja, der Staat mag noch so keck sein Haupt tragen und mit breiter Brust allen Stürmen trotzen, das Herz in der Brust, und sogar das stolze Haupt wird dennoch den Schmerz mitempfinden müssen, wenn der kleine Zeh an den Hühneraugen leidet – die Judenbeschränkungen sind solche Hühneraugen an den deutschen Staatsfüßen.

Und bedächten gar die Regierungen, wie entsetzlich der Grundpfeiler aller positiven Religionen, die Idee des Deismus selbst, von neuen Doktrinen bedroht ist, wie die Fehde zwischen dem Wissen und Glauben überhaupt nicht mehr ein zahmes Scharmützel, sondern bald eine wilde Todesschlacht sein wird – bedächten die Regierungen diese verhüllten Nöten, sie müssen froh sein, daß es noch Juden auf der Welt gibt, daß die Schweizergarde des Deismus, wie der Dichter sie genannt hat, noch auf den Beinen steht, daß es noch ein Volk Gottes gibt. Statt sie von ihrem Glauben durch gesetzliche Beschränkungen abtrünnig zu machen, sollte man sie noch durch Prämien darin zu stärken suchen, man sollte ihnen auf Staatskosten ihre Synagogen bauen, damit sie nur hineingehen, und das Volk draußen sich einbilden mag, es werde in der Welt noch etwas geglaubt. Hütet euch, die Taufe unter den Juden zu befördern. Das ist eitel Wasser und trocknet leicht. Befördert vielmehr die Beschneidung, das ist der Glauben, eingeschnitten ins Fleisch; in den Geist läßt er sich nicht mehr einschneiden. Befördert die Zeremonie der Denkriemen, womit der Glaube festgebunden wird auf den Arm; der Staat sollte den Juden gratis das Leder dazu liefern sowie auch das Mehl zu Matzekuchen, woran das gläubige Israel schon drei Jahrtausend knuspert. Fördert, beschleunigt die Emanzipation, damit sie nicht zu spät komme und überhaupt noch Juden in der Welt antrifft, die den Glauben ihrer Väter dem Heil ihrer Kinder vorziehen. Es gibt ein Sprichwort: „Während der Weise sich besinnt, besinnt sich auch der Narr."

Die vorstehenden Betrachtungen knüpfen sich natürlich an die Person, die ich hier zu besprechen hatte, und die, wie ich schon bemerkt, weniger durch individuelle Bedeutung als vielmehr durch historische und moralische Bezüge, unser Interesse in Anspruch nimmt. Ich kann auch aus eigner Anschauung nur Geringfügiges berichten über das äußere Leben unseres Marcus, den ich zu Berlin bald aus den Augen verlor. Wie ich hörte, war er nach Frankreich gewandert, da er trotz seines außerordentlichen Wissens und seiner hohen Sittlichkeit, dennoch in den Überbleibseln mittelalterliche Gesetze ein Hindernis der Beförderung im Vaterlande fand. Seine Eltern waren gestorben und aus Großmut hatte er zum Besten seiner hilfsbedürftigern Geschwister auf die Verlassenschaft verzichtet. Etwa fünfzehn Jahre vergingen, und ich hatte lange nichts mehr gehört, weder von Ludwig Marcus noch von der Königin von Saba, weder von Hasselquist noch von den beschnittenen Abyssinierinnen, da trat mir eines Tages der kleine Mann hier zu Paris wieder entgegen und erzählte mir, daß er unterdessen Professor in Dijon gewesen, jetzt aber einer ministeriellen Unbill wegen die Professur aufgegeben habe und hier bleiben wolle, um die Hilfsquellen der Bibliothek für sein großes Werk zu benützen. Wie ich von andern hörte, war ein bißchen Eigensinn im Spiel, und das Ministerium hatte ihm sogar vorgeschlagen, wie in Frankreich gebräuchlich, seine Stelle durch einen wohlfeiler besoldeten Suppleanten zu besetzen und ihm selber den größten Teil seines Gehalts zu lassen. Dagegen sträubte sich die große Seele des Kleinen, er wollte nicht fremde Arbeit ausbeuten, und er ließ seinem Nachfolger die ganze Besoldung. Seine Uneigennützigkeit ist hier um so merkwürdiger, da er damals sogar sehr schlecht, und ohne die Engelhilfe einer schönen Frau wäre er gewiß im darbenden Elend verkommen. Ja, es war eine sehr schöne und große Dame von Paris, eine der glänzendsten Erscheinungen des hiesigen Weltlebens, die, als sie von dem wunderlichen Kauz hörte, in die Dunkelheit seines kümmerlichen Lebens hinabstieg und mit anmutiger Zartsinnigkeit ihn dahin zu bringen wußte, einen bedeutenden Jahrgehalt von ihr anzunehmen. Ich glaube, seinen Stolz zähmte hier ganz besonders die Ansicht, daß seine Gönnerin, die Gattin des reichsten Bankiers dieses Erdballs, späterhin sein großes Werk auf ihre Kosten drucken lassen werde. Einer Dame, dachte, er, die wegen ihres Geistes und ihrer Bildung so viel gerühmt wird, müsse doch sehr viel daran gelegen sein, daß endlich eine gründliche Geschichte von Abyssinien geschrieben werde, und er fand es ganz natürlich, daß sie dem Autor durch einen Jahrgehalt seine große Mühe und Arbeit zu vergüten suchte.

Die Zeit, während welcher ich den guten Marcus nicht gesehen, etwa fünfzehn Jahre, hatte auf sein Äußeres eben nicht verschönernd gewirkt. Seine Erscheinung, die früher ans Possierliche streifte, war jetzt eine entschiedene Karikatur geworden, aber eine angenehme, liebliche, ich möchte fast sagen: erquickende Karikatur. Ein spaßhaft wehmütiges Ansehen gab ihm sein von Leiden durchfurchtes Greisengesicht, worin die kleinen pechschwarzen Äuglein vergnüglich lebhaft glänzten, und gar sein abenteuerlicher, fabelhafter Haarwuchs! Die Haare nämlich, welche früher pechschwarz und anliegend gewesen, waren jetzt ergraut und umgaben in krauser aufgesträubter Fülle das schon außerdem unverhältnismäßig große Haupt. Er glich so ziemlich jenen breitköpfigen Figuren mit dünnem Leibchen und kurzen Beinchen, die wir auf den Glasscheiben eines chinesischen Schattenspiels sahen. Besonders wenn wir die zwerghafte Gestalt in Gesellschaft seines Kallobarator, des ungeheuer großen und stattlichen Professors Duisberg auf den Boulevards begegnete, jauchzte mir der Humor in der Brust. Einem meiner Bekannten, der mich frug, wer der Kleine wäre, sagte ich, es sei der König von Abyssinien, und dieser Name ist ihm bis an sein Ende geblieben. Hast du mir deshalb gezürnt, teurer, guter Marcus? Für deine schöne Seele hätte der Schöpfer wirklich eine bessere Enveloppe erschaffen können. Der liebe Gott ist aber zu sehr beschäftigt; manchmal, wenn er eben im Begriff ist, der edlen Perle eine prächtig ziselierte Goldfassung zu verleihen, wird er plötzlich gestört, und er wickelt das Juwel geschwind in das erste, beste Stück Fließpapier oder Läppchen – anders kann ich mir die Sache nicht erklären.

Ungefähr fünf Jahre lebte Marcus im weisesten Seelenfrieden zu Paris; es ging ihm gut, ja sogar einer seiner Lieblingswünsche war in Erfüllung gegangen; er besaß eine kleine Wohnung mit eignen Möbeln, und zwar in der Nähe der Bibliothek! Ein Verwandter, ein Schwestersohn, besucht ihn hier eines Abends, und kann sich nicht genug darüber wundern, daß der Oheim sich plötzlich auf die Erde setzt und mit wilder trotziger Stimme die scheußlichsten Gassenlieder zu singen beginnt. Er, der nie gesungen, und in Wort und Ton immer die Keuschheit selbst war! Aber die Sache ward noch grauenhaft befremdlicher, als der Oheim zornig emporsprang, das Fenster aufstieß und erst seine Uhr zur Straße hinabschmiß, dann seine Manuskripte, Tintenfaß, Federn, seine Geldbörse. Als der Neffe sah, daß der Oheim das Geld zum Fenster hinauswarf konnte er nicht länger an seinem Wahnsinn zweifeln. Der Unglückliche ward in die Heilanstalt des Dr. Pinnel zu Chaillot gebracht, wo er nach vierzehn Tagen unter schauderhaften Leiden den Geist aufgab. Er starb am 15. Julius, und war am 17. auf dem Kirchhof Montmartre begraben. Ich habe leider seinen Tod zu spät erfahren, als daß ich ihm die letzte Ehre erweisen konnte. Indem ich heute diese Blätter seinem Andenken widme, wollte ich das Versäumte nachholen und gleichsam im Geist an seinem Leichenbegängnis teilnehmen.

Jetzt aber öffnet mir noch einmal den Sarg, damit ich nach altem Brauch den Toten um Verzeihung bitte für den Fall, daß ich ihn etwa im Leben beleidigt. – Wie ruhig der kleine Marcus jetzt aussieht! Er scheint darüber zu lächeln, daß ich seine gelehrten Arbeiten nicht besser gewürdigt habe. Daran mag ihm wenig gelegen sein, denn hier bin ich ja doch kein so kompetenter Richter wie etwa sein Freund S. Munk, der Orientalist, der mit einer umfassenden Biographie des Verstorbenen und mit der Herausgabe seiner hinterlassenen Werke beschäftigt sein soll.

Spätere Note

(Im März 1854)

Da ich mich immer einer guten Gesinnung und eines ebenso guten Stiles beflissen, so genieße ich die Genugtuung, daß ich es wagen darf, unter dem anspruchsvollen Namen „Denkworte" die vorstehenden Blätter hier mitzuteilen, obgleich sie anonym für das Tagesbedürfnis der Augsburger „Allgemeinen Zeitung" bereits vor zehn Jahren geschrieben worden. Seit jener Zeit hat sich vieles in Deutschland verändert, und auch die Frage von der bürgerlichen Gleichstellung der Bekenner des mosaischen Glaubens, die gelegentlich in obigen Blättern besprochen ward, hat seitdem sonderbare Schicksale erlitten. Im Frühling des Jahres 1848 schien sie auf immer erledigt, aber, wie mit so vielen andern Errungenschaften aus jener Blütezeit deutscher Hoffnung, mag es jetzt in unsrer Heimat auch mit besagter Frage sehr rückgängig aussehen, und an manchen Orten soll sie sich wieder, wie man mir sagt, im schmachvollsten statu quo befinden. Die Juden dürften endlich zur Einsicht gelangen, daß sie erst dann wahrhaft emanzipiert werden können, wenn auch die Emanzipation der Christen vollständig erkämpft und sichergestellt worden. Ihre Sache ist identisch mit der des deutschen Volks, und sie dürfen nicht als Juden begehren, was ihnen als Deutschen längst gebührte.

Ich habe in obigen Blättern angedeutet, daß sich der Gelehrte S. Munk mit einer Herausgabe der hinterlassenen Schriften des seligen Marcus beschäftigen werde. Leider ist dieses jetzt unmöglich, da jener große Orientalist an einem Übel leidet, das ihm nicht erlaubt, sich einer solchen Arbeit zu unterziehen; er ist nämlich seit zwei Jahren gänzlich erblindet. Ich vernahm erst kürzlich dieses betrübsame Ereignis, und erinnere mich jetzt, daß der vertreffliche Mann trotz bedenklicher Symptome sein leidendes Gesicht nie schonen wollte. Als ich das letzte Mal die Ehre hatte, ihn auf der königlichen Bibliothek zu sehen, saß er vergraben in einem Wust von arabischen Manuskripten, und es war schmerzlich anzusehen, wie er seine kranken, blassen Augen mit der Entzifferung des phantastisch geschnörkelten Abrakadabra anstrengte. Er war Kustos in besagter Bibliothek, und er ist jetzt nicht mehr imstande, dieses kleine Amt zu verwalten. Hauptsächlich mit dem Ertrag seiner literarischen Arbeiten bestritt er den Unterhalt einer zahlreichen Familie. Blindheit ist wohl die härteste Heimsuchung, die einen deutschen Gelehrten treffen kann. Sie trifft diesmal die bravste Seele, die gefunden werden mag; Munk ist uneigennützig bis zum Hochmut, und bei all seinem reichen Wissen von einer rührenden Bescheidenheit. Er trägt gewiß sein Schicksal mit stoischer Fassung und religiöser Ergebung in den Willen des Herrn.

Aber warum muß der Gerechte so viel leiden auf Erden? Warum muß Talent und Ehrlichkeit zugrunde gehen, während der schwadronierende Hanswurst, der gewiß seine Augen niemals durch arabische Manuskripte trüben mochte, sich räkelt auf den Pfühlen des Glücks und fast stinkt vor Wohlbehagen? Das Buch Hiob löst nicht diese böse Frage. Im Gegenteil, dieses Buch ist das Hohelied der Skepsis, und es zischen und pfeifen darin die entsetzlichen Schlangen ihr ewiges: Warum? Wie kommt es, daß bei der Rückkehr aus Babylon die fromme Tempelarchiv-Kommission, deren Präsident Esra war, jenes Buch in den Kanon der heiligen Schriften aufgenommen? Ich habe mir oft die Frage gestellt. Nach meinem Vermuten taten solches jene gotterleuchteten Männer nicht aus Unverstand, sondern weil sie in ihrer hohen Weisheit wohl wußten, daß der Zweifel in der menschlichen Natur tief begründet und berechtigt ist, und daß man ihn also nicht täppisch ganz unterdrücken, sondern nur heilen muß. Sie verfuhren bei dieser Kur ganz homöopathisch, durch das Gleiche auf das Gleiche wirkend, aber sie gaben keine homöopathisch kleine Dosis, sie steigerten vielmehr dieselbe aufs ungeheurste, und eine solche überstarke Dosis von Zweifel ist das Buch Hiob; dieses Gift durfte nicht fehlen in der Bibel, in der großen Hausapotheke der Menschheit. Ja, wie der Mensch, wenn er leidet, sich ausweinen muß, so muß er sich auch auszweifeln, wenn er sich grausam gekränkt fühlt in seinen Ansprüchen auf Lebensglück; und wie durch das heftigste Weinen, so entsteht auch durch den höchsten Grad des Zweifels, den die Deutschen so richtig die Verzweiflung nennen, die Krisis der moralischen Heilung. – Aber wohl demjenigen, der gesund ist und keiner Medizin bedarf!

Loeve-Veimars

Als ich das Übersetzungstalent des seligen Loeve-Veimars für verschiedene Artikel benutzte, mußte ich bewundern, wie derselbe während solcher Kollaborationen mir nie meine Unkenntnis der französischen Sprachgewohnheiten oder gar seine eigne linguistische Überlegenheit fühlen ließ. Wenn wir nach langstündigem Zusammenarbeiten endlich einen Artikel zu Papier gebracht hatten, lobte er meine Vertrautheit mit dem Geiste des französischen Idioms so ernsthaftig, so scheinbar erstaunt, daß ich am Ende wirklich glauben mußte, alles selbst übersetzt zu haben, um so mehr, da der feine Schmeichler sehr oft versicherte, er verstünde das Deutsche nur sehr wenig.

Es war in der Tat eine sonderbare Marotte von Loeve-Veimars, daß dasselbe, der das Deutsche ebensogut verstand wie ich, dennoch allen Leuten versicherte, er verstünde kein Deutsch. In den eben erschienenen „Memoiren eines Bourgeois de Paris" befindet sich in dieser Beziehung eine sehr ergötzliche Anekdote*).

Mit großem Leidwesen habe ich erfahren, daß Love-Veimars, der unlängst gestorben, von seinen Nekrologen in der Presse sehr unglimpflich besprochen worden, und daß sogar der alte Kamerad, der lange Zeit jeden Morgen sein brillanter Nebenbuhler war, mehr Nesseln als Blumen auf sein Grab gestreut hat. Und was hatte er ihm vorzuwerfen? Er sprach von dem erschrecklichen Lärm, welchen auf dem Pavé der idyllisch ruhigen Rue des Prêtres die heranrasselnde Karosse des Baron Loeve-Veimars verursachte, als derselbe nach seiner Rückkehr aus Bagdad einen Besuch bei der Redaktion des „Journals des Débats" abstattete. Und die Karosse war stattlich armoiriert, die kostbar angeschirrten Pferde waren *grispommelé*, und der Jäger, der vom Hinterbrett herabspringend mit unverschämter Heftigkeit die gellende Hausklingel zog, der lange Bursche trug einen hellgrünen Rock mit goldnen Tressen, an sei-

---

*) Dr. L. Véron erzählt nämlich auf S. 97 des dritten Bandes seiner oben erwähnten Memoiren, er habe einst die berühmte Tänzerin Fanny Elsler zu Tische geladen und Herrn Loeve-Veimars den Platz neben ihr angewiesen, mit der Bemerkung: „Sie können Deutsch reden." Loeve-Veimars antwortete lachend: „Ich verstehe kein Wort Deutsch, aber Fräulein Elsler versteht Französisch, und ich behalte meinen Platz." **Der Herausgeber.**

nem Bandelier hing ein Hirschfänger, auf dem Haupte saß ein Offiziershut mit ebenfalls grünen Hahnenfedern, die keck und stolz flatterten.

Ja, das ist wahr, dieser Jäger war prächtig. Er hieß Gottlieb, trank viel Bier, roch außerordentlich stark nach Tabak, suchte so dumm als möglich auszusehen, und behauptete, der französischen Sprache unkundig zu sein, im Gegensatz zu seinem Herrn, der sich, wie ich oben erwähnt, immer ein Air gab, als verstünde er kein Wort Deutsch. Nebenbei gesagt, trotz seines radebrechenden Französisch und seiner gemeinen Manieren hatte ich Monsieur Gottlieb, der durchaus ein Deutscher sein wollte, im Verdacht, niemals schwäbische Original-Klöße gegessen zu haben und gebürtig zu sein aus Meaux Department de Seine & Oise.

Ich, der ich den Lebenden selten Schmeicheleien sage, empfinde auch keinen Beruf, den Abgeschiedenen zu schmeicheln, die wir nur dadurch am besten würdigen, wenn wir die Wahrheit sagen. Und wahrlich, unser armer Loeve braucht dies nicht zu fürchten. Dazu kommt, daß seine guten Handlungen immer durch glaubwürdige Zeugnisse konstatiert sind, während alles bösliche Gerücht, das über ihn in Umlauf war, immer unerwiesen blieb, auch unerweislich war, und schon mit seinem Naturell in Widerspruch stand. Das Schlimmste, was man gegen ihn vorbrachte, war nur die Eitelkeit, sich zum Baron zu machen – aber wem hat er dadurch Schaden zugefügt? In all' dieser adligen Ostentation sehe ich kein so großes Verbrechen, und ich begreife nicht, wie dadurch der alte Kamerad, der sonst so liebenswürdig menschlich intelligent war, einen so grämlichen Anfall von puritanischem Zelotismus bekommen konnte. Der illüstre Biograph Debureau's und des toten Esels schien vergessen zu haben, daß er selber seine eigne Karosse besaß, daß er ebenfalls zwei Pferde hatte in seinen Ställen, auch mit einem galonierten Kutscher behaftet war, der sehr viel Hafer fraß, daß er ebenfalls ein Halbdutzend Bediente, Müßiggänger in Livree, besoldete, was ihn freilich nicht verhinderte, jedesmal, wenn bei ihm geklingelt ward, selbst heran zu springen und die Türe aufzumachen – Er trug dabei auf dem Haupte eine lilienweiße Nachtmütze, das baumwollene Nest, worin die tollen Einfälle des großen französischen Humoristen lustig zwitscherten –

In der Tat, Letzterer hätte geringeren Geistern die postumen Ausfälle gegen Loeve-Veimars überlassen sollen. Mancher darunter, der demselben sein Hauptvergehen, die Baronisierung, vorwarf, würde sich vielleicht ebenfalls mit einem mittelalterlichen Titel assübliert haben, wenn er nur den Mut seiner Eitelkeit besessen hätte. Loeve-Veimars aber hatte diesen Mut, und wenn man auch heimlich lächelte, so intimidierte er doch die öffentlichen Lacher, und die Hozier unserer Tage mäkelten nicht zu sehr an seinem Stammbaum, da er immer stählerne Urkunden in Bereitschaft hielt, welche aus dem Archiv von Lepage hervorgegangen.

Ja, jedenfalls die ritterliche Bravour konnte unserem Loeve nicht abgesprochen werden, und wenn er wirklich kein Baron war – worüber ich nie nachforschte – so war ich doch überzeugt, daß er verdiente, ein Baron zu sein. Er hatte alle guten Eigenschaften eines Grand Seigneur. In hohem Grade besaß er z. B. die der Freigebigkeit. Er übte sie bis zum Exzeß, und er mahnte mich in dieser Beziehung zuweilen an die arabischen Ritter der Wüste, welche vielleicht zu seinen Ahnherren gehörten, und bei denen die Freigebigkeit als die höchste Tugend gerühmt ward. Ist sie es wirklich? Ich erinnere mich immer, mit welchem Entzücken ich in den arabischen Märchen, die uns Galland übersetzt hat, die Geschichte von dem jungen Menschen las, der den großen Reichtum, den ihm sein Vater hinterlassen, durch übertriebene Freigebigkeit vergeudet hatte, so daß ihm am Ende von allen seinen Schätzen nur eine außerordentlich schöne Sklavin übrig geblieben. In Letztere war er sterblich verliebt; doch als ein unbekannter Beduine, der sie gesehen, ihre Schönheit mit Begeistrung bewunderte, überwältigte ihn die angeborene Großmut und höflich sagte er: „Wenn diese Dame dir so außerordentlich gefällt, so nimm sie hin als Geschenk." Trotz seiner großen Leidenschaft für die Sklavin, welche in Tränen ausbrach, befahl er ihr, dem Unbekannten zu folgen, doch dieser war der berühmte Kalif Harun al Raschid, der in der Verkleidung eines Beduinen nächtlich in Bagdad umher zog, um sich inkognito mit eignen Augen über Menschen und Dinge zu unterrichten, und der Kalif war von der Großmut des freigebigen jungen Menschen so sehr erbaut, daß er ihm nicht bloß seine Geliebte zurückschickte, sondern ihn auch zu seinem Großvezier machte und mit neuen Reichtümern und einem prächtigen Palast, dem schönsten in Bagdad, beschenkte.

Bagdad, der Schauplatz der meisten Märchen der Scheherezade, die Hauptstadt von „Tausend und eine Nacht", diese Stadt, deren Name schon einen phantastischen Zauber ausübt, war lange Zeit der Aufenthaltsort unseres Loeve-Veimars, der von 1838-1848 als französischer Konsul dort residierte. Niemand hat dort mit größerer Klugheit und Würde die Ehre Frankreichs vertreten, und eben bei den Orientalen war seine natürliche Prunksucht am rechten Platze, und er imponierte ihnen durch Verschwendung und Pracht. Wenn er in seiner Litère, oder in einem verschlossenen, reich geschmückten Palankin durch die Straßen von Bagdad getragen ward, umgab ihn seine Dienerschaft in den abenteuerlichsten Kostümen, einige dutzend Sklaven aus allen Ländern und von allen Farben, Bewaffnete in den sonderbarsten Armaturen, Pauken- und Zinken- und Tamtam-Schläger, die, auf Kamelen oder reich karapazonierten Maultieren sitzend, einen ungeheuren Lärm machten, und dem Zuge voran ging ein langer Bursche, der in einem Kaftan von Goldbrokat stak, auf dem Haupte einen indischen Turban trug, der mit Perlenschnüren, Edelsteinen und Maraboutfedern geschmückt, und dieser hielt in der Hand einen langen goldnen Stab, womit er das andringende Volk fort trieb, während er in arabischer Sprache schrie: „Platz für den allmächtigen, weisen und herrlichen Stellvertreter des großen Sultan Ludwig Philipp!" Jener Anführer des Gefolges war aber kein anderer als unser Monsieur Gottlieb, der diesmal nicht mehr einen Deutschen, sondern einen Ägypter oder Äthiopen vorstellte, diesmal auch vorgab, keine einzige von allen europäischen Sprachen zu verstehen; und gewiß in den Straßen von Bagdad noch weit mehr Spektakel machte, als in der friedlichen Rue des Prètres zu Paris bei Gelegenheit jener Visite, worüber der alte Kamerad sich so mißlaunig in seinen Montagsfeuilleton vernehmen ließ.

In der Tat, durch seine äußere Erscheinung imponierte Loeve-Veimars minder den Orientalen, die vielmehr eine große Amtswürde gern durch eine große Korpulenz und sogar Obesität repräsentiert sehen. Diese Vorzüge mangelten aber dem französischen Konsul, der von sehr schmächtiger und eben nicht sehr großer Gestalt war, obgleich er auch durch seine Äußerlichkeit den Grand Seigneur nicht verleugnete. Ja, wie er, wenn es wirklich kein Baron war, doch es zu sein verdiente durch seinen Charakter, so trug auch seine leibliche Erscheinung alle Merkmale adliger Art und Weise. Auch in seinem Äußern war etwas Edelmännisches: eine feine, aalglatte, zierliche Gestalt, vornehme weiße Hände, deren didaphane Nägel mit besonderer Sorgfalt geglättet waren, ein zartes, fast weibisches Gesichtchen mit stechend blauen Augen, und Wangen, deren rosige Blüte mehr ein Produkt der Kunst als der Natur, und blondes Haar, das äußerst spärlich die Glatze bedeckte, aber durch alle mögliche Öle, Kämme und Bürsten sehr sorgfältig unterhalten wurde. Mit einer glücklichen Selbstzufriedenheit zeigte Loeve seinen Freunden zuweilen den Kasten, worin jene Kosmetika, die unzähligen Kämme und Bürsten von allen Dimensionen, und die dazu gehörigen Schwamme und Schwämmchen enthalten waren. Es war die Freude eines Kindes, das seine Spielsachen mustert – aber war das ein Grund, so bitterböse über ihn Zeter zu schreien? Er gab sich für keinen Cato aus, und unsere Catonen hatten kein Recht, von ihm jene Tugenden zu verlangen, mit welchen sie in ihren Journalen sich so republikanisch drapieren. Loeve-Veimars war kein Aristokrat, seine Gesinnung war vielmehr demokratisch, aber seine Gefühlsweise war, wie gesagt, die eines Gentilhomme. .
. . . .

Autobiographische Skizze

(1835)

An Pilarète Chasles

Paris, den 11. Januar 1835.

Soeben empfing ich das Schreiben, mit dem Sie mich beehrt haben, und ich beeile mich, die gewünschte Auskunft zu geben.

Ich bin geboren im Jahre 1800*) zu Düsseldorf, einer Stadt am Rhein, die von 1806–1814 von den Franzosen okkupiert war, so daß ich schon in meiner Kindheit die Luft Frankreichs eingeatmet. Meine erste Ausbildung erhielt ich im Franziskanerkloster zu Düsseldorf. Späterhin besuchte ich das Gymnasium dieser Stadt, welches damals „Lyzeum" hieß. Ich machte dort alle die Klassen durch, wo *Humaniora* gelehrt wurden, und ich mich in der oberen Klasse ausgezeichnet, wo der Rektor Schallmeyer Philosophie, der Professor Brewer Mathematik, der Abbé Daulnoie die französische Rhetorik und Dichtkunst lehrte, und Professor Kramer die klassischen Dichter explizierte. Diese Männer leben noch jetzt, mit Ausnahme des ersteren, eines katholischen Priesters, der sich meiner ganz besonders annahm, wahrscheinlich des Bruders meiner Mutter, des Hofrats von Geldern wegen, der sein Universitätsfreund war, und auch, wie ich glaube, meines Großvaters wegen, des Doktors von Geldern, eines berühmten Arztes, der ihm das Leben gerettet.

Mein Vater war Kaufmann und ziemlich vermögend; er ist tot. Meine Mutter, eine treffliche Frau, lebt noch jetzt, zurückgezogen von der großen Welt. Ich habe eine Schwester, Frau Charlotte von Embden, und zwei Brüder, von welchen der eine, Gustav von Geldern (er hat den Namen der Mutter angenommen), Dragoneroffizier in Diensten Sr. Majestät des Kaisers von Östreich ist; der andere, Dr. Maximilian Heine, ist Arzt in der russischen Armee, mit welcher er den Übergang über den Balkan gemacht.

Meine, durch romantische Launen, durch Etablissementsversuche, durch Liebe und durch andre Krankheiten unterbrochenen Studien wurden seit dem Jahre 1819 zu Bonn, zu Göttingen und zu

---

*) Über Heine's Geburtsjahr vgl. den Brief an St. René Taillandier vom 3. November 1851, – H. Heine's Briefe, dritter Teil, S. 210.

Der Herausgeber

Berlin fortgesetzt. Ich habe viertehalb Jahre in Berlin gelebt, wo ich mit den ausgezeichnetsten Gelehrten auf freundschaftlichem Fuße stand, und wo ich von Krankheiten aller Art, unter andern von einem Degenstich in die Lenden heimgesucht worden bin, den mir ein gewisser Scheller aus Danzig beigebracht, dessen Namen ich nie vergessen werde, weil er der einzige Mensch ist, der es verstanden hat, mich aufs empfindlichste zu verwunden.

Ich habe sieben Jahre lang auf den obengenannten Universitäten studiert, und zu Göttingen war es, wo ich, dorthin zurückgekehrt, den Grad als Doktor der Rechte nach einem Privatexamen und einer öffentlichen Disputation erhielt, bei welcher der berühmte Hugo, damals Dekan der juristischen Fakultät, mir auch nicht die kleinste, scholastische Formalität erließ. Obgleich dieser letztere Umstand Ihnen sehr geringfügig erscheinen mag, bitte ich Sie doch, davon Notiz zu nehmen, weil man in einem wider mich geschriebenen Buche die Behauptung aufgestellt hat, ich hätte mir mein akademisches Diplom nur erkauft. Unter all' den Lügen, die man über mein Privatleben hat drucken lassen, ist dies die einzige, die ich niederschlagen möchte. Da sehen Sie den Gelehrtenstolz! Man sage von mir, ich sei ein Bastard, ein Henkerssohn, ein Straßenräuber, ein Atheist, ein schlechter Poet – ich lache darüber; aber es zerreißt mir das Herz, meine Doktorwürde bestritten zu sehen! (Unter uns gesagt, obgleich ich Doktor der Rechte bin, ist die Jurisprudenz grade die Wissenschaft, von welcher ich unter allen am wenigsten weiß.)

Von meinem sechzehnten Jahre an habe ich Verse gemacht. Meine ersten Poesien wurden im Jahre 1821 zu Berlin gedruckt. Zwei Jahre später gab ich neue Gedichte nebst zwei Tragödien heraus. Die eine der letzteren ward zu Braunschweig, der Hauptstadt des gleichnamigen Herzogtums, aufgeführt und ausgepfiffen*). Im Jahre 1826 erschien der erste Band der „Reisebilder"; die drei andern Bände kamen einige Jahre später bei den Herren Hoffmann und Campe heraus, welche noch immer meine Verleger sind. Während der Jahre 1826 – 1831 habe ich abwechselnd zu Lüneburg, zu Hamburg und zu München gelebt, wo ich mit meinem Freunde Lindner die „Politischen Annalen" herausgab. Seit zwölf Jahren habe ich die Herbstmonate stets am Meeresufer zugebracht, gewöhnlich auf einer der kleinen Inseln der Nordsee. Ich liebe das Meer wie eine Geliebte, und ich habe seine Schönheit und seine Launen besungen. Diese Dichtungen befinden sich in der deutschen Ausgabe der „Reisebilder", in der französischen Ausgabe habe ich sie weggelassen sowie auch den polemischen Teil, der sich auf den Geburtsadel, auf die Teutomanen und auf die katholische Propaganda bezieht.

---

*) Am 20. August 1823, über die äußeren Gründe der ungünstigsten Ausnahme des „Almansor" in Braunschweig vgl. die Schrift: „H. Heine. Sein Leben und seine Werke. Von Adolf Strodtmann." **Der Herausgeber**

Was den Adel betrifft, so habe ich diesen noch in der Vorrede zu den „Briefen von Kahldorf" besprochen, die nicht von mir verfaßt sind, wie das deutsche Publikum irrtümlich glaubt. Was die Teutomanen, diese deutschen alten Weiber *(ces vieilles Allemagnes),* betrifft, deren Patriotismus nur in einem blinden Hasse gegen Frankreich bestand, so habe ich sie in all' meinen Schriften mit Erbitterung verfolgt. Es ist dies eine Animosität, die noch von der Burschenschaft her datiert, zu welcher ich gehörte. Ich habe zur selben Zeit die katholische Propaganda, die Jesuiten Deutschlands, bekämpft, sowohl um Verleumder zu züchtigen, die mich zuerst angegriffen, als um einem protestantischen Sinne zu genügen. Dieser mag mich freilich bisweilen zu weit fortgerissen haben, denn der Protestantismus war mir nicht bloß eine liberale Religion, sondern auch der Ausgangspunkt der deutschen Revolution, und ich gehörte der lutherischen Konfession nicht nur durch den Taufakt an, sondern auch durch eine Kampfeslust, die mich an den Schlachten dieser *Ecclesia militans* teilnnehmen ließ. Aber während ich die sozialen Interessen des Protestantismus verteidigte, habe ich aus meinen pantheistischen Sympathien niemals ein Hehl gemacht. Deshalb bin ich des Atheismus beschuldigt worden. Schlecht unterrichtete oder böswillige Landsleute haben schon lange das Gerücht verbreitet, ich hätte den saintsimonistischen Rock angezogen; andere beehrten mich mit dem Judentum. Es tut mir leid, daß ich nicht immer in der Lage bin, dergleichen Liebesdienste zu vergelten.

Ich habe nie geraucht; ebensowenig bin ich ein Freund des Bieres, und erst in Frankreich habe ich zum erstenmal Sauerkraut gegessen. In der Literatur habe ich mich in allem versucht. Ich habe lyrische, epische und dramatische Gedicht verfaßt; ich habe über Kunst, über Philosophie, über Theologie, über Politik geschrieben . .. Gott verzeih's! Seit zwölf Jahren bin ich in Deutschland besprochen worden; man lobt mich oder man tadelt mich, aber stets mit Leidenschaft und ohne Ende. Da haßt, da verabscheut, da vergöttert, da beleidigt man mich. Seit dem Monat Mai 1831 lebe ich in Frankreich. Seit fast vier Jahren habe ich keine deutsche Nachtigall gehört.

Aber genug! ich werde traurig. Wenn Sie noch andere Auskunft wünschen, will ich sie Ihnen mit Vergnügen erteilen. Ich sehe es immer gern, wenn Sie mich selbst darum angehen. Reden Sie gut von mir, reden Sie gut von Ihrem Nächsten, wie das Evangelium es gebeut, und genehmigen Sie die Versicherung der ausgezeichneten Hochachtung, mit welcher ich bin, etc.

Heinrich Heine.

Albert Methfessel

Hamburg, Mitte Oktober 1823.

Unsre gute Stadt Hamburg, die vor einigen Jahren durch das Ableben des braven, groben, herzensbiedern, kenntnisvollen und antikatalanistischen Schwenke einen noch unvergessenen Verlust erlitt, scheint jetzt hinlänglichen Ersatz dafür zu finden, indem sich einer der ausgezeichnetsten Musiker hier niederlassen will. Das ist Albert Methfessel, dessen Liedermelodien durch ganz Deutschland verbreitet sind, von allen Volksklassen geliebt werden, und sowohl im Kränzchen sanftmütiger Philisterlein als in der wilden Kneipe zechender Bursche klingen und widerklingen. Auch Referent hat zu seiner Zeit manches hübsche Lied aus dem Methfessel'schen Kommersbuche ehrlich mitgesungen, hat schon damals Mann und Buch hochgeschätzt. Wahrlich, man kann jene Komponisten nicht genug ehren, welche uns Liedermelodien geben, die von der Art sind, daß sie sich Eingang bei dem Volk verschaffen und rechte Lebenslust und wahren Frohsinn verbreiten. Die meisten Komponisten sind innerlich so verkünstelt, versumpft und verschroben, daß sie nichts Reines, Schlichtes, kurz nichts Natürliches hervorbringen können – und das Natürliche, das organisch Hervorgegangene und mit dem unnachahmlichen Stempel der Wahrheit Gezeichnete ist es eben, was den Liedermelodien jenen Zauber verleiht, der sie allen Gemütern einprägt und sie populär macht. Einige unserer Komponisten sind zwar der Natur noch immer nahe genug geblieben, daß sie dergleichen schlichte Liederkompositionen liefern könnten; aber teils dünken sie sich zu vornehm dazu, teils gefallen sie sich in absichtlichen Naturabweichungen, und fürchten, daß man sie nicht für wirkliche Künstler halten möchte, wenn sie nicht musikalische Kunststücke machen. Das Theater ist die nächste Ursache, warum das Lied vernachlässigt wird; alles, was nur den Generalbaß studiert oder halb studiert oder gar nicht studiert hat, stürmt nach den Brettern. Leidige Nachahmerei, Untergang mancher wirklich Talentvollen! Weichmütige Blütenseelen wollen kolossale Elefanten-Musik hervor posaunen und pauken; handfeste Kraftkerle wollen süße Rossini'sche Rosinen-Musik oder gar noch überzuckerte Rosinen-Musik hervor hauchen. Gott besser's! – Wir wollen daher Komponisten wie Methfessel ehren – und ihn ganz besonders – und seine Liedermelodien dankbar anerkennen.

Die Romantik

(1820)

Was Ohnmacht nicht begreift, sind Träumereien.
A. W. v. Schlegel.

No. 12, 14 und 27 des „Kunst- und Unterhaltungsblatts" enthält eine alte, aber neu aufgewärmte und glossierte Satire wider Romantik und romantische Form*). Ob man zwar einer solchen Satire eigentlich nur mit einer Gegensatire entgegnen sollte, so ist es dennoch die Frage, ob man hiedurch der Sache selbst nützen würde. No. 124 der „Hall. allgem. Literatur-Zeitung" enthält die Rezension einer solchen Gegensatire, deren Wirkung auf die Gegenpartei dieselbe zu sein scheint, welche auch jene Karfunkel- und Solaris-Satiren auf die Romantiker ausgeübt haben, nämlich Achselzucken. Ich wenigstens möchte daher nicht ohne Aussicht, dadurch nutzen zu können, also bloß des Scherzes halber, von einer Sache sprechen, von der die Ausbildung des deutschen Wortes fast ausschließlich abhängt. Denn wenn man auf den Rock schlägt, so trifft der Hieb auch den Mann, der im Rocke steckt, und wenn man über die poetische Form des deutschen Wortes spöttelt, so läuft auch manches mit unter, wodurch das deutsche Wort selbst verletzt wird. Und dieses Wort ist ja eben unser heiligstes Gut, ein Grenzstein Deutschlands, den kein schlauer Nachbar verrücken kann, ein Freiheitswecker, dem kein fremder Gewaltiger die Zunge lähmen kann, eine Oriflamme in dem Kampfe für das Vaterland, ein Vaterland selbst demjenigen, dem Torheit und Arglist ein Vaterland verweigern. – Ich will daher mit wenigen Worten, ohne polemische Ausfälle, und ganz unbefangen, meine subjektiven Ansichten über Romantik und romantische Form hier mitteilen.

Im Altertum, das heißt eigentlich bei Griechen und Römern, war die Sinnlichkeit vorherrschend. Die Menschen lebte meistens in äußern Anschauungen, und ihre Poesie hatte vorzugsweise das

---

*) Der in Rede stehende Aufsatz war eine von W. v. Blomberg verfaßte Erklärung des im Jahrgange 1810 des Heidelberger Taschenbuchs enthaltenen Sonett-Dramas, betitelt: „Des sinnreichen himmlischen Boten Phosphorus Confuculus-Solaris jüngste Komödie, von ihm selbst geboren, gegeben und geschaut." **Der Herausgeber.**

Äußere, das Objektive, zum Zweck und zugleich zum Mittel der Verherrlichung. Als aber ein schöneres und milderes Licht im Oriente aufleuchtete, als die Menschen anfingen zu ahnen, daß es noch etwas Besseres gibt als Sinnenrausch, als die unüberschwänglich beseligende Idee des Christentums, die Liebe, die Gemüter zu durchschauen begann: da wollten auch die Menschen diese geheimen Schauer, diese unendliche Wehmut und zugleich unendliche Wollust mit Worten aussprechen und besingen. Vergebens suchte man nun durch die alten Bilder und Worte die neuen Gefühle zu bezeichnen. Es mußten jetzt neue Bilder und neue Worte erdacht werden, und just solche, die durch eine geheime sympathetische Verwandtschaft mit jenen neuen Gefühlen diese letztern zu jeder Zeit im Gemüte erwecken und gleichsam heraufbeschwören konnten. So entstand die sogenannte romantische Poesie, die in ihrem schönsten Lichte im Mittelalter aufblühte, späterhin vom kalten Hauch der Kriegs- und Glaubensstürme traurig dahinwelkte, und in neuerer Zeit wieder lieblich aus dem deutschen Boden aufsproßte und ihre herrlichsten Blumen entfaltete. Es ist wahr, die Bilder der Romantik sollten mehr erwecken als bezeichnen. Aber nie und nimmermehr ist dasjenige die wahre Romantik, was so viele dafür ausgeben, nämlich ein Gemengstel von spanischem Schmelz, schottischen Nebeln und italienischem Geklinge, verworrene und verschwimmende Bilder, die gleichsam aus einer Zauberlaterne ausgegossen werden und durch buntes Farbenspiel und frappante Beleuchtung seltsam das Gemüt erregen und ergötzen. Wahrlich, die Bilder, wodurch jene romantischen Gefühle erregt werden sollen, dürfen ebenso klar und mit ebenso bestimmten Umrissen gezeichnet sein als die Bilder der plastischen Poesie. Diese romantischen Bilder sollen an und für sich schon ergötzlich sein; sie sind die kostbaren goldenen Schlüssel, womit, wie alte Märchen sagen, die hübschen verzauberten Feengärten aufgeschlossen werden. – So kommt es, daß unsere zwei größten Romantiker, Goethe und A. W. von Schlegel, zu gleicher Zeit auch unsere größten Plastiker sind. In Goethe's „Faust" und Liedern sind dieselben reinen Umrisse, wie in der „Iphigenie", in „Hermann und Dorothea", in den Elegien usw.; und in den romantischen Dichtungen Schlegel's sind dieselben sicher und bestimmt gezeichneten Konturen, wie in dessen wahrhaft plastischen „Rom". O, möchten dies doch endlich diejenigen beherzigen, die sich so gern Schlegelianer nennen.

Viele aber, die bemerkt haben, welchen ungeheuren Einfluß das Christentum, und in dessen Folge das Rittertum, auf die romantische Poesie ausgeübt haben, vermeinen nun beides in ihre Dichtungen einmischen zu müssen, um denselben den Charakter der Romantik aufzudrücken. Doch glaube ich, Christentum und Rittertum waren nur Mittel, um der Romantik Eingang zu verschaffen; die Flamme derselben leuchtet schon längst auf dem

Altare unserer Poesie; kein Priester braucht noch geweihtes Öl hinzuzugießen, und kein Ritter braucht mehr bei ihr die Waffenwacht zu halten. Deutschland ist jetzt frei; kein Pfaffe vermag mehr die deutschen Geister einzukerkern; kein adliger Herrscherling vermag mehr die deutschen Leiber zur Frohn zu peitschen, und deshalb soll auch die deutsche Muse wieder ein freies, blühendes, unaffektiertes, ehrlich deutsches Mädchen sein, und kein schmachtendes Nönnchen und kein ahnenstolzes Ritterfräulien.

Möchten doch viele diese Ansicht teilen! dann gäbe es bald keinen Streit mehr zwischen Romantikern und Plastikern. Doch mancher Lorbeer muß welken, ehe wieder das Ölblatt auf unserem Parnassus hervorgrünt.

Verschiedenartige Geschichtsauffassung

Das Buch der Geschichte findet mannigfaltige Auslegungen. Zwei ganz entgegengesetzte Ansichten treten hier besonders hervor. – Die einen sehen in allen irdischen Dingen nur einen trostlosen Kreislauf; im Leben der Völker wie im Leben der Individuen, in diesem, wie in der organischen Natur überhaupt, sehen sie ein Wachsen, Blühen, Welken und Sterben: Frühling, Sommer, Herbst und Winter. „Es ist nichts Neues unter der Sonne!" ist ihr Wahlspruch; und selbst dieser ist nichts Neues, da schon vor zwei Jahrtausenden der König des Morgenlandes ihn hervorgeseufzt. Sie zucken die Achsel über unsere Zivilisation, die doch endlich wieder der Barbarei weichen werde; sie schütteln den Kopf über unsere Freiheitskämpfe, die nur dem Aufkommen neuer Tyrannen förderlich seien; sie lächeln über alle Bestrebungen eines politischen Enthusiasmus, der die Welt besser und glücklicher machen will, und der doch am Ende erkühle und nichts gefruchtet; – in der kleinen Chronik von Hoffnungen, Nöten, Mißgeschicken, Schmerzen und Freuden, Irrtümern und Enttäuschungen, womit der einzelne Mensch sein Leben verbringt, in dieser Menschengeschichte sehen sie auch die Geschichte der Menschheit. In Deutschland sind die Weltweisen der historischen Schule und die Poeten aus der Wolfgang-Goethe'schen Kunstperiode ganz eigentlich dieser Ansicht zugetan, und letzere pflegen damit einen sentimentalen Indifferentismus gegen alle politischen Angelegenheiten des Vaterlandes allersüßlichst zu beschönigen. Eine zur Genüge wohlbekannte Regierung in Norddeutschland weiß ganz besonders diese Ansicht zu schätzen, sie läßt ordentlich Menschen darauf reisen, die unter den elegischen Ruinen Italiens die gemütlich beschwichtigenden Fatalitätsgedanken in sich ausbilden sollen, um nachher, in Gemeinschaft mit vermittelnden Predigern christlicher Unterwürfigkeit, durch kühle Journalaufschläge das dreitägige Freiheitsfieber des Volkes zu dämpfen. Immerhin, wer nicht durch freie Geisteskraft emporsprießen kann, der mag am Boden ranken; jener Regierung aber wird die Zukunft lehren, wie weit man kommt mit Ranken und Ränken.

Der oben besprochenen, gar fatalen fatalistischen Ansicht steht eine lichtere entgegen, die mehr mit der Idee einer Vorsehung verwandt ist, und wonach alle irdischen Dinge einer schönen Vervollkommenheit entgegen reifen, und die großen Helden und Heldenzeiten nur Staffeln sind zu einem höheren gottähnlichen Zustande des Menschengeschlechtes, dessen sittliche und politische Kämpfe endlich den heiligsten Frieden, die reinste Verbrüderung und die ewigste Glückseligkeit zur Folge haben. Das goldne Zeitalter, heißt es, liege nicht hinter uns, sondern vor uns; wir seien nicht aus dem Paradiese vertrieben mit einem flammenden Schwerte, sondern wir müßten es erobern durch ein flammendes Herz, durch die Liebe; die Frucht der Erkenntnis gebe uns nicht den Tod, sondern das ewige Leben. – „Zivilisation" war lange Zeit der Wahlspruch bei den Jüngern solcher Ansicht. In Deutschland huldigte ihr vornehmlich die Humanitätsschule. Wie bestimmt die sogenannte philosophische Schule dahin zielt, ist männiglich bekannt. Sie war den Untersuchungen politischer Fragen ganz besonders förderlich, und als höchste Blüte dieser Ansicht predigt man eine idealische Staatsform, die, ganz basiert auf Vernunftgründen, die Menschheit in letzter Instanz veredeln und beglücken soll. – Ich brauche wohl die begeisterten Kämpen dieser Ansicht nicht zu nennen. Ihr Hochstreben ist jedenfalls erfreulicher als die kleinen Windungen niedriger Ranken; wenn wir sie einst bekämpfen, so geschehe es mit dem kostbarsten Ehrenschwerte, während wir einen rankenden Knecht nur mit der wahlverwandten Knute abfertigen werden.

Beide Ansichten, wie ich sie angedeutet, wollen nicht recht mit unseren lebendigsten Lebensgefühlen überein klingen; wir wollen auf der einen Seite nicht umsonst begeistert sein und das Höchste setzen an das unnütz Vergängliche; auf der anderen Seite wollen wir auch, daß die Gegenwart ihren Wert behalte, und daß sie nicht bloß als Mittel gelte und die Zukunft ihr Zweck sei. Und in der Tat, wir fühlen uns wichtiger gestimmt, als daß wir uns nur als Mittel zu einem Zwecke betrachten möchten; es will uns überhaupt bedünken, als seien Zweck und Mittel nur konventionelle Begriffe, die der Mensch in die Natur und in die Geschichte hinein gegrübelt, von denen aber der Schöpfer nichts wußte, indem jedes Erschaffnis sich selbst bezweckt und jedes Ereignis sich selbst bedingt, und alles, wie die Welt selbst, seiner selbst willen da ist und geschieht. – Das Leben ist weder Zweck noch Mittel; das Leben ist ein Recht. Das Leben will dieses Recht geltend machen gegen den erstarrenden Tod, gegen die Vergangenheit, und dieses Geltendmachen ist die Revolution. Der elegische Indifferentismus der Historiker und Poeten soll unsere Energie nicht lähmen bei diesem Geschäfte; und die Schwärmerei der Zukunftsbeglücker soll uns nicht verleiten, die Interessen der Gegenwart und das zunächst zu verfechtende Menschenrecht, das Recht zu leben, aufs Spiel zu setzen. – *Le pain est le droit du peuple*, sagte Saint-Just, und das ist das größte Wort, das in der ganzen Revolution gesprochen worden.

Eingangsworte zur Übersetzung eines lappländischen Gedichts

Lappland bildet die äußerste Spitze der russischen Besitzungen im Norden, und die vornehmen oder wohlhabenden Lappländer, welche an der Schwindsucht leiden, pflegen nach St. Petersburg zu reisen, um hier die Annehmlichkeiten eines südlichen Klimas zu genießen. Bei manchen dieser kranken Ezulanten gesellen sich dann zu dem physischen Siechtum auch wohl die moralischen Krankheiten der europäischen Zivilisation, mit welcher sie in Kontakt kommen. Sie beschäftigten sich jetzt mit Politik und Religion. Die Lektüre der *„Soirées de St. Petersbourg"*, die sie für ein nützliches Handbuch hielten, für einen Guide dieser Hauptstadt, belehrte sie, daß der Stützpunkt der bürgerlichen Gesellschaft der Henker sei; doch die Reaktion bleibt nicht aus, und von de Bourreaukratie des de Maistre springen sie über zum herbsten Kommunismus, sie erklären alle Rentiere und Seehunde als Staatseigentum, sie lesen Hegel und werden Atheisten; doch bei zunehmender Rückgratschwindsucht lenken sie wieder gelinde ein und schlagen über in weinerlichen Pietismus, werden Mucker, wo nicht gar Anhänger der Sionsmutter. – Dem französischen Leser sind diese zwei Religionssekten vielleicht wenig bekannt; in Deutschland sind sie es leider desto mehr, in Deutschland, ihrer eigentlichen Heimat. Die Mucker herrschen vorzüglich in den östlichen Provinzen der preußischen Monarchie, wo die höchsten Beamten zu ihnen gehörten. Sie huldigen der Lehre, daß es nicht hinreichend sei, sein Leben ohne Sünde zu verbringen, sondern daß man auch mit der Sünde gekämpft und ihr widerstanden habe müsse; der Sieger, und sei er auch mit Sündenwunden bedeckt, wäre gottgefälliger als der unverwundete Rekrut der Tugend, der nie in der Schlacht gewesen. Deshalb in ihren Zusammenkünften, oder auch in einem *Tête-à-tête* von Personen beider Geschlechter, suchen sie sich wechselseitig, durch wollüstige Betastung zur Sünde zu reizen, doch sie widerstehen allen Anfechtungen der Sünde – ist es nicht der Fall, je nun, so werden ein andermal die Angriffe, das ganze Manöver, wiederholt.

Die Sekte von der Sionsmutter hatte ihren Hauptsitz in einer westpreußischen Provinz, nämlich im Wuppertale des Großherzogentums Berg, und das Prinzip ihrer Lehre hat eine gewisse

Hegel'sche Färbung. Es beruht auf der Idee: nicht der einzelne Mensch, sondern die ganze Menschheit sei Gott; der Sohn Gottes, der erwartete Heiland unserer Zeit, der sogenannte Sion, könne daher nicht von einem einzelnen Menschen, sondern er könne nur von der ganzen Menschheit gezeugt werden, und seine Gebärerin, die Sionsmutter, müsse daher nicht von einem einzelnen Menschen, sondern von der Gesamtheit der Menschen, von der Menschheit, befruchtet werden. Diese Idee einer Befruchtung durch die Gesamtheit der Menschen suchte nun die Sionsmutter so nahe als möglich zu verwirklichen, sie substituierte ihr die Vielheit der Menschen und es entstand eine mystische Polyandrie, welcher die preußische Regierung durch Gendarmen ein Ende machte. Die Sionsmutter im Wuppertaler war eine vierzigjährige, bläßliche und krankhafte Person. Sie verschwand vom Schauplatz, und ihre Mission ist gewiß auf eine andere übergegangen. – Wer weiß, die Sionsmutter lebt vielleicht hier unter uns zu Paris, und wir, die wir ihre heilige Aufgabe nicht kennen, verlästern sie und ihren Eifer für das Heil der Menschheit.

Unter die Krankheiten, denen die Lappländer ausgesetzt sind, welche nach Petersburg kommen, um die Milde eines südlichen Klimas zu genießen, gehört auch die Poesie. Einer solchen Kontagion verdanken wir das nachstehende Gedicht, dessen Verfasser ein junger Lappländer ist, der wegen Rückenmarkschwindsucht nach Petersburg emigrierte und dort vor geraumer Zeit gestorben. Er hatte viel Talent, war befreundet mit den ausgezeichnetsten Geistern der Hauptstadt, und beschäftigte sich viel mit deutscher Philosophie, die ihn bis an den Rand des Atheismus brachte. Durch die besondere Gnade des Himmels ward er aber noch zeitig aus dieser Seelengefahr gerettet, er kam noch vor seinem Tode zur Erkenntnis Gottes, was seine Unglaubensgenossen sehr skandalisierte: der ganze hohe Klerus des Atheismus schrie Anathem über den Renegaten der Gottlosigkeit. Unterdessen aber nahmen seine körperlichen Leiden zu, seine Finanzen nahmen ab, und die wenigen Rentiere, welche sein Vermögen ausmachten, waren bald bis zum letzten aufgegessen. Im Hospitale, dem letzten Asyl der Poeten, sprach er zu einem der zwei Freunde, die ihm treu geblieben: „Leb wohl! Ich verlasse diese Erde, wo das Geld und die Intrige zur Alleinherrschaft gelangt – nur eins tat mir weh: ich sah, daß man durch Geld und Intrige auch den Ruhm eines Genies erlangen, als solches gefeiert werden kann, nicht bloß von einer kleinen Anzahl Unmündiger, sondern von den Begabtesten, von der ganzen Zeitgenossenschaft und bis zum äußersten Winkel der Welt." In diesem Augenblicke klang unter den Fenstern des Hospitals ein Leierkasten, dudelnd: „Das Geld ist nur Chimäre", die berühmte Melodie von Meyerbeer – Der Kranke lächelte, verhüllte das Haupt und starb.

Rezensionen.

Rheinisch-westfälischer Musen-Almanach

auf das Jahr 1821

Herausgegeben von Friedrich Raßmann

Hamm, bei Schmitz und Wundermann.

(1821)

„Was lange wird, wird gut" – „Eile mit Weile" – „Rom ist nicht in einem Tag gebaut" – „Kommst du heute nicht, kommst du morgen" und noch viele hundert ähnliche Sprichwörter führt der Deutsche beständig im Munde, dienen ihm als Krücken bei jeder Handlung und sollten mit Recht der ganzen deutschen Geschichte als Motto vorangesetzt werden. – Nur unsere Almanachs-Herausgeber haben sich von jenen ledigen Sprichwörtern losgesagt, und ihre poetischen Blumensträußchen, die dem Publikum in winterlicher Zeit ein Surrogat für wirkliche Sommerblumen sein sollen, pflegen schon im Frühherbste zu erscheinen. Es ist daher befremdend, daß vorliegender poetische Blumenstrauß so spät, nämlich im April 1821, zum Vorschein gekommen. Lag die Schuld an den Blumenlieferanten, den Einsendern? oder am Straußbinder, dem Herausgeber? oder an der Blumenhändlerin, der Verlagshandlung? Doch es ist ja kein gewöhnlicher Almanach, kein poetisches Taschenbuch oder ähnliches Duodezbüchlein, das als ein niedliches Neujahrsgeschenk in die Sammel-Ridiküls holder Damen geschmeidig hineingleiten soll, oder bestimmt ist, mit der feingeglatteten Vignettenkapsel und dem hervorblitzenden Goldschnitt auf duftender Toilette neben der Pomadenbüchse zu prangen; nein – Herr Raßmann gibt uns einen Musen-Almanach. In einem solchen darf nämlich gar keine Prosa (und, wenn es tunlichst ist, auch gar nichts Prosaisches) enthalten sein, aus dem einfachen Grunde; weil die Musen nie in Prosa sprechen. Dieser Satz, der durch historische Erinnerungen an die Musen-Almanache von Boß, Tieck, Schlegel usw. entstanden ist, hat des Referenten selige Großmutter einst veranlaßt, zu behaupten, daß es eigentlich gar keine Poesie gibt, wo keine Reime klingen oder Hexameter springen. Nach diesem Grundsatz kann man dreist behaupten, daß viele unserer berühmten, viele unserer sehr gelesenen Autoren, wie z. B. Jean Paul, Hoffmann, Clauren, Karoline Fouqué usw. nichts von der Poesie verstehen, weil sie nie oder höchst selten Verse machen. Doch viele Leute, worunter Referent so halb und halb auch gehört, wollen diesen Grundsatz bestreiten. Sollte Herr Raßmann nicht auch zu diesen Leuten gehören? Warum aber diese engbrüstige Laune, bei einer poetischen Kunstausstellung – was doch der Musen-Almanach eigentlich sein soll – gar keine Prosa einzulassen? – Indessen, abgesehen von allem Zufälligen und zur Form Gehörigen, muß Referent gestehen, daß ihn der Inhalt des Büchleins recht freundlich und innig angesprochen hat, daß ihm bei manchem Gedichte das Herz aufgegangen, und daß ihm bei der Lektüre des „Rheinisch-westfälischen Musen-Almanachs" so wohlig, heimisch und behaglich zumute war, als ob er sein Leibgericht äße, rohen westfälischen Schinken nebst einem Glase Rheinwein. Durchaus soll hier nicht angedeutet sein, als ob die im Almanach enthaltenen westfälischen Dichter mit westfälischem Schinken, hingegen die ebenfalls darin enthaltenen rheinischen Dichter mit Rheinwein zu vergleichen wären. Referent kennt zu genau den kreuzbraven, echtwackern Sinn des Kernwestfalen, um nicht zu wissen, daß er in keinem Zweige der Literatur seinen Nachbarn nachzustehen braucht, obzwar er noch nicht darauf eingeübt ist, mit den literarischen Kastagnetten sich durchzuklappern und ästhetische Maulhelden niederzuschwatzen.

Von den siebenunddreißig Dichtern, die der Musen-Almanach vorführt und worunter auch einige neue Namen hervorgrüßen, muß zuerst der Herausgeber erwähnt werden. Raßmann gehört der Form nach der neuern Schule zu; doch sein Herz gehört noch der alten Zeit an, jener guten alten Zeit, wo alle Dichter Deutschlands gleichsam nur *ein* Herz hatten. Schon bei dem flüchtigen Anblick der Gegenstände der literarischen Tätigkeit Raßmann's wird man innig gerührt durch seine Liebe für fremde Arbeiten und sein emsiges Hervorsuchen des fremden Verdienstes (lauter altfränkische Eigenschaften, die längst aus der Mode gekommen!). In den Gedichten Raßmann's, die der Musen-Almanach enthält, besonders in „Einzwängung des Frühlings", „Der Töpfer nach der Heirat" und im „Armen Heinrich" finden sich ganz ausgesprochen jene grundehrliche Gesinnung, liebreiche Betriebsamkeit und fast Hans-Sachsische Ausmalerei. E. M. Arndt's Gedicht „Die Burg des echten Wächters" ist herzlich und jugendlich frisch. In W. v. Blomberg's „Elegie auf die Herzogin von Weimar" sind recht schöne und anmutige Stellen. Bueren's Nachtstück „Die Hexen" ist sehr anziehend; der Verfasser fühlt gar wohl, wieviel durch metrische Kunstgriffe erreicht werden kann, er fühlt gar wohl die Macht der Spondeen, besonders der spondeischen Reime; doch die höhere Feinheit, die Mäßigkeit, die im Gebrauche derselben beobachtet werden muß, ist ihm bis jetzt noch unbekannt. In J. B. Rousseau's Gedicht „Verlust" weht ein zarter und doch herzinnig glühender Hauch, liebliche Weichheit und heimlich süße Wehmut. Heilmann's Gedicht „Geist der Liebe" wäre sehr gut, wenn mehr Geist und weniger (das Wort) Liebe drin wäre. Der Stoff von Theobald's „Schelm von Bergen" ist wunderschön, fast unübertrefflich; doch der Verfasser ist auf falschem Wege, wenn er den Volkston durch holpernde Verse und Sprachplumpheit nachzuahmen sucht. Der gemütliche Gebauer gibt uns hier vier Gedichte, recht herzig, recht hübsch. Wilhelm Smets gibt ebenfalls eine Reihe schöner Dichtungen, wovon einige gewiß seelenerquickend genannt werden dürfen. Zu diesen gehören das Sonett „An Ernst von Lassaulx" und das Gedicht „An Elisabeth's Namenstage." Nikolaus Meyer's Gedichte sind recht wacker, einige ganz vortrefflich, am allerschönsten ist das Gedicht „Liebesweben". „Der Klausner" von Freifrau Elise von Hohenhausen ist ein sinniges, heiteres, blühendes Gemälde, von dessen Anmut und Lieblichkeit das Gemüt des Lesers angenehm bewegt wird. Rühmliche Auszeichnung verdienen die Gedichte von Adelheid von Stolterfoth, von Sophie George und von v. Kurowski-Eichen. – Der Druck des Büchleins ist recht ansprechend, das Äußere desselben fast zu bescheiden und einfach. Doch der goldne Inhalt läßt bald den Mangel des Goldschnitts übersehen.

Gedichte
von Johann Baptist Rousseau

Krefeld, bei Funke, 1823

Poesien für Liebe und Freundschaft
Von demselben

Hamm, bei *Schmitz* **und** *Wundermann.* 1823

(1823)

Die Gefühle, Gesinnungen und Ansichten des Jünglingsalters sind das Thema dieser zwei Bücher. Ob der Verfasser die Bedeutung dieses Alters völlig begriffen hat, ist uns nicht bekannt; doch ist es unverkennbar, daß ihm die Darstellung desselben nicht mißlungen ist. – Was will ein Jüngling? Was will diese wunderliche Aufregung in seinem Gemüte? Was wollen jene verschwindenden Gestalten, die ihn jetzt ins Menschengewühle, und nachher wieder in die Einsamkeit locken? Was wollen jene unbestimmten Wünsche, Ahnungen und Neigungen, die sich ins Unendliche ziehen, und verschwinden, und wieder auftauchen und den Jünglingen zu einer beständigen Bewegung antreiben? Jeder antwortet hier auf seine eigne Weise, und da auch wir das Recht haben, unseren eignen Ausdruck zu wählen, so erklären wir jene Erscheinung mit den Worten: „Der Jüngling will eine Geschichte haben." Das ist die Bedeutung unseres Treibens in der Jugend; wir wollen was erlebt haben, wir wollen erbaut und zerstört, genossen und gelitten haben; im Mannesalter ist schon manches dergleichen erlangt, und jener brausende Trieb, der vielleicht die Lebenskraft selbst sein mag, ist schon etwas abgedämpft und in ein ruhiges Bett geleitet. Doch erst der Greis, der im Kreise seiner Enkel unter der selbstgepflanzten Eiche, oder unter den Leichen seiner Lieben auf den Trümmern seines Hauses sitzt, fühlt jenen Trieb, jenes Verlangen nach einer Geschichte, in seinem Herzen gänzlich befriedigt und erloschen. – Wir können jetzt die Hauptidee obiger zwei Bücher genugsam andeuten, wenn wir sagen, daß der Verfasser in dem ersten sein Streben, eine Geschichte zu haben, und in dem andern die ersten Anfänge seiner Geschichte dargestellt hat. Wir nannten die Darstellung gelungen, weil der Verfasser uns nicht Reflexionen über seine Gefühle, Gesinnungen und Ansichten, sondern diese letzteren selbst gegeben hat in den von ihnen notwendig hervorgerufenen Ansprüchen, Tätigkeiten und anderen Äußerlichkeiten. Er hat die ganze Außenwelt ruhig auf sich einwirken lassen, und frei und schlicht, oft großartig-ehrlich und kindlich-naiv ausgesprochen, wie sie sich in seinem bewegten Gemüte abgespielt. Der Verfasser hat hierin den obersten Grundsatz der Romantikerschule befolgt und hat, statt nach der bekannten falschen Idealität zu streben, die besondersten Besonderheiten eines einfältiglichen, bürgerlichen Jugendlebens in seinen Dichtungen hingezeichnet. Aber was ihn als Dichter bekundet, ist: daß in jenen Besonderheiten sich wieder das Allgemeine zeigt, und daß sogar in jenen niederländischen Gemälden, wie sie uns der Verfasser in den Sonetten manchmal dargibt, das Idealische selbst uns sichtbar entgegen tritt. Diese Wahl und Verbindung der Besonderheiten ist es ja, woran man das Maß der Größe eines Talents erkennen kann; denn wie des Malers Kunst darin besteht, daß sein Auge auf eine eigentümliche Weise sieht, und er z. B. die schmutzigste Dorfschenke gleich von der Seite auffaßt und zeichnet, von welcher sie eine dem Schönheitssinne und Gemüt zusagende Ansicht gewährt: so hat der wahre Dichter das Talent, die unbedeutendsten und unerfreulichsten Besonderheiten des gemeinen Lebens so anzuschauen und zusammen zu setzen, daß sie sich zu einem schönen, echt poetischen Gedichte gestalten. Deshalb hat jedes echte Gedicht eine bestimmte Lokalfärbung, und im subjektiven Gedichte müssen wir das Lokal erkennen, wo der Dichter lebt. Aus den vorliegenden Dichtungen haucht uns der Geist der Rheingegenden an, und wir finden darin überall Spuren des dortigen Treibens und Schaffens, des dortigen Volkscharakters mit all seiner Lebensfreude, Anmut, Freiheitsliebe, Beweglichkeit und unbewußten Tiefe. – In Hinsicht der Kunststufe halten wir das zweite der beiden Bücher für vorzüglicher als das erste, obschon dieses mehr Ansprechendes und Kräftiges enthält. In dem ersten Buche ist noch die Bewegung der Leidenschaft vorherrschend, eben weil in demselben das unruhige Streben nach Geschichte sich ausspricht; im zweiten dämmert schon eine epische Ruhe hervor, da bereits einiger Geschichtsstoff vorhanden ist, der bestimmte Umrisse gewährt. – Nun weiß aber jeder – und wer es nicht weiß, erfahre es hier – daß die Leidenschaft ebensogut Gedichte hervorbringt als der eingeborene poetische Genius. Darum sieht man so viele deutsche Jünglinge, die sich für Dichter halten, weil ihre gährende Leidenschaft, etwa das Hervorbrechen der Pubertät oder der Patriotismus oder der Wahnsinn selbst, einige erträgliche Verse erzeugt. Darum sind ferner manche Winkelästhetiker, die vielleicht einen zärtlichen Kutscher oder eine zürnende Köchin in poetische Redensarten ausbrechen sahen, zu dem Wahne gelangt: die Poesie sei gar nichts anderes als die Sprache der Leidenschaft. Sichtbar hat unser Verfasser in dem ersten Buche manches Gedicht durch den Hebel der Leidenschaft hervorgebracht: doch von den Gedichten des zweiten Buches läßt sich sagen, daß sie zum Teil Erzeugnisse des Genius sind. Schwerer ist es, das Maß der Kraft desselben zu bestimmen, und der Raum dieser Blätter erlaubt nicht eine solche Untersuchung. Wir gehen daher über zu einem mehr äußerlichen Bezeichnen der beiden Bücher. Das erste enthält hundert einzelne und verbundene Gedichte, in verschiedenen Vers- und Tonarten. Der Verfasser gefällt sich darin, die meisten südlichen Formen nachzubilden, mit mehr oder weniger Erfolg. Doch auch die schlicht deutsche Spruchweise und das Volkslied sind nicht vergessen. Seiner Kürze halber sei folgender Spruch erwähnt:

> Mir ist zuwider die Kopfhängerei
> Der jetzigen deutschen Jugend,
> Und ihre, gleich einer Litanei,
> Auswendig gelernte Tugend.

Die Volkslieder sind zwar im rechten Volkstone, aber nach unserem Bedünken etwas zu massiv geschrieben. Es kommt darauf an, den Geist der Volksliedformen zu erfassen, und mit der Kenntnis desselben nach unserem Bedürfnis gemodelte, neue Formen zu bilden. Abgeschmackt klingen daher die Titulatur-Volkslieder jener Herren, die den heutigsten Stoff aus der gebildeten Gesellschaft mit einer Form umkleiden, die vielleicht ein ehrlicher Handwerksbursche vor zweihundert Jahren für den Erguß seiner Gefühle passend gefunden. Der Buchstabe tötet, doch der Geist macht lebendig. – Das zweite Buch enthält nur Sonette, wovon die erste Hälfte, „Tempel der Liebe" überschrieben, aus poetischen Apologien befreundeter Geister besteht. Unter den Liebessonetten halten wir am gelungensten XVI, XVIII, XX, XXI, XXII, XXXVI. Im „Tempel der Freundschaft" zeichnen wir aus die Sonette an Strauß, Arnim und Brentano, A. W. v. Schlegel, Hundeshagen, Smets, Kreuser, Rückert, Blomberg, Löben, Immermann, Arndt und Heine. Unter diesen hat uns das Sonat an J. Kreuser am meisten angesprochen. Das Sonett an E. M. Arndt finden wir löblich, weil der Verfasser nicht, wie so manche zahme Leute, aus bekannten Gründen sich scheut, von diesem ehrenwerten Manne öffentlich zu sprechen. In diesem Sonette wollen wir den zweiten Vers nicht verstehen; Babel liegt nicht an der Seine, das ist ein widerwärtiger geographischer Irrtum von 1814. Im Ganzen scheint kein tadelsüchtiger Geist in diesem „Tempel der Freundschaft" zu wohnen, und es mag hie und da das versifizierte Wohlwollen allerdings etwas zu reichlich gespendet sein. Besonders ist dies der Fall in den Sonetten an H. Heine, den der Verfasser auch schon im ersten Buche gehörig bedacht, und den wir hier mit acht Sonetten begabt finden, wo andere Leute mit einem einzigen beehrt sind. Heine's Haupt wird durch jene Sonette mit einem so köstlichen Lorbeerzweige geschmückt, daß Herr Rousseau sich wahrhaft einmal in der Folge das Vergnügen machen muß, dieses von ihm so schön bekränzte Haupt mit niedlichen Kotkügelchen zu bewerfen; wenn solches nicht geschieht, so ist es jammerschade und ganz gegen Brauch und Herkommen, und ganz gegen das Wesen der gewöhnlichen menschlichen Natur.

Tasso's Tod
Trauerspiel in fünf Aufzügen

Von Wilhelm Smets

Koblenz, bei Hölscher

(1821)

Diese Dichtung hat uns beim ersten unbefangenen Durchlesen so freundlich ergötzt und gemütlich angesprochen, daß es uns wahrlich schwer ankommt, sie mit der notwendigen Kälte nach den Vorschriften und Anforderungen der dramatischen Kunst kritisch zu beurteilen, ihren inneren Wert mit Unterdrückung individueller Anregungen gewissenhaft genau zu bestimmen und ihre Mängel und Gebrechen mit strenger Hand aufzudecken. – Ehrlich gestanden, will es uns freilich bedünken, als ob wir bei diesem Geschäft nicht ganz unähnlich sind jenem unzufriedenen Grämlinge, der in der Mittagsschwüle unter einem laubigen Apfelbaume ein kühlendes Obdach fand, den lechzenden Gaumen mit den Früchten desselben labte, sich weidlich ergötzte an dem Gezwitscher der Vöglein, die von Zweig zu Zweig flatterten, aber endlich gegen Abend sich verdrießlich auf die Beine macht, und über den Baum räsonniert und in sich murmelt: „Das war ein erbärmliches Lager, das waren ja herbe Holzäpfel, das war ein unausstehliches Spatzengepiepse usw." Indessen, das Rezensieren hat doch auch sein Gutes. Es gibt heuer so viele wunderliche Bäume auf dem Parnaß, daß es not tut, wie in botanischen Gärten Gebrauch ist, bei jedem ein weißes Täfelchen zu stellen, worauf der Wanderer lesen kann: „Unter diesem Baume läßt sich's angenehm ruhen, auf diesem wachsen trefflich Früchte, in diesem singen Nachtigallen"; – so wie auch: „Auf diesem Baume wachsen unreife, unerquickliche und giftige Früchte, unter diesem Baume duftet sinnebetäubender Weihrauch, unter diesem spuken des Nachts alte Rittergeister, in diesem pfeift ein sauberer Vogel, unter diesem Baume kann man gut – einschlafen."

Wir haben oben bemerkt, daß wir vorliegende Tragödie nach den Kunstvorschriften der Dramaturgie beurteilen wollen. Doch, da in betreff derselben auch unsere größten Ästhetiker nicht mit einander übereinstimmen, da es Anmaßung wäre, wenn wir unsere eigene Meinung als die allein richtige annehmen wollten, und da wir nicht durch subjektive Ansicht das Verdienst des Dichters unbewußt beeinträchtigen möchten, so wollen wir nie unbedingt ein Urteil über die Leistungen desselben fällen, ohne erst mit wenigen Worten angedeutet zu haben, von welchen ästhetischen Grundsätzen wir ausgehn. Wir werden demnach vorliegende Tragödie aus drei Gesichtspunkten beurteilen: aus dem dramatischen, aus dem poetischen und aus dem ethischen Gesichtspunkte.

Lyrik ist die erste und älteste Poesie. Sowohl bei ganzen Völkern, als bei einzelnen Menschen, sind die ersten poetischen Ausbrüche lyrischer Art. Die gebräuchlichen Konvenienzmetaphern scheinen hier dem Dichter zu abgedroschen und kalt, und er greift nach ungewöhnlichen, imposanteren Bildern und Vergleichen, um sowohl seine subjektiven Gefühle als auch die Eindrücke, welche äußere Gegenstände auf seine Subjektivität ausüben, lebendig darzustellen. Es gibt Individuen und ganze Völker, die es in der Poesie nie weiter als bis zu dieser Dichtart gebracht werden. Bei beiden deutet solches auf einen Zustand der Geisteskindheit oder der flachen Einseitigkeit. Sobald aber beim Dichter eine gewisse Verstandesreife eingetreten ist, sobald sein geistiges Auge das innere Getreibe der äußern Gegenstände und Begebenheiten besser durchschaut, und sein Geist die Gesamtanschauung dieser Außenwelt in sich aufnimmt, so wird es auch ein neues Bestreben des Dichters sein, diese äußern Gegenstände in ihrer objektiven Klarheit, ohne Beimischung von subjektiven Gefühlen und Ansichten, poetisch schön darzustellen. So entsteht die epische und die dramatische Dichtung.

Gewisse Talente, wie man sieht, werden von der einen dieser Dichtungsarten ebensogut wie von der andern erfordert, nämlich: allgemeine Naturanschauung, Heraustreten aus der Subjektivität, treue, lebendige Schilderung von Begebenheiten, Situationen, Leidenschaften, Charakteren usw. Doch machen wir die vielbestätigte Bemerkung: daß Dichter, die in der einen dieser Dichtungsarten Meister sind, oft in der andern nichts Erträgliches zustande bringen können. Diese Beobachtung führt uns zur Untersuchung, ob jenes Mißlingen nicht dadurch entsteht, weil etwa bei der einen Dichtungsart die oben angedeuteten Talente in minderm Grade erforderlich sind als bei der andern, und weil vielleicht das Wesen beider Dichtungsarten so erstaunlich voneinander verschieden ist?

Wenn wir den epischen und den dramatischen Dichter, jeden in seiner Werkstätte belauschen und hier sein Verfahren beobachten, so ist uns nichts leichter als die Lösung dieser Frage. Der Epiker trägt freilich im Geiste die lebendigste Anschauung seines Stoffes, aber er erzählt einfach, natürlich sein Erzählen ist zwar meistens ein Nacheinander, aber auch oft ein Nebeneinander, und nicht selten ein Voreinander (Voraussagen der Katastrophe). Er schildert ruhig die Gegend, die Zeit, das Kostüm seiner Helden, er läßt sie zwar sprechen, aber er erzählt ihre Mienen und Bewegungen, und zuweilen gar schießt ein Blitzstrahl aus seinem eigenen Gemüte, aus seiner Subjektivität, und beleuchtet mit schnellem Lichte das Lokal und die Helden seines Gedichtes. Dieses subjektive Aufblitzen, wovon unsere zwei besten epischen Gedichte, die Odyssee und die Nibelungen, nicht frei sind, und welches vielleicht zum Charakter des Epos gehört, zeigt schon, daß das Talent des gänzlichen Heraustretens aus der Subjektivität beim Epos nicht in so hohem Grade erforderlich ist als beim Drama. In dieser Dichtart muß jenes Talent vollkommen sein. Aber das ist noch lange nicht das Hauptsächlichste. Das Drama setzt eine Bühne voraus, wo sich nicht jemand hinstellt und das Gedicht vordeklamiert, sondern wo die Helden des Gedichts selbst lebendig auftreten, in ihrem Charakter mitsammen sprechen und handeln. Hierbei hat der Dichter nur notwendig aufzuzeichnen, was sie sprechen und wie sie handeln. Wehe dem Dichter aber, der es da vergißt, daß diese lebendigen Heldenvorsteller das Recht haben, nach eigener Willkür sich zu gruppieren und Grimassen zu schneiden, daß der Theaterschneider für hübsche Kleider, der Dekorationsmaler für hübsche Umgebungen, der Kapellmeister für dämmernde Gefühle, und der Lampenputzer für klare Beleuchtung Sorge trägt. Das will dem empirischen Dichter gar nicht in den Kopf, und wenn er sich im Drama versucht, verwickelt er sich in schöne Gegenbeschreibungen, Charakterschilderungen und zu feine Nuancierungen. Endlich leidet das Drama keinen Stillstand, kein Nebeneinander, noch viel weniger ein Voreinander wie das Epos. Der Hauptcharakter des Dramas ist also lebendiges und immer lebendigeres Fortschreiten und Ineinandergreifen des Dialogs und der Handlung.

Wir haben hier das Charakteristische im Wesen des Epos und des Dramas leicht hingezeichnet, und jedem ist es durchaus erklärbar, warum so viele Dichter mit Erfolg aus dem Gebiete der Lyrik in das Gebiet des Epischen übergehen, weil sie hier ihre Subjektivität nicht ganz und gar zu verleugnen brauchen, und durch etwaige Versuche in der Romanze, in der Elegie, im Roman und in dergleichen Dichtungsarten, welche aus einer Vermischung des Epischen und des Lyrischen bestehen, sich an jene Verleugnung der Subjektivität allmählich gewöhnen können, oder einen leichten Übergang zum Reinepischen finden, statt daß bei der dramatischen Dichtung keine solche Übergangsform vorhanden ist, und gleich die allerstrengste Unterdrückung der hervorquellenden Subjektivität verlangt wird. Zugleich ist es sichtbar, daß es die Gewohnheit, welche den erprobtesten epischen Dichter, der immer an Lokal- und Kostümschilderungen u. dgl. denkt, zum schlechten Dramatiker macht, und daß es daher gut ist, wenn der Dichter, der im

Dramatischen sich hervortun will, aus dem Gebiete der Lyrik gleich in das Gebiet des Dramas übergeht.

Mit Vergnügen bemerken wir, daß dieses letztere der Fall ist beim Verfasser der vorliegenden Tragödie, dessen lyrische Gedichte sowohl durch äußern Glanz als lebendige Innigkeit uns so oft entzückt haben. Indessen, wie schwer, wie äußerst schwer der Übergang vom Lyrischem zum Dramatischen ist, hat unser Herr Verfasser selbst erfahren, da ihm seine erste, dem „Tasso" vorangehende Tragödie gänzlich mißlungen ist. Doch das ehrliche Geständnis, womit der Verfasser in der Vorrede zum „Tasso" über dieses Mißlingen sich äußert sowie auch der überraschende Eindruck, den letztere Tragödie auf denjenigen macht, der das Unglück gehabt hat, die frühere zu lesen, das alles berechtigt uns, viele Mängel des „Tasso" zu übersehen, das rüstige Fortschreiten des Verfassers zu bewundern, sein schon errungenes Talent anzuerkennen und ihm in einiger Ferne den Kranz zu zeigen, der ihm auf solchem Wege und bei solchem Streben nimmermehr vorenthalten werden kann.

Die bescheidene Erklärung in der Vorrede zum „Tasso" macht es uns gleichsam zur Pflicht, jeder Vergleichung desselben mit dem Goethe'schen Drama desselben Namens gehörig auszuweichen. Doch können wir nicht umhin, zu bemerken, daß die Begebenheit, welche letztderm zur Katastrophe dient, auch von unserm Verfasser benutzt worden ist, nämlich: der in Liebesverzückung taumelnde Tasso umarmt Leonore von Este. Als historisch müssen wir diese Begebenheit leugnen. Tasso's Hauptbiographen, sowohl Serassi als auch (wenn wir nicht irren) Manso, verwerfen sie. Nur Muratori erzählt uns ein solches Märchen. Wir zweifeln sogar, ob je eine Liebe zwischen der zehn Jahr' älteren Prinzessin Leonore und Tasso existiert habe. Überhaupt, wir können auch nicht unbedingt annehmen die allgemein verbreitete Meinung, als habe Herzog Alfons aus bloßem Egoismus, aus Furcht, seinen eignen Ruhm geschmälert zu sehn, den armen Dichter ins Narrenhospital einsperren lassen. Ist es denn so etwas ganz Unerhörtes und Unbegreifliches, daß ein Poet verrückt geworden sei? Warum wollen wir uns dieses Verrücktwerden nicht vernünftig erklären? Warum nicht wenigstens annehmen, daß die Ursache jener Einsperrung sowohl im Hirne des Dichters als im Herzen des Fürsten gelegen habe? Doch wir wollen von allem historischen Vergleichen lieber gleich abgehen, setzen die Fabel des Stücks, wie sie allgemein gang und gebe ist, als bekannt voraus, und sehen zu, wie unser Verfasser seinen Stoff behandelt hat.

Das erste, was wir hier erblicken, ist, daß der Verfasser eine von Manso erwähnte und von Serassi durchaus geleugnete Leonore ins Spiel zieht. Durch diesen glücklichen Griff gewinnt das Stück an interessanter, intrigenartiger, dramatischer Verwickelung. Diese Leonore Nr. 3, genannt Leonore von Gisello, ist Gesellschafterin der Gräfin Leonore von Sanvitale. Mit dem Zwiegespräch dieser beiden im Schloßpark zu Ferrara beginnt das Stück.

Leonore von Gisello gesteht, daß sie Tasso liebe, und erzählt, daß sie einen Beweis seiner Gegenliebe habe. Die Gräfin entgegnet ihr, daß dieser Beweis, der darin bestehe, daß so oft in Tasso's Liedern der Name Leonore gefeiert werde, sehr zweideutig sei, da noch zwei andere Damen des Hofes, sie selbst und die Prinzessin, denselben Namen führen. Es wäre sogar wahrscheinlich, daß die Prinzessin die Gefeierte sei. Die Gräfin erinnert an jenen Tag, wo Tasso dem Herzog sein vollendetes Gedicht, das befreite Jerusalem, überreichte, und die Prinzessin

> – – mit schnell gewandten Händen griff
> Zum Lorbeerkranz, der Virgil's Marmor schmückte,
> Und ihn dem Sänger auf die Stirne drückte,
> Der niederbog sein Knie, sein lockicht Haupt,
> Das eine Fürstin liebend ihm umlaubt!
> Da zittert' er; so tief er sich auch beugte,
> Hob sich sein Auge doch zu ihr empor,
> Ich sah's, wie es hinauf, heiß funkelnd, strebte;
> Das war das Höchste, was ihm konnt' begegnen,
> Und gegen tausendfachen Lorbeerkranz
> Des Kapitols hätt' er nicht den vertauscht,
> Den er seit jener Stund' mit Eitelkeit
> Am Ruhbett aufhing über seine Scheitel.
> Unwillig sieht Alfonso dieses Treiben,
> Er sieht des Standes Majestät verletzt,
> Und was zurück noch ist, wer sagt das gern?!

Die Prinzessin erscheint, sie neckt die Gräfin wegen des Vielgefeiertwerdens des Namens Leonore. In dem folgenden Monolog zeigt die Prinzessin ihre Liebe für Tasso. Letzerer tritt auf, spricht von seiner Liebe zu ihr.

Prinzessin
O schweigt, Tasso, schweigt, ich bitt' Euch drum.
Um meinetwegen schweigt, ich weiß das alles.

Tasso
Ihr könnt' nicht wissen, wie ich mich zerquäle,
Wie ich, um nicht verraten mich zu sehn,
Um Euch nicht zu verraten, hin und wieder
Als ein Verstellter um drei Wesen schmachte,
So einem, wie dem andern mich zu zeigen.

Er versinkt in Liebesschwärmerei und entfernt sich, wie der Herzog naht. Dieser macht bittere Anspielungen auf beider Liebe; die Prinzessin weint, Alfons entfernt sich, Tasso kehrt zurück.

„Ihr weint, Eleonore?" Er lodert auf in stolzer Kraft, verwirrt sich in ein schmachtendes Sonett, und in Liebeswahnsinn umarmt er die Prinzessin. Der Herzog, in Begleitung des Grafen Tirabo und einiger Nobili, ist unterdessen im Hintergrunde erschienen und tritt schnell auf Tasso los. Ende des ersten Akts.

Die Prinzessin in Liebeswehmut versunken. Die Gräfin kommt und erzählt ihr:

> Nach jenem Überfall im Parke ließ
> Der Herzog unsern Dichter ruhig gehen,
> Ihr wißt's, und konntet selbst Euch nicht die Miene
> Erklären, die der Bruder angenommen.

Hierauf sei Graf Tirabo zu Tasso gekommen und habe ihn verhöhnt mit erkünsteltem Mitleid. Tasso schlägt ihn –

> Doch er besann sich, fordert ihn zum Kampf
> Und zieht den Degen im Palast Ferrara's.
> ————
> Der Graf schützt vor des Ortes Majestät,
> Und harret sein auf dem Lenardo-Wall.

Dort wird Tasso von Tirabo's Brüdern, drei heimtückischen Buben, überfallen, doch er wehrt sich brav, wird aber endlich gefangengenommen. Man hört den Jubel des Volkes über Tasso's Sieg. Der Herzog erscheint, verwundet die Schwester durch neue Bitterkeiten und verweist sie auf ihre Zimmer. In folgendem Monolog zeigt er sich in seiner wahren Gestalt:

> Sie geht – es sei! Verlier' ich ihre Gunst,
> Soll der Verlust die andern mir gewinnen,
> Ich bin der Herrscher hier, der Herr des Hofs,
> Der Ehre Gaben spend' ich aus, versammle
> Der Künste Kreis großmütig, Lust und Glanz
> Vor ganz Italien meinem Haus zu geben;
> Von fern her zieht der Fürst und Edelmann
> Und will der Frauen Schönheit hier bewundern,
> Wovon der Ruf in allen Ländern sprach;
> Und ich allein, am eignen Hofe bin ich
> Der Letzte, unbemerkt läßt man mich gehen,
> Erwärmt sich an der Fürstenwürde Strahl,
> In meiner Größe Schatten tut sich's gut,
> Doch eines Irrlichts Glänzen schaut man nach,
> Und einem Echo hört man seufzend zu.
> Das ist der Dichter, den ich herbeirufen,
> Der mäßig durch das rege Leben schlendert,

Der Jagdlust Mordlust nennt, und statt der Erde,
Worauf er wächst und lebt, den Mond besieht –
Er seh' sich vor, in meinem Herzogsmantel
Hüllt' ich ihn gnädig ein, er reißt sich los,
Zum Falle wird die Schleppe seinem Fuß!

Graf Tirabo erscheint und zeigt dem Herzog das Mittel, wie er wieder allein glänzen könne. Dies ist die Entfernung Tasso's. Man gebe ihn frei, bedeute ihm, daß die Prinzessin sich von ihm gewendet habe, und er wird sich von selbst entfernen. – Tasso ist befreit und ergeht sich im Garten. Er hört Gitarrentöne, und eine Stimme singt ein schmelzend üppiges Lied aus seinem „Aminta". Es ist die Sängerin Justina, sie will den frommen Dichter mit süßen Klängen in die Netze der Sinnenlust verlocken. Tasso beschämt sich mit ernster Rede, spricht mit losbrechender Bitterkeit und Verachtung von den Großen des Hofs, vom Fürsten selbst. – Da erscheinen der Herzog und der Graf. Weil er den Fürsten gelästert habe und wahnsinnig scheine, wird Tasso nach St. Annen geschleppt. Ende des zweiten Akts.

Garten zu Ferrara. Zweigespräch des Herzogs und des Grafen. Letzterer bemerkt, man müsse Tasso streng hüten lassen. Der Herzog will ihn nur unschädlich wissen, nämlich wegen seiner Liebe zur Prinzessin. Diese erscheint und bittet ihren Bruder um Loslassung des Dichters. Der Herzog ist dazu geneigt, wenn sie sich nach Palanto entfernen wolle. Sie entschließt sich dazu, sie überträgt der Gräfin Sanvitale die Sorge für Tasso in ihrer Abwesenheit. Tiefer Liebesschmerz der Prinzessin. Ende des dritten Akts.

Garten des Hospitals zu St. Annen. Der Beichtvater des Hospitals und Leonore von Gisello; Letzere als Pilger gekleidet. Sie erbittet sich von ihm die Erlaubnis, den als wahnsinnig eingesperrten Tasso zu sprechen. Schwärmerisches Gespräch zwischen diesem und Leonore; sie sagt ihm, daß sie nach dem heiligen Lande pilgre, und gibt ihm einen Schlüssel, um sich durch die Pforte der Erkerstiege zu befreien. Tasso glaubt, er habe eine Engelserscheinung gehabt. – Graf Tirabo kommt zum Beichtvater und meldet ihm, daß Tasso freigelassen werden solle. – Nacht. Erker von Tasso's Gemach unweit der Brücke, die über den Fluß führt. Leonore von Gisello, im Begriff, ihre Wallfahrt anzutreten, sinkt hin auf eine Bank unter dem Erker. Die Prinzessin nebst ihrer Hofdame geht über die Brücke, um sich nach Palanto zu begeben. Tasso erscheint am Erkerfenster. Unendlich wehmütiges Liebesgespräch zwischen ihm und der Prinzessin. Sie wankt fort mit ihrer Hofdame. Leonore von Gisello erhebt sich von ihrem Sitze, fühlt sich durch das angehörte Gespräch gestärkt zur langen Wallfahrt, grüßt Tasso nochmals mit wildem Worte, und geht schnell ab. Tasso ruft verhallend: „O weile, weile, verklärter Geist!"

Die Ketten fallen, und Tasso ist frei!

Er streckt die Arme aus nach der Enteilenden – Ende des vierten Akts.

Sprechzimmer im Kloster St. Ambrogio zu Rom. Der Beichtvater und Manso, Tasso's Jugendfreund (?). Dieser ist eben in Rom angekommen, und er erfährt, daß Tasso den folgenden Tag auf dem Kapitol gekrönt werden solle. Er will zu ihm, der Beichtvater bemerkt ihm, daß Tasso im Nebenzimmer schlafe, aber sehr krank sei, und schon von ihm das Abendmahl und die letzte Ölung empfangen habe. Er erzählt ihm, daß Tasso eigenmächtig seiner Haft entsprungen sei, just an dem Tage, wo der Herzog ihm die Freiheit schenkte, daß ein Pilger ihm heimlich den notwendigen Schlüssel gegeben habe, daß dieser Pilger wahrscheinlich Leonore von Gisello gewesen sei, daß aber Tasso ihn noch immer für einen gottgesandten Boten halte. Er schildert den Zustand, wie er Tasso wiedergefunden:

> Wie ich ihn sah im dürftigen Gewande
> Hinwanken auf der Straße, ausgesetzt
> Des frühen Lenzes wechselvollem Treiben.
> Auf Hagelschlossen folgte milder Regen,
> Drauf blickte wieder hell die Sonne durch,
> Bis frost'ger Hauch die Wolken vor sich trieb. –
> So wankt' er hin mit unbedecktem Haupte,
> Wild flatterten die Haare durch die Luft,
> Und tief in Stirn und Scheitel eingedrückt,
> Trug er verdorrten Lorbeers heil'gen Schmuck,
> Den ihm Prinzessin Leonore einst
> Aufs Haar gesetzet für sein heilig Lied.

Tasso sollte noch heute nach St. Onuphrius gebracht werden, weil dieser Platz dem Kapitole näher liegt. – Tasso erscheint, den Lorbeerkranz der Prinzessin in der Hand. Er spricht wie ein schon Verklärter und empfängt liebevoll seinen Manso. Der Prior von Onuphrius und zwei Mönche kommen, Tasso abzuholen. Volk drängt sich hinzu; Jubel und Musik. Begeisterung ergreift Tasso, er spricht von einer überirdischen Krönung, er hebt den Lorbeer der Prinzessin in die Höhe:

> Mit diesem ward ich hier auf Erden groß,
> Dort wird der schöne Engel mich umzweigen,
> Von meinem ird'schen Ruhm soll *dieser* zeugen!

Er legt den Lorbeer in die Hände des Beichtvaters. Matt und schwankend wird er in Triumph und unter rauschender Musik fortgeführt. –

Säulenhalle in der Akademie zu St. Onuphrius. In der Mitte die Bildsäule des Ariost. Im Hintergrunde Aussicht auf das Kapitol.

Constanti und Kardinal Cinthio treten hervor. Ersterer erzählt den Tod der Prinzessin Leonore.

> Da herrschte tiefe Trauer in Ferrara,
> Und Tasso's Liedertönen dort nicht mehr;
> Er war verschwunden und die Fürstin tot.
> Die Gräfin Sanvitale drang in mich,
> Ferrara zu verlassen, und nach Rom
> Mich zu begeben auf der Eile Schwingen,
> Daß nicht die Nachricht von der Fürstin Tod
> Voreilig Tasso's hohe Qualen steigre.

Tasso wird in Triumph hereingebracht. Da er vor Mattigkeit zusammensinken will, lassen ihn seine Führer auf eine der Stufen von Ariost's Bildsäule nieder. Jauchzend des hereindringenden Volks. Kardinäle, Prälaten, Nobili und Offiziere füllen die Halle. Musikwirbel. Tasso erhebt sich mit Anstrengung. Constantini zu seinen Füßen, und begrüßt so den verherrlichten Freund. Tasso blickt erschrocken auf ihn nieder:

> Tasso
> So ist es wahr, und nicht hat mir's geträumt,
> Ich sah dich früher schon auf meinem Wege.
> Mit schwarzem Flore ward dein Kleid umsäumt,
> Mein Ohr vernahm der Glocken Trauerschläge,
> Und geisterähnlich sprach dein Mund dies Wort:
> „Torquato findet Leonoren – dort!"

Tasso stirbt sichtbar ab, spricht verzückt von Gott und Geisterliebe, sinkt hin und sitzt als Leiche auf dem Piedestal der Bildsäule seines großen Nebenbuhlers Ariosto. Der Beichtvater nimmt den ihm überlieferten Lorbeerkranz, setzt ihn auf das heilige Haupt des Erblichenen. Verhallende Musik. Der Vorhang fällt.

Nach unseren vorangeschickten Erklärungen müssen wir jetzt gestehen, daß der Verfasser in der Behandlung seines Stoffs nur sehr unbedeutendes dramatisches Verdienst gezeigt hat. Die meisten seiner Personen sprechen im selben Tone, fast wie in einem Marionettentheater, wo ein einzelner den verschiedenen Puppen seine Stimme leiht. Fast alle führen dieselbe lyrische Sprache. Da nun der Verfasser ein Lyriker ist, so können wir behaupten, daß es ihm nicht gelungen ist, aus seiner Subjektivität gänzlich herauszutreten. Nur hie und da, besonders wenn der Herzog spricht, bemerkt man ein Bestreben darnach. Das ist ein Fehler, dem fast kein lyrischer Dichter in seinen dramatischen Erstlingen entging. Hingegen das lebendige Ineinandergreifen des Dialogs ist dem Verfasser recht oft gelungen. Nur hie und da treffen wir Stellen, wo alles festgefroren scheint, und wo oft Frage und Antwort an den Haaren herbeigerissen sind. Die erste Expositionsszene ist ganz nach der leidigen französischen Art, nämlich Unterredung der Vertrauten. Wie anders ist das bei unserm großen Muster, bei Shakespeare, wo die Exposition schon eine hinreichend motivierte Handlung ist. Ein beständiges Fortschreiten der Handlung fehlt ganz. Nur bis zu gewissen Punkten sieht man ein solches Fortschreiten. Dergleichen Punkte sind das Ende des ersten und des vierten Akts; jedesmal nimmt alsdann der Verfasser gleichsam einen neuen Anlauf.

Wir gehen über zur Untersuchung des poetischen Wertes des „Tasso".

Es wird manchen wunder nehmen, daß wir unter dieser Rubrik den theatralischen Effekt erwähnen. In unserer letzten Zeit. wo meistens junge Dichter auf Kosten des Dramatischen nach dem theatralischen Effekt streben, ist beider Unterschied genugsam zur Sprache gekommen und erörtert worden. Dies sündhafte Streben lag in der Natur der Sache. Der Dichter will Eindruck auf sein Publikum machen, und dieser Eindruck wird leichter durch das Theatralische als durch das Dramatische eines Stückes hervorgebracht. Goethe's Tasso geht still und klanglos über die Bühne; und oft das jämmerlichste Machwerk, worin Dialog und Handlung hölzern, und zwar vom schlechtesten Holze sind, worin aber recht viele theatralische Knallerbsen zur rechten Zeit losplatzen, wird von der Galerie applaudiert, vom Parterre bewundert und von den Logen huldreichst aufgenommen. – Wir können nicht laut genug und nicht oft genug den jungen Dichtern ins Ohr sagen, daß, je mehr in einem Drama das Streben nach solchem Knallefffekt sichtbar wird, desto miserabler ist es. Doch bekennen wir: wo natürlich und notwendig der theatralische Effekt angebracht ist, da gehört er zu den poetischen Schönheiten eines Dramas. Dies ist der Fall in vorliegender Tragödie. Nur sparsam sind theatralische Effekte darin eingewebt, doch wo sie sind, besonders am Ende des Stücks, sind sie von höchst poetischer Wirkung.

Noch mehr wird es befremden, daß wir die Beobachtung der drei dramatischen Einheiten zu den poetischen Schönheiten eines Stücks rechnen. Einheit der Handlung nennen wir zwar durchaus notwendig zum Wesen der Tragödie. Doch, wie wir unten sehen werden, gibt es eine dramatische Gattung, wo Mangel an Einheit der Handlung entschuldigt werden kann. Was aber die Einheit des Ortes und der Zeit betrifft, so werden wir zwar die Beobachtung dieser beiden Einheiten dringend empfehlen, jedoch nicht, als ob sie zum Wesen eines Drama's durchaus notwendig wären, sondern weil sie letzterm einen herrlichen Schmuck verleihen und gleichsam das Siegel der höchsten Vollendung auf die Stirne drücken. Wo aber dieser Schmuck auf Kosten größerer poetischer Schönheiten erkauft werden soll, da möchten wir ihn weit lieber entbehren. Nichts ist daher lächerlicher als einseitige strenge Beobachtung dieser zwei Einheiten und einseitiges strenges Verwerfen derselben. –

Unser Herr Verfasser hat keine einzige von allen drei Einheiten beobachtet. – Nach obiger Ansicht können wir ihn nur wegen Mangel an Einheit der Handlung zur Verantwortung ziehen. Doch auch hier glauben wir eine Entschuldigung für ihn zu finden.

Wir teilen die Tragödien ein in solche, wo der Hauptzweck des Dichters ist, daß eine merkwürdige Begebenheit sich vor unsern Augen entfalte; in solche, wo er das Spiel bestimmter Leidenschaften uns durchschauen lassen will, und in solche, wo er strebt, gewisse Charaktere uns lebendig zu schildern. Es war ihnen meistens darum zu tun, Handlungen und Leidenschaften zu entwickeln. Der Charakterzeichnungen konnten sie füglich entbehren, da ihre Helden meistens bekannte Heroen, Götter und dergleichen stehende Charaktere waren. Dies ging hervor aus der Entstehung ihres Theaters. Priester und Epiker hatten lange schon voraus die Konturen der Heldencharaktere dem Dramatiker vorgezeichnet. Anders ist es bei unserem modernen Theater. Charakterschilderung ist da eine Hauptsache. Ob nicht auch die Ursache davon in der Entstehungsart unseres Theaters liegt, wenn wir annehmen, daß dasselbe hauptsächlich entstanden ist durch Fastnachtspossen? Es war da der Hauptzweck, bestimmte Charaktere lebendig, oft grell hervortreten zu lassen, nicht eine Handlung, noch viel weniger eine Leidenschaft zu entwickeln. Beim großen William Shakespeare finden wir zuerst obige drei Zwecke vereinigt. Er kann daher als Gründer des modernen Theaters angesehen werden, und bleibt unser großes, freilich unerreichbares Muster. Johann Gotthold Ephraim Lessing, der Mann mit dem klarsten Kopfe und mit dem schönsten Herzen, war in Deutschland der erste, welcher die Schilderungen von Handlungen, Leidenschaften und Charakteren am schönsten und am gleichmäßigsten in seinen Dramen verwebte, und zu einem Ganzen zusammenschmelzte. So blieb es bis auf die neueste Zeit, wo mehrere Dichter anfingen, jene drei Gegenstände der dramatischen Schilderung nicht mehr zusammen, sondern einzeln zum Hauptzweck ihrer Tragödien zu machen. Goethe war der erste, der das Signal zu bloßen Charakterschilderungen gab. Er gab sogar auch das Signal zu Charakterschilderung einer bestimmten Klasse Menschen, nämlich der Künstler. Auf seinem Tasso folgte Oehlenschläger's „Corregio", und diesem wieder eine Anzahl ähnlicher Tragödien. Auch der „Tasso" unseres Verfassers gehört zu dieser Gattung. Wir können daher bei dieser Tragödie Mangel an Einheit der Handlung füglich entschuldigen, und wollen sehen, ob die Charakter- und nebenbei die Leidenschafts-Schilderungen treu und wahr sind.

Den Charakter des Haupthelden finden wir trefflich und treu gehalten. Hier scheint dem Verfasser ein glücklicher Umstand zustatten gekommen zu sein. Nämlich, Tasso ist ein Dichter, oft ein lyrischer und immer ein religiös schwärmerischer Dichter. Hier konnte unser Verfasser, der alles dieses ebenfalls ist, mit seiner ganzen Individualität hervortreten, und dem Charakter seines Helden eine überraschende Wahrheit geben. Dieses ist das Schönste, das Beste in der ganzen Tragödie. Etwas minder treffend gezeichnet ist der Charakter der Prinzessin; er ist zu weich, zu wächsern, zu zerfließend, es fehlt ihm an Gehalt. Die Gräfin Sanvitale ist vom Verfasser gleichgültig behandelt; nur ganz schwach läßt er ihr Wohlwollen für Tasso hervorschimmern. Der Herzog ist in mehreren Szenen sehr wahr gezeichnet, doch widerspricht er sich oft. Z. B. am Ende des zweiten Akts läßt er Tasso einsperren, damit er seinen Namen nicht mehr verlästre, und in der ersten Szene des dritten Akts sagt er, es sei geschehen aus Besorgnis, daß nicht aus Tasso's Liebeshandel mit seiner Schwester Schlimmes entstehe. Graf Tirabo ist nicht allein ein jämmerlicher Mensch, sondern auch, was der Verfasser nicht wollte, ein inkonsequenter Mensch. Leonore von Gisello ist ein hübsches Vesperglöckchen, das in diesem Gewirre heimlich und lieblich klinget und leiser und immer leiser verhallet.

Schön und herrlich ist die Diktion des Verfassers. Wie trefflich, ergreifend und hinreißend ist z. B. das Nachtgespräch zwischen der Prinzessin und Tasso. Diese wehmütig weichen, schmelzend süßen Klänge ziehen uns unwiderstehlich hinab in die Traumwelt der Poesie, das Herz blutet uns aus tief geheimen Wunden – aber dieses Verbluten ist eine unendliche Wollust, und aus den roten Tropfen sprossen leuchtende Rosen.

Tasso
Mit tausend Augen schaut auf mich die Nacht,
Und mich erfassen Zweifel: will sie leuchten,
Vielleicht auch lauschen? Hat mit solcher Pracht
Sie sich geschmückt, und fällt des Taues Feuchten,
Daß sich dem Schlafe meine Glieder senken?

Prinzessin
Hört' ich nicht Töne, die hinab sich neigten,
Als wollten sie zu meinem Herzen lenken?

Hofdame
Fürwahr, Prinzessin, bleich verworrener Miene,
Als wollt mit Schierlingstau die Nacht ihn tränken
Täuscht mich's, wenn so nicht Tasso dort erschiene.

Tasso
Welch Bild erglänzet auf der Brücke Bogen?
Mit Majestät, als ob's der Hohen diene,
Kommt nebenher ein anderes gezogen.

Schneeweiß umfließt, wie Silbernebels Schleier,
Ein Strahlenkleid die Glieder, hell umflogen
Das Haupt vom Sternenchor, wie Demantfeuer.

Prinzessin

Doch Tränentau sinkt von dem Mond hernieder,
Und trübet meiner Sterne helle Feier.

Tasso

Dem Tau entblühen neue Blumen wieder,
Und neue Kränze wird die Nacht uns winden. -

Ebenfalls wunderschön sind die Verse S. 77 sowie auch die Stanzen S. 82, wo Tasso zur Gisella, die ihn als Pilger besucht, sagt:

Wie sich die Blume wendet zu der Sonne,
Und wie der Tau sich wiegt im Morgenschein,
Wie Engel flehn zur himmlischen Madonne,
Und Schar an Schar sich um die Hohe reihn:
So still und feierlich, voll sel'ger Wonne,
Schließt mich das Zauberland der Liebe ein;
Klar seh' ich die Verklärte vor mir schweben,
Frei und in Banden ihr allein zu leben. – –

Ob aber überhaupt der Reim in der Tragödie zweckmäßig ist? Wir sind ganz dagegen, würden ihn nur bei rein lyrischen Ergüssen tolerieren, und wollen ihn in vorliegender Tragödie nur da entschuldigen, wo Tasso selbst spricht. Im Munde des Dichters, der so viel in seinem Leben gereimt hat, klingt der Reim wenigstens nicht ganz unnatürlich. Dem schlechten Poeten wird der Reim in der Tragödie immer eine hilfreiche Krücke sein, dem guten Dichter wird er zur lästigen Fessel. Auf keinen Fall findet derselbe Ersatz dafür, daß er sich in diese Fessel schmiegt. Denn unsre Schauspieler, besonders Schauspielerinnen, haben noch immer den leidigen Grundsatz, daß die Reime für das Auge seien, und daß man sich ja hüten müsse, sie hörbar klingen zu lassen. Wofür hat sich nun der arme Dichter abgeplagt? – So wohlklingend auch die Verse unseres Verfassers sind, so fehlt es denselben doch an Rhythmus. Es fehlt ihm die Kunst des Enjambements, die beim fünffüßigem Jambus von so unendlicher Wirkung ist, und wodurch so viele metrische Mannigfaltigkeit hervorgebracht wird. Manchmal hat sich der Verfasser einen Sechsfüßer entschlüpfen lassen. Schon S. 1.

Die deine Schönheit rühmen nach verliebter Art.

Ob vorsätzlich? – Unbegreiflich ist uns, wie sich der Verfasser die Skansion „Virgil" S. 7 und 22 erlauben konnte. Sie wie auch S. 4 „Und vielleicht darum, weil sie's nöt'ger haben." – S. 14.

Der Daktylus „Hörenden" am Ende des Verses füllt das Ohr nicht. Obschon unsere besten alten Dichter sich solche Fehler zuschulden kommen lassen, sollten doch die jüngern sie zu vermeiden suchen.

Wir gehen jetzt über zur Frage: welchen Wert hat vorliegende Tragödie in ethischer Hinsicht?

Ethisch? Ethisch? hören wir fragen. Um Gottes Willen, gelehrte Herren, halten Sie sich nicht an der Schulddefinition. Ethisch soll hier nur ein Rubrikname sein, und wir wollen entwickelnd erklären, was wir unter dieser Rubrik befaßt haben wollen. Hören Sie, ist es Ihnen noch nie begegnet, daß Sie innerlich mißvergnügt, verstimmt und ärgerlich des Abends aus dem Theater kamen, obschon das Stück, das Sie eben sahen, recht dramatisch, theatralisch, kurz voller Poesie war? Was nur nun der Fehler? Antwort: Das Stück hatte keine Einheit des Gefühls hervorgebracht. Das ist es. Warum mußte der Tugendhafte untergehen durch List der Schelme? Warum mußte die gute Absicht verderblich wirken? Warum mußte die Unschuld leiden? Das sind die Fragen, die uns marternd die Brust beklemmen, wenn wir nach der Vorstellung von manchem Stücke aus dem Theater kommen. Die Griechen fühlten wohl die Notwendigkeit, dieses qualvolle Warum in der Tragödie zu erdrücken, und sie ersannen das *Fatum*. Wo nun aus der beklommenen Brust ein schweres Warum hervorstieg, kam gleich der ernste Chorus, zeigte mit dem Finger nach oben, nach einer höheren Weltordnung, nach einem Urratschluß der Notwendigkeit, dem sich sogar die Götter beugen. So war die geistige Ergänzungssucht des Menschen befriedigt, und es gab jetzt noch eine unsichtbare Einheit: – Einheit des Gefühls. Viele Dichter unserer Zeit haben dasselbe gefühlt, das Fatum nachgebildet, und so entstanden unsere heutigen *Schicksalstragödien*. Ob diese Nachbildung glücklich war, ob sie überhaupt Ähnlichkeit mit dem griechischen Urbild hatte, lassen wir dahingestellt. Genug, so löblich auch das Streben nach Hervorbringung der Gefühlseinheit war, so war doch jene Schicksalsidee eine sehr traurige Aushilfe, ein unerquickliches, schädliches Surrogat. Ganz widersprechend ist jene Schicksalsidee mit dem Geist und der Moral unserer Zeit, welche beide durch das Christentum ausgebildet worden. Dieses grause, blinde, unerbittliche Schicksalswalten verträgt sich nicht mit der Idee eines himmlischen Vaters, der voller Milde und Liebe ist, der die Unschuld sorgsam schützet, und ohne dessen Willen kein Sperling vom Dache fällt. Schöner und wirksamer handelten jene neuere Dichter, die alle Begebenheiten aus ihren natürlichen Ursachen entwickeln, aus der moralischen Freiheit des Menschen selbst, aus seinen Neigungen und Leidenschaften, und die in ihren tragischen Darstellungen, sobald jenes furchtbare letzte Warum auf den Lippen schwebt, mit leiser Hand den dunkeln Himmelsvorhang lüften, und uns hineinlauschen lassen in das Reich des Überirdischen, wo wir im Anschaun so vieler leuchtenden Herrlichkeit und dämmernden Seligkeit mitten unter Qualen aufjauchzen, diese Qualen vergessen oder in Freuden verwandelt fühlen. Das ist die Ursache, warum oft die traurigsten Dramen dem gefühlvollsten Herzen einen unendlichen Genuß verschaffen. – Nach letzterer löblicher Art hat sich auch unser Verfasser bestrebt, die Gefühleinheit hervorzubringen. Er hat ebenfalls die Begebenheiten aus ihren natürlichen Gründen entwickelt. In den Worten der Prinzessin:

> Ihr Dichter wollt euch nicht zu Menschen schicken,
> Verstehet anders, was die andern sagen,
> Und was ihr selbst sagt, habt ihr nicht bedacht;
> Das ist der schwarze Faden, den ihr selbst
> Euch in das heitre Dichterleben spinnet -

In diesen Worten erkennen wir das Fatum, das den unglücklichen Tasso verfolgte. Auch unser Verfasser wußte mit vieler Geschicklichkeit den Himmelsvorhang vor unseren Augen leise aufzuheben und uns zu zeigen, wie Tasso's Seele schon schwelget im Reiche der Liebe. Alle unsere Qualen des Mitleids lösen sich auf in stille Seelenfreude, wenn wir im fünften Akt den bleichen Tasso langsam hereintreten sehen mit den Worten:

> Vom heil'gen Öle triefen meine Glieder,
> Und meine Lippen, die manch eitles Lied
> Von schnöden Wesen dieser Welt gesungen,
> Unwürdig haben sie berührt den Leib des Herrn. –

Freilich, wir müssen hier von einem historischen Standpunkt die Gefühle betrachten, die in unserem religiösen Schwärmer aufgeregt werden durch jene heiligen Gebräuche der römisch-katholischen Kirche, welche von Männern ersonnen worden sind, die das menschliche Herz, seine Wunden und den heilsamen beseligenden Eindruck passender Symbole genau kannten. Wir sehn hier unsern Tasso schon in den Vorhallen des Himmels. Seine geliebte Eleonore mußte ihm schon vorangegangen sein, und heilige Ahnung mußte ihm die Zusicherung gegeben haben, daß er sie bereits findet. Dieser Blick hinter die Himmelsdecke versüßt uns den unendlichen Schmerz, wenn wir das Kapitol schon in der Ferne erblicken, und der Langgeprüfte in dem Augenblick, als er den höchsten Preis erhalten soll, tot niedersinkt bei der Bildsäule seines großen Nebenbuhlers. Der Priester greift den Schlußakkord, indem er den Lorbeerkranz Eleonorens der Leiche aufs Haupt setzt. – Wer fühlt hier nicht die tiefe Bedeutung dieses Lorbeers, der Torquato's Leid und Freud' ist, in Leid und Freud' ihn nicht verläßt, oft wie glühende Kohlen seine Stirn versengt, oft die arme brennende Stirn wie Balsam kühlet, und endlich, ein mühsam errungenes Siegeszeichen, sein Haupt auf ewig verherrlicht.

Sollte nicht vielleicht unser Verfasser eben wegen jener Gefühlseinheit die Einheit der Handlung verworfen haben? Sollte ihm nicht etwas Ähnliches vorgeschwebt haben, was bei den Alten die Trilogien hervorbrachte? Fast möchten wir dieses glauben, und wir können nicht umhin, den Verfasser zu bitten, die fünf Akte seiner Tragödie in drei zusammenzuschmelzen, deren jeder einzelne alsdann das Glied einer Trilogie sein würde. Der erste und zweite Akt wäre zusammengeschmolzen, und hieße: „Tasso's Hofleben"; der dritte und vierte Akt wäre ebenfalls vereinigt und hieße: „Tasso's Gefangenschaft"; und der fünfte Akt, womit sich die Trilogie schlösse, hieße: „Tasso's Tod."

Wir haben oben gezeigt, daß Einheit des Gefühls zum Ethischen einer Tragödie gehört, und daß unser Verfasser dieselbe vollkommen und musterhaft beobachtet hat. Er hat aber auch noch einer zweiten ethischen Anforderung Genüge geleistet. Nämlich, seine Tragödie trägt den Charakter der Milde und Versöhnung.

Unter dieser Versöhnung verstehen wir nicht allein die Aristotelische Leidenschaftsreinigung, sondern auch die weise Beobachtung der Grenzen des Rheinmenschlichen. Keiner kann furchtbarere Leidenschaften und Handlungen auf die Bühne bringen als Shakespeare, und doch geschieht es nie, daß unser Inneres, unser Gemüt durch ihn gänzlich empört würde. Wie ganz anders ist das bei vielen unseren neuern Tragödien, bei deren Darstellung uns die Brust gleichsam in spanische Schnürstiefeln eingeklemmt wird, der Atem uns in der Kehle stocken bleibt, und gleichsam ein unerträglicher Katzenjammer der Gefühle unser ganzes Wesen ergreift. Das eigene Gemüt soll dem Dichter ein sicherer Maßstab sein, wie weit er den Schrecken und das Entsetzliche auf die Bühne bringen kann. Nicht der kalte Verstand soll emsig alles Gräßliche ergrübeln, mosaikähnlich zusammenwürfeln und in der Tragödie aufstapeln. Zar wissen wir recht wohl, alle Schrecken Melpomenens sind erschöpft. Pandora's Büchse ist leer, und der Boden derselben, wo noch ein Übel kleben konnte, von den Poeten kahl abgeschabt, und der gefallsüchtige Dichter muß im Schweiße seines Angesichts neue Schreckensfiguren und neue Übel herausbrüten. So ist es dahin gekommen, daß unser heutiges Theaterpublikum schon ziemlich vertraut ist mit Brudermord, Vatermord, Inzest usw. Daß am Ende der Held bei ziemlich gesundem Verstande einen Selbstmord begeht, *cela se fait sans dire.* Das ist ein Kreuz, das ist ein Jammer. In der Tat, wenn das so fortgeht, werden die Poeten des zwanzigsten Jahrhunderts ihre dramatischen Stoffe aus der japanischen Geschichte nehmen müssen, und alle dortigen Exekutionsarten und Selbstmorde: Spießen; Pfählen, Bauchaufschlitzen usw. zur allgemeinen Erbauung auf die Bühne bringen. Wirklich, es ist empörend, wenn man sieht, wie in unseren neuern Tragödien statt des wahrhaft Tragischen, ein Abschlachten, ein Niedermetzeln, ein

Zerreißen der Gefühle aufgekommen ist, wie zitternd und zähneklappernd das Publikum auf seinem Armensünderbänkchen sitzt, wie es moralisch gerädert wird, und zwar von unten herauf. Haben denn unsere Dichter ganz und gar vergessen, welchen ungeheuren Einfluß das Theater auf die Volkssitten ausübt? Haben sie vergessen, daß sie diese Sitten milder, und nicht wilder machen sollen? Haben sie vergessen, daß das Drama mit der Poesie überhaupt denselben Zweck hat, und die Leidenschaften versöhnen, nicht aufwiegeln, menschlicher machen und nicht entmenschlichen soll? Haben unsere Poeten ganz und gar vergessen, daß die Poesie in sich selbst genug Hilfsmittel hat, um auch das allerabgestumpfteste Publikum zu erregen und zu befriedigen, ohne Vatermord und ohne Inzest?

Es ist doch jammerschade, daß unser großes Publikum so wenig versteht von der Poesie, fast ebenso wenig wie unsere Poeten.

Struensee

Trauerspiel in fünf Aufzügen

von Michael Beer

(Geschrieben zu München, anfangs April 1828.)

Den 27. März wurde im hiesigen Nationaltheater aufgeführt: „Struensee", Trauerspiel in fünf Aufzügen, von Michael Beer. Sollen wir über dieses Stück ein beurteilendes Wort aussprechen, so muß es uns erlaubt sein, zuvor auf Beer's frühere dramatische Erzeugnisse kurzen Rückblick zu werfen. Nur hierdurch, indem wir den im Zusammenhang mit sich selbst betrachten, und dann die Stelle, die er in der dramatischen Literatur einnimmt, besonders bezeichnen, gewinnen wir einen festen Maßstab, womit Lob und Tadel zu ermessen ist und seine relative Bedeutung erhält.

Jugendlich unreif wie das Alter ihres Verfassers, war „Klytämnestra"; ihre Bewunderer gehörten zu jenen Auserlesenen, die Grillparzer's „Sappho" als das höchste Muster dieser griechischen Gattung anstaunen, ihre Tadler gehörten teils zu solchen, die nur tadeln wollten, teils zu solchen, die wirklich recht hatten. Es ist nicht zu leugnen, in den Gestalten dieser Tragödie war nur ein äußeres Scheinleben, und ihre Reden waren ebenfalls nichts als eitel Schein. Da war kein echtes Gefühl, sondern nur ein herkömmlich theatralisches Aufblähen, kein begeistertes Wort, sondern nur stelzenhafte Komödiantenhofsprache, und bis auf einige echte Veilchen war alles nur ausgeschnitzeltes Papierblumenwerk. Das einzige, was sich nicht verkennen ließ, war ein dramatisches Talent, das sich unabweisbar kund gab, trotz aller angelernten Unnatur und bedauernswürdigen Mißleitung.

Daß der Verfasser dergleichen selbst ahnte, bewies sein zweites Trauerspiel: „Die Bräute von Arragonien". Hie und da glänzt darin schon eine echte Flamme, echte Leidenschaft bricht hie und da hervor, etwas Poesie ließ sich nicht abweisen, aber, obgleich schon die papiernen Putzmacherblumen befestigt sind und echte, organische Blumen zum Vorschein kommen, so verraten diese doch immer noch ihren Boden, nämlich das Theater, man sieht es ihnen an, daß sie an keinem freien Sonnenlichte, sondern an fahlen Orchesterlampen gereift sind, und Farbe und Duft sind zweifelhaft. Dramatisches Talent läßt sich aber hier noch viel weniger verkennen.

Wie erfreulich war daher das weitere Fortschreiten des Verfassers! War es das Begreifen des eignen Irrtums, oder war es unbewußter Naturtrieb, oder war es gar eine äußere, überwältigende Macht, was den Verfasser plötzlich in die bravste und richtigste Bahn versetzte? Sein „Paria" erschien. Dieser Gestalt hatte kein Theatersouffleur seinen kümmerlichen Atem eingehaucht. Die Glut dieser Seele war kein gewöhnliches Kolophoniumfeuer, und keine auswendig gelernte Schmerzen zuckten durch diese Glut. Da gab es Stichworte, die jedes Herz trafen, Flammen, die jedes Herz entzündeten.

Herr Beer wird lächeln, wenn er liest, daß wir der Wahl des Stoffes dieser Tragödie die außerordentliche Aufnahme, die sie beim Publikum gefunden, zuschreiben möchten. Wir wollen ihm gerne zugestehen, daß er in diesem Stücke wahre, unbezweifelbare Poesie hervortreten ließ, ja daß wir eben durch dieses Erzeugnis bestimmt wurden, ihm die echte Dichterwürde zuzusprechen und ihn nicht mehr zu jenen homöopathischen Dichtern zu zählen, die nur ein Zehntausendteil Poesie in ihre Wassertragödien schütten, aber wir müssen doch den Stoff des „Paria" als die Hauptursache seines Gelingens bezeichnen. Ist es doch nie die Poesie an und für sich, was den Produkten eines Dichters Zelebrität verschafft. Betrachten wir nur den Goethe'schen „Werther". Sein erstes Publikum fühlte nimmermehr seine eigentliche Bedeutung, und es war nur das Erschütternde, das Interessante des Faktums, was die große Menge anzog und abstieß. Man las das Buch wegen des Totschießens, und Nicolaiten schrieben dagegen wegen des Totschießen. Es liegt aber noch ein Element im „Werther", welches nur die kleinere Menge angezogen hat, ich meine nämlich die Erzählung, wie der junge Werther aus der hochadligen Gesellschaft höflichst hinausgewiesen wird. Wäre der „Werther" in unseren Tage erschienen, so hätte diese Partie des Buches weit bedeutsamer die Gemüter aufgeregt als der ganze Pistolenknalleffekt.

Mit der Ausbildung der Gesellschaftlichkeit, der neueuropäischen Sozietät, erblühte in Unzähligen ein edler Unmut über die Ungleichheit der Stände, mit Unwillen betrachtete man jede Bevorrechtung, wodurch ganze Menschenklassen gekränkt werden. Abscheu erregten jene Vorurteile, die, gleich zurückgebliebenen häßlichen Götzenbildern aus den Zeiten der Roheit und Unwissenheit, noch immer ihre Menschenopfer verlangen, und denen noch immer viele schöne und gute Menschen hingeschlachtet werden. Die Idee der Menschengleichheit durchschwärmt unsere Zeit, und die Dichter, die als Hohepriester dieser göttlichen Sonne huldigen, können sicher sein, daß Tausende mit ihnen niederknien, und Tausende mit ihnen weinen und jauchzen.

Daher wird rauschender Beifall allen solchen Werken gezollt, worin jede Idee hervortritt. Nach Goethe's „Werther" war Ludwig Robert der erste, der jene Idee auf die Bühne brachte, und uns in der „Nacht der Verhältnisse" ein wahrhaft bürgerliches Trauerspiel zum besten gab, als er mit kundiger Hand die prosaischen, kalten Umschläge von der brennenden Herzwunde der modernen Menschheit plötzlich abriß. Mit gleichem Erfolge haben spätere Autoren dasselbe Thema, wir möchten fast sagen dieselbe Wunde, behandelt. Dieselbe Macht der Verhältnisse erschüttert uns in „Urika" und „Eduard", der „Herzogin von Duras", und in „Isidor und Olga" von Raupach. Frankreich und Deutschland fanden sogar dasselbe Gewand für denselben Schmerz, und Delavigne und Beer gaben uns beide einen „Paria".

Wir wollen nicht untersuchen, welcher von den beiden Dichtern den besten Lorbeer verdiente; genug, wir wissen, daß beider Lorbeer von den edelsten Tränen benetzt worden. Nur sei es uns erlaubt, anzudeuten, daß die Sprache im Beer'schen „Paria", obgleich getränkt in Poesie, doch immer noch etwas Theatermäßiges an sich trägt und hie und da merken läßt, daß der „Paria" mehr unter Berlinischen Kulissenbäumen als unter irdischen Banianen aufgewachsen, und in direkter Linie mit der guten „Klytämnestra" und den bessern „Bräuten von Arragonien" verwandt ist.

Wir haben diese Ansichten über M. Beer's frühere Dichtungen voranschicken müssen, um uns desto kürzer und faßlicher über sein neuestes Trauerspiel, „Struensee", aussprechen zu können.

Zuvörderst bekennen wir, daß der Tadel, womit wir noch eben den „Paria" nicht verschonen konnten, nimmermehr den „Struensee" treffen wird, dessen Sprache rein und klar dahin fließt und als ein Muster guter Diktion gelten kann. Hier müssen wir die Segel des Lebens mit vollem Atem anschwellen, hier erscheint uns Michael Beer am meisten hervorragend aus dem Trosse unserer sogenannten Theaterdichter, jener Schwulstlinge, deren bildreiche Jamben sich wie Blumenkränze oder wie Bandwürmer um dumme Gedanken herumringeln. Es war uns unendlich erquickend, in jener dürren Sandwüste, die wir deutsches Theater nennen, wieder einen reinen, frischen Labequell hervorspringen zu sehen.

Was den Stoff betrifft, so ist Herr Beer wieder von einem glücklichen Sterne, fast möchten wir sagen, glücklichen Instinkte, geleitet worden. Die Geschichte Struensee's ist ein zu modernes Ereignis, als daß wir sie herzuerzählen und in gewohnter Weise die Fabel des Stückes zu entwickeln brauchten. Wie man leicht erraten mag, der Stoff desselben besteht einesteils in dem Kampfe eines bürgerlichen Ministers mit einer hochmütigen Aristokratie, andernteils in Struensee's Liebe zur Königin Karoline Mathilde von Dänemark.

Über dieses zweite Hauptthema der Beer'schen Tragödie wollen wir keine weitläufigen Betrachtungen anstellen, obgleich dasselbe dem Dichter so wichtig dünkte, daß er im vierten und fünften Akte fast das erste Hauptthema darüber vergaß, und vielleicht dieses zweite Hauptthema auch andern Leuten so wichtig erscheinen mag, daß deshalb der Darstellung dieses Trauerspiels an manchen Orten die allerhöchsten Schwierigkeiten entgegengesetzt werden dürften. Ob es überhaupt einer liberalen Regierung nicht unwürdig ist, den dramatischen Darstellungen beurkundeter Wahrheiten sich entgegen zu setzen, ist eine Frage, die wir seiner Zeit erörtern wollen. Unser Volksschauspiel, über dessen Verfall so trübselig geklagt wird, müßte ganz untergehen ohne jene Bühnenfreiheit, die noch älter ist als die Preßfreiheit, und die immer in vollem Maße vorhanden war, wo die dramatische Kunst geblüht hat, z.B. in Athen zur Zeit des Aristophanes, in England während der Regierung der Königin Elisabeth, die es erlaubt hatte, sogar die Greuelgeschichten ihrer eigenen Familie, selbst die Schrecknisse ihrer eigenen Eltern auf der Bühne darzustellen. Hier in Bayern, wo wir ein freies Volk und, was noch seltener ist, einen freien König finden, treffen wir auch eine ebenso großartige Gesinnung und dürfen daher auch schöne Kunstfrüchte erwarten.

Wir kehren zurück zu dem ersten Hauptthema des „Struensee", dem Kampfe der Bürgerlichen mit der Aristokratie. Daß dieses Thema mit dem des „Paria" verwandt ist, soll nicht geleugnet werden. Es mußte naturgemäß aus demselben hervorgehen, und wir rühmen um so mehr die innere Entwicklung des Dichters und sein feines Gefühl, das ihn immer auf das Prinzip der Hauptstreitfragen unserer Zeit hinleitet. Im „Paria" sahen wir den Unterdrückten zu Tode gestampft unter dem eisernen Fußtritte des übermütigen Unterdrückers, und die Stimme, die seelenzerreißend zu unseren Herzen drang, war der Notschrei der beleidigten Menschheit. Im „Struensee" hingegen sehen wir den ehemals Unterdrückten im Kampfe mit seinen Unterdrückern. Diese sind sogar im Erliegen, und was wir hören, ist würdiger Protest, womit die menschliche Gesellschaft ihre alten Rechte vindiziert und die bürgerliche Gleichstellung aller ihrer Mitglieder verlangt. In einem Gespräche mit Graf Ranzau, dem Repräsentanten der Aristokratie, spricht Struensee die kräftigsten Worte über jene Bevorrechteten, jene Karyatiden des Thrones, die wie dessen notwendige Stützen aussehen möchten, und treffend schildert er jene noble Zeit, wo er noch nicht das Staatsruder ergriffen hatte:

– – – Es teilten
Die höchsten Stellen Übermut und Dünkel.
Die Bessern wichen. Einem feilen Heer
Käuflicher Diener ließ man alle Mühen
Der niedern Ämter. Schimpflich nährte damals
Das Mark des Landes manch bebrämten Kuppler,
Dem man des Vorgemachs geheime Sorgen
Und schändliche Verschwiegenheit vergalt;
Voreilig flog der Edlen junge Schar
Der Ehrenstellen vielgestufte Leiter
Mit raschen Sätzen an, und flücht'gen Fußes
Die niedern Sprossen überspringend, drängten
Sie keck sich zu des Staates schmalem Gipfel,
Der Raum nur hat für wenige Geprüfte.
So sah das Land mit wachsendem Entsetzen
Von edlen Knaben seine besten Männer
Zurückgedrängt in Nacht und in Verachtung.

                Ranzau (lächelnd)
Wohl möglich, daß die Brut des Adlers sich
Mit kühnern Schwingen auf zum Lichte wagt
Als der gemeinen Spatzen niedrer Flug.

                Struensee
Ich aber habe mich erkühnt, Herr Graf,
Die Flügel dieser Adlerbrut zu stutzen,
Mit kräftigem Gesetz unbärt'ger Kühnheit
Gewehrt, daß uns kein neuer Phaeton
Das Flammenroß der Staatenherrschaft lenke. –

Wie sich von selbst versteht, hat es einer Tragödie, deren Held solche Verse deklamiert, nicht an gehöriger Mißdeutung gefehlt; man war nicht damit zufrieden, daß der Sünder, der sich solchermaßen zu äußern gewagt, am Ende geköpft wird, sondern man hat den Unmut sogar durch Kunsturteile kundgegeben, man hat ästhetische Grundsätze aufgestellt, wonach man die Fehler des Stücks haarklein demonstriert. Man will unter anderm dem Dichter vorwerfen, in seinen Tragödien seien keine tiefen und prächtigen Reflexionen, und er gebe nichts als Handlung und Gestalten. Diese Kritiker kennen gewiß nicht die obenerwähnte „Klytämnestra" und „Die Braute von Arragonien", die es wahrlich nicht an Reflexionen fehlen ließen. Ein anderer Vorwurf war die Wahl des Stoffes, der, wie man sagte, noch nicht ganz der Geschichte anheimgefallen sei, und dessen Behandlung es nötig mache, noch lebende Personen auf die Bühne zu bringen. Dann auch fand man es unstatthaft, dabei noch gar die Interessen der heutigsten Parteien auszusprechen, die Leidenschaften des Tages aufzuwiegeln, uns im Rahmen der Tragödie

die Gegenwart darzustellen, und zwar zu einer Zeit, wo diese Gegenwart am gefährlichsten und wildesten bewegt ist. Wir aber sind anderer Meinung. Die Greuelgeschichten der Höfe können nicht schnell genug auf die Bühne gebracht werden, und hier soll man, wie einst in Ägypten, ein Totengericht halten über die Könige und Großen der Erde. Was gar jene Nützlichkeitstheorie betrifft, wonach man die Aufführung einer Tragödie nach dem Schaden oder Nutzen, den sie etwa stiften könnte, beurteilt, so sind wir gewiß sehr weit entfernt, uns dazu zu bekennen. Doch auch bei einer solchen Theorie würde die Beer'sche Tragödie vielmehr Lob als Tadel verdienen, und wenn sie das Bild jener Kastenbevorrechtung in all seiner grausamen Leibhaftigkeit uns vor Augen bringt, so ist das vielleicht heilsamer, als man glaubt.

Es geht eine Sage: im Volke, der Basilisk sei das furchtbarste und festeste Tier, weder Feuer noch Schwert vermöchten es zu verwunden, und das einzige Mittel, es zu töten, bestände darin, daß jemand die Kühnheit habe, ihm einen Spiegel vorzuhalten; indem alsdann das Tier sich selbst erblickt, erschrickt es so sehr ob seiner eigenen Häßlichkeit, daß es zusammenstürzt und stirbt. Der „Struensee", ebenso wie „Der Paria", war ein solcher Spiegel, den der kühne Dichter dem schlimmsten Basilisken unserer Zeit entgegenhielt, und wir danken ihm für diesen Liebesdienst.

Die Kunstgesetze, die ästhetischen Plebiskita, die der große Haufe bei Gelegenheit der Beer'schen Tragödie zutage förderte, wollen wir nicht beleuchten. Es sei genug, wenn wir sagen, daß Herr Beer vor diesem Richterstuhle gut bestanden hat. Wir wollen dieses nicht lobend gefragt haben, sondern es versteckt sich vielmehr in diese Worte der geheime Tadel, daß der Dichter durch Mittel, die vielleicht eben eines Dichters nicht ganz würdig waren, das große Publikum zu gewinnen wußte. Wir deuten hier auf das theatralische Reizmittel einer aufs höchste gespannten Erwartung, wodurch es möglich war, ein so gedrängt volles Haus, wie wir bei der Aufführung des „Struensee" sahen, fast fünftehalb Stunden, sage vier und eine halbe Stunde lang, ausdauern zu machen, so daß am Ende doch noch der ungeschwächte Enthusiasmus übrig bleiben und allgemeiner Beifall ausbrechen konnte, ja daß der größte Teil des Publikums noch Lust hatte, lange zu warten, ob nicht Herr Beer, den man stürmisch hervorrief, erscheinen würde.

Wir haben vielleicht jenen Kritikern Unrecht getan, die Herrn Beer einen Mangel an schönen Reflexionen vorwarfen; dergleichen war vielleicht nur ein ironischer Tadel, der hinter sich das feinste Lob verstecken wollte. War es indessen ernstlich gemeint (wir sind alle schwache Menschen), so bedauern wir, daß jene Kritiker vor lauter Bäumen den Wald nicht gesehn haben. Sie sahen, wie sie sagen, nichts als Handlung und Gestalten und merkten nicht, daß solche die allerschönsten Reflexionen repräsentierten, ja daß das

Ganze nichts als eine einzige große Reflexion aussprach. Wir bewundern die dramatische Weisheit und die Bühnenkenntnis des Dichters, wodurch er so Großes bewirkt. Er hat nicht bloß jede Szene genau motiviert, vorbereitet und ausgeführt, sondern jede Szene ist auch an und für sich aus organischer Notwendigkeit und aus der Hauptidee des Stücks hervorgegangen; z.B. jene Volksszene, die den vierten Akt eröffnet und die einem kurzsichtigen Zuschauer als überflüssiges Füllwerk erscheinen möchte und manchem wirklich so erschienen ist, bedingt dermaßen die ganze Katastrophe, daß sie ohne dieselbe nur zur Hälfte motiviert wäre. Wir wollen gar nicht einmal in Betrachtung ziehen, daß das Gemüt des Zuschauers von den Schmerzen der drei ersten Akte so tief bewegt ist, daß es durchaus zu seiner Erholung einer komischen Szene bedurfte. Ihre eigentliche Bedeutung ist dennoch tragischer Natur, aus der lachenden Komödienmaske schauen Melpommene's geisterhafte, tiefleidende Augen, und eben durch diese Szene erkennen wir, wie „Struensee", der schon allein durch seine majestätsverbrecherische Liebe untergehen konnte, noch obendrein dadurch seinem Untergange entgegeneilte, daß seine neuen Institutionen auch antinational waren, daß das Volk sie haßte, daß das Volk noch nicht reif war für die großen Ideen seines liberalen Herzens. Es sei uns erlaubt, einige Reden aus jener Volksszene anzuführen, wodurch uns Herr Beer gezeigt, daß er auch Talent für das Lustspiel hat. Die Bauern sitzen in der Schenke und politisieren.

Schulmeister

Meinetwegen, der Struensee ist's nicht wert, daß wir uns um ihn zanken. Der ist zu unserer aller Unglück ins Land gekommen. Er bringt überall Hader und Zwistigkeit. Mischt er sich nicht auch in die Angelegenheiten des edlen Lehrfachs? fordert er jetzt nicht von den wohlbestallten Schulmeistern, daß sie lehren sollen, was durchaus nicht für die Köpfe eurer lieben Jugend paßt? Wenn's geschieht, wie er's haben will, so werden eure Buben und Mädchen bald klüger sein als ihr. Aber dazu soll es nicht kommen, dafür will ich sorgen.

Hooge (ein Bauer)

Ja, er will überall Licht anzünden, wo man's auslöschen sollte; darf nicht jetzt jeder drucken lassen, was er will! Ihr dürft jetzt als ein ehrlicher Schulmeister nicht mehr einen Schluck über den Durst trinken, so kann morgen der Küster drucken lassen: „Gestern war der Schulmeister betrunken."

Schulmeister

Das sollt' er sich unterstehen! Ich möchte doch sehen –

Hooge
Das würdet ihr sehen und könntet's nicht hindern, sie nennen's Preßfreiheit, aber wahrhaftig, wer nicht immer nach dem Schnürchen lebt, kann dabei gewaltig in die Presse kommen.

Babe
(Chirurgus)

Lebt nach dem Schnürchen, so schadet's keinem was. Dürft ihr doch auf diese Weise eure Herzensmeinung dem andern sagen, und dürft euch, wenn's euch beliebt, gegen den Struensee und die Regierung aussprechen.

Hooge
Ei was, aussprechen! ich will mich nicht aussprechen, ich will das Maul halten, aber die andern sollen's auch. Jeder kümmre sich um die Töpfe auf seinem Herd.

Schulmeister
Führt nicht so freventliche Redensarten, Gevatter Babe! Wozu werden wir regiert, wenn wir uns gegen die Regierung aussprechen wollen? Eine gute Regierung soll alles regieren, Herz und Geldbeutel und Mund und Feder. In einem guten Staate ist ein Hauptgrundsatz, daß man, wie Hooge sich auf seine herzliche, einfache Weise ausdrückt, das Maul halte, denn wer redet und druckt, der muß auch zuweilen denken, und getreuen Untertanen ist nichts gefährlicher als die Gedanken.

Babe
Die Gedanken könnt' ihr aber nicht hindern.

Flyns (Bauern)
Nein, die kann keiner hindern, und ich denke mir vieles.

Schulmeister
Nun, laßt doch hören Flynschen, was denkt ihr denn?
(Zu *Swenne* leise.)
Das ist der größte Einfaltspinsel im Dorfe.

Flyns
Ich denke, das mir alles recht ist, wenn's nur nicht zur Ausführung des Planes kommt, den sich der Struensee, wie sie sagen, vorgenommen habe.

Babe
Das wäre?

Flyns
Daß er sich vorgenommen, uns Bauern in Dänemark und in den Herzogtümern zu freien Leuten zu machen. Ich will nicht frei

und unabhängig sein. Was ist's denn Großes, daß ich für den Edelmann meinen Acker bestellen muß? dafür ernährt er mich und sorgt für mich, und eine Tracht Prügel nehme ich so mit. Wenn wir frei wären, müßten wir uns plagen und quälen, wären unsere eignen Herrn und müßten Abgaben geben.

Babe
Und für den Eigentum, für die Freude, das, was du besitzest, dein nennen zu können, möchtest du nicht sorgen?

Flyns
Ei was! wenn ein anderer für mich sorgt, ist mir's bequemer.

Schulmeister

Das ist der erste vernünftige Gedanke, Flyns, auf dem ich dich ertappe. Mit der Freiheit käm' auch zugleich die Aufklärung, das moderne Gift – euer Tod.

Außer den trefflichen Andeutungen, daß die Preßfreiheit ebenso große Gegner hat unter den niedern wie unter den hohen Ständen, und daß die Abschaffung der Leibeigenschaft den Leibeigenen selbst am meisten verhaßt ist, außer dergleichen wahren Zügen, deren in jener Szene noch manche andere vorkommen, sehen wir deutlich, wie Struensee auf den hohen Isolierschemeln seiner Ideen tragisch allein stand, und im Kampfe des einzelnen mit der Masse rettungslos untergehen mußte. Der feine Sinn unseres Dichters hat indessen die Notwendigkeit gefühlt, den allzu großen Schmerz des Helden bei einem solchen Untergang einigermaßen zu mäßigen; er läßt ihm im Geist die Zeit voraussehen, wo die Wohltäter des Volkes mit dem Volke selbst einig sein werden; sterbend sieht er das Morgenrot dieser Zeit und spricht die schönen Worte:

„Der Tag geht auf! demütig leg' ich ihm
Mein Leben nieder vor dem ew'gen Thron.
Verborgner Wille tritt ans Licht und glänzt,
Und Taten werden bleich, wie ird'scher Kummer.
Doch ein beglückter Lohn steigt blühend auf;
Hier, wo ich wirkte, reift manch' edle Saat.
So hab' ich nicht umsonst gelebt, so hab' ich
Mit falschen Lehren nicht das Reich geblendet!
Es kommt der Tag, die Zeiten machen's wahr,
Was ich gewollt; die Tyrannei erkennt,
Daß sich das Ende ihrer Schrecken naht.
Ich seh' ein Blustgerüst sich nach dem andern
Erbaun, ein rasend Volk entfesselt sich,
Trifft seinen König in verruchter Wut,
Und dann sich selbst mit immer neuen Schlägen.

Geschäftig mäht das Beil die Leben nieder,
Wie ems'ge Schnitter ihre Ernte – plötzlich
Hemmt eine starke Hand die ehrne Wut.
Der Henker ruht, doch die gewalt'ge Hand
Kommt nicht zu segnen mit dem Zweig des Friedens.
Mit ihrem Schwert vergeudet sie die Völker,
Bis auch der Kampf erlischt, ein brausend Meer
Schlägt an ein einsam Grab, und alles ruht.
Und hellre Tage kommen, und die Völker
Und Könige schließen einen ew'gen Bund.
Notwendig ist die Zeit, sie muß erscheinen,
Sie ist gewiß, wie die allmächt'ge Weisheit.
Nur durch die Kön'ge sind die Völker mächtig,
Nur durch die Völker sind die Kön'ge groß."

Nachdem wir uns über Grundidee, Diktion und Handlung der neuen Beer'schen Tragödie geäußert, bleibt uns noch übrig, die Gestalten, die wir darin handeln sehen, näher zu beleuchten. Doch die Ökonomie dieser Blätter gestattet uns kein so kritisches Geschäft und erlaubt uns kaum über die Hauptpersonen einige kurze Bemerkungen vorzubringen. Wir gebrauchen vorsätzlich das Wort „Gestalten", statt Charaktere, mit dem ersten Ausdruck das Äußere, mit dem andern das Innerliche der Erscheinung bezeichnend. Struensee, möge uns der Dichter den harten Tadel verzeihen, ist keine Gestalt. Das Verschwimmende, Verseufzende, Überweiche, was wir an ihn erblicken, soll vielleicht sein Charakter sein, wir wollen es sogar als einen Charakter gelten lassen, aber es raubt ihm alle äußere Gestaltlichkeit. Dasselbe ist der Fall bei Graf Ranzau, der, mehr edel als adlig, ebenso wie Struensee vor lauter Sentimentalität, dem Erbgebrechen Beer'schen Helden, auseinander fließt; nur wenn wir ihm ins Herz leuchten, sehen wir, daß er dennoch ein Charakter ist, wenn auch schwach gezeichnet, doch immer ein Charakter. Sein Haß gegen die Königin Juliane, womit er dennoch ein Bündnis gegen Struensee abschließt; und dergleichen Züge mehrere geben ihm Innerlichkeit, Individualität, kurz einen Charakter. Das Gesagte gilt einigermaßen auch vom Pfarrer Struensee; dieser den einer unserer Freunde, gewiß mit Unrecht, für ein Nachbild des Vaters im Delavigne'schen „Paria" halten wollte, gewann seine äußere Gestalt vielleicht weniger durch den Dichter selbst als durch die Persönlichkeit des Darstellers. Die hohe Gestalt Eßlair's in einer solchen Rolle, nämlich als reformierter Pfarrer, erschien uns wie ein kolossaler altkatholischer Dom, der zum protestantischen Gottesdienste eingerichtet worden; an den Wänden sind die hübschen Bilder teils abgebrochen, teils mit frischem Kalk überstrichen, die Pfeiler stehen nackt und kalt, und die Worte, die so öde und nüchtern von der neugezimmerten Kanzel erschallen, sind dennoch das Wort Gottes.

So erschien uns Eßlair besonders in der Szene, wo der Pfarrer Struensee fast im liturgischen Tone seinen Sohn segnet.

Der Charakter der Königin Karoline Mathilde ist, wie sich von selbst versteht, holde Weiblichkeit, und wenn wir nicht irren, hat dem Dichter das Bild der unglücklichen Marie Antoinette vorgeschwebt, wie denn auch die Bedrängnisszene, wo die rebellierenden Truppen gegen das königliche Schloß marschieren, uns bedeutungsvoll den Tuileriensturm ins Gedächtnis rief. An Gestalt gewann die Königin ebenfalls durch ihre Darstellerin, Demoiselle Hagen, die am Anfang des zweiten Aktes, auf dem roten, goldumränderte Sessel sitzend, ganz so freundlich aussah wie auf dem Gemälde von Stieler, das wir jüngst im Ausstellungssaale des hiesigen Kunstvereins so sehr bewundert haben.

Wir besitzen nicht das Talent, schönen Damen etwas Bitteres zu sagen, es sei denn, daß wir sie liebten, und wir enthalten uns unseres Urteils über das Spiel der Demoiselle Hagen als Königin Karoline Mathilde um so mehr, da man der Meinung ist, sie habe in dieser Rolle besser als jemals gespielt, und da überhaupt unser etwaiger Tadel jene ganze Unnaturschule betrifft, woraus so viele Meisterinnen hervorgegangen. Mit Ausnahme der *Wolf,* der *Stich,* der *Schröder,* der *Peche,* der *Müller* und noch einiger andern Damen haben sich unsere Schauspielerinnen immer jenes gespreizten, singenden, gleißenden, heuchlerischen Tones befleißigt, der seinesgleichen nur auf lutherischen Kanzeln findet, und der jedes reine Gefühl parodiert. Die natürlichsten, unverwöhntesten Mädchen glauben, sobald sie die Bretter betreten, diesen Ton anstimmen zu müssen, und sobald sie sich diese traditionelle Unnatur zu eigen gemacht haben, nennen sie sich Künstlerinnen. Wenn wir in dieser Hinsicht unsere Königin Karoline Mathilde noch keine vollendete Künstlerin nennen, haben wir das größte Lob ausgesprochen, welches sie von uns erwarten kann. Da sie noch jung ist und hoffentlich auf wohlgemeinten Wink achtet, vermag sie vielleicht einst dem Streben nach jenem fatalen Künstlertume zu entsagen, und sie soll uns freundlich geneigt finden, sie dafür vollauf zu loben. Heute aber müssen wir die Krone einer bessern Königin zusprechen, und trotz unserer antiaristokratischen Gesinnung huldigen wir der Königin Juliane Marie. Diese ist eine Gestalt, diese ist ein Charakter, hier ist nichts auszusetzen an Zeichnung und Farbe, hier ist etwas Neues, etwas ganz Eigentümliches, und hier bekundet der Dichter seine höchste, göttlichste Vollmacht, seine Vollmacht, Menschen zu schaffen. Hier scheint uns Herr Beer ein Können zu offenbaren, das mehr ist, als was wir gewöhnlich Talent nennen, und das wir fast Genie nennen möchten, wenn wir mit diesem allzu kostbaren Worte minder geizig wären.

Die alte, schleichend kräftige, entzückend schauderhafte Königin ist eine eigentümliche Schöpfung des Dichters, die sich mit keinem vorhandenen Bilde vergleichen läßt. Madame Frieß hat diese Rolle gespielt, wie sie gespielt werden muß, sie hat den rauschenden Beifall, der ihr zuteil wurde, rechtmäßig verdient, und seit jenem Abende zählen wir sie zu dem Häuflein besserer Schauspielerinnen, die wir oben genannt haben. Ihre seltsame, unruhige Händebewegung erinnerte uns lebhaft an die Semiramis der Madame Georges. Ihre Kostümierung, ihre Stimme, ihr Gang, ihr ganzes Wesen erfüllte uns mit geheimem Grauen; absonderlich in der Szene, wo sie den Verschworenen die Nachtbefehle austeilt, ward uns so tief unheimlich zumute wie damals in unserer Kindheit, als eines Abends die blinde Magd uns die schaurige Geschichte erzählte von dem nächtlichen Schlosse, wo die verwünschte Katzenkönigin, abenteuerlich geputzt, im Kreise ihrer Hofkater und Hofkatzen sitzt und, halb mit menschlicher Stimme und halb miauend, Unheil beratet.

Wir schließen diese Betrachtungen mit dem Bedauern, daß der Raum dieser Blätter uns nicht vergönnt, uns weitläufiger über Herrn Beer's neue Tragödie zu verbreiten. Wir fühlen selbst, daß wir zumeist nur eine Seite derselben, die politische, beleuchtet haben. Wir denken, daß andere Berichterstatter, wie gewöhnlich, einseitig die andere Seite, die romantische, die verliebte, besprechen werden. Indem wir solche Ergänzung erwarten, wollen wir nur noch unsern Dank aussprechen für den hohen Genuß, den uns der Dichter bereitet. An der freimütigen Beurteilung, die sein Werk bei uns gefunden, möge er unsere neidlose, liebreiche Gesinnung erkennen, und es sollte uns freuen, wenn unser Wort vielleicht dazu beiträgt, ihn auf der schönen Bahn, die er so ruhmvoll betreten, noch lange zu erhalten. Die Dichter sind ein unstetes Volk, man kann sich nicht auf sie verlassen, und die besten haben oft ihre besseren Meinungen gewechselt aus eitel Veränderungssucht. In dieser Hinsicht sind die Philosophen weit sicherer, weit mehr als die Dichter lieben sie die Wahrheiten, die sie einmal ausgesprochen, man sieht sie weit ausdauernder dafür kämpfen, denn sie haben selbst mühsam diese Wahrheiten aus der Tiefe des Denkens hervorgedacht, während sie den müßigen Dichtern gewöhnlich wie ein leichtes Geschenk zugekommen sind. Mögen die künftigen Tragödien des Herrn Beer, ebenso wie der „Paria" und der „Struensee", tief durchdrungen werden von dem Hauche jenes Gottes, der noch größer ist als der große Apollo und all' die andern mediatisierten Götter des Olymps; wir sprechen vom Gotte der Freiheit.

Die deutsche Literatur

Von Wolfgang Menzel

Zwei Teile. Stuttgart, bei Gebrüder Frankh. 1828.

(1828)

„Wisse, daß jedes Werk, das da wert war, zu erscheinen, sogleich bei seiner Erscheinung gar keinen Richter finden kann; es soll sich erst sein Publikum erziehen, und einen Richterstuhl für sich bilden. – Spinoza hat über ein Jahrhundert gelegen, ehe ein treffendes Wort über ihn gesagt wurde; über Leibnitz ist vielleicht das erste treffende Wort noch zu erwarten, über Kant ganz gewiß. Findet ein Buch sogleich bei seiner Erscheinung seinen kompetenten Richter, so ist dies der treffende Beweis, daß dieses Buch ebensowohl auch ungeschrieben hätte bleiben können."

Diese Worte sind von Johann Gottlieb Fichte, und wir setzen sie als Motto vor unsere Rezension des Menzel'schen Werks, teils um anzudeuten, daß wir nichts weniger als eine Rezension liefern, teils auch, um den Verfasser zu trösten, wenn über den eigentlichen Inhalt seines Buches nichts Ergründendes gesagt wird, sondern nur dessen Verhältnis zu andern Büchern der Art, dessen Äußerlichkeiten und besonders hervorstehende Gedankenspitzen besprochen werden.

Indem wir nun zuvörderst zu ermitteln suchen, mit welchen vorhanden Büchern der Art das vorliegende Werk vergleichend zusammengestellt werden kann, kommen uns Friedrich Schlegel's Vorlesungen über Literatur fast ausschließlich in Erinnerung. Auch dieses Buch hat nicht seinen kompetenten Richter gefunden, und wie stark sich auch in der letzten Zeit, aus kleinlich protestantischen Gründen, manche absprechende Stimmen gegen Friedrich Schlegel erhoben haben, so war doch noch keiner imstande, beurteilend sich über den großen Beurteiler zu erheben; und wenn wir auch eingestehen müssen, daß ihm an kritischem Scharfblick sein Bruder August Wilhelm und einige neuere Kritiker, z. B. Willibald Alexis, Zimmermann, Barnhagen v. Ense und Immermann, ziemlich überlegen sind, so haben uns diese bisher doch nur Monographien geliefert, während Friedrich Schlegel großartig das Ganze aller geistigen Bestrebungen erfaßte, die Erscheinungen derselben gleichsam wieder zurückschuf in das ursprüngliche Schöpfungswort, woraus sie hervorgegangen, so daß sein Buch einem schaffenden Geisterliede gleicht.

Die religiösen Privatmarotten, die Schlegel's spätere Schriften durchkreuzen, und für die er allein zu schreiben wähnte, bilden doch nur das Zufällige, und namentlich in den Vorlesungen über Literatur ist, vielleicht mehr als er selbst weiß, die Idee der Kunst noch immer der herrschende Mittelpunkt, der mit seinen goldenen Radien das ganze Buch umspinnt. Ist doch die Idee der Kunst zugleich der Mittelpunkt jener ganzen Literaturperiode, die mit dem Erscheinen Goethe's anfängt und erst jetzt ihr Ende erreicht hat, ist sie doch der eigentliche Mittelpunkt in Goethe selbst, dem großen Repräsentanten dieser Periode – und wenn Friedrich Schlegel in seiner Beurteilung Goethe's demselben allen Mittelpunkt abspricht, so hat dieser Irrtum vielleicht seine Wurzel in einem verzeihlichen Unmut. Wir sagen „verzeihlich", um nicht das Wort „menschlich" zu gebrauchen; die Schlegel, geleitet von der Idee der Kunst, erkannten die Objektivität als das höchste Erfordernis eines Kunstwerks, und da sie diese im höchsten Grade bei Goethe fanden, hoben sie ihn auf den Schild, die neue Schule huldigte ihm als König, und als er König war, dankte er, wie Könige zu danken pflegen, indem er die Schlegel kränkend ablehnte und ihre Schule in den Staub trat.

Menzel's „deutsche Literatur" ist ein würdiges Seitenstück zu dem erwähnten Werk von Friedrich Schlegel. Dieselbe Großartigkeit der Auffassung, des Strebens, der Kraft und des Irrtums. Beide Werke werden den späteren Literatoren Stoff zum Nachdenken liefern, indem nicht bloß die schönsten Geistesschätze darin niedergelegt sind, sondern indem auch ein jedes dieser beiden Werke ganz die Zeit charakterisiert, worin es geschrieben ist. Dieser letztere Umstand gewährt auch uns das meiste Vergnügen bei der Vergleichung beide Werke. In dem Schlegel'schen sehen wir ganz die Bestrebungen, die Bedürfnisse, die Interessen, die gesamte deutsche Geistesrichtung der vorletzten Dezennien, und die Kunstsidee als Mittelpunkt des Ganzen. Bilden aber die Schlegel'schen Vorlesungen solchermaßen ein Literaturepos, so erscheint uns hingegen das Menzel'sche Werk wie ein bewegtes Drama, die Interessen der Zeit treten auf und halten ihre Monologe, die Leidenschaften, Wünsche, Hoffnungen, Furcht und Mitleid sprechen sich aus, die Freunde raten, die Feinde drängen, die Parteien stehen sich gegenüber, der Verfasser läßt allen ihr Recht widerfahren, als echten Dramatiker behandelt er keine der kämpfenden Parteien mit allzu besonderer Vorliebe, und wenn wir etwas vermissen, so ist es nur der Chorus, der die letzte Bedeutung des Kampfes ruhig ausspricht. Diesen Chorus aber konnte uns Herr Menzel nicht geben, wegen des einfachen Umstandes, daß er noch nicht das Ende dieses Jahrhundert erlebt hat. Aus demselben Grunde erkannten wir bei einem Buche aus einer früheren Periode, dem Schlegel'schen, weit leichter den eigentlichen Mittelpunkt als bei einem Buche aus der jetzigsten Gegenwart. Nur so viel sehen wir, der Mittelpunkt des Menzel'schen Buches ist nicht mehr die Idee der Kunst. Menzel sucht viel eher das Verhältnis des Lebens zu den Büchern aufzufassen, einen Organismus in der Schriftwelt zu entdecken, es ist uns manchmal vorgekommen, als betrachte er die Literatur wie eine Vegetation – und da wandelt er mit uns herum und botanisiert, und nennt die Bäume bei ihrem Namen, reißt Witze über die größten Eichen, riecht humoristisch an jedem Tulpenbeet, küßt jede Rose, neigt sich freundlich zu einigen befreundeten Wiesenblümchen und schaut dabei so klug, daß wir fast glauben möchten, er höre das Gras wachsen.

Andererseits erkennen wir bei Menzel ein Streben nach Wissenschaftlichkeit, welches ebenfalls eine Tendenz unserer neuesten Zeit ist, eine jener Tendenzen, wodurch sie sich von der früheren Kunstperiode unterscheidet. Wir haben große geistige Eroberungen gemacht, und die Wissenschaft soll sie als unser Eigentum sichern. Diese Bedeutung derselben hat sogar die Regierung in einigen deutschen Staaten anerkannt, absonderlich in Preußen, wo die Namen Humboldt, Hegel, Bopp, A. W. Schlegel, Schleiermacher etc. in solche Hinsicht am schönsten glänzen. Dasselbe Streben hat sich, zumeist durch Einwirkung solcher deutschen Gelehrten nach Frankreich verbreitet; auch hier erkennt man, daß alles Wissen einen Wert an und für sich hat, daß es nicht wegen der augenblicklichen Nützlichkeit kultiviert werden soll, sondern damit es seinen Platz finde in dem Gedankenreiche, das wir, als das beste Erbteil, den folgenden Geschlechtern überliefern werden.

Herr Menzel ist mehr ein enzyklopädische Kopf als ein synthetisch wissenschaftlicher. Da ihn aber sein Wille zur Wissenschaftlichkeit drängt, so finden wir in seinem Buche eine seltsame Vereinigung seiner Naturanlage mit seinem vorgefaßten Streben. Die Gegenstände entsteigen daher nicht aus einem einzigen innersten Prinzip, sie werden vielmehr nach einem geistreichen Schematismus einzeln abgehandelt, aber doch ergänzend, so daß das Buch ein schönes, gerundetes Ganze bildet.

In dieser Hinsicht gewinnt vielleicht das Buch für das große Publikum, dem die Übersicht erleichtert wird, und das auf jede Seite etwas Geistreiches, Tiefgedachtes und Anziehendes findet, welches nicht erst auf ein letztes Prinzip bezogen werden muß, sondern an und für sich schon seinen vollgültigen Wert hat. Der Witz, den man in Menzel'schen Geistesprodukten zu suchen berechtigt ist, wird durchaus nicht vermißt, er erscheint um so würdiger, da er nicht mit sich selbst kokettiert, sondern nur der Sache wegen hervortritt – obgleich sich nicht leugnen läßt, daß er Herrn Menzel oft dazu dienen muß, die Lücken seines Wissens zu stopfen. Herr Menzel ist unstreitig einer der witzigsten Schriftsteller Deutschlands, er kann seine Natur nicht verleugnen, und möchte er auch, alle witzigen Einfälle ablehnend, in einem steifen Perückentone dozieren, so überrascht ihn wenigstens der Ideenwitz, und diese Witzart, eine Verknüpfung von Gedanken, die sich noch nie in einem Menschenkopfe begegnet, eine wilde Ehe zwischen Scherz und Weisheit, ist vorherrschend in dem Menzel'schen Werke. Nochmal rühmen wir des Verfassers Witz, um so mehr, da es viele trockene Leute in der Welt gibt, die den Witz gern proskribieren möchten, und man täglich hören kann, wie Pantalon sich gegen diese niedrigste Seelenkraft, den Witz, zu eifern weiß, und als guter Staatsbürger und Hausvater die Polizei auffordert, ihn zu verbieten. Mag immerhin der Witz zu den niedrigsten Seelenkräften gehören, so glauben wir doch, daß er sein Gutes hat. Wir wenigstens möchten ihn nicht entbehren. Seitdem es nicht mehr Sitte ist, einen Degen an der Seite zu tragen, ist es durchaus nötig, daß man Witz im Kopfe habe. Und sollte man auch so übellaunig sein, den Witz nicht bloß als notwendige Wehr, sondern sogar als Angriffswaffe zu gebrauchen, so werdet darüber nicht allzusehr aufgebracht, ihr edlen Pantalone des deutschen Vaterlandes! Jener Angriffswitz, den ihr Satire nennt, hat seinen guten Nutzen in dieser schlechten, nichtsnutzigen Zeit. Keine Religion ist mehr imstande, die Lüfte der kleinen Erdenherrscher zu zügeln, sie verhöhnen euch ungestraft, und ihre Rosse zertreten eure Saaten, eure Töchter hungern und verkaufen ihre Blüten dem schmutzigen Parvenü, alle Rosen dieser Welt werden die Beute eines windigen Geschlechts von Stockjobbern und bevorrechtigten Lakaien, und vor dem Übermute des Reichtums und der Gewalt schützt euch nichts – als der Tod und die Satire.

„*Universalität* ist der Charakter unserer Zeit", sagt Herr Menzel im zweiten Teile, S. 63, seines Werkes, und da dieses letztere, wie wir oben bemerkt, ganz den Charakter unserer Zeit trägt, so finden wir darin auch ein Streben nach jener Universalität. Daher ein Verbreiten über alle Richtungen des Lebens und des Wissens, und zwar unter folgenden Rubriken: „Die Masse der Literatur, Nationalität, Einfluß der Schulgelehrsamkeit, Einfluß der fremden Literatur, der literarische Verkehr, Religion, Philosophie, Geschichte, Staat, Erziehung, Natur, Kunst und Kritik." Es ist zu bezweifeln, ob ein junger Gelehrter in allen möglichen Disziplinen so tief eingeweiht sein kann, daß wir eine gründliche Kritik des neuesten Zustandes derselben von ihm erwarten dürften. Herr Menzel hat sich durch Divination und Konstruktion zu helfen gewußt. Im Divinieren ist er oft glücklich, im Konstruieren immer geistreich. Wenn auch zuweilen seine Annahmen willkürlich und irrig sind, so ist er doch unübertrefflich im Zusammenstellen des Gleichaltrigen und der Gegensätze. Er verfährt kombinatorisch und konziliatorisch. Den Zweck dieser Blätter berücksichtigend, wollen wir als eine Probe der Menzel'schen Darstellungsweise die folgende Stelle aus der Rubrik „Staat" mitteilen:

„Bevor wir die Literatur der politischen Praxis betrachten, wollen wir einen Blick auf die Theorien werfen. Alle Praxis geht von den Theorien aus. Es ist jetzt nicht mehr die Zeit, da die Völker aus einem gewissen sinnlichen Übermute oder aus zufälligen örtlichen Veranlassungen in einen vorübergehenden Hader geraten. Sie kämpfen vielmehr um Ideen, und eben darum ist ihr Kampf ein allgemeiner, im Herzen eines jeden Volks selbst und nur insofern eines Volks wider das andere, als bei dem einen diese, bei dem andern jene Idee das Übergewicht behauptet. Der Kampf ist durchaus philosophisch geworden, so wie er früher religiös gewesen. Es ist nicht ein Vaterland, nicht ein großer Mann, worüber man streitet, sondern es sind *Überzeugungen,* denen die Völker wie die Helden sich unterordnen müssen. Völker haben mit Ideen gesiegt, aber sobald sie ihren Namen an die Stelle der Idee zu setzen gewagt, sind sie zu Schanden geworden; Helden haben durch Ideen eine Art von Weltherrschaft erobert, aber sobald sie die Idee verlassen, sind sie in Staub gebrochen. Die Menschen haben gewechselt, nur die Ideen sind bestanden. Die Geschichte war nur die Schule der Prinzipien. Das vorige Jahrhundert war reicher an voraussichtigen Spekulationen, das gegenwärtige ist reicher an Rücksichten und Erfahrungsgrundsätzen. In beiden liegen die Hebel der Begebenheiten, durch sie wird alles erklärt, was geschehen ist.

„Es gibt nur zwei Prinzipe oder entgegengesetzte Pole der politischen Welt, und an beiden Endpunkten der großen Achse haben die *Parteien* sich gelagert, und bekämpfen sich mit steigender Erbitterung. Zwar gilt nicht jedes Zeichen der Partei für jeden ihrer Anhänger, zwar wissen manche kaum, daß sie zu dieser bestimmten Partei gehören, zwar bekämpfen sich die Glieder einer Partei untereinander selbst, sofern sie aus ein und demselben Prinzipe verschiedene Folgerungen ziehen; im allgemeinen aber muß der subtilste Kritiker so gut wie das gemeine Zeitungspublikum einen Strich ziehen zwischen *Liberalismus* und *Servilismus,* Republikanismus und Autokratie. Welches auch die Nuancen sein mögen, jenes *Clair-obscur* und jene bis zur Farblosigkeit gemischten Tinten, in welche beide Hauptfarben ineinander übergehen, diese Hauptfarben selbst verbergen sich nirgends, sie bilden den großen, den einzigen Gegensatz in der Politik, und man sieht sie den Menschen wie den Büchern gewöhnlich auf den ersten Blick an. Wohin wir im politischen Gebiete das Auge werfen, trifft es diese Farben an. Sie füllen es ganz aus, hinter ihnen ist leerer Raum.

„Die liberale Partei ist diejenige, die den politischen Charakter der neueren Zeit bestimmt, während die sogenannte servile Partei noch wesentlich im Charakter des Mittelalters handelt. Der Liberalismus schreitet daher in demselben Maße fort wie die Zeit selbst, oder ist in dem Maße gehemmt, wie die Vergangenheit noch in die Gegenwart herüber dauert. Er entspricht dem Protestantismus, sofern er gegen das Mittelalter protestiert, er ist nur eine neue Entwicklung des Protestantismus im weltlichen Sinn, wie der Protestantismus ein geistlicher Protestantismus war. Er hat seine Partei in dem gebildeten Mittelstande, während der Sevilismus die seinige in der vornehmen und in der rohen Masse findet. Dieser Mittelstand schmilzt allmählich immer mehr die starren Krystallisationen der mittelalterlichen Stände zusammen. Die ganze neuere Bildung ist aus dem Liberalismus hervorgegangen oder hat ihm gedient, sie war die Befreiung von dem kirchlichen Autoritätsglauben. Die ganze Literatur ist ein Triumph des Liberalismus, denn seine Feinde sogar müssen in seinen Waffen fechten. Alle Gelehrte, alle Dichter haben ihm Vorschub geleistet, seinen größten Philosophen aber hat er in Fichte, seinen größten Dichter in Schiller gefunden."

Unter der Rubrik „Philosophie" bekennt sich Herr Menzel ganz zu Schelling, und unter der Rubrik „Natur" hat der dessen Lehre, wie sich gebührt, gefeiert. Wir stimmen überein in dem, was er über diesen allgemeinen Weltdenker ausspricht. Görres und Steffens finden als Schelling'sche Unterdenker ebenfalls ihre Anerkennung. Ersterer ist mit Vorliebe gewürdigt, seine Mystik etwas allzu poetisch gerühmt. Doch sehen wir diesen hohen Geist immer lieber überschätzt als parteilich verkleinert. Steffens wird als Repräsentant des Pietismus dargestellt, und die Ansichten, die der Verfasser von Mystik und Pietismus hegt, sind, wenn auch irrig, doch immer tiefsinnig, schöpferisch und großartig. Wir erwarten nicht viel Gutes vom Pietismus, obgleich Herr Menzel sich abmüht, das Beste von ihm zu prophezeien. Wir teilen die Meinung eines witzigen Mannes, der keck behauptet: „Unter hundert Pietisten sind neunundneunzig Schurken und ein Esel." Von frömmelnden Heuchlern ist kein Heil zu erwarten, und durch Eselsmilch wird unsere schwache Zeit auch nicht sehr erstarken. Weit eher dürfen wir Heil vom Mystizismus erwarten. In seiner jetzigen Erscheinung mag er immerhin widerwärtig und gefährlich sein; in seinen Resultaten kann er heilsam wirken. Dadurch, daß der Mystiker sich in die Traumwelt seiner innern Anschauung zurückzieht und in sich selbst die Quelle aller Erkenntnis annimmt, dadurch ist er der Obergewalt jeder äußern Autorität entronnen, und die orthodoxesten Mystiker haben auf diese Art in der Tiefe ihrer Seele jene Unwahrheiten wieder gefunden, die mit den Vorschriften des positiven Glaubens im Widerspruch stehen, sie haben die Autorität der

Kirche geleugnet und haben mit Leib und Leben ihre Meinung vertreten. Ein Mystiker aus der Sekte der Essäer war jener Rabbi, der in sich selbst die Offenbarung des Vaters erkannte und die Welt erlöste von der blinden Autorität steinerner Gesetze und schlauer Priester; ein Mystiker war jener deutsche Mönch, der in seinem einsamen Gemüte die Wahrheit ahnte, die längst aus der Kirche verschwunden war; – und Mystiker werden es sein, die uns wieder vom neueren Wortdienst erlösen und wieder eine Naturreligion begründen, eine Religion, wo wieder freudige Götter aus Wäldern und Steinen hervorwachsen und auch die Menschen sich göttlich freuen. Die katholische Kirche hat jene Gefährlichkeit des Mystizismus immer tief gefühlt; daher im Mittelalter beförderte sie mehr das Studium des Aristoteles als des Plato; daher im vorigen Jahrhundert ihr Kampf gegen den Jansenismus; und zeigt sie sich heutzutage sehr freundlich gegen Männer wie Schlegel, Görres, Haller, Müller etc., so betrachtet sie solche doch nur wie Guerillas, die man in schlimmen Kriegszeiten, wo die stehenden Glaubensarmeen etwas zusammengeschmolzen sind, gut gebrauchen kann, und späterhin in Friedenszeit gehörig unterdrücken wird. Es würde zu weit führen, wenn wir nachweisen wollten, wie auch im Oriente der Mystizismus den Autoritätsglauben sprengt, wie z. B. aus dem Sufismus in der neuesten Zeit Sekten entstanden, deren Religionsbegriffe von der erhabensten Art sind.

Wir können nicht genug rühmen, mit welchem Scharfsinne Herr Menzel vom Protestantismus und Katholizismus spricht, in diesem das Prinzip der Stabilität, in jenem das Prinzip der Evolution erkennend. In dieser Hinsicht bemerkt er sehr richtig unter der Rubrik „Religion":

„Der Erstarrung muß die Bewegung, dem Tode das Leben, dem unveränderlichen Sein ein ewiges Werden sich entgegensetzen. Hierin allein hat der Protestantismus seine große welthistorische Bedeutung gefunden. Er hat mit der jugendlichen Kraft, die nach höherer Entwicklung drängt, der greisen Erstarrung gewehrt. Er hat ein Naturgesetz zu dem seinigen gemacht, und mit diesem allein kann er siegen. Diejenigen unter den Protestanten also, welche selbst wieder in eine andere Art von Starrsucht verfallen sind, die Orthodoxen, haben das eigentliche Interesse des Kampfes aufgegeben. Sie sind stehen geblieben und dürfen von Rechts wegen sich nicht beklagen, daß die Katholiken auch stehen geblieben sind. Man kann nur durch ewigen Fortschritt oder gar nicht gewinnen. Wo man stehen bleibt, ist ganz einerlei, als wo die Uhr stehen bleibt. Sie ist da, damit sie geht."

Das Thema des Protestantismus führt uns auf dessen würdigen Verfechter, Johann Heinrich Voß, den Herr Menzel bei jeder Gelegenheit mit den härtesten Worten und durch die bittersten Zusammenstellungen verunglimpft. Hierüber können wir nicht bestimmt genug unseren Tadel aussprechen. Wenn der Verfasser unseren seligen Voß einen „ungeschlachten niedersächsischen Bauer" nennt, sollten wir fast auf den Argwohn geraten, er neige selber zu der Partie jener Ritterlinge und Pfaffen, wogegen Voß so wacker gekämpft hat. Jene Partei ist zu mächtig, als daß man mit einem zarten Galanteriedegen gegen sie kämpfen könnte, und wir bedurften eines ungeschlachten niedersächsischen Bauers, der das alte Schlachtwort aus der Zeit des Bauernkriegs wieder hervorgrub und damit loshieb. Herr Menzel hat vielleicht nie gefühlt, wie tief ein ungeschlachtes niedersächsisches Bauernherz verwundet werden kann von dem freundschaftlichen Stich einer feinen, glatten hochadligen Viper – die Götter haben gewiß Herr Menzel vor solchen Gefühlen bewahrt, sonst würde er die Herbheit der Vossischen Schriften nur in den Tatsachen finden und nicht in den Worten. Es mag wahr sein, daß Voß in seinem protestantischen Eifer die Bildestürmerei etwas zu weit trieb. Aber man bedenke, daß die Kirche jetzt überall die Verbündete der Aristokratie ist und sogar hie und da von ihr besoldet wird. Die Kirche, einst die herrschende Dame, vor welcher die Ritter ihre Knie beugten und zu deren Ehren sie mit dem ganzen Orient turnierten, jene Kirche ist schwach und alt geworden, sie möchte sich jetzt eben diesen Rittern als dienende Amme verdingen und verspricht mit ihren Liedern die Völker in den Schlaf zu lullen, damit man den Schlafenden leichter fesseln und scheren könne.

Unter der Rubrik „Kunst" häufen sich die meisten Ausfälle gegen Voß. Diese Rubrik umfaßt beinahe den ganzen zweiten Teil des Menzel'schen Werks. Die Urteile über unsere nächsten Zeitgenossen lassen wir unbesprochen. Die Bewunderung, die der Verfasser für Jean Paul hegt, macht seinem Herzen Ehre. Ebenfalls die Begeisterung für Schiller. Auch wir nehmen daran Anteil; doch gehören wir nicht zu denen, die durch Vergleichung Schiller's mit Goethe den Wert des letzteren herabdrücken möchten. Beide Dichter sind Volksmusik ersten Range, beide sind groß, vortrefflich, außerordentlich, und hegen wir etwas Vorneigung für Goethe, so entsteht sie doch nur aus dem geringfügigen Umstand, daß wir glauben, Goethe wäre imstande gewesen, einen ganzen Friedrich Schiller mit allen dessen Räubern, Pizzolominis, Louisen, Marien und Jungfrauen zu dichten, wenn er der ausführlichen Darstellung eines solchen Dichters nebst den dazu gehörigen Gedichten in seinen Werken bedurft hätte.

Wir können über die Härte und Bitterkeit, womit Herr Menzel von Goethe spricht, nicht stark genug unser Erschrecken ausdrücken. Er sagt manch allgemein wahres Wort, das aber nicht auf Goethe angewendet werden dürfte. Beim Lesen jener Blätter, worin über Goethe gesprochen oder vielmehr abgesprochen wird, ward uns plötzlich so ängstlich zumute wie vorigen Sommer, als ein

Bankier in London uns der Kuriosität wegen einige falsche Banknoten zeigte; wir konnten diese Papiere nicht schnell genug wieder aus den Händen geben, aus Furcht, man möchte plötzlich uns selbst als Verfertiger derselben anklagen und ohne Umstände vor Old Bailey aufhängen. Erst nachdem wir an den Menzel'schen Blättern über Goethe unsre schaurige Neugier befriedigt, erwachte der Unmut. Wir beabsichtigen keineswegs eine Verteidigung Goethe's; wir glauben, die Menzel'sche Lehre: „Goethe sei kein Genie, sondern ein Talent", wird nur bei wenigen Eingang finden, und selbst die wenigen werden doch zugeben, daß Goethe dann und wann das Talent hat, ein Genie zu sein. Aber selbst wenn Menzel recht hätte, würde es sich nicht geziemt haben, sein hartes Urteil so hart hinzustellen. Es ist doch immer Goethe, der König, und ein Rezensent, der an einen solchen Dichterkönig sein Messer legt, sollte doch ebensoviel Kourtoisie besitzen wie jener englische Scharfrichter, welcher Karl I. köpfte und, ehe er dieses kritische Amt vollzog, vor dem königlichen Delinquenten niederkniete und seine Verzeihung erbat.

Woher aber kommt diese Härte gegen Goethe, wie sie uns hie und da sogar bei den ausgezeichnetsten Geistern bemerkbar worden? Vielleicht eben weil Goethe, der nichts als *primus inter pares* sein sollte, in der Republik der Geister zur Tyrannis gelangt ist, betrachten ihn viele große Geister mit geheimem Groll. Sie sehen in ihm sogar einen Ludwig XI., der den geistigen hohen Adel unterdrückt, indem er den geistigen *Tiers éta*, die liebe Mittelmäßigkeit, emporhebt. Sie sehen, er schmeichelt den respektiven Korporationen der Städte, er sende gnädige Handschreiben und Medaillen an die „lieben Getreuen", und erschafft einen Papieradel von Hochbelobten, die sich schon viel höher dünken als jene wahren Großen, die ihren Adel, ebensogut wie der König selbst, von der Gnade Gottes erhalten, oder, um whiggisch zu sprechen, von der Meinung des Volkes. Aber immerhin mag dieses geschehen. Sahen wir doch jüngst in den Fürstengrüften von Westminster, daß jene Großen, die, als sie lebten, mit den Königen haderten, dennoch im Tode in der königlichen Nähe begraben liegen – und so wird auch Goethe nicht verhindern können, daß jene großen Geister, die er im Leben gern entfernen wollte, dennoch im Tode mit ihm zusammen kommen und neben ihm ihren ewigen Platz finden im Westminster der deutschen Literatur.

Die brütende Stimmung unzufriedener Großen ist ansteckend, und die Luft wird schwül. Das Prinzip der Goethe'schen Zeit, die Kunstidee, entweicht, eine neue Zeit mit einem neuen Prinzipe steigt auf, und seltsam! wie das Menzel'sche Buch merken läßt, sie beginnt mit Insurrektion gegen Goethe. Vielleicht fühlt Goethe selbst, daß die schöne objektive Welt, die er durch Wort und Beispiel gestiftet hat, notwendigerweise zusammensinkt, so wie die Kunstidee allmählich ihre Herrschaft verliert, und daß neue frische

Geister von der neuen Idee der neuen Zeit hervorgetrieben werden, und gleich nordischen Barbaren, die in den Süden einbrechen, das zivilisierte Goethentum über den Haufen werfen und an dessen Stelle das Reich der wildesten Subjektivität begründen. Daher das Bestreben, eine Goethe'sche Landmiliz auf die Beine zu bringen. Überall Garnisonen und aufmunternde Beförderungen. Die alten Romantiker, die Janitscharen, werden zu regulären Truppen zugestutzt, müssen ihre Kessel abliefern, müssen die Goethe'sche Uniform anziehen, müssen täglich *exerzieren*. Die Rekruten lärmen und trinken und schreien Vivat; die Trompeten blasen –

Wird Kunst und Altertum imstande sein, Natur und Jugend zurückzudrängen?

Wir können nicht umhin, ausdrücklich zu bemerken, daß wir unter „Goethentum" nicht Goethe's Werke verstehen, nicht jene teuren Schöpfungen, die vielleicht noch leben werden, wenn längst die deutsche Sprache schon gestorben ist und das geknutete Deutschland in slavischer Mundart wimmert; unter jenem Ausruck verstehen wir auch nicht eigentlich die Goethe's Denkweise, diese Blume, die im Miste unserer Zeit immer blühender gedeihen wird, und sollte auch ein glühendes Enthusiastenherz sich über ihre kalte Behaglichkeit noch so sehr ärgern; mit dem Worte „Goethentum" deuteten wir oben vielmehr auf Goethe'sche Formen, wie wir sie bei der blöden Jüngerschar nachgekneten finden, und auf das matte Nachpiepsen jener Weisen, die der Alte gepfiffen. Eben die Freude, die dem Alten jenes Nachkneten und Nachpiepsen gewährt, erregte unsere Klage. Der Alte! wie zahm und milde ist er geworden! Wie sehr hat er sich gebessert! würde ein Nicolait sagen, der ihn noch in jenen wilden Jahren kannte, wo er den schwülen „Werther" und den „Götz mit der eisernen Hand" schrieb! Wie hübsch manierlich ist er geworden, wie ist ihm alle Roheit jetzt fatal, wie unangenehm berührt es ihn, wenn er an die frühere geniale himmelstürmende Zeit erinnert wird, oder wenn gar andere, in seine alten Fußstapfen tretend, mit demselben Übermut ihre Titanenflegeljahre austoben! Sehr treffend hat in dieser Hinsicht ein geistreicher Ausländer unsern Goethe mit einem alten Räuberhauptmanne verglichen, der sich vom Handwerke zurückgezogen hat, unter den Honoratioren eines Provinzialstädtchens ein ehrsam bürgerliches Leben führt, bis aufs kleinlichste alle Philistertugenden zu erfüllen strebt, und in die peinlichste Verlegenheit gerät, wenn zufällig irgendein wüster Waldgesell aus Kalabrien mit ihm zusammentrifft und alte Kameradschaft nachsuchen möchte.

Vorbemerkung
zu Lautenbacher's
Paraphrase einer Stelle des Tacitus
(1828)

Anno 1794 lieferte der *Vieux cordelier* eine Paraphrase jenes Kapitels des Tazitus, wo dieser den Zutand Rom's unter Nero schildert. Ganz Paris fand darin auch das Bild seiner eigenen Schreckenszeit und wenn es auch dem furchtbaren Robespierre gelang, den Verfasser jener Paraphrase, den edlen Camille Desmonlins, hinrichten zu lassen, so blieb doch dessen Wort am Leben; gleich geheimnisvoller Saat wucherte es im Herzen des Volkes, getränkt von Märtyrerblut schoß diese Saat um so üppiger empor, und ihre Frucht war der neunte Thermidor.

Paraphrasen des Tacitus gehören also nicht bloß ins Gebiet der Schulstube und dürften wohl in „politischen Annalen" ihre Stelle finden.

Nachträge.

(Zu den musikalischen Berichten aus Paris.)

Die erste Aufführung von

Meyerbeer's „Hugenotten"

Paris, den 1. März 1836.

Für die schöne Welt von Paris war gestern ein merkwürdiger Tag: – die erste Vorstellung von Meyerbeer's langersehnten „Hugenotten" gab man in der Oper, und Rothschild gab seinen ersten großen Ball in seinem neuen Hotel. Ich wollte von beiden Herrlichkeiten an demselben Abend genießen, und habe mich so übernommen, daß ich noch wie berauscht bin, daß mir Gedanken und Bilder im Kopfe taumeln, und daß ich vor lauter Betäubnis und Ermüdung fast nicht schreiben kann. Von Beurteilung kann gar nicht die Rede sein. „Robert-le-Diable" mußte man ein Dutzendmal hören, ehe man in die ganze Schönheit dieses Meisterwerks eindringen konnte. Und wie Kunstrichter versichern, soll Meyerbeer in den „Hugenotten" noch größere Vollendung der Form, noch geistreichere Ausführung der Details gezeigt haben. Er ist wohl der größte jetzt lebende Kontrapunktist, der größte Künstler in der Musik; er tritt diesmal mit ganz neuen Formschöpfungen hervor, er schafft neue Formen im Reiche der Töne, und auch neue Melodien gibt er, ganz außerordentliche, aber nicht in anarchischer Fülle, sondern wo er will und wann er will, an der Stelle, wo sie nötig sind. Hierdurch eben unterscheidet er sich von andern genialen Musikern, deren Melodienreichtum eigentlich ihren Mangel an Kunst verrät, indem sie von der Strömung ihrer Melodien sich selber hinreißen lassen und der Musik mehr gehorchen als gebieten. Ganz richtig hat man gestern im Foyer der Oper den Kunstsinn von Meyerbeer mit dem Goethe'schen verglichen. Nur hat, im Gegensatz zu Goethe, bei unserm großen Maestro die Liebe für seine Kunst, für seine Musik, einen so leidenschaftlichen Charakter angenommen, daß seine Verehrer oft für seine Gesundheit besorgt sind. Von diesem Manne gilt wahrhaftig das orientalische Gleichnis von der Kerze, die, während sie andern leuchtet, sich selber verzehrt. Auch ist er der abgesagte Feind von aller Unmusik, allen Mißtönen, allem Gegröle, allem Gequicke, und man erzählt die spaßhaftesten Dinge von seiner Antipathie gegen Katzen und Katzenmusik. Schon die Nähe einer Katze kann ihn aus dem Zimmer treiben, sogar ihm eine Ohnmacht zuziehen. Ich bin überzeugt, Meyerbeer stürbe, wenn es nötig wäre, für einen musikalischen Satz, wie andere etwa für einen Glaubenssatz. Ja, ich bin der Meinung, wenn am jüngsten Tage ein Posaunenengel schlecht bliese, so wäre Meyerbeer kapabel, im Grabe ruhig liegen zu bleiben und an der allgemeinen Auferstehung gar keinen Teil zu nehmen. Durch seinen Enthusiasmus für die Sache sowie auch durch seine persönliche Bescheidenheit, sein edles, gütiges Wesen, besiegt der gewiß auch jede kleine Opposition, die, hervorgerufen durch den kolossalen Erfolg von „Robert-le-Diable", seitdem hinlängliche Muße hatte, sich zu vereinigen, und die gewiß dieses Mal bei dem neuen Triumphzug ihre bösmäuligsten Lieder ertönen läßt. Es darf Sie daher nicht befremden, wenn vielleicht einige grelle Mißlaute in dem allgemeinen Beifallsrufe vernehmbar werden. Ein Musikhändler, welcher nicht der Verleger der neuen Oper, wird wohl das Mittelpünktchen dieser Opposition bilden, und an diesen lehnen sich einige musikalische Renomméen, die längst erloschen oder noch nie geleuchtet.

 Es war gestern abend ein wunderbarer Anblick, das eleganteste Publikum von Paris, festlich geschmückt, in dem großen Opernsaale versammelt zu sehen, mit zitternder Erwartung, mit ernsthafter Ehrfurcht, fast mit Andacht. Alle Herzen schienen erschüttert. Das war Musik. – Und darauf der Rothschild'sche Ball. Da ich ihn erst um vier Uhr diesen Morgen verlassen und noch nicht geschlafen habe, bin ich zu sehr ermüdet, als daß ich Ihnen von den Schauplatze dieses Festes, dem neuen, ganz im Geschmack der Renaissance erbauten Palaste, und von dem Publikum, das mit Erstaunen darin umherwandelte, einen Bericht abstatten könnte. Dieses Publikum bestand, wie bei allen Rothschild'schen Soiréen, in einer strengen Auswahl aristokratischer Illustrationen, die durch große Namen oder hohen Rang, die Frauen aber mehr durch Schönheit und Putz, imponieren könnten. Was jenen Palast mit seinen Dekorationen betrifft, so ist hier alles vereinigt, was nur der Geist des 16. Jahrhunderts ersinnen und das Geld des 19. Jahrhunderts bezahlen konnte; hier wetteiferte der Genius der bildenden Kunst mit dem Genius von Rothschild. Seit zwei Jahren war an diesem Palast und seiner Dekoration beständig gearbeitet, und die Summen, die daran verwendet worden, sollen ungeheuer sein. Herr von Rothschild lächelt, wenn man ihn darüber befragt. Es ist das Versailles der absoluten Geldherrschaft. Indessen muß man den Geschmack, womit alles ausgeführt ist, ebensosehr wie die Kostbarkeit der Ausführung bewundern. Die Leitung der Verzierungen hatte Herr Duponchel übernommen, und alles zeugt von seinem guten Geschmack. Im ganzen, so wie in Einzelheiten, erkennt man auch den feinen Kunstsinn der Dame des Hauses, die nicht bloß eine der hübschesten Frauen von Paris ist, sondern ausgezeichnet durch Geist und Kenntnisse, sich auch praktisch mit bildender Kunst, nämlich Malerei, beschäftigt. – Die Renaissance, wie man das Zeitalter Franz I. benennt, ist jetzt Mode in Paris. Alles möbliert und kostümiert man jetzt im Geschmacke dieser Zeit; ja, manche treiben dieses bis zur Wut. Was bedeutet diese plötzlich erwachte Leidenschaft für jene Epoche der erwachten Kunst, der erwachten Lebensheiterkeit, der erwachten Liebe für das Geistreiche in der Form der Schönheit? Vielleicht liegen in unserer Zeit einige Tendenzen, die sich durch diese Sympathie beurkunden.

Zur „Lutetia", Parlamentarische Periode des Bürgerkönigstums.)

Der Hamburger Brand

Paris, den 20. Mai 1842.

In diesem Augenblick freilich sind die meisten Völker noch darauf hingewiesen, ihr Nationalgefühl auszubilden oder vielmehr auszubeuten, um zur innern Einheit, zur Zentralisation ihrer Kräfte zu gelangen und somit auch nach außen den bedrohlichen Nachbarn gegenüber zu erstarken. Aber das Nationalgefühl ist nur Mittel zum Zweck, es wird wieder erlöschen, sobald dieser erreicht ist, und es hat keine so große Zukunft wie jenes Bewußtsein des Weltbürgertums, das von den edelsten Geistern des 18. Jahrhunderts proklamiert worden, und früh oder spät, aber auf immer, auf ewig, zur Herrschaft gelangen muß. Wie tief dieser Kosmopolitismus in den Herzen der Franzosen wurzelt, das beurkundete sich recht sichtbar bei Gelegenheit des Hamburger Brandes. Die Partei der Menschheit hat da einen großen Triumph gefeiert. Es übersteigt alle Begriffe, wie gewaltig das Mitgefühl hier alle Volksklassen erfaßte, als sie von dem Unglück hörten, das jene ferne deutsche Stadt betroffen, deren geographische Lage vielleicht den wenigsten bekannt war. Ja, bei solchen Anlässen zeigt es sich, daß die Völker dieser Erde inniger verbunden sind, als man da und dort ahnen oder wünschten mag, und daß bei aller Verschiedenheit der Interessen dennoch eine glühende Bruderliebe in Europa auflodern kann, wenn die rechte Stunde kommt. Hatte aber die Nachricht von jenem furchtbaren Brande bei den Franzosen, die gleichzeitig im eignen Hause ein schmerzliches Schrecknis erlebten, die rührendste Sympathie hervorgerufen, so mußte die Teilnahme in noch stärkerem Grade stattfinden bei den hier wohnenden Deutschen, die ihre Freunde und Verwandten in Hamburg besitzen. Unter den Landsleuten, die sich bei dieser Gelegenheit durch mildtätigen Eifer auszeichneten, muß Herr James von Rothschild ganz besonders genannt werden, wie denn überhaupt der Name dieses Hauses immer hervortritt, wo ein Werk der Menschenliebe zu verrichten ist. Und mein armes Hamburg liegt in Trümmern, und die Orte, die mir so wohl bekannt, mit welchen alle Erinnerungen meiner Jugend so innig verwachsen, sie sind ein rauchender Schutthaufen! Am meisten beklage ich den Verlust jenes Petriturmes – er war über die Kleinlichkeit seiner Umgebung so erhaben! Die Stadt wird bald wieder aufgebaut sein mit neuen, gradlinigen Häusern und nach der Schnur gezogenen Straßen, aber es wird doch nicht mehr mein altes Hamburg sein, mein altes, schiefwinkliges, schlabbriges Hamburg. Der Breitengiebel, wo mein Schuster wohnte und wo ich Austern aß, bei Unbescheiden – ein Raub der Flammen! Der „Hamburger Korrespondent" meldet zwar, daß der Dreckwall sich bald wie ein Phönix aus der Asche erheben werde – aber ach, es wird doch der alte Dreckwall nicht mehr sein! Und das Rathaus – wie oft ergötzte ich mich an den Kaiserbildern, die, aus Hamburger Rauchfleisch gemeißelt, die Fassade zierten! Sind die hoch- und wohlgepuderten Perücken gerettet, die dort den Häuptern der Republik ihr majestätetisches Ansehen gaben? Der Himmel bewahre mich, in einem Moment wie der jetzige an diesen alten Perücken ein weniges zu zupfen. Im Gegenteil, ich möchte bei dieser Gelegenheit vielmehr bezeugen, daß die Regierung zu Hamburg immer die Regierten übertraf an gutem Willen für gesellschaftlichen Fortschritt. Das Volk stand hier immer tiefer als seine Stellvertreter, worunter Männer von der bedeutendsten Bildung und Vernünftigkeit. Aber es steht zu hoffen, daß der große Brand auch die untern Intelligenzen ein bißchen erleuchtet haben wird und die ganze hamburgische Bevölkerung jetzt einsieht, daß der, der ihr im Unglück seine Wohltat angedeihen ließ, späterhin nicht mehr durch kleinlichen Krämersinn beleidigt werden darf. Namentlich die bürgerliche Gleichstellung der verschiedenen Konfessionen wird gewiß jetzt nicht mehr in Hamburg vertagt werden können. – Wir wollen das Beste von der Zukunft erwarten; der Himmel schickt nicht umsonst die großen Prüfungen.

Gedanken und Einfälle

Die nachstehenden Aphorismen sind aus den Nachlaßpapieren Heine's gesammelt und verdanken ihre Entstehung der Gewohnheit des Dichters, jeden Gedanken, der ihm spätere Verarbeitung würdig erschien, in der Form, wie ihn der Augenblick erzeugte, einzeln zu Papier zu bringen.

Der Herausgeber.

I. Persönliches

Um meine Wiege spielten die letzten Mondlichter des achtzehnten und das erste Morgenrot des neunzehnten Jahrhunderts.

*

Die Mutter erzählt, sie habe während ihrer Schwangerschaft im fremden Garten einen Apfel hängen sehen, ihn aber nicht abbrechen wollen, damit ihr Kind kein Dieb werde. Mein Leben hindurch behielt ich ein geheimes Gelüste nach schönen Äpfeln, aber verbunden mit Respekt vor fremden Eigentum und Abscheu vor Diebstahl.

*

Ich habe die friedlichste Gesinnung. Meine Wünsche sind: eine bescheidene Hütte, ein Strohdach, aber ein gutes Beet, gutes Essen, Milch und Butter, sehr frisch, vor dem Fenster Blumen, vor der Tür einige schöne Bäume, und wenn der liebe Gott mich ganz glücklich machen will, läßt er mich die Freude erleben, daß an diesen Bäumen etwa sechs bis sieben meiner Feinde aufgehängt werden. Mit gerührtem Herzen werde ich ihnen vor ihrem Tode alle Unbill verzeihen, die sie mir im Leben zugefügt – Ja, man muß seinen Feinden verziehen, aber nicht früher, als bis sie gehenkt worden.

*

Ich bin nicht vindikativ – ich möchte gern meine Feinde lieben; aber ich kann sie nicht lieben, ehe ich mich an ihnen gerächt habe – dann erst öffnet sich ihnen mein Herz. Solange man sich nicht gerächt, bleibt immer eine Bitterkeit im Herzen zurück.

*

Daß ich Christ ward, ist die Schuld jener Sachsen, die bei Leipzig plötzlich umsattelten, oder Napoleon's, der doch nicht nötig hatte, nach Rußland zu gehen, oder seines Lehrers, der ihm zu Brienne Unterricht in der Geographie gab und ihm nicht gesagt hat, daß es zu Moskau im Winter sehr kalt ist.

*

Wenn Montalembert Minister wird und mich von Paris fortjagen wollte, würde ich katholisch werden – *Paris vaut bien une messe!*

*

Ich ließ mich nicht naturalisieren, aus Furcht, daß ich alsdann Frankreich weniger lieben würde, wie man für eine Maitresse kühler wird, sobald man bei der Mairie ihr legal angetraut worden. Ich werde mit Frankreich in wilder Ehe fortleben.

*

Mein Geist fühlt sich in Frankreich exiliert, in eine fremde Sprache verbannt.

*

Gott wird mir die Torheiten verzeihen, die ich über ihn vorgebracht, wie ich meinen Gegnern die Torheiten verzeihe, die sie gegen mich geschrieben, obgleich sie geistig so tief unter mir standen, wie ich unter dir stehe, o mein Gott!

II. Religion und Philosophie

Die Erde ist der große Felsen, woran die Menschheit, der eigentliche Prometheus, gefesselt ist und vom Geier des Zweifels zerfleischt wird. Sie hat das Licht gestohlen und leidet nun Martern dafür.

*

Kunst und Philosophie, das Bild und der Begriff, wurden erst durch die Griechen voneinander getrennt. Die Verschmelzung derselben in der Religion ging beiden voran.

*

Der Gedanke der Persönlichkeit Gottes als Geist ist ebenso absurd wie der rohe Anthropomorphismus, denn die geistigen Attribute bedeuten nichts und sind lächerlich ohne die körperlichen.

*

Der Gott der besten Spiritualitäten ist eine Art von luftleerem Raume im Reiche des Gedankens, angestrahlt von der Liebe, die wieder ein Abglanz der Sinnlichkeit.

*

Der Engel, der Karrikaturen malt, ist ein Bild des Pantheisten, der seinen Gott in der Brust trägt.

*

Der Gedanke ist die unsichtbare Natur, die Natur der sichtbare Gedanke.

*

Im Altertume gab es keinen Gespensterglauben. Die Leiche wurde verbrannt, der Mensch entschwand als Rauch in die Höhe, er ging auf in dem reinsten, geistigsten Element, im Feuer. Bei den Christen wird der Leib (aus Hohn oder Verachtung?) der Erde zurückgegeben – er ist wie das Korn, und sproßt wieder hervor als Gespenst (ein körperlicher Leib wird gesäet, ein geistiger entsproßt) – er behält die Schauer der Verwesung.

*

Gott hat nichts manifestiert, was auf eine Fortdauer nach dem Tode hinwiese; auch Moses redet nicht davon. Es ist Gott vielleicht gar nicht recht, daß die Frommen die Fortdauer so fest annehmen – In seiner väterlichen Güte will er uns vielleicht damit eine Surprise machen.

*

Bei keinem Volke ist der Glaube an Unsterblichkeit stärker gewesen wie bei den Kelten; man konnte Geld bei ihnen geliehen bekommen, um es in der anderen Welt wieder zu geben. Fromme christliche Wucherer sollten sich daran spiegeln!

*

Irdisches gewährte und verhieß das Heidentum, und darum pflegten die Glücklichen, welchen die Erfüllung ihrer Wünsche und das Gelingen ihrer Werke von dem Walten gnadenreicher Götter und von der Gunst derselben zeugte, frömmere Götterdiener als die Unglücklichen zu sein. Vgl. Aristoteles' *Rhetoric, Lib. II, cap. 17, p. 240. Tom Individualität, ed. Bipont.*

*

Der verzweiflungsvolle Zustand der Menschheit zur Zeit der Zäsaren erklärt den Succeß des Christentums. Der Selbstmord der stolzen Römer, welche auf einmal die Welt aufgaben, war so häufig in jener Zeit. Wer den Mut nicht hatte, auf einmal von der Welt Abschied zu nehmen, ergriff den langsamen Selbstmord der Entsagungsreligionen. (Christi Passion war ja ebenfalls eine Art Selbstmord.) Sklaven und unglückliches Volk waren die ersten Christen; durch ihre Menge und den neuen Fanatismus wurden sie eine Macht, die Konstantin begriff, und der römische Weltherrschaftsgeist bemächtigte sich bald derselben, und disziplinierte sie durch Dogma und Kultus.

*

Bei der Polemik zwischen Christen und heidnischen Philosophen vertauschen die Gegner oft im Kampfgetümmel die Waffen: hier sehen wir einen christlichen Versehungshelm auf dem Haupte des Griechen, dort ein griechisches Götterschwert in der Hand des

Christen Ketzereien entspringen, Glaubenshelden verfallen in Irrtum und Zweifel.

*

Die Apologeten des Christentums mußten in ihrem Kampfe gegen das Heidentum um so eher sich auf das Feld der Philosophen hinaus wagen, da die Philosophie damals von Max Aurel bis Julian) auf dem Throne saß – durch Polemik arbeitet sich das Dogma aus.

*

Unterschied des Heidentums (der Inder, Perser) vom Judentum: Sie haben alle ein unendliches, ewiges Urwesen, aber dieses ist bei jenen in der Welt, mit welcher es identisch, und es entfaltet sich mit dieser aus dem Gesetze der Notwendigkeit – der Gott der Juden ist außer der Welt und erschafft sie durch einen Akt des freien Willens.

*

Judentum – Aristokratie: Ein Gott hat die Welt erschaffen und regiert sie; alle Menschen sind seine Kinder, aber die Juden sind seine Lieblinge und ihr Land ist sein auserwähltes Dominium. Er ist ein Monarch, die Juden sind der Adel, und Palästina ist das Exarchat Gottes.
Christentum – Demokratie: Ein Gott, der alles erschaffen und regiert, aber alle Menschen gleich liebt und alle Reiche gleich beschützt. Er ist kein Nationalgott mehr, sondern ein universeller.

*

Das Christentum tritt auf zur Tröstung: Die, welche in diesem Leben viel Glück genossen, werden im künftigen davon eine Indigestion haben – die, welche zu wenig gegessen, werden nachträglich das beste Gastmahl aufgetischt finden; die irdischen Prügelflecken werden von den Engeln gestreichelt werden.

*

Die, welche den Kelch der Freuden hienieden getrunken, bekommen dort oben den Katzenjammer.

*

Im Christentume kommt der Mensch zum Selbstbewußtsein des Geistes durch den Schmerz – Krankheit vergeistigt selbst die Tiere.

*

Das Christentum wußte die blaue Luft der Provence zu entheitern und erfüllte sie mit seinem Glockengeläute.

*

Beim Anblick eines Domes

Sechshundert Jahr' wurde dran gebaut, und du genießest in einem Augenblick die Ruhe nach einer sechshundertjährigen Arbeit.

Wie Meereswellen sind die Generationen daran vorbei gewogt, und noch kein Stein ist bewegt worden. Das Mausoleum des Katholizismus, das er sich noch bei Lebzeiten bauen lassen, ist die steinerne Hülle eines erloschenen Gefühls – (ironisch droben die Uhr). – Drinnen in diesem Steinhause blühte einst ein lebendiges Wort, drinnen ist es tot und lebt nur noch in der äußeren Steinrinde. (Hohler Baum.)

*

In der Kirche

Wehmütiger Orgelton, die letzten Sterbeseufzer des Christentums.

*

Verehrung für Rom

Wie mancher ging aus, die Kirche zu schmähen, zu befinden, und änderte plötzlich seinen Sinn und kniete nieder und betete an. Es ging manchen wie Bileam, dem Sohne Boer's, der Israel zu fluchen auszog und gegen seine Absicht es segnete. Warum? Und doch hatte er nur die Stimme seines Esels gehört.

*

Die Toren meinen, um das Kapitol zu erobern, müsse man zuerst die Gänse angreifen.

*

Die katholischen Schriftsteller haben gute Kriegswerkzeuge, wissen sie aber nicht zu gebrauchen. Wie die Chinesen haben sie gute Kanonen, auch Pulver und Kugeln, aber Schließen ist eine andere Sache. Sie sind Kinder mit großen Säbeln, die sie nicht aufheben können; mit Helmen, die ihnen den Kopf eindrücken. Und gar die Kanonen wissen sie erst recht nicht zu handhaben.

*

Die römische Kirche mißtraut ihren modernen Seiden – sie fürchtet, daß so ein Eiferer, statt den Pantoffel zu küssen, ihr in den Fuß beiße mit rasender Inbrunst.

*

Die römische Kirche stirbt an jener Krankheit, wovon niemand genest: Erschöpfung durch die Macht der Zeit. Weise, wie sie ist, lehnt sie alle Ärzte ab: sie hat in ihrer langen Praxis so manchen Greis schneller als nötig sterben sehen, weil ein energischer Arzt ihn kurieren wollte. Doch wird ihre Agonie noch lange dauern. Sie wird uns alle überleben, den Schreiber dieses Artikels, den Druck, der ihn setzt, selbst den kleinen Lehrjungen, der die Druckbogen abholt.

*

Die Juden waren die einzigen, die bei der Christlichwerdung Europa's sich ihre Glaubensfreiheit behaupteten.

*

Judäa, dieses protestantische Ägypten.

*

Die Germanen ergriffen das Christentum aus Wahlverwandtschaft mit dem jüdischen Moralprinzip, überhaupt dem Judaismus. Die Juden waren die Deutschen des Orients, und jetzt sind die Protestanten in den germanischen Ländern (in Schottland, Amerika, Deutschland, Holland) nichts anderes als altorientalische Juden.

*

Der Judenhaß beginnt erst mit der romantischen Schule, mit der Freude am Mittelalter, Katholizismus, Adel, gesteigert durch die Teutomanen (Rühs).

*

Die jüdische Geschichte ist schön; aber die jungen Juden schaden den alten, die man weit über die Griechen und Römer setzen würde. Ich glaube: gäbe es keine Juden mehr und man wüßte, es befände sich irgendwo ein Exemplar von diesem Volk, man würde hundert Stunden reisen, um es zu sehen und ihm die Hände zu drücken – und jetzt weicht man uns aus!

*

Die Geschichte der neueren Juden ist tragisch, und schrieb man über dieses Tragische, so wird man noch ausgelacht – das ist das Allertragischste.

*

Es ist charakteristisch für den Hamburger Judenkrawall (im September 1830), daß die Revolutionäre erst ihr Tagesgeschäft vollendeten und eine Abendrevolution machten.

Ich war bei Van Aken während des Tumults: Der Löwe war am ruhigsten, vornehm indigniert, die Affen freuten sich, die Schlangen wanden sich, die Hyäne war unruhig gierig, der Eisbär streckte sich bequem hin und wartete, das Chamäleon veränderte jeden Augenblick die Farbe, rot, blau, weiß, endlich sogar dreifarbig – die Tiere sahen menschlich vernünftig aus, im Gegensatz zu den Menschen, die tierisch wild rasten.

Ein Jude sagte zum andern: „Ich war zu schwach." Dies Wort empfiehlt sich als Motto zu einer Geschichte des Judentums.

Eine Phryne, welche am Dammtor stand, sagte: „Wenn heute die Juden beleidigt werden, so geht's bald gegen den Senat, und endlich gegen uns." Kassandra der Drehbahn, wie bald gingen deine Worte in Erfüllung!

*

Seid ganz tolerant oder gar nicht, geht den guten Weg oder den bösen; um am Scheidewege zagend stehend zu bleiben, dazu seid ihr zu schwach – dies vermochte kein Herkules, und er mußte sich für einen der Wege bald entscheiden.

*

Der Taufzettel ist das Entréebillett zur europäischen Kultur.

*

Ich liebe sie (die Juden) persönlich.

*

B. Wenn ich von dem Stamme wäre, dem unser Heiland entsprossen, ich würde mich dessen eher rühmen als schämen.
A. Ach, das tät' ich auch, wenn unser Heiland der einzige wäre, der diesem Stamm entsprossen – aber es ist demselben so viel Lumpengesindel ebenfalls entsprossen, daß diese Verwandtschaft anzuerkennen sehr bedenklich war.

*

Die Juden, wenn sie gut, sind sie besser, wenn sie schlecht, sind sie schlimmer als die Christen.

*

Für das Porzellan, das die Juden einst in Sachsen kaufen mußten, bekommen die, welche es behielten, jetzt den hundertfachen Wert bezahlt. – Am Ende wird Israel für seine Opfer entschädigt durch die Anerkennung der Welt, durch Ruhm und Größe.

*

Die Juden – dieses Volk-Gespenst, das bei seinem Schatze, der Bibel, unabweisbar wachte! Vergebens war der Exorzismus – Deutsche haben ihn.

*

Ist die Mission der Juden geendigt? Ich glaube: wenn der weltliche Heiland kommt: Industrie, Arbeit, Freude. Der weltliche Heiland kommt auf einer Eisenbahn, Michel bahnt ihm den Weg, Rosen werden gestreut auf seinen Pfaden.

*

Wie viel hat Gott schon getan, um das Weltübel zu heilen! Zu Mosis Zeit tat er Wunder über Wunder, später in der Gestalt Christi ließ er sich sogar geißeln und kreuzigen, endlich in der Gestalt Enfantin's tat er das Ungeheuerste, um die Welt zu retten: er machte sich lächerlich – aber vergebens! Am Ende erfaßte ihn vielleicht der Wahnsinn der Verzweiflung, und er zerschellt sein Haupt an der Welt, und er und die Welt zertrümmern.

*

Das Heidentum endigt, sobald die Götter von den Philosophen als Mythen rehabilitiert werden. Das Christentum ist auf demselben Punkt gelangt, Strauß ist der Porphyrius unserer Zeit.

*

Es sind in Deutschland die Theologen, die dem lieben Gott ein Ende machen – *on n'est jamais trahi que par les siens.*

*

In Deutschland wird das Christentum gleichzeitig in der Theorie gestürzt und in den Tatsachen: Ausbildung der Industrie und des Wohlstandes.

*

Die Philosophen zerstörten in ihrem Kampfe gegen die Religion die heidnische, aber eine neue, die christliche, stieg hervor. Auch diese ist bald abgefertigt, doch es kommt gewiß eine neue, und die Philosophen werden wieder neue Arbeit bekommen, jedoch wieder vergeblich: die Welt ist ein großer Viehstall, der nicht so leicht wie der des Augias gereinigt werden kann, weil, während gefegt wird, die Ochsen drin bleiben und immer neuen Mist anhäufen.

*

In dunklen Zeiten wurden die Völker am besten durch die Religion geleitet, wie in stockfinstrer Nacht ein Blinder unser bester Wegweiser ist; er kennt Wege und Stege besser als ein Sehender. – Es ist aber töricht, sobald es Tag ist, noch immer die alten Blinden als Wegweiser zu gebrauchen.

*

Wie die Männer der Wissenschaft während der mittelalterlich christlichen Periode aus der Bibel heraus die wissenschaftlichen Wahrheiten zu entdecken suchten, so suchen jetzt die Männer der Religion die theologischen Wahrheiten in der Wissenschaft zu entdecken, in der Geschichte, in der Philosophie, in der Physik: die Dreieinigkeit in der indischen Mythologie, die Inkarnationslehre in der Logik, die Sündflut in der Geologie usw.

*

Bei den früheren Religionen wurde der Geist der Zeit durch einzelne ausgesprochen und durch Mirakel bestätigt. Bei den jetzigen Religionen wird der Geist der Zeit durch viele ausgesprochen und bestätigt durch die Vernunft. Jetzt gibt es keine Mirakel mehr, nachdem die Physik ausgebildet worden; Oken sieht dem lieben Gott auf die Finger, und dieser will nicht mit Bosko rivalisieren.

*

Jede Religion gewährt auf ihre Art Trost im Unglück. Bei den Juden die Hoffnung: „Wir sind in der Gefangenschaft, Jehovah zürnt uns, aber er schickt einen Retter." Bei den Mohamedanern Fatalismus: „Keiner entgeht seinem Schicksal, es steht oben geschrieben auf Steintafeln, tragen wir das Verhängte mit Ergebung, Allah il Allah!" Bei den Christen spiritualistische Verachtung des Angenehmen und der Freude, schmerzsüchtiges Verlangen nach dem Himmel, auf Erden Versuchung des Bösen, dort oben Belohnung. – Was bietet der neue Glauben?

*

Die Herrlichkeit der Welt ist immer adäquat der Herrlichkeit des Geistes, der sie betrachtet. Der Gute findet hier sein Paradies, der Schlechte genießt schon hier seine Hölle.

*

Unsere Moralbegriffe schweben keineswegs in der Luft: die Veredlung des Menschen, Recht und Unsterblichkeit haben Realität in der Natur. Was wir Heiliges denken, hat Realität, ist kein Hirngespinst.

*

Heilige wie der Stylit sind jetzt unmöglich, da die Philanthropie sie gleich in einer Irrenanstalt unterbringen würde.

*

Gibt's in der Geschichte auch Tag und Nacht wie in der Natur? – Mit dem dritten Jahrhundert des Christentums beginnt die Dämmerung, wehmütiges Abendrot der Neoplatoniker, das Mittelalter war dicke Nacht, jetzt steigt das Morgenlicht herauf – ich grüße dich, Phöbus Apollo! Welche Träume in jener Nacht, welche Gespenster, welche Nachtwandler, welcher Straßenlärm, Mord und Totschlag – ich werde davon erzählen.

*

Ich sehe die Wunder der Vergangenheit klar. Ein Schleier liegt auf der Zukunft, aber ein rosenfarbiger, und hindurch schimmern goldene Säulen und Geschmeide und klingt es süß.

III. Kunst und Literatur.

Ein Buch will seine Zeit wie ein Kind. Alle schnell in wenigen Wochen geschriebenen Bücher erregen bei mir ein gewisses Vorurteil gegen den Verfasser. Eine honette Frau bringt ihr Kind nicht vor dem neunten Monat zur Welt.

*

Dem Dichter wird während des Dichtens zumute, als habe er, nach der Seelenwanderungslehre der Pythagoräer, in den verschiedensten Gestalten ein Vorleben geführt – Intuition ist wie Erinnerung.

*

Eine Philosophie der Geschichte war im Altertum unmöglich. Erst die Jetztzeit hat Materialien dazu: Herder, Bossuet etc. – Ich glaube, die Philosophen müssen noch tausend Jahr' warten, ehe sie den Organismus der Geschichte nachweisen können; bis dahin glaube ich, nur folgendes ist anzunehmen. Für Hauptsache halte ich: die menschliche Natur und die Verhältnisse (Boden, Klima, überlieferte Gesetzgebung, Krieg, unvorhergesehene und unberechenbare Bedürfnisse), beide in ihrem Konflikt oder in ihrer Allianz geben den Fond der Geschichte, sie finden aber immer ihre Signatur im Geiste, und die Idee, von welcher sie sich repräsentieren lassen, wirkt wieder als Drittes auf sie ein; das ist hauptsächlich in unseren Tagen der Fall, auch im Mittelalter. Shakespeare zeigt uns in der Geschichte nur die Wechselwirkung von der menschlichen Natur und den äußern Verhältnissen – die Idee, das Dritte, tritt nie auf in seinen Tragödien; daher eine viel klarere Gestaltung und etwas Ewiges, Unwandelbares in seinen Entwicklungen, da das Menschliche immer dasselbe bleibt zu allen Zeiten. Das ist auch der Fall bei Homer. Beider Dichter Werke sind unvergänglich. Ich glaube nicht, daß sie so gut ausgefallen wären, wenn sie eine Zeit darzustellen gehabt hätten, wo eine Idee sich geltend machte, z. B. im Beginne des aufkommenden Christentums, zur Zeit der Reformation, zur Zeit der Revolution.

*

Bei den Griechen herrschte Identität des Lebens und der Poesie. Sie hatten daher keine so großen Dichter wie wir, wo das Leben oft den Gegensatz der Poesie bildet. Shakespeare's große Zehe enthält mehr Poesie als alle griechischen Poeten, mit Ausnahme des Aristophanus. Die Griechen waren große Künstler, nicht Dichter; sie hatten mehr Kunstsinn als Poesie. In der Plastik leisteten sie so Bedeutendes, eben weil sie hier nur die Wirklichkeit zu kopieren brauchten, welche Poesie war und ihnen die besten Modelle bot.

*

Wie die Griechen das Leben blühend und heiter darstellten und zur Aussicht gaben die trübe Schattenwelt des Todes, so hingegen ist nach christlichen Begriffen das jetzige Leben trüb und schattenhaft, und erst nach dem Tod kommt das heitre Blütenleben. Das mag Trost im Unglück geben, aber taugt nicht für den plastischen Dichter. Darum ist die Ilias so heiter jauchzend, das Leben wird um so heiterer erfaßt, je näher unsre Abfahrt zur zweiten Schattenwelt, z. B. von Achilles.

*

Die Griechen gaben dem Christentum die Kunst: – Kunst des Wortes (Dogmatik und Mythologie) und Kunst der Sinne (Malerei und Baukunst). Die gotische ist nichts als kranke Kunst. Als ich im Dom von Toulouse (St. Sernin) doppelt sah, sah ich das Zentrum gebrochen in der Mitte, und begriff die Entstehung des gotischen Spitzbogens aus dem römischen Kreisbogen.

*

Kunstwerk

Das sichtbare Werk spricht harmonisch den unsichtbaren Gedanken aus; daher ist auch Lebekunst die Harmonie des Handelns und unsrer Gesinnung.

Schön ist das Kunstwerk, wenn das Göttliche sich dem Menschlichen freundlich zuneigt – Diana küßt Endymion; *erhaben*, wenn das Menschliche sich zum Göttlichen gewaltsam emporhebt – Prometheus trotzt dem Jupiter, Agamemnon opfert sein Kind. Die Christusmythe ist schön und erhaben zugleich.

*

In der Kunst ist die Form alles, der Stoff gilt nichts. Staub berechnet für den Frack, den er ohne Tuch geliefert, denselben Preis, als wenn ihm das Tuch geliefert worden. Er lasse sich nur die Form bezahlen und den Stoff schenke er.

*

In bezug auf die Frage von den eingeborenen Ideen möchte folgende Lösung richtig sein: Es gibt Menschen, denen alles von außen kommt, die sogenannten Talente, wie Lessing, erinnernd an Affen, wo die äußere Nachahmung waltet – nichts ist in ihrem Geiste, was sie nicht durch die Sinne aufgenommen. Es gibt aber auch Menschen, denen alles aus der Seele kommt. Genien wie Rafael, Mozart, Shakespeare, denen das Gebären aber schwerer wird, wie dem sogenannten Talente. Bei jenen ein Machen ohne Leben, ohne Innerlichkeit, Mechanismus – bei diesen ein organisches Entstehen.

*

Das Genie trägt im Geiste ein Abbild der Natur, und durch diese erinnert, gebiert es dies Abbild; das Talent bildet die Natur nach und schafft analytisch, was das Genie synthetisch schafft. Es gibt aber auch Charaktere, welche zwischen beiden schweben.

*

Die Daguerreotypie ist ein Zeugnis gegen die irrige Ansicht, daß die Kunst eine Nachahmung der Natur sei – die Natur hat selbst den Beweis geliefert, wie wenig sie von der Kunst versteht, wie kläglich es ausfällt, wenn sie sich mit Kunst abgibt.

*

Philarète Charles ordnet als Literaturhistoriker, die Schriftsteller nicht nach Äußerlichkeiten (Nationalitäten), Zeitalter, Gattung der Werke (Epos, Drama, Lyrik), sondern nach dem inneren geistigen Prinzip, nach Wahlverwandtschaft. So will Paracelsus die Blumen nach dem Geruch klassifizieren – wie viel sinnreicher, als Linné nach Staubfäden! Wäre es gar so sonderbar, wenn man auch die Literaten nach ihrem Geruch klassifizierte? Die, welche nach Tabak, die, welche nach Zwiebeln riechen usw.

*

Die Sage von dem Bildhauer, dem die Augen ausgestochen wurden, damit er nicht eine ähnliche Statue anfertige, beruht auf demselben Grunde wie die Sitte, nach welcher das Glas, woraus eine hohe Gesundheit getrunken wurde, zerbrochen wird.

*

Ein Skulptor, der zugleich Napoleon und Wellington meißelt, kommt mir vor wie ein Priester, der um zehn Uhr Messe lesen und um zwölf Uhr in der Synagoge singen will – Warum nicht? Er kann es; aber wo es geschieht, wird man bald weder die Messe noch die Synagoge besuchen.

Den Dichtern wird es noch schwerer, zwei Sprachen zu reden – ach! die meisten können kaum eine Sprache reden.

*

Man preist den dramatischen Dichter, der es versteht, Tränen zu entlocken. – Dies Talent hat auch die kümmerlichste Zwiebel, mit dieser teilt er seinen Ruhm.

*

Das Theater ist nicht günstig für Poeten.

*

Eine neue Periode ist in der Kunst angebrochen: Man entdeckt in der Natur dieselben Gesetze, die auch in unserem Menschengeiste walten, man vermenschlicht sie (Novalis), man entdeckt in dem Menschengeiste die Gesetze der Natur, Magnetismus, Elektrizität, anziehende und abstoßende Pole (Heinrich von Kleist). Goethe zeigt das Wechselverhältnis zwischen Natur und Mensch; Schiller ist ganz Spiritualität, er abstrahiert von der Natur, er huldigt der kantischen Ästhetik.

*

Goethe's Abneigung, sich dem Enthusiasmus hinzugeben, ist ebenso widerwärtig wie kindisch. Solche Rückhaltung ist mehr oder minder Selbstmord; sie gleicht der Flamme, die nicht brennen will, aus Furcht sich zu konsumieren. Die großmütige Flamme, die Seele Schiller's loderte mit Aufopferung – jede Flamme opfert sich selbst; je schöner sie brennt, desto mehr nähert sie sich der Vernichtung, dem Erlöschen. Ich beneide nicht die stillen Nachtlichtchen, die so bescheiden ihr Dasein fristen.

*

Bei Schiller feiert der Gedanke seine Orgien – nüchterne Begriffe, weinlaubumkränzt, schwingen den Thyrsus, tanzen wie Bacchanten – besoffene Reflexionen.

*

Jacobi, diese greinende, keifende Natur, diese klebrige Seele, dieser religiöse Wurm, der an der Frucht der Erkenntnis nagte, um uns solche zu verleiden.

*

Die wehmütig niedergedrückte Zeit, der alles Laute untersagt war und die sich auch vor dem Lauten fürchtete, gedämpft fühlte, dachte und flüsterte, fand in dieser gedämpften Poesie ihre gedämpfte Freude. Sie betrachtete die alten gebrochenen Türme mit Wehmut, und lächelte über das Heimchen, das darin melancholisch zirpte.

*

In den altdänischen Romanzen sind alle Gräber der Liebe Heldengräber, große Felsmassen sind darauf getürmt mit schmerzwilder Riesenhand. In den Uhland'schen Gedichten sind die Gräber der Liebe mit hübschen Blümchen, Immortellen und Kreuzchen verziert, wie von Händen gefühlvoller Predigerstöchter.
Die Helden der „Kämpeviser" sind Normannen, die Helden des Uhland sind immer Schwaben, und zwar Gelbfüßler.

*

Die Sonettenwut grassiert so in Deutschland, daß man eine Sonettensteuer einrichten sollte.

*

Clauren ist jetzt in Deutschland so berühmt, daß man in keinem Bordell eingelassen wird, wenn man ihn nicht gelesen hat.

*

Auffenberg hab' ich nicht gelesen – ich denke: er ist ungefähr wie Arlincourt, den ich auch nicht gelesen habe.

*

Wir haben das körperliche Indien gesucht und haben Amerika gefunden; wir suchen jetzt das geistige Indien – was werden wir finden?

*

Es ist zu wünschen, daß sich das Genie des Sanskritstudiums bemächtige; tut es der Notizengelehrte, so bekommen wir bloß ein gutes Kompendium.

*

Die epischen Gedichte der Indier sind ihre Geschichte; doch können wir sie erst dann zur Geschichte benutzen, wenn wir die Gesetze entdeckt haben, nach welchen die Indier das Geschehene ins phantastisch Poetische umwandelten. Dies ist uns noch nicht bei der Mythologie der Griechen gelungen, doch mag es bei diesen schwerer sein, weil diese das Geschehene beständig zur Fabel ausbildeten in immer bestimmterer Plastik. Bei den Indiern hingegen bleibt die phantastische Umbildung immer noch Symbol, das das Unendliche bedeutet und nicht nach Dichterlaune in bestimmtern Formen ausgemeißelt wird.

*

Die Mahabaratas, Ramayanas und ähnliche Riesenfragmente sind geistige Mammutsknochen, die auf dem Himalaya zurückgeblieben.

*

Der Indier konnte nur ungeheuer große Gedichte liefern, weil er nichts aus dem Weltzusammenhang schneiden konnte, wie überhaupt der Anschauungsmensch. Die ganze Welt ist ihm ein Gedicht, wovon der Mahabarata nur ein Kapitel. – Vergleich der indischen mit unserer Mystik: diese übt den Scharfsinn an Zerteilung und Zusammensetzung der Materie, bringt es aber nicht zum Begriff. – Anschauungsideen sind etwas, das wir gar nicht kennen. Die indische Muse ist die träumende Prinzessin der Märchen.

*

Goethe, im Anfang des „Fausts", benutzt die „Sakontala".

*

Wie überhaupt jeder einen bestimmten Gegenstand in der Sinnenwelt auf eine andere Weise sieht, so sieht auch jeder in einem bestimmten Buche etwas anderes als der andere. Folglich muß auch der Übersetzer ein geistig begabter Mensch sein, denn er muß im Buche das Bedeutendste und Beste sehen, um dasselbe wiederzugeben. Den Wortverstand, den körperlichen Sinn kann jeder übersetzen, der eine Grammatik gelesen, und ein Wörterbuch sich angeschafft hat. Nicht kann aber der Geist von jedem übersetzt werden. Möchte dies nur bedenken jener nüchterne, prosaische Übersetzer Scott'scher Romane, der so sehr prahlt mit seiner Übersetzungstreue! Wie es auf den Geist ankommt, beweise zunächst Forster's Wiederübersetzung der „Sakontala".

*

In der Zeit der Romantiker liebte man in der Blume nur den Duft – in unserer Zeit liebt man in ihr die keimende Frucht. Daher die Neigung zum Praktischen, zur Prosa, zum Hausbackenen.

*

Der Hauptzug der jetzigen Dichter ist Gesundheit – westfälische, östreichische, ja ungarische Gesundheit.

*

Die höchsten Blüten des deutschen Geistes sind die Philosophie und das Lied. Diese Blütezeit ist vorbei, es gehörte dazu die idyllische Ruhe; Deutschland ist jetzt fortgerissen in die Bewegung, der Gedanke ist nicht mehr uneigennützig, in seine abstrakte Welt stürzt die rohe Tatsache, der Dampfwagen der Eisenbahn gibt uns eine zittrige Gemütserschütterung, wobei kein Lied aufgehen kann, der Kohlendampf verscheucht die Sangesvögel, und der Gasbeleuchtungsgestank verdirbt die duftige Mondnacht.

*

Unsre Lyrik ist ein Produkt des Spiritualismus, obgleich der Stoff sensualistisch; die Sehnsucht des isolierten Geistes nach Verschmelzung mit der Erscheinungswelt, *to mingle with nature*. Mit dem Sieg des Sensualismus muß diese Lyrik aufhören, es entsteht Sehnsucht nach dem Geist: Sentimentalität, die immer dünner verdämmert, nihilistische Pimperlichkeit, hohler Phrasennebel, eine Mittelstation zwischen Gewesen und Werden, Tendenzpoesie.

*

Der harmlose Dichter, der plötzlich politisch wird, erinnert mich an das Kind in der Wiege: „Vater, iß nicht, was die Mutter gekocht!"

*

So wie die Demokratie wirklich zur Herrschaft gelangt, hat alle Poesie ein Ende. Der Übergang zu diesem Ende ist die Tendenzpoesie. Deshalb – nicht bloß, weil sie ihrer Tendenz dient – wird die Tendenzpoesie von der Demokratie begünstigt. Sie wissen, hinter oder vielmehr mit Hoffmann von Fallersleben hat die Poesie ein Ende.

*

In der Poetenwelt ist der *tiers état* nicht nützlich, sondern schädlich.

*

Die Demokratie führt das Ende der Literatur herbei: Freiheit und Gleichheit des Stils. Jedem sei er erlaubt, nach Willkür, also so schlecht er wolle, zu schreiben, und doch soll kein andrer ihn stilistisch überragen und besser schreiben dürfen.

*

Demokratischer Haß gegen die Poesie – der Parnaß soll geebnet werden, nivelliert, mazadamisiert, und wo einst der müßige Dichter geklettert und die Nachtigallen belauscht, wird bald eine platte Landstraße sein, eine Eisenbahn, wo der Dampfkessel wiehert und der geschäftigen Gesellschaft vorüber eilt.

Demokratische Wut gegen das Besingen der Liebe – warum die Rose besingen, Aristokrat! besing die demokratische Kartoffel, die das Volk nährt!

*

In einer vorwiegend politischen Zeit wird selten ein reines Kunstwerk entstehen. Der Dichter in solcher Zeit gleicht dem Schiffer auf stürmischem Meere, welcher fern am Strande ein Kloster auf einer Felsklippe ragen sieht; die weißen Nonnen stehen dort singend, aber der Sturm überschrillt ihren Gesang.

*

Die Werke gewisser Lieblingsschriftsteller des Tages sind ein Steckbrief der Natur, keine Beschreibung.

*

Es ist nicht der arme Unger Nimbsch oder der Handlungsbeflissene aus Lippe-Detmold, welcher das schöne Gedicht hervorgebracht, sondern der Weltgeist. Nur diesem gebührt der Ruhm und es ist lächerlich, wenn jene sich etwas darauf einbilden, etwa wie der Père Rachel auf den Succeß seiner Tochter – da steht ein alter Jude im Parterre des Theatre français und glaubt, er sei Iphigenie oder Andromahe, es sei seine Deklamation, welche alle Herzen rühre, und applaudiert man, so verbeugt er sich mit errötendem Antlitz.

*

Savigny ein Römer? Nein, ein Bedienter des römischen Geistes, *un valet du romanisme*.

*

Savigny's Eleganz des Stils gleicht dem klebrigten Silberschleim, den die Insekten auf dem Boden zurücklassen, worüber sie hingekrochen.

*

Mit den Werken Johannes von Müller's geht es wie mit Klopstock – keiner liest ihn, spricht mit Respekt von ihm. Es ist unser großer Historiker wie jener unser großer Epiker war, den wir dem Auslande mit Stolz entgegensetzten. Er ist steiflangweilig – Alpen und keine Idee darauf. Wir glaubten ein Epos und einen Historiker zu haben.

*

Raumer ist das raisonnierende Leder, – der literarische Laufbursche der Brockhausischen Buchhandlung – wenn er älter, wird er ein Ladenhüter.

Gervinus' Literaturgeschichte

Die Aufgabe war: was H. Heine in einem kleinen Büchlein voll Geist gegeben, jetzt in einem großen Buche ohne Geist zu geben – die Aufgabe ist gut gelöst.

*

Historiker, welche selbst alle Geschichte machen wollen, gleichen den Komödianten in Deutschland, welche die Wut hatten, selbst Stücke zu schreiben. Haller bemerkt, daß man desto besser spiele, je schlechter das Stück – schrieben sie schlecht, um sich als gute Schauspieler zu zeigen? oder spielten sie schlecht, um als gute Schriftsteller zu scheinen? Dasselbe könnte man bei unsern Historikern fragen.

*

Hütet euch vor Hengstenberg – der stellt sich nur so dumm. Das ist ein Brutus, der einst die Maske fallen läßt, sich vernunftgläubig zeigt und euer Reich stürzt.

*

Ruge ist der Philister, welcher sich mal unparteiisch im Spiegel betrachtet und gestanden hat, daß der Apoll vom Belvedere doch schöner sei. – Er hat die Freiheit schon im Geiste, sie will ihm aber noch nicht in die Glieder, und wie sehr auch für hellenische Nacktheit schwärmt, kann er sich doch nicht entschließen, die barbarisch modernen Beinkleider, oder gar die christlich germanischen Unterhosen der Sittlichkeit auszuziehen. Die Grazien sehen lächelnd diesem inneren Kampfe zu.

Jakob Benedey

Die Natur erschuf dich zum Abtrittsfeger – schäme dich dessen nicht, deutscher Patriot! es sind die Latrinen eines deutschen Vaterlandes, die du fegst.

*

Ich werde von ihm schweigen, kann ihn als komische Figur nicht gebrauchen, wie Maßmann. Der Spaß war, daß dieser Latein verstand – Benedey aber versteht's nicht; Langweiligkeit ist nicht komisch.

*

König Ludwig nimmt den Luther nicht auf in seiner Walhalla. Man darf's ihm nicht verübeln, er fühlt im Herzen, daß wenn Luther eine Walhalla gebaut, er ihn als Dichter nicht darin aufgenommen hätte.

*

Die Este, Medizis Gonzagas, Scalas sind berühmt als Mäzene. Unsre Fürsten haben gewiß ebensoguten Willen, aber es fehlt ihnen die Bildung, die wahren Talente und Genies heraus zu suchen – denn diese melden sich nicht bei ihren Kammerdienern –. Sie protegieren nur solche, die mit ihnen selbst auf gleicher Bildungsstufe stehen, und wie man die italienischen Fürsten kennt, indem man bloß zu nennen braucht, wer ihre Protegés waren, so wird man einst die unsern gleich kennen, wenn man die Männer nennt, denen sie Dosen, Becher, Pensionen und Orden verliehen. Man sagt, es sei von großen Schriftstellern unklug, die obskuren – und sei es auch durch bittere Schilderung – auf die Nachwelt zu bringen; aber wir tun es zur Schande ihrer Mäzene.

*

Diese Menschen müssen Stockschläge im Leben haben; denn nach ihrem Tode kann man sie nicht bestrafen, man kann ihren Namen nicht schmähen, nicht fletrieren, nicht brandmarken – denn sie hinterlassen keinen Namen.

*

Wolfgang Menzel ist der witzigste Kopf – es wird interessant und wichtig für die Wissenschaft sein, wenn man an seinem Schädel einst phrenologische Untersuchungen machen kann. Ich wünsche, daß man ihm den Kopf schone, wenn man ihn prügelt, damit die Beulen, die neu sind, nicht für Witz und Poesie gehalten werden.

*

Und dieser unwissende Hase gebärdet sich als der Champion des deutschen Volks, des tapfersten und gelehrtesten Volks, eines Volks, das auf tausend Schlachtfeldern seinen Mut und in hunderttausend Büchern seinen Tiefsinn bewiesen hat, ein Volk, dessen breite Brust mit glorreichen Narben bedeckt ist und über dessen Stirne alle großen Gedanken der Welt dahin gezogen und die ehrwürdigsten Furchen hinterlassen haben!

Gutzkow

Die Natur war sehr bescheiden, als sie ihn schuf, den Unbescheidensten.

Er hat Heine nachahmen wollen, aber es fehlte ihm an aller Poesie, und er brachte es nur bis zur Nachahmung Börne's. Seine Darstellung und Sprache hat etwas Polizeiliches. Er liegt ewig auf der Lauer, um die Tagesschwächen des Publikums zu erspähen, sie in seinem Privatinteresse auszubeuten. Jenen Schwächen huldigend und schmeichelnd, darf er immerhin Talent, Kenntnisse und Charakter entbehren, er weiß es. Er gibt dem Publikum keine eignen Impulsionen, sondern er empfängt sie von demselben; er zieht die Livree der Tagesidee an, er ist ihr Bediener, ihr Kanzleidiener, er katzenbuckelt und verlangt sein Trinkgeld.

*

Gisquet erzählt im dritten Teil seiner Memoiren von dem Polizeiagenten, welcher den Dieb errät, der die Medaillen gestohlen, wegen der feinen Arbeit des Erbrechens: das gut geflochtene Seil, das Stück Wachslicht in der Diebslaterne statt des Talgs – So errate ich Herrn ** in dem anonymen Artikel.

*

Warum sollte ich jetzt widersprechen? In wenigen Jahren bin ich tot, und dann muß ich mir alle Lügen doch gefallen lassen.

** hat nicht zu fürchten, daß man nach seinem Tode Lügen von ihm sagt.

*

Grabbe's „Gothland"

Zuweilen eine Reihe fürchterlicher und häßlicher Gedanken, wie ein Zug Galeerensklaven, jeder gebrandmarkt – der Dichter führt sie an der Kette in das Bagno der Poesie.

*

Freiligrath

Das Wesen der neuen Poesie spricht sich vor allem in ihrem parabolischen Charakter aus. Ahnung und Erinnerung sind ihr hauptsächlicher Inhalt. Mit diesen Gefühlen korrespondiert der Reim, dessen musikalische Bedeutung besonders wichtig ist. Seltsame, fremdgrelle Reime sind gleichsam eine reichere Instrumentation, die aus der wiegenden Weise ein Gefühl besonders hervortreten lassen soll, wie sanfte Waldhornlaute durch plötzliche Trompetentöne unterbrochen werden. So weiß Goethe die ungewöhnlichen Reime zu benutzen zu grell barocken Effekten; auch Schlegel und Byron – bei letzterem zeigt sich schon der Übergang in den komischen Reim. Man vergleiche damit den Mißbrauch der fremd klingenden Reime bei Freiligrath, die Barbarei beständiger Janitscharenmusik, die aus einem Fabrikantenirrtume entspringt. Seine schönen Reime sind oftmals Krücken für lahme Gedanken. Freiligrath ist ein Uneingeweihter in das Geheimnis, er besitzt keine Naturlaute, der Ausdruck und der Gedanke entspringen bei ihm nicht zu gleicher Zeit. Er gebraucht Hammer und Meißel und verarbeitet die Sprache wie einen Stein, der Gedanke ist Material, und nicht immer Material aus den Steinbrüchen des eignen Gemüts, z. B. Plagiat von Grabbe und Heine. Alles kann er machen, nur kein Lied – Ein Lied ist das Kriterium der Ursprünglichkeit. Das eigentliche Gedicht (was wir gewöhnlich so nennen; halb episch, halb lyrisch) partizipiert mehr oder minder vom Liede, selbst in den breitesten Rhythmen – nicht so bei Freiligrath; sein Wohllaut ist meistens rhetorischer Art.

Es existiert eine gewisse Ähnlichkeit zwischen Freiligrath und Platen. Dieser hat ein feineres Ohr für die Wortmelodie, vermeidet weit mehr die Härten, klingt musikalischer, aber ihm fehlt die Zäsur, die Freiligrath besser hat, weil er gesunder fühlt – Zäsur ist der Herzschlag des dichtenden Geistes und läßt sich nicht nachahmen, wie Wohllaut.

Freiligrath ahmt Victor Hugo nach. Er ist Genremaler, er gibt Genrebilder des Meeres, nicht Historienbilder des lebendigen Ozeans. Seine morgenländischen Genrebilder sind türkische Holländerei.

Sein Charakter ist die Sehnsucht nach dem Orient und ein Hineinträumen in südliche Zustände. Aber der Orient ist ihm nicht aufgegangen in seiner Poesie wie bei andern Dichtern, denen jener fabelhafte, abenteuerliche Orient vorschwebt, den wir aus den Taditionen der Kreuzzüge und „Tausend und eine Nacht" uns zusammengeträumt, ein real unrichtiger, aber in der Idee richtiger, Poesie-Orient – Nein, er ist exakt wie Burkhard und Niebuhr, seine Gedichte sind ein Appendix zum Cotta'schen „Ausland", und die Verlagshandlung hat seine Kenntnis der Geographie und Völkerkunde sehr bedeutungsvoll gerühmt. Daher sein Wert für die große Masse, die nach realistischer Kost verlangt, seine Anerkennung ist ein bedenkliches Zeichen einreißender Prosa.

*

Die deutsche Sprache an sich ist reich, aber in der deutschen Konversation gebrauchen wir nur den zehnten Teil dieses Reichtums, faktisch sind wir also spracharm.

Die französische Sprache an sich ist arm, aber die Franzosen wissen alles, was sie enthält, in der Konversation auszubeuten, und sie sind daher sprachreich in der Tat.

Nur in der Literatur zeigen die Deutschen ihren ganzen Sprachschatz, und die Franzosen, davon geblendet, denken, wunders wie glänzend wir zu Hause – sie haben auch keinen Begriff davon, wie wenig Gedanken bei uns im Umlauf zu Hause. Bei den Franzosen just das Gegenteil: mehr Ideen in der Gesellschaft als in den Büchern, und die Geistreichsten schreiben gar nicht oder bloß zufällig.

*

Voltaire hebt sich kühn empor, ein vornehmer Adler, der in die Sonne schaut – Rousseau ist ein edler Stern, der aus der Höhe niederblickt; er liebt die Menschen von oben herab.

*

Voltaire huldigt (man lese seine Dedikation des „Mahomed") dem Papste ironisch und freiwillig.

Rousseau konnte nicht dazu gebracht werden, sich dem Könige präsentieren zu lassen – sein Instinkt leitete ihn richtig; er war der Enthusiasmus, der sich nicht abfinden kann.

*

Die älteren französischen Schriftsteller hatten einen bestimmten Standpunkt: Licht und Schatten sind immer richtig, nach den Gesetzen des Standpunkts. Die neueren Schriftsteller springen von einem Standpunkt auf den anderen, und in ihren Gemälden ist eine widerwärtige Konfusion von Licht und Schatten – hier eine Bemerkung, die der pantheistischen Weltansicht angehört, dort ein Gefühl, das aus dem Materialismus hervorgeht, Zweifel und Glaube sich kreuzend, – eine Harlekinsjacke.

*

In der französischen Literatur herrscht jetzt ein ausgebildeter Plagiatismus. Hier hat ein Geist die Hand in der Tasche des andern, und das gibt ihnen einen gewissen Zusammenhang. Bei diesem Talent des Gedankendiebstahls, wo einer dem andern den Gedanken stiehlt, ehe er noch ganz gedacht, wird der Geist Gemeinschaft – In der *république des lettres* ist Gedankengütergemeinschaft.

*

Die neufranzösische Literatur gleicht den Restaurants des Palais-royal – Wenn man in der Küche gelauscht, die Ingredienzen der Gerichte und ihre Zubereitung gesehen, würde man den Appetit verlieren – der schmutzige Koch zieht Handschuh an, wenn er auf blanker Schüssel sein Gemätsch aufträgt.

*

Die französischen Autoren der Gegenwart gleichen den Restaurants, wo man für zwei Francs zu Mittag speist. Anfangs munden ihre Gerichte, später entdeckt man, daß sie die Materialien aus zweiter und dritter Hand und schon alt oder verfault bezogen.

*

Die neufranzösischen Romantiker sind Dilettanten des Christentums, sie schwärmen für die Kirche, ohne ihrem Symbol gehorsam anzuhängen, sie sind *catholiques marrons*.

*

Sollte es wahr sein, daß Frankreich zum Christentume zurückverlangt? Ist Frankreich so krank? Es läßt sich Märchen erzählen – Will es sich auf dem Sterbebett bekehren? Verlangt es die Sakramente? Gebrechlichkeit, dein Name ist Mensch!

*

Chateaubriand will das Christentum gegen den brillanten Unglauben, dem alle Welt huldigt, predigen. Er befindet sich im umgekehrten Falle wie der neapolitanische Kapuziner, der den Leuten das Kreuz vorhält: *„Ecco il vero policinello!"* Chateaubriand ist ein Polichinell, der seine Marotte den Leuten vorhält: *„Ecco il vero cruce!"*

*

Chateaubriand ist ein Fabelhans, Royalist durch Prinzip, Republikaner durch Inklination, ein Ritter, der eine Lanze bricht für die Keuschheit jeder Lilie, und statt Mambrins' Helm eine rote Mütze trägt mit einer weißen Kokarde.

*

Büffon sagt, der Stil sei der Mensch selbst. Bilemain ist eine lebende Widerlegung dieses Axioms, sein Stil ist schön, wohlgewachsen und reinlich.

*

Wenn man, wie Charles Nodier, in seiner Jugend mehrmals guillotiniert worden, ist es sehr natürlich, daß man im Alter keinen Kopf mehr hat.

*

Blaze de Bury beobachtete die kleinen Schriftsteller durch ein Vergrößerungsglas, die großen durch ein Verkleinerungsglas.

*

Amaury ist der Patron der Schriftstellerinnen, er hilft den Dürstigen, er ist ihr *petit manteau blanc*, ihr Beichtiger, seine Artikel sind eine kleine Sakristei, wo sie verschleiert hinein schleichen, sogar die Toten beichten ihm ihre Sünden, Eva gesteht ihm Dinge, die ihr die Schlange gesagt und wovon wir nichts erfuhren, weil sie solche dem Adam verschwieg.

Er ist kein Kritiker für große, aber für kleine Schriftsteller – Walfische haben keinen Platz unter seiner Lupe, wohl aber interessante Flöhe.

*

Bei Léon Gozlan tötet nicht der Buchstabe, sondern der Geist.

*

Michel Chevalier ist Konservateur und Progressivster zugleich – mit der einen Hand stützt er das alte Gebäude, damit es nicht den Leuten auf den Kopf stürze, mit der andern zeichnet er den Riß für das neue, größere Gesellschaftsgebäude der Zukunft.

*

Man könnte Thierry mit Merlin vergleichen: Er liegt wie lebendig begraben, der Leib existiert nicht mehr, nur die Stimme ist geblieben – Der Historiker ist immer ein Merlin, er ist die Stimme einer begrabenen Zeit, man befragt ihn und er gibt Antwort, der rückwärts schauende Prophet.

*

Die französische Kunst ist eine Nachbildung des Realen. Da aber die Franzosen seit fünfzig Jahren so viel erleben und sehen konnten, so sind ihre Kunstwerke durch die Nachbildung des Erlebten und Gesehenen viel bedeutender als die Werke deutscher Künstler, die nur durch Seelentraum zu ihren Anschauungen gelangten.

Nur in de Architektur, wo die Natur nicht nachgebildet werden kann, sind die Franzosen zurück.

In der Musik geben sie den Ton ihrer Nationalität: Verstand und Sentimentalität, Geist und Grazie; – im Drama: Passion. Der Eklektizismus in der Musik wurde nach Meyerbeer eingeführt.

*

Meyerbeer ist der musikalische *maître de plaisir* der Aristokratie.

*

Meyerbeer ist ganz Jude geworden. Wenn er wieder nach Berlin in seine früheren Verhältnisse zurücktreten will, muß er sich erst taufen lassen.

*

Rossini's „Othello" ist ein Vesuv, der strahlende Blumen speit.
Der Schwan von Pesaro hat das Gänsegeschnatter nicht mehr ertragen können.
Aufhören der Poesie im Künstler – der Kranz schwindet ihm vom Haupte.
Sein Pastizzio hat für mich von vornherein etwas Unheimliches, mahnend an den heiligen Hieronymus in der spanischen Galerie, der als Leiche die Psalmen schreibt. Es fröstelt einen, wie beim Anfühlen einer Statue.

*

Alle Bilder Ary Scheffer's zeigen ein Heraussehen aus dem Diesseits, ohne an ein Jenseits recht zu glauben – vaporöse Skepsis.

*

Lessing sagt: „Hätte man Rafael die Hände abgeschnitten, so wär' er doch ein Maler gewesen." In derselben Weise können wir sagen: Schnitte man Herrn ** den Kopf ab, er bliebe doch ein Maler, er würde weiter malen, ohne Kopf, und ohne daß man merkte, daß er keinen Kopf hätte.

*

Shakespeare hat die dramatische Form von den Zeitgenossen; Unterscheidung dieser Form von der französischen.
Den Stoff seiner Dramen hat er immer bis ins Detail entlehnt; sogar die rohen Umrisse, wie die ersten Ausmeißelungen des Bildhauers, behält er.
Ist die Teilung der Arbeit auch im geistigen Produzieren vorteilhaft? Das Höchste wird nur dadurch erreicht.
Wie Homer nicht allein die Ilias gemacht, hat auch Shakespeare nicht allein seine Tragödien geliefert – er gab nur den Geist, der die Vorarbeiten beseelte.
Bei Goethe sehen wir ähnliches – seine Plagiate.

*

Junius ist der Ritter der Freiheit, der mit geschlossenem Visier gekämpft.

*

Dante ist der öffentliche Ankläger der Poesie.

IV. Individualität. Staat und Gesellschaft.

Die Gesellschaft ist immer Republik – die einzelnen streben immer empor, und die Gesamtheit drängt sie zurück.

*

Bei den Alten rühmen sich die Patrioten beständig, z.B. Cicero. Auch die Neueren machen es zur Zeit der höchsten Freiheit ebenso, z.B. Robespierre, Camille Desmoulins etc. Kommt bei uns diese Zeit, so werden wir uns gleichfalls rühmen. Die Ruhmlosen haben gewiß recht, wenn sie die Bescheidenheit predigen. Es wird ihnen so leicht, diese Tugend auszuüben, sie kostet ihnen keine Überwindung, und durch ihre Allgemeinheit bemerkt man nicht ihre Tatenlosigkeit.

*

Man muß ganz Deutschland kennen, ein Stück ist gefährlich. Es ist die Geschichte vom Baume, dessen Blätter und Früchte wechselseitiges Gegengift sind.

*

Luther erschütterte Deutschland – aber Franz Drake beruhigte uns wieder: er gab uns die Kartoffel.

*

Das Öl, das auf die Köpfe der Könige gegossen wird, stillt es die Gedankenstürme?

*

Es gibt kein deutsches Volk: Adel, Bürgerstand, Bauern sind heterogener als bei den Franzosen vor der Revolution.

*

Der preußische Adel ist etwas Abstraktes, er bezieht sich rein auf den Begriff der Geburt, nicht auf Eigentum. Die preußischen Junker haben kein Geld.

*

Die hannövrischen Junker sind Esel, die nur von Pferden sprechen.

*

Bediente, die keinen Herrn haben, sind darum doch keine freie Menschen – die Dienstbarkeit ist in ihrer Seele.

*

Der Deutsche gleicht dem Sklaven, der seinem Herrn gehorcht, ohne Fessel, ohne Peitsche, durch das bloße Wort, ja durch einen Blick. Die Knechtschaft ist in ihm selbst, in seiner Seele; schlimmer als die materielle Sklaverei ist die spiritualisierte. Man muß die Deutschen von innen befreien, von außen hilft nichts.

*

Der Hund, dem man einen Maulkorb anlegt, bellt mit dem H. ... n. – Das Denken auf Umweg äußert sich noch mißduftiger, durch Perfidie des Ausdrucks.

*

Die Deutschen arbeiten jetzt an der Ausbildung ihrer Nationalität, kommen aber damit zu spät. Wenn sie dieselbe fertig haben, wird das Nationalitätswesen in der Welt aufgehört haben und sie werden auch ihre Nationalität gleich wieder aufgeben müssen, ohne wie Franzosen oder Briten Nutzen davon gezogen zu haben.

*

Ich betrachtete den Dombau immer als ein Spielzeug; ich dachte: ein Riesenkind, wie das deutsche Volk, bedarf ebenfalls eines so kolossalen Spielzeugs wie der Kölner Dom ist – aber jetzt denk' ich anders. Ich glaube nicht mehr, daß das deutsche Volk ein Riesenkind; jedenfalls ist es kein Kind mehr, es ist ein großer Junge, der viel natürliche Anlagen hat, aus dem aber doch nichts Ordentliches wird, wenn er nicht ernsthaft die Gegenwart benutzt und die Zukunft ins Auge faßt. Wir haben keine Zeit mehr zum Spielen oder die Träume der Vergangenheit auszubauen.

*

Politische Wetterfahnen

Sie beschwören Stürme und verlassen sich auf ihre Beweglichkeit – sie vergessen, daß ihnen ihre Beweglichkeit nichts helfen wird, wenn mal der Sturmwind den Turm stürzt, worauf sie stehen.

*

Demagogie, die heilige Allianz der Völker.

*

Wenn ich von Pöbel spreche, nehme ich davon aus: erstens alle, die im Adreßbuch stehen, und zweitens alle, die nicht drin stehen.

*

Die neubürgerliche Gesellschaft will im Taumel der Vergnügungen hastig den letzten Becher leeren, wie die altadlige vor 1789 – auch sie hört schon im Korridor die marmornen Tritte der neuen Götter, welche ohne anzuklopfen in den Festsaal eintreten werden und die Tische umstürzen.

*

Der junge Schweinehirt will als Reicher seine Schweine zu Pferde hüten – Diese Bankiers haben sich aufs hohe Pferd gesetzt und treiben noch immer das alte schmutzige Handwerk.

*

** liebt die Juden nicht. Als ich ihn darüber befragte, sagte er:

„Sie sind schlecht ohne Grazie, flößen Abscheu ein gegen die Schlechtigkeit und schaden mir mehr als sie nutzen."

*

Auch Rothschild könnte eine Walhalla bauen – ein Pantheon aller Fürsten, die bei ihm Anlehen gemacht.

*

Die Hauptarmee der Feinde Rothschilds besteht aus allen, die nichts haben; sie denken alle: was wir nicht haben, hat Rothschild. Hinzu fließt die Masse derer, die ihr Vermögen verlieren; statt ihrer Dummheit diesen Verlust zuzuschreiben, glauben sie, die Pfiffigkeit derer, die ihr Vermögen behalten, sei daran schuld. Sowie einer kein Geld mehr hat, wird er Rothschild's Feind.

*

Der Kommunist, welcher mit Rothschild seine 300 Millionen teilen will; dieser schickt ihm seinen Teil, 9 Sous – „Nun laß mich zufrieden!"

*

Die Kommunisten hegen einen achselzuckenden Widerwillen gegen Patriotismus, Ruhm und Krieg.

*

Nach den fetten Kühen kommen die magern, nach den mageren gar kein Fleisch.

*

Ich will prophezeien: Ihr werdet einmal im Winter eine Revolution erleben, die wird schrecklicher als alle früheren sein! Wenn das Blut im Schnee rinnt ...

*

Der Volksstrom gleicht dem empörten Meere: die Wolken darüber geben ihm nur die Färbung, weiße Wellen (Müller und Brauer) dazwischen; Schriftsteller färben mit dem Wort die vorhandenen Empörungselemente.

*

Eine Assoziation der Ideen, in dem Sinne, wie Assoziation in der Industrie, z.B. Verbündung philosophischer Gedanken mit staatswirtschaftlichen, würde überraschende neuen Resultate ergeben.

*

Das alte Märchen der drei Brüder realisiert sich. Der eine läuft hundert Meilen in einigen Stunden, der andere sieht hundert Meilen weit, der dritte schießt so weit, der vierte bläst Armeen fort – Eisenbahn, Fernrohr, Kanonen, Pulver oder Presse.

*

Place de la concorde

Ich möchte wissen, wenn man auf diesen Ort säet, ob Korn wachsen wird?

*

Die Hinrichtungen in Masse auf dem Grèveplatz und dem Platze Ludwig's XV. waren ein *argumentum ad hominem:* Jeder konnte hier sehen, daß das adlige Blut nicht schöner war als das Bürgerlicher. Der wahnsinnige Bürger, der jeder Exekution beiwohnte, wie einem praktischen Experimente zum Beweis der idealen Theorie.

Vision

Der Platz Ludwig's XVI. – Eine Leiche, der Kopf dabei, der Arzt macht Versuche, ob er wieder zusammen zu heilen, schüttelt das Haupt: „Unmöglich!" und geht seufzend fort – Höflinge versuchen das tote Haupt festzubinden, es fällt aber immer herunter.

Wenn ein König den Kopf verloren, ist ihm nicht mehr zu helfen.

*

Der Wahnsinnige will nicht in den Tuilerien spazieren gehen; er sieht die Bäume zwar schön grün, aber die Wurzeln in der Erde blutrot.

*

Je näher die Leute bei Napoleon standen, desto mehr bewunderten sie ihn – bei sonstigen Helden ist das Umgekehrte der Fall.

*

Napoleon war nicht von dem Holz, woraus man die Könige macht – er war von jenem Marmor, woraus man Götter macht.

*

Napoleon haßt die Boutiquiers und die Advokaten – er mitralliert jene und jagt diese zum Teufel hinaus. Sie unterwerfen sich, aber sie hassen ihn (sie glauben die Revolution für sich gemacht zu haben, und Napoleon benutzt sie für sich und für das Volk). Sie sehen die Restauration mit Vergnügen.

*

Der Kaiser war keusch wie Eisen.

Seine Feinde die Nebelgespenster, die des Nachts die Vendomesäule umtanzen und hinein beißen.

*

Sie schimpfen auf ihn, aber doch immer mit einem gewissen Respekt – während sie mit der rechten Hand Kot auf ihn werfen, halten sie in der linken den Hut.

*

Die Verfertiger des *Code Napoléon* hatten glücklicherweise in Revolutionszeiten gelebt, wo sie die Leidenschaften und höchsten Lebensfragen mitfühlen lernten.

*

Eine Nation kann nicht regeneriert werden, wenn ihre Regierung keine hohe moralische Kraft zeigt. Diese Kraft regeneriert. Daher war die fünfzehnjährige Regierung Napoleons notwendig – er heilte durch Feuer und Eisen die kranke Nation, seine Regierung war eine Kurzeit. Er war der Moses der Franzosen; wie dieser sein Volk durch die Wüste herumzieht, um es durch diese Kurzeit zu heilen, so trieb der die Franzosen durch Europa. – Dieser Regierung steht die Partei der Pourris gegenüber als Opposition, und zu ihr gehörte Frau von Staël. Ihre Koterie ist geistreich, witzig, liebenswürdig – aber faul: Talleyrand, der Doyen der Putrifikation, der Nestor der Lüge, *le parjure des deux siècles*. Chateaubriand – wir ehren, wir lieben ihn, aber er ist *le grand inconséquent*, ein unsterblicher Dupe, ein Dichter, ein Pilger mit einer Flasche Jordanwasser, eine wandelnde Elegie, *un ésprit d'outre tombe*, aber kein Mann. Ihre andern Freunde einige Edelleute des edlen Faubourg, ritterliche Schatten, liebenswürdig, aber krank, leidend, ohnmächtig. Benjamin Constant war der Beste, und der hat noch auf dem Todbette Geld genommen von Ludwig Philipp!

*

Le style c'est l'homme – *c'est aussi la femme!* Frau von Staël's Unwahrheit: ein ganzes Ratelier unwahrer Gedanken und Redeblumen, welche bösen Dünsten gleichen. – Sie rühmt Wellington, *ce héros de cuir avec un coeur de bois et un cerveau de papier-maché!*

Frau von Staël war eine Schweizerin. Die Schweizer haben Gefühle, so erhaben wie ihre Berge, aber ihre Ansichten der Gesellschaft sind so eng wie ihre Täler.

Ihr Verhältnis zu Napoleon: sie wollte dem Cäsar geben, was des Cäsars war; als dieser aber dessen nicht wollte, frondierte sie ihn, gab sie Gott das Doppelte.

Sie hatte keinen Witz, sie beging den Unsinn, Napoleon einen Robespierre zu Pferde zu nennen. Robespierre war nur ein aktiver Rousseau, wie Frau von Staël ein passiver Rosseau, und man könnte sie selber viel eher einen Robespierre in Weibskleidern nennen.

Überall spricht sie Religion und Moral – nirgends aber sagt sie, was sie darunter versteht.

Sie spricht von unserer Ehrlichkeit und unserer Tugend und unserer Geistesbildung – sie hat unsere Zuchthäuser, unsere Bordelle und unsere Kasernen nicht gesehen, sie sah nicht unsere Buchhändler, unsere Clauren, unsere Leutnants.

*

Pozzo di Borgo und Stein – saubere Helden! Der eine ein Reuegat, der für ein paar Rubel sein Vaterland, seine Freunde und sein eignes Herz verkaufte, der andere ein hochnasiger Krautjunker, der unter dem Mantel des Patriotismus den Wappenrock der Vergangenheit verbarg – Verrat und Haß.

*

Man weiß nicht, warum unsere Fürsten so alt werden – sie fürchten sich zu sterben, sie fürchten in der anderen Welt den Napoleon wieder zu finden.

*

Wie im Homer die Helden auf dem Schlachtfeld ihre Rüstungen, so tauschten die Völker dort ihre Haut: die Franzosen zogen unsre Bärenhaut, wir ihre Affenhaut an. Jene tun nun gravitätisch, wir klettern auf Bäume. Jene schelten uns Voltairianer – seid ruhig, wir haben nur eure Haut an, wir sind doch Bären im Herzen.

*

Was man nicht erlebt in unserer Wunderzeit! sogar die Bourbonen werden Eroberer!

*

Das Volk von Paris hat die Welt befreit, und nicht mal ein Trinkgeld dafür angenommen.

*

Ja, wieder errang sich Paris den höchsten Ruhm. Aber die Götter, neidisch ob der Größe der Menschen, suchen sie herabzudrücken, demütigen sie, durch erbärmliche Ereignisse zum Beispiel.

*

Die Presse gleicht jenem fabelhaften Baume: genießt man die Frucht, so erkrankt man; genießt man die Blätter, so genest man von dieser Krankheit, und umgekehrt. So ist es mit der Lektüre der legitimistischen und der republikanischen Blätter in Frankreich.

*

Die französischen Journale tragen sämtlich eine ganz bestimmte Parteifarbe; sie weisen jeden Artikel zurück, der sich nicht mit den augenblicklichen Tagesinteressen, den sogenannten Aktualitäten, beschäftigt. – In Deutschland ist just das Gegenteil der Fall, und wenn ich auch zuweilen darüber lächeln muß, daß die deutschen Blätter so viele Gegenstände, die mit den zeitlichen Landesfragen in keiner entferntesten Berührung stehen, so gründlich behandeln, z. B. die chinesischen oder ostindischen Kulturbezüge: so muß ich dennoch mich freuen über diesen Kosmopolitismus der deutschen Presse, die sich selbst für die abenteuerlichsten Nöten auf dieser Erde interessiert und alle menschentümlichen Besprechungen so gastlich aufnimmt!

*

Lafayette

Die Welt wundert sich, daß einmal ein ehrlicher Mann gelebt – die Stelle bleibt vakant.

*

Der Engländer, welcher van Amburgh nachstreift, allen seinen Vorstellungen beiwohnt, überzeugt, daß der Löwe ihn doch am Ende zerreißt, und dieses Schauspiel durchaus betrachten will, gleicht dem Historiker, der in Paris darauf wartet, bis das französische Volk endlich den Ludwig Philipp zerreißt, und der nun diesen Löwen inzwischen täglich beobachtet.

*

Wenn ein *Prix Monthyon* für Könige gestiftet würde, so wäre Ludwig Philipp der beste Kandidat! Unter ihm herrschte Glück und Freiheit – er war der *Roi d'Yvetot* der Freiheit.

*

Guizot ist kein Engländer, sondern ein Schotte, er ist Puritaner, aber für sich, weil's sein Naturell. Da er aber die entgegengesetzten Naturen begreift, ist er tolerant selbst gegen die Frivolität.

Die hervorragendste Eigenschaft ist sein Stolz: Wenn er in den Himmel zum lieben Gott kommt, wird er diesem ein Kompliment darüber machen, daß er ihn so gut erschaffen.

*

Durch die Eisenbahnen werden plötzliche Vermögenswechsel herbeigeführt. Dieses ist in Frankreich gefährlicher als in Deutschland. Deshalb geht die Regierung mit Scheu an die Eisenbahnen.

*

Nicht der Vortrefflichkeit ihrer Lehre wegen, sondern wegen der Vulgarität derselben, und weil die große Menge unfähig ist, eine höhere Doktrin zu fassen, glaube ich, daß die Republikaner, zunächst in Frankreich, allmählich die Oberhand gewinnen und für einige Zeit ihr Regiment befestigen werden. Ich sage: für einige Zeit, denn jene plebejischen Republiken, wie unsere Radikalen sie träumen, können sie nicht lange halten ... Indem wir mit Gewißheit ihre kurze Dauer voraussehen, trösten wir uns ob der Fortschritte des Republikanismus. Er ist vielleicht eine notwendige Übergangsform, und wir wollen ihm gern den verdrießlich eingepuppten Raupenzustand verzeihen, in der Hoffnung, daß der Schmetterling, der einst daraus hervorbricht, desto farbenreicher beflügelt seine Schwingen entfalten und im süßen Sonnenlichte mit allen Lebensblumen spielen wird! – Wir sollten euch eigentlich wie griesgrämige Väter behandeln, deren zugeknöpft pedantisches Wesen zwar unbequemer für weltlustige Söhne, aber dennoch nützlich ist für deren künftiges Etablissement. Aus Pietät, wenn nicht schon aus

Politik, sollten wir daher nur mit einer gewissen Zurückhaltung über jene trüben Käuze unsere Glossen aussprechen. Wir wollen euch sogar ehren, wo nicht gar unterstützen, nur verlangt nicht zu viel, und werdet keine Brutusse an uns, wenn etwa eure allzu einfache Suppen uns nicht munden und wenn wir manchmal zurück schmachten nach der Küche der Tarquinier!

Sonderbar! wir wiegen und trösten uns mit dieser Hypothese von einer kurzen Dauer des republikanischen Regimentes in derselben Weise wie jene greisen Anhänger des alten Regimes, die aus Verzweiflung über die Gegenwart nur in dem Siege der Republikaner ihr Heil sehen, und um Heinrich V. auf den Thron zu bringen, mit Todesverachtung die Marseillaise anstimmen ...

> Où allez vous, monsieur l'abbé?
> Vous allez vous casser le nez!

*

Für die Güte der Republik könnte man denselben Beweis anführen, den Boccaccio für die Religion anführt: sie besteht trotz ihrer Beamten.

*

Der geheime Haß der höchsten Republikbeamten gegen die Republik gleicht dem geheimen Hasse der vornehmen Römer, die als Bischöfe und Prälaten ihre alte Auctoritas fortsetzen mußten.

*

Die Franzosen sind sicherer im Umgang, eben weil sie positiv und traumlos – der träumende Deutsche schneidet dir eines Morgens ein finsteres Gesicht, weil ihm geträumt, du hättest ihn beleidigt, oder sein Großvater hätte von dem deinigen einen Fußtritt bekommen.

*

Die Franzosen sind allem Traumwesen so entgegen gesetzt, daß man selbst von ihnen nie träumt, sondern nur von Deutschen.

*

Die Deutschen werden nicht besser im Ausland, wie das exportierte Bier.

*

Unter den hier lebenden kleinen Propheten sind wenige Deutsche – die meisten kommen nach Frankreich, um zu zeigen, daß sie auch in der Fremde keine Propheten sind.

*

Das junge Mädchen sagte: „Der Herr muß sehr reich sein, denn er ist sehr häßlich." Das Publikum urteilt in derselben Weise: „Der Mann muß sehr gelehrt sein, denn er ist sehr langweilig." Daher der Succeß vieler Deutschen in Paris.

*

Es scheint die Mission der Deutschen in Paris zu sein, mich vor Heimweh zu bewahren.

*

Wie im Schattenspiel ziehen die durchreisenden Deutschen mir hier vorbei, keiner entwickelt sich.

*

Gefährliche Deutsche! Sie ziehen plötzlich ein Gedicht aus der Tasche oder beginnen ein Gespräch über Philosophie.

Deutsche und französische Frauen

Die deutschen Öfen wärmen besser als die französischen Kamine, aber daß man hier das Feuer lodern sieht, ist angenehmer; ein freudiger Anblick, aber Frost im Rücken – Deutscher Ofen, wie wärmst du treu und scheinlos!

*

Eine Allianz zwischen Frankreich und Rußland hätte, bei der Affinität beider Länder, nichts so gar Unnatürliches. In beiden Ländern herrscht der Geist der Revolution: hier in der Masse, dort konzentriert in einer Person; hier in republikanischen, dort in absolutistischen Formen; hier die Freiheit, dort die Zivilisation im Auge haltend; hier idealen Prinzipien, dort der praktischen Notwendigkeit huldigend, an beiden Orten aber revolutionär agierend gegen die Vergangenheit, die sie verachten, ja hassen. Die Schere, welche die Bärte der Juden in Polen abschneidet, ist dieselbe, womit in der Konziergerie dem Ludwig Capet die Haare abgeschnitten wurden, es ist die Schere der Revolution, ihre Zensurschere, womit sie nicht einzelne Phrasen oder Artikel, sondern den ganzen Menschen, ganze Zünfte, ja ganze Völker aus dem Buche des Lebens schneidet. Niklas war gegen Frankreich, weil dieses seiner Regierungsform, dem Absolutismus, propagandistisch gefährlich war, nicht seinen Regierungsprinzipien; ihm mißfiel an Ludwig Philipp das beschränkt Bürgerkönigliche, das ihm eine Parodie der wahren Königsherrlichkeit dünkte, aber dieser Unmut weicht in Kriegsfällen vor der Notwendigkeit, die ihm das höchste Gesetz – die Zaren unterwerfen sich demselben immer, und müssen sie dabei auch ihre persönlichen Sympathien opfern. Das ist ihre Force, sie sind deshalb immer so stark, und ist einer schwach, so stirbt er bald an der Familienkrankheit und macht einem Stärkeren Platz.

Richtig beobachtete Custine ihre Gleichgültigkeit gegen die Vergangenheit, gegen das Altertümliche. Er bemerkte auch richtig den Zug der Raillerie bei den Vornehmen; diese muß auch im Zar ihre Spitze finden; von seiner Höhe sieht er den Kontrast der kleinen Verhältnisse mit den großen Phrasen, und im Bewußtsein seiner kolossalen Macht muß er jede Phraseologie bis zur Persiflage verachten. (Der Marquis verstand das nicht.) Wie kläglich müssen ihm die chevaleresken Polen erscheinen, diese Leichen des Mittelalters mit modernen Phrasen im Munde, die sie nicht verstehen; er will sie zu Russen machen, zu etwas Lebendigem: auch die Mumien, die Juden, will er beleben; und was sind die gemeinen Russen, als zweibeiniges Vieh, das er zu Menschen heran knutet? Sein Wille ist edel, wie schrecklich immer seine Mittel sind.

*

In Rußland zeigt sich die Tendenz, die Einheit der Autorität durch politische, nationale und sogar religiöse Gleichheit zu stärken. Die Autorität, geübt durch die höchste Intelligenz, verfährt terroristisch gegen sich selbst, jede Schwäche von sich ausscheidend; Peter III. stirbt, Paul stirbt, Konstantin tritt ab, und eine Reihe der ausgezeichnetsten Herrscher tritt auf seit Peter I., z.B. Katharina II., Alexander, Nikolaus. Die Revolution trägt hier eine Krone und ist gegen sich selbst so unerbittlich, wie es das *Comité du salut public* nur jemals sein konnte.

*

Nikolaus ist, sozusagen, ein Erbdiktator. Er zeigt die vollständige Gleichgültigkeit gegen das Herkömmliche, das Verjährte, das Geschichtliche.

*

Es war grausam von den Russen, den polnischen Juden das Schubbez zu nehmen – sie brauchten kein Hemd darunter zu tragen, es war so bequem zum Kratzen! – und die Bärte – die Hauptsache war: er selber ging so hinterher! – und die Prajes, die heiligen Schlaflocken, ihren einzigen Stolz!

*

Wir sollen uns jetzt auf Rußland stützen, auf den Stock, womit wir einst geprügelt worden!

V. Frauen, Liebe und Ehe.

Wo das Weib aufhört, fängt der schlechte Mann an.

*

Wenn ich Weltgeschichte lese und irgendeine Tat oder Erscheinung mich frappiert, so möchte ich manchmal das Weib sehen, das als geheime Triebfeder dahinter steckt (als Agens mittel- oder unmittelbar) – Die Weiber regieren, obgleich der „Moniteur" nur Männernamen verzeichnet – sie machen Geschichte, obgleich der Historiker nur Männernamen kennt – Herodot's Anfang ist ingenios.

*

Bei der Erklärung der Liebe muß ein physikalisches Phänomen oder ein historisches Faktum angenommen werden. Ist es Sympathie, wie der dumme Magnet das rohe Eisen anzieht? Oder ist eine Vorgeschichte vorhanden, deren dunkles Bewußtsein uns blieb und in unerklärlicher Anziehung und Abstoßung sich ausspricht?

*

In der Jugend ist die Liebe stürmischer, aber nicht so stark, so allmächtig wie später. Auch ist sie in der Jugend nicht so dauernd, denn der Leib liebt mit, lechzt nach leiblichen Offenbarungen in der Liebe, und leiht der Seele allen Ungestüm seines Blutes, die Überfülle seiner Sehnenkraft. Später, wo diese aufhört, wo das Blut langsamer in den Adern sintert, wo der Leib nicht mehr verliebt ist, liebt die Seele ganz allein, die unsterbliche Seele, und da ihr die Ewigkeit zu Gebote steht, da sie nicht so gebrechlich ist wie der Leib nimmt sie sich Zeit und liebt nicht mehr so stürmisch, aber dauernder, noch abgrundtiefer, noch übermenschlicher.

*

Daß der Gatte Xanthippe's ein so großer Philosoph geworden, ist merkwürdig. Während allem Gezänk noch denken! Aber schreiben konnte er nicht, das war unmöglich: Sokrates hat kein einziges Buch hinterlassen.

*

Wie viel höher steht die Frau bei Moses als bei den anderen Orientalen oder als noch bis auf den heutigen Tag bei den Mahomedanern! Diese sagen bestimmt, daß die Frau nicht einmal ins Paradies kommt; Mahomed hat sie davon ausgeschlossen. Glaubte er etwa, daß das Paradies kein Paradies mehr sei, wenn jeder seine Frau dort wiederfände?

*

Jeder, wer heiratet, ist wie der Doge, der sich mit dem adriatischen Meere vermählt – er weiß nicht, was drin, was er heiratet: Schätze, Perlen, Ungetüme, unbekannte Stürme.

*

Die Musik beim Hochzeitsgeleite erinnert mich immer an die Musik bei in die Schlacht ziehenden Soldaten.

*

Die deutschen Frauen sind gefährlich wegen ihrer Tagebücher, die der Mann finden kann.

*

Die deutsche Ehe ist keine wahre Ehe. Der Ehemann hat keine Ehefrau, sondern eine Magd, und lebt sein isoliertes Hagestolzleben im Geiste fort, selbst im Kreis der Familie. Ich will darum nicht sagen, daß er der Herr sei, im Gegenteil ist er zuweilen nur der Bediente der Magd, und den Servilismus verleugnet er auch im Hause nicht.

VI. Vermischte Einfälle.

Weise erdenken die neuen Gedanken, und Narren verbreiten sie.

*

Neben dem Denker ein prosaischer Mensch, der ruhig sein Geschäft treibt – neben jeder Krippe, worin ein Heiland, eine welterlösende Idee, den Tag erblickt, steht auch ein Ochse, der ruhig frißt.

*

Kadmus bringt die phönizische Buchstabenschrift, die Schriftkunst, nach Griechenland – diese sind die Drachenzähne, die er gesäet; die avozierten geharnischten Männer zerstören sich wechselseitig.

*

Es gibt hohe Geister, die über alle materielle Herrlichkeit erhaben sind und den Thron nur für einen Stuhl ansehen, der bedeckt mit rotem Sammet – Es gibt niedere Geister, denen alles Ideale unbedeutend dünkt und denen der Pranger nur ein Halsband von Eisen ist. Sie haben keine Scheu vor der eisernen Krawatte, wenn sie nur dadurch ein Publikum um sich versammeln können; diesem imponieren sie durch Frechheit, welche durch die Routine der Schande erlangt worden.

Die Zeit übt einen mildernden Einfluß auf unsere Gesinnung, durch beständige Beschäftigung mit dem Gegensatz. Der Garde municipal, welcher den Kankan überwacht, findet denselben am Ende gar nicht mehr so unanständig und möchte wohl gar mittanzen. Der Protestant sieht nach langer Polemik mit dem Katholizismus ihn nicht mehr für so greuelhaft an und hörte vielleicht nicht ungern eine Messe.

*

Wir begreifen die Ruinen nicht eher, als bis wir selbst Ruinen sind.

*

De mortuis nil nisi bene – man soll von den Lebenden nur Böses reden.

Kourtoisie

Wenn man einen König prügelt, muß man zugleich aus Leibeskräften „Es lebe der König!" rufen.

*

Es gibt Leute, welche den Vogel ganz genau zu kennen glauben, weil sie das Ei gesehen, woraus er hervorgekrochen.

*

Der Giftbereiter muß gläserne Handschuh anziehen.

*

Ein Talent können wir nach einer einzigen Manifestation anerkennen – für die Anerkennung eines Charakters bedürfen wir aber eines langen Zeitraumes und beständiger Öffentlichkeit. „Vor seinem Tode", sagt Solon, „ist niemand glücklich zu schätzen" – und wir dürfen auch sagen: Vor seinem Tode ist niemand als Charakter zu preisen. Herr ** ist noch jung, und es bleibt ihm Zeit genug zu künftigen Schuftereien – wartet nur einige Jährchen, er tauft sich in der **kirche, er wird der Advokat für Schelmenstreiche – vielleicht aber hat er schon die Muße dazu angewendet, und wir kennen nur seine Taten nicht wegen seiner obskuren Weltstellung.

*

Wie kommt es, daß der Reichtum seinem Besitzer eher Unglück bringt als Glück, wo nicht gar das furchtbarste Verderben? Die uralten Mythen vom goldenen Flies und vom Niblungshort sind sehr bedeutungsvoll. Das Gold ist ein Talisman, worin Dämonen hausen, die alle unsre Wünsche erfüllen, aber uns dennoch gram sind ob des knechtischen Gehorsams, womit sie uns dienen müssen, und diesen Zwang tränken sie uns ein durch geheime Tücke, indem sie eben die Erfüllung unserer Wünsche zu unserem Unheil verkehren und uns daraus alle möglichen Nöten bereiten.

*

Wie die Theater mehrmals abbrennen müssen, ehe sie als ganz prachtvoll gebaut hervorsteigen, wie in Phönix aus der Asche, so gewisse Bankiers. Jetzt glänzt das Haus **, nachdem es drei bis vier Mal falliert, am glänzendsten. Nach jedem Brande erhob es sich prunkvoller – die Gläubiger waren nicht verassekuriert.

*

„Gebe Gott, was Gottes, dem Cäsar, was des Cäsars ist!" – Aber das gilt nur vom Geben, nicht vom Nehmen.

*

Wie vernünftige Menschen oft sehr dumm sind, so sind die Dummen manchmal sehr gescheit.

*

Ich las das langweilige Buch, schlief darüber ein, im Schlafe träumte ich, weiter zu lesen, erwachte vor Langeweile, und das dreimal.

*

Fräulein ** bemerkt, daß der Anfang der Bücher immer so langweilig, erst in der Mitte amüsiere man sich, man sollte jemand dafür haben, der für uns die Bücher zu lesen *anfängt*, wie man

Stickerinnen dafür bezahlt, daß sie die Teppiche anfangen zu brodieren.

*

Die schöne junge ** heiratet den alten A. Der Hunger trieb sie dazu – sie hatte zu wählen zwischen ihm und dem Tod, der noch magerer und noch grauenhafter. A., sei stolz darauf, daß sie deinem Skelett den Vorzug gab.

*

Wenn das Laster so großartig, wird es minder empörend. Die Engländerin, die sonst eine Scheu vor nackten Statuen hatte, war beim Anblick eines ungeheuren Herkules minder schockiert: „Bei solchen Dimensionen scheint mir die Sache nicht mehr so unanständig."

*

In Hamburg hat man die Steuern erhöht wegen der Entfestigung und der Promenaden, die sehr schön sind, wie sich denn Hamburg überhaupt gern ein schönes Äußeres geben will, und Promenaden anlegt, damit der, welcher im Innern der Stadt nichts mehr zu essen hat, während der Mittagsstunden eine Promenade um die Stadt machen kann; – auch Bänke zum Lesen, z.B. eines Kochbuchs, und elegische Trauerweiden.

*

Philologie in Handelsstädten

Handwerker oder Philologe soll man werden – man wird zu allen Zeiten Hosen brauchen, und es wird immer Schulknaben geben, welche Deklinationen und Konjugationen gebrauchen.

*

Die Britinnen tanzen, als wenn sie auf Eseln ritten.

*

Die Affen sehen auf die Menschen herab wie auf eine Entartung ihrer Race, so wie die Holländer das Deutsche für verdorbenes Holländisch erklären.

*

E. ist mehr ein Freund der Gedanken als der Menschen. Er hat etwas von Abelard – hat er seine Heloise gefunden?

*

** gehort zu jenen Engeln, die Jakob im Traume gesehen und die eine Leiter nötig hatten, um vom Himmel auf die Erde herab zu steigen – ihre Flügel sind nicht stark genug.

*

Ehe ** Mystiker wurde, war er ein schlichter, verständiger Mensch.

*

Wie Mohammed nur ein Kameltreiber war, ehe ihn der Engel zum Propheten erleuchtete, so war ** zwar nicht ein Kameltreiber, aber ein Kamel selbst, ehe ihm das neue Licht gekommen.

*

Der Autor hält sich ängstlich in dem Kreis des Kirchenglaubens, er kennt die Schrecknisse, die außerhalb desselben die begabtesten Geister überwältigt. Er gleicht dem Zauberer, der nicht den Kreis zu überschreiten wagt, wo er sich selbstwillig gebannt und sicher ist.

*

Man nennt ** einen zweiten Duprez – man wird bald Herrn Duprez einen zweiten ** nennen, so schlecht singt er schon.

*

Ob sie tugendhaft war, weiß ich nicht; aber sie war immer häßlich, und Häßlichkeit bei einem Weibe ist schon der halbe Weg zur Tugend.

*

Im Dorfe war ein Ochs, der so alt war, daß er endlich kindisch ward, und als man ihn schlachtete, schmeckte sein Fleisch wie bejahrtes Kalbfleisch.

*

Sonne und Mond sind die Fußschemel Gottes, ihm die alternden Füße zu wärmen. Der Himmel ist seine grauwollene Jacke, mit Sternen gestickt.

*

Mr. Colombe, entdecken Sie uns noch eine neue Welt!
Mlle. Thais, stecken Sie noch ein Persepolis in Brand!
Mr. Jesus Christ, lassen Sie sich nochmals kreuzigen!

*

Gefährlicher Gedanke –
Ich hatte ihn *out-side of a stage-coach.*

*

Da und da hatte ich einen großen Gedanken, hab' ihn aber vergessen. Was mag es wohl sein? Ich plage mich mit Erraten.

*

Der Diamant könnte sich etwas drauf einbilden, wenn ihn ein Dichter mit einem Menschenherzen vergliche.

*

Nach der Erzählung einer edlen Tat, der Ausruf: Größer als alle Pyramiden, als der Himalaya, als alle Wälder und Meere, ist das menschliche Herz – es ist herrlicher als die Sonne und der Mond und alle Sterne, strahlender und blühender – es ist unendlich in seiner Liebe, unendlich wie die Gottheit, es ist die Gottheit selbst.

VII. Bilder und Farbenstriche.

Die alte Harfe liegt im hohen Gras. Der Harfner ist gestorben. Die talentvollen Affen kommen herab von den Bäumen und klimpern drauf – die Eule sitzt mürrisch rezensierend – die Nachtigall sing der Rose ihr Lied; sobald es ganz dunkel wird, überwältigt sie die Liebe, und sie stürzt auf den Rosenstrauch und zerrissen von den Dornen verblutet sie – Der Mond geht auf – der Nachtwind säuselt in den Saiten der Harfe – die Affen glauben, es sei der tote Harfner, und entfliehen.

*

Traum Metternich's: Er sieht sich im Sarg mit einer roten Jakobinermütze.

Traum Rothschild's: Er träumt, er habe 100 000 Franks den Armen gegeben und wird krank davon.

*

Bild

Haushalt Joseph's und Maria's. Erster sitzt an der Wiege des Kindes und schaukelt es, singt auch Eiapopeia – Prosa. Maria sitzt am Fenster zwischen Blumen und streichelt ihre Taube.

*

Zur „Himmelfahrt"

Der Direktor zeigt mir sein Kuriositätenkabinett, z. B. der erste Zahn von Ahasverus.

Die kleinen Engel, welche rauchen.

*

Ein blinder Scharlatan auf dem Markte verkauft Augenwasser, das gegen Blindheit schützt. Er hat selbst nicht dran geglaubt und ist blind geworden. Tragische Schilderung der Blindheit.

*

Die wahnsinnige Jüdin, die das Jahrzeitlämpchen des Kindes wiegt.

*

Eindruck bei der Rückkehr in Deutschland

Zuerst das weiße Haar – Weiß gibt immer die Idee des Märchenhaften, Gespenstischen, des Visionären; weiße Schatten, Puder, Totenlaken.

Die Korpulenz – dicke Gespenster, weit unheimlicher als dünne.

Kirchhof, wo geliebte Gräber.

Bei dem ersten „Wer da!" ruf' ich: Alle guten Geister loben Gott.

*

In den Flaschen sehe ich Greuel, die ihr Inhalt erzeugen wird – ich glaube im Naturalienkabinett Flaschen mit Mißgeburten, Schlangen und Embryos zu sehen.

*

Der Engländer, der mit seiner Miß immer an den Badestrand geht, damit der Anblick der nackten Männer sie gegen Sinnlichkeit abstumpfe.

*

Die Parabel vom Schauspieler. Der Hund, der Esel: „Du sollst bellen, du sollst Stroh fressen!" – Der arme **, er bellt schon!

*

Calmonius
Seine Sucht nach Ordensbändern, dieser nagende Bandwurm seiner Seele. Sein Leib laboriert an einem minder lächerlichen Bandwurme.

*

Wenn ** wiederkommt, die Grisetten werden ihn zerreißen wie die tragischen Weiber seinen Kollegen, den Orpheus.

*

Fanny Elsler, die Tänzerin beider Welten.

*

Tragödienkritik, wo angenommen wird, der Held wolle ganz etwas anderes, als er sagt. Durchführung des Verschweigens.

*

Die Hoffnung ist eine schöne Jungfrau mit kindlichem Gesicht, aber welken Brüsten, woran ...

*

Ich finde in einem einsamen Gärtchen eine Rose, die allerlei Erinnerungen weckt – ihr Mund *en coeur*, ist ganzes graziöses Wesen, ihr Leichtsinn, ihre Innigkeit.

*

Ihr Lächeln, wie ein strahlendes Netz, sie warf es aus und meine Seele verfing sich darin und zappelt in den holden Maschen wie ein Fisch, seit Jahren.

*

Ein gefühlvoll, helles Auge, ruhige sinnreiche Lippen – eine schöne, lächelnde Blume, eine – tiefsinnige Stimme.

*

Ein süßlich, zerquetschtes, eingemachtes Gesicht mit ängstlich kleinlichen Augen.

*

Ein lächelnder Gang.

*

Er sprudelt von Dummheit.

*

Ein Gesicht wie ein Fötus in Weingeist.

*

Eine Dame, welche schon anfing, nicht mehr jung zu sein.

*

Sie blinzelte mit den Augen wie eine Schildwache, der die Sonne ins Gesicht scheint.

*

Sie schrieb anonyme Briefe, unterschrieben: „Eine schöne Seele".

*

Er lobt sich so stark, daß die Räucherkerzchen im Preise steigen.

*

Er hat es in der Ignoranz am weitesten gebracht.

*

Was ** betrifft, so sagt man, daß er von mehreren Juden abstamme.

*

Ein fetter Mastbrite.

*

Schön gekämmte, frisierte Gedanken.

*

Es steigt herab die große Nacht mit ihren kühnen Sternen.

*

Ich sah einen Wolf, der leckte an einem gelben Stern, bis seine Zunge blutete.

*

Den Mond, dessen Glanz bleich und fahl war, umgab eine Masse gelblicher Wolken, ähnlich dem bleifarbenen Ringe, welcher Augen, die viel von Tränen benetzt werden, zu umsäumen pflegt.

*

Die Felsen, minder hart als Menschenherzen, die ich vergebens anflehte, öffnen sich und der schmerzlindernde Quell rieselt hervor.